Here begins the musical poem of Sangīt-Shrī-Krishṇa-Rāmāyṇ composed by Ratnākar

अथ रत्नाकररचितं सङ्गीतश्रीकृष्णरामायणम् ।

Sangit-Shri-Krishnayan

Book 1 of

SANGIT-SHRI-KRISHNA-RAMAYAN

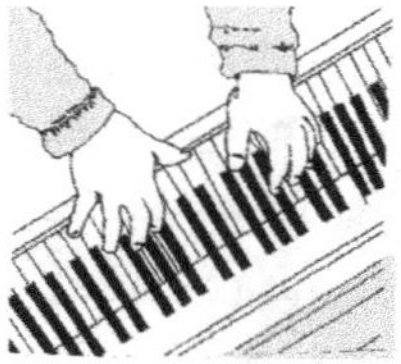

संगीत श्री-कृष्णायन ।

A musical poem of the interesting stories of Shrī Krishṇa's amazing deeds in Hindī, Sanskrit, English and Music.

श्री कृष्ण की अद्भुत लीलाओं की सचित्र संगीत मय हिन्दी कविता ।

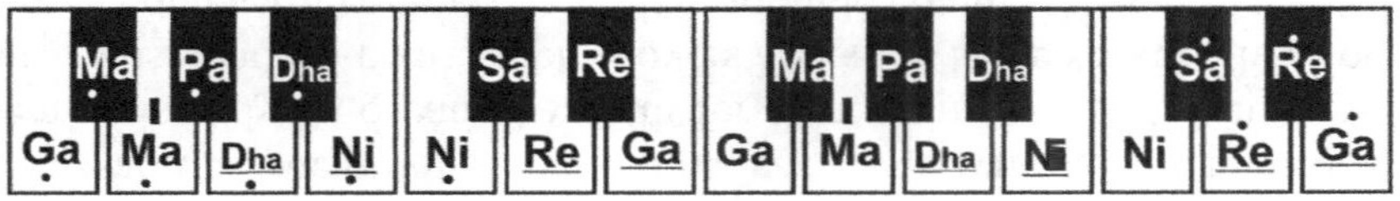

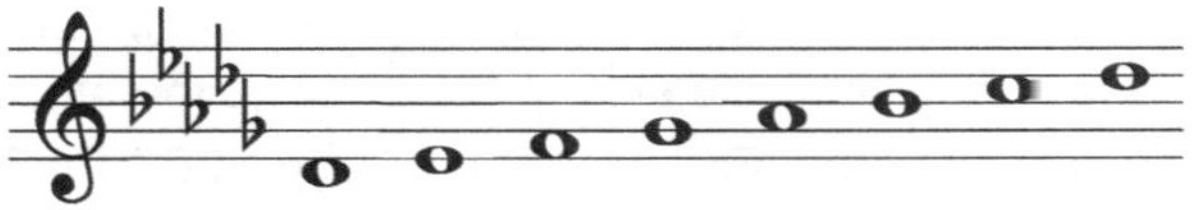

Prof. Ratnakar Narale

SANSKRIT HINDI RESEARCH INSTITUTE

SANGIT-SHRI-KRISHNA-RAMAYAN

Composition : Dr. Ratnakar Narale, Prof. Hindī, Ryerson University, Toronto.
B. Sc. (Nagpur), M. Sc. (Pune), Ph. D. (IIT, Kharagpur), Ph. D. (Kālīdas Sanskrit Univ. Nagpur);
web : www.books-india.com * email : books.india.books@gmail.com

Book Title : Sangīt-Shrī-Krishna-Rāmāyan, (i) **Volume I** : Sangīt-Shrī-Krishnāyan; (ii) **Volume II** : Sangīt-Shrī-Rāmāyan.

न भूता न च भविष्यति । World's first Opera-musical Style epic mega poem of *Sangīt-Shrī-Krishna-Rāmāyan* is composed in 233 short stories, plus their side stories, illustrating the wonderful, emotive (नौ-रसयुक्ता शृङ्गारहास्यकरुणरौद्रवीरभयानकबीभत्साद्भुतशान्ताः), amusing, inspirational, educational and divine deeds of Shrī Krishna Kanhaiyā, Yogeshvara Shrī Krishna, Shrī Rāma Chandra and Vīr Hanumān. The stories are composed in 5205 Chaupāīs, 7068 Dohās, 501 Chhandas, 2422 Shlokas and 765 **Brand New**, **all original**, devotional, inspirational, spiritual (आध्यात्मिक), ethical (नैतिक), joyful and lovely Songs in 50 different Rāgs along with their Harmonium notations for the devotees, music lovers and music learners. The stories in this poem are ornate with Geets, Bhajans, Ārtīs, Kīrtans, Kīrjans, Chhandas and Ghazals to colourfully depict the divine events. You will not find such lovely, sweet, systematic and musical description of Krishna and Rāma's stories elsewhere, for this is a novel concept. They are also narrated and transliterated in English, for those readers who can not read Devanāgarī and those who enjoy English. If you read this poem with faith and patience, you will be enlightened with spiritual knowledge and wisdom that will strengthen you life long. It is more than a poem. It is truly an ocean of wealth for film, animation and documentary makers; dance, drama and music schools; temples, Pravachankārs, devotees, linguists, musicians, readers, poets, poetry lovers and knowledge seekers. For convenience and binding limitations, the original 7x9" 4-volume epic manuscript is presented here in compact 2 volumes, landscape, double column, 8.5x11" layout. This treasure should be in every library, every temple, every house and every collection. In this poetry you will notice the glimpses of Vyāsa, Vālmīki and Kālīdas's immortal poetic styles. It is not just any poetic work, it is a thoroughly mapped serious research work. Such scholarly and educational musical literary epic mega work may never be created again.

कविता ऐसी न थी न होगी कभी । महाकाव्य परम्परा में नवरसों युक्त विभिन्न छन्दों व संगीतात्मक गीतों की सुरलिपि से सुसज्जित संगीत-श्रीकृष्ण-रामायण एक अद्भुत विलक्षण संगीत-लिपिबद्ध ग्रंथ है जिसमें प्रेरक, शिक्षाप्रद तथा नैतिक लघु कथाएँ और उपकथाएँ विभिन्न दृष्टान्तों के साथ प्रस्तुत की गईं हैं । इसमें कहीं भगवान श्रीकृष्ण की अलौकिक बाल क्रीड़ाओं की झाँकी मन को सम्मोहित करती है, कहीं भगवान श्रीकृष्ण योगेश्वर के रूप में अर्जुन की भाँति किंकर्तव्य विमूढ़ मानव को ज्ञान, कर्म व भक्ति का संदेश देकर उस की सोई अन्तर्चेतना को जगाते हैं । कहीं मर्यादा पुरुषोत्तम राम के पुरुषार्थ की आदर्श कथाएँ मानव जीवन का आदर्श प्रस्तुत करती हैं, तो कहीं श्रीरामभक्त हनुमान की श्रद्धा, निष्ठा व स्वामीभक्ति का त्रिवेणी संगम भक्ति रस में अवगाहन करा देता है, तो कहीं राधा और सीता के दैवी रूप । इस कविता को चौपाई, दोहे, छन्द, श्लोक व मौलिक स्वरबद्ध गीतों से सज़ाया गया है । राम-कृष्ण कथाओं का इतना सुंदर, मधुर, सुव्यवस्थित और संगीतमय वर्णन अन्यत्र कहीं नहीं मिलेगा । यह अद्भुत ग्रन्थ कवि की सर्वतोमुखी प्रतिभा का परिचायक है । इसमें आदि से अन्त तक ज्ञान, कर्म व भक्ति की त्रिवेणी प्रवाहित है । इसमें अनेक नैतिक, आध्यात्मिक व प्रेरणात्मक दृष्टान्तों के साथ साथ संगीत की अनेक राग रागनियोंसे परिपूर्ण भजन, गीत, आरती, कीर्तन, कीर्जन, ग़ज़ल, मुक्तक अपने विभिन्न रंग की छटा दिखाकर सब को सम्मोहित कर रहे हैं । इसमें कई सारे ऐसे महत्त्वपूर्ण और दिलचस्प वर्णन हैं जो और कहीं भी नहीं मिलेंगे । इस महाकाव्य में श्री राम, सीता, कृष्ण, राधा, हनुमान, शिवजी, गौरी, विष्णु, लक्ष्मी, गणेश, सरस्वती, त्यौहार, योग, कर्म, तत्त्वज्ञान, आत्मज्ञान, नारी शक्ति, निसर्ग वर्णन, भारत दिग्दर्शन आदि के जितने और जितने सुंदर नये पद्य पाये जाते हैं, उतने और कहीं नहीं । यह महान कृति भक्त जनों के साथ साथ संगीत प्रेमियों, संगीत जिज्ञासुओं तथा नृत्य-नाटक संस्थाओं लिये भी उपयुक्त साधन है । अंग्रेज़ी भाषा में भावार्थ भी दिया है । कलेवर बड़ा होने के कारण यह महाकाव्य दो भागों में पुस्तकस्थ है । (Dr.. Sushila Devī Gupta, D.Lit. Hindī. Prof. Emeritus, Meerut University)

Sanskrit and Hindi Font : Sarasvatī Font Designed and Created by Ratnākar Narale.
Graphics : Ratnakar Narale, Madhavi Borikar, Rajni Phansalkar
Published by : PUSTAK BHARATI (Books India), for Sanskrit Hindi Research Institute, Toronto, Ontario, Canada, M2R 3E4.

Volume I : ISBN 978-1-897416-43-3 (Sangīt-Shrī-Krishnayan)
Volume II : ISBN 978-1-897416-80-8 (Sangīt-Shrī-Rāmāyan)

ISBN 978-1-897416-43-3
90000
9 781897 416433

SANGIT-SHRI-KRISHNA-RAMAYAN

विनम्र अनुनय

A HUMBLE REQUEST

Having appreciated the depth, potential, merit and the spiritual value of this monumental work, if you feel inclined to help the project in any capacity, in enhancing, cost sharing, supporting, aiding, sponsoring, endorsing, promoting, publicizing, utilizing or putting the work in right places, right media and in able hands worldwide, please join me in any shape or form. At the least, even your kind blessings will be a supreme contribution to my tireless efforts. Please help spread this ocean of precious and divine knowledge in every corner of the world. It will be a great service to the worthy purpose of this auspicious and unique work. Please write me by email or mail. I would like to include your or your organization's name in the honorable mention of this monumental epic literary work. Thank you.

Contribution

Please choose one or more : ☐Use ☐Sponsor ☐Endorse ☐Promote ☐Advertise ☐Gift ☐Scholarship ☐Order copies ☐Gift a copy ☐Bless

Comment :

Contact :
Author : Prof. Ratnakar Narale
rnarale@yahoo.ca
416-739-8004

Mailing Address :
180 Torresdale Ave,
Toronto, ON. Canada M2R 3E4
books.india.books@gmail.com
www.books-india.com

Contributor (s)

Name/Names :
Address :
:
:
Email :
:
Web :
Phone :
:

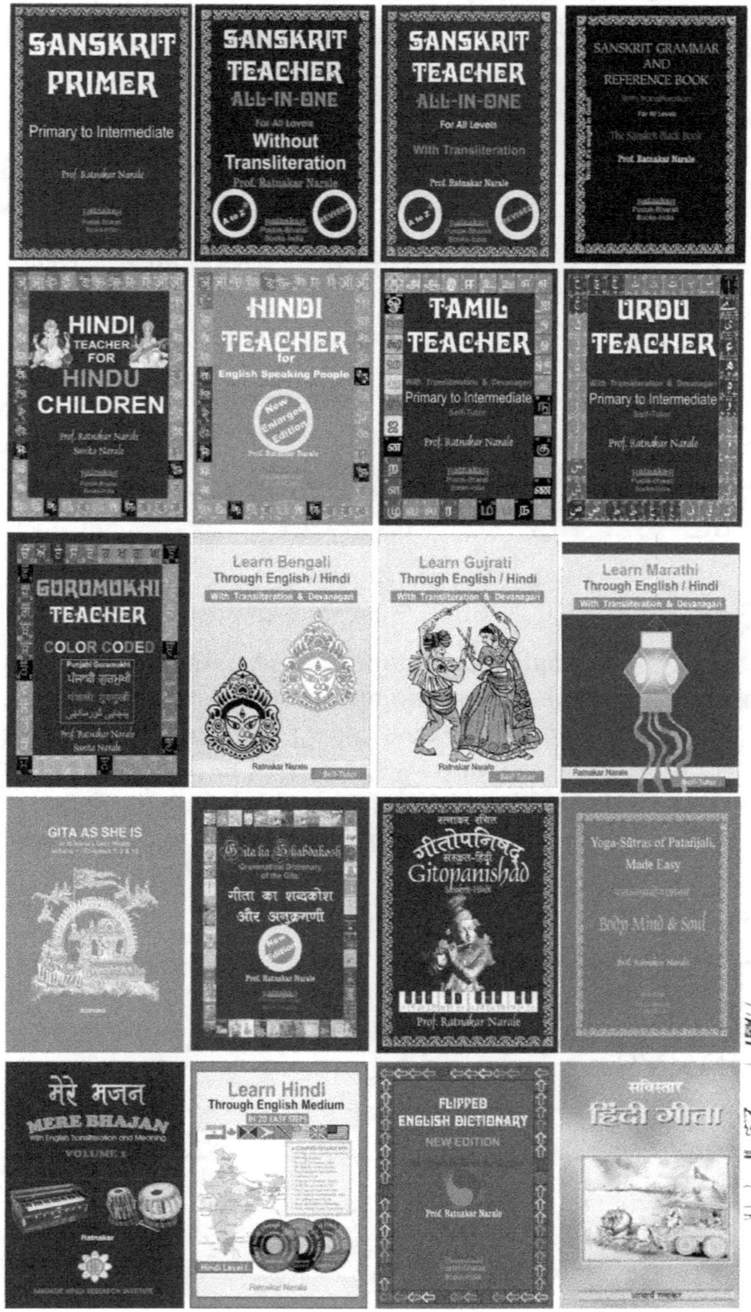

श्री हनुमान देवस्थान, काटोल, 1969

Designer and Creator of the well known Sarasvati Font, Dr. Ratnakar Narale has Ph.D. from IIT, Kharagpur and Ph.D. from Kalidas Sanskrit University, Nagpur, India. He is an author, lyricist and musician. Ratnakar is Prof. of Hindī at Ryerson University, Toronto, Canada. He is living in Toronto since last 50 years.

He has studied **Sanskrit, Hindi, Marathi, Bengali, Punjabi, Urdu** and **Tamil** languages and has written books for learning these languages. He has written excellent and unique books on Gītā, Rāmāyaṇ, Shivājī and Music. His books can be viewed at www.books-india.com and they are available at amazon.com and other international book distributors.

His writings have been applauded by such organizations as the World Hindi Secretariat, Mauritius, Sangit Natak Akademi, New Delhi; Indian Council for Cultural relations (ICCR), New Delhi; Strings-N-Steps, New Delhi; ATN News Channel, OMNI News Channel, Hindi Times, The Hitwad, The Tarun Bharat, the Lokmat, The Sakal, Des Pardes, Nav Bharat Times, Sahitya Amrit, The Voice, The Indian Express, ... etc.

He has received citations from some of the most prominent people as, **Hon. Atal Vihari Vajpai,** *Prime Minister of India;* **Hon. Basdeo Panday,** *Prime Minister of Trinidad and Tobaggo;* **Dr. Murli Manohar Joshi,** *Federal HRD Minister of India;* **Ashok Singhal,** *President, VHP, New Delhi;* **Shri Mohan Bhagavat,** *Sarsanghachalak, Rashtriya Swayamsevak Sangh, Nagpur, India,* etc.

His music compositions are endorsed by such great Indian music Maestros as *Bharat Ratna* **Dr. Ustad Bismillah Khan Trust,** New Delhi; *Padma Vibhushan* **Amjad Ali Khan,** New Delhi; *Padmashri* **Ustad Ghulam Sadiq Khan,** New Delhi; *Music Maestro* **Rashid Mustafa Thirakwa,** New Delhi; *Padmabhushan* **Ustad Sabri Khan,** New Delhi; *Padmabhushan* **Pandit Debu Chaudhuri,** New Delhi; *Puṇḍit* **Birju Mahataj,** New Delhi; etc.

दादरा ताल

♫ म–ग म–म– म प–म– ग म–प–, रे–ग म–म– मध– प– मग–म– ।
रेगम–म म– म ध–प– गम–प–, रे–ग–मम म– म ध–प– मग–रे– ।।

गीत शारद ने मंजुल है गाया, साज नारद मुनि ने बजाया ।
रत्नाकर से है मंगल रचाया, कृष्णायन को है सुंदर सजाया ।।

◎ *Goddess Sarasvatī is singing the celestial song in sweet melody while Shrī Nārad muni is playing the Veenā.*
Ratnākar composed the auspicious poem and beautifully adorned the stories of Shrī Krishṇa with Rāgas and Chhandas (meters).
A musical poem like this was never written before and may never be again.[1]

ॐ श्लोकौ

श्रीरामेण समो वीरो दासो हनुमतः समः ।
श्रीकृष्णेन समो योगी भविष्यन्ति न वै पुनः ।। 1/2422

काव्यं सुभाषितं तेषां छन्दोरागैरलंकृतम् ।
सङ्गीतमीदृशं विश्वे भूतं न च भविष्यति ।। 2/2422

---

[1] ◎ **Transliteration in this book :** *Please note the following ten transliterated characters used in this book :*
ā = आ, *ī* = ई, *ū* = ऊ, *ñ* = ञ, *ṭ* = ट, *ṭh* = ठ, *ḍ* = ड, *ḍh* = ढ, *ṇ* = ण, *ṣh* = ष ।

विश्व हिंदी सचिवालय
WORLD HINDI SECRETARIAT

भारत सरकार व मॉरीशस सरकार की द्विपक्षीय संस्था

A bilateral organization of the Government of India and the Government of Mauritius.

Ref: WHS/LETTERS/2015/77 ***29.09.2016***

प्रो. रत्नाकर नराले
कनाडा

विषय: 'संगीत श्री-कृष्णायन' एवं 'संगीत श्री-रामायण' की प्राप्ति

आदरणीय प्रो. नराले,

नमस्कार।

आपके द्वारा प्रेषित 'संगीत श्री-कृष्णायन' तथा 'संगीत श्री-रामायण' पुस्तकें दिनांक 22 सितंबर 2016 को प्राप्त हुईं। हार्दिक धन्यवाद।

यह जानकर अत्यंत हर्ष हुआ कि कनाडा में भी हिंदी सृजन अपने उत्कर्ष पर है।

आपके द्वारा प्रकाशित 'संगीत श्री कृष्णायन' व 'संगीत श्री रामायन' के अवलोकन का अवसर प्राप्त हुआ। दोनों कृतियों में जिस प्रकार कविताओं को प्रस्तुत किया गया है, जिन बारीकियों के साथ कविताओं की व्याख्या हुई है तथा संगीतबद्धता का सुप्रयास भी हुआ है, वे अत्यंत सराहनीय हैं। यह बच्चों, युवकों व वयस्कों तथा शोधकर्ताओं के लिए भी अत्यंत रोचक व सुनियोजित सामग्री है। यह कृति हिंदी जगत के लिए बड़ी उपलब्धि है। इसके लिए आपको हार्दिक बधाई।

भावी योजनाओं के लिए शुभकामनाएँ।

पुन: आभार।

सादर।

भवदीय,

विश्व हिंदी सचिवालय World HINDI Secretariat Mauritius मॉरीशस

डॉ. विनोद कुमार मिश्र
महासचिव

रिवफ्ट लेन, फ़ॉरेस्ट साइड, मॉरीशस / Swift Lane, Forest Side, Mauritius * वेबसाइट / website: www.vishwahindi.com
दूरभाष / Tel :230-676 1196 ** फ़ैक्स / Fax : 230-676 1224 ** ई-मेल / e-mail: info@vishwahindi.com

Dedicated to
My loving Grandchildren
Samay, Sahas, Saanjh, Saaya, Naksh and Nyra
and their Dadi Ma and Nani Ma
Sunita and Shobha
(July 03, 2016)

सुगंधित सुरंगित फूलों वाला नया पौधा विपिन में सदा के लिये अनजाना नहीं रह सकता । सौरभ को सूँघते हुए मधुकर सुरसित पुष्प को जिस तरह से ढूँढ ही लेते हैं, उसी तरह से रसिक विद्वान लोग इस काव्य के गीतों मे छुपी हुई सुंदरता व सुमधुरता को अवश्य ही पहिचान लेंगे ।

A new tree of lovely fragrant flowers can not stay unnoticed from the bees in the forest for eves. Similarly, the melodic beauty hidden in the songs of this musical epic will certainly be noticed by the music loving and the professional people.

SANGIT-SHRI-KRISHNA-RAMAYAN
INTRODUCTION

संगीतसंयुता हृद्या छन्दोरागैरलंकृता ।
ईदृक्षी कविता विश्वे न भूता न भविष्यति ।।

Hari Om.

In this poem of "*Sangīt-Shrī-Krishṇa-Rāmāyaṇ,*" beholding the title of the book and the sequence of the stories therein, one may wonder, "why the stories of Shrī Krishṇa appear before the stories of Shrī Rāma, when Shrī Rāma appeared to us before Shrī Krishṇa." The reason is : in the Bhagavad-Gītā (4:1) Lord Krishṇa says, "I told the eternal yoga to Manu Vivasvān (अहं विवस्वते योगं प्रोक्तवान्)." As we know, Vivasvān whom Shrī Krishṇa told the ancient yoga, came much before Shrī Rāma. Therefore, the stories of Shrī Krishṇa appear before the stories of Shrī Rāma. Also one may think that, Rāmāyaṇ was composed much before the Gītā. In that case also, Lord Krishṇa says (Gītā 4:5), "बहुनि मे व्यतीतानि जन्मानि many of my births have taken place."

One may also wonder why write Dhārmic stories in this modern age? The truth is that, the stories in this book are not just any stories, but they are timeless. Shrī Krishṇa is timeless. Shrī Rādhā is timeless. Shrī Rāma is timeless. Shrī Sītā is timeless. Shrī Hanumān is timeless, Vālmīki is timeless, Tulsīdās is timeless, Their stories are timeless. Their glory is timeless. Their charm is timeless. The yogas are timeless. The philosophy is timeless. The teachings are timeless. The music is timeless. The shlokas are timeless. The Dohās are timeless. The Chaupāīs are timeless. The Chhandas are timeless. The Rāgas are timeless. Therefore, this epic is timeless. Such Opera Style colossal musical epic work संगीतमयं महाकाव्यं was never composed before and may never be composed again न भूतं न च भविष्यति ।

1. The Reason :

Even if Shrī Krishṇa of the Gītā came after Shrī Rāma of Rāmāyaṇ, the stories of Shrī Krishṇa appear before the stories of Shrī Rāma in this book, because the present poem covers specific #four events. The first and the second of which are historic events. The third and the fourth are the present events. These two later events form the main subject of this book. They are the reason why Shrī Krishṇa's stories appear in this book before the Shrī Rāma's stories. The flow of the four #Main Events appear in 233 🌺 Short individual Musical Stories and the sub-stories, as follows :

2. The Scenario :

At Kailāsa mountain, the abode of Lord Shiva, everything is serene. Lord Shiva has finished his meditation and Goddess Pārvatī has finished her daily chorus. They are sitting relaxed and discussing about the world events and the avatārs of Vishṇu and Shiva. Standing on the ground on the right side of Shiva are the Trishūl, Ḍamrū, Kamaṇḍalu and Nandī Bull. A peacock is dancing nearby. Children Gaṇesh and Sarasvatī are playing the game of Kāvya-chitram. Brahmājī is watching their game. Sanskrit is the common spoken language. Shrī Nārad muni, who regularly comes to pay homage to Lords Shiva-Pārvatī, is about to come. Gangā is flowing from the hair of Shivajī. Shiva's forehead is adorned with the moon. The Vāsuki snake is around the neck of Shiva. Pārvatī Devī is wearing a white Sārī and a necklace of wild flowers. Shivajī has Bibhuti on his body. He is wearing the deer hide around his waist and a necklace of Rudra beads on his neck.

3. **The First event :**

During the discussion, Pārvatī Devī wondered about the Rāma-avatāra and she made a request to Shiva to tell her the story in Sanskrit poem. Shiva said, no problem! When Shrī Nārad muni comes to Vaikuṇṭha, I shall ask him to fulfill your request. Therefore, when Shrī Nārad muni came to visit Shiva, he conveyed Pārvatī's request to him. Shrī Nārad muni said, consider done. Taking the message from Goddess Pārvatī, Shrī Nārad muni came to Brahmā for help. Shrī Nārad muni told him Goddess Pārvatī's desire. Brahmā said, it just so happened that I heard sage Vālmīki saying a Shloka (मा निषाद...) and I believe that Shrī Vālmīki is the worthy poet to compose Shrī Rāma's story in that noble Anushṭubh meter.

Brahmā asked Shrī Nārad muni to go to sage Vālmīki's hermitage and give him the message to write Shrī Rāma's story in Shlokas for Pārvatī Devī. Accordingly, Shrī Nārad muni visited Shrī Vālmīki. Shrī Nārad muni told him the Shrī Rāma's story in brief and asked him to write it in Sanskrit Anushṭubh meter. When the poem was composed, Shrī Nārad muni took it to Vaikuṇṭha. Shiva read it to Pārvatī, while Shrī Nārad muni played the Veenā. Pārvatī liked the Sanskrit poem. She was joyful.

4. **The Second event :**

Many ages passed. Use of Sanskrit as a spoken language became infrequent and the Hindī language took its place. Again, one day, while Lords Shiva and Pārvatī were talking about the world events, Pārvatī Devī said to Shiva, now that Sanskrit is not the spoken

language of the masses and Avadhī Hindī has become a popular poetic language, I would like to hear the Rāma's story as a Hindī poem. Shiva smiled and said no problem. Accordingly, when Shrī Nārad muni came to Vaikuṇṭha, Shiva told him Pārvatī Devī's request. Shrī Nārad muni said, sure! He then came to Ratnāvalī's thoughts and told her to ask her husband Goswāmī Tulsīdās, to write the Hindī poem of Shrī Rāma. Ratnāvalī suggested Tulsīdās to write the story accordingly. Poet Tulsīdās sat at the banks of the holy river Gangā and composed the poem of *Rāma-charita-Mānas* in Avadhī Hindī. When the divine work was accomplished, Shrī Nārad muni took the poem to Lord Shiva. Shiva jī read it to Pārvatī Devī, while Shrī Nārad muni played his Vīṇā. Pārvatī Devī was very joyful.

5. **The Third event :**

Many years passed and the Hindī language got modernized and tainted with foreign languages. Avadhī was no more the spoken language of masses. At the same time, Hindī became enriched with Rāgas, Chhandas and musical styles. One day then, while Shiva and Pārvatī were talking about the world events and the Avatārs, Pārvatī Devī got a desire to hear the story of Shrī Krishṇa, the next avatār after Shrī Rāma, in contemporary Hindī language. She requested Shiva jī to tell Shrī Krishṇa's story in Hindī, but this time embellished with musical Rāgas and Chhandas. Shiva jī said, no problem! When Shrī Nārad muni came to Vaikuṇṭha, Shiva jī told him Pārvat Devī's request. Shrī Nārad muni said, alright!

Accordingly, Shrī Nārad muni came in the pre-morning thoughts of an author and conveyed him Pārvatījī's request. The poet said, "I am neither a poet, nor I know Hindī, nor Sanskrit, nor music, nor Rāma's story very well. I am also caught up in the struggle for my daily life, but I must obey the wishes of Pārvatī Devī. I will need help." Shrī Nārad muni said, no problem! You have dedication, faith and potential. That is all I am looking for. I will give you the eye witnessed stories and Shāradā Devī will give you the rest. The poet said, "*Hari Om, tathāstu.*" Shrī Nārad muni said, pray to Lord Gaṇesh and start! When the poem of *Sangīt-Shrī-Krishṇayan* was composed, Shrī Nārad muni took it to Shiva. Lord Shiva read it to Pārvatī Devī, while Shrī Nārad muni played the Vīṇā. Pārvatī Devī was joyful, she said, "a musical poem like this was never composed before and may never be composed again. न भूता न च भविष्यति."

6. **The Fourth event :**

One day then Shrī Nārad muni went to see Rādhā. She was in deep thoughts. Shrī Nārad muni asked, what are you thinking about? She said, I am wondering, when Umā Devī asked Shiva jī to tell Rāma's story in Sanskrit, you went to Sage Vālmīki and got the divine poem of Rāmāyaṇ written for her. Then she asked Shivajī to tell her that Rāma's story in Avadhī Hindī, you went to Tulsīdās and got a divine Avadhī Hindī poem written. Then she asked Shivajī to tell her Shrī Krishṇa's musical story, you went to a poet and got a musical poem written. I would like to hear that musical poem of Shrī Krishṇa coupled with a Rāma's poem in the same musical style. Shrī Nārad muni said, no problem! He again went in the pre-dawn thoughts of that poet and instructed him about Rādhā's wishes. The poet said, "my pleasure!" When the poem of *Sangīt-Shrī-Krishṇa-Rāmāyaṇ* was composed, Shrī Nārad muni played Vīṇā and sang the poem to Rādhā jī. Rādhe Rānī was joyful. She said, "a musical epic like this was never and will never be created again न भूतं न च भविष्यति."

7. The Mega Epic :

The present epic poem of *Sangīt-Shrī-Krishṇa-Rāmāyaṇ,* is in the form of 233 Short musical stories. While the shlokas, Chaupāīs, dohās, chhandas, geets and English Translations are nested and intertwined to form the epic poem, each verses within each of the ten strings is classified and numbered accordingly in ascending order for easy and precise reference to any point in the poem.

The 500 Chhandas of the poem form a complete guide with interesting examples for learning Chhanda Shastra. Similarly, the 765 songs in 50 different Rāgs with their live examples form a wonderful tutor for learning Indian Music.

The most interesting aspect of this *mahākavya* is that, ten independent stand alone melodical strings are intertwined together to form the Master Musical Cord of the musical poem of the *Sangīt-Shrī-Krishṇa-Rāmāyaṇ.*

The 1st string is the Chhanda Mālā of 500 pearls. The pearls either begin each of the 233 short stories of this poem or they highlight the interesting junctures within the stories. The opening chhanda at the begining of each story gives a quick preview of that story.

The 2nd string is the *Malkauns Rāg Mālā* in Kaharvā tāl. Each of the 14 flowers of this garland is placed at the end the first 14 stories of the chapter of **Avataraṇikā**.

The 3rd string is the *first Bhairavī Rāg Mālā* in Kaharvā tāl. Each of the 32 flowers of this garland is placed at the end the next 32 stories of the chapter of **Bāl Krishṇa Anubhāg**.

The 4th string is the 𝄞*second Bhairavī Rāg Mālā* in Kaharvā tāl of a different tune. Each of the 4 flowers of this garland is placed at the end the next 4 stories of the chapter of **Vandana** in the **Gītā Anubhāg**.

The 5th string is the 𝄞*third Bhairavī Rāg Mālā* in Kaharvā tāl. Each of the 33 flowers of this garland is placed at the end the next 33 stories of the chapter of the **Gītā Anubhāg**.

The 6th string is the ॐ*Shloka Mālā of Gitopaniṣhad.* The 1447 shlokas of this garland forms the complete independent story of Gitopanidhad गीतोपनिषद् solely in Sanskrit Anuṣhṭubh meter. The Gitopaniṣhad is the aothor's grand expositopn on the Shrīmad Bhagavad Gītā. It is unique (अद्वितीय) in Sanskrit literature. One may not find such thorough and interesting explanation elsewhere. This is the most precious of the gems of the *Sangīt-Shrī-Kriṣhṇa-Rāmāyaṇ.*

The 7th string is the 𝄞*fourth Bhairavī Rāg Mālā* in Dadrā tāl (waltz rhythm). Each of the 143 flowers of this garland is placed at the end the next 143 stories of the chapter of the **Sangīt Rāmāyaṇ.** Each concluding Bhajan gives a short summary at the end of each of the 233 stories.

The 8th string is the ✍ *Gītā-Dohāvalī.* The 4000 Dohās from the Gītā-Anubhāg convey the complete independent summary of the eighteen chapters of the Gītā.

The 9th string is the ✍ *Rāmāyaṇ-Dohāvalī.* The 3000 Dohās from the Rāmāyaṇ-Anubhāg tell the complete independent story of the Rāmāyaṇ.

The 10th string is the remaining string is the 5200 Chaupāīs and 767 songs in 50 different 𝄞Rāgas that interconnect and weave the other nine strings to form one complete musical cord of the poem of the *Sangīt-Shrī-Kriṣhṇa-Rāmāyaṇ.*

Last, but not the least, is the ◎English Prose Purport at the end of each subheading, in the form of a summary, for those readers who enjoy English reading. There are 4839 such ◎English Prose Purports embeded with this poem.

8. The Research work :

The Musical poem of *Sangīt-Shrī-Kriṣhṇa-Rāmāyaṇ* is formulated with a serious research work and contemplaion on each event in Shrī Kriṣhṇa's and Shrī Rāma's divine deeds. The presentation is designed with symbols, numbers, diagrams and foot-notes to make it as user-friendly as possible. In order to meticulously ascertain the accurate step-by-step logical flow of each event, this monumental work has following notable twelve points :

(i) Keeping **Vālmīki Rāmāyaṇ as the ultimate truth**, and thus keeping in line with Vālmīki'e text, poetic styles of Tulsīdās and detailing styles of Kalīdāsa are followed for composing this poem in various Rāgas and Chhandas.

(ii) While enhancing the stories, care has been taken to make sure there is a proper correlation without conflict between each of the 233 stories and between each verse of each story. No fantastic or incongruous descriptions. Care is also taken to meticulously include the contemporary finer details of each scene in each story. While writing the stories, it is specifically understood that while giving protection, the Lord does not cause any permanent harm to innocent public and its and property, while removing the evil people. For this reason, some people may find some stories a bit different at places (underlined for your help) than they may have read them elsewhere, specially at the conclusion where the Lord restores any apparent harm caused to the public and its and property. For this particular reason, my "*Satya-Nārāyaṇ Vrat Kathā*" (story 233) is a bit different than you will read it anywhere else, but for a good reason. These stories are composed after serious thinking and thus, please read these stories on their own, without conflicting, comparing or confusing them with the stories written elsewhere. You will see a clear, realistic and logical sequence of the stories supported by maps and reseach findings.

(iii) Readers will find it interesting to trace story of Rāma's yojan-by-yojan travel from Ayodhyā to Lankā and back, and Bharat's travel from Mithilā to Kekaya and back to Ayodhyā, (please see the map on the back cover, Volume II).

(iv) The 567 footnotes given in this book have very valuable information. They include nearly 500 unique ✍ Doha compositions for the ▶*Lakshna-Geets* of all the ♫ Chhandas and 𝄞Rāgas used in this mega poem.

(v) It must be noted that when ॐshloka, Chaupāī, ✍ dohā, ♫ chhanda, 𝄞geet and the ◎English purport consist a group, they are not translations/transliterations of each other, but rather they all together make up one complete thought.

(vi) After a long research, we have developed a novel musical style called 卐*Kīrjans.* The Kīrjans are our own innovation of a hybrid musical style in which the *Sthāyī* of the devotional song is composed as a Kīrtan and the *Antarās* are composed as a Bhajan.

(Vii) The vast research work in prosody, with live paradigms and beautiful context to learn ♫ Chhanda-shastra and 𝄞Rāga-shastra in this book, is educational as well as fascinating for the poerty and music scholars.

(Viii) ☯ *Ghazals* are normally written in Urdū around the subjects of love and passion. However, for this work I have ventured to compose **devotional** *Ghazals* with Hindī, Urdū and Sanskrit words. These Ghazals are written in Kaharvā tāl with Sthāyī and Antarās, so that they can be sung like a Geet. There are six such ☯ ghazals in this poem.

(ix) In order to match the average Indian voice, ***D-flat-Major*** Scale (*Black-1-Middle-Octave*) is used for wtiting the Harmonium music notations of each song in this book. The tunes given in this book are in their simple forms for the ease of the average music lovers and music learners. The advanced music professionals may improvise them or change the scale with scale changer to suite their own style and standard.

(x) In order to conserve space, the **N**otations for each song are innovatively given in the form of ♬ "music-words," for each word of the lyric, including the punctuation marks. The tablā *Tāl* is given in the form of the name of the *Tāl* . Unless the *Tāl* (rhythm) is mentioned, *Kaharvā tāl* is default and unless the name of 𝄞*Rāga* is mentioned, mixed *rāga* is default.

(xi) For the first time you will discover in this book a new *rāga* chich I named 𝄞***Ratnākar Rāga***, in which **Ṇi** (ऩि), when used, is regular (शुद्ध); and either the **Ga** (ग) or **Ni** (नि), but not both, is flat (कोमल). Also you will find a new meter called ♬ ***Ratnākar Chhanda*** (13, 11, 13, 13).

(xii) For the first hand authentic information, following references were consulted in particular : *Vālmīki Rāmāyaṇ*; (ii) *Mahābhārat* - Ādi parva 122, 139, 185; Vana Parva 25,85, 188.115; Sabhā Parva 10, 38, 45; Udyog Parva 83.27, Droṇa Parva 143.57; Shānti Parva 334.36, 352.23; Anushāsan Parva 18.8, 26.29; (iii) *Shiva Purāṇa - Shatarudra Samhitā*, (iv) *Bhavishya Purāṇa* - Pratisarga Parva, (v) *Padma Purāṇa* - Pātāl Khaṇḍ, (vi) *Agni Purāṇa* - Skand 1, (vii) *Devī Bhāgavat* - Skand 9-10, (viii) *Skand Purāṇa* - Asura Kaṇḍ. (ix) *Bhāgavat Purāṇa* - Harivamsa 13, (x) *Historical Atlas of the Indian Peninsula* by C. Collin Davies, Oxford Univ. Press, (xi) *Complete History of the World*. Times Books, London, 7th ed. (xii) *Britannica Atlas*. Encyclopaedia Britannica, Inc. Chicago. (xiii) *Historical Atlas of South Asia*. ed. by Joseph E. Schwartzberg. The Univ. of Chicago Press.

9. The Typical Story Format :

The 233 stories of the "*Sangīt-Shrī-Krişhņa-Rāmāyaņ*" are independent individual units of the composite poem. The general format of each individual story includes the following seven elements :

(i) The **Story Number** and **Title** for the core subject of the story.

(ii) **Introductory Summary :**

(1) Each story typically begins with a unique ♬Chhanda (meter) from the Chhanda Shāstra. Each of these unique Chhandas appear only once in the book. They are the individual pearls in the Chhanda-Mālā (pearl-garland).

(2) Summary ॐShloka. All the shlokas in the Volume-I form the most precious gem of Gītā-Shlokāvalī.

(3) Chaupāīs, Dohās and opening Devotional song or songs.

(iii) **Core of the Story** : The body of the story is composed of various elements, depending up on the mood and the delicateness of the matter. They include Chaupāīs, Dohās, Chhandas and Rāgas. The Dohās together in the volume I form the lovely Gītā-Dohāvalī; and the Dohās in the Volume II collectively form the interesting Rāmāyaṇ-Dohāvalī. The body of each story is composed of unique Chhandas and/or some special Chhandas. The special Chhandas include such names as Vasant-tilakā, (वसंततिलका) Shikhariṇī (शिखरिणी), Prithvī (पृथ्वी), Shārdūlavikrīḍit (शार्दूलविक्रीडित), Bhujangprayāt (भुजंगप्रयात), Faṭkā (फटका), Kuṇḍaliyā (कुंडलिया), etc. Unlike the unique chhandas, the special Chhandas are repeated intermittently in the garlands of Chhanda-Mālā in the book.

(iv) **Conclusion** : Each story then concludes with a song that tells the whole story in a particular Rāga. The concluding songs in Volume I form the 𝄞Rāga-Mālā in Kaharvā Tāl. The concluding songs in Volume II form 𝄞Rāga-Mālā in Dādrā Tāl. At the end of each section of the story, there is ◎English purport of that section.

10. Acknowledgements :

It took me over six years around the clock to critically study Vālmīki, Vyāsa, Kālīdās, Patañjalī, Pāṇini, Pingal, Satyānand, Brahmānand, Bhānu, etc. and to master the Phontographer, CorelDraw, PageMaker, MSOffice and Photoshop. It took additional ten years to learn Music and to compose the poem of *Sangīt-Shrī-Krishṇa-Rāmāyaṇ*" including the ocean of the shlokas of the *Gitopanishad*.

I would like to express my humble gratitude to Shrī Nārad muni, Shāradā Devī, Shivajī, Pārvatī Devī, Gaṇeshjī, Shrī Rāma and Shrī Krishṇa for their kind blessings for the success of this work. Thanks are due to the writings of Swāmī Brahmānand and Satyānandjī for giving me the musical inspiration and the unique ideas for the flow of the stories. I would like to recognize the tireless help given by my caring wife Sunita during the long course of this divine project.

I thank my sister Madhavi Borikar for drawing line sketches for various stories in the book. I am grateful to Sangītchārya *Shrī* Dev Bansaraj, whom I met with a divine chance and who awakened the music in me just when I needed it as if pre-arranged. I appreciate his help of innumerable hours in preparing the tunes for the Nayī Sangīt Roshanī. I would like to greatly appreciate *Shrī* Jagdīsh Chandra Shardā Shāstrijī for giving me his precious time in going over the Sanskrit part of this work.

IN THIS EPIC MUSICAL POEM

Lyrical Item	**संगीत पद**	**Count,** *all original*
1. Shlokas	श्लोक	2,422
2. Chaupāīs	चौपाई	5,200
3. Dohās	दोहा	7,062
4. Songs (Original Compositions)	गीत, भजन, कीर्तन	765
6. Kīrjan	कीर्जन	10
7. Chhandas (Meters)	छन्द	501
8. Formulas	लक्षण गीत	560
9. Rāga		50
10. Meter & Rāga Antarās	छन्द और राग के अंतरे	3,000
11. English Prose Purports	अँग्रेज़ी भावार्थ	4,839

श्लोकः

छन्दोरागसमायुक्तं भूतं न च भविष्यति ।

विद्यया रचितं काव्यं, रत्नाकरेण लिख्यते ।। 3/2422

दोहा॰ नारद जी ने दी कथा, स्वरदा ने संगीत ।

रत्नाकर ने है रचा, छंद राग में गीत ।। 1/7068

This poem of Sangīt-Shrī-Krishṇa-Rāmāyaṇ, composed by Sarasvatī, rich in Chhandas (meters) and Rāgas, like of whcih none was in the past nor will be in the future, is being written by Ratnākar.

दादरा ताल, 12 मात्रा

(संगीत श्रीकृष्णरामायण)

स्थायी

कविता होगी न ऐसी हुई है,
राग-छंदों भरी ये नदी है ।
तुलसी ने कथा जो कही है,
व्यास वाल्मीक वाणी यहीं है ।।

This epic poem contains 1262 new melodious compositions in Rāgas and Chhandas with their Harmoniun notations.

It has the beautiful stories from Tulsīdās, Vyāsa and Vālmīki's writings.

♫ ममग म-म- म पपम- गम- प-, रेरेग- म- मध- प- मग- म- ।
रे-ग ममम- पध प- मप- ग, रे-ग ममम- धप- प- म-ग- रे- ।।

अंतरा-1

इसमें वो है जो करने सही है,
अवगुणों की प्रशंसा नहीं हैं ।
वेद शास्त्रों का आशय यही है,
ऋषि-मुनियों ने गाया वही है ।।

It has glorified only the righteoues teachings from our scriptures, but not the unrighteous things in the world.

♫ सां-सां नि- रें- सां ध-निनि- धप- म-, सां- सां नि-रें-सां- ध धधनि- धप- म- ।
मग म-म- म प-मम गम- प-, ररे गमम- म ध-प- मग- रे- ।।

अंतरा-2

ज्ञान गंगा ये मंगल बही है,
धन्य जिससे हुई ये मही है ।
बात युग-युग से जो आ रही है,
मैंने संगीत में वो कही है ।।

It has nothing new, but it is an essence of what has already been said by the ancient Vedas, Bhāgavat, Mahābhārat, Gītā and Rāmāyaṇ of Vālmīki and Tulsīdās. (ऋषिभिर्बहुधा गीतं छन्दोभिर्विविधैः पृथक् - गीता 13.5)

◎ **Sangīt-Shrī-Krishṇa-Rāmāyaṇ :** ***Sthāyī :*** *A Musical Poem like this has never and may never be written again. It is a river filled with Rāgas and Chhandas. It has the divine sayings of Vālmīki , Vyāsa and Tulsīdās.* ***Antarā : 1.*** *This epic has whatever good that is there. Whatever is unrighteous, is not glorified here. It is the extract of the wisdom of the Vedas, Rāmāyaṇ, Mahābhārata, Gītā and the Scriptures.* ***2.*** *This divine river of knowledge, has blessed this earth. That age old tradition is musically presented here.* **1/4839**

संगीत कथा अनुक्रम

INDEX of MUSICAL STORIES of Sangīt-Shrī-Krishṇa-Rāmāyaṇ

दोहा०

रामकृष्ण संगीत के, भजनों का भंडार ।

जो गाता है प्रेम से, उसका है भव पार ।। 2/7068

संगीतश्रीकृष्णरामायण

Sangīt-Shrī-Krishṇa-Rāmāyaṇ

INDEX

प्रकरण 1

संगीत-श्री-कृष्णायन

BOOK-1
Sangīt Shrī-Kriṣhṇayan

१ बालकृष्ण अनुभाग

1. Bāl-Kriṣhṇa-Anubhāg

२. श्रीगीतोपनिषद् अनुभाग

2. Shrī-Gītopaniṣhad-Anubhāg

परिशिष्ट : APPENDIX

प्रकरण 2

संगीत-श्री-रामायण

१. बाल काण्ड

PART 2
Sangīt-Shrī-Rāmāyaṇ
1. Bāl Kāṇḍ

२. अयोध्या काण्ड
2. Ayodhyā Kāṇḍ

३. अरण्य काण्ड

3. Araṇya Kāṇḍ

४. किष्किन्धा काण्ड

4. Kiṣhkindhā Kāṇḍ

५. सुंदर काण्ड
5. Sundar Kāṇḍ

६. लंका काण्ड
6. Lankā Kāṇḍ

यह अवश्य याद रहे

Know this before you begin

1.**"अनुष्टुभ्"** शब्द के आगे कोई भी कठोर वर्ण (क, ख, च, छ, ट, ठ, त, थ, प, फ, श, ष, स) आने से अनुष्टुभ् शब्द **"अनुष्टुप्"** हो जाता है । श्लोक छन्द को साधारणतया अनुष्टुप्-छन्द कहा जाता है, अपितु **श्लोक या श्लोक छंद** अनुष्टुभ् वर्ग का केवल एक प्रकार है । अनुष्टुभ् वर्ग के अन्य 15 छंदों के नाम इस पुस्तक में दिये गए हैं ।

2. इस ग्रंथ में आठ-आठ वर्णों के बाद जहाँ छन्द-हानि के बिना संधि टूट सकती है, वहाँ **गाने कि सुविधा के लिये " – "** का चिह्न देकर संधि सकारण तोड़ी गयी है । जैसे, दामोदरं हृषीकेशमीशं वन्दे जगद्गुरुम् = दामोदरं हृषीकेशम्-ईशं वन्दे जगद्गुरुम् । यह छन्ददोष नहीं है ।

3. **मात्रा** को **मत्त, मत्ता, कल** अथवा **कला** भी कहा जाता हैं । लघु मात्रा का चिह्न " । " और गुरु मात्रा का चिह्न " ऽ " है ।

4. दो कल का **द्विकल** (।।, ऽ जैसे: रघु, श्री) होता है, तीन कल का **त्रिकल** (।।।, ।ऽ, ऽ। जैसे: भरत, उमा, राम), और चार कल का **चौकल** अथवा **चतुर्मात्रा** (।।।।, ।। ऽ, ।ऽ।, ऽ।।, ऽ ऽ जैसे: दशरथ, गिरिजा, गणेश, लक्ष्मण, सीता)

5. चौपाई छंद के चरण में 16 मात्राएँ होती हैं, मगर **चौपाई की पंक्तियाँ चार चार चौकलों में विभाजित नहीं होती हैं,** अन्यथा वह चौपाई छंद नहीं, **पादाकुलक छन्द** होता है ।

6. जो स्वर **अधो-रेखांकित** लिखा गया है वह कोमल स्वर होता है (जैसे, कोमल ग = ग), जो स्वर **उर्ध्व-रेखांकित** लिखा है वह तीव्र स्वर होता है (जैसे, तिव्र म = मं), जिस स्वर के **नीचे बिंदु** है वह मन्द्र सप्तक का स्वर है (जैसे मन्द ग = ग़), और जिस स्वर के **ऊपर बिंदु** लगाया है वह तीव्र सप्तक का स्वर है (जैसे, तीव्र ग = गं)

7. छन्द रचना की पद्य पंक्ति में जहाँ वैकल्पिक विश्राम समय होता है उसे **यति** कहते हैं । राग में यति लेना या नहीं लेना यह **लय के अनुसार** निर्भर होता है । जहाँ यति निर्देशित नहीं होता है वहाँ विश्राम स्थान चरण के अंत में होता है, और राग के लय के अनुसार यति के व्यतिरिक्त पंक्ति के बीच में भी विराम आयोजित हो सकता है । चरण की अंतिम लघु मात्रा भी गुरु मानी जा सकती है ।

8. जो रचना छंद बद्ध हो वह **पद्य** होती है, जो छंद के विना है वह **गद्य** है । जहाँ गद्य पद्य दोनों हैं वह **चंपू** कहलाती है । जिस पद्य के चरणों में मात्रा, गति, यति, अंत समता का विचार किया जाता है वह **छंद** होता है और जहाँ लय को प्राधान्य होता है वह **राग** होता है ।

9. स्वर विरहित व्यंजन **अर्ध-अक्षर अथवा शून्य मात्रा** का होता है (जैसे, क्), लघु स्वर वाला व्यंजन **लघु अथवा एक मात्रा** का है (जैसे, क, कि, कु, कृ), दीर्घ स्वर वाला व्यंजन **दीर्घ अथवा दो मात्रा** का है (जैसे, का, की, कू, के, कै, को, कौ, कः), और आघात युक्त संयुक्ताक्षर के पूर्व वाला अक्षर दीर्घ अथवा दो मात्रा का माना जाता है (जैसे, कश्मल का क), परंतु आघात विरहित संयुक्ताक्षर के पूर्व वाला लघु अक्षर लघु अथवा एक मात्रा का ही माना जाता है (जैसे, कन्हैया का क)

11. विसर्ग (:) वाले वर्ण दीर्घ होते है (जैसे, कः), अनुस्वार वाले अक्षर दीर्घ होते हैं (जैसे, अंबर का अं), मगर चन्द्रबिंदु अनुस्वार वाले लघु वर्ण लघु ही रहते हैं (जैसे – अँसुअन का अँ)

10. तीन वर्ण के समूह को **गण** कहते हैं, बायनरी ऑक्टल के वैज्ञानिक आधार पर **शून्य को प्रथम अंक मान कर :** 0 = 000 = ।। । (सर्वलघु) = **न गण**, 1 = 001 = ।। ऽ (अंतगुरु) = **स गण**; 2 = 002 = । ऽ। (मध्यगुरु) = **ज गण**, 3 = 011 = । ऽ ऽ (आदिलघु) = **य गण**; 4 = 100 = ऽ।। (आदिगुरु) = **भ गण**; 5 = 101 = ऽ। ऽ (मध्यलघु) = **र गण**; 6 = 110 = ऽ ऽ। (अंतलघु) = **त गण**; और 7 = 111 = ऽ ऽ ऽ (सर्वगुरु) = **म गण** आदि आठ गण हैं । लघु मात्रा = । = **ल**, और गुरु मात्रा = ऽ = **ग** आदि दशाक्षर माने हैं ।

11. छंद के मुख्य दो प्रकार हैं : 1. **मात्रिक छंद**, जो पद्य लघु-गुरु मात्रा गिन कर रचे जाते हैं, और 2. **वार्णिक वृत्त**, जो अक्षर गिन कर रचे जाते हैं । जिस छंद के सभी चरण समान मात्रा या वर्ण के होते वे **सम छंद** होते हैं, जिस छंद के केवल सम चरण आपस में समान मात्रा या वर्ण के होते हैं और विषम चरण आपस में समान मात्रा अथवा वर्ण के होते है वे **अर्ध-सम छंद** होते हैं । जिस छंद के सभी चरण असमान मात्रा या वर्ण के होते वे **विषम छंद** होते हैं । जिस छंद के चरण में 32 से अधिक मात्रा अथवा 26 से अधिक वर्ण होते हैं उसको **दंडक** कहते हैं ।

12. **मात्रिक छंदों के** मात्रा संख्या के अनुसार जो 32 वर्ग माने गए हैं वे, इस प्रकार हैं :

एक मात्रा का चान्द्र वर्ग, दो मात्रा का पाक्षिक, 3 मात्रा का राम, 4 का वैदिक, 5 का याज्ञिक, 6 का रागी, 7 का लौकिक, 8 का वासव, 9 का आंक, 10 का दैशिक, 11 का रौद्र, 12 का आदित्य, 13 का भागवत, 14 का मानव, 15 का तैथिक, 16 का संस्कारी, 17 का महासंस्कारी, 18 का पैराणिक, 19 का महापैराणिक, 20 का महादैशिक, 21 का त्रैलोक, 22 का महारौद्र, 23 का रौद्रर्क, 24 का अवतारी, 25 का महाअवतारी, 26 का महाभागवत, 27 का नाक्षत्रिक, 28 का यौगिक, 29 का महायौगिक, 30 का महातैथिक, 31 का अश्वावतारी और 32 मात्रा का लाक्षणिक वर्ग ।

उसी तरह से **वार्णिक वृत्तों के** अक्षर संख्या के अनुसार जो 26 प्रकार हैं, वे इस प्रकार हैं :

केवल 1 वर्ण का उक्था, 2 वर्ण का अत्युक्था, 3 का मध्या, 4 का प्रतिष्ठा, 5 का सुप्रतिष्ठा, 6 का गायत्री, 7 का उष्णिक, 8 का अनुष्टुभ्, 9 का बृहती, 10 का पंक्ति, 11 का त्रिष्टुप्, 12 का जगती, 13 का अतिजगती, 14 का शर्करी, 15 का अतिशर्करी, 16 का अष्टि, 17 का अत्यष्टि, 18 का धृति, 19 का अतिधृति, 20 का कृति, 21 का प्रकृति, 22 का आकृति, 23 का विकृति, 24 का संस्कृति, 25 का अतिकृति और 26 वर्ण का उत्कृति वर्ग ।

13. Alliteration = अनुप्रास
Ascending = आरोह
Beat = मात्रा
Descending = अवरोह
Drum = तबला
Emotion = भाव
Even = सम
Flat note = कोमल
Letter = अक्षर, वर्ण
Line of verse = पद, पाद, चरण
Melody = राग
Meter = छन्द
Music = संगीत
Note = स्वर
Octave = सप्तक
Odd = विषम
Pause = यति, विराम, विरम
Poetry, poem = कविता, काव्य, पद्य
Prose = गद्य
Rhythm = ताल
Sharp note = तीव्र
Song = गीत
Sound = नाद
Measure (Long/short Metrical instant) = मात्रा
Sequence of notes = सरगम
Syllable = अक्षर, वर्ण
Tempo = लय

BOOK I

sangeet-shrikrishnayan

पुस्तक 1

संगीतश्रीकृष्णायन।

श्री कृष्ण की लीलाओं की संगीत मय कविता ।

१

मंगलाचरण

Opening Prayers

मङ्गलाचरणम् ।

♫ संगीतश्रीकृष्णरामायण-छन्दमाला, मोती 1 of 501

मुक्तछन्दः[2]

श्रीपरमात्मने नम आत्मने नमः । नमो ब्रह्मणे गायत्र्यै नमः ।। 1
प्रकृत्यै नमः पुरुषाय नमः । नमः शिवाय पार्वत्यै नमः ।। 2
नमो विष्णवे लक्ष्म्यै नमः । गणेशाय नमः सरस्वत्यै नमः ।। 3
रामाय नमः सीतायै नमः । नमः कृष्णाय राधायै नमः ।। 4
वसुदेवाय नमो वासुदेवाय नमः । भीमार्जुनयुधिष्ठिरेभ्यो नमः ।। 5
देवकीयशोदामातृभ्यां नमः । विश्ववृक्षाय विराटरूपिणे नमः ।। 6
देवेभ्यो नमो गुरुदेवेभ्यो नमः । मात्रे नमः पित्रे नमः ।। 7
इन्द्राय नमो वरुणाय नमः । वायवे नमो वायुपुत्राय नमः ।। 8
अग्नये नमो द्यवे नमः । पृथ्व्यै नमो नवग्रहेभ्यो नमः ।। 9
पञ्चभूतेभ्यो नमस्त्रिगुणेभ्यो नमः । सर्वभूतेभ्यो नमो वनस्पतये नमः ।।
नदीभ्यो नमः पर्वतेभ्यो नमः । सूर्याय नमश्चन्द्रमसे नमः ।। 11
वेदेभ्यो नमः सर्वोपनिषद्भ्यो नमः । नारदाय नमो ज्ञानाय नमः ।। 12
दत्तात्रयाय नमः स्कन्दाय नमः । प्रह्लादाय नमो ध्रुवाय नमः ।। 13
पाणिनिपतञ्जलिभ्यां नमः । यास्काय नमः पिङ्गलाय नमः ।। 14

[2] ♫ **मुक्त छन्द** : मुक्त छन्द वर्ण तथा मात्रा से बंधन मुक्त होता है । यह गद्य-पद्यात्मक स्वैर छन्द है । मन के विचार यथा हैं तथा ही प्रस्तुत करने का यह एक साधन है । मात्रा और वर्ण की गिनती का तथा छन्दों का पूर्ण ज्ञान न होते हुए भी कविता लिखने की सुविधा यह छन्द सबको प्रदान कर देता है । आधुनिक युग में यह छन्द सर्वाधिक प्रचलित है ।

▶ लक्षण गीत : ✍ **दोहा॰ वर्ण मत्त से मुक्त जो, कवि को दे आनंद ।**
गद्य मय जो पद्य है, कहा "मुक्त" वह छंद ।। 15/7068

वाल्मीकये नमो व्यासाय नमः । रामानन्दाय नमस्तुलसीदासाय नमः ।।
शिवाजीप्रतापभ्यां नमो राज्ञीलक्ष्म्यै नमः । शङ्कराचार्याय रामानुजाय नमः ।।
वल्लभाचार्याय वरदाचार्याय नमः । यमुनाचार्याय माधवाय नमः ।। 17
मीरायै नमो ब्रह्मानन्दाय नमः । सत्यानन्दाय नमो विवेकानन्दाय नमः ।।
सर्वमुनिभ्यो नमः सर्वर्षिभ्यो नमः । सर्वज्ञानिध्यानियोगिभ्यो नमः ।। 19
सर्वकविभ्यो नमः सर्वसुहृद्भ्यो नमः ।। 20

✍ दोहा॰ [3] **नमन करूँ परमातमा, परम ब्रह्म भगवान ।**

गायत्री की वन्दना, मस्तक टेक प्रणाम ।। 3/7068 (1 of 3735)

♫ सासासा रेग- रेगम-गम-, पपप म-ग रेगम-म ।
ग-गम- ग- म-गरे-, सा-सासा रे-ग रेसा-सा ।।

पुरुष-प्रकृति को मेरा, साष्टांग नमस्कार ।
भोले शंकर पार्वती! करिए मम उद्धार ।। 4/7068

लक्ष्मी नारायण प्रभो! शेषशायी भगवान ।

[3] ♫ **दोहा छन्द** की व्याख्या आगे संज्ञापरिचय विभाग में सर्वप्रथम दी है ।

पद्मनाभ लक्ष्मीश के, गाऊँ कीर्तन गान ।। 5/7068

शिवनंदन श्री गणपति, गणेश श्री गणनाथ ।
सरस्वती माँ शारदे! जोडूँ दोनों हाथ ।। 6/7068

जनक नंदिनी जानकी, दशरथ सुत रघुनाथ ।
मनहर राधा कृष्ण को, नमन हृदय के साथ ।। 7/7068

अर्जुन, भीम प्रवीर को, और युधिष्ठिर भ्रात ।
यशोदा-नंदनंदिनी! प्रणाम तुमको, मात! ।। 8/7068

विश्ववृक्ष अश्वत्थ तू, अद्भुत दैवी रूप ।
विश्वरूप श्रीकृष्ण जी! पूजूँ मैं, सुरभूप! ।। 9/7068

देव-देवता सर्व ही, गुरुजन जितने ज्ञात ।
मात-पिता मम पूज्य के, चरणन में प्रणिपात ।। 10/7068

नमो नमः प्रभु इंद्र को, वरुण देव! सम्मान ।
धन्य कियो पितु मातु को, राम भक्त हनुमान ।। 11/7068

वन्दे पावक-देवता, अंतरिक्ष आकाश ।
धरती जगमाता तथा, नवग्रह दिव्य प्रकाश ।। 12/7068

पँच भूत को धीमहि, तीन गुणों को और ।
सर्व भूतगण भूमि के, वनस्पति सब ओर ।। 13/7068

गिरि सरिता सागर मही, नमामि तन मन जोड़ ।
सूर्य चंद्र तारे सभी, बिना किसी को छोड़ ।। 14/7068

उपनिषदों को ध्याऊँ मैं, वैदिक ज्ञान प्रमाण ।
देवर्षि नारद मुनि, त्रिभुवन में रममाण ।। 15/7068

तीन-मुखी गुरु दत्त श्री, सुर सेनापति स्कंद ।
सुभक्त ध्रुव प्रह्लाद को, स्मरण करूँ सह छंद ।। 16/7068

गुरु पाणिनि पातंजलि, दीन्हा मुझको ज्ञान ।
यास्क पिंगल से मुझे, मिला छंद अभिधान ।। 17/7068

व्यास बाल्मीक मम गुरो! तुम्हीं सच्चिदानंद ।
काव्य ज्ञान के स्रोत हैं, तुलसी रामानंद ।। 18/7068

जय भारत संतान वे, शिवा प्रताप महान ।
लक्ष्मी के बलिदान ने, दिया हमें अभिमान ।। 19/7068

आदि शंकराचार्य श्री, नमन वल्लभाचार्य ।
रामानुज माधव तथा, यमुना वरदाचार्य! ।। 20/7068

मीरा ने कीर्तन दिये, कविता ब्रह्मानंद ।
योग विवेकानंद ने, बरणन सत्यानंद ।। 21/7068

ऋषि-मुनि योगी संत को, हिरदय अपना वार ।
ज्ञानी ध्यानी सकल कों, वन्दन बारंबार ।। 22/7068

कवि लेखक जन सर्व को, सुहृद जन प्रत्येक ।
मिली है जिनसे प्रेरणा, वन्दन घुटने टेक ।। 23/7068

।। हरि ॐ तत् सत् ।।

◎ **Introductory Prayer :** *Obeisance to the Supreme Lord, the Creator, the Supreme Person, the Soul, the Mother Nature, the Worldly Tree, the Cosmos, the five Primal beings (Mahā Bhūtas), the three Attributes (Guṇas), the Divine form, the Mother India, the Sanātana Dharma, the Mother Gāyatrī, the Gods, the Deities, Vasudeva, Lakṣhmī, Shiva, Pārvatī, Gaṇesh, Sarasvatī, Rāma, Sītā, Krishṇa, Rādhā, Devakī, Yashodā, Yudhiṣhṭhira, Bhīma, Arjun, Hanumān, Mother, father, Gurus, Indra, Varuṇa, Fire, Sky, Wind, all Beings, the Vegetation, the Sun, the Moon, the Stars, the Rivers, the Mountains, the Mother Earth, the Three worlds, the Vedas, the Purāṇas, the Upaniṣhads, the Mahābhārat, Gītā, Rāmāyaṇ, Sage Nārad muni, Dattātraya, Saknda, Prahlāda, Dhruva, Pāṇini, Patañjali, Yask, Pingala, Vālmīki, Vyāsa, Rāmānand, Tulsīdās, Shivājī, Rāṇā Pratāp, Queen Lakṣhmībaī Jhānsī-wālī, Shankarāchārya, Rāmānuja, Vallabhāchārya, Varadāchārya, Yamunāchārya, Mādhavāchārya, Meerā, Brahmānanda, Satyānanda, Vivekānanda, all Sages, all Saints, all wise people, all Yogīs, all Poets, all Noble souls, the Knowledge and the Learning. Hari Om tat sat.*
2/4839 (= 2 of 4839)

संज्ञा परिचय

श्लोक, दोहा, राग, छन्द, चौपाई, भजन

1. श्लोक छन्द

<u>संगीतश्रीकृष्णरामायण छन्दमाला, मोती 2 of 501</u>

श्लोक का अनुष्टुप् छन्द[4]

श्लोक लक्षण : 4 + । ऽ ऽ + 1 – 4 + । + ऽ + । + 1

श्लोक–व्याख्या, संस्कृतश्लोक:

ग–ग– ग–ग– ग–रे–मग–, मम–म– म–गरे– मग– ।
रेरे–रेरेगरे–सानि़, रेरेरे– मगरे–नि़सा– ।।

'श्लोके' षष्ठो गुरुर्वर्णो लघुश्च पञ्चम: सदा ।
गुरुर्विषमयोर्ह्रस्व: सप्तम: समपादयो: ।। 4/2422 (4 of 2422)

चतुष्पादस्य श्रीयुक्तो वाल्मीकिकविना कृत: ।
द्वात्रिंशद्वर्णयुक्तो हि छन्दोऽनुष्टुप्स कथ्यते ।। 5/2422

श्लोक व्याख्या, हिन्दी श्लोक
श्लोक में पाँचवाँ ह्रस्व छठा दीर्घ सदा रहे ।

---

[4] **श्लोक छन्द :** (द्वात्रिंशदक्षरानुष्टुभ्) श्लोक शब्द संस्कृत के √श्लोक् (पद्य रचना करना) धातु से बना है । यह "अनुष्टुभ्" नामक छन्द है, परन्तु अनुष्टुभ् शब्द के आगे कोई भी कठोर वर्ण आने से अनुष्टुभ् शब्द अनुष्टुप् हो जाता है । श्लोक छन्द को साधारणतया अनुष्टुप्–छन्द कहा जाता है, परंतु यह ध्यान में रहे कि, श्लोक छन्द अनुष्टुभ् वर्ग का केवल एक प्रकार है । श्लोक 32 अक्षरों का वार्णिक छन्द है । श्लोक में आठ वर्णों के चार चरण होते हैं । इसके दूसरे और चौथे (सम) चरणों के बीच वर्णों का प्रमाण समान होता है और पहले और तीसरे (विषम) चरणों के वर्णों का प्रमाण भी समान होता है, अत: इसको अर्धसम **छन्द** कहा जाता है । इस काव्य में कुल 2422 श्लोक आए हैं । श्लोक छंद के आदि रचेता श्री वाल्मीकि महामुनि थे ।

यह अवश्य याद रहे कि, सभी अनुष्टुभ् पद्य श्लोक नहीं होते हैं । केवल जिसका लक्षण सूत्र 4 + । ऽ ऽ + 1 – 4 + । + ऽ + । + 1 है वही पद्य **श्लोक** होता है । अनुष्टुभ् वर्ग के अन्य पन्द्रह छन्द इस प्रकार होते है: : **विद्युन्माला** (ऽऽऽ, ऽऽऽ, ऽऽऽ, ऽऽ), **वापी** (ऽऽऽ, ।ऽऽ, ऽऽ।), **लक्ष्मी** (ऽ।ऽ, ऽ।ऽ, ऽ।), **मल्लिका** (ऽ।ऽ, ।ऽ।, ऽ।), **वितान** (।।ऽ, ऽ।।, ऽऽ), **ईश** (।।ऽ, ।ऽ।, ऽऽ), **नराचिका** (ऽऽ।, ऽ।ऽ, ।ऽ), **रामा** (ऽऽ।, ।ऽऽ, ।।), **प्रामाणिका** (।ऽ।, ऽ।ऽ, ।ऽ), **विपुला** (ऽ।।, ऽ।ऽ, ।।), **चित्रपदा** (ऽ।।, ऽ।।, ऽऽ), **माणवक** (ऽ।।, ऽऽ।, ।ऽ), **तुंग** (।।।, ।।।, ऽऽ), **गजगती** (।।।, ऽ।।, ।ऽ), और **पद्म** (।।।, ।।ऽ, ।ऽ)

श्लोक छन्द की विशेष बातें : श्लोक के (1) चारों चरण में पाँचवा वर्ण लघु (ह्रस्व) और (2) छठा वर्ण गुरु (दीर्घ) होता है । (3) सम चरणों का सातवाँ वर्ण लघु और (4) विषम चरणों का सातवाँ वर्ण गुरु होता है । शेष (1, 2, 3, 8) वर्णों के लिये लघु गुरु की स्वतंत्रता होती है । (5) आघात वाले संयुक्ताक्षर के पूर्व का लघु वर्ण दीर्घ माना जा सकता है । (6) प्रत्येक चरण (आठ अक्षर) के अन्त में यति (साँस लेने का है <u>वैकल्पिक</u> अवधि) होता है । (7) प्रत्येक चरण की प्रथम चार मात्रा की गण–विभिन्नता को गिन कर अनुष्टुप् श्लोक छन्द के वितानम्, सुसन्द्रप्रभा, केतुमाला, मृत्यञ्जय, विभा, नाराचिका, श्यामा, चित्तविलासित, ललितगति, रतिमाला, कुसुम, गजगती, सुमालति, गुणलयनी, कमल, माणवक, नदी, चित्रपदा, नागरक, हंसरुत, विद्युन्माला, क्षमा, सुचन्द्रभा, मालिनी, समानी, अनुष्टुभ्–हंसिनी, पद्ममाला, गाथ, विमलजला, मोद, सुविलासा, मही, अचल आदि 35 प्रकार माने है । श्लोक में लिखी कविताओं के पदों में इन 35 गण–विविधता के कारण इस छन्द की विस्तृततम रचना भी उकतावनी नहीं होती है, अपितु मधुरतम ही होती जाती है । (8) अत: किसी भी केवल एक ही प्रकार के अनुष्टुप् छन्द में संपूर्ण कविता नहीं लिखी जाती । इस छन्द को ब्रह्मा का चौथा मुख माना जाता है ।

<u>विशेष ध्यान रहे</u> : कि **<u>इस ग्रंथ में आठ–आठ वर्णों के बाद जहाँ छन्दहानि के बिना संधि टूट सकती है, वहाँ गाने के लय की सुविधा के लिये " – " का चिह्न देकर संधि सकारण तोड़ी गयी है</u>** । जैसे कि : दामोदरं हृषीकेशमीशं वन्दे जगद्गुरुम् = दामोदरं हृषीकेशम्–ईशं वन्दे जगद्गुरुम् ।। **अत: इसको कृपया छन्ददोष मत मानियेगा ।**

▶ लक्षण गीत : **दोहा॰ अष्टवर्ण–पद चार हों, विषम पद ग ल ग अंत ।**
सम चरण ल ग ल अंत का, "श्लोक" अनुष्टुप् छंद ।। 24/7068

द्वितीय चौथ में दीर्घ सातवाँ अन्य में लघु ।। 6/2422

पवित्र चार पादों का वाल्मीकि ने रचा जिसे ।
बत्तीस वर्ण का छन्द अनुष्टुप् कहा इसे ।। 7/2422

◎ **Shloka :** *Shloka is a poetic meter composed of 32 syllables, divided into four quarters of 16 syllables each. In shloka meter, the fifth letter in each quarter is short and the sixth letter is long. In the odd quarters, the seventh letter is long and in the even quarters, it is short. This divine equation was first composed by sage Vālmīki. It is broadly called an Anushṭubh meter. However, Shloka is just one of the sixteen Anushṭubh Chhandas (meters). Other fifteen Anushṭubh merers are listed above.* **3/4839**

2. दोहा[5]

♫ संगीतश्रीकृष्णरामायण छन्दमाला, मोती 3 of 501

दोहा छन्द

8 + ऽ।ऽ + 7 + ।ऽ।

भक्ति काव्य का छन्द ये, मीठा बहुत सुहाय ।
तेरह–ग्यारह मत्त का, 'दोहा' इति कहलाय ।। 25/7068

♫ सा–सा सा–सा सा– रे–ग म–, प–प– धपम गम–म ।

सा–सासा रे–रेरे ग–पम–, प–प धप मगम–म ।।

◎ **Dohā :** *It is a poetic meter of four quarters. It has 13 measures (metrical instants) in the odd quarters and 11 measures in the even quarters. The odd quarters should ideally end with long-short-long measures. The even quarters should end with rhyming short-long-short measures (mettical instant = mātrā).* **4/4839**

3. चौपाई[6]

[5] **दोहा छन्द :** (दोग्धि चिन्तामिति दोहा:) दोहा शब्द संस्कृत √दुह् धातु से बना है । यह एक 24 मात्रा का मात्रिक छन्द है । श्लोक के समान इसमें भी चार चरण होते हैं और यह भी अर्धसम छन्द है । **मात्रा को मत्त, मत्ता, कल अथवा कला भी कहते हैं ।** विशेष यह कि, दोहे में : (1) विषम चरणों की 13 कल, मत्त अथवा मात्राएँ होती हैं । अंतिम वर्ण दीर्घ होता है । (2) सम चरणों की 11 मात्राएँ होती हैं । अंतिम वर्ण लघु होता है । (3) विषम चरणों के अंत में ज गण (।ऽ।) नहीं आना चाहिये । (4) सम चरण के अंत में ज गण (।ऽ।) और विषम चरण के अंत में र गण (ऽ।ऽ) उत्तम होता है । (5) अन्य वर्णों के लिये मात्रिक बन्धन नहीं है । इस मात्रिक स्वातंत्र्य के कारण दोहों में विविध चालें प्राप्त होतीं हैं । दोहों में लिखी कविताओं के पदों में इस गण–विविधता के कारण इस छन्द की विस्तृततम रचना भी उकतावनी नहीं होती है । (6) किसी भी केवल एक ही मात्राक्रम में कविता के सभी दोहे नहीं लिखे जाते । इस काव्य में कुल 7162 दोहे आए हैं ।

[6] **चौपाई छन्द :** चौपाई शब्द संस्कृत के चतुर् (विशेषण) और पद (संज्ञा) से बना है अत: इसको चतुष्पदी भी कहा जा सकता है । दोहे के समान यह भी चार चरणों (पदों) का मात्रिक छन्द है, मगर इसके चारों चरणों में मात्राओं की संख्या समान होने से यह सम छन्द है । **विशेष यह** कि इसके : (1) प्रत्येक चरण में 16 मात्राएँ होती हैं, मगर लघु गुरु का कोई निश्चित क्रम नहीं होता । फिर भी, इसकी पंक्तियाँ चार चार चौकलों में विभाजित नहीं होनी चाहिये, अन्यथा वह छंद रचना **पादाकुलक छन्द** की होती है । (2) चौपाई में सम के पश्चात् सम और विषम के पश्चात् विषम कल (उचित) होता है । (3) चरणों के अन्त में 'ज' गण (।ऽ।) और 'त' गण (ऽऽ।) नहीं आने चाहिये । इस ग्रंथ में चौपाइयों की चाल (धुन) 'हनुमान चालिसा' की चौपाइयों के समान है । (4) जिस चौपाई के चारों पदान्त अनुप्रास की तुकबंदी हो, उसे **चौतुकी** कहा जाता है । इस महाकाव्य में चौतुकियोंका प्रयोग विपुल हुआ है ।

विशेष सूचना : यह अवश्य याद रहे कि, यथा कवि को स्वतंत्रता होती है, इस काव्य के दोहे, चौपाइयों और फटकों में उचित स्थान पर उच्चार के अनुसार कुछ एकाक्षरों की अन्त्यस्वर की मात्रा लघु या दीर्घ मानी जा सकती है, जैसे, (1) का, की, के, ने, पे. में, से, है, हैं, ही, भी, जो, तो, हो, (2) कोई में 'ई' की मात्रा, (3) तेरा, तेरी, तेरे में 'ते' की मात्रा और (4) मेरा, मेरी मेरे में 'मे' की मात्रा । अत: दोहे, चौपाइयों और फटकों की पंक्तियों में कहीं कहीं एक मात्रा अधिक या कम प्रस्तुत हो सकती है । और याद रहे कि हिन्दी पद्यों में हलन्त अक्षरों की एक मात्रा गिनी जाती है, जो कि संस्कृत पद्यों में नहीं गिनी जाती है । इस काव्य में कुल 5205 चौपाइयाँ आई हैं ।

▶ लक्षण गीत : **दोहा॰ मात्रा सोलह की कला, ना हो ज या त अंत ।**
सभी जहाँ चौकल न हों, वह "चौपाई" छंद ।। 26/7068

संगीतश्रीकृष्णरामायण छन्दमाला, मोती 4 of 501

हिन्दी चौपाई ।

चरण चार की रुचि 'चौपाई,' षोडश मात्रा प्रति पद माही ।
सम विषम कला छन्द कहाई, गाए तुलसी चँदबरदाई ।। 1/5205 (1 of 5205)

सा–सासा रेरेरे– गगग– मधप– । म–मम प–प– मपधप प–म– ।
सासा सारेरे रेग– म–म मध–प– । ध–ध– पपम– गगममरे–सा– ।।

चरण चार सेती चौपाई, रचना सुंदर देत दिखाई ।
मात्रा सोलह प्रति पद की हों, परंतु सोलह चौकल ना हों ।। 2/5205

'कविता' डाले जान कथन में, सुर सुंदर सद्भाव बचन में ।
सात रंग नौ रस विवरण में, तरंग अगणित जन गण मन में ।। 3/5205
(प्रस्तुत काव्यग्रंथ में चौपाइयों की धुन 'हनुमान चालिसा' के समान)

संस्कृतचौपाई ।

कृष्णं वन्दे

सौजन्यं मे दद्यात्कृष्णो, भवसागरतः पाताद्विष्णो ।
श्यामसुन्दरं कृष्णं जिष्णुं, वन्देऽहं राधावर–वृष्णिम् ।। 4/5205

◎ **Chaupāī :** *It is a popular meter of four equal quarters of 16 measures each. The odd-and-even quarter pairs rhyme with each other. When all four quarters rhyme with each other, the Chaupāī is called a Chautukī.* **5/4839**

4. राग[7]

---

[7] **राग :** जिस संगीत सूत्र से गीत गाने बजाने के आरोही एवं अवरोही स्वर निश्चित लय में होते हैं, उसे **राग** कहते हैं । जैसे कि : बिलावल राग के सभी आरोही तथा अवरोही स्वर शुद्ध गुण के होते हैं और जाति संपूर्ण–संपूर्ण (7/7) होती है, खमाज राग का अवरोही नि कोमल होता है और जाति षाडव–संपूर्ण (6/7) होती है ।
जो स्वर अधोरेखांकित करके लिखा है वह कोमल स्वर होता है (जैसे : कोमल नि = नि), जो स्वर उर्ध्व रेखांकित करके लिखा है वह तीव्र स्वर होता है (जैसे : तिव्र म = मं), जिस स्वर के नीचे बिंदु लगाया है वह मन्द्र सप्तक का स्वर है (जैसे मन्द नि = नि़), और जिस स्वर के ऊपर बिंदु लगाया है वह तीव्र सप्तक का स्वर है (जैसे तीव्र नि = निं) ।
छन्द रचना में सूत्र–बद्धता जितनी अपरिहार्य होती है उतनी ही राग रचना में लय–बद्धता अनिवार्य होती है । सप्तक के कम से कम पाँच स्वरों का राग होता है ।

संगीतश्रीकृष्णरामायण छन्दमाला, मोती 5 of 501

श्लोकौ

ग–ग– ग–ग–गरे–म– ग– ममम–म– पम–ग रे– ।
प–प–प–प–पध–प– म– गरे–म– प–गरे– नि़सा– ।।

रागः संगीतसूत्रं यद्–गुणजाती स्वरस्य हि ।
आरोहीचावरोही च करोति निश्चितं खलु ।। 8/2422

राग संगीत का सूत्र, स्वर की लय जाति का ।
अवरोही व आरोही, सुर विशिष्ट भाँति का ।। 9/2422

◎ **Rāga :** *The pleasing musical formula of at least five ascending and descending tones that ascertain the melody of a song, is a Rāga. The octave notes are* **सा रे ग म प ध नि सा** ***Sa Re Ga Ma Pa Dha Ni Sa.*** *In order to match the average Indian voice,* ***D-flat-Major*** *Scale (Black-1-Madhya-Saptak) is used*

▶ लक्षण गीत : **दोहा॰ पाँच न्यूनतम स्वर जहाँ, मन को दें आनद ।**
"राग" कहा शृंगार वो, लय भूषित ध्वनि वृंद ।। 27/7068

चार सुरों में राग ना, ना दो सुर में तान ।
गला फाड़ कर चीखना, ना कहलाता गान ।। 28/7068

for wtiting the music notations in this book. The tunes given in this book are in their simple forms for the ease of the average music lovers and music learners. The advanced music professionals may improvise them or change the scale to suite their own style and standard. **6/4839**

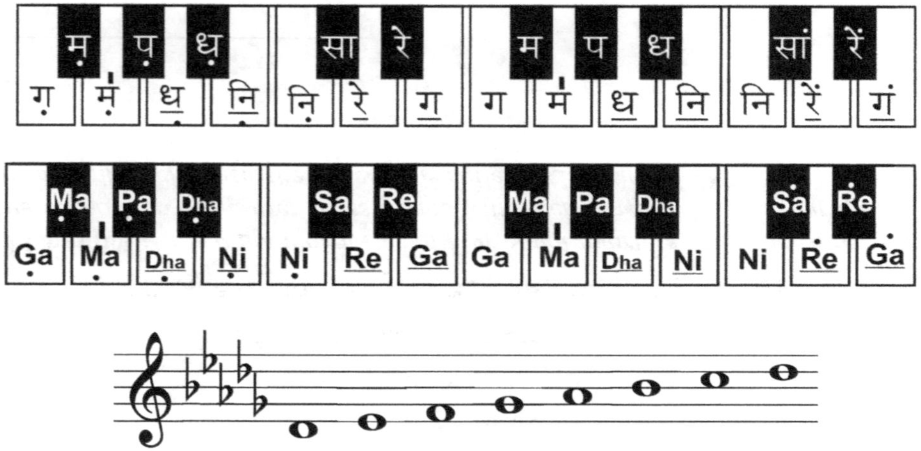

The D-flat-Major Scale

5. 𝅘𝅥𝅮 छन्द[8]

[8] 𝅘𝅥𝅮 **छन्द :** जिस लक्षण सूत्र से पद्य के अक्षरों या मात्राओं का विशिष्ट **परिमाण** निश्चित किया जाता है उसे **छन्द** कहते हैं (**अक्षरपरिमाणं छन्दः**), और पद्य की विशिष्ट **शब्द रचना** को **वृत्त** कहा जाता है (**काव्यरचना वृत्तम्**) । वर्ण की गिनती से **वार्णिक वृत्त** होते हैं, और मात्रा की गिनती से **मात्रिक छन्द** होते हैं । राग रचना में लय-बद्धता जितनी अपरिहार्य होती है उतनी ही सूत्र-बद्धता छन्द रचना में अनिवार्य होती है ।

▶ लक्षण गीत : **दोहा॰ तीन वर्ण का गण बने, लघु गुरु कल का ठाठ ।**
पिंगलमुनि ने गण कहे, न स ज य भ र त म आठ ।। 29/7068
यथा सर्व ब्रह्माण्ड है, पंच भूत से व्याप्त ।
छंद शास्त्र भी है तथा, दश अक्षर से व्याप्त ।। 30/7068
कल गति यति प्रति पाद में, और चरण का अंत ।

संगीतश्रीकृष्णरामायण छन्दमाला, मोती 6 of 501

(छंद)

सूत्र युक्त कृत पद्य को, कवि कहते हैं "छन्द" ।
अलंकार रस वर्ण का, मन को दे आनंद ।। 33/7068

सुंदर लघु गुरु वर्ण का, चार चरण न समान ।
मात्रा संख्या सम जहाँ, "मात्रिक छन्द" प्रमाण ।। 34/7068

लघु गुरु अक्षर क्रम जहाँ, चारों चरण समान ।
संख्या भी सम वर्ण की, "वर्णवृत्त" है नाम ।। 35/7068

लक्षण, संख्या सम जहाँ, रहे चरण में चार ।
कहा उसे "सम वृत्त" है, करके छंद विचार ।। 36/7068

प्रथम तीसरा सम जहाँ, दो अरु चार समान ।
उसे "अर्ध सम" है कहा, दोहा छंद प्रमाण ।। 37/7068

चारों पद जिस पद्य के, लक्षण में असमान ।
"विषम वृत्त" उसको कहें, जिन्हें छंद का ज्ञान ।। 38/7068

◎ **Chhanda :** *A poetic equation in which the arrangement of long and short measures/letters in each line is predetermined, is a chhanda. When each line of the poem is determined by the number and long-short quality of the* ***measures***

नियुक्त हों जिस पद्य में, वह कहलाता "छन्द" ।। 31/7068
छन्द बद्ध वह "पद्य" है, बिना छंद है "गद्य" ।
गद्य पद्य मिल कर रचा, "चंपू" है वह हृद्य ।। 32/7068

विशेष रूप से याद रहे कि : छन्द रचना की पद्य पंक्ति में जहाँ वैकल्पिक विश्राम समय होता है उसे **यति** कहते हैं । यति लेना या नहीं लेना यह पाठक पर अपनी **सुर सुविधा व लय** के अनुसार निर्भर होता है । जहाँ यति निर्देशित नहीं होता है वहाँ विश्राम स्थान चरण के अंत में होता है और गायक अपनी सुर सुविधा व लय के अनुसार यति के व्यतिरिक्त पंक्ति के बीच में भी विराम आयोजित कर सकता है ।

(mātrā), it is called a Chhanda. When each line of the poem is determined by the number and quality of the ***letters*** *(akṣhar), it is called a Vritta.* **7/4839**

6. भजन

<u>**संगीतश्रीकृष्णरामायण छन्दमाला, मोती 7 of 501**</u>

भक्ति-भाव हो भरा 'भजन' में ।
ताल मधुर रव मन रंजन में ।। 1
रुझान आवे वही सुनन में ।
जो अनुभव होवे दर्शन में ।। 2

▶ लक्षण गीत : **दोहा॰ दे कर मन सुख-शाँति जो, करता पुण्य प्रदान ।**
कहा "भजन" संगीत है, भक्ति युक्त वह गान ।। 39/7068

◎ **Bhajan :** *A melodious devotional song that gives to the faithful singer and listeners a divine feeling of being face-to-face with the Lord, is a* ***Bhajan****. When the prayer has repetition of few names of God, it is a* ***Kīrtan****. In this book we have developed a novel form of devotional style called* ***Kīrjan****, in which the song has a story ans it starts like a Kīrtan, but has the body of Bhajan.* **8/4839**

7. अन्य संज्ञाएँ

सुविधा के लिये तथा **इस प्रकरण को लघुत्तम रखने के हेतु,** विविध **राग** तथा **छन्दों** की अपनी अपनी संज्ञा-परिभाषा तथा ▶**लक्षण गीत** का दोहा, जहाँ वह प्रथम बार प्रयुक्त हुआ हो वहीं टिप्पणी के रूप में प्रस्तुत किया है ।

◎ **Other musical terms :** *For the convenience of the readers, the definitions of the various individual Rāgas and individual Chhandas (meters) are given in the form of footnotes wherever they appear first time in this poem of Sangīt-Shrī-Kriṣhṇa-Rāmāyaṇ.* **9/4839**

अवतरणिका

श्लोक:

प्रीत्या च श्रद्धया वन्दे गणेशं स्वरदां गुरुम् ।
धियं प्राप्तुं स्वरं प्राप्तुं कृपामाप्तुं भजाम्यहम् ।। 10/2422

<u>**संगीतश्रीकृष्णरामायण छन्दमाला, मोती 8 of 501**</u>

मन्दारमाला-छन्द:[9]

ऽ ऽ।, ऽ ऽ।, ऽ ऽ।, ऽ ऽ।, ऽ ऽ।, ऽ ऽ।, ऽ ऽ।, ऽ

सा-रे- <u>ग</u>रे- प-म<u>ग</u>-रे-म-<u>ग</u>- ध-पम-प- म<u>ग</u>- म-<u>ग</u>रे- <u>ग</u>-रेसा-

(मंगलाचरणम्)

वन्दे शिवं पार्वतीवल्लभं नीलकण्ठं हरं मङ्गलं शङ्करम् ।। 1
लम्बोदरं पीतपीताम्बरं चण्डिकानन्दनं श्रीगणेशं शुभम् ।। 2
कादम्बरीं ज्ञानदेवीं भजे भारतीं वैखरीं शारदामातरम् ।। 3

---

[9] **मन्दारमाला छन्द :** इस 22 वर्ण, 37 मात्रा वाले छन्द के चरण में सात त गण और एक गुरु वर्ण आता है । इसका लक्षण सूत्र ऽ ऽ।, ऽ ऽ।, ऽ ऽ।, ऽ ऽ।, ऽ ऽ।, ऽ ऽ।, ऽ ऽ।, ऽ इस प्रकार है । इसके 4, 10, 16, 22 वर्ण पर यति विकल्प से आता है । प्रस्तुत पद्य सा-रे<u>ग</u>रे- प-म<u>ग</u>-म-<u>ग</u>रे- ध-पम-प- म<u>ग</u>- म-<u>ग</u>रे- <u>ग</u>-रेसा- इस प्रकार से गाया बजाया जा सकता है ।

▶ लक्षण गीत : **दोहा॰ मत्त सैंतीस का बना, गुरु कल से हो अंत ।**
"मंदारमाला" कहा, सप्त स गण का छंद ।। 40/7068

राधावरं कृष्णगोवर्धनं माधवं केशवं श्यामलं सुन्दरम् ।। 4

सीतापतिं रामभद्रं हरिं रामचन्द्रं रघुं जानकीवल्लभम् ।। 5

वातात्मजं मारुतिं व्यङ्कटं रुद्ररूपं कपिं रामदूतं वरम् ।। 6

दोहा॰ श्रीगणेश अब मैं करूँ, भज कर गणेश ईश ।
सरस्वती शिव पार्वती, राघव कृष्ण कपीश ।। 41/7068

◎ **An opening prayer :** *I pray to Lord Gaṇesh, Shāradā, Shiva, Krishna, Rādhā, Rāma Sītā and Hanumān with adoration and faith. May they bestow up on me their mercy and give me the skills of poetry and music.* **10/4839**

1. श्री गणेश वन्दना :

1. Prayers to Lord Gaṇesh

(श्री गणेशवन्दना)

संगीतश्रीकृष्णरामायण छन्दमाला, मोती 9 of 501

नन्दन-छन्दः[10]

॥ ।, । ऽ ।, ऽ । ।, । ऽ ।, ऽ । ऽ, ऽ । ऽ

सारेगरे प- मंग- धपमंग- पमं- गरे- ग-रे सा-

(श्री गणेश)

शिवसुत! हे प्रभो! सफलतां गुणं यशो देहि माम् ।
गजमुख! धीपते! गणपते! विभो! विधे! पाहि माम् ।। 1
भव मम रक्षको गजपते! गणेश! विघ्नेश! त्वम् ।
अघहर सर्वदा करुणया हि सङ्कटात्त्राहि माम् ।। 2

◎ **Shrī Gaṇesh :** *O Lord Gaṇesh! O Son of Shiva! please give me virtues, skill and success. O Gajmukha (with elephant head)! O Dhī-pati (Lord of intelligence)! O Vibhu (O Lord)!, O Vidhi (O Brahmā)! please protect me. O Gajpati (Elephant God)! O Gaṇesh (Lord of the people)! you are the Vighnesha (Remover of the obstacles). O Agha-hara (Remover of the sins)! please always save me from the obstacles.* **11/4839**

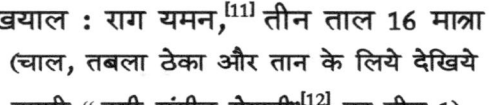

संगीतश्रीकृष्णरामायण गीतमाला, पुष्प 2 of 763

खयाल : राग यमन,[11] तीन ताल 16 मात्रा
(चाल, तबला ठेका और तान के लिये देखिये
हमारी "*नयी संगीत रोशनी*"[12] का गीत 1)

---

[10] नंदन छन्द : इस 18 वर्ण, 25 मात्रा वाले अंत्यष्टि छन्द के चरणों में न ज भ ज र र गण आते हैं । इसका लक्षण सूत्र ।।।, । ऽ ।, ऽ ।।, । ऽ ।, ऽ । ऽ, ऽ । ऽ इस प्रकार होता है । विराम 11-7 पर विकल्प से होता है । प्रस्तुत पद्य सारेगरे प- मंग- धपमंग- पमं- गरे- ग-रे सा- इस प्रकार से गाया बजाया जा सकता है ।

▶ लक्षण गीत : दोहा॰ मत्त पच्चीस का बना, न ज भ ज र र गण वृंद ।
ग्यारह अक्षर पर यति, जानो "नंदन" छंद ।। 42/7068

[11] राग यमन : यह कल्याण ठाठ का राग है । इसका आरोह है : ऩि रे ग मं प ध नि सां । अवरोह : सां नि ध प मं ग रे सा ।

▶ लक्षण गीत : दोहा॰ विद्यमान सुर सात ही, तिव्र म स्वर हो प्राय ।
वादी ग नि संवाद का, राग "यमन" कहलाय ।। 43/7068

[12] **"नयी संगीत रोशनी" "Nayī Sangīt Roshani"** is our music learning book. The songs in "Nayī Sangīt Roshani" are composed by Ratnākar Narale and the

1. Prayers to Lord Gaṇesh

(श्री गणेश वन्दना)

स्थायी

मंगल वन्दन सुमिरण प्यारे, सुखकर गान गणेश तुम्हारे ।

♫ नि-पप रे-सासा गगगमं निधप-, गपगप पधमं पनिधप परेरे-सा- ।[13]

अंतरा–1

गणपति बाप्पा परम पियारे, गण नायक विघ्नेश दुलारे ।

♫ पगपप सां-सां- निरेंगं रेंनिरेंसां-, सांगं रेसांनिनि धपमंधनि धरेरे-सा- ।

अंतरा–2

निहार सुंदर काम सुखारे, भगतन आते चरण तिहारे ।

◎ **A Prayer to Lord Gaṇesh :** ***Sthāyī :*** *O Lord Gaṇesh! your remembrance is holy. Your chant is pleasing.* ***Antarā : 1.*** *O Dear Gaṇapati Bāppā! you are remover of our miseries.* ***2.*** *Seeing your beautiful deeds, the devotees are at your feet.* **12/4839**

गणेश स्वरदा लक्ष्मी रमणा, अज[14] शिव मातु पिता गुरु चरणा ।
वन्दे विद्या श्रद्धा ग्रहणा, विनय अर्जना भव भय तरणा ।। 5/5205

गहूँ सदा ही तुमरे स्मरणा, रहूँ सदा ही तुमरी शरणा ।
क्षमा दया धृति हो आभरणा, दीजो प्रभु मम सुख से मरणा ।। 6/5205

दोहा॰ वन्दे गणपति शारदा! जय गुरु! जय भगवान्! ।
भक्ति बुद्धि देना मुझे, स्वर किरपा वरदान ।। 44/7068

दया क्षमा मन में रहें, धीरज धरूँ अपार ।
श्रद्धा विद्या विनय हों, सदाचार व्यवहार ।। 45/7068

सदा रहूँ मैं शरण में, स्मरण करूँ दिन-रात ।
मरण मुझे देना, प्रभो! परम शाँति के साथ ।। 46/7068

◎ **A Prayer to Gaṇesh :** *O Lord! O Gaṇesh! O Sarasvatī! O Lakṣhmī! O Shiva! O Mother! O Father! O Guru! I salute you. Please give me knowledge and faith. May I always be at your feet, so that, O Lord! I may earn your mercy and die with happy heart.* **13/4839**

संगीतश्रीकृष्णरामायण गीतमाला, पुष्प 3 of 763

(गणेशवन्दना)

श्लोका:

शतवारमहं वन्दे लम्बतुण्डिं गणेश्वरम् ।
एकदन्तं च हेरम्बं चारुकर्णं गजाननम् ।। 11/2422

♫ रेरेरे-रेरेग- प-म- प-पप-ध- पम-गरे- ।
रे-गम-प- म ग-रे-सा- नि़सारे-म- पम-गरे- ।।

गं गं गं गं गणेशं श्रीं चतुर्बाहुं महोदरम् ।
विश्वमूर्तिं महाबुद्धिं वरेण्यं गिरिजासुतम् ।। 12/2422

गणपतिं परब्रह्म शूर्पकर्णं करीमुखम् ।
पशुपतिमुमापुत्रं लम्बोदरं गणाधिपम् ।। 13/2422

हस्तिमुखं महाकायं ढुण्ढिं सिद्धिविनायकम् ।
वक्रतुण्डं चिदानन्दम्-आम्बिकेयं द्विमातृजम् ।। 14/2422

महाहनुं विरूपाक्षं ह्रस्वनेत्रं शशिप्रभम् ।
पीताम्बरं शिवानन्दं देवदेवं शुभाननम् ।। 15/2422

सर्वमङ्गलमाङ्गल्यं प्रभुं मूषकवाहनम् ।
ऋद्धिसिद्धिप्रदातारं विघ्नहरं विनायकम् ।। 16/2422

---

notations of the music learning book are composed by Dev Bansraj. Few of the original songs from this "*Sangīt-Shrī-Kriṣhṇa-Rāmāyaṇ*" appear in the music learning book.

[13] **स्थायी तान :** 1. मंगल वंदन गरे सानि़ धनि़ रेग। मंध पमं गरे सा- 2. मंगल वंदन नि़रे गमं गरे गमं । पध पमं गरे सा- 3. मंगल वंदन नि़रे गमं पध निरें। सांनि धप मंग रेसा। **अंतरा तान :** 1.गणपति बाप्पा परम पियारेऽ : गरे गरे सानि़ सा- । निध निध पमं प- । गरें गरें सांनि धप। निनि धप मंग रेसा। 2. नि़रे गग रेग मंमं । गमं पप मंप धध। पध निनि धनि सांसां। धनि सांसां धनि सांसां। धनि सां,ध निसां, धनि। सांनि धप मंग रेसा ।

[14] **अज** = ब्रह्म ।

1. Prayers to Lord Gaṇesh

जगदीशं शिवापुत्रम्-आदिनाथं क्षमाकरम् ।
अनन्तं निर्गुणं वन्द्यं यशस्करं परात्परम् ।। 17/2422

गौरीपुत्रं गणाधीशं गजवक्त्रं कृपाकरम् ।
भालचन्द्रं शिवाऽऽनन्दं पार्वतीनन्दनं भजे ।। 18/2422

आदिपूज्यं शुभारम्भं ज्ञानेशं मोदकप्रियम् ।
प्रातः सायमहं वन्दे गणेशं च सरस्वतीम् ।। 19/2422

प्राप्तुं ज्ञानं युवाभ्याञ्च विद्यां भाग्यं शुभान्वरान् ।
नमस्कृत्य कृताञ्जलिः-रत्नाकरो भजाम्यहम् ।। 20/2422

◎ **A Prayer to Gaṇesh :** *O Lord Gaṇesh (Lord of beings)! I pray to you hundred times. You are the Lord with elephant head, small eyes, snouted nose, one tooth, big chin, big belly, large body and auspicious face. You are wearing yellow garment and you are riding a mouse. You have a bright halo. You are the Joy of Shiva, God of the Gods, Beyond Brahma, the Giver of prosperity, the Giver of success, Giver of peace and happiness, Remover of the obstacles, the Lord of animals, the Lord of the three worlds, the Primal Lord, the One beyond supreme, all powerful, the Infinite, the merciful, the One adorned with Moon on the forehead. You are the One to be worshipped first. You are the God of learning, the Relisher of Modak (sweets). You are son of Pārvatī. At your feet I, Ratnākar, bow with my folded hands. I pray to you and sing your Bhajans, O Lord Gaṇapati! O Goddess Sarasvatī! day and night for attaining knowledge, arts, wisdom, good fortune and auspicious boons.* **14/4839**

संगीतश्रीकृष्णरामायण गीतमाला, पुष्प 4 of 763

कीर्तन : राग खमाज,[15] कहरवा ताल 8 मात्रा

(चाल और तबला ठेका के लिये देखिये हमारी "*नयी संगीत रोशनी*" का गीत 94)

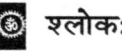

(गणपति देवा)

श्लोकः

गजाननः कलादेवो नृत्यसंगीतशिल्पकः ।
ददाति स कलाधीशः ज्ञानं बुद्धिं च कौशलम् ।। 21/2422

♫ मग-मप- धप-म-ग-, ग-मनि-सां-सांनि-धप- ।
गप-म प- धसांनि-ध-, म-म प-प ध प-मग- ।।

स्थायी

गणपति गणपति गणपति देवा! कोई लाए मोदक कोई लाए मेवा ।।

♫ सारेरेसा रेगगरे रेममम म-ग-, सारेरेसा रेगगरे रेगरेसा सा-सा-।

अंतरा-1

गणपति गणपति गणपति देवा! कोई करे भगति तो कोई करे सेवा ।

♫ पपपप पपपम पधपम ग-प-! सारे रेसा रेगग रे रेग रेसा सा-सा-।

अंतरा-2

भजनन किरतन बहुविध देवा! लंबोदर लंबोदर लंबोदर देवा! ।

अंतरा-3

मुनि जन करियत जप-तप सेवा, गजमुख गजमुख गजमुख देवा! ।

अंतरा-4

अर्पण सब तव चरणन देवा! गौरीसुत गौरीसुत गौरीसुत देवा! ।

◎ **A Prayer to Gaṇesh : *Shloka :*** *Gaṇesh (Lord of the Gods) is the God of arts, music and sculpture. That Lord of Arts gives us knowledge, intelligence and skills.* ***Sthāyī :*** *O Lord Gaṇapati (Master of the Living beings)! some devotees have brought Laḍḍus (sweets). Some brought nuts for you.* ***Antarā : 1.*** *O Lord Gaṇesh! some devotees are worshipping you. Some are offering services.* ***2.*** *O Lord Lambodara (of big belly) ! some devotees are doing Bhajans. Some are doing Kīrtans.* ***3.*** *O Lord Gajmukha (Elephant headed Lord)! the saints and yogīs (sages) are doing chants and austerities.* ***4.*** *O Lord Gaurī-suta (Son of Pārvatī)! we have surrendered everything at your feet.* **15/4839**

---

[15] **राग खमाज** : यह खमाज ठाठ का अति प्रचलित राग है । इसका आरोह है : सा ग म प, ध नि सां । अवरोह : सां नि ध प, म ग, रे सा । अवरोही कोमल नि इस राग की विशेषता है ।

▶ लक्षण गीत : **दोहा॰ आरोही रे वर्ज्य हो, वादी ग नि संवाद ।**
"खमाज" के अवरोह में, कोमल रहे निषाद ।। 47/7068

संगीतश्रीकृष्णरामायण गीतमाला, पुष्प 5 of 763

भजन : राग मालकंस,[16] कहरवा ताल 8 मात्रा

(गणेश वन्दना)

स्थायी

स्वरदा ने मंजुल गाया है, नारद ने साज बजाया है ।

रतनाकर गीत सजाया है ।।

♫ ममगम गसा नि़साध़नि सा–म– म–, म–गम गसा नि़साध़ नि़–सा–म– म–।

निनिनि–निनि नि–नि निधनिसांनि धम ।।

अंतरा–1

तू ही बुद्धि का बल दाता, तू ही ज्ञान का सोता है ।

तू ही ऋद्धि सिद्धि धाता, तूने भाग्य जगाया है ।।

♫ ग– म– ध–नि– सां– सांसां गंनिसां–, नि– नि– नि–नि नि धनिसांनि धम– ।

ग– म– ध–नि– सां–सां– गंनिसां–, नि–नि– नि–नि नि–नि धधनिसांनि धमगसा ।।

अंतरा–2

तू ही हमरा गुरु अरु माता, तू ही विश्व विधाता है ।

विघ्न विनाशक मंगलकारी, तू गणनायक भाया है ।।

अंतरा–3

तू माथे की रेखा लिखता, तू भगतन को दिखता है ।

आदि देव तू! चिदानंद तू! जग तेरी किरती गाया है ।।

◎ **A Prayer to Gaṇesh** : ***Sthāyī*** *: Ratnākar composed the melody, Sarasvatī sang it beautifully, while Shrī Nārad muni played the Vīṇā.* ***Antarā*** *:* **1.** *O Lord Gaṇesh! you are the Giver of wisdom, the Source of knowledge, the Giver of success and prosperity. You are the giver of good fortune.* **2.** *O Lord! you are our guru and mother. You are the Lord of Universe, you are the Remover of obstacles, you are the Giver of auspicious boons. O Lord of the people! we adore you.* **3.** *You write the lines of fate on our foreheads. You can be seen by the devotees, O Primal Lord! you are the peace and joy at our hearts. Your prayer is joy giving.* **16/4839**

2. श्री सरस्वती वन्दना :

2. Prayers to Goddess Sarasvatī

(श्रीसरस्वतीवन्दना)

♫ संगीतश्रीकृष्णरामायण छन्दमाला, मोती 10 of 501

चित्र छन्द[17]

ऽ।ऽ, ।ऽ।, ऽ।ऽ, ।ऽ।, ऽ।ऽ, ऽ

(शारदा वन्दना)

छन्ददायिनी सरोजपाणि ध्यानगम्य देवी! ।

राग अर्पिणी सुभाषभाषिणी पवित्र माई! ।। 1

ज्ञान देवते कलाप्रसारिणी! सदा तृपा हो ।

श्वेतवस्त्रधारिणी, अरी! सरस्वती! कृपा हो ।। 2

◎ **A Prayer to Shāradā** : *O Goddess Shāradā! you are the Giver of the musical Chhandas (meters) and the Rāgas. You have a lotus in your hand. You are attainable by meditation. Your words are auspicious. You are the Holy mother. O Goddess of learning! O Giver of the arts! may you always be pleased. O White garments bearer! O Sarasvatī! please have mercy on us.* **17/4839**

संगीतश्रीकृष्णरामायण गीतमाला, पुष्प 6 of 763

---

[16] **राग मालकंस** : यह भैरवी ठाठ का बहुत लोकप्रिय राग है । इसका आरोह है : सा ग म, ध नि सां । अवरोह : सां नि ध म, ग म ग सा ।

▶ लक्षण गीत : **दोहा॰ कोमल ग ध नि, वर्ज्य प रे, सुंदर स्वर जंजीर ।**
म सा वादि संवाद का, "मालकंस" गंभीर ।। 48/7068

[17] ♫ **चित्र छन्द** : इस 16 वर्ण, 25 मात्रा वाले अष्टि छन्द के चरणों में र ज र ज र गण और एक गुरु आता है । इसका लक्षण सूत्र ऽ।ऽ, ।ऽ।, ऽ।ऽ, ।ऽ।, ऽ।ऽ, ऽ इस प्रकार है । विराम पदान्त होता है ।

▶ लक्षण गीत : **दोहा॰ मत्त पच्चीस का जहाँ, गुरु मात्रा से अंत ।**
जहाँ र ज र ज र शृंखला, वहीं "चित्र" है छंद ।। 49/7068

2. Prayers to Goddess Sarasvatī

भजन : राग भैरवी[18] रूपक ताल 7 मात्रा

(चाल और तबला ठेका के लिये देखिये हमारी "*नयी संगीत रोशनी*" का गीत 74)

(सरस्वती वन्दना)

रुपक ताल 7 मात्रा

आलाप

♫ सां – गंरें सां – निध पम प – म ग–, गप निप रे– रे रे– ग प प– म म–

स्थायी

देवी सरस्वती ज्ञान दो, हमको परम स्वर गान दो ।
हमरा अमर अभिधान हो, माँ शारदा वरदान दो ।। दे॰

आलाप

♫ मरे साग म म म म– धप मप नि नि नि नि–
रेंगं सांनि ध, नि गं रें सां

अंतरा–1

तुमरी करें हम आरती, तुमरे ही सुत हम भारती,
तेरे ही सुत हम भारती ।
सब विश्व का कल्याण हो, माँ शारदे! वरदान दो ।। दे॰

अंतरा–2

तुम ही हो बुद्धि दायिनी, तुम ही महा सुख कारिणी ।
तुम ही गुणों की खान हो, माँ शारदे! वरदान दो ।। दे॰

अंतरा–3

तुमरी कृपा से काम हो, जग में न हम नाकाम हों ।
हमको न कभी अभिमान हो, माँ शारदे! वरदान दो ।। दे॰

अंतरा–4

तुम ही कला की देवता, देवी हमें दो योग्यता ।
हमको हुनर परिधान हो, माँ शारदे! वरदान दो ।।
माँ शारदे! वरदान दो, माँ शारदे! वरदान दो, माँ शारदे! वरदान दो ।। दे॰

◎ **A Prayer to Sarasvatī : *Sthāyī :*** *O Goddess Sarasvatī, please give us knowledge and divine voice. May our name be immortal. O Goddess Shāradā! please give us blessings.* ***Antarā : 1.*** *We sing your Ārtī. We are your Children. We are from Bhārat. May the whole world prosper. O Goddess Shāradā! please give us blessings.* ***2.*** *You are the Giver of talent. You are the Giver of great pleasures. You are the Treasure of virtues. O Goddess Shāradā! please give us blessings.* ***3.*** *May our work be done with your mercy. May we not fail in the world. May we never have ego. O Goddess Shāradā! please give us blessings.* ***4.*** *You are the Goddess of Arts. O Goddess! please give us ability. May we be skillful. O Goddess Shāradā! please give us blessings.* **18/4839**

ॐ श्लोकौ

सरस्वति नमस्तुभ्यं देवि मे हर मूढताम् ।
अहर्निशं च मां पाहि कुरु मे सर्वमङ्गलम् ।। 22/2422

रचितुं काव्यसङ्गीतं चरितं कृष्णरामयोः ।
बुद्धिं देहि च भाग्यं मे सिद्धिं मां देहि शारदे ।। 23/2422

दोहा॰ **विद्या राणी शारदा! तेरा जय जयकार ।**
मम जीवन पर सर्वथा, तेरा ही अधिकार ।। 51/7068

सविनय सभक्ति ज्ञान से, शारद पूजित होय ।
अविनय निष्फल शान का, रहे मूल्य ना कोय ।। 52/7068

नमन करूँ मैं, शारदे! आकर तेरे द्वार ।
नष्ट करो मम मूढ़ता, मन में दो सुविचार ।। 53/7068

कला मुझे दो, देवता! छंद राग का ज्ञान ।
राम–कृष्ण के चरित के, लिखूँ सुमंगल गान ।। 54/7068

---

[18] 𝄞 **राग भैरवी** : यह भैरवी ठाठ का अति लोकप्रिय राग है । इसको रागों का राजा माना जाता है । इसका आरोह है : सा रे ग म प ध नि सां । अवरोह : सां नि ध प म ग रे सा । यह प्रात:काल का राग है परंतु इसे दिन के किसी भी समय पर गाया जा सकता है ।

▶ लक्षण गीत : **दोहा॰ कोमल सुर जिसमें सभी, किसी न स्वर का त्याग ।**
म सा वादि संवाद का, चारु "भैरवी" राग ।। 50/7068

2. Prayers to Goddess Sarasvatī

◎ **A Prayer to Sarasvatī :** *O Goddess Sarasvatī! obeisance to you. Please forgive my ignorance. Please remove my ignorance. Please protect me day and night. Please give me ability to write the musical stories of Shrī Krishṇa and Shrī Rāma. Please give me wisdom, good luck and success, O Shāradā!* **19/4839**

संगीतश्रीकृष्णरामायण गीतमाला, पुष्प 7 of 763

आरती : राग खमाज, कहरवा ताल 8 मात्रा

(स्वरदा वन्दना)

स्थायी

जै जै स्वरदा माता । देवी स्मरण तेरा भाता ।
दरशन तुमरे सुंदर । सुमिरन तुमरे मंगल ।
चाहे सब ध्याता । ॐ जै सरस्वती माता ।।

♫ म–म– ममम– गमप– । पध नीसांसां सांरेंसां नीधरे– ।
पधपध नीनीनीध पधमम । पधपध नीनीनीध पधमम ।
प–प– धप मगरे– । प– प– पपधप मगम– ।।

अंतरा–1

जो आवे गुण पाने । ध्यान लगाने का ।
देवी ज्ञान बढ़ाने का ।
तेरे दर पर पावे । झोली भर कर जावे ।
ध्येय सफल उसका । ॐ जै सरस्वती माता ।।

♫ पम मगपम मग पमम– । सांरेंसां नीध–पम प– ।
सांसां सांरेंसां नीध–पम प– ।
पधपध नीनी नीध पधम– । पधपध नीनी नीध पधम– ।
प–प पधप मगरे– । रे– प– पपधप मगम– ।।

अंतरा–2

जो आवे सुर पाने । गान बजाने का ।
देवी तान सजाने का ।
संगित नृत्य सिखाने । नाटय कला को दिखाने ।
मार्ग सरल उसका । ॐ जै सरस्वती माता ।।

अंतरा–3

जो प्यासा है कला का । चित्राकारी का ।
देवी शिल्पाकारी का ।
चौंसठ सारी कलाएँ । विद्या अष्ट लीलाएँ ।
साध्य सकल उसका । ॐ जै सरस्वती माता ।।

अंतरा–4

जो कवि गायक लेखक । वाङ्मय विरचेता ।
देवी सरगम रचयेता ।
साहित्य साधन पावे । बुद्धि का धन आवे ।
हेतु सबल उसका । ॐ जै सरस्वती माता ।।

अंतरा–5

शुभ्र वसन नथ माला । काजल का तिल काला ।
देवी हाथ कमल नीला ।
केयुर कंठी छल्ला । गजरा कुंदन ड़ाला ।
मुकुट है नग वाला । ॐ जै सरस्वती माता ।।

अंतरा–6

नारद किन्नर शंकर । तुमरे गुण गाते ।
देवी तुमरे ऋण ध्याते ।
भगत जो शरण में आता । भजन ये तुमरे गाता ।
मोक्ष अटल उसका । जै जै सरस्वती माता ।।

◎ **A Prayer to Sarasvatī :** ***Sthāyī :*** *Victory to you, O Music giver Mother! O Goddess! we love remembering your beautiful image. We all love you. Om! victory to you, O Goddess Sarasvatī!* ***Antarā : 1.*** *Whoever comes to you to learn the virtues of contemplation and learning, he gets his wishes fulfilled and his aim is successful.* ***2.*** *Whoever comes to you to learn the arts of music, singing, dance or drama, his success is easy and sure.* ***3.*** *Whoever is thirsty of learning the skills of drawing, painting or sculpture, O Goddess! he learns all 64 arts and all 8 charms. Everything is attainable by him.* ***4.*** *Any poet, writer or composer that comes to you for help, he receives the literary power and the wealth of knowledge and his resolve is stronger.* ***5.*** *O Goddess!*

2. Prayers to Goddess Sarasvatī

you are wearing white garments, pearl necklace, diamond ring, gold bracelet and a tiara of jewels. **6.** *O Goddess! Nārad muni, Kinnar and Shankara sing your praises. The devotees that surrender at your feet and sing this song, they attain a place in the heaven.* **20/4839**

सरस्वतीपूजनम् ।

श्लोकाः ।

♫ ग–गग–गगरे–म–ग– प–पप–पमग–पम– ।

रेरे–रे प–म–ग– रेसा– रे–गम– पमग–रेसा– ।।

(वाणीपूजनम्)

(आसनम्)

स्वर्णरत्नसमायुक्तं केकिपक्षविभूषितम् ।

गृहाण शारदे मातः सुन्दरं कमलासनम् ।। 24/2422

ॐ सरस्वत्यै नम आसनार्थे कुशदर्भं समर्पयामि ।

◎ **Sarasvatī worship:** *O Mother Shāradā! please be seated on the throne of lotus. Your throne is adorned with gold, jewels and peacock feathers.* **21/4839**

(पाद्यम्)

वीणावादिनि गिर्देवि स्वरदायिनि ज्ञानदे ।

गृहीतात्त्वं मया दत्तं पाद्यं गङ्गाजलं शुभम् ।। 25/2422

ॐ सरस्वत्यै नमः पादयोः पाद्यं समर्पयामि ते ।

◎ *O Vīṇāvdnī (Player of Vīṇā)! O Goddess of Speech! please accept the offering of the holy water from the river Ganges.* **22/4839**

(अर्घ्यम्)

विद्यादायिनि वागीशे गिरे गणपतिप्रिये ।

शब्दरूपेण त्वं देवि धनं भाग्यञ्च देहि माम् ।। 26/2422

ॐ सरस्वत्यै नमोऽर्घ्यं समर्पयामि ते ।

◎ *O Goddess of Learning! O Beloved of Gaṇesh! please give me the wealth of vocabulary and good luck.* **23/4839**

(आचमनम्)

सुरभीदुग्धयुक्तञ्च गङ्गानीरञ्च निर्मलम् ।

भाग्यदे तीर्थपानीयं स्वीकुरु देवि भारति ।। 27/2422

ॐ सरस्वत्यै नम आचमनीयं नीरं समर्पयामि ।

◎ *O Mother Bhāratī (Goddess of speech)! O Giver of good fortune! please accept the offering of cow milk and water of Ganges.* **24/4839**

(स्नानम्)

ब्रह्मपुत्रि कलादेवि विद्ये गृहाण वाङ्मयि ।

तोयमेतद्धि स्नानार्थम्–अमृतं जाह्नवीजलम् ।। 28/2422

ॐ सरस्वत्यै नमः स्नानीयं जलं समर्पयामि ।

◎ *O Goddess of the Arts! O Vidyā (Goddess of Education)! O Daughter of Brahmā! please accept the offering of the holy water from Ganges for your bath.* **25/4839**

(वस्त्रम्)

ददे गिरे नवं वस्त्रं शोभनं बहुसुन्दरम् ।

आच्छादनं मया दत्तं स्वीकुरु प्रियदर्शिनि ।। 29/2422

ॐ सरस्वत्यै नमो वस्त्राभरणं समर्पयामि ।

◎ *O Goddess of Language! O Priyadarṣhinī (lovely faced)! please accept the offering of the beautiful new garment.* **26/4839**

(चन्दनम्)

सर्वसुरप्रिये वाचे गृहीताद्देवि चन्दनम् ।

कस्तूरीं कुङ्कुमं रक्तं केशरञ्च सुगन्धितम् ।। 30/2422

ॐ सरस्वत्यै नमश्चन्दनं समर्पयामि ।

◎ *O Goddess of Poetry! O Beloved of all Gods! please accept the aromatic offering of red sandalwood paste and saffron.* **27/4839**

(अक्षतम्)

गृहाण वाणि वाग्देवि शुचिं तन्डुलमक्षतम् ।

स्वरदे ज्ञानदे देवि प्रसीद भुवनेश्वरि ।। 31/2422

ॐ सरस्वत्यै नमोऽक्षतं समर्पयामि ।

◎ *O Goddess of speech! O Giver of wisdom! O Giver of music! please accept the offering of pure whole rice, O Goddess of the Universe!* **28/4839**

2. Prayers to Goddess Sarasvatī

(पुष्पम्)

पद्मपुष्पं जपापुष्पं कर्णिकारञ्च पाटलम् ।

चम्पकं बकुलं कुन्दं स्वीकुरु देवि मालतीम् ।। 32/2422

ॐ सरस्वत्यै नमः पुष्पमालां समर्पयामि ।

◎ *O Goddess Sarasvatī! please accept the offering of the flowers of Lotus, Rose, Jasmine, Hibiscus and Marigold.* **29/4839**

(धूपम्)

सुगन्धितं प्रयच्छामि गोघृतेन समन्वितम् ।

धूपवर्त्तिञ्च कर्पूरं गृह्णीतान्मङ्गलं गिरे! ।। 33/2422

ॐ सरस्वत्यै नमो धूपमाघ्रापयामि ।

◎ *O Goddess of Poetry! please accept the offerings of aromatic incense, camphor, clarified butter and cow milk.* **30/4839**

(दीपः)

वाचे विद्ये जगन्माते जगदानन्ददायिनि ।

गृह्णीष्व पावनं दीपं-ऋद्धिसिद्धी च कारिणि ।। 34/2422

ॐ सरस्वत्यै नमो दीपं सन्दर्शयामि ।

◎ *O Goddess of speech! O Joy giver! O Mother of the World! O Giver of the Prosperity and success! I am lighting the lamp in front of you.* **31/4839**

(नैवेद्यम्)

नैवेद्यं पञ्चपक्वान्नं निवेदयामि श्रद्धया ।

रसयुक्तञ्च प्रत्यग्रं स्वायंभूव्यै सुधारसम् ।। 35/2422

ॐ सरस्वत्यै नमो नैवेद्यं निवेदयामि ।

◎ *O Goddess Shāradā! O Svayambhuvī (Daughter of Manu Svāyambhu)! I am offering you five juicy foods, with all my faith and devotion.* **32/4839**

(आरात्रिकम्)

इडे भारति श्रीविद्ये हंसगामिनि पाहि माम् ।

स्वररूपेण त्वं देवि सङ्गीतं ननु देहि मे ।। 36/2422

ॐ सरस्वत्यै नम आरात्रिकं समर्पयामि ।

◎ *O Goddess Iḍā (Daughter of Manu)! O Bhāratī (Goddess of speech)! O Haṅsagāminī (Rider on swan)! O Shrī Vidyā (Goddess of education)! please protect me and give me sweet tunes of music.* **33/4839**

(पुष्पाञ्जलिः)

पिङ्गलां मङ्गलां मायां ब्रह्माणिं कमलासनाम् ।

कादम्बरीं कलां प्रज्ञां वन्देऽहं वरदायिनीम् ।। 37/2422

ॐ सरस्वत्यै नमः पुष्पाञ्जलिं समर्पयामि ।

◎ *O Goddess Kādambarī! O Pingalā! O Mangalā! O Kamalā! O Brahmāṇī! O Kalā! O Prajñā! I pray and salute you, O Giver of the boons!* **34/4839**

♫ **संगीतश्रीकृष्णरामायण छन्दमाला, मोती 11 of 501**

गीता छन्द[19]

।। ऽ, । ऽ।, । ऽ।, ऽ।।, ऽ। ऽ, ।। ऽ, । ऽ

(शारदा प्रार्थना)

वरदान दे स्वरदे! कृपा कर, वन्दना मम, ज्ञानदे! ।

सब काम हो यशमान, हार्दिक याचना मम, ज्ञान दे ।। 1

वरदे! हमें कमनीय उज्ज्वल विश्व में अभिधान हो ।

मम मातृ भारत भूमि का, हमको सदा अभिमान हो ।। 2

◎ **A Prayer to Sarasvatī :** *O Giver of the boons! O Giver of the music! please have mercy up on me, I pray to you. O Giver of knowledge! may we be successful in all our endeavors. May our names be good in the world and may we be proud of our Motherland India.* **35/4839**

संगीतश्रीकृष्णरामायण गीतमाला, पुष्प 8 of 763

---

[19] ♫ **गीता छन्द** : इस 20 वर्ण, 28 मात्रा वाले छन्द में स ज ज भ र स गण और एक लघु तथा एक गुरु वर्ण आता है । इसका लक्षण सूत्र ।। ऽ, । ऽ।, । ऽ।, ऽ।।, ऽ। ऽ, ।। ऽ, । ऽ इस प्रकार होता है । इसमें 5–12–20 पर वैकल्पिक विराम होता है ।

▶ लक्षण गीत : **दोहा॰ मात्रा अट्ठाईस में, स ज ज भ र स गण वृंद ।**
लघु गुरु मात्रा अंत का, पावन "गीता" छंद ।। 55/7068

3. Obeisance to Sanskrit Deva-Vāṇī

राग : मालकंस, कहरवा ताल 8 मात्रा

(शारदा वन्दना)

स्थायी

स्वरदा ने मंजुल गाया है, नारद ने साज बजाया है ।
रतनाकर गीत सजाया है ।।

♫ ममगम गसा निसाधनि सा–म– म–, म–गम गसा निसाध नि–सा–म– म–।
निनिनि–निनि नि–नि निधनिसांनि धम ।।

अंतरा–1

देवी! तूने दिया ये गीत हमें, तू ही दिया संगीत हमें ।
तूने स्वर का ज्ञान दिया है, सुर हमने तुझसे पाया है ।।

♫ गम! ध–ध धनि–नि– सां– सां–गंनिसां–, नि– नि निनि– नि–धनिसां निधम– – – ।
गग म– धध नि– सां–सां सांगंनिसां–, निनि निनिनि– निनिधनि सांनिधम गसा ।।

अंतरा–2

सरस्वती तू बुद्धि दायिनी, विद्या की तू रानी है ।
आरती तेरी मन मंदिर में, यह ज्ञान दीप जलाया है ।।

◎ **A Prayer to Sarasvatī :** ***Sthāyī :*** *Ratnākar composed the melody, Sarasvatī sang it beautifully, while Shrī Nārad muni played the Vīṇā. Antarā* ***1.*** *O Goddess Sarasvatī! you gave us the song, you gave us music, you gave us knowledge of Rāgas and the skill of playing the music.* ***2.*** *O Shāradā Devī! you are the Giver of wisdom and you are the Queen of learning. We do your worship in the temples of our hearts so that you may put enlightenment in our hearts.* **36/4839**

3. **संस्कृतदेववाणीवन्दना :**

3. Obeisance to Sanskrit Deva-Vāṇī

संस्कृतवाणी अष्टकम्

♫ ग–ग–ग गगरे– म–ग– प–प– म–म–मग–पम– ।
रे–रे–रेप– म ग–रे– सा, रे–गम–प– म ग– रेसा– ।।

भाषा सुमधुरा दिव्या, रम्या गीर्वाणभारती ।
सर्वोत्तमा च श्रेष्ठा च, देववाणी च या मता ।। 1

देशवैदेशिकानां च भाषाणां जननी शुभा ।
दोषविकारशून्या सा व्याकरणसुमंडिता ।। 2

गिरा समाधिमास्थाय साक्षात्कृता महर्षिभिः ।
आशासिता गणेशेन गीर्देव्या विश्वकर्मणा ।। 3

ज्ञानविज्ञानसंयुक्ता छंदस्सङ्गीतसंयुता ।
गेया ज्ञेया च स्मर्तव्या, वन्द्या हृद्या मनोरमा ।। 4

न कठिना न क्लिष्टा च ना न्यूना नाऽनियंत्रिता ।
सुरसा च सुबोधा च ललिता सरला तथा ।। 5

अमृता मञ्जुला पुण्या मनोज्ञा विश्ववन्दिता ।
गीता वेदेषु शास्त्रेषु रामायणे च भारते ।। 6

विरचिता गणेशेन सरस्वत्या च निर्मिता ।
वाल्मीकिना च व्यासेन, कालिदासेन गुम्फिता ।। 7

संगीतगीतपद्यैश्च चरित्रं रामकृष्णयोः ।
छन्दोरागेषु वृत्तेषु रत्नाकरेण प्रस्तुतम् ।। 8

दोहा॰ संस्कृत सबसे दिव्य है, सुंदर मधुर महान ।
अमृत वाणी है यही, सरस्वती वरदान ।। 56/7068

ऋषि–मुनियों ने प्राप्त की, परम लगा कर ध्यान ।
किरपा से गणनाथ की, ध्यानी पाए ज्ञान ।। 57/7068

देश–विदेशी भाष की, संस्कृत मंगल मात ।
दोषशून्य, समृद्ध जो, व्याकरण निष्णात ।। 58/7068

युक्त ज्ञान–विज्ञान से, छंद काव्य का स्त्रोत ।

सुरस मनोरम गेय जो, शब्द प्रभा की ज्योत ।। 59/7068

ना ही कठिन, न क्लिष्ट है, ना ही त्रुटि का नाम ।
सुरस सरल सुखदायिनी, कलित सुबोध ललाम ।। 60/7068

विश्ववन्दिता मंजुला, गाते तीनों लोक ।
पावन वाणी वेद की, रामायण के श्लोक ।। 61/7068

भाषा रची गणेश ने, सराहते हैं व्यास ।
बाल्मिक कालीदास ने, धन्य किया इतिहास ।। 62/7068

छन्द राग लय वृन्द में, राम-कृष्ण का गीत ।
रत्नाकर ने है रचा, विविध ताल संगीत ।। 63/7068

◎ **Sanskrit :** *Sweetest and most divine among all world languages, Sanskrit is charming and most superior. Therefore, it is called Deva-Vāṇī (Language of the Gods). It is the holy mother of national and many international languages. It is free from faults. Its grammar is most systematic. Sanskrit language has been received by the Mahāriṣhis (great sages) through contemplation and meditation on Brahma (the Supreme). It is blessed by Lord Gaṇesha, Goddess Sarasvatī and Lord Vishvakarmā (Maker of the Universe). It is filled with knowledge, science, poetry and music. It is melodious, auspicious to learn and remember. It is praiseworthy, soothing to mind, touching to the heart and enjoyable. It is neither difficult nor complicated. It is neither arbitrary nor loose. It is filled with the nine moods, educational, literary and simple. It is nectar like sweet, delicate and sacred. It is respected and adored worldwide. It is sung in the Vedas, Purāṇs, Rāmāyaṇ and Mahābhārat. It is written by Lord Gaṇesha, composed by Goddess Sarasvatī and exhibited by Vālmīki, Vyāsa and Kālīdasa. In this Sangīt-Shrī-Kriṣhṇa-Rāmāyaṇ, it is illustrated by Ratnākar in poetic and musical Chhandas (meters) and Rāgas.* **37/4839**

4. हिन्दी वाणी वन्दना :

4. Obeisance to Hindī language

संगीतश्रीकृष्णरामायण गीतमाला, पुष्प 9 of 763

(राष्ट्रभाषा हिन्दी)

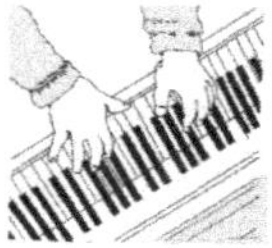

स्थायी

वाणी सरस्वती की, है देन गणपति की ।
उज्ज्वल ये संस्कृति की, हिन्दी है राष्ट्रभाषा ।। हिन्दी है॰

♬ रे-रे- मप-मग- रे-, म प-ध पपमग- म- ।
नि-ध- प मगरे- म-, ध-प- म ग-मरे-ग- ।। ध-प-

अंतरा-1

सुनने में है लुभानी, गाने में है सुहानी ।
सबसे मधुर है जानी, ब्रह्मा इसे तराशा ।। हिन्दी है॰

♬ निनिध- प म- पध-प-, सां-नि- ध प- धपम- ।
रेरेरे- गप- म ग-म-, ध-प- मग- मरे-ग- ।। ध-प-

अंतरा-2

संस्कृत की ये सुता है, ऊर्दू की ये मीता है ।
मंगल सुसंगीता है, सुंदर ये हिन्दी भाषा ।। हिन्दी है॰

अंतरा-3

हिन्दी ये वो जुबाँ है, जिस पर सभी लुभाँ हैं ।
दुनिया का हर सूबा ही, हिन्दी का है निबासा ।। हिन्दी है॰

अंतरा-4

मनहर गुलों की क्यारी, बोली सभी से न्यारी ।
हिन्दी है सबको प्यारी, चाहे जो हो लिबासा ।। हिन्दी है॰

◎ **A Prayer to Hindī Bhāshā :** ***Sthāyī :*** *The language created by Goddess Sarasvatī and which is a gift to the world from Lord Gaṇesha, that Hindī, the language of a rich heritage, is our National language.* ***Antarā : 1.*** *Hindī is pleasing to hear and charming for singing. It is the sweetest of all languages. It is sculpted by Lord Brahmā himself.* ***2.*** *It originated from the divine Sanskrit language. It is enriched with the Urdū language. It is musical. It is beautiful.* ***3.*** *Hindī is that language which everyone loves. There is no country in the world where Hindī people do not live and where Hindī is not used for poetry and singing.* ***4.*** *Hindī is a charming garden of flowers, it is unique and loved by everyone, regardless of his or her dress and face.* **38/4839**

दोहा॰ वाणी कीन्ही शारदा, गणपति की है देन ।

4. Obeisance to Hindī language

परंपरा उज्ज्वल जिसे, सुंदर उसका बैन ।। 64/7068

हिन्दी हमरी मातु है, हमको देती ज्ञान ।
देकर दैवी संस्कृति, दूर करे अज्ञान ।। 65/7068

संस्कृत वाणी की सुता, उर्दू की है मात ।
नौ रस से जो पृक्त है, ज्ञानी जन को ज्ञात ।। 66/7068

देवनागरी है लिपी, पवित्र हैं उच्चार ।
गद्य पद्य व्यवहार में, छंद राग शृंगार ।। 67/7068

संस्कृत की ये उपनदी, अमृत इसका तोय ।
उर्दू नदी समा गयी, गहरी नदिया होय ।। 68/7068

नवम सदी में हो गए, कविवर गोरखनाथ ।
हिन्दी भाषा फिर बढ़ी, बरदाई के साथ ।। 69/7068

तुलसी मीरा जायसी, कबीर रामानंद ।
सूरदास रैदास के, पद दीन्हे आनंद ।। 70/7068

दोहा रोला कुंडली, चौपाई के संग ।
कवित्त सोरठ छंद से, हिन्दी पद में रंग ।। 71/7068

हिन्दी भाषा सुगम है, कहते संत सुजान ।
चारु मनोरम सुखद है, जिन्हें काव्य का ज्ञान ।। 72/7068

सुरस सुलभ सुखकार है, जग में भाषा एक ।
हिन्दी वह शुभ नाम है, जानत हैं जन नेक ।। 73/7068

हिन्दी में जो शान है, और न पायी जाय ।
हिन्दी जो है जानता, वही समझ यह पाय ।। 74/7068

ऐसा कोई देश ना, जहाँ न हिन्दी लोग ।
जहाँ काव्य संगीत में, हिन्दी का न प्रयोग ।। 75/7068

अलंकार से जो भरी, तुमने, हे वागीश! ।
हिन्दी भाषा दी हमें, धन्यवाद, जगदीश! ।। 76/7068

हिन्दी भाषा से हमें, रहे सदा ही प्यार ।
हिन्दी भाषा को नमो, नमः कहो शत बार ।। 77/7068

◎ **A Prayer to Hindī Bhāshā :** *Hindī language is made by Goddess Sarasvatī and is gifted to the world by Lord Gaṇesha. It has a supreme heritage and it is beautiful to speak. Hindī is our mother, as Sanskrit is our grand mother. It gives us a divine knowledge and removes our ignorance. It is a daughter of Sanskrit. With the confluence of Urdū language, Hindi became more ornate. The wise people know it. Hindī is filled with all the nine moods of the literature. It is written in the celestial Devanāgarī script. Its sounds are pure and sublime. It is most suited for prose and poetry and general conversations. It is a branch river of Sanskrit. Its water is like the amrit nectar. The river of Urdū merged in to Hindī. Thus, Hindī is a vast and deep river. It took shape in the ninth century and grew as a language of poetry with the poet Gorakhnāth. It then grew with the writings of Prithvīrāj Rāso of the great poet Chānd Bardāī. It is brought to the highest point by poet Goswāmī Tulsīdās and with the devotion of Mīrā bāī, Kabīr, Rāmānand, Sūrdās, Ravidās, etc. They composed Dohās, Chaupāīs, Rolās, Sorṭhās, Kunḍliyās and many other Chhandas (meters) and made it a popular poetic language. The learned people know that Hindī is the only easy, adorable, sweet, beautiful and pleasure giving language in the world. The majesty that is in the Hindī language is unparallel. Therefore, there is no country in the world where Hindī is not popularly spoken and used for poetry and singing. Many thanks to that Lord who made this language so ornamental and rich. We love that language. Let us salute that great language.* **39/4839**

संगीतश्रीकृष्णरामायण गीतमाला, पुष्प 10 of 763

दादरा ताल

(राष्ट्रभाषा हिन्दी)

स्थायी

गीत शारद ने मंजुल है गाया, साज नारद मुनि ने बजाया ।
रत्नाकर से है मंगल रचाया, रामायण को है सुंदर सजाया ।।

♫ म-ग म-म- म प-म- ग म-प-, रे-ग म-म- मध- प- मग-म- ।
रेग म-म म- म ध-प- गम-प-, रे-ग-म- म- म ध-प- मग-रे- ।।

अंतरा–1

सारी दुनिया में सबसे जो प्यारी, वही भाषा है हिन्दी हमारी ।
ब्रह्मा जी ने जिसे है तराशा, देववाणी की कन्या है न्यारी ।।

♫ सांसां निनिरें– सां धधनि– ध प–म–, सांसां नि–रें– सां ध–नि– धप–म– ।
मग म– म– मप– म– गम–प–, रे–गम–म– म ध–प– म ग–रे– ।।

अंतरा–2

छंदों से जो भाषा सजी है, राग सुर से जो रंग रजी है ।
जो विधाता ने सुंदर रची है, वो है बोली हमारी पियारी ।।

अंतरा–3

तुलसी ने जो उज्ज्वल बनायी, मीरा ने जो भक्ति से गायी ।
जिसमें स्वरदा की माया समायी, वो हिन्दी है गुलशन की क्यारी ।।

◎ **A Prayer to Hindī Bhāshā :** ***Sthāyī :*** *Sarasvatī is singing the song in sweet melody while Shrī Nārad muni is playing the Vīṇā. Ratnākar composed the auspicious poem and beautifully adorned the story of Rāmāyaṇ with various Rāgas and Chhandas.* ***Antarā : 1.*** *The language that is adored most in the world that language is our Hindī. The language that is carved by Lord Brahmā himself and the language is that is the daughter of the divine Sanskrit, is our Hindī.* ***2.*** *The language that is ornate with Chhandas and is colourful with Rāgas, is our Hindī. The language that is made by the maker of the world with the nine moods, is our Hindī. The language made famous by Tulsīdās and devotional by Mīrā, is our Hindī. The language that has the glory of Goddess Sarasvatī, is the rose garden of Hindī.* **40/4839**

5. श्री गुरु वन्दना :

5. Prayers to Guru

(श्री गुरुवन्दना)

♫ **संगीतश्रीकृष्णरामायण छन्दमाला, मोती 12 of 501**

मोटक छन्द[20]

[20] ♫ **मोटक छन्द** : इस 11 वर्ण, 16 मात्रा वाले छन्द में त ज ज गण और एक लघु और एक गुरु वर्ण आता है । इसका लक्षण सूत्र ऽ ऽ।, । ऽ।, । ऽ।, । ऽ इस प्रकार है । इसमें 5, 11 वर्ण पर विकल्प यति आता है ।

▶ लक्षण गीत : **दोहा॰ मात्रा सोलह से सजा, त ज ज और ल ग अंत ।**
वर्ण पाँच पर यति जहाँ, जाना "मोटक" छंद ।। 81/7068

ऽ ऽ।, । ऽ।, । ऽ।, । ऽ

(राग : काफी)

♫ सानि़सा–रे रेग– मम प–म गरे– ।
सा–रे–ग पम– गरे म–ग रेसा– ।।
सा– रे–ग मप– निसां रें–सांनि ध– ।
प–ध– निधप– गम प–ग रेसा– ।।

(श्री गुरु)

संगीत मुझे गुरु देव दिया ।
रंगीन जिने मम विश्व किया ।। 1

है छन्द दिया गुरु पिंगल ने ।
दोहे कविता रस रंगत में ।। 2

वृत्तांत कहा सब नारद ने ।
आशीष दिया शुभ शारद ने ।। 3

योगेश्वर श्री हरि योग दिया ।
गीता कहके भवबोध किया ।। 4

◎ **A Prayer to Guru :** *Guru poured music in my heart and coloured my world with it. Pingala and Sarasvatī gave me the Chhandas (meters) and made me able to compose this poem of Shrī-Krishṇa-Rāmāyaṇ in 450 different Chhandas. Shrī Nārad muni gave me the stories and Shāradā gave me the blessings to write the 233 musical stories. Yogesha Shrī Krishṇa told the yogas and gave me the understanding of phenomenon of the world.* **41/4839**

श्लोका:

गुरुं विना न विद्वत्ता पाण्डित्यं न कलानिधिः ।

5. Prayers to Guru

प्रज्ञा विद्या न ज्ञानं हि वैदुष्यं न विवेचना ।। 38/2422

सुश्रीगुरुः स सद्बुद्धिं सद्विचारं सदा सुखम् ।
सन्दर्शयति सन्मार्गं सारासारविवेचनम् ।। 39/2422

(तस्मात्)

परब्रह्म गुरुर्देवो गुरुश्च शिवशङ्करः ।
नहि गुरुं विना युक्तिः-तस्माच्छ्रीगुरवे नमः ।। 40/2422

(अर्थात्, हिन्दी श्लोक)

गुरु ब्रह्म तथा विष्णु गुरु ही शिव शंकर ।
बिना गुरु नहीं विद्या वन्दना गुरु को सदा ।। 41/2422

◎ **A Prayer to Guru :** *Without a right guru there is no erudition and learning of the skills, no knowledge, no wisdom, no right thinking and no righteous thinking. He gives us right thoughts and happiness. He shows the right path and discernment of right and wrong. Guru is Godly. Obeisance to the Guru. In other words, guru is Brahmā, he is Vishnu, he is Shiva. Without him, there is no learning. Salute to the Guru.* **42/4839**

♫ **संगीतश्रीकृष्णरामायण छन्दमाला, मोती 13 of 501**

सोरठ छन्द[21]

11, 11 + ऽ

गुरु है दीपक ज्योत, गुरु ज्ञानन का स्रोत है ।
गुरु नैनन की ज्योत, गुरु से ज्ञानी होत है ।।

(और)

बिना गंध के पुष्प न भावे, बिना सुरों के गीत अकावे ।
बिन सद्गुरु के मति नहिँ धावे, को बिन केवट पार लगावे ।। 7/5205

✍दोहा॰ **गुरु गणनायक शारदा, ब्रह्मा विष्णु महेश ।**
गुरु करता कल्याण है, सदा भजो ज्ञानेश ।। 79/7068

मार्ग मिले ना गुरु बिना, कला न विद्या दान ।
ना पांडित्य न साधना, मिले न सात्त्विक ज्ञान ।। 80/7068

◎ **A Prayer to Guru :** *Guru is the stick for the blind, the wick for the lamp, vision for the eyes, foundation for the building and a seed for the plant. Flower is not charming without fragrance, song is not sweet without melody, boat does not cross over without a boatman and mind is dull without a guru. Guru is Gaṇesh. Guru is Shāradā. Guru is Brahmā. Guru is Shiva. Without guru right knowledge does not come. Guru gives us arts and sciences. Guru benefits us by giving wisdom.* **43/4839**

Prayer to Guru Pingal

(गुरुवर महर्षि पिंगल)

♫ **संगीतश्रीकृष्णरामायण छन्दमाला, मोती 14 of 501**

कमललोचना छन्द[22]

।। ।, ।। ।, ।। ऽ, ।। ऽ, ऽ

(पिंगल)

लघु गुरु कल क्रम पिंगल कीन्हा ।
न स ज य भ र त म[23] **है गण दीन्हा ।। 1**

---

[21] ♫ **सोरठ छन्द :** इसकी रचना दोहे की रचना से विरुद्ध होती है । अत: इसके (1) विषम (प्रथम व तृतीय) चरणों की 11 मात्राएँ होती हैं, अंत ज गण (। ऽ।) से और (2) सम (द्वितीय व चतुर्थ) चरणों की 13 मात्राएँ होती हैं, अंत र गण से (ऽ। ऽ) । इसका अन्त्य वर्ण प्राय: दीर्घ हो । (3) और सम चरणों के शेष 'ज' गण (लघु-गुरु-लघु) नहीं आता है ।

▶ लक्षण गीत : ✍ **दोहा॰ ग्यारह मात्रा विषम में, सम तेरह, गुरु अंत ।**
दोहे से उल्टा चले, सुंदर "सोरठ" छंद ।। 78/7068

[22] ♫ **कमललोचना छन्द :** इस 13 वर्ण, 16 मात्रा वाले छन्द के चरण में न न स स गण और एक गुरु वर्ण आता है । लक्षण सूत्र ।।।, ।।।, ।। ऽ, ।। ऽ, ऽ इस प्रकार है । यति चरणान्त है ।

▶ लक्षण गीत : ✍ **दोहा॰ मात्रा सोलह हों जहाँ, न न स स गुरु गण वृंद ।**
तेरह अक्षर से बने, "कमललोचना" छंद ।। 81/7068

[23] **नसजयभरतम अष्टगण** : सबका मूल **शून्य-अशून्य, लघु-गुरु, ह्रस्व-दीर्घ, अथवा 0-1 का द्वंद्व** मान कर, महर्षि पिंगल ने शून्य-एक की अष्टगणना (बायनरी ऑक्टल) की

कमलनयन हरि वंद्य यथा हैं ।
कविजग कुलगुरु छंद तथा है ।। 2

✍दोहा॰ गुरुवर पिंगल ने दिया, न स ज य भ र त म गण वृंद ।
मात्रा क्रम से काव्य में, रस डालत है छंद ।। 82/7068

◎ **A Prayer to Guru Pingala :** *Pingala gave us poetic Chhandas by formulating the sequences of long and short measures of the letters for the poetic lines. He founded the n, s, j, y, bh, r, t, m Gaṇas (classes). Chhandas are as worship worthy in the poetic world as Shrī Krishṇa in the heavens.* **44/4839**

Prayer to Guru Patañjali

(गुरुवर महर्षि पतंजलि)

♫ संगीतश्रीकृष्णरामायण छन्दमाला, मोती 15 of 501

आधुनिक मुक्त छन्द

(पतंजलि)

योग सनातन
मनु को
जो दीन्हा था
योगेश ।
योग तत्त्व वो
अर्जुन पाया,
वही है
योगदर्शन में
आया ।
योगशास्त्र
पतंजलि रचाया,
चित्तवृत्ति निरोध
बताया ।
योगसूत्र की
पूँजी,
भयी
विश्व के
स्वास्थ्य की
कुंजी ।

ॐ श्लोकः

शरणोऽस्मि गुरो तुभ्यं नतशीर्षः कृताञ्जलिः ।
त्वत्तः प्राप्तुं दिशं मार्गं रत्नाकरः पदे पदे ।। 42/2422

✍दोहा॰ पतंजली ने है दिया, योग-सूत्र का शास्त्र ।
नतशीर्ष मैं कृतांजलि, रत्नाकर तव छात्र ।। 83/7068

◎ **A Prayer to Guru Patañjali :** *The ancient yoga that Yogesha Shrī Krishṇa gave to Manu Vivasvān, the same yoga he gave to Arjun. Patañjali formulated the yoga-Sūtras. His yoga-Sūtras became the key to the world health. O Guru! I, Ratnākar, prays to you by bowing my head and folding my hands. May I find the righteous path and right direction at every step.* **45/4839**

रीति सर्वप्रथम प्रस्थापित की, जो कि आज वैज्ञानिक, संगणक एवं तांत्रिक विश्व का मूल आधार बनी है । यह आठ का अंक छन्दशास्त्र में योग, सिद्धि, वसु, दिग्गज, यम तथा अंग संज्ञाओंसे जाना जाता है ।

इस सिद्धांत के अनुसार **शून्य को प्रथम अंक मान कर** : 0 = 000 = ।।। = न गण, 1 = 001 = ।। ऽ = स गण; 2 = 002 = । ऽ । = ज गण, 3 = 011 = । ऽ ऽ = स गण; 4 = 100 = ऽ ।। = भ गण; 5 = 101 = ऽ । ऽ = र गण; 6 = 110 = ऽ ऽ । = त गण; और 7 = 111 = ऽ ऽ ऽ = म गण । छन्द क्रम समझने तथा याद करने की मेरी अपनी यही सरल एवं तांत्रिक युक्ति है । अब इस नूतन तत्त्व युक्त क्रम को सर्वत्र अपनाया जाय ।

5. Prayers to Guru

संगीतश्रीकृष्णरामायण गीतमाला, पुष्प 11 of 763

भजन : राग भैरवी, कहरवा ताल 8 मात्रा

(चाल और तबला ठेका के लिये देखिये हमारी "*नयी संगीत रोशनी*" का गीत 75)

(गुरु वन्दना)

पद

गुरु ब्रह्मा शिव, गुरु विष्णु है, गुरु चरणन में ज्ञान सही ।

गुरु चरणन में ज्ञान सही ।। गुरु०

♫ -सांसां रेंसांसां- सांसां- सांसां रेंसांनि- नि-, -निनि निनिगंगं गंरें- रेंगंरें सांसां- - -।

-सांरें निधपप प- - निधनिप मम- ।। मप०

स्थायी

गुरु राम है, गुरु श्याम है, श्री गणपति का अवतार वही ।

अंतरा-1

ज्ञान सिखावे, राह-दिखावे, गुरु के तले अंधःकार नहीं ।

अंतरा-2

भरम भगावे, भाग्य जगावे, गुरु से बड़ा अधिकार नहीं ।

अंतरा-3

छाँव गुरु है, नाव गुरु है, गुरु से बड़ी पतवार नहीं ।

अंतरा-4

गुरु गुण गावो, गुरु ऋण ध्यावो, गुरु किरपा का भार नहीं ।

◎ **A Prayer to Guru : *Pad*** *: Guru is Brahmā, Guru is Vishṇu. Right knowledge is at the feet of the Guru.* ***Sthāyī*** *: Guru is Shrī Rāma, Guru is Shrī Krishṇa, Guru is the manifestation of Gaṇesh.* ***Antarā : 1.*** *Guru gives us knowledge. Guru shows us the right path. There is no darkness around Guru.* ***2.*** *Guru removes delusion. Guru gives good luck, there is no authority higher than Guru.* ***3.*** *Guru is shelter. Guru is the boat. There is no better protector than Guru.* ***4.*** *Let's sing Guru's praises. Let's remember Guru's gift. Guru's mercy is not a burden.* **46/4839**

संगीतश्रीकृष्णरामायण गीतमाला, पुष्प 12 of 763

राग : मालकंस, कहरवा ताल 8 मात्रा

(गुरुदेव वन्दना)

स्थायी

स्वरदा ने मंजुल गाया है, नारद ने साज बजाया है ।

रतनाकर गीत सजाया है ।।

♫ ममगम गसा निसाधनि सा-म- म-, म-गम गसा निसाध नि-सा-म- म-।

निनिनि-निनि नि-नि निधनिसांनि धम ।।

अंतरा-1

आदि गुरुऽवर श्री गणपति हैं, योगेश्वर गोविंद भी हैं ।

ब्रह्म विष्णु शिव रूप गुरुऽ के, राम-कृष्ण भजु मन मेरे ।।

♫ ग-म मध-निनि सां-सांसांगंनि सां-, नि-नि-निनि निधधनिसां नि धम- - - ।

ग-म ध-ध निनि सां-सां सांगंनि सां-, नि-नि नि-नि निध धनि सांनिधमगसा ।।

अंतरा-2

गुरु छाया है, गुरु माया है, गुरु से बड़ा नहीं दानी रे! ।

गुरु आधारा, गुरु है पारा, गुरु चराणासीन ज्ञानी है ।।

अंतरा-3

असमंजस में जब मनवा हो, शीश टेक जब "शाधि!" कहो ।

बंद भाग्य की खिड़की खोले, गुरु ताले की चाबी है ।।

अंतरा-3

अज्ञानी को ज्ञान दिलावे, राह दिखावे भटके को ।

हिरदय से अंधकार मिटावे, सादर गुरु को वन्दन है ।।

◎ **A Prayer to Guru : *Sthāyī :*** *Ratnākar composed the melody, Sarasvatī sang it beautifully while Shrī Nārad muni played the Vīṇā.* ***Antarā : 1.*** *Gaṇesh is the primal guru. He is Yogeshvara, he is Brahmā, Vishṇu, Shiva. O My mind! chant Rāma-Krishṇa!* ***2.*** *Guru is shelter, guru is affection. There is no better benefactor than guru. Guru is savior. He who is at the feet of guru, is wise.* ***3.*** *When your mind is confused, bow your head and ask for guidance. The window of luck will open. Guru is the key for the good luck.* ***4.*** *Guru gives knowledge to the ignorant. He shows the path if you are lost. He removes darkness from the heart. Humble obeisance to the guru.* **47/4839**

6. श्री रामजी वन्दना :

6. Prayers to Lord Shrī Rāma

(श्रीरामवन्दना)

संगीतश्रीकृष्णरामायण छन्दमाला, मोती 16 of 501

मधुमतीछन्द:[24]

।। ।, ।। ।, ऽ

(श्री राघव वन्दना)

अविरतमनसा दशरथतनयम् ।
रघुकुलकनकं सुखमयसदनम् ।। 1
सरसिजवदनं रविशशिनयनम् ।
भवभयहरणं प्रतिदिनमु भजे ।। 2

◎ **A Prayer to Shrī Rāma :** *I ceaselessly worship the Lotus faced Shrī Rāma, the Son of Dashrath, the Gem of the Raghu dynasty, the Abode of happiness, the One with the Sun and Moon as his eyes, the Remover of the worldly fears.* **48/4839**

संगीतश्रीकृष्णरामायण छन्दमाला, मोती 17 of 501

पुष्पिताग्रा छन्द[25]

।। ।, ।। ।, ऽ। ऽ, । ऽ ऽ
।। ।, । ऽ।, । ऽ।, ऽ। ऽ, ऽ

(श्री राम स्तुति)

रघुवर! तुम दीन के दयाला ।
जग कहता तुम तीन लोक पाला ।। 1
सियपति! तुम सर्व भोग दाता ।
परम सखा! तुम सर्व दुःख त्राता ।। 2

◎ **A Prayer to Shrī Rāma :** *O Raghuvara (Supreme in the Raghu dynasty)! you are compassionate to the poor. You are the Guardian of the three worlds.* **49/4839**

श्लोकौ

जानकीवल्लभं रामं लक्ष्मणभरताग्रजम् ।
पुरुषोत्तमकाकुत्स्थं वन्दे वाल्मीकिकोकिलम् ।। 43/2422

राघवं परमानन्दं रामचन्द्रं धनुर्धरम् ।
अवधेशं रमाकान्तं वन्दे सीतापतिं हरिम् ।। 44/2422

◎ **A Prayer to Shrī Rāma :** *I bow to Shrī Rāma, the Beloved of Jānakī, the Elder brother of Bharat and Lakṣhmaṇ, the Best among the Puruṣhas (men), the Descendent of Kakutstha, the Poetry of Vālmīki. I salute Shrī Rāmachandra, the Hero of Raghu dynasty, the Supreme joy giver, the Bow bearer, the King of Ayodhyā, the Husband of Sītā, the Hari.* **50/4839**

(श्रीगणेश)

श्रीगणेश इस मंगल कृति का, रामायण की नव आवृति का ।
राम लखन सिय कपि प्रभृति का, कहि रत्नाकर कवि लघु स्मृति का ।। 8/5205

सुमिरण करके श्री गणपति का, रमेश लक्ष्मी शिव पार्वती का ।
सरस्वती माता भगवती का, गायत्री माँ देवी सती का ।। 9/5205

---

[24] **मधुमती छन्द** : इस 7 वर्ण, 8 मात्रा वाले उष्णिक छन्द के चरण में दो न गण और एक गुरु वर्ण आता है । इसका लक्षण सूत्र ।।।, ।।।, ऽ इस प्रकार है ।

▶ लक्षण गीत : **दोहा॰ आठ मत्त का जो बना, गुरु कल से है अंत ।**
न न गण गुरु कल वृंद जो, कहा "मधुमती" छंद ।। 84/7068

[25] **पुष्पिताग्रा छन्द** : इस अर्धसम वृत्त के विषम चरणों में न न र य गण के 12 वर्ण और सम चरणों में न ज ज र गण और एक गुरु के 13 वर्ण वर्ण आते हैं । इसका लक्षण सूत्र (विषम) ।।।, ।।।, ऽ। ऽ, । ऽ ऽ और (सम) ।।।, । ऽ।, । ऽ।, ऽ। ऽ, ऽ इस प्रकार होता है । इसमें पदान्त में विराम होता है । इसके 25 वर्ण में 34 मात्रा होती हैं ।

▶ लक्षण गीत : **दोहा॰ न न र य पद हों विषम में, सम न ज ज र गुरु वृंद ।**
कहा अर्धसम वृत्त वो, "पुष्पिताग्रा" छंद ।। 85/7068

6. Prayers to Lord Shrī Rāma

राम किशन गुरु माँ धरती का, मातपिता जननी प्रकृति[26] का ।
वेद पुरातन संस्कृत श्रुति का, दिव्य सनातन शुभ संस्कृति का ।। 10/5205

दोहा॰ प्रथम नमन श्री राम को, लेकर मंगल नाम ।
पुरुषोत्तम परमातमा, सफल करें मम काम ।। 86/7068

सुमिरण सीता मातु का, सुमिरूँ लखन सुजान ।
वन्दन शंकर पार्वती, पवन पुत्र हनुमान ।। 87/7068

पूजूँ मैं शिव पार्वती, लक्ष्मी लक्ष्मीनाथ ।
गायत्री माँ शारदा, परम भक्ति के साथ ।। 88/7068

प्रणाम राधा कृष्ण जी, मातु पिता गुरुज्ञान ।
धर्म सनातन संस्कृति, संस्कृत वेद पुराण ।। 89/7068

नूतन है इस काव्य में, रामायण का रूप ।
छंद राग संगीत से, जिसका रम्य स्वरूप ।। 90/7068

◎ **A Prayer to Shrī Rāma :** *I begin this musical poetry by remembering Shrī Rāma by his auspicious names. That Supreme Person may make my work successful. I pay respect to Lord Gaṇesh, Mother Sarasvatī, Mother Gāyatrī, Mother Pārvatī, Mother Nature, Mother Lakṣhmī, Viṣhṇu, Shiva, Kriṣhṇa, Rādhā, gurus, father, mother and the Sanskrit Civilization. This New Edition of Rāmāyaṇ, the story of Shrī Rāma, Sītā, Lakṣhmaṇ and Hanumān, is composed by Ratnākar, the poet of short memory.* **51/4839**

संगीतश्रीकृष्णरामायण गीतमाला, पुष्प 13 of 763

भजन : राग मिश्र, कहरवा ताल 8 मात्रा

(जै श्री राम)

स्थायी

जै श्री राम भजो मन मेरे, नाम हरि के गारे ।
जनम-जनम के पाप उतारे, तन के ताप उबारे ।।

♫ ग– मप रे-नि़ नि़सा– साग रे-सा–, ग–प पध– ध– निसांधप ।
सांसांसां सांसांसां संारें नि–ध पधसांसां–, सांसां संारे निधम पग – – मरेसाग– ।।

अंतरा–1

घेरेंगे जब घोर अंधेरे, मेघ घनेरे कारे ।
या छेड़ेंगे भय दुस्तारे, मन वीणा की तारें ।
छोड़ेंगे यदि साथ पियारे, भव सागर मझधारे ।।

♫ निसांसां–रें– सांसां निधप धनिसांसां–, निसांसां सांनि–ध– निसांसां– ।
नि– सां–सां–सां– निसां सां–निधप–, धनि धपम– पध निसांसां– ।
निसांसां–सां– सांरें निधप धनि–सां–, धसां सां–निध मपग – – मरेसाग– ।।

अंतरा–2

बोलेंगे जब शबद दुखारे, निर्दय दुनियावारे ।
या काटेंगे साँप विषारे, भूखे वदन पसारे ।
रोएँगे यदि गम के मारे, तेरे प्राण बिचारे ।।

अंतरा–3

झेलेंगे तब रामजी प्यारे, दुख तन मन के सारे ।
खेलेंगे हरि खेल सुखारे, हरने ताप तुम्हारे ।
लेलेंगे प्रभु परम कृपारे, शरण में साँझ सकारे ।।

◎ **A Prayer to Shrī Rāma : *Sthāyī :*** *O My mind! chant victory to Shrī Rāma and sing Shrī Rāma's names. It will relieve all your pains and sins of past lives.* ***Antarā : 1.*** *When the pitch darkness will surround you and the dark clouds will come over you and the fears will twang the wires of the Vīṇā of your mind, and if your dear ones will strand you alone in the middle of the worldly ocean . . .* ***2.*** *When the cruel people of the world will say painful words to you and when the poisonous snakes will bite you with their hungry mouths open and if your poor soul will cry deep in sorrow . . .* ***3.*** *Then dear Shrī Rāma will take away the aches from your body and mind, and Hari will play with you*

---

[26] **याद रहे :** जैसा कि छन्द शास्त्र में कहा है, 'ऋ' अक्षर की (ृ) मात्रा वाले वर्ण के पूर्व आने वाले लघु वर्ण पर, जहाँ उस ऋ-युक्त वर्ण का आघात पड़ता है वहाँ, वह लघु वर्ण दीर्घ ही माना जाता है । उदा॰ अकृपा, निकृष्ट, प्रकृति, विकृत, निगृह्य, अतृप्त, अदृष्य, अधृष्ट, अनृत, प्रभृति, अमृत, निवृत्ति, प्रवृत्ति, विसृत, प्रहृत आदि में प्रकृति का 'प्र,' अमृत का 'अ,' प्रवृत्ति का 'प्र,' निवृत्ति 'नि' आदि वर्ण दीर्घ होता है । यह नियम इस काव्य में सर्वत्र लागू है ।

joyful games to lessen your troubles, the supremly merciful Lord will take you in his shelter, day and night . . . **52/4839**

(हे प्रभो!)

सुंदर वदन सुमंगलकारी, करुणा सिंधु सकल दुख हारी ।
नाम सुमंडित रंजनकारी, रामचंद्र प्रभु अवध बिहारी ।। 11/5205

सरब नरोत्तम हरि अवतारा, ईश महत्तम जय जयकारा ।
गंध सुगंधित स्नेह सुखारा, सियपति बरणन अमृत धारा ।। 12/5205

मंगल भवन अमंगल हरणा, निश-दिन वन्दन प्रभु के चरणा ।
मन मंदिर में हरि के स्मरणा, देत असंशय सुख से मरणा ।। 13/5205

हरि किरपा बिन नाही चारा, नर तन मिलता नहीं दुबारा ।
फिर मत दर दर मारा मारा, इस उसके तू भटक दुआरा ।। 14/5205

दोहा॰ **परम पुरुष गुरु आप हैं, सुंदर शुभ सुखधाम ।**
सुमिरण वन्दन मैं करूँ, जै जै सीताराम ।। 91/7068

करुणा सागर आप हैं, कमल नयन अभिराम ।
अवध बिहारी आप हैं, जै जै सीताराम ।। 92/7068

मंगल करने जीवनी, भज हरि आठों याम ।
मन मंदिर में नाम हों, जै जै सीताराम ।। 93/7068

हरि बिन जगत अपार है, हरि चरणन सुख धाम ।
इधर-उधर ना भटक तू, जै जै सीताराम ।। 94/7068

◎ **A Prayer to Shrī Rāma :** *Victory to Shrī Rāma! O Guru! you are the Supreme Person. You are the Beautiful abode of happiness. I remember you and pray to you. You have a lovely face. You are the Giver of auspicious things. You are the Ocean of mercy, the Remover of sorrows, the Joy giver. O Rāmchandra, O Awadh Bihārī. O Hari! you are the Greatest Lord. Victory to you. O Sītāpati! your story is a river of Amrit nectar. In order to attain good and to remove evil, I am at your feet day and night. Your worship in the temple of heart certainly gives a happy death. There is no better way than your grace. We get human body only once, then why wander here and there.* **53/4839**

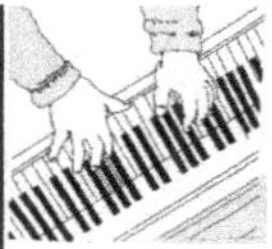

संगीतश्रीकृष्णरामायण गीतमाला, पुष्प 14 of 763

भजन

(ओ राम जी!)

स्थायी

द्वार पे तेरे हम आए हैं, आज राम जी तू वर दे ।
हाथ में लेली हमने झोली, जो है खाली तू भर दे ।।
♫ सा-रे रे ग-म- पप म-ग- रे-, सा-रे ग-म प- प- मग रे- ।
म-म म प-प- पपम- ग-रे-, सा- रे- ग-प- म- गरेसा- ।।

अंतरा-1

नहीं चाहिये हीरे मोती, चाँदी सोने के गहने ।
प्यार से पाना सो है खाना, जो है देना तू दे दे ।।
♫ गम- प-पप- ध-सां- नि-ध-, नि-ध- नि-रें- सां- निधप- ।
म-म म प-म- प- म- ग-रे-, सा- रे- ग-प- म- गरे सा- ।।

अंतरा-2

नहीं चाहिये सुख के पर्बत, या नीले पीले शरबत ।
चित्त में भक्ति, मन में सक्ति, तन में शक्ति तू दे दे ।।

अंतरा-3

नहीं चाहिये नौकर बंगले, हाथी-घोड़े या गाड़ी ।
सिर पर छाया, तेरी माया, मिली तो पाया सब हमने ।।

अंतरा-4

नहीं चाहिये आदर कीर्ति, ऊँची पदवी या ख्याति ।
दिल का कोना, उसमें सोना, तेरे होना हम चाहें ।।

◎ **A Prayer to Shrī Rāma :** ***Sthāyī :*** *I am at your door step, O Shrī Rāma! please give me a boon. I came to seek alms, please fulfill my request.* ***Antarā : 1.*** *I am not asking for pearls and diamonds, nor I want gold and silver. Whatever little you give me will be plenty.* ***2.*** *I do not seek heaps of happiness, nor sweet foods and drinks. Please give me firm faith in my heart and strength in my mind.* ***3.*** *I do not desire palaces nor servants, nor horses and elephants. Please give me shelter. That is all I desire.* ***4.*** *I do not ask for name and fame, nor high posts. Please give me a corner in your heart. I wish to be yours.* **54/4839**

(हे सियापति!)

6. Prayers to Lord Shrī Rāma

सियपति करते बेड़ा पारा, प्रभु नैया अरु वही किनारा ।
हरि पर जब है निर्भर सारा, क्यों करना फिर अधिक विचारा ।। 15/5205

दीन दुखी का एक सहारा, निर्धन जन का पालनहारा ।
राम चंद्र हैं और सितारा, हरि अँखियाँ अरु अँखियन तारा ।। 16/5205

✍दोहा॰ प्रभुवर! प्रज्ञा दीजिए, काम करूँ निष्काम ।
राग क्रोध छल से परे, चाह रहे न सकाम ।। 95/7068

राम नाम भव नाव है, राघव सागर तीर ।
केवट भी श्री राम हैं, राघव सागर नीर ।। 96/7068

रघुपति दीनानाथ हैं, निर्धन के आधार ।
भगतन को विश्वास है, राम भाग्य करतार ।। 97/7068

(हे राम!)
रघुकुल नियम चले नित आए, जान जाय पर बचन न जाये ।
करतब करम न टलने पाए, नाम अरुण ना ढलने पाए ।। 17/5205

नाम मनुज का तब तक ऊँचा, काम न जब तक होवे नीचा ।
जो मुख से हो निकली वाचा, उस पर चलना पथ है साचा ।। 18/5205

मन में धरिये रघुकुल दीच्छा, काम न करिए सकाम कच्चा ।
सदाचार ये जाने अच्छा, रामराज का बच्चा बच्चा ।। 19/5205

✍दोहा॰ दिये वचन को पालना, रघुकुल की है रीत ।
सात्विक जिसके काम हैं, सदा उसी की जीत ।। 98/7068

कर्म करे निष्काम जो, उसे राम से प्रीत ।
रामराज की नीति की, वही जानता रीत ।। 99/7068

◎ O Siyāpati! : *Siyāpati Shrī Rāma (Husband of Sītā) is the ocean, he is the shore, he is the boat, he is the boatman. When everything depends on Shrī Rāma, what is there to think further. Shrī Rāma is the help for helpless, protection for the penniless. Hari is the moon and the sun, he is the eye and the vision. O Lord! please give me such virtues that I may perform my duty without a desire for its fruit. May I stay away from attachment and anger. It is the tradition of Raghukula (Raghu dynasty), one may loose his life but not his promise. One should not avoid his duty, one should not loose his name. As long your deeds are good, your name is good. Every man, woman and child of Shrī Rāma's kingdom knows this very well.* **55/4839**

(हे राघव!)
ऋषि-मुनियन का ध्यान ध्येय तू, संत जनन का सहज जेय तू ।
कवि कोविद का परम गेय तू, फिर भी सबका नहीं ज्ञेय तू ।। 20/5205

भक्ति सबसे महान शक्ति, हरि किरपा की अनुपम युक्ति ।
उपनिषदों की सुमधुर सूक्ति, भवसागर से देती मुक्ति ।। 21/5205

✍दोहा॰ योगी ऋषि-मुनि सन्त के, जप-तप ध्यान प्रमाण ।
भक्ति पूर्ण है प्रार्थना, करके नाथ! प्रणाम ।। 100/7068

ऋषि-मुनियन के ध्यान में, तू ही निश-दिन, राम! ।
कवि कोविद मन मगन से, गाते तुमरे गान ।। 101/7068

◎ O Rāghava! : *Shrī Rāma is the object of the meditation of the sages and yogīs. O Lord! I bow and pray before you with full faith. You are the object of the poets, writers and thinkers, but they do not know you truly. Faith is the greatest strength. It is the unique remedy for attaining Shrī Rāma's favor. It is the saying of the Upaniṣhads. It gives freedom from the worldly cycle of births and deaths.* **56/4839**

(हे भगवन्!)
पुरुष-प्रकृति राघव-जाया, पँचभूत सह त्रिगुणी माया ।
द्रव्य अचेतन चेतन काया, आत्मतत्त्व की सगुणी छाया ।। 22/5205

एकादश कुल देह इंद्रियाँ, खिलती मुरझाती ज्यों कलियाँ ।
सृष्टि चक्र को समझ न पाया, चलाचली में जग भरमाया ।। 23/5205

'मरा मरा' का मंतर गाया, हरि किरपा का प्रसाद पाया ।
ब्रह्म-आत्म में मन चकराया, राम, श्याम-बन कर समझाया ।। 24/5205

✍दोहा॰ जीव भूत की चेतना, सीता अन्तर्याम ।
धृति प्रवृत्ति प्रेरणा, माया राघव नाम ।। 102/7068

6. Prayers to Lord Shrī Rāma

सच्चिदानंद स्वरूप हैं, पावन राम ललाम ।
प्रभो! बसो मम देह में, बन कर सीताराम! ।। 103/7068

आते-जाते जीव हैं, जैसे पतझड़ पात ।
चलाचली का चक्र ये, आत्मज्ञान की बात ।। 104/7068

पाया योग घनश्याम से, प्राचीन विवस्वान ।
राम श्याम के रूप में, उभय विष्णु के नाम ।। 105/7068

◎ **O Bhagavān! :** *O Shrī Rāma! you are the life of the living beings, you are the body and the soul. You are courage, you are the disposition, you are the inspiration. Shrī Rāma is Purusha and Sītā is Prakriti. She is the five beings and the three attributes of the beings. The body of eleven organs comes and goes, like the flowers on the plant. Such is the cycle of nature. Man has not understood it fully. Shrī Rāma's name is a magic. It made a robber a saint. In the form of Shyāma, he told the principles of Brahma and ātmā. He told the yoga to Vivasvāna. O Shrī Rāma! you are Sachidānanda. Please reside in my body becoming my mind.* **57/4839**

(हे रमेश!)
जय रमेश जय मंगल दाता, तव गुण जो निश-दिन है गाता ।
भव से छुट कर वह नर ज्ञाता, मनवांच्छित सब फल है पाता ।। 25/5205

राम रतन है जिसको भाता, गुण परखन है उसको आता ।
सत् पुरुषों से उसका नाता, भवसागर में नहिं भरमाता ।। 26/5205

मन होवे जब कभी अधीरा, पीड़ से रोवे चित का कीरा ।
हरि सुमिरण दे मन को धीरा, राम जगाता है तकदीरा ।। 27/5205

दोहा॰ रहे राम का आसरा, निश-दिन सुबहो शाम ।
सविनय सादर मैं भजूँ, "पाहि सियापति! माम्" ।। 106/7068

प्रभु गुण ऐसा दीजिये, जो जन अधिक सुखाय ।
मैं भी दुखिया ना रहूँ, साधु न तनिक दुखाय ।। 107/7068

◎ **O Ramesh! :** *Victory to you, O Ramesha (Husband of Sītā)! O Fortune giver! he who contemplates on your virtues, he gets his wishes fulfilled and is liberated from the world. He who understands Shrī Rāma's virtues, knows right from wrong. May I receive Shrī Rāma's mercy day and night. With gratitude I pray to Siyāpati Shrī Rāma for protection. Contemplation on Shrī Rāma gives good luck. O Lord! please give me such virtues that will please the world. I may never become sad, not will I make anyone sad.* **58/4839**

संगीतश्रीकृष्णरामायण गीतमाला, पुष्प 15 of 763

भजन : राग बिलावल,[27] कहरवा ताल 8 मात्रा

(सियापति सुमिरन)

स्थायी

राम-सियापति! प्राण पियारे! अंजनी नंदन दास तिहारे ।

♫ गपनि निसां-सांसां सांनिध पमगमरे! गमपमग मरेसासा सां-गं रेंसांनिधप ।

अंतरा-1

राम नरोत्तम भजु रे मन में, नाम मनोहर साँझ सकारे ।

♫ प-नि निसां-सांसां सांसां सांसां सांरें सां-, सां-गं मंरेंसांधप सांनिध पमगमरे ।

अंतरा-2

करुणा किरपा कारज न्यारे, लीजो शरण में राघव प्यारे ।

अंतरा-3

हरियो प्रभु जी आप हमारे, पाप करम के अवगुन सारे ।

अंतरा-4

बाल्मीक तुलसी गात तिहारे, गान अमर जो जग उजियारे ।

---

[27] **राग बिलावल :** यह बिलावल ठाठ का लोकप्रिय प्राथमिक राग है । इसको रागों का मूल माना जाता है । इसका आरोह है : सा रे ग म प ध नि सां । अवरोह : सां नि ध प म ग रे सा ।

▶ लक्षण गीत : **दोहा॰ सर्व शुद्ध स्वर राग के, ध ग वादी संवाद ।**
प्रात काल का राग ये, रहे "बिलावल" याद ।। 108/7068
सातों शुध आरोह में, अवरोही भी सात ।
पूर्ण-पूर्ण जो जाति का, शद्ध बिलावल ज्ञात । 109/7068

6. Prayers to Lord Shrī Rāma

◎ **A Prayer to Shrī Rāma : *Sthāyī* :** *O Shrī Rāma! O Husband of Sītā! you are dearer to me than my own life. Your servant is Añjanī's son Hanumān.* ***Antarā* : *1.*** *O Mind! chant day and night the beautiful names of the most superior person, Shrī Rāma.* ***2.*** *Shrī Rāma's deeds and mercy are unique. O Shrī Rāma! please take me at your feet.* ***3.*** *O Lord! please remove my vices and sins of bad karmas.* ***4.*** *Sages Vālmīki and Tulsīdās are singing your immortal songs, which enlighten the world.* **59/4839**

संगीतश्रीकृष्णरामायण गीतमाला, पुष्प 16 of 763

प्रार्थना : राग भैरवी, कहरवा ताल 8 मात्रा

(श्री राम)

स्थायी

नमन करूँ जगदीश को, झुक कर बारंबार ।
लगन धरूँ अवनीश की, राम नाम सुखकार ।। 110/7068

♫ ममम मप– ममध–प ध–, धनि सांरें सांनिधपध–ध ।
पपप पध– निनिसां–रें सां–, ध–नि रें–सां निधप–प ।।

अंतरा–1

मनन मगन मन जोड़ के, विनय भक्ति के साथ ।
चरण शरण प्रभु रामजी, वन्दन मेरे नाथ! ।। 111/7068

♫ ममम मपप मम ध–प ध–, धनिसां रें–सां निध ध–ध ।
पपप पधध निनि सांरेंसां–, ध–निरें सांनिधप प–प ।।

अंतरा–2

भजन रटन नित आपका, मन में हो रघुवीर ।
धो डाले मम पाप को, नाम नदी का नीर ।। 112/7068

अंतरा–3

पर जन तन धन देख के, हिरदय हो न अधीर ।
सफल सकल मम रामजी! उज्जवल हो तकदीर ।। 113/7068

◎ **A Prayer to Shrī Rāma : *Sthāyī* :** *Bowing my head again and again, I pray to Jagadīsh Shrī Rāma, the Lord of Universe. I hope to see Shrī Rāma, the Lord of the earth, the Lord that gives happiness.* ***Antarā* : *1.*** *With a focused mind and folded hands, with humility and faith, prostrating on the ground, O Lord! I pray to you.* ***2.*** *I write and sing your Bhajans in my mind all the time, day and night, O Raghuvīra (Hero of the Raghu dynasty) Shrī Rāma! please wash away my sins, with the water from the river of your holy names.* ***3.*** *May I not waver seeing others' wealth. O Shrī Rāma! may my future be successful and bright.* **60/4839**

संगीतश्रीकृष्णरामायण गीतमाला, पुष्प 17 of 763

राग : मालकंस, कहरवा ताल 8 मात्रा

(श्री राम वन्दना)

स्थायी

स्वरदा ने मंजुल गाया है, नारद ने साज बजाया है ।
रतनाकर गीत सजाया है ।।

♫ ममगम गसा निसाधनि सा–म– म–, म–गम गसा निसाध नि–सा–म– म–।
निनिनि–निनि नि–नि धधनिसांनि धम ।।

अंतरा–1

जप जप जप रे हर दम बंदे, राम राम श्री रामेतिऽ।
राम नाम का जप दिन–राती, विघ्न विनाश कहाया है ।।

♫ गग मम धध नि– सांसां सांसां गंनिसां–, नि–नि नि–नि निध धनिसांनिधम– – – ।
ग–म ध–ध नि– सांसां सांसां गंनिसां–, नि–नि निनि–नि नि–नि धधनिसांनि धमगसा ।।

अंतरा–2

राम नरोत्तम नर पुरुषोत्तम, सबसे उत्तम दर्शन है ।
दीनन बंधु किरपा सिंधु, प्यारी राघव छाया है ।।

अंतरा–3

राम है नैया, राम खेवैया, राम रमैया तारक हैं ।
राम है मैया, राम है भैया, भव के राम रचैया हैं ।।

◎ **A Prayer to Shrī Rāma : *Sthāyī* :** *Ratnākar composed the melody, Sarasvatī sang it beautifully, while Shrī Nārad muni played the Vīṇā.* ***Antarā* : *1.*** *O my mind! chant Rāma Rāma Rāma! every moment, day and night. Shrī Rāma's name is remover of the obstacles.* ***2.*** *Shrī Rāma is the best among men, he is Purushottama. His image is the best sight. Shrī Rāma is the brother to helpless, he is ocean of mercy. Shelter at the feet of Shrī Rāma, is the dearest abode.* ***3.*** *Shrī Rāma is the boat, Shrī Rāma is the boatman, Shrī Rāma is the savior, Shrī Rāma is mother, Shrī Rāma is brother, Shrī Rāma is the Creator of the World.* **61/4839**

7. श्री सीता देवी वन्दना :

7. Prayers to Goddess Sītā

(श्रीसीतादेवीवन्दना)

संगीतश्रीकृष्णरामायण छन्दमाला, मोती 18 of 501

मौक्तिक छन्द[28]

ऽ। ऽ, । ऽ ऽ, । ऽ।, ऽ

(सीता वन्दना)

वन्य वास को हैं चले पिया ।
साथ नाथ के जात है प्रिया ।। 1
त्याग राज्य का हर्ष से किया ।
धर्मचारिणी राम की सिया ।। 2

◎ **A Prayer to Sītā :** *Beloved Shrī Rāma is going to forest. With Shrī Rāma is going his dear Sītā. She renounced the kingdom with smiling face. Shrī Rāma's wife Sītā is the true follower of Dharma.* **62/4839**

संगीतश्रीकृष्णरामायण गीतमाला, पुष्प 18 of 763

(राम–सिया)

स्थायी

आओ संतन, आओ भगतन, राम–सिया के करिए कीर्तन ।

सा–गम प–पप, प–धनि धपमम, ग–ग गम– म– धपम– गगरेरे ।

अंतरा–1

जपा कमल के फूल चढ़ाओ, ज्योत जलाओ, भोग लगाओ ।
प्रसाद पाओ मंगल वाला, राम–सिया को करके वन्दन ।।

रेग– ममम म– ध–प मग–म–, नि–ध पम–प–, ध–प मग–म– ।
सांसां–नि प–ध– सां–निध प–ध–, प–म गरे– म– धपम– ग–रेरे ।।

अंतरा–2

राम पिता हैं, सीता माता, राम–सिया हैं शुभ वर दाता ।
आओ सत् जन, राम–सिया के, पावन आशिष करिए अर्जन ।।

अंतरा–3

नाम राम के और सिया के, परम प्रेम से करिए सुमिरण ।
दीन दयाला राम–सिया के, ध्यान लगा कर करिए चिंतन ।।

अंतरा–4

हाथ जोड़ कर, शीश झुका कर, जय जय बोलो राम–सिया की ।
निर्मल हिरदय, तन मन अपना, राम–सिया को करिए अर्पण ।।

◎ **Shrī-Rāma and Sītā :** ***Sthāyī :*** *O Devotees! come! let us sing Shrī Rāma and Sītā's Kīrtan.* ***Antarā : 1.*** *Let us offer the lotus and rose flowers. Let us light the lamp. Let us offer sweet food. Let us pay obeisance to Shrī Rāma and Sītā Devī.* ***2.*** *Shrī Rāma is our father, Sītā is mother. Shrī Rāma and Sītā will give us happiness. O Good people! let us earn blessings from Shrī Rāma and Sītā Devī.* ***3.*** *Let us remember and chant the names of Shrī Rāma and Sītā Devī and let us meditate up on them.* ***4.*** *Let us fold our hands. Let us bow our heads. Let us say, victory to Shrī Rāma and Sītā Devī with pure hearts, clean bodies and focused thoughts.* **63/4839**

(सीता नामावली)

रजनीगंधा, मिथिलकुमारी, बैदेही, सिय, अवधदुलारी ।
वेदवती, देवी, सुकुमारी, ऋद्धि सिद्धि, लछ्मी अवतारी ।। 28/5205

मही कुमारी, भौमी, क्षितिजा, सत्या, धन्या, जनक आत्मजा ।
तुलसी, गंगा, सीता, भूजा, वसुंधरेयी, सृजा, उर्विजा ।। 29/5205

पांचाली, प्रभु राघव प्रीति, जनकनंदिनी, सुशीला, नियति ।
राघव पत्नी, अवधकुल कीर्ति, लवकुश माता! जयती जयती ।। 30/5205

---

[28] **मौक्तिक छन्द :** इस दस वर्ण, 16 मात्रा वाले छन्द के चरणों में र य ज गण और एक गुरु वर्ण आता है । इसका लक्षण सूत्र ऽ। ऽ, । ऽ ऽ, । ऽ।, ऽ इस प्रकार होता है । इसमें 5–5 का विराम विकल्प से आता है ।

▶ लक्षण गीत : **दोहा॰ सोलह मात्रा से सजा, र य ज ग गण का वृंद ।**
दस वर्णों से चमकता, हीरा "मौक्तिक" छंद ।। 114/7068

7. Prayers to Goddess Sītā

✍दोहा॰ "जनक दुलारी" "जानकी," देवी मानव रूप ।
अवध बिहारी रामजी, स्वामी रघुपति भूप ।। 116/7068

"जनकनंदिनी," "भूमिजा," राघव जिसका काँत ।
"वसुंधरेयी," "उर्विजा," "सीता" "लव-कुश-मात" ।। 117/7068

"पांचाली," "क्षितिजा," "सिया," भर्ता जिसका राम ।
"तुलसी," "गंगा," "मैथिली," "वैदेही" शुभ नाम ।। 118/7068

◎ **Sītā's beautiful names :** *Jānakī, the Daughter of king Janaka, is a Goddess in human form and her husband Avadh Bihārī Raghupati Shrī Rāma is the king of Ayodhyā. Mithilā Kumāri is the flower of Jasmine, she is dear daughter-in-law of Ayodhyā. She is Vaidehī. She is incarnation of Lakṣhmī Devī, the Goddess of prosperity and success. Sītā is the daughter of Mother Earth, thus she is known as Mahī Kumārī, Bhaumī, Kṣhitijā, Bhoojā, Srijā, Urvijā, Vasundhareyī. She is called Gangā, she is Satyā, she is Dhanyā, Janakātmajā, Pāñchālī, Rāghava prīti, Janaka Nandinī, Avadha-kula-kīrti, Lava-Kusha Mātā. O Sītā! victory to you.* **64/4839**

(शिव लीला)

गर्व हराने शठ वीरों का, दंभ हटाने धूर्तचरों का ।
दर्प मिटाने दुष्ट जनों का, नष्ट कराने मैल मनों का ।। 31/5205

शिवजी कीन्ही लीला दैवी, रक्षित कीन्ही सीता देवी ।
खेल रचाया अगम धनुष का, अहं गिराने अधम मनुष का ।। 32/5205

हीन मनों की मिटाने भूल, भारी बन कर दे गया शूल ।
राम के लिये भया अनुकूल, धनुष सयाना बन गया फूल ।। 33/5205

श्री नारायण की जल शैया, पावन लक्ष्मी गंगा मैया ।
धरणी पर जब पाँव रखैया, नाम मानवी सिया धरैया ।। 34/5205

शिव-वर उसको मिथिला लाया, सिय को शिवधनु जनक दिलाया ।
गंगा जल सी निर्मल काया, अग्नि परीक्षा अरु उजलाया ।। 35/5205

✍दोहा॰ सीते! तुमरा शिवधनु, उठा न पाए वीर ।
टूटा रघुपति हाथ से, ज्योंहि चढ़ाया तीर ।। 119/7068

राज कुमारी मैथिली, गंगा का शुभ तोय ।
दुखिदुखियारी भूमिजा, अग्नि तुल्य शुध होय ।। 120/7068

शिवजी की लीला हुई, हार गया लंकेश ।
सीता को भर्ता मिला, रामचंद्र अवधेश ।। 121/7068

◎ **Shiva's charm :** *Shiva's bow, the toy of baby Sītā, could not be picked up by the mighty evil men, but it broke as soon as Shrī Rāma tried to mount arrow an over it. Shiva played the magic Līlā to teach a lesson to the wicked strongmen. Shiva protected Sītā's honour. The bow that was too heavy for other mighty men, became light like a flower as soon as Shrī Rāma touched it. Sītā is holy like the water of Ganges, she is pure like a flame of fire, Her life is filled with sorrowful events. Shiva's boon brought her to the earth and glittered her image with fire* **65/4839**.

(पतिव्रता)

लेकर आस अवध में आई, मगर उजड़ता घर सिय पाई ।
मंथर दासी आग लगायी, कैकेयी फिर तिन सुलगाई ।। 36/5205

राघव की गद्दी छिनवाई, विपिनवास की चिता जलाई ।
वन को निकली सीता माई, रामचंद्र की पकड़ कलाई ।। 37/5205

धर्म-कर्म की बात निभाई, कुल कलहन की विपत टलाई ।
बिना लड़ाई, बिना रुलाई, उसने रघुकुल रीति चलाई ।। 38/5205

व्रत जो पतिव्रता का ऊँचा, जग में घर-घर तुमसे पहुँचा ।

आदर्शों का अजर बगीचा, तुमरे कारण अमर समूचा ।। 39/5205

✍दोहा॰ **चारु चरित आदर्श हैं, पावन विमल कुलीन ।**
अनघ अमल प्रियदर्श के, रामलखनसिय तीन ।। 122/7068

रामचंद्र पुरुषोत्तम जाना, लखन लला को अनुपम माना ।
अलंकार है पुण्य सुहाना, राम-लखन-सिय सह हनुमाना ।। 40/5205

✍दोहा॰ **धर्मचारिणी नव वधू, भूमाता अवतार ।**
पतिव्रता सहचारिणी, सीते! जय जय कार ।। 123/7068

परम स्नेह से पूर्ण तू, नारीजग में एक ।
देवी! तुझको वन्दना, सादर माथा टेक ।। 124/7068

रानी बन कर अवध में, आई रघुपति दार ।
रह न सकी वह शाँति से, घर में दिन भी चार ।। 125/7068

कैकेयी ने कपट से, छीना राघव-राज ।
सीता भी वन को चली, रखने रघुकुल लाज ।। 126/7068

◎ **Pativratā** : *O Sītā! you are Dharmachāriṇī. The Righteous woman. You are Pativratā (devoted to husband). Victory to you. After wedding you came to Ayodhyā with great hopes, but you found Shrī Rāma's family breaking apart. Maid Mantharā put fire to it and Kaikeyī fanned it. Kaikeyī snatched the kingdom from Shrī Rāma to give it to her own son Bharat. She exiled Shrī Rāma to Daṇḍaka forest for 14 years. Shrī Rāma left the kingdom to honour the promises made to Kaikeyī by his dear father Dashrath. Sītā protected the ruin of the family. She became an ideal daughter and she set an example in front of the world. Shrī Rāma is the best among men, Sītā is the best wife and Hanumān is the best servant.* **66/4839**.

संगीतश्रीकृष्णरामायण गीतमाला, पुष्प 19 of 763

राग : मालकंस, कहरवा ताल 8 मात्रा

(श्री सीता देवी वन्दना)

स्थायी

स्वरदा ने मंजुल गाया है, नारद ने साज बजाया है ।
रतनाकर गीत सजाया है ।।

♫ ममगम गसा निसाधनि सा-म- म-, म-गम गसा निसाध नि-सा-म- म-।
निनिनि-निनि नि-नि निधनिसांनि धम ।।

अंतरा-1

नारी धर्म की उज्ज्वल ज्योतिऽ, धर्मचारिणी सीता है ।
पतिव्रता व्रत सबसे ऊँचा, सीतात्याग बढ़ाया है ।।

♫ ग-म- ध-नि नि सां-सांसां गंनिसां-, नि-निनि-निनिध धनिसांनि धम- - - ।
गम-मध- निनि सांसांसां- गंनिसां-, नि-नि-नि-नि नि-नि धधधनिसांनि धमगसा ।।

अंतरा-2

सबसे परम है देवी सीता, राघव की मनमीता है ।
गंगा जल की अमृत धारा, लक्ष्मी की अवतारा है ।।

अंतरा-3

वन्दन देवी! वन्दन माते! तुमसे भव उजियारा है ।
जिस पर सब बलिहारी हैं वह, रामचंद्र की दारा है ।।

◎ **Shiva's charm** : ***Sthāyī*** : *Ratnākar composed the melody, Sarasvatī sang it beautifully, while Shrī Nārad muni played the Vīṇā.* ***Antarā* : 1.** *Sītā is the shining light of womanhood in the women's' world. Her sacrifices made the Pativratā Dharma (dedication to husband), the highest kind of austerity.* **2.** *Sītā is the Supreme Goddess, she is beloved of Shrī Rāma, she is pure water of Gangā, she is a personification of Lakṣhmī.* **3.** *O Goddess! obeisance to you. O Mother! salute to you. With your radiance, the world is illuminated. You are the spotless wife of Shrī Rāma. The world loves you, O Devī!* **67/4839**.

8. परम बंधु श्री लक्ष्मण वन्दना :

8. Prayers to Brother Lakṣhmaṇ

(परमबंधुश्रीलक्ष्मणवन्दना)

♫ संगीतश्रीकृष्णरामायण छन्दमाला, मोती 19 of 501

8. Prayers to Brother Lakṣhmaṇ

चंपकमाला छन्द[29]

ऽ।।, ऽ ऽ ऽ, ।। ऽ, ऽ

(लक्ष्मण वन्दना)

उर्मिल! तेरा लक्ष्मण न्यारा ।
रामसिया पे है बलिहारा ।। 1
लाल सुमित्रा नंदन प्यारा ।
राघव भाई विश्व दुलारा ।। 2

◎ **A Prayer to Supreme brother Lakṣhmaṇ :** *O Urmilā! your husband Lakṣhmaṇ is a unique person. He is ready to lay down his life for Shrī Rāma. Sumitrā's son, Shrī Rāma's younger brother, Lakṣhmaṇ is loved by everyone.* **68/4839**

(बंधु)

भाई संगी, सुहृद् साथी, भाई भरोसा, श्रद्धा शक्ति ।
भाई प्राण प्रतिष्ठा प्रगती, भाई प्रेमल प्रणत प्रिय प्रीति ।। 41/5205

बंधु सहारा, बंधु किनारा, बंधु स्नेह की न्यारी धारा ।
बंधु जगत में सबसे प्यारा, लखन लला सियराम दुलारा ।। 42/5205

सेवा नर को देती मेवा, सबसे ऊँचा सद्गुण सेवा ।
सेवा सुगंध अखंड धनवा, सेवा सुविमल विशाल मनवा ।। 43/5205

स्वार्थ छोड़ सब अर्पण करना, परहित सर्व समर्पण करना ।
नेह-भाव से कार्य चुकाना, सेवा धन है आर्य पुराना ।। 44/5205

दोहा॰ स्नेह-भावना बंधुता, श्रद्धा बल विश्वास ।
जिसके निर्मल प्रेम में, मातृ-भाव मिठास ।। 127/7068

---

[29] **चंपकमाला छन्द :** इस 10 वर्ण, 16 मात्रा वाले छन्द के चरण में भ म स गण और एक गुरु वर्ण आता है । इसका लक्षण सूत्र ऽ।।, ऽ ऽ ऽ, ।। ऽ, ऽ इस प्रकार होता है । इसमें 5, 5 अक्षरों पर यति विकल्प से आता है ।

▶ लक्षण गीत : **दोहा॰ सोलह मात्रा से रचा, भ म स ग गण का वृंद ।**
दस कल में, यति पाँच पर, "चंपकमाला" छंद ।। 132/7068

बंधु वही है जगत में, जो दे मुख पर हास ।
बंधु देता विपद् में, हर दम सच्चा साथ ।। 128/7068

सेवा निष्ठा प्रेम ही, जिसके तन मन प्राण ।
पुरुष जाति में एक वो, लखन लला है नाम ।। 129/7068

घर अरु दारा छोड़ कर, चला राम के साथ ।
माँ के आँसू पोंछ कर, पकड़ बंधु का हाथ ।। 130/7068

बंधु शब्द का जगत में, सुंदर दूजा नाम ।
लखन लला सौमित्र है, जय जय सीताराम ।। 131/7068

◎ **Ideal brother :** *In this world, the other beautiful word for brotherhood is Lakṣhmaṇ. Brother is a well wisher, faithful, loving and dear companion. A person in whom brotherly love, selfless service and faith are at their maximum is Lakṣhmaṇ. Selfless service is the greatest virtue. Such service produces most pleasant fragrance, it is a reflection of the purity of the great mind. Sacrificing one's own life for the sake of others is Ārya Dharma (Supreme righteousness).* **69/4839**

संगीतश्रीकृष्णरामायण छन्दमाला, मोती 20 of 501

सोरठ छन्द

7 + । ऽ । – 8 + ऽ । ऽ

(लछमन)

दीन्हा अग्रज दान, अनुजन को वरदान जो ।
पाकर पावन ज्ञान, लछमन बना सुजान वो ।।

◎ **Wisdom :** *Receiving inspiration and teaching from his elder brother Shrī Rāma, Lakṣhmaṇ became a wise brother.* **70/4839**

संगीतश्रीकृष्णरामायण गीतमाला, पुष्प 20 of 763

राग : मालकंस, कहरवा ताल 8 मात्रा

(श्री लक्ष्मण वन्दना)

स्थायी

स्वरदा ने मंजुल गाया है, नारद ने साज बजाया है ।

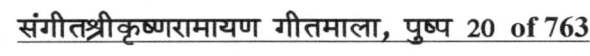

रतनाकर गीत सजाया है ।।

♫ ममगम गसा निसाधनि सा–म– म–, म–गम गसा निसाध नि–सा–म– म–।

निनिनि–निनि नि–नि निधनिसांनि धम ।।

अंतरा–1

भाग में अरु कछु हो या ना हो, भाई लखन समाना हो ।

गाओ लखनलला जयकारा, राग जो मन को भाया है ।।

♫ ग–म म धध निनि सां– सां– गंनि सां–, नि–नि– निनिनि निधनिसांनि धम– – – ।

ग–म– धधनिनिसां– सांसांगंनिसां–, नि–नि नि निनि निध धनिसांनि धमगसा ।।

अंतरा–2

राम सिखाया भाईचारा, दिखलाया उजियारा है ।

अग्रज का आदर्श सहारा, लछमन प्रेम अपारा है ।।

अंतरा–3

घर अरु दारा तज कर सारा, माता को भी बिसारा है ।

भाई खातिर वन को निकला, तुझसे भाई न प्यारा है ।।

अंतरा–4

धन्य है तेरी पत्नी उर्मिला, कछु न गिला ना शिकवा है ।

लछमन तू है अनुपम मितवा, रघु का अनुज दुलारा है ।।

◎ **A praise to Lakṣhmaṇ :** ***Sthāyī :*** *Ratnākar composed the melody, Sarasvatī sang it beautifully, while Shrī Nārad muni played the Vīṇā.* ***Antarā :*** *One may not have any thing else, but he should have a brother like Lakṣhmaṇ. Sing this song in Malkaunsa or any other Rāga you like and say victory to Lakṣhmaṇ.* ***2.*** *Rāma taught him the essence of brotherhood and enlightened him. Lakṣhmaṇ became the ideal support for his elder brother Shrī Rāma. Lakṣhmaṇ's love is unparallel.* ***3.*** *Leaving your wife and house, counseling your crying mother, you left for the sake of your brother, O Lakṣhmaṇ! there is no dearer brother than you are. Blessed is your wife Urmilā. She made no complaint and let you go to forest to serve Shrī Rāma and Sītā. O Lakṣhmaṇ! you are a unique friend and a dearest person.* **71/4839**

9. परम भक्त श्री हनुमान वन्दना :

9. Prayers to Lord Hanumān

(परमभक्तश्रीहनुमान्वन्दना)

♫ **संगीतश्रीकृष्णरामायण छन्दमाला, मोती 21 of 501**

चंद्रवर्त्म छन्द[30]

ऽ।ऽ, ।।।, ऽ।।, ।।ऽ

(हनुमान वन्दना)

राम दास हनुमान अमर है ।

राम काज रत वानर वर है ।। 1

राम राज करते तन मन में ।

राम एक जिसके कण–कण में ।। 2

◎ **A praise to Lakṣhmaṇ :** *Rāma's servant Hanumān is immortal. He is ever ready at the service of Shrī Rāma. Shrī Rāma dwells in his body and mind. Shrī Rāma dwells in every particle of his body.* **72/4839**

(परम भगत)

भक्ति भगत की भव्य शक्ति है, दिव्य सनातन सही युक्ति है ।

शास्त्र में कही सत्य सूक्ति है, जग बंधन से यही मुक्ति है ।। 45/5205

राम परम जिन आयन जाना, राम भगत कपि श्री हनुमाना ।

पाकर सेवा, राम महाना, हिरदय में तिन देत ठिकाना ।। 46/5205

दोहा॰ राम भगत परमातमा, परम दास हनुमान ।

---

[30] ♫ **चंद्रवर्त्म छन्द :** इस 12 वर्ण, 16 मात्रा वाले छन्द के चरण में र न भ स गण आते हैं । इसका लक्षण सूत्र ऽ।ऽ, ।।।, ऽ।।, ।।ऽ इस प्रकार है । इसके 4, 8 वर्ण पर यति विकल्प से आता है ।

▶ लक्षण गीत : **दोहा॰ मात्रा सोलह से बना, र न भ स गण का वृंद ।**

बारह अक्षर से सजा, "चंद्रवर्त्म" है छंद ।। 133/7068

9. Prayers to Lord Hanumān

सकल जगत की आतमा, कर्म कुशल बलवान ।। 134/7068

भक्ति भगत की शक्ति है, युक्ति सनातन दिव्य ।
परम पुरातन सूक्ति है, शास्त्र ज्ञान ज्ञातव्य ।। 135/7068

जग में सबसे श्रेष्ठ जो, जाना भगत महान ।
एकमेव वो ज्ञात है, केसर सुत हनुमान ।। 136/7068

◎ **The Supreme brother :** *Rāma's devotee and supreme servant Hanumān is a Supreme soul. He is skillful and powerful. He is the soul of this world. Faith is the greatest power of a devotee. It is an ancient divine skill. It is the saying of the scriptures. It is the means for freedom from the worldly bondage. One who knows this, he knows virtuous Hanumān. Serving Shrī Rāma, Hanumān made place in Shrī Rāma's heart.* **73/4839**

(कपीश)

सुर जग बंदन, असुर-निकंदन, सुख हित व्यंजन, सब दुख भंजन ।
सागर लाँघन, सेतु निबंधन, कंचन कुंदन अंजनी नंदन ।। 47/5205

राम चरण हो जिसे ठिकाना, अतुलित मति अनुपम बलवाना ।
भीम रूप कपि परम निधाना, बुद्धिमान अति विशुध विधाना ।। 48/5205

मुख पर लाली कुसुमों वाली, रवि सम रोशन रूप गुलाली ।
राम रतन की माला डाली, हृदय बसे सिय भूप खुशाली ।। 49/5205

दोहा॰ असुर जनन का खातमा, चतुर बहुत गुणवान ।
सुर वन्दन धरमातमा, निपुण अतुल भगवान ।। 137/7068

मुख पर दैवी लालिमा, पावन अन्तर्याम ।
कपीश रूप महातमा, धन्य-धन्य सियराम ।। 138/7068

◎ **The Lord of Monkeys :** *Hanumān is a destroyer of evil. He is a giver of happiness. He is worshipped by the gods. The Añjanī's son Hanumān built the bridge over ocean. Infinitely powerful, Hanumān found shelter at the feet of Shrī Rāma. Blessed are Shrī Rāma and Sītā, who have a servant like Hanumān. They both dwell happily in Hanumān's heart.* **74/4839**

संगीतश्रीकृष्णरामायण गीतमाला, पुष्प 21 of 763

आरती : राग खमाज, कहरवा ताल 8 मात्रा

(बजरंग वन्दना)

स्थायी

ॐ जै बजरंग बली । प्रभु जय बजरंग बली ।
भगतन प्राण पियारे । आस में द्वार तिहारे ।
सुंदर दरशन की । जय जय बजरंग बली ।।

♫ म– म– ममम–ग मप– । पध नीसां सांसांरेंसांनी धरे– ।
पधपध नी–नी धपधपम– । पधप ध नी–नी धपधम– ।
प–पप धपमग रे– । पप पप पपधपम गम– ।।

अंतरा–1

राम दास तुम पावन । शंकर अवतारी ।
प्रभु शंकर अवतारी ।
महावीर परमेश्वर । लोक नाथ सत् ईश्वर ।
विक्रम वज्रांगी । जय जय बजरंग बली ।।

♫ पमम गपम मग पममम । सांरेंसांनी धधपमप– ।
सांसां सांरेंसांनी धधपमप– ।
पध–नी–नी नीधपधमम । पधप धनीनी निध पधमम ।
प–पप धपमगरे– । पप पप पपधपम गम– ।।

अंतरा–2

तुमने सुग्रीव कपि से । राम को मिलवाया ।
प्रभु राम को मिलवाया ।
बाली पतन कराके । तुमने मुक्त कराई ।
दारा सुग्रीव की । जय जय बजरंग बली ।।

अंतरा–3

सिय की खोज लगाके । खबरिया राम को दी ।

खुश खबरी राम को दी ।
लखन हि सम तुम भाई, कहके कण्ठ लगाए ।
तुमको रघुपति जी । जय जय बजरंग बली ।।

अंतरा–4

जल पर अश्म तराये । राम नाम लिखके ।
शुभ राम नाम लिखके ।
सागर सेतु बनाके । सेना पार कराके ।
लंका तुम जारी । जय जय बजरंग बली ।।

अंतरा–5

वायु गति से उड़ के । परबत ले आए ।
प्रभु परबत ले आए ।
संजीवन बुटी लाके । तुमने प्राण बचाये ।
भ्राता लछमन के । जय जय बजरंग बली ।।

अंतरा–6

राक्षस तुमरे आगे, डर कर सब भागे ।
सब सैनिक रावन के ।
रावन पतन कराके । तुमने मुक्त कराई ।
सीता रघुवर की । जय जय बजरंग बली ।।

◎ **A Prayer to Hanumān :** ***Sthāyī :*** *Om! Victory to Shrī Bajrang Balī Hanumān. O Lord! Victory to you. For your devotees, you are dearer than their life. They are standing at your door to see your beautiful form. Victory to you, O Bajrang Balī!* ***Antarā : 1.*** *You are Shrī Rāma's holy servant. You are Shiva's incarnation. O Powerful Lord! you are people's righteous master. You are valorous. Your body is like a thunderbolt. Victory to you.* ***2.*** *You introduced Shrī Rāma to Monkey King Sugrīva. Shrī Rāma shot Bālī with an arrow and freed Sugrīva's wife Rumā.* ***3.*** *You found for Sītā and gave the good news to Shrī Rāma. Shrī Rāma then said, O Hanumān! you are my younger brother like Lakṣhmaṇ, and he hugged you lovingly.* ***4.*** *You floated stones on water and built the bridge across the ocean. The army of monkeys crossed the ocean. You burned Lankā.* ***5.*** *You flew with the speed of wind and brought the mountain with Sañjīvanī Buṭī plants. You saved the life of brother Lakṣhmaṇ.* ***6.*** *Demon servants of Rāvaṇ, afraid of you, ran away from you. You caused the downfall of Rāvaṇ and freed Sītā.* **75/4839**

संगीतश्रीकृष्णरामायण गीतमाला, पुष्प 22 of 763

राग : मालकंस, कहरवा ताल 8 मात्रा

(श्री हनुमान वन्दना)

स्थायी

स्वरदा ने मंजुल गाया है, नारद ने साज बजाया है ।
रतनाकर गीत सजाया है ।।

♫ ममगम गसा निसाधनि सा–म– म–, म–गम गसा निसाध नि–सा–म– म–।
निनिनि–निनि नि–नि निधनिसांनि धम ।।

अंतरा–1

जग से न्यारा, सबसे प्यारा, दास राम का हनुमत है ।
कपि बलबीरा, उज्ज्वल हीरा, हनुमत राम दुलारा है ।।

♫ गग म– ध–नि–, सांसांसां– गंनिसां–, नि–नि नि–नि नि– धनिसांनि धम– – – ।
गग ममध–नि–, सां–सांसां गंनिसां–, निनिनिनि नि–नि नि–नि धधधनिसांनि धमगसा ।।

अंतरा–2

मुख पर लाली, फूलों वाली, रवि सम रंग गुलाली है ।
अति बलशाली, शिव अवतारी, सुंदर रूप कहाया है ।।

अंतरा–3

तुम जग बंदन, अंजनी नंदन, राम काज सँवारा है ।
संकट मोचन, असुर–निकंदन, हनुमत हमको प्यारा है ।।

◎ **A Prayer to Hanumān :** ***Sthāyī :*** *Ratnākar composed the melody, Sarasvatī sang it beautifully, while Shrī Nārad muni played the Vīṇā.* ***Antarā : 1.*** *Different than rest of the world, more clever than anyone else, is Shrī Rāma's servant, the Monkey God Hanumān. He is bravest of the brave. He is a glittering diamond. He is dear to Shrī Rāma.* ***2.*** *His face is pink like a lotus flower, or like the rising sun. He is powerful personification of Shiva. His form is beautiful.* ***3.*** *O Son of Añjanī! the world salutes you. You did Shrī Rāma's service with dedication. You are destroyer of the demons, you are the remover of obstacles, O Dear Hanumān!* **76/4839**

10. आदि कवि श्री वाल्मीकि वन्दना :

10. Prayers to Poet Vālmīki

(आदिकविश्रीवाल्मीकिवन्दना)

संगीतश्रीकृष्णरामायण छन्दमाला, मोती 22 of 501

शिशु छन्द [31]

ऽ ऽ।, । ऽ।, ।। ऽ, ।। ऽ, । ऽ ऽ

(वाल्मीकि वन्दना)

रामायण की अमर आदि खरी कहानी ।
बाल्मीकि सनातन करी कवि ने बखानी ।। 1
वो श्लोक भरी परम संस्कृत शुच्य वाणी ।
सोहे कवि का कलित वाङ्मय, उच्च श्रेणी ।। 2

◎ **A Prayer to Vālmīki :** *Immortal is the ancient story of Rāmāyaṇ. The true story was first told by poet Vālmīki. That divine language of the Sanskrit Shlokas (verses) is supreme in the world literature.* **77/4839**

(आदि कवि)

आदि कवीश्वर कुल अंगीरा, वाङ्मय वाचा ज्ञान भँडारा ।
ब्रह्मा का वर पाकर न्यारा, लिखे कथा का सागर सारा ।। 50/5205

सरस्वती की घोर तपासा, लाई मुनि को हरि के पासा ।
श्लोकामृत के रस का प्यासा, राम चरित से मिटी पिपासा ।। 51/5205

"मा निषाद..." से श्लोक आदि का, छन्द अनुष्टुप् चतुष्पदी का ।
प्रवाह सुंदर नाद नदी का, सुस्वर सुरधि आदि सदी का ।। 52/5205

श्लोक श्रवण कर ब्रह्मविधाता, बोले वर दो स्वरदा माता ।
वाल्मिक मुनि को लिखने गाथा, राम चरित जो सदा सुभाता ।। 53/5205

दोहा॰ छन्द अनुष्टुप् श्लोक है, ब्रह्मा का अनुदान ।
आदि मिला बाल्मीक को, शारद का अनुज्ञान ।। 140/7068

आदि कवीश्वर बाल्मिकी, स्वरदा का अवतार ।
दिव्य ज्ञान का सूर्य है, काव्य ज्ञान भंडार ।। 141/7068

घोर तपस्या राम की, और दरस की आस ।
लाई आदि कवीश को, सरस्वती के पास ।। 142/7068

◎ **The Foremost poet :** *Vālmīki is the maker of the Anuṣhṭubh meter. He is blessed by Brahmā, Sarasvatī and Gaṇesh. He is the original writer of the Rāmāyaṇ, the gateway to Shrī Rāma. Born in lineage of sage Angiras, he is the storehouse of knowledge and source of spiritual literature. Brahmā desired him to write Shrī Rāma's story. The ascetic fervour of Sarasvatī brought the sage to Shrī Rāma's feet. His thirst quenched with the amrit nectar of the shlokas. Vālmīki uttered the verse of "Mā Niṣhād. . ." and won the heart of Brahmā with its charming melody. With that melody and with the blessings of Sarasvatī, Rāmāyaṇ is pleasing everyone for ever.* **78/4839**

(अनुष्टुप् छन्द)

दोहा॰ "मा निषाद..." के श्लोक से, कियो बालमिक छन्द ।
अनुष्टुभ् रचना पद्य की, सुन ब्रह्मा को नंद ।। 143/7068

ब्रह्मा बोले, शारदे! कवि को दो वरदान ।
राम-चरित सुंदर लिखे, संस्कृत सुस्वर गान ।। 144/7068

◎ **The Anuṣhṭubh meter :** *With the shloka of "Ma Niṣhād . . ." Vālmīki composed the Anuṣhṭubh chhanda (meter). Hearing that shloka, Brahmā became captivated. He asked Sarasvatī to give a boon to the poet so that he may be able to write Rāmāyaṇ in Sanskrit with sweet melody.* **79/4839**

(महाकवि)

वाणी की अति उत्तम शैली, स्वर्ग लोक में मुख मुख फैली ।
भू मंडल में सबसे पहली, ज्ञान नीति शुभ हित की थैली ।। 54/5205

---

[31] **शिशु छन्द** : इस 15 वर्ण, 22 मात्रा वाले छन्द में त ज स स य गण आते हैं । इसका लक्षण सूत्र ऽ ऽ।, । ऽ।, ।। ऽ, ।। ऽ, । ऽ ऽ इस प्रकार होता है । इसमें चरणान्त यति विकल्प से आता है ।

▶ लक्षण गीत : **दोहा॰ मत्त बाईस में जहाँ, गण त ज स स य पसंद ।**
वर्ण हों पन्द्रह जहाँ, "शिशु" वह जाना छंद ।। 139/7068

सहस चौबीस श्लोक शृंखला, छह काण्डों की काव्य मेखला ।
सर्ग पाँच सौ की है माया, जिसमें उत्तर काण्ड मिलाया ।। 55/5205

अलंकार नौ रस की शोभा, अनुप्रास उपमा की प्रतिभा ।
राग छन्द लय श्लेष मंजुषा, ललित पद्य मय सुंदर भाषा ।। 56/5205

दोहा॰ वाणी सबसे श्रेष्ठ जो, स्वर्ग लोक प्रख्यात ।
फिर जो धरती पर हुई, सर्वश्रेष्ठ विख्यात ।। 145/7068

श्लोक सहस चौबीस के, बने पाँच सौ सर्ग ।
सात कांड की शृंखला, रामायण प्रतिसर्ग ।। 146/7068

सुंदर भाषा पद्य की, राग-छंद से युक्त ।
अलंकार से पृक्त जो, विकार त्रुटि से मुक्त ।। 147/7068

◎ **The Poet laureate :** *O Vālmīki! your Sanskrit language is in its best style. It is spoken by the gods in the heaven, the first and foremost on the earth, storehouse of knowledge, ethics and morality. Ornate with alankars (poetic styles), nine rasas (moods) and every aspect of Sanskrit grammar, a chain of 24,000 shlokas, woven in six poems of five hundred chapters, coupled with Uttara-Kāṇḍ, became the first Rāmāyaṇ of sage Vālmīki.* **80/4839**

(रामायण)

प्रज्ञा जप तप विद्या शिक्षा, कर्म धर्म फल सुख-दुख दीक्षा ।
भक्ति-भाव प्रण प्रेम परीक्षा, सेवा श्रद्धा क्षमा तितीक्षा ।। 57/5205

पोता जाता दुहिता माता, कांता भर्ता प्रपिता भ्राता ।
कर्ता भर्ता हर्ता धाता, नाता गोता ताता दाता ।। 58/5205

स्तुति धृति स्मृति गति कृति श्रुति निष्ठा, दान ध्यान मन प्राण प्रतिष्ठा ।
हर्ष शोक मन आस्था अनास्था, दया शाप गुण वर्ण व्यवस्था ।। 59/5205

सदाचार जो जग परिचित है, रामायण में वह चर्चित है ।
इसमें जो भी विदित नहीं है, वह करने को उचित नहीं है ।। 60/5205

दोहा॰ काव्य ज्ञान-परिपूर्ण जो, वर्णित सभी प्रसंग ।
सदाचार का, काव्य में, छुटा न कोई अंग ।। 148/7068

◎ **The Rāmāyaṇ :** *The wonderful poem of Vālmīki's Rāmāyaṇ deals with such vast and veried topics as knowledge, intelligence, education, learning, austerity, meditation, contemplation, duty, righteousness, happiness, sorrow, initiation, faith, feelings, vow, love, assessment, service, forgiveness, belief, foreberance, right and wrong, kingship, polity, morality, charity, trust, mercy, peace, non-violence, war, courage, praise, honour, scriptures, life, soul, mind, body, Universe, relationships, creator, father, mother, son, daughter, brother, sister, husband, wife, friend, neighbor, varṇāshrama (four classes of working people), virtues, vices and every righteous aspect that exists anywhere in any form in the world. The aspect that is not dealt in Rāmāyaṇ is not a righteousness.* **81/4839**

(यों)

जब तक भू पर गिरि जल धारें, नभ में सूरज चाँद सितारे ।
तब तक होंगे अमर दुलारे, रामायण के गीत तुम्हारे ।। 61/5205

दोहा॰ शैली उत्तम ललित के, रस कलित अलंकार ।
आदितम महाकाव्य का, उसे मिला अधिकार ।। 149/7068

"रामायण में जो कहा, वह है सद् आचार ।
बाल्मीक ने जो ना कहा, उचित नहीं व्यवहार" ।। 150/7068

◎ **Thus :** *Written in a richly ornate language, the poem of Rāmāyaṇ has the honour of being the first epic poem of the world. As long as there are rivers and mountains on the earth and as long as there are Sun, Moon and stars in the sky, O Vālmīki! your poem of Rāmāyaṇ will be immortal in the world. Whatever is written in the Rāmāyaṇ is righteousness. whatever is not written there is not worth following.* **82/4839**

संगीतश्रीकृष्णरामायण गीतमाला, पुष्प 23 of 763

भजन : राग जोगिया,[32] कहरवा ताल 8 मात्रा

---

[32] **राग जोगिया** : यह भैरव ठाठ का राग है । इसका आरोह है : सा रे म प ध सां । अवरोह : सां नि ध प म रे सा ।

10. Prayers to Poet Vālmīki

(वाल्मीकि स्तवन)

स्थायी

हे हरि चरित ग्रंथ दाता, स्तवन हमरे लीजियो ।
लीजियो वन्दन हमारे, ज्ञान हमको दीजियो ।
उद्धार हमरा किजियो ।।

♫ रे- सारे- ममम प-म रे-सा- -, रेमम पधप- म-रेसा- ।
म-पध- सां-रेंरें सांनिधप-, म-ध प-म- प-मरे- ।
सा-सा-रे ममप- ध-पम- ।।

अंतरा-1

कविता का अवतार तुम्हीं हो, राम-कथा करतार तुम्हीं हो ।
तुलसी का सुविचार तुम्हीं हो, ज्ञान का भँडार हो ।।

♫ ममप- ध- सांसांरें-सां निध- प-, म-प पध- सांसां-रें-सां निध- प- ।
ममप- ध- सांसां-ध-प मरे- सा-, सा-रे म- मरेरे सा- ।।

अंतरा-2

गद्य पद्य पद शरण तिहारे, कवि कोकिल गण चरण तिहारे ।
शारद का वरदान तुम्हीं हो, कुदरत का अनुदान हो ।।

अंतरा-3

ऋषि-मुनि को अनुराग है तुमसे, विद्या अमर चिराग है तुमसे ।
तुमरे तप से राग हमारे, मुनि! तुम्हें आभार हो ।।

◎ **A Prayer to Vālmīki : *Sthāyī :*** *O Creator of Rāmāyaṇ! please accept our prayer, please accept our obeisance and bestow knowledge up on us.* ***Antarā : 1.*** *O Vālmīki! you are the poetry personified. You are the compiler of Shrī Rāma's story. You are the inspiration for Tulsīdās and Kabīr. You are the jewel among the knowledgeable. The poets and singers are at your feet. O Vālmīki! you have the blessings of Sarasvatī. You are a gift of Mother Nature. The saints and sages have adoration for you. The lamp of knowledge is glowing because of you. With your inspiration our literature is alive. O Vālmīki! thank you, we are indebted to you.* **83/4839**

▶ लक्षण गीत : ✍ **दोहा॰ ग वर्ज्य स्वर अवरोह में, आरोही ग नि त्याग ।**
म सा वादि संवाद का, ज्ञात "जोगिया" राग ।। 151/7068

संगीतश्रीकृष्णरामायण गीतमाला, पुष्प 24 of 763

राग : मालकंस, कहरवा ताल 8 मात्रा

(श्री वाल्मीकि वन्दना)

स्थायी

स्वरदा ने मंजुल गाया है, नारद ने साज बजाया है ।
रतनाकर गीत सजाया है ।।

♫ ममगम गसा निसाधनि सा-म- म-, म-गम गसा निसाध नि-सा-म- म-।
निनिनि-निनि नि-नि निधनिसांनि धम ।।

अंतरा-1

रामायण के आदि रचेता, कविवर वाल्मीक ज्ञानी हैं ।
राम चरित का अमर समुंदर, मुनिवर मधुर बनाया है ।।

♫ ग-म-धध नि- सां-सां सांगंनिसां-, निनिनिनि नि-निध धनिसांनि धम- - - ।
ग-म मधध नि- सांसांसां सांगंनिसांसां, निनिनिनि निनिनि धधनिसांनि धमगसा ।।

अंतरा-2

अलंकार की उत्तम शैली, नौ रस छन्द बनाया है ।
ब्रह्माजी का आशिष पा कर, आदि श्लोक रचाया है ।।

अंतरा-3

वन्दन वन्दन गुरुवर तुमको, गिरापतिऽ तुम कवीश हो ।
शारद का वरदान है तुमको, श्री गणेश की माया है ।।

◎ **A Prayer to Vālmīki : *Sthāyī :*** *Ratnākar composed the melody, Sarasvatī sang it beautifully, while Shrī Nārad muni played the Vīṇā.* ***Antarā : 1.*** *The composer of the poem of Rāmāyaṇ is the first poet laureate known to the world. He wrote the sweet and immortal story of Shrī Rāma.* ***2.*** *Receiving the blessings from Brahmā, he wrote the embellished poetry in a supreme style.* ***3.*** *O Guru! salute to you. You are the king of speech, you are the king of poetry. You are blessed by Sarasvatī. You are blessed by Gaṇesh.* **84/4839**

11. श्री कृष्ण वन्दना :

11. Prayers to Lord Shrī Krishṇa

(श्रीकृष्णवन्दना)

संगीतश्रीकृष्णरामायण छन्दमाला, मोती 23 of 501

विद्युल्लेखा अनुष्टुप् छन्दः[33]

ऽ ऽ ऽ, ऽ ऽ ऽ

(श्रीकृष्णवन्दना)

वन्दे श्रीं श्रीरङ्गं, गोविन्दं श्रीकृष्णम् ।
गोपालं गोपीशं, वार्ष्णेयं योगेन्द्रम् ।। 1
लक्ष्मीशं कंसारिं, प्रद्युम्नं श्रीनाथम् ।
श्रीविष्णुं गौराङ्गं, क्षेत्रज्ञं वन्देऽहम् ।। 2

◎ **A Prayer to *Shrī* Krishṇa :** *I bow to Shrī Krishṇa who is also called Shrīranga, Govinda, Gopāla, Gopīsha, Pradyamna, Yogendra, Lakṣhmīsha, Kaṅsāri, Shrīnātha, Shrī Viṣhṇu, Shrī Gaurānga and Kṣhetrajña.* **85/4839**

संगीतश्रीकृष्णरामायण गीतमाला, पुष्प 25 of 763

(श्रीकृष्णस्तोत्रम्)

श्लोकाः

रक्ष रक्ष हरे त्वं नः श्रीकृष्ण भवसागरात् ।
मधुसूदन गोविन्द, संरक्ष नो जगत्पते ।। 45/2422
म–म म–म मग– प– म–, प–प–प– धपम–गम– ।
गगग–गग रे–म–ग–, प–म–ग रे– गप–मग– ।।

जगद्गुरुर्भवानस्ति योगेश्वरः सनातनः ।
नो मृत्युसागराद्रक्ष, भोः माधव जनार्दन ।। 46/2422

त्वं पार्थसारथिर्भूत्वा कृतवान्मार्गदर्शनम् ।
तद्वदेव हृषीकेश, देहि नो योगसाधनाम् ।। 47/2422

पद्मनाभ यदुश्रेष्ठ पुण्डरीकाक्ष मोहन ।
केशव शरणं यामो, रक्ष रक्ष हरे हरे ।। 48/2422

गिरिधर गुणातीत वासुदेव सुदर्शन ।
देवदेव चिदानन्द, रक्ष रक्ष त्वमच्युत ।। 49/2422

चक्रधर मुरारे वै रमेश परमेश्वर ।
दामोदर रमाकान्त, रक्ष रक्ष गदाधर ।। 50/2422

पीताम्बर जगन्नाथ नृसिंह पुरुषोत्तम ।
सुभद्राग्रज श्रीनाथ, रक्ष रक्ष मनोहर ।। 51/2422

भक्तप्रिय प्रजानाथ मुकुन्द जगदीश्वर ।
घनश्याम चतुर्बाहो, रक्ष रक्ष निरञ्जन ।। 52/2422

अनाथनाथ श्रीराम विठ्ठल कमलापते ।
नारायण निराकार, रक्ष रक्ष धनुर्धर ।। 53/2422

राधारमण श्रीविष्णो द्वारिकाधिपते गुरो ।
देवकीपरमानन्द, रक्ष रक्ष पुरन्दर ।। 54/2422

वनमालिन्महादेव सुरेश सुखसागर ।
नन्दनन्दन गोपाल, रक्ष रक्ष महेश्वर ।। 55/2422

श्रीपते परमानन्द भगवन्गरुडध्वज ।
श्यामसुन्दर ज्ञानेश, रक्ष रक्ष मुनीश्वर ।। 56/2422

---

[33] **विद्युल्लेखा छन्द** : इस आठ वर्ण, 16 मात्रा वाले अनुष्टुप् छन्द के चरण में म म गण आते हैं, अतः सभी मात्राएँ दीर्घ होती हैं । इसका लक्षण सूत्र ऽ ऽ ऽ, ऽ ऽ ऽ इस प्रकार होता है । इस छंद को **विद्युलेखा** अथवा **शेषराज** छंद भी कहा जाता है ।

▶ लक्षण गीत : **दोहा॰ रचना बारह सोलह मत्त की, गुरु मात्रा का वृंद ।
गायत्री के वर्ग का, "विद्युल्लेखा" छंद ।। 152/7162**

11. Prayers to Lord Shrī Krişhņa

सच्चिदानन्द योगेश देव चाणूरमर्दन ।
रत्नाकर गणाधीश, रक्ष रक्ष सदा सखे ।। 57/2422

◎ **A Prayer to *Shrī* Krişhņa :** *O Shrī Krişhņa! O Hari! please protect us from the worldly ocean. O Madhusūdana! O Govind! please protect us, O Jagatpati! O Lord! you are the Primordial lord, you are Jagadguru. O Keshava! O Janārdana! please save us from the cycles of birth and death. You are Yogeshvara. You became the charioteer of Arjun and guided him on the battlefield. Similarly, O Hrişhīkesha! please give us success in Jñāna yoga. O Padmanābha (who has lotus emerged from his belly button)! O Yadushreşhtha (supreme in the Yady dynasty)! O Puņḍarikākşha (whose eyes are like lotys flower)! O Mohan (Charmer of the mind)! O Devadev (God of the Gods)! O Chidānand (Peace and joy of the heart)! O Achyut (the invincible)! please protect us. O Chakradhar (Bearer of the Sudarshan-chakra)! O Murāri (Slayer of the demon Mura)! O Ramesh (Husband of Lakşhmī)! O Parameshvar (the Great Lord)! O Dāmodar (who was tied with a rope on his stomach)! O Shrī Ramākānt (Husband of Lakşhmī)! O Gadādhar (Bearer of mace)! please look after us. O Pītāmbar (Clad with yellow garment)! O Subhadrāgraja (Brother of Subhadrā)! O Shrīnāth (Husband of Lakşhmī)! O Manohar (Mind charmer)! please guard us. O Bhaktapriya (Dear to the devotees)! O Prajānāth (Master of the subjects)! O Mukund (Giver of the jewels)! O Jagadīshvara (Lord of the Universe)! O Ghanashyām (who is coloured like clouds)! O Chaturbhuj (Four armed one)! O Nirañjan (Spotless)! please shelter us. O Anāthanātha (Lord of the destitute)! O Shrī Rāma! O Viţthala! O Kamalāpati (Husband of Lakşhmī)! O Nārāyaņ! O Nirākār (Formless)! O Dhanudhārī (Bearer of bow)! please shelter us. O Rādhāramaņ (Beloved of Rādhā)! O Shrī Vişhņu! O Dwarkādhipati (King of Dwarkā)! O Guru! O Devakīparamānand (Supreme joy of Devakī)! O Purandar (Indra, the King of Gods)! please guide us. O Vanamālī (Bearer of garland of wild flowers)! O Mādhav (Husband of Lakşhmī)! O Suresh (Lord of the Gods)! O Sukhasāgar (Ocean of happiness)! O Nandanandan (Joy of Nanda)! O Gopāl (the Cowherd)! O Maheshvar (the Great Lord)! please shield us. O Shrīpati (Husband of Lakşhmī)! O Paramānand (Supreme joy)! O Bhagavān (God)! O Garuḍadhvaj (whose vehicle is Garuḍa eagle)! O Shyāmasundar (the Blue coloured one)! O Jñānesh (Lord of knowledge)! O Munīshvar (Lord of the sages)! please defend us. O Sachidānand (Peace and joy of mind)! O Yogesh (Lord of the yogas)! O Deva (God)! O Chāņūrmardan (Slayer of Chāņūr)! O Ratnākar (Ocean of jewels)! O Gaņādhīsh (Lord of the subjects)! O Sakhā (Friend)! please watch over us.* **86/4839**

संगीतश्रीकृष्णरामायण गीतमाला, पुष्प 26 of 763

भजन

(मेरा एक सहारा)

स्थायी

तू ही मेरा एक सहारा, हरि! जीवन दाता तू ही है ।

♫ सा- रे- ग-म- प-म गरे-सा-, रेरे! प-मग रे-सा- गरे सानि़ सा- ।

अंतरा-1

करुण अनंता विश्व नियंता, हरि! भाग्य विधाता तू ही है ।

♫ गगग गम-म- प-म गम-ग-, गग! प-म गरे-सा- गरे सानि़ सा- ।

अंतरा-2

पाप भगाता पुण्य लगाता, हरि! सब सुख लाता, तू ही है ।

अंतरा-3

खेवनहारा, एक किनारा, परम पियारा, तू ही है ।

अंतरा-4

तू दुख भंजन, चित्त का रंजन, हरि! वत्सल माता, तू ही है ।

◎ **A Prayer to *Shrī* Krişhņa : *Sthāyī* :** *O Hari you are my only support, you are my life giver.* ***Antarā* : 1.** *You are infinitely compassionate. You are the controller of the world. O Lord! you are the Master.* **2.** *You remove of our sins and you are the giver of good merits. O Lord! you bring happiness to us.* **3.** *You are the boatman, you are the shore. O Lord! you are supremely dear to us.* **4.** *You are the remover of pains, you are the giver of joy. O Lord! you are the loving mother.* **87/4839**

दोहा॰ **योगेश्वर गोविंद के, अनंत हैं शुभ नाम ।**
नत मस्तक मम वन्दना, लाखों लाख प्रणाम ।। 153/7068

ब्रह्म विष्णु शिव तुम, गुरो! तुम्हीं कृष्ण, तुम राम ।
सविनय घुटने टेक कर, तुमको नम्र प्रणाम ।। 154/7068

धृपद

दीनानाथ जग वन्दन, मन रंजन, दुख भंजन ।
दुष्ट दमन, पाप हरन, भय तारन, नंद नंदन ।।

◎ **A Prayer to *Shrī* Krişhņa :** *Yogeshvara (Lord of Yoga) is the beautiful name of Vāsudeva Govind Shrī Krişhņa. To you, O Lord! I do thousands of salutes, bowing my head. O Shrī Krişhņa! you are Brahmā, Vişhņu, Shiva, Guru and Shrī Rāma. With great honour I kneel before you. O Dīnānātha (Lord of the destitute)! O Jaga-vandana (the* *one worshipped by the whole world)! you please our minds and remove our anguish. You are remover of evil, sin and fear, O Nand Nandana (Joy of Nanda)!* **88/4839**

संगीतश्रीकृष्णरामायण गीतमाला, पुष्प 27 of 763

राग : मालकंस, कहरवा ताल 8 मात्रा

(श्रीकृष्ण वन्दना)

स्थायी

स्वरदा ने मंजुल गाया है, नारद ने साज बजाया है ।

रतनाकर गीत सजाया है ।।

♫ ममगम गसा निसाधनि सा–म– म–, म–गम गसा निसाध नि–सा–म– म–।

निनिनि–निनि नि–नि निधनिसांनि धम ।।

अंतरा–1

मंगल वन्दन योगेश्वर को, जगत को दीनी गीता है ।

अनुपम तुमरा प्रेम है प्रभु जी! तन मन हमरा जीता है ।।

♫ ग–मम ध–निनि सां–सांगंनि सां–, निनिनि नि नि–नि– धनिसांनि धम– – – ।

गगमम धधनि– सां–सां सां गंनि सां–! निनि निनि निनिनिध धनिसांनि धमगसा ।।

अंतरा–2

हिरदय अर्पण राधावर को, सुंदर रास रचाता है ।

गोप गोपिका व्रज बलिहारा, मुरली मधुर बजाता है ।।

अंतरा–3

मटकी फोड़े, माखन खावे, "मैं नहीं खायो" कहता है ।

मुख खोले तो विश्व दीदारा, मुग्ध जसोदा माता है ।।

◎ **A Prayer to *Shrī* Krishna : *Sthāyī* :** *Ratnākar composed the melody, Sarasvatī sang it beautifully, while Shrī Nārad muni played the Vīṇā.* ***Antarā* : 1.** *Auspicious obeisance to Yogeshvara Shrī Krishna, who gave Gītā to the world. O Lord! your love is unique. It has captivated our body and mind.* **2.** *We have offered our hearts to Rādhāvara! who arranges beautiful Rās dance.* **3.** *He brakes the water pitchers of the cow-maids, he eats butter and then says I didn't do it. He opens his mouth and in his mouth he shows the whole Universe to his mother Yashodā. Seeing it, she is astonished.* **89/4839**

12. श्री राधे रानी वन्दना :

12. Prayers to Goddess Rādhā

(श्रीराधावन्दना)

♫ संगीतश्रीकृष्णरामायण छन्दमाला, मोती 24 of 501

मोटनक छन्द[34]

ऽ ऽ।, । ऽ।, । ऽ।, । ऽ

(राधा)

राधा मुरली मुरलीधर की ।

बंसीधर श्री करुणाकर की ।। 1

राधावर रास रचावत है ।

राधा इठलाकर नाचत है ।। 2

---

[34] **♫ मोटनक छन्द :** इस 11 वर्ण, 16 मात्रा वाले छन्द के चरण में त ज ज गण और एक लघु और एक गुरु वर्ण आता है । इसका लक्षण सूत्र ऽ ऽ।, । ऽ।, । ऽ।, । ऽ इस प्रकार है । यति 5–11 पर विकल्प से आता है ।

▶ लक्षण गीत : **दोहा॰ मात्रा सोलह से बना, आदि त ज ज, ल ग अंत ।**

ग्यारह वर्णों से सजा, वही "मोटनक" छंद ।। 155/7068

12. Prayers to Goddess Rādhā

◎ **Rādhā :** *Rādhā is the sweet flute of the Murlīdhar (bearer of flute), Bansīdhar (bearer of flute), Karuṇākara (the Merciful) Shrī Krishṇa, The Rādhāvara (Beloved of Rādhā) is arranging the Rās dance and Rādhā is dancing flirtatiously.* **90/4839**

श्लोकः

नमस्तुभ्यं सुधे राधे मम साष्टाङ्गवन्दना ।
स्नेहमूर्तिं जगत्कीर्तिं वन्देऽहं प्रियदर्शिनीम् ।। **58**/2422

◎ **Rādhā :** *O Rādhā! I prostrate and salute you. You are a loving and adorable person. The world knows your glory.* **91/4839**

संगीतश्रीकृष्णरामायण गीतमाला, पुष्प 28 of 763

भजन

(राधा मोहन)

स्थायी

राधा मोहन के संग नाचे, श्यामा की मुरली मधु बाजे ।
गोपी मोद विरा - - - जे- ।।

♫ सारेसारे म-मम प- धध निधप-, सां-निध नि- धपम- पप धनिसां- ।
सां-नि- सां-नि धपमगरेसा- ।।

अंतरा-1

चंद्र देवता, रस बरसाए । ललिता ललना रास रचाए ।
कोयल पपीहा बुलबुल गाए । कोयल गीत सुनाए- - - - ।।

♫ सां-सां सां-सांसां-, निसां रेंसांध-प- । धधध- निनिनि- सांनि धप-प- ।
म-मप धधसां- गंगंरेंरें सांनिधप । म-पप ध-सां धपमगरेसा- ।।

अंतरा-2

इन्द्र देवता, नभ अंबर से । व्रज की रौनक देखन तरसे ।
राधा कृष्ण की बाहों में साजे । स्वर्ग की परियाँ शरम से लाजे ।।

अंतरा-3

रुद्र देवता, बोले गौरी! राधा कृष्ण की देखो जोड़ी ।
सिया राम अवतार अवध के । राधा रमण बन व्रज में बिराजे ।।

◎ **A Hymn to Rādhā : *Sthāyī :*** *Rādhā is dancing with Mohan and Shrī Krishṇa is playing his flute. Cowherds and the cow-maids are joyful. People of Gokul are singing, victory song for Shrī Krishṇa.* ***Antarā : 1.*** *The moon is showering amrit nectar from the sky and the cow-maids are dancing. The black bird and the pegion are chirping lovely tunes.* ***2.*** *From the sky, Lord Indra is watching the excitement in Vrindāvan Rādhā looks graceful in the arms of Shrī Krishṇa and the angels from the heaven are blushing.* ***3.*** *Shiva said to Pārvatī, look at the lovely Rādhā-Krishṇa pair. Shrī Rāma and Sītā have again taken birth on the earth. Shrī Rāma and Sītā are now Shrī Krishṇa and Rādhā. They live in this village.* **92/4839**

संगीतश्रीकृष्णरामायण गीतमाला, पुष्प 29 of 763

भजन

(राधा ग्वालिन)

स्थायी

राधा ग्वालिन, कर रही मंथन ।
साथ हरि का घड़ी घड़ी चिंतन ।।

♫ सा-सा- ग-गरे, गमं पध प-मंग ।
रे-सा रेग- ग- रेग मंग रे-सासा ।।

अंतरा-1

वृंदावन में, गोप गोपिका, खेलत हैं मतवाले ।
व्रज के ग्वाले, बंसी बजा कर, खेलत खेल निराले ।
नटखट नागर, नंद का नंदन ।
मुकुन्द टटका खात है माखन ।।

♫ रे-ग-मंमं प-, मं-प ध-पमं-, रे-गग मं- पधप-मं- ।
पध नि- सां-नि-, रें-सां निसां- निध, नि-धप ध-प मंपमगरेसा- ।
सारेसारे मं-गरे, ग-मं ध- प-मंग ।
सारे-सा गगरे- ग-मं ग रे-सासा ।।

अंतरा-2

गोकुल वाला, बालक ग्वाला, मुरली मधुर बजावे ।
वृंदावन की कुंज गलिन में, सुंदर रास रचावे ।

खोये सुध-बुध, सारे व्रज जन ।
सबके मन का, होत है रंजन ।।

अंतरा–3

राधा ढूँढत, गली गलिन में, मन में छुपा जो कान्हा ।
प्रेम दीवानी, भोली राधिका, सखियाँ मारत ताना ।
प्यारा मोहन, असुरनिकंदन ।
सबके दुखों का, करता भंजन ।।

अंतरा–4

तीर पे भावन, नीर है पावन, जमुना जल है कारा ।
सिरजनहारा, आँख का तारा, राधा यशोदा दुलारा ।
पयस है प्यारा, अमुत धारा ।
पीत है श्यामा, देवकी नंदन ।।

◎ **Rādhā, the cow-maid : *Sthāyī* :** *The cow-maid Rādhā is churning the curd and remembering Hari again and again.* ***Antarā* : 1.** *Cowherds and the cow-maids are joyfully playing in Vrindāvan. The milkmen of the village are playing flutes and playing various sports. Naughty Shrī Krishna is eating the fresh butter* **2.** *Boy Shrī Krishna of Gokula is also playing a sweet tune on his flute. The residents of Vrindāvan are dancing in the streets. All are engrossed in the excitement.* **3.** *Rādhā is searching Shrī Krishna all over in the village, but Shrī Krishna is hiding in her heart. Rādhā is ecstatic in Shrī Krishna's love. Her friends are teasing her. Mohan, the remover of evil, is loved by everyone.* **4.** *On the bank of river Jamunā, the water is holy, but it is dark. Shrī Krishna is beloved by Rādhā, Yashodā and all village people. Shyāma is Devakī's son.* **93/4839**

संगीतश्रीकृष्णरामायण गीतमाला, पुष्प 30 of 763

राग : मालकंस, कहरवा ताल 8 मात्रा

(राधेरानी वन्दना)

स्थायी

स्वरदा ने मंजुल गाया है, नारद ने साज बजाया है ।
रतनाकर गीत सजाया है ।।

ममगम गसा निसाधनि सा–म– म–, म–गम गसा निसाध नि–सा–म– म–।
निनिनि–निनि नि–नि निधनिसांनि धम ।।

अंतरा–1

बरसाने की गोरी रधिया, वृंदावन में आती है ।
माखन बेचन करे बहाना, कान्हा उसको भाता है ।।

गगम–ध– नि– सां–सां– गंनिसां–, नि–नि–निनि निध धनिसांनि धम– – – ।
ग–मम ध–निनि सांसां– सांगंनिसां–, नि–नि– निनिनिध धनिसांनि धमगसा ।।

अंतरा–2

छम–छम पायल धूम मचावे, रंग रास में आता है ।
मुरलीधर की मुरली सुनने, मन उसका ललचाता है ।।

अंतरा–3

राधे रानी वन्दन तुझको, तुझ बिन कृष्ण अधूरा है ।
राधे का जब नाम पुकारो, मोहन भागा आता है ।।

◎ **A Hymn to Rādhā : *Sthāyī* :** *Ratnākar composed the melody, Sarasvatī sang it beautifully, while Shrī Nārad muni played the Vīnā.* ***Antarā* : 1.** *The fair coloured cow-maid Rādhā is from the village Barsānā. She comes to Vrindāvan to sell butter and curd. She loves Shrī Krishna.* **2.** *Rādhā is dancing and her ankle bracelets are jingling. The dance is colourful. She wants to hear Shrī Krishna's flute.* **3.** *O Rādhā! I salute you. Without you, Shrī Krishna looks alone. When Rādhā calls Shrī Krishna, he comes running.* **94/4839**

दोहा॰ प्रीत शब्द के दो हि हैं, जग में सुंदर नाम ।
पहला सीताराम है, दूजा राधेश्याम ।। 156/7068

◎ **Love :** *Love has two names in this world, first is Sītā-Rāma and the second is Rādhe-Shyāma.* **95/4839**

13. परम कवि श्री व्यास वन्दना :

13. Prayers to Poet Vyāsa

(परमकविश्रीव्यासवन्दना)

संगीतश्रीकृष्णरामायण छन्दमाला, मोती 25 of 501

13. Prayers to Poet Vyāsa

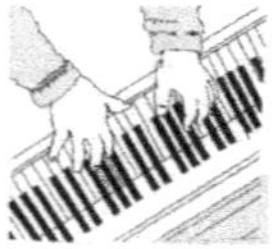

पृथ्वी छन्द:[35]

। ऽ।, ।। ऽ, । ऽ।, ।। ऽ, । ऽ ऽ, । ऽ

♫ मप- धपमग-, गम-पमगरे-, सारे- मगरे सा-

(व्यासवन्दनम्)

महाकविवरो रविर्मतिमयो मुने व्यास त्वम् ।
त्वया विरचितं गुरो सुललितं बृहद्वाङ्मयम् ।। 1
तथा च लिखितं सनातनकृतं महाभारतम् ।
करोमि नमनं प्रभुं परमव्यासद्वैपायनम् ।। 2

◎ **A Prayer to Vyāsa :** *O Vyāsa Muni (sage)! you are the most prolific among the poet laureates of the world that ever existed. You are the sun among the stars of the world literature. O Guru! you have composed a vast gallery of literature that is easy to understand but highest in literary qualities. You classified the ancient Vedas and wrote the epic of Mahābhārat. O Lord! I pray to you, O Parama-Vyāsa-Dwaipāyana!* **96/4839**

♫ **संगीतश्रीकृष्णरामायण छन्दमाला, मोती 26 of 501**

वियोगिनी छन्द[36]

।। ऽ, ।। ऽ, । ऽ।, ऽ

।। ऽ, ऽ।।, ऽ। ऽ, । ऽ

(व्यास वन्दना)

जगमें सबसे महान जो ।
अरु कोई उससे महा न हो ।। 1
कवि केतु घने प्रभास की ।
जय द्वैपायन वेद व्यास की ।। 2

◎ **A Prayer to Vyāsa :** *Poet laureate Vyāsa is the greatest in the world and no one else is equal to him. That star of immense brilliance is the Ved-Vyāsa. Victory to you!* **97/4839**

संगीतश्रीकृष्णरामायण गीतमाला, पुष्प 31 of 763

(व्यासस्तोत्रम्)

ॐ **श्लोका:**

कृष्णद्वैपायन: कृष्णो वेदव्यासेति संज्ञित: ।
ज्ञानी विशालबुद्धिश्च व्यासो ज्ञातो महामुनि: ।। 59/2422

♫ म-मम-म-मग- प-म- प-पप-धध म-गम- ।
रे-रे- गम-पम-ग-रे- रे-ग- म-प- धप-गम- ।।

पाराशरश्च कालेयो व्यास: सूतगुरुस्तथा ।
सङ्कुलितानि व्यासेन शास्त्राणि दर्शनानि च ।। 60/2422

ऋतं कृतं हि व्यासेन वाङ्मयं सार्वभौमिकम् ।
वेदपुराणवेदाङ्गसाहित्यममरं ध्रुवम् ।। 1/2422

मुनिना लिखितं विश्वं यद्विश्वे समुपस्थितम् ।
व्यासज्ञातं जगत्कृत्स्नं कृतं च सार्वलौकिकम् ।। 62/2422

भारतं भारते गीता व्यासेन लिखिता पुरा ।
गीतायामद्भुत: पुण्य: संवाद: कृष्णपार्थयो: ।। 63/2422

गीताया य: सदाचारम्-अनुसरति मानव: ।

---

[35] ♫ **पृथ्वी छन्द** : इस वृत्त के चरण में 17 वर्ण और 24 मात्रा होती हैं । इसमें ज स ज स य गण आते हैं, अन्त में लघु गुरु वर्ण । इसका लक्षण सूत्र । ऽ।, ।। ऽ, । ऽ।, ।। ऽ, । ऽ ऽ, । ऽ होता है । इसमें 8-9 वर्ण पर यति विकल्प से आता है । प्रस्तुत पद्य मप-धपमग- गम-पमगरे- सारे- मगरे सा- इस प्रकार गाया बजाया जा सकता है ।

▶ लक्षण गीत : ✍ **दोहा० मत्त चौबीस से सजा, ज स ज स य, ल ग से अंत ।**
सत्रह वर्ण, सुवर्ण सा, सुंदर "पृथ्वी" छंद ।। 157/7068

[36] ♫ **वियोगिनी छन्द** : यह एक अर्धसम वर्ण वृत्त है । इसमें विषम और सम पदों में वर्ण संख्या समान नहीं होती है । इस 21 वर्ण, 30 मात्रा वाले छन्द के विषम पदों में स स ज ग के 10 वर्ण एवं सम पदों में स भ र ल ग के 11 वर्ण आते हैं । इसका लक्षण सूत्र (विषम) ।। ऽ, ।। ऽ, । ऽ।, ऽ और (सम) ।। ऽ, ऽ।।, ऽ। ऽ, । ऽ इस प्रकार होता है । इसके पदों के अंत में विराम ।

▶ लक्षण गीत : ✍ **दोहा० स स ज गण ग कल विषम में, गुरु कल से हो अंत ।**
सम पद में स भ र ल ग हों, "वियोगिनी" वह छंद ।। 158/7068

कृष्णभक्तश्च विद्वान्स सर्वपापाद्विमुच्यते ।। 64/2422

दोहा॰ महा मुनीश्वर व्यास ने, दीन्हा "भारत" ज्ञान ।
संस्कृत वाणी में किया, गीता का आख्यान ।। 159/7068

वन्दन मुनिवर व्यास को, कविवर! आप महान ।
आशिष दीजो, मैं लिखूँ, राम-कृष्ण का गान ।। 160/7068

◎ **A Prayer to Vyāsa :** *Vyāsa Muni is known as Krishṇa-Dwaipāyana, Krishṇa, Vyāsadeva, Jñānī, Vishāla-buddhi, Mahāmuni, Parāshara, Kāleya, Sūta-guru, etc. He edited the scriptures. Vyāsa made the literature of Vedas, Vedāngas, Purāṇas, Mahābhārat and Gītā immortal and unparallel. There he wrote poetry of everything righteous that exists in the world in any shape or form. The Gītā is the divine dialogue between Lord Shrī Krishṇa and Arjun. It has the divine guidance for mankind. He who reads and follows it, is released from his sins and the worldly cycle of births and deaths. He is also known as Mahā-munīshvara, the greatest Lord of the sages. He made the Sanskrit language stand tall in the world. Salute to you, O Great poet! please bless me so that I may be able to write this musical poem of Shrī-Krishṇa-Rāmāyaṇ.* **98/4839**

संगीतश्रीकृष्णरामायण गीतमाला, पुष्प 32 of 763

राग : मालकंस, कहरवा ताल 8 मात्रा

(श्री व्यास वन्दना)

स्थायी

स्वरदा ने मंजुल गाया है, नारद ने साज बजाया है ।
रतनाकर गीत सजाया है ।।

ममगम गसा निसाधनि सा-म- म-, म-गम गसा निसाध नि-सा-म- म-।
निनिनि-निनि नि-नि निधनिसांनि धम ।।

अंतरा-1

व्यास मुनीश्वर विशाल बुद्धि, परम ज्ञान का सागर है ।
नभ के चंदा सूरज के सम, व्यास अमर्त्य कहाया है ।।

ग-म मध-निनि सांसां-सां गंनिसां-, निनिनि नि-नि निध धनिसांनि धम- - - ।
गग म- ध-नि- सां-सांसां गंनि सांसां, नि-नि निनि-नि नि-नि धधनिसांनि धमगसा ।।

अंतरा-2

धन्य-धन्य है भारत माता, वेद व्यास सा पूत उसे ।
आशिष तुम पर है गणपति का, व्यास महर्षि! नमन तुम्हें ।।

अंतरा-3

कृष्णद्वैपायन कविवर की, वाणी सुधा रस अमृत है ।
भगत ये प्यासा ज्ञान पान का, गीत तिहारे गाया है ।।

◎ **A Prayer to Vyāsa : *Sthāyī :*** *Ratnākar composed the melody, Sarasvatī sang it beautifully, while Shrī Nārad muni played the Vīṇā.* ***Antarā : 1.*** *Vyāsa, the Mahā-munīshvara (the Great Lord of the sages), the Vishāla-buddhi (the One with vast mind), is the ocean of supreme knowledge. Like the sun and the moon in the sky, he is also immortal among the poets.* ***2.*** *Blessed is the Mother India who has a son like Ved-Vyāsa. O Vyāsa! you are blessed by Gaṇesh and Sarasvatī. I Salute to you.* ***3.*** *The language of Krishṇa-Dwaipayana-Vyāsa is amrit. This devotee of yours, thirsty of knowledge, sings prayer in your praise, O Vyāsa!* **99/4839**

14. देवर्षि मुनिवर श्री नारद वन्दना :

14. Prayers to sage Shrī Nārad muni

(देवर्षिमुनिवरश्रीनारदवन्दना)

संगीतश्रीकृष्णरामायण छन्दमाला, मोती 27 of 501

स्निग्धा छन्द[37]

ऽ।।, ऽ ऽ ऽ, ऽ ऽ ऽ

(नारद वन्दना)

नारद तेरी वीणा प्यारी, अद्भुत कीन्ही लीला न्यारी ।

---

[37] **स्निग्धा छन्द** : इस नौ वर्ण, 16 मात्रा वाले छन्द में भ म म गण आते हैं । इसका लक्षण सूत्र ऽ।।, ऽ ऽ ऽ, ऽ ऽ ऽ इस प्रकार होता है । इसमें 5, 9 वे वर्ण पर यति विकल्प से आता है ।

▶ लक्षण गीत : **दोहा॰ सोलह कल अनुबंध जो, नौ अक्षर का वृंद ।
भ म म गणों का संघ जो, जाना "स्निग्धा" छंद ।। 161/7068**

14. Prayers to sage Shrī Nārad muni

दुष्ट जनों का कीन्हा नासा, पंडित जाने तेरी भासा ।। 1

तू उस हत्यारे को पापी, पूर्ण किया श्रद्धा से व्यापी ।

लाकर ब्रह्मा से संदेसा, तू कवि को दीन्हा आदेसा ।। 2

◎ **A Prayer to Shrī Nārad muni :** *O Shrī Nārad Muni! your Vīṇā is charming. It has played magic that was never seen or heard before. It has destroyed the evil. Only the wise people know your language. You turned that robber Ratnākar into sage Vālmīki. You brought the message from Brahmā to that sage.* **100/4839**

श्लोक:

वीणां तां शारदादत्तां गृहीत्वा हि स भ्राम्यति ।

जनहिताय त्रैलोक्यं नादब्रह्मविभूषिताम् ।। **65**/2422

दोहा॰ वीणा दीन्ही शारदा, नादब्रह्म का स्त्रोत ।

त्रिलोकगामी तुम मुने! विश्वज्ञान की ज्योत ।। **162**/7068

जनहित कारण मुनिवर नारद, फिरते त्रिभुवन भ्रमण विशारद ।

स्वरदा दीन्ही दैवी वीणा, विष्णु "वाक्पटुर्भव" वर दीन्हा ।। 62/5205

◎ **A Prayer to Shrī Nārad muni :** *Goddess Sarasvatī gave Vīṇā of Nād-Brahma to Shrī Nārad muni. Shrī Nārad moves in the three worlds holding it to his chest. O Shrī Nārad muni! your Vīṇā is the source of spiritual world knowledge. O Shrī Nārad muni! Viṣhṇu gave you the boon and you became eloquent. You move everywhere helping the oppressed people.* **101/4839**

संगीतश्रीकृष्णरामायण गीतमाला, पुष्प 33 of 763

भजन

(अमृत वाणी)

स्थायी

मुनिवर! अमृत वाणी तोरी । रे, मनहर अद्भुत वीणा तोरी ।।

♫ गमपम-! ध-पम ग-रे गम- । रे, मपमग पपमग रे-ग पम- ।।

अंतरा-1

नारद शारद ज्ञान की गंगा, अंध पंगु बधिर जड़ गूँगा ।

निर्मल, नीर स्नान करी ।। मुनिवर!

♫ सा-निृधृ रे-निृसा- रे-ग प म-म-, ध-प म-ग रेरेरे गम प-म- ।

ध-पप, ग-रे ग-म पम- ।। गमपम...

अंतरा-2

सरबस ज्ञानी अंतर्यामी, जन हित कारण त्रिभुवन गामी ।

निर्भय, धर्म दान करी ।। मुनिवर!

अंतरा-3

राम कृष्ण शिव सब अवलंबा, कारज तोरा जुग-जुग लंबा ।

निस्पृह, सर्व कर्म करी ।। मुनिवर!

अंतरा-4

नारायण नारायण नारा, बार-बार मुख करत उचारा ।

तन्मय, अविरत गान करी ।।IV

◎ **A Prayer to Shrī Nārad muni :** ***Sthāyī :*** *O Munivar (Great sage) Shrī Nārad! your speech is sweet like nectar. O Shrī Nārad muni! your Vīṇā is magical.* ***Antarā : 1.*** *Nārad muni and Shāradā are like Ganges of spiritual knowledge. The blind, lame, deaf, dull and dumb become able to take bath in this Ganges and remove their misgivings. O Sage! you are wise. You can read people's mind to bring them to right path and help them. This is your divine charity. Shrī Rāma, Shrī Krishṇa, Shiva and all gods depend on you. Your holy work goes on for ever and ever. You do it all selflessly.* ***4.*** *O Muni! you sing the chant of Nārāyaṇa! Nārāyaṇa! and devotees listen to it happily.* **102/4839**

श्लोका:

मनुष्यं नारदो देवो दृष्टिक्षेपेण केवलम् ।

भस्मीकरोति तत्कालं यदि स कुपितो भवेत् ।। **66**/2422

♫ गग-ग- ग-गरे- म-ग-, म-मम-प-म प-मग- ।

सा-सा-सासा-सा म-ग-रे-, सासा सा- गमग- रेसा- ।।

सर्वे पूजन्ति तस्मात्तं सर्वे बिभ्यति नारदात् ।

सर्वे मुनिं च स्निह्यन्ति नारदं हितकारकम् ।। **67**/2422

नारदः सर्वगो ज्ञातः सर्वज्ञो नारदस्तथा ।

शत्रुर्न कोऽपि मित्रं तं तटस्थो नारदो मुनिः ।। **68**/2422

(नारद जी)

एक नजर से भस्म करें वे, क्रोध किसी पर यदि हि धरें वे ।
सारे उनकी पूजा करते, सारे ही उनसे हैं डरते ।। 63/5205

सबको लगते नारद प्यारे, उन्हें असुर सुर भाते सारे ।
त्रिभुवन उनको आदर देता, त्रिभुवन उनसे आशिष लेता ।। 64/5205

दोहा॰ सर्वज्ञात नारद! तुम्हीं, सरबस तुमको ज्ञान ।
तुम्हीं सर्वगामी मुने! त्रिभुवन तुमरा स्थान ।। 163/7068

◎ **Shrī Nārad muni :** *If he becomes angry, Shrī Nārad muni can burn down a person instantly, merely by his vision. Therefore, wicked people are afraid of him and the wise people adore the charitable Shrī Nārad muni. Shrī Nārad muni is omnipresent and omniscient. Shrī Nārad muni is impartial. He has no friends or foes. People worship Shrī Nārad muni. The three worlds regard him and seek his blessings.* **103/4839**

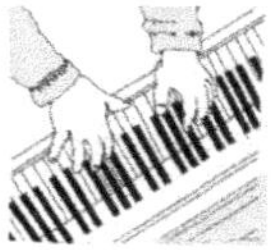

संगीतश्रीकृष्णरामायण गीतमाला, पुष्प 34 of 763

राग : मालकंस, कहरवा ताल 8 मात्रा

(श्री नारद वन्दना)

स्थायी

स्वरदा ने मंजुल गाया है, नारद ने साज बजाया है ।
रतनाकर गीत सजाया है ।।

♪ ममगम गसा निसाधनि सा–म– म–, म–गम गसा निसाध नि–सा–म– म–।
निनिनि–निनि नि–नि निधनिसांनि धम ।।

अंतरा–1

सर्वगामी श्री नारद मुनि हैं, सर्वज्ञानी सुख दाता हैं ।
जन हित हेतु भ्रमण विशारद, शुभ संदेशा लाता है ।।

♪ ग–मध–नि सां– सां–सांसां गंनि सां–, नि–निनि–नि निध धनिसांनि धम– – – ।
गग मम ध–नि– सांसांसां सांगंनिसांसां, निनि नि–नि–निध धनिसांनि धमगसा ।।

अंतरा–2

नारद जी की वीणा वाणी, जन का मन हरषाणी है ।
नादब्रह्म का अनहद स्वर वो, मन का दुख बिसराता है ।।

अंतरा–3

मुनिवर शत शत वन्दन तुमको, तुम सत् के रखवारे हो ।
दुर्जन के तू काज बिगाड़े, सत् जन का तू त्राता है ।।

◎ **A Prayer to Nārad muni : *Sthāyī* :** *Ratnākar composed the melody, Sarasvatī sang it beautifully, while Shrī Nārad muni played the Vīṇā.* ***Antarā* : 1.** *Nārad muni is omnipresent. He is all knowing and giver of happiness. He moves in the three worlds for the benefit of righteous people. He gives them blessings.* **2.** *The vibrations of his Vīṇā hypnotize people and give them happiness.* **3.** *O Shrī Nārad muni! salute to you. You have spoiled the evil designs of bad people and protected the good people.* **104/4839**

15. श्री गोस्वामी तुलसी दास वन्दना :

15. Prayers to poet Tulsīdās

(श्रीगोस्वामीतुलसीदासवन्दना)

संगीतश्रीकृष्णरामायण छन्दमाला, मोती 28 of 501

असंबाधा छन्द[38]

---

[38] ♪ **असंबाधा छन्द** : इस 14 वर्ण, 22 मात्रा वाले छन्द के चरण में म त न स गण

15. Prayers to poet Tulsīdās

ऽ ऽ ऽ, ऽ ऽ ।, ।। ।, ।। ऽ, ऽ ऽ

(तुलसी वन्दना)

जै जै जै जै श्री कविवर तुलसी दासा ।
गूथा तूने राम चरित अवधी भासा ।। 1
चौपाई दोहे सुरचित तुमरी बानी ।
गाते गाते लावत अँखियन में पानी ।। 2

◎ **A Prayer to Tulsīdās :** *O Shrī Tulsīdās! victory to you! You are a great poet laureate. You wrote the Shrī Rāma-charita-Mānas in Awadhī Hindī language, embellished with Shloka, Chaupāīs, Dohās and Sorṭhās. Reading your touching verses, tears fill our eyes.* **105/4839**

संगीतश्रीकृष्णरामायण गीतमाला, पुष्प 35 of 763

भजन : राग खमाज, कहरवा ताल 8 मात्रा

(तुलसी वाणी)

स्थायी

रामचरित की परम कथा को, कह गए कविवर तुलसी जी ।
राम-सिया की अमर कहानी, लाए आँख में पानी रे ।।

♫ गमपपपध मग गमरे गमरे ग–, गम पप पपधसां धपगम गरेसा– ।
गमध धध– ध– धनिध निपधप–, गमपप प–ध सां धपगम गरेसा– ।।

अंतरा–1

वीर जटायु लड़ दशमुख से, राघव-सेवा कीन्ही रे ।
जानकी माँ की रक्षा करने, प्राण आहुति दीन्ही रे ।।

♫ गमध निसांनिसां– निसां रेसांनिसां निध, धमप– धसां धपगम गरेसा– ।
गमधनि सांनि सां– निसांरेसां निसांनिध, गमप प–पधसां धपगम गरेसा– ।।

अंतरा–2

भातृधर्म को मन में धर के, बना लखन बनबासी रे ।
वाह उरमिला! स्वार्थ छोड़ के, नहीं त्याग का सानी रे ।।

अंतरा–3

राम नाम को लिख पत्थर पर, कीन्हा सागर सेतु रे ।
हनुमत सिय को ढूँढन निकला, सफल राम-कहानी रे ।।

◎ **A Prayer to Tulsīdās :** *The great poet Tulsīdās told us the supreme story of Shrī Rāma's life. The immortal story written by Tulsīdās brings tears to our eyes.* ***Antarā :*** **1.** *Brave Jaṭāyu bird fought with Rāvaṇ in the service of Shrī Rāma. While fighting to protect Sītā, he sacrificed his life.* **2.** *Keeping dharma (righteous duty) in mind, Lakṣhmaṇ went to forest. Hats off to Urmilā who made a supreme sacrifice selflessly. There is no parallel to her example in the history of mankind. Writing Shrī Rāma's name on the stones, Hanumān built a bridge across the ocean. He found Sītā and made Shrī Rāma's journey successful.* **106/4839**

दोहा॰ **संस्कृत भाषा के यथा, महाकवि हैं व्यास ।**
हिन्दी के सर्वोच्च हैं, कविवर तुलसी दास ।। 165/7068

नद रामायण आदि से, लाकर पावन नीर ।
"रामचरितमानस" रचा, तुलसी गंगा-तीर ।। 166/7068

(तुलसी)

चरित नीर की भर भर कलसी, गंगा तट पर कविवर तुलसी ।
मानस भरते अवधी भासी, धन्य-धन्य है माता हुलसी ।। 65/5205

गोस्वामी श्री तुलसीदासा! अजर मधुर तर तुमरी भासा ।
दोहे-सोरठ श्लोक समुंदर, राम चरित चौपाई सुंदर ।। 66/5205

◎ **Tulsīdās :** *As Vyāsa is the greatest poet of Sanskrit language, Tulsīdās is the greatest poet of Hindī language. Fetching the sacred nectar from the river of Vālmīki's Rāmāyaṇ, Tulsīdās filled the sea called Shrī Rāma-charit-Mānas. Blessed you are, O Hulsī, you got a son like Tulsī. O Goswāmī Tulsīdās! your sweet words are immortal. You filled that ocean with Shlokas, Chaupāīs, Dohās and Sorthhas.* **107/4839**

और दो गुरु वर्ण आते हैं । इसका लक्षण सूत्र ऽ ऽ ऽ, ऽ ऽ ।, ।।।, ।। ऽ, ऽ ऽ इस प्रकार होता है । इसमें 5, 9 अक्षरों पर अथवा चरणान्त यति विकल्प से आता है ।

▶ लक्षण गीत : दोहा॰ **मत्त बाईस का बना, म त न स गुरु गुरु अंत ।**
वही "असंबाधा" कहा, चौदह अक्षर छंद ।। 164/7068

संगीतश्रीकृष्णरामायण गीतमाला, पुष्प 36 of 763

आरती : राग खमाज, कहरवा ताल 8 मात्रा

(तुलसी वन्दना)

स्थायी

जै जै तुलसी दासा । कवि अमर तेरी भासा ।
कविता तुमरी सुंदर । रचना तुमरी मंगल । चाहे जगदीसा ।
ॐ जै तुलसी दासा ।।

♪ म-म- ममगरे गमप- । पध नीसांसां सांरेंसां नीधप- ।
पधपध नीनीनीध पधमग । पधपध नीनीनीध पधमग ।
प-प- धपमगरे- । प- प- पपधप मगम- ।।

अंतरा-1

पावन ज्ञान है तेरा, अद्भूत गान है तेरा, कवि अद्भूत दान तेरा ।
जग में मान है तेरा, राम प्रभु का चेरा, हुनर तेरे पासा ।
ॐ जै तुलसी दासा ।।

♪ मगरेग म-म ग पमम-, मगरेग म-म ग प-प-,
पध निसांसांसां रेंसंनि धप- ।
पध पध म-म ध पधम-, पधप धनि- निध पधम-,
पपप पधप मगरे- । प- प- पपधप मगम- ।।

अंतरा-2

रामचरितमानस ये, जन मन का पारस है, कवि वाङ्मय पायस है ।
हिन्दी काव्य ये सुंदर, जग में दिव्य समुंदर, गौरी अरदासा ।
ॐ जै तुलसी दासा ।।

◎ **A Prayer to Tulsīdās :** ***Sthāyī :*** *Victory to you O Tulsīdās! O Poet! your language is ageless. Your poem is beautiful. Its words are auspicious. It is loved by Jagadīsh (Lord of the world) Shrī Rāma.* ***Antarā : 1.*** *Your knowledge is divine, your song is venerable, your gift of poetry is unique. You are adored in the world. Your virtues are supreme. You are a great devotee of Shrī Rāma.* ***2.*** *O Poet! your Shrī Rāma-charita-Mānas is the touch stone, O Tulsīdās! It is the amrit (divine nectar) in literature. This beautiful Hindī literary work is supreme in the world. You wrote it on the request from Pārvatī.* **108/4839**

संगीतश्रीकृष्णरामायण गीतमाला, पुष्प 37 of 763

राग : मालकंस, कहरवा ताल 8 मात्रा

(श्री तुलसी वन्दना)

स्थायी

स्वरदा ने मंजुल गाया है, नारद ने साज बजाया है ।
रतनाकर गीत सजाया है ।।

♪ ममगम गसा निसाधनि सा-म- म-, म-गम गसा निसाध नि-सा-म- म-।
निनिनि-निनि नि-नि निधनिसांनि धम ।।

अंतरा-1

जय जय तुलसी! वन्दन तुमको, मनवा हमरा गाता है ।
दोहे चौपाई के संग में, सोरठ तुमरा भाता है ।।

♪ गग मम धधनि-! सां-सांसां गंनिसां-, निनिनि- निनिनिध धनिसांनि धम- - - ।
ग-म- ध-नि-सां- सां सांगंनि सां-, नि-निनि निनिनिध धनिसांनि धमगसा ।।

अंतरा-2

राम चरित मानस को पी कर, दिल हमरा भर आता है ।
धन्य-धन्य है हुलसी माता, सुत उसका जग जेता है ।।

अंतरा-3

राम नाम का दीप जलाया, भक्ति ज्ञान का सोता है ।
आशिष तुम पर शारद माँ का, निश-दिन प्यारे! होता है ।।

◎ **A Prayer to Tulsīdās :** *Ratnākar composed the melody, Sarasvatī sang it beautifully, while Shrī Nārad muni played the Vīṇā.* ***Antarā : 1.*** *O Tulsīdās! my heart sings "victory to you." I adore your Chaupāīs and Dohās.* ***2.*** *Drinking the nectar of your writings, my heart becomes ecstatic with emotions.* ***3.*** *You lit the lamp of Shrī Rāma-charita (Story of Shrī Rāma). It is the source of devotional and spiritual knowledge. You are blessed by Shāradā.* **109/4839**

16. रत्नाकर :

16. Me, Ratnākar

(रत्नाकरोऽहम्)

संगीतश्रीकृष्णरामायण छन्दमाला, मोती 29 of 501

उपजाति भद्रा छन्द[39]

ऽ ऽ।, ऽ ऽ।, । ऽ।, ऽ ऽ

। ऽ।, ऽ ऽ।, । ऽ।, ऽ ऽ

म–ग–म प–प– धप ध–नि ध–प– ।

मप– निध– प– मगम– धप– म– ।।

(रत्नाकरोऽहम्)

गोविंद मेरे नित पास होता ।

मुझे सदा वो ममता लगाता ।। 1

मेरी सदा ही विपदा भगाता ।

मुझे नहीं है भव त्रास चिंता ।। 2

◎ **Me, Ratnākar :** *Govind Krishna is always with me. He gives me affection. He removes my obstacles, thus I have no worry about the worldly affairs.* **110/4839**

---

[39] **उपजाति छन्द** : यह एक मिश्र छन्द है । **उपेन्द्रवज्रा छन्द** में **इन्द्रवज्रा छन्द** को मिला कर **उपजाति भद्रा छन्द** बनता है । **उपेन्द्रवज्रा छन्द** में ज त ज के तीन गण (। ऽ।, ऽ ऽ।, । ऽ।) और दो गुरु मात्रा आतीं हैं । उपेन्द्रवज्रा छंद की चारों चरणों की प्रथम मात्रा लघु होतीं हैं । **उपेन्द्रवज्रा** के चारों चरण की प्रथम मात्रा गुरु करके (ऽ ऽ।, ऽ ऽ।, । ऽ।, ऽ ऽ) त त ज ग ग गण से **इन्द्रवज्रा छन्द** होता है । **भद्रा छन्द** में विषम चरणों की प्रथम मात्रा दीर्घ और सम चरणों में प्रथम मात्रा लघु ही रखी जाती हैं । इन्द्रवज्रा और उपेन्द्रवज्रा छंद के लक्षण गीत आगे उनके अपने अपने स्थान पर दिये गये हैं ।

▶ लक्षण गीत : **दोहा॰ त त ज गण हों विषम में, दो गुरु मात्रा अंत ।**
सम पद में ज त ज ग ग, जानो "भद्रा" छंद ।। 1675/7068

संगीतश्रीकृष्णरामायण गीतमाला, पुष्प 38 of 763

(प्रार्थना)

श्लोका:

ज्ञानं दद्याद्गणेशो मां वाणीं दद्यात्सरस्वती ।
कथां च नारदो ब्रूयाद्-हरिर्रक्षेत्सदा हि माम् ।। 69/2422

प–प– प–प–पम–ग– प–, ध–ध– ध–ध–निध–पम– ।
धध– ध– नि–सांनि– ध–प–, मम–म–प–मप– ग म– ।।

सङ्गीतं भारती शैलीं वाल्मीकिस्तुलसीस्तथा ।
ब्रूयाच्च मे महाकाव्यं पार्वतीं शिवशङ्करः ।। 70/2422

अन्धः पश्यति, मूकश्च भणति, बधिरस्तथा ।
शृणोत्यटति, पङ्गुश्च यत्कृपया, स पातु माम् ।। 71/2422

गीतारामायणे ज्ञात्वा मन्थित्वा ज्ञानसागरम् ।
इदं रत्नं मया प्राप्तं कृतकृत्योऽस्म्यहं जनाः! ।। 72/2422

रामनाम स्मरन्वन्द्यं शुभारम्भं करोम्यहम् ।
सङ्गीतमयकाव्यस्य कृष्णरामायणस्य हि ।। 73/2422

दद्यातामाशिषो मां तौ प्रेरणां प्रत्ययं तथा ।
ब्रह्मानन्दो महाभागो सत्यानन्दो महाकविः ।। 74/2422

◎ **A Prayer :** *May Gaṇesh give me knowledge, Sarasvatī give me literary ability, Shrī Nārad muni tell me the first-hand stories and Hari give me protection. May Bhāratī (Sarasvatī) give me music and Vālmīki and Tulsīdās give me writing skills. May Shiva read my poem to Pārvatī, may Shrī Nārad muni play them Vīṇā. The grace - that makes the blind to be able to see, dumb to be able to speak, deaf to be able to hear, lame to be able to walk and dull to be able to think, - may that grace protect me from ignorance. Churning the ocean of the divine knowledge of Gītā and Rāmāyaṇ, I have obtained this jewel of poetry. I am truly contented, O People! I am now beginning my poem of Sangīt-Shrī-Krishṇa-Rāmāyaṇ remembering the venerable name of Shrī Rāma. May the great poets Satyānanda and Brahmānanda bless me and give me inspiration, ideas and faith to begin this work.* **111/4839**

(कृपा)

जिस किरपा से गूँगा बोले, अंधा देखे आँखें खोले ।
लँगड़ा परबत पर चढ़ जाए, वह मुझ जड़ से गीत लिखाए ।। 67/5205

शिव–गौरी आज्ञा फरमावे, राम श्याम की कथा बनावे ।
नारद शारद गीत लिखावे, गुरु ज्ञानी संगीत सिखावे ।। 68/5205

नारद जी से विवरण सुन के, विविध छन्द में उनको बुन के ।
वीणा पर श्री शारद गावे, रत्नाकर से काव्य लिखावे ।। 69/5205

बोले नारद कहना सुनियो, वर्णन सरबस मन में धरियो ।
जैसा बोलूँ वैसा लिखियो, भासा सीधी सादी रखियो ।। 70/5205

दोहा॰ नारद ने कवि से कहा, कथा सुनो तुम ठीक ।
कहता हूँ सो ही लिखो, भाव रखो धार्मिक ।। 168/7068

प्रथम भजो शिव पार्वती, गणपति शारद राम ।
कृष्ण व्यास बाल्मीक को, तुलसी अरु हनुमान ।। 169/7068

जिस किरपा से मूक भी, बोल पड़त है बात ।
अंधा पाता दृष्टि है, अपंग सक्षम गात ।। 170/7068

मुझको सचिदानंद श्री, देवें किरपा दान ।
जिसको पा कर लिख सकूँ, राम–कृष्ण के गान ।। 171/7068

स्फुरत ब्रह्मानंद दें, विचार सत्यानंद ।
राग–छंद रस रंग दे, शंकर परमानंद ।। 172/7068

◎ **A Prayer :** *The kindness that enables the dumb speak, the blind see and the lame climb mountains, may make the ignorant me able to write this poem. May Shiva and Pārvatī inspire me to write the Shrī Rāma-Krishṇa stories. May Shrī Nārad muni and Shāradā give me the songs, may Pingala give me chhandas (meters) and may my music master give me beautifel Rāgas (melodies). Hearing the first-hand reports from Shrī Nārad muni, weaving them in various Chhandas and Rāgas, along with the Vīṇā rhythm, may I be able to write this musical poetic epic work. Shrī Nārad muni instructed me to listen to his words carefully, write only what is being told, keep the language simple and straight and keep the thoughts righteous. First pray to Gaṇesh, Shāradā, Shrī Rāma, Shrī Krishṇa, Vālmīki, Vyāsa, Tulsīdās and Hanumān and then begin the writing.* **112/4839**

संगीतश्रीकृष्णरामायण गीतमाला, पुष्प 39 of 763

भजन : राग मालकंस, कहरवा ताल 8 मात्रा

(रत्नाकर)

दोहा॰

सुर मधु तेरी वेणु का, जबसे सुना अनूप ।
आस दरस की है लगी, सपनन आ सुर भूप ।। 173/7068
रेरे गम ग–गा प–म प–, पपनि– धप– निध–ध ।
म–म मम म म– प– मग–, रेरेरेरे ध– पग म–म ।।

स्थायी

प्यार हुआ है मुझको सुर से ।
♫ गमग सानिसा धनि सासाम– गग म–म ।

अंतरा–1

प्यार हुआ है मुझको जब से, मुरली मनोहर दामोदर से ।
ग्रीष्म गया है मेरे चित से, बसंत बरखा नित बरसे ।।
ग–म मध– नि– सांसांसां– गंनि सां–, निनिनि निनि–निध धनिसांनिधम म– ।
सां–सां सांगं– गं– सांमंगंसां निनि सां–, सांमं–गं सांनिसां– धनि सांनिधमगसा– ।।

अंतरा–2

रात न सूनीं कारी अँधेरी, तरसाये चिंता न घनेरी ।
प्रीत मेरी धनुधर से जिगरी, बंसीधर से, श्रीधर से ।।

अंतरा–3

मीरा राधा जस बलिहारी, पार्थ सुदामा की जस यारी ।
चाह मेरी यदुवर से गहरी, बनवारी से, गिरिधर से ।।

◎ **Music inspiration : Dohā :** *O Shrī Krishṇa, the God of the Gods! since the moment I heard the melody of your flute, I fell in love with music and I am eager to see you. Please come to my dreams and give me a glimpse.* **Sthāyī :** *I am in love with music.*

16. Me, Ratnākar

Antarā* : *1. *Since the moment I fell in love with Murlī Manohar (who charms with his flute), Dāmodar Shrī Krishṇa, there is no dry summer for my mind, There are always showers of green Basant (spring season) on me.* ***2.*** *Now there is no dark and lonely night for me, nor there is any wory. My love for Dhanudhara Harihar Bansīdhara (Bearer of bow and flute) Shrī Krishṇa is deep.* ***3.*** *As Meerā and Rādhā were devoted to Shrī Krishṇa, as Arjun and Sudāmā were his friends, so is my devotion to Giridhara Yaduvara Banvārī Shrī Krishṇa.* **113/4839**

श्लोका:

इष्टं गौर्या यथा पुण्यम्-आदिष्टं च शिवेन यत् ।
हर्योश्च कृपया सर्वं रत्नाकरेण लिख्यते ।। 75/2422

♫ प-प- प-प- पध- प-म-, ग-म-प- ध- पम-ग रे- ।
ग-ग-म- पधप- म-ग-, म-प-धप-म ग-मरे- ।।

नारदेन यथोक्तं च स्वयं दृष्टं स्वयं श्रुतम् ।
प्रेरितं गिर्गणेशाभ्यां, रत्नाकरेण लिख्यते ।। 76/2422

पिङ्गलेन यथाऽऽदिष्टं छन्दःशास्त्रे महर्षिणा ।
छन्दोयुक्तं रसप्रोतं रत्नाकरेण लिख्यते ।। 77/2422

श्रीकृष्णरामयोर्वृत्तं श्लोकादिभ्यः सुमण्डितम् ।
सुसंगीतमयं गेयं रत्नाकरेण लिख्यते ।। 78/2422

छन्दोरागसमायुक्तं भूतं न च भविष्यति ।
विद्यया रचितं काव्यं, रत्नाकरेण लिख्यते ।। 79/2422

दोहा॰ गौरी ने चाहा यथा, ज्यों शिवजी की प्रीत ।
रत्नाकर है लिख रहा, राम-कृष्ण का गीत ।। 174/7068

सुने निहारे हैं यथा, नारद जी ने आप ।
रत्नाकर है लिख रहा, छंद राग आलाप ।। 175/7068

यथा दे रहे प्रेरणा, श्री शारदा गणेश ।
रत्नाकर है लिख रहा, अनुप्रास तुक श्लेष ।। 176/7068

बालमीक ने ज्यों हमें, दिया अनुष्टुभ् छंद ।
रत्नाकर है लिख रहा, श्लोक सहित आनंद ।। 177/7068

महर्षि पिंगल ने यथा, कहा अष्ट-गण वृंद ।
रत्नाकर है लिख रहा, विविध पाँच सौ छंद ।। 178/7068

राम-कृष्ण के चरित के, सप्तशताधिक गीत ।
रत्नाकर है लिख रहा, राग-बद्ध संगीत ।। 179/7068

सरस्वती ने जो रचा, अद्भुत ऐसा गीत ।
रत्नाकर है लिख रहा, वही अतुल संगीत ।। 180/7068

◎ **I write :** *As desired by Pārvatī and requested by Shiva, the poem is being written by Ratnākar with the blessings from Shrī Rāma and Shrī Krishṇa. As narrated by Shrī Nārad muni, what he saw and heard personally, is being written by Ratnākar with inspiration from Gaṇesh and Shāradā and with the help of Ādi-Kavi Vālmīki's shloka meter. As formulated by Mahā-rishi Pingala in his Chhanda-shāstra, the poem is being written by Ratnākar, that is ornate with Chhandas and Rāgas. Stories of Shrī Krishṇa and then the stories of Shrī Rāma, embellished with shlokas and melodies are being written by Ratnākar, along with music notations. This poem, composed by Sarasvatī, rich in Chhandas and Rāgas, like of whcih none was there in the past nor may be there in the future, is being written by Ratnākar.* **114/4839**

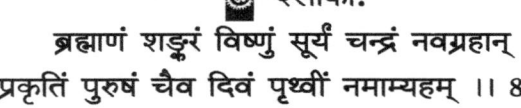

संगीतश्रीकृष्णरामायण गीतमाला, पुष्प 40 of 763

(स्तवनम्)

श्लोका:

ब्रह्माणं शङ्करं विष्णुं सूर्यं चन्द्रं नवग्रहान् ।
प्रकृतिं पुरुषं चैव दिवं पृथ्वीं नमाम्यहम् ।। 80/2422

♫ म-म-म- प-पप- ध-प-, नि-ध- प-ध- निध-पम- ।
ग-गग- ममम- प-म-, पम- ग-म- पम-गरे- ।।

सरस्वतीं गणेशं च सीतां राधां च पार्वतीम् ।
मातरं पितरं चैव नारदं च नमाम्यहम् ।। 81/2422

आकाशमण्डलं सृष्टिं नदीश्च सागरान्गिरीन् ।

वनवनस्पतींश्चैव प्राणिनश्च नमाम्यहम् ।। **82**/2422

शास्त्रविद्याकलातन्त्रान्–वाणीं व्याकरणं तथा ।
वर्णाञ्शब्दांश्च विज्ञानं योगञ्चैव नमाम्यहम् ।। **83**/2422

शुक्रं च सूक्तकर्तॄंश्च कुमारमश्विनौ मनून् ।
इन्द्रं शेषं कुबेरं च लक्ष्मीं देवीं नमाम्यहम् ।। **84**/2422

ज्ञानं ध्यानं च यज्ञं च वायुमग्निं जलं नभः ।
पुराणवेदशास्त्राणि पञ्चतन्त्रं नमाम्यहम् ।। **85**/2422

सिद्धानृषीन्मुनीन्साध्यान्–योगिनश्च तपस्विनः ।
आचार्यान्गुरुदेवांश्च यतींश्चैव नमाम्यहम् ।। **86**/2422

वाल्मीकिं पिङ्गलं व्यासं पाणिनिं च पतञ्जलिम् ।
यास्कं च कालिदासं च माघं बाणं नमाम्यहम् ।। **87**/2422

गुणाढ्यं विष्णुशर्माणं भासं भोजं च दण्डिनम् ।
कल्हणं बिल्हणं चैव भट्टोजीं च नमाम्यहम् ।। **88**/2422

भास्करं शंकराचार्यं रामानन्दं प्रभाकरम् ।
रामानुजं च चाणक्यं ब्रह्मानन्दं नमाम्यहम् ।। **89**/2422

जयदेवं जगन्नाथं भर्तृहरिञ्च भारविम् ।
तुलसीं वल्लभाचार्यं सत्यानन्दं नमाम्यहम् ।। **90**/2422

◎ **A Supplication :** *I pay my respect to Brahmā, Shiva, Vișhṇu, the sun, the moon, the nine planets, Prakriti, Purușha, the earth, Sarasvatī, Gaṇesh, Shrī Rāma, Shrī Krișhṇa, Sītā, Rādhā, Pārvatī, mother, father, Nārad muni, the space, the nature, the rivers, mountains, oceans, forests, vegetation, animal beings, scriptures, science, skills, language, grammar, alphabet, yoga, Vaidic rișhis, Shukra, fourteen Manus, Indra, Shesha, Kuber, Lakșhmī, meditation, yajñas, wind, fire, water, space, sky, the Vedas, Purāṇas, yogīs, ascetics, gurus, Vālmīki, Vyāsa, Pingala, Pāṇini, Patañjali, Yask, Kālīdāsa, Māgha, Bāṇa, Chaṇākya, Bilhaṇa, Bhațțojī, Jayadeva, Jagannātha, Bhartrihari, Bhāravī, Tulsīdās, Shankarāchārya, Rāmānuja, Ramānand, Guṇāḍhya, Vallabhāchārya, Brahmānand and Satyānanda.* **115/4839**

संगीतश्रीकृष्णरामायण गीतमाला, पुष्प 41 of 763

राग तिलक कामोद,[40] तीन ताल

(सूर्य देवता)

स्थायी

अंशु प्रभा सूरज की प्यारी ।

♫ रेगरे पमग सानि़प़नि़ सरे गसा–नि़ ।

अंतरा–1

सागर अंबर नदिया सुंदर, पर्वत तरु उजलाती ।
भूमंडल की शोभा न्यारी, चमचम धरती सारी ।।

♫ म–मम प–निनि सांसांसां– नि–सांसां, नि–निनि सांसां सांसांसां– – – प– – – ।
मगप–धध सां– निसांगरें सांनिप–, धनिसांरें निसांध– सांप–धमगसानि़ ।।

अंतरा–2

नारद किन्नर अंबा शंकर, अष्ट देव अवतारी ।
अंशुमाली आरती तेरी, गात हैं सब नर नारी ।।

◎ **A Prayer to Sun God :** *The splendor of the rays of the Sun God is lovely.* ***Antarā :*** ***1.*** *It enlightens the sky, the oceans, the rivers and the mountains. O Anshumālī (Splendor of rays)! your glitter is unique. It shines the world.* ***2.*** *It represents the aura of Nārad muni, Kinnar, Shiva, Pārvatī and the eight Gods. O Anshumālī! all men and women are singing your prayers.* **116/4839**

♫ **संगीतश्रीकृष्णरामायण छन्दमाला, मोती 30 of 501**

कन्या छन्दः[41]

---

[40] **राग तिलक कामोद :** यह खमाज ठाठ का राग है । इसका आरोह है : सा रे ग सा, रे म प ध, म प, सां । अवरोह : सां प, ध म ग, सा, रे प म ग, सा नि़ ।

▶ लक्षण गीत : **दोहा॰ रे प वादि संवाद में, आरोह में ध वर्ज्य ।**
राग "तिलक कामोद" में, उभय नि स्वर की तर्ज ।। 181/7068

[41] ♫ **कन्या छन्द :** इस प्रतिष्ठा छन्द के चरणों में 4 वर्ण, 8 मात्रा होती हैं । इस छन्द

16. Me, Ratnākar

ऽ ऽ ऽ ऽ

(विष्णु वन्दना)

ईशं विष्णुं, रुद्रं वन्दे । रामं कृष्णं, देवांश्चाहम् ।। 1

शान्ताकारं, लक्ष्मीनाथं । विश्वाधारं, जिष्णुं वन्दे ।। 2

◎ **A Prayer to Vishṇu :** *I pay respect to Lord Vishṇu, Shiva, Shrī Rāma, Shrī Krishṇa and the Gods. I pray to Lakshmīpati, Vidyādhara, Shāntā-kāra Vishṇu.* **117/4839**

संगीतश्रीकृष्णरामायण गीतमाला, पुष्प 42 of 763

गज़ल : राग कल्याण

(मंदमति)

स्थायी

बेद पुरान दस पढ़े, हमें ज्ञान आया नहीं ।

तकरीर प्रवचन सब सुने, मगर ध्यान पाया नहीं ।।

♬ सा–सा सारे–सा ग– मंग–, धप– मं–ग ध–प– मंग– ।

सासारे–रे गगम– ध– पमं–, धप– मं–ग मं–ग– रेसा– ।।

अंतरा–1

इल्म था जब बँट रहा, हमरे तक आया नहीं ।

सिलसिला तो आगया, मगर ऐलान आया नहीं ।।

♬ सा–रे ग– मं– धप मंग–, धधप– मंग ध–प– मंग– ।

सा–रेग– मं– प–मंग–, निध– प–ध–प मं–ग– रेसा– ।।

अंतरा–2

अक्ल पर ताले पड़े, हमें जेहन आया नहीं ।

उस्ताद बजा कर थक गए, हमें गान आया नहीं ।।

अंतरा–3

मुकद्दर का सिकंदर, नसीब पाया है वही ।

फरिश्ता बगल से निकल गया, हमें जान पाया नहीं ।।

◎ **Me :** ***Sthāyī :*** *I read the Vedas and the Purāṇas, but didn't earn knowledge. I heard talks and discourses but didn't earn wisdom.* ***Antarā : 1.*** *When the intelligence was being distributed, nothing came to my share. An opportunity came but the permission didn't.* ***2.*** *Because of the mental blockage, I didn't get intelligence. The tutor got tired of playing harp, but I could not learn the music. He who is favored by destiny, the luck is in his favor. The angel of luck went bye, without noticing me.* **118/4839**

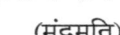

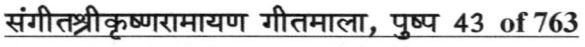

संगीतश्रीकृष्णरामायण गीतमाला, पुष्प 43 of 763

गज़ल : कहरवा ताल 8 मात्रा

(राह में घनश्याम तेरी)

स्थायी

राह में घनश्याम तेरी, बैठे जमाना हो गया ।

रास में तू है लगा ये, दुक बहाना हो गया ।।

♬ सानि़सा रे– गग–मंगरे सा–नि़–, सासा सारे–ग– गमं रेसा– ।

ग–मं ध– पमं– प– मंगमं गरे, रेरे रेग–मं– गमंग रेसा– ।।

अंतरा–1

पी गयी वो ज़हर का प्याला, तू योग में था खो गया ।

मत बता तू वो बहाना, अब पुराना हो गया ।

अरे! सुन चुके हम वो बहाना, अब पुराना हो गया ।।

♬ सां– धसां– रें– सांसांसां सां धनिध–, ध नि–सां नि– ध– पग मंग– ।

सा– रेग– मं प– मंग–रे–, सासा सारे–ग– मंग रेसा– ।

रेरे सा– रेग– मं प– मंग–रे–, सासा सारे–ग– मंग रेसा– ।।

अंतरा–2

बंसी तेरी है सुहानी, राधिका से है सुना ।

में केवल म गण और एक गुरु वर्ण आता है । इसका लक्षण सूत्र ऽ ऽ ऽ ऽ इस प्रकार होता है । इसके सभी वर्ण दीर्घ होते हैं ।

▶ लक्षण गीत : **दोहा॰ वर्ण चार, कल आठ का, म गण, गुरु कल अंत ।**

सर्व गुरु अक्षर जहाँ, बोला "कन्या" छंद ।। 182/7068

एक हमको सुर सुना दे, बस लुभाना हो गया ।।

अंतरा–3

माना तू भगवान् है, मगर कहाँ तू सो गया ।
कम से कम दीदार दे दे, बस रुलाना हो गया ।।

◎ **O Shrī Kriṣhṇa! : *Sthāyī* :** *O Ghanashyām! an age has gone by awaiting for you, but, "you are busy in Rās Dance," is just an excuse, I have heard before. Please can't tell it again.* ***Antarā* : 1.** *Meerā drank the glass of poison, but you were busy in your yoga. This excuse is now old.* **2.** *We have heard from Rādhā that your flute is sweet. Let me hear at least one note.* **3.** *You are a God, but O Shrī Kriṣhṇa! are you in slumber? Please come in my dream, enough with keeping me waiting.* **119/4839**

(हिंदु)

स्वाभिमानी मनुष जो कहता, हिंदु अपने आपको है ।
कृतकृत्य वो सफलमनोरथ, करता अपने बाप को है ।।

श्लोकौ

(हिन्दु)

शतानां जन्मनामन्ते नरयोनिं स प्राप्यते ।
शतानां नरजन्मान्ते हिन्दुजन्म च लभ्यते ।। **91**/2422

संस्कुर्वन्ति नरान्येषु धर्मास्ते कृत्रिमाः खलु ।
हिन्दुर्भगवता दत्तो धर्मो नैसर्गिको हि सः ।। **92**/2422

दोहा॰ "चौरासी लख भग फिरे, नर योनि का योग ।
लाखों नर योनि फिरे, हिन्दु जन्म का भोग ।। 183/7068

"कृत्रिम दीक्षा को लिये, अन्य धर्म में स्थान ।
हिन्दु धर्म ईश्वर दिया, जन्म जात है दान" ।। 184/7068

◎ **Hindu :** *The person with self-respect who calls himself Hindu, that accomplished soul makes his forefathers contented and successful. One gets human life after a thousand births and after thousands of human births one becomes Hindu. Other artificial religions convert people to their fold, but Hindu Dharma is natural, birth in which is a God given gift. Passing through eighty-four-hundred-thousand births soul receives a human body. Going through hundreds of thousands of human bodies a man becomes Hindu. Men are artificially initiated into man-made religions. The God given Hindu dharma comes with natural birth.* **120/4839**

श्लोकः

माता यस्य स्वयं प्रज्ञा शास्त्रवाक्यं पिता तथा ।
अन्तश्चक्षुर्भवेद्यस्यादर्शस्य किं प्रयोजनम् ।। **93**/2422

संगीतश्रीकृष्णरामायण छन्दमाला, मोती 31 of 501

फटका छन्द[42]

8 + 8 + 8 + 6/5

(सुवचन)

हे सद्गुणियों कहना सुनियो, परम हित की ये बात है ।
राम–कथा का सुमिरन गायन, पुण्य लगावत तात! है ।।

◎ **O Good people! :** *He, for whom Sarasvatī is mother and the scriptures are father, he who has an inner eye, for him no need of mirror to do the self-examination. O Righteous people! please hear the story I am telling. It is for your own good. Recollection and singing of this story of Rāmāyaṇ will give you a good fortune.* **121/4839**

संगीतश्रीकृष्णरामायण गीतमाला, पुष्प 44 of 763

राग : मालकंस, तीन ताल

(रत्नाकर अनुनय)

स्थायी

---

[42] **फटका छन्द :** इस छन्द में 29 या 30 मात्राएँ आती हैं । 30 मात्रा 8, 8, 8, 6 अथवा 29 मात्रा 8, 8, 8, 5 के प्रमाण से होती हैं । इसके दूसरे एवं चौथे चरणों के अन्त में अनुप्रास होता है । फटकों की पंक्तियों में एक मात्रा अधिक या कम प्रस्तुत हो सकती है और इसको कहरवा या तीन ताल में सजाने के लिये चौबीस वी मात्रा दीर्घ करके गायी जाती है ।

▶ लक्षण गीत : **दोहा॰ आभूषित कल तीस से, देता मन आनंद ।
सोलह कल पर यति जहाँ, मम प्रिय "फटका" छंद ।।** 185/7068

16. Me, Ratnākar

प्रभु तेरी दुआ से जीना है, अरु तेरी दुआ से मरना है ।

♫ मम गमग सनिसा धनि सा–म– म–, मम गमग सानिसा धनि सासाम– म– ।।

अंतरा–1

अब दे दे जो कुछ देना है, वापस ले जब लेना है ।

तेरी दुआ से जीना मरना, तेरे हाथ में सब कुछ है ।।

♫ गग म– ध– ध– धध सांगंनि– सां–, नि–निनि नि– निनि धनिसांनि– धम ।

सां–सां सांगं– गं– सांमंगंसां निनिसां–, सांमंगंसां नि–सां सां धनि सांनि धमगसा ।।

अंतरा–2

मेरे सपने मेरे अपने, तेरी कृपा से सब शुभ हैं ।

तेरी दुआ और तेरी किरपा, डोरी तेरे हाथ में है ।।

अंतरा–3

तेरी छाया तेरी माया, तेरी दया भी साथ में है ।

जग तेरे हाथ बिलौना है, तेरे हाथ खिलौना है ।।

◎ **Ratnākar's affirmation :** ***Sthāyī :*** *O Lord! I have to live with your mercy and die at your mercy.* ***Antarā : 1.*** *O Lord! give me what you please and take it back when you please. I have to live and die with your permission. Everything is in your hands.* ***2.*** *My dreams and my loved ones are all well with your kindness and your compassion. O Lord! the strings are in your hands.* ***3.*** *I have your shelter and your favour, O Lord! I am a toy in your hands. O Lord! the show is in your hands.* **122/4839**

संगीतश्रीकृष्णरामायण गीतमाला, पुष्प 45 of 763

दादरा ताल

(ओ हरे!)

स्थायी

मेरे माता–पिताश्री तुम्हीं हो, मेरे भ्राता सखा भी तुम्हीं हो ।

ज्ञान सोता सविता तुम्हीं हो, मेरे धाता विधाता तुम्हीं हो ।।

♫ सानि सा–सा– सारे–सा– निसा– रे–, सारे ग–ग– गम– ग– सारे– सा– ।

सा–नि सा–सा– साग–रे– सारे– म–, रेग प–म– गरे–म– गरे– सा– ।।

अंतरा–1

मेरे गानों की स्फूरत तुम्हीं हो, मेरे ध्यानों की सूरत तुम्हीं हो ।

मेरे ख्वाबों की मूरत तुम्हीं हो, मेरी साँसों के दाता तुम्हीं हो ।।

♫ रेग म–म– म प–म– गरे– म–, गम प–प– प नि–ध– पम– प– ।

गरे म–म– म प–म– गरे– म–, रेग म–म– ग प–म– गरे– सा– ।।

अंतरा–2

मेरे जीवन की गाथा तुम्हीं से, सारे जन्मों का नाता तुम्हीं से ।

मेरा जीना सुहाता तुम्हीं से, मेरे ताता और त्राता तुम्हीं हो ।।

अंतरा–3

मोहे भूमि पर लाया तुम्हीं ने, मोहे प्रीति से पाला तुम्हीं ने ।

मोहे मुक्ति दिलाना तुम्हीं ने, मेरी गीता कविता तुम्हीं हो ।।

अंतरा–4

तेरे चरणों में मेरी जगह हो, मेरे मुख में हरि! तू बसा हो ।

तेरी किरपा की छाया सदा हो, मेरे प्रारब्ध कर्ता तुम्हीं हो ।।

◎ **O Hari! :** ***Sthāyī :*** *O Hari! you are my mother and father. You are my brother and friend. You are the source and the sun of my knowledge. You are my nourisher and my Lord.* ***Antarā : 1.*** *You are the inspiration for my music. You are the idol of my meditation. You are the image in my dreams. My breath is because of you.* ***2.*** *You are the story of my life. You are related to me in all my lives. You make my life look beautiful. You are my shelter and protector.* ***3.*** *You brought me on this earth. You raised me with love. You will give me my last breath. You are my poetry and you are my Gītā.* ***4.*** *O Hari! may I have a place at your feet and may your name be always in my mouth. May I have your mercy all the time, O Lord! you are the maker of my destiny.* **123/4839**

२

बालकृष्ण अनुभाग

Shrī Kriṣhṇa's childhood

Sangit-Shri-Krishna-Ramayan

।। हरि ॐ तत् सत् ।।

बालकृष्ण अनुभाग

प्राक्कथन

17. श्री लक्ष्मीनारायण स्तुति :

17. Prayers to Lakṣhmī Nārāyaṇa

(श्रीलक्ष्मीनारायणस्तुतिः)

संगीतश्रीकृष्णरामायण छन्दमाला, मोती 32 of 501

मत्ता छन्द[43]

ऽ ऽ ऽ, ऽ।।, ।। ऽ, ऽ

(लक्ष्मीनारायण स्तवन)

लक्ष्मीनाथा! परम पियारे! ।
दाता धाता जगत नियारे! ।। 1
तारो मोहे भव-जल पारे ।
आया हूँ मैं चरण तिहारे ।। 2

◎ **A Prayer to Lakṣhmī-Nārāyaṇa :** *O Very Dear Lakṣhmī-Nārāyaṇa! O Giver of life and everything else! O Protector! you are the unique provider. Please take me across the waters of the worldly ocean. I am at your feet, supplant to you.* **124/4839**

संगीतश्रीकृष्णरामायण छन्दमाला, मोती 33 of 501

अभंग छन्द[44]

6 + 6 + 6 + 4

(लक्ष्मीनारायण वन्दना)

विठ्ठल विठ्ठल । गाऊँ निश-दिन ।
भजूँ लक्ष्मीपति । नारायण ।। 1
रूप तेरो राम । रूप तेरो श्याम ।
मन मेरो, नाम । परायण ।। 2

सीता राम-कथा । यथा आदि तथा ।
रची यहाँ गाथा । रामायण ।। 3
लिखे रत्नाकर । यथा बोले विधि ।
संगीत पूरित । पारायण ।। 4

◎ **A Prayer to Lakṣhmī-Nārāyaṇa :** *I chant Vitthala! Vitthala! day and night. I worship Lakṣhmī-Nārāyaṇa. Shrī Rāma is your personification, Shyāma is your personification. My mind is focused on chanting your name. The musical story of Shrī Rāma and Sītā, as it is, is being written here. It is called Sangīt-Shrī-Krishṇa-Rāmāyaṇ. Ratnākar is writing it. Shrī Nārad muni is nerrating it, along with the music of Vīṇā, in the form of a discourse.* **125/4839**

---

[43] **मत्ता छन्द :** इस छन्द के चरणों में 4, 6 के दस वर्ण की 16 मात्रा होती हैं । इस छन्द में म भ स गण और अन्त्य वर्ण गुरु होता है । इसका लक्षण सूत्र ऽ ऽ ऽ, ऽ।।, ।। ऽ, ऽ इस प्रकार होता है ।

▶ लक्षण गीत : **दोहा॰ सोलह मात्रा का बना, म भ स ग से हो अंत ।
चार वर्ण पर यति जहाँ, "मत्ता" है वह छंद ।।** 186/7068

[44] **अभंग छन्द :** यह साढ़े तीन चरणों के 22 अक्षरों वाला छन्द है । इसमें 6 अक्षरों के पहले तीन चरण और 4 अक्षरों का चौथा आधा चरण होता है । इस छन्द का आरम्भ विठ्ठल (विष्णु) भक्ति से हुआ है ।

▶ लक्षण गीत : **दोहा॰ "अभंग" स्वर बाईस का, पद हों साढ़े तीन ।
छः अक्षर के तीन हों, वर्ण चार अंतिम ।।** 187/7068

17. Prayers to Lakṣhmī Nārāyaṇa

संगीतश्रीकृष्णरामायण गीतमाला, पुष्प 46 of 763

भजन : राग बिहाग,[45] कहरवा ताल

(श्री लक्ष्मी वन्दना)

स्थायी

जय लक्ष्मी धन दायिनी जय हो, जन गण जीवन शुभ सुखकर हो ।
जय जननी वर दायिनी वर दो, सत् चित से मम तन मन भर दो ।।

♫ गम पनिधनिसां निनि पमंगम गग रेसा–, निृप निृनिृ सा–सासा पमं गम गग रेसा–।
गम पनिधनिसां निनि पमंगम गग रेसा–, निृप निृनिृ सा– सासा पमं गम गग रेसा–।

अंतरा–1

कर कमलों में पद्म तिहारे, लाल कमल पर पद हैं तुम्हारे ।

♫ गम पनिसां–सां– सांसांसां सांनिरेंसां–, सां–गं रेंसांनि धप गम प मगरेसा– ।।

अंतरा–2

केयूर कंठी मुंदरी माला, हार मुकुट नथ काजल काला ।

अंतरा–3

धन की राशी कर में तुम्हारे, भाग्य जगाती पल में हमारे ।

अंतरा–4

जय जय देवी जय जगदंबे, तेरी शरण में भगतन बंदे ।

◎ **A Prayer to Lakṣhmī-Nārāyaṇa : *Sthāyī :*** *Victory to you, O Goddess Lakṣhmī! the Giver of wealth! O Goddess! please make our lives fortunate and filled with happiness. Victory to you, O Mother! O Giver of boons! please give me boons and make my body, soul and mind filled with truth and peace.* ***Antarā : 1.*** *In your hands you have a lotus flower and your feet are on a red lotus.* ***2.*** *You are wearing arm bracelets, garland, ring, nose-pin and black antimony.* ***3.*** *In your hands is pile of money, which makes us fortunate in a single moment.* ***4.*** *Victory to you, O Jagadambā! your devotees are at your feet.* **126/4839**

श्लोका:

दयावन्तौ जगत्पालौ लक्ष्मीनारायणावुभौ ।
सद्धर्मस्य हि रक्षायै संसृजतो युगे युगे ।। 94/2422

♫ मम–म–म– पध–प–म–, प–प–प–प–धनि–धप– ।
म–म–म–म प म–ग–रे–, ग–गगग– मग– रेसा– ।।

पापिनं रावणं हन्तुं सीतारामौ बभूवतुः ।
राधाकृष्णौ ततो भूत्वा दुष्टं कंसञ्च जघ्नतुः ।। 95/2422

यस्य तु नाममात्रेण जन्मसंसारबन्धनात् ।
मुच्यते ना नमस्तस्मै लक्ष्मीनारायणाय नः ।। 96/2422

दोहा॰ **नारायण नारायणी, लेते निज अवतार ।**
युग–युग में सद् धर्म का, परित्राण करतार ।। 189/7068

रावण वध के काज में, रामसिया का रूप ।
कंस हनन के काम में, राधावर व्रजभूप ।। 190/7068

जिनके सुमिरण मात्र से, मिले मोक्ष का द्वार ।
छुटते भव बंधन सभी, पाप ताप दुखकार ।। 191/7068

◎ **A Prayer to Lakṣhmī-Nārāyaṇa :** *Shrī Lakṣhmī and Shrī Nārāyaṇa both are merciful protectors of the world. For the safeguard of the sat-dharma (righteousness) they appear on the earth in every epoch. For the destruction of Rāvaṇ they personified as Shrī Rāma and Sītā and then for the removal of Kaṅsa they came as Shrī Krishṇa and Rādhā. Obeisance to Lakṣhmī-Nārāyaṇa. With the utterance of their names alone, man is freed from the bondage of the births in this mundane world.* **127/4839**

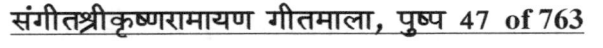

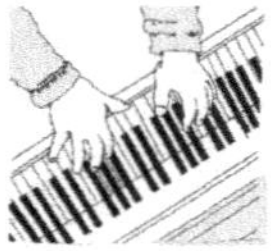

संगीतश्रीकृष्णरामायण गीतमाला, पुष्प 47 of 763

भजन : राग यमन

(चाल और तबला ठेका के लिये देखिये हमारी *"नयी संगीत रोशनी"* का गीत 2)

---

[45] **राग बिहाग** : यह बिलावल ठाठ का राग है । इसका आरोह है : नि़ सा ग, म प, नि सां । अवरोह : सां नि, ध प, मं प ग म ग, रे सा । यह राग बिलावल ठाठ का होकर भी इसमें कल्याण राग की तरह से तीव्र म मिलाया जाता है ।

▶ लक्षण गीत : दोहा॰ **तजे रे ध आरोह में, अवरोह में म तीव्र ।**
ग नि वादि संवाद का, "बिहाग" गहन अतीव ।। 188/7068

17. Prayers to Lakṣhmī Nārāyaṇa

(भाग्य लक्ष्मी)

स्थायी

भाग्य लक्ष्मी चंचल देवी, सिद्धि दायिनी ताप हारिणी ।

सुंदर मंगल आरती तेरी ।।

अंतरा–1

पावन मूरत सूरत प्यारी, धन की देवी मन को सुखारी ।

अंतरा–2

कंगन कुंडल कुंदन कंठी, पैंजन अंगद बिंदी मुंदरी ।

अंतरा–3

बाजत ढोलक घुँघरू घंटी, गात हैं संत महंत पुजारी ।

अंतरा–4

नारद शारद पुष्प की वृष्टि, कुबेर किन्नर शंकर गौरी ।

◎ **A Prayer to Lakṣhmī-Nārāyaṇa :** ***Sthāyī :*** *O Goddess of fortune! O Lakṣhmī! O Chañchala Devī! O Giver of success! O Remover of suffering! we are doing your beautiful Ārtī.* ***Antarā : 1.*** *Your image is holy and face is lovely. You are the Goddess of wealth. You please our mind. All the devotees are at your feet.* ***2.*** *Your armlet, bangles, ear-rings, necklace, ring and Bindī are beautiful.* ***3.*** *We are playing Ḍholak, Ghunghrū and Ghaṇṭī. The devotees, saints and priests are singing.* ***4.*** *Nārad muni, Shāradā, Kuber, Kinnar and Gaurī are showering flowers on you.* **128/4839**

श्लोकः

सत्त्वं विभूतिमद्यद्धि श्रीमदूर्जितमेव वा ।

तत्तदेवावगन्तव्यं हरेरेकांशसम्भवम् ।। 97/2422

(लक्ष्मी नारायण)

लक्ष्मी नारायण की माया, अगाध, कोई पार न पाया ।

बिकट काल जब–जब घिर आया, धरती पर अवतार धराया ।। 71/5205

◎ **A Prayer to Lakṣhmī-Nārāyaṇa :** *Whatever lofty and supreme there is in the three worlds, it arises from a fine particle of Hari's grace only. This principle ought to be known. No one has understood the divine power of Lakṣhmī-Nārāyaṇa. Whenever difficult time arises, they appear on the earth in human form for the protection of good. This principle ought to be understood.* **129/4839**

संगीतश्रीकृष्णरामायण गीतमाला, पुष्प 48 of 763

भजन

(आदि ईशा, तू ही ब्रह्मा)

स्थायी

आदि ईशा, तू शिव ब्रह्मा । तू ही है विष्णु, अनंत नामा ।।

♪ सा–ध– प–म–, ध– पम ग–म– । गम ध प मगसा–, गसा–नि सा–ग– ।।

अंतरा–1

मत्स्यावतारा प्रलयोद्धारा, कूर्म स्वरूपा समुद्र मथना ।

तू विश्व तारण, कीन्हो कामा ।।

♪ साग–मप–प– मपध–नि–ध–, सां–सां सांनि–ध– मप–प धपम– ।

ग मा–ध पमगसा, गसानि– सा–ग– ।।

अंतरा–2

हिरण्य हारक नृसिंह देवा, बली निकंदन त्रिपद वामना ।

कुठार धारी, परशुरामा ।

अंतरा–3

देवकी नंदन राधा रमणा, नरनारायण कृष्ण सुदामा ।

राम–सिया लछमन हनुमाना ।।

अंतरा–4

रामचन्द्र पाहि माम्, नन्दनन्द पाहि माम् ।

नन्दनन्द नन्दनन्द नन्दनन्द त्राहि माम् ।।

♪ सासारेरे गग मम पप धध नि–ध प– ।

निनि धध पप मम गग रेरे ग–रे सा– ।।

◎ **A Prayer to Lakṣhmī-Nārāyaṇa :** ***Sthāyī :*** *O Primordial Lord! you are Brahmā, you are Shiva. You ar Viṣhṇu, you are with many names.* ***Antarā : 1.*** *O Matsya-avatāra! O Pralaya-uddhāra! O Kurma-svarūpa! O Samudra-mathana! you took the avatāra of turtle and saved the earth.* ***2.*** *O Narasimha, the slayer of Hiraṇyakashapu! O Bālī-Nikandana! O Wāmana! O Axe weilding Parshurāma!* ***3.*** *O Devakī-nandana! O Rādhā-ramaṇa! O Nara-Nārāyaṇa! O Shrī Kriṣhṇa, the friend of Sudāmā! O Raghu-kula-bhushaṇa! O Shrī Rāmachandra! victory to you. O Sītā! O Lakṣhmaṇ! O*

17. Prayers to Lakṣhmī Nārāyaṇa

Hanumān! O Shrī Rāmachandra! please protect me. O Shrī Krishṇa! please save me. **130/4839**

(परन्तु)

शिवजी को भक्ति से मनाया, अपार बल का वर अपनाया ।
रावण दसमुख रूप धराया, सुर नर सबको खूब सताया ।। 72/5205

असुरों को अन्याय सिखाया, अपने हाथों अंत लिखाया ।
कुबेर लंका पार भगाया, श्री विष्णु का कोप जगाया ।। 73/5205

शठ अपने खल में भरमाया, प्रभु को समझा मानव-काया ।
पापों से जो बाज न आया, सबक सीखने पर पछताया ।। 74/5205

◎ **But :** *Doing severe penance, Rāvaṇ pleased Shiva and earned infinite power and ten heads. He then started tormenting people. He taught tyranny and transgression to his demonic followers. He overpowered Kuber and stole his kingdom of Lankā and Kuber's Pushpak airplane. Thus Rāvaṇ wrote his own death. The wicked Rāvaṇ became arrogant as a result of his power of deceit. Lakshmī-Nārāyaṇa then took personifications of Shrī Rāma and Sītā. When Rāvaṇ got punished, at the end he repented and came to his senses at his last breath.* **131/4839**

(तथा ही)

कंस घमण्डी अत्याचारी, क्रूर नास्तिकी हत्याकारी ।
अधम विषैला शठ अविचारी, पति असुरों का पापाचारी ।। 75/5205

दुष्ट असुर सब सचिव बनाये, क्रूर कर्म से मोद मनाये ।
घड़ा पाप का जब भर आयो, अंतकाल को पास बुलायो ।। 76/5205

संतों ने उसको समझाया, नारद मुनि ने भी धमकाया ।
फिर भी रावण बाज न आया, नारायण का क्रोध जगाया ।। 77/5205

◎ **Similarly :** *Like Rāvaṇ, Kaṅsa was also a cruel and sinful king. He assaulted his subjects and did not heed to the advices given by Shrī Nārad muni. Kaṅsa angered Nārāyaṇa.* **132/4839**

संगीतश्रीकृष्णरामायण गीतमाला, पुष्प 49 of 763

भजन

(ब्रह्म, विष्णु, शिव)

स्थायी

आदि ब्रह्म है, मध्य विष्णु है, अन्त सबका महेश है ।
कर्म राम है, धर्म कृष्ण है, ज्ञान सबका गणेश है ।।
♪ रे-ध प-म ग-, रे-प म-ग म-, सांनि धपम- गम-ग रे- ।
म-ग प-म ग-, ध-प म-ग म-, नि-ध पमग- गम-ग रे ।।

अंतरा-1

ब्रह्मा है लाता, विष्णु जगाता, सबको लेजाता महेश है ।
राम रमाता, मन में समाता, ज्ञान का सोता गणेश है ।।
♪ निसा रे सा-नि-, गम पम-ग-, ध-नि सांनि-ध- पम-ग रे- ।
गम पम-ग-, पप ध निध-प-, नि-ध प ध-म- गम-ग रे- ।।

अंतरा-2

ब्रह्म विधाता, विष्णु है धाता, मुक्ति का दाता महेश है ।
राम निभाता, श्याम है भाता, बुद्धि बढ़ाता गणेश है ।।

अंतरा-3

ब्रह्म अनंता, विष्णु नियंता, विश्व का अंता महेश है ।
रघु बलवंता, हरि भगवंता, एकदंता गणेश है ।।

अंतरा-4

ब्रह्म है मंडन, विष्णु है स्पंदन, जगत निकंदन महेश है ।
राम रघुनंदन, हरि जगवन्दन, सब स्वर व्यंजन गणेश है ।।

◎ **A Prayer to Brahmā-Vishṇu-Shiva : *Sthāyī* :** *Brahmā is the beginning, Vishṇu is the middle and Shiva is the end. Shrī Rāma is the karma, Shrī Krishṇa is the dharma (duty) and Gaṇesh is the knowledge.* **Antarā : 1.** *Brahmā brings, Vishṇu sustains and Shiva takes it away. Shrī Rāma gives delight to our mind, Gaṇesh is the source of knowledge.* **2.** *Brahmā is life giver, Vishṇu is provider and Shiva is giver of freedom. Shrī Rāma helps, Shrī Krishṇa pleases and Gaṇesh enriches our thinking.* **3.** *Brahmā is infinite, Vishṇu is limit, Shiva is the end of the world. Shrī Rāma is power, Shrī Krishṇa is glory and Gaṇesh is One-toothed God of wisdom.* **4.** *Brahmā is the birth, Vishṇu is the heart beat and Shiva is the death. Shrī Rāma is Son of Dashrath, Shrī Krishṇa is worshipped by everyone and Gaṇesh is the God of learning.* **133/4839**

17. Prayers to Lakṣhmī Nārāyaṇa

ॐ श्लोकौ

विष्णुभार्यां रमां लक्ष्मीम्-इन्दिरां श्रीधरप्रियाम् ।
धनदां वरदां देवीं नमामो हरिवल्लभाम् ।। 98/2422

नारायणीं महालक्ष्मीं पद्मिनीं कमलासनाम् ।
ईश्वरीं सर्वभूतानां स्वर्णवर्णां च धीमहि ।। 99/2422

दोहा॰ रहे सदा लक्ष्मी कृपा, भगत लगावत आस ।
निशदिन सुमिरन काज को, करो हृदय मम वास ।। 192/7068

(त्राहि! त्राहि!)

त्राहि! त्राहि! जय जय जगदंबा! धनदा! वरदा! माता! अंबा! ।
देवी! रक्षा करि अविलंबा, सर्वभूत अविरत अवलंबा ।। 78/5205

◎ **A Prayer to Lakṣhmī-Nārāyaṇa :** *We pray to Lakṣhmī, the wife of Viṣhṇu. She is Indira, the beloved of Shrīdhara. She is the Giver of wealth and the Goddess of boons. She is beloved of Hari. Let us contemplate on Nārāyaṇī. She is Mahā-Lakṣhmī and Padminī (Seated on lotus flower). She is seated on a red lotus. She is the Goddess of all beings. Her colour is golden. All devotees desire for Lakṣhmī's mercy on them. O Lakṣhmī! please dwell in my heart day and night. O Jagadambā (Mother of the Universe)! please protect us. O Ambā (Mother)! please protect us. All beings depend on your grace.* **134/4839**

संगीतश्रीकृष्णरामायण गीतमाला, पुष्प 50 of 763

भजन : राग खमाज, कहरवा ताल 8 मात्रा

(ह्रीं क्लीं लक्ष्मीम्)

स्थायी

ह्रीं क्लीं लक्ष्मीं, गदा शंख पंकज कलश धन धारिणीम् ।
वन्दे अहं पद्मिनीं, भव भय हारिणीं, नारायणीम् ।।

♫ प- ध- नि-सां-, निध- नि-ध प-मग पमग मग रे-मग- ।
सा-म- गरे- ध-पम-, गम पम प-मग-, ग-रे-नि-सा- ।।

अंतरा-1

मंगलां धन दायिनीं, सुख कारिणीं, विष्णुपत्नीम् ।
सुर पूजितां, त्रिभुवन धारिणीं, श्रीयं, भव-जल तारिणीम् ।।

♫ सां-धसां- सांनि सां-रेंसां-, सांनि ध-पध-, प-मग-रे- ।
सरे ग-मप-, रेगमप ध-निध-, नि-ध-, मग मग रे-नि़सा- ।।

अंतरा-2

चंचलां, गरूडारूढां, अघ हारिणीं, परमेश्वरीम् ।
नाना अलंकार विभूषितां, देवीं, परम सुहासिनीम् ।।

अंतरा-3

सुंदरीं, वर दायिनीं, दुःख हारिणीं, बुद्धिसिद्धिम् ।
सुरमातरं, विमलां, भगवतीं, शक्तिं, कलि मल दाहिनीम् ।।

◎ **A Prayer to Lakṣhmī-Nārāyaṇa : *Sthāyī :*** *I pray to Goddess Lakṣhmī, the Bearer of mace, conch shell, lotus, water pitcher and wealth. I pray to Nārāyaṇī (Wife of Viṣhṇu Nārāyaṇa), the Goddess seated on lotus, the Remover of worldly fears.* ***Antarā :*** ***1.*** *I salute the Auspicious wife of Viṣhṇu, the Giver of wealth and happiness, the One worshipped by Gods, the One who sustains three worlds, the Boat of worldly ocean.* ***2.*** *I pray to the Supreme joy giver Goddess Lakṣhmī, the Nirmalā (the auspicious), the Goddess riding on eagle, the Remover of sins, the One adorned with various ornaments.* ***3.*** *I worship the Beautiful Goddess Lakṣhmī, the Giver of success and prosperity, the Mother of Gods, the Pure one, the Power of Gods, the Remover of impurities from the mundane world.* **135/4839**

संगीतश्रीकृष्णरामायण गीतमाला, पुष्प 51 of 763

(श्री लक्ष्मीनारायण वन्दना)

स्थायी

स्वरदा ने सुंदर गाया है, नारद ने साज बजाया है ।
रतनाकर गीत रचाया है ।।

♫ सानि़सा- गरे सा-नि़नि़ सा-रेम ग-, गममग पम ग-रे सासा-रेम ग- ।
गगरेसासासा रे-ग मगरेसानि़ सा- ।।

अंतरा-1

शुभ कीर्तन पारायण कीजै, बोलो लछ्मीनारायण की जै ।

प्रभु सत् चित आनंद दाता हैं, अरु मंगल विश्व विधाता हैं ।
हमें आश्रय उनका भाया है ।।

♫ पप मरेमम प–पमपनि धपप–, पप मगगसासागमपगरे सानि़ सा–
सानि़ सासा रेरे सा–नि़नि़ सा–रेम ग–, सानि़ सा–गरे सा–नि़ नि़सा–रेम ग– ।
गग रेसासासा रेरेगम गरेसानि़ सा– ।।

अंतरा–2

जब जगत में पातक छाते हैं, अरु पापी जाल बिछाते हैं ।
तब सत् जन का रक्षण करने, अरु पापी को दंडित करने ।
लछ्मीनारायण आते हैं ।।

अंतरा–3

प्रभु भगतन के सुख कर्ता हैं, अरु निश–दिन सब दुख हर्ता हैं ।
जब संकट कछु घिर आया है, जब दुर्जन–शठ ने सताया है ।
प्रभु ने अवतार धराया है ।।

◎ **A Prayer to Lakṣhmī-Nārāyaṇa :** *Ratnākar composed the melody, Sarasvatī sang it beautifully, while Shrī Nārad muni played the Vīṇā.* **Antarā : 1.** *Let's do the Bhajan and Kīrtan and let's say victory to Lakṣhmī and Nārāyaṇa. They are the Givers of inner peace. They are the Lords of the three worlds. We love their shelter.* **2.** *Whenever sins take over the world and the wicked people spread their net of deceit, then in order to protect the righteous people, Lakṣhmī and Nārāyaṇa come to punish the sinful people. Lords Lakṣhmī and Nārāyaṇa are the Givers of joy and removers of sorrow. Whenever any calamity befalls, the Lords take personification.* **136/4839**

18. श्री शिव–उमा आलाप की कथा :

18. Story of the dialogue between Shiva-Pārvatī

(श्रीशिव–उमा–आलाप:)

♫ संगीतश्रीकृष्णरामायण छन्दमाला, मोती 34 of 501

वसंततिलका छन्द[46]

ऽ ऽ।, ऽ।।, । ऽ।, । ऽ।, ऽ ऽ

♫ सा–नि़–, सारे–रेसारे ग–, मगरे– गरे–सा–

(शिव उमा आलाप)

बोली, महेशशिव से, गिरिजा भवानी ।
चाहूँ, पते! श्रवण मैं, रघु की कहानी ।। 1
बोले त्रिशूलधर, नारद से कहूँगा ।
लावे रचाकर कथा, तुमको पढूँगा ।। 2

◎ **A Dialogue between Shiva and Pārvatī :** *One day, Girijā Bhavānī said to Mahesh, O Shiva! I would like to hear Shrī Rāma's story in a Sanskrit poem. Trident bearer Shiva said, I shall ask Shrī Nārad muni to get the story written by a worthy poet and I will read it to you.* **137/4839**

ॐ श्लोकौ

(शिववन्दना)

त्र्यम्बकं श्रीमहादेवं नागनाथं सदाशिवम् ।
नीलकण्ठं चिदानन्दं रुद्रं वन्दे महेश्वरम् ।। 100/2422

भालचन्द्रमुमाकान्तं शूलपाणिं दिगम्बरम् ।
गङ्गाधरं शिवं देवं वन्दे दुर्गेशशङ्करम् ।। 101/2422

◎ **A Prayer to Shiva :** *I pray to Lord Mahādeva (Husband of Lakṣhmī), Tryambaka (One with three eyes), Nāganātha (Lord of the snakes), Sadāshiva (The Great Lord Shiva), Nīlakaṇṭha (whose throat is blue), Chidānanda (Joy of heart), Rudra (the Terrible one), Maheshvara (the Great Lord), Bhālachandra (one with Moon on his forehead), Umākānta (Husband of Pārvatī), Shūlapāṇi (with Trident ih his hand),*

---

[46] ♫ **वसंततिलका छन्द :** इसके चरणों में चौदह वर्ण, 21 मात्रा होती हैं, यति 8 वे वर्ण पर विकल्प से आता है । इसमें त भ ज ज गण और दो गुरु वर्ण आते हैं । इसका लक्षण सूत्र ऽ ऽ।, ऽ।।, । ऽ।, । ऽ।, ऽ ऽ इस प्रकार होता है । प्रस्तुत पद्य सा–नि़–सारे–रे सारे ग–, मगरे– गरेसा– इस प्रकार से गाया बजाया जा सकता है ।

▶ लक्षण गीत : **दोहा॰ त भ ज ज ग ग गण की कला, देती मन आनंद ।
बारह कल पर यति जहाँ, "वसंततिलका" छंद ।। 15/7068**

Digambara (One cladded with clouds), Gangādhara (bearer of Gangā), Durgesha (Husband of Durgā), Shankara, Shiva. **138/4839**.

(नारद जी)

श्लोकौ

यदोमेष्टवती ज्ञातुं रामावतारवर्णनम् ।
आज्ञापयत्मुनिस्तस्मात्–क्लृप्तुं रामायणं कविम् ।।[47] **102**/2422

आदिष्टो नारदेनापि रत्नावल्या च बोधितः ।
अरचत्तुलसीर्भक्त्या रामचरितमानसम् ।। **103**/2422

दोहा० **कथा राम–अवतार की, बतलाओ प्रिय नाथ! ।**
सुनना चाहूँ बैठ कर, प्रभो! आपके साथ ।। 193/7068

शिव ने नारद को कही, गौरी की अरदास ।
राम–कथा कवि ने रची, संस्कृत में विन्यास ।। 194/7068

फिर, पाकर संकेत को, कविवर तुलसीदास ।
कीन्ही अवधी भाष में, राम–कहानी खास ।। 195/7068

◎ **Nārad muni :** *When Pārvatī desired to hear Shrī Rāma's story in Sanskrit, Shiva instructed Shrī Nārad muni to ask a worthy poet to write it for Goddess Pārvatī. Receiving the request, Shrī Nārad muni went to Vālmīki and got the Rāmāyaṇ written for Pārvatī. Then, when Goddess Pārvatī desired to hear the Shrī Rāma's story in Awadhi Hindī, Shrī Nārad muni went to the dream of Ratnāvalī and gave her Pārvatī's message. Accordingly, Tulsīdās wrote Shrī Rāma-Charit-Mānas.* **139/4839**

(एक दिन, कैलास पर)

इक दिन चिंतित उमानाथ थे, गिरि पर बैठे, उमा साथ, थे ।
गणेश स्वरदा खेल रहे थे, शिव गौरी से बोल रहे थे ।। 79/5205

बात बात में, अंबा जी के, मन में विचार आए नीके ।
दुर्गा बोली शिव शंकर से, वृत्त राम के होंगे कैसे ।। 80/5205

शशिधर बोले, चिंता नाही, मुनि लाएंगे लिख कर ताही ।
जब नारद जी बैकुठ आए, कारज मुनि को शिव बतलाए ।। 81/5205

दोहा० **इक दिन दुर्गा ने करी, शिवजी से अरदास ।**
संस्कृत चरित्र राम का, सुनने की है आस ।। **196**/7068

शिवजी बोले, "ठीक है, हो जावेगा काज ।
आएंगे जब नारद मुनि, बतलाऊँगा आज" ।। **197**/7068

◎ **Nārad muni :** *One day, at Kailāsa, the abode of Lord Shiva, when everything was quiet. Lord Shiva had finished his meditation and Goddess Pārvatī jī had finished her chorus. They were sitting relaxed and they were discussing about the world events and the avatārs of Viṣhṇu and Shiva. Standing on the ground on the right side of Shiva was the Trishul with Ḍamrū. At Shiva's feet Nandi Bull was sitting. A peacock was standing nearby. Children Gaṇesh and Sarasvatī were playing the game of Kāvya-chitram. Sanskrit was the spoken language. Shrī Nārad muni, who regularly comes to pay homage to Shiva-Pārvatī, was about to come. Gangā was flowing from the hair of Shiva. Shiva's forehead was adorned with moon. Vāsuki snake was around the neck of Shiva. Pārvatī was wearing a white sarī. Pārvatī said, O Shiva! I would like to hear Shrī Rāma's story in Sanskrit. Shiva said, no problem! When Shrī Nārad muni came to Kailāsa, Shiva told him about Pārvatī jī's desire.* **140/4839**

(नारद जी)

आज्ञा लेकर गौरी जी की, अरदासा अंबा की नीकी ।
निकले नारद बैकुठ जाने, ब्रह्मा जी से आशिष पाने ।। 82/5205

(ब्रह्मा जी)

सुन मंजुल वीणा की तारें, ब्रह्मा जाने, कौन पधारे ।
ब्रह्मा बोले, कैसे आना, किसका हित है, मुनिवर! पाना ।। 83/5205

(नारद जी)

ब्रह्मा जी को नारद बोले, आज्ञा दीन्ही हैं शिव भोले ।
लिखवाना है चरित राम का, "रामायण" इति परम नाम का ।। 84/5205

◎ **Brahmā :** *When Shrī Nārad muni went to Brahmā, hearing the Vīṇā, Brahmā knew Shrī Nārad muni has come. Shrī Nārad muni said, to Brahmā, Pārvatī jī has desired to hear Shrī Rāma's story in Sanskrit. With this request from Shiva, I have come to you for help, O Brahmā!* **141/4839**

---

[47] कविम् = आदिकविम्, वाल्मीकिम् । मुनिः = नारदः मुनिः ।

18. Story of the dialogue between Shiva-Pārvatī

(आदि रामायण)

विधि बोले, तमसा तट जाओ, बाल्मीक मुनि का आश्रम पाओ ।

बाल्मिक को तुम चरित बताओ, श्लोक छन्द में कथा लिखाओ ।। 85/5205

बाल्मिक कविवर हैं बड़ ध्यानी, संस्कृत के हैं प्रकाण्ड ज्ञानी ।

कथा लिखा कर नारद आए, शिव गाए, मुनि बीन बजाए ।। 86/5205

(पार्वती)

सुन कर गौरी अति हरषाई, राघव पर आशिष बरसाई ।

सराहना बाल्मिक की कीन्ही, कृतज्ञता नारद को दीन्ही ।। 87/5205

दोहा॰ **नारद बोले ब्रह्म को, अंबा की अरदास ।**
ब्रह्मा बोले, "ठीक है, जाओ बाल्मिक पास" ।। 198/7068

और कहा, "नारद! सुनो, संस्कृत बोलत लोग ।
लिखवाओ बाल्मीक से, राम-कथा के श्लोक" ।। 199/7068

कथा लिखाकर राम की, लाए शिवजी पास ।
शिवजी ने गायी कथा, अंबा को उल्लास ।। 200/7068

◎ **Ādi Rāmāyaṇ :** *Brahmā said, O Shrī Nārad muni! please go to the banks of river Tamasā, where Vālmīki's hermitage is. Tell him the complete story of Shrī Rāma and ask him to write it in Sanskrit Anushṭubh meter for Pārvatī. The poet laureate is very knowledgeable and a Sanskrit super scholar. Shrī Nārad muni went to Vālmīki and got the story written accordingly. Shiva read the story to Pārvatī while Shrī Nārad muni played the Vīṇā. Pārvatī was joyful. She thanked Shrī Nārad muni and blessed Shrī Rāma and Vālmīki muni.* **142/4839**

(फिर, अंबा)

समय जुगों का जब था बीता, प्रयोग संस्कृत का था रीता ।

हिन्दी भाषा मुख मुख जन में, तब आया अंबा के मन में ।। 88/5205

कहा उमा ने फिर शिवजी से, हिन्दी बोली जग में दीसे ।

सुनना चाहूँ कथा राम की, हिन्दी में वह राम नाम की ।। 89/5205

दोहा॰ **बीता जब जुग-जुग समाँ, संस्कृत स्वल्प प्रयोग ।**
दोहे-सोरठ आगए, हिन्दी बोलत लोग ।। 201/7068

शिव को बोली पार्वती, "हिन्दी में अब, नाथ! ।
राम-कथा सुनवाइये, चौपाई के साथ" ।। 202/7068

◎ **Then, Pārvatī :** *After the passage of long time, use of Sanskrit as a spoken language declined and Awadhi Hindī became popular, therefore, one day Pārvatī said to Shiva, now that people make Hindī poetry in Chaupāīs and Dohās, I would like to hear Shrī Rāma's story in that poetic style.* **143/4839**

(अत:, शिव जी)

दुर्गा बोली जब इति पति को, "तथास्तु" बोले शिव पार्वती को ।

आए नारद जब कैलासा, शिव बोले मुनि को अरदासा ।। 90/5205

(नारद)

"जो आज्ञा" कह कर नारद ने, प्रणाम शिव अंबा को कीन्हे ।

नारायण! श्री नारायण! गाते, निकल पड़े मुनि बीन बजाते ।। 91/5205

(रत्नावली)

आकर सपनन में मुनि होले, रत्नावली को इक दिन बोले ।

"बोलो पति को रति अब भूले, राम-भक्ति तेरा मन छूले" ।। 92/5205

दोहा॰ **शंकर भोले ने दिया, नारद को संदेश ।**
रत्नावलि के स्वप्न में, दीन्हा मुनि आदेश ।। 203/7068

◎ **Shiva :** *Hearing the request from Pārvatī, Shiva told Shrī Nārad muni about Pārvatī's desire. Shrī Nārad muni then appeared in the dreams of Ratnāvalī and asked her to tell her husband Tulsīdās to write Shrī Rāma's story in Awadhī Hindī for Pārvatī jī.* **144/4839**

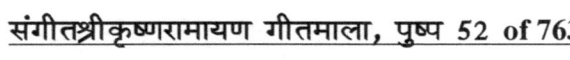

संगीतश्रीकृष्णरामायण गीतमाला, पुष्प 52 of 763

(शिव उमा आलाप की कथा)

स्थायी

स्वरदा ने सुंदर गाया है, नारद ने साज बजाया है ।

रतनाकर गीत रचाया है ।।

♫ सानि़सा– गरे सा–नि़नि़ सा–रेम ग–, गममग पम ग–रे सासा–रेम ग– ।
गगरेसासासा रे–ग मगरेसानि़ सा– ।।

अंतरा–1

एक दिन अंबा देवी भोली, शिव जी से बातों में बोली ।
मोहे राम–कथा सुनवाओ जी, मोरा आज करत सुनने को जी ।
मोहे राम चरित्तर भाया है ।।

♫ पप मरे म–प– पमपनि धपप–, पप मग गसा सागमप गरे सानि़सा– ।
सानि़ सा–ग रेसा– नि़नि़सा–रेम ग–, सानि़ सा–ग रेसासा नि़नि़सा– रेम ग– ।
गग रेसासा सारे–गम गरेसानि़ सा– ।।

अंतरा–2

जब आए नारद कैलासा, शिव बोले मुनिवर के पासा ।
तुम धरती पर मुनिवर! जाओ, अरु राम–कथा को लिखवाओ ।
यह अंबा की अरदासा है ।।

अंतरा–3

फिर ब्रह्मा को नारद जी ने, शिव के अनुनय सादर कीन्हे ।
विधि बोले बाल्मीक सम्यक् हैं, मुनि अनुपम संस्कृत पंडित हैं ।
कविवर ने श्लोक सजाया है ।।

◎ **Shiva-Pārvatī Dialogue :** ***Sthāyī :*** *Ratnākar composed the melody, Sarasvatī sang it beautifully, while Shrī Nārad muni played the Vīṇā.* ***Antarā : 1.*** *One day, at Kailāsa, while discussing the world affairs, Pārvatī Devī said to Shiva, I would like to hear Shrī Rāma's story in Hindī.* ***2.*** *When Shrī Nārad muni went to Kailāsa, Shiva told him about Pārvatī's request. Shrī Nārad muni went to Brahmā for help.* ***3.*** *Brahmā told Shrī Nārad muni to go to the Sanskrit puṇḍit and a great poet Vālmīki. Accordingly, Vālmīki wrote Rāmāyaṇ in Sanskrit. Pārvatī loved the poem.* **145/4839**

19. श्री तुलसी जी की कथा :

19. Story of Goswāmī Tulsīdās

(तुलसीदासकथा)

♫ **संगीतश्रीकृष्णरामायण छन्दमाला, मोती 35 of 501**

पादाकुलक छन्द[48]

4 + 4 + 4 + 4

(तुलसीजी)

तुलसी ज्ञानी प्रसुप्त रवि था,
उसके तन में ऊँचा कवि था ।
लिखी न यावत्, राघव–कविता,
विषय भोग में डूबा सविता ।।

✍ **दोहा॰ तुलसी पत्नी–प्रेम में, दीवाने दिन रैन ।**
स्नेह प्यार में रत सदा, पत्नी–बिना न चैन ।। 205/7068

◎ **Shiva-Pārvatī Dialogue :** *Tulsīdās was a talented person, but he was lost in his wife's love. Without her, he was restless. His aura was bright like the sun. A great poet was hidden within him. His latent poetic talent sprung out when he was writing Shrī Rāma's poem.* **146/4839**

♫ **संगीतश्रीकृष्णरामायण छन्दमाला, मोती 36 of 501**

मुक्त छन्द

---

[48] ♫ **पादाकुलक छन्द :** इसके चारों पदों में चार चतुर्मात्रा, याने चार चौकल (ऽ ऽ, ।। ऽ, । ऽ।, ।।।।), याने चार समकल, याने चार **मात्रिक ड गण** होते हैं । मात्रिक ड गण का सूत्र ऽ ऽ, ।। ऽ, । ऽ।, ऽ।। अथवा ।।।। होता है । जहाँ पर दो त्रिकल (। ऽ, ऽ।, ।।।) लगातार आते हो वहाँ पादाकुलक छन्द सिद्ध नहीं हो सकता है । जहाँ चारों चरण में सभी चौकल नहीं हों उसे ही ♫ **चौपाई छन्द** कहा जाता है, यही पादाकुलक और चौपाई छन्दों का भेद है । जहाँ पर प्रथम द्विकल हो और फिर आगे कहीं त्रिकल (। ऽ, ऽ।, ।।।) या द्विकल (ऽ, ।।) हो तो वह ♫ **पदपादाकुलक छन्द** होता है ।

▶ लक्षण गीत : ✍ **दोहा॰ चारों पद चौकल जहाँ, सोलह मात्रा वृंद ।**
जुड़े त्रिकल ना हों जहाँ, "पादाकुलक" है छंद ।। 204/7068

19. Story of Goswāmī Tulsīdās

तुलसी कथा

एक दिन रत्नावली, गई माँ से मिलने,
घर में अकेले पति, हाथ लगे मलने ।
विषय की याद करी, सारा दिन दिल ने,
बिरहा की रात फिर, काया लगी जलने ।। 1

दिन भर बार-बार, याद लगी आने,
मन पर काबू रखे, तुलसी सयाने ।
रात में जो याद लगी, फिर से सताने,
ससुराल चल पड़े, तुलसी दीवाने ।। 2

ससुर के घर आते, रात ढली थी,
दिखी एक कमरे में, बत्ती जली थी ।
उसी कमरे की एक, खिड़की खुली थी,
चढ़ने को खिड़की से, डोरी झूली थी ।। 3

डोरी वोरी नहीं थी वो, खिड़की से लटकी,
तुलसी की नजर को, भूल थी खटकी ।
प्रेम दीवाने की मति, अंधी थी भटकी,
साँप को ही डोरी माने, भोले भाले भटजी ।। 4

डोरी को पकड़ कर, तुलसी जी चढ़ गए,
खिड़की से भीतर, कमरे में बढ़ गए ।
रत्नावली सपने में, खोयी पड़ी थी,
तुलसी के आने से वो, उठके खड़ी थी ।। 5

सपने में नारद, बोल गए थे,
शिव जी का संदेसा, उसको कहे थे ।
"तेरा पति है कवि," सुना चुके थे,
और फिर निमिष भी, नहीं रुके थे ।। 6

(रत्नावली बोली)

दोहा॰ **"पीछे दौड़े आयहु, मन का काबू खोय ।**
ऐसे लंपट प्रेम का, मुल्य नहीं है कोय ।। 205/7068

"जेती प्रीति विषय में, जतलाई तुम आज ।
तेती कर रघुनाथ महँ, सफल बने शिव काज" ।। 206/7068

◎ **Ratnāvalī :** *One day Tulsī's wife Ratnāvalī went to her mother's home for few days. Tulsīdās was home alone. He was restless without Ratnāvalī. All day he was thinking of wife, but at night he could not wait, and therefore, he went to see Ratnāvalī. When he reached there, he noticed that the light is on, in the upstairs bedroom and a rope is hanging from its window. Tulsīdās climbed up the rope and entered the room through the window, without realizing that it was not a rope but a snake. Seeing her husband, Ratnāvalī was dismayed and she said to him, "if you lover Shrī Rāma as much you love me, you will do a great service to the world."* **147/4839**

♪ **संगीतश्रीकृष्णरामायण छन्दमाला, मोती 37 of 501**

मुक्त छन्द

(रत्नावली)

प्यार में हुए तुम, इतने दीवाने ।
निश-दिन प्रेम के ही, मन में तराने ।। 1
नेहा यदि करो इत, हरि से सुहाने ।
भला होगा दुनिया का, तोरा भी अंजाने ।। 2

प्रेम में अंधे बने हो लट्टू ।
निश-दिन रति प्रिय मेरे टट्टू ।। 3
इतनी करो यदि राम से प्रीति ।
होगी जग में तुमरी कीर्ति ।। 4

◎ **Ratnāvalī :** *Ratnāvalī said, O Tulsī! you are so much in love with me that you have nothing else on your mind day and night. If you give that much devotion to Shrī Rāma, you will do a good service to Lord Shiva, you will do good to yourself and to the whole world. You are blinded by the passion of love, but if you think of Shrī Rāma day and night you will be a gift to the mankind.* **148/4839**

संगीतश्रीकृष्णरामायण गीतमाला, पुष्प 53 of 763

भजन

(कभी तो राम कहले तू)

स्थायी

कभी तो राम कह ले तू, कभी तो श्याम कह ले तू ।
दिया है जनम ये जिसने, हरि का नाम ले ले तू ।।

♫ ऩिसारे सा– प–मं गरे गमं प–, धपमं ग– प–मं गग रे– सा– ।
सागरे सा– प–मं गरे गमंप–, धपमं ग– प–म गरे ऩि– सा– ।।

अंतरा–1

सयाने छोड़ विषयन को, लगाले नेह भजनन से ।
करेगा जगत का अच्छा, अगर ले काम मन से तू ।।

♫ साऩिरेसा– प–मं गरेगमं प–, धपमंग– प–मं गगरे सा– ।
सागरेसा– पपमं गरे गमंप–, धपमं ग– प–म गरे ऩि– सा– ।।

अंतरा–2

जगत के तोड़ बंधन को, सौंप दे देह भगवन् के ।
बनेगा सार्थ जीवन का, लगन से काम कर ले तू ।।

अंतरा–3

हृदय को जोड़ चिंतन में, बना ले गेह चरणन में ।
मिलेगा मार्ग मुक्ति का, मनन से राम भजले तू ।।

◎ **Pray to Shrī Rāma : *Sthāyī :*** *Pray to Shrī Rāma sometimes, Pray to Shyāma sometimes. He who has given you this birth, pray to that Hari sometime.* ***Antarā : 1.*** *O Wise man! leave aside the passions and develop liking for Bhajans. You will do good to the world, if you take it to your heart.* ***2.*** *Break the bondage of worldly affairs and devote yourself to Shrī Rāma. Your life will be meaningful, if you do it with one focus.* ***3.*** *Fix your mind on Shrī Rāma and sit at his feet. You will attain mokṣha (liberation from the cycle of birth and death) if you worship him in your heart.* **149/4839**

✍दोहा॰ **सुन प्रीतम के ऐन वे, प्रेम भरे सब बैन ।**
परदे नैनन से हटे, राम नाम दी चैन ।। 207/7068

तुलसी घर को छोड़ कर, बैठे गंगा तीर ।
निश–दिन कवि भरने लगे, राम–चरित का नीर ।। 208/7068

श्लोक सोरठे कविता दोहे, चौपाई से सुंदर सोहे ।
तुलसी कविवर की मधु बचना, अवधी भासा मंगल रचना ।। 93/5205

◎ **Ratnāvalī :** *Hearing those loving words of Ratnāvalī, Tulsīdās opened his eyes and found tranquility in the name of Shrī Rāma. He left house and sat on the banks of river Gangā. With water of the holy thoughts in his mind, he filled the ocean of Shrī Rāma-charit-Mānas (Lake of Shrī Rāma's stories). He composed Shlokas, Chaupāīs, Dohās and Soṛthās and created an immortal gift for the world.* **150/4839**

संगीतश्रीकृष्णरामायण गीतमाला, पुष्प 54 of 763

(तुलसी जी की कथा)

स्थायी

स्वरदा ने सुंदर गाया है, नारद ने साज बजाया है ।
रतनाकर गीत रचाया है ।।

♫ साऩिसा– गरे सा–ऩिऩि सा–रेम ग–, गमगग पम ग–रे सासा–रेम ग– ।
गगरेसासासा रे–ग मगरेसाऩि सा– ।।

अंतरा–1

श्री तुलसी पंडित ध्यानी थे, वह दैवी कविवर ज्ञानी थे ।
जब रत्नावली बोली सुनिये, स्वामी! रामायण की कथा लिखिये ।
यह नारद का संदेसा है ।।

♫ प– मरेम– प–पम पनिधप प–, पप मगगसा सागमप गरेसाऩि सा– ।
साऩि सा–गरेसासा ऩि–सा– रेमग–, साऩि! सा–गरेसासा ऩि ऩिसा– रेमग– ।
गग रेसासासा रे– गमगरेसाऩि सा– ।।

अंतरा–2

है अंबा की यह अरदासा, लिख राम चरित अवधि भासा ।
तू दोहे चौपाई रच के, सुर सोरठ से सुंदर कर दे ।
शिव गौरीजी को सुनाना है ।।

अंतरा–3

सब हिन्दी जग में अनुपम सा, अरु अमर अजर सूरज जैसा ।
श्री राम चरित लिख्यौ तुलसी, है धन्य-धन्य माता हुलसी ।
जिन पावन पूत जनाया है ।।

◎ **Tulsīdās : *Sthāyī* :** *Ratnākar composed the melody, Sarasvatī sang it beautifully, while Shrī Nārad muni played the Vīṇā.* ***Antarā : 1.*** *Tulsīdās was a knowledgeable poet with divine blessings. Ratnāvalī said to him, its Shrī Nārad muni's message to write Shrī Rāma's story in Awadhi language.* ***2.*** *It is Pārvatīs request to Shiva to read to her Shrī Rāma's story that is embellished with Chaupāīs, Dohās and Sorṭhās.* ***3.*** *Tulsīdās wrote Shrī Rāma's story that is unique in the Hindī world. It is immortal like the sun in the sky. Blessed is mother Hulsī who has a son like Tulsī.* **151/4839**

20. श्री शिव–पार्वती संवाद की कथा :

20. Story of the Shiva-Pārvatī conversation

(श्रीशिव–पार्वती–संवाद:)

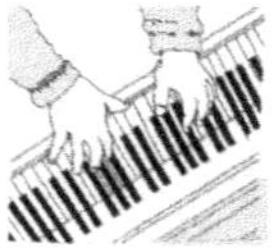

संगीतश्रीकृष्णरामायण छन्दमाला, मोती 38 of 501

वसंततिलका छन्द

ऽ ऽ।, ऽ।।, । ऽ।, । ऽ।, ऽ ऽ

♫ सा–नि़– सारे–, रेसारे ग– मगरे– गरे–सा–

(शिव पार्वती संवाद)

बोली उमा, "किशन की महिमा सुनाओ ।
संगीत छंद रस की, कवि से बुनाओ ।। 1
स्वामी! सुढंग लय की, बहु रंग धारा ।
हिन्दी कथा सुनन को, मन है हमारा" ।। 2

◎ **Shiva-Pārvatī Dialogue :** *Pārvatī requested Shiva to tell her the story of Shrī Krishṇa's greatness. She said, I want to hear the story in an ornate poem with Chhandas, Rāgas and music. O Shiva! the poem should be in contemporary Hindī with beautiful melody that will please my mind.* **152/4839**

(और)

दोहा॰ कथा सुहानी राम की, तुलसी रचित सुगीत ।
भाई गौरी–नाथ को, भजन सहित संगीत ।। 209/7068

गौरी बोली नाथ से, सुन कर तुलसी गान ।
"सुनन चरित अब कृष्ण का, आतुर मेरे कान ।। 210/7068

"नारद जी को दीजिये, हे स्वामी! संदेश ।
जो कवि हरि का दास हो, उसको दें आदेश" ।। 211/7068

नारद मुनिवर चल पड़े, ले कर वह अनुदेश ।
कवि को देने के लिये, चिंतन में निर्देश ।। 212/7068

◎ **And :** *Pārvatī liked the story of Shrī Rāma-Charit-Mānas that Tulsīdās wrote in Avadhī Hindī. It was enriched with Chaupāīs and Dohās. She was very pleased. Then one day she said to Shiva, I would like to hear the musical story of **Shrī Krishṇa**. Please request Shrī Nārad muni to go to earth and find a suitable poet to give him my message. Accordingly Shrī Nārad muni gave the message to a poet in his dawn thoughts.* **153/4839**

संगीतश्रीकृष्णरामायण गीतमाला, पुष्प 55 of 763

(शिव पार्वती संवाद की कथा)

स्थायी

स्वरदा ने सुंदर गाया है, नारद ने साज बजाया है ।
रतनाकर गीत रचाया है ।।

♫ सानि़सा– गरे सा–नि़नि़ सा–रेम ग–, गममग पम ग–रे सासा–रेम ग– ।
गगरेसासासा रे–ग मगरेसानि़ सा– ।।

अंतरा–1

सुन 'रामचरित मानस' अंबा, बोली शंकर जी से जगदंबा ।
तुम राम चरित जो गाया है, जो तुलसी जी ने रचाया है ।
मेरे मन को बहुत ही भाया है ।।

♫ पप 'मरेममपप पमपनि' धपप–, पप मगगसा सांग मप गरेसानि़सा– ।

सानि़ सा–ग रेसासा नि़– सा–रेम ग–, सानि़ सासागरे सा– नि़ नि़सा–रेम ग– ।
गग रेसा सा– रेरेग म गरेसानि़ सा– ।।

अंतरा–2

एक दिन शिव से बोली गौरी, हिम कन्या शिव कांता धौरी ।
अब कृष्ण चरित लिखवाओ जी! सुनवाओ कृष्ण कथा शिवजी! ।
मन गीत सुनन को चाहा है ।।

अंतरा–3

जब आए नारद कैलासा, शिव बोले गौरी अरदासा ।
"जो आज्ञा" कह कर मुनि धाया, रतनाकर के सपनन आया ।
संगीत कथन लिखवाया है ।।

◎ **Shiva-Pārvatī dialogue :** ***Sthāyī :*** *Ratnākar composed the melody, Sarasvatī sang it beautifully, while Shrī Nārad muni played the Vīṇā.* **Antarā : 1.** *Hearing the Shrī Rāma-charit-Mānas of Tulsīdās, Pārvatī was joyful.* **2.** *One day then, she said to Shiva, O Lord! I would like to hear a musical story of Shrī Krişhṇa's life.* **3.** *When Shrī Nārad muni came to Kailāsa, Shiva told him about the Pārvatī's desire. Shrī Nārad muni, saying as you wish, came to the early morning thoughts of poet Ratnākar and got the musical story written.* **154/4839**

(रत्नाकर बोले)

जैसी गौरी की अरदासा, भोले शंकर की अभिलासा ।
सुनियो राम–कथा की भासा, जिसमें किशन चरित परकासा ।। 94/5205

पहले हरि का बचपन खासा, अरु पाण्डव कुल का इतिहासा ।
पवित्र गीता का उपदेसा, फिर राधा जी की अरदासा ।। 95/5205

दोहा॰ जैसा नारद ने कहा, शिव गौरी आदेश ।
सुनो चरित श्री कृष्ण का, संगीत समावेश ।। 213/7068

पहले बचपन कृष्ण का, फिर पांडव इतिहास ।
गीता का उपदेश भी, यथा उमा अरदास ।। 214/7068

◎ **Ratnākar :** *As Pārvatī's wishes and as Shiva's request is, O Shrī Nārad muni! hear the musical poem of Shrī Krişhṇa's life, said Ratnākar. First hear the childhood of Shrī Krişhṇa, then the history of Pāṇḍavas, background of the Gītā, followed by the sacred dialogue between Shrī Krişhṇa and Arjun. It is written for Shrī Pārvatī jī.* **155/4839**

(उसके बाद में, फिर)

रामायण का फिर प्रारंभा, वाल्मीकि वर्णन से आरंभा ।
रामसिया की पूर्ण कहानी, हनुमत की जो रंग रँगानी ।। 96/5205

दोहा॰ कृष्ण चरित के बाद में, राधा की अरदास ।
राम–सिया की कुल कथा, राग–छंद उल्लास ।। 215/7068

रामायण की सब कथा, भजन गीत की रास ।
रंग रचे हनुमान जी, श्री राघव के दास ।। 216/7068

◎ **Then :** *Then, O Shrī Nārad muni! the poem of Shrī Krişhṇa's story will conclude with the beginning of the story of Shrī Rāma, as requested by Shrī Rādhā jī. In this poem there will be stories of Shrī Rāma-Sītā-Hanumān. It will be embellished with Bhajans, Kīrtans, Rāgas, Chhandas and melodious music.* **156/4839**

21. राजा उग्रसेन की कथा :

21. Story of King Ugrasena

(उग्रसेनकथा)

संगीतश्रीकृष्णरामायण छन्दमाला, मोती 39 of 501

अभंग छन्द

6 + 6 + 6 + 4

(महाराजा उग्रसेन)

उग्रसेन राजा, सदाचारी साजा ।
प्रीति कीन्ही प्रजा, मथुरा की ।। 1
बेटा उसका पापी, माने न कदापि ।
दसमुख रूपी, दुष्ट दापी ।। 2

◎ **Ugrasena :** *Ugrasena was the righteous king of Mathurā. He loved his subjects. His son was the wicked Kaṅsa. He was an incarnation of sinful ten-headed Rāvaṇ.* **157/4839**

21. Story of King Ugrasena

दोहा॰ **उग्रसेन यदु भूप का, अविचारी सुत कंस ।**
दम्भी मूर्ख शिरोमणी, स्वयं नसायो बंस ।। 217/7068

रावण-का-अवतार वो, करे प्रजा पर पाप ।
कंस अधम खल दुष्ट था, धार्मिक उसका बाप ।। 218/7068

शूरसेन जी थे मथुरापति, यदुकुल स्थापक उनकी ख्याति ।
उनकी राजकुमारी कुन्ती, पांडव माता साध्वी सुनीति ।। 97/5205

◎ **Shūrsen :** *Shūrsen was the founder of the Yādava family of Mathurā. He loved his subjects. His five years old daughter was called Rādhā, the future Kuntī, the mother of the Pāṇḍavas. Ugrasena's son was Vasudeva, the future father of Shrī Krishṇa. Shūrsen's brother was Kuntibhoja. Shursen's righteous minister was Ugrasena. Ugrasen's son was Kaṅsa.* **158/4839**

संगीतश्रीकृष्णरामायण गीतमाला, पुष्प 56 of 763

(उग्रसेन की मथुरा)

स्थायी

मथुरा नगरी भव में प्यारी, स्नेह शाँति की फुलवारी ।
सुंदर मंगल जग में न्यारी, स्वर्ग सेती सुखकारी है ।।

♫ सारेग- गगग- मग रे- रे-रे-, म-म म-म म- पधप-म- ।
सां-निध नि-धप पप धप मगम-, प-म प-ध पमपमगरे सा- ।।

अंतरा-1

यहाँ न कोई चोरी लड़ाई, ना कुल द्रोही ना हरजाई ।
यहाँ सभी हैं भाई-भाई, सब मुख मीठी वाणी है ।

♫ गम- म ध-नि- सां-नि धनि-सां-, सां- निधनि-सां- नि- धपम-प- ।
मप- धनि- ध- प-म- प-म-, मम मम प-म- ग-रे- सा- ।।

अंतरा-2

सभी हैं दानी, सभी हैं ज्ञानी, सभी हैं स्नेही, सभी हैं प्रेमी ।
कोई न इनका कहीं है सानी, मथुरा जग की रानी है ।।

◎ **Ugrasena's Mathurā :** ***Sthāyī** : Ugrasen'a Mathurā is the most lovely city in the world. It is the garden of love and peace. It is beautiful and auspicious like the Indra's capital Amarāvatī in the heaven.* ***Antarā : 1.*** *There is no crime, no theft and no violence. No one is a traitor. Everyone is a brother to everyone, everyone speaks sweet words.* ***2.*** *Everyone is charitable and knowledgeable. Everyone is loving, kind and caring. No where are there people, like the people of Mathurā. Ugrasen's Mathurā is the queen of the cities of the world.* **159/4839**

(ययति कुल)

जन्मे कुल में ययाति जी के, यदु कुरु-कुल के राजा नीके ।
यदु-कुल के थे कृष्ण मुरारी, कुरु-कुल में पाण्डव सत्चारी ।। 98/5205

शूरसेन यदु नरेश भारी, मथुरा कीन्ही नगरी प्यारी ।
हस्तिनपुर में कुरुवर राजा, सिंहासन पर पांडु बिराजा ।। 99/5205

◎ **Yadu and Kuru families :** *In Yayātī's lineage were born the righteous kings Yadu and Kuru. In Yadu's line was born Shrī Krishṇa and in Kuru's family were born the Pāṇḍavas. After Ugrasena, his successor was Shūrsen on the throne of Mathurā. At that time Pāṇḍu, the father of Pāṇḍavas, came to the throne of Hastināpur.* **160/4839**

♫ **संगीतश्रीकृष्णरामायण छन्दमाला, मोती 40 of 501**

ऋतु गायत्री छन्द[49]

6 x 4

(शूरसेन की मथुरा)

श्री शूरसेन की, मथुरा नगरी ।
व्रज सब जानी, अमृत गगरी ।। 1
सब नगरों में, मनहर प्यारी ।
हरी भरी सुख, आनंद की क्यारी ।। 2

---

[49] ♫ **ऋतु छन्द** : जैसे कि पिंगल छन्दशास्त्र 3.8 में कहा है, जिस अक्षर-गायत्री छन्द में छह वर्णो के चार पद आते हैं वह चतुष्पाद ऋतु-गायत्री छन्द कहलाता है । **"ऋतु"शब्देन लक्षणया षडक्षरः पादोऽभिधीयते, तैः पादैश्चतुष्पादं गायत्रं छन्दो भवति ।** एवं चतुर्विंशत्यक्षराणि सम्पद्यते ।

▶ लक्षण गीत : दोहा॰ **छः वर्णों के चार हों, चतुष्पाद में वृंद ।**
अक्षर गायत्री वही, "ऋतु" कहलाता छंद ।। 219/7068

21. Story of King Ugrasena

◎ **Shūrsen's Mathurā :** *Shūrsen's Mathurā was a jug of amrit (divine nectar) in the Vraj land. It was the most charming city in the world. It was filled with greenery and was a garden of delight.* **161/4839**

(कुरु-कुल)

कुरुपति पांडू वैभवशाली, ब्याहे कुन्ती यदुकुल वाली ।
मिलाप कुरु-यदु का हृदयंगम, गंगा जमुना पावन संगम ।। 100/5205

दोनों धार्मिक, दोनों ज्ञानी, दोनों पवित्र अमृत पानी ।
एक मिलन इतिहास रचाये, दूजा संगम तीर्थ कहाये ।। 101/5205

शूरसेन जब स्वर्ग सिधारे, मथुरा नरेश यदुवर प्यारे ।
कन्या उनकी राधा रानी, कुन्तिभोज ने गोदी लीन्ही ।। 102/5205

कुन्तिभोज-कन्या की भाँति, राधा वह कहलाई कुन्ती ।
शूरसेन का पुत्र सुजाना, वसूदेव था चित्त लुभाना ।। 103/5205

शूरसेन के सिंहासन पर, उग्रसेन जी बैठे यदुवर ।
उग्रसेन थे जन हितकारी, यदु-कुल भूषण गुण भँडारी ।। 104/5205

कुपुत्र उनका कंस कुकर्मी, कुटिल कुमति कुविचारी कुधर्मी ।
उग्रसेन की सुता पूतना, क्रूर विषैली दुष्ट दूषणा ।। 105/5205

देवक जी की सुता देवकी, पत्नी प्यारी वसुदेव की ।
यदु-कुल के वसु भूषण भारी, मधुबन में गौधन ब्योपारी ।। 106/5205

◎ **Vasudeva :** *King Pāṇḍu was a person of grandeur. He married Kuntī, the princess of Yādava dynasty. This was the holy union of Kuru and Yadu dynasties. It was like the union of Gangā and Yamunā rivers, both righteous and both pious. The Kuru-Yadu union made a great name in the history and the Gangā-Yamunā union made a great place of pilgrimage. When Shūrsen died, his minister Ugrasena came to the throne. Shūrsen's daughter Rādhā went to live with her uncle Kuntibhoja and thus became well known as Kuntī in the history. Shūrsen's son Vasudeva married Devakī, the grand-daughter of Ugrasena. Ugrasena was a righteous king, but his son Kaṅsa and daughter Pūtanā were both sinful children. Vasudeva was a trader of cattle in Madhuban.* **162/4839**

संगीतश्रीकृष्णरामायण गीतमाला, पुष्प 57 of 763

(राजा उग्रसेन की कथा)

स्थायी

स्वरदा ने सुंदर गाया है, नारद ने साज बजाया है ।
रतनाकर गीत रचाया है ।।

♫ सानि़सा- गरे सा-नि़नि़ सा-रेम ग-, गममग पम ग-रे सासा-रेम ग- ।
गगरेसासासा रे-ग मगरेसानि़ सा- ।।

अंतरा-1

उग्रसेऽन मथुराऽ राजा ने, मथुराऽ वैऽभवशाऽलीऽ कीऽन्हेऽ।
सुत उनका दुष्कर्मी कंसा, मथुरा पुर का कीन्हा ध्वंसा ।
ये मथुरा का इतिहासा है ।।

♫ प-पमरेम पपपम पनिधप प-, पपमग गसासागमपगरे सानि़सा- ।
सानि़ सासागरे सा-नि़-सा- रेमग-, सानि़सा- गरे सा- नि़-सा- रेमग- ।
ग- रेसासा- रे- गमगरेसानि़ सा- ।।

अंतरा-2

नास्तिक पितु का आस्तिक बेटा, उस भगत प्रलाद में देखा है ।
आस्तिक पितु का पापी बेटा, वो कंस कुकर्मी जेठा है ।
इतिहास प्रमाण दिलाया है ।।

◎ **King Ugrasena :** ***Sthāyī :*** *Ratnākar composed the melody, Sarasvatī sang it beautifully, while Shrī Nārad muni played the Vīṇā.* ***Antarā : 1.*** *Mathurā king Ugrasena made Mathurā a city of grandeur. His son Kaṅsa was an evil person. He destroyed the fame of Mathurā. This became the unfortunate history of that holy city.* **2.** *A devout son of an atheist father was seen in the example of Prahlād and Hiraṇyakashap. An atheist son of a Dhārmic (righteous) father is now seen in the case of Kaṅsa and Ugrasena, such is the proof given by the history.* **163/4839**

बालकृष्ण अनुभाग
पहला तरंग

संगीतश्रीकृष्णरामायण गीतमाला, पुष्प 58 of 763

भजन

(अंबे मैया)

स्थायी

अंबे मैया, तेरी माया, का- - - - - ।
बोल बाला, सभी जगत में, सदा रहे ।।
♫ रेगरेसा नि़-सा-, रे-ग- रे-ग-, म-ध़पम- ।
प-ध़ प-म-, पध़- पमग म-, गम- गरे- ।।

अंतरा-1

पाप हारिणी! ताप हारिणी! तेरी किरपा, का- - - - - ।
जय जय कारा, सभी दिलों में, सदा बहे ।।
♫ सां-नि सां-निध-! नि-रें सां-निध-! प-ध़- पमग-, म-पधपम- ।
पम पम ग-म-, पध़- पम- ग-, पम- गरे- ।।

अंतरा-2

ज्योताँ वाली! पहाड़ा वाली! मेहराँ वाली, माँ- - - ।
तेरा नारा, सभी घरों में, सदा चले ।।

अंतरा-3

भाग्य दायिनी! सिद्धि दायिनी! सिंहवहिनी, का- - - ।
दैवी डंका, सभी समय में, सदा बजे ।।

◎ **A Prayer to Pārvatī :** ***Sthāyī*** *: O Mother Pārvatī! may the high repute of your divinity always be all over the world.* ***Antarā* : 1.** *You are the Remover of sins, you are the Remover of difficulties. O Mother! may the love of your mercy always flow from our hearts.* **2.** *O Jyotā-wālī (Goddess of light)! O Pahaḍā-wālī! O Mehrān-wālī! O Mother, may the chant of your name be always in every house.* **3.** *O Giver of good luck! O Giver of success! O Rider of Lion! may the vibration of your divine drum always be resounding in our hearts.* **164/4839**

22. श्री नारद जी की कथा :

22. Story of Shrī Nārad Muni

(श्रीनारदकथा)

♫ संगीतश्रीकृष्णरामायण छन्दमाला, मोती 41 of 501

चंद्रकांत छन्द[50]

8 + 8 + 8 + ऽ

(नारद वीणा)

नारद वीणा, जादू कीन्हा, मम मन हर लीन्हा ।
ब्रह्म नाद वो, सुर अनहद वो, जग मोहित कीन्हा ।। 1
मुनि का आना, शुभ वर लाना, त्रिभुवन है जाना ।
अहितनिकंदन! मुनिवर! वन्दन, अद्भुत तव वीणा ।। 2

◎ **Nārad muni's Vīṇā :** *The Vīṇā of Shrī Nārad muni is magical. It has captivated my heart. Its Brahma-nād and its divine melody has charmed the world. The three worlds know that Shrī Nārad muni's arrival brings a good news. O Destroyer of evil! O Munivar Shrī Nārad muni! salute to you. Your Vīṇā is unique.* **165/4839**

संगीतश्रीकृष्णरामायण गीतमाला, पुष्प 59 of 763

(नारद जी की वीणा)

स्थायी

नारद जी की सुंदर वीणा, कान पड़त मनवा हर लीन्हा ।

---

[50] ♫ **चंद्रकांत छन्द** : इस 26 मात्रा वाले वृत्त में 8, 16, 26 मात्रा पर यति विकल्प से आता है । अंतिम वर्ण गुरु होता है ।

▶ लक्षण गीत : ✍ **दोहा॰ मत्त छब्बीस का बना, दीर्घ मत्त से अंत ।**
अष्टम षोडष यति जहाँ, "चंद्रकांत" है छंद ।। 220/7068

♫ सारेमम प– प– पमपसां ध–प–, म–म मपप पपध– मप ग–रेसा– ।

अंतरा–1

स्वर्ग से धरती तक मनहारी, नारायण की प्रीत पियारी ।
सुर गण सारे जन संसारी, हर हिरदय है मोहित कीन्हा ।।

♫ म–प प धधनिध सांसां सांसांगंनिसां–, नि–नि–निनि नि– निसांरें सांध–प– ।
सारे मम प–प– पम पसांध–प–, मम ममपप प– ध–मप ग–रेसा ।।

अंतरा–2

शारद सुरवर सब बलिहारी, शुभ संदेश है नित हितकारी ।
हिरदय का हर कोना–कोना, सप्त सुरों से पुनीत कीन्हा ।।

◎ **Nārad muni's Vīṇā :** ***Sthāyī :*** *The beautiful melody of Shrī Nārad muni's Vīṇā stole my heart.* ***Antarā : 1.*** *Everyone from the earth to heaven loves your Vīṇā. It is dear to Nārāyaṇa. Hearing that lovely tune, every person in the world and every particle of the earth is joyful.* ***2.*** *Shāradā and all other gods are delighted with its seven tones. Every corner of their hearts are pleased with it.* **166/4839**

श्लोक:

सर्वभूतहितार्थे हि भूमिमासीद्भ्रमन्यदा ।
देशाद्देशं च गत्वा स मथुरामागतो मुनिः ।। 104/2422

(एक दिन)

इक दिन नारद सुरपुर सेती, जन हित कारण आए धरती ।
देस घूम कर भाँति–भाँति, आए मथुरा करने शाँति ।। 107/5205

यहाँ हाल जो मुनि ने देखा, चुभा हृदय में उनके मेखा[51] ।
सबके मुख में सुर रोने का, लाभ नहीं था नर होने का ।। 108/5205

दोहा॰ इक दिन नारद स्वर्ग से, आए मथुरा ग्राम ।
पाप देख कर कंस के, बोले, हे भगवान! ।। 221/7068

◎ **One day :** *Roaming in the world for the benefit of the people, when Shrī Nārad muni came to earth, moving from country to country one day he came to the Kaṅsa's kingdom of Mathurā. In Mathurā, he witnessed the pathetic state of the people. He got perplexed and said, O Lord! what a destruction!* **167/4839**

श्लोक:

कंसदासा महापापा हिंसाऽऽज्ञया प्रचोदिताः ।
नरान्स्त्रियश्च बालाँश्च प्राणादवञ्चयन्त ते ।। 105/2422

(कंस)

दास कंस के हिंसाचारी, जस राजा खल तस अधिकारी ।
हत्या पीड़ा छल बरजोरी, पीड़ित जिससे थे नर नारी ।। 109/5205

श्लोकौ

जना गृहेषु सर्वेषु कंसक्रौर्येण व्याकुलाः ।
कृतवन्तो दिवानक्तं रक्षायै परिदेवनम् ।। 106/2422

क्लिष्टाश्च व्यथया केचित्–केश्चन पीडया तथा ।
यथाऽऽदिष्टा हि कंसेन पतिताः सङ्कटे तथा ।। 107/2422

मथुरा नगरी के जन सारे, डर कर अत्याचार के मारे ।
हर उपाय कर जब सब हारे, 'हरि बचाओ!' आर्त पुकारे ।। 110/5205

पड़े विपत में हम जग माहीं, तारण का कछु मारग नाही ।
बोले जन, 'प्रभु त्राहि! त्राहि!' नारायण! तू पाहि पाहि! ।। 111/5205

दोहा॰ पड़े विपत में जन सभी, त्राहि! त्राहि! थे प्राण ।
सबके मुख में प्रार्थना, "पाहि! पाहि! रे माम्" ।। 222/7068

◎ **In Kaṅsa's Mathurā :** *Inspired by the orders from king Kaṅsa, his cruel soldiers molested and slaughtered men and women at their free will. The helpless people in every house cried and prayed Hari for help. Seeing and hearing their horrible situation, Shrī Nārad muni was bewildered.* **168/4839**

---

[51] मेखा = कील, खूँटी ।

22. Story of Shrī Nārad Muni

संगीतश्रीकृष्णरामायण गीतमाला, पुष्प 60 of 763

भजन : राग भैरवी

(चाल और तबला ठेका के लिये देखिये
हमारी "*नयी संगीत रोशनी*" का गीत 18)

(प्रभु बताओ)

गीत

स्थायी

प्रभु बताओ दुखी जहाँ का, अजीब खेला क्यों है रचाया ।
ये शोर दुखियों की आतमा का, कहो प्रभु जी क्यों है मचाया ।।

अंतरा–1

यहाँ न कोई किसी का भाई, न दोसती में कहीं सचाई ।
ये हाल जीने का इस जहाँ में, बताओ प्रभु जी क्यों है बनाया ।।

अंतरा–2

कहीं लड़ाई या बेवफाई, मगर भलाई न दे दिखाई ।
बेहाल आँसू पीना जहाँ में, बतादो प्रभु जी क्यों है सनाया ।।

अंतरा–3

कहीं बुराई कहीं दुहाई, कहीं जुदाई कहीं रुलाई ।
ये साज रोने का इस जहाँ में, न जाने प्रभु जी क्यों है बजाया ।।

◎ **O Lord! : *Sthāyī*** : *O Lord! please tell us, why have you created this strange world of pain and suffering? And, why have you filled in it this noise of the sobs of the hurtful souls?* ***Antarā* : 1.** *No one is anyone's brother here, nor is there any honesty in their friendship. Such state of affair in this world, O Lord! why have you created?* ***2.*** *Either the people fight or they deceive each other, but you don't see good people around, why is such state in this world, O Lord! why have you filled hearts with sadness and tears?* ***3.*** *Either there is wickedness or there is a call for help, or parting, or a cry of sorrow, O Lord! why in this world have you played such sad music?* **169/4839**

श्लोक:

(भूमौ तद्दृष्ट्वा नरदमुनि:)

**केनोपायेन सर्वेषां निश्चितेन च सर्वथा ।
हरामि दु:खमेतेषां चिन्तयन्स्वर्गमागत: ।। 108**/2422

(नारद जी की चिंता)

कैसे तारूँ जनता सारी, जिन पर विपत पड़ी है भारी ।
पड़े सोच में नारद धाए, हरि से मिलने बैकुठ आए ।। 112/5205

◎ **O Hari! :** *Shrī Nārad muni, while thinking how may I protect these poor people from their terrible tragedy, reached Vaikuṇṭha, the abode of Shrī Lakṣhmī-Nārāyaṇa.* **170/4839**

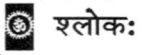

संगीतश्रीकृष्णरामायण गीतमाला, पुष्प 61 of 763

(नारायण श्री)

कीर्तन

स्थायी

जै जै बोलो नारायण की, विष्णु विश्व के स्वामी हैं ।
जै जै बोलो रामायण की, जिष्णु अंतर्यामी हैं ।।

♫ रे– रे– ग–ग– म–म–धप म–, ग–म– ध–प म ग–म– प– ।
सा– सा– रे–रे– ग–ग–पम ग–, ध–प– म–गपम–ग– रे– ।।

अंतरा–1

जय जय बोलो वासुदेव की, विष्णु हमारे स्वामी हैं ।
दीनों के बंधु करुणा सिंधु, विष्णु हमारे साँई हैं ।।

♫ सानि़ रेसा ग–ग– प–मग–म प–, नि़धप गम–प– म–गमप ध– ।
नि़सांध प ग–म– पपमग म–प–, ध–प मम–ग– म–रे– सा– ।।

अंतरा–2

जय जय बोलो विष्णु देव की, विष्णु हमारे स्वामी हैं ।
साँई दयालु, साँई कृपालु, विष्णु हमारे साँई हैं ।।

अंतरा–3

22. Story of Shrī Nārad Muni

जय जय बोलो लक्ष्मीनाथ की, विष्णु हमारे स्वामी हैं ।
भव की नैया और खेवैया, विष्णु हमारे साँई हैं ।।

अंतरा–4

जय जय बोलो श्री भगवन् की, विष्णु हमारे स्वामी हैं ।
परम सहारा, एक किनारा, विष्णु हमारे साँई हैं ।।

अंतरा–5

जय जय बोलो महाविष्णु की, विष्णु हमारे स्वामी हैं ।
वैकुण्ठ धामी, सरबस गामी, विष्णु हमारे साँई हैं ।।

अंतरा–1

विष्णु कन्हाई, विष्णु गोसाँई, विष्णु हमारे स्वामी हैं ।
विष्णु भाई हैं, विष्णु माँई हैं, विष्णु हमारे साँई हैं ।।

◎ **O Hari! :** ***Sthāyī :*** *Say, Victory to Shrī Vishṇu Nārāyaṇ. He is our Lord. He is the giver of happiness. He is the remover of miseries. He is our Lord.* ***Antarā : 1.*** *Say victory to Vasudeva. Vishṇu is our Lord. He the brother of the helpless. He is the ocean of mercy. Vishṇu is our Lord.* ***2.*** *Victory to Vishṇu Nārāyaṇa. Vishṇu is our Lord. Vishṇu is kind. Vishṇu is merciful. Vishṇu is our Lord.* ***3.*** *Victory to Lakṣhmī-Nārāyaṇa. Vishṇu is our Lord. He os the boat and the boatman in the worldly ocean. Vishṇu is our Lord.* ***4.*** *Victory to Lord Vishṇu. He is our supreme support. Vishṇu is our Lord.* ***5.*** *Victory to Mahā-Vishṇu. Vishṇu is our Lord. His abode is Vaikuṇtha. He is Omnipresent. Vishṇu is our Lord.* ***6.*** *Victory to Krishṇa Kanhāī Vishṇu. Vishṇu is our Lord. He is our brother. He is mother. He is our Lord.* **171/4839**

ॐ श्लोकः

(नारदस्य वीणावादनं श्रुत्वा भगवान्विष्णुराह)

श्रुत्वा नारदवीणां तां विष्णुरुवाच नारदम् ।
किमर्थमद्य खल्वस्ति स्वर्गमागतवान्भवान् ।। 109/2422

नारद जी का स्वागत करके, श्रीहरि बोले अति आदर से ।
आज हेतु किस दर्शन दीन्हे, किसके कठिन हुए हैं जीने ।। 113/5205

मैंने जाना आवत मुनि हैं, वाणी परम भजन की सुनी है ।
कारण क्या है करो बखानी, त्रिभुवन की कुछ नई कहानी ।। 114/5205

◎ **Vishṇu :** *Hearing the melody of the Vīṇā, Vishṇu knew Shrī Nārad muni has come. He said to Shrī Nārad muni, O Muni! what brings you here today. Who is in trouble. Whose life has become difficult. What is the news in the three worlds?* **172/4839**

ॐ श्लोकः

(भगवतः प्रश्नं श्रुत्वा नारद उवाच)

प्रभुमुवाच भक्तः स महर्षिः प्रहसन्निव ।
भवान्स्वयं हि सर्वज्ञ एष प्रश्नः पुनः कथम् ।। 110/2422

(नारद जी)

हँस कर नारद बोले, दाता! अंतर्यामी विश्वविधाता! ।
स्वयं आप हैं सरबस ज्ञाता, मुझे पूछते फिर क्यों बाता ।। 115/5205

विष्णु आप हैं सब सुख कर्ता, जिष्णु आप हैं सब दुख हर्ता ।
आप पिता अरु आप हि माता, जीव आपसे जीवन पाता ।। 116/5205

आप यहाँ पर लेटे ऊपर, हाल बुरे हैं नीचे भू पर ।
कंस बना है पापी शूकर, उपाय क्या है सोचा उस पर ।। 117/5205

दोहा॰ नारद, जन हित के लिये, आए बैकुँठ लोक ।
मुनि बोले श्री विष्णु को, कंसप्रजा का शोक ।। 223/7068

प्रभु! तुम बैठे स्वर्ग में, लक्ष्मी जी के साथ ।
रो–रो दुखियारे वहाँ, तुम्हें पुकारे, नाथ! ।। 224/7068

◎ **Nārad muni :** *With a smiling face, Shrī Nārad muni said to Viṣhṇu, you are omniscient and omnipresent, then why such a question? O Lord! you protect everyone, you give happiness to everyone, everyone lives with your grace. You are resting here on the bed of Shesha-nāga (snake) and Shrī Lakshmī is at your feet. There, in the kingdom of Kaṅsa, people are crying and calling you for help.* **173/4839**

ॐ श्लोकः

निश्चिन्तो हि भवानत्र सुप्तः शेषासने प्रभो! ।
पीडया तु जनास्तत्र क्रन्दन्ति "हे, हरे हरे!" ।। 111/2422

(और)

22. Story of Shrī Nārad Muni

आप स्वर्ग में नींद सो रहे, वहाँ व्यथा में लोग रो रहे ।
सभी पीड़ से विकल हो रहे, अँसुअन से दुख घाव धो रहे ।। 118/5205

श्रद्धा, प्रभु! बेबस हि खो रहे, विफल निराशा बीज बो रहे ।
बंधी सबके गले डोर है, मन में सबके छुपा चोर है ।। 119/5205

कंसचरों का कड़ा जोर है, दुराचार अघ सभी ओर है ।
वहाँ समस्या बहुत घोर है, "प्रभु बचाओ!" का हि शोर है ।। 120/5205

◎ **And :** *O Lord! you are peacefully resting here while people there in Mathurā are in big trouble, calling you to save them from Kaňsa's tyranny.* **174/4839**

(नारद उवाच)

श्लोका:

वदतूपायमेकं मां यो स्याच्छ्रेष्ठतमो भुवि ।
प्रभो! विष्णो! पुनर्येन शान्तिः प्रस्थापिता भवेत् ।। 112/2422

मयि प्रभो कृपां कृत्वा भवान्वदतु मां खलु ।
दूरं दुःखानि तेषां वै भविष्यन्ति कथं ननु ।। 113/2422

नारदमुनिना प्रश्नौ प्रभुमेतौ कृतौ यदा ।
श्रृणुतात्तज्जना! अग्रे प्रभुणा दत्तमुत्तरम् ।। 114/2422

(नारद जी ने कहा)

उग्रसेन की मथुरा नगरी, जग में जानी अमृत गगरी ।
आज हुई है मरघट जैसी, पुनः पूर्ववत् होगी कैसी ।। 121/5205

हे करुणाकर! करुणा करिए, हे लीलाधर! मुझको कहिये ।
जान बचा कर कंस चरों से, जन पामर जीएँगे कैसे ।। 122/5205

श्री हरि! अब ना और सताओ, उपाय प्रभु! अब एक बताओ ।
सबको सुख जो चिर देता हो, पीड़ा हारक जो होता हो ।। 123/5205

दोहा॰ नारद बोले, हे प्रभो! "कहिये एक उपाय ।
जिससे सकल बचाव हो, जो है होत अपाय" ।। 225/7068

नारद मुनि के प्रश्न के, उत्तर सोच विचार ।
नारायण ने जो दिये, सुनो सहित विस्तार ।। 226/7068

◎ **Nārad muni :** *Shrī Nārad muni then said, O Nārāyaṇa! please tell me how may these people be protected from the sinful king Kaňsa? Ugrasena's Mathurā, which was the most tranquil place on the earth, has now become a morgue. How may it get back to its original glory? O Viṣhṇu! please be merciful and tell me a remedy.* **175/4839**

(विष्णुरुवाच)

श्लोक:

(सुभाषितम्)

यदा यदा हि धर्मस्य हानिर्भवति नारद ।
अभ्युत्थानमधर्मस्य पृथिव्यां मम कर्म वै ।। 115/2422

(प्रभु ने नारद जी से कहा)

दोहा॰ दुष्ट जनों के कष्ट से, जब-जब धरती रोय ।
दुराचार संहार ही, मेरा करतब होय ।। 227/7068

विनाश करने कंस का, लूँगा मैं अवतार ।
होवे हित यदु वंश का, हल्का हो भू भार ।। 228/7068

दुष्ट पिता का पुत्र सयाना, प्रह्लाद चरित में देखा है ।
गुणी बाप का सुत दीवाना, उस कंस कथा का लेखा है ।। 124/5205

◎ **Viṣhṇu :** *Lord Viṣhṇu said, whenever righteousness is taken over by unrighteousness, re-establishment of the order on the earth is my duty. I shall appear on the earth to remove the evil Kaňsa and Duryodhana from the earth and to protect the righteous people to their original splendor.* **176/4839**

संगीतश्रीकृष्णरामायण गीतमाला, पुष्प 62 of 763

दादरा ताल

(धर्म रक्षक)

स्थायी

यदा यदा हि धर्म की, हानि होती है यहाँ ।

हरि धरा पे आन कर, जहाँ बसाते है नया ।।

♫ साप- धम- प ग-म प-, नि-ध प-ध म- पध- ।

रेम- धप- म प-ध पप, मप- धप-म ग- मरे- ।।

अंतरा-1

हिरणकशिपु को नृसिंह विष्णु ने, गोद में अपनी लिटा लिया ।

भक्त प्रलाद के पापी बाप को, मार्ग स्वर्ग का दिखा दिया ।।

♫ रेगगगगग म- धपम ग-प म-, नि-ध प धनिध- पम- गप- ।

ग-म पध-ध ध- सां-नि ध-प ध-, प-म ग-रे ग- पम- गरे- ।।

अंतरा-2

बाल कृष्ण ने, पापी कंस को, एक चुटकी में गिरा दिया ।

उग्रसेन के, दुष्ट पुत्र को, भवसागर से उठा लिया ।।

अंतरा-3

योगेश्वर ने, कुरुक्षेत्र पर, धर्म-कर्म का ज्ञान दिया ।

भगत पार्थ को, योग सिखा कर, दुर्योधन को मिटा दिया ।।

◎ **The Protector of Dharma : *Sthāyī* :** *Whenever dharma is overpowered by adharma, the Lord appears on the earth in human form to restore dharma.* ***Antarā* : 1.** *Lord Nrisimha killed Hiranyakashapa to save the young devotee Prahlād.* **2.** *Young Shrī Krishṇa uprooted Kaṅsa, the wicked son of Ugrasena.* **3.** *Lord Yogeshvara Shrī Krishṇa gave the knowledge of Yoga on the battlefield of Kurukṣhetra and with that wisdom his devotee Arjun removed Duryodhan.* **177/4839**

ॐ श्लोकौ

भवतस्तात! सत्योऽस्ति स्नेहो भूतेषु नारद! ।

शोभनो भवतो हेतुः-भूतानां परमार्थकः ।। 116/2422

अहं हितं हि भूतानां चिन्तयामि दिवानिशम् ।

स्नेहपात्रो भवानस्ति कथयिष्यामि त्वामतः ।। 117/2422

✍दोहा॰ "तुमरा जग कल्याण का, मुनिवर! है उद्देश ।

अतः कहूँ मैं आपको," बोले, श्री कमलेश ।। 229/7068

"भव भूतों के स्नेह की, सोच मुझे दिन-रात ।

भक्त परम तुम हो, मुने! अतः कहूँ मैं बात" ।। 230/7068

◎ **Vishṇu :** *Shrī Vishṇu said, O Shrī Nārad! your love for the world beings is genuine. Your objective is auspicious. You are looking for their welfare. I also always think of their benefit. You deserve my adoration, therefore, I shall tell you the remedy.* **178/4839**

♫ संगीतश्रीकृष्णरामायण छन्दमाला, मोती 42 of 501

फटका छन्द

6 + 6 + 6 + 4

(मुनिवर नारद)

हे मुनि नारद! भ्रमण विशारद! स्नेह आपका सच्चा है ।

भूत भले की भावना भरा, भाव तुम्हारा अच्छा है ।। 1

♫ सा- नि़रे ग-रेसा, नि़सारे साग-रेसा! ग-रे ग-मप- प-म ग- ।

ग-म पध- प- ध-पम- गरे-, ग-म पम-म- ग-रे सा- ।।

जन हित का हल निश-दिन हर पल, स्वयं सोचता रहता हूँ ।

मेरी ममता पात्र तुम्हीं हो, अतः तुम्हें मैं कहता हूँ ।। 2

वसुदेव का पुत्र आठवाँ, बन कर मम होगा खेला ।

कभी न देखी पहले ऐसी, अद्भुत होगी मम लीला ।। 3

ॐ श्लोकः

पुत्रोऽष्टमो भविष्यामि देवकीवसुदेवयोः ।

भवेन्ममेदृशी लीला भूता न च पुनर्भवेत् ।। 118/2422

(भगवान् ने नारद जी से कहा)

चरित्र होगा रंग-रंगीला, अपूर्व घटना मय भड़कीला ।

धरती पर चिर एक अकेला, नौ रस पूरण रास रसीला ।। 125/5205

◎ **Vishṇu to Nārad muni :** *O Shrī Nārad muni! I am telling you my plans, because you are my true devotee. O Shrī Nārad muni! you are Bhramaṇa-visharada (the divine traveller of the trhee worlds). Your love for people's good is true. I also think of people's protection day and night. I shall appear on the earth as the eighth son of*

Vasudeva and Devakī. I will play such a divine role that the world has never seen and will never see such a colourful and spectacular show ever again. **179/4839**

♫ <u>संगीतश्रीकृष्णरामायण छन्दमाला, मोती 43 of 501</u>

सुगती छन्द[52]

5 + ऽ

(चारु अवतार)

देवकी का, सुत आठवाँ ।
चरित जिसका, जगत उजला ।। 1
भुवन त्रय में, सुगुण मय में ।
कभी न दिखा, कृष्ण सरिखा ।। 2

◎ **Avatār :** *Devakī's eighth son is Shrī Krishṇa, whose stories enlighten the world. Never before and never after, such a divine show will be there in the three worlds.* **180/4839**

(अवतार)

धरती पर इतिहास निराला, शौर्य काँति से जग उजियाला ।
स्नेह प्यार से विश्व लाड़ला, मोर मुकुट सुंदर अलबेला ।। 126/5205

दुष्ट जनन का जग से हर्ता, भद्र जनन का रक्षण कर्ता ।
सत् आचार दिखाने वाला, अक्षय योग सिखाने वाला ।। 127/5205

◎ **And :** *My eighth avatār will be most unique on the earth. It will be full of valour and splendor. It will be the most beautiful image with a peacock tiara on its head.* **181/4839**

श्लोक:

चरित्रं मे भवेद्दिव्यम्-अपूर्वञ्च मनोहरम् ।
रसात्मकं महागूढम्-अगम्यं चातिसुन्दरम् ।। 119/2422

दोहा॰ **"अपूर्व होगा आठवाँ, जग में मम अवतार ।**
न च भूतो न भविष्यति, ऐसा जय जयकार" ।। 232/7068

नारद! करदो कंस को, मन भ्रांति से सचेत ।
नभवाणी के घोष से, करदो उसे सुचेत ।। 233/7068

आए ना यदि बाज वो, सुन कर भी आह्वान ।
करो तयारी आन की, हरि अवतार महान ।। 234/7068

श्लोक:

नभोवाण्या खलं कंसं तमाह्वयतु नारद ।
नृरूपोऽवतरिष्यामि यद्युपेक्षेत्स मां शठः ।। 120/2422

◎ **The Shrī Krishṇa Avatār :** *My Shrī Krishṇa avatār will be divine, unique, pleasing, interesting, glorious and unfathomable. No one has seen such a form ever before and no one will see it in the future. Then Lord Vishṇu said, O Shrī Nārad muni! first warn Kaṅsa with my celestial message that, "if he does not stop his evil activities and become a righteous king, I will appear on the earth as the eighth son of Vasudeva and Devakī and remove him from the earth."* **182/4839**

मुक्त छन्द ।

(फिर विष्णु जी बोले)

महामाया! तुम अब, मथुरा को जाओ,
वसुदेव देवकी का, मिलन कराओ ।
पार जमुना के तुम, गोकुल जाकर,
नंद अरु यशोदा को, साथ मिलाओ ।। 1

यमराज! धरती से, भार घटाओ,
यदु-कुल घातकों को, न्यौता दिलाओ ।
कुरुकुल द्रोहियों को, दोष गिना कर,
दुर्योधन कंस जन, भूमि से मिटाओ ।। 2

श्लोकौ

महामाये! धरां गत्वा देवकीवसुदेवयोः ।

---

[52] ♫ **सुगती छन्द :** इस मात्रिक सम छन्द में सात मात्रा आती हैं, जिनका अंतिम अक्षर गुरु होता है । इसका लक्षण सूत्र 5 + ग (ऽ) ऐसा होता है ।

▶ लक्षण गीत : **दोहा॰ सात मत्त का वृंद जो, गुरु मात्रा से अंत ।**
पंचम पर हो यति जहाँ, जाना "सुगती" छंद ।। 231/7068

यशोदानंदयोस्त्वञ्च कुरुतान्मिलने शुभे ।। 121/2422

तथा च कुलद्रोहीनां पातकानि यथा तथा ।

रचयताच्च देहान्तान्-कंसदुर्योधनादिनाम् ।। 122/2422

◎ **The Plan :** *O Mahāmāyā (the Divine power of Lakṣhmī)! go to Mathurā and make holy matrimonial union of Vasudeva and Devakī. Then go across the river Yamunā to Gokul and make union of Nand and Yashodā. O Yama, the God of Death! you make preparations to remove all the evil people from the Yadu and Kuru dynasties, including Kaňsa and Duruodhana.* **183/4839**

संगीतश्रीकृष्णरामायण गीतमाला, पुष्प 63 of 763

(नारद जी की कथा)

स्थायी

स्वरदा ने सुंदर गाया है, नारद ने साज बजाया है ।

रतनाकर गीत रचाया है ।।

♫ सानि़सा– गरे सा–नि़नि़ सा–रेम ग–, गममग पम ग–रे सासा–रेम ग– ।

गगरेसासासा रे–ग मगरेसानि़ सा– ।।

अंतरा–1

जब एक दिन नारद मुनिवर ने, पुर मथुरा में आगम कीन्हे ।

इत हाल उन्होंने जो देखा, हिय में उनके चूभा मेखा ।।

बोले, ये क्या कंस मचाया है ।।

♫ पप मरे मम प–पम पनिधप प–, पप मगगसा साग मपगरे सानि़सा– ।

सानि़ सा–ग रेसा–नि़– सा– रेमग–, सानि़ सा– गरेसा– नि़–सा– रेमग– ।

गग, रे–सा सा रे– ग मगरेसानि़ सा– ।।

अंतरा–2

मुनि आए लक्ष्मीपति पासा, जन गण की लेकर अरदासा ।

बोले, धर्म की उत भयी ग्लानिऽ है, अरु सत् आचार की हानिऽ है ।।

प्रभु! क्षण अवतार का आया है ।।

अंतरा–3

प्रभु बोले हेतुऽ अच्छा है, तव नेहा मुनिवर! सच्चा है ।

हम लेंगे भू पर अवतारा, जग बोलेगा "यह न्यारा है" ।

"हरि कृष्ण कन्हैया आया है" ।।

◎ **Nārad muni :** ***Sthāyī :*** *Ratnākar composed the melody, Sarasvatī sang it beautifully, while Shrī Nārad muni played the Vīṇā.* ***Antarā : 1.*** *One day Shrī Nārad muni came to Mathurā. Here he saw the horrible state of helpless people caused by the tyrannical rule of king Kaňsa.* ***2.*** *Perplexed with that scene, Shrī Nārad muni came to Shrī Vishṇu in Vaikuṇṭha. He told Vishṇu about the rule of adharma (unrighteousness) over dharma (righteousness) in Mathurā. Shrī Nārad muni requested Vishṇu to remove the evil people.* ***3.*** *Lord Vishṇu said, O Shrī Nārad muni! now is the time to take Shrī Krishṇa avatār and remove the tyrannical people from the earth.* **184/4839**

बालकृष्ण अनुभाग
दूसरा तरंग

23. दुष्ट कंस की कथा :

23. Story of the Wicked Kaňsa

(दुष्टकंसकथा)

♫ संगीतश्रीकृष्णरामायण छन्दमाला, मोती 44 of 501

दिंडी छन्द[53]

9–10 – 9–10 – 9–10 – 9–10

(दुष्ट कंस)

आकाश वाणी, कंस ने जब सुनी ।

---

[53] ♫ **दिंडी छन्द** : इसमें चार चरण होते हैं । चरण में 19 मात्रा, वर्ण संख्या का बंधन नहीं होता । यति 9–10 वर्ण पर विकल्प से आता है ।

▶ लक्षण गीत : **दोहा॰ मत्त उन्नीस हों जहाँ, चरण चार, गुरु अंत ।**

नौवीं कल पर यति जहाँ, "दिंडी" है वह छंद ।। 234/7068

23. Story of the Wicked Kaňsa

मृत्यु के डर से, पापी घबड़ायो ।। 1
वसुदेव जी को, तथा देवकी को ।
पिता श्री को भी, कैद में पठायो ।। 2
देवकी के सुत, बोला मैं मारूँ ।
सात सुत मारे, राह आठवे की ।। 3

◎ **Wicked Kaňsa :** *Hearing the celestial announcement, Kaňsa became affraid of his death at the hands of Devakī's eighth son. He arrested Devakī, Vasudeva and king Ugrasena and threw them in jail. Kaňsa said, I will kill Devakī's eighth son. He killed her seven sons and awaited arrival of the eighth.* **185/4839**

संगीतश्रीकृष्णरामायण गीतमाला, पुष्प 64 of 763

(कंस की मथुरा)

स्थायी

ये पावन मथुरा नगरी, इसे कंस ने आग लगाई ।
उनको अब कौन बचाए, जिनका नृप कंस कसाई ।
आजा रे कृष्ण कनाई ।।

♫ रेसा रे-गग मंमंगरे गमंप-, गरे रेगमं ग सा-रे मंमंगग- ।
गमंप- मंग ध-प मंग-मं-, गमंप- धप मं-ग राग-मं- ।
गमंप- मंग सा-रे मंमंगग- ।।

अंतरा-1

खून खराबा, शोर शराबा, मौत यहाँ मँडराए ।
जन घबड़ाए, सब भरमाए, उपाय बूझ न पाए ।
तन तरसाए, मन मुरझाए, विपद यहाँ पर छाई ।।
आजा रे कृष्ण कनाई ।।

♫ रे-ग मंप-प-, ध-प मंग-मं-, नि-ध पमं- पधमं-प- ।
धध पमंग-मं-, पप मंगरे-ग-, निध-प मं-ध प मं-ग- ।
रेरे रेरेग-ग-, मंमं मंमंप-प-, धधधध पमं- गग मं-प- ।
गमंप- मंग सा-रे मंमंगग- ।।

अंतरा-2

राज्य असुर का, नाम न सुर का, कंस के निसदिन नारे ।
भय दुस्तारे, डर के मारे, जान के पड़ गए लारे ।
भाग्य हमारे बिगड़े सारे, बदी की पड़ी परछाई ।।
आजा रे कृष्ण कनाई ।।

अंतरा-3

कोई न तारक, संकट हारक, लालन पालन कारी ।
सज्जन सारे, कैद में डारे, बाल वृद्ध नर नारी ।
कोई न रक्षक, सभी हैं भक्षक, सरकार यहाँ हरजाई ।।
आजा रे कृष्ण कनाई ।।

◎ **Kaňsa's Mathurā : *Sthāyī :*** *Ugrasen's holy Mathurā is destroyed by his son Kaňsa. Now who will save it from his hands. O Shrī Krishṇa! please come.* **Antarā : 1.** *Blood spill, violence and death is common place here. People are afraid. I don't know the remedy for it. O Shrī Krishṇa! please come.* **2.** *Here the king is a demon and everyone's life is in danger. The gates of destiny are closed and there is a shadow of doubt everywhere. O Shrī Krishṇa! please come.* **3.** *There is no protection from this crisis. There is no helper. All virtuous people, young and old, are in prisons. There is no guardian. All are robbers, including the king. O Shrī Krishṇa! please come.* **186/4839**

(आकाशवाणी के बाद)

दोहा॰ परम वचन है शास्त्र का, सत्त्व ज्ञान का सार ।
अनुसर कर ही जीत है, विपरीत चल कर हार ।। 235/7068

सदुपदेश जो कहत सुबुद्धि, देती नर को सदा समृद्धि ।
विधि-विधान से जिसे न सिद्धि, विनाश काले विपरीत बुद्धि ।। 128/5205

नभ की वाणी सुन कर कंसा, दंभी मन को पाया दंसा ।
बोला ध्वंस करूँगा वंसा, वसुदेव देवकी का अंसा ।। 129/5205

श्लोकौ

नभोवाण्यवदत्कंसं भवेर्नाहिंसको यदि ।
देवक्या अष्टमः पुत्रः-तव हन्ता भविष्यति ।। 123/2422

23. Story of the Wicked Kaňsa

श्रुत्वाऽप्याकाशवाणीं तां कंसो मूढो हि पूर्ववत् ।

अकुरुत प्रतिज्ञां स हनिष्यामि च तं सुतम् ।। 124/2422

◎ **Wicked Kaňsa :** *The tenets of the scriptures are the saviors from the worldly dangers. Acting accordingly gives success and acting against them gives defeat. What the tenets call righteous is beneficial and what they call unrighteous is dangerous. Hearing the celestial message, Kaňsa's ego got hurt and he said I will kill Vasudeva's child.* **187/4839**

(और फिर)

बंदी कीन्हे वसूदेव जी, रखी कैद में साथ देवकी ।

गद्दी पर से पिता हटाये, अधम असुर सब साथ जुटाये ।। 130/5205

राजा बन कर हुकम चलाए, असुर जनन को सचिव बनाये ।

मथुरा में आतंक बढ़ाया, न्याय नीति की बली चढ़ाया ।। 131/5205

ॐ **श्लोकः**

देवकीवसुदेवौ स बन्दिगृहयस्थापयत् ।

बन्दीं च पितरं कृत्वा स मथुराऽधिपोऽभवत् ।। 125/2422

◎ **And then :** *Kaňsa put Vasudeva and Devakī in prison. He removed his righteous father from the throne and put him in jail. Kaňsa became king of Mathurā and made the evil people his ministers. He carried out atrocities in the kingdom. People were terrified. They cried, "O my God!"* **188/4839**

♫ **संगीतश्रीकृष्णरामायण छन्दमाला, मोती 45 of 501**

मौक्तिकदाम छन्द[54]

। ऽ।, । ऽ।, । ऽ।, । ऽ।

(वसुदेव देवकी)

पिता, बहिना कर अंदर कंस ।

कहे, "अब हो न सके मम ध्वंस" ।। 1

उसे वसुदेव कहे, "सुन कंस! ।

न तू हि बचे न बचे तव अंस" ।। 2

◎ **Vasudeva Devakī :** *Putting father and sister in prison, Kaňsa said, now I am invincible. Vasudeva said to him, O Kaňsa! neither you will be saved, nor your evil followers.* **189/4839**

(सात पुत्र)

बंदीघर पर पहरे जोड़े, दे कर उनके कर में कोड़े ।

लोह–द्वार पर मारे ताले, किसी से नहीं टूटन वाले ।। 132/5205

सुरक्षकों को आज्ञा दे दी, भाग न पाए दोनों कैदी ।

पुत्र जनमते उनकी गोदी, खबर हमें दो सबसे जल्दी ।। 133/5205

(फिर)

जन्म लिया जब नंदन पहला, डर से माता का मन दहला ।

शिशु का रोना नाजुक वाला, सुन कर जागे दुआरपाला ।। 134/5205

सेवक सारे सत्वर भागे, बोले झुक कर नृप के आगे ।

पुत्र रुदन सुन कर हम जागे, जल्दी चलिये देर न लागे ।। 135/5205

सुन कर बचनन हर्ष के बड़े, कंस के हुए रोंगटे खड़े ।

भागा–भागा ध्यान लुटाया, बंदीगृह के भीतर आया ।। 136/5205

माता से बच्चे को छीना, दुष्ट कंस ने अधर्म कीन्हा ।

टाँग पकड़ कर शिशु वह नन्हा, पत्थर पर दे पटका मुन्ना ।। 137/5205

(इसी भाँति फिर)

लात पकड़ कर नन्हे बच्चे, सात कंस ने मारे कच्चे ।

राह तकत अब अष्टम सुत की, निश–दिन चिंता कंस बहुत की ।। 138/5205

◎ **Seven children :** *Kaňsa put unbreakable locks on the iron prison gates, and installed armed guards. He gave them strict orders to watch the prisoners and make sure none of them escapes. He instructed them to give him the news as soon a baby is*

---

[54] ♫ **मौक्तिकदाम छन्द :** इस बारह वर्ण, 16 मात्रा वाले छन्द के चरण में चार ज गण आते हैं । इसका लक्षण सूत्र । ऽ।, । ऽ।, । ऽ।, । ऽ। इस प्रकार होता है । इसके पदान्त में विराम होता है ।

▶ लक्षण गीत : ✍ **दोहा॰ सोलह मात्रा की कला, चार ज गण का वृंद ।**

अक्षर बारह हैं जहाँ, "मौक्तिकदाम" हि छंद ।। 236/7068

born to Devakī. After nine months, Devakī's first son was born. Hearing the news, Kaňsa came running to the prison with excitement. He grabbed the baby from Devakī's lap and killed him by smashing him on the stone floor. In this manner he killed Devakī's seven sons and awaited the birth of the eighth son. **190/4839**

♫ संगीतश्रीकृष्णरामायण छन्दमाला, मोती 46 of 501

तोमर छन्द[55]

9 + ऽ।

(आठवा पुत्र)

नशने वसुदेव-वंस ।
मारे सात सुत, कंस ।। 1
आठें की तकत राह ।
लागी कंस मन दाह ।। 2

श्लोक:

देवक्याः सप्त पुत्रान्स हत्वा प्रत्यैक्षताष्टमम् ।
अदधात्तालकं कारां प्रचोदयच्चद्वारिकान् ।। 126/2422

◎ **The eighth son :** *In order to end Vasudeva's lineage, Kaňsa killed seven of his sons. Now Kaňsa was waiting for the birth of the eighth son with a burning desire to kill him. He cautioned the guards for extra vigilance.* **191/4839**

संगीतश्रीकृष्णरामायण गीतमाला, पुष्प 65 of 763

भजन : राग रत्नाकर, कहरवा ताल 8 मात्रा

(हे प्रभो!)

स्थायी

हे प्रभो! अब तो बता, दुख हरन कब आएगा– – – ।

♫ ग– रेसा–! रेग प– मग–, गम पधप मग– सा–रेग– – – ।

अंतरा–1

सामने विपदा खड़ी है, देह पर छाले पड़े ।
तेरी माया के बिना, मन चयन नहीं पाएगा ।।

♫ ग–मप– निधप– गम– प–, म–प ध– नि–सां– निध– ।
सां–नि ध–प– नि– धप–, मम– गगग पम– सा–रेग– ।।

अंतरा–2

आस तुझ पर ही लगी है, हाथ हतबल हैं पड़े ।
तेरे दरशन के बिना, अब सबर नहीं आएगा ।।

अंतरा–3

भाग्य सब रूठे पड़े हैं, ख्वाब सब टूटे पड़े ।
तेरी छाया के बिना, बोल क्या कर पाऊँगा ।।

अंतरा–4

प्राण की बाज़ी लगी है, जान के लाले पड़े ।
तेरी किरपा के बिना, सुख से मरण न आएगा ।।

◎ **O Lord! : *Sthāyī* :** *O Lord Shrī Krishṇa! please tell us when will you appear to remove Kaňsa and end our suffering.* ***Antarā* : 1.** *We are facing danger and our bodies are aching with wounds. Without your magic, our minds will not rest in peace.* **2.** *We are awaiting your arrival. We have become powerless. Without seeing you, O Lord! our mind is impatient.* **3.** *Our luck has run out, our dreams are shattered. Without your shelter, tell me, what can we do.* **4.** *Our life is at stake and living has become difficult. Without your grace, even the death will not come peacefully.* **192/4839**

संगीतश्रीकृष्णरामायण गीतमाला, पुष्प 66 of 763

(दुष्ट कंस की कथा)

स्थायी

स्वरदा ने सुंदर गाया है, नारद ने साज बजाया है ।
रतनाकर गीत रचाया है ।।

♫ सानिसा– गरे सा–निनि सा–रेम ग–, गममग पम ग–रे सासा–रेम ग– ।

---

[55] ♫ **तोमर छन्द :** इस 12 मात्रा वाले सम छन्द में चरणान्त में एक गुरु और एक लघु अक्षर आता है । इसका लक्षण सूत्र 9 + ग ल इस प्रकार होता है ।

▶ लक्षण गीत : **दोहा॰ बारह मात्रा में सजा, गुरु लघु कल से अंत ।**
नौवीं कल पर यति जहाँ, "तोमर" है वह छंद ।। 237/7068

गगरेसासासा रे–ग मगरेसानि़ सा– ।।

अंतरा–1

जब कंस बना नृप मथुरा का, अरु पितु को कारा में फेंका ।
वसुदेव देवकी फिर उसने, डाले कैद में सुत को हनने ।।
उसे नभ वाणी ने डराया है ।।

♫ पप मरेम मप– पम पनिधप प–, पप मग गसा सागमप गरे सानि़सा– ।
सानि़सा–ग रे–सानि़– सासा रेमग–, सानि़सा– गरेसा सा नि़नि़ सा– रेमग– ।
गग रेसा सा–रे– ग मगरेसानि़ सा– ।।

अंतरा–2

माऽरे कैद पे भारी ताले, निश–दिन रक्खे पहरे वाले ।
जब सात शिशु उसने मारे, पत्थर पर पटक पटक सारे ।
अब अष्टम की हि प्रतीक्षा है ।।

अंतरा–3

जिस को निश–दिन साँई तारे, उसको कैसे कोई मारे ।
जब अष्टम शिशु जग में आया, तब माया का बादल छाया ।
जिन लीला गजब चलाया है ।।

◎ **Wicked Kaṅsa : *Sthāyī* :** *Ratnākar composed the melody, Sarasvatī sang it beautifully, while Shrī Nārad muni played the Vīṇā.* ***Antarā* : 1.** *When Kaṅsa became the king of Mathurā, he put his father, sister and brother-in-law in prison. He wanted to kill Devakī's children as he was scared with the celestial warning.* **2.** *He put strong locks and security guards on the gates of the prison. He killed her seven sons and awaited the birth of eighth son. How can anyone kill someone who is protected by the Lord. The eighth son showed his divine powers to the world.* **193/4839**

बालकृष्ण अनुभाग
तीसरा तरंग

24. श्री कृष्ण–जन्म की कथा :

24. Story of Shrī Krishṇa's birth

(श्रीकृष्णजन्मकथा)

♫ **संगीतश्रीकृष्णरामायण छन्दमाला, मोती 47 of 501**

सूर्यकान्त छन्द[56]

8 + 8 + 8 + ।ऽ

(कृष्ण–जन्म)

रात अँधेरी, बादर कारे, प्रचंड वृष्टि बरसे ।
ताल खुल गए, द्वार खुल गए, सुप्त सब निंदर से ।। 1
अर्ध रात में, अचेत जब थी, शाँत मथुरा नगरी ।
कान्हा आते, बोला पितु को, "चलो गोकुल डगरी" ।। 2

◎ **Shrī Krishṇa's birth :** *The night was dark and clouds were black. Rain was pouring with thunders. The jail guards fell asleep, the doors got unlocked and opened by themselves. In the middle of the night when the city was fast asleep, Shrī Krishṇa was born. He said to Vasudeva ji, "let's go to Gokul."* **194/4839**

(कृष्ण–जन्म)

रात अँधेरी में वो आया, लीला से बारिश बरसाया ।
देवकी नंदन श्यामल काला, कंस निकंदन बाल गोपाला ।। 139/5205

---

[56] ♫ **सूर्यकांत छन्द :** इस 27 मात्रा वाले छन्द के चरण में 8, 16, 27 मात्रा पर यति विकल्प से आता है । इसका 26 वा वर्ण लघु और 27 वा वर्ण गुरु होता है ।

▶ लक्षण गीत : ✍ **दोहा॰ मात्रा सत्ताईस का, लघु गुरु कल से अंत ।**
अष्टम सोलह यति जहाँ, "सूर्यकांत" है छंद ।। 238/7068

24. Story of Shrī Krishṇa's birth

सो गए सारे पहरे वाले, बंदीगृह के खुल गए ताले ।
कान्हा वर्षा घोर गिराया, अँधियारा सब ओर घिराया ।। 140/5205

श्लोक:

आगतो मध्यरात्रौ स वृष्टौ ध्वान्ते प्रभञ्जने ।
द्वारपाला गताः निद्रां जातं द्वारमसंवृतम् ।। 127/2422

जल भरी जमुना मार्ग दीन्हा, छत्र वासुकी सिर पर कीन्हा ।
देखो कंसनिकंदन माया, मथुरा से हरि गोकुल आया ।। 141/5205

◎ **To Gokul :** *Devakī's eighth son Shrī Krishṇa arrived in that rainy and gloomy night. Shrī Krishṇa played magic with which river Yamunā receded and gave a way to Shrī Krishṇa for the passage across to Gokul. Shrī Krishṇa reached Gokul in that dark night.* **195/4839**

संगीतश्रीकृष्णरामायण गीतमाला, पुष्प 67 of 763

(कृष्ण-जन्म)

स्थायी

कान्हा तेरी अचंभे की लीला रे, तुने जादू अनूठा है कीन्हा रे ।
तुने जादू अनूठा है कीन्हा रे ।।

♫ सारे ग-ग- गध-प- म ग-पध म-, गम प-प- पनि-ध- म ग-प- प- ।
मप ध-ध- धनि-ध- म ग-प- प- ।।

अंतरा-1

अँधियारी तू रात में आया, कोई भी ये जान न पाया ।
अगम परम तेरी माया रे, तुने जादू अनोखा है कीन्हा रे ।।

♫ रेगम-ध- प- सां-नि ध प-ध-, नि-ध- प- ध- नि-ध प ग-म- ।
गगग ममम पध- नि-ध- प-, गम प-प- प-न-ध- म ग-म- रे- ।।

अंतरा-2

सोये कंस के पहरे वाले, खुल गए बंदीगृह के ताले ।
छाये मेघ हैं काले रे, तुने जादू गजब सा है कीन्हा रे ।।

अंतरा-3

जमुना ने है मार्ग दीन्हा, शेष नाग ने छाता है कीन्हा ।
मथुरा से गोकुल आया रे, तुने जादू अजब सा है कीन्हा रे ।।

◎ **Shrī Krishṇa's birth : *Sthāyī* :** *O Kānhā! your charm is amazing, You have played a unique magic.* ***Antarā* : 1.** *You came in the dark night and no one understood the miracle.* **2.** *Kaṅsa's guards fell asleep while prison doors opened. In that rainy night you played a wonder.* **3.** *River Yamunā gave you way to go across. O Kānhā! your power is astonishing.* **196/4839**

(वसुदेव जी)

वसूदेव ने बेबस हो कर, बालक अपना श्याम मनोहर ।
रखा यशोमति की शैया पर, ले ली कन्या अमर धरोहर ।। 142/5205

सजल नयन से वसु जी बोले, "मेरा तन मन हिरदय डोले ।
जुग-जुग जीयो लाल जियारे! नंद जसोदा प्राण पियारे!" ।। 143/5205

श्लोक:

यमुना चाददान्मार्गं नेतुं कृष्णं हि गोकुलम् ।
वसुदेवः सुतं दत्त्वाऽनयद्यशोमतेः सुताम् ।। 128/2422

◎ **Vasudeva :** *When he reached at Nanda's place in Gokul, Vasudeva put his baby Shrī Krishṇa on the bed of Yashodā and took her new born daughter. With tearful eyes, Vasudeva said good bye to Shrī Krishṇa and said may you live long. Your mother and father are now Yashodā and Nanda.* **197/4839**

संगीतश्रीकृष्णरामायण गीतमाला, पुष्प 68 of 763

(देवकी नंदन)

स्थायी

देवकी नंदन साँवला काला, कारी अंधियारी रात में आया ।
कंस निकंदन बाल गोपाला, लीला दिखा कर मन भरमाया ।।

♫ सा-रेरे म-पप म-पसां ध-प-, मम ममप-प- ध-म प ग-रेसा ।
सा-रे रेम-पप म-प सांध-प-, म-म मप- पप धध मपग-रेसा ।।

अंतरा-1

बंदीघर के खुल गए ताले, सो गए सारे पहरे वाले ।
मूसल वर्षा बादल काले, बिजली ने घन शोर मचाया ।।

♫ सा-रे-मम प- धध निध सां-सां-, सां- सांसां रें-रें- निनिसां- रें-सां- ।
सां-रेंगं गंरेंसां- गं-रेंसां- ध-प-, ममम- प- पप ध-म पग-रेसा ।।

अंतरा-2

लीला हरि की दे गई धोखे, नींद से भर गयी कंस की आँखे ।
सारी रात सबको सुलवाया, मथुरा में कोई जान न पाया ।।

अंतरा-3

जल भरी जमुना मारग दीन्हा, छत्र शीश पे शेष ने कीन्हा ।
कंसअरि की देख लो माया, मथुरा से हरि गोकुल आया ।।

◎ **Devakī Nandan :** ***Sthāyī :*** *Devakī's son of brown complexion came in the thunderous dark night. The Kaṅsa-Nikandana (the Slayer of Kaṅsa) Bāl Gopāla (Cowherd boy) charmed everyone with his magic.* ***Antarā : 1.*** *The prison gates opened, the guards fell asleep, torrential rains poured down, the dark clouds were roaring.* ***2.*** *Shrī Krishṇa's magic deluded Kaṅsa's guards, Kaṅsa also fell asleep, the city was quiet, no one had any clue.* ***3.*** *The swollen Yamunā river receded, Vāsuki snake became umbrella for baby Shrī Krishṇa. Shrī Krishṇa reached Gokul safely.* **198/4839**

(कन्या)

नन्ही कन्या मथुरा लायो, उसे देवकी गोद सुलायो ।
क्रंदन शिशु का शोर मचायो, द्वारपाल की नींद खुलायो ।। 144/5205
बंदीघर में मची खलबली, कंस चरों की मची धांधली ।
सुन कर शोर देवकी बोली, मेरी प्यारी हाय लाड़ली! ।। 145/5205

◎ **Yashodā's daughter :** *Vasudeva left Shrī Krishṇa with Yashodā and took her daughter to Mathurā, before the prison guards woke up. Hearing the cries of the baby, the guards woke up and gave the news to Kaṅsa. Kaṅsa came running. Devakī said, O My dear daughter!* **199/4839**

संगीतश्रीकृष्णरामायण गीतमाला, पुष्प 69 of 763

(तुम जुग-जुग जियो)

स्थायी

तुम जुग-जुग जीयो मेरे लाल, यशोदा नंद के नंद गोपाल ।
धरती से गगन पाताल, करे तेरे सुमिरन साँझ सकाल ।।

♫ मप धध धध धनि सांनि ध-ध, मप-म- ग-प म ग-म गरे-रे ।
सारेग- ग- गगग प-म-म, पम- मप गमपम ग-म गरे-रे ।।

अंतरा-1

नंद दुलारा, नैनों का तारा, मन मंदिर उजियारा ।
जीवन तेरा, लीला से घेरा, रंग भरा है घनेरा ।
सर्व जगत के तुम दिगपाल, पियारे नंद के नंद गोपाल ।।

♫ रे-ग मप-प-, म-प ध प-म-, गम प-निध पमग-म- ।

24. Story of Shrī Krịshṇa's birth

नि–धप ध–प–, रे–ग म प–म–, नि–ध पध– म गप–म– ।
रे–ग मपप प– धप मगरे–रे, गप–म– ग–प म ग–म गरे–रे ।।

अंतरा–2

दुनिया से न्यारा, प्रेम की धारा, प्रेमी जनन का प्यारा ।
कारज तेरा माया से घेरा, जादू का जस फेरा ।
सत्य जनन के तुम सत्पाल, नियारे विश्व के विश्वक पाल ।।

◎ **Long live Shrī Krịshṇa : *Sthāyī :*** *O Shrī Krịshṇa, O Joy of Yashodā and Nanda! may you live long. The space from the earth to sky will sing your name day and night.* ***Antarā : 1.*** *Nanda's darling, apple of the eyes, light of the temple of heart. Your life is filled with colourful magic. You are the Lord of the world.* **2.** *You are different than rest of the world. You are the sweet nectar of flowers, beloved by everyone. Your work is amazing. You are the protector of the world. You are the defender of sat-dharma.* **200/4839**

कंस आगया, मन का काला, माँ से उसने छीनी बाला ।
बोला, मुन्ना हो या मुन्नी, मारूँगा ये लड़की नन्ही ।। 146/5205

झूठी करने नभ की वाणी, उसने कन्या–वध की ठानी ।
मुन्नी निर्दयता से झटकी, कस कर पत्थर पर दे पटकी ।। 147/5205

◎ **Kaṅsa :** *Hearing the cries of the new born girl in the prison, Kaṅsa came running like a mad dog. He snatched the baby from Devakī's lap and said, may it be a girl or a boy I will kill it just to be on the safe side. He slammed the new born girl on the stone floor and killed her without any hesitation.* **201/4839**

♫ <u>संगीतश्रीकृष्णरामायण छन्दमाला, मोती 48 of 501</u>

उपचित्रा छन्द[57]

8 + ऽ + 4 + ऽ

(नभ वाणी)

असत्य नभ की वाणी करने । निर्दय मारे भांजे अपने ।। 1
अष्टम चाहे थी वह लड़की । पत्थर पर उसने दे पटकी ।। 2

◎ **Celestial announcement :** *In order to falsify the celestial announcement, Kaṅsa killed his seven nephews. The eighth was a niece, but he mercilessly smashed her on the stone floor and killed her.* **202/4839**

दोहा॰ अष्टम बालक मार कर, कंस भयो निश्चिंत ।
कहे, "अमर मैं हो गया, हो न सके मम अंत" ।। 240/7068

श्लोक:

कन्यकामष्टमां हत्वा देवकीवसुदेवयो: ।
निश्चिन्तश्चाभवत्कंस: सोऽमन्यतामरं च स्वम् ।। 129/2422

प्रभु की माया दुष्ट न जाने, दैवी लीला क्या पहिचाने ।
ईश्वर आए उसे पिटाने, काल पधारा उसे मिटाने ।। 148/5205

(नारद जी ने कहा)

पुत्र छोड़ तुम कन्या मारी, पातक गठरी सिर पर धारी ।
शरण माँग लो! सुनो हमारी, बड़े दयालु श्याम मुरारी ।। 149/5205

श्लोकौ

नारदश्चावदत्कंसं जीवितोऽस्ति सुतोऽष्टम: ।
वत्स! त्वं गोकुलं गत्वा कृष्णस्य शरणं व्रज ।। 130/2422

हरिर्हरति पापानि यो पापाद्विमुखो भवेत् ।
यावच्छीघ्रं शुभं तावद्–दीर्घसूत्री विनश्यति ।। 131/2422

◎ **Nārad muni :** *Having killed the eighth child of Devakī, Kaṅsa became worry free. He thought, he is now invincible and can act as he wants. The wicked king did not know Lord Shrī Krịshṇa's divine powers. Shrī Nārad muni appeared and advised Kaṅsa to go to Gokul and beg Shrī Krịshṇa's pardon, Shrī Krịshṇa is merciful Lord. He will pardon you if you repent. Do not wait too long. The procrastinator gets destroyed.* **203/4839**

---

[57] ♫ **उपचित्रा छन्द** : इस 16 मात्रा वाले संस्कारी छन्द के चरण में किसी एक या अधिक चौकल में ज गण (। ऽ।) अवश्य होता है । इसकी नौवी और अन्तिम मात्रा गुरु होती है । इसका लक्षण सूत्र 8 + ग + 4 + ग इस प्रकार होता है ।

▶ लक्षण गीत : **दोहा॰ सोलह मात्रा में बना, गुरु मात्रा से अंत ।**
रहे ल ग ल चौकल जहाँ, "उपचित्रा" वह छंद ।। 239/7068

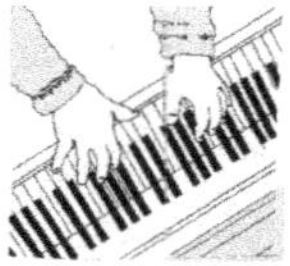

संगीतश्रीकृष्णरामायण गीतमाला, पुष्प 70 of 763

(सौ पाप)

स्थायी

सौ पापों से घड़ा भरे तो, नर भव से नरक में जाता है ।
पछता कर सत् राह धरे सो, वह पापों को धो पाता है ।।

♬ रे– ग–ग– ग– गम– पम– ग–, गग मम प– धपम ग रे–ग– म– ।
पपप– पप धध नि–ध पम– प–, गम प–प– ध– प– म–ग– रे– ।।

अंतरा–1

हरि चरणन की आके शरण में, फिर सुख से मरना आता है ।

♬ रेरे गगगग म– ध–प गमग रे–, गग मम प– धधप– म–ग– रे– ।

अंतरा–2

परे पाप के, पुण्य करम में, फिर हरि से उसका नाता है ।

अंतरा–3

हरि हो तन में हरि हो मन में, नित हरि के गुण जो गाता है ।

अंतरा–4

हरि दयालु हरि किरपालु, हर कोई हरि को भाता है ।

◎ **Hundred sins : *Sthāyī* :** *When his sins become one hundred, the man goes to hell. But, if he repents genuinely, the sins get washed away.* ***Antarā* : 1.** *Taking shelter at the feet of Hari, man earns a peaceful death. Keeping away from sinful deeds and doing righteous deeds, one earns relationship with Hari.* **3.** *Keeping Hari in your mind one who sings Hari's grace,* **4.** *Hari is merciful to him. Hari is compassionate. Hari likes everyone.* **204/4839**

(कंस)

सुन कर बातें नारद जी की, खटक कंस को अपने जी की ।
बोला, "वसूदेव के सारे, नन्हे बालक मैंने मारे" ।। 150/5205

ॐ श्लोक:

हनिष्यामि हि तं पुत्रम्–आह कंसो मुने! शृणु ।
गोकुलं प्रेषयित्वाऽहं सशस्त्रान्सैनिकानितः ।। 132/2422

◎ **Kaňsa :** *Hearing Shrī Nārad muni's counsel, Kaňsa said, I will protect myself by killing that child. I will send armed soldiers to kill all children in Gokul.* **205/4839**

(फिर, नारद जी के जाने के बाद)

इक दिन उसने सभा बुलाई, असुरों की जिसमें बहुताई ।
सदा तुले जो करन लड़ाई, छल बरजोरी हाथापाई ।। 151/5205

शठ मायावी असुर कसाई, महा विषारी भुजंग कोई ।
आग उगलता राक्षस कोई, भरे छल कपट से हरजाई ।। 152/5205

(कंस के दरबार में)

मंत्री गण में भई मंत्रणा, हत्या करने, बनी योजना ।
"भेजहि गोकुल मथुरा सेना, मारो सब शिशु, एक बचे ना" ।। 153/5205

अरि नहीं जाना कहाँ है हरि, हरि जानता मंत्रणा खरी ।
बनी योजना क्रूर आसुरी, न रहे बाँस न बजे बाँसुरी ।। 154/5205

(तत:)

खड्गधारी अधम हथियारे, गोकुल में यम दूत पधारे ।
घर–घर घुस कर छापे मारे, काटे शिशु निर्दय तलवारें ।। 155/5205

रो–रो माता बाप पुकारे, मन आहत तन घोर दुखारे ।
बही जा रही शोणित धारें, विपत समय प्रभु छुपा कहाँ रे ।। 156/5205

◎ **Kaňsa :** *Soon after Shrī Nārad muni left, Kaňsa called a meeting of his cruel and deceitful ministers. After a heated discussion, they decided to send armed soldiers to Gokul to slaughter all children there, so that Shrī Krishṇa gets killed for sure. They did not know where Shrī Krishṇa is, but Shrī Krishṇa knew their sinful scheme. Immediately the soldiers with swords and spears rampaged through Gokul. They smashed the parents and killed every child they could find. The wailing parents of the children called Shrī Krishṇa for help, saying, O Shrī Krishṇa! at this crucial moment where are you? Please help us save our children.* **206/4839**

24. Story of Shrī Krishṇa's birth

संगीतश्रीकृष्णरामायण गीतमाला, पुष्प 71 of 763

भजन : राग देस,[58] कहरवा ताल

(सुनो रे हरि)

स्थायी

सुनो रे हरि! दुखी दीनन की पुकार ।

♫ गरे रे पम–! गग म–पप सां निध–ध ।

अंतरा–1

धर्म की युग–युग रक्षा करने, दुर्जन का संहार, सुनो रे हरि ।

♫ ग–ग म पप पप सां–नि– धधप–, ग–गम प– नि–ध–ध, गरे रे पम–! ।

अंतरा–2

अत्याचार है आम यहाँ पर, दिन में भी अंधकार, सुनो रे हरि ।

अंतरा–3

मुख में राम बग़ल में छुरी, मन में घन अविचार, सुनो रे हरि ।

अंतरा–4

तुम सुर तारक असुर संहारक, निरधन के आधार, सुनो रे हरि ।

अंतरा–5

राह तकत सब पल–छिन तुमरी, कब लोगे अवतार, सुनो रे हरि ।

बाल मार कर सैनिक सारे, मथुरा लौटे कंस दुआरे ।
कंस पुन: निश्चिंत पुकारे, अब हम अमर बने ध्रुव तारे ।। 157/5205

◎ **O Lord! : *Sthāyī*** : *O Hari! please listen to the painful cry of the helpless people. You say, whenever adharma overpowers dharma, you personify to remove the evil.*

---

[58] 𝄞 **राग देस** : यह खमाज ठाठ का राग है । इसका आरोह है : नि़ सा रे, म प, नि सां । अवरोह : सां नि ध प, ध म ग, रे ग, नि़ सा ।

▶ लक्षण गीत : ✍ **दोहा॰ प रे वादि संवाद में, आरोही ग ध वर्ज्य ।**
अवरोही कोमल नि से, "देस" राग हो दर्ज ।। 241/7068

***Antarā* : 1.** *In Kaṅsa's kingdom, the atrocities are a common thing. There is darkness of oppression day and night.* **2.** *The ruler professes to be protector, but he is our worst enemy.* **3.** *O Hari! you are the remover of adharma (unrighteousness) and protector of dharma. When will you appear?* **4.** *We are awaiting your avatār (incarnation). Please come soon.* **207/4839**

श्लोक:

कंसदासा महाक्रूरा: शिशूनघ्नञ्च गोकुले ।
मत्वा मया हत: कृष्ण: कंस: स निर्भयोऽभवत् ।। 133/2422

(परंतु)

इत अपने को अजेय माना, सुख सपनों को देखत मामा ।
उत गोकुल में जसुमति धामा, देवकी नंदन खेलत कान्हा ।। 158/5205

भूल व्यर्थ में मामा खोया, मद मस्ती में वह था सोया ।
बरस गुजर कर दिन फिर आया, गोकुल में जब उत्सव होया ।। 159/5205

◎ **But** : *When the soldiers returned Mathurā, killing all the children they could find, Kaṅsa thought, "he is now invincible. He became worry-free." But, then came that day when there was a great festival at Gokul.* **208/4839**

(बाल कृष्ण का पहला जनम–दिन)

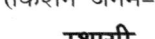

संगीतश्रीकृष्णरामायण गीतमाला, पुष्प 72 of 763

(किशन जनम–दिन)

स्थायी

आयो री आयो, किशन जनम–दिन, आयो ।
इधर मुदित है माता जसोदा, उधर कहत है देवकी माता ।
कान्हा है, मोद जगायो ।।

♫ ग–म ध प–म–, पपप निधप मप, ग–म– ।
निनिनि सांरेंगं गं– सां–रें सांनि–ध–, निनिनि धनिसां नि– ध–पम ग–म– ।
नि–नि ध, नि–ध पग–म– ।।

अंतरा–1

आधी अंधियारी रात में आयो, सकल जगत को लीला दिखायो ।

24. Story of Shrī Krishṇa's birth

♫ मप निनिसां–सां– रें–सा नि ध–प–, ममम पपप ध– नि–ध पग–म– ।

अंतरा–2

घोर वृष्टि में मथुरा से आयो, मातु पिता के भाग्य जगायो ।

अंतरा–3

यमुना लाँघ के गोकुल आयो, नंद का नंदन गोप कहायो ।

◎ **Shrī Krishṇa's First Birthday : *Sthāyī* :** *O Dear! Shrī Krishṇa's first birthday has come. Today Yashodā is happy in Gokul and Devakī is happy at Mathurā. Shrī Krishṇa gave joy to everyone.* ***Antarā* : 1.** *He was born in prison in that dark night and showed a miracle to the world.* **2.** *In the thunderous rain he went from Mathurā and made his parents lucky.* **3.** *He crossed the swollen Yamunā river and he made Nanda and Yashodā happy in Gokul.* **209/4839**

ब्रज भूमि में आज हर्ष है, दैवी माया करत स्पर्श है ।
कृष्ण–जन्म को हुआ वर्ष है, इन्द्र लोक का यहाँ दर्श है ।। 160/5205

वन्दन–वन्दन देवकी नंदन, देने तुमको शुभ अभिनंदन ।
आए ऋषि–मुनि सर्व निरंजन, श्री रघुनंदन असुर–निकंदन ।। 161/5205

आए नारद, गौरी शंकर, शारद, किन्नर, कुबेर, तुंबर ।
श्री, लंबोदर, हनुमत कपिवर, आए ब्रज नर नारी सुंदर ।। 162/5205

श्लोका:

महोत्सवे महाऽऽनन्दे जन्मदिने शुभे हरेः ।
नारदः किन्नरा देवा विष्णुश्च शिव आगतः ।। 134/2422

रामो लंबोदरश्चैव कुबेरो हनुमान्कपिः ।
ऋषयो मुनयो ब्रह्मा सुरा देव्यश्च पावनाः ।। 135/2422

शारदा पार्वती सीता वाल्मीकिस्तुलसीस्तथा ।
नगर्याश्च जना सर्वे नरनार्यश्च बालकाः ।। 136/2422

◎ **The celebrations :** *Today the Vraj Bhūmi is filled with joy. It is energized with the excitement of Shrī Krishṇa's first birthday. There is a delight like Indra's kingdom. O Devakī-Nandan-Krishṇa! behold sages and saints, Shrī Rāma and Sītā, Shiva and Pārvatī, Gaṇesh and Sarasvatī, Kinnar and Kuber, Tumbar and Hanumān, Lakshmī, Vālmīki, Tulsī and people of Gokul have come to bless and congratulate you.* **210/4839**

(और)

आज न कोई देर सो रहा, जमुना जल में नहा धो रहा ।
माला हरि! हरि! की पिरो रहा, घर–घर में त्यौहार हो रहा ।। 163/5205

गोकुल में है मोद समाया, हर नर में आनंद रमाया ।
घर–घर को नव रंग लगाया, गली–गली उत्साह जगाया ।। 164/5205

मंदिर मंदिर देव पुजारी, भीड़ लगी भगतन की भारी ।
घंटा रव आरती सुखारी, हरि चरणों में सब बलिहारी ।। 165/5205

(तथा ही)

राह–राह पर नाचत बाला, डाल गले बैजन्ती माला ।
पग में घुँघरू कर में छल्ला, वेणी गजरा नयनन कजला ।। 166/5205

चौराहों पर बाल गोपाला, भजत भजन स्वर मधुर रसीला ।
सुमिरत प्रभुवर नंद का लाला, करतब जिसका जगत निराला ।। 167/5205

◎ **And :** *In every house, today people got up early in the morning, washed up in the Yamunā river and are ready for the celebrations. People have painted their houses and decorated them with flowers. Every street is cleaned and washed. In every temple people are singing Bhajans and Kīrtans of Hari. Children are wearing flower garlands and dancing in the streets. Everyone is giving greetings to baby Shrī Krishṇa.* **211/4839**

♫ **संगीतश्रीकृष्णरामायण छन्दमाला, मोती 49 of 501**

सखी छन्द[59]

---

[59] ♫ **सखी छन्द** : इस 14 मात्रा वाले मानव छन्द के अन्त में म गण (ऽ ऽ ऽ) अथवा य (। ऽ ऽ) गण होता है । इसका लक्षण सूत्र 8 + ग ग ग अथवा 9 + ल + ग ग इस प्रकार होता है ।

▶ लक्षण गीत : ✍ **दोहा॰ चौदह मात्रा से सजा, गुरु गुरु कल से अंत ।**
जिसका मानव वर्ग है, "सखी" वही है छंद ।। 242/7068

24. Story of Shrī Kriṣhṇa's birth

9 + । ऽ ऽ अथवा 8 + ऽ ऽ ऽ

(कृष्ण-जन्मदिन)

कृष्ण का जन्म दिन आया ।
गोकुल में है सुख छाया ।। 1
शिव गौरी नारद आए ।
शुभाशीष शारद लाए ।। 2

फूल हार तोरण झूले ।
मन में समाये न फूले ।। 3
घर-घर पर उत्सव भारा ।
मुदित मन भया व्रज सारा ।। 4

◎ **Shrī Kriṣhṇa's birthday :** *Shrī Kriṣhṇa's birthday has come. There is elation in Gokul. Shiva Pārvatī came to bless Shrī Kriṣhṇa. The village is filled with joy. Houses are decorated with coulors, flowers and flags.* **212/4839**

(और)

हर दुकान पर दूध मलाई, माखन बरफी दही मिठाई ।
खट्टी मीठी गरम रसोई, बाँटत सबको व्रज हलवाई ।। 168/5205

बाल-बालिका शाला वाले, वसन डाल कर रंग रँगीले ।
लाल गुलाबी नीले काले, गाते मिल कर प्रभु के नाले ।। 169/5205

◎ **Also :** *The happy shop-keepers are distributing sweets, milk and food to everyone. The school children are dressed with uniforms and are singing Shrī Kriṣhṇa's chants in groups.* **213/4839**

(और भी)

लता पेड़ सब डारी डारी, फूल फलों की शोभा न्यारी ।
हरी घास में गुलशन क्यारी, अलंकार सी लागत प्यारी ।। 170/5205

सुमन चमेली कुंद कनेरी, गंध सुगंधित हिरदयहारी ।
पुष्प-पुष्प पर भृंग विहारी, भ्रमण करत मृदु गुंजनकारी ।। 171/5205

मोर पपीहे कोयल कारी, कूजत कुहकत बारी-बारी ।
मिरग हरिण कपि शशक गिलहरी, खेलत क्रीड़ा अति मनहारी ।। 172/5205

◎ **As well as :** *The plants and vines are covered with fruits and flowers. The flowers are being visited by bees and butterflies. The grounds are green with soft grass. Peacocks and black birds are dancing and chirping in the gardens.* **214/4839**

(और)

खलिहानों में खेतीवाले, गोधन वाले किसान ग्वाले ।
गौ बैलों को ग्राम ले चले, सजा धजा कर चितरे पीले ।। 173/5205

गोकुल वासी देत बधाई, जुग-जुग जीओ किसन कन्हाई ।
जै जै जै जै जसुमति माई! नंद प्रभु! बलदाऊ भाई! ।। 174/5205

◎ **And :** *The farmers are decorating their cattle with colours and bells. Everyone is congratulating Shrī Kriṣhṇa, Yashodā, Nanda, Devakī, Vasudeva and Balrāma.* **215/4839**

संगीतश्रीकृष्णरामायण गीतमाला, पुष्प 73 of 763

(हरि ओम् हरि ओम्)

स्थायी

हरि ॐ ॐ ॐ ॐ बोलो भगतों, बोलो भगतों ।
जोर से बजाओ रे मृदंग डमरू ।।
♪ गग म- म- म- म- गम पपध-, गम पपध- ।
नि-नि नि निसांनि ध पनि-ध पमग- ।।

अंतरा-1

आज है हरि के जनम की लड़ी, जनम की लड़ी,
गोपी के मन में है भीड़ बड़ी ।
बाजे गोपी के पायल, बाजे घुँघरू, हो! बाजे घुँघरू ।
जोर से बजाओ रे मृदंग डमरू ।।
♪ सां- सां सांरें- सां निसां- नि धप-, निसां- नि धप-,
नि-नि नि सांनि ध प नि-ध पम- ।
गग म-म म प-मम, धध पपम-, सां-! निनि पपध- ।

नि–नि नि निसांनि ध पनि–ध पमग– ।।

अंतरा–2

आज किशन के जनम की घड़ी, जनम की घड़ी,
भगतों के मन में उमंग चढ़ी ।
बाजे ढोलक मंजिरा, बाजे तुँबरू, हो! बाजे तुँबरू ।
जोर से बजाओ रे मृदंग डमरू ।।

◎ **Hari Om : *Sthāyī :*** *O Devotees! say Hari Om! Om! Om! and play the drums and Ḍamrū loudly.* ***Antarā : 1.*** *Today is the joyous moment of Hari's birthday. Gopī is happy in her mind. Gopī's ankle bracelets are jingling.* ***2.*** *The devotees are excited. They are playing various musical instruments.* **216/4839**

(और)

कारागृह से मथुरा वाले, वसुदेव जी देवकी बोले ।
चिरंजीव हो जुग–जुग प्यारे! गोकुल व्रज के परम दुलारे! ।। 175/5205

◎ **And there :** *From the prison of Mathurā, your parents Vasudeva and Devakī are saying to you, O Shrī Kriṣhṇa! may you live long.* **217/4839**

संगीतश्रीकृष्णरामायण गीतमाला, पुष्प 74 of 763

(मंगल आशिष)

स्थायी

मंगल आशिष पाकर प्यारे, जुग–जुग जीते रहो ।
जनम–दिन तुम्हें मुबारक हो – –, हृदय से तुम्हें बधाई हो– – ।।

♫ ग–मम प–पप ध–धध नि–ध–, पप पप सां–नि धप– ।
ममम गग मप– धप–मप म– –, पपप प– धध– पम–ग– म– – ।।

अंतरा–1

दर्शन तुमरे शुभ कहलाते, काम सुमंगल सबको भाते ।
सुमिरण जिनके चिर रह जाते, बीते समय की याद दिलाते ।।
आज भद्र जन सब आए हैं, उनको नमन करो ।
तुम्हें सब सदा हि सुख मय हो ।।

♫ रे–रेरे गगम– धध पपग–म–, रे–रे मप–पप धधप– ग–म– ।
गगगग ममम– पप मग म–म–, रे–रे मपप प– ध–प पग–म– ।।
सा–रे ग–ग गग पम ग–रे ग–, गगग– ममप मग– ।
मग– पप धप– प मम गग म– ।।

अंतरा–2

लड्डु समोसे पेढ़े पतीसे, खाएँ–गाएँ आज खुशी से ।
पुष्प प्रेम के तुम पर बरसे, उन्हें देखने इन्द्र भी तरसे ।।
आज सुहाना दिन आया है, प्रभु के स्मरण करो ।
सब को सदा हि तुम सुख दो ।।

अंतरा–3

माता–पिता के आँख के तारे, बंधु सखा गुरु जन के प्यारे ।
किरपा मय तुम सबके दुलारे, हास्य तुम्हारे सदा सुखारे ।।
आज हमारा मन गाता है, तुम जग में अमर रहो ।
विपदा कभी न तुम पर हो ।।

◎ **Birthday blessings :** *O Dear Shrī Kriṣhṇa! all people are giving you blessings, "may you live long!" Hearty congratulations to you on your first birthday.* ***Antarā : 1.*** *O Shrī Kriṣhṇa! your image is auspicious. People have come to see you and to say greetings to you.* ***2.*** *They brought sweets and flowers. Today is a holy day for us. Shiva's blessings are with you. Your smile is sweet. Today we are praying, "may you be safe all the time!"* **218/4839**

(फिर)

बाल किशन को दिए बधाई, जसुमति जी से लिए विदाई ।
नारद गोकुल से हरषाये, कंस मिलन को मथुरा आए ।। 176/5205

(तब, कंस)

मुनि को देखे वह जोशीला, खड़ा होगया अधम नशीला ।
भरा पाप का हुआ घड़ा था, फिर भी दंभी बोल पड़ा था ।। 177/5205

मुनिवर! सुनिये विवरण अच्छे, हम हैं अपनी जिद के सच्चे ।
हमने गोकुल के सब बच्चे, मार दिये हैं नन्हे कच्चे ।। 178/5205

गोकुल में अब बचा ना अरि, बचा न बालक, बचा ना हरि ।

24. Story of Shrī Krishṇa's birth

मेरी करनी बड़ी आसुरी, बचा बाँस ना बजे बाँसुरी ।। 179/5205

श्लोकः

अहमहनमादौ च सर्वान्गोकुलबालकान् ।

जीवितस्तु कथं कृष्णो बाला अन्ये च गोकुले ।। 137/2422

◎ **Then, Kaṅsa :** *Congratulating Shrī Krishṇa, Yashodā and Nanda with sweet words, Shrī Nārad muni came from Gokul to Mathurā to meet Kaṅsa. Seeing Shrī Nārad muni, Kaṅsa stood up and said, O Munivar! now that Shrī Krishṇa is killed by my soldiers, I have become safe now. I have removed the obstacle from my life.* **219/4839**

(नारदजी ने कहा)

तुमको भूल हुई है प्यारे! मरे नहीं थे शिशु तब सारे ।

लाल नजर से एक तिहारे, बच कर निकला बिना इशारे ।। 180/5205

उसने कीन्हे जीवित सारे, गोकुल में जो तुमने मारे ।

उसने सबके कष्ट उबारे, दुखी जनन के दुःख उतारे ।। 181/5205

पुनः सुखी हैं गोकुल वाले, गाते उसके मंगल नाले ।

सबके मन से गयी उदासी, तुमको कोसत सब व्रज वासी ।। 182/5205

श्लोकः

सैनिकास्तव नाघ्नन्तान्-सर्वान्गोकुलबालकान् ।

नापश्यन्नेकबालं ते येन जीवयिताः परे ।। 138/2422

◎ **Nārad muni :** *Nārad muni said, O Kaṅsa! you are mistaken. Your soldiers did not kill all babies. They missed one child.* ***That child made all other children alive*** *and He removed everyone's grief. The people of Gokul are happy again, as if nothing wrong had happened. They sing his Bhajans and they curse you day and night.* **220/4839**

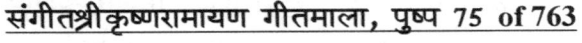

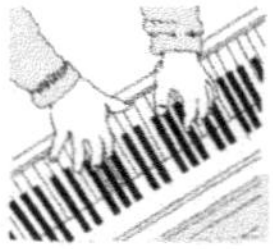

संगीतश्रीकृष्णरामायण गीतमाला, पुष्प 75 of 763

(जाको राखे कन्हाई)

स्थायी

जाको राखे कृष्ण कन्हाई, ताको मार सके ना कोई ।

♫ सागमरे गपनि- सां-रें सांनिधप-, सां-धप मगम रेगम पग मरेसा- ।

अंतरा-1

काहे प्रभु से, करे लड़ाई, कृष्ण जगत के एक हैं साईं ।

♫ ग-प- धध नि-, सांसां- सांरें-सां-, सां-ध पमग मरे गमप ग मरेसा- ।

अंतरा-2

छल बल तज के, संयम धर के, सोच जरा मन में हरजाई! ।

अंतरा-3

निर्मल मन से, निश्चल तन से, बात सुनो रे मेरे भाई! ।

अंतरा-4

भला देख ले, कहाँ है प्यारे! श्रीधर हैं सबके सुखदाई ।

◎ **Shrī Krishṇa Kanhai : *Sthāyī :*** *How can anyone kill them, for whom the protector is the Lord? Why do you quarrel with Lord Shrī Krishṇa, he is the Lord of the world.* ***Antarā : 1.*** *Leave aside your jealousy, pride and deceit. Get hold of yourself. Think with cool mind.* ***2.*** *With wise thoughts and firm resolve, listen to what I tell you.* ***3.*** *See what is good for you. Shrī Krishṇa is your savior.* **221/4839**

जन्म दिवस था आज उसी का, हुआ न ऐसा पूर्व किसी का ।

दर्शन करने आए किन्नर, सीता राघव गौरी शंकर ।। 183/5205

किन्नर कीन्हे गायन सुंदर, चित्त खो गए मेरे, सुन कर ।

ऋषि-मुनि वन्दन करने जोगा, कहो कौन वो बालक होगा? ।। 184/5205

◎ **And :** *O Kaṅsa! today it was his first birthday. He was wearing a peacock crown on his head. I saluted him, along with Shiva and Pārvatī. Kinnars were singing Bhajans of his praises. Hearing those sweet songs, my heart was captivated. Guess who could be that child, for whose celebrations came sages, saints and the Gods?* **222/4839**

(कंस ने फिर कहा)

मुनिवर मेरा काम कीजिये, नाम उसीका सुना दीजिये ।

और बताओ धाम लाल का, फिर मैं करता अंत बाल का ।। 185/5205

श्लोकः

को बालकः स मां ब्रूहि कृपया ननु नारद ।

नामधेयञ्च किं तस्य निवासस्तस्य कुत्र वै ।। 139/2422

24. Story of Shrī Krishṇa's birth

(नारद मुनि बोले)

अगर एक हो नाम सुनाऊँ, अनगिनत को कथं गिनाऊँ ।

छोटा मुँह मैं कैसे गाऊँ, प्रभु के कितने नाम बताऊँ ।। 186/5205

◎ **Kaňsa :** *Kaňsa said, O Munivar Nārad! please tell me the name of that child who escaped death at the hands of my soldiers and who made other children alive and removed everyone's sorrow. Please tell me his address and I will get him killed. Shrī Nārad muni said, if he had only one name I would tell you easily. But, for whom the names are infinite, which name and how many names may I tell you?* **222a/4839**

संगीतश्रीकृष्णरामायण गीतमाला, पुष्प 76 of 763

कीर्तन : राग भैरवी, कहरवा ताल

(चाल और तबला ठेका के लिये देखिये

हमारी "*नयी संगीत रोशनी*" का गीत 97)

(कृष्ण कन्हैया)

स्थायी

कृष्ण कन्हैया राधेश्याम, श्रीधर तेरे रूप ललाम ।

सुंदर प्यारे तेरे नाम ।।

अंतरा–1

ईश्वर ब्रह्मा हरि घनश्याम, शंकर विष्णु तू ही राम ।

गाओ मंगल कृष्ण के नाम ।।

अंतरा–2

दे दे किरपा का वरदान, पूरे हमरे कर अरमान ।

दीन दुखी का तू भगवान ।।

अंतरा–3

गाऊँ सौ–सौ तेरे नाम, ध्याऊँ तेरे रूप तमाम ।

अनुपम सारे तेरे काम ।।

◎ **Shrī Krishṇa Kanhaiyā :** ***Sthāyī*** *: O Shrī Krishṇa Kanhaiyā, Rādhe Shyām, O Vishṇu! your forms are beautiful. Lovely are your names.* **Antarā : 1.** *O Dear Devotee! Chant Krishṇa's names such as Īshvara, Brahmā. He is Shiva. He is Vishṇu. He is Shrī Rāma. He is Hari Ghanashyām* **2.** *O Shrī Krishṇa! please give us boons and blessings, O Lord! please let our wishes come true, You are the God of helpless people.* **3.** *We sing your hundreds of names and meditate up on your all forms. Your deeds are unparallel.* **223/4839**

(फिर)

हँस कर नारद जी फिर बोले, इतने कैसे तुम हो भोले ।

निद्रा में तुम यहाँ सुतेले, देवकिनंदन गोकुल खेले ।। 187/5205

कंसराज! तुम गोकुल जाओ, कृपा कृष्ण की मंगल पाओ ।

कृष्ण दयामय प्रभु हैं भारे, भगतन उनको सब हैं प्यारे ।। 188/5205

✍दोहा॰ व्रज जाकर मांगो क्षमा, हरि हैं बड़े दयाल ।

मुक्त करेंगे पाप से, प्रभु जी बड़े कृपाल ।। 243/7068

श्लोकौ

कृष्णं तं बालकं कंस त्वं तु हन्तुं न शक्ष्यसे ।

अतस्त्वं गोकुलं गत्वा कृष्णस्य शरणं व्रज ।। 140/2422

हरिः क्षाम्यति पापानि स शरणागतस्य हि ।

यदि च पापिनः सत्यः पश्चातापो भवेद्धृदि ।। 141/2422

◎ **Then :** *Nārad muni laughingly said, O Kaňsa! how ignorant you are. You are sleeping here with sweet dreams, carelessly thinking you are invincible. Devakī's eighth son is growing in Gokul happily at Nanda's place. O King! you will never be able to kill Shrī Krishṇa. Therefore, go to Gokul and beg his pardon. If you repent, he will forgive you. Shrī Krishṇa is merciful.* **224/4839**

संगीतश्रीकृष्णरामायण गीतमाला, पुष्प 77 of 763

(मोहन)

स्थायी

मोहन हरि घनश्याम ।

प्रभु के सुंदर नाम हैं उतने, जितने जग में मंगल काम ।।

♬ ध–पमं गरेसा पमंग–ग ।

रेरे ग- मं-मंमं नि-ध प मंमंप-, धधप- मंमं प- ध-पमं ग-ग ।।

अंतरा-1

कृष्ण कन्हैया बाल गोपाला, मुकुंद माधव नंद का लाला ।

पावन शुभ सुख धाम ।।

♫ सा-रे गप-मं- ध-प मंग-रे-, निरें-गं रें-निध सांनि ध प-प- ।

ध-पमं गरे पमं ग-ग ।।

अंतरा-2

गोकुल वाला श्यामल काला, गल बनमाला हरि ब्रज बाला ।

अमृत मय सत् नाम ।।

अंतरा-3

सब दुख हारी सब सुख कारी, मोर मुकुट धर कुंज बिहारी ।

सच्चिदानंद अभिराम ।।

अंतरा-4

गोविंद केशव बंसी बजैया, मुरली मनोहर भव खेवैया ।

अगणित शत शत नाम ।।

◎ **Mohan Hari Ghanashyām : *Sthāyī :*** *Mohan, Hari, Ghanashyām. Shrī Krishṇa has so many names as many are there good deeds in the world.* ***Antarā : 1.*** *Young cowherd, Mukund Mādhava, Bāl Gopāla, Shrī Krishṇa Kanhaiyā are his sacred names.* ***2.*** *Wearing a necklace of wild flowers, Brij Bālā of Gokul, Shrī Krishṇa of dark complexion, is sweet like amrit.* ***3.*** *Wearing the peacock tiara, Kuñj Bihārī removes all pains and gives all joy.* ***4.*** *Boatman for the worldly ocean, Govind Krishṇa, the Player of flute, has hundreds of names.* **225/4839**

(और)

ज्ञान कंस को देकर इतना, अंतर्धान हुए मुनिचरणा ।

नारायण का गाते गाना, साथ तान सजाती वीणा ।। 189/5205

सुन कर वह गोकुल की चर्चा, कंसराज का कट गया परचा ।

नारद ने उसको खड़काया, कंस भयातुर था घबड़ाया ।। 190/5205

(फिर)

उसने झट योजना बुनाई, मंत्री गण की सभा बुलाई ।

मंत्री सब उपमंत्री आए, कृष्ण घात के उपाय लाए ।। 191/5205

शठ बलवाले सभी आसुरी, मायावी खल अत्याचारी ।

दुष्ट कसाई अधम कुकर्मी, क्रूर निर्दयी हीन अधर्मी ।। 192/5205

◎ **And then :** *Giving this advice to Kaṅsa, Shrī Nārad muni disappered playing his Vīṇā and singing Nārāyaṇa! Nārāyaṇa! Hearing about Shrī Krishṇa's birthday, Kaṅsa again got worried and scared. Immediately he called a meeting of his cruel and deceitful ministers to plan a new scheme.* **226/4839**

♫ संगीतश्रीकृष्णरामायण छन्दमाला, मोती 50 of 501

डिल्ला छन्द[60]

12 + ऽ।।

(कंस मंडल)

श्रीकृष्ण को मारने आतुर ।

पूतना तृणावर्त बकासुर ।। 1

प्रलंब शंखचूड़ वत्सासुर ।

प्रद्योत व्योमासुर अघासुर ।। 2

केशी कालिया धेनुकासुर ।

कुवलयापीड़ मुष्टिक चाणूर ।। 3

◎ **Kaṅsa's cabinet :** *Kaṅsa's ministers Pūtanā, Triṇāvart, Bakāsur, Shankhchūḍ, Vatsāsur, Pradyota, Vyomāsur, Aghāsur, Keshī, Kāliyā, Dhenukāsur, Chāṇūr, Mushṭik, etc.came to the meeting to plan Shrī Krishṇa's death.* **227/4839**

सब असुरों ने करी मंत्रणा, आत्मश्लाघ से करी तंत्रणा ।

माँ बन कर मैं जहर पिलाऊँ, मैं उसको आग में जलाऊँ ।। 193/5205

---

[60] ♫ **डिल्ला छन्द :** इस 16 मात्रा वाले छन्द के अन्त में भ गण (ऽ।।) आता है । इसका लक्षण सूत्र 12 + ग + ल + ल इस प्रकार होता है ।

▶ लक्षण गीत : ✍ **दोहा॰ सोलह मात्रा का बना, गुरु लघु लघु कल अंत ।**

बारह, ग ल ल सूत्र का, जानो "डिल्ला" छंद ।। 244/7068

आँधी बन कर उसे उड़ा दूँ, अजगर बन कर प्राण छुड़ा दूँ ।
यक्ष रूप में उसे भक्ष लूँ, रूप कालिया गरल तक्ष हूँ ।। 194/5205

बगुला बन कर, बन कर बछड़ा, गर्दभ बन कर, बन कर घोड़ा ।
ऋषभ बना मैं उसको फाड़ूँ, गोप वेष में उसको मारूँ ।। 195/5205

मल्ल युद्ध में मैं ललकारूँ, वज्र हाथ से उसको ताड़ूँ ।
अस्त्र शस्त्र से उसे कटा दूँ, नाम भूमि से कृष्ण मिटा दूँ ।। 196/5205

◎ **Kaṅsa's first scheme :** *In the meeting, first the egoistic ministers made speeches of their self-pride. One said, I will feed poisoned milk to Shrī Krishṇa and kill him, other said I will burn him to his death, third said I will blow him in the whirlwind, fourth said I will become a python and swallow him, others said I will become a crane, a calf, a donkey, a horse, an ox and so on to kill him, I will wrestle him, I will chop him with weapons, etc.* **228/4839**

(और)

बहुत वाद अरु हाथापाई, करके आखिर राय बनाई ।
हम मंत्री बलशाली नर हैं, कृष्ण मारना बात सुकर है ।। 197/5205

पूतना बनी जसमति माई, माया ओढ़े गोकुल जाई ।
विष का दूध पिलादे ऐसे, पता चले ना मरा है कैसे ।। 198/5205

◎ **And :** *After heated arguments and fist fights, they came to the decision, that killing baby Shrī Krishṇa does not need a powerful man. Therefore, we should send Pūtanā in the disguise of mother Yashodā to feed him her poisonous milk and kill him. People will never know how he died.* **229/4839**

संगीतश्रीकृष्णरामायण गीतमाला, पुष्प 78 of 763

(कृष्ण-जन्म की कथा)

स्थायी

स्वरदा ने सुंदर गाया है, नारद ने साज बजाया है ।
रतनाकर गीत रचाया है ।।

♫ सानि़सा- गरे सा-नि़नि़ सा-रेम ग-, गममग पम ग-रे सासा-रेम ग- ।
गगरेसासासा रे-ग मगरेसानि़ सा- ।।

अंतरा-1

उस रात अँधेरी काली में, उस लीलामय मतवाली में ।
सब सोये थे पहरे वाले, अरु खुल गए बंदी के ताले ।
श्रीकृष्ण कन्हैया आया है ।।

♫ पप मरेम मप-पम पनि़धप प-, पप मगगसासाग मपगरेसानि़ सा- ।
सानि़ सा-गरे सा- नि़नि़सा- रेमग-, सानि़ सासा गरे सा-सा- नि़सा रेमग- ।
गगरेसासा सारे-गम गरेसानि़ सा- ।।

अंतरा-2

शिशु लेकर पितु निकले दैया! पथ दीन्ही है जमुना मैया ।
उस अँधियारे पल व्याकुल में, मथुरा नगरी से गोकुल में ।
श्रीकृष्ण कन्हैया आया है ।।

अंतरा-3

वसु गोकुल से लाए कन्या, जसमति माता धन्या धन्या ।
सुन शिशु रोने के सुर बाले, नृप को बोले पहरे वाले ।
श्रीकृष्ण कन्हैया आया है ।।

◎ **Shrī Krishṇa Kanhaiyā came :** ***Sthāyī :*** *Ratnākar composed the melody, Sarasvatī sang it beautifully, while Shrī Nārad muni played the Vīṇā.* ***Antarā : 1.*** *On that dark mysterious night, while the guards slept and the prison gates opened, Shrī Krishṇa Kanhaiyā is born.* **2.** *Vasudeva took Shrī Krishṇa out of the prison. Yamunā gave them safe passage across to Gokul.* **3.** *Vasudeva kept Shrī Krishṇa at Gokul and brought Yashodā's daughter to Mathurā. Hearing the cries of the new born baby, the prison guards said, O Master Kaṅsa! Shrī Krishṇa Kanhaiyā is born.* **230/4839**

बालकृष्ण अनुभाग
चौथा तरंग

25. मायाविनी पूतना की कथा :

25. Story of Pūtanā (*Krishna's Childhood*)

(पूतनाकथा)

संगीतश्रीकृष्णरामायण छन्दमाला, मोती 51 of 501

कामदा छन्द[61]

ऽ।ऽ, ।ऽऽ, ।ऽ।, ऽ

(पूतना)

बाल कृष्ण को, कालकूट का ।
दूध दे रही, दुष्ट आसुरी ।। 1
कृष्णचंद्र के, एक फूँक से ।
दुष्टपापिनी, पूतना मरी ।। 2

◎ **Pūtanā :** *Evil demoness Pūtanā is feeding poisonous milk to baby Shrī Krishṇa. But, Shrī Krishṇa blew the poison back into the body of Pūtanā. Pūtanā died with her own poison.* **231/4839**

कंस की भगिनी गरलकारिणी, माया के बहु रूपधारिणी ।
दुष्टपापिनी महादेहिनी, उग्र भाषिणी हीनचारिणी ।। 199/5205

जैसी आज्ञा दे दी भाई, भेस बदल कर गोकुल आई ।
स्तन उसके थे कालकूट के, तन में विष थे कूट कूट के ।। 200/5205

ज्योंहि गोकुल गयी पूतना, मिली कृष्ण को, मुनि से सूचना ।
इत फेरत है माया अधिनी, उत खेलत प्रभु लीला अपनी ।। 201/5205

चली पूतना कृष्ण मारने, उस पर माया जाल डारने ।
शीश झुका है मन उतावला, चाल तेज पर मगज बावला ।। 202/5205

चली मारने रूप अगम को, प्रसन्न करने कंस अधम को ।
तेज गति से कटत राह है, उधर कन्हाई तकत राह हैं ।। 203/5205

◎ **Kaṅsa's wicked sister :** *Wicked Pūtanā bears many forms. On the orders from her brother Kaṅsa, she came to Gokul in the form of Mother Yashodā to feed her poisonous milk to baby Shrī Krishṇa. As she came to Gokul, Shrī Nārad muni gave that information to Shrī Krishṇa. Nārad muni tried to change Pūtanā's mind, but she did not listen to him. When she came to Nanda's home, Shrī Krishṇa was waiting for her.* **232/4839**

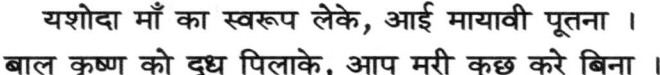

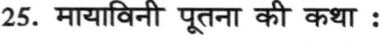

संगीतश्रीकृष्णरामायण गीतमाला, पुष्प 79 of 763

(मायावी पूतना)

स्थायी

यशोदा माँ का स्वरूप लेके, आई मायावी पूतना ।
बाल कृष्ण को दूध पिलाके, आप मरी कुछ करे बिना ।।
♫ रेरे–रे रे–रे– गग–ग म–म–, प–म– ग–रे–ग म–मग– ।
ध–प म–ग रे– प–म गरे–सा–, रे–रे रेरे– रेरे मग– रेसा– ।।

अंतरा–1

मातु यशोदा, गयी जब जमुना, झूले में सोया था कान्हा ।
♫ सारे गम–म–, पप मग रेरेसा–, रे–रे– रे– ग–म– ग– रे–सा– ।

अंतरा–2

विष उसका था उसी को चढ़ा, बाल किशन को छूए बिना ।

अंतरा–3

कोई हँसे या, कोई रोए, तू करता कछु कहे बिना ।

◎ **Pūtanā : *Sthāyī* :** *Assuming the form of Yashodā, wicked Pūtanā came to Gokul. She tried to feed milk to Shrī Krishṇa to kill him, but she got killed herself.* ***Antarā* : 1.** *When Yashodā went to Yamunā for fetching water, Shrī Krishṇa was sleeping in the crib.* **2.** *As Pūtanā fed him her milk, Shrī Krishṇa spewed it back in her body. She died*

---

[61] ♫ **कामदा छन्द :** इस दस वर्ण, 16 मात्रा वाले छन्द के चरण में र य ज गण और एक गुरु वर्ण आता है । इसका लक्षण सूत्र ऽ।ऽ, ।ऽऽ, ।ऽ।, ऽ इस प्रकार होता है । इसमें 5, 5 वे वर्ण पर यति विकल्प से आता है ।

▶ लक्षण गीत : **दोहा॰ सोलह मात्रा में सजा, र य ज गण, गुरु अंत ।**
वर्ण पाँच पर यति जहाँ, कहो "कामदा" छंद ।। 245/7068

with her own poison. ***3.*** *One may laugh or cry, things happen as Shrī Krişhņa wishes, without anyone doing the deeds. You may not do them with your own hands.* **233/4839**

(नंद भवन में)

नंद के घर में सब शाँति है, सभी कुशल हो इस भाँति है ।
कान्हा लेटा था पलने में, बाबा नंद शयन कमरे में ।। 204/5205

मातु यशोदा नीर भरन को, तीर जमुना स्नान करन को ।
देख यशोदा को जमुना पर, चली पूतना नंदा के घर ।। 205/5205

भीतर आई बिना शब्द के, खड़ी होगयी बिना अदब के ।
इधर-उधर यों देख रही थी, उसमें झिझकन जरा नहीं थी ।। 206/5205

◎ **At Nanda's place :** *It is all quiet at Nanda's place, everything safe and sound. Shrī Krişhņa is sleeping in the crib. Nanda is resting in the bedroom. Mother Yashodā has gone to river Yamunā to bathe and bring water. At that time, Pūtanā came to Nanda's house assuming the form of Mother Yashodā. She came in the house quietly and stood next to Shrī Krişhņa's crib without any hesitation.* **234/4839**

(पूतना)

मुन्ने को जब देखा लेटा, बोली अब तू बचे न बेटा ।
मैं आई हूँ कंस तारने, दूध पिला कर तुझे मारने ।। 207/5205

अब कुछ अंतिम पल तू जी ले, दूध जरा सा मेरा पी ले ।
याद निरंजन को तू करले, चाहे जिसका नाम सिमर ले ।। 208/5205

(कृष्ण)

मैं लूँगा अपना हि नामा, मैं ही ब्रह्मा, मैं ही रामा ।
मैं नारायण, मैं शिव भोले, दुनिया जिनकी जय जय बोले ।। 209/5205

आगे उसको श्री हरि बोले, तज कर पाप शरण में होले ।
वरना तुझको मरण दिखाऊँ, पुण्य करम का धरम सिखाऊँ ।। 210/5205

(फिर भी)

बढ़ी पूतना शीघ्र गति से, शिशु उठाया तुच्छ मति से ।
झट से उसको गोद बिठाया, अपने मन को अवश ढिठाया ।। 211/5205

◎ **And :** *Pūtanā said, O Shrī Krişhņa! you will not escape mow. Drink my milk, and you will not live more than few moments. Pray to whichever God you wish and then go. Shrī Krişhņa said, O Pūtanā Aunty! don't worry. I will take my own name, as I am Brahma, I am Shiva and I am Shrī Rāma. Then he said, why don't you renounce these evil sins and surrender to me, or else I will teach you dharma (righteous duty) and I will give you death. But, Pūtanā did not heed to his warning. She picked Shrī Krişhņa up and put him in her lap shamelessly to feed him poisonous milk.* **235/4839**

♫ **संगीतश्रीकृष्णरामायण छन्दमाला, मोती 52 of 501**

अरिल्ल छन्द[62]

11 + । ऽ ऽ ऽअथवा 14 + ।।

(दुष्ट पूतना)

दुष्ट पूतना गोकुल आई ।
पाप कर्म की करी ढिठाई ।। 1
बाल कृष्ण को पकड़ उठाया ।
दूध पिलाने गोद बिठाया ।। 2

◎ **Wicked Pūtanā :** *Evil Pūtanā came to Gokul with firm resolve to carry out the sin. She picked Shrī Krişhņa up and put him in her lap to feed him poisonous milk.* **236/4839**

(परंतु)

हरि ने उससे आँख मिलाई, मातृ-भाव की याद दिलाई ।
पुण्य करन की कही भलाई, आर्य धर्म की ज्योत जलाई ।। 212/5205

चख ले तू ममता की मलाई, धरले तू मुक्ति की कलाई ।
वरना तेरा आत्मघात है, आगे तेरे हाथ बात है ।। 213/5205

(आसुरी)

---

[62] ♫ **अरिल्ल छन्द :** इस 16 मात्रा वाले संस्कारी छन्द के अन्त में दो लघु मात्राएँ अथवा त गण (। ऽ ऽ) आता है, ज गण कभी नहीं आता है । इसका लक्षण सूत्र 14 + ल ल अथवा 11 + ल ग ग इस प्रकार होता है ।

▶ लक्षण गीत : ✍ **दोहा॰ सोलह मत्ता से बना, ल-ग-ग, कभी ल-ल अंत ।**
न हो त गण अंतिम कभी, "अरिल्ल" है वह छंद ।। 246/7068

25. Story of Pūtanā (Krishna's Childhood)

दिव्य दृष्टि का आशय जाना, पल भर विषदा खो गयी ध्याना ।
बुद्धि आसुरी फिर कुछ पल में, वापस लौटी निर्दय छल में ।। 214/5205

बोली, अब तू दूधू पी ले, चलती फिर मैं, कुछ पल जी ले ।
कहे कृष्ण, "दे दूध न मुझको, अथवा मरण मिलेगा तुझको" ।। 215/5205

कंसपाप का भरा घड़ा है, विचार उसका मरा पड़ा है ।
तुम क्यों अपनी जान गँवाती, सिर अपना तुम क्यों न नवाती ।। 216/5205

बिगड़ेंग कुछ नहीं हमारे, जायेंगे पर प्राण तुम्हारे ।
पुनः सोच लो हिरदय स्थिर से, ये मौका ना आए फिर से ।। 217/5205

ताड़िक को मैंने ही मारा, रावण भी था मुझसे हारा ।
बाली को मैंने था रोका, तुम मत खाना अब वो धोखा ।। 218/5205

◎ **But :** *Shrī Krishna looked at her and smiled to wake her motherhood up. He hinted her to perform a righteous mother's role, or else he warned, it will be a suicide for you. Now it is up to you to choose. For a moment Pūtanā understood the meaning behind Shrī Krishna's divine look. But, then next moment she remembered the mission her brother gave her. She said, drink a little bit of my milk and you will sleep for ever. Shrī Krishna asked her why don't you think wisely and turn away from Kaṅsa's evil deeds to save your own life. I have nothing to loose, it will be your loss. As Shrī Rāmā, I have killed I have killed Tāḍkā, I have defeated Rāvaṇ, I have stopped Bālī. Don't be under any delusion.* **237/4839**

संगीतश्रीकृष्णरामायण गीतमाला, पुष्प 80 of 763

(सुनो सखे)

स्थायी

सुनो कहना सखे मेरा, जमाना सिर नवाएगा ।
हटाओ पाप को मन से, ये मौका फिर न आएगा ।।

♫ सारे- गगम- गरे- ग-म-, गम-प- नि- धप-ग-म- ।
सारे-सा- रे-ग म- पम ग-, ध प-म- ग- म ग-रेनि़सा- ।।

अंतरा-1

सुधारो भूल अपनी को, भुलादो बैर के कल को ।
बनाओ सफल जीवन को, ये सौदा फिर न आएगा ।।

♫ रेग-म- प-म गमग- रे-, गम-प- नि-ध प- गम प- ।
रेग-म- ममम प-मग म-, ध प-म- ग- म ग-रेनि़सा- ।।

अंतरा-2

बिसारो यार को ऐसे, जगत को जो सताता है ।
बिठालो प्यार को दिल में, ये लौटा फिर न आएगा ।।

अंतरा-3

मिला है आज ये मौका, दुबारा फिर न आएगा ।
संभालो आखरी दम तक, ये दौड़ा फिर न आएगा ।।

◎ **Please listen! : *Sthāyī :*** *O Dear Pūtanā! please listen to me and the world will respect you. Remove the sinful thoughts from your mind now, you will not get this opportunity again.* ***Antarā : 1.*** *Realize and remedy your mistake. Forget the past enmity. Make your life a success. You will not get another chance.* ***2.*** *Leave such friend who hurts other people. Make room for love in your heart and fill it with love now. This chance may not come back again.* ***3.*** *Today the opportunity is knocking at your door. It may not come again. Protect it till your last breath. It may not come running to you again.* **238/4839**

(फिर भी)

लिटाय मुन्ना भोला भाला, उसने स्तन श्री मुख में डाला ।
श्री ने कालकूट वह क्षण में, फूँका वापस उसके तन में ।। 219/5205

विष के छूते उसकी काया, हुई पूर्ववत्, प्रभु की माया ।
स्वाँग यशोदा हुआ सफाया, रूप राक्षसी वापस आया ।। 220/5205

महा राक्षसी रूप भयानक, नेत्र भिदारक, दाँत विदारक ।
गिरी धरा पर जैसा हिम गिरि, पीठ भूमि पर, छाती पर हरि ।। 221/5205

श्लोकः

कंसेन प्रेषिता हन्तुं पूतना गोकुले शिशुम् ।
पाययित्वा विषं कृष्णम्-अम्रियत तु साऽसुरी ।। 142/2422

◎ **Pūtanā :** *Holding infant Shrī Krishṇa by force, she put her nipple into his mouth to feed him poisonous milk. However, Shrī Krishṇa blew it back into her body. With the touch of that virulent poison, her cow-maid's form disappeared and her original demonic ugly form came back. She fell on the ground on her back with a big thud. She died with her own poison. Shrī Krishṇa fell on Pūtanā's belly.* **239/4839**

संगीतश्रीकृष्णरामायण छन्दमाला, मोती 53 of 501

माली छन्द[63]

5 + ऽ ऽ, 5 + ऽ ऽ

(केशव)

शिशु केशवाने, कृष्ण कान्हा ने ।

आसुरी भारी, पूतना मारी ।।

◎ **Keshava :** *The infant Keshava Shrī Krishṇa Kānhā, killed the demonic Pūtanā.* **240/4839**

ध्वनि वो सुन कर डर गए नंदा, पल में आई मातु यशोदा ।
उठाय हरि को गोद में लीन्हा, प्यार से भरा चूमा दीन्हा ।। 222/5205

खबर नगर में तुरंत बिखरी, बिन विलंब के जैसी बिजुरी ।
सबने मिल कर हर्ष मनाये, प्रेम अश्रु से दीप जलाए ।। 223/5205

◎ **Pūtanā died :** *Hearing the thud noise, Nanda came out from the bedroom. At that time Yashodā also returned from Yamunā river. Yashoda picked baby Shrī Krishṇa up and kissed him. Immediately the news of Pūtanā's death spread in Gokul. Tears of joy ran from everybody's eyes.* **241/4839**

संगीतश्रीकृष्णरामायण गीतमाला, पुष्प 81 of 763

राग खमाज, तीन ताल

(दीप जलाओ)

स्थायी

आज खुशी के दीप जलाओ, मन अंधियारा दूर भगाओ ।

रे–रे रेग– ग– म–म मप–ध–, निनि धधप–म– ध–प मग–रे ।

अंतरा–1

आई समस्या बहुत विकट है, संकट के पीछे संकट हैं ।

सब मिल जुल कर हाथ बढ़ाओ ।।

सा–सा सारे–रे– गगग ममम प–, सां–निनि ध– प–म– प–धध नि– ।

निनि धध पप मम प–म गरे–सा– ।।

अंतरा–2

उत रावण था, इत ये कंस है, अरियन का यदि करना ध्वंस है ।

राम नाम का तीर चलाओ ।।

अंतरा–3

एक सहारा कृष्ण कनाई, जग रखवारा और न कोई ।

किशन भजन की रीत चलाओ ।।

◎ **Lamps of joy :** ***Sthāyī :*** *Light the lamps of joy and remove the darkness from your heart.* ***Antarā :*** ***1.*** *Danger is present ahead and on all sides. Let's come together and face the danger.* ***2.*** *Rāvaṇ was there, Kaṅsa is here. If you want to defeat the enemy, shoot the arrow of Shrī Rāma's name.* ***3.*** *Now, your only protector is Shrī Krishṇa Kanhaiyā, no one else.* **242/4839**

(नारद जी कंस दरबार में)

दुखी कंस को नारद बोले, इतने ज्यादा बनो न भोले ।
सुनो हमारी अब तो, प्यारे! कृष्ण शरण में लाभ तिहारे ।। 224/5205

जाओ प्रभु के आज दुआरे, कहो, मुझे दो करम सुखारे ।
मुक्ति मिलेगी, कृष्ण दयालु, पातक धोते, परम कृपालु ।। 225/5205

(परंतु)

माना नहीं वो बात मुनि की, दुतकारी वह सुलह गुणी की ।
बोला, हम अति हिम्मत वर हैं, कृष्ण घात हर कीमत पर है ।। 226/5205

---

[63] **माली छन्द :** इस 18 मात्रा वाले महासंस्कारी छन्द के अन्त में एक गुरु मात्रा आती है । इसका लक्षण सूत्र 5 + ऽ ऽ, 5 + ऽ ऽ इस प्रकार होता है । यति 9 पर ।

▶ लक्षण गीत : **दोहा॰ मत्त अठारह से बना, दो गुरु कल से अंत ।**
पाँच, गुरु गुरु, क्रम जहाँ, "माली" जाना छंद ।। 247/7068

◎ **Nārad muni at Kaṅsa's court :** *Nārad muni said to Kaṅsa, O King! please don't be naive. Please heed to my warning. Please go and touch Shrī Krishṇa's feet. He is merciful. But, Kaṅsa did not listen. He rebuffed Shrī Nārad muni's appeal. He said, I will kill Shrī Krishṇa at any cost.* **243/4839**

संगीतश्रीकृष्णरामायण गीतमाला, पुष्प 82 of 763

(पूतना राक्षसी की कथा)

स्थायी

स्वरदा ने सुंदर गाया है, नारद ने साज बजाया है ।
रतनाकर गीत रचाया है ।।

♫ सानि़सा– गरे सा–नि़नि़ सा–रेम ग–, गममग पम ग–रे सासा–रेम ग– ।
गगरेसासासा रे–ग मगरेसानि़ सा– ।।

अंतरा–1

जब आई पूतना गोकुल में, तब कृष्ण अकेला था घर में ।
शिशु गोदी में उसने लीन्हा, स्तन विष का उसके मुख दीन्हा ।
ये चक्कर कंस चलाया है ।।

♫ पप मरेम प–पम– पनिधप प–, पप मगग सासागमप गरे सानि़ सा– ।
सानि़ सा–गरे सा– नि़नि़सा– रेमग–, सानि़ सासा गरे सासानि़– सासा रेमग– ।
ग– रेसासासा रे–ग मगरेसानि़ सा– ।।

अंतरा–2

श्रीकृष्ण ने विष उसके स्तन का, उसके तन में वापस फूंका ।
तभी असुरी ने दम तोड़ा, अरु नीचे गिर कर तन छोड़ा ।
श्रीकृष्ण प्रभु की माया है ।।

अंतरा–3

सब गोकुल में आनंद भरा, उत मथुरा में नृप कंस डरा ।
फिर भी बोला मैं नहिं हारा, अभी दास बचे मेरे ग्यारा ।
फिर कब ये काम में आने हैं ।।

◎ **Demoness Pūtanā : *Sthāyī* :** *Ratnākar composed the melody, Sarasvatī sang it beautifully, while Shrī Nārad muni played the Vīṇā.* ***Antarā* : 1.** *When Pūtanā came to Gokul, baby Shrī Krishṇa was at home sleeping. She took the infant in her lap and put her nipple in his mouth to feed him poisonous milk. Kaṅsa had planned the plot.* **2.** *Shrī Krishṇa blew her poison back into her body. She died instantly and fell on the ground. It is all Lord's wish.* **3.** *There was joy in Gokul. At Mathurā, Kaṅsa was frightened and furious. He said, I have eleven more servants ready to lay down their lives for my sake. When else will they be of any use for me, if not now.* **244/4839**

बालकृष्ण अनुभाग
पाँचवाँ तरंग

26. मायावी राक्षस तृणावर्त की कथा :

26. Story of Triṇāvart (*Krishna's Childhood*)

(मायावीराक्षसतृणावर्तकथा)

♫ **संगीतश्रीकृष्णरामायण छन्दमाला, मोती 54 of 501**

यूथिका छन्द[64]

ऽ। ऽ, ।। ।, ऽ।।, ऽ। ऽ

(तृणावर्त)

नंद के घर तृणाव्रत आ गया ।
कृष्ण को जकड़ के नभ में उड़ा ।। 1
कृष्ण ने तिन दबा कर ग्रीव को ।
कंसदास–शठ–राक्षस को हना ।। 2

---

[64] ♫ **यूथिका छन्द :** इस छन्द के चरणों में बारह वर्ण, 17 मात्रा होती हैं । इसमें र न भ र गण आते हैं । इसका लक्षण सूत्र ऽ। ऽ, ।।।, ऽ।।, ऽ। ऽ होता है । पद के अन्त में विराम आता है ।

▶ लक्षण गीत : ✍ **दोहा॰ सत्रह मात्रा का बना, र न भ र गण का वृंद ।**
रचना बारह वर्ण की, कही "यूथिका" छंद ।। 248/7068

◎ **Triṇāvart :** *Kaṅsa's trusted servant Triṇāvart came to Nanda's home. He picked up Shrī Krishṇa and putting him on his shoulders he flew up in the sky. Shrī Krishṇa choked his throat and killed that demon.* **245/4839**

(तृणावर्त)

तिरणाव्रत राक्षस मायावी, चंडवात परलय मेधावी ।
चक्रवात फूँक से उठाता, नर पशु तरु वन नगर उड़ाता ।। 227/5205

आँधी ला कर उँच उड़ाता, आसमान से तले गिराता ।
तले गिरा कर करता चूरा, कंस भरोसा उस पर पूरा ।। 228/5205

ॐ श्लोकौ

मायावी राक्षसो दुष्टः कंसमन्त्री तृणाव्रतः ।
कारयति स फूत्कृत्वा चण्डवातं यथेच्छया ।। 143/2422

उत्क्षिप्य गगने हन्तुं पातयति च भूतले ।
नराश्च पशवः सर्वे तस्मात्सदैव बिभ्यति ।। 144/2422

◎ **Triṇāvart :** *Triṇāvart was Kaṅsa's deceitful minister. He was the master of the art of creating a whirlwind with a blow from his mouth. With his whirl wind he blew many people and animals up in the sky and killed them by dropping them down on the ground. Everyone was afraid of him and would salute him from a distance.* **246/4839**

(अतः)

मंत्री गण में पद ऊँचा था, क्योंकि नीयती अति नीचा था ।
हर नर उसके हुनर से डरता, उसे दूर से प्रणाम करता ।। 229/5205

उसे कंस ने खास बुलाया, कृष्ण हनन आदेश सुनाया ।
बोला, "गोकुल तुरंत जाओ, हरि-वध बिना न वापस आओ" ।। 230/5205

◎ **Kaṅsa's order :** *For his dangerous skill, Triṇāvart had a high post in Kaṅsa's cabinet. Kaṅsa sent him a special invitation and delegated him the task of killing Shrī Krishṇa in Gokul. Kaṅsa instructed him not to return without killing Shrī Krishṇa.* **247/4839**

(फिर)

तृणावर्त जब गोकुल आया, यहाँ शाँत सब सुख था छाया ।
सब प्रमोद निर्मल अतिशय था, पावन हिरदय अकुतोभय था ।। 231/5205

गोकुल आकर उस पापी ने, फूँक मार कर झंझा कीन्हे ।
कहा, "बवंडर मैं लाया हूँ, कृष्ण मारने मैं आया हूँ ।। 232/5205

"मेरे पास कृष्ण ले आओ, लाने में मत देर लगाओ ।
वरना सबको भ्रष्ट करूँगा, गोकुल को भी नष्ट करूँगा" ।। 233/5205

◎ **Then :** *When Triṇāvart came to Gokul, everything was tranquil and quiet in Gokul. Everyone was at peace and harmony with everything else. Here he created wind storm and scared the people. He told them to bring Shrī Krishṇa to him or else he will blow the village and destroy everything.* **248/4839**

(उतने में नारद जी आए)

नारद जी ने उसे जताया, प्रभु का रुतबा उसे बताया ।
पूछा तुम क्यों मरने आए, आत्मघात क्यों करने धाए ।। 234/5205

क्या तुमने ये सुना नहीं है, आज पूतना नहीं कहीं है ।
उसे सूचना मिली यहीं थी, पर वो उसने सुनी नहीं थी ।। 235/5205

जाकर प्रभु के पग तू छू ले, अपने पापों को तू धो ले ।
मौका ऐसा लौट न आवे, देर करे तो फिर पछतावे ।। 236/5205

◎ **Nārad muni :** *At that moment Shrī Nārad muni appeared before Triṇāvart. Shrī Nārad muni told him the greatness of the Lord and asked him to refrain from the suicide. Shrī Nārad muni then asked him if he has not heard what happened to Pūtanā. Shrī Nārad muni said, I had warned her at this very spot, but she did not listen to me and she herself got killed. Then Shrī Nārad muni instructed Triṇāvart to go to Shrī Krishṇa and beg for pardon. Now is the chance or else you will not have time to repent for your sins.* **249/4839**.

(मुनि का उपदेश सुन कर)

नारद जी का विचार सुन कर, राक्षस उल्टा बिगड़ा उन पर ।
बोला, देखो क्या मैं करता, बच्चों से मैं कभी न डरता ।। 237/5205

जाकर मैं उसको पकड़ूँगा, बाहों में उसको जकड़ूँगा ।
नभ से धरती पर फेंकूँगा, फिर क्या होता मैं देखूँगा ।। 238/5205

26. Story of Triṇāvart (Krishna's Childhood)

◎ **Triṇāvart :** *Hearing Shrī Nārad muni's words, Triṇāvart became angry. He said, O Muni! watch what I can do. I am not afraid of any child including Shrī Krishṇa. I will pick him up, take him to the sky and drop him down. Then see what happens. Shrī Nārad muni said, I know what will happen.* **250/4839**

<u>संगीतश्रीकृष्णरामायण गीतमाला, पुष्प 83 of 763</u>

(तृणावर्त)

स्थायी

इन लोगों को ये क्या हुआ है, इन्हें क्यों लगी ये बद दुआ है ।

इन लोगों को, ये क्या हुआ है ।।

♫ सासा रे-मं- मं- नि़ रे- मंगरे सा-, सारे- ग- गग- ध प- मंग- रे- ।

नि़- सारे- रे-, मं ग- रेनि- सा- ।।

अंतरा-1

ईश्वर से भी नहीं ये डरते, मन में आया वही हैं करते ।

आस्तिक नास्तिक एक हुए हैं, इन्हें जिंदगी ये बस जूआ है ।

इन लोगों को, ये क्या हुआ है ।।

♫ प-गग मं- प- निध- प मंधप-, निनि रें- गं-रें- सांनि- ध मंधप- ।

ग-मंप ध-धध प-मं गरे- सा-, सारे- ग-गग- ध प- मंग- रे- ।

नि़- सारे- रे-, मं ग- रेनि- सा- ।।

अंतरा-2

पत्थर से लेते टक्कर हैं, खच्चर से ज्यादा कट्टर हैं ।

धर्म-कर्म सब नष्ट हुआ है, प्यास लगे खोदे कूँआ हैं ।

इन लोगों को, ये क्या हुआ है ।।

◎ **Triṇāvart :** ***Sthāyī :*** *What is wrong with these people. Who has cursed and inspired them to do the evil deeds.* ***Antarā : 1.*** *They are not afraid of God. They act on their own free will. Righteous have become unrighteous and are ready to gamble their lives.* ***2.*** *They butt their heads against stone walls. They are more stubborn than mules. Dharma and karma are merged into adharma (unrighteousness). They start digging a well when they become thirsty.* **251/4839**

(फिर वह बोला)

मुझे ज्ञान की प्यास नहीं है, कृष्ण-कृपा की आस नहीं है ।

जीव हजारों मार चुका हूँ, किसी किशन से नहीं रुका हूँ ।। 239/5205

मुनि के आगे नहीं झुका हूँ, किसी कष्ट से नहीं दुखा हूँ ।

और बके तो उँच उड़ाऊँ, आसमान से तले गिराऊँ ।। 240/5205

◎ **Triṇāvart said :** *O Shrī Nārad muni! I don't need your advice. I am not thirsty of knowledge. I have killed thousands of lives. Shrī Krishṇa can not stop me. If you say a word more, I will blow you up in the sky and drop you down from there.* **252/4839**

(फिर नारद जी ने कहा)

मुझे गगन का डर न दिखाना, मेरा है आकाश ठिकाना ।

वायु मार्ग से सरल सुहाना, प्रति दिन मेरा आना-जाना ।। 241/5205

जो कारज करने को प्यारे, सो मैं तुझको बोले सारे ।

अब तू सुनले मेरी अरजी, या फिर जैसी तेरी मरजी ।। 242/5205

इतना कह कर नारद मुनिवर, रुके नहीं गोकुल में पल भर ।

जो आए थे नभ से उड़ कर, वो लौटे फिर वापस मुड़ कर ।। 243/5205

(फिर)

भये मुनि जब अंतर्धाना, आगे खतरा वो नहीं जाना ।

शोर मचाता फाड़ कर गला, नंद भवन की ओर वो चला ।। 244/5205

◎ **Nārad muni :** *Nārad muni said, O Triṇāvart! please do not scare me with the fear of blowing in the sky. My abode is sky. I travel in the air day and night. I told you what I thought was good for you. Now it is up to you to listen to me or face the consequence.* **253/4839**

♫ <u>संगीतश्रीकृष्णरामायण छन्दमाला, मोती 55 of 501</u>

सिंह छन्द[65]

---

[65] ♫ **सिंह छन्द :** इस 16 मात्रा वाले संस्कारी छन्द के चरणों के अन्त में दो लघु मात्राएँ (।।) अथवा स गण (।। ऽ) आता है । विराम चरणान्त ।

26. Story of Triṇāvart (Krishna's Childhood)

12 + ।। ऽ अथवा 14 + ।।

(बालकृष्ण अपहरण)

खड़ा तृणाव्रत नंद भवन में ।
नंद सुप्त थे कक्ष शयन में ।। 1
छीना उसने शिशु जसमति से ।
उड़ा गगन में सत्वर गति से ।। 2

◎ **Shrī Krishṇa kidnapped :** *Triṇāvart came and is standing in Nanda's house. Nanda is sleeping in his bedroom. Shrī Krishṇa is in the lap of mother Yashodā. Triṇāvart snatched the baby from Yashodā's arms and he flew up in the sky with the baby Shrī Krishṇa on his shoulders, with a great speed.* **254/4839**

(नंद भवन में)

नंद भवन का द्वार तोड़ कर, असुर घुस गया घर के भीतर ।
खड़ा हो गया चौबारे में, डींग मारता निज बारे में ।। 245/5205

बोला, "बच्चा दैदो हमका, इसे मारने मैं आ धमका ।
काल कृष्ण का मैं आया हूँ, कंस सूचना मैं लाया हूँ ।। 246/5205

"आगे कोई कुछ ना बोलो, मेरे आगे मुख मत खोलो ।
सुन नारद के कथन, थका हूँ, कृष्ण स्तुति सुन बहुत अका हूँ" ।। 247/5205

नंद यशोदा शयन भवन में, लगे हुए थे राम भजन में ।
लाल गोद में जो लेटा था, मातु देवकी का बेटा था ।। 248/5205

छीना लाल, असुर जब उनका, चिंतन भंग हुआ तब उनका ।
रोती माता विलाप कीन्हा, नंद बाबु ने सराप दीन्हा ।। 249/5205

◎ **At Nanda's house :** *Breaking down the door, Triṇāvart entered Nanda's house. He told them to keep quiet and just hand over baby Shrī Krishṇa to him. He said, "I am the messenger of Kaṅsa. I came here to kill Shrī Krishṇa." Nanda was in his bedroom and Yashodā was feeding Shrī Krishṇa in her lap. Triṇāvart took Shrī Krishṇa from Yashodā's lap. She began crying. Nanda came running out of the room.* **255/4839**

(मगर)

फूँक मार कर नंद उड़ाया, माँ को धक्का मार गिराया ।
हाथ पकड़ कर किशन उठाया, अरु काँधों पर उसे बिठाया ।। 250/5205

फूँक मार कर शोर मचाता, उड़ा तृणाव्रत ताल बजाता ।
नभ में नारद थे हरषाते, पुष्प कृष्ण पर थे बरसाते ।। 251/5205

◎ **But :** *Triṇāvart pushed Nanda and Yashodā away. He put Shrī Krishṇa on his shoulders and flew up in the clouds. Shrī Nārad muni was watching from the sky and showering flowers with joy on Shrī Krishṇa.* **256/4839**

(कृष्ण ने तृणावर्त से कहा)

शिशु शब्दों में बोले श्री हरि, "पाप और तू मीत! मत करी ।
अभी भी नहीं कछु है बिगड़ा, छोड़ सखे! ये कंस का झगड़ा" ।। 252/5205

मुझको वापस घर ले चल तू, तज दे छल का कडुआ फल तू ।
नभ से गिरना और गिराना, ना तू कर, मोसे न कराना ।। 253/5205

◎ **Shrī Krishṇa said :** *Shrī Krishṇa said, O Dear Triṇāvart! don't do such evil deeds. Take me to earth quietly and save your own life. Don't threaten to kill me and don't make me kill you in stead.* **257/4839**

(तब)

सुन कर, राक्षस ने मुँह खोला, हँस कर कुत्सितता से बोला ।
काहे मारे चीख हया की, मुझे माँगता भीख दया की ।। 254/5205

पुनः हि हँस कर बोला प्रभु से, अभी गिराता तुझको नभु से ।
कृष्णघातकी मैं बन जाऊँ, कृपा कंस नृप की मैं पाऊँ ।। 255/5205

मुझे दिखा अब अपनी शक्ति, कहाँ छुपी है तुझमें युक्ति ।
तुझे गिराऊँ नभ से दूर, कर दूँ तेरा चकना चूर ।। 256/5205

(तो)

"तथास्तु" कह कर फिर श्री हरि ने, स्वरूप अपने दैवी कीन्हे ।

▶ लक्षण गीत : ✍ **दोहा॰ सोलह मात्रा से बना, ग ग ल कभी ल ल अंत ।**
संस्कारी श्रेणी जिसे, "सिंह" कहा वह छंद ।। 248/7068

26. Story of Triṇāvart (Krishna's Childhood)

फूँक असुर की बंद कराने, गला दबाया उसे डराने ।। 257/5205

◎ **So it be :** *Arrogant Triṇāvart laughed and said, O Shrī Krishṇa! do what you can, but your death is near. I will now drop you down and crush you to your death. I will get a big reward from Kaṅsa and a title of "Shrī Krishṇa's killer." Shrī Krishṇa said, "so it be." He choked Triṇāvart's throat and stopped his power of blowing wind.* **258/4839**

संगीतश्रीकृष्णरामायण छन्दमाला, मोती 56 of 501

मत्त समक छन्द[66]

8 + । + 7

(तृणावर्त वध)

उड़ा तृणाव्रत लिये कृष्ण को ।
बालक प्रभु हैं, पता न उसको ।। 1
हरि ने उसका गला दबाया ।
नभ से उसको तले गिराया ।। 2

◎ **Triṇāvart's death :** *Triṇāvart flew in the sky, carrying Shrī Krishṇa on his shoulders, but he did not know the divinity of Shrī Krishṇa. Shrī Krishṇa chocked his throat and dropped him on the earth. Triṇāvart got crushed and died.* **259/4839**

(और)

रुकी फूँक, झंझावात रुका, शठ तिरणाव्रत फिर भी न झुका ।
आसमान से नीचे गिर कर, चूर हो गया तुरंत मर कर ।। 258/5205

दोहा॰ तिरणाव्रत नभ से गिरा, हुई साँस जब बंद ।
चूरा होकर मर गया; मधुबन में आनंद ।। 250/7068

श्लोकः

हन्तुं कृष्णञ्च कंसेन सम्प्रेषितस्तृणाव्रतः ।
कण्ठं निपीड्य कृष्णेन हतस्तृणाव्रतः परम् ।। 145/2422

तिरणाव्रत जब गिरा गगन से, नभ तक धूल उड़ी मधुबन से ।
आसमान से गिरे श्रीहरि, जैसी गिरती फूल पँखुड़ी ।। 259/5205

◎ **Shrī Krishṇa :** *As Shrī Krishṇa choked and stopped Triṇāvart from blowing whirl wind through his mouth, the demon could not fly any more and fell on the ground and died. Shrī Krishṇa came to earth slowly like a falling petal of a flower.* **260/4839**

संगीतश्रीकृष्णरामायण गीतमाला, पुष्प 84 of 763

राग : रत्नाकर, कहरवा ताल 8 मात्रा

(गिरा तृणाव्रत)

स्थायी

आसमान से गिरा तृणाव्रत, आसमान तक उछली धूल ।
आसमान से श्रीहरि उतरे, आसमान के जैसे फूल ।।
सा–रेग–ग ग– मप– मग–रेरे, ग–मप–प पप पधनि– सां–सां ।
ध–पम–ग म– ध–पम गगम–, ध–पम–ग रे– ग–रेनि़ सा–सां ।।

अंतरा–1

काम हरि का सबसे न्यारा, लगता सबको प्यारा है ।
कृष्ण हमारा पालन हारा, कृष्ण ही खेवनहारा है ।
जो भी उसको चला दुखाने, मूरख वो करता है भूल ।।
रे–ग गग– म– पपप– प–प–, निनिध– पपम– ग–म– प– ।
सां–नि धप–ध– सां–निध प–ध–, सां–नि ध प–ममग–म– प– ।
ध– प– पपम– रेग– मम–प–, ध–पम ग– ममग– रे– सा–सा ।।

अंतरा–2

नंद का लाला जग उजियाला, सबसे लगे निराला है ।
श्याम गोपाला हिम्मत वाला, कृष्ण सखा मतवाला है ।
आई पूतना जहर पिलाने, पेट में उसके निकली शूल ।।

अंतरा–3

---

[66] **मत्त समक छन्द :** इस 16 मात्रा वाले संस्कारी छन्द के चरणों की 9 वीं मात्रा लघु होती है । विराम चरणान्त ।

▶ लक्षण गीत : **दोहा॰ सोलह मात्रा से बना, देता मन आनंद ।**
नौवीं मात्रा लघु जहाँ, "मत्त समक" है छंद ।। 249/7068

माया हरि की जादू से भरी, लगती विस्मयकारी है ।
कृष्ण राम हैं, कृष्ण हरि हैं, कृष्ण–कृपा हितकारी है ।
आया तृणाव्रत कृष्ण मारने, आप मरा वो मिटा समूल ।।

◎ **Keshava : *Sthāyī :*** *Triṇāvart fell on the earth from the sky and the dust blew up as high as the sky. Shrī Krishṇa also fell from the sky, but came down slowly like a flower petal.* ***Antarā : 1.*** *Hari's deeds are unique. He is loved by everyone. Hari is our protector. Anyone who tries to hurt Shrī Krishṇa, makes fool of himself.* ***2.*** *Nand-lālā (Nand Bābā's son) enlightens the world. Shyāma Gopāla (Cowherd boy) is valorous. Shrī Krishṇa is a free spirit. Pūtanā came to feed him poisonous milk, but she died with her own poison.* ***3.*** *Shrī Krishṇa's magic is wonderful. Shrī Rāma is Shrī Krishṇa and Shrī Krishṇa is Shrī Rāma. His deeds are beneficial. Triṇāvart came to kill Shrī Krishṇa, but he got killed himself.* **261/4839**

संगीतश्रीकृष्णरामायण गीतमाला, पुष्प 85 of 763

(तृणावर्त राक्षस की कथा)

स्थायी

स्वरदा ने सुंदर गाया है, नारद ने साज बजाया है ।
रतनाकर गीत रचाया है ।।

♫ सानि़सा– गरे सा–नि़नि़ सा–रेम ग–, गममग पम ग–रे सासा–रेम ग– ।
गगरेसासासा रे–ग मगरेसानि़ सा– ।।

अंतरा–1

तिरणाऽव्रत कंस को भाता है, जो फूंक से झंझा लाता है ।
नारद ने उसको समझाया, उसको उपदेस नहीं भाया ।
उसे कंसा ने भड़काया है ।।

♫ पपमरेमम प–प म पनिधप प–, प– मगग सा सागमप गरेसानि़ सा– ।
सानि़सासा गरे सासानि़– सासारेमग–, सानि़सा– गरेसा–नि़ नि़सा– रेमग– ।
गग रेसासा– रे– गमगरेसानि़ सा– ।।

अंतरा–2

वो राक्षस नंद के घर धाया, अरु द्वार तोड़ अंदर आया ।
जसमति से बालक छीना है, शिशु काँधे पर धर लीन्हा है ।
श्रीकृष्ण को नभ में उड़ाया है ।।

अंतरा–3

नभ में कृष्ण से राक्षस बोला, "अब तुझे गिराय करूँ चूरा" ।
तब कृष्ण दबाय गला उसका, दिखलाया तिन दैवी नुसका ।
श्रीकृष्ण तैरता आया है ।।

◎ **Keshava : *Sthāyī :*** *Ratnākar composed the melody, Sarasvatī sang it beautifully, while Shrī Nārad muni played the Vīṇā.* ***Antarā : 1.*** *Triṇāvart is deer to Kaṅsa, because he can blow whirl wind through his mouth. Shrī Nārad muni tried to counsel him but he rebuffed Nārad muni. Kaṅsa has incited him.* ***2.*** *Triṇāvart came to Nanda's home. He broke the front door and entered in. He snatched baby Shrī Krishṇa from Yashodā, put him on his shoulders and flew up in the sky.* ***3.*** *In the sky he said to Shrī Krishṇa, now I will drop you down and kill you. Shrī Krishṇa choked him and stopped the whirl wind. Triṇāvart plunged down to his death. Shrī Krishṇa came down like a petal of a flower.* **262/4839**

बालकृष्ण अनुभाग
छठा तरंग

27. ब्रह्माण्ड दर्शन की कथा :

27. Story of the Universal Display (*Krishna's Childhood*)
(ब्रह्माण्डदर्शनकथा)

संगीतश्रीकृष्णरामायण छन्दमाला, मोती 57 of 501

शारदा छन्द[67]

5 + 8 + 8 + 7 + ऽ – 5 + 7 + ऽ

(ब्रह्माण्ड दर्शन)

देखिये! वदन "आ" किये, मातृ के लिये, कृष्ण मुख खोला ।
तुंड में विश्व का गोला ।। 1
देख ले! पुनः ना मिले, दृश्य ये भले, श्याम जब बोला ।
आस्य[68] में जगत का गोला ।। 2

◎ **Display of cosmos :** *When Yashodā asked Shrī Krishṇa to show her what is in his mouth, Shrī Krishṇa opened his mouth and said, Behold! O Mother Yashodā! There she saw the globe of Universe in it. Shrī Krishṇa said, O Mother! see it. You may not get to see such display again. There was Cosmic Globe in Shrī Krishṇa's mouth.* **663/4839**

श्लोकः

जगत्पिता प्रभुर्रामो कृष्णावताररूपकः ।
अदर्शयन्मुखे मात्रे विश्वमण्डलदर्शनम् ।। 146/2422

दोहा॰ **जगत पिता प्रभु राम ने, लिया कृष्ण अवतार ।**
मुख में देखा मातु ने, भू मण्डल विस्तार ।। 252/7068

कृष्ण, राम की मूर्त कहाई, राम श्याम इत भाई-भाई ।
देवकी नंदन श्यामल श्यामा, मातु रोहिणी सुत बलरामा ।। 260/5205

भार्याएँ दो वसुदेव की, प्रथम रोहिणी अपर देवकी ।
बंद देवकी बंदी गृह में, अपर रोहिणी निजी गेह में ।। 261/5205

पुत्र रेवती[69] का बलरामा, नंदलाल हरि, कृष्ण सुनामा ।
श्यामल कृष्ण अनुज घनश्यामा, गौर वर्ण दाऊ बलरामा ।। 262/5205

राम श्याम दो भाई प्यारे, बिरज जनन के अँखियन तारे ।
नंद बापु के प्राण सुखारे, जसमति माँ के उभय दुलारे ।। 263/5205

साथ खेलते दोनों भाई, देख सुखाती दोनों माईं ।
शिशु वचनों को सुन कर सारे, करत अचंभा नंद पियारे ।। 264/5205

◎ **Keshava :** *Jagatpitā Lord Shrī Rāma, in the form of Shrī Krishṇa, showed to his mother the Globe of Universe in his mouth. Shrī Krishṇa is Shrī Rāma's image. But, now in Gokul, Shrī Rāma (Balrāma) and Shrī Krishṇa are brothers. Shrī Krishṇa is Devakī's son and Shrī Rāma is Rohiṇī's son. Vasudeva had two wives, Devakī and Rohiṇī. Devakī was in the prison in Mathurā and Rohiṇī (Revatī) was in Gokul. Shrī Krishṇa had dark complexion and Balrāma was fair. Both brothers played in the front yard of Nanda's house. Nanda and Yashodā watched them with joy.* **264/4839**

(एक दिन)

राम श्याम कुछ खेल रहे थे, आंगन में कुछ ठेल रहे थे ।
मातु जसोदा नंद दुआरे, कुतुहल के मन मंद फुआरे ।। 265/5205

कृष्ण ने भूमि से कुछ काला, योंहि उठा कर मुख में डाला ।
देख यशोदा माँ चिल्लायी, थूँक चीज जो तूने खायी ।। 266/5205

मिट्टी खाना बुरी बात है, पेट दुखाती बड़ी, तात! है ।
मिट्टी में सब जीव जीवाणु, कीट मकौड़े कृमि कीटाणु ।। 267/5205

---

[67] **शारदा छन्द** : इस 30–14 मात्रा वाले विषम छन्द में 5, 8, 8, 7 + ऽ – 5, 7 + ऽ मात्रा आती है । चरणों के अंतिम वर्ण गुरु होते हैं ।

▶ लक्षण गीत : **दोहा॰ चौदह कल सम चरण में, गुरु मात्रा से अंत ।**
तीस मत्त हों विषम में, वही "शारदा" छंद ।। 251/7068

[68] **आस्य** (सं) : (हिन्दी) मुख, वदन ।

[69] **रेवती** = रोहिणी।

डाला मुँह में क्या है बोलो, मुझे दिखाओ मुख तो खोलो ।
ज्यों आज्ञा, हरि ने मुख खोला, "माते! देखो क्या है," बोला ।। 268/5205

◎ **One day :** *One day Shrī Rāma and Shyāma were playing in the front yard and Nanda-Yashodā were watching their play. While playing, Shrī Krishṇa picked up something from the ground and put it in his mouth. Mother Yashodā shouted, O Kānhā! spit it out, whatever you put in your mouth. Putting anything in the mouth is not good. It will give you stomach ache. There are germs and insects in the soil. Shrī Krishṇa opened his mouth and said, O Mother! behold.* **265/4839**

संगीतश्रीकृष्णरामायण गीतमाला, पुष्प 86 of 763

(कान्हा माटी खायो)

स्थायी

नंद जी! आज कान्हा माटी खायो ।
मोहे, मुख में विश्व दिखायो ।
नंद जी! आज कान्हा माटी खायो ।।

सा-रे ग-! रेग- म-ग- म-पध प-म- ।
मप, धप म- प-म गरे-सा- ।
सा-रे ग-! मम- प-म- रे-ग- गरेसा- ।।

अंतरा-1

मैं बोली, अपने घर लटके, दूध दधि-माखन के मटके ।
फिर क्यों माटी चखायो ।
नंद जी! आज कान्हा माटी खायो ।।

ग- म-प- गमप-, निध धपध-, नि-नि निनि- सां-निध निध पपम- ।
रेग म- प-म गरे-सा- ।
सा-रे ग-! मम- प-म- रे-ग- गरेसा- ।।

अंतरा-2

बोला, माटी से ही सब आवे, माटी में ही सब मिल जावे ।
मोहे, कान्हा ज्ञान सिखायो ।
नंद जी! आज कान्हा माटी खायो ।।

अंतरा-3

देखा मैंने उसके मुख में, विश्व समाया सब है सुख में ।
मोहे, कान्हा नेहा लगायो ।
नंद जी! आज कान्हा माटी खायो ।।

अंतरा-4

कान्हा मोरा विश्वरूप है, शिशु गोपन का बाल भूप है ।
मोहे, दैवी दरस लखायो ।
नंद जी! आज कान्हा माटी खायो ।।

◎ **Kānhā put soil in his mouth : *Sthāyī :*** *O Nanda Bābā! Kānhā put soil in his mouth. He opened his mouth and showed me the whole Universe in his mouth.* ***Antarā :*** *I said to him, we have milk, curd and butter in our house, then why are you putting soil in your mouth?* ***2.*** *He said, everything comes from soil, and everything goes back to soil. He taught me science. Kānhā has charmed me.* ***3.*** *When he opened his mouth, I witnessed the Universe in it. Kānhā has shown me his divinity.* **266/4839**

संगीतश्रीकृष्णरामायण छन्दमाला, मोती 58 of 501

मनोरम छन्द[70]

ऽ + 7 + ।ऽऽ अथवा ऽ + 8 + ऽ।।

(कान्हा माटी खायो)

आज मिट्टी किशन खायो ।
विश्व वो मुख में दिखायो ।। 1

विश्व हरि के तन बिराजत ।
कान्हा मम मन में राजत ।। 2

---

[70] **मनोरम छन्द** : इस 14 मात्रा वाले मानव छन्द के चरणों के आदि में एक गुरु वर्ण (ऽ), और अंत में य गण (।ऽऽ) अथवा भ गण (ऽ।।) आता है । विराम चरणान्त होता है ।

▶ लक्षण गीत : **दोहा॰ चौदह मात्रा से बना, य वा भ गण से अंत ।**
गुरु मात्रा से आदि हो, वही "मनोरम" छंद ।। 253/7068

27. Story of the Universal Display (Krishna's Childhood)

◎ **Kānhā ate soil :** *Today Kānhā put soil in his mouth. He showed me Globe of Universe in his mouth. The Universe resides in Shrī Krishṇa and Shrī Krishṇa dwells in my mind.* **267/4839**

(तब, यशोदा)

माता ने जब देखा अंदर, पल भर थोड़ा लगा उसे डर ।
फिर विस्मय, विश्वास था अटका, फिर कुतुहल का उसको झटका ।। 269/5205

मुख श्री हरि का सादा भोला, भीतर उसके विश्व का गोला ।
अखिल ब्रह्माण्ड की आकृति ने, विश्वरूप के दर्शन दीन्हे ।। 270/5205

दोहा॰ निहार गोला विश्व का, याद हुए कपि बोल ।
हनूमान ने था कहा, "धरती माँ है गोल"[71] ।। 254/7068

स्वयं चलित वह त्रिभुवन संग्रह, सूर्य चंद्र नभ तारे नव ग्रह ।
देव-देवता गिरि नद सागर, जीव जीवाणु तरु खग वानर ।। 271/5205

एक स्थान में संचय सबका, त्रिलोक दर्शन देखा रब का ।
देखी हरि की दैवी महिमा, नर स्वरूप में परमा गरिमा ।। 272/5205

माता पल भर कुछ ना बोली, विस्मित मन का पट ना खोली ।
"विश्व विराजत हरि के तन में, हरि है राजत हमरे मन में" ।। 273/5205

◎ **Yashodā :** *When mother saw the Universe in Shrī Krishṇa's mouth, she was scared for a moment, then surprised and then curious. She witnessed the self-sustained live Universe of three worlds with its sun, moon, stars,soil, rivers, mountains, plants, animals, insects, germs and everything together in a happy union at one place. She realized Shrī Krishṇa's divinity in human form. She said, the Universe dwells in Shrī Krishṇa and Shrī Krishṇa dwells within all of us.* **268/4839**

संगीतश्रीकृष्णरामायण गीतमाला, पुष्प 87 of 763

(विश्व दीदार)

स्थायी

सखी! मुख में जिसके विश्व दीदार, किशन विराजे मन में हमार ।
हरि दरशन से आए खुमार, मेरो सब कुछ नंद कुमार ।।

♫ रेसा! रेग ग पमग- ध-प मप-प, गगम पम-ग- मप ध पम-म ।
गरे गममम म- प-ध निध-ध, सां-नि- धध पम प-म गरे-रे ।।

अंतरा-1

जग कहता है कृष्ण साँवला, अंग भुलाए, जग है बावला ।
अंदर देखो, यदि एक बार, रंग हरि के हैं बेशुमार ।।

♫ गम पपध- ध- रें-सां नि-धप-, नि-ध पम-ग- मम प ध-पम- ।
रे-रेरे ग-ग-, धप- मग म-म, सां-नि धप- ध- प- म-गरे-रे ।।

अंतरा-2

भद्र जनन को पास धराने, असुर जनन का नास कराने ।
आया धरा पर फिर एक बार, सुन कर आर्त जनन की पुकार ।।

अंतरा-3

कृष्ण हमारा प्राण पियारा, नंद दुलारा जग उजियारा ।
हरि को बिठाओ मन में तुमार, हरि उतारे सब दुखभार ।।

◎ **The Universal Display : *Sthāyī* :** *O Dear Sakhī! Shrī Krishṇa, in whose mouth I witnessed Cosmic Display, dwells in my heart. Hari's image charms me. My everything is that Nand Kumār.* ***Antarā* : 1.** *The world says, Shrī Krishṇa's complexion is dark, but his outer appearence is an illusion. The people are deluded. See within him once, you will see infinite colours and shades there.* **2.** *Having heard the cries of the sad people, he came on the earth for the protection of good people and for the destruction of evil.* **3.** *Nand Dulārā (Nana Bābā's loving son) is dear to us more than our own lives. He is the enlightenment of the world. Fix Shrī Krishṇa in your mind and he will remove all your pains.* **269/4839**

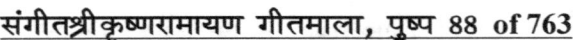

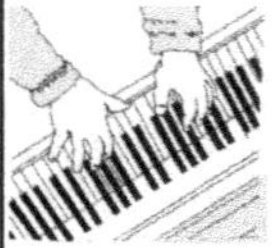

संगीतश्रीकृष्णरामायण गीतमाला, पुष्प 88 of 763

(ब्रह्माण्ड दर्शन की कथा)

स्थायी

स्वरदा ने सुंदर गाया है, नारद ने साज बजाया है ।

[71] धरती माँ है गोल = देखिये कथा 219, पुष्पक विमान की कथा, श्री हनुमान कथन ।

रतनाकर गीत रचाया है ।।

♫ सानि़सा– गरे सा–नि़नि़ सा–रेम ग–, गममग पम ग–रे सासा–रेम ग– ।

गगरेसासासा रे–ग मगरेसानि़ सा– ।।

अंतरा–1

एक दिन कृष्ण ने कछु मुख पाया, माँ बोली, तू "हरि! क्या खाया" ।

"लो देखो माँ!" कह मुख खोला, हरि मुख में था विश्व का गोला ।।

जिसमें सब सत्य समाया है ।।

♫ पप मरे म–प प पम पनि धपप–, प– मगगसा, साग "मप! गरे सानि़सा–" ।

"सानि़ सा–गरे सा–!" नि़नि़ सासा रेमग–, सानि़ सासा गरे सा– नि़–सा सा रेमग– ।

गगरेसा सासा रे–ग मगरेसानि़ सा– ।।

अंतरा–2

नभ चँदा सूरज तारे हैं, इत जीव कीटाणुऽ सारे हैं ।

गिरि नदियाँ तरु खग प्राणी हैं, सब सृष्टिऽ ये पहिचानी है ।

श्रीकृष्ण में सर्व समाया है ।।

अंतरा–3

लख विस्मित माता चकराई, फिर बोल पड़ी जसमति माई ।

जिसे मन में हमने बसाया है, उसमें सब विश्व समाया है ।

श्रीकृष्ण में दैवी माया है ।।

◎ **Story of Cosmic Display :** ***Sthāyī :*** *Ratnākar composed the melody, Sarasvatī sang it beautifully, while Shrī Nārad muni played the Vīṇā.* **Antarā : 1.** *In the Universe there are stars, sun, moon, planets, earth, rivers, mountains, plants, animals, worms and insects. Everything dwells in Shrī Krishṇa.* **2.** *Beholding this miracle, mother Yashodā got confused, then surprised. She said, the Universe dwells in him who dwells in our hearts. This is Shrī Krishṇa's divinity.* **270/4839**

बालकृष्ण अनुभाग
सातवाँ तरंग

28. माखन चोरी की कथा :

28. Story of Stealing butter (*Krishna's Childhood*)

(नवनीतचौर्यकथा)

♫ **संगीतश्रीकृष्णरामायण छन्दमाला, मोती 59 of 501**

सूर्यकांत छन्द

8 + 8 + 9 + ।ऽ

(माखन चोरी)

मटकी दधि की, कान्हा फोरी, नटखट गोपाल बड़ा ।

अटरी मोरी, माखन चोरी, बिन आहट निकल पड़ा ।।

◎ **Theft of Butter :** *Kānhā broke my pots of curd and butter. Gopāla is naughty. He came to my house quietly, without making any sound, stole butter and ran away.* **271/4839**

संगीतश्रीकृष्णरामायण गीतमाला, पुष्प 89 of 763

भजन

(गोकुल)

स्थायी

गोकुल, ब्रज भूमि की रानी ।

♫ ग–रेसा, गम ध–प– म– ग–म– ।

अंतरा–1

किशन का गोकुल स्वर्ग समाना, कहीं न इसका सानी ।

गौवन का क्षीर, गोपी कान्हा, जमुना जी का पानी ।।

♫ नि़नि़सा रे ग–गग ग–म धप–म–, गम– प धधनि– ध–प– ।

सां–निध प– धध, नि–ध– प–म–, सारेग– प– म– ग–म– ।।

अंतरा–2

मोर पपीहे कोयल बोले, मंजुल रव की वाणी ।

28. Story of Stealing butter (Krishna's Childhood)

ग्वाल बाल मधुबन में खेले, गोपी कृष्ण दीवानी ।।

अंतरा–3

इन्द्र भूमि का यहाँ दर्श है, अमृत जैसा पानी ।

दैवी माया यहाँ स्पर्श है, अमर यहाँ हर प्राणी ।।

◎ **Gokul : *Sthāyī :*** *Gokul is the queen of the Vraj Bhūmi.* ***Antarā : 1.*** *The Gokul of Shrī Krishnan is like heaven. There is no parallel to this lovely place. There is Shrī Krishna, the cowherds, the cow-maids, cows, milk, butter and sweet water of river Yamunā.* ***2.*** *Peacocks and Black birds chipr in beautiful tunes. Cowherd boys and girls play in Madhuban. Gopīs are charmed by Shrī Krishna.* ***3.*** *It is like the capital city of Indra. People here speak sweet words. Every life is immortal here. It has a divine touch.* **272/4839**

नंद भवन का सुंदर प्रांगन, अंदर खेलत नंद का नंदन ।

साथ रँभावत वत्सन गौअन, मातु यशोदा मुदित मनोमन ।। 274/5205

◎ **One day :** *The front yard of Nanda's house is beautiful. In the yard plays Nanda-nandana (Son of Nanda) Shrī Krishna. The cows bellow. Seeing the charming view, Yashodā is joyful in her mind.* **273/4839**

♫ **संगीतश्रीकृष्णरामायण छन्दमाला, मोती 60 of 501**

दोधक छन्द[72]

ऽ।।, ऽ।।, ऽ।।, ऽ ऽ

(कृष्ण मुकुंदा)

लावत मंथन, मातु जसोदा ।

खावत माखन, कृष्ण मुकुंदा ।। 1

गोप सुदामन, संग सखा है ।

गौ बछड़ों पर, ध्यान रखा है ।। 2

[72] ♫ **दोधक छन्द :** इसके चरणों में ग्यारह वर्ण, 16 मात्रा होती हैं और यति 6, 5 पर विकल्प से आता है । इस में भ भ भ गण और अंत में दो गुरु वर्ण आते हैं । इसका लक्षण सूत्र ऽ।।, ऽ।।, ऽ।।, ऽ ऽ इस प्रकार होता है ।

▶ लक्षण गीत : **दोहा॰ सोलह मात्रा से बना, तीन भ गण, ग ग अंत ।**
अष्टम कल पर यति जहाँ, "दोधक" है वह छंद ।। 255/7068

◎ **Shrī Krishna Mukunda :** *Mother Yashodā is churning curd and Shrī Krishna Mukunda is eating butter. With him are cowherd children, they are taking care of the cows and calves.* **274/4839**

श्लोक:

सुन्दरं च विशालं च प्राङ्गणं नन्दवेश्मनः ।

वत्साश्च धेनवस्तस्मिन्-पुष्पलताश्च पक्षिणः ।। 147/2422

◎ **One day :** *The yard of Nanda's house is big and beautiful. In the yard are cows, calves, plants, vines, flowers and birds.* **275/4839**

संगीतश्रीकृष्णरामायण गीतमाला, पुष्प 90 of 763

खयाल : राग देशकार,[73] **चौताल 12 मात्रा**

(दधि मंथन)

स्थायी

नैनूँ खात नंद लाल, संग सखे गोप बाल ।

बिलोती दही तड़के, जननी सुखदाऽऽऽऽई ।।

♫ सांधध ध–सां सां–सां ध–प, पगप पपध पगप गरेसा ।

साध़–सा– रेगप पधध–, गंरेंसां– सांपधसांधपगरेसा ।।

अंतरा–1

नटखट सब ब्रज गोपाल, ठुमकत नाचत धमाल ।

विविध राग मधुर ताल, बंसी सुनवाऽऽऽऽई ।।

♫ पगपप धध सांसां सांसां–सां, सांसांधसां सांरेंसांरें सांध–प ।

पधग पधध पधग पधध, सांरेंसांध– पधपगपगरेसा ।।

[73] **राग देशकार :** यह बिलावल ठाठ का राग है । इसका आरोह है : सा रे ग, प, ध सां । अवरोह : सां ध प, ग प ध प, ग रे सा ।

▶ लक्षण गीत : **दोहा॰ पाँच शुद्ध स्वर से सजा, म नि को दिया निकाल ।**
ध ग वादी संवाद से, "देशकार" की चाल ।। 256/7068

28. Story of Stealing butter (Krishna's Childhood)

◎ **Churning curd : *Sthāyī :*** *Mother Yashodā is churning curd and Nand-lālā (Son of Nanda) Shrī Krishṇa is eating the butter with his friend-cowherd-boys.* ***Antarā : 1.*** *Naughty Shrī Krishṇa and his friends are dancing and singing sweet songs in various Rāgas and rhythms.* **276/4839**

(व्रज भूमि)

मथुरा के उस कंस से दूरे, दधि–माखन से व्रज जन पूरे ।

दही दूध सब पीत मोद में, निरोग बालक माँ की गोद में ।। 275/5205

श्लोकः

गावोऽजाश्च महिष्यश्च व्रजभूम्यां गृहे गृहे ।

दुग्धञ्च नवनीतञ्च बालकेभ्यो नु रोचते ।। 148/2422

हर ग्वालन के गृह में मंथन, तड़के निकले टटका माखन ।

सबको प्रिय अमृत से बढ़ कर, प्रीत श्याम की उससे प्रियतर ।। 276/5205

श्लोकः

प्रियतरस्तु कृष्णस्तान्–अमृतादप्यभीप्सितः ।

गोपा गोप्यश्च वाञ्छन्ति सर्वदा कृष्णदर्शनम् ।। 149/2422

◎ **Vraj Bhūmi :** *In the Vraj Bhūmi, every house has cows and buffalos. Milk and butter is liked by the cowherd boys. At every house curd is churned in the morning and fresh butter is taken out. Cowherds and cow-maids love Shrī Krishṇa's image.* **277/4839**

संगीतश्रीकृष्णरामायण गीतमाला, पुष्प 91 of 763

(चाल, तबला ठेका और तान के लिये देखिये
हमारी "*नयी संगीत रोशनी*" का गीत 80)

(राधा नंदकिशोर)

स्थायी

खेलत राधा नंद किशोर, नंद किशोर सखि नंद किशोर ।

गोकुल वाला माखन चोर ।।

अंतरा–1

ग्वालिन राधा, झूलत झूला, आनंद चारों ओर ।

आनंद चारों ओर ।।

अंतरा–2

बाँसुरी की धुन, सुनत गोपिका, नाचत मन का मोर ।

अंतरा–3

गोप सुदामा अरु बलरामा, गावत सुधबुध छोड़ ।

अंतरा–4

बांधत नटखट मातु यशोदा, टूटी जावे डोर ।

अंतरा–5

सावन बरखा, रिमझिम बरसत, काली घटा घन घोर ।

◎ **Rādhā Nandkishor : *Sthāyī :*** *Rādhā and Nand Kishor Shrī Krishṇa are playing. Nand Kishor is the Gokul wālā (Dweller of Gokul) Mākhan Chor (Butter stealer).* ***Antarā : 1.*** *The cow-maid Rādhā is swinging on the swings. All around is happiness.* ***2.*** *The Gopīs are listening the tune of the flute and the peacock of their mind is dancing along.* ***3.*** *Sudāmā and Balrāma are singing, oblivious to everything around them.* ***4.*** *Mother Yashodā is trying to tie Shrī Krishṇa, but the rope keeps on breaking.* ***5.*** *The drizzles of the Spring season are falling and the black thick clouds are in the sky.* **278/4839**

हरि को चाहत हर व्रज नारी, नानी माता सुता कुआँरी ।

प्यासी अविरत हरि दरशन की, आस सदा ही प्रभु चरणन की ।। 277/5205

◎ **One day :** *Every woman loves Shrī Krishṇa, may she be a grandmother, a mother or a daughter, she is thirsty to see Shrī Krishṇa and touch his feet.* **279/4839**

संगीतश्रीकृष्णरामायण गीतमाला, पुष्प 92 of 763

(हरि घनश्याम)

स्थायी

गर मेरे घर आए, हरि घनश्याम, सब कुछ कर दूँ, कृष्ण के नाम ।

देखूँ राह मैं चारों याम, आओ कनाई! मेरे धाम ।।

♪ साम मम मप मग, गम पमप–प, पप पध पप म–, रे–ग ग म–म ।

सामम– प–म ग गमपम प–प, प–प धपमम–! रे–ग– म–म ।।

अंतरा–1

28. Story of Stealing butter (Krishna's Childhood)

दधि–माखन मेरे द्वारे, खाओ जी भर कर प्यारे! ।
गोप गोपिका मितर ललाम, लाओ सुदामा संग बलराम ।।
♪ धनि ध–पप म–प– ध–नि, ध–धम मध निसां धप मगम– ।
सामम मपमग– गमप मप–प, प–प धपमम– रेरे गगम–म ।।

अंतरा–2
मन मंदिर में ज्योति जगे, भगती विनय का भोग लगे ।
भजनन मेरे मुख भगवान्! सुमिरन तेरा शुभ अभिराम ।।

अंतरा–3
चित्त हमारा तुमरे पासा, तुमरे पग की अभिलासा ।
पूरण हों मेरे अरमान, नत हिरदय से परम प्रणाम ।।

◎ **Hari Ghanashyām : *Sthāyī* :** *O Dear! if Ghanashyām Shrī Krishṇa comes to my home, I will gift him everything I own. I await you, O Shrī Krishṇa Kanāī! day and night. Please come to my home. At my home we have milk, curd and butter. Please come and eat all you like. O Dear! please come with Balrāma and your beautiful cow-girl and cowherd friends.* **2.** *I will light the lamp of devotion in my heart with humility and faith. O My Bhagavān (Lord)! your image is lovely.* **3.** *You have stolen my heart, I like to touch your feet. I salute you bowing down my head.* **280/4839**

स्वभाव से ही छोटे बच्चे, होते चंचल मिजाज कच्चे ।
निज घर जितना हो दधि–माखन, मन ललचावे पर का चाखन ।। 278/5205

श्लोकौ

प्रत्यग्रं स्वगृहे दुग्धं तक्रं पीथं घृतं दधि ।
चषितुमपरेषांस्तत्–तथापीच्छन्ति बालकाः ।। 150/2422

कपिभिः सदृशा बालाः कृष्णस्तेषु पुरस्सरः ।
स सर्वगुणसम्पन्नः–चञ्चलश्च मनोरमः ।। 151/2422

◎ **Children :** *Children are naive and naughty like the monkeys by nature. There may be plenty curd and butter at their own home, but they love to eat it at someone else's place.* **281/4839**

हर घर में दधि–माखन मटकी, छींके में जो ऊपर लटकी ।
बिल्ली जहाँ पहुँच ना पाए, आँख बचा कर खा नहिं जाये ।। 279/5205

(जब)
थकी गोपियाँ मंथन करके, काम काज सँभाले घर के ।
लेटीं हों आराम कराने, ग्वाले वन में धेनु चराने ।। 280/5205

◎ **At noon :** *At every house the cow-maids keep pots of curd and butter hanging high up on rope baskets so that a cat may not eat it. At noon, the cowherds are in the jungle grazing the cows. The cow-maids lie down for resting after their lunch.* **282/4839**

(तब)
ग्वाल बाल सब सखा किशन के, मित्र वृंद सब नटखट मन के ।
गोपीयों के घर दोपहरी, छिप कर करते माखन चोरी ।। 281/5205

श्लोकौ

उद्दिने गोचरे गोपा गोप्यः संशयने यदा ।
कृष्णादयो गृहे विष्टा नवनीतमदन्ति वै ।। 152/2422

गृहेषु दधिगर्गर्यो नवनीतघटास्तथा ।
ऊर्ध्वं प्रेङ्खन्ति शिक्येषु बिडालेभ्यः सुरक्षिताः ।। 153/2422

छीके ऊँचे, हाथ न पहुँचे, बिना कुछ लिये पग के नीचे ।
एक गोप फिर घोड़ा बनता, खड़ा पीठ पर दूजा चढ़ता ।। 282/5205

फिर भी हाथ अगर ना पहुँचे, लकुटी मार गिराते नीचे ।
खाते सब मिल भाई–भाई, कभी न करते हाथापाई ।। 283/5205

श्लोकः

घटान्भञ्जन्ति दण्डेन खादितुं ते घृतं दधि ।
ततो गृहात्पलायन्ति विद्युद्गत्या हि बालकाः ।। 154/2422

घर में घुस कर चुप–चुप छुपते, आहट पाते कोई न रुकते ।
तीतर–बीतर भागे जाते, धरने जाओ, हाथ न आते ।। 284/5205

◎ **That time :** *At that time, Shrī Krishṇa and his naughty friends sneak in the houses of cow-maids to eat butter. If the pots are up high out of reach, they stand on back of each other and try to reach the pots. If they still could not reach the pot, they break it with a* *stick and eat the butter. All boys share the butter without any argument. As soon as they hear any sound, they ran away without getting caught.* **283/4839**

<u>संगीतश्रीकृष्णरामायण छन्दमाला, मोती 61 of 501</u>

शक्ति छन्द[74]

। + 2 + 3 + 4 + 3 + 1 + ।। ऽ

अथवा । + 2 + 3 + 4 + 3 + ऽ। ऽ

अथवा । + 2 + 3 + 4 + 3 + 2 + ।। ।

(माखन मटकी)

दही दूध माखन गागर लटकी ।

किशन मार लकुटी फोड़त मटकी ।। 1

रखी छीक पर थी माखन गगरी ।

सखी! कबहु आयो छुप कर अटरी ।। 2

◎ **Butter :** *The pots of Butter, curd and milk are hung high up out of reach of children. Shrī Krishṇa broke them with a stick and ate the butter. The cow-maids did not know when he came to their home and when he ran away.* **284/4839**

(फिर, गोपियाँ)

टूटी मटकी देखे गोपी, अचरज करती पल में कोपी ।

हुआ ये कैसे, किसका काम, मन में आवे कृष्ण का नाम ।। 285/5205

मन में आते कृष्ण का नाम, गोपी आवे जसमती धाम ।

कहती, "मैया! सुनियो मोरी, कान्हा कीन्ही माखन चोरी" ।। 286/5205

श्लोकः

गोप्यः नन्दगृहं यान्ति यशोदां गदितुं कथाम् ।

कृष्णस्य चुम्बनं कृत्वा प्रत्यागच्छन्ति ता गृहे ।। 155/2422

"श्याम ने करी माखन चोरी, मार लकुटिया मटकी फोड़ी ।

आपन खायो सबन खिलायो, दधि-माखन को तले गिरायो ।। 287/5205

"आयो चुप कर चौकी मोरी, कान्हा माखन मटकी फोड़ी ।

आहट पाते कियो पलायन, नजर न आयो आवन जावन" ।। 288/5205

◎ **One day :** *Seeing the broken pots, the cow-maids are surprised and then angry. How did it happen and who did it. It probably is Shrī Krishṇa's work. They would come to Yashodā's home to complain. O Maiyā (Mother Yashodā)! Kānhā has broken the pots and ate butter with his friends. We did not know when he quietly came and when he quitely ran away. We did not see anything, but it must be Shrī Krishṇa.* **285/4839**

<u>संगीतश्रीकृष्णरामायण गीतमाला, पुष्प 93 of 763</u>

(एक ही नाम)

स्थायी

मुख में बसा बस एक ही नाम । गोपी कहे कान्हा का ये काम ।।

सासा रे गम- मम ध-प म प-प । रे-ग गम- प-ध- प- ग मम- ।।

अंतरा-1

निश-दिन मन में एक मुरतिया, ध्यान भुलावे भोली सुरतिया ।

मन में बसा जो हरि घनश्याम, मुख में आए, नाम ललाम ।।

मम पध <u>निनि</u> ध- सां-<u>नि</u> धपपध-, सां-<u>नि</u> धप-ध- <u>नि</u>-ध पधगम- ।

रेरे ग मप- प- <u>निनि</u> धपध-ध, रेरे ग- म-प-, ध-प गम-म ।।

अंतरा-2

नजर न आवे माखन खावे, कब आवे कब जावे श्याम ।

बार-बार वो मन भरमावे, सुध-बुध खोवे गोपी तमाम ।।

अंतरा-3

कान्हा कीन्ही माखन चोरी, मैया मोरी मटकी फोरी ।

---

[74] **शक्ति छन्द :** इस 18 मात्रा वाले पौराणिक छन्द के प्रत्येक चरण के आरंभ में एक लघु मात्रा (।), और अंत में स गण (।। ऽ), अथवा र गण (ऽ। ऽ) अथवा न गण (।।।) आता है । विराम चरणान्त । शक्ति छन्द की 1, 6, 11 और 16-वीं मात्रा लघु होती है । आरंभ में दो त्रिकल होते हैं ।

▶ लक्षण गीत : **दोहा॰ कल अठारह, ल आदि हो, ल ग मात्रा से अंत ।**

छः ग्यारह भी लघु जहाँ, वहाँ "शक्ति" है छंद ।। 257/7068

28. Story of Stealing butter (Krishna's Childhood)

कान्हा दिखावे फिर है कमाल, ज्यों का त्यों ही सब सामान ।।

◎ **It must be Shrī Krishṇa : *Sthāyī* :** *There is only one name in her mind. The cow-maid says, it must be Shrī Krishṇa.* ***Antarā* : 1.** *Day and night there is one image in her mind. That is Ghanashyām, so she takes that lovely name.* **2.** *I did not see him, but I am sure he ate the butter. He deludes me again and again. I am confused. I don't know anything anymore.* **3.** *She says, O Yashodā! Kānhā came to my home. He broke the pots and ate my butter. Then Kānhā shows his magic. When the cow-maid goes home, the **pots and the butter are intact as they were before**. Surprise!* **286/4839**

(मगर)

उधर बजे जादू की चुटकी, माखन मटकी फिर से लटकी ।

दधि–माखन सब ज्यों का त्यों ही, नाम किशन का लिया था क्योंहि ।।289/5205

श्लोक:

गृहमागत्य पश्यन्ति, "घटा: सर्वे हि पूर्ववत्" ।

दुग्धञ्च नवनीतञ्च, कृष्णलीला हि सा खलु ।। 156/2422

◎ **But :** *When the cow-maid comes home, the butter and the curd pots are hanging as before. Then why did I take Kānhā's name? It's Shrī Krishṇa's magic.* **287/4839**

संगीतश्रीकृष्णरामायण गीतमाला, पुष्प 94 of 763

राग भैरवी, कहरवा ताल

(माखन चोर)

स्थायी

मैं नहीं मैया माखन चोर, नाम लगाए काहे को ।

♪ सा– रेग म–म– प–मग म–म, प–म गम–प– म–गरे सा– ।

अंतरा–1

देखा नहीं है, किसी ने मुझको, फिर भी शिकायत है क्यों तुझको ।

ऊँगली उठा मत मेरी ओर, आँखें दिखाती काहे को ।।

♪ म–प निध– प–, निनि– ध पपम–, निनि ध पध–मम ग– प– मगरे– ।

सासारे गम– गग प–मग म–म, प–म गम–प– म–गरे सा– ।।

अंतरा–2

गोपी आवे देखन मोहे, मोर मुकुट मेरे सिर सोहे ।

गोपी सब हैं चुगली खोर, ताने लगाए काहे को ।।

अंतरा–3

माखन उनका ज्यों का त्यों है, नाम लगावत मोरा क्यों हैं ।

बाँध न मैया मुझको डोर, कान तू पकड़े काहे को ।।

◎ **Theft of butter : *Sthāyī* :** *Shrī Krishṇa says, O Mother! I am not a butter thief, then why the Gopī (cow-maid) blames me?* ***Antarā* : 1.** *Nobody saw me, then why do they complain? Please don't point your finger at me, don't look at me with suspicion.* **2.** *The cow-maid came to see me. She likes my peacock tiara. The cow-maid is slanderous, why does she taunt me?* **3.** *The butter pots are as they were, then why she blamed me? O Mother! please don't tie me with a rope. Why are you holding my ear?* **288/4839**

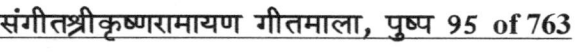

संगीतश्रीकृष्णरामायण गीतमाला, पुष्प 95 of 763

(माखन चोरी की कथा)

स्थायी

स्वरदा ने सुंदर गाया है, नारद ने साज बजाया है ।

रतनाकर गीत रचाया है ।।

♪ सानि़सा– गरे सा–नि़नि़ सा–रेम ग–, गममग पम ग–रे सासा–रेम ग– ।

गगरेसासासा रे–ग मगरेसानि़ सा– ।।

अंतरा–1

ग्वालों को देकर रोटी है, जब थकी गोपियाँ लेटी हैं ।

तब आए कूद के बाड़े से, सब छुप–छुपके पिछवाड़े से ।

अब सबने माखन खाना है ।।

♪ प–मरे म– प–पम पनि़धप प–, पप मगसा सागमप– गरेसानि़ सा– ।

सानि़ सा–गरे सा–नि़ नि़ सा–रेम ग–, सानि़ सासा गरेसा– नि़नि़सा–रेम ग– ।

गग रेसासा– रे–गम गरेसानि़ सा– ।।

अंतरा–2

इत कृष्ण सुदामा संगी हैं, उत माखन मटकी टँगी है ।

जो मटकी ऊँची लटकी है, वो लकुटी मारे पटकी है ।

सब खाकर साफ सफाया है ।।

अंतरा–3

सब रंजित गोपी कन्हैया से, जब आती मिलने मैया से ।

कहे जसमति मैया, "मैं हारी!" उत मटकी लटकी हैं सारी ।

गोपियन की समझ न आया है ।।

◎ **Theft of butter : *Sthāyī* :** *Ratnākar composed the melody, Sarasvatī sang it beautifully, while Shrī Nārad muni played the Vīṇā.* ***Antarā* : 1.** *Giving lunch pack to the cowherds, when the cow-maids are resting in the afternoon, Shrī Kriṣhṇa and his friends enter any house, jumping over the fence. They come quietly by the back door. They eat the butter.* **2.** *If the butter pots are kept hanging high, they break them with stick.* **3.** *The cow-maids get mad with Shrī Krishna. They come to Yashodā and complain. But when they return home, they see that the pots are hanging as they were before. Cow-maids are surprised. Yashodā says, I am helpless.* **289/4839**

बालकृष्ण अनुभाग
आठवाँ तरंग

29. कृष्ण भयो गोपाल की कथा :

29. Story of Shrī Kriṣhṇa, the Cowherd Boy (*Krishna's Childhood*)

(गोपालकृष्णकथा)

♫ संगीतश्रीकृष्णरामायण छन्दमाला, मोती 62 of 501

द्रुता छन्द[75]

ऽ। ऽ, ।ऽ।, ।।ऽ, ।ऽ

(बाल गोपाल)

आज श्याम है, बरस पाँच का ।

बाल कृष्ण का, दिवस जन्म का ।। 1

वेणु हाथ में, मुकुट शीश है ।

धेनु संग वो, परम ईश है ।। 2

◎ **Young cowherd :** *Today Shyāma is five years old. Today is his birthday. He is going for grazing the cows. He has flute in his hand and crown on his head. He is Supreme Lord.* **290/4839**

(कान्हा)

पाँच वर्ष का किशोर कान्हा, आज भयो है, व्रज ने जाना ।

बोला, मैंने बन में जाना, वत्सन के सह खेल सजाना ।। 290/5205

रोज सवेरे व्रज के ग्वाले, जाते बन में गोकुल वाले ।

साथ उन्हीं के मैं भी जाऊँ, बंसी तरु के तले बजाऊँ ।। 291/5205

---

[75] ♫ **द्रुता छन्द :** इस ग्यारह वर्ण, 16 मात्रा वाले मात्रावृत्त के चरण में र ज स और एक लघु और एक गुरु वर्ण आता है । इसका लक्षण सूत्र ऽ।ऽ, ।ऽ।, ।।ऽ, ।ऽ इस प्रकार होता है । इसमें 5 वे वर्ण पर यति विकल्प से आता है ।

▶ लक्षण गीत : ✍ **दोहा॰ सोलह मत्ता का बना, र ज स, मत्त ल ग अंत ।**
मत्त पाँच पर यति जहाँ, वहाँ "द्रुता" है छंद ।। 258/7068

29. Story of Shrī Krịshṇa, the Cowherd Boy (Krishna's Childhood)

Cowherd boy : *The village of Gokul knows Kānhā is five years old today. ays, I want to go to the forest to graze cows. Every day the cowherds go to to graze cows, I will go with them. I want to play flute in the forest under the* **.91/4839**

संगीतश्रीकृष्णरामायण गीतमाला, पुष्प 96 of 763

(ना बजाओ)[76]

स्थायी

ना बजाओ, ना बजाओ, बांसुरी कान्हा ।
मुरली धुन मनहारी, ना बजाओ ।।

♫ सा– रेग–म–, म– गरे–सा–, मपध– प–म– ।
रेरेग– मम धपम–ग–, म– गरे–सा– ।।

अंतरा–1

चंदा सूरज थम जाते हैं, धरती थमती मोई ।
बादल से निकली जल धारें, रुकती सुधबुध खोई ।।
ना बजाओ, ना बजाओ, ना बजाओ ...

♫ रे–ग– म–मम धप म–ग– म–, गगम– पपध– सां–नि– ।
सां–निनि ध– ममप– धध नि–नि–, सांनिध– सांनिधप म–प– ।।
म– पध–नि–, सां– निध–प–, म– गरे–सा– ।

अंतरा–2

जीव जगत के प्राणी मोहे, राजा रंक भिखारी ।
गोकुल वासी गोप गोपिका, मोहत शिशु नर नारी ।।
ना बजाओ ...

अंतरा–3

कुंभकरन की निंदिया तोड़ी, मोड़ी शिव की समाधी ।
मुनि जनन के मौन बिगाड़े, मीरा भयी दीवानी ।।
ना बजाओ ...

अंतरा–4

देव–देवता ब्रह्मा सनका, इन्द्रजगत के वासी ।
आपा खो कर मगन धुनी में, सृष्टि चक्र क्रम नासी ।।
ना बजाओ ...

◎ **Kānhā's flute :** *O Kānhā! please don't play your flute. Its melody is hypnotizing.* **Antarā : 1.** *It woke up Kumbhakarṇa from his sleep, it broke Shiva's meditation, it disturbes the silence of the sages, it made Meerā go ecstatic.* **2.** *The beings on the earth, beggars and kings are all attracted to it. The cowherds and the cow-maids are all crazy about it.* **3.** *The sun, moon, stars and the earth stop their rotation. The rain forgets falling from the sky.* **4.** *The Gods, Goddesses, Brahmā and all deities of the heaven forget themselves. The cycle of nature stands still.* **292/4839**

(और)

मैं पहनूँगा गल बनमाला, कटि पीतांबर काजल काला ।
पग में पायल, कर में मुरली, मोर मुकुट अरु कमली काली ।। 292/5205

"रोटी माखन साथे दीजो, पीछे मोरी सोच न कीजो ।
पाँच बरस का मैं हूँ ग्वाला, मुरली वाला नंद गोपाला" ।। 293/5205

सुन कर कान्हा की शिशु बानी, माँ का हिरदय पानी पानी ।
बोली, "सुचेत बन में रहियो, नाम राम का मन में कहियो" ।। 294/5205

◎ **Young cowherd :** *I will wear garland of wild flowers on my neck, Pītāmbar on my waist, anklets on my legs, flute in my hand and tiara on my head. O Mother! give me butter and bread with me. Don't worry behind me. I am five years old cowherd, Nand Gopāl (cowherd Shrī Krịshṇa). I will go with cows. Hearing Shrī Krịshṇa's sweet words, mother Yashodā's heart melts. She says, be careful in the forest and keep chanting Shrī Rāma's name in your mind.* **293/4839**

संगीतश्रीकृष्णरामायण गीतमाला, पुष्प 97 of 763

(नंदलाल गोपाल)

स्थायी

आज, नंदलाल भयो गोपाल ।

[76] एक किसी पुरातन गीत से संकल्पित ।

♫ गमं, ध–पमं–ग रेसा– नि़–ग – – – ग ।

अंतरा–1

पाँच वर्ष का किशोर कान्हा, हर्ष मोद ये व्रज सब जाना ।

सखी! हाल मेरो बेहा – – – ल ।।

♫ ग–मं प–प प– मंध–प मं–ग–, प–ध नि–सां नि– सांनि धप मधप– ।

धप–! मं–प रेसा– नि़–ग – – – ग ।।

अंतरा–2

आज पठायो गौवन पीछे, कियो विदा मैं आँखे मीचे ।

हरि, आज भयो गोपा – – – ल ।।

अंतरा–3

खेलत वत्सन संग वन माहीं, लागत मोरा घर मन नाही ।

गोपाल भयो, नंद ला – – – ल ।।

◎ **Nand Gopāl :** ***Sthāyī :*** *Today Nand Kishor became a cowherd.* ***Antarā : 1.*** *Kānhā is five years old, the village of Gokul knows it. I am excited with joy, says Yashodā.* ***2.*** *I sent him with the cows, with a heavy heart. Today Shrī Krishṇa became a cowherd.* ***3.*** *In the forest, he plays with cows. I am restless at home. My son, Nandlāl, became a cowherd.* **294/4839**

संगीतश्रीकृष्णरामायण गीतमाला, पुष्प 98 of 763

(गोपाल कृष्ण की कथा)

स्थायी

स्वरदा ने सुंदर गाया है, नारद ने साज बजाया है ।

रतनाकर गीत रचाया है ।।

♫ सानि़सा– गरे सा–नि़नि़ सा–रेम ग–, गममग पम ग–रे सासा–रेम ग– ।

गगरेसासासा रे–ग मगरेसानि़ सा– ।।

अंतरा–1

अब पाँच बरस का कान्हा है, कहे मधुबन मुझको जाना है ।

सुर बंसी मधुर बजाना है, मैं गौन से खेल रचाना है ।

सिर कान्हा मुकुट सजाया है ।।

♫ पप मरेम मपप पम पनिधप प–, पप मगगसा सागमप गरेसानि़ सा– ।

सानि़ सा–गरे सासानि़ नि़सा–रेम ग–, सानि़ सा–ग रे सा–नि़ नि़सा–रेम ग– ।

गग रेसासा– रेरेग मगरेसानि़ सा– ।।

अंतरा–2

हार गले में डाला है, काजल नैनन में काला है ।

पग में पायल कर मुरली है, अरु काँधे काली कमली है ।

सब व्रज को कान्हा भाया है ।।

अंतरा–3

बाबा को वन्दन कीन्हा है, मैया को चूमा दीन्हा है ।

"आता हूँ माते!" बोला है, शिशु ग्वाल बाल सह निकला है ।

संग माखन रोटी लाया है ।।

◎ **Gopāl Shrī Krishṇa :** ***Sthāyī :*** *Ratnākar composed the melody, Sarasvatī sang it beautifully, while Shrī Nārad muni played the Vīṇā.* ***Antarā : 1.*** *Today Kānhā is five years old. He says, I want to go to Madhuban. I want to play flute there. I want to play with the cows. He is wearing crown on his head.* ***2.*** *He is wearing a garland of wild flowers, mascara in his eyes, anklets on legs and blanket on his shoulder. He is adored by the whole village.* ***3.*** *Kānhā touched Nanda's feet. Yashodā kissed him. Saying bye to mother, he went to forest with other cowherds. He has bread and butter with him for lunch.* **295/4839**

30. गोपियों की शिकायत की कथा :

30. Story of the Complaints by the Cow-maids (*Krishna's Childhood*)

(गोपीनां परिदेवनम्)

संगीतश्रीकृष्णरामायण छन्दमाला, मोती 63 of 501

शंखनारी छन्द[77]

। ऽ ऽ, । ऽ ऽ

(मुकुंदा)

जसोदा बुलाती, सुनो रे! कन्हैया! ।
पुकारे सुदामा, बड़ा राम भैया ।। 1
कहे नंद बाबा, मुकुंदा कहाँ है ।
रचा रास खेला, गली में वहाँ है ।। 2

◎ **Mukunda :** *O Kanhaiyā! listen. Mother Yashodā is calling you. Sudāmā and Balrāma are calling you. Nand Bābā said, Kānhā is there in the Kuñj galī where he has arranged a Rās dance.* **296/4839**

(गोपी)

जबसे कान्हा बन में जावे, घर गोपियन का मन नहिं भावे ।
कभी किशन की आहट आवे, आहत चित को बिरहा खावे ।। 295/5205

◎ **Gopī :** *Since Kānhā is going to forest with the cows, the cow-maids feel lonely at home. Sometimes they feel as if Shrī Krishṇa has come. The separation from Kānhā agonizes them.* **297/4839**

---

[77] **शंखनारी छन्द :** इस 6 वर्ण, 10 मात्रा वाले छन्द के चरण में दो य गण आते हैं । इसका लक्षण सूत्र । ऽ ऽ, । ऽ ऽ इस प्रकार होता है । पदान्त विराम । इस छंद की धुन भुजंगप्रयात छंद के समान होती है ।

▶ लक्षण गीत : **दोहा॰ दस मात्रा से जो बना, य य गण का है वृंद ।**
कहा "शंखनारी" उसे, छः अक्षर का छंद ।। 259/7068

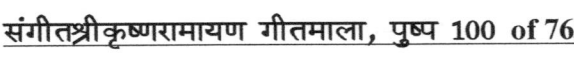

संगीतश्रीकृष्णरामायण गीतमाला, पुष्प 99 of 763

खयाल : राग मालकौंस, तीन ताल

(नंदलाल)

स्थायी

मोह लियो सखी मोहे नंदलाल हरि ।
नैनन कंज मुख मंडल चंद्रमा ।।

सांसां निसां धम धनि सां–धनिधम गसा ।
गगम धनिसां निनिसां धनिध मगमगसा ।।

अंतरा–1

घुंघर वाले सुंदर कुंतल, गल में चंपक, मुकुंद कलियाँ ।

ग–मम ध–नि– सां–सांसां गंनिसांसां, धनि सांमं गंसांधनि,
सांगंसांनिधनिसांनि धनिधमगमगसा ।

अंतरा–2

रंग कृष्ण, मुख मंडल मंगल, मोर मुकुट सिर, चंचल अँखियाँ ।

अंतरा–3

नैनन काजल, कानन कुंडल, पग में पैंजन, कृष्ण कन्हैया ।

◎ **Nandlāl : *Sthāyī :*** *O Dear! Nanda-lāl (Nanda's son) Shrī Krishṇa has charmed me.* ***Antarā : 1.*** *His complexion is dark and face is auspicious. On his head he has peacock crown and his eyes are beautiful.* ***2.*** *He has curly hair. He is wearing a garland of Champak and Mukund flowers.* ***3.*** *He has black eyeliner, ear-rings and anklets. Such is my Shrī Krishṇa Kanhaiyā.* **298/4839**

(और)

दिन में भी कान्हा के सपने, दधि खावन घर आयो अपने ।
याद में कान्हा घड़ी घड़ी आवे, आहट उसकी गली–गली पावे ।। 296/5205

◎ **Nand Gopāl :** *The cow-maids day dream Shrī Krishṇa. They feel as if Shrī Krishṇa coming home to eat butter. They remember him every moment, everywhere.* **299/4839**

संगीतश्रीकृष्णरामायण गीतमाला, पुष्प 100 of 763

30. Story of the Complaints by the Cow-maids (Krishna's Childhood)

भजन : राग मिश्र, तीन ताल 16 मात्रा
(चाल, तबला ठेका और तान के लिये देखिये
हमारी "*नयी संगीत रोशनी*" का गीत 83)

(श्याम सुंदर)

स्थायी

आयो री सखी, श्याम सुंदर घर आयो ।

अंतरा–1

माखन खावत, नेहा लगावत ।
माखन खावत, नेहा लगावत ।
कान्हा मोरे मन भायो ।। आयो री सखी

अंतरा–2

छिप छिप कर सखी, जाने कब आयो । आपन खायो, खिलायो ।।

अंतरा–3

ऊँची लटकी, माखन मटकी । लकुटिया मार, गिरायो ।।

अंतरा–4

बोले, "माखन, मैं नहीं खायो । मुख म्हारे, लिपटायो" ।।

अंतरा–5

भोली सूरतिया, खेलत लीला, मनवा मोरा, भरमायो ।।

◎ **Nand Gopāl : *Sthāyī*** *: O Dear! My Shyām Sundar has come home.* ***Antarā* : 1.** *He eats Mākhan (butter). He loves me dearly. I like Kānhā very much.* **2.** *He comes quietly, no one knows when he comes. He eats Mākhan and gives it to his friends also.* **3.** *I kept the pot of Dahī (curd) up high out of his reach, but he broke and dropped it down with a stick.* **4.** *He says, I didn't eat the Mākhan, Sudāmā smeared it on my mouth.* **5.** *His innocent face spells magic on me, my mind gets spellbound.* **300/4839**

(गोपियाँ)

एक समय में कान्हा बन में, गोप–गोपियों के भी मन में ।
बन मैं बैठा वेणु बजावे, मन में ऐठा माखन खावे ।। 297/5205

बिल्ली आवे बिल्ला आवे, माखन चाहे जो भी खावे ।
नाम सभी के मुख में आवे, कान्हा पर आरोप लगावे ।। 298/5205

कभी बहाना माखन चोरी, या फिर शिकवा मटकी फोड़ी ।
गोपी बोले, मैया मैया! कान्हा कहाँ छुपा है, दैया! ।। 299/5205

देखन कान्हा प्रति दिन आती, साथ गोपियाँ शिकवे लाती ।
मोहन आते उसे उठाती, चूमा लेकर वापस जाती ।। 300/5205

◎ **Cow-maids :** *Kānhā is in the forest with the cows, at the same time he is in the minds of the cow-maids. In the forest he is playing flute and at the same time he is eating butter in the minds of cow-maids. May a cat eat their butter, they say Kānhā did it. They come to Yashodā's home with the excuses that Kānhā broke the water pot or Kānhā ate the butter. They say, O Maiyā Yashodā! where is Kānhā. When they see him, they pick him up, kiss him and return to their homes.* **301/4839**

♫ **संगीतश्रीकृष्णरामायण छन्दमाला, मोती 64 of 501**

लुलित छन्द[78]

।। ऽ, ।। ऽ, ।। ऽ, ।

[78] ♫ **लुलित छन्द** : इस 10 वर्ण, 13 मात्रा वाले छन्द में चरण में स, स, स गण और एक लघु वर्ण आता है । इसका लक्षण सूत्र ।। ऽ, ।। ऽ, ।। ऽ, । इस प्रकार है । यति चरणान्त ।

▶ लक्षण गीत : ✍ **दोहा॰ मात्रा तेरह से बना, लघु मात्रा से अंत ।**
तीन स गण से जो सजा, "लुलित" कहा वह छंद ।। 606/7068

30. Story of the Complaints by the Cow-maids (Krishna's Childhood)

(मोहन)

मन मोहक तू घनश्याम! ।
भजु मैं तुझको दिन शाम ।। 1
सबका मन जो बहलाय ।
हरि मोहन वो कहलाय ।। 2

◎ **Mohan :** *O Ghanashyām! you are mind charmer. I pray you day and night. He who charms every mind, that Hari is called Mohan.* **302/4839**

(तब)

रोज–रोज के सुन कर ताने, इक दिन फिर जसुमति माता ने ।
शरारतों की बात सुनाई, शिकायतें श्याम को गिनाई ।। 301/5205

बोली, **"बन में आज न जइयो, डोरी बँधा घर में रहियो"** ।
डोरी बाँध न पायी मैया, टूटी जावे, हँसे कन्हैया[79] ।। 302/5205

◎ **Then :** *Hearing the daily complaints from the cow-maids against Shyāma, mother Yashodā one day decided to punish Kānhā. She told him that I am tired of hearing complaints every day. Today I will not let you go to the forest with cows. I am going to tie you with a rope at home. But, the rope keeps on breaking and Kānhā keeps laughing.* **303/4839**

संगीतश्रीकृष्णरामायण छन्दमाला, मोती 65 of 501

चवपैया छन्द[80]

10 + 8 + 10 + ऽ

(कान्हा बंधा डोरी से)

आज जसोमति ने, नटखट हरि को, डोरी से है बाँधा ।
गोप सुदामा है, बुलावे तुझे, तुम्हें पुकारे राधा ।। 1
कहे नंदरानी, "आज घर में हि रहियो रे तू बँधा ।
"धेनु चरावेंगे, आज विपिन में, ग्वालों के सह नंदा" ।। 2

◎ **Kānhā tied with rope :** *Today mother Yashodā tied Kānhā with a rope at home. The cowherd boys are calling him to play. Yashodā said, O Kānhā! today you stay at home and Nand Bābā will go to forest with the cows.* **304/4839**

(कान्हा बोला)

मैया तू है कितनी भोरी, मैं क्यों करता माखन चोरी ।
अपने घर है माखन इतना, तू नहिँ जाने तेरा किसना ।। 303/5205

◎ **Kānhā's punishment :** *Kānhā said, O Maiyā (Mother Yashodā)! how naive you are? Why would I steal butter from people's home when we have so much at our own home? You do not know your Shrī Kriṣhṇa.* **305/4839**

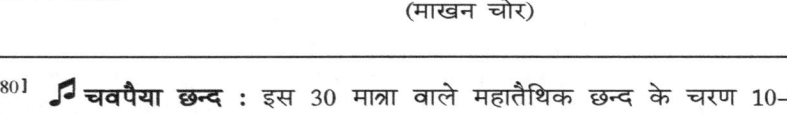

संगीतश्रीकृष्णरामायण गीतमाला, पुष्प 101 of 763

राग भीमपलासी,[81] कहरवा ताल

(माखन चोर)

---

[79] **याद रहे :** जैसा कि छन्द शास्त्र में कहा है, आघात नहीं पड़ने वाले संयुक्त वर्ण के पूर्व वाला लघु वर्ण लघु ही माना जाता है । उदा॰ तुम्हें, तुम्हीं, उन्हें, कन्हैया । कन्हैया में 'न्ह' संयुक्त वर्ण होकर भी 'क' अक्षर पर उसका आघात नहीं आता, इस लिये 'कन्हैया' का 'क' अक्षर लघु ही माना जाता है । उसी तरह से अनुस्वार वाले वर्ण दीर्घ होते हैं मगर चन्द्रबिंदु अनुस्वार वाले शब्द लघु वर्ण लघु ही रहते हैं उदा॰ "अँसुअन" का अँ लघु ही है । ये नियम इस ग्रंथ में सर्वत्र लागू हैं ।

दोहा॰ सानुस्वार, विसर्ग भी, संयुक्ताक्षरपूर्व ।
पदान्त वर्ण विकल्प से, लघु जाने गुरु सर्व ।। 261/7068

[80] **चवपैया छन्द :** इस 30 मात्रा वाले महातैथिक छन्द के चरण 10–8–12 मात्रा के होते हैं । इसके अंत में एक गुरु (ऽ) मात्रा, अथवा दो लघु (।।) और दो गुरु मात्राएँ (ऽ ऽ), अथवा दो म गण (ऽ ऽ ऽ, ऽ ऽ ऽ) भी होते हैं ।

▶ लक्षण गीत : **दोहा॰ तीस मत्त का जो बना; ग, ल ल अथवा म म अंत ।**
दस अठारह पर यति जहाँ, "चवपैया" है छंद ।। 262/7068

[81] **राग भीमपलासी :** यह काफी ठाठ का राग है । इसका आरोह है : ऩि सा ग॒ म, प नि॒ सां । अवरोह : सां नि॒ ध प, म ग॒ रे सा ।

▶ लक्षण गीत : **दोहा॰ वर्ज्य रे ध आरोह में, ग नि कोमल का नाद ।**
"भीमपलासी" राग में, सा म वादि संवाद ।। 263/7068

30. Story of the Complaints by the Cow-maids (Krishna's Childhood)

स्थायी

मैं नहीं मैया माखन खायो, गोप हमारे मुख लिपटायो ।
मैं नहीं मैया माखन खायो ।।

♫ म– पध प–म– ग–रेग म–म–, नि–ध पध–निसां निनि धपध–म– ।
म– पध प–म– ग–रेग पमम– ।।

अंतरा–1

दहि माखन की हमें न थोड़ी, मैं क्यों करता माखन चोरी ।
तोरे मन में ये, क्योंकर आयो ।।

♫ रेरे ग–मम प– गम– नि ध–प–, ग– म– निधप– ग–रेग म–म– ।
मम पप निध प–, ध–पम गमम– ।।

अंतरा–2

मैया तू है कितनी भोरी, दिन मैं चरावत गौवन तोरी ।
मोहे बन मा, तू हि पठायो ।।

अंतरा–3

माखन मटकी भरी की भरी, मैं क्या कीन्ही माखन चोरी ।
गोपी काहे कहे मैं, माखन खायो ।।

अंतरा–4

मैं बालक छोटी कद मोरी, माखन छींको ऊँची डोरी ।
भेद मेरो जग, जान न पायो ।।

◎ **Mākhan Chor (Butter thief) :** ***Sthāyī :*** *O Mother Yashodā! I did not eat the butter. The cowherd Sudāmā has smeared it on my mouth.* ***Antarā : 1.*** *We have no shortage of curd and butter at our house, then why would I steal it? How can you even think of it?* ***2.*** *O Mother! how innocent are you? You sent me to the forest for grazing cows.* ***3.*** *The pots of curd and butter are unbroken and filled just as they were before. Then why your friends say I broke the pots and stole their butter?* ***4.*** *I am a small child and the pots are hung quite high. O Mother! you don't know the secret of my Līlā.* **306/4839**

संगीतश्रीकृष्णरामायण गीतमाला, पुष्प 102 of 763

(गोपियन की शिकवे की कथा)

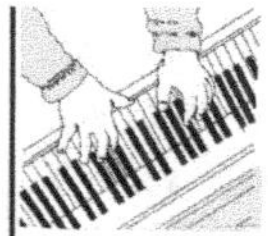

स्थायी

स्वरदा ने सुंदर गाया है, नारद ने साज बजाया है ।
रतनाकर गीत रचाया है ।।

♫ सानि़सा– गरे सा–नि़नि़ सा–रेम ग–, गममग पम ग–रे सासा–रेम ग– ।
गगरेसासासा रे–ग मगरेसानि़ सा– ।।

अंतरा–1

कान्हा जब से वन जाता है, मन गोपियन का नहीं भाता है ।
उत कान्हा खेड़त बन में है, इत कान्हा डोलत मन में है ।
घट–घट में कृष्ण समाया है ।।

♫ प–मरे मम प– पम पनिधप प–, पप मगगसा साग मप गरेसानि़ सा– ।
सानि़ सा–गरे सा–नि़नि़ सासा रेम ग–, सानि़ सा–गरे सा–नि़नि़ सासा रेम ग– ।
गग रेसा सा– रे–ग मगरेसानि़ सा– ।।

अंतरा–2

कभी कान्हा की आहट आवे, बिरहा गोपियन का मन खावे ।
कभी दिन में कान्हा के सपने, कभी लगता घर आयो अपने ।
हर मन में कृष्ण समाया है ।।

अंतरा–3

सब सखीं बहाने लाई हैं, घर कृष्ण को देखन आई हैं ।
सुन मैया कान्हा को बोली, तुझे डोरी से मैं बाँधूँगी ।
पर डोरी टूटी जावे है ।।

◎ **The complaints :** ***Sthāyī :*** *Ratnākar composed the melody, Sarasvatī sang it beautifully, while Shrī Nārad muni played the Vīṇā.* ***Antarā : 1.*** *Since the day Kānhā goes to forest, the cow-maids feel lonely at home. There, Kānhā plays in the forest, here Kānhā plays in their minds too.* ***2.*** *Sometimes they hear Kānhā's foot steps, sometimes they miss his presence. Sometimes they day-dream Kānhā, sometimes they feel as if he came to their home. Every moment they think of Kānhā.* ***3.*** *Your cow-maid friends come to our house to complain. Mother Yashodā said, I am trying to tie you up with a rope, but it keeps breaking.* **307/4839**

बालकृष्ण अनुभाग
नौवाँ तरंग

31. अर्जुन वृक्ष की कथा :

31. Story of the Arjun trees (*Krishna's Childhood*)

(अर्जुनवृक्षयोः कथा)

♫ संगीतश्रीकृष्णरामायण छन्दमाला, मोती 66 of 501

ओवी छन्द[82]

(अर्जुन वृक्ष)

सुन रोज–रोज के ताने, बांधा कान्हा को माता ने ।
टूटी नहीं, डोरी को ताने, कान्हा ओखली भगायो ।। 1
अटकी दो तरु बीच, ओखली को पाया न खींच ।
लगायो जोर आँखे मीच, पेड़ दोनों गिरायो ।। 2

◎ **Arjun Trees :** *Hearing the daily complaints from the cow-maids, one day Yashodā tied Kānhā with rope to a big wooden mortar and went away for her chores. Kānhā tried to pull, but the rope did not break. In stead, the mortar got pulled away. Kānhā ran out side the house with the mortar. The mortar got stuck between two Arjun trees. Kānhā pulled so hard that the trees got uprooted and fell down.* **308/4839**

(एक दिन)

रस्सी मोई टूटी जावे, या फिर थोड़ी छोटी आवे ।
कैसी नकली है ये डोरी, समझ न आवे बात ये मोरी ।। 304/5205

◎ **Yashodā :** *Yashodā tried to tie Kānhā with a rope, but either the rope would break or it would fall short. She was confused. She said, what kind of a tricky rope is this?* **309/4839**

संगीतश्रीकृष्णरामायण गीतमाला, पुष्प 103 of 763

खयाल : राग भैरवी

(किशन कनाई रे)

स्थायी

किशन कनाई रे, डोरी से बाँधूँ तोहे ।
छुपके आइके तू माखन मटकी फोड़ी, गोपिका कहत मोहे ।।
♫ सारेग मगरे म–, म–प ध– नि–ध पम– ।
मपम पधप म– पधनि निनिसां निध, ध–पम– गम–ग रेसा– ।।

अंतरा–1

बंधा रहियो तू इत आज कन्हाई ।
गोप खेलेंगे अकेले, बोली जसोमति माई ।
माखन चोरी कान्हा तोहे न सोहे ।।
♫ गमम– ममम– प– धप म–प मग–म–,
प–प प–प–प– मग–म–, प–प धधनिध प–म– ।
म–मम प–प– ध–पम ग–म ग– रेसा– ।।

अंतरा–2

कान्हा जोर लगायो, ओखली साथ भगायो ।
अटकी दो तरु बीच, ओखली न पायो खींच ।
टूट पड़े अर्जुन के पेड़ दोनों ।।

◎ **Shrī Krishṇa Kanai :** ***Sthāyī :*** *O Shrī Krishṇa! I will tie you with a rope. The cow-maid says, you went to her home behind her back and broke her pot of butter.* ***Antarā :*** ***1.*** *O Kanaī! you stay here tied to the wooden mortar today. Yashodā says, you should not steal butter.* ***2.*** *Kānhā pulled hard. The rope didn't break. He ran away with the mortar. The mortar got stuck between two Arjun trees. He pulled so hard that the trees broke and fell down.* **310/4839**

---

[82] ♫ **ओवी छन्द** : इस वर्ण वृत्त के प्रथम तीन चरणों में 8 से 10 तक वर्ण और चौथे चरण में 7 से 9 तक वर्ण होते हैं । मात्रा का बंधन नहीं । चरणान्त विराम । यह याद रहे कि, ओवी के प्रत्येक चरण का अंतिम अक्षर, फिर वह लघु हो या दीर्घ, विशेष जोर देकर गाया जाता है ।

▶ लक्षण गीत : ✍ **दोहा॰ तीन चरण नौ वर्ण के, चौथे में हों आठ ।**
मात्रा का बंधन नहीं, "ओवी" का वह ठाठ ।। 264/7068

(कान्हा)

आखिर उसने किरपा कीन्ही, माँ को डोरी असली दीन्ही ।
माँ ने उसे ऊखल से बाँधा, बोली घर में रहियो बँधा ।। 305/5205

कान्हा ने जब जोर लगाया, ऊखल को भी साथ भगाया ।
कान्हा निकला दो तरुओं बीच, ऊखल अटका, न पाया खींच ।। 306/5205

हरि ने दो पग तरु पर रक्खे, जोर लगा कर मारे धक्के ।
टूटे दोनों वृक्ष गिर पड़े, बन नलकूबर मणिग्रीव खड़े ।। 307/5205

✍दोहा॰ नारद मुनि के शाप से, पेड़ हुए नर–जीव ।
कृष्ण–चरण छू कर पुनः, नलकूबर मणिग्रीव ।। 265/7068

◎ **Then :** *Mother Yashodā did not know that Kānhā was playing tricks on her. At last, Kānhā stopped teasing Mother Yashodā. He let the rope be unbreakable this time. Mother tied him with a big wooden mortar. She said, today you stay home tied like this. When mother Yashodā went away, Kānhā pulled the rope very hard and ran away with the mortar. Kānhā passed through two Arjun trees, but the mortar got stuck between the trees. He put his feet on the trees and pulled hard. The trees broke and fell down. The two Arjun trees became two men, Nalkuber and Maṇigrīva. The two men were cursed by Shrī Nārad muni for their bad deeds. With the touch of Shrī Krishṇa's feet, they were redeemed and turned back to their human forms.* **311/4839**

संगीतश्रीकृष्णरामायण गीतमाला, पुष्प 104 of 763

(हरि चरण)

स्थायी

हरि चरणन के पूज्य स्पर्श से, मिल जाए अनुदान ।
रे मनवा, ले ले हरि का नाम ।।

♫ सानि़ सासागग रे– ग–म प–म ग–, मम म–प– मगरे–रे ।
सा नि़सारे–, म– म– पम गरे सा–सा ।।

अंतरा–1

हिरदय में हरि साँझ सकारे, जनम–जनम के पाप उबारे ।
सुमिरन करले पल–छिन प्यारे, खो कर अपने भान ।। रे मनवा॰

♫ सारेगम प– धप– ध–प मग–म–, ममप धनिध प– ध–नि सांनि–ध– ।
मममम पपप– मग पम ग–रे–, म– मम पमगरे सा–सा ।। सा नि़सारे– ...

अंतरा–2

पल दो पल का वास है जग में, उसमें विपदा है पग–पग में ।
गर मुक्ति की आस है मन में, गा ले हरि के गान ।। रे मनवा॰

अंतरा–3

पास न आवें भय दुस्तारे, संकट भागे दूर दुखारे ।
हरि किरपा से सकल तुम्हारे, होंगे पूरण काम ।। रे मनवा॰

◎ **Hari charan, Shrī Krishṇa's feet :** ***Sthāyī :*** *With the touch of Shrī Krishṇa's holy feet, one gets released from the cycle of birth and death. O My mind! chant Shrī Krishṇa's name.* ***Antarā : 1.*** *Hari, who is dwelling in your heart, removes your sins of all births. Forgetting your problems, chant Hari's name every moment.* ***2.*** *Your stay in this world is only for few moments and in those moments you have the worldly pains. If you desire freedom from them, sing Hari's Bhajan.* ***3.*** *With Hari's mercy, the worldly fears don't come near, they turn away. With Hari's mercy your tasks become successful.* **312/4839**

संगीतश्रीकृष्णरामायण गीतमाला, पुष्प 105 of 763

(मणिग्रीव कूबर की कथा)

स्थायी

स्वरदा ने सुंदर गाया है, नारद ने साज बजाया है ।
रतनाकर गीत रचाया है ।।

♫ सानि़सा– गरे सा–नि़नि़ सा–रेम ग–, गममग पम ग–रे सासा–रेम ग– ।
गगरेसासासा रे–ग मगरेसानि़ सा– ।।

अंतरा–1

ये डोरी टूटी जावे रे! या फिर वो छोटी आवे रे! ।
"क्या चक्कर है," माता बोली, कहे कान्हा, "तू कितनी भोली ।
तू ना जाने क्या माया है" ।।

♫ प– मरेम– प–पम पनिधप प–! प– मग गसा सागमप गरेसानि़ सा– ।

"सानि़ सा–<u>ग</u>रे सा–," नि़–सा– रेम<u>ग</u>–, सानि़ सा–<u>ग</u>रे, "सा– नि़नि़सा– रेम<u>ग</u>– ।
<u>ग</u>– रेसा सा–रे– <u>ग</u>म <u>ग</u>रेसानि़ सा–" ।।

अंतरा–2

जब कान्हा खतम किया बाँधा, ऊखल से कान्हा को बाँधा ।
माता बोली, बँधा रहियो, मैं जाती अब कुछ ना कहियो ।
तूने मेरा काम रुकाया है ।।

अंतरा–3

ऊखल लेकर कान्हा भागा, टूटा ना डोरी का धागा ।
दो तरु में ऊखल अटका रे, कान्हा के खींचे पेड़ गिरे ।
मणिग्रीव कूबर उबेरे हैं ।।

◎ **Mākhan Chor : *Sthāyī :*** *Ratnākar composed the melody, Sarasvatī sang it beautifully, while Shrī Nārad muni played the Vīṇā.* **Antarā : 1.** *The tricky rope keeps breaking or it falls short. What is the matter, says Mother Yashodā. How naive you are, you don't understand my deeds, says Kānhā.* **2.** *When Kānhā stopped his divine magic, Yashodā tied him to a wooden mortar with the rope. She said, O Kānhā! stay here and keep quiet. You have stopped all my chores.* **3.** *Kānhā then ran with the mortar, but it got stuck between two Arjun trees. As Kānhā pulled more hard, the unbreakable rope did not break, but the trees fell. They became Nalkubera and Maṇigrīva.* **313/4839**

बालकृष्ण अनुभाग
दसवाँ तरंग

32. मायावी वत्सासुर की कथा :

32. Story of Vatsāsur (*Krishna's Childhood*)

(वत्सासुरकथा)

♫ <u>संगीतश्रीकृष्णरामायण छन्दमाला, मोती 67 of 501</u>

कुमारललिता छन्द[83]

। ऽ।, ।। ऽ, ऽ

(वत्सासुर)

वहाँ गवन में जो, मनोहर बड़ा है ।
छुपे कपट वाला, बछासुर खड़ा है ।। 1
तुरंत पहिचाने, उसे तकत कान्हा ।
कहे, "असुर आया, यहाँ करन खात्मा" ।। 2

◎ **Vatsāsur :** *There, the gorgeous calf that is standing in the herd of the cows is that deceitful Vatsāsur in the form of a calf. Kānhā looked at him and immediately recognized that the demon has come here to kill me.* **314/4839**

श्लोकः

गोपालः पञ्चवर्षीयो वने गच्छति श्रीहरिः ।

---

[83] ♫ **कुमारललिता छन्द** : इस 7 वर्ण, 10 मात्रा वाले चार चरण के छन्द में ज स गण और एक गुरु वर्ण आता है । इसका लक्षण सूत्र । ऽ।, ।। ऽ, ऽ होता है । इसके तीसरे और सातवें वर्ण पर विराम विकल्प से होता है ।

▶ लक्षण गीत : **दोहा॰ दस मात्रा का जो बना, गुरु मात्रा से अंत ।**
ज स गण जिसके आदि में, "कुमारललिता" छंद ।। 266/7068

धेनुभिः सह गोपैश्च किरीटी मुरलीधरः ।। 157/2422

◎ **Mākhan Chor :** *Five year old, crown bearer Shrī Hari now goes to pasture with other cowherds for grazing the cows.* **315/4839**

(तब)

कहा कंस को गुप्त चरों ने, कृष्ण जात अब धेनु चराने ।
बन में ग्वाल बाल के साथ, अब आ सकता है अपने हाथ ।। 308/5205

पाँच बरस का हुआ है कृष्णा, दूध दही की उसको तृष्णा ।
गौ बछड़े हैं उसके प्यारे, मोर पपीहे उसे सुखारे ।। 309/5205

दूध दही माखन को खा कर, ताकत वर है भीम बराबर ।
मोर मुकुट को सिर पर धारे, सबन लुभाता साँझ सकारे ।। 310/5205

श्याम सलोना मुरली वाला, रंग साँवला गल बन माला ।
गोपी सारी उसे दुलारी, ब्रज जनता उस की बलिहारी ।। 311/5205

◎ **That time :** *The secret agents told Kaňsa that Shrī Krishna is now five years old cowherd. Wearing a peacock feather crown he goes to forest for grazing cows. Now we can kill him in the forest. He loves cows and calves, milk, butter, peacocks and black birds. He eats bread and butter and drinks milk. He has become powerful. All cowherds and cow-maids of the village love him.* **316/4839**

संगीतश्रीकृष्णरामायण गीतमाला, पुष्प 106 of 763

(चाल, तबला ठेका और तान के लिये देखिये
हमारी "*नयी संगीत रोशनी*" का गीत 98)

गीत : कहरवा ताल 8 मात्रा

(श्याम सलोना)

स्थायी

श्याम सलोना नंद गोपाला, रंग साँवला हरि ब्रज बाला ।

अंतरा–1

सिर पर मोर मुकुट है डाला, गिरिधर काली कमली वाला ।
पग में पायल गल बन माला ।।

अंतरा–2

गौवन पाला गोकुल ग्वाला, मोहन प्यारा है मतवाला ।
दधि–माखन को चुराने वाला ।

अंतरा–3

राधे गोविंदा मुरली वाला, नंद का नंदन श्यामल काला ।
गोप गोपी का प्रिय मतवाला ।।

◎ **Shyāma : *Sthāyī :*** *The Handsome Shyāma (of brown complexion) is Nand Gopāla (cowherd), Brij Bālā (village boy).* ***Antarā : 1.*** *On his head he has a tiara of peacock feathers. He carries a black blanket on his shoulder and he is wearing ankle bracelets and necklace of wild flowers. He is the cowherd of Gokul. The free living Mohan is loved by everyone. He is the one who steals curd and mākhan butter.* ***3.*** *He is Rādhe Govind (protector of cows) who plays flute, Son of Nanda is dark brown. He is dear to the Gop and Gopīs (cowherd children).* **317/4839**

(कंस मंत्रियों को बोला)

कृष्ण अगर है गौ रखवारा, और बहुत बछड़ों का प्यारा ।
उसका घातक सरल खोजना, होगी मेरी सफल योजना ।। 312/5205

तुरंत जाओ और बुलाओ, वत्सासुर को मथुरा लाओ ।
काम उसीका कृष्ण मारना, कृष्ण मार कर मुझे तारना ।। 313/5205

वत्स रूप में वो मायावी, वत्सासुर है बड़ा प्रभावी ।
उसने मारे अनेक प्राणी, नर पशु पक्षी, सह आसानी ।। 314/5205

बछड़ा बन कर भोला लगता, नर पशु पक्षी उससे ठगता ।
भोली सूरत करीब आता, सच्चा कोई जान न पाता ।। 315/5205

श्वेत रंग पर काली आँखे, सुंदर मुखड़ा, दाँत हैं तीखे ।
छुपाय तीखे दाँत रखे वो, जिससे गर्दन काट सके वो ।। 316/5205

घास खाते करीब आता, गर्दन काटे प्राण नशाता ।
जोभी लगता साथ प्यार से, अपने धोता हाथ प्राण से ।। 317/5205

(फिर)

32. Story of Vatsāsur (Krishna's Childhood)

रूप बदल कर वत्स बने वो, बछड़ा बन कर प्राण हने वो ।
कोई न जाने उसका राज, कृष्ण मारने जावे आज ।। 318/5205

◎ **Kaňsa's court :** *Kaňsa said to his ministers, if Shrī Krishṇa is a cowherd and loves calves, it is easy to find his killer. Go and summon Vatsāsur. He will take calf's form and kill Shrī Krishṇa. He becomes an innocent calf. He assumes spotless white colour, black eyes, beautiful face and hidden sharp teeth. Eating grass in the pasture, he comes close to his victim and kills it with his sword like sharp teeth. This way he has killed hundreds of men and animals. No one knows his secret.* **318/4839**

(कंस वत्सासुर संवाद)

वत्सासुर तुम गोकुल जाओ, सुंदर बछड़ा रूप सजाओ ।
कृष्ण की गौअन में तुम घुस कर, मनहर माया फेरो उस पर ।। 319/5205

जैसी आज्ञा मुझे आपकी, सफल बनेगी क्रिया पाप की ।
मुझे देखते कृष्ण फँसेगा, मेरे हाथों नहीं बचेगा ।। 320/5205

सब वत्सन से बिलकुल न्यारा, सब गौअन को लागूँ प्यारा ।
कृष्ण की मुझ पर पड़ते दृष्टि, उस पर करदूँ माया वृष्टि ।। 321/5205

मुग्ध हुआ वह नंद का लाल, ना जाने, मैं उसका काल ।
मुझे दुलारन वो एक बार, डालेगा जब बाँह का हार ।। 322/5205

दाँत छुपाऊँ, न उसको दीखे, काटूँ सिर दाँतों से तीखे ।
ले आऊँ मैं तुमरे पास, वरना न ये लौटेगा दास ।। 323/5205

वत्सासुर फिर इतना कह कर, आते देखे नारद मुनिवर ।
जल्दी-जल्दी किये प्रणाम, खिसका झट से कृष्ण के नाम ।। 324/5205

श्लोकः

तस्मात्कंसेन क्रूरेण हन्तुं कृष्णं महाजनाः! ।
सम्प्रेषितो महादुष्टो वत्सासुरः स राक्षसः ।। 158/2422

◎ **Kaňsa-Vatsāsur :** *Kaňsa said, O Vatsāsur! go to Gokul in the form of a gorgeous calf, mingle in Shrī Krishṇa's cows, charm Shrī Krishṇa and kill him. Vatsāsur said, as you wish. I will go to Gokul and I will kill Shrī Krishṇa with my hidden sword like sharp teeth. I shall cut his head and bring it to you. I shall not return without killing Shrī Krishṇa.* **319/4839**

(कंस नारदजी संवाद)

कंस ने नारद मुनि से कहा, देखो मेरा दास जा रहा ।
नारद बोले, देखा, तात! वापस लौटे तब तो बात ।। 325/5205

पूतना गयी, तृणाव्रत मरा, कंसराज कुछ सोचिये जरा ।
वत्सासुर भी वहीं जा रहा, कब समझोगे तुम्हें जो कहा ।। 326/5205

प्रिय मथुरानृप! बात मानलो, घात कृष्ण का अघट जान लो ।
सुनलो कहना मेरा, प्यारे! वचन कहूँ मैं हित के सारे ।। 327/5205

मथुरापति! तुम हित पहिचानो, अपना भला कहाँ है जानो ।
गोकुल जाकर क्षमा माँगलो, अहंकार को परे टाँग लो ।। 328/5205

दोहा॰ मानो नृपवर! बात को, "श्रीधर बड़े दयाल ।
जाओ शरण व्रजेश की, प्रभु हैं बड़े कृपाल" ।। 267/7068

◎ **Kaňsa-Nārad muni :** *As Vatsāsur was leaving for Gokul, Shrī Nārad muni appeared at Kaňsa's court. Kaňsa said, O Shrī Nārad muni! behold my servant Vatsāsur. He is going to Gokul to kill Shrī Krishṇa. Nārad muni said, yes I can see him going, but I don't foresee him coming back any time. Pūtanā has gone, Triṇāvart has died, O Kaňsa! think properly. Vatsāsur is going where they went. When will you understand it? O Mathurādhipati (King of Mathurā) Kaňsa! please listen to me. Shed your ego. Know where your good lies. Please go to Gokul and beg Shrī Krishṇa's pardon. He is merciful. He will pardon you, no doubt.* **320/4839**

32. Story of Vatsāsur (Krishna's Childhood)

(कंस)

मुनिवर! तुमको पता नहीं है, भ्रांत आपको सता रही है ।
शक्ति हमारी अमर्याद है, नभ की वाणी हमें याद है ॥ 329/5205

मुनि जी! तुमको पता नहीं है, मेरा छल बल वृथा नहीं है ।
कृष्ण मारना अपरिहार्य है, हर कीमत पर अवश कार्य है ॥ 330/5205

(अंत में, नारद जी)

देखें किसको मिलती सिद्धि, विनाश काले विपरीत बुद्धि ।
शठ के आगे फिर चुप रह कर, नारद निकले "तथास्तु" कह कर ॥ 331/5205

◉ **Kaṅsa**: Kaṅsa said, O Munivar Nārad muni! you don't know my powers. You are baffled with delusions. You underestimate me. I have to falsify the celestial announcement. I will kill Shrī Kṛiṣhṇa at any cost. Then, Shrī Nārad muni said, let us see who wins. Shrī Nārad muni then left quietly. 321/4839

(उधर वन में)

वत्सासुर था छुपा विपिन में, कंसराज का डर था मन में ।
नजर दूर वो फेंक रहा था, राह कृष्ण की देख रहा था ॥ 332/5205

आज कृष्ण दधि-माखन लेकर, प्रिय मैया को चूमा देकर ।
ग्वाल बाल थे साथ डगर में, निकला बंसी लेकर कर में ॥ 333/5205

आते ही हरि चरागाह में, पड़ा असुर की झट निगाह में ।
कृष्ण देख फूले न समाया, दुष्ट मति से असुर भरमाया ॥ 334/5205

गौअन वत्सन हरी घास में, खेलत गोप जब हरि पास में ।
बछड़े दूध गौन का पीते, फिर क्रीड़ा करने को जाते ॥ 335/5205

◉ **At Gokul**: Vatsāsur was hiding in the forest, sitting on a tall tree awaiting Shrī Kṛiṣhṇa's arrival with cows and calves in the pasture. As soon as he saw Shrī Kṛiṣhṇa coming, Vatsāsur assumed the form of a beautiful calf and mingled in Shrī Kṛiṣhṇa's cows and calves. 322/4839

(तब)

वत्सासुर तब आँख बचा कर, सुंदर बछड़ा रूप सजा कर ।
आया धीरे से उपवन में, घुसा श्री किशन की गौअन में ॥ 336/5205

खेल खेलते, हरि ने देखा, एक वत्स है नया अनोखा ।
मुझे देखता घड़ी-घड़ी है, दृष्टि उसकी लगे सड़ी ॥ 337/5205

न कोई धेनु उसे पिलाती, ना ही कोई साथ मिलाती ।
न वत्स कोई उसे जानता, उसे न कोई वत्स मानता ॥ 338/5205

ॐ श्लोक:

वत्सो भूत्वा स मायावी सम्मिलितश्च धेनुषु ।
न काऽपि गौस्तमस्निह्यात्-न वत्सः कोऽपि मित्रवत् ॥ 159/2422

◉ **Then**: In the form of a gorgeous calf, Vatsāsur entered Shrī Kṛiṣhṇa's herd of cows. Playing with the calves, Hari noticed that there is a new calf in the herd who is watching me with cunning eyes. No cow is feeding him and no other calf is playing with him. 323/4839

हरि से उसको आँख जब मिली, डर कर उसने की भू गीली ।
बोला, "मर गया!" मुँह फेर के, चमकाये निज दाँत शेर के ॥ 339/5205

हरि ने जाना, "वत्स असुर है, मन में इसके भरा कसूर है" ।
करीब आया वत्स चाटने, मौका पाते गला काटने ॥ 340/5205

हरि ने उसको थप्पथपाया, हाथ फेर कर तन सहलाया ।
ग्रीवा पर कर रक्खा ज्यौंही, किया असुर ने प्रहार त्यौंही ॥ 341/5205

बिजली गति से श्रीधर लपके, दाँत बचा कर पीछे टपके ।
पाँव पकड़ कर मारा झटका, घुमा-घुमा कर भू पर पटका ॥ 342/5205

◉ **And**: And, when Shrī Kṛiṣhṇa's eyes met with his eyes, he got startled and being scared he peed on the ground. In a shock, while saying, "O, I am dead!" his shiny teeth sparkled. Shrī Kṛiṣhṇa knew he is a demon in calf's disguise. He let the demon come near him. As Shrī Kṛiṣhṇa was about to hug him, Vatsāsur snapped at Shrī Kṛiṣhṇa to strike him with his sharp teeth to chop his neck. But, Shrī Kṛiṣhṇa grabbed his hind legs with electric speed and dashed him down on the ground. 324/4839

32. Story of Vatsāsur (Krishna's Childhood)

तमाल छन्द[84]

16 + ऽ।

(वत्सासुर वध)

ज्यों ही वत्सासुर ने कीन्हा, वार ।

श्रीकृष्ण ने दुष्ट को दीन्हा, मार ।। 1

नारद मुनिवर का उपदेसा, टार ।

अड़ियल कंस गया था फिर से, हार ।। 2

◎ **Death of Vatsāsur :** *As soon as Vatsāsur attacked Shrī Krishṇa, Shrī Krishṇa picked him up, knocked him down on the ground and killed him. By not listening to Shrī Nārad muni's advice, the stubborn Kaňsa lost one more servant against Shrī Krishṇa.* **325/4839**

(अंत में)

गिरा धरा पर चकना चूरा, मूल रूप फिर वत्सासूरा ।
भाग निकलने मिली ना घड़ी, गौअन उस पर टूट सब पड़ी ।। 343/5205

गर्जन करता असुर वह क्रूर, मरा चीखता वह वत्सासुर ।
टूटी, फूटी काया उसकी, यहाँ चली ना माया उसकी ।। 344/5205

श्लोकौ

तीक्ष्णैर्दन्तैः प्रहर्तुं स कृष्णसमीपमागतः ।
बालकृष्णस्त्वहन्धूर्तम्-असुरं वत्सरूपिणम् ।। 160/2422

नभसो नारदोऽपश्यत्-कृष्णलीलाः स्वचक्षुषा ।
वृत्तं सर्वं स्वयं दृष्ट्वा जानाति स यथा तथा ।। 161/2422

नभ से नारद देख रहे थे, फूल कृष्ण पर बरस रहे थे ।

[84] **तमाल छन्द** : इस 19 मात्रा वाले महापौराणिक छन्द के चरण के अन्त में गुरु-लघु (ऽ।) मात्राएँ आती है ।

▶ लक्षण गीत : **दोहा॰ मत्त उन्नीस का बना, गुरु लघु मात्रा अंत ।**
सोलह कल पर यति जहाँ, "तमाल" जाना छंद ।। 268/7068

आखों देखा हाल कथा का, मुनिवर जाने यथा तथा का ।। 345/5205

◎ **Nārad muni :** *Vatsāsur got crushed and killed at the hands of Shrī Krishṇa. Shrī Nārad muni was watching from the sky and he was showering flowers on Shrī Krishṇa. He witnessed the events first-hand as they happened, as always.* **326/4839**

संगीतश्रीकृष्णरामायण गीतमाला, पुष्प 107 of 763

राग खमाज, कहरवा ताल

(किशन चरित)

स्थायी

किशन चरित की रम्य कहानी, आँखों देखी सत्य बखानी ।
नारद मुनि की वाणी ।।

♫ मंधप मंपध नि- सां-गं रेंनिरेंसां-, रें-गंरें निरेंसां- नि-ध पमंधप- ।
ग-मंमं धध प- ग-मं- ।।

अंतरा-1

आधी अँधियारी रात में आयो, बहती सरिता पार करायो ।
जमुना जी का पानी ।।

♫ नि़-सा रेसानि़-सा- ग-रे सा नि-सा-, रेरेग- मंमंप- ध-प मंग-रे- ।
गगमं- ध- प- ग-मं- ।।

अंतरा-2

घर-घर गोकुल माखन चोरी, गोपन के संग खोलत होरी ।
गोपी कृष्ण दीवानी ।।

अंतरा-3

मोर मुकुट तिल काजल काला, पग में पायल गल बन माला ।
मुरली धुन मस्तानी ।।

अंतरा-4

कंस को नारद मुनि बतलायो, बार-बार उस को समझायो ।
एक न उसने मानी ।।

◎ **Shrī Krishṇa : *Sthāyī* :** *Now hear the story of Shrī Krishṇa's life, as seen by Shrī Nārad muni himself first-hand with his own eyes.* ***Antarā : 1.*** *He came in the midnight* *and crossed the Yamunā river.* ***2.*** *He grew in Gokul. Here the naughty boy stole butter, played with cowherd boys and girls. They loved him very much.* ***3.*** *He wore peacock tiara, black eyeliner, anklets and he played sweet flute.* ***4.*** *Nārad muni tried again and again to refrain Kaṅsa from doing evil deeds, but Kaṅsa did not listen to him.* **327/4839**

संगीतश्रीकृष्णरामायण गीतमाला, पुष्प 108 of 763

(वत्सासुर की कथा)

स्थायी

स्वरदा ने सुंदर गाया है, नारद ने साज बजाया है ।

रतनाकर गीत रचाया है ।।

♫ सानि़सा– गरे सा–नि़नि़ सा–रेम ग–, गममग पम ग–रे सासा–रेम ग– ।

गगरेसासासा रे–ग मगरेसानि़ सा– ।।

अंतरा–1

अनुचर कंस को बोले, मामा! अब पाँच बरस का है कान्हा ।

शिशु ग्वाला मधुबन जाता है, उत कान्हा गौन चराता है ।

अब अपनी पकड़ में आया है ।।

♫ पपमरे म–प प पमपनि, धपप–! पप मगग सासाग मप गरे सानि़सा– ।

सानि़ सा–गरे सासानि़नि़ सा–रेम ग–, सानि़ सा–गरे सा–नि़ नि़सा–रेम ग– ।

गग रेसासा– रेरेग म गरेसानि़ सा– ।।

अंतरा–2

तब नृप ने वत्सासुर भेजा, बोला प्राण कृष्ण के तू लेजा ।

बछड़ा बन कर आया वन में, कृष्ण घात है उसके मन में ।

ये असुर ही कंस सहाया है ।।

अंतरा–3

हरि पर वत्सासुर ज्यों झपटा, उसको हरि ने मारा लपटा ।

मारा टाँग पकड़ कर यों झटका, अरु धरती पर उसको पटका ।

वत्सासुर प्राण गँवाया है ।।

◎ **Vatsāsur's story :** ***Sthāyī :*** *Ratnākar composed the melody, Sarasvatī sang it beautifully, while Shrī Nārad muni played the Vīṇā.* ***Antarā : 1.*** *Kaṅsa's spies told him that Shrī Krishṇa is now five years old and goes to forest for grazing cows with other cowherds. Now we can kill him there.* ***2.*** *Kaṅsa sent Vatsāsur in the guise of a calf. He mingled in the cow herd to kill Shrī Krishṇa. Vatsāsur is Kaṅsa's helper. As soon as Vatsāsur pounced on Shrī Krishṇa, Shrī Krishṇa picked him up and slammed him on the ground. Vatsāsur got killed.* **328/4839**

बालकृष्ण अनुभाग
ग्यारहवाँ तरंग

33. वृंदावन गमन की कथा :

33. Story of Shrī Krishṇa going to Vrindāvan (*Krishna's Childhood*)

(वृंदावनगमनकथा)

♫ संगीतश्रीकृष्णरामायण छन्दमाला, मोती 69 of 501

मदलेखा छन्द[85]

[85] ♫ **मदलेखा छन्द :** इस 7 वर्ण, 12 मात्रा वाले उष्णिक छन्द के चरण में म स गण

33. Story of Shrī Krishṇa going to Vrindāvan (Krishna's Childhood)

ऽ ऽ ऽ, । । ऽ, ऽ

(वृंदावन गमन)

कान्हा संग चले हैं, सारे गोकुल वासी ।
मामाकंसा डरायो, पापी वो कुलनासी ।। 1
बाबा नंद जसोदा, प्यारा गोकुल छोड़े ।
ग्वाले गौधन लेके, श्रद्धा से कर जोड़े ।। 2

◎ **Moving to Vrindāvan :** *Kānhā is moving to Vrindāvan. All other dwellers of Gokul are going with him. Kaṅsa has scared Nand Bābā. They all care for Shrī Krishṇa's life. They are going to Vrindāvan with their cows and belongings. They have faith in Shrī Krishṇa.* **329/4839**

(वत्सासुर वध)

वत्सासुर की अंतिम गर्जन, दे गयी सबके मन को तर्जन ।
गोकुल भर में शोर मच गया, कृष्ण बच गया! कृष्ण बच गया! ।।346/5205

पाप कंस का सबने कोसा, काम कृष्ण का सबने तोसा ।
डर कर बोली जसुमति मैया, गोकुल बना भयानक दैया ।। 347/5205

(नंद बाबा)

नंद यशोदा बहुत डर गए, "गोकुल तज दें," कथन कर गए ।
कहा, "कंस की यहाँ धाक है, कृष्ण के लिये खतरनाक है" ।। 348/5205

(व्रज जन)

व्रज जन बोले कौन विचारा, नंद बापु जी कहो तिहारा ।
बाबा बोले, उचित वही है, कृष्ण के लिये जोहि सही है ।। 349/5205

श्लोकः

तृणावर्तस्य चातङ्कं पापं वत्सासुरस्य च ।
त्रासयतो यशोदां च नन्दं गोकुलवासिनः ।। 162/2422

◎ **Fear of Vatsāsur :** *Vatsāsur's assault on Shrī Krishṇa sent shock waves through Gokul. People sighed and said, Shrī Krishṇa got saved, thank God! Shrī Krishṇa got saved! Everybody cursed Kaṅsa for his sins and they praised Shrī Krishṇa for his bravery. Afraid of Kaṅsa, mother Yashodā said, Gokul has become a dangerous place. Nand Bābā also said, may be we should move to other place. People said where will you go? Nanda Bābā said I will do whatever is good for Shrī Krishṇa.* **330/4839**

(कन्हैया बोला)

कंसचरों से मैं नहीं डरता, उनकी चिंता मैं नहीं करता,
मिले कंस को कभी जय नहीं, मुझे कंस से जरा भय नहीं ।। 350/5205

कंस के लिये कछु न दूर है, उसके लंबे हाथ क्रूर हैं ।
कान्हा अपनी बात बतावे, विधि अपना ही ढोल बजावे ।। 351/5205

दोहा॰ "जाओ!" जब मुनि ने कहा, "वृंदावन तुम लोग" ।
जन समझे, "है कंस का, गोकुल में भय-रोग" ।। 270/7068

◎ **Kanhaiyā :** *Shrī Krishṇa Kanhaiyā said, I am not afraid of Kaṅsa. He is afraid of me. I am not worried. Kaṅsa will never win. Even if you move somewhere, nothing is too far for him. Kānhā was speaking his mind, but Shrī Nārad muni, the Vidhi (Brahmā) was planning his own show.* **331/4839**

(क्योंकि)

डरे कंस से व्रज जन ऐसे, रक्षा हरि की करनी कैसे ।
हरि को वृंदावन लेजाओ, नारद बोले, मत घबराओ ।। 352/5205

लगा हुआ था मन को धक्का, सबने कीन्हा निर्णय पक्का ।
मन की सकल व्यथा हरने का, रक्षा कान्हा की करने का ।। 353/5205

(अत:)

चलते हैं हम गोकुल तज कर, सब मिल पत्थर रख कर दिल पर ।
मुनिवर पर विश्वास धरेंगे, वृंदावन में वास करेंगे ।। 354/5205

गोप गोपियाँ विचार कीन्हा, कृष्ण बिना ना हमने जीना ।

और अंत में एक गुरु वर्ण आता है । इसका लक्षण सूत्र ऽ ऽ ऽ, । । ऽ, ऽ इस प्रकार होता है । विराम सातवे वर्ण पर होता है ।

▶ लक्षण गीत : **दोहा॰ बारह मत्ता का बना, गुरु कल से हो अंत ।**
म स गण जिसके आदि में, "मदलेखा" वह छंद ।। 269/7068

जहाँ कृष्ण को ले जाएँगे, वहीं हम सभी जी पाएँगे ।। 355/5205

◎ **People :** *People of Gokul were terrified so much that they said, if Shrī Krishṇa moves somewhere we will move with him too. We do not want to live without him. He is our protector. Shrī Nārad muni appeared there and told them to move to Vrindāvan. People said, we will live in Vrindāvan.* **332/4839**

(तब, नारद जी)

किस दिन वृंदावन को जाएँ, नारद जी शुभ दिवस बताए ।

अवसर आवे जब वो प्यारा, उस दिन जावे नंद दुलारा ।। 356/5205

◎ **Nārad muni :** *Having told them to move to Vrindāvan, Shrī Nārad muni also told them the auspicious day on which they should move there.* **333/4839**

♫ संगीतश्रीकृष्णरामायण छन्दमाला, मोती 70 of 501

पद्धरि छन्द[86]

12 + ।ऽ।

(राधा कृष्ण मिलन)

चले वृंदावन गोकुल नाथ ।
गोप व्रजवासी गौधन साथ ।। 1
सखी! मिलन राधा संग आज ।
नारद कीन्हे सुमंगल काज ।। 2

◎ **Shrī Krishṇa meets Rādhā :** *Gokul-nāth (the Lord of Gokul) Shrī Krishṇa is going to Vrindāvan. With him are cowherds and cows of Gokul. O Dear! there Shrī Krishṇa will meet Rādhā. Shrī Nārad muni has arranged this happy union.* **334/4839**

डौंडी पीटी गोकुल जन में, "नंद बस रहे वृंदावन में" ।

डरे हुए थे गोकुल वाले, साथ चल दिये सब ही ग्वाले ।। 357/5205

खाना-पीना बरतन-कपड़े, दाना-पानी भर कर छकड़े ।

माँ बच्चों को कर से पकड़े, गोकुल से लेकर गौ-बछड़े ।। 358/5205

(इस तरह से)

विधि-विधान नारद के मन में, नारद बन कर विधि व्रजजन में ।

इक गोकुल में, इक बरसाने, विधि ने मिलाया, वृंदावन में ।। 359/5205

दोहा॰ वृंदावन को हैं चले, सबको लेकर नंद ।
कृष्ण डरत ना कंस से; उत राधा-आनंद ।। 272/7068

कृष्ण डरत नहिं कंस से, जिसे कृष्ण से डाह ।
वृंदावन में कृष्ण की, राधा देखत राह ।। 273/7068

◎ **Proclamation :** *Nanda Bābā announced in Gokul, which day Narad muni has suggested for moving to Vrindāvan. On that day, all people of Gokul, men, women and children with their cows, calves and belongings, got ready to move. There at Vrindāvan, Shrī Krishṇa is coming from Gokul and Rādhā is coming from Barsānā.* **335/4839**

संगीतश्रीकृष्णरामायण गीतमाला, पुष्प 109 of 763

गीत : राग रत्नाकर, कहरवा ताल 8 मात्रा

(कान्हा राधा मिलन)

स्थायी

गोकुल में कान्हा, बरसाने राधा, विधि मेल कीन्हा, वृंदावन में ।

♫ सा-निृनि सा रे-रे-, रेग-म-प म-ग-, गम- प-ध प-म-, ग-रे-निृनि सा- ।

अंतरा-1

गोकुल मेरा, दुनिया से न्यारा, दूध दधि-माखन गोपी गोप प्यारा ।
बोले कन्हैया, सुनो मेरी मैया, मैं नहीं जाना वृंदावन में ।।

♫ रे-गम प-प-, पध-प- म ग-म-, प-ध निसां- नि-ध-प म-ग म-ग रे-सा- ।
नि-सा रेग-ग-, रेग- म-प म-ग-, ध- पम ग-म- ग-रे-निृनि सा- ।।

अंतरा-2

कंस चरों से, मैं नहीं डरता, कंस की चिंता मैं नहीं करता ।

---

[86] ♫ **पद्धरि छन्द** : इस 16 मात्रा वाले संस्कारी छन्द के पद्धरी छंद चरण के अन्त में ज गण (।ऽ।) आता है ।

▶ लक्षण गीत : **दोहा॰ सोलह मात्रा से बना, लघु गुरु लघु कल अंत ।**
यह संस्कारी वर्ग का, कहा "पद्धरी" छंद ।। 271/7068

33. Story of Shrī Krishṇa going to Vrindāvan (Krishna's Childhood)

गोकुल वाले गोपी गोप ग्वाले, जन भोले भाले स्वर्ग मधुबन में ।।

अंतरा–3

नंद जी बाबा, यशोमती माता, नारद विधाता उन्हें समझाता ।

गोकुल दैया! छोड़के जैंया, लेकर आशा मंगल मन में ।।

अंतरा–4

विधि का विधाता, खेल रचाता, दो दिल सुहाने साथ मिलाता ।

राधा है नैया, कृष्ण खेवैया, रास रचेगा कुंज गलिन में ।।

◎ **Kānhā meets Rādhā : *Sthāyī :*** *Kānhā is in Gokul and Rādhā is in Barsānā. Shrī Nārad muni caused their union in Vrindāvan.* ***Antarā : 1.*** *Lord arranges the game and plays through Shrī Nārad muni. He caused the union of two hearts. People are awaiting the day of their arrival. Rādhā is the boat and Kānhā is the boatman. They will play Rās dance in Vrindāvan.* ***2.*** *My Gokul is unique in the world. Here there is milk, curd, butter, cows, cowherds and cow-maids. Shrī Krishṇa says, O Maiyā (Mother)! listen, I am not afraid of Kaṅsa. I don't worry about it. I don't want to move to Vrindāvan. I love Gokul.* ***3.*** *The cowherds and cow-maids of Gokul, Nand Bābā, mother Yashodā are being counseled by Shrī Nārad muni. They will be moving to Vrindāvan on the auspicious day suggested by Shrī Nārad muni.* **336/4839**

संगीतश्रीकृष्णरामायण गीतमाला, पुष्प 110 of 763

(वृंदावन गमन की कथा)

स्थायी

स्वरदा ने सुंदर गाया है, नारद ने साज बजाया है ।

रतनाकर गीत रचाया है ।।

♫ सानि़सा– गरे सा–नि़नि़ सा–रेम ग–, गममग पम ग–रे सासा–रेम ग– ।

गगरेसासासा रे–ग मगरेसानि़ सा– ।।

अंतरा–1

डर कर बोली जसमति मैया, अब गोकुल में डर है दैया! ।

जब कृष्ण को वो हनना चाहे, तब गोकुल में रहना काहे ।

श्रीकृष्ण हमारा जियारा है ।।

♫ पप मरे म–प– पमपनि धपप–, पप मगगसा साग मप गरे सानि़सा–! ।

सानि़ सा–ग रे सा– नि़नि़सा– रेमग–, सानि़ सा–गरे सा– नि़नि़सा– रेमग– ।

ग–रेसासा सारे–ग मगरेसानि़ सा– ।।

अंतरा–2

हम वृंदावन में जाएँगे, उत अपना वास बनाएँगे ।

बोऽले गोकुल वासी सारे, हम केसव के हैं बलिहारे ।

हमने भी साथ में जाना है ।।

अंतरा–3

भर भर केऽ गाड़िऽयाँ छकड़े, लेकर दाना बरतन कपड़े ।

ब्रज नर नारी सब गोकुल के, जन गौअन लेकर मिल जुल के ।

हरि वृंदावन में आया है ।।

◎ **Move to Vrindāvan : *Sthāyī :*** *Ratnākar composed the melody, Sarasvatī sang it beautifully, while Shrī Nārad muni played the Vīṇā.* ***Antarā : 1.*** *With fear in her mind, mother Yashodā said, now Gokul has become a dangerous place. If Kaṅsa wants to kill Shrī Krishṇa here, why should we stay in Gokul. Shrī Krishṇa is our life.* ***2.*** *We will have to move to Vrindāvan. We will make that village our home. All people of Gokul said, we adore Shrī Krishṇa. We will move with you.* ***3.*** *They packed their carts. They took their food, pots and clothing. All men, women and children left Gokul with their cattle. Shrī Krishṇa is moving to Vrindāvan.* **337/4839**

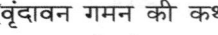

34. राधा के जनम-दिन की कथा :

34. Story of Rādhā's Birthday (*Krishna's Childhood*)

(राधाजन्मदिनकथा)

संगीतश्रीकृष्णरामायण छन्दमाला, मोती 71 of 501

गजगती छन्द[87]

।। ।, ऽ।।, ।ऽ

(राधा जन्मदिन)

ब्रज-सुता रधिय के, जनम का सुदिन है ।
बिरज में मधुर सा, किशन से मिलन है ।। 1
बिरज के जन सभी, भजन वन्दन किये ।
परम नारद उन्हें, आशीर्वचन दिये ।। 2

◎ **Rādhā's birthday :** *Today is the birthday of cow-maid Rādhā of Barsānā. She is loved by everyone in her village. Today is the day of the auspicious meeting of Shrī Krishṇa and Rādhā in Vrindāvan. All people of Vrindāvan are singing happy Bhajans. Shrī Nārad muni is giving them blessings.* **338/4839**

श्लोक:

गोपाला गोकुलं त्यक्त्वा सर्वे वृन्दावनं गता: ।
तत्र राधाऽमिलत्कृष्णं तस्या जन्मदिने शुभे ।। 163/2422

(आज)

मंगल प्रातर् आज खास है, कुक्कुट-रव में भी मिठास है ।
भये अपसगुन सब उदास हैं, शुभ शकुनों के मुख पे हास है ।। 360/5205

अंत भयी जब रैना काली, अंधकार की नष्ट प्रणाली ।
रवि किरणों से रात जब जली, आई प्रतीक्षित सुबह उजाली ।। 361/5205

सूरज दीन्ही छटा गुलाली, रंग रही है सुबह निराली ।
धरा-क्षितिज पर उभरी लाली, मेघ पंक्तियाँ सजी सुनहली ।। 362/5205

साथ सूर्य के आसमान में, किन्नर तुंबर लगे गान में ।
शंकर शारद मधुर तान में, स्वर अनहद है नील गगन में ।। 363/5205

हर तरुवर पर सुमन सुगंधी, सौरभ से नभनाद की संधि ।
सप्त स्वरों की सुर तुकबंदी, सुवास सुरभी की सुखनंदी ।। 364/5205

रंग-रंग के पादप बेली, गुलाब चंपक पुष्प चमेली ।
पँखुड़ियाँ गिर कर अलबेली, धरती पर रंगीन रँगोली ।। 365/5205

डाल-डाल पर फूल फलों पर, मँडराते अलि पंछी मधुकर ।
गूँजत कूजत भँवरे सुस्वर, भ्रमर तितलियाँ चित्रित सुंदर ।। 366/5205

रवि के रश्मि पीत सुनहरे, हरियाली पर चमक उतारे ।
ओस बिंदु मणि लगते हीरे, टिमटिम जैसे नभ के तारे ।। 367/5205

◎ **Rādhā's birthday :** *Today is the auspicious morning. There is sweetness even in the cock's crow. All bad omens are sullen because Hari is moving to Vrindāvan. The dark night is over and gloom is vanished. The rays of sun have brought the awaited good morning. The Sun has painted the morning in pink colour, the clouds have a gold lining. Kinnar and Tumbar are singing with Shiva and Shāradā. The sky is filled with their sweet voices and tunes. The trees are bloomed with fragrant flowers. The air is filled with perfumes. The trees and vines are sprung with colourful leaves and fruit. Bees and butterflies are visiting the multicolored flowers. The chipmunks are enjoying the tasty nuts and fruits. The green grass is sparkling with the pearls of dew drops with the rays of the Sun.* **339/4839**

(अत:)

सृष्टि सारी मोद भरी है, कण-कण में इक हर्ष लड़ी है ।
जन मन दरशन आस खरी है, वृंदावन आ रहे हरि हैं ।। 368/5205

---

[87] **गजगती छन्द** : इस आठ वर्ण, 10 मात्रा वाले छन्द में न भ गण और एक लघु और एक गुरु वर्ण आता है । इसका सूत्र ।।।, ऽ।।, । ऽ इस प्रकार होता है । यति चरणांत ।

▶ लक्षण गीत : **दोहा॰ दस कल अक्षर आठ हों, लघु गुरु मात्रा अंत ।**
न भ गण जिसके आदि में, कहा "गजगती" छंद ।। 274/7068

34. Story of Rādhā's Birthday (Krishna's Childhood)

नगरी सुंदर सजी खड़ी है, जन समूह की भीड़ बड़ी है ।
सबके मन में एक लड़ी है, सबको शुभ मुहूर्त की पड़ी है ।। 369/5205

स्वागत करने उत्सुक नगरी, बूढ़े बालक जन नर नारी ।
ग्राम–ग्राम से गृह संसारी, एक उन्हीं में परी है प्यारी ।। 370/5205

तीन साल की बाला नन्ही, फूल सी कोमल बड़ी सुहानी ।
सुंदर शोभित प्यारी मुन्नी, नाम मनोहर 'राधे रानी' ।। 371/5205

ऊँगली माँ की पकड़ खड़ी है, आँखे पथ पर गड़ी पड़ी है ।
हरि दरशन की आस कड़ी है, याद उन्हीं की घड़ी–घड़ी है ।। 372/5205

सीता भू पर पुन: खड़ी है, भूमि गदगद हुई बड़ी है ।
मुख में हरि! हरि! एक नाम है, हरि राम थे, हरि श्याम हैं ।। 373/5205

श्लोक:

सीताऽऽगता पुनर्भूमौ अरटन्सा हरे हरे ।
हरिर्रामो हरि: श्याम: सीता राधा समे तथा ।। 164/2422

◎ **Therefore :** *Today the Mother Nature is joyful. Her every particle is energized. Vrindāvan is decorated tastefully by its citizens. People from the villages all around are gathered here. Men, women and children are eager for the moment when Shrī Krishna touches Vrindāvan. They are restless to welcome him. In this delighted crowd, standing there, holding her mother's finger, is a three year old angel. Her name is Rādhā. She came with her mother from Barsānā. Her eyes are fixed on the path from Gokul by which Shrī Krishna will be coming. She is remembering Shrī Krishna every moment. In the previous life she was Sītā, who awaited Shrī Rāma's arrival at Lankā. Today she is awaiting for Shyāma in Vrindāvan. Hari is Shrī Rāma, Hari is Shyāma; Sītā is Rādhā and Rādhā is Sītā.* **340/4839**

संगीतश्रीकृष्णरामायण गीतमाला, पुष्प 111 of 763

राग दुर्गा,[88] दादरा ताल

(राम हरि श्याम हरि)

स्थायी

राम हरि, श्याम हरि, नाम रटो घड़ी घड़ी रे ।
राम जपो, श्याम तपो, ओम् ओम् उसी का नाम है – – ।।

♪ सा–रे मम–, रे–म पप–, प–ध मप– मप मप ध– ।
सां–रें सांसां–, ध–ध पप–, प– म प–सां– ध म–रे सा – – ।।

अंतरा–1

ओम् कहो, ओम् भजो, ओम राम नाम है – –।
भगतन सब प्यार से बोलो, राधे श्याम! सीता राम! ।।

♪ म–प पध–, सां–सां सांसां–, ध–सां रें–सां ध–प प – – ।
पपमप धध म–म रे–रे, सां–ध– प–! म–रे– सा–! ।।

अंतरा–2

सत्य शिवं, रुद्र शिवं, ओम् शंभु नाम है ।
भगतन सब गौर से बोलो, जै शंभो शिव शंभो ।।

अंतरा–3

वेद कहे, देव कहे, ओम् ब्रह्म नाम है ।
भगतन सब जोर से बोलो, जै सिया राम, राधे श्याम ।।

◎ **Rāma and Shyāma : *Sthāyī* :** *Rāma is Hari, Shyāma is Hari! Hari!. Chant Hari every moment. Chant Shrī Rāma, Chant Shyāma. Om is Shrī Rāma, Om is Shyāma.* ***Antarā* : 1.** *Say Om! worship Om, Om is Shrī Rāma. O Devotees! Chant with joy, Rādhe Shyām! Sītā Rāma!* **2.** *Shiva is truth, Shiva is Rudra, Shiva is Om. O Devotees! chant with joy, victory to Shambhū, Shiva is Shambhū.* **3.** *Vedas say, Gods say. Om is Brahmā. O Devotees! chant with joy, victory to Sītā Rāma, victory to Rādhe Shyāma.* **341/4839**

(फिर अचानक)

---

[88] **राग दुर्गा** : यह काफी ठाठ का राग है । इसका आरोह है : सा रे म प ध सां । अवरोह है : सां ध प म रे सा ।

▶ लक्षण गीत : **दोहा॰ वर्ज्य ग नि जिस राग में, म सा वादि संवाद ।**
"दुर्गा" सुंदर राग में, ध रे स्वरों का नाद ।। 275/7068

सभी अचानक शाँत हो गए, कहीं यकायक भ्रांत खो गए ।
बचन कथन सब मंद हो गए, भजनन कीर्तन बंद हो गए ।। 374/5205

नयन जनन के बड़े हो गए, कान सभी के खड़े हो गए ।
सुनन लगे सब कान लगा कर, इक टुक सारे ध्यान जगा कर ।। 375/5205

मंद नाद आ रहा दूर से, क्षितिज उधर का भरा नूर से ।
ध्यान सभी का एक स्थान में, एक दिशा में एक ध्यान में ।। 376/5205

घुँघरू का आभास हो रहा, धीरे से स्वर पास आ रहा ।
धीमा रव जब स्पष्ट हो गया, हरि का आगम दृष्ट हो गया ।। 377/5205

◎ **Then at once :** *All of a sudden, everyone became quiet. Bhajans and Kīrtans stopped. Everyone focused their attention at same direction. A gentle sound of cow bells was coming closer and closer.* **342/4839**

(और फिर)

सबके मुख पर हर्ष खिल उठा, मन पर बिखरी हास की छटा ।
आतुरता से देख रहे थे, फूल बिल्व दल फेंक रहे थे ।। 378/5205

हरि की जै जै बोल रहे थे, चित आनंद में डोल रहे थे ।
पूजा थाली सजा रहे थे, अविरत ताली बजा रहे थे ।। 379/5205

गोकुल वाले शीघ्र गति से, बढ़े जारहे प्रीत मति से ।
भाग रहीं थीं बैल गाड़ियाँ, उन्हें देख कर बजी ताड़ियाँ ।। 380/5205

सबसे आगे हरि का छकड़ा, हरि का हाथ नंद ने पकड़ा ।
उस छकड़े में जसुमति मैया, रोहिणी माँ बलदाऊ भैया ।। 381/5205

उनके पीछे गोकुल वाले, प्रिय जन गण व्रजवासी ग्वाले ।
सबके पीछे गौअन वत्सन, ताल दे रहीं घुँघरू झन् झन ।। 382/5205

◎ **And then :** *Everyone at Gokul said, they are coming. Their faces got delighted. People at Vrindāvan were watching with curiosity. As Shrī Krishna's cart came within sight, people clapped hands. They showered flowers and got their plates of worship ready. At the front was Shrī Krishna's cart. Shrī Krishna was holding Nanda's hand. Sitting next to him was Mother Yashodā, mother Rohiṇī and brother Balrāma. Behind them were the carts of the people of Gokul and behind them were the cowherds with their cows.* **343/4839**

संगीतश्रीकृष्णरामायण गीतमाला, पुष्प 112 of 763

(राधे श्याम)

स्थायी

राधे श्याम, राधे श्याम, राधे श्याम, कहना है ।
छोड़ चले हम गोकुल सारे, वृंदावन में रहना है ।।
♫ सासा सा–, रेरे ग–, रेग म–, ग–म प– ।
ध– निसां– नि– सां–नि– ध–प–, ध–प–म– ग– मगरे सा– ।।

अंतरा–1

मैया बोली, कृष्ण कन्हैया, मोहन मुरली वाला रे ।
गल में माला काजल काला, कान्हा व्रज का गहना है ।।
♫ म–मप ध–ध–, प–ध निध–पम, ग–मम पपध– सांनिधप म– ।
मम प– ध–नि– सां–निनि ध–नि–, ध–प– मम ग– मगरे– सा– ।।

अंतरा–2

जमुना तट पर नंद का लाला, छेड़े व्रज की बाला रे ।
गोप गोपियाँ कृष्ण दीवानी, मोर मुकुट हरि पहना है ।।

अंतरा–3

माखन खावे नटखट ग्वाला, नटवर नंद गोपाला रे ।
व्रज जन का जो सबसे प्यारा, एक वो केशव किसना है ।।

अंतरा–4

नारद जी की वीणा तारें, सब पर जादू डाला रे ।
मातु यशोदा सबकी माई, राधा सबकी बहना है ।।

◎ **Rādhe Shyām : *Sthāyī :*** *We are leaving Gokul and we will stay in Vrindāvan. We will chant Rādhe Shyām! Rādhe Shyām!* ***Antarā :*** *Mother Yashodā says, Shrī Krishna Kanhaiyā is Mohan, he is Murlī-wālā. He wears a flower garland and eye liner. Kānhā is the jewel of Vraj Bhūmi.* **2.** *On the bank of Yamunā, Nand-lāl Shrī Krishna teases cow-maids. The cow-maids are crazy of Shrī Krishna who has a peacock tiara on his*

34. Story of Rādhā's Birthday (Krishna's Childhood)

head. ***3.*** *Naughty Shrī Krishṇa eats butter. Naṭwar Gopāla is dear to all village people. They love Keshava (Shrī Krishṇa).* ***4.*** *Nārad muni's Vīṇā has charmed all hearts. Yashodā is a mother to everyone and Rādhā is a sister.* **344/4839**

भीड़ से राधा झाँक रही थी, हरि की शोभा ताक रही थी ।
बोली, यह जानी पहचानी, आभा देखी हुई पुरानी ।। 383/5205

अवध से लंका तक सुहानी, लौटी मेरी स्मृति पुरानी ।
मुझे याद है कहाँ मिले थे, कंटक राहें साथ चले थे ।। 384/5205

◎ **Rādhā :** *Rādhā was looking through the crowd. She was staring at the aura of Hari. She said, this aura is familiar to me. It is the same glitter when you were Shrī Rāma and I was Sītā. I saw it when we were walking through the paths from Ayodhyā to Daṇḍak forest.* **345/4839**

संगीतश्रीकृष्णरामायण गीतमाला, पुष्प 113 of 763

(याद करो हरि)

स्थायी

याद करो तुम, हरि! याद करो ।
राम तुम मेरे थे, श्याम तुम मेरे हो ।।
♫ नि़–रे गरे– सा–, रेरे! प–मं गरे– ।
गमं प– निध– प–, मं–ग मं– गरे– सा– ।।

अंतरा–1

सिया राम बन हम, अवध में मिले थे ।
काटों की राहें, संग चले थे ।
धर कर चले हम, बाहें, सुबाहो! ।
हरि तुम मेरे थे, हरि तुम मेरे हो ।।
♫ सारे– ग–ग मंमं प–, निधध प– मंपध प– ।
नि–ध– प मं–ग–, मंधप– मंग– रे– ।
मंमं प– पध– प–, सां–नि–, धप–ध–! ।
गमं प– निध– प–, मंग– मं– गरे– सा– ।।

अंतरा–2

ज्योंहि हमारे, मिलन भए थे ।
पिता के वचन हम, वन में गए थे ।।
दंडक में सुंदर थी, कुटिया हमारी ।
तब भी तुम मेरे थे, अब भी तुम मेरे हो ।।

अंतरा–3

लंका में बैठी मैं रो रही थी ।
सीते! सीते! तुम भी रो रहे थे ।
बिरहा की आगुन में, दोनों जले थे ।
तब भी तुम 'हरि' थे, अब भी तुम 'हरि' हो ।।

अंतरा–4

बरसाने मैं थी, गोकुल में तुम थे ।
वृंदावन में नारद मिलाए ।।
दही मैं बिलोऊँ, तुम माखन खाओ ।
तब भी तुम वही थे, अब भी तुम वही हो ।।

◎ **Remember! :** *O Hari! remember. As Sītā and Shrī Rāma we were united in Ayodhyā and we walked together the path to Daṇḍak forest. O Hari! you are mine, you are mine.* ***Antarā : 1.*** *Soon after we joined hands, we left for Daṇḍak to honour the two promises made by our father. We then walked hand in hand. That time I was your wife and now I am your friend. That time also you were mine and now also you are mine.* ***2.*** *On one side, I was sitting in Lankā and crying O Shrī Rāma! O Shrī Rāma! under the Ashoka tree. On the other side in Daṇḍak forest, you were also crying, O Sītā! O Sītā! We both were burning in the fire of separation. Then you were Hari (Shrī Rāma) and now also you are Hari (Shrī Krishṇa).* ***3.*** *I was at Barsānā and you were in Gokul. Shrī Nārad muni caused our union in Vrindāvan. I will churn curd and you will eat butter. Then you were the same and now also you are the same.* **346/4839**

(वृंदावन में)

ब्रज वासी जन गोकुल वाले, वृंदावन जब पहुँचे ग्वाले ।
पूजा पंडित आगे आए, स्वागत करने माला लाए ।। 385/5205

पूजा मंतर कह कर सारे, 'जय जय हरि!' के बोले नारे ।

बजी अचानक वीणा तारें, मुनिवर नारद आन पधारे ।। 386/5205

अचरज सारे वृंदावन में, "जय जय नारद!" सब जन मन में ।
शुभ आशिष मुनि ने जब दीन्हा, प्रश्न हरि ने उनको कीन्हा ।। 387/5205

◎ **Nārad muni :** *When the people from Gokul reached Vrindāvan, the crowd chanted victory to Shrī Krishṇa. The priest came forward to put garlands on Shrī Krishṇa, Yashodā and Nanda. At that moment people herd strings of Shrī Nārad muni's Vīṇā. Everyone became quiet. They saw Shrī Nārad muni appear. They were surprised. They chanted, victory to Shrī Nārad muni. When Shrī Nārad muni gave auspicious blessings to Shrī Krishṇa, Shrī Krishṇa asked a question to Shrī Nārad muni.* **347/4839**

(कृष्ण नारद जी से)

गोकुल में था कहा आपने, मातु जसुदा के हि सामने ।
"आज दिवस है सबसे पावन, हरि का, वृंदावन को आवन" ।। 388/5205

जनम-दिवस शुभ पँचम मेरा, पंद्रह दिन पहले ही गुजरा ।
"आज कौनसा दिन है पावन, मुझको वृंदावन में आवन" ।। 389/5205

◎ **Question :** *Shrī Krishṇa asked Nārad muni, O Muni! you told us in Gokul that today is the most auspicious day for me to come to Vrindāvan. My fifth birthday was two weeks ago. Then what is so special today, more sacred than my birthday?* **348/4839**

(नारद जी ने कहा)

✍दोहा॰ **अन्तर्यामी! कृष्ण को, यद्यपि है सब ज्ञान ।**
प्रश्न किया उद्देश्य से, दूर करन अज्ञान ।। 276/7068

प्रश्न तुम्हारा बहुत अच्छा है, हेतु जिसमें शुभ सच्चा है ।
उत्तर उसका लोग न जाने, जानेंगे सो बनें सयाने ।। 390/5205

हेतु यही है तुमरे मन का, दूर करन अज्ञान जनन का ।
अच्छा तो फिर सुनो बताऊँ, सब जन गण का हर्ष बढ़ाऊँ ।। 391/5205

◎ **Reply :** *Nārad muni said, O Shrī Krishṇa! you asked me a very interesting question. In fact, being omniscient, you already know the answer but you still asked the question so that people may know the truth and become wise. Therefore, I will tell you the answer, for people's benefit.* **349/4839**

(देखो)

देखो कब से वहाँ खड़ी है, आई तुमसे मिलन परी है ।
दूर भीड़ से झाँक रही है, तुमरी आभा ताक रही है ।। 392/5205

उसने तुमको जान लिया है, भली भाँति पहिचान लिया है ।
नाम परी का 'राधे रानी,' जनम-जनम की तुमरी जानी ।। 393/5205

माँ की ऊँगली पकड़ खड़ी है, दृष्टि तुम पर अचल गड़ी है ।
कबसे उसको देख रहा हूँ, फूल सुमंगल फेंक रहा हूँ ।। 394/5205

होश नहीं है उसको कोई, स्मृति अतीत में हुई है खोई ।
आओ राधा से मिलते हैं, हेतु उभय का सिध करते हैं ।। 395/5205

आज राधिक तीन वर्ष की, हुई है, सुनो! बात हर्ष की ।
इसी लिये छोड़ा गोकुल है, दिवस आज का शुभ माकुल है ।। 396/5205

हरि चरणन का हुआ स्पर्श है, जन्म दिवस राधे का, हर्ष है ।
वृंदावन है आज सुभागा, सोने में है आज सुहागा ।। 397/5205

◎ **Behold! :** *O Shrī Krishṇa! see in the crowd there is a three year old angel standing with her mother. She is watching your aura. She has recognized you very well. Her name is Rādhā. She is your companion from many lives. I am watching her since long time and I am showering flowers on her, but she is lost in your aura. Let's go. I will introduce you to her. Today Rādhā is three years old. It is her third birthday. This is the happy occasion for which I wanted you to come here from Gokul today. On this happy day Rādhā's and Shrī Krishṇa's feet touched Vrindāvan. Blessed is this city and auspicious is this day.* **350/4839**

संगीतश्रीकृष्णरामायण गीतमाला, पुष्प 114 of 763

(वृंदावन)

स्थायी

चरण हरि के छुए आज, वृंदावन ये सुभागा है ।
जनम-दिवस है राधे का, अजी! सोने में सुहागा है ।।

♫ सासासा रेग- म- पमगरे सा-, प-मगरेरे रे- मगरेसानि़ सा- - ।
सासासा रेगग म- पमगरे सा-, रेरे! प-मग रे- मगरेसानि़ सा- ।।

34. Story of Rādhā's Birthday (Krishna's Childhood)

अंतरा–1

बरसाने की कली पचरंगी, गोकुलपति के हार में लगी ।

नजारा स्वर्ग समाना है ।।

♫ सारेग–म– म– धप मगम–प–, नि–धपमप म– प–म ग– रेसा– ।

पध–प– ग–प मगरेसानि सा– – ।।

अंतरा–2

आए नारद शारद शंकर, आशिष बरसाने को मंगल ।

व्रज में मोद अपारा है ।।

अंतरा–3

हरि दरशन को नहीं आवेगा, मथुरा में ही कंस रवेगा ।

पापी बहुत अभागा है ।।

अंतरा–4

वृंदावन में नई उमंगें, इन्द्र धनु का सप्त रंग हैं ।

दिन कितना ये सुहाना है ।।

◎ **Vrindāvan : *Sthāyī :*** *Hari's feet touched Vrindāvan today. Vrindāvan is fortunate, Vrindāvan is blessed. Today is Rādhā's birthday, O Dear! it added extra glitter to the gold.* ***Antarā : 1.*** *The beautiful flower from Barsānā (name of a village) is in the garland of Gokul-pati Shrī Krishṇa. It feels like heaven here.* ***2.*** *Nārad muni and Shiva came to bless Rādhā and Shrī Krishṇa. There is boundless joy in the Vraj Bhūmi.* ***3.*** *That Kaṅsa will not join in the celebrations. That sinful demon is so unlucky.* ***4.*** *There is a rainbow of seven colours over Vrindāvan. How nice day it is.* **351/4839**

(फिर, आगे नारद जी बोले)

आओ राधे! मिलते सुख से, प्रथम बधाई हरि के मुख से ।

मुनिवर ने फिर बड़े मोद में, राधा को ले लिया गोद में ।। 398/5205

प्यार से उसको दे कर चूमा, हाथ हरि के हाथ में थामा ।

कान्हा बोला, पकड़ कलाई, "जनम–दिवस की तुम्हें बधाई" ।। 399/5205

◎ **Nārad muni :** *Nārad muni said, O Rādhā! come, meet Hari. Hear the first birthday congratulations from the mouth of Shrī Krishṇa. Saying so, Shrī Nārad muni picked up Rādhā in his arms and kissed her. He gave her hand in the hand of Shrī Krishṇa. Shrī Krishṇa said, O Rādhā! Happy Birthday to you.* **352/4839**

संगीतश्रीकृष्णरामायण गीतमाला, पुष्प 115 of 763

(राधा जनम–दिन)

स्थायी

जनम दिन की राधा को देने बधाई, गोकुल से आए हैं कृष्ण कनाई ।

♫ सानि– सा– सा रे–रे– रे ग–प– मग–रे–, सा–ग– ग ग–म– ग– प–म– गरे–सा– ।

अंतरा–1

शंकर–किन्नर, तुंबर आए, आशीष मंगल, गुल बरसाये ।

कान्हा ने मुरली कमाल बजाई, जरा हँस के राधा, अदा शरमाई ।।

♫ सा–सा–रे ग–म–म, ध–प–म ग–म–, नि–ध–प ध–प–म, धध प–मग–रे– ।

सा–सा– रे ग–म– धप–म– गम–प–, धप– म– ग रे–म–, धप– म–गरे–सा– ।।

अंतरा–2

वृंदावन में, खुशी की लड़ी है, मची सबके मन में, पुलक हड़बड़ी है ।

कान्हा की सबने, मेहर मनाई, राधा की जै जै से, रौनक जमाई ।।

अंतरा–3

ऋद्धि और सिद्धि, डुलावत चामर, खा पी रहे हैं, धनी और पामर ।

लड्डू जलेबी, पुए रस मलाई, कण–कण में देखो है, प्रीत समाई ।।

◎ **Rādhā's birthday : *Sthāyī :*** *O Rādhā! for giving you happy birthday wishes, Shrī Krishṇa has come from Gokul.* ***Antarā : 1.*** *Shankar came, Kinnar came, Tumbar came. They brought auspicious blessings for you. Shrī Krishṇa played sweet flute. Rādhā smiled and blushed.* ***2.*** *There is joy in Vrindāvan. Everyone's mind is excited. Kānhā said, thanks to everyone. Everyone said, victory to Rādhā. Shrī Krishṇa said congratulations to Rādhā. Everyone clapped. This union is arranged by Shrī Nārad muni, the Vidhi.* ***3.*** *Riddhi (Goddess of progress) and` Siddhi (Goddess of success) are fanning you cool breeze with their wings. Rich and poor are eating delicious food. Everywhere there is love in the air.* **353/4839**

संगीतश्रीकृष्णरामायण गीतमाला, पुष्प 116 of 763

(राधा के जन्मदिन की कथा)

स्थायी

स्वरदा ने सुंदर गाया है, नारद ने साज बजाया है ।
रतनाकर गीत रचाया है ।।

♪ सानि़सा– गरे सा–नि़नि़ सा–रेम ग–, गममग पम ग–रे सासा–रेम ग– ।
गगरेसासासा रे–ग मगरेसानि़ सा– ।।

अंतरा–1

जन, वृंदावन के गाए हैं, सब देव–देवता आए हैं ।
सखी! आज मिलन है सुखदाई, बरसाने से राधा आई ।
गोकुल से कान्हा आया है ।।

♪ पप, मरेम–पप पम पनि़धप प–, पप मगग सा–गमप गरेसानि़ सा– ।
सानि़! सा–ग रेसासा नि़– सासारेमग–, सानि़सा–गरे सा– नि़–सा– रेमग– ।
ग–रेसा सा– रे–गम गरेसानि़ सा– ।।

अंतरा–2

ये जनम–दिवस है राधा का, उस पुनर्जन्म की सीता का ।
श्रीकृष्ण से संगम रधिया का, गंगा से जमुना नदिया का ।
नारद ने मेल कराया है ।।

अंतरा–3

शिव नारद मुनिवर आए हैं, शुभ आशिष मंगल लाए हैं ।
श्रीकृष्ण बधाई बोला है, सब व्रज जन का मन डोला है ।
ये विधि ने खेल रचाया है ।।

◎ **Rādhā's birthday : *Sthāyī* :** *Ratnākar composed the melody, Sarasvatī sang it beautifully, while Shrī Nārad muni played the Vīṇā.* ***Antarā* : 1.** *People of Vrindāvan are chanting. Gods and Goddesses have joined in. O Dear! today there is a happy union.* **2.** *Shrī Krishṇa is meeting with Rādhā, like Gangā and Yamunā. It is Rādhā's birthday also. She is the reincarnation of Sītā. Shrī Nārad muni caused this union.* **3.** *Shiva and Shrī Nārad muni have come. They have brought blessings. Shrī Krishṇa said happy birth day to Rādhā. The whole Vraj Bhūmi is happy. Shrī Nārad muni, the Vidhi has arranged this sacred event.* **354/4839**

बालकृष्ण अनुभाग
बारहवाँ तरंग

35. वृंदावन में होली की कथा :

35. Story of the Holī festival in Vrindāvan (*Krishna's Childhood*)

(वृंदावने होलिका)

♪ **संगीतश्रीकृष्णरामायण छन्दमाला, मोती 72 of 501**

सुनीता छन्द[89]

ऽ ऽ ऽ, ऽ।।, ऽ। ऽ

---

[89] ♪ **सुनीता छन्द :** इस नौ वर्ण, 15 मात्रा वाले छन्द में म भ र गण वर्ण आते हैं । इसका लक्षण सूत्र ऽ ऽ ऽ, ऽ।।, ऽ। ऽ इस प्रकार है । विराम 4, 5 विकल्प से पर आता है ।

▶ लक्षण गीत : ✍ **दोहा॰ पन्द्रह कल, नौ वर्ण का, म भ र गणों का वृंद ।**
सुंदर रचना से सजा, सुगम "सुनीता" छंद ।। 277/7068

35. Story of the Holī festival in Vrindāvan (Krishna's Childhood)

(वृंदावन में होली)

होली वृंदावन में सखी! नीले पीले सब रंग की ।

राधा नाचे हरि संग है, रंगों में डालत रंग है ।। 1

होली वृंदावन में जली, क्रीड़ा गोपीयन की चली ।

राधा-दामोदर रास की, देखो शोभा ब्रज में सखी! ।। 2

◎ **Holī in Vrindāvan :** *O Dear! today is Holī festival in Vrindāvan. Red, blue and all other colours are being sprayed. They are burning Bon-fire. The cow-maids are playing around it. Dāmodar Shrī Krishna has arranged Rās dance. Look at the splendor in the Vraj Bhūmi.* **355/4839**

संगीतश्रीकृष्णरामायण गीतमाला, पुष्प 117 of 763

भजन : आज होली है

स्थायी

आज होली है – – –, आज होली है – – ।

आज होली है, होली है, आज होली है – – ।।

सब, कान्हा की जय बोले हैं ।।

♫ सारे सारे रे – – –, गरे सारे सा – – ।

गम गप म, गप म, मम गरे सा – – ।।

सारे, ग–म– प– धप म–गरे सा– ।।

अंतरा–1

लाल गुलाबी नीले पीले, रंग से भीनी राधा ।

गोपी के तन वसन रंगीले, धार चलाए कान्हा ।।

सब, कान्हा की जय बोले हैं ।।

♫ म–म मप–प– ध–नि– ध–प–, सांनि ध नि–ध– प–म– ।

ग–म– प– धध सांनिध निध–प–, ग–म पधपम– गरेसा– ।।

सारे, ग–म– प– धप म–गरे सा– ।।

अंतरा–2

ब्रज में ढोलक शोर मचाये, पायल घुँघरू बोले ।

गोपन के तन मन मतवाले, गिरिधर नाचत डोले ।। सब०

अंतरा–3

गोप गोपिका झूलत झूले, राधा ले हिंडोले ।

आनंद में हैं सुध–बुध भूले, गोकुल के सब ग्वाले ।। सब०

◎ **Today it's Holī : *Sthāyī :*** *Today It's Holī. Colours are being sprayed in every corner. Nand Kumār Shrī Krishna is dwelling in Rādhā's heart.* ***Antarā : 1.*** *Red, rose, blue and yellow colours have soaked Rādhā. Her body and clothes are drenched. Kānhā is spraying the colours.* ***2.*** *Everyone is making loud noise, anklets are jingling. The cowherds are jubilated. Shrī Krishna is dancing.* ***3.*** *Cowherd boys and girls are on the swings. Rādhā is enjoying swings. All the cowherds from Gokul are enjoying in Vrindāvan.* **356/4839**

संगीतश्रीकृष्णरामायण गीतमाला, पुष्प 118 of 763

खयाल : राग भीमपलासी, कहरवा ताल

(होली)

स्थायी

नंद का नंदन होली खेले, राधा के तन गीले रंगीले ।

♫ मपनि सां निधपमप ग–गम गरेसा–, पनिसाग रे– सासा प–ग मगरेसा– ।

अंतरा

पिचकारी के रंग फूहारे, गोप गोपिक झूलत झूले ।

♫ पपप–निमप गम पनिसां गरें–सां–, नि–सां मंगरेंसां– पनिसांसां निधप– ।

◎ **Holī : *Sthāyī :*** *Nand Nandana Shrī Krishna is playing Holī. Rādhā is soaked in colours.* ***Antarā : 1.*** *The coloures are being sprayed with syringes. Cow-maid girls are on the swings.* **357/4839**

(कंस भवन में)

गुप्त चरों ने कंस से कहा, हरि गोकुल में नहीं अब रहा ।

गए कृष्ण के साथ हि ग्वाले, वृंदावन को गोकुल वाले ।। 400/5205

स्वागत उसका वृंदावन में, हुआ न ऐसा कहीं जीवन में ।

देव–देवता सब त्रिभुवन के, आए मंगल आशिष बन के ।। 401/5205

कृष्ण आपसे नहिँ है डरता, बैर आपसे भी नहिँ करता ।

कृष्ण तुम्हें कहता 'श्री मामा,' उसे नंद कहते हैं 'श्यामा' ।। 402/5205

कृष्ण नंद को कहता 'बाबा,' मैया उसको कहती 'कान्हा' ।

बलराम उसे कहता है 'काला,' गोप गोपियाँ 'नंद का लाला' ।। 403/5205

◎ **At Kaňsa's palace :** *The spies of Kaňsa brought the news that Shrī Krishna does not live in Gokul any more. Shrī Krishna and all cowherds have now moved to Vrindāvan. There was a huge welcome for him at Vrindāvan. We have never seen such joyful celebration before. Gods and Goddesses came to bless him.* ***Shrī Krishna is not afraid of you. He has no enmity against you either****. Shrī Krishna calls Bābā to Nanda, Yashodā calls Kānhā to Shrī Krishna, Shrī Krishna calls you Māmā, Nanda Bābā calls him Shyāmā, Balrāma calls him Kālā and his friends call him Nand-lālā.* **358/4839**

संगीतश्रीकृष्णरामायण गीतमाला, पुष्प 119 of 763

(वृंदावन आयो नंदलाल)

स्थायी

वृंदावन आयो नँदलाल, गोकुल का गोपाल ।

गोकुल का गोपाल, गोकुल का गोपाल ।।

♫ म–प–धध नि–सा– निधप–प, नि–निनि सां– निधप– ।

म–मम प– धनिध–, नि–धप म– रेगम– ।।

अंतरा–1

मैया कहत है उसको कान्हा, राधा मोहन नंदलाल ।

गोप गोपिका कृष्ण कन्हैया, नंद कहत मेरो लाल ।।

♫ म–म पधध नि– निधप– म–प–, सां–नि धपप धपम–म ।

रे–ग म–पम– ध–प मग–म–, नि–ध पमम रे–ग म–म ।।

अंतरा–2

भैया उसको श्यामल काला, नारद हरि सत्पाल ।

दुनिया बनमाली ब्रिजबाला, कंस कहत मेरो काल ।।

अंतरा–3

कहत सुदामा जीवन नैया, मोहन नवल किशोर ।

हिरदय मम बसियो किरपाला, प्यारे मेरे यदुलाल! ।।

◎ **Nand-lāl in Vrindāvan :** ***Sthāyī :*** *Gokul's Gopāl (cowherd boy), Nand-lāl (Son of Nanda) Shrī Krishna came to Vrindāvan.* **Antarā : 1.** *Mother Yashodā calls him Kānhā, Rādhā calls him Mohan (Charmer) Nand-lāl, the Cowherds and cow-maids call him Shrī Krishna Kanhaiyā, Nand Bābā calls him Mero-Lāl (My son).* **2.** *Brother Balrāma calls him Shyāmala-kālā (of darker complexion), Shrī Nārad muni calls him Hari Sat-pāl (righteous), the world calls him Banamālī (who wears garland of wild flowers) and Brij-Bālā (village boy), Kaňsa calls him My death.* **3.** *Sudāmā calls him Boat-of life, Mohan, Navala kishor (Surprising boy). O My dear Yadulāl (Son of Yadu), please dwell in my heart, O Kirpāla (Merciful)!* **359/4839**

(होली)

आज होली का त्योहार है, गले सभी के पुष्प हार हैं ।

मोद भरा है व्रज कुल सारा, सब दिश रंग–रंग की धारा ।। 404/5205

◎ **Holī :** *Today is the festival of Holī. Everyone is wearing a garland of flowers. The Vraj Bhūmi, coloured with colours of Holī, is jubilated with joy.* **360/4839**

संगीतश्रीकृष्णरामायण गीतमाला, पुष्प 120 of 763

भजन : राग काफी,[90] कहरवा ताल 8 मात्रा

(चाल, तबला ठेका और तान के लिये देखिये

हमारी "*नयी संगीत रोशनी*" का गीत 89)

(होली)

स्थायी

सखी नंद होली का न्यारा, चले रंग–रंग की धारा ।

आनंद होली का प्यारा, करे अंग–अंग मतवारा ।।

---

[90] 𝄞 **राग काफी** : यह काफी ठाठ का राग है । इसका आरोह है : सा रे ग म प ध नि सां । अवरोह : सां नि ध प म ग रे सा ।

▶ लक्षण गीत : ✍ **दोहा॰ सात स्वरों का राग ये, कोमल ग नि संजोग ।**

प स वादी संवाद का, "काफी" जानत लोग ।। 278/7068

35. Story of the Holī festival in Vrindāvan (Krishna's Childhood)

अंतरा–1

हरि आज होली की बेला, लो पिचकारी ब्रजबाला ।

राधा के रंग में रंग–रंग लो, नंद नंद गोविंदा (ओ!) ।।

अंतरा–2

जिस रंग में राधा रंगी, कान्हा है जीवन संगी ।

होली के गीत हैं गात गोपिका, साथ बाँसुरी वाला (ओ!) ।।

अंतरा–3

सखी व्रज में मोद की वर्षा, और आज हर्ष की चर्चा ।

कान्हा के रंग में रंगी राधिका, कंज कंज व्रज सारा (ओ!) ।।

◎ **Holī : *Sthāyī*** : *O Dear! the joy of Holī (festival of bon-fire) is unique. The happiness at the Holī is lovely, when the syringes start spraying the colours.* ***Antarā* : *1.*** *O Hari! today is the festival of Holī. O Brij Bālā (Village boy), take the colour syringe. Get immersed in Rādhā's colours. O Govind (Protector of the cows)! the Joy of Nanda Bābā.* ***2.*** *The colour in which Rādhā is immersed, Kānhā is her life partner. The Gopīs (cow-maids) are singing the songs of Holī, With them is the Bansurīwālā (flute bearer) Shrī Krishna.* ***3.*** *O Dear! joy is showering in the village and every one is talking sweet words. Rādhā is coloured in Kānhā's colours. The whole village is cheerful and happy.* **361/4839**

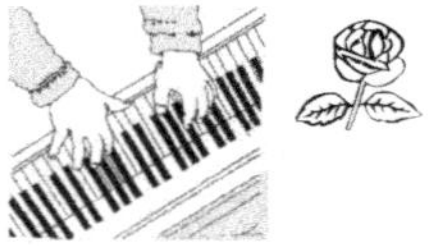

संगीतश्रीकृष्णरामायण गीतमाला, पुष्प 121 of 763

राग होरी खमाज, ताल धमार

(चाल, तबला ठेका और तान के लिये

देखिये हमारी "*नयी संगीत रोशनी*" का गीत 8)

(होरी)

स्थायी

होरी खेड़त मेरो कान्हा, ब्रज में । रंग धमार है आज, ब्रज में ।

होरी खेड़त मेरो कान्हा, ब्रज में ।।

अंतरा–1

ग्वालिन राधा नाच नचत है । लाल गाल में– लाज लजत है ।

पिचकारी की धार, ब्रज में ।।

अंतरा–2

बाल बाला झूला झुलत हैं । गोप नंद में गोल घुमत हैं ।

रंगन की बौछार, ब्रज में ।।

◎ **Kānhā plays Holī : *Sthāyī*** : *My Kānhā is playing Holī, in the Vraj village. The colours are being sprayed in the Braj.* ***Antarā* : 1.** *Rādhā is dancing. She is smiling in her rosy cheeks. Colours are being sprayed in the Vraj (village).* **2.** *Boys and girls are swinging on the swings. The Gops (Cowherd boys) are dancing in circles around them. Colours are being sprayed in the Braj.* **362/4839**

संगीतश्रीकृष्णरामायण गीतमाला, पुष्प 122 of 763

होरी : दीपचंदी ताल, 14 मात्रा

(चाल, तबला ठेका और तान के लिये देखिये

हमारी "*नयी संगीत रोशनी*" का गीत 67)

(होरी)

स्थायी

सखी संग खेड़त होरी होरी,

सखी संग खेड़त होरी ।

देखो, किशन मुरारि, सखी संग खेड़त,

होरी – – – – – – – – – – – ।।

अंतरा–1

चलावे पिचकारी हो किशन कन्हाई,

देखे जसोदा माई ।

लाल गुलाली उड़े रंग की धारी,

लाल गुलाली उड़े रंग की धारी,

कहे राधा मैं तो, हारी हारी,

रंग की धारी ।।

अंतरा–2

बजावे बाँसुरी हो किशन कन्हैया, सुनै है यशोदा मैया ।

बलदाऊ सुदामा बजावै ताड़ी,

संग गोप गोपी, बारी–बारी ।।

अंतरा–3

सजावे केश में हो प्रसून बैजंती, चुनरिया बसंती ।

अलबेली ललना व्रज की नारी,

मन भाए राधा, गोरी गोरी ।।

अंतरा–4

पनिया भरन चली लिये गगरिया, हो राधा ग्वालनिया ।

जमुना तट पर सुंदर प्यारी,

ये श्याम की श्यामा, प्यारी प्यारी ।।

◎ **Hori :** ***Sthāyī** : O Dear! behold, Shrī Krishṇa Murāri is playing Hori with his friend Rādhā.* ***Antarā : 1.*** *Shrī Krishṇa Kanhāī is spraying colours with his syringe and Yashodā is watching. There are red and pink sprays. Rādhā says, I loose, you win!* ***2.*** *Shrī Krishṇa Kanhaiyā is playing flute. Mother Yashodā is listening. Balrāma and Sudāmā, and the Gop (cowherd boys) Gopīs (cowherd girls) turn by turn are clapping hands.* ***3.*** *In their hair are Baijantī (purple) flowers and in their neck are Basantī (yellow) scarves, everyone from the Vraj (village) loves the fair coloured Rādhā* ***4.*** *Milkmaid Rādhā, Shyāma's friend, is going for fetching water, at the bank of river Jamunā.* **363/4839**

संगीतश्रीकृष्णरामायण गीतमाला, पुष्प 123 of 763

खयाल : बिलावल राग, कहरवा ताल 8 मात्रा

(रंग बरसे)

स्थायी

राधा पे रंग बरसाए हरि, राधा पे ।

♫ सांनिध– म ग – – सा ध़नि़साग मग–, सांनिध– म ।

अंतरा–1

लाल गुलाबी चलत है कान्हा की,

पिचकारी रंग फुआर, राधा पे ।

♫ म–ध निसां–सां– निसांग सां निसांनि ध,

निसांनिधम धनिसां निध–म, सांनिध म ।

अंतरा–2

नीली पीली उछलत बाँवरी,

गोपियन की बेशुमार, राधा पे ।

◎ **Holī colours :** ***Sthāyī** : Hari is spraying colours on Rādhā.* ***Antarā : 1.*** *Kānhā is throwing red and pink colours with syringe.* ***2.*** *The cow-maids are spraying blue and yellow colours on Rādhā.* **364/4839**

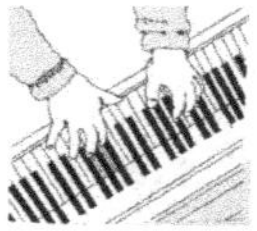

संगीतश्रीकृष्णरामायण गीतमाला, पुष्प 124 of 763

राग : मालकंस

(लोहड़ी)

स्थायी

खेलत लोहड़ी नंदलाल मेरो, गजक मखाने खात रेवड़ी ।

खेलत लोहड़ी नंदलाल मेरो ।।

♫ सांसांनिसां ध मधनि सां–धनिधम गसा,

गग मधनिसां– निसांध निधमगमगसा ।

सांसांनिसां धमधनि सां–धनिधम गसा ।।

अंतरा–1

आया सुदामा नंद बलरामा, मातु जसोदा देत लोहड़ी ।

कान्हा चढ़ेगा घोड़ी ।।

♫ ग–ममध–नि– सांसां सांसांगं–सां–, नि–नि निसां–सां– धनिसां निधनिधम ।

धनिसां मंगंसांधनि सांगं सांनि धनि सांनि धनि धम गम गसा ।।

अंतरा–2

आरती गाते अंबा माँ की, नाचत ग्वाले गोप गोपिका ।

राधा चुनरिया ओढ़ी ।।

◎ **Lohaḍī :** ***Sthāyī** : My Nand-lāl (Son of Nand) is playing Lohaḍī. He is eating peanut brittle and Revaḍīs (sesame seed brittles).* ***Antarā : 1.*** *Sudāmā came, Balrāma came. Mother Yashodā is giving Lohaḍī. Kānhā will ride horse.* ***2.*** *The cowherds and cow-maids are dancing and are singing Bhajan of Pārvatī. Rādhā is wearing scarf.* **365/4839**.

35. Story of the Holī festival in Vrindāvan (Krishna's Childhood)

संगीतश्रीकृष्णरामायण गीतमाला, पुष्प 125 of 763

खयाल : राग वृंदावनी सारंग,[91] तीन ताल 16 मात्रा

(चाल, तबला ठेका और तान के लिये देखिये

हमारी "*नयी संगीत रोशनी*" का गीत 23)

(छम-छम घुँघरू)

स्थायी

छम-छम घुँघरू पायल बाजे, छम-छम घुँघरू पायल बाजे ।

बंसी सुंदर संग में साजे ।।

अंतरा-1

नंद का नंदन रास रचावे,

राधा दीवानी ठुमक ठुमक कर, नाचे ।

अंतरा-2

वृंदावन की कुंज गलिन को,

चाँद चाँदनी चमचम चमकावे ।

◎ **Rās dance :** ***Sthāyī :*** *The bells of the Rādhā's bracelet are sounding chham chham, With them, Shrī Krishna is playing the flute.* ***Antarā : 1.*** *Shrī Krishna is arranging the Rās Dance. Crazy Rādhā is dancing thumak thumak.* ***2.*** *The beautiful isles of Vrindāvan are glowing with moon light.* **366/4839**

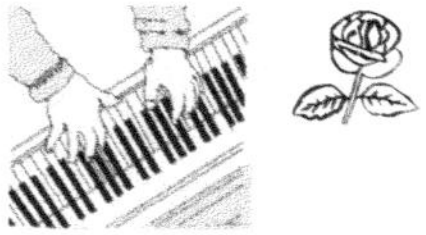

संगीतश्रीकृष्णरामायण गीतमाला, पुष्प 126 of 763

राग शंकरा,[92] एकताल

(रखड़ी)

स्थायी

लाल रखड़ी पीली, बाँधी बहना मौली ।

प्रेम की रीत निभाई, आशिष दीन्हो भाई ।।

♫ सांसांसां नि धनि प-धनिसांनि-, प-पग गपरेग रेनि़रेसा ।

साप़प़ सा- सा-प गप-प, पनिसांरें सां-निध निपगप ।।

अंतरा-1

आरती कर भाई की, न्यारी बहना प्यारी ।

नाता अमर बनायी, आई रखड़ी आई ।।

♫ पगपसां सांसां सां-सांनिरें सां, सां-गं- गंपंरेंगं रेंनिरेंसां ।

सां-सांप गगप- पनिसां-, पनिसांरें सांसांनिध निपगप ।।

अंतरा-2

गोप कहत गोपी को, न्यारी बहना प्यारी ।

गोपी मौली लायी, आई रखड़ी आई ।।

◎ **Rakhaḍī :** ***Sthāyī :*** *Red and yellow Rākhī is tied by sister. It is the ritual of love between brother and sister.* ***Antarā : 1.*** *Cowherd boys said to the cow-maid girls, you are our unique sisters. Cow-maids brought Rākhī and tied it on the wrist of cowherd boys. Rākhī festival came.* **367/4839**

संगीतश्रीकृष्णरामायण गीतमाला, पुष्प 127 of 763

(वृंदावन में होली की कथा)

स्थायी

स्वरदा ने सुंदर गाया है, नारद ने साज बजाया है ।

रतनाकर गीत रचाया है ।।

♫ सानि़सा- गरे सा-नि़नि़ सा-रेम ग-, गममग पम ग-रे सासा-रेम ग- ।

---

[91] 𝄞 **राग वृंदावनी सारंग :** यह काफी ठाठ का राग है । इसका आरोह है : नि़ सा रे म प नि सां । अवरोह है : सां नि प म रे सा ।

▶ लक्षण गीत : **दोहा॰ ग ध स्वर जिसमें वर्ज्य हों, उभय नि स्वर का रंग ।**
अवरोही कोमल नि से, "वृंदावन सारंग" ।। 279/7068

[92] 𝄞 **राग शंकरा :** यह बिलावल ठाठ का राग है । इसका आरोह : सा रे म प ध सां । अवरोह है : सां ध प म रे सा ।

▶ लक्षण गीत : **दोहा॰ रे म वर्ज्य आरोह में, अवरोह में म त्याग ।**
ग नि वादि संवाद में, सजे "शंकरा" राग ।। 280/7068

गगरेसासासा रे–ग मगरेसानि़ सा– ।।

अंतरा–1

आज, ब्रिंदाबन में होली है, "जय राधेकृष्ण" की बोली है ।

सब गोप गोपिका आए हैं, बैजन्ती माला लाए हैं ।

गोपाला रास रचाया है ।।

♫ पप, मरेम–पप पम पनिधप प–, "पप मगगसासागम" प गरेसानि़ सा– ।

सानि़ सा–ग रे–सानि़– सा–रेम ग–, सानि़सा–गरे सा–नि़– सा–रेम ग– ।

ग–रेसासा– रे–ग मगरेसानि़ सा– ।।

अंतरा–2

हरि मुरली मधुर बजावे रे, गोपियन को धूम नचावे रे ।

आनंद सुदामा बाँटे रे, सब व्रज जन हँस कर लूटे रे ।

सह नंद जसोदा मैया हैं ।।

अंतरा–3

ये वृंदावन की होली है, ये नाना रंग रँगीली है ।

त्रिभुवन में डंका डाली है, ये अलबेली मतवाली है ।

ये होली का हंगामा है ।।

◎ **Rādhā's birthday : *Sthāyī* :** *Ratnākar composed the melody, Sarasvatī sang it beautifully, while Shrī Nārad muni played the Vīṇā.* ***Antarā* : 1.** *Today there is Holī festival in Vrindāvan. People are singing, victory to Rādhā-Shrī Krishṇa. All cowherds and cow-maids came. Gopāla (Cowherd boy Shrī Krishṇa) has arranged Rās dance.* **2.** *Hari is playing flute. He makes cow-maids dance in rhythm. Sudāmā is giving joy to everyone. Nand Bābā, Yashodā and everyone is laughing.* **3.** *This is the Holī festival of Vrindāvan. It is colourful with different colours. It is well known in the three worlds. It is the joy of Holī.* **368/4839**

बालकृष्ण अनुभाग
तेरहवाँ तरंग

36. बाल किशन के उपनयन की कथा :

36. Shrī Krishṇa's Sacred-thread Ceremony (*Krishna's Childhood*)

(बालकृष्णउपनयनकथा)

♫ **संगीतश्रीकृष्णरामायण छन्दमाला, मोती 73 of 501**

शशिकला छन्द[93]

।। ।, ।। ।, ।। ।, ।। ।, ।। ऽ

(कृष्ण उपनय)

शुभ समय पर उपनयन हरि का ।

पढ़ कर विधि वचन गुरुवर किया ।। 1

गुरुकुल परिसर मरकत[94] **भव का ।**

लख कर गदगद हिरदय शिव का ।। 2

◎ **Shrī Krishṇa's thread ceremony :** *Guru Sāndīpani muni recited Veda mantras and performed the sacred thread ceremony of Shrī Krishṇa. Sāndīpani muni's hermitage is a jewel on the earth. Seeing it, even Shiva's heart is ecstatic.* **369/4839**

श्लोकौ

षड्वर्षीयः किशोरः सोऽध्येतुं गुरुकुले गतः ।

वेदवेदाङ्गशास्त्राणि योगञ्च सकलाः कलाः ।। 165/2422

सान्दीपनिर्गुरुस्तस्य महाभागो बहुश्रुतः ।

---

[93] ♫ **शशिकला छन्द :** इस विशेष छन्द की 16 मात्रा वाले 15 अक्षरों में अन्त्य वर्ण गुरु और बाकी 14 वर्ण लघु आते हैं । इसका लक्षण सूत्र न न न न स गण से ।।।, ।।।, ।।।, ।।।, ।। ऽ इस प्रकार होता है ।

▶ लक्षण गीत : ✍ **दोहा॰ सोलह मात्रा से सजा, गुरु मात्रा से अंत ।**
न न न न स गण बसे जहाँ, वहाँ "शशिकला" छंद ।। 281/7068

[94] **मरकत** = रत्न, पन्ना ।

36. Shrī Krishṇa's Sacred-thread Ceremony (Krishna's Childhood)

महायोगी दुरात्मानं दृशा भस्मीकरोति सः ।। 166/2422

कृष्ण जब हुआ छठे वर्ष का, विश्वरूप हरि परम दर्श का ।
हरि को बोले बाबा मैया, "सांदीपनि के गुरुकुल जैंया ।। 405/5205

"वेद शास्त्र सब कोटि पढ़ो तुम, योग ज्ञान की चोटि चढ़ो तुम ।
आगत सब ये विघ्न हरो तुम, मातु पिता को मुक्त करो तुम" ।। 406/5205

◎ **Shrī Krishṇa in Gurukul :** *Nand Bābā said, today Shrī Krishṇa is six years old. He should go to Gurukul school of Sāndīpani muni. There he will learn Vedas, Upanishads, yoga and arts. Sāndīpani muni is a great teacher and yogī. He has the power to burn anyone with his vision alone, if he gets angry. He said, O Shrī Krishṇa! you learn all scriptures and yogas from him and climb the apex of knowledge. You become a Brahma-jñānī (self realized) and a mahā-yogī (great yogī) to guide the world and remove the calamity that is befallen over us. You become powerful enough to liberate your parents and other people languishing in Kaṅsa's jails.* **370/4839**

(फिर)

गुरुकुल परिसर स्वर्ग समाना, सत् जीवन का मार्ग सयाना ।
आश्रम की हर चीज नियारी, मातृ स्नेह सम शुद्ध पियारी ।। 407/5205

सांदीपनि के मठ हरि आते, गुरुवर उनको योग सिखाते ।
गुरु चरणों में कृष्ण कुमारा, गोद में यथा वत्स दुलारा ।। 408/5205

✍दोहा॰ **सीखो श्रद्धा कृष्ण से, सराहाते जग-तीन ।**
पूजा जिसकी जग करे, गुरु सेवा में लीन ।। 282/7068

गुरुकुल जीवन हरि को भाया, चार चाँद हरि यहाँ लगाया ।
गुरु इत माता-पिता सहारा, सखा बंधु अरु परम किनारा ।। 409/5205

◎ **Gurukul :** *Sāndīpani muni's Gurukul is situated in the peaceful and quiet forest of Ambāḍī. It is at the bank of a beautiful lake known by the same name. Here students from great distances come to learn Vedas, yogas and arts. For his students, Sāndīpani muni is mother, father and a teacher. His students worship him with honour. Shrī Krishṇa, whom the whole world worships, serves guru Sāndīpani muni faithfully. One should learn faith and devotion from Shrī Krishṇa.* **371/4839**

(गृह्यसूक्तम्)

श्लोकः

यस्मै गुरुकुले बालो गच्छति वर्णकर्मणे ।
कर्म तद्गृह्यसूक्तोक्तं बालोपनयमुच्यते ।। 167/2422

(गृह्यसूक्त)

✍दोहा॰ **वेद अध्ययन योग की, क्रिया "जनेऊ" नाम ।**
गृह्य सूक्त में है कहा, गुरु सन्निध यह काम ।। 283/7068

◎ **Guhyasūkta :** *The Varṇa-karma (karma priscribed by one's duty) for which a pupil goes to his guru at Gurukul and receives the sacred thread at the hands of the guru, is called Guhya-sūkta in the scriptures. The austerity was initiated by Yājñavalkya with the vaidic mantra of Gāyatrī.* **372/4839**

(उत्तञ्च)

श्लोकः

तस्माद्यज्ञोपवीतात्स भवति बालको द्विजः ।
पवित्रं परमं तस्य बलं संरक्षकञ्च तत् ।। 168/2422

मनुष्यो जन्मना शूद्रः संस्काराज्जायते द्विजः ।
विप्रो भवति स्वाध्यायद्-ब्रह्मज्ञानात्स ब्राह्मणः ।। 169/2422

✍दोहा॰ **यज्ञोपवीत का कहा, "ब्रह्मसूत्र" उपनाम ।**
याज्ञवल्क्य ऋषि ने कहा, गायत्री के नाम ।। 284/7068

◎ **Upanayana :** *The sacred thread is the supreme strength as well as the protector of the Dvija.* ***With the ritual of sacred thread Upanayana ceremony, a man becomes Dvija (twice-born)****.* ***With the study of scriptures a Dvija becomes a Vipra and with the knowledge of Brahma a Vipra becomes Brāhmaṇa****.* **373/4839**

(तथा मनुस्मृतौ चोक्तम्)

श्लोकः

गुरुर्गुरुकुले तस्य पिता च पालकस्तथा ।
माता द्विजस्य गायत्री मौञ्जीबन्धनकारणात् ।। 170/2422

✍दोहा॰ **क्रिया-उपनयन-की कही, ब्रह्मचर्य की बात ।**

36. Shrī Krishṇa's Sacred-thread Ceremony (Krishna's Childhood)

पिता कहा आचार्य को, गायत्री को मात ।। 285/7068

◎ **Manu Smriti :** *Manu says, at Gurukul the guru is the father and protector of the pupil and the Gāyatrī is mother as a result of the Upanayana or the sacred thread ceremony. After Upanayana, the Dvija becomes a Brahmachārī. His father is the āchārya and the mother is Gāyatrī.* **374/4839**

(सान्दीपनिः कृष्णमुवाच)

सत्यं वद । धर्मं चर । मातृदेवो भव । पितृदेवो भव ।

आचार्यदेवो भव । अतिथिदेवो भव ।

सत्यान्न प्रमदितव्यं । धर्मान्न प्रमदितव्यं । कुशलान्न प्रमदितव्यं ।

भृत्यैर्न प्रमदितव्यं । स्वाध्यायवचनं न प्रमदितव्यं ।

(सांदीपनि बोले)

गुरु बोले मैं शुक्ल पक्ष में, नारदजी के शुभ समक्ष में ।

गायत्री का मंत्र कहूँगा, बाल कृष्ण उपनयन करूँगा ।। 410/5205

◎ **Sāndīpani muni :** *At the Upanayana ceremony, Sāndīpani muni instructed Shrī Krishṇa : always speak truth, be righteous, may the mother be a Goddess, may the father be a God, may the tutor be a God, may the guest be a God, do not neglect dharma, do not neglect fairness, do not neglect a servant, do not neglect the teachings of Scriptures. Then guru Sāndīpani muni performed Shrī Krishṇa's Upanayana with the Gāyatrī mantra in the presence of Shrī Nārad muni.* **375/4839**

(रत्नाकर के)

हिन्दी गायत्री मन्त्र ।

ॐ जन्म दाता । स्वर्ग वैभव धाता । पूज्य का ध्यान हम करें ।

ब्रह्मा हम पर कृपा करें ।। 1

♫ सा– सा–नि़ रे–सा– । सा–रे ग–मग रे–सा– । सा–सा रे– म–ग रे– गसा– ।

सा–रे– ग– प– मग– रेसा– ।। 1

ॐ रवि भास्कर को जानिये । सूर्य देव को ध्याइये ।

सूरज हम पर कृपा करे ।। 2

ॐ एकदन्त को जानिये । वक्रतुण्ड को ध्याइये ।

दन्ती हम पर कृपा करें ।। 3

ॐ शिव प्रभु को जानिये । महादेव को ध्याइये ।

शंकर हम पर कृपा करें ।। 4

ॐ नारायण को जानिये । वासुदेव को ध्याइये ।

विष्णु हम पर कृपा करें ।। 5

ॐ धनदेवी को जानिये । श्री माता को ध्याइये ।

लक्ष्मी हम पर कृपा करें ।। 6

ॐ सरस्वती को जानिये । वाग्देवी को ध्याइये ।

विद्या हम पर कृपा करें ।। 7

ॐ गायत्री को जानिये । ब्रह्माणी को ध्याइये ।

माता हम पर कृपा करें ।। 8

◎ **Ratnākar's Gāyatrī mantras : 1.** *Om! let's contemplate on the Venerable life giver, the Giver of heavenly wealth. May that Brahmā have mercy up on us.* **2.** *Om! let's contemplate on Ravi, the Bhāskara. May that Sun God have mercy up on us.* **3.** *Om! let's contemplate on the Ekdanta, Vakratuṇḍa. May that Gaṇesh have mercy up on us.* **4.** *Om! let's contemplate on Shiva, the Mahādeva. May that Shankara have mercy up on us.* **5.** *Om! let's contemplate on Nārāyaṇa, the Vasudeva. May that Vishṇu have mercy up on us.* **6.** *Om! let's contemplate on Dhana-devī, Shrī-Mātā. May that Lakshmī have mercy up on us.* **7.** *Om! let's contemplate on Sarasvatī, the Vāg-devī. May that Vidyā-devī have mercy up on us.* **8.** *Om! let's contemplate on Gāyatrī, the Bhavānī. May that Mother have mercy up on us.* **376/4839**

संगीतश्रीकृष्णरामायण गीतमाला, पुष्प 128 of 763

(करो प्रणाम)

स्थायी

ब्रह्माणी श्री महाभगवती, भाग्यलक्ष्मी का धरिये ध्यान ।

गायत्री का जपियो नाम ।।

♫ म–प–ध– नि– सांनि–धपधम–, प–धनि–ध प– गमप– म–म ।

ग–म–प– म– गमगरे सा–सा ।।

अंतरा–1

ज्ञान देवता वक्रतुंड श्री, एकदंती का धरिये ध्यान ।

36. Shrī Krishṇa's Sacred-thread Ceremony (Krishna's Childhood)

गणेश जी को करो प्रणाम ।।

♬ म–ग म–पध– सां–निध–प ध–, नि–धप–ध म– गमगरे सा–सा ।

गम–प म– ग– मग– रेसा–सा ।।

अंतरा–2

भालचंद्र श्री, निलकंठ प्रभु, गौरी–नाथ का धरिये ध्यान ।

उमापति को करो प्रणाम ।।

अंतरा–3

पद्मनाभ श्री, चक्रपाणि हरि, नारायण का धरिये ध्यान ।

लक्ष्मीपति को करो प्रणाम ।।

अंतरा–4

ब्राह्मी देवी कल्याणी माँ, चतुर्भुजा का धरिये ध्यान ।

जगदंबा को करो प्रणाम ।।

अंतरा–5

इन्द्राणी श्री विष्णुशक्ति ही, नारायणी का धरिये ध्यान ।

महालक्ष्मी को करो प्रणाम ।।

अंतरा–6

सूर्य देवता दिनेश सविता, भास्कर रवि का धरिये ध्यान ।

रश्मिपति को करो प्रणाम ।।

◎ **Let's salute : *Sthāyī* :** *Let us meditate up on Brāhmī, Shrī-mahā-bhagavatī, Bhāgya-lakshmī. Chant the name of Gāyatrī.* ***Antarā* : 1.** *Let us meditate up on the Jñāna-devatā, the Ekdantī. Salute to Shrī Gaṇesh.* **2.** *Let us meditate up on Bhāla-chandra, Lord Nīlakaṇtha, Gaurī-nātha. Salute to Umāpati Shiva.* **3.** *Let's meditate up on Lord Lakshmīpati Nārāyaṇa.* **4.** *Let us meditate up on Brāhmi-devī, Mother Kalyāṇī, Chatur-bhujā. Salute to Jagadambā Pārvatī.* **5.** *Let us meditate up on Indrāṇī, Shrī-Vishṇu-Shakti, Nārāyaṇī. Salute to Mahā-Lakshmī.* **6.** *Let us meditate up on Dinesha, Saviāa, Bhāskara, Ravi. Salute to Rashmi-pati Sun God.* 377/4839

संगीतश्रीकृष्णरामायण गीतमाला, पुष्प 129 of 763

(गायत्री माता)

स्थायी

बोलो, गायत्री माता की जै, आरती तन मन से कीजै ।

किरपा देवी की लीजै ।। बोलो॰

♬ रेगरेसा, रे–रे–रे– रे–ग– मंध प–, ग–गग मंमं पप ध– पमंप– ।

मंमंमं– ध–प– मं– गरेग– ।।

अंतरा–1

मंगल रूप सुमंगल शोभा, जाकी प्रीति सुर जन लोभा ।

बोलो, देवी माता श्री की जै, ॐ भूर्भुवः आरती कीजै ।

बोलो, देवी माता की जी जै ।।

♬ रे–रेरे ग–ग गमं–मंमं प–प, ग–ग– मं–मं– पप धप मं–ग– ।

रेरे, ग–ग– मं–मं– पध पमं प–, ग–ग मं–मंमं– प–मंप गरेग– ।

रेरे, ग–ग– मं–मं– प– गरे ग– ।।

अंतरा–2

अक्षर चौबिस परम पुनीता, वेद शास्त्र उपनिषद् गीता ।

अमृत धारा भर–भर पीजै,

ॐ भूर्भुवः आरती कीजै ।। बोलो॰

अंतरा–3

पँच वदन श्वेतांबर धारी, अष्ट भुजा मन रंजन प्यारी ।

भाग्य लक्ष्मी सब दुख छीजै,

ॐ भूर्भुवः आरती कीजै ।। बोलो॰

अंतरा–4

तुम लक्ष्मी स्वरदा तुम काली, तुम ब्रह्माणी तुम शेराँ वाली ।

भगत जनन की मुक्ति कीजै,

ॐ भूर्भुवः आरती कीजै ।। बोलो॰

◎ **Gāyatrī Bhajan : *Sthāyī* :** *Let us sing Bhajan of Mother Gāyatrī with our body, mind and soul. Let's earn love from Shrī-Devī, the Giver of good luck.* ***Antarā* : 1.** *She has auspicious image and lovely form. Her mercy is seeked by the Gods. Let's say victory to Gāyatrī Mātā.* **2.** *The Gāyatrī mantra of twenty-four syllables is esteemed by the Vedas, Purāṇas and the Gītā. Let's drink the amrit (divine nectar) of its divinity.*

Let's say victory to Gāyatrī Mātā. ***3.*** *The goddess of five head and eight arms, removes all our pains. Let's say victory to Gāyatrī Mātā.* ***4.*** *O Gāyatrī! you are Lakṣhmī, Sarasvatī, Kālī, Sherā-wālī (Rider of lion) Durgā. Let's say victory to Gāyatrī Mātā (Mother Gāyatrī).* **378/4839**

(सांदीपनि)

गायत्री का मंत्रोच्चारण, विघ्न तुम्हारे करे निवारण ।
करके यज्ञोपवीत धारण, बटु धर्म को करो परायण ।। 411/5205

गुरुकुल में तुम वेद उपनिषद्, योग कला सब शास्त्र विशारद ।
विद्या षोडश संजीवन की, कुंजी जग को दो जीवन की ।। 412/5205

तुम योगेश्वर बन जाओगे, जगद्गुरु तुम कहलाओगे ।
जग को दोगे ज्ञान धर्म का, पारायण निष्काम कर्म का ।। 413/5205

ॐ श्लोकः

शीघ्रेण कुशलः कृष्णोऽभवच्छास्त्रविशारदः ।
प्राज्ञः षोडशविद्यानां महायोगेश्वरस्तथा ।। 171/2422

◎ **Yagyopavita :** *Sāndīpani muni said, O Shrī Krishṇa! chant Gāyatrī mantra. It will protect you from all obstacles. Wear this yagyopavita (the sacred thread) and observe the Baṭu-Dharma (duty for an austre person) of the Dvija. In Gurukul, you will learn Vedas, yoga, arts and sciences and excel in your learning. You will be Yogeshvara and will be known as Jagadguru (Guru of the world). You will teach nishkāma-karma (doing karma without the desire for its fruit) to the world.* **379/4839**

संगीतश्रीकृष्णरामायण गीतमाला, पुष्प 130 of 763

(विघ्न विनाशक)

स्थायी

मंगल पावन विघ्न विनाशक, सबसे बड़ा शुभ विवेक दायक ।
देता शाँति सुख जो महान, ज्ञान दान जगत कल्याण ।।

♫ ग–रेसा रे–गग प–म गरे–गग, ममम पध– पम मप–म ग–रेरे ।
ग–म– प–ध– निध प मप–, ध–नि सां–नि धपम ग–म–म ।।

अंतरा–1

जग से अज्ञान का अंधियारा, मिटे ज्ञान से, हो उजियारा ।
ज्ञान दान का पावन काम, ज्ञान शारदा का वरदान ।।

♫ रेरे ग– म–म–प प धसांनि–ध–, पम– ग–म म–, प– पमग–म– ।
रे–ग म–म म– ध–पम ग–ग, ध–प म–गम– प– मगरे–रे ।।

अंतरा–2

सबको, हरि! तुमसे अभिलासा, करो जगत में ज्ञान प्रकासा ।
सबसे भावन है ये काम, अज्ञानी को देना ज्ञान ।।

◎ **Remover of the obstacles : *Sthāyī :*** *The Charity of knowledge is the greatest of the charities. It is the venerable Remover of obstacles.* ***Antarā : 1.*** *Knowledge eliminates ignorance. Knowledge is the boon from Sarasvatī. Giving knowledge is a holy work.* ***2.*** *O Hari! everyone has great hopes from you. May you enlighten the world with knowledge and do the holiest of the charities.* **380/4839**

संगीतश्रीकृष्णरामायण गीतमाला, पुष्प 131 of 763

(कृष्ण उपनयन की कथा)

स्थायी

स्वरदा ने सुंदर गाया है, नारद ने साज बजाया है ।
रतनाकर गीत रचाया है ।।

♫ सानि़सा– गरे सा–नि़नि़ सा–रेम ग–, गममग पम ग–रे सासा–रेम ग– ।
गगरेसासासा रे–ग मगरेसानि़ सा– ।।

अंतरा–1

गुरुकुल में मुनि सांदिऽपनी के, छात्र थे कृष्ण सुदामा नीके ।
अनुशीलन वेदों का करते, योग याग शास्त्रों को स्मरते ।
कान्हा को सुदामा भाया है ।।

♫ पपमरे म– पप पमप–निध प–, प–म ग– सा–ग मप–गरे सानि़सा– ।
सानि़सा–गरे सा–नि़– सा– रेमग–, सानि़सा ग–रे सा–नि़– सा– रेमग– ।
ग–रेसा सा सारे–गम गरेसानि़ सा– ।।

अंतरा–2

जब आया अवसर शुभ घड़ी का, मौंजी-बंधन कीन्हा हरि का ।
अब अज श्री हरि द्विज श्रीधर हैं, हरि योगेश्वर सत् ईश्वर हैं ।
जो मानव रूप धराया है ।।

अंतरा-3

सब गुरुकुल के अंतेवासी, हरि को कहते सद्गुण रासी ।
जो सब छात्रों से न्यारा है, हरि सांदीपनि का प्यारा है ।
हरि योगेश्वर कहलाया है ।।

◎ **Shrī Krishṇa's Upanayan : *Sthāyī* :** *Ratnākar composed the melody, Sarasvatī sang it beautifully, while Shrī Nārad muni played the Vīṇā.* **Antarā : 1.** *At the Gurukul of Sāndīpani muni, Shrī Krishṇa and Sudāmā were pupils. They were learning Vedas, Scriptures and yogas. Kānhā and Sudāmā were friends.* **2.** *When the auspicious moment came, Sāndīpani muni performed the Upanayan sacred thread ceremony of Shrī Krishṇa. Now Hari is a Dvija. He is Yogeshvara (Lord of yoga). He is sat-Īshvara (Lord of truth). He has assumed a human form.* **3.** *All pupils of Sāndīpani muni call Sad-guṇa-rāshī to Shrī Krishṇa. Shrī Krishṇa is dear to Sāndīpani muni. He is called Yogeshvara (Lord of yoga).* **381/4839**

बालकृष्ण अनुभाग
चौदहवाँ तरंग

37. मायावी बकासुर की कथा :

37. Story of Bakāsur (*Krishna's Childhood*)

(बकासुरकथा)

♫ संगीतश्रीकृष्णरामायण छन्दमाला, मोती 74 of 501

जलोद्धतगति छन्द[95]

।ऽ।, ।।ऽ, ।ऽ।, ।।ऽ

(बकासुर)

तडाग तट पे, बकासुर खड़ा ।
मुकुंद हनने, अधीरज बड़ा ।। 1
लखे किशन को, सुरारि झपटा ।
उठाय उसको, मुरारि पटका ।। 2

◎ **Bakāsur :** *Bakāsur is standing at the shore of the lake. He is too eager to kill Harihar Shrī Krishṇa. Seeing Shrī Krishṇa, the demon pounced on him, but Shrī Krishṇa picked him up and slammed him on the ground.* **382/4839**

(गुप्तचरों ने कंस से कहा)

सांदीपनि का आश्रम सुंदर, अंबाड़ी के वन के अंदर ।
झील वहाँ है एक मनोहर, मठ गुरु का है पुष्कर तट पर ।। 414/5205

◎ **Sāndīpani muni's Gurukul :** *Sāndīpani muni's Gurukul is situated in the forest of Ambāḍī, on the bank of a beautiful lake by the same name.* **383/4839**

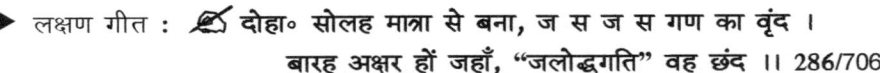

संगीतश्रीकृष्णरामायण गीतमाला, पुष्प 132 of 763

खयाल : राग मालकंस, तीन ताल 16 मात्रा

(शीतल निर्मल)

स्थायी[96]

शीतल निर्मल नील रंग का, सलिल सुंदर झील इंद्र का ।

♫ सांसांसांसां धमधनि सां-सां धनिध म-, गगग मधनिसांनिसां- ग-गमगसा सा- ।

अंतरा[97]

---

[95] ♫ **जलोद्धतगति छन्द :** इस बारह वर्ण, 16 मात्रा वाले छन्द में ज स ज स गण आते हैं । इसका लक्षण सूत्र ।ऽ।, ।।ऽ, ।ऽ।, ।।ऽ इस प्रकार है ।

▶ लक्षण गीत : ✍ **दोहा॰ सोलह मात्रा से बना, ज स ज स गण का वृंद ।**
बारह अक्षर हों जहाँ, "जलोद्धगति" वह छंद ।। 286/7068

[96] **स्थायी तान :** शीतल निर्मल 1. साग मध निसा धनि । सानि धम गम गसा । 2. गम धनि सांध निसां । धनि सांनि धम गसा 3. गम धनि सांगं सांनि । धनि धम गम गसा ।।

37. Story of Bakāsur (Krishna's Childhood)

तट पर बगुले ध्यान लगाएँ ।
सूर्य किरण में चमकत चमचम, पवन मंद में जल की लहरें ।
रात्रि समय प्रतिबिंब चंद्र का ।।

♫ गग मम धधनिनि सां-सां सांगंनिसां- ।
नि-नि निनिनि नि- धनिसांनि धनिधम, गगग मधनिसांनि सां- गग गम गसासा- ।
धनिसां मंगंसां धनिसांगंसांनि धनिसांनि धनिधमगमगसा ।।

◎ **The Ambādi Lake : *Sthāyī* :** *Filled with cold blue water is the beautiful lake of Ambāḍī. It appears as if it belongs to the gorgeous kingdom of Indra.* ***Antarā* : 1.** *At the bank of the lake, cranes are standing steady on their one leg to catch fish. Its water has lovely waves when the wind breeze blows. The water then sparkles with the rays of sun at day time and with the reflection of therays of moon on them at night.* **384/4839**

(कंस ने गुप्तचरों से कहा)

सांदीपनि मुनि तेज युक्त हैं, राग संग तम दोष मुक्त हैं ।
उस मुनि से उत बच के रहियो, दृष्टि मात्र से भस्म करे वो ।। 415/5205

सांदीपनि मुनि हरि के गुरुवर, गुरुकुल उनका तड़ाग तट पर ।
तट पर खेले नंद का लाल, वहाँ हमारी सफल हो चाल ।। 416/5205

गुरुकुल में हरि योग सीखता, वेद शास्त्र सब पढ़ता लिखता ।
विद्या सकल कला का ज्ञाता, भक्ति धरम करम का ध्याता ।। 417/5205

◎ **Kaṅsa said to his spies :** *Sāndīpani muni has divine luster on his face. He is free from anger, attachment and faults. Be careful from that sage. He can burn you down to ashes with his vision alone if he becomes angry at you. He is the mentor of Shrī Krishṇa. His āshram is on the bank of the lake of Ambāḍī. On this bank Nand-lāl Shrī Krishṇa plays with his friends. At this Gurukul he learns yogas, Scriptures, sciences, arts and Dharma (righteousness). He has excelled in his learning.* **385/4839**

[97] **अंतरा तान :** तट पर बगुले ध्यान लगाएँ 1. सासा गग सासा मम । गग मम गग धध । मम धध मम निनि । धध निनि धध सांसां । 2. सांसां निध निनि धम । धध मग मम गसा । साग मम गम धध । मध निनि धनि सांसां । सांनि धम गम गसा । गम धनि सां- सां- । गम धनि सां- सां- । गम धनि सां- सां- ।।

(और)

सांदीपनि की आँख बचा कर, सज्जन का तुम स्वाँग रचा कर ।
देखो आश्रम कहाँ बना है, प्रवेश हमको कहाँ मना है ।। 418/5205

कृष्ण खेलता झील पर अगर, उस पर हरदम रखो तुम नजर ।
कृष्ण किनारे पर कब आता, स्थान कौनसा उसको भाता ।। 419/5205

देखो कब वो आता-जाता, खेल कौनसा कहाँ खेलता ।
खबर हमें दो पूर्ण स्थान की, बने योजना उस प्रमाण की ।। 420/5205

◎ **Kaṅsa said :** *Kaṅsa said to his spies, when you go there, make sure Sāndīpani muni does not recognize you and your intensions. Pretend to be good people. Find out where we are allowed and where we are prohibited. See where and what time Shrī Krishṇa plays with his friends. See what games he plays. Go and give a complete account to me so that I can chalk out a scheme accordingly, to kill Shrī Krishṇa.* **386/4839**

(फिर, एक दिन)

लौटे सेवक एक दिन आए, कहे खबर हम सारी लाए ।
स्थान काल कब कृष्ण कहाँ पर, बकासुर रहे मौन जहाँ पर ।। 421/5205

(परंतु)

मुनि ने उनको जान लिया था, हेतु को पहिचान लिया था ।
किसके चेले, कौन-कौन थे; मगर सहैतुक धरे मौन थे ।। 422/5205

◎ **One day :** *Taking orders from Kaṅsa, his agents came to Ambādi lake. One day they returned to Kaṅsa and gave him complete report on Shrī Krishṇa and the place where Bakāsur should stand. But, Sāndīpani muni saw Kaṅsa's agents and he knew their motive. He knew who sent them and their purpose. But he kept quiet. He wanted to give Shrī Krishṇa a practical challenge to use his yogic learning.* **387/4839**

(कंसचरों ने बतलाया)

कृष्ण खेलता उसी स्थान में, बगुले होते जहाँ ध्यान में ।
करना यदि यह सफल काम है, एक "बकासुर" योग्य नाम है ।। 423/5205

◎ **The spies :** *The spies told Kaṅsa, Shrī Krishṇa plays in the area where the cranes gather for catching fish. If we want to kill Shrī Krishṇa, Bakāsur is the right person for the job.* **388/4839**

(बकासुर-कंस संवाद)

37. Story of Bakāsur (Krishna's Childhood)

बकासुर! हमें प्रसन्नता है, हुनर तुम्हारा हमें पता है ।
कृष्ण मारने तुम लायक हो, हमें सदा तुम सुख दायक हो ।। 424/5205

बगुला बन कर तडाग तीर, खड़े रहो तुम धर कर धीर ।
सांदीपनि के आश्रम से कब, बच्चे निकलें ध्यान रखो सब ।। 425/5205

कृष्ण सलोना, श्यामल काला, मोर मुकुट सिर, गल बन माला ।
तीर पर खड़े ध्यान लगा कर, रखो ध्यान तुम कृष्ण जहाँ पर ।। 426/5205

◎ **Kaňsa :** *Kaňsa said, O Bakāsur! I am aware of your evil power. I am satisfied with your abilities. I am confident that you are able to kill Shrī Krishṇa. Now go and wait on the shore of the lake near Sāndīpani muni's āshram. Shrī Krishṇa has darker complexion. He wears peacock crown and a garland of wild flowers. Stand there and wait for him to come out of the Gurukul.* **389/4839**

(मगर)
सांदीपनि की नजर बचा कर, भस्म करेंगे देख ले अगर ।
कृष्ण के आते टूट पड़ो तुम, काटो सिर को, इधर उड़ो तुम ।। 427/5205

दया कृष्ण पर जरा न पाना, बिना सफलता लौट न आना ।
आज सफलता मुझे मिलादो, नींद चैन की मुझे दिलादो ।। 428/5205

हाथ जोड़ कर, वन्दन करके, उसकी आज्ञा सिर पे धरके ।
विशाल बक का, ले कर रूप, उड़ा बकासुर, देखे भूप ।। 429/5205

◎ **But :** *But, be aware of Sāndīpani muni's yogic power. He will burn you with his vision, if he recognizes you or your motive. As soon as you chop Shrī Krishṇa's head off, fly back to me with his head. Do not show any mercy on Shrī Krishṇa. Do not return without his head. Be successful and make me immortal. Saying, "so it will be," Bakāsur flew to Ambāḍī.* **390/4838**

(कंस–नारद जी संवाद)
देखो मुनिवर दूत जा रहा, बगुला बन कर बहुत भा रहा ।
बनी चोंच में जो धारें हैं, मानो उसकी तलवारें हैं ।। 430/5205

काट कृष्ण को खा जाएगा, नभ वाणी अनृत कर देगा ।
विजयी होकर द्रुत आएगा, शीश कृष्ण का वो लाएगा ।। 431/5205

(नारद जी)
चला जा रहा यहाँ से उड़के, मगर न आवेगा वो मुड़के ।
पूतना तृणाव्रत वही कर गए, वत्सासुर सब व्यर्थ मर गए ।। 432/5205

आँखे खोलो प्यारे नृपवर! सच्चाई को देखो खुल कर ।
जाओ, हरि से करलो यारी, बोलो भूल हुई है भारी ।। 433/5205

दोहा॰ नारद बोले कंस से, "क्यों करते हो पाप ।
दास सभी मरवाओगे, और मरोगे आप" ।। 287/7068

शाँति कर लो बचे क्षणों की, जान बचाओ दास जनों की ।
इतना उस पापी को कह कर, चले गए नारद जी मुनिवर ।। 434/5205

◎ **Kaňsa :** *As Shrī Nārad muni appeared, Kaňsa said, O Munivar! look at my servant Bakāsur. His beak is like two swords. He will fly to Sāndīpani muni's āshram and chop Shrī Krishṇa's head and bring it to me. He will make the celestial proclamation false.* **391/4839**

श्लोकौ

कंसेन प्रेषितो दुष्टः कृष्णं हन्तुं बकासुरः ।
नारदोऽकथयत्कंसं मा त्वं घातय सेवकान् ।। 172/2422
हरिर्हरति दोषांश्च दुःखानि पातकानि च ।
गच्छ वृन्दावनं कंस कृष्णस्य शरणं व्रज ।। 173/2422

दोहा॰ "तज दे मन से भ्रान्ति को, हरि हैं माँ की भाँत ।
शान्ति में ही है भला, करलो मन को शाँत" ।। 288/7068

◎ **Nārad muni :** *Nārad muni said, yes! I see him going, but he will not return back. Pūtanā, Triṇāvart and Vatsāsur did not return. They all died in vain. O Kaňsa! please open your eyes. Understand the truth. Go and make friendship with Shrī Krishṇa. Say I am sorry. Shrī Krishṇa is merciful. He will pardon you and wash away you sins if you remorse. Saying so, Shrī Nārad muni left.* **392/4839**

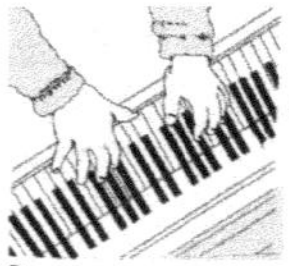

संगीतश्रीकृष्णरामायण गीतमाला, पुष्प 133 of 763
(बेसमझ)

37. Story of Bakāsur (Krishna's Childhood)

स्थायी

इस बेसमझ को, कैसे समझाऊँ, इस नासमझ को ।

♬ रेरे ग-मपम- ग-, नि-ध पमप-ध-, पध प-मगम- रे- ।

अंतरा-1

बतलाने से, ये जाने ना, समझाने पर भी माने ना ।

कैसे सुलझाऊँ, इस नासुलझ को ।।

♬ रेरेग-म- प-, नि- धपध- नि-, धपम-प- पप म- मगरे- ग- ।

नि-ध पमप-ध-, पध प-मगम रे- ।।

अंतरा-2

हरि की माया अपनाये ना, प्रभु की काया पहचाने ना ।

कैसे दिखलाऊँ, इस नाअलखको ।।

अंतरा-3

अपने हठ से जरा हटे ना, अरथाने पर मूढ़ पटे ना ।

कैसे जतलाऊँ, इस अड़ियल को ।।

अंतरा-4

पाप करम से ये डरे ना, धरम करम में हृदय धरे ना ।

कैसे दहलाऊँ, इस नादहल को ।।

◎ **Stubborn :** ***Sthāyī*** *: How may I counsel this stubborn ignorant person.* ***Antarā*** *:* ***1.*** *He does not want to take advice. How may I talk to someone who does not want to listen.* ***2.*** *He does not want to recognize Shrī Krishṇa's divinity. He does not want to accept Lord's mercy. How may I show right path to this blind person.* ***3.*** *He does not want to see wisdom. How may I put light into his block head.* ***4.*** *He is not afraid of doing sinful deeds. Dharma (righteousness) and karma (duty) do not enter in his heart. How may I change thinking of a heartless person.* **393/4839**

(फिर उस दिन)

उस दिन सहसा झील किनारे, जमा हुए थे बक बहुतेरे ।

हर बगुला था एक रंग का, मगर एक था अलग ढंग का ।। 435/5205

बाकी बगुले खड़े नीर में, एक मगर था खड़ा तीर पे ।

ध्यान करत सब बक मछली का, ध्यान कृष्ण पर इस नकली का ।। 436/5205

अपर खड़े थे एक पैर पर, दोलत्ती पर खड़ा बकासुर ।

तकत मृषा-बक हरि की राह, और भरत बस अरि की दाह ।। 437/5205

◎ **On that day :** *Then, on that day, on the bank of the lake of Ambāḍī, a new crane came. All other birds had a different colour. All were standing on one leg, but this bird was standing on his two legs. All other cranes were focused on catching fish, but this crane was constantly looking at Shrī Krishṇa only.* **394/4839**

(मगर)

खिड़की से नुनि देख रहे थे, दृष्टि झील पर फेंक रहे थे ।

सहसा उनकी नजर पड़ गयी, बक असुर पर अचल गड़ गयी ।। 438/5205

लगे नापने बक के तन को, लगे भाँपने उसके मन को ।

सब बगुलों से लगे निराला, तन का गोरा मन का काला ।। 439/5205

न कोई बगला उसको भाता, न कोई उसके करीब आता ।

सब बगुले उस पाखंडी को, जान गए थे बक दंभी को ।। 440/5205

उसको गुरुवर ने जाना था, मायावी को पहिचाना था ।

यदि चाहते भस्म कर देते, उसकी अंत्य रस्म कर देते ।। 441/5205

बोले, मैंने विद्या दी है, कृष्ण शास्त्र की भरी नदी है ।

विपत का वही करे सामना, आगे जो हो राम कामना ।। 442/5205

नारद बोले अथ कृष्णायन, तथास्तु नारायण! नारायण! ।

राम कृष्ण हैं, कृष्ण राम हैं, नाम भले दो, एक काम है ।। 443/5205

◎ **Sāndīpani muni :** *Sāndīpani muni was looking out from his āshram window and he noticed this bird. Muni started measuring the body and mind of this bird, it looked different than other birds. No other bird was mixing with him. Muni knew he is an imposter. He guessed who he was and who sent him, for what purpose. If Sāndīpani muni wanted, he could have burnt him with his vision, then and there, but he wanted Shrī Krishṇa to handle him with his yogic knowledge. Shrī Nārad muni was watching him from the sky. He said, O Nārāyaṇa! this is Rāmāyaṇ. Shrī Rāma is Shyāma and Shyāma is Shrī Rāma. Names are two but deed is the same.* **395/4839**

37. Story of Bakāsur (Krishna's Childhood)

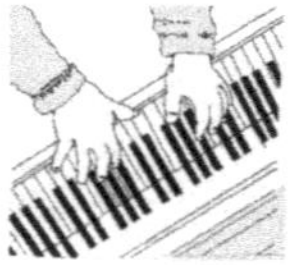

(जय नारायण)

स्थायी

जै जै बोलो नारायण की, विष्णु विश्व के स्वामी हैं ।
जै जै बोलो रामायण की, जिष्णु अंतर्यामी हैं ।।

♫ रे– रे– ग–ग– म–म–धप म–, ग–म– ध–प म ग–म– प– ।
सा– सा– रे–रे– ग–ग–पम ग–, ध–प– म–गपम–ग– रे– ।।

अंतरा–1

जय जय बोलो विश्व विधाता, जगदीश्वर की जय जय जै ।
जय जय बोलो आदि देवता, योगेश्वर की जै जै जै ।।

♫ सानि़ रेसा ग–ग– प–म गम–प–, निधप–गम प– मग मप ध– ।
निसां धप ग–म– प–म ग–मप–, ध–प–मम ग– म– रे– सा– ।।

अंतरा–2

जय जय बोलो सब सुख करता, करुणाकर की जय जय जै ।।
जय जय बोलो सब दुख हरता, कमलेश्वर की जै जै जै ।।

अंतरा–3

जय जय बोलो मोहन मुरली, दामोदर की जय जय जै ।
जय जय बोलो गिरिधर माधव, विश्वंभर की जै जै जै ।।

◎ **Victory to Nārāyaṇa :** ***Sthāyī :*** *Say, victory to Nārāyaṇa, Shrī Vishṇu is the Lord of the world. Say Victory to Rāmāyaṇ. Jishnu (the Powerful Lord) is omniscient.* ***Antarā : 1.*** *Say, victory to the Lord of the world. Victory to the primal Lord. Victory to Yogeshvara.* ***2.*** *Say, victory to the Giver of joy, Victory to the Remover of pains. Victory to Kamaleshvara.* ***3.*** *Say, victory to Mohan Murlī (whose flute is charming). Victory to Dāmodar. Say victory to Giridhara Mādhava. Victory to Vishvambhara (Lord of the Universe).* **396/4839**

(तब)

गुरुकुल के सब अंतेवासी, बाल कृष्ण के संग निवासी ।
वेद पाठ, रामायण पढ़ कर, बाहर निकले मोद में बढ़ कर ।। 444/5205

सांदीपनि की लेकर आज्ञा, गुरु चरणों में प्रणाम, प्रज्ञा ।
छात्र उछल कर बाहर भागे, खड़ा बकासुर दिखता आगे ।। 445/5205

बक वो तट से निरख रहा था, एक–एक को परख रहा था ।
मोर मुकुटधर एक छात्र था, कंस ज्यों कहा त्योंहि पात्र था ।। 446/5205

उत्सुक बक मन में हरषाया, बोला मैंने उबार पाया ।
करीब आते उसको खाऊँ, काटूँ सिर, मथुरा उड़ जाऊँ ।। 447/5205

◎ **The pupil :** *The pupils of the Gurukul of Sāndīpani muni, Shrī Krishṇa and his companions finished their lesson in Rāmāyaṇ and they took permission from Sāndīpani muni to go out to play at the bank of the lake. Bakāsur was watching the students. He saw one boy wearing a peacock tiara and flower garland. The demon knew he was Shrī Krishṇa. He was happy. He got ready to kill Shrī Krishṇa as soon as he came near.* **397/4839**

(जब)

बालक जब सब खेल रहे थे, गेंद पैर से ठेल रहे थे ।
बढ़ा बकासुर पापी चोर, धीरे–धीरे कृष्ण की ओर ।। 448/5205

धीरे–धीरे बढ़ता–बढ़ता, हरि–माया से लड़ता–लड़ता ।
कदम–कदम वो झिझक रहा था, आगे–आगे खिसक रहा था ।। 449/5205

◎ **Ball game :** *The pupils were playing with ball. They were kicking the ball around in turns. Bakāsur was slowly inching towards the children. Other cranes were watching him from the shore. Sāndīpani muni was watching Bakāsur from the Gurukul. Nārad muni was watching him from the sky. Krishṇa was watching from a distance.* **398/4839**

(तब)

बगुले देख रहे थे तट से, गुरुवर देख रहे थे मठ से ।
मुनिवर देख रहे थे नभ से, श्रीधर देख रहे थे कब से ।। 450/5205

छात्र गेंद से खेल रहे थे, बारंबार धकेल रहे थे ।
पकड़ी नहीं जब गेंद हरि ने, लुढ़कती हुई देखी अरि ने ।। 451/5205

कृष्ण गेंद के पीछे भागे, गेंद लुढ़कती जाती आगे ।
जा कर रुकी बगुले के पास, गेंद उठाय, बक लीन्ही साँस ।। 452/5205

◎ **At that time :** *At that time, a boy threw the ball at Shrī Krishṇa, but Shrī Krishṇa purposefully did not catch it. The ball fell on the ground and kept rolling towards Bakāsur. It stopped near Bakāsur. Bakāsur picked up the ball in his beak. Shrī Krishṇa chased the ball and stopped near Bakāsur.* **399/4839**

37. Story of Bakāsur (Krishna's Childhood)

(कृष्ण बकासुर संवाद)

बोले कृष्ण, बकासुर तात! सुनलो प्यारे! मेरी बात ।
छोड़ो करना अब से पाप, सुफल मिलेगा अपने आप ।। 453/5205

तज दो धंदा जो है गंदा, छोड़ो अधम कंस का फंदा ।
अब भी नाही कछु भी बिगड़ा, देदो गेंद मिटाओ झगड़ा ।। 454/5205

◎ **Shrī Kriṣhṇa :** *Shrī Kriṣhṇa said, O Dear Bakāsur! please listen to me. Stop your evil deeds and earn the sweet fruit of righteous action. Stay away from Kaṅsa and make your life successful. Give me the ball and let's be friends.* **400/4839**

(बकासुर)

सुनो कृष्ण! तुम मेरा कहना, तुमको तो अब चुप है रहना ।
अंत तुम्हारा अब करना है, मेरे हाथों से मरना है ।। 455/5205

यथा कंस था तथा बकासुर, पाप करत मरने को आतुर ।
हरि का कहना उसने टाला, वार चोंच का हरि पर डाला ।। 456/5205

हरि पर बक वो ज्योंही झपटा, हरि ने उसको मारा लपटा ।
चोंच फाड़ मुख उसको चीरा, जैसे काटा जाए खीरा ।। 457/5205

श्लोकः

अनुकूलं क्षणं प्राप्याक्राम्यत्कृष्णं बकासुरः ।
विद्युद्गत्या तु कृष्णेन चञ्चुं छित्वा बको हतः ।। 174/2422

◎ **Bakāsur :** *Bakāsur said, O Shrī Kriṣhṇa! now be quiet and listen to me. Your end is near. You can not escape from your death. He opened his sword like beak and attacked Shrī Kriṣhṇa. Shrī Kriṣhṇa stepped back immediately. He grabbed Bakāsur's beak and ripped him in two pieces.* **401/4839**

(फिर)

भेस बदल बक, बना बकासुर, भाग सका ना बक वह निष्ठुर ।
बगुले टूट पड़े सब उस पर, खाया उसको नोच-नोच कर ।। 458/5205

गुरुवर मठ से देख रहे थे, आशिष हरि पर फेंक रहे थे ।
बोले अनुयायी ऐसा हो, बस छात्र कृष्ण के जैसा हो ।। 459/5205

◎ **Bakāsur :** *The disguise of the bird disappeared and he became demon Bakāsur. All other birds jumped on him. They cut him into pieces and ate him up. Sāndīpani muni came there and said, pupil should be like Shrī Kriṣhṇa.* **402/4839**

(गुरुवर बोले)

आज हमारे पूर्ण कार्य हैं, कार्य पूर्ण में अर्थ आर्य है ।
आर्य मनुज हो तो ऐसा हो, हर बालक हरि के जैसा हो ।। 460/5205

◎ **Sāndīpani muni :** *Sāndīpani muni then said, Today my mission is successful. A boy should be like Shrī Kriṣhṇa. A man should be noble like Shrī Kriṣhṇa.* **403/4839**

संगीतश्रीकृष्णरामायण गीतमाला, पुष्प 135 of 763

(सांदीपनि)

स्थायी

आज हमारे ध्येय सफल हैं, हरि के सहारे, हाथ सबल हैं ।

♫ नि़-रे गमं-मं- ध-प मंगग मं-, निध प मंध-प-, ध-प मंगग रे- ।

अंतरा-1

योग तंत्र तप हरि ने लीन्हे, वेद शास्त्र सब अर्जित कीन्हे ।
प्राप्त हरि को, ज्ञान सकल है ।।

♫ सा-रे ग-ग गग मंध प- मं-प-, ध-नि सां-नि धप ध-पमं ग-प- ।
नि-ध प-मं- प-, ध-प मंगग रे- ।।

अंतरा-2

खैर नहीं है अब असुरों की, मिलेगी सजा सब कसूरों की ।
सदाचार की जीत, अटल है ।।

अंतरा-3

श्याम हमारा योगाचार्य है, सत् कृतकार्य है, सुकृत आर्य है ।
सिद्धि साधना, साध्य सरल है ।।

◎ **Sāndīpani muni : *Sthāyī :*** *Today Hari made my mission a success. My hands are now powerful.* ***Antarā : 1.*** *Hari learned yoga, meditation, Vedas and scriptures. Hari knows all of them.* ***2.*** *The evil people are not safe now. They will be punished for their wrong deeds. Righteousness is protected now.* ***3.*** *Shyāma is Yogāchārya (Guru of yoga). He is a noble soul. Now success and progress are sure.* **442/4839**

संगीतश्रीकृष्णरामायण गीतमाला, पुष्प 136 of 763

(बकासुर की कथा)

स्थायी

स्वरदा ने सुंदर गाया है, नारद ने साज बजाया है ।
रतनाकर गीत रचाया है ।।

♫ सानि़सा- गरे सा-नि़नि़ सा-रेम ग-, गममग पम ग-रे सासा-रेम ग- ।
गगरेसासासा रे-ग मगरेसानि़ सा- ।।

अंतरा-1

श्री कृष्ण का गुरुकुल में आना, उस दुष्ट कंस ने जब जाना ।
झट कहा, "बकासुर! तुम जाओ, अरु काट कृष्ण का सिर लाओ ।
अब, कृष्ण पास में आया है" ।।

♫ प-मरेम म पपपम पनि धपप-, पप मगग सा-ग मप गरे सानि़सा- ।
सानि़ साग-, रेसा-नि़नि़! सासा रेमग-, सानि़ सा-ग रे-सा नि़- सासा रेमग- ।
गग, रेसासा रे-ग म- गरेसानि़ सा- ।।

अंतरा-2

कंसराज को नारद बोले, नृप! बार-बार क्यों ये रोले ।
यों पाप घड़ा क्यों भरते हो, नृप! आत्मघात क्यों करते हो ।
पर, बात वो मान न पाया है ।।

अंतरा-3

झील किनारे बकासुर है, हरि कोऽ हनने को अति आतुर है ।
ज्यों ही हरि पर बगुला झपटा, चोंच फाड़ कर हरि ने पटका ।
उस, कंस ने दास गँवाया है ।।

◎ **Bakāsur : *Sthāyī* :** *Ratnākar composed the melody, Sarasvatī sang it beautifully, while Shrī Nārad muni played the Vīṇā.* ***Antarā* : 1.** *As soon as Kaṅsa knew about Shrī Krishṇa's coming to Gurukul, he sent Bakāsur to go and cut Shrī Krishṇa's head and bring it here. Bakāsur came to kill Shrī Krishṇa.* **2.** *Nārad muni asked Kaṅsa, O King! why do you do the same mistake again and again? Why are you earning sins and why are you trying to commit suicide.* **3.** *Bakāsur is standing at the bank of the lake. He is waiting for Shrī Krishṇa. As soon as Shrī Krishṇa came out of Gurukul, he attacked Shrī Krishṇa. Shrī Krishṇa ripped his beak and killed him. Kaṅsa lost one more servant.* **405/4839**

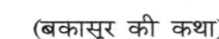

बालकृष्ण अनुभाग
पन्द्रहवाँ तरंग

38. मायावी अघासुर की कथा :

38. Story of Aghāsur (*Krishna's Childhood*)

(अघासुरकथा)

♫ संगीतश्रीकृष्णरामायण छन्दमाला, मोती 75 of 501

कमलविलासिनी छन्द[98]

[98] ♫ **कमलविलासिनी छन्द :** इस बारह वर्ण, 16 मात्रा वाले छन्द के चरण में न ज ज य गण आते हैं । इसका लक्षण सूत्र ।।।, ।ऽ।, ।ऽ।, ।ऽऽ इस प्रकार है । इसमें 5, 7 पर विराम वैकल्पिक होता है ।

▶ लक्षण गीत : **दोहा॰ सोलह मात्रा से हुआ, बारह अक्षर छंद ।**
जाना "कमलविलासिनी," न ज ज य गण का वृंद ।। 289/7068

38. Story of Aghāsur (Krishna's Childhood)

ऽ।। ।, ।ऽ।, ।ऽ।, ।ऽऽ

(अघासुर)

अनुचर को मथुरापति भेजा ।

अनुमति दी, "हरि के असु[99] लेजा" ।। 1

असुर छली कर धारण माया ।

अजगर-रूप अघासुर आया ।। 2

◎ **Aghāsur :** *Kaṅsa sent Aghāsur with an order to kill Shrī Kriṣhṇa. The demon came in the form of a python to swallow Shrī Kriṣhṇa alive.* **406/4839**

बकासुर मरा! बकासुर मरा! मथुरा पुर में शोर है भरा ।
"कैसे मरा बकासुर बगुला," कंस क्रोध में आग बबूला ।। 461/5205

कंस शोक में होकर पगला, बोला हम तो लेंगे बदला ।
हार हम कभी नहीं सहेंगे, कृष्ण वध बिना नहीं रहेंगे ।। 462/5205

वचन हमारे नहीं भुलाओ, मंत्री गण की सभा बुलाओ ।
शोक सभा में मंत्री आए, बिन तरतीबी तंत्री आए ।। 463/5205

◎ **Mathurā :** *When Bakāsur died, there was a commotion in Vrindāvan, Bakāsur died! Bakāsur died! At Mathurā, however, Kaṅsa was boiling with anger. How did he die! How did he die! He said, I will take revenge against Shrī Kriṣhṇa. I will not stay still until I kill him. He called a meeting of his ministers to plan a new scheme.* **407/4839**

(सभा में)

एक ने कहा नहिँ हारूँगा, सांदीपनि को मैं मारूँगा ।
दूजा बोला मैं जाऊँगा, कृष्ण उठा कर ले आऊँगा ।। 464/5205

तीजा बोला किशन के पासा, भेजो यम को अब अरदासा ।
चौथा बोला सब गिन-गिन के, मारो बच्चे वृंदावन के ।। 465/5205

◎ **At Kaṅsa's court :** *Ministers of all levels and many kind attended the meeting to discuss the scheme. One said, I will kill Sāndīpani muni. Other said, I will go and kidnap Shrī Kriṣhṇa. Third said, let us pray Yama, the God of death, to take away Shrī Kriṣhṇa. Fourth said, we should kill all children at Vrindāvan to kill Shrī Kriṣhṇa.* **408/4839**

(नारद जी)

नारद ने सब डींगें सुन कर, पाप कंस के सारे गिन कर ।
बोले, "तुमसे एक न मरता, सबको मारन जी क्यों करता" ।। 466/5205

◎ **Nārad muni :** *Nārad muni appeared there and said, you guys can't kill even one child, then why are you thinking of killing all children.* **409/4839**

(अघासुर)

वहाँ अघासुर मौन खड़ा था, बीच यकायक बोल पड़ा था ।
"कृष्ण मारने मैं जाऊँगा, उसे काट कर मैं खाऊँगा" ।। 467/5205

◎ **Aghāsur :** *Aghāsur was standing there quietly. All of a sudden he said, I will go and swallow Shrī Kriṣhṇa alive.* **410/4839**

(कंस नारद संवाद)

कहा कंस ने, देखो मुनिवर! स्वामी पूजक मेरे अनुचर ।
सेवक हो तो बस ऐसा हो, दास अघासुर के जैसा हो ।। 468/5205

ॐ श्लोकः

कंसेन प्रेषितो हन्तुं ततः कृष्णमघासुरः ।

प्रसेत वाहसो भूत्वा बालकृष्णं स पूर्णतः ।। 175/2422

मेरा यह मायावी अनुचर, बन जाता है विशाल अजगर ।
खा लेता है पशु मानव सब, कृष्ण बचेगा कैसे वो अब ।। 469/5205

दास अघासुर, भाई छोटा, बकासुर-अनुज उससे खोटा ।
निकल पड़ा है लेने बदला, सच्चा मेरा सेवक अगला ।। 470/5205

◎ **Kaṅsa :** *Kaṅsa said, O Munivar Nārad muni! look at my trustworthy servants. A servant should be like Aghāsur. He becomes a small snake or a big python and swallows men and animals. He will bite or eat Shrī Kriṣhṇa in one gulp and kill him. How will Shrī Kriṣhṇa save himself now. Aghāsur is Bakāsur's younger brother. He is going to take revenge for his brother's death by killing Shrī Kriṣhṇa.* **411/4839**

(मुनिवर बोले)

---

[99] **असु** (सं) = (हिन्दी) प्राण ।

38. Story of Aghāsur (Krishna's Childhood)

चला तो गया सेवक अगला, लौटेगा नहिँ यह भी पगला ।
कंसराज! तुम होश में आओ, बलवत् बंदे यों न गवाँओ ।। 471/5205

एक बंधु तो गुजर चुका है, एक आपकी ओट रुका है ।
प्यारे! मरता दास बचाओ, नृपवर! बाज अभी तो आओ ।। 472/5205

कंसराज! तुम मेरी मानो, तुम्हें यथोचित क्या है जानो ।
जाओ चरण कृष्ण के छू लो, क्षमा करेंगे ये ना भूलो ।। 473/5205

◎ **Nārad muni :** *Nārad muni said, O Kaṅsa! your next crazy servant is going alright, but he too will not return alive. Why are you wasting your able servants this way? One brother is already dead. Why are you trying to kill the other brother too? O Kaṅsa! why don't you learn a lesson. Please listen to me and go to Shrī Krishṇa to beg his pardon. Shrī Krishṇa will forgive you. No harm is done yet. Hari is merciful.* **412/4839**

(मगर)

नृप को जची नहीं वो बात, बोला मैं नहीं हारा, तात! ।
"तथास्तु" कह कर, नारद मुनिवर, चले गए फिर नभ से ऊपर ।। 474/5205

श्लोकौ

ब्रूते वै नारदः कंसं कृष्णस्य शरणं व्रज ।
कथं त्वं नैव जानासि हन्तुं कृष्णं न शक्ष्यसे ।। 176/2422

हरिर्हरति पापानि दोषांश्च दुर्गुणांस्तथा ।
शरण्यस्तु हरिस्तस्माद्-भवतारणकारणात् ।। 177/2422

◎ **But :** *Kaṅsa did not heed to Shrī Nārad muni's warning. He said, I am not defeated yet. Saying, "so it be," Shrī Nārad muni left for heaven.* **413/4839**

संगीतश्रीकृष्णरामायण गीतमाला, पुष्प 137 of 763

(हरि पाप को हरता है)

स्थायी

रे हरि सभी, पाप को हरता है, दे के सद्गति ताप वो झरता है ।

♫ रे सारे गरे–, प–म ग रेरेग– म–, ध– प म–गरे– म–ग रे सासारे– ग– ।

अंतरा–1

आए शरण जो हरि चरणन की, आस धरे जो प्रभु दरशन की ।
उसे हरि, छत्र में धरता है ।।

♫ सा–नि़ सारेरे ग– पम गमपप ध–, नि–ध पध– नि– धप मगमम रे– ।
धप मग–, म–ग रे सासारे– ग– ।।

अंतरा–2

तोड़ के बंधन मोह पाश के, जोड़ के नाता संत जनों से ।
उसे हरि, नेह से भरता है ।।

अंतरा–3

छोड़ा तन से लोभ क्रोध को, जोड़ा मन में आत्म बोध को ।
उस पर, पुण्य उभरता है ।।

◎ **Hari removes sins : *Sthāyī* :** *Hari removes all sins. Removing your all troubles, he gives you a state of happiness.* ***Antarā : 1.*** *He who surrenders at the feet of Shrī Krishṇa, he who desires to see Hari, to him the merciful Hari gives shelter.* ***2.*** *Breaking the bonds of attachment and by making company with righteous people, Shrī Krishṇa dwells in your heart.* ***3.*** *He who has renounced anger and greed, he who has done self-examination, he who chants Hari's name day and night, he earns good merits.* **414/4839**

(एक दिन)

उसी झील की एक छोर पर, उस गुरुकुल की एक ओर पर ।
पगडंडी के निकट किनारे, छुपा अघासुर एक सकारे ।। 475/5205

साँप हरा बन हरी घास में, पड़ा रहा चुप वहीं पास में ।
अहि से अजगर विशाल होना, हुनर एक था उसने जाना ।। 476/5205

◎ **One day :** *On one morning, not too far from Sāndīpani muni's Gurukul, on one side of the lake, Aghāsur assumed form of a small green snake and hid himself in the grass on the side of the foot path to Gurukul. He knew the art of becoming a snake or a python.* **415/4839**

(मगर)

मगर उसे ये पता नहीं था, दूजा हुनरी खड़ा वहीं था ।
गफलत में जो टाँग धँसाता, अपने को वो आप फँसाता ।। 477/5205

काया लघु को दीर्घ कराना, जब चाहे जो रूप धराना ।

योग तंत्र का हुनर पुराना, सांदीपनि से हरि भी जाना ।। 478/5205

◎ **But :** *But, he did not know that there is another person who knew the yoga of assuming any form, from a miniature to giant size. Shrī Krishna learnt this yoga from Sāndīpani muni. It was originally possessed by Hanumān.* **416/4839**

(उधर, सांदीपनि)

सांदीपनि की मति मन व्यापी, जान गयी उसकी गति पापी ।
डरे नहीं कपटी से, गुरुवर, उन्हें भरोसा बाल किशन पर ।। 479/5205

शिष्यों से गुरु बोले जाओ, पगडंडी पर घूम के आओ ।
आठ साल के बाल किशन को, भेजा परखन, अहि भीषण को ।। 480/5205

शिशुगण ले कर पगडंडी पर, चले विपिन में बालक श्रीधर ।
राह घूमती झील किनारे, बढ़ी विपिन में धीरे–धीरे ।। 481/5205

एक किनारे पुष्कर जल का, झुंड नीर में नील कमल का ।
अपर किनारे झाड़ी सुंदर, तरु बेलें अरु कुसुम समुंदर ।। 482/5205

डाल–डाल पर खग रव प्यारा, भ्रमर गुंजरव निनाद न्यारा ।
शशक गिलहरी इत उत भटके, कपि पादप–पादप पर लटके ।। 483/5205

वन की माटी संपद् काली, धरती पर थी मृदु हरियाली ।
पुष्प सुगंधित सौरभ वन में, स्पर्श हर्ष का हर कण–कण में ।। 484/5205

नभ निरभ्र शुभ नील रंग का, हर तरंग में दम उमंग का ।
सूर्य प्रकाशित धरती अंबर, सकल विपिन शुभ शोभित सुंदर ।। 485/5205

मंद पवन शीतल पुरबैया, सृष्टि देवता स्वर्ग रचैया ।
माया वन में आज नियारी, विपिन विराजे विपिनविहारी ।। 486/5205

◎ **Sāndīpani muni :** *Sāndīpani muni knew what was going on in Aghāsur's mind., but he has complete faith in Shrī Krishna's ability. He had tested it in the death of Bakāsur. Therefore, Sāndīpani muni told his students to go out for a small stroll on the footpath. He wanted the eight year old Shrī Krishna to face the challenge of Aghāsur now. With guru's instructions, Shrī Krishna was walking with his friends on that footpath in the forest. On one side of the path was the clear blue water of the lake and on the other side there were trees and vines. The water of the lake was laden with blue lotus flowers and bumble bees buzzing over them. The trees and vines on the other side were covered with fruits and flowers. On the branches of the trees monkeys, squirrels and birds were playing. Butterflies were flying from flower to flower. Below the trees, the rich black soil was covered with soft green grass. Rabbits were playing and peacocks were dancing in the grass. The air was filled with the rich fragrance from the fruits and flowers. Sun was throwing its rays on the ground through the thick foliage of the trees and vines. The cool breeze was giving sensational goose bumps on the bare skin of the children. Today the forest appeared heavenly. The scene was unique as Shrī Krishna's flute was charming the forest.* **417/4839**

संगीतश्रीकृष्णरामायण गीतमाला, पुष्प 138 of 763

भजन : राग मुल्तानी[100] कहरवा ताल 8 मात्रा

(मधुबन)

स्थायी

मधुबन माया आज नियारी, विपिन में आए विपिनविहारी ।

♫ सारेमम प–प– ध–प मप–ध–, सांधप ध म–प– धपमपमरेसा– ।

अंतरा–1

आज है वन की शोभा सुंदर, खिला विपिन में सुमन समुंदर ।
भूमि पर मृदु हरी हरियाली, भ्रमर तितलियाँ डारी–डारी ।।

♫ सा–रे रे मम प– सांधप– ध–पम, रेम– पपप प– धपम मप–मम ।
सां–रें– सांसां धप धध धसांध–प–, ममम पपपध– म–प– मगरे– ।।

अंतरा–2

रंग–रंग के फूल गुलाबी, लाल बैंगनी पीत गुलाली ।
महक गुलों की बन में बिखरी, स्वर्ग हूबहू शोभा निखरी ।।

---

[100] **राग मुल्तानी** : यह बिलावल ठाठ का राग है । इसका आरोह है : ऩि सा ग मं प, नि सां । अवरोह है : सां नि ध प, मं ग, रे सा । इस राग में भी बिहाग राग की तरह से तीव्र मं स्वर आता है ।

▶ लक्षण गीत : **दोहा॰ रे ग ध कोमल तीव्र मा, बिना रे ध आरोह ।**
प सा वादि संवाद से, "मुल्तानी" का मोह ।। 290/7068

38. Story of Aghāsur (Krishna's Childhood)

अंतरा–3

आज विपिन में खग रव न्यारा, गुंजर हरि के नाम का प्यारा ।

साथ बजावे मधुर बांसुरी, मुरली मनोहर, हरि मुरारी ।।

◎ **Madhuban :** ***Sthāyī :*** *The forest is filled with a divine grace as Vipin-vihārī (who roams in the forest) Shrī Krishṇa is walking in the forest.* ***Antarā : 1.*** *Today the forest is appearing beautiful, with an ocean of flowers on one side and an ocean of clear blue water on the other side of the path. The ground is covered with green grass and the air is embellished with butterflies and bees.* ***2.*** *The flowers are multicolored with the shades of pink, maroon, red, yellow, purple and blue. Their fragrances are filling the air with perfumes. It is exactly as it is in the heaven of Lord Indra.* ***3.*** *Today the birds are singing Shrī Krishṇa's praises with the tunes more sweet than ever. They are singing in tune with the flute of the Murlī-Manohara, the Hari Murāri.* **418/4839**

चले विपिन में कुंज बिहारी, कटि पर पीत पितांबर धारी ।
कानन कुंडल गल में माला, गाल पे काजल का तिल काला ।। 487/5205

आज पधारे बन बनवारी, मुरली मनोहर श्याम मुरारी ।
वन में शुभ चित्पावन ज्योति, अणु–अणु है चेतन का मोती ।। 488/5205

आनंदित हैं सब तरु पशु पक्षी, हरि चरणन के दर्शन कांक्षी ।
बन में सच्चिदानंद माधुरी, कृष्ण बजाई मधुर बाँसुरी ।। 489/5205

◎ **Kuñj Bihārī :** *Kuñj Bihārī Shrī Krishṇa is walking in the forest. He has yellow pītāmbar on his waist, ear rings in his ears, a pearl necklace and eyeliner. Today Banvārī (forest dweller) is walking in the forest. He is Murlī Manohar, Shyāma (the blue coloured) Murāri (Slayer of demon Mura). All the birds and animals are joyful. They want to see Shrī Krishṇa, the Sachidānanda (giver of peace and joy to heart). He is playing a sweet flute.* **419/4839**

संगीतश्रीकृष्णरामायण गीतमाला, पुष्प 139 of 763

(बाजे विपिन में मुरली)

स्थायी

बाजे विपिन में मुरली सुखारी, आयो खेलन कृष्ण मुरारी ।

♫ सारेम– पपप प पमप सांध–प–, म–म– प–पप ध–म पग–रेसा ।

अंतरा–1

गोप वृंद के साथ पधारे, मोहन प्यारे नाथ हमारे ।

लाए बन में हर्ष फूआरे, राधा के हरि कृष्ण मुरारी ।।

♫ म–प ध–नि ध– सां–सां सांगंनिसां–, नि–निनि सां–सां– निसांरें सांध–प– ।
सारेम– पप प– पमप सांध–प–, म–म– प– पप ध–म पग–रेसा– ।।

अंतरा–2

मोर पंख का मुकुट है धारे, फूल चमेली बालों में प्यारे ।

सुंदर मूरत मंगलकारी, मुरली मनोहर कृष्ण मुरारी ।।

अंतरा–3

बाल किशन कान्हा व्रज वासी, नंद का लाला विघ्न विनाशी ।

बंसी बजावे हिरदय हारी, कुंज बिहारी कृष्ण मुरारी ।।

◎ **Shrī Krishṇa Murāri :** ***Sthāyī :*** *Shrī Krishṇa's pleasant flute is filling the forest with sweet music. Shrī Krishṇa Murāri (Slayer of the demon Mura) has come to forest.* ***Antarā : 1.*** *With Shrī Krishṇa are his friends from Gurukul. To them Mohan (Charmer) is the Lord. Shrī Krishṇa is spraying showers of joy here. He is Rādhā's Shrī Krishṇa Murāri.* ***2.*** *He has peacock crown on his head. He has jasmine flowers in his hair. His image is giving happiness. He is Murlī Manohara (who captivates mind), Shrī Krishṇa Murāri.* ***3.*** *Kānhā is a young Vraj-vāsī (dweller of the village), Nand-lāl (Son of Nanda), Vighna-vināshī (remover of the obstacles). He plays heart charming flute. He is Kuñj-Bihārī (who roams the village), Shrī Krishṇa Murāri.* **420/4839**

(फिर)

सुन कर मधु धुन हरि मुरली की, खुली आँख उस शठ नकली की ।
देख दूर से हरि को आता, हुआ सजग मन में भरमाता ।। 490/5205

साँप हरा बन हरी घास में, छिपा हुआ था अरि पास में ।
छात्रों को वो नजर न आया, माया आवृत उसकी काया ।। 491/5205

झट से अपना रूप बदल कर, बना निठुर वो विशाल अजगर ।
खड़ा होगया बीच राह में, वदन फाड़ कर नीच चाह में ।। 492/5205

हरि समेत उसने सब बच्चे, मुँह में अपने निगले कच्चे ।
कहा, कंस का काम हो गया, मेरा "हरिअरि" नाम हो गया ।। 493/5205

38. Story of Aghāsur (Krishna's Childhood)

◎ **That time :** *Hearing the pleasant flute of Shrī Krishṇa, the snake Aghāsur woke up. He turned from the snake into a huge python. He stood on the footpath opening his large mouth. He swallowed Shrī Krishṇa and other children. He said, I have made Kaṅsa successful. Now I am the "Shrī Krishṇa killer."* **421/4839**

(क्योंकि)

चीज पूतना जो न कर सकी, तिरणाव्रत से जो न मर सकी ।

वत्स-बकासुर से न अड़ी है, मेरे मुख में आज पड़ी है ।। 494/5205

◎ **Because :** *Aghāsur was puffed up with ego because he thought he did what Pūtanā could not do, Vatsāsur could not do and Bakāsur could not do.* **422/4839**

(उधर से)

गुरुवर सोच रहे थे कब से, मुनिवर देख रहे थे नभ से ।

विद्युत गति से गुरुवर धाए, नारद गरुड़ सवारी आए ।। 495/5205

◎ **There :** *Sāndīpani muni knew what do and when. He came to Aghāsur with electric speed. Shrī Nārad muni was watching from the sky. He rushed there quickly, riding the Garuḍa eagle.* **423/4839**

(नारद अघासुर संवाद)

अब भी प्यारे! कछु नहिँ बिगड़ा, हरि को नाही तुमसे झगड़ा ।

मुख अपना तुम प्रेम से खोलो, जय हरि! जय हरि! जय हरि! बोलो ।। 496/5205

अघ ऐसा तुम क्यों करते हो, कंस के कारण क्यों मरते हो ।

प्यारे! हरि के, पग तुम छूलो, पाप करन को अब तुम भूलो ।। 497/5205

◎ **Nārad muni :** *Nārad muni said, O Aghāsur! even now it is not too late if you spit out Shrī Krishṇa and the children from you mouth. Please open your mouth and say victory to Shrī Krishṇa. Why are you putting your own life in danger for the sake of that evil Kaṅsa? Don't forget, Shrī Krishṇa will forgive you if you act wisely.* **424/4839**

(अघासुर)

असुर कहा, मैं दास कंस का, मानूँ ना मैं मत इस उसका ।

उदर हमारे हरि जा रहा, सर्व तुम्हारा व्यर्थ है कहा ।। 498/5205

अब न बचेगा कृष्ण तुम्हारा, अमर बनेगा कंस हमारा ।

मुनिवर! करलो जो करना है, गुरुवर! कहलो जो कहना है ।। 499/5205

◎ **Aghāsur :** *Aghāsur said, I am Kaṅsa's trusted servant. I don't listen to anyone else. O Shrī Nārad muni! and O Sāndīpani muni! say what you want and do what you can and see if you can save Shrī Krishṇa now. Shrī Krishṇa is already in my stomach and your challenge has no meaning.* **425/4839**

(फिर)

सांदीपनि ने अधम क्रूर का, सुन कर बकना उस गरूर का ।

हरि को दी अनुमति प्रयोग की, लघु-दीर्घ विधि परम योग की ।। 500/5205

"तथास्तु" कह कर फिर श्री हरि ने, दीर्घ रूप शुभ धारण कीन्हे ।

झट अजगर की फट कर काया, <u>छात्र वृंद सब बाहर आया</u> ।। 501/5205

श्लोक:

भूत्वाऽसुरः शयुः सर्पः कृष्णं पूर्णमभक्षयत् ।

कृत्वा दीर्घं वपुः कृष्णः सर्पं छित्वा ह्यमुञ्चत ।। 178/2422

नारद बोले, जै जै हरि हरि! सांदीपनि गुरु धन्य तिहारी ।

लघु-दीर्घ-रूप योग पुराना, जग को दीन्हा श्री हनुमाना ।। 502/5205

दोहा॰ कीन्हा अर्पण विश्व को, श्री हनुमान प्रयोग ।

सद् गुण रक्षण काज में, "लघु-दीरघ-तन" योग ।। 291/7068

◎ **Sāndīpani muni :** *Hearing the arrogant reply from the demon, Sāndīpani muni gave permission to Shrī Krishṇa to use the laghu-dīrgha-kāya yoga, which was originally possessed by Shrī Hanumān. Saying, alright Guruvar! Shrī Krishṇa enlarged his form until the python exploded. Shrī Krishṇa and **<u>all children came out safely</u>**. Shrī Nārad muni said, victory to Shrī Krishṇa! and said, O Sāndīpani muni! blessed you are. Sāndīpani muni thanked Shrī Nārad muni.* **426/4839**

(फिर)

नारद मुनि को फिर गुरुवर ने, लाया आश्रम दर्शन करने ।

गरुड़, निगल कर मृत अजगर को, मुदित उड़ गया इन्द्रनगर को ।। 503/5205

"अघासुर मरा! अघासुर मरा!" वृंदावन में हर्ष है भरा ।

सबने हरि के सद्‌गुण गाये, गुरुवर मुनिवर के ऋण ध्याये ।। 504/5205

38. Story of Aghāsur (Krishna's Childhood)

◎ **Then :** *Then Sāndīpani muni took Shrī Nārad muni to his āshram for a visit. The Garuḍa eagle ate the python and flew away. People were happy to know that Aghāsur was killed. Everyone praised Shrī Nārad muni and Sāndīpani muni.* **427/4839**

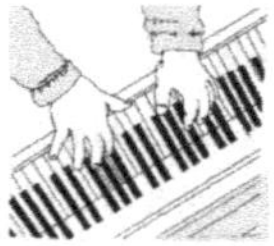

संगीतश्रीकृष्णरामायण गीतमाला, पुष्प 140 of 763

(ब्रह्म गुरु)

स्थायी

ब्रह्म गुरु अरु विष्णु गुरु, शंभु सदाशिव गुरु ही हैं ।
आत्म गुरु परमात्म गुरु, बिना गुरु भव अपार है ।।

♫ सा–नि़ सारे– गग रे–सा नि़सा–, प–म गरे–गग मप– म ग– ।
ध–प मग– मपध–प मग–, रेग– मप– धध पम–ग रे– ।।

अंतरा–1

राम गुरु है, श्याम गुरु है, गुरु सरस्वती माता ।
निर्विकार गुरु, निरंकार गुरु, गुरु ज्ञान का दाता ।
गाओ गुरु गुण, ध्याओ गुरु ऋण, पार भँवर का गुरु ही है ।।

♫ सा–रे गरे– सा–, रे–ग रेग– म–, गम– पध–पम ग–म– ।
ग–मप–प पप, निध–प–प पप, मप– नि–ध प– ग–म– ।
ग–म– पप पप, ध–प– मम मम, ग–रे पपप ध– पम– ग रे– ।।

अंतरा–2

ज्ञान सिखाए, राह दिखाए, गुरु मन का उजियाला ।
भाग्य जगाए, पुण्य लगाए, गुरु सत् का प्रतिपाला ।
छाँव गुरु है, नाव गुरु है, तार भँवर का गुरु ही है ।।

अंतरा–3

तन सब गुरु का, मन सब गुरु का, कण–कण अर्पण काया ।
भान गुरु से, मान गुरु से, गुरु चरणों की माया ।
भाई गुरु है, माई गुरु है, आधार भव का गुरु ही है ।।

◎ **Brahmā Guru : *Sthāyī* :** *Brahmā is guru and Viṣhṇu is guru. Shambhu Sadāshiva is guru. Without guru, one may not be able to cross over the worldly ocean.* ***Antarā : 1.*** *Rāma is guru and Shyāma is guru. Sarasvatī is guru. Guru is immutable, guru is formless, guru is giver of knowledge. Let's praise guru. Let's sing guru's virtues. Boat of the worldly ocean is guru.* ***2.*** *Guru is teacher, he shows us path. Guru is the enlightenment for our mind. He gives good luck, he gives merits, he is our protector and truth. Guru is the solution in this world.* ***3.*** *This body is for guru. This mind is for guru. My everything is for guru. Consciousness is guru, honour is guru. Guru's feet are magic. Guru is brother, guru is mother, guru is the support in this world.* **428/4839**

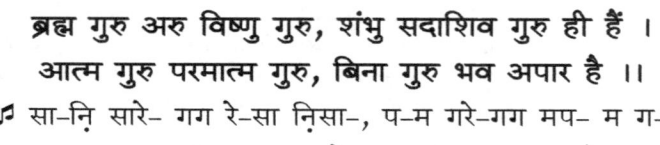

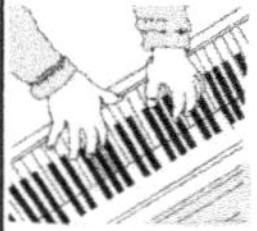

संगीतश्रीकृष्णरामायण गीतमाला, पुष्प 141 of 763

(अघासुर की कथा)

स्थायी

स्वरदा ने सुंदर गाया है, नारद ने साज बजाया है ।
रतनाकर गीत रचाया है ।।

♫ सानि़सा– गरे सा–नि़नि़ सा–रेम ग–, गममग पम ग–रे सासा–रेम ग– ।
गगरेसासासा रे–ग मगरेसानि़ सा– ।।

अंतरा–1

श्रीकृष्ण बकासुर को मारा, फिर भी वो कंस नहीं हारा ।
तब कहा, "अघासुर! तुम जाओ, अरु बाल कृष्ण को ले आओ ।।
अब कृष्ण का मुत्यु आया है" ।।

♫ प–मरेम मप–पम पनि धपप–, पप मग गसा सागम पगरे सानि़सा– ।
सानि़ साग–, "रेसा–नि़नि़! सासा रेमग–, सानि़ सा–ग रे–सा नि़– सा– रेमग– ।
गग रेसासा सा रे–गम गरेसानि़ सा–" ।।

अंतरा–2

मुख फाड़े पथ में लेटा है, जस घड़ियाली का बेटा है ।
श्रीकृष्ण को अजगर निगल गया, अरु बोला, "अब मैं सफल भया ।
नभ वाणी को झूठलाया है" ।।

अंतरा–3

मुनिवर ने कृष्ण को दी आज्ञा, दीर्घ देह करने की प्रज्ञा ।
फिर कृष्ण ने दीर्घा की काया, अरु पेट फाड़ बाहर आया ।
उस कंस ने दास गँवाया है ।।

दोहा॰ सुनिये माता पार्वती! रोचक वर्णन अद्य ।
नारद की वाणी यथा, रत्नाकर के पद्य ।। 285/7068

अद्भुत-लीला कृष्ण की, सुनिये, भोलेनाथ! ।
गीत गेय सुंदर रचे, छंद विविध के साथ ।। 286/7068

जन्म दिवस है कृष्ण का, दसवाँ पावन आज ।
वृंदावन में मोद है, व्रज में मंगल साज ।। 287/7068

वृंदावन में कृष्ण के, स्वागत की है शाम ।
राधा सुंदर है सजी, रास रचत बलराम ।। 288/7068

◎ **Story of Aghāsur : *Sthāyī* :** *Ratnākar composed the melody, Sarasvatī sang it beautifully, while Shrī Nārad muni played the Vīṇā.* ***Antarā* : 1.** *Shrī Krishṇa killed Bakāsu, but Kaṅsa said, I am still not defeated, O Aghāsur! go and eat Shrī Krishṇa. Kaṅsa is still under delusions.* **2.** *The python Aghāsur stood in the path and opened his mouth like an alligator. He swallowed Shrī Krishṇa and said I am successful. I have falsified the celestial declaration.* **3.** *Sāndīpani muni permitted Shrī Krishṇa to use the laghu-dirgha-kāya yoga. Making his size big, Shrī Krishṇa ripped the body of Aghāsur and came out with other children. Kaṅsa lost one more servant.* **429/4839**

बालकृष्ण अनुभाग
सोलहवाँ तरंग

39. हरि के गुरुकुल समापन की कथा :

39. Shrī Krishṇa's graduation from Gurukul (*Krishna's Childhood*)

(कृष्णस्य गुरुकुलसमापनम्)

संगीतश्रीकृष्णरामायण छन्दमाला, मोती 76 of 501

पुष्प छन्द[101]

।।

(नटखट)

मन हर नट वर! जय जय जय हरि! ।
सुर पति गिरि धर! तुम 'मधु' 'मुर' अरि ।।

◎ **Naughty Shrī Krishṇa :** *O Mind charmer! O Natvara! O Hari! victory to you. O Sura-pati (Lord of the Gods)! O Giridhara (who picked uo Govardhan mountain)! you are Madhvari (Slayer of th demon Madhu). You are Murāri (slayer of the Demon Mura).* **430/4839**

श्लोका:

शृणुतां शिवपार्वत्यौ रोचिकामपरां कथाम् ।
नारदेन यथा दृष्टा रत्नाकरेण लिख्यते ।। 179/2422

रेरेग- ममप-म-ग- ध-पम-गगम- गरे- ।
सा-नि़सा-सा- गरे- सा-रे- ग-म-धप-म ग-मरे- ।।

अद्भुतं कृष्णलीलानाम्-अनुपमं मनोरमम् ।
वर्णनं सुखदं गेयं ज्ञानदमथ सुन्दरम् ।। 180/2422

---

[101] **पुष्प छन्द** : इस दो वर्ण, 2 मात्रा वाले अत्युक्था छन्द के चरण में दो लघु वर्ण आते हैं । इसका लक्षण सूत्र ।। इस प्रकार है । इसमें चरणान्त विराम होता है ।

▶ लक्षण गीत : **दोहा॰ दो वर्णों का जो बना, दो लघु मात्रा वृंद ।**
अत्युक्था मृदु वर्ग का, "पुष्प" सुगंधित छंद ।। 292/7068

39. Shrī Krishṇa's graduation from Gurukul (Krishna's Childhood)

अद्य जन्मदिनं चास्ति कृष्णस्य दशमं शुभम् ।
गुरुकुले महापर्वं मोदो वृन्दावने तथा ।। 181/2422

राधा च रोहिणेयश्च सुदामा गोपबालकाः ।
क्रीडन्सन्ति यशोदा च जन्मदिनमहोत्सवे ।। 182/2422

(रत्नाकर)
गौरी शंकर सुनिये आगे, कृष्ण कथा के रोचक धागे ।
वृंदावन को कृष्ण जा रहा, उसका अब है कथन आ रहा ।। 505/5205

कब से मार्ग तकत रवि भव का, मुर्गों के कुकड़ूँकूँ रव का ।
प्रथम बाँग वह निकली ज्योंही, रश्मि रवि ने छोड़ी त्योंही ।। 506/5205

हय रश्मि के रवि के रथ के, दौड़े निकले धरती पथ पे ।
प्रकाश धूली आसमंत में, बिखरी तुरंत सब दिगंत में ।। 507/5205

अंशु प्रभा से जला अँधेरा, मंगल मय फिर हुआ सवेरा ।
सोए प्राणी जागे प्रमुदित, सृष्टि चराचर कर के पुलकित ।। 508/5205

नील झील के शीत नीर पर, पद्म पुष्प के पर्ण हरित पर ।
अंबु बिंदु के मोती बिखरे, सूर्य किरण में चमके हीरे ।। 509/5205

प्रसून सौरभ पवन मंद से, भरी चतुर्दिश मधुर गंध से ।
क्षितिज वलय भूमंडल पर नव, खग गंधर्वों का मंजुल रव ।। 510/5205

दिन यूँ निकला, हरि जय जय! का, व्रज जन गण के भाग्योदय का ।
आज समापन गुरुकुल सेती, सबके नयनन अँसुअन मोती ।। 511/5205

हरि गुरुकुल उत्तीर्ण भया है, पठन कार्य को पूर्ण किया है ।
गुरुकुल के शिशु शिक्षक सारे, बोले, "जय जय श्रीधर प्यारे!" ।। 512/5205

वन में सुकून फिर बहाल है, सांदीपनि हरि पर निहाल हैं ।
देना जो था दीर्घ काल में, लिया किशन ने चार साल में ।। 513/5205

वेद वेदांग उपनिषद् सारे, विद्या योग कला की धारें ।
गुरुचरणों में अवगत कीन्हे, धन्यवाद तिन अविरत दीन्हे ।। 514/5205

◎ **The Happy day :** *Ratnākar then says, O Gaurī and Shiva Shankara! this musical story is about Shrī Krishṇa, being graduated from the Gurukul, is going back to Vrindāvan. Since long the sun has been waiting for the signal of the cock's crow to release his rays on the earth. And, as soon as he heard the first crow of the rooster, the horses of sun rays ran across the globe. The dust, in the form of reflected light, with the galloping of the horses, rose high up to the sky and filled the whole atmosphere in all directions with light. With that glitter, the gloomy darkness of the night got vanished and earth became lit all over. With that auspicious morn, the moving and non-moving beings of nature became energized. The pearls of water drops on the green leaves of the lotus flowers on the blue water of the lake appeared like shining diamonds with the bright rays of the sun. The four directions of the earth, from horizon to horizon, were filled with fragrance of the perfumes from the flowers. It spread around with the gentle cool wind. The forest was pervaded from edge to edge with the delicate chirps of the birds and the tender buzz of the bees. With such good omens arose the day of Shrī Krishṇa's graduation from the Gurukul. It was also the day of good fortune for the people of Vrindāvan, as it was Shrī Krishṇa's tenth birthday. Sāndīpani muni is gratified with Shrī Krishṇa. He said, O Shrī Krishṇa! what was expected of you in many years, you have achieved it in just about few years. You have mastered Vedas, Upanishads, arts and sciences under my coaching. Many blessings to you.* **431/4839**

संगीतश्रीकृष्णरामायण गीतमाला, पुष्प 142 of 763

(वृंदावन को चला कन्हैया)

स्थायी

वृंदावन को चला कन्हैया, इन्तजार में राधा, मैया ।
♫ सा-रे-गग म- पम- गरे-सा-, प-मग-म प- म-गरे, ग-सा- ।

अंतरा-1

व्रज जन गण सब खड़े राह में, हरि दरशन की बड़ी चाह में ।
प्रेम अश्रु हैं दुखी नयनन में, भर आया हरि हर हिरदय में ।
कृष्णचंद्र है भव-जल नैया, इन्तजार में राधा, मैया ।।
♫ सारे गम पम गरे गम- ध-प म-, गग मपधध प- पध- नि-ध प- ।
सां-नि ध-प म- गग मपधप म-, मम प-ध- निध पप मगमम प- ।
म-गरे-ग म- पप मग म-प-, प-मग-म प- म-गरे, ग-सा- ।।

अंतरा–2

गंध सुगंधित, रंग सुमंडित, गोप गोपिका, मोद पुलकित ।
घंटी निरंजन धर कर, कर में, आरती मंगल, हर घर-घर में ।
गान गात बलदाऊ भैया, इन्तजार में राधा, मैया ।।

अंतरा–3

हरि जय जय का, घोष विजय का, हाथ पताका, हार मल्लिका ।
बाँसुरी का रव बोले सुर में, धरती अंबर डोले धुन में ।
मंत्र मुग्ध व्रज प्रभु करैया, इन्तजार में राधा, मैया ।।

◎ **Shrī Krișhṇa returning to Vrindāvan : *Sthāyī :*** *Kanhaiyā is coming back to Vrindāvan. Rādhā and mother Yashodā are awaiting him.* ***Antarā : 1.*** *People of Vraj Bhūmi are standing on both sides of the road with tears of joy in their eyes. Tears are in their eyes and Hari is in their hearts. He is the boatman of the boat of their lives. Rādhā and Yashodā are waiting.* ***2.*** *People are dressed up nicely. They have scented oil in their hair and perfume on their clothes. Cow-maids with the plates of worship in their hands for doing pūjā. Balrāma is singing Bhajans. Rādhā and Yashodā are waiting.* ***3.*** *People are chanting victory to Hari! They have flags in their hands. They are playing flutes. Everything from the earth to sky is hypnotized with the frenzy of excitement. Rādhā and Yashodā are waiting.* **432/4839**

(और)

आज जन्म दिन भी है हरि का, मोदोत्सव है व्रज का तरीका ।
आज हरि पर आशिष वर्षा, जय जय करके गुरुकुल हर्षा ।। 515/5205

सिर पर कर रख कर गुरुवर ने, चुन-चुन कर सब शुभ वर दीन्हे ।
नारद मुनि के आशिष प्यारे, झन झन बोली वीणा तारें ।। 516/5205

◎ **Then :** *Today is Shrī Krișhṇa's tenth birthday and its festivity in Vrindāvan. When Shrī Krișhṇa comes, people will shower blessings on him. At Gurukul, Sāndīpani muni put his right hand on Shrī Krișhṇa's head and blessed him. Shrī Nārad muni showed his joy by playing Sarasvatī vandana on Vīṇā and giving him the best wishes.* **432/4839**

संगीतश्रीकृष्णरामायण गीतमाला, पुष्प 143 of 763

भजन : राग देस, कहरवा ताल 8 मात्रा

(सरस्वती वन्दना)

स्थायी

झनन झन वीणा की झनकार, हटाए भगतन का मनभार ।
♫ ममगरे गसा रे-म- प- धनिध-प-, पगरेगसा रेरेमम प- धनिध-प- ।

अंतरा–1

मंगल सुंदर गान तिहारे, आकर दो दीदार ।
नयनन प्यासे प्यास बुझावे, पावन रूप तिहार ।।
♫ म-मप नि-निनि सां-सां सांरेंनिसां-, नि-निनि धम धपप - - प ।
पपरेंरें रें-रेंसां रेंगरें गंनि-सां-, नि-निनि सांनिसां रेंनिधप ।।

अंतरा–2

ज्ञान की देवी दान कला का, परम तेरा उपकार ।
रूप सलोना हाथ में वीणा, शारद नाम तिहार ।।

अंतरा–3

जीवन ये संगीत सुहाना, गीत करो साकार ।
माँ! ममता का दीप जगाके, दूर करो अंधकार ।।

◎ **Sarasvatī Vandana : *Sthāyī :*** *O Sarasvatī! the strings of your Vīṇā are relieving the load off the minds of the devotees.* ***Antarā : 1.*** *Please come before us and listen to our auspicious and beautiful song, Your glimpse will quench our thirst.* ***2.*** *O Goddess of knowledge! please bestow arts upon us and make us useful. With your pleasing form holding the Vīṇā, we call you Shāradā.* ***3.*** *This life is a lovely music, O Mother! please let our wishes come true. Please light the lamp of motherly love and remove the darkness from our hearts.* **434/4839**

सांदीपनि मुनि बोले हरि को, जनम-दिवस की बधाई तुम को ।
सबने मिल कर बधाई दीन्ही, स्निग्ध हृदय से विदाई कीन्ही ।। 517/5205

◎ **Congratulations :** *Then Sāndīpani muni said, O Shrī Krișhṇa! Happy Birthday to you. All children at the Gurukul gave best wishes to Shrī Krișhṇa and said him good bye with joyful but heavy heart.* **435/4839**

संगीतश्रीकृष्णरामायण गीतमाला, पुष्प 144 of 763

भजन : राग केदार, कहरवा ताल 8 मात्रा

(वृंदावन में उत्सव)

39. Shrī Krishṇa's graduation from Gurukul (Krishna's Childhood)

स्थायी

छमक छमक छम पायल बोले, कान के चंचल झुमके डोले ।

श्यामसुंदर सह राधा नाचे ।।

♫ सारेसा रेपप मंप ध–पप मंपमम, म–प प सां–धप ममधप ममरेसा ।

सां–सांसांनिध सांरें सां–धप मंपमम ।।

अंतरा–1

वृंदावन में आज खलबली, साज नाच अरु आंखमिचौली ।

मौज मोद से खेलत होली ।।

♫ प–सां–सांसां रेंसां निधसां रेंसांनिधप, म–प सां–सां धप म–धपम–रेसा ।

सां–सां सांनिध सांरे सां–धप मंपम– ।।

अंतरा–2

व्रज में नाद है, होली है होली, संग गोपियों के वनमाली ।

गीत हैं गावत दे कर ताली ।।

अंतरा–3

इंद्रधनुष सी चली पिचकारी, रंग फुहारों की मतवाली ।

सात रंग संग लाल गुलाली ।।

अंतरा–4

रात जब जली व्रज में होली, कृष्ण की सबने जै जय बोली ।

राधा जिसमें पूजित हो ली ।।

◎ **Bonfire in Vrindāvan : *Sthāyī* :** *The anklets are jingling chham chham chham. The ear rings are swinging in the ears. Rādhā is dancing with Shyāma-sundara Shrī Krishṇa.* ***Antarā* : 1.** *There is commotion in Vrindāvan. Boys and girls are dancing and playing sports. They are celebrating and enjoying the festival.* **2.** *The people of Vraj Bhūmi are chanting, "It is Holī, it is Holī." They are clapping hands.* **3.** *Seven colours of rainbow are being sprayed.* **4.** *At night when they lit the bonfire, everyone said, victory to Rādhā-Krishṇa and they worshipped them.* **436/4839**

(वृंदावन में)

हरि–आगम का उत्सव न्यारा, वृंदावन में घर–घर प्यारा ।

हर घर में हरि गुण का नारा, हर मुख में हरि जय जयकारा ।। 518/5205

व्रज जन के मन मोद फुआरे, पायल झन–झन नंद दुआरे ।

राधा गोपी जन मधुबन के, गीत गा रहे कृष्ण जनम के ।। 519/5205

◎ **Shrī Krishṇa at Vrindāvan :** *People celebrated Shrī Krishṇa's coming back to Vrindāvan with festivities at their homes and in public places. Everywhere they chanted victory to Shrī Krishṇa. The girls danced and the boys played flutes. Everywhere there was joy.* **437/4839**

संगीतश्रीकृष्णरामायण गीतमाला, पुष्प 145 of 763

भजन : राग काफी, कहरवा ताल 8 मात्रा

(चाल, तबला ठेका और तान के लिये देखिये

हमारी "*नयी संगीत रोशनी*" का गीत 11)

(कृष्ण जनम–दिन)

स्थायी

झनक झनक झन्, रैना सारी बाजे, पायल की झनकार, री ।

सखी राधा के मन प्यार, री ।।

अंतरा–1

जनम–दिन है आज हरि का, वृंदावन त्यौहार, री ।

गल फूलन के हार है डारे, लाल पीले रंग दार, री ।

सारी कुंज गलिन में, हरि की जै जै कार, री ।।

अंतरा–2

मोर मुकुट है शीश पे धारे, बंसीधर गोपाल, री ।

कर में मुरली नैन हैं कारे, तिलक चंदन लाल, री ।

आज राधा से मिलने, मनवा है बेकरार, री ।।

◎ **Shrī Krishṇa's birthday : *Sthāyī* :** *The ankle bracelets are ringing all night, with clinging sounds. O Lord! Rādhā is in love.* ***Antarā* : 1.** *Today is Shrī Krishṇa's Birthday. It's a festive time at Vrindāvan. Girls wearing colourful garlands of red and yellow flowers are chanting in every street of Vrindāvan.* **2.** *Hari is wearing a crown of peacock feathers. He has flute in his hand, Kājal (eyeliner) in the eyes, red bindī (dot) on the forehead. He is eager to meet Rādhā today. His mind is restless.* **438/4839**

39. Shrī Krishṇa's graduation from Gurukul (Krishna's Childhood)

<u>संगीतश्रीकृष्णरामायण गीतमाला, पुष्प 146 of 763</u>

खयाल : राग वृंदावनी सारंग, तीन ताल 16 मात्रा

(चाल, तबला ठेका और तान के लिये देखिये

हमारी "*नयी संगीत रोशनी*" का गीत 22)

(कंगन खन खन)

स्थायी

कंगन खन खन गूँज रचायो, सुन धुन मेरो जीया हरषायो ।

अंतरा–1

घूँघर बोलत कुंडल डोलत, पायल छम–छम धूम मचायो ।

अंतरा–2

सुंदर सूरत मंगल मूरत, झाँझन झन झन धुन बजायो ।

◎ **Rās dance :** ***Sthāyī :*** *The bangles are making Khan Khan sound and giving joy to my heart.* ***Antarā : 1.*** *The Ghungrū (bells) are resounding and the Kuṇḍals (ear-rings) are swinging, The Chham Chham of Pāyal Ankle bracelets are creating a commotion.* ***2.*** *The face is beautiful. The image is auspicious. The bells are clinging.* **439/4839**

<u>संगीतश्रीकृष्णरामायण गीतमाला, पुष्प 147 of 763</u>

राग मालकौंस : तीन ताल 16 मात्रा

(चाल, तबला ठेका और तान के लिये देखिये

हमारी "*नयी संगीत रोशनी*" का गीत 45)

(प्रेम गीत)

स्थायी

दिल धड़क धड़क बोले मेरो, अजि कहने दो जो कहना हो ।

मुझे अपने दिल का कोना दो ।।

अंतरा–1

गीत पुराना याद आता हो, दिल से दिल का नाता हो ।

अजि, बात तिहारी एक नज़र की,

फेर के मुख रुख़ यों ना दो ।।

अंतरा–2

रात गुजारी दीवाने ने, बैठ शमा पर परवाने ने ।

आज तुम्हारे साथ जलूँ मैं,

मीत को तुम दुख यों ना दो ।।

◎ **Rās dance, a love song :** ***Sthāyī :*** *My heart is throbbing, "dharak dharak," O Dear! please let it say what it wants to say. Please give me a corner in your heart.* ***Antarā : 1.*** *Hope you remember our old song. Hope our hearts are still connected. O Dear! it is just a matter of your single glimpse. Please don't give me that attitude by turning your face away.* ***2.*** *I spent night in your craze, like a moth sitting on the lamp, I may burn with you. Please do not hurt this friend in this manner.* **440/4839**

<u>संगीतश्रीकृष्णरामायण गीतमाला, पुष्प 148 of 763</u>

खयाल : राग हिंडोल,[102] तीन ताल 16 मात्रा

(राधा नाचे)

स्थायी

छुमक छुमक घुँऽऽघऽरू बोऽलेऽ।

सखी रीऽ, गुत[103] राऽधाऽ कीऽ डोऽलेऽ।।

♫ सांनिधसां निधमं– –ग–मं ग–सा– ।

सासाग– मंमंध– सां–सांध सांमंध ।।

अंतरा–1

फूल जुहीऽ के, मोतियन की माऽलाऽ ।

नयनन सुरमई काऽजल काऽलाऽ ।।

---

[102] 𝄞 **राग हिंडोल :** यह कल्याण ठाठ का राग है । इसका आरोह है : सा ग, मं ध नि सां । अवरोह है : सां नि ध, म ग सा ।

▶ लक्षण गीत : ✍ **दोहा॰ निषाद वक्र, म तीव्र हो, वर्ज्य रे प के बोल ।**
ध ग वादि संवाद से, बने राग "हिंडोल" ।। 293/7068

[103] **गुत :** चोटी, वेणी ।

39. Shrī Krishṇa's graduation from Gurukul (Krishna's Childhood)

♫ गगगमं -मंधध सांसांसां- सां-सां- ।
सांसांगंमं गंसांसांसां सां-सांसां सांधसांध ।।

◎ **Rādhā dancing : *Sthāyī* :** *The anklet bells are jingling chham chham and Rādhā's pony tail is swinging in that rhythm.* ***Antarā* : 1.** *In her hair she has Jasmine flowers and she is wearing a pearl necklace. In her eyes she has black eyeliner.* **441/.x.x**

संगीतश्रीकृष्णरामायण गीतमाला, पुष्प 149 of 763

चटनी : राग मालकौंस, कहरवा ताल 8 मात्रा
(चाल, तबला ठेका और तान के लिये देखिये
हमारी "*नयी संगीत रोशनी*" का गीत 69)
(प्रेम गीत)

स्थायी

हाय रे! अदा तोरी क़ातिल, ओऽ बरसाने की रधिया! ।

अंतरा-1

मुड़ मुड़ काहे को, मारे नज़रिया ।
काट करजवा को ले गयी, होऽ गोरी ग्वालिन गुड़िया ।।

अंतरा-2

चुप-चुप जाऊँ मैं जमुना की नदिया ।
मार कंकरिया वो फोरी, होऽ कान्हा मोरी गगरिया ।।

अंतरा-3

नट खट आयो री मोरी डगरिया ।
धरके कलाई बरजोरी, होऽ कीन्ही रार कनईया ।।

◎ **Rās dance, a love song : *Sthāyī* :** *Your charm is a killer, O Rādhā of Barsānā (name of a village).* ***Antarā* : 1.** *Why do you keep turning your head and looking at me! It is stealing my heart, O Cow-maid of the Braja (village)!* **2.** *While I was going to fetch water at the banks of Jamunā river, Kānhā threw a pebble and broke my water pitcher.* **3.** *That naughty Kānhā came and blocked my way and he held my arm with force and fought with me.* **442/4839**

संगीतश्रीकृष्णरामायण गीतमाला, पुष्प 150 of 763

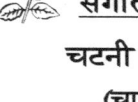

राग काफी, कहरवा ताल
(राधा गीत सुनाए)

स्थायी

राधा गीत सुनाए री, सखी! कान्हा कहाँ है ।
♫ सा-रे- ग-म मप-मग रे, सासा! रे-ग- मगरे सा- ।

अंतरा-1

नूपुर घुँघरू पाँव में डाले, हाथ में कंगन पाए ।
बादल बरखा सावन वाले, गीत सुहाने गाए ।
ढूँढत नंद कुमार को, राधा कुंज गलिन में ।।
♫ प-पध नि- धध- सां-नि ध प-प-, म-म म प-पम ग-म- ।
प-मम गगरे- सा-रेरे ग-म-, प-म गरेसा- रे-ग- ।
सा-रेरे ग-म मप-म गरे, सासा रे-ग- मगरे सा- ।।

अंतरा-2

मोर पपीहा नाचे डोले, राधा ताल मिलाए ।
कोयल अंबुआ कूहु बोले, राधा हरि को बुलाए ।
ढूँढो री नंदलाल को, सखी कान्हा को बन में ।।

अंतरा-3

ग्वाल बाल सारे व्रज वाले, ताली साथ बजाए ।
गोपी ग्वालिन सब ब्रिजबाला, राधा को समझाए ।
हरि बिन है बेकरार री, हरि राधा के मन में ।।

◎ **Rādhā singing : *Sthāyī* :** *Rādhā is singing a song. O Dear! where is Shrī Krishṇa?* ***Antarā* : 1.** *She is wearing anklets and bangles. There are clouds in the sky. She is singing a lovely song. She is looking for Nand-kishor Shrī Krishṇa in the isles of Vrindāvan.* **2.** *Peacock and pegions are dancing and Rādhā is dancing in their rhythm. Koyal bird (Blackbird) is on the mango tree. Rādhā is saying to her friends to look for Shrī Krishṇa in the forest.* **3.** *The boys and girls of the village are clapping hands. They are counseling Rādhā. Without Hari, Rādhā is restless. Hari is hiding in Rādhā's heart.* **443/4839**

संगीतश्रीकृष्णरामायण गीतमाला, पुष्प 151 of 763

(गुरुकुल समापन की कथा)

स्थायी

स्वरदा ने सुंदर गाया है, नारद ने साज बजाया है ।

रतनाकर गीत रचाया है ।।

♫ सानि़सा– गरे सा–नि़नि़ सा–रेम ग–, गममग पम ग–रे सासा–रेम ग– ।

गगरेसासासा रे–ग मगरेसानि़ सा– ।।

अंतरा–1

दिन अंतिम ये गुरुकुल का है, सखी! बाजा मंजुल धुन का है ।

मुनि नारद तुंबर आए हैं, शिव गौरी आशिष लाए हैं ।

आज कान्हा सिद्धि पाया है ।।

♫ पप मरेमम प– पमपनि धप प–, पप! मगगसा सागमप गरे सानि़ सा– ।

सानि़ सा–गरे सा–नि़नि़ सा–रेम ग–, सानि़ सा–गरे सा–नि़नि़ सा–रेम ग– ।

गग रेसासा– रे–गम गरेसानि़ सा– ।।

अंतरा–2

श्री हरि पर गुरुवर प्रसन्न हैं, मुनिवर बोले हरि! तू धन्य है ।

हरि कर्म धर्म पहिचाने है, सद् भक्ति–भाव सब जाने है ।

हरि "योगेश्वर" कहलाया है ।।

अंतरा–3

आज वृंदावन में मेला है, हरि जन्म दिवस का खेला है ।

बाजे मिरदंग ढोल तंबूरा है, डफली झाँझर संतूरा है ।

सखी! इन्द्र देव शरमाया है ।।

◎ **Graduation from Gurukul :** ***Sthāyī :*** *Ratnākar composed the melody, Sarasvatī sang it beautifully, while Shrī Nārad muni played the Vīṇā.* ***Antarā : 1.*** *This is the graduation day at Gurukul. O Dear! there is nice music. Shrī Nārad muni came, Tumbar came, Shiva and Pārvatī came for the graduation ceremony. Kānhā is successful with their blessings.* ***2.*** *Pleased with Shrī Krishṇa, Sāndīpani muni said, O Hari! you are blessed. You know Dharma and karma. You know righteousness. You are Yogeshvara.* ***3.*** *Today is also a festival at Vrindāvan for Hari's birthday. Mridang, Ḍhol, Tamburā, Daflī, Jhāñjhar, Santūr (various musical instruments) are being played. O Dear! Lord Indra is full of jealousy seeing this joy and pomp on the earth.* **444/4839**

बालकृष्ण अनुभाग
सतरहवाँ तरंग

40. नटखट मुरली मनोहर की कथा :

40. Story of naughty Shrī Krishṇa (*Krishna's Childhood*)

(मुरलीमनोहरकथा)

♫ **संगीतश्रीकृष्णरामायण छन्दमाला, मोती 77 of 501**

शालिनी छन्द[104]

ऽ ऽ ऽ, ऽ ऽ।, ऽ ऽ।, ऽ ऽ

(मटकी फोड़)

कैसे लाए नीर ग्वालीन गोरी ।

कान्हा रोड़ी मार कामोर फोरी ।। 1

भीगी राधा की चुनैया गुलाबी ।

राधा गालों पे सजायी गुलाली ।। 2

◎ **Naughty Shrī Krishṇa :** *How will the cow-maid Rādhā bring water from Yamunā. Kānhā threw a pebble and broke her pot. Rādhā's pink scarf is wet. Rādhā is blushed with pink cheeks.* **445/x/x**

ॐ **श्लोकाः**

प्रत्यागतः सखा कृष्णो वृन्दावने जनप्रियः ।

---

[104] ♫ **शालिनी छन्द :** इसके चरणों में 4, 7 के ग्यारह वर्ण, 20 मात्रा होती हैं । इस में म त त गग और दो गुरु वर्ण आते हैं । इसका लक्षण सूत्र ऽ ऽ ऽ, ऽ ऽ।, ऽ ऽ।, ऽ ऽ इस प्रकार होता है ।

▶ लक्षण गीत : ✍ **दोहा॰ बनता मात्रा बीस से, दो गुरु मत्ता अंत ।**

जहाँ म त त गण हों सजे, वहाँ "शालिनी" छंद ।। 294/7068

40. Story of naughty Shrī Krishṇa (Krishna's Childhood)

यशोदानन्दनन्दः स योगेश्वरो विनोदकः ।। 183/2422

गोप्यो वृन्दावने गोपाः क्रीडन्ति विलसन्ति च ।
रासे नृत्यन्ति गायन्ति कृष्णश्च व्रजवासिनः ।। 184/2422

घटं नीत्वा यदा गोपी गच्छति यमुनातटे ।
अश्मखण्डं स प्रक्षिप्य तस्या भनक्ति गर्गरीम् ।। 185/2422

कैसे जमुना तीर मैं जाऊँ, सखी अकेली नीर मैं लाऊँ ।
कान्हा मोरी रोकत राहें, ताने मारत, टोकत मोहे ।। 520/5205

मार कंकरी गगरी फोरी, बीच राह में की बरजोरी ।
कान्हा मोरी धरत कलाई, ताना मारत, करत लराई ।। 521/5205

◎ **Naughty Shrī Krishṇa :** *Shrī Krishṇa returned from Gurukul to Vrindāvan. Yashodā-Nandanand (Joy of Nand-Yashodā), Jana-priya (loved by people), Yogeshvara (Lord of yoga) Shrī Krishṇa is joy giver. The cowherd boys and girls play with him and enjoy. The village people do Rās dance with him. When the cow-maid Rādhā goes to Yamunā for fetching water, Kānhā throws pebble and breaks her pot. Rādhā says, how may I go to Yamunā alone, Kānhā blocks my way and teases me. He holds my wrist and twists my arm. He is naughty.* **446/4839**

संगीतश्रीकृष्णरामायण गीतमाला, पुष्प 152 of 763

खयाल : राग भैरवी, तीन ताल 16 मात्रा
(चाल, तबला ठेका और तान के लिये देखिये
हमारी "*नयी संगीत रोशनी*" का गीत 17)

(मार कंकरिया)

स्थायी

मार कंकरिया फोरी गगरिया ।
भीग गयी रे कान्हा, मोरी चुनरिया ।

अंतरा–1

जमुना से मैं सखी, अपनी डगरिया ।
नीर नयन की न, लीन्ही खबरिया ।।

अंतरा–2

जमुना का नीर न, मोरी गगरिया ।
कैसी अब जाऊँ सखी, अपनी अटरिया ।।

◎ **Kānhā breaks pot : *Sthāyī* :** *Throwing a pebble, you broke my water pitcher, O Kānhā! my scarf got wet.* ***Antarā* : 1.** *O Sakhī! I was on my way from Jamunā river, he didn't even care for the tears in my eyes.* **2.** *I don't have Jamunā water and I have a broken vessel, O Dear! how may I go home with empty pot now?* **447/4839**

भीगी मोरी लाल चुनरिया, नंदलाल रे! छोड़ डगरिया ।
बिनती करूँ, पड़ूँ मैं पैंया, कभी भी तोसे लड़ूँ मैं नैंयाँ ।। 522/5205

◎ **Nand-lāl :** *My scarf is wet, O Nand-lāl (Son of Nanda) Shrī Krishṇa! please leave my way, I request you touching your feet. I will not fight with you any more.* **448/4839**

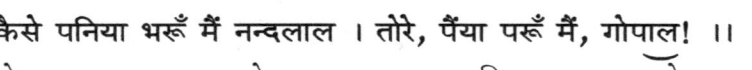

संगीतश्रीकृष्णरामायण गीतमाला, पुष्प 153 of 763

(कैसे पनिया भरूँ)

स्थायी

कैसे पनिया भरूँ मैं नन्दलाल । तोरे, पैंया परूँ मैं, गोपाल! ।।
♪ सारे गमग- मप- म- ग-रेसा-सा । मप-, ध-नि- धप- म-, गरेसा-सा ।।

अंतरा–1

पनघट पर धरी मोरी कलाई, हाथ छुराऊँ कान्हा करत लराई ।
मैं तो, रो-रो कर बेहाल ।।
♪ ममपप धध निध सां-नि धप-ध-, सां-नि धपध पम निधप रेग-म- ।
म प, ध- प- मम- गरेसा-सा ।।

अंतरा–2

राह में मोरी मटकी फोरी, कहे मैं काला तू काहे गोरी ।
सखी! चूम लियो मेरो गाल ।।

अंतरा–3

मैया कहे हरि आँख का तारा, काहे लगावे शिकवे ब्रज सारा ।
राधे! लीला दिखावे मेरो लाल ।।

40. Story of naughty Shrī Krishṇa (Krishna's Childhood)

◎ **How will I fetch water :** ***Sthāyī :*** *O Nand-lāl (Son of Nanda)! I touch your feet, O Gopāla (Cowherd boy)!* ***Antarā : 1.*** *You held my wrist on the bank of the river. I am restless. I am crying.* ***2.*** *On the way back, you broke my water pot. You said, I am darker and you are fair. O Dear! he kissed me on my cheek.* ***3.*** *Mother Yashodā says, Kānhā is an apple of her eyes. Why cow-maids complain? O Rādhā! Kānhā is showing his divinity.* **449/4839**

संगीतश्रीकृष्णरामायण गीतमाला, पुष्प 154 of 763

खयाल : राग तोड़ी,[105] तीन ताल 16 मात्रा

(चाल, तबला ठेका और तान के लिये देखिये

हमारी "*नयी संगीत रोशनी*" का गीत 53)

(बरसे रंग)

स्थायी

बरसे रंग, चुनरिया पर, बरसे रंग ।

अंतरा–1

लाल सुरख मोरी भीगी चुनरिया ।

लज कर ओढ़ी साँवरिया, रंग ।।

अंतरा–2

रंग रलित मोरी गीली चुनरिया ।

तन संग लागी साँवरिया, रंग ।।

◎ **Rang barse :** ***Sthāyī :*** *Colour is falling on my red scarf, colour is falling.* ***Antarā : 1.*** *My scarf soaked in Crimson red colour, I am wearing it blushfully, O Sāvariyā (Beloved)!* ***2.*** *My colourful scarf is soaked and stuck to my wet body, O Sāvariyā!* **450/4839**

मैं कान्हा से ना बोलूँगी, ना मैं घूँघट पट खोलूँगी ।

आकर सपनन अगर मनावे, बोलूँगी मोहे समझावे ।। 523/5205

◎ **Rādhā angry :** *I will not talk to Kānhā, nor will I open my veil. If he comes in my dreams and counsels me, then I will talk to him.* **451/4839**

संगीतश्रीकृष्णरामायण गीतमाला, पुष्प 155 of 763

(राधा)

स्थायी

री रधिया, बै के मेरे कोल, बोल तू, मीठे मीठे बोल ।

♫ सा सासारे–, ग– म– प–म– ग–ग, प–म ग–, प–म– ग–रे– सा–सा ।

अंतरा–1

बंद बंद क्यों, मुख मंडल है, ओढ़ा क्यों तूने आंचल है ।

मुख से परदा खोल, राधिके, बोल तू मीठे बोल ।।

♫ रे–ग म–म प–, धप म–गग रे–, सा–रे– ग–, म–प– म–गरे सा–सा ।

धप म गगरे– म–म, प–मग–! प–म म ग–रे– सा–सा ।।

अंतरा–2

मंद मंद शीतल पुरबाई, अरज करत हैं कृष्ण कनाई ।

नीर न अँखियन डोल, राधिके, बोल तू मीठे मीठे बोल ।।

अंतरा–3

नंद नंद वृंदावन जन हैं, कुंज गलिन में नंदनवन है ।

बाजे मन का ढोल, राधिके, बोल तू मीठे मीठे बोल ।।

◎ **O Rādhā! :** ***Sthāyī :*** *O Rādhā! please sit with me and say your sweet words.* ***Antarā : 1.*** *Why are you quiet? Why have you pulled veil over four face? O Rādhā! please sit with me and say your sweet words.* ***2.*** *There is a cool breeze. Please do not have tears in your eyes. O Rādhā! please sit with me and say your sweet words.* **452/4839**

संगीतश्रीकृष्णरामायण गीतमाला, पुष्प 156 of 763

खयाल : राग पीलू, तीन ताल 16 मात्रा

(राधा)

---

[105] 𝄞 **राग तोड़ी** : यह तोड़ी ठाठ का राग है । इसका आरोह है : सा रे ग, मं ध, प, मं ध नि सां । अवरोह : सां नि ध प, मं ग, रे ग रे सा ।

▶ लक्षण गीत : ✍ **दोहा० रे ग ध कोमल तिव्र मा, ध ग वादी संवाद ।**

तानसेन ने जो रचा, "तोड़ी" राग सु–वाद ।। 295/7068

40. Story of naughty Shrī Kriṣhṇa (Krishna's Childhood)

स्थायी

धक धक धरकत मोरा जिया,

आज खिलि हैं मन फुलझरियाँ ।

♫ गग गसा गमधप गरेसा निसा – – –,

नि–नि निसां सां निधप गमधपगरेनिसा ।

अंतरा–1

सावन की ये रिम झिम झरियाँ, सुमन की कलियाँ, छम–छम चुरियाँ ।

पागल मोहे पिया, करत हैं सखियाँ ।।

♫ सा–गम प– प– गमनिप गरेनिसा, गगग ग मगम– पधनि धनि धपप– ।

नि–निनि सांसां निधप, गमध प गरेनिसा ।।

◎ **Rādhā :** ***Sthāyī :*** *My heart is pounding. Today my mind is excited with a good feeling.* ***Antarā : 1.*** *The drizzles of the spring season are showering. The flower buds are looking good and the bangles are making pleasing sound. The cow-maid friends are making me crazy.* **453/4839**

(सुदामा)

बाल किशन का मित्र सुदामा, गुरुकुल में जो 'कुचेल' नामा ।

मुरली का मधु राग बजाता, वृंदावन में खेलन आता ।। 524/5205

◎ **Sudāmā :** *Sudāmā was Shrī Kriṣhṇa's friend. At Gurukul he was called "Kuchel." Whenever possible, he comes to Vrindāvan to play with Shrī Kriṣhṇa.* **454/4839**

(बलराम)

नटखट कान्हा संग सुदामा, गोप वृंद बालक बलरामा ।

पनघट पर छुप मटकी फोरे, का करूँ मोरा मनवा मोड़े ।। 525/5205

◎ **Kānhā :** *Naughty Kānhā, Sudāmā, Balrāma and other cowherd boys are hiding and breaking pots of the cow-maids. What may I do, Shrī Kriṣhṇa teases me.* **455/4839**

संगीतश्रीकृष्णरामायण गीतमाला, पुष्प 157 of 763

(नटखट श्याम)

स्थायी

री रधिया नटखट तोरा शाम ।

♫ सा निरेसा– गमपम गरेसानि सा–सा ।

अंतरा–1

राहें रोकत टोकत कान्हा, डारत डोरे मारत ताना ।

व्रज सारा मोहे कियो बदनाम ।।

♫ सा–रे– ग–मम प–मम रे–ग–, ग–मम प–प– ध–पम ग–रे– ।

पप म–ग– रे–रे– गरे सारेसा–सा ।।

अंतरा–2

बाँह पकड़ मोरी कीन्ही बरजोरी, कंकर मारी गगरिया फोरी ।

हार गयी मैं तो का करूँ राम ।।

अंतरा–3

बाजे बाँसुरी मीठी कटारी, चीरत निरदई छतिया हमारी ।

पनघट पर सखी सु–र ललाम ।।

अंतरा–4

पीत पितांबर कमरिया कारी, मंगल रूप की लीला सारी ।

चार चाँद लगे नंद के धाम ।।

◎ **Naughty Shyāma :** ***Sthāyī :*** *O Rādhā! your Shyāma is naughty.* ***Antarā : 1.*** *He blocks my way. He teases me and the village is giving me a bad name.* ***2.*** *He held my arm with force. He threw pebble and broke my pot. I can't win him. O Lord Rāma! what should I do?* ***3.*** *Shrī Kriṣhṇa plays sweet flute on the bank of river. He has yellow Pītāmbar (yellow garment) and black blanket. Everything is his magic. There is joy at Nanda's house.* **456/4839**

संगीतश्रीकृष्णरामायण गीतमाला, पुष्प 158 of 763

राग खमाज (राधा दीवानी)

स्थायी

मुरलीधर की मुरली है राधा, श्याम मनोहर राधारमण की ।

♫ सांसांनि–पध मग गमप ध नि–सां–, सां–गं मंमगंनिसां नि–सांसांनिसां निध ।

अंतरा–1

वृंदावन की कुंज गलिन में ।

40. Story of naughty Shrī Krishṇa (Krishna's Childhood)

कान्हा की मूरत राधा के मन में ।।

♫ गमधनिसांनि सां- पनिसां सां सांनिसां निध ।

सां-गं मं गं-निसां पनिसांरेंसां नि सांनि ध- ।।

अंतरा-2

नंद याशेदा गोप सुगमा, नाचत राधा संग बलरामा ।

अंतरा-3

व्रज भूमि में धुन मुरली की, अनहद मंगल जादू फेरी ।

अंतरा-4

राधा मुरली की बलिहारी, बंसीधर की बंसी प्यारी ।।

◎ **Crazy Rādhā :** ***Sthāyī :*** *Rādhā is the live flute of Shrī Krishṇa. Shrī Krishṇa is the joy of Rādhā.* ***Antara : 1.*** *Shrī Krishṇa is dwelling in the isles of Vrindāvan and in the mind of Rādhā.* ***2.*** *In the Rās dance, Mother Yashodā, Nand Bābā, Sudāmā and Balrāma are dancing.* ***3.*** *The sweet tune of Shrī Krishṇa's flute has charmed the Vraj village.* ***4.*** *Rādhā is crazy after the flute of Shrī Krishṇa.* **457/4839**

संगीतश्रीकृष्णरामायण गीतमाला, पुष्प 159 of 763

(दीवानी)

स्थायी

बजावे बंसी कान्हा, रे ताली दे सुदामा ।

देखो जी गोपी राधा, दीवानी होगयी ।।

♫ सासासा रेरे ग-ग, रे रेग मं गरे-रे ।

निरे ग रेनि रे-ग-, मं-निध मंपग- ।।

अंतरा-1

बोले नंद बाबा, री सुनो जसो मैया ।

देखो री तोरी राधा, सयानी होगयी ।।

♫ गग मंप ध-ध-, ध निध पप मंप- ।

निरे ग रेग रे-ग-, मंनि-ध मंपग- ।।

अंतरा-2

बलदाऊ भैया, हो संग में कन्हैया ।

हो गोपियों की रैना, सुहानी होगयी ।।

अंतरा-3

देखे कृष्ण लीला, हो व्रज वो रंगीला ।

हरि-बलीहारी, भवानी होगयी ।।

◎ **Crazy Rādhā :** ***Sthāyī :*** *Kānhā plays flute and Sudāmā claps. Behold! Rādhā is crazy in Shrī Krishṇa's love.* ***Antarā : 1.*** *Nand Bābā says, O Maiyā Yashodā! behold! your Rādhā is a nice girl.* ***2.*** *With Kanhaiyā is brother Balrāma. Kānhā is arranging Rās dance. The Rās night with cow-maids was joyful.* **458/4839**

(फिर भी)

फिर भी कान्हा लगता प्यारा, नटखट नटवर साथी मोरा ।

चुगल ठिठोली खेल रँगीला, मुझे दिखावे मोहन लीला ।। 526/5205

◎ **Dear Kānhā :** *Rādhā says my friend Kānhā is naughty but I like him. He bothers me, teases me and makes fun of me. These are just his sports, says Rādhā.* **459/4839**

संगीतश्रीकृष्णरामायण गीतमाला, पुष्प 160 of 763

भजन

राग आसावरी (बाल किशन)

स्थायी

बाल किशन के बालों में काले, राधा डाले बल घुँघराले ।

♫ सारेम मपप प- पमप सां ध-प- म-म- प-प- धध मपग-रेसा ।

अंतरा-1

तैल सुगंधित केश सुमंडित, फूल सुरंगित सुंदर वाले ।

♫ म-प पध-निध सां-सां सांगंनिसांसां, नि-नि निसां-सांसां निसांरेंसां ध-प- ।

अंतरा-2

लाल चमेली कोमल कलिका, गुल गुलाब के हार में डाले ।

अंतरा-3

मोर मुकुट में मोहन शोभे, राधा के मुख हास उजाले ।

◎ **Naughty :** ***Sthāyī :*** *Rādhā is putting curls in the black hair of young Shrī Krishṇa.* ***Antarā : 1.*** *Rādhā is putting scented oil and a colourful flower in the beautiful hair of Shrī Krishṇa.* ***2.*** *She is putting a garland of red Jasmine buds and pink roses on his* *neck.* ***3.*** *Shrī Krishṇa looks charming with the peacock crown on his head. There is a smile on Rādhā's face.* **460/4839**

(और)

जल क्रीड़ा में मगन गोपिका, गोपी सखियन संग राधिका ।
वस्त्र किनारे रखे छाँव मा, श्याम चुरावे लजे सुदामा ।। 527/5205

◎ **Rādhā-Shrī Krishṇa :** *The cow-maids are playing the water sport, Rādhā is with them. They kept their clothes on the bank of the pool. Shrī Krishṇa is stealing their clothes and Sudāmā is feeling shy.* **460a/4839**

संगीतश्रीकृष्णरामायण गीतमाला, पुष्प 161 of 763

धृपद चौताल : राग तिलक कामोद, 12 मात्रा
(चाल, तबला ठेका और तान के लिये देखिये
हमारी "*नयी संगीत रोशनी*" का गीत 59)

(रास)

स्थायी

रास रचत श्री गोपाल, राधा रमण नंदलाल ।
बंसी मधुर, मंद चाल, संग गोप सारे ।।

अंतरा-1

गीत ललित सुगम ताल, तिलक भाल रंग लाल ।
मोर मुकुट, पुष्प माल, गोल नयन कारे ।।

◎ **Rās : *Sthāyī :*** *Shrī Gopāla Shrī Krishṇa, Son of Nanda Bābā, Beloved of Rādhā, is arranging a Rās dance.* ***Antarā :*** *Beautiful songs and sweet tune. He has a red dot on his forehead. He is wearing the Peacock Tiara and flower garland. His eyes are round and black.* **461/4839**

(नटखट कान्हा)

ग्वालों के घर माखन चोरी, दूध दही की मटकी फोरी ।
करत शिकायत ग्वालन सारी, मैया कहती मैं तो हारी ।। 528/5205

श्लोकौ

वेण्वा कृष्णस्य गोप्यश्च मुग्धा गोपाश्च धेनवः ।
चोरयति सखा कृष्णः नवनीतं सबालकैः ।। 186/2422

अपहरति वस्त्राणि गोपीनां जलक्रीडने ।
कृष्णस्तथाऽपि सर्वेषां प्रियतमश्च वल्लभः ।। 187/2422

◎ **Naughty Shrī Krishṇa :** *The cow-maids and the cows are attracted by Kānhā's flute. When the cow-maids go to water pond for bath, Shrī Krishṇa steals their clothes. They love naughty Shrī Krishṇa.* **462/4839**

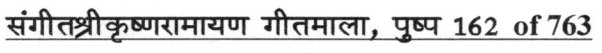

संगीतश्रीकृष्णरामायण गीतमाला, पुष्प 162 of 763

राग भीमपलासी

(माखन चोरी)

स्थायी

माखन चोरी किसका है काम, गोपी के मुख में कृष्ण का नाम ।
देखे बिना, हरि पर इलजाम, कान्हा को करती बदनाम ।।
♫ रेगमप मगरे- गरेग म प-प, धपप म गग गग रेगम ग रे-रे ।
सारेरे रेग-, रेरे गग मपम-म, प-म- ग- ममप- मगरे-रे ।।

अंतरा-1

कान्हा गोपन को संग लायो, आँख बचा कर चुप-चुप आयो ।
दूध दही मेरो माखन खायो, सपनन में मेरो घनश्याम ।।
♫ रे-रे- ग-गग म- पप ध-ध-, प-प पध- पम गग मग रे-रे- ।
प-प पध- पप प-मम ग-म-, पपपप ध- प-म- गमरे- ।।

अंतरा-2

ऊँची छींके पर थी लटकी, कान्हा फोड़ी माखन मटकी ।
आपन खायो सबन खिलायो, नजर न आयो मोहे श्याम ।।

अंतरा-3

गोपी गयी मैया को बताने, नटखट की चोरी को जताने ।
वापस घर आई तो जाने, सब ज्यों का त्यों ही सामान ।।

◎ **Theft of Butter : *Sthāyī :*** *Whose work is it to steal butter? Gopī takes Kānhā's name without seeing it herself, She gives him a bad name.* ***Antarā : 1.*** *Gopī says, I* *think Kānhā came to my home quietly. He ate butter, curd and drank milk. May be, it all happened in my dreams.* **2.** *The pots were kept high up. He broke them with a stick. He ate and shared with his friends. I did not see Ghanashyām.* **3.** *Gopī (cow-maid) went to mother Yashodā to tell her the naughty deeds of Kānhā. When she comes back home, everything is as it was before.* **463/4839**

संगीतश्रीकृष्णरामायण गीतमाला, पुष्प 163 of 763

कीर्तन : राग भैरवी, कहरवा ताल

(कान्हा)

स्थायी

कृष्णा कहो, कहो कान्हा, केशव कहो, कहो काला ।

♫ सा–नि़– सारे–, गम– ग–रे–, ग–म– पम–, गरे– ग–म– ।

अंतरा–1

गोकुल का मुरली वाला, गल में गुलाब की माला ।

मोर मुकुट सिर पर डाला, गोविंद नैन का तारा ।।

♫ ग–गम रे– गगम– गरेग–, मम प– धप–म ग– प–म– ।

रे–ग मपप धप मग म–प, ग–ध–प म–ग म– ग–रे– ।।

अंतरा–2

माखन की करता चोरी, गोपी की मटकी फोरी ।

मैया कहती मैं हारी, मुख हरि का लगता भोला ।।

अंतरा–3

गिरिधर नागर गोपाला, देवकी नंदन है प्यारा ।

राधा उसी की दीवानी, मोहन है नंद का लाला ।।

◎ **Kānhā :** ***Sthāyī :*** *Say Shrī Krishṇa or say Kānhā. Say Keshava or call him Kālā.* ***Antarā : 1.*** *He is Murlī-wālā (the one with flute) of Gokul. He is Govind (Protector of the cows), the apple of my eyes.* **2.** *Gopī says, the naughty boy steals butter and breaks pots. Mother Yashodā says, I give up.* **3.** *He is Giridhara. He is Gopāla (Cowherd boy). He is Devakī-nandana (Son of Devakī). He is loving. Rādhā is crazy after him. Mohan (Mind charmer) is Nand-lālā (Son of Nanda Bābā).* **464/4839**

संगीतश्रीकृष्णरामायण गीतमाला, पुष्प 164 of 763

(नटखट की कथा)

स्थायी

स्वरदा ने सुंदर गाया है, नारद ने साज बजाया है ।

रतनाकर गीत रचाया है ।।

♫ सानि़सा– गरे सा–नि़नि़ सा–रेम ग–, गममग पम ग–रे सासा–रेम ग– ।

गगरेसासासा रे–ग मगरेसानि़ सा– ।।

अंतरा–1

कैसी जाऊँ जमुना तीर सखी, मोरी राह है कान्हा रोक रखी ।

मोरी गगरी नटखट फोरी री, मोरी धरत कलाई बरजोरी ।

मोहे कान्हा फिर भी भाया है ।।

♫ पप मरेम– पपपम पनिध पप–, पप मगग सा सागमप गरेसा नि़सा– ।

सानि़ सासागरे सासानि़नि़ सा–रेम ग–, सानि़ सासाग रेसा–नि़– सासारेमग– ।

गग रेसासा– रेरे गम गरेसानि़ सा– ।।

अंतरा–2

मोरी लाल चुनरिया भीगी री, मोरी चाल है धिगी धीगी री ।

मोहे टोकत कान्हा मीठी री, अरु मारे सुदामा सीटी री ।

मोहे कान्हा नेह लगाया है ।।

अंतरा–3

लाके गोप अटरिया मोरी री, करे कान्हा माखन चोरी री ।

गई जल क्रीड़ा को जब थोरी, कान्हा वस्त्र चुरावे, लजे गोरी ।

कान्हा मीठी बंसी सुनाया है ।।

◎ **Story of Naughty Shrī Krishṇa :** ***Sthāyī :*** *Ratnākar composed the melody, Sarasvatī sang it beautifully, while Shrī Nārad muni played the Vīṇā.* ***Antarā : 1.*** *O Dear! how may I go to the bank of Yamunā. Kānhā is stopping me on the way. He holds my hand. He breaks my pot. But, I like him.* **2.** *My red scarf is wet. My wet body is shivering. Kānhā is teasing me. Sudāmā is blowing whistle. I love Kānhā.* **3.** *He came to* *my home with his friends and stole butter. When I went for bath on the pond, he stole my clothes. The Gopī is blushed. Kānhā plays sweet flute.* **465/4839**

बालकृष्ण अनुभाग
अठारहवाँ तरंग

41. कालिया मर्दन की कथा :

41. Story of Kāliyā's defeat (*Krishna's Childhood*)

(कालियामर्दनकथा)

संगीतश्रीकृष्णरामायण छन्दमाला, मोती 78 of 501

यजमान छन्द[106]

10 + 14

16 + 16 + 14

(कालिया मर्दन)

कान्हा की लीला, देखो! कान्हा की लीला ।
कान्हा तरु से कूद लगाया, दुष्ट साँप ने जहर उगाला ।
हरि का, अंग भया नीला ।। 1
हरि ने अहि का गला दबाया, कालिय-अहि का शीश नवाया ।
पड़ गया, कालिया ढीला ।। 2
अहि के सिर पर नाच दिखाया, मुरली श्रीधर मधुर बजाया ।
सखी री! गिरिधर की लीला ।। 3

---

[106] यजमान छन्द : स्थायी के दो चरण 10-14 मात्रा के, अंतरे के तीन चरण 16-16-14 मात्रा के होते हैं । चरणान्त विराम ।

▶ लक्षण गीत : दोहा॰ दो पद कल चौबीस के, मत्त छियालिस, तीन ।
त्रिपद के "यजमान" में, हृदय रहे तल्लीन ।। 296/7068

◎ **Kāliyā Punished :** *Behold the divinity of Kānhā. He jumped from the Kadamba tree in Yamunā river. The Kāliyā snake spat poison on him. Shrī Krishṇa's body became blue with that poison. Hari choked Kāliyā. Kāliyā gave up and surrendered to Kānhā. Kānhā is standing on the head of Kāliyā and he is playing his flute. O Dear! it is Kānhā's divinity.* **466/4839**

श्लोकः

कंसेन प्रेषितः दुष्टः कालियो यमुनाजले ।
विषेण कालकूटेन हन्तुं कृष्णञ्च प्राणिनः ।। 188/2422

◎ **Kāliyā :** *Kaṅsa sent evil Kāliyā to poison the water of Yamunā and kill Kānhā and the animals that came to drink water.* **467/4839**

संगीतश्रीकृष्णरामायण गीतमाला, पुष्प 165 of 763

खयाल : राग दरबारी कान्हड़ा,[107] तीन ताल 16 मात्रा

(जमुना के तीर)

स्थायी

कान्हा जमुना के तीर, पानी में अकेले न जैयो ।
कारो जमुना को नीर ।।
निसाम- रेसानिसारेसा ध-निनि सा-सा-, म-म- प- पपनिपग म रे-सा- ।
रे-सा- निपमपनिप ग-गम रे-सा- ।।

अंतरा

बंसी की धून बजाओ, प्रेम दुलारा राग सुनाओ ।
बाँवरा मोरे मन का कीर ।।
म-प प ध-नि निसां - - - रेंरेंसांनिसां-, निसांरें रेंरें-सां- निसांरेंसां धनिप- ।

---

[107] राग दरबारी कानड़ा : यह आसावरी ठाठ का राग है । इसका आरोह है : नि सा, रे ग रे सा, म प, ध, नि सां । अवरोह है : सां, ध, नि प, म प ग म रे सा ।

▶ लक्षण गीत : दोहा॰ कोमल जिसमें ग ध नि हों, रे ध वादि संवाद ।
वह "दरबारी कान्हड़ा," गहन देत है नाद ।। 297/7068

41. Story of Kāliyā's defeat (Krishna's Childhood)

मपसां- निप मपनिप ग - - म रे-सा- ।।

◎ **Yamunā :** *Yashodā said, O Kānhā! do not go alone to the bank of Yamunā river. Water of the Yamunā river is tainted with poison.* **Antarā : 1.** *Please play some pretty song on your flute. The parrot of my mind is eager to hear it.* **468/4839**

(कंस कालिया संवाद)

मित्र कंस का एक पुराना, नाम कालिया नाग महाना ।
इक दिन कंस सभा में आया, बोला क्योंकर मुझे बुलाया ।। 529/5205

बोलो विनाश किसका करना, कालकूट से किसने मरना ।
आज अचानक याद दास की, आई कैसे इस उदास की ।। 530/5205

(कंस)

भूतपूर्व मंत्री तुम हमरे, जाने हमने गुण हैं तुमरे ।
सहस मुखन से सब डरते हैं, अदब तिहारा सब करते हैं ।। 531/5205

◎ **One day :** *One day Kaňsa's old friend Kāliyā came to Kaňsa and said, O Kaňsa! for what purpose you summoned me? How did you remember me today after a long time. Tell me who do you want to be killed with my poison? Kaňsa said, O Kāliyā! you are my old minister. I know your skill. People are afraid of you and they respect you.* **469/4839**

(योजना)

सुंदर वृंदावन की हद में, गहरा दह है यमुना नद में ।
उस जल को तुम दूषित करदो, कालकूट कलुषित से भरदो ।। 532/5205

गौवें व्रज भूमि की सारी, आती तट पर तृष्[108] की मारी ।
गौअन बाल किशन की प्यारी, व्रज जन का धन अरु बल भारी ।। 533/5205

जमुना दह में जा कर बसियो, जो दह आवे उसको डसियो ।
उस जल को तुम करदो मैला, कालकूट से करो विषैला ।। 534/5205

(क्योंकि)

मर जाएँ सब प्यासे प्राणी, पी कर उस जमुना का पाणी ।
उनको कृष्ण बचाने आवे, डस दो उसको वो मर जावे ।। 535/5205

◎ **Kaňsa's scheme :** *Kaňsa said, O Kāliyā! become an enormous poisonous snake and sit in the Yamunā river near the pasture where all the animals and the cowherds of Vrindāvan come to drink water. They will die with your poison. Cows and the cowherds are dear to Shrī Krișhņa. He will come there to protect them. When he comes, sting him and kill him.* **470/4839**

(कालिया)

"स्वामी जो आज्ञा है," कह कर, गया कालिया जमुना दह पर ।
दह गहरा था विवर बंद का, कालिया के मन पसंद का ।। 536/5205

◎ **Kāliyā :** *Taking orders from Kaňsa, Kāliyā came to Yamunā and poisoned the water at that spot.* **471/4839**

(कंस नारदजी संवाद)

झन् झन् वीणा सुन कर तारें, नृप ने जाना मुनि पधारे ।
बोला, मुनिवर! अभी गया जो, मेरा है यम दूत नया वो ।। 537/5205

नाग कालिया बड़ा विषैला, तन भी काला मन भी काला ।
सहस वदन का स्वरूप धारे, जमुना जल में जहर पसारे ।। 538/5205

नृपवर! क्रूर बनो ना ऐसे, मारो मत गौ बछड़े भैंसे ।
मूक जीव मासूम बिचारे, दया दिखावो, सोच विचारे ।। 539/5205

मुनिवर! हमने शिशु थे मारे, गोकुल वाले नन्हे सारे ।
उनके आगे प्राणी क्या हैं, मारो उनको हानि क्या है ।। 540/5205

तीर हमारा छूँट गया है, खेल हमारा सफल भया है ।
देखो मुनिवर अगला खेला, मरें जीव सब अबकी बेला ।। 541/5205

◎ **Kaňsa :** *Hearing the Vīņā of Shrī Nārad muni, Kaňsa knew Shrī Nārad muni came. He said, O Munivar! see my new servant is going to Vrindāvan. He will hide in Yamunā river near the pasture in Vrindāvan to poison the water to kill all the animals and men that may come to drink water. Shrī Nārad muni said, O King! please don't be so heartless cruel. Please do not kill the innocent cows and buffalos. Have mercy on them. Kaňsa said, O Shrī Nārad muni! remember I had killed the children at Gokul without any hesitation, then why would I have any mercy on the animals now? My arrow has already left. My game is successful. Now see what happens to Shrī Krișhņa.* **472/4839**

[108] तृष् = तृषा, तृष्णा, प्यास ।

41. Story of Kāliyā's defeat (Krishna's Childhood)

(नारदजी बोले)

आगे खेला देख चुका हूँ, इसी लिये तो यहाँ रुका हूँ ।
आँखें खोलो, प्यारे नृपवर! कृष्ण भया है अब योगेश्वर ।। 542/5205

चाल तुम्हारी नहीं चलेगी, पुनः असफलता तुम्हें मिलेगी ।
हाल जो हुआ वत्सासुर का, वही तृणाव्रत दास असुर का ।। 543/5205

याद करो क्यों मरा अघासुर, भूलो मत क्यों गया बकासुर ।
प्यारे अब भी कुछ नहिं बिगड़ा, माफी माँग मिटाओ झगड़ा ।। 544/5205

पछताओ तो दया करेंगे, शरणागत के पाप हरेंगे ।
केशव किरपा के सागर हैं, अथाह करुणा का आगर हैं ।। 545/5205

श्लोकौ

पुनः प्राप्स्यसि नैराश्यं पापं त्वं तात मा कुरु ।
गच्छ त्वमविलम्बेन कृष्णस्य शरणं व्रज ।। 189/2422

प्रभुर्हरति दुःखानि दुर्दैवं पातकानि च ।
कृपाङ्कृष्णस्य प्राप्नोषि पश्चातापो यदा भवेत् ।। 190/2422

(फिर)

बड़े प्यार से इतना कह कर, उस पापी को नारद मुनिवर ।
दे कर वीणा तार पे ध्यान, हुए वहाँ से अंतर्धान ।। 546/5205

◎ **Nārad muni :** *Nārad muni said, O Kañsa! I know the end result and that is why I came to see if I could sway you away from one more sin. Shrī Krishna is now Yogeshvara (Lord of yoga). Your power will not work on him. You will get failure again. Please remember what happened to Bakāsur and Aghāsur. O Dear Kañsa! even now you can go to Shrī Krishna to beg his pardon. He will forgive you, if you say sorry and ask for his shelter. Shrī Krishna is a boundless ocean of mercy. Saying so compassionately, Shrī Nārad muni disappeared.* **473/4839**

संगीतश्रीकृष्णरामायण गीतमाला, पुष्प 166 of 763

(कृपालु कृष्ण)

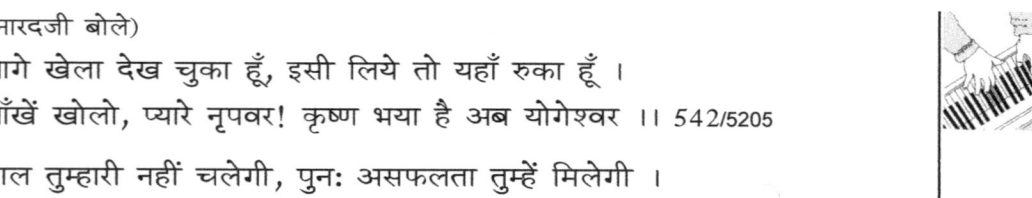

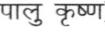

स्थायी

शरणागत पर कृपा करेंगे, पछताए पर दया धरेंगे ।
हरि किरपाल कृपालु हैं, दीन दयाल दयालु हैं ।।

♫ रेरेग-गग मम पम- गरे-ग-, पपप-ध- पम गम- गरे-रे- ।
मम ममम-म मपमगरे म-, रे-रे रेरे-रे रेगरेसानि़ सा- ।।

अंतरा-1

गजेंद्र को हरि जल से बचायो, मृगेंद्र नरहरि रूप बनायो ।
उन पर हरि किरपालु हैं, भगतन जो शरधालु हैं ।।

♫ रेग-ग म- मम पप म गरे-ग-, गम-म पमपम ध-प मग-रे- ।
मम मम मम ममपमगरे सा-, रेरेरे रे- गमगरेसानि़ सा- ।।

अंतरा-2

देवी अहल्या आप उबारे, रत्नाकर के पाप उतारे ।
हरि अघ उनके बिसरालु हैं, भगतन जो शरधालु हैं ।।

अंतरा-3

सुग्रीवकपि को राज दिलायो, विभीषण को प्रभु ताज दिलायो ।
हरि पत उनकी सँभालु हैं, भगतन जो शरधालु हैं ।।

◎ **Kind Shrī Krishna : *Sthāyī :*** *Shrī Krishna is merciful. He is savior of the helpless. He has compassion for him who comes for shelter and who repents for his wrong doings.* ***Antarā : 1.*** *Hari saved Gagendra (see story 168). He saved devotee Prahlāda. He is pityful to him who is faithful.* ***2.*** *He rescued Devī Ahalyā (see story 117), he washed away sins of robber Ratnākar (see story 216). Hari forgets sins if the devotee is full of faith.* ***3.*** *Hari protected the monkey king Sugrīva and gave him his kingdom of Kishkindhā (see story 181). He gave kingdom of Lankā to Vibhīshan (see story 97). Hari protects him who is devoted.* **474/4839**

(उधर)

ग्रीष्म काल का उष्ण महीना, तृष्णा से पशु चैन विहीना ।
सब जीवों को, जीवन[109] प्यारा, प्यासे खोजत जल की धारा ।।547/5205

[109] जीवन = प्राण; पानी ।

नद जमुना में नीर भरा है, हरी घास से तीर हरा है ।
थके जीव तट पर तृण खाते, प्यास बुझाने दह पर आते ।। 548/5205

व्रज के ग्वाले धेनु चराते, पानी पीने नद पर आते ।
मूक जानवर प्यास बुझाते, यमुना तट पर हृदय रिझाते ।। 549/5205

◎ **Yamunā :** *In the hot Grishma month of summer, thirsty animals come to Yamunā river to quench their thirst. Yamunā is filled with fresh cold water and the bank is covered with green grass. The cowherds bring their cows to graze green grass and to drink fresh water. They thank mother Yamunā.* **475/4839**

(मगर)
भोला प्राणी मन का सादा, जल से पाता विष की बाधा ।
धीरे-धीरे चक्कर खा कर, गिरता धड़ाम भू माता पर ।। 550/5205

रुक-रुक साँस गले में अटके, टाँगे चारों मारे झटके ।
मुख से लार, नयन से पाणी, आर्त पुकारे, हरि! हर प्राणी ।। 551/5205

श्लोकाः

क्षुधितास्तृषिताः क्लान्ता आगत्य यमुनातटे ।
कलुषितं जलं पीत्वा भवन्ति विषबाधिताः ।। 191/2422

पीडिता विषदिग्धास्ते स्वेदिताः कम्पिताः श्लथाः ।
स्खलन्ति मूर्छिता भूमौ म्रियन्ते मूकप्राणिनः ।। 192/2422

विषण्णा असहायाश्च विलपन्ति नरस्त्रियः ।
सजललोचनाः श्रद्धा आह्वयन्ति हरे! हरे! ।। 193/2422

◎ **Poor animals :** *The innocent animals drink the poisoned water and get intoxicated. They become dizzy and collapse on the ground. Their breathing becomes slow, they shake their legs, saliva runs from their mouths, water their eyes and noses, they call Hari for help and they die awaiting faithfully for Hari's help to save their life.* **476/4839**

संगीतश्रीकृष्णरामायण गीतमाला, पुष्प 167 of 763

राग खमाज, कहरवा ताल 8 मात्रा

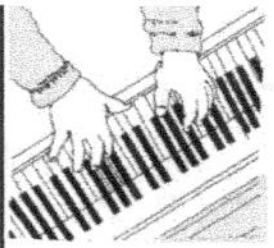

(सुनो रे प्रभु!)

स्थायी

सुनो रे प्रभु! मूक पशु की पुकार ।
♫ पम गरे गसा–! रे–म मप– ध निध – – प ।

अंतरा–1

पापी नर के मगज़ में विष है,
दिन-रात करत अपकार, सुनो रे प्रभु! ।
♫ म–मप निनि नि– सांसांसां सां रेंनि सां–,
निनि ध–म पनिनि धधप – – – – – प, पम गरे गसा–! ।

अंतरा–2

बोझ वहावत तेज़ भगावत,
कोड़ों की बौछार, सुनो रे प्रभु! ।

अंतरा–3

क्रूर कसाई रुधिर बहावत,
कतल करत बेशुमार, सुनो रे प्रभु! ।

अंतरा–4

छल बल खल से अधम सतावत,
मारात्मक अविचार, सुनो रे प्रभु! ।

◎ **Wail of Kine! : *Sthāyī :*** *O Lord! listen to the call from the poor animals.* ***Antarā :*** ***1.*** *The brain of the sinful man is intoxicated with poison of cruelty. He is torturing and committing atrocities day and night.* ***2.*** *He makes us carry heavy loads and forces us to run at his will. He whips us mercilessly.* ***3.*** *The butchers cut our throat and kills us for our meat. Limitless slaughter of animals is going on non stop.* ***4.*** *With every foul means they torture us with unthinkable cruelty.* **477/4839**

(हरि)
कान्हा बोला जाऊँगा मैं, उनके प्राण बचाऊँगा मैं ।
कालिया से नहीं डरूँगा, व्रज वालों के काज करूँगा ।। 552/5205

वृंदावन में शोर पड़ गया, "प्रभु बचाओ! हाय मर गया!" ।

41. Story of Kāliyā's defeat (Krishna's Childhood)

बिरज जनन ने धाक पा लिया, वहाँ बसा है नाग कालिया ।। 553/5205

विपदा उनकी उन्हें रुलावे, गूँगे प्राणी मुझे बुलावे ।
रो-रो जमुना, सुनो! पुकारे, "आ रे कान्हा! मुझे बचा रे!" ।। 554/5205

(यशोदा)
डर कर माता बोली, कान्हा! जमुना तट पर तू मत जाना ।
नीर नदी का हुआ है मैला, कालीया ने किया विषैला ।। 555/5205

◎ **Vrindāvan :** *There was a great uproar in Vrindāvan. Everyone is crying, O Lord! please save our animals and our dear ones. People were afraid of going near Yamunā river. Merciful Shrī Krishṇa said, I am not afraid. I will go and save them. I will remove the danger. The poor animals and cowherds are calling me. Mother Yamunā is calling me for rescue.* **478/4839**

संगीतश्रीकृष्णरामायण गीतमाला, पुष्प 168 of 763

(मत जा जमुना के तीर)

स्थायी

मत जा, मत जा, जमुना के तीर, कान्हा! कारो, जमुना को नीर ।

♫ निध प-, निध प-, मग-रे- ग म-, ध-प-! ग-प-, धपम- ग म-म ।

अंतरा-1

विष बाधा से बछड़े गैया, प्राण खो रहे, का करें दैया ।
देखो रोये जमुना मैया, उत मत जा तू किशन कन्हैया ।
सब हिरदय में उठती है पीर ।।

♫ मग रे-ग- म- धपम- ग-प-, नि-ध प- निध-, नि- धप ग-म- ।
प-ध- नि-सां- रेंसांनि- ध-प-, पप धध नि- सां- रें-सां निध-प- ।
रेरे गगमम प- धपम- ग-म-म ।।

अंतरा-2

सुंदर अपना ब्रिंदाबन है, प्राण पियारे व्रज के जन हैं ।
साफ सनेहल सबके मन हैं, कालिया दीन्हा दुख घन है ।
रोये सबके मन का कीर ।।

अंतरा-3

व्रज को अब भगवान् बचाये, नर पशु पक्षी सब तरसाये ।
व्रज पर हैं अब संकट छाये, मोरा जी निश-दिन घबराये ।
मोरे मन, उलझन की भीर ।।

◎ **Yashodā : *Sthāyī* :** *Yashodā said, O Kānhā! please don't go near Yamunā river. Its water is poisonous.* ***Antarā* : 1.** *She said, cows and calves are dying with poison. Don't go there.* **2.** *Our Vrindāvan is beautiful. Everybody here is loving. Kāliyā has made it painful. Everyone is crying.* **3.** *Now the Vraj Bhūmi will be saved by the Lord alone. Men, animals and birds of the Vraj Bhūmi are all affected by the danger. My heart is crying day and night and my mind is confused.* **479/4839**

(एक दिन)
संग सुदामा एक दिन कान्हा, गेंद खेल का किये बहाना ।
यमुना तट पर गए खेलने, आड़ी पाड़ी गेंद ठेलने ।। 556/5205

जान बूझ कर गेंद किशा ने, फेंकी दह की ठीक दिशा में ।
उड़ती उड़ती गेंद सयानी, गिरी जहाँ पर नाग निशानी ।। 557/5205

कहे सुदामा उधर न जाना, गेंद गयी सो छोड़ो कान्हा! ।
कान्हा बोला, मैं जाऊँगा, फेंकी मैंने मैं लाऊँगा ।। 558/5205

भागा कान्हा कंदुक लाने, कहाँ कालिया, कान्हा जाने ।
कदंब तरु पर चढ़ कर पल में, कान्हा कूदा जमुना जल में ।। 559/5205

◎ **One day :** *One day Kānhā went to the bank of Yamunā to play ball with Sudāmā. While playing, Kānhā threw the ball high in the direction of the spot where Kāliyā was hiding in the river pool. The wise ball fell in the water indicating position of Kāliyā there. Sudāmā said, O Kānhā! don't go that side. Kāliyā is there. Kānhā said, I threw the ball I will fetch it. He climbed a Kadamba tree and jumped in the water.* **480/4839**

(तब)
डरा सुदामा आया गृह में, बोला कान्हा कूदा दह में ।
मैया बाबा व्रज जन सारे, भागे आए नदी किनारे ।। 560/5205

जहाँ कालिया था दह तल में, तैरा कान्हा भीतर जल में ।
क्रुद्ध कालिया हरि पर झपटा, डसने अरि को मारा लपटा ।। 561/5205

हरि बोले, "कर समाप्त झगड़ा, अभी नहीं है कछु भी बिगड़ा" ।
तज दे दह को, जा सागर में, भाग यहाँ से अब आदर में ।। 562/5205

हरि का कहना नहिँ वो माना, भला कहाँ है वो नहीं जाना ।
बोला, मैं हूँ अहि विषधारी, अब तेरी मरने की बारी ।। 563/5205

द्वंद्व हुआ फिर हरि[110] से हरि[111] का, फणिधर हरि से श्रीधर हरि का ।
बार-बार हरि बोले उसको, वृथा कंस के रोले तुझको ।। 564/5205

◎ **Sudāmā :** *Sudāmā got scared. He came running to Nand Bābā's home to tell them Kānhā jumped in the river. All people came running to see Kānhā. As soon as Kānhā entered the water, Kāliyā attacked him to bite. Shrī Kriṣhṇa said, O Dear Kāliyā! why don't you stop this evil act and stay away from Kaṅsa. Go to ocean and live there safely with respect. But Kāliyā did not listen to Shrī Kriṣhṇa. Shrī Kriṣhṇa fought with Kāliyā. Kāliyā said, O Shrī Kriṣhṇa! now it is the time for you to die.* **481/4839**

♫ संगीतश्रीकृष्णरामायण छन्दमाला, मोती 79 of 501

चंडिका छन्द[112]

8 + ऽ। ऽ

(कालिया)

कालिया किया गंद है । दह में हरि से द्वंद्व है ।। 1
श्रीधर सचिदानंद हैं । कहत यशोदा, नंद हैं ।। 2

◎ **Kāliyā :** *Kāliyā has poisoned the water. He is fighting with Shrī Kriṣhṇa in the Yamunā river. Yashodā and Nand Bābā say, Hari is Sachidānanda (giver of peace and joy to the heart).* **482/4839**

(श्याम)

फुत्कारों से विष की धारी, फेंकी हरि पर जस पिचकारी ।
कालकूट से त्वचा स्वर्ण सी, हुई हरि की श्याम वर्ण की ।। 565/5205

विषधर अरि को निर्विष करने, सहस वदन पर फिर श्रीधर ने ।
शक्ति योग आयोजित कीन्हा, गरल कालिया का हर लीन्हा ।। 566/5205

हरि ने कीन्ही प्रहार वृष्टि, भुजंग पर कटु कटाक्ष दृष्टि ।
महासर्प ने हरि को पकड़ा, अपनी दुम से कस कर जकड़ा ।। 567/5205

रूप-दीर्ध-लघु योग पुराना, हरि अब उस पर प्रयोग कीन्हा ।
मरा अघासुर था तन फट कर, छोड़ मुझे, तू जावे बच कर ।। 568/5205

(कालिया)

डरा कालिया, बना सयाना, छोड़ा हरि को, करी वन्दना ।
जमुना से मैं सागर जाऊँ, पुनः कभी ना वापस आऊँ ।। 569/5205

◎ **Shyāma :** *As Kāliyā spat his poison on Shrī Kriṣhṇa, Shrī Kriṣhṇa's skin became blue with poison. He is now called Shyāma (of blue colour), the blue coloured. In order to de-poison Kāliyā, Shrī Kriṣhna made use of Shakti-yoga. As Kāliyā lost his poison he tried to kill Shrī Kriṣhṇa by quizzing Shrī Kriṣhṇa in his coil. He wrapped Shrī Kriṣhṇa around with his tail and began tightening the grip. Shrī Kriṣhṇa then did the Laghu-dirgha-kāya-yoga on Kāliyā. As Shrī Kriṣhṇa's size started becoming bigger and bigger, Kāliyā's coiled body was about to rip and break open. He loosened the grip and surrendered to Shrī Kriṣhṇa. Kāliyā said, please forgive me and let me go to ocean. I will never go back to Kaṅsa.* **483/4839**

(क्योंकि)

गया गरल तो गर्व भी गया, अहि बलहीना दीन भी भया ।
मिला ज्ञान अभिमान गया, हरि किरपा से कल्याण भया ।। 570/5205

(ऐसे)

हरि ने अहि का तन भी जीता, निर्विष कर मन उसका जीता ।
अहि ने हरि को शीश चढ़ाया, जल से बाहर उसे कढ़ाया ।। 571/5205

सिर पर हरि को लगा नचाने, हरि फिर बंसी लगा बजाने ।

---

[110] हरि = नाग

[111] हरि = श्री कृष्ण

[112] ♫ **चंडिका छन्द** : इस 13 मात्रा वाले भागवत छन्द के चरण के अन्त में र गण (ऽ। ऽ) आता है । इसको ♫ **धरणी छन्द** भी कहते हैं ।

▶ लक्षण गीत : ✍ **दोहा॰ तेरह मत्ता का बना, गुरु लघु गुरु से अंत ।**
आठ मत्त पर यति जहाँ, वहाँ "चंडिका" छंद ।। 298/7068

41. Story of Kāliyā's defeat (Krishna's Childhood)

बँसी का सुर जादू कीन्हा, मृत गौअन को जीवन दीन्हा ।। 572/5205

✍दोहा॰ **कालीया के शीश पर, नाचत नंद कुमार ।**
व्रज जन सारे देखते, लीला बहुत अपार ।। 299/7068

देख कृष्ण को जन हरषाये, आशिष हरि पर सब बरसाये ।
जागृत बछड़े भैंसें गाएं, नर पशु पक्षी हरि गुण गाए ।। 573/5205

(तब)
नभ से नारद देख रहे थे, पुष्प हरि पर फेंक रहे थे ।
बजन लगी फिर वीणा तारें, गाए भजन फिर व्रज जन सारे ।। 574/5205

श्लोका:

श्रुत्वा च क्रन्दनं तेषां दृष्ट्वा भीषणसङ्कटम् ।
अकूर्दत जले कृष्णो दण्डयितुञ्च कालियम् ।। 194/2422

दृष्ट्वा कृष्णं च नागेन हन्तुमाक्रमणं कृतम् ।
कृताश्च विषफुत्कारा: कृष्णो यैः श्यामलोऽभवत् ।। 195/2422

श्यामस्तं दण्डितं कृत्वा सागरं गन्तुमादिशत् ।
शिरसि तस्य नागस्य चाकरोद्वेणुवादनम् ।। 196/2422

वेणुध्वनिश्च श्यामस्य जीवितानकरोन्मृतान् ।
गोवत्समहिषाजाश्च नरनारीश्च पक्षिण: ।। 197/2422

◎ **Shrī Krishṇa's divinity :** *Shrī Krishṇa stood on Kāliyā's head. Kāliyā lifted Krishṇa above the water. Shrī Krishṇa danced and played his flute. The magical tune of Shrī Krishṇa's flute* ***made all apparently dead men, animals and birds alive****. All the men, animals and birds woke up from their slumber and sang Shrī Krishṇa's praises. Shrī Nārad muni was watching from the sky. He was showering flowers on Shrī Krishṇa. People of Vraj Bhūmi (village) sang Shrī Krishṇa's Bhajans.* **484/4839**

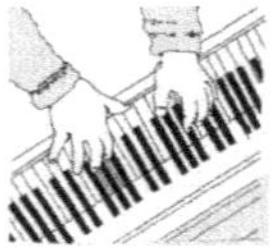

संगीतश्रीकृष्णरामायण गीतमाला, पुष्प 169 of 763

(नाचे मोरा कान्हा)

स्थायी

नाचे मोरा कान्हा, घुँघरू बाजे छुम्मा छुम्मा ।
उत नाचे श्यामा, हो इत राधा घुम्मा घुम्मा ।।
♫ रेसा रेग म–म–, पमग रेग मम– मम– ।
धप मग म–म–, ग धप मग गम– गम– ।।

अंतरा–1

कालिया के शीश पे कान्हा, लीला देखे सारा जमाना ।
बाजे मुरलिया,
हो कान्हा मन भावे, रे देदो प्यारा चुम्मा चुम्मा ।
♫ सा–रेग– म– ध–प म ग–म–, सां–नि ध–नि– सां–नि धप–म– ।
रेसा रेगप–म–,
सा रेसा– रेग सा–रे, ग धप मम गप– गम– ।।

अंतरा–2

झन् झन छेड़े नारद वीणा, डम् डम डमरू शंकर कीन्हा ।
बोले पायलिया,
हो राधा गीत गावे, रे नाचे व्रज झुम्मा झुम्मा ।।

◎ **Kānhā on Kāliyā's head : *Sthāyī :*** *Kānhā is dancing on Kāliyā's head and his anklets are jingling chhuma chhuma. Rādhā is dancing round and round.* ***Antarā : 1.*** *People are watching the divine play of Kānhā on the head of Kāliyā. Kānhā is playing flute. Kānhā is loved by everyone. They wanted to kiss him.* **2.** *Nārad muni is playing his Vīṇā, jhan jhan. Shiva is playing his Ḍamrū, Ḍum Ḍum. Rādhā's anklets are jingling chhummā, chhummā. Rādhā is singing and people are dancing, jhumā jhumā.* **485/4839**

संगीतश्रीकृष्णरामायण गीतमाला, पुष्प 170 of 763

(कालियामर्दन)

स्थायी

कालिया के शीश पे नाचे, कान्हा कृष्ण कनाई ।
♫ नि़–रे–ग– मं– नि–ध प मं–प–, ध–प– मं–ग रेग–मं– ।

अंतरा–1

कालकूट से नील भयो पर, धीरज नाहीं छोड़े ।

खुशी जगाई हरि की मुरली, बाजत जस शहनाई ।।
♫ ग-मंप-मं ग- ध-प मंग- रेरे, सा-रेरे ग-मं- ध-प- ।
नि़-रे रेग-मं- गग रे- गगमं-, नि-धप मंमं गरेग-मं- ।।

अंतरा-2

पाँव में घुँघरू छम-छम बोले, व्रज जन के मन डोले ।
माता-पिता के हिरदय पिघले, राधा नृत्य नचाई ।।

अंतरा-3

गोप सुदामा ताली बजावे, गोपी तान सजावे ।
वृंदावन में नंदनवन की, शोभा है उतराई ।।

अंतरा-4

नारद शंकर नभ से देखे, पुष्प हरि पर फेंके ।
बोले, लीला अनुपम तेरी, तुझको लाख बधाई ।।

◎ **Kāliyā Mardan : *Sthāyī* :** *Shrī Kriṣhṇa Kanāī is dancing on the head of Kāliyā.* ***Antarā : 1.*** *Shrī Kriṣhṇa's colour became blue with the Kālkūta (deadly) poison of Kāliyā, but he is not deterred. He defeated Kāliyā and played flute on his head like a Shahanāī (pipe). Kānhā's anklets jingled chham chham and people of Vrindāvan are rejoiced. Yashodā and Nand Bābā are happy at their hearts. Rādhā danced with them.* ***3.*** *Sudāmā is clapping his hands. Cowherd boys joined him. Vrindāvan appeared like the land of Lord Indra's heaven.* ***4.*** *Nārad muni and Shiva watched the celebrations from the sky. They showered flowers on Hari. They said, O Shrī Kriṣhṇa! your divinity is wonderful. Congratulations to you.* **486/4839**

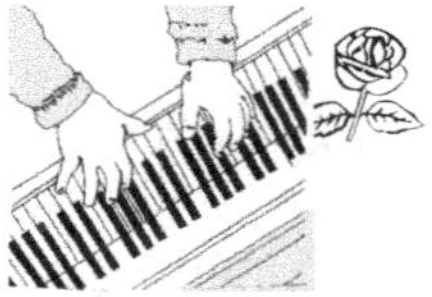

संगीतश्रीकृष्णरामायण गीतमाला, पुष्प 171 of 763

(कालिया मर्दन की कथा)

स्थायी

स्वरदा ने सुंदर गाया है, नारद ने साज बजाया है ।
रतनाकर गीत रचाया है ।।
♫ सानि़सा- गरे सा-नि़नि़ सा-रेम ग-, गममग पम ग-रे सासा-रेम ग- ।
गगरेसासासा रे-ग मगरेसानि़ सा- ।।

अंतरा-1

सुन वृंदावन की कीर्तिऽ रे, जो स्वर्ग से बढ़िया धरती रे ।
मन कंस के आग लगी भारी, बोला उनकी मरने की बारी ।
अरु भेजा अहि कालीया है ।।
♫ पप मरेम- पप पमपनि धप प-, पप मगग सा सागमप गरेसानि़ सा- ।
सानि़ सा-ग रे सा-नि़ नि़सा- रेमग-, सानि़ सासागरे सासानि़- सा- रेमग- ।
गग रेसासा- रेरे गमगरेसानि़ सा- ।।

अंतरा-2

जमुना के दह में कालीया, छुप कर जा बैठा है मिऽयाँ ।
वो जल में जहर मिलाया है, गौअन को मरण दिलाया है ।
सब व्रज के जनन डराया है ।।

अंतरा-3

उस दह में कूदा कान्हा है, गौअन के प्राण बचाना है ।
जब कृष्ण ने विषधर दरकाया, तब शरण में आया कालीया ।
जमुना से अहि को भगाया है ।।

◎ **Story of Kāliyā : *Sthāyī* :** *Ratnākar composed the melody, Sarasvatī sang it beautifully, while Shrī Nārad muni played the Vīṇā.* ***Antarā : 1.*** *Seeing that the name and fame of Vrindāvan is above that of Heaven, Kaṅsa became jealous. He said, now Shrī Kriṣhṇa's death is near. He sent Kāliyā to kill Shrī Kriṣhṇa.* ***2.*** *Kāliyā came in the form of an enormous poisonous snake and sat at the bottom of Yamunā river and made Yamunā's river poisonous. The poisonous water killed many men and animals.* ***3.*** *Kānhā jumped in Yamunā and punished Kāliyā. Kāliyā left Yamunā. Shrī Kriṣhṇa saved the lives of men and animals.* **487/4839**

बालकृष्ण अनुभाग
उन्नीसवाँ तरंग

42. गोविंद गिरिधारी की कथा :

42. Story of the Govardhan mountain (*Krishna's Childhood*)

(गोविंदगिरिधरकथा)

संगीतश्रीकृष्णरामायण छन्दमाला, मोती 80 of 501

आर्या छन्द[113]

4 + 4 + 4,
4 + 4 + 4 + 4 + ऽ
4 + 4 + 4,
4 + 4 + । + 4 + ऽ
(इन्द्र)

[113] **आर्या छन्द :** जिस मात्रिक छंद की प्रथम पंक्ति 30 मात्रा की और द्वितीय पंक्ति 27 मात्रा की हो वह आर्या छंद है । इसकी प्रथम पंक्ति की 30 मात्राओं में 7 चौकल (चतुर्मात्रा) तथा अंत में एक गुरु वर्ण आता है; और दूसरी पंक्ति की 27 मात्राओं में 5 चौकल, एक लघु मात्रा, 1 चौकल और अंत में एक गुरु वर्ण होता है । प्रथम पंक्ति की चौकल 1, 3, 5, 7 और द्वितीय पंक्ति की चौकल 1, 3, 5 में ज गण वर्ज्य होता है । दोनों पंक्तियों की छठी चौकल के लिये ज अथवा न गण उचित होता है । प्रथम पंक्ति की सातवी चौकल यदि न गण की हो अथवा दूसरी पंक्ति की पाँचवी चौकल पर न गण हो तो वहाँ नया शब्द आरंभ होना चाहिये । इसका रचाना सूत्र 4 + 4 + 4 – 4 + 4 + 4 + 4 + ऽ – 4 + 4 + 4 – 4 + 4 + । + 4 + ऽ इस प्रकार है ।

▶ लक्षण गीत : **दोहा॰ मात्रा बारह विषम में, चतुर्थ पन्द्रह मत्त ।**
कल अठारह द्वितीय में, "आर्या" छंद प्रदत्त ।। 300/7068

वर्षा झरझर झरझर,
सन् सन् समीर सूक, मेघ घनेरे ।
कड़कड़ बोले बिजुरी,
इन्द्र सब ब्रज जनन को ताड़े ।।

◎ **Lord Indra :** *Lord Indra is causing the rain to pour jhar jhar jhar jhar, wind to blow san san and thundering to go kaḍ kaḍ. Lord Indra is punishing the people of Vraj Bhūmi.* **488/4839**

(गोविन्द)

जमुना नद से नाग भगाया, गौअन को मृत्यु से जगाया ।
गो–धन 'विन्दति'[114] जिसकी माया, श्रीधर वो 'गोविन्द' कहाया ।।

दोहा॰ जिसकी माया, गाय की, रक्षा करत अपार ।
जाना वह "गोविन्द" है, मुरली कृष्ण कुमार ।। 123/7068

◎ **Govind :** *Shrī Krishṇa drove Kāliyā away from Yamunā river and made all the dead cows alive. Thus, Shrī Krishṇa, the protector of cows became known as Govind (Protector of the cows). Hari, the Murlīdhar (the one with flute) is Govind.* **489/4839**

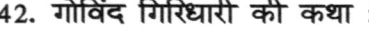

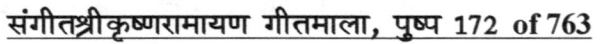

संगीतश्रीकृष्णरामायण गीतमाला, पुष्प 172 of 763

खयाल, राग शुद्ध सारंग,[115] तीन ताल 16 मात्रा

(किशन चंद्र)

स्थायी

मोहे प्रीत लगायो किशन चंद्र ।

[114] **विन्दति** (सं) = प्राप्त करती है ।

[115] **राग शुद्ध सारंग :** यह काफी ठाठ का राग है । इसमें शुद्ध म और तीव्र मं का प्रयोग होता है । ग स्वर वर्ज्य होता है । रे वादी प संवादी स्वर । आरोह अवरोह उपरोक्त वृंदावनी सारंग की तरह, परंतु आरोह में तीव्र मं ।

▶ लक्षण गीत : **दोहा॰ तीव्र म स्वर आरोह में, सर्वत्र ग सुर त्याग ।**
रे प वादि संवाद का, "शुद्ध सारंग" राग ।। 301/7068

मोहे प्रीत लगायो, सखी री मोरा, आनंद कंद ।
मोहे प्रीत लगायो किशन चंद्र ।।

♫ ऩिसारेसारेमंपमं पनिसांनिपम रेमरे-सा पनिध सानि़ ।
ऩिसारेसारेम पमं पनिसांनिपम रेमरे-साप, पनि रे सारेमंध,
पनिरें सांनिसांरेंसांनिपमंपधपमंरेसारेमरेसानि़सा ।
ऩिसारेसारेमंपमं पनिसांनिपम रेमरे-सा पनिध सानि़ ।।

अंतरा–1

नटखट मोहन चित चोर, सखी ।
मोरे नयन मन लुभावत,
नंद का नंद ।
मोहे प्रीत लगायो किशन चंद्र ।।

♫ मंरेमंप नि-सांरें निनि नि-सां, निधनिप ।
मंरें निसांनि पमं परेमंपमंरेसा,
निध़सा नि़ ऩिसारेसारेमंपमंरेसारेमंपमंपनिसांनिपमंपनिसांनिरेंसांमंमंरेंसांनिसां ।
ऩिसारेसारेमंपमं पनिसांनिपम रेमरे-सा पनिध सानि़ ।।

◎ **Shrī Krishṇa chandra :** ***Sthāyī :*** *O Dear! I fell in love with Shrī Krishṇa chandra, the giver of supreme joy.* ***Antarā : 1.*** *The Mohan (the mind charmer) is naughty. He stole my heart. O Dear! the joy of Nand-lālā (Son of Nanda) is giving me illusions as if he is dwelling in me.* **490/4839**

व्रजजन गौ सब, हरिदीवाने, प्राण से प्यारा हरि को माने ।
घड़ी घड़ी, हरि! सबके मुख में, हरि-भरोसा सब सुख-दुख में ।। 575/5205

(हरि)

हरि दरशन में, हरि सपनन में, हरि नयनन में, हरि सुमिरन में ।
हरि अँसुअन में, हरि सुलझन में, तन मन धन में, हरि धड़कन में ।। 576/5205

हरि नमनन में, हरि अरचन में, हरि बचनन में, हरि गुनगुन में ।
हरि भजनन में, हरि किरतन में, आरती गायन हरि श्रवणन में ।। 577/5205

हरि सदनन में, हरि पन्थन में, हरि आंगन में, हरि तरु बन में ।
हरि जन गण में, हरि पशुअन में, शब्दन चहकन हरि गरजन में ।। 578/5205

हरि जल अनल पवन गगनन में, हरि त्रिभुवन में, हरि कण-कण में ।
सब व्रजजन हरि के हिरदय में, निशदिन पलछिन हरिचरणन में ।। 579/5205

◎ **Hari :** *The people and cows of Vraj Bhūmi love Shrī Krishṇa more than their own lives. Every moment they utter Hari's name. They have complete faith in Hari. Hari is in their heart. He is in their vision. He is in their dreams. He is in their thoughts. He is in their minds. He is in their tears. He is in their bodies, mind and soul. He is their heart beats. He is in their worship. He is in every house. He is in their every path. He is in every sound. He is their water. He is their air. He is their fire. He is their earth. He is in their every word. He is in their every particle. He is in their every moment. They are at Hari's feet.* **491/4839**

संगीतश्रीकृष्णरामायण गीतमाला, पुष्प 173 of 763

(हरि)

स्थायी

हरि प्राण मेरे, हरि आतमा हैं, हरि भूमि मेरी, हरि आसमाँ हैं ।
हरि बापु मेरे, हरि मेरी माँ हैं, हरि हर्ष मेरे, हरि हर समाँ हैं ।।

♫ सानि़- सा-रे ग-ग-, रेग- म-पम- ग-, मप- म-ग रे-म-, रेग- म-गरे- सा- ।
रेग- म-प ध-ध-, पध- नि-सां नि- ध-, निध- प-म ग-म-, पम- मम गरे- सा- ।।

अंतरा–1

हरि आस मेरी, हरि साँस मेरी । हरि लाज मेरी, हरि साधना हैं ।।

♫ सानि़- सा-रे ग-ग-, रेग- प-म ग-रे- । गरे- प-म ग-म-, पम- ग-रेसा- सा- ।।

अंतरा–2

हरि आर मेरी, हरि पार मेरी । हरि भानु मेरे, हरि चंद्रमा हैं ।।

अंतरा–3

हरि मेरी पूजा, हरि अर्चना हैं । हरि साज मेरे, हरि वन्दना हैं ।।

◎ **Hari :** ***Sthāyī :*** *Hari is my life. Hari is my soul. Hari is my earth. Hari is my mother. Hari is my joy. Hari is with me all the time.* ***Antarā : 1.*** *Hari is my hope. Hari is my breath. Hari is my honour. Hari is my achievement.* ***2.*** *Hari is this side. Hari is that side. Hari is my sun. Hari is my moon.* ***3.*** *Hari is my worship. Hari is my prayer. Hari is my music. Hari is my homage.* **492/4839**

42. Story of the Govardhan mountain (Krishna's Childhood)

(इन्द्र)

दोहा॰ सुन सुन स्तुति गोविंद की, इन्द्र गया था ऊब ।
बोला, व्रज को ढाह दूँ, पछतावेंगे खूब ।। 302/7068

◎ **Lord Indra :** *Seeing so much dedication of people to Hari and hearing so many praises for Hari, Lord Indra got jealous and tired. He said, I will punish the people of Vraj Bhūmi. I will flood the Vraj Bhūmi until they repent and turn back to me.* **493/4839**

(हरिभक्ता:)

श्लोका:

गोविन्द इति यो ज्ञात: कृष्णो विन्दति गोधनम् ।
व्रजजनाश्च गावश्च कृष्णं स्निह्यन्ति सर्वथा ।। 198/2422

♪ प-प-प पप म- प-ध-, नि-ध- प-मग म-पध- ।
गगगम-रे ग-म-प- ध-प- म-ग-प म-गरे- ।।

गोविन्दो दर्शने तेषां स्वप्नेषु च हरिस्तथा ।
लोचनेषु हरिस्तेषां गोविन्दश्च स्मृतौ सदा ।। 199/2422

श्रीकृष्णोऽश्रूणि नेत्रेषु बुद्धौ श्याम: सदा हि स: ।
गोविन्दो हृदि सर्वेषां कृष्णो वचसि कर्मणि ।। 200/2422

गोविन्दो वन्दने तेषां केशव: पूजने च स: ।
आलापेषु स सर्वेषां मुखेषु सर्वदा हरि: ।। 201/2422

भजनेषु च श्रीकृष्ण: कृष्णो देवश्च कीर्तने ।
अर्चनमपि कृष्णाय गायने च हरे: स्तुति: ।। 202/2422

गृहे गृहे हरेर्मूर्ति:-हरे: कीर्ति: पदे पदे ।
प्राङ्गणे मोहनस्तेषां गोविन्दश्च वने वने ।। 203/2422

जनगणेषु गोविन्द: केशव: पशुपक्षिषु ।
शब्दे शब्दे च गोविन्दो ध्वनौ ध्वनौ च केशव: ।। 204/2422

पञ्भूतेषु गोविन्दो माधवस्त्रिगुणेषु च ।
त्रिभुवने च गोविन्द: कृष्ण एव कणे कणे ।। 205/2422

सर्वेऽपि हृदि कृष्णस्य भक्त्या संपूरिता जना: ।
क्षणे क्षणे दिवानक्तं सर्वे च शरणागता: ।। 206/2422

दोहा॰ गौ-धन की रक्षा करे, "गोविंद" उसे है नाम ।
व्रज जन प्यारे हैं उसे, सबका प्यारा श्याम ।। 303/7068

सब नयनन गोविंद है, सपनन में गोविंद ।
दरशन में गोविंद है, सिमरण में गोविंद ।। 304/7068

आँसू में गोविंद ही, विवेक में गोविंद ।
मुख में शुभ गोविंद है, हिरदय में गोविंद ।। 305/7068

पूजन में गोविंद है, वन्दन में गोविंद ।
गायन में गोविंद है, भजनन में गोविंद ।। 306/7068

कीर्तन में गोविंद है, अर्चन में गोविंद ।
अर्जन में गोविंद है, चर्चा में गोविंद ।। 307/7068

घर-घर में गोविंद है, आँगन में गोविंद ।
गली-गली गोविंद है, कानन में गोविंद ।। 308/7068

जन गण में गोविंद है, खग पशु में गोविंद ।
हर ध्वनि में गोविंद है, धड़कन में गोविंद ।। 309/7068

भव प्रकृति गोविंद है, पँच भूत गोविंद ।
त्रिभुवन में गोविंद है, कण-कण में गोविंद ।। 310/7068

सब हृद् में गोविंद है, हृद् सबका गोविंद ।
शरण सभी गोविंद को, सब सब का गोविंद ।। 311/7068

◎ **Govind :** *Govind is the protector of the cows. The people and cows of Vraj Bhūmi love Govind in every which way. Shrī Krishna was in their dreams, thoughts, hearts, speech, music, prayers, praises and worship. Shrī Krishna's image was in every home.*

They see Hari in forest, animals, birds and in nature. Day and night they are Hari's devotees. **494/4839**

(इन्द्र)

सुन कर हरि के स्तुति के नारे, इन्द्र जल गया रिस के मारे ।
देख कृष्ण पर वो विश्वासा, इन्द्र भया बदले का प्यासा ।। 580/5205

(अत इन्द्रः)

श्लोकौ

स्तुतिं तामीदृशीं श्रुत्वा पदे पदे मुखे मुखे ।
कृष्णे तेषाञ्च विश्वास इन्द्रो ज्वलित ईर्ष्यया ।। 207/2422

आसन्ये विश्वसन्तो मां सर्वकार्येषु सर्वदा ।
इदानीं कृष्णभक्तास्ते, दण्डयिष्याम्यहं हि तान् ।। 208/2422

◎ **Lord Indra :** *Lord Indra could not tolerate the dedication and faith of people shifted to Shrī Krishna. Lord Indra got burnt up in the fire of anger. He said, those who were my faithful servants so far, are now devoted to Shrī Krishna. I will punish them all.* **495/4839**

(फिर एक दिन)

इक दिन कान्हा आकर मधुबन, साथ सुदामा गौअन वत्सन ।
गोवर्धन के सभी पास में, खेल रहे थे मृदुल घास में ।। 581/5205

गौअन वत्सन चरागाह में, घास खा रहे बड़ी चाह में ।
गोप वृंद सब खेल रहे थे, गेंद पाँव से ठेल रहे थे ।। 582/5205

◎ **One day :** *One day Shrī Krishna was playing with his friends and grazing the cows in the pasture at the foot of the Govardhan mountain. The cows were eating soft green grass.* **496/4839**

(और)

तरह-तरह के खेल निराले, खेल रहे थे सब मतवाले ।
कोई वत्सन पीछे भागे, कोई दौड़त आगे आगे ।। 583/5205

कोई प्यार करे गौअन से, कोई बैठा उस पर तन के ।
कोई तरु पर मारे सोटी, कोई खाता माखन रोटी ।। 584/5205

कोई मुरली मधुर बजावे, कोई सुंदर तान सजावे ।
कोई खिल कर सबन हँसावे, कोई योंही शोर मचावे ।। 585/5205

विद्यमान श्रीकृष्ण जहाँ हैं, भरा सही आनंद वहाँ है ।
गोप मुदित थे, गौ खुश सारी, प्रसन्न गोवर्धन गिरि भारी ।। 586/5205

◎ **Children :** *The children were playing various games. Some were running around. Some were chasing calves. Some were hugging cows. Some were eating bread and butter. Some were playing flute. Some were laughing. Some were making others laugh. Some were just making noise. Where Shrī Krishna is, fun is always there. Govardhana mountain was happy seeing the happy children.* **497/4839**

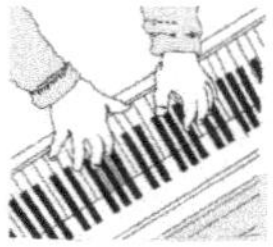

संगीतश्रीकृष्णरामायण गीतमाला, पुष्प 174 of 763

राग : भीमपलासी

(इन्द्र)

स्थायी

हरि पग में आकर एकबार, कृष्ण लीला का देख दीदार ।
इन्द्र पे जिन को था एतबार, आज उन्हीं की कृष्ण मदार ।।
♪ रेरे रेरे रेग रेसारेरे गगम-म, ध-प पम- ग- प-म गरे-रे ।
रें-रे रे रेग मरे ग- पमग-ग, ध-प मग- प- प-म गरे-रे ।।

अंतरा-1

भाग में जिन दुर्भाग लिखा है, आप में जिनको पाप दिखा है ।
हो न सका जिनका कोई यार, हुआ है उनको कृष्ण से प्यार ।।
♪ सां-नि नि निनि धपसां-नि धप- ध-, सांनि ध पपध- नि-ध पम- प- ।
रे- रे रेरेग रेसारे- गग म-म, धप- प ममग- प-म ग रे-रे ।।

अंतरा-2

भाई न बंधु पास हैं जिनके, प्राण उदास भये हैं जिनसे ।
जिनको मिला न किसी का प्यार, उन्हें चाहिये कृष्ण का प्यार ।।

अंतरा-3

भवसागर में जो डूबा है, माया चक्कर से ऊबा है ।

42. Story of the Govardhan mountain (Krishna's Childhood)

जिसे दुखाता है संसार, उसे कृष्ण का है आधार ।।

अंतरा–4

जीवन जिनका लाड़ प्यार में, दिन हैं गुजरे दोस यार में ।
जिनका बसा है खुश घरदार, वो भी चाहते कृष्ण कुमार ।।

◎ **Lord Indra : *Sthāyī* :** *People who had great faith in Lord Indra, are now devoted to Shrī Krishṇa. As soon as they witnessed Shrī Krishṇa's divine deeds they came to Shrī Krishṇa's feet.* **Antarā : 1.** *Those who were unfortunate, those who realized their own sins, they now love Shrī Krishṇa.* **2.** *Those who have no brother, those who have no well wisher, those who are sad, those who have no loved ones, they seek Shrī Krishṇa's love.* **3.** *Those who are trapped in the worldly affairs, to them Shrī Krishṇa is the support.* **4.** *Those who grow in love and affection, those who are with their friends and loved ones, those who are opulent and happy, they also seek Shrī Krishṇa's love.* **498/4839**

(अत:)

पशु पक्षी तरु हर्ष मनाए, धरती अंबर जय जय गाए ।
देख कृष्णसत्कार भला वो, इन्द्र डाह से खूब जला वो ।। 587/5205

दोहा॰ कीर्ति कृष्ण की देख कर, इन्दर के मन डाह ।
"जलन दमन कैसे करूँ," नजर न आवत राह ।। 312/7068

जो पहले थे इन्द्र के यार, उन्हें हो गया कृष्ण से प्यार ।
कृष्ण लीला का देख दीदार, उन्हें हरि पर है एतबार ।। 588/5205

(क्योंकि)

कृष्ण ही उनका प्रेम पियारा, कृष्ण ही उनका बंधु जियारा ।
कृष्ण ही उनका संगी प्यारा, कृष्ण ही उनको सबसे न्यारा ।। 589/5205

◎ **Thus :** *Seeing the cheerful children and happy Govardhan mountain, all the birds and animals are joyful, from sky to the earth, Lord Indra became envious and enraged.* **499/4839**

(इस लिये)

हरि को अपनी शक्ति दिखाने, सब व्रज जन को सबक सिखाने ।
कारी बदरी व्रज पे घिराई, वर्षा मूसलधार गिराई ।। 590/5205

व्रज भूमि सब कर दी जलथल, जन गौअन में मच गयी हलचल ।
सब आर्त जन, कृष्ण! पुकारे, "संकट से हरि! हमें बचा रे!" ।। 591/5205

कृष्ण पे उनकी बढ़ गयी भक्ति, वे जानत हैं कृष्ण की शक्ति ।
कृष्ण है उनका सब दुख त्राता, कृष्ण है उनका सब सुख दाता ।। 592/5205

(हरि की स्तुति सुन कर)

क्रोध इन्द्र का और बढ़ गया, पानी व्रज में और चढ़ गया ।
घर दीवारें टूट ढह गयीं, जल धारा में फूट बह गयीं ।। 593/5205

प्राण पर सभी के बन आई, मन पर घोर उदासी छायी ।
व्रज को तज कर भये उदासा, आए व्रजजन हरि के पासा ।। 594/5205

श्लोका:

आसीत्क्रीडन्सखा कृष्ण: सह गोपैर्यदा वने ।
गोवर्धनगिरौ बाला वत्साश्च धेनवस्तृणे ।। 209/2422

तदा दण्डयितुं कृष्णं व्रजजनान्पराङ्मुखान् ।
शक्रोऽपातयदासारं अकस्मात्सकले व्रजे ।। 210/2422

जलप्लुता गता ग्रामा विध्वस्तानि गृहाणि च ।
विह्वला कृष्णमाहूय जना सर्वे हरे हरे ।। 211/2422

◎ **Therefore :** *Therefore, to show his own power and to chastise Shrī Krishṇa and his devotees, Lord Indra caused a torrential rain fall. The Vraj Bhūmi (village) got flooded with deluge. Houses collapsed and got washed away. People cried and called Shrī Krishṇa for help. They said, O Lord Shrī Krishṇa! you are our protector. You are the remover of our troubles. Please rush to our aid.* **500/4839**

संगीतश्रीकृष्णरामायण गीतमाला, पुष्प 175 of 763

(ओ कन्हैया!)

स्थायी

अब तेरे सिवा कौन हमारा है कन्हैया ।
तूही सहारा है हमें, तूही बचैया ।।

42. Story of the Govardhan mountain (Krishna's Childhood)

♫ रेसा रे-ग रे-सा- म-ग रेसा-रे- ग मप-म- ।
प-म गरे-ग- म पम-, सा-रे गरे-सा- ।।

अंतरा-1

हिरणकशिपु जब खंबा रचाया, नरसी बन परलाद बचाया ।
ध्रुव भगत को विपद से तारा, नील गगन का तारा करैया ।।

♫ सासारेगमग रेसा प-म गरे-ग-, पपम- गग सासारे-ग गप-म- ।
सां-नि धपप ध- पमग म- प-प-, म-ग रेगग म- सा-रे गरे-सा- ।।

अंतरा-2

दसमुख जब वैदेही भगाया, राक्षस से सीता को बचाया ।
जब कुंजर को मकर धराया, तूही जल से उसे बचैया ।।

अंतरा-3

तिरणाव्रत जब आग लगाया, गोकुल पुर को तूने बचाया ।
कालिया विष जल में मिलाया, जमुना से तू उसे भगैया ।।

◎ **O Kanhaiyā! : *Sthāyī :*** *O Shrī Krishna! who but you are our protector now in this calamity. You are our savior and guardian.* ***Antarā : 1.*** *When Hiraṇyakashap installed the pillar to immure and kill his son Prahlād, you became Narsimha and saved Prahlād. You saved Dhruva and made him the Northern star in the sky.* ***2.*** *When Rāvaṇ stole Sītā, you saved her from that demon. When an alligator held the foot of Gajendra elephant in the river,*[116] *you saved your devotee elephant.* ***3.*** *When Triṇāvart burnt Gokul, you saved that city. You saved Vrindāvan from Kāliyā and drove away that snake from Yamunā river. O Lord! please come and help us now.* **501/4839**

✍दोहा॰ **समझ न आवे इन्द्र को, कैसी है यह बात ।**
"जिसके कारण विघ्न हैं, रट उसकी दिन-रात" ।। 313/7068

श्लोक:

सर्वे तमेव पूजन्ति योऽस्य विघ्नस्य कारणम् ।
गोप्यमस्ति किमेतस्मिन्-बोद्धुमिन्द्रो न शक्तवान् ।। 212/2422

[116] **Gajendra elephant :** See story 168 for full story.

◎ **Lord Indra :** *Lord Indra could not understand, how is it possible that people are still seeking help from him who is the real root of this danger. What is the secret?* **502/4839**

गोवर्धन गिरि कृष्ण उठायो, कनिष्ठिका पर उसे बिठायो ।
साथ बाँसुरी मधुर बजायो, जिसकी धुन पर नाच सजायो ।। 595/5205

श्लोकौ

साश्चर्यं स ततोऽपश्यत्-लीलां कृष्णस्य चैश्वरीम् ।
उत्थाप्य स कनिष्ठायां कृष्णो गोवर्धनं गिरिम् ।। 213/2422

मुरलीं मधुराञ्चैव वादयति स लीलया ।
जनाश्च प्राणिनः सर्वे गिरेरधः समाश्रिताः ।। 214/2422

नर पशु पक्षी सब व्रज वाले, छोटे मोटे व्रज के ग्वाले ।
गिरि के नीचे आश्रय कीन्हे, बाल किशन को आशिष दीन्हे ।। 596/5205

गोवर्धन गिरि अति प्रसन्न है, बोला मेरा जनम धन्य है ।
सबने गिरि को हाथ लगाए, गदगद हो कर सब मिल गाए ।। 597/5205

◎ **Shrī Krishna :** *Hearing the distress call from the people of Vraj Bhūmi (village), Shrī Krishna picked up the Govardhan mountain on his little finger to make a shelter for people and animals. People and animals stood under the mountain and they thanked Shrī Krishna from the bottom of their hearts. Govardhan mountain was happy. It blessed Shrī Krishna.* **503/4839**

संगीतश्रीकृष्णरामायण गीतमाला, पुष्प 176 of 763

(हरि तेरी लीला)

स्थायी

रे हरि तेरी, लीला है जादू भरी ।

♫ सा नि़सा गरे-, प-मं ग रे-ग रेसा- ।

अंतरा-1

नंदलाल की बाल लीलाएँ, सबको मुग्ध करी ।
अनुपम प्यारी रम्य कथाएँ, सचमुच जादूगरी ।।

♫ ध-पप-मं प- मं-ग रेग-मं-, नि़नि़सा- रे-ग मंग- ।
सानि़सासा रे-रे- मं-ग रेसा-रे-, गगमंग रे-गरेसा- ।।

अंतरा-2

जहर पिलाने आई पूतना, अपने विष से मरी ।
गिरा तृणावर्त आसमान से, नभ तक धूल उड़ी ।।

अंतरा-3

कालीया जमुना से भगायो, शीश पे नाचे हरि ।
गोवर्धन उँगली पे उठायो, लीला है जादू खरी ।।

◎ **Shrī Krishṇa's divinity : *Sthāyī*** *: O Hari! your divinity is wonderful.* ***Antarā* : *1.*** *The divinity of Shrī Krishṇa has hypnotized everyone. The wonderful and lovely stories of Shrī Krishṇa are truly magical.* ***2.*** *When Pūtanā came to feed him the poisonous milk, she died with her own poison. When Triṇāvart came to kill Shrī Krishṇa, Triṇāvart fell from the sky and died. The dust flew as high as the sky.* ***3.*** *When Kāliyā came to kill Shrī Krishṇa, Hari punished him. Shrī Krishṇa stood on Kāliyā's head and danced. O Shrī Krishṇa! your divinity is magical.* **504/4839**

(तब)

नारद नभ से देख रहे थे, अमृत हरि पर फेंक रहे थे ।
शारद किन्नर पार्वती शंकर, इन्द्र को बोले लानत तुझ पर ।। 598/5205

देख किशन की यौगिक माया, उसकी सब पर स्नेहिल छाया ।
ऐसी लीला कभी न देखी, अद्भुत ऐसी कथा न लेखी ।। 599/5205

इन्द्र देवनृप फिर शरमाया, जल बरसा कर, अक कर गाया ।
"हरि तेरी है लीला न्यारी, भूल हुई है मुझसे भारी" ।। 600/5205

श्लोकौ

सानन्दाश्च कृतज्ञाश्च व्रजजनाश्च प्राणिनः ।
अददुराशिषाः सर्वे कृष्णं मङ्गलवाचया ।। 215/2422

कटुशब्दैरगर्हन्त शक्रदेवं पुरन्दरम् ।
नारदः शङ्करो दुर्गाऽभर्त्स्यन्त सुराधिपम् ।। 216/2422

◎ **That time :** *Nārad muni was watching from the sky and showering amrit (divine nectar) on Hari. Kinnar, Tumbar, Shiva and Pārvatī said to Lord Indra, shame on you! Seeing the divine power of Shrī Krishṇa and seeing love and unshaken faith of people on him, Lord Indra was ashamed of himself. He said, I have never seen such wonderful deeds. I don't know from whom he learned them. He immediately stopped the rain. Lord Indra said, O Shrī Krishṇa! I am sorry, please forgive me. Everyone thanked and congratulated Shrī Krishṇa.* **505/4839**

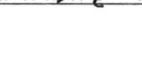

संगीतश्रीकृष्णरामायण गीतमाला, पुष्प 177-A of 763

भजन : भैरवी

(चाल, तबला ठेका और तान के लिये देखिये हमारी "*नयी संगीत रोशनी*" का गीत 78)

(गोवर्धन)

स्थायी

गोवर्धन को उठाए हरि, देखो देखो जी लीला खरी ।
उँगली पर धरे, वो समूचा गिरी, और बजाए मीठी बाँसुरी ।।

अंतरा-1

मथुरा के परे पास में, मधुबन की हरी घास में ।
गोप गोपी लगे खेल में, श्री हरि थे सखा साथ में ।
मूसला वर्षा कड़ी, जब अचानक गिरि ।
व्रज में चिंता भयानक पड़ी । गोवर्धन को उठाए हरि ।।

अंतरा-2

व्रज वासी खड़े आस में, थे बड़े आज विश्वास में ।
सब खड़े थे गिरि के तले, सब ने आशा धरी मन में ।
चाहे जितनी बुरी, व्रज में बारिश गिरी ।
सबको दुख से बचाए हरि । गोवर्धन को उठाए हरि ।।

अंतरा-3

इन्द्र भगवान् जब थक गए, बरसा कर बादल अक गए ।
शक्र हार गए आखरी, झट से वर्षा फिर बंद करी ।

42. Story of the Govardhan mountain (Krishna's Childhood)

बोले तेरी खरी, होवे जै जै हरि ।
तेरी लीला है जादू भरी । गोवर्धन को उठाए हरि ।।

संगीतश्रीकृष्णरामायण गीतमाला, पुष्प 177–B of 763

राग : भैरवी, कहरवा ताल 8 मात्रा

(गोवर्धनधारी)

स्थायी

गोवर्धन उठाए हरि, देखो देखो जी लीला खरी ।
उँगली पर धरे, वो समूचा गिरी, और बजाए मिठी बाँसुरी ।।

♫ सा– सासाध– पध–प– गम– – – –, पप म–प– प ध–प– गम– – – ।
निनिसा– ग– रेसा– नि निसा–ग– रेसा–, सा– सासा–ध– पम– पगम– – – ।।

अन्तरा–1

मथुरा के परे पास में, मधुबन की हरी घास में ।
गोप गोपी सगे, खेल में जब लगे, साथ में थे सखा श्री हरि ।
मूसला वर्षा अचानक गिरी, व्रज में चिंता भयानक पड़ी ।।

♫ सांसांनि– सां– निध– नि–ध म– – –, मम गग म– मग– म–ग सा– – – ।
गम प–सां निप–, गम प– सां– निप–, गम प– प– मग– म– गसा– – – ।
सा–सा सा–ध– धप–ग– मप– – – –, प– प म–ध– पम–प– मग– – – ।।

अन्तरा–2

व्रज वासी खड़े आस में, थे बड़े आज विश्वास में ।
सब गिरि के तले, लगे सुख से गले, सबने मन में थी आशा धरी ।
चाहे जितनी भी बारिश गिरी, दुख में सबको बचाए हरि ।।

अन्तरा–3

इन्द्र भगवान जब थक गए, बरसा कर बादल अक गए ।
शक्र हार गए, शरमिंदा भये, झट से वर्षा फिर बंद करी ।
बोले तेरी हो जै जै हरि, तेरी लीला है जादू भरी ।।

◎ **Govardhan : *Sthāyī* :** *Shrī Krishna has picked up the Govardhan Mountain. Behold the true Divine power. He picked the mountain on his little finger and played the sweet flute with the other hand.* ***Antarā* : 1.** *Beyond Mathurā, in the nearby green pasture of Madhuban, one day Gops (cowherd boys) and Gopīs (cow-maid girls) were playing and Shrī Hari Shrī Krishna was with them. Suddenly, torrential rain poured on that village, without any previous sign. The village dwellers became worried.* **2.** *The people of the village are waiting eagerly for Shrī Krishna's help. Today they have great confidence in him. All people and animals are standing under the mountain. They are sure that, doesn't matter how hard it raines, Shrī Krishna will save them from the trouble. Shrī Krishna picked up the mountain on his little finger and played the sweet flute with the other hand.* **3.** *When Lord Indra got tired and the clouds got fed up of pouring the rains, Lord Indra lost the contest. He immediately stopped the rain and said, O Shrī Krishna, yours is true victory. Your divine power is great. O Shrī Krishna! you picked up the mountain on your little finger and you played sweet flute with your other hand.* **506/4839**

(फिर)

खीज इन्द्र की मंद हो गयी, झट से वर्षा बंद हो गयी ।
घर पहुँचे सब ग्वाले ज्यों ही, देखा व्रज है ज्यों था त्यों ही ।। 601/5205

ॐ श्लोकौ

श्रुत्वा निन्दां स्वकमिन्द्रोऽस्तभ्नाद्वर्षां हि तत्क्षणम् ।
"मायाविनी हि लीला ते," ब्रूते कृष्णञ्च लज्जया ।। 217/2422

ब्रूते च व्रीडितोऽहं भोः प्रमादं त्वं क्षमस्व मे ।
ग्राममागत्य पश्यन्ति जना सर्वं हि पूर्ववत् ।। 218/2422

◎ **Then :** *When the happy people of Vraj Bhūmi returned home, they saw another wonder.* ***The houses and their animals were intact as they were before the flood.*** *There was no sign of deluge or damage of any kind anywhere.* **507/4839**

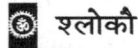

संगीतश्रीकृष्णरामायण गीतमाला, पुष्प 178 of 763

(गोवर्धन की कथा)

स्थायी

स्वरदा ने सुंदर गाया है, नारद ने साज बजाया है ।
रतनाकर गीत रचाया है ।।

♬ सानि़सा- गरे सा-नि़नि़ सा-रेम ग-, गममग पम ग-रे सासा-रेम ग- ।
गगरेसासासा रे-ग मगरेसानि़ सा- ।।

अंतरा-1

सुन कृष्णकीर्ति के सब चर्चे, सुर इन्द्र चिढ़ा ईर्ष्याऽ करके ।
विश्वास इन्द्र पर था जिनको, श्रीकृष्ण पे ममता है उनको ।
यह, बात वो समझ न पाया है ।।

♬ पप मरेमप-प पम पनि धपप-, पप मगग साग- मपगरे सानि़सा- ।
सानि़सा-ग रे-सा नि़नि़ सा- रेमग-, सानि़सा-ग रे सासानि़ सा- रेमग- ।
गग, रेसासा सा रेरेग म गरेसानि़ सा- ।।

अंतरा-2

तब इन्द्र करी वर्षा भारी, बही वृंदावन बस्ती सारी ।
व्रज जन सब बोले कान्हा रे! अब हमको तूही बचाना रे ।
हरि, गिरि ऊँगली पे उठाया है ।।

अंतरा-3

जन गौअन गोवर्धन के तले, सुख शाँत खड़े थे रात ढले ।
फिर इन्द्र ने वर्षा बंद करी, बोला तेरी जय जयकार हरिऽ।
तेरी, लीला अद्भुत माया है ।।

◎ **Story of Govardhan : *Sthāyī* :** *Ratnākar composed the melody, Sarasvatī sang it beautifully, while Shrī Nārad muni played the Vīṇā.* ***Antarā* : 1.** *Hearing the stories of Shrī Krishṇa's wonderful deeds and people's faith and love for Shrī Krishṇa, Lord Indra got jealous and irritated. He could not figure out why people who respected him so far, now adore Shrī Krishṇa so much.* **2.** *In order to punish them he caused a heavy rain fall and deluge in the Vraj Bhūmi (village). In order to provide a safe shelter for the people and animals, Shrī Krishṇa picked up the Govardhan mountain on a finger of one hand. He played sweet flute with the other hand. All were safe and happy. When Lord Indra became helpless and the clouds got tired of pouring rain down, Lord Indra stopped the rain. He said, O Shrī Krishṇa! your divine magic is wonderful.* **508/4839**

बालकृष्ण अनुभाग
बीसवाँ तरंग

43. केशीनिषूदन की कथा :

43. Story of Kesi's death (*Krishna's Childhood*)

(केशीनिषूदनकथा)

♬ संगीतश्रीकृष्णरामायण छन्दमाला, मोती 81 of 501

लीलाखेल छन्द[117]

ऽ ऽ ऽ, ऽ ऽ ऽ, ऽ ऽ ऽ, ऽ ऽ ऽ, ऽ ऽ ऽ

(केशीनिषूदन)

गौएँ कान्हा की दीवानी, बंसी कान्हा की न्यारी ।
बंसी वाला लीला कीन्ही, गौएँ केशी को मारी ।।

◎ **Keshinuṣhūdan :** *Kānhā loves the cows. His flute is unique. The Bansī-wālā Kānhā did the divine act with his flute and the cows killed demon Keshī.* **509/4839**

(कंस नारद मुनि संवाद)

कहा कंस ने, नारद मुनिवर! कैसा है यह बालक गिरिधर ।
बाल किशन ने कनिष्ठिका पर, उठा लिया है विशाल गिरिवर ।। 602/5205

श्लोकः

कंसोऽपृच्छन्मुने कृष्णः कथमुत्थापयद्गिरिम् ।

---

[117] ♬ **लीलाखेल छन्द** : इस 15 वर्ण, 30 मात्रा वाले विशेष छन्द के चरण में पाँच म गण आते हैं, अर्थात् सभी वर्ण दीर्घ होते हैं । इसका लक्षण सूत्र ऽ ऽ ऽ, ऽ ऽ ऽ, ऽ ऽ ऽ, ऽ ऽ ऽ, ऽ ऽ ऽ इस प्रकार है । इसमें 4, 4, 4, 3 का यति विकल्प से आता है ।

▶ लक्षण गीत : **दोहा॰ मत्त तीस से जो बना, पन्द्रह अक्षर छंद ।**
"लीलाखेल" विशेष है, गुरु वर्णों का वृंद ।। 314/7068

आगता ग्वालबालेषु वै शक्तिरीदृशी कुतः ।। 219/2422

◎ **Kaṅsa :** *Kaṅsa said, O Shrī Nārad muni! did you hear that young lad Shrī Krishṇa picked up the whole Govardhan mountain on his little finger? He then asked, O Munivar! where does such strength come from in these cowherd boys?* **510/4839**

(नारद)

सुना ही नहीं देख चुका हूँ, नतमस्तक मैं वहाँ झुका हूँ ।
नृपवर अब भी कहना मानो, भला आपका कहाँ है जानो ।। 603/5205

हरि के आगे इन्द्र झुका है, गदगद हो कर काल रुका है ।
शंकर-किन्नर देत दुआ हैं, गोवर्धन-गिरि धन्य हुआ है ।। 604/5205

अब तो प्यारे! आँखें खोलो, नींद से जागो, हरि हरि! बोलो ।
हरि तुम्हारे पाप हरेंगे, रक्षण तुमरा आप करेंगे ।। 605/5205

◎ **Nārad muni :** *Nārad muni said, O Kaṅsa! not only I heard it but I saw it myself with my own eyes, as always. Lord Indra bowed in front of Shrī Krishṇa and said I am sorry! Shiva and Kinnar blessed Shrī Krishṇa. O Kaṅsa! please listen to me and follow Lord Indra's example. Even now it is not too late to ask for forgiveness for your sins. He will sure save you from the celestial declaration.* **511/4839**

संगीतश्रीकृष्णरामायण गीतमाला, पुष्प 179 of 763

(श्याम कहले तू)

स्थायी

दीवाने! श्याम कहले तू, राम का नाम ले ले तू ।

♫ निध-पम-! प-म गरेग- म-, प-म ग- म-ग रेसा रे- ग- ।

अंतरा–1

दिये हैं प्राण तन जिसने, उसी की शरण गह ले तू ।

♫ सारे- ग- प-म गरे गमप-, निध- प- ममग रेरे सारे ग- ।

अंतरा–2

दिये तू दुख जो दुनिया को, उन्हीं का त्रास सह ले तू ।

अंतरा–3

बनाया प्यार है जिसने, उसे अरदास कह ले तू ।

अंतरा–4

चलाता जग जो माया से, उसीका दास रह ले तू ।

◎ **Please pray :** ***Sthāyī** : O Crazy person! please chant Shyāma! chant Shrī Rāma's name. **Antarā : 1.** He who has given you the body, mind and soul, please chant his name. **2.** Bare the fruits of the pains you gave to the world. **3.** He who has given us love, please thank that Lord. **4.** He who runs this world with his divinity, be at service to him.* **512/4839**

हरि बलशाली तेजयुक्त हैं, बालक व्रज के सब सशक्त हैं ।
हरि किरपा से मंगल मय है, व्रज के सारे अकुतोभय हैं ।। 606/5205

(कंस)

मुनिवर! कहिये ये सब ग्वाले, इतने कैसे हैं बल वाले ।
विष का इन पर बल न चल सका, बरस-बरस कर गगन जल थका ।। 607/5205

(दुग्ध अमृत)

प्यारे नृपवर! तुम पहिचानो, सोता बल का कौन है जानो ।
दूध नाम है उस अमृत का, नाश करे जो हर अनृत का ।। 608/5205

धेनु क्षीर पीयूष कहावे, नस-नस में जो ओज बहावे ।
राजस्-गुण को मन से घटावे, तामस् का अघ तन से हटावे ।। 609/5205

सत् चित आनँद सतत बढ़ावे, तेज ओज रग रग में चढ़ावे ।
विष-कल्मष सब उसके आगे, फीके पड़ कर बाहर भागे ।। 610/5205

शुद्ध शुभ्र शुभ शुची सुखारी, शुक्ल सौम्य सुरशक्ति सुधारी ।
दधि-माखन घृत छाँछ मलाई, रूप दूध के करत भलाई ।। 611/5205

इस अमृत की घर-घर धारा, अद्भुत कीन्हा व्रज है सारा ।
गौ माता की कृपा घनेरी, ग्वाल बाल पर माया फेरी ।। 612/5205

ॐ श्लोकाः

गोदुग्धममृतं कंस मूलं तेषां बलस्य यत् ।
दुग्धं दधि च तक्रञ्च नवनीतञ्च शक्तिदम् ।। 220/2422

43. Story of Kesi's death (Krishna's Childhood)

गावस्तेषां महाशक्तिः-तेजश्च परमं बलम् ।
बालकान्तरुणान्वृद्धान्-दुग्धं ददाति जीवनम् ।। 221/2422

कुर्वन्ति परमां मायां गृहे गृहेषु धेनवः ।
गौश्च तस्माद्धि सर्वेषां तैर्माता पावना मता ।। 222/2422

रहस्यं नारदाच्छ्रुत्वा कंस आनन्दितोऽभवत् ।
तेन च प्रेषितः केशी हर्तुं वृन्दवने हि गाः ।। 223/2422

✍दोहा॰ नारद मुनि को कंस ने, पूछी मन की बात ।
ब्रज ग्वालों को शक्ति यों, मिली कहाँ से, तात! ।। 315/7068

उँगली पर श्रीकृष्ण ने, उठा लिया गिरिराज ।
रहस्य इसमें क्या, प्रभो! कहो मुझे, मुनि! आज ।। 316/7068

प्रभाव विष का ना चला, ना ही बल का जोर ।
हमरे चर सब मर गए, मरा न माखन चोर ।। 3173735

नारद बोले कंस को, इसका एक उपाय ।
बल का सोता दूध है, जो देती है गाय ।। 3153735

"अमृत" उसका नाम है, अद्भुत जिसके काम ।
नाश करे हर विघ्न का, रक्षण आठों याम ।। 319/7068

सद् गुण भर कर देह में, करता रजस खलास ।
विष कल्मष अघ हीनता, तामस गुण का नास ।। 320/7068

दूध दही घृत तक्र हैं, जिनको सदा पसंद ।
तेज ओज तन में भरे, दे सत् चित आनंद ।। 321/7068

घर-घर अमृत धार है, देती इनको गाय ।
माया जिसकी यह सभी, "माता" वह कहलाय ।। 322/7068

◎ **Milk amrit :** *When Kańsa asked Shrī Nārad muni how did Shrī Krishna become so strong, even the poison did not kill him? Shrī Nārad muni said, O Kańsa! Shrī Krishna and all the cowherds of Vraj Bhūmi (village) are protected by an amrit (divine nectar). The amrit they drink daily is the fresh cow milk. With this amrit, a divine energy flows through their veins. It suppresses the rajo guṇa (pride) and kills the tamo guṇa (ignorance). They have sat-chit-ānand (peace and joy at heart) in their body and mind. Their soul is taintless. Any poison becomes ineffective in front of this amrit. This milk amrit is pure and pious. It gives them strength and happiness. This amrit flows in every home day and night and makes them sound. It is the divinity of the fresh cow milk that has bestowed up on them this wonderful blessing. Cows are their power, health, wealth and welfare. The cows give them milk, curd, butter and buttermilk. They enrich them from birth to death.* ***Cow is their second mother****. Knowing this secret, Kańsa thought, I should send my minister Keshī to confiscate their cows and bring them to Mathurā. They will then be deprived of the source of their divine power. They will become weak and I will be able to kill Shrī Krishna.* **513/4839**

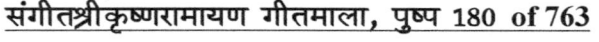

संगीतश्रीकृष्णरामायण गीतमाला, पुष्प 180 of 763

(माता)

श्लोकः

माता या सर्वजीवानां बलदा च शुभप्रदा ।
तां धेनुं शिरसा वन्दे पूज्याममृतदां सदा ।। 224/2422

♫ ध-ध- ध- नि-धप-ध-नि-, सांनिध- प- गम-पध- ।
नि- ध-प- गमप- म-ग-, ध-प-म-गमग- रेसा- ।।

स्थायी

हमें जनम जो देती वो माता है, अरु दूध पिलाती वो माता है ।
♫ पप पधनि ध प-ग म रे-ग- म-, पप सां-नि धप-ध नि ध-प- म- ।

अंतरा-1

पेट में पाले, लोरी गा ले, प्यार उसी का भाता है ।
♫ सां-नि ध नि-सां-, नि-धप म- प-, प-म गरे- म- ग-रे- म- ।

अंतरा-2

गोद में ले ले, साथ में खेले, भार सहे भू माता है ।

अंतरा-3

कामधेनु बन, मन की मुरादें, पूरी करे गौ माता है ।

अंतरा-4

गौरी लछमी, सिया शारदा, जनम-जनम का नाता है ।

अंतरा-5

जनम की भूमि, धेनु जननी, स्वर्ग से ऊँची माता है ।

अंतरा-6

कर्मभूमि जो, धर्मभूमि वो, प्यारी भारत माता है ।

◎ **Mother : *Shloka :*** *I worship the Mother Cow. She gives us the amrit (divine nectar) called milk. It raises our children and gives them strength and good luck.* ***Sthāyī :*** *She who gives birth is our mother and she who gives us milk is our mother.* ***Antarā : 1.*** *She who raises us in stomach is our mother. She who sings us Lorī (lullaby) is our mother. We like her adoration.* ***2.*** *She who takes us in her lap and who plays with us, is our mother. She who becomes Kāmdhenu (the wish granting cow), is our mother.* ***4.*** *Gaurī is our mother. Lakshmī is our mother, Sītā is our mother, Shāradā is our mother. This is our age old relationship.* ***5.*** *Motherland, mother cow, the birth giver, are all our mothers. They are superior than heaven.* ***6.*** *The sphere of the duty, the land of righteousness, is our dear Mother Bhārat-Mātā.* **514/4839**

(कंस)

मुनिवर! सुनलो मेरा कहना, कभी भूल में तुम ना रहना ।
केशी मेरा मंत्री मुखिया, कर देगा उन सबको दुखिया ।। 613/5205

नंद ग्वाल का गोधन सारा, हरण किये लाएगा मथुरा ।
मिले न दूध न दधि घृत माखन, बचे न उनका कोई राखन ।। 614/5205

◎ **Kaṅsa :** *Kaṅsa said, O Munivar Shrī Nārad! please listen to me. Don't be under misunderstanding. My prime minister Keshī will go to Vrindāvan and take care of Shrī Krishṇa. He will seize all cows and bring them to Mathurā. Then the cowherds will neither get milk nor curd nor butter. Their source of power will be gone.* **515/4839**

(नारद)

नारद बोले फिर उस नृप को, अड़ियल मूढ़ मति विद्रुप को ।
बचा हुआ है एक अकेला, केशी तुमरा पागल चेला ।। 615/5205

भेजोगे यदि आखिरी दासा, पूतना त्रिणाव्रत के पासा ।
एक अकेले पड़ जाओगे, फिर कैसे तुम लड़ पाओगे ।। 616/5205

मन अपना तू साफ करादे, छोड़ परे सब पाप इरादे ।
हरि चरणों में आजा, प्यारे! पाप हरेंगे तेरे सारे ।। 617/5205

श्लोकौ

उवाच नारदः कंसं मा क्रौर्यमधिकं कुरु ।
शरणं व्रज कृष्णस्य प्रभुस्त्वां नृप क्षंस्यति ।। 225/2422

हरिर्हरति पापानि कष्टानि च व्यथां तथा ।
दोषान्त्यक्त्वा शुभं कृत्वा नरो यः शरणं व्रजेत् ।। 226/2422

इतना कह कर नारद मुनिवर, चले गए गाते वीणा पर ।
नाम कृष्ण के भज ले प्यारे! हो जाएँगे काम तिहारे ।। 618/5205

◎ **Nārad muni :** *Nārad muni said, O Stubborn Kaṅsa! Keshī is now your last pawn. After sending him where you have sent Pūtanā and Triṇāvart, you will be left alone. How will you then fight Shrī Krishṇa? Please call it enough with the deceits and go to Shrī Krishṇa to beg his pardon. He will remove all your sins, if you repent. Saying this much, Shrī Nārad muni left.* **516/4839**

संगीतश्रीकृष्णरामायण गीतमाला, पुष्प 181 of 763

राग भैरवी, कहरवा ताल

(भज ले कृष्ण के नाम)

स्थायी

भज ले प्यारे कृष्ण के नाम, हो जाएंगे तेरे काम ।

♪ रेरे रे रेगरेसा रे-रे ग म-म, ध- प-म-ग- प-मग रे-रे ।

अंतरा-1

जब-जब संकट घिर कर आवे, बीते दिनों की याद सतावे ।
मन में जपियो राम का नाम, मिट जाएंगे दुःख तमाम ।।

♪ मम मम ग-रेरे गग मम प-प-, ध-प मग- प- ध-प मग-म- ।
सासा सा रेरेग- प-म ग रे-रे, ध- प-म-ग- प-म गरे-रे ।।

अंतरा-2

भक्त प्रलादा बालक ज्ञानी, माया हरि की उसने जानी ।

43. Story of Kesi's death (Krishna's Childhood)

आपत में थे उसके प्राण, नरसिंह बचायो उसकी जान ।।

अंतरा–3

द्रौपदी को हरि चीर बढ़ायो, उस अबला की लाज बचायो ।

जब मुश्किल में हो इन्सान, एक सहारा राधेश्याम ।।

◎ **Shrī Krishṇa Bhajan : *Sthāyī*** *: O Dear! chant Shrī Krishṇa's name. Your deeds will be successful.* ***Antarā* : 1.** *Whenever you are in trouble, when your past bothers you, chant Shrī Rāma's name in your mind. Your botheration will be over.* **2.** *The wise devotee Prahlāda knew the divinity of Shrī Hari. When his life was threatened, Narsimha saved his life.* **3.** *Shrī Krishṇa protected helpless Draupadī's honour. Whenever a person is in distress, Rādhe Shyāma is the only support.* **517/4839**

ॐ श्लोकौ

प्रेषिष्ये केशिनं सद्य हर्तुं तेषां हि धेनवः ।

न च पास्यन्ति दुग्धं ते न हि वर्धिष्यते बलम् ।। 227/2422

कंसेन प्रेषितः केशी न स्वीकृत्य मुनेर्वचः ।

कंसप्रधानमन्त्री स सुरभीर्हर्तुमागतः ।। 228/2422

(फिर)

कंसराज का प्रधान नेता, केशी सेनापति था जेता ।
कह कर उसको, "सेना ले जा," धेनु हरण को केशी भेजा ।। 619/5205

आया केशी सेना लेकर, बैठा मधुबन पड़ाव देकर ।
धेनु नंद की हरण कराने, व्रज वालों की शक्ति हराने ।। 620/5205

ग्वाल बाल जब चरागाह में, खेल रहे थे बड़ी चाह में ।
गौअन वत्सन हरी घास में, घास खा रहे वहीं पास में ।। 621/5205

◎ **One day :** *Rejecting Shrī Nārad muni's suggestion, Kaṅsa dispatched Keshī to abduct Shrī Krishṇa's cows. Keshī was Kaṅsa's chief minister who always won war. All ministers being killed, Keshī was Kaṅsa's last hope. Keshī came with armed guards to round up Shrī Krishṇa's cows to carry off them to Mathurā from Vrindāvan. Shrī Krishṇa and his friends were playing in the pasture. The cows were eating green grass.* **518/4839**

(तब)

गुप्त चरों ने खबर सुनाई, गौन संग है कृष्ण कन्हाई ।
चरागाह में गौएँ लाया, मौका अच्छा हमें दिलाया ।। 622/5205

तुरत भाग कर केशी आया, कोड़े धारी सैनिक लाया ।
केशी ने घेरा गौअन को, मथुरा उनको ले जावन को ।। 623/5205

दूध मिलेगा ना चाखन को, हरि तरसेगा दधि-माखन को ।
उसका बल जब होय खलास, आएगा वो कंस के पास ।। 624/5205

धेनु न जानें चक्कर क्या है, केशी से व्रज को डर क्या है ।
चलीं गाय सब उसके पीछे, गर्दन सभी झुका कर नीचे ।। 625/5205

◎ **That time :** *Keshī's spies brought him the news that Shrī Krishṇa is in the pasture with his cows. Keshī rounded up all the cows. The cows could not understand why the soldiers were whipping them and driving them out of the pasture away from Shrī Krishṇa. They were walking helplessly ahead of Keshī's men.* **519/4839**

(और फिर)

ग्वाल बाल सब सीधे-भोले, रोते-रोते हरि को बोले ।
चोर धेनुएँ भगा रहे हैं, कोड़े उन पर लगा रहे हैं ।। 626/5205

हरि जब बोला गौएँ छोड़ो, गौअन वत्सन को ना ताड़ो ।
गौएँ हमरी हैं अति प्यारी, गौ सुख-शाँति की हैं क्यारी ।। 627/5205

गौएँ देंगी पाप तुम्हीं को, देंगी गौवें शाप तुम्हीं को ।
वे बोले, "गौधन ये तुमरा, हम सब ले जाएँगे मथुरा" ।। 628/5205

सुन कर वचन बहुत अविचारी, करतब उनका अत्याचारी ।
ग्वाल बाल सब तरु के नीचे, जा कर बैठे मार्ग सोचे ।। 629/5205

◎ **And then :** *The innocent cowherd children got scared and came running to Shrī Krishṇa for help. They told Shrī Krishṇa that the soldiers were beating the cows and stealing them on the order from Kaṅsa.* **520/4839**

♫ **संगीतश्रीकृष्णरामायण छन्दमाला, मोती 82 of 501**

तांडव छन्द[118]

। + 10 + ।

(गौधन)

मुरलिया ली मन जीत,
हरि से गौन को प्रीत ।
बिरज का गौधन प्राण,
हरि सभी का भगवान ।।

◎ **Cow wealth :** *The cows love Hari (Shrī Krişhņa). His flute won their hearts. The cows are the wealth and life of the Vraj Bhūmi. Hari is the Lord of the cows and the people.* **521/4839**

(मुरलीधर)

लगे बजाने हरि मुरली को, धुन आकर्षक जो सुरभी को ।
मिला इशारा जब गौअन को, मुड़ कर सभी लगीं दौड़न को ।। 630/5205

जो भी रोके, उसको रौंदे, उन असुरों की, चीरी तोंदें ।
एक वृषभ ने सींग मार कर, मारा केशी, पेट फाड़ कर ।। 631/5205

कंस चरों में मच गई भगदड़, सैनिक आहत गिरे धड़ाधड़ ।
गौअन दौड़ीं उनके ऊपर, कुचल-कुचल कर किया कचूमर ।। 632/5205

ॐ श्लोकौ

केशी स ताडयन्धेनूः-गच्छति स्म यदा बलात् ।
श्रुत्वा वै मुरलीनादं कृष्णस्य चित्तहारकम् ।। 229/2422

धेनवस्तु परावर्त्य शृङ्गैरघ्नञ्च केशिनम् ।
अस्तुवन्रक्षकं कृष्णं नारदो धेनवो जनाः ।। 230/2422

नारद नभ से देख रहे थे, सुमन किशन पर फेंक रहे थे ।
'स्वस्ति' गउन को बोल रहे थे, मोद सभी में घोल रहे थे ।। 633/5205

◎ **Murlidhar :** *Shrī Krişhņa played his magic flute. The secretly coded tune inspired the cows and gave them the signal to turn back. The cows turned around and began running towards Shrī Krişhņa. They gored and trampled the soldiers in their path. One bull stabbed and ripped Keshī's stomach with its pointed horns. Keshī got killed and the cows were saved. Shrī Nārad muni was watching from the sky. He was showring flowers on the cows, blessings on Shrī Krişhņa and joy on the children.* **522/4839**

♫ **संगीतश्रीकृष्णरामायण छन्दमाला, मोती 83 of 501**

सृजान छन्द[119]

11 + ऽ।, 6 + ऽ।

(गोविंद)

धेनु हरण के लिये शीघ्र, मथुरा से कंस ।
भेजा मंत्री महादुष्ट, करने बल ध्वंस ।। 1
गोधन को बचायो आज, केशव गोविंद ।
केशी वध से भयो सर्व, व्रज में आनंद ।। 2

◎ **Govind :** *For abducting Shrī Krişhņa's cows, Kaṅsa sent his wicked minister Keshī from Mathurā. Today Shrī Krişhņa saved the cows. The Vraj Bhūmi is happy hearing the death of Keshī. For saving the cows, Shrī Krişhņa is now called Govind.* **523/4839**

संगीतश्रीकृष्णरामायण गीतमाला, पुष्प 182 of 763

(दयालु कन्हैया)

ॐ श्लोकः

नाशयति हरिस्तापं विघ्नं दुःखं च पातकम् ।

---

[118] ♫ **तांडव छन्द** : इस 12 मात्रा वाले आदित्य छन्द के चरण के आदि और अंतिम मात्रा लघु होती है ।

▶ लक्षण गीत : ✍ **दोहा॰ बारह मात्रा से बना, आदि और लघु अंत ।**
दस कल नाचत बीच में, शिव का "तांडव" छंद ।। 323/7068

[119] ♫ **सृजान छन्द** : इस 23 मात्रा वाले रौद्राक छन्द के अन्त में दो गुरु मात्रा आती हैं । इसका लक्षण सूत्र 11 + ऽ।, 6 + ऽ। इस प्रकार होता है ।

▶ लक्षण गीत : ✍ **दोहा॰ मत्त तेईस का बना, गुरु लघु से है अंत ।**
चौदह कल पर यति जहाँ, "सृजान" जाना छंद ।। 324/7068

43. Story of Kesi's death (Krishna's Childhood)

तं माधवमहं वन्दे बधुं मित्रं च मातरम् ।। 231/2422

♫ म-ममम- गरे-ग-म-, ग-म- प-म- ग रे-गम- ।

रे- रे-रेरेगम- प-म-, रे-ग- म-प- ग म-गरे- ।।

स्थायी

श्रीकृष्ण कन्हैया दयालु है, वो स्नेही सखा किरपालु है ।

♫ सानि़सा-सा सारे-सा नि़सा-रे- ग-, ग- धप मग- ममप-मग- रे- ।

अंतरा-1

इतनी बेदरदी किस बारे, होश में तू आजा प्यारे ।

चरण में शरण तू आजा उनके, हो जा तू शरधालु रे ।।

♫ गगम- प-पपध- पम ग-प-, म-प ध प- म-म- ग-प- ।

रेरेरे रे गमरे रे ग-प- मगम-, रे- ग- प- धपम-ग- रे- ।।

अंतरा-2

सरबस पाप हरेंगे तेरे, दुख हरि नास करेंगे तेरे ।

मंगल भजन तू गा उनके, हो जा तू निष्ठालु रे ।।

अंतरा-3

रट ले नाम तू साँझ सकारे, झट से काम बनेंगे तेरे ।

अवगुन कछु न छुपा उनसे, हो जा तू धरमालु रे ।।

◎ **Kanhaiyā : *Shloka :*** *Hari removes troubles, sorrow, pain and sin. I salute to that Mādhava, the brother, friend and mother.* ***Sthāyī : 1.*** *Shrī Krishṇa Kanhaiyā is merciful. He is beloved, compassionate companion.* ***Antarā : 1.*** *Why are you so heartless and cruel. Please get hold of yourself. Come to Hari's feet. Take his shelter. Be faithful to him.* ***2.*** *He will remove all your sins. He will remove all your pains. Sing his auspicious Bhajan and be his follower.* ***3.*** *Chant his name day and night. Your tasks will be done easily. Do not hide your faults from him, be the follower of Dharma.* **524/4839**

(वृंदावन में)

"मुरलीधर" गौधन को बचायो, वृंदावन में हर्ष मचायो ।

व्रज जन सब को खुशी सुहानी, राधा हरि की भई दीवानी ।। 634/5205

◎ **In Vrindāvan :** *There is joy in Vrindāvan. Murlīdhar (bearer of the flute) Shrī Krishṇa saved the cows. People of Vraj Bhūmi (village) are happy. Rādhā is in love with Shrī Krishṇa.* **525/4839**

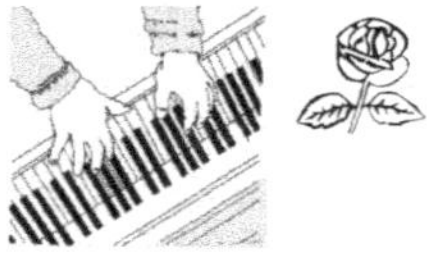

संगीतश्रीकृष्णरामायण गीतमाला, पुष्प 183 of 763

राग खमाज, कहरवा ताल

(राधा)

स्थायी

गिरिधर की है राधा दीवानी, श्यामल हरि व्रज बंसीधर की ।

♫ सांसांनिनि पध मग गमप धनि-सां-, सां-गंमं गंगं निसां नि-सां-निसां निध ।।

अंतरा-1

वृंदावन की कुंज गलिन में,

कान्हा की मूरत राधा के मन में ।

♫ गमधनिसांनि सां- पनिसां सांसांनिसां निध,

सां-गं मं गं-निसां पनिसांरेंसां नि सांनि ध- ।

अंतरा-2

मधुबन के सब गोकुल वासी, पागल निस दिन राधाकिशन में ।

अंतरा-3

भोर में राधा लावत मंथन, खावत नटखट माखन छुपके ।

◎ **Rādhā : *Sthāyī :*** *Rādhā is crazy after the flute of Murlīdhar (bearer of the flute) Shrī Krishṇa, the Shyām (of blue complexion) Hari, Bansīdhar (bearer of the flute) Shrī Krishṇa.* ***Antarā : 1.*** *Kānhā's image is in Rādhā's heart.* ***2.*** *The people of Vraj Bhūmi (village) think of Shrī Krishṇa day and night.* ***3.*** *In the morning Rādhā churns curd and naughty Kānhā eats the butter quietly.* **526/4839**

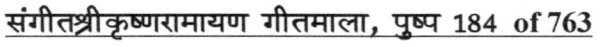

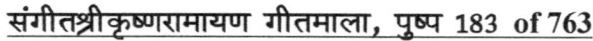

संगीतश्रीकृष्णरामायण गीतमाला, पुष्प 184 of 763

राग खमाज, कहरवा ताल

(राधा दीवानी)

स्थायी

43. Story of Kesi's death (Krishna's Childhood)

मुरलीधर की राधा दीवानी, छेड़त मोहन कृष्ण कनाई ।

♫ सांसांनि–पध मग गमप धनि–सां–, सां–गंमं मगंनिसां नि–सां निसांनिध– ।

अंतरा–1

रास रचावे कृष्ण कन्हैया, राधा बजावे पायल छम–छम ।

♫ गमध निसांनिसां– पनिसां सांसांनिसांनिध,

सां–गं मंगं–निसां पनिसांरेंसां निसां निध– ।

अंतरा–2

कमरिया लचकत बिंदिया चमके, कंगना खनकत डोलत झुमके ।

अंतरा–3

अंगना थैयाथैया मोरवा नाचे, अंबुवा कुहुकुहु कोयल बोले ।

◎ **Rādhā crazy : *Sthāyī :*** *Rādhā is in love with Shrī Krishṇa. Shrī Krishṇa Kanhaiyā is teasing her.* ***Antarā : 1.*** *Shrī Krishṇa Kanhaiyā is arranging Rās dance and Rādhā is jingling her anklets chham chham.* ***2.*** *She is dancing in rhythm. Her bangles are sounding khan khan and her ear rings are swinging.* ***3.*** *The peacock is dancing thaiyā thaiyā in the yard. The black bird is chirping on the Mango tree, kuhoo kuhoo.* **527/4839**

संगीतश्रीकृष्णरामायण गीतमाला, पुष्प 185 of 763

राग आसावरी,[120] अद्भुत अनन्य अनूठा अनुप्रास[121]

(मुरली वाला)

स्थायी

लाल गुलाली फूल की माला, डाल गले में मुरली वाला ।

गोकुल वाला बालक ग्वाला, झूलत झूले पर ब्रिजबाला ।।

♫ सारेम मप–प– पमप सां ध–प–, म–म मप– प– धधमप ग–रेसा ।

सारेमम प–प– पमपसां ध–प–, म–मम प–प– धध मपग–रेसा ।

अंतरा–1

तिल काजल का वनमाली के, लाल गुलाबी गाल पे काला ।

♫ मम प–धध निध सांसांसां–गंनि सां–, नि–नि निसां–सां– निसांरें सां ध–प– ।

अंतरा–2

संदल[122] तिलक है मंगल लगता, श्यामलहरि के भाल पे पीला ।

अंतरा–3

जूहीचमेली कोमल कलिका, बालों में डाले बाल गोपाला ।

अंतरा–4

जल केलि में ललिता ललना, नंद–का–लाला खेलत लीला ।

◎ **Murli-wala : *Sthāyī :*** *Murlī-wālā (Bearer of the flute) Shrī Krishṇa, the cowherd boy of Gokul, is swinging on a swing. He is wearing a garland of red rose flowers.* ***Antarā : 1.*** *Vanmālī Shrī Krishṇa has black Kājal dot on his cheek.* ***2.*** *The yellow sandalwood spilus dot looks auspicious on the forehead of Shyāmal Hari Shrī Krishṇa.* ***3.*** *Gopāl is wearing a delicate Jasmine flower in his hair.* ***4.*** *The young girls are playing in the water pool and Nand-lāl Shrī Krishṇa is teasing them.* **528/4839**

संगीतश्रीकृष्णरामायण गीतमाला, पुष्प 186 of 763

खयाल : राग पूर्वी, तीन ताल 16 मात्रा, मध्य लय

(मुरली)

स्थायी

प्यारी श्याम की मुरली ।

♫ गमंग रे–सा नि– सारेग – – – मंग ।

अंतरा–1

गोपियन व्रज जन गौन दीवानी, जल बिन जस मछली ।

---

[120] **राग आसावरी** : यह आसावरी ठाठ का राग है । इसका आरोह है : सा रे म प, ध सां । अवरोह है : सां नि ध प म ग, रे सा ।

▶ लक्षण गीत : **दोहा॰ वर्जित ग नि आरोह में, वादी ग ध संवाद ।**
मधु सुर कोमल ग ध नि से, "आसावरी" निनाद ।। 325/7068

[121] **अनोखा अनुप्रास :** विशेष बात यह है कि इस संपूर्ण गीत के सभी संज्ञा, विशेषण तथा क्रियापदों में कम से कम एक ल–अक्षर नियोजित करके अनुप्रास सिद्ध किया गया है ।

[122] **संदल** = चंदन ।

43. Story of Kesi's death (Krishna's Childhood)

♫ मंमंगग मंमं धमंध सां – – सां रें–सां–सां–, निनि सांसां निध निधरेंरेंनिधमगमग ।

अंतरा–2

बजा रहा बंसी इत कान्हा, उत राधा मचली ।

◎ **Flute : *Sthāyī* :** *Shyāma's flute is lovely.* ***Antarā* : 1.** *The cow-maids and the cowherd boys are restless without the cows, like a fish out of water.* **2.** *Kānhā is playing flute here and Rādhā is restive there without him.* **529/4839**

गौअन वत्सन सुख में सारे, घर–घर बहती दूध की धारें ।
दधि–माखन से बुद्धि सभी को, बल वृद्धि की सिद्धि सभी को ।। 635/5205

प्रसन्नता सुख व्रज में फिर से, चिंता उलझन उतरी सिर से ।
जमुना तट पर बंसी बाजे, व्रज में निश–दिन नंद बिराजे ।। 636/5205

◎ **Vraj Bhūmi :** *The cows and calves are all happy again. Cows give milk in every house. The milk, curd and butter gives them strength, intelligence and progress. Shrī Krishṇa saved the cows from Keshī and brought them back. People's worry is over. Now people are again happy. Shrī Krishṇa plays flute at the bank of river Yamunā.* **530/4839**

संगीतश्रीकृष्णरामायण गीतमाला, पुष्प 187 of 763

(मोहन गीत गावे)

स्थायी

मोहन गीत गावे, री मीठे मीठे ।

♫ रे–रेरे ग–ग म–प–, प नि–ध– पध– ।

अंतरा–1

छुप–छुप आवे, माखन खावे, गोपी के शिकवे, री मीठे मीठे ।

♫ रेरे गग म–म–, प–मग रे–रे–, सां–नि ध पपध–, प नि–ध– पध– ।

अंतरा–2

बंसी बजावे, राधा लजावे, गीत सुनावे, री मीठे मीठे ।

अंतरा–3

रास रचावे, शोर मचावे, नाच नचावे, री मीठे मीठे ।

अंतरा–4

रात जगावे, नींद चुरावे, सपने दिखावे, री मीठे मीठे ।

◎ **Mohan : *Sthāyī* :** *Mohan (the mind charmer) sings songs, O Sweet sweet!* ***Antarā* : 1.** *He comes quietly and eats butter. The Gopī (cow-maid) complains, O Sweet sweet.* **2.** *Kānhā plays flute and Rādhā blushes. His flute has an attractive tune, O Sweet sweet.* **4.** *He comes in dreams and doesn't let me sleep. He shows me dreams, O Sweet sweet.* **531/4839**

संगीतश्रीकृष्णरामायण गीतमाला, पुष्प 188 of 763

भजन : राग केदार,[123] तीन ताल

(चाल, तबला ठेका और तान के लिये देखिये हमारी *"नयी संगीत रोशनी"* का गीत 34)

(श्याम की राधा)

स्थायी

मुरली सुनत है श्याम की राधा, मोर पपीहा नाचत थैया ।
नील गगन में चाँद है आधा ।।

अंतरा–1

कोयल कुहू कुहू सुंदर बाँधा, सौरभ चंपक रजनी गंधा ।
वृंदावन में दंग है वसुधा ।।

अंतरा–2

हिंदोले पर झूलत झूला, मोहन गोपियन गोपी बाला ।
बंसी बजावत देवकी नंदा ।।

◎ **Rādhā : *Sthāyī* :** *Shyāma's dear Rādhā is hearing flute and the peacock and pegions are dancing. There is half moon in the sky.* ***Antarā* : 1.** *The Koyal (black bird) is sweetly chirping kuhū kuhū. The land of Vrindāvan is hypnotized.* **2.** *Mohan (mind charmer) and the cow-maids are swinging on swings. Devakī-nandana (son of Devakī) is playing the flute.* **532/4839**

---

[123] 𝄞 **राग केदार :** यह कल्याण ठाठ का राग है । इसका आरोह है : सा म, म प, ध प, नि ध सां । अवरोह है : सां नि ध प, मं प ध प म, रे सा ।

▶ लक्षण गीत : ✍ **दोहा॰ वर्ज्य रे ग आरोह में, अवरोह में ग त्याग ।**
म सा वादि संवाद का, द्वै म "केदार" राग ।। 326/7068

संगीतश्रीकृष्णरामायण गीतमाला, पुष्प 189 of 763

(गिरिधर)

स्थायी

गिरिधर! मुरली का सुर प्यारा ।
राधा होत दीवानी, आभारी व्रज सारा ।।

♫ रेगसारे! गमग– रे सासा रे–ग– ।
म–म– प–म गरे–म–, प–म–ग– रेसा रे–ग– ।।

अंतरा–1

दुखियन को देता है हृष्टि, सुख से भरता सृष्टि ।
प्यासन की तू पयस की धारा, निर्बल का आधारा ।।

♫ रेरेगग म– प–म– ग– रे–रे–, निनि ध– पपम– प–प– ।
रे–रेरे ग– म– पपम ग रे–रे–, प–म गग रेसारे–ग– ।।

अंतरा–2

अंधन की तू अंतर् दृष्टि, माता सम है प्यारा ।
बेनजर को देत नजारा, मझधार में किनारा ।।

◎ **Giridhar : *Sthāyī :*** *O Giridhara (who picked up mountain) Shrī Krishna! the tune of your flute is wonderful. Rādhā is hypnotized by it and the people of Vraj Bhūmi (village) are thankful.* ***Antarā : 1.*** *Shrī Krishna gives happiness to the distressed. He gives inner vision to the blind. He helps the helpless. He quenches thirst of the thirsty. He gives strength to the weak.* ***2.*** *O Shrī Krishna! you are loving person like a mother. You are a storehouse of affection. You give support to the destitute. You make light in the darkness. You are the shore for the people who are in the midst of the worldly ocean.* **533/4839**

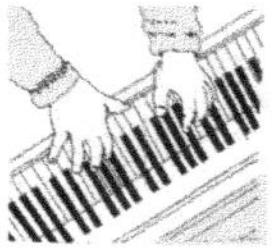

संगीतश्रीकृष्णरामायण गीतमाला, पुष्प 190 of 763

राग केदार, कहरवा ताल

(बाजे मुरलिया)

स्थायी

सुध–बुध खो गयी श्याम की राधा ।
नंद किशोर की बाजे मुरलिया, कारी बादरिया में चाँद है आधा ।।

♫ सारे साप प– मंप ध–प प मंपम– ।
म–प पसां–ध प म–ध पममरेसा, सां–सां सांनिधसां रें सां–ध प मंपम– ।।

अंतरा–1

पायल घुँघरू मोहन माला, नैनन सुंदर काजल काला ।
मोर पपीहा सुस्वर बाँधा ।।

♫ प–सांसां सांसांरेंसां निधसांरें सांनिधप, म–पप सां–धप म–धप म–रेसा ।
सां–सां सांनिधसांरे सां–धप मंपम– ।।

अंतरा–2

शीतल मंजुल मंद पवन है, आनंदित सब नंद भवन है ।
कारी बादरिया में चाँद है आधा ।।

◎ **Flute : *Sthāyī :*** *Nand-kishor (the boy of Nanda) Shrī Krishna is playing flute. Hearing the lovely tune, Shyāma's Rādhā is fascinated.* ***Antarā : 1.*** *Rādhā is wearing a garland and anklets. The bells of the anklets are jingling. Her eyes are beautiful. She is wearing eyeliner. Peacock and pegions are singing in sweet voices.* ***2.*** *The breeze is cool and gentle. There is happiness at Nanda's home. There is half moon in the black clouds.* **534/4839**

संगीतश्रीकृष्णरामायण गीतमाला, पुष्प 191 of 763

(केशी की कथा)

स्थायी

स्वरदा ने सुंदर गाया है, नारद ने साज बजाया है ।
रतनाकर गीत रचाया है ।।

♫ सानि़सा– गरे सा–नि़नि़ सा–रेम ग–, गममग पम ग–रे सासा–रेम ग– ।
गगरेसासासा रे–ग मगरेसानि़ सा– ।।

अंतरा–1

बोला कंस, कृष्ण में वह क्या है, उँगली पर गिरि को उठाया है ।
मुनि नारद बोले माखन का, यह जादू है सब गौअन का ।
दधि दूध से ये बल आया है ।।

♫ पप मरेम, प–प पम पनि धप प–, पपमग गसा साग म पगरेसानि़ सा– ।
सानि़ सा–गरे सा–नि़– सा–रेम ग–, सानि़ सा–गरे सा– नि़नि़ सा–रेम ग– ।
गग रेसासा सा रे– गम गरेसानि़ सा– ।।

अंतरा–2

कहा कंस ने केशी! तुम जाओ, सब गौअन उनकी ले आओ ।
केशी ने गौएँ हरण करी, जन बोले तू हि बचा, रे हरि! ।
गौअन का तूही सहाया है ।।

अंतरा–3

हरि मुरली मधुर बजायो रे, गौअन ने इशारा पायो रे ।
दौड़ी केशी पर गौ सारी, छाती उसकी गौ ने फाड़ी ।
हरि व्रज के धन को बचाया है ।।

◎ **Keshī's story** : ***Sthāyī*** *: Ratnākar composed the melody, Sarasvatī sang it beautifully, while Shrī Nārad muni played the Vīṇā.* ***Antarā : 1.*** *Kaṅsa said, what is so special in Shrī Krishṇa. He picked up mountain on his little finger. Shrī Nārad muni said, it is the divine magic of the cow milk. The cows are giving him that power.* **2.** *Kaṅsa said, O Keshī! go and bring their cows to Mathurā. Keshī abducted all the cows. The cowherds pleaded Shrī Krishṇa for help. They said, you are the protector of the cows.* **3.** *Hari played sweet magical tune on this flute. The cows received the signal. They turned back. They gored and trampled Keshī's men. One bull tore Keshī's belly with its horn. Shrī Krishṇa saved the cows of Vraj Bhūmi from Kaṅsa.* **535/4839**

बालकृष्ण अनुभाग
इक्कीसवाँ तरंग

44. अक्रूर जी की कथा :

44. Story of Akrūr jī (*Krishna's Childhood*)

(अक्रूरकथा)

♫ संगीतश्रीकृष्णरामायण छन्दमाला, मोती 84 of 501

सुंदरलेखा छन्द[124]

ऽ ऽ ऽ, ऽ ऽ ।, । ऽ ऽ

(अक्रूर जी)

क्रीड़ा खेला कंस रचा है,
कान्हा की हत्या वह चाहे ।
लाने को अक्रूर गया है,
मामा चिंताहीन भया है ।।

◎ **Akrūrjī :** *Kaṅsa wants to kill Shrī Krishṇa. He arranged a sports-fair at Mathurā and invited Shrī Krishṇa to exhibit his strength. Akrūrjī came to Vrindāvan to bring Shrī Krishṇa. Now uncle Kaṅsa thinks he will kill Krishṇa and become safe.* **536/4839**

संगीतश्रीकृष्णरामायण गीतमाला, पुष्प 192 of 763

खयाल

राग दरबारी कानडा, तीन ताल 16 मात्रा

(सूरत सुंदर)

स्थायी

सूरत सुंदर मूरत मंगल, कंगन कुंतल कुंदन कुंडल ।
कटि पर सोहे, पीत पीतांबर ।।

♫ नि़सामम रेसानि़सारेसा ध़–नि़नि़ सा–सासा, म–मम प–पप निपगम रे–सासा ।
रेंरें सांसां सां–निप, पमनिपग मरे–सासा ।।

अंतरा–1

भजन है सुंदर, आरती सुंदर, वन्दन वन्दन देवकी नंदन ।
डोले धरती, डोले अंबर ।।

---

[124] ♫ **सुंदरलेखा छन्द** : इस नौ वर्ण, 16 मात्रा वाले छन्द के चरण में म त य गण आते हैं । इसका लक्षण सूत्र ऽ ऽ ऽ, ऽ ऽ ।, । ऽ ऽ इस प्रकार है । चरणान्त विराम है ।

▶ लक्षण गीत : ✍ **दोहा॰ सोलह मात्रा का बना, नौ अक्षर का वृंद ।**
तीन जहाँ गण म त य हों, "सुंदरलेखा" छंद ।। 3273735

44. Story of Akrūr jī (Krishna's Childhood)

♫ ममप प ध-निनि सां-सांसां रेंरेंसानिसांसां, म-पप सां-निप मपनिपगम रे-सासा ।
निसांरें- रेंरेंसां-, निसांरेंसां ध-निप ।।

◎ **Shrī Krishṇa : *Sthāyī :*** *His image is beautiful. His face is attractive. His hair are curly. He has ear rings and a bangle. He is wearing yellow Pītāmbar. It suits him well.* ***Antarā : 1.*** *The Bhajan is enchanting. O Devakī's son! I salute you. There is happiness from the earth to sky.* **537/4839**

(कंस)

दोहा॰ **मंत्री मण्डल सब मरा, अंधकार में ज्योत ।**
बचा अन्त में एक ही, कंस-सचिव प्रद्योत ।। 328/7068

दीप विहीनी रात में, जगमगता खद्योत ।
मंत्री अब है कंस का, एक मात्र प्रद्योत ।। 329/7068

(कंस-प्रद्योत संवाद)

दधि औ माखन खाता हरि है, ताकत उसमें बहुत भरी है ।
विनाश उसका कैसे करिए, उपाय कोई अचूक कहिये ।। 637/5205

सचिव कंस को एक दिन बोला, लाएँ मथुरा कृष्ण अकेला ।
खेल-कूद का किये बहाना, जाल कृष्ण के लिये बिछाना ।। 638/5205

अक्रूर जी हैं मित्र नंद के, कपट झपट में बुद्धि मंद के ।
भेजो उनको वृंदावन को, यहाँ कृष्ण को ले आवन को ।। 639/5205

हम मथुरा में रचेंगे मेला, मल्ल युद्ध का होगा खेला ।
चाणूर मुष्टिक कुवलयापीड़, कृष्ण को तीनों डालें चीर ।। 640/5205

(कंस)

कृष्ण यहाँ पर जब आएगा, बच कर जाने ना पाएगा ।
दूध दही में कितना जोर, हमें दिखावे माखन चोर ।। 641/5205

दोनों ऐसा जाल बुन रहे, नारद मुनि थे बात सुन रहे ।
बोले, इनके मन में न शुद्धि, विनाश काले विपरीत बुद्धि ।। 642/5205

◎ **Kaṅsa :** *All ministers of Kaṅsa got killed. Now the only ray of hope is his secretary Pradyot. He is his last support, like a glow-worm in the dark night. Kaṅsa asked, O Pradyot! Shrī Krishṇa drinks milk and eats butter and curd. He is powerful. How to kill him? Pradyot said, we should arrange wrestling matches in Mathurā and invite Shrī Krishṇa to show his strength. Our almighty wrestlers Chāṇūr and Mushṭik and our Kuvalayāpīḍ elephant will kill him for sure. Akrūrjī is a friend of Nand Bābā. Akrūrjī and Nanda Bābā are simple men. They will not understand our deceit. Shrī Nārad muni was listening. He said, when one's end comes near, his thinking fails him. He invites his own death.* **538/4839**

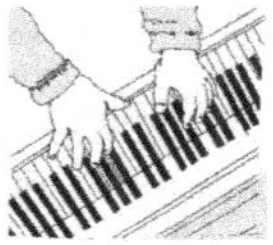

संगीतश्रीकृष्णरामायण गीतमाला, पुष्प 193 of 763

(सिद्धि)

स्थायी

अनुकूलबुद्धिर्ददाति सिद्धिम्, विनाशसमये विपरीतबुद्धिम् ।
ये तो जुग-जुग की है रीति ।।

♫ निरेगरेसा-सा-सारेग रे-रे-, रेग-मपपप- धपम-गरे-रे- ।
सा नि सासा रेरे ग- रे- सा-सा- ।।

अंतरा-1

भाग जगेगा, उसे सुबद्धि, विनाश काले विपरीत बुद्धि ।
बंदे! करले हरि से प्रीति ।।

♫ सा-नि सारे-रे-, गप- मग-रे-, निसा-रे ग-म- मगरे-ग म-म- ।
ध-प-! गगम गग- रे- सा-सा- ।।

अंतरा-2

उसे किसी से नहीं है भीति, जिसकी हरि चलावे किश्ती ।
बंदे! प्रीत हरि को भाती ।।

अंतरा-3

जिसके मति में नहीं है भ्रांति, उसके मन में सदा है शाँति ।
बंदे! बाजी उसी ने जीती ।।

अंतरा-4

खोज हरि किरपा की कुंजी, तुझे मिलेगी अपार पूँजी ।

44. Story of Akrūr jī (Krishna's Childhood)

बंदे! राम नाम के मोती ।।

◎ **Success : *Sthāyī :*** *Positive thinking gives you success. Negative thinking makes you fail. This is the law of nature.* ***Antarā : 1.*** *Right thought comes when the luck is good. Bad thoughts come when the luck runs out. O Dear! develop affection with Hari. He will give you good luck.* ***2.*** *He has no fear from anything whose boatman is Hari. Hari loves an affectionate person.* ***3.*** *He who is not deluded, he has peace in his mind and body.* ***4.*** *Find out the key to win Hari's mercy. You will earn infinite divine wealth of the pearls of Shrī Rāma's name.* **539/4839**

संगीतश्रीकृष्णरामायण गीतमाला, पुष्प 194 of 763

(हरि शरण)

स्थायी

बात सुनो तुम शरण में आओ, जीवन को मत व्यर्थ गवाँओ ।
हरि जग पालनहारा है, भव-जल खेवनहारा है ।।

♫ रे-ग मप- मग धधप म ग-म-, सांनिध प- धध प-म गरे-ग- ।
रेरे गग ध-पमग-म- प-, गग मम ध-पमग-रे- सा- ।।

अंतरा-1

नैया तेरी बीच भँवर में, भैया! तेरी दूर डगर है ।
साथ न कोई आया है, हरि अब एक सहारा है ।। हरि जग ...

♫ ग-ग- म-म- ध-प मगग म-, ग-म-! प-प- ध-प मगग म- ।
सा-रे रे ग-ग- प-ग- म-, गग मम ध-प मग-रे- सा- ।। रेरे गग ...

अंतरा-2

जब तूफाँ में नाव है खड़ी, पीर दुखों की भीड़ है बड़ी ।
अंतिम समय पधारा है, हरि तेरा एक किनारा है ।। हरि जग ...

अंतरा-3

भवसागर में तू अकेला है, तू जाने ना ये खेला रे! ।
तज दे पाप का फेरा रे! हरि! हरि! नेक विचारा है ।। हरि जग ...

◎ **Hari : *Sthāyī :*** *Please listen to me and come to the feet of Hari. Don't waste your life meaninglessly. Hari is protector of the world. Hari is the boatman of the boat.* ***Antarā : 1.*** *Your boat is in the midst of the worldly ocean. Your destination is far away. You have no helper with you. Now Hari is your only support.* ***2.*** *Your boat is stuck in a thunder storm, the difficulties are from all sides, the last moment is near, then your only hope and the help is Hari Shrī Krishṇa.* ***3.*** *You are alone in the midst of this worldly ocean. You are a new player in this game. Therefore, leave aside these games of deceit and sin. Righteousness is the only way now.* **540/4839**

(अक्रूर नंद बाबा संवाद)

मथुरा में है क्रीड़ा मेला, मोद मनोरंजन का खेला ।
कृष्ण को लेने मैं आया हूँ, कंस संदेसा मैं लाया हूँ ।। 643/5205

कंस चाहता, कृष्ण दिखा दे, दूध की माया हमें सिखा दे ।
इसमें डर की बात नहीं है, कृष्ण सुरक्षा वहाँ सही है ।। 644/5205

श्लोकौ

अन्त्यो मन्त्री स कंसस्य प्रद्योत आह स्वामिनम् ।
आह्वयतु हरिं स्वामिन्-क्रीडास्पर्धोत्सवे नृप ।। 232/2422

अक्रूरं सद्य प्रेषस्व कृष्णमानेतुमुत्सवे ।
अक्रूरं नन्दिनी ब्रूते कथं नयसि त्वं हरिम् ।। 233/2422

◎ **Akrūrjī :** *As Pradyot suggested, Kaṅsa arranged a sports-fair in Mathurā and sent Akrūrjī to Vrindāvan to bring Shrī Krishṇa. Akrūrjī said, O Nand Bābā! there will be lots of fun and enjoyment in the sports-fair. I came to take Shrī Krishṇa with me to Mathurā. Kaṅsa wants to see the strength Shrī Krishṇa got from the cow milk. There is no fear. I will protect Shrī Krishṇa. Hearing Akrūrjī's words, Mother Yashodā asked him, why are you taking my son Shrī Krishṇa to Mathurā?* **541/4839**

(यशोदा अक्रूर संवाद)

सुन कर कहना अक्रूर जी का, पानी पानी माँ के जी का ।
रो कर बोली, "तू मत जाना, मति कंस की बुरी है कान्हा!" ।। 645/5205

यदुवर! तुम हो हमरे नायक, पूर्ण भरोसा करने लायक ।
फिर भी कान्हा हमरा प्यारा, ब्रज जन गण का प्राण दुलारा ।। 646/5205

मैया बोली, मैं ना मानूँ, चाल कंस की मैं सब जानूँ ।
खेल कूद का लिये बहाना, कंस चाहता कृष्ण मारना ।। 647/5205

श्लोकः

मा नय मथुरायां त्वं कृष्णं कंसो हनिष्यति ।

चिन्तयतु यशोदे मा संरक्षिष्याम्यहं हरिम् ।। 234/2422

◎ **Yashodā :** *With tears in her eyes, Mother Yashodā said, O Shrī Krishṇa! please don't go to Mathurā. Kańsa has evil designs for you. O Akrūr jī! you are the leader of us Yādavas. We trust you. I don't trust Kańsa. Shrī Krishṇa is dear to us. He is our life. I know Kańsa's deceits. With the excuse of sports, he wants to call Shrī Krishṇa to Mathurā.* **542/4839**

संगीतश्रीकृष्णरामायण गीतमाला, पुष्प 195 of 763

(गोविंद हमारा प्यारा)

स्थायी

अजि अक्रुर जी, गोविंद हमारा प्यारा ।

मत भेजो उसको मथुरा ।।

♫ सानि़ सा–रेरे ग–, ग–प–म गरे–म– गसारे– ।

गग प–म– गरेम– गरेसा– ।।

अंतरा–1

ग्वाल बाल का बनवारी, गोपियन का चितहारी ।

व्रज वालों का गिरिधारी, हमरे नैनन का तारा ।।

♫ सा–नि़ सा–रे सा– रेरेग–म–, पपमम ग– रेगरे–सा– ।

रेरे ग–म– प– धपम–ग–, पपम– ग–पम ग– रे–सा– ।।

अंतरा–2

गलियन में रास रचावे, मनहारी बंसी बजावे ।

हरि सबसे नेहा लगावे, वृंदावन उसका यारा ।।

अंतरा–3

राधा के मन में समाया, निश–दिन मन को भाया ।

कण–कण में रंग जमाया, राधिका का वो है जियारा ।।

◎ **Govind : *Sthāyī :*** *Mother Yashodā said, O Akrūr jī! Govind (the Protector of the cows) is dear to us. Don't send him to Mathurā.* ***Antarā : 1.*** *Banvārī (one who roams forest) Shrī Krishṇa is beloved of the cowherd boys and girls. He is the apple of our eyes.* ***2.*** *He arranges Rās dances in Vrindāvan. He plays flute. He is adored by everyone. He plays hypnotizing flute. Everyone in Vrindāvan is his friend.* ***3.*** *He dwells in Rādhā's heart. He delights Rādhā day and night. Her every bit is coloured with Kānhā's colours. He is her life.* **543/4839**

(माता)

माँ का हिरदय अंतर्यामी, जाने कहाँ कहाँ है खामी ।

माँ की ममता जिसने जानी, अमृत उसको भव का पानी ।। 648/5205

माँ को चिंता कुल की अपने, कुल का हित ही उसके सपने ।

माता स्नेह–भाव की मूर्ति, माता आर्य कार्य की स्फूर्ति ।। 649/5205

माता सच्ची देव–देवता, रूप मानवी में है ममता ।

माता श्रद्धा निष्ठा दैवी, माता लक्ष्मी गौरी देवी ।। 650/5205

श्लोक:

माता लक्ष्मीश्च दुर्गा च माता सरस्वती पुनः ।

जन्मदा दुग्धदा माता पालिका वसुधा तथा ।। 235/2422

◎ **Yashodā :** *Mother's heart knows when there is danger to her son. One who understands mother's affection, for him everything is sweet like amrit (divine nectar). Mother is a living image of love. Mother is the inspiration behind righteous deeds. Mother is the real Goddess in human form. She is faith and trust personified. She is Lakshmī. She is Pārvatī Devī. She is Sarasvatī. She is the birth giver. She feeds milk. She is the cow. She is the earth.* **544/4839**

संगीतश्रीकृष्णरामायण गीतमाला, पुष्प 196 of 763

(माता)

श्लोक:

मात्रा समा कुतश्छाया माता हि परमा मतिः ।

मात्रा समा प्रिया नास्ति माता स्वर्गपरा गतिः ।। 236/2422

♫ ग–म– पम– गरे–ग–म–, प–म– ग– रेगम– पम– ।

सा–रे– गरे– मग– रे–ग–, प–म– ग–रेगम– गरे– ।।

स्थायी

माता-पिता हैं भाग्य में जिसके, वो क्यों भागे तीरथ धाम ।
माता-पिता के आशीष जिस पर, पूरण होते उसके काम ।।
♫ नि़-नि़ सारे- रे- नि़-सा सा रेरेसा-, म- ग- रे-सा- म-गरे म-म ।
रे-ग मग- रे- प-मग रेग मम, म-गरे ग-म- पमगरे सा-सा ।।

अंतरा-1

माता जैसा गुरु न कोई, माता में ना गरूर कोई ।
ना ही उसमें सरूर कोई, ब्रह्मा विष्णु महेश नाम ।।
♫ सा-रे- ग-म- पम- ग रे-म-, प-म- ग- रे- गम-ग रे-ग- ।
सा- रे- गगम- पम-ग रे-ग-, म-प- ध-प- मग-रे सा-सा ।।

अंतरा-2

माता स्नेह की मूरत प्यारी, ईश्वर की है सूरत न्यारी ।
त्रिभुवन की है कूवत सारी, निर्मल मंगल रूप ललाम ।।

अंतरा-3

जिसके माता-पिता नहीं हैं, उसके मातंग चिता यहीं हैं ।
उसको ममता नहीं कहीं है, उसे सहारा है भगवान ।।

अंतरा-4

माता दुर्गा लक्ष्मी बनाम, माता को निश-दिन हो प्रणाम ।
जग में सुंदर तीन हैं नाम, मातु पिता अरु हरि घनश्याम ।।

◎ **Mother** : ***Shloka*** : *There is no shelter like a mother. Mother is the supreme righteousness. There is none dear like a mother. Mother is more dear than heaven.* ***Sthāyī*** : *He who has mother and father, why would he go to any pilgrimage. One who has blessings of his mother and father, everything in the world is fulfilled by him.* ***Antarā*** : ***1.*** *There is no teacher like mother. She is Brahmā, Vishṇu and Shiva.* ***3.*** *Mother is the reflection of pure love. She is the image of God. She is the wealth of the three worlds. She is pure and auspicious beauty.* ***3.*** *One who does not have mother and father, he has death in living form. He is deprived of affection. God is his only support.* ***4.*** *Mother is an incarnation of Lakshmī. Obeisance to mother day and night. There are only three beautiful words in this world. Mother, father and Hari.* **545/4839**

(यशोदा कान्हा संवाद)

मथुरा बनी है मरघट दैया, वहाँ करत है राज सिपैया ।
मेरे मन को तू न दुखाना, मत जा मथुरा, मत जा कान्हा! ।। 651/5205

(कान्हा)

मुझको मथुरा जाना होगा, अपना कार्य निभाना होगा ।
कंस-कैद से दुखी विविध को, मुक्त करूँगा निरपराध को ।। 652/5205

अधर्म की जब विजय धर्म पर, अकर्म की जब जीत कर्म पर ।
पाप दमन का, ताप शमन का, हेतु यही है कृष्ण जनम का ।। 653/5205

तूने माते! पाला मुझको, मैंने प्यार दिया है तुझको ।
सब ये कृत्य सफल हो जायें, ज्योंही कंस विफल हो जाये ।। 654/5205

ॐ श्लोकः

मोचयितुं नु गन्तव्यं कारायाः पितरौ मया ।
सर्वानन्यांश्च ये बद्धा हत्वा कंसं महाखलम् ।। 237/2422

◎ **Yashodā** : *Mother Yashodā said, Mathurā has become a graveyard now. A dictator rules there. O Kānhā! please don't go there. Shrī Krishṇa said, O Mother! I have to go to Mathurā. I have to perform my duty. I have to defeat the evil and as soon as Kaṅsa is deposed, I have to free all innocent people from his jails. O Mother! you have raised me. You have given me love. This all will be meaningful when Kaṅsa is defeated.* **546/4839**

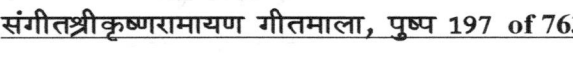

संगीतश्रीकृष्णरामायण गीतमाला, पुष्प 197 of 763

(नंदलाल)

स्थायी

माँ मुझे देवकी का ही, नंद ना कहो ।
मैं नंद दुलारा माँ, तुम्हारा भी हूँ ।।
♫ ग रेसा- रेरेग- म- प-, ध-प म- गरे- ।
सा रे-रे रेग-म प-, धप-म- ग रे- ।।

अंतरा-1

देवकी माता मुझको है, जनम दिया,
तुमने प्रेम से मुझको, बड़ा है किया ।
मुझे नंद गोपाला, नंद लाला कहो,

अँखियन का तारा मैं, तुम्हारा भी हूँ ।।

♫ सां-सांनि- सां-सां निनिसां- सां-, निधनि- धप-,
नि-नि ध-नि- नि धधप-, धनि- ध- पम- ।
गम- प-ध नि-ध-प-, सांनि ध-नि धप-,
मग-रेरे ग म-प- ध-, निध-प- ग म- ।।

अंतरा-2

माँ तुम्हीं ने है मुझको, सहारा दिया,
जो कुछ भी हूँ माँ मैं, तुम्हारी कृपा ।
मुझे मुरली वाला तुम, नंद ग्वाला कहो,
ममता का मारा मैं, तुम्हारा भी हूँ ।।

अंतरा-3

मथुरा से मैं आया हूँ, तुम्हारे यहाँ,
गोकुल से फिर वृंदावन, तुम्हारा कहा ।
मुझे मथुरा जाने दो, ना मत कहो,
प्यारा बेटा मैं माते! तुम्हारा भी हूँ ।।

◎ **Nand-lāl :** ***Sthāyī :*** *O Mother Yashodā! please don't consider me as the son of Devakī only. I am your dear son too.* ***Antarā : 1.*** *Devakī gave me birth, but you have raised me with tender love. Please call me Nand Gopāl, Nand-lāl (son of Nanda Bābā). O Mother! I am the apple of your eye too.* ***2.*** *O Mother! you supported me and whatever I am is because of your grace. Please call me Murlīdhar (Bearer of the flute) or Nand-gwālā (Cowherd boy of Nanda Bābā). I am thirsty of your love too.* ***3.*** *I came from Mathurā to your Gokul. Then from Gokul to Vrindāvan. Please don't stop me from going to Mathurā. I am a beloved son of yours too.* **547/4839**

(हे मैया!)

जन गण मन का भार मिटाने, दुखियों के सब दुःख हटाने ।
मोको जाने दे तू मैया, संग मेरे बलदाऊ भैया ।। 655/5205

◎ **O Mother! :** *O Mother! in order to relieve the pressure from the minds of the oppressed people and for alleviating the pain of the distressed, I have to go. But don't worry!I have brother Balrāma with me.* **548/4839**

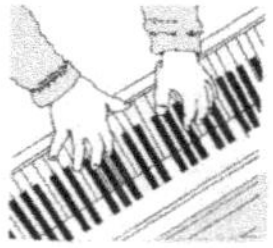

संगीतश्रीकृष्णरामायण गीतमाला, पुष्प 198 of 763

गीत : राग भीमपलासी

(मोहे जाने दे)

स्थायी

जाने दे मोहे मथुरा मैया, संग मेरे बलदाऊ भैया ।

♫ पमपनि सां निधपमप गगगम गरेसा-, पनि सागरे- सासाप-गम गरेसा- ।

अंतरा-1

वृंदावन है स्वर्ग समाना, मथुरा मरघट बनी है दैया ।
मत जा कंस के पास कन्हैया ।।

♫ प-प-निमप गम पनिसां सांगरेंसां-, निनिसांमं गंरेंसांसां पनिसां सां निधप- ।
पप गं गंरेंरें सां- नि-निनि ध-प- ।।

अंतरा-2

दही माखन है वृंदावन में, गोप गोपिका ग्वाले गैया ।
मत जा मत जा पड़ूँ मैं पैंया ।।

अंतरा-3

सत् चित् आनंद अपने मन में, मथुरा बनी है मौत की शैया ।
जमुना के तू पार न जैंया ।।

◎ **Shrī Krishna :** ***Sthāyī :*** *O Mother Devakī! please let me go to Mathurā. I have Brother Balrāma with me.* ***Antarā : 1.*** *Vrindāvan is like heaven. Kańsa's Mathurā has become a graveyard, My God! O Dear Kanhaiyā! please don't go near that evil Kańsa.* ***2.*** *In Vrindāvan we have plenty of Dahī (curd) and Mākhan (butter). Here we have cows and cowherds. Please don't go, I beg you.* ***3.*** *Here we have peace of mind and joy. Mathurā is a death-bed right now, please don't go beyond the Jamunā river, O Shrī Krishna!* **549/4839**

संगीतश्रीकृष्णरामायण गीतमाला, पुष्प 199 of 763

(अक्रूर जी की कथा)

स्वरदा ने सुंदर गाया है, नारद ने साज बजाया है ।
रतनाकर गीत रचाया है ।।

♪ सानि़सा- गरे सा-नि़नि़ सा-रेम ग-, गममग पम ग-रे सासा-रेम ग- ।
गगरेसासासा रे-ग मगरेसानि़ सा- ।।

अंतरा-1

जब कंस के मंत्री थे हारे, यम पुर को पहुँचे बेचारे ।
वो बोला, अक्रूर जी! जाओ, तुम कृष्ण को मथुरा ले आओ ।
मैंने क्रीड़ा खेल रचाया है ।।

♪ पप मरेम म प-पम पनि धपप-, पप मग गसा सागमप गरेसानि़सा- ।
सानि़ सा-गरे, सा-नि़नि़ सा-! रेमग-, सानि़ सा-ग रे सासानि़- सा- रेमग- ।
गग रेसासा- रे-ग मगरेसानि़ सा- ।।

अंतरा-2

जब नंद को अक्रूर जी बोले, हैं विधि ने दरवाजे खोले ।
मथुरा में लगना मेला है, उत मल्ल युद्ध का खेला है ।
मैं कृष्ण को लेने आया हूँ ।।

अंतरा-3

"मत जा कान्हा" बोली मैया, अब मथुरा मरघट है दैया! ।
"माँ! जाने दे," काहे चिंता, मोहे बुला रही दूजी माता ।
अब मरना कंस का आया है ।।

◎ **Story of Akrūrjī : *Sthāyī* :** *Ratnākar composed the melody, Sarasvatī sang it beautifully, while Shrī Nārad muni played the Vīṇā.* **Antarā : 1.** *When all ministers of Kaṅsa got killed, Kaṅsa said, O Akrūrjī! go to Vrindāvan and bring Shrī Krishṇa to Mathurā. I have arranged a sports-fair here.* **2.** *Akrūrjī told Nand Bābā, the luck has opened its doors. There are wrestling matched in Mathurā. I came to take Shrī Krishṇa to Mathurā to play in the games.* **3.** *Yashodā said, O Kānhā! please don't go to Mathurā. It is a cremation ground right now. Shrī Krishṇa said. O Mother! please let me go. Mother Devakī is calling me to release her from the prison. Now Kaṅsa's end is near.* **550/4839**

45. चाणूर-मुष्टिक की कथा :

45. Story of Chāṇūr and Mushṭik (*Krishna's Childhood*)

(चाणूरमुष्टिककथा)

♪ **संगीतश्रीकृष्णरामायण छन्दमाला, मोती 85 of 501**

चंडालिनी छन्द[125]

। ऽ । + 4 + ऽ । ऽ, 7 + । ऽ ।

(चाणूर मुष्टिक)

हना किशन चाणूर को, मुष्टिक को बलराम ।। 1
अवाक् बन मामा कहे, बिगड़ गयो सब काम ।। 2

◎ **Chāṇūr and Mushṭik :** *Shrī Krishṇa killed Chāṇūr and Balrāma killed Mushṭik. Being surprised, uncle Kaṅsa said, my plans got spoiled.* **551/4839**

(यशोदा)

जाओ सुत कर्तव्य करो तुम, मथुरा में हन्तव्य हरो तुम ।
तुम्हें देवकी बुला रही है, बीती बातें रुला रही है ।। 656/5205

श्लोकः

गच्छ सबलरामस्त्वं यशस्वी भव पुत्रक ।
करणीयं यथा कार्यं हन्यो हन्यस्तथा त्वया ।। 238/2422

◎ **Yashodā :** *Yashodā said, O Dear son! do your duty. Kill that Kaṅsa who deserves death. Devakī is calling you. The past events are putting tears in her eyes.* **552/4839**

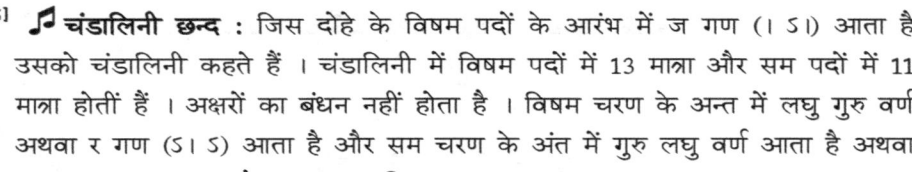

संगीतश्रीकृष्णरामायण गीतमाला, पुष्प 200 of 763

---

[125] ♪ **चंडालिनी छन्द :** जिस दोहे के विषम पदों के आरंभ में ज गण (। ऽ ।) आता है उसको चंडालिनी कहते हैं । चंडालिनी में विषम पदों में 13 मात्रा और सम पदों में 11 मात्रा होतीं हैं । अक्षरों का बंधन नहीं होता है । विषम चरण के अन्त में लघु गुरु वर्ण अथवा र गण (ऽ । ऽ) आता है और सम चरण के अंत में गुरु लघु वर्ण आता है अथवा ज गण (। ऽ ।) आता है । चरणान्त विराम ।

▶ लक्षण गीत : **दोहा॰ जिस दोहे के विषम में, लघु गुरु लघु आरंभ ।**
तेरह ग्यारह मत्त का, "चंडालिनी" है छंद ।। 330/7068

(जाओ हरि!)

स्थायी

कान्हा! कंस–दमन तुम जाओ, गिरिधर! कार्य सफल कर आओ ।

♫ सारेग– म–प धपप मम गरेसा–, सासारेरे! ग–ग ममम पम ग–रेसा ।

अंतरा–1

राह तकत है देवकी मैया, वसुदेव जी उग्रसेन जी ।

अब, जाके उन्हे छुड़वाओ ।।

♫ ग–म पधध प– ध–पप नि–ध–, पध–निसां नि– सां–निधनि ध– ।

मम, प–ध पम– गगरे–सा– ।।

अंतरा–2

माँ के आशीष साथ तिहारे, बलदाऊ भी संग तुम्हारे ।

मत, बैरी से घबराओ ।।

अंतरा–3

राधा गोपी गोप सुदामा, जन वृंदावन गोकुल धामा ।

तुम, सारा व्रज हरषाओ ।।

अंतरा–4

भारत नारी धर्मचारिणी, कहती तुमको मातु नंदिनी ।

हरि! कार्य करम दिखलाओ ।।

◎ **Yashodā : *Sthāyī :*** *Son! go to Mathurā to kill Kańsa. O Giridhar (who picked the mountain)! be successful in your duty.* ***Antarā : 1.*** *You have my blessings with you. You have Balrāma with you. Do not be afraid of the enemy.* ***2.*** *Mother Devakī is waiting for you. Vasudeva and Ugrasena are waiting to be released from prisons. Go and release them.* ***3.*** *Mother Yashodā, the righteous Bhārtīya woman is saying to you, O Hari! go and do your duty.* **553/4839**

(मथुरा गमन)

वृंदावन से मथुरा वाली, रहती सड़क सदा ही खाली ।
कंस चरों के डर के मारे, लोग दूर ही रहते सारे ।। 657/5205

वृंदावन से मथुरा वाली, राह सदा जो रहती खाली ।
स्वागत करने आज भरी है, रथ में आए आज हरि हैं ।। 658/5205

फूल कृष्ण पर बरस रहे हैं, दर्शन को जन तरस रहे हैं ।
नाम सभी के मुख में प्यारा, हरि! हरि! जय जय का जयकारा ।। 659/5205

गोपी ललना पथ पर नाचत, गोप गणों की बाँसुरी बाजत ।
सबके मन में 'बाल–अजय' की, आस लगी है कृष्ण विजय की ।। 660/5205

(फिर, मथुरा में)

हरि का रथ जब मथुरा आया, मोद सभी के मन पर छाया ।
मल्लयुद्ध मैदान सजा था, शुभारंभ का बिगुल बजा था ।। 661/5205

◎ **To Mathurā :** *The road from Vrindāvan to Mathurā is always empty for the fear of Kańsa's evil men. People stayed away from this road. But, today there are people standing on both sides of this road to greet Shrī Krishṇa and Balrāma who are going to Mathurā with Akrūrjī. People are chanting Shrī Krishṇa's victory slogans and showering flowers on him. The cowherd boys are playing flutes and the girls are dancing. Everyone is hoping for Shrī Krishṇa's win. When Shrī Krishṇa reached Mathurā, everyone was joyful. The wrestling ground was well decorated and the opening bugle had blared forth.* **554/4839**

♫ **संगीतश्रीकृष्णरामायण छन्दमाला, मोती 86 of 501**

कज्जल छन्द[126]

11 + ऽ।

(मथुरा में क्रीडा)

मथुरा में सजा है मंच ।

कृष्ण–वध को आतुर कंस ।। 1

हरि बलराम न डरे रंच ।

भया कंस स्वयं का ध्वंस ।। 2

---

[126] ♫ **कज्जल छन्द** : इस 14 मात्रा वाले आदित्य छन्द के चरण के अंत में एक दीर्घ और एक लघु मात्रा आती है ।

▶ लक्षण गीत : ✍ **दोहा॰ चौदह मात्रा से रचा, गुरु लघु से हो अंत ।**
वर्ग आदित्य है जिसे, "कज्जल" जाना छंद ।। 331/7068

45. Story of Chāṇūr and Muṣhṭik (Krishna's Childhood)

◎ **Sports in Mathurā :** *The stage is set in Mathurā. Kaṅsa is eager to kill Shrī Kriṣhṇa. Hari and Balrāma are not afraid a bit. Kaṅsa got killed himself.* **555/4839**

भव्य मंच पर कंस बिराजा, अगल बगल आमंत्रित राजा ।
इर्द गिर्द थे प्रेक्षक सारे, कृष्ण नाम के गाते नारे ।। 662/5205

कंस कहा ये विमुख हमारे, बंद करो ये हरि के नारे ।
मथुरा में है राज हमारा, यहाँ चले बस हमरा नारा ।। 663/5205

◎ **The stage :** *Kaṅsa is sitting on the grand stage with his ministers on his both sides. Spectators are standing and chanting Shrī Kriṣhṇa's victory slogans. Kaṅsa said, stop these slogans. You can chant my name only.* **556/4839**

(चाणूर मुष्टिक)
ज्यों ही रथ से उतरे श्रीधर, चाणूर मुष्टिक झपटे उन पर ।
सबने सोचा, हुआ ये धोखा, मुष्टिक को बलराम ने रोका ।। 664/5205

तुरंत हरि ने लिया पैंतरा, मुष्टि प्रहार चाणूर पर करा ।
युद्ध हुआ फिर मल्ल चार का, दो बालक दो कुश्तीकार का ।। 665/5205

उठा पटक करके दिखलाया, क्या कर सकती गौ की माया ।
चाणूर मुष्टिक पड़ गए चित, बलराम हरि को दे कर जीत ।। 666/5205

दोहा॰ हार गए जब कंस के, सारे मानव वीर ।
छोड़ा हरि पर कंस ने, हाथी कुवलयपीड़ ।। 332/7068

श्लोकाः

आगतः स्वागते भव्ये श्रीकृष्णो मथुरां यदा ।
चाणूरः कृष्णयक्राम्यद्-बलरामे च मुष्टिकः ।। 239/2422

कृष्णो मुष्टिप्रहारेण द्रुतञ्चाणूरमक्षिणोत् ।
लाङ्गलेनातुदन्मल्लं बलरामश्च मुष्टिकम् ।। 240/2422

प्रद्योतेन समाक्षिप्तो महाकायो महागजः ।
मत्तः कुवलयापीडो हतः कृष्णेन लीलया ।। 241/2422

◎ **The Sports :** *As soon as Shrī Kriṣhṇa got down from his chariot, Chāṇūr attacked him to wrestle him to ground. Muṣhṭik attacked Balrāma. There was a great battle between two professional wrestlers and two cowherd boys. After fighting and boxing, Chāṇūr and Muṣhṭik fell flat on their faces. Shrī Kriṣhṇa killed Chāṇūr with a blow and Balrāma killed Muṣhṭik with his handy plough.* **557/4839**

संगीतश्रीकृष्णरामायण गीतमाला, पुष्प 201 of 763

(चाणूर मुष्टिक की कथा)

स्थायी

स्वरदा ने सुंदर गाया है, नारद ने साज बजाया है ।
रतनाकर गीत रचाया है ।।

♫ सानि़सा- गरे सा-नि़नि़ सा-रेम ग-, गममग पम ग-रे सासा-रेम ग- ।
गगरेसासासा रे-ग मगरेसानि़ सा- ।।

अंतरा-1

मैया बोली, सुत! तुम जाओ, नभ वाणी को सच करवाओ ।
हरि बलदाऊ मथुरा आए, मथुरा जन से स्वागत पाए ।
क्रीड़ा मैदान सजाया है ।।

♫ प-मरे म-प-, पम! पनि धपप-, पप मगगसा साग- मप गरेसानि़सा- ।
सानि़ सासागरेसा- नि़नि़सा- रेमग-, सानि़सा- गरे सा- नि़-सासा रेमग- ।
ग-रेसा सा-रे-ग मगरेसानि़ सा- ।।

अंतरा-2

ज्यों ही रथ से उतरा कान्हा, चाणूर मुष्टिक हमला कीन्हा ।
घनघोर हुआ युध मुष्टि का, दो-दो मल्लों की कुश्ती का ।
नृप कंस बहुत हरषाया है ।।

अंतरा-3

मुष्टिक को राम लिटाया है, चाणूर को श्याम मिटाया है ।
दधि दूध का जोर दिखाया है, मामा को सबक सिखाया है ।
"जय कृष्ण!" जनन ने गाया है ।।

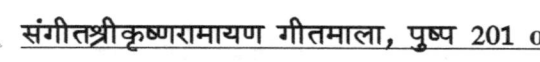

◎ **Story of Chāṇūr and Muṣhṭik : *Sthāyī* :** *Ratnākar composed the melody, Sarasvatī sang it beautifully, while Shrī Nārad muni played the Vīṇā.* ***Antarā* : 1.** *Mother Yashodā said, O Dear son! go to Mathurā and make the celestial declaration true. Hari and Balrāma came to Mathurā. Here they received a great welcome from people. The playground was well decorated.* ***2.*** *As soon as Shrī Kriṣhṇa and Balrāma stepped down from their chariot, Chāṇūr and Muṣhṭik attacked them. There was a great battle between two wrestlers and two young brothers. Kaṅsa was very happy.* ***3.*** *Shrī Kriṣhṇa killed Chāṇūr and Balrāma killed Muṣhṭik. They showed the divine power of milk amrit (divine nectar) to Kaṅsa. They taught him a good lesson, but he still did not bacome wise.* **558/4839**

46. कुवलयापीड़ की कथा :

46. Story of the Kuvalayāpīḍ elephant (*Krishna's Childhood*)

(कुवलयापीडगजकथा)

संगीतश्रीकृष्णरामायण छन्दमाला, मोती 87 of 501

मेधविस्फूर्जिता छन्द[127]

। ऽ ऽ, ऽ ऽ ऽ, ।। ।, ।। ऽ, ऽ। ऽ, ऽ। ऽ, ऽ

(कुवलयापीड़ हाथी)

पिला के दारू कुंजर कुवलयापीड़ को, मार कोड़ा ।
चिढ़ा के हाथीराज वध करने कृष्ण पे, कंस छोड़ा ।। 1
त्वरा से कान्हा ने गज कुवलयापीड़ का, दाँत तोड़ा ।
बिना चिंता से कूद सिर पर मातंग का, शीश फोड़ा ।। 2

---

[127] **मेधविस्फूर्जिता छन्द :** इस 19 वर्ण, 30 मात्रा वाले छन्द के चरण में य म न स र र गण और एक गुरु वर्ण आता है । इसका लक्षण सूत्र । ऽ ऽ, ऽ ऽ ऽ, ।।।, ।। ऽ, ऽ। ऽ, ऽ। ऽ, ऽ इस प्रकार है ।

▶ लक्षण गीत : **दोहा॰ मात्रा तीस सजीं जहाँ, गुरु मात्रा से अंत ।**
कहा "मेधविस्फुर्जिता," य म न स र र गण छंद ।। 333/7068

◎ **Kuvalayāpīḍ :** *Making the Kuvalayāpīḍ elephant intoxicated with liquor and hitting him with a whip, Kaṅsa's men charged the mad animal to kill Shrī Kriṣhṇa. As soon as the angry elephant came near, Shrī Kriṣhṇa pulled out a tooth of that elephant and climbed on his back. Shrī Kriṣhṇa hit the animal's head with the tooth with a great force and cracked its head.* **559/4839**

(कुवलयापीड़)

दास कंस के जब सब हारे, आस एक जो उसको तारे ।
कुवलयापीड़ नाम का हाथी, बचा कंस का अंतिम साथी ।। 667/5205

कुवलयापीड़ विशाल गज था, कुचलता सब जीव सहज था ।
आज नशे में हुआ मस्त था, मद्य पान कर मदोन्मत्त था ।। 668/5205

कंसचरों ने मारा कोड़ा, क्रीडांगण में उसको छोड़ा ।
क्रीडांगण में राम श्याम थे, अगली क्रीड़ा को विराम थे ।। 669/5205

हाथी ऊँचा लंबा चौड़ा, पागल सीधा हरि पर दौड़ा ।
हरि ने उसका दाँत उखाड़ा, गज पर चढ़ कर सिर पर ताड़ा ।। 670/5205

सिर फटते करि होश में आया, नीचे लेटे हरि! हरि! गाया ।
मरा कंस का अंतिम चेला, मथुरा में अब कंस अकेला ।। 671/5205

◎ **Kuvalayāpīḍ :** *When all other warriors of Kaṅsa got killed, his last fighter was the huge and wild elephant Kuvalayāpīḍ. Kaṅsa's men got the elephant drunk and mad and charged him to crush Shrī Kriṣhṇa to death. The intoxicated animal came running with his trunk held up high and teeth pointing towards Shrī Kriṣhṇa to stab him. But, as soon as the animal came near, Shrī Kriṣhṇa grabbed and broke one of his teeth and jumped on his back. Shrī Kriṣhṇa hit the broken tooth on elephant's head. The animal got a concusion and fell on the ground. The elephant came to his senses and chanted Hari! Hari! and died.* **560/4839**

संगीतश्रीकृष्णरामायण गीतमाला, पुष्प 202 of 763

(हरि बलदाऊ)

स्थायी

हरि बलदाऊ आए मथुरा, राधा यशोदा वृंदावन में ।

सानि़- सा-रेग-ग- प-म- गगरे-, म-म मप-प- मपमगरेरे सा- ।

अंतरा–1

इत आनंद की लड़ी जन गण में, उत है भरी आतुरता मन में ।

♪ रेरे ग–म–म प– मप धनि धप म–, मम– प– धध नि–धपम– गरे सा– ।

अंतरा–2

माँ ने आशीष धरा है जिन पर, मिले सफलता उनको रण में ।

अंतरा–3

गौ माता पय भरा है जिनमें, हस्ति का बल खरा है उनमें ।

अंतरा–4

सद्गुण माया जिन कण–कण में, महान है छमता उनके तन में ।

◎ **Hari and Balrāma :** ***Sthāyī :*** *Hari and Balrāma came to Mathurā. Rādhā and Yashodā are there in Vrindāvan.* ***Antarā : 1.*** *Here, in Mathurā, people are in festive mood. There, in Vrindāvan, people are anxious to know what is happening in Mathurā.* **2.** *Those who are blessed by mother Yashodā, they will get success on the wrestling field.* **3.** *Those who grow on cow's milk, they have the strength of an elephant.* **4.** *Those who have righteousness in their every particle of the body, they have the supreme capacity.* **561/4839**

संगीतश्रीकृष्णरामायण गीतमाला, पुष्प 203 of 763

(कुवलयापीड़ की कथा)

स्थायी

स्वरदा ने सुंदर गाया है, नारद ने साज बजाया है ।

रतनाकर गीत रचाया है ।।

♪ सानिसा– गरे सा–निनि सा–रेम ग–, गममग पम ग–रे सासा–रेम ग– ।

गगरेसासासा रे–ग मगरेसानि सा– ।।

अंतरा–1

अब कंस ने अंतिम दाव लड़ा, एक हाथी कुवलयपीड़ बड़ा ।

उसको मारके चाबुक कोड़ा, मदमस्त हस्ति हरि पर छोड़ा ।

वह हाथी दौड़ा आया है ।।

♪ पप मरेम म प–पम पनिध पप–, पप म–गसा सागमपगरेसा निसा– ।

सानिसा– गरेसासा नि–सासा रेमग–, सानिसा–ग रे–सा सानि सासा रेमग– ।

गग रेसासा– रे–गम गरेसानि सा– ।।

अंतरा–2

दाँत हरिऽ ने उसका तोड़ा, सिर पर ताड़के माथा फोड़ा ।

गिर कर धरती पर वो आड़ा, हरि पग में दम उसने तोड़ा ।

वह हरि की शरणन पाया है ।।

अंतरा–3

जब कंस का अंतिम वीर मरा, श्रीकृष्ण का कंस ने हाथ धरा ।

उसको मायागृह में लाया, बोला अब तू पकड़ में है आया ।

अब तेरा मातम आया है ।।

◎ **Kuvalayāpīḍ :** ***Sthāyī :*** *Ratnākar composed the melody, Sarasvatī sang it beautifully, while Shrī Nārad muni played the Vīṇā.* ***Antarā : 1.*** *Kaňsa played his last pawn. He charged his intoxicated Kuvalayāpīḍ elephant on Shrī Krishṇa. The elephant is drugged and provoked for a kill.* **2.** *Hari broke elephent's tooth and hit it on the head of the beast. The elephant fell on the ground at the feet of Shrī Krishṇa, saying Hari! Hari! Shrī Krishṇa forgave him.* **562/4839**

47. कंसनिकंदन की कथा :

47. Story of Kaňsa's death (*Krishna's Childhood*)

(कंसनिकन्दनकथा)

♪ **संगीतश्रीकृष्णरामायण छन्दमाला, मोती 88 of 501**

कौमुदी छन्द[128]

---

[128] ♪ **कौमुदी छन्द :** इस 13 वर्ण, 20 मात्रा वाले छन्द के चरण में न त त त गण और एक गुरु वर्ण आता है । इसका लक्षण सूत्र ।।।, ऽ ऽ।, ऽ ऽ।, ऽ ऽ।, ऽ इस प्रकार होता है । चरणान्त यति होता है ।

▶ लक्षण गीत : ✍ **दोहा॰ न त त त गण का क्रम जहाँ, गुरु मात्रा हो अंत ।**
बीस मत्त का वृंद जो, कहा "कौमुदी" छंद ।। 334/7068

।। ।, ऽ ऽ।, ऽ ऽ।, ऽ ऽ।, ऽ

(कंसनिकंदन)

मर गए कंस के वीर सारे जभी ।

महल में कृष्ण को कंस लाया तभी ।। 1

"अब दिखा कृष्ण! तेरी मुझे शक्ति तू ।

अब तुझे कौन तारे बता, युक्ति तू" ।। 2

◎ **Kaňsa-nikandan Shrī Krishṇa :** *When all warriors of Kaňsa got killed, he picked Shrī Krishṇa up on his shoulder and brought him in his magical palace. He said, O Shrī Krishṇa! now show me how much power you have and tell me who will save you from your death.* **563/4839**

(कृष्ण)

बचा नहीं कोई जब चेला, खतम कंस का सारा खेला ।

बाँके बिहारी बोले, भैया! चलो छुड़ाएँ बापू मैया ।। 672/5205

श्लोकाः

नावशिष्टो यदा कोऽपि वीरः कंसस्य किङ्करः ।

क्रीडास्पर्धोत्सवः शेषं मथुरायां गतस्तदा ।। 242/2422

बलरामं ततः कृष्ण आह बन्धो चलाधुना ।

काराया मोचयिष्यावो मातरं पितरं तथा ।। 243/2422

यावद्बन्धुः "समीचीनम्–" उवाच भ्रातरं लघुम् ।

तावद्धृत्वा हरिं कंसो मायागृहे तमानयत् ।। 244/2422

(कंस)

जीत गए जब दोनों भाई, धरी कंस ने कृष्ण कलाई ।

उठाय हरि को धरा बगल में, लाया मायामयी महल में ।। 673/5205

इन्द्रजाल से भरा भवन वो, कंसचरों का कक्ष-पठन वो ।

छल कपटों का विद्यालय वो, राजकीय चर मद्यालय वो ।। 674/5205

◎ **Shrī Krishṇa :** *The sports came to an end when all agents of Kaňsa got killed. At that time Bānke Bihārī (free roaming) Shrī Krishṇa said to Balrāma, O Brother! let's go and release mother and father from the prison. By the time Balrāma said, yes! let's go, Kaňsa came there and held Shrī Krishṇa's wrist. He pick Shrī Krishṇa up on his shoulder and brought him to his Māyā-mahal (magic palace), the school and winery for Kaňsa's ministers to drink liquor and practice the deceits.* **564/4839**

श्लोकाः

इन्द्रजालमया शाला पठन्त्यत्रासुराः खलाः ।

मदोन्मत्ता महादुष्टा नानामायासमावृताः ।। 245/2422

द्वारञ्च पिहितं कृत्वा कंसः स कृष्णमब्रवीत् ।

दर्शय दुग्धशक्तिं ते संरक्षिष्यति त्वां कथम् ।। 246/2422

महाबली च वीरोऽहं सर्वमायासमावृतः ।

अस्त्राणि कृष्ण शस्त्राणि शस्त्रागारे स्थितानि मे ।। 247/2422

इतस्त्वं जीवितं जातु कृष्ण गन्तुं न शक्ष्यसे ।

अस्मान्मायागृहान्नास्ति कृष्ण ते कोऽपि त्रातकः ।। 248/2422

(फिर)

द्वार बंद भवन का करके, कंस कृष्ण पर गदास्त्र धरके ।

बोला, बल अब दिखला मुझको, कौन बचा पाएगा तुझको ।। 675/5205

दिखा दुग्ध की माया तेरी, अब तू बंसी बजा बतेरी ।

अब तक जान बचा पाया है, आज पकड़ में तू आया है ।। 676/5205

मेरे तन में हस्ती बल है, शस्त्र-अस्त्र ब्रह्मास्त्र सकल हैं ।

तुझे नहीं मैं अब छोड़ूँगा, रग रग तेरी मैं तोड़ूँगा ।। 677/5205

◎ **Māyā mahal :** *Kaňsa brought Shrī Krishṇa in a special chamber and closed its door. The room was equipped with various weapons and war material. Kaňsa said, O Shrī Krishṇa! now show me the power of milk. Let me see how it saves you from your death. I am immensely powerful and deceitful. I have many weapons and armaments with me here. Now you can play your flute all you want. So far you have eluded me, but today you fell in my trap. I have strength like an elephant. I will crush every bone in your body, without any mercy, even after you are killed.* **565/4839**

(कृष्ण)

47. Story of Kaňsa's death (Krishna's Childhood)

दोहा॰ कौन किसी को मारता, किसका है यह काज ।
अमृत पुण्य, विष पाप है, यही गुह्य का राज ।। 335/7068

"पाप-पुण्य कुल जोड़ के, जमा करम जो होय ।
पापों का घट जब भरे, बचा सके ना कोय" ।। 336/7068

पुण्य पाप का हिसाब करके, बचा हुआ सो चढ़ता सर पे ।
पुण्य मनुज को भय से तारे, पाप हमारा हमको मारे ।। 678/5205

पाप और तुम करो न मामा! दुराचार की नहीं है सीमा ।
अभी समय है तय करने का, विमुख पाप से है रहने का ।। 679/5205

अभी समय है पछताने का, अभी समय है सुलझाने का ।
दुआर बंदीगृह के खोलो, क्षमा याचना सबसे बोलो ।। 680/5205

श्लोकाः

कृष्ण उवाच कंसं तु को वा मातुल हन्ति कम् ।
आत्मनः पापमात्मानं हन्ति नान्योऽस्ति घातकः ।। 249/2422

त्वया सद्योऽपि कर्तव्यः पश्चातापो यदीच्छसि ।
भूत्वाऽस्माद्विमुखः पापात्-सुखं सर्वं भविष्यति ।। 250/2422

मुञ्च बन्दिगृहात्सर्वान्-निरपराधिनो नृप ।
याचेस्त्वं चेत्क्षमां नत्वा क्षन्तव्यस्त्वं भविष्यसि ।। 251/2422

◎ **Shrī Krishna :** *Shrī Krishna said, O Uncle! who really kills whom. One's own sin kills a person. Sin is the poison and good deeds are amrit (divine nectar). This is the secret. Summing up the good and bad deeds, the product determines your death and the next birth. O Uncle! please do not think of doing more sins. Sins also have limit. Even now there is time to repent and turn back from sins. You will be saved. Please say sorry to everyone and release them from your prisons. Please open the prison doors.* **566/4839**

(कंस)

बात मुझे ये समझ न आई, तय करने की मुझे न भाई ।
मैं हूँ अतिशय दृढ़ बलशाली, तुझे मारना बात मामुली ।। 681/5205

मैं वीरों से लड़ने वाला, तू है नन्हा बालक ग्वाला ।
अब तेरी मैं हत्या कर दूँ, नभ की वाणी मिथ्या कर दूँ ।। 682/5205

श्लोकौ

मायावी बलशाली च धीरोऽहं च पराक्रमी ।
कृष्ण त्वाऽहं हनिष्यामि भविष्यामि च निर्भयः ।। 252/2422

किं वा पापं नु पुण्यं वा व्यर्थाः सर्वा विवेचनाः ।
मार्गं निष्कण्टकं कर्तुं यथेच्छया करोम्यहम् ।। 253/2422

◎ **Kaňsa :** *Kaňsa said, O Shrī Krishna! I don't understand why are you asking me to feel sorry. I am powerful. Killing you is an easy thing for me. I have fought with great warriors. You are just a cowherd kid. Now I will kill you and falsify the celestial declaration. Now my path is clear. Sins and good deeds are meaningless chatter. Now you can not escape alive from here.* **567/4839**

(फिर)

इतना कह कर हँस कर मामा, मुष्टि प्रहारा हरि पर कीन्हा ।
हरि ने झुक कर वार बचाया, टाँग अड़ा कर उसे गिराया ।। 683/5205

फिर मामा ने गदा उठाई, घुमा घुमा कर मुड़ी कलाई ।
हरि को लगा न कोई धक्का, मामा रह गया हक्का-बक्का ।। 684/5205

फिर तलवार निकाली मामा, कोई चाल न आई कामा ।
शस्त्र-अस्त्र बहु विधि के सारे, छोड़े हरि पर बल बहुतेरे ।। 685/5205

फेंका ब्रह्म अस्त्र फिर मामा, वो भी हरि पर था बेकामा ।
शक्तियोग के आगे सारे, शस्त्र-अस्त्र सब उसके हारे ।। 686/5205

श्लोकः

एवमुक्त्वा हि कंसेन प्रहारा विविधाः कृताः ।
शस्त्रास्त्रैः सह सर्वैश्च कृष्णस्तु निर्व्रणो हि सः ।। 254/2422

◎ **Then :** *Having said so, Kaňsa tried to punch Shrī Krishna, but Shrī Krishna ducked and missed the blows. Kaňsa was surprised. He then took sword and then mace and then spear but none could strike Shrī Krishna. He then threw various weapons but all missed* *their target. At last, Kaňsa threw the Brahmā-astra (weapon named after Brahmā), but it became ineffective in front of Shrī Krishṇa's shakti yoga.* **568/4839**

(अंत में)

अंत में मामा हरि पर झपटा, हरि ने उसको मारा लपटा ।

गर्दन पकड़ी, मारा झटका, उसे उठा कर भू पर पटका ।। 687/5205

◎ **At the end :** *At the end, Kaňsa jumped on Shrī Krishṇa. Shrī Krishṇa held Kaňsa's neck and dropped him on the ground.* **569/4839**

♫ **संगीतश्रीकृष्णरामायण छन्दमाला, मोती 89 of 501**

राजीवगण छन्द[129]

9 + 7 + ऽ

(कंस ध्वंस)

बहुतेरे अस्त्र चलायो मामा ।

आयो कृष्ण पर न कोई कामा ।। 1

विविध शस्त्र फेंक फेंक जब हारा ।

मुष्टि प्रहार से गया वह मारा ।। 2

◎ **End of Kaňsa :** *Kaňsa threw various weapons at Shrī Krishṇa, but none touched him. When Kaňsa got tired of throwing weapons, Shrī Krishṇa killed him with a single blow.* **570/4839**

(मामा बेला)

हड्डी पसली भयी जब चूरा, प्राण भाग रहे थे दूरा ।

बोला, "**अधर्म है ये सारा, भाँजे ने मामा को मारा**" ।। 688/5205

श्लोक:

अन्ते कृष्णेन कंसस्तु कण्ठं सम्पीड्य सूदित: ।

[129] ♫ **राजीवगण छन्द** : इस 18 मात्रा वाले पौराणिक छन्द में 9–9–7–ऽ इस प्रकार से मात्राएँ आती हैं । इसको ♫ **माली छन्द** भी कहते हैं ।

▶ लक्षण गीत : **दोहा॰ मत्त अठारह से बना, गुरु मात्रा से अंत ।**

कहा "राजीवगण" जिसे, प्रति नौ कल यति छंद ।। 337/7068

कंसो ब्रूते तदा कृष्णं, "पापं मातुलसूदमन्" ।। **255**/2422

◎ **Uncle Kaňsa :** *When Kaňsa was about to die, he said, O Shrī Krishṇa!* ***"killing an uncle is a sin."*** **571/4839**

(बाल कृष्ण ने कहा)

धर्मयोग है बड़ा पुराना, जनम-जनम जो आता कामा ।

कृष्ण निहत्था बोले श्यामा, साँस आखिरी सुनलो, मामा! ।। 689/5205

(सूक्ति)

"शस्त्रधारी जो लड़ने आवे, प्राण किसी के लेने धावे ।

उसको मारे उसके पाप, वो मरता है अपने आप" ।। 690/5205

श्लोक:

सुभाषितम्

हत्वाऽवध्यं हि यत्पापं शास्त्रेषु विदितं सखे ।

वध्यं तदेव चाहत्वा पातकं कथितं तथा ।। **256**/2422

◎ **Shrī Krishṇa :** *Un-armed Shrī Krishṇa said, O Uncle! Dharma-yoga (yoga of righteousness) is an ancient teaching. O Māmā (uncle)! at your last breath listen to it. "When an armed person comes to fight and tries to kill someone, then that armed attacker gets killed with his own sins. The sin that is mentioned in the scriptures in killing an unarmed innocent person, is the same sin one gets in not killing an armed and sinful attacker."* **572/4839**

♫ **संगीतश्रीकृष्णरामायण छन्दमाला, मोती 90 of 501**

फटका छन्द, अनुप्रास

8 + 8 + 8 + 6/5

(पाप)

पापी जन का पाप पचाना, शास्त्र में जाना पाप है ।

पापी जन का पाप पचाता, पाप वो करता आप है ।। 1

शास्त्रों में जो पाप कहा है, वध करने में अवध्य का ।

वही पाप है मिलता उसको, जो न करे वध वध्य का ।। 2

47. Story of Kaṅsa's death (Krishna's Childhood)

◎ **Sin :** *Letting a sinner get away with his sins, is a sin. Who ignores sins of a sinner commits sin himself. And, the scriptures say, the sin that accrues by killing an innocent righteous person, also accrues by not killing an armed sinner.* **573/4839**

♫ संगीतश्रीकृष्णरामायण छन्दमाला, मोती 91 of 501

विद्युन्माला–छन्दः

ऽ ऽ ऽ, ऽ ऽ ऽ, ऽ ऽ

(कंसारिपूजनम्)

कंसध्वंसं दुष्टारिं तं, गोपीनाथं कृष्णं वन्दे ।
ऋत्वा पुष्पं तोयं धूपं, गन्धं क्षौद्रं नारीकेलम् ।। 1[130]
वन्दे सर्वज्ञं धातारं, देवेशं योगेशं श्रीशम् ।
गोपालं गोविन्दं विष्णुं, राधानन्दं गोपीनाथम् ।। 2
वन्दे सानन्दं श्रीकृष्णं, लक्ष्मीकान्तं भक्ताधीनम् ।
सर्वाधारं सर्वात्मानं, राधाप्राणं सर्वानन्दम् ।। 3
ऊरू जानू पादौ बाहू, कोष्ठं स्कन्धौ ग्रीवां कण्ठम् ।
वक्त्रं कर्णौ नेत्रे शीर्षं, जिह्वां चित्तं मे रक्षेत्सः ।। 4

◎ **Worship of Shrī Krishṇa :** *I worship the Kaṅsa's slayer Shrī Krishṇa, the enemy of evil people, the Gopīnāth (Lord of the cow-maids), by offering flowers, water, incense, sandalwood past, honey and coconut. I worship the Omniscient, the Creator, the God of Gods, the Lord of yoga, the Lord of Lakshmī, Gopāl (the cowherd boy), Govind (protector of the cows), Vishṇu, Rādhānand (Joy of Rādhā), Lakshmīkānt (Husband of Lakshmī), Shrī Krishṇa who is merciful to his devotees. He is the Support, the Sprit of all, the Life of Rādhā, the Joy of everyone. May he protect my arms, legs, stomach, shoulders, neck, throat, ears, eyes, mouth, head, heart and all.* **574/4839**

(कृष्ण)

इतना कह कर हरि ने खोले, सारे बंदी गृह के ताले ।
मातु पिता सब बंदीकारा, बोले हरि का जय जय नारा ।। 691/5205

श्लोकः

एवमुक्त्वा च कृष्णेन बन्दिगृहमपावृतम् ।
मथुरायाः पुनः पुण्य उग्रसेनो नृपः कृतः ।। 257/2422

◎ **Shrī Krishṇa :** *Having said thus to Kaṅsa, Shrī Krishṇa went and* ***opened the gates of all prisons****. He released mother, father, Ugrasena and all other prisoners. He returned the Mathurā throne to Ugrasena. Everyone said, victory to Shrī Krishṇa.* **575/4839**

संगीतश्रीकृष्णरामायण गीतमाला, पुष्प 204 of 763

(हमें बाल कृष्ण ने तारा)

स्थायी

हमें बाल कृष्ण ने तारा, उस पापी कंस को मारा ।
♫ रेग म–म प–म ग– रे–ग–, मम नि–ध प–म ग– रे–सा– ।

अंतरा–1

वृंदावन में स्वर्ग बसायो, कुंज गलिन में राधा रमायो ।
नंद यशोदा धन्य करायो, गोविंद नंद का प्यारा ।।
♫ गरेग–मम प– ध–प मग–म–, नि–ध पमम प– सां–नि धप–ध– ।
ध–प मप–ध– प–म गम–प–, प–म–ग रे–ग म– ग–रेसा– ।।

अंतरा–2

कंस पापी के अनुचारी सारे, भेज दिये सब स्वर्ग दुआरे ।
मुक्त किये मुनि भगत पुजारी, आनंद कंद जग सारा ।।

अंतरा–3

माता–पिता को कैद छुड़ाया, ब्रज जन का सब ताप हराया ।
उग्रसेन पर मुकुट चढ़ाया, मथुरा का राज उबारा ।।

◎ **Shrī Krishṇa, the protector :** ***Sthāyī :*** *Shrī Krishṇa killed that sinful Kaṅsa and saved our lives.* ***Antarā : 1.*** *Shrī Krishṇa established heaven in Vrindāvan. He delighted Rādhā. He made Nand Bābā and Yashodā feel grateful. Govinda (Protector of the cows) is dear to Nand Bābā.* ***2.*** *Shrī Krishṇa killed evil followers of Kaṅsa and released all righteous people from the prisons. The world is joyful again.* ***3.*** *Shrī Krishṇa got mother and father out from jail. He removed all difficulties of the people. He installed Ugrasena on the throne of Mathurā and saved the kingdom.* **576/4839**

[130] **क्षौद्रं** = मधु, शहद । **नारीकेलम्** = नारिकेल, नालिकेर, नारियल, नाडिकेर, नाडिकेलि ।

47. Story of Kaňsa's death (Krishna's Childhood)

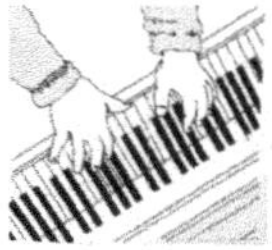

संगीतश्रीकृष्णरामायण गीतमाला, पुष्प 205 of 763

(व्रज भूमि)

स्थायी

व्रज भूमि में इन्द्र का धाम, मथुरा भद्र जनों का ग्राम ।
बसा है सबके मन में राम, निस दिन मुख में कृष्ण का नाम ।।

♫ साम म–मप मग गमप म प–प, पपपध पमम मरे– ग– म–म ।
साम– म मपमग गम पम प–प, पप पध पम म– रे–ग ग म–म ।

अंतरा–1

ग्वाल बाल सह मिलकर गायो, दुख भरे दिन श्रीकृष्ण हटायो ।
नर अवतार में हरि का काम, बोलो, जय जै, कृष्ण का नाम ।।

♫ सां–सां रें–सां निध धधनिरें सां–सां–, धध धम मध निसांधपम गम–म– ।
साम मममपम ग गम पम प–प, प–पध, पम म–, रे–ग ग म–म ।।

अंतरा–2

गोप गोपी सब रास रचाये, कुंज गलिन में नाच नचाये ।
राधा का गा गाकर नाम, बोलो, जय जै, जै सिया राम ।।

अंतरा–3

देव–देवता सब हरषायो, शुभ आशीष बादल बरसायो ।
पूरण हैं सबके अरमान, बोलो, जय जै, जै भगवान ।।

◎ **Vraj Bhūmi** : ***Sthāyī*** : *Vraj Bhūmi is now a heaven. Mathurā is now a city of righteous people. Shrī Rāma dwells in everybody's heart. Shrī Krishṇa's name is in every mouth day and night.* ***Antarā*** : ***1.*** *Shrī Krishṇa sang with the cowherd boys. He removed their sad days. He is doing Shrī Rāma's work in human form. Say, victory to Shrī Krishṇa.* ***2.*** *Gops (cowherd boys) and Gopīs (cow-maids) arranged Rās dance. They danced in Vrindāvan. Say, victory to Sītā and Shrī Rāma. Chant Rādhā's name.* ***3.*** *Gods and Goddesses are all happy. They gave him blessings. He fulfilled everyone's wishes. Say, victory to Lord Shrī Krishṇa.* **577/4839**

संगीतश्रीकृष्णरामायण गीतमाला, पुष्प 206 of 763

(कंस वध की कथा)

स्थायी

स्वरदा ने सुंदर गाया है, नारद ने साज बजाया है ।
रतनाकर गीत रचाया है ।।

♫ सानि़सा– गरे सा–नि़नि़ सा–रेम ग–, गममग पम ग–रे सासा–रेम ग– ।
गगरेसासासा रे–ग मगरेसानि़ सा– ।।

अंतरा–1

दिखला दे जोर पयस का तू, कहते हैं बना है अयस्[131] का तू ।
मैं अस्त्र शस्त्र सब लाया हूँ, सौ हाथी का बल पाया हूँ ।
ये अविनाशी मम काया है ।।

♫ पपम्रे म– प–प मपनि धप प–, पपमग ग सासाग म पगरे सानि़ सा– ।
सानि़ सा–ग रेसासा नि़नि़ सा–रेम ग–, सानि़ सा–गरे सा– नि़नि़ सा–रेम ग– ।
ग– रेसासा–रे– गम गरेसानि़ सा– ।।

अंतरा–2

कब कौन किसे मारे, मामा! बस कर्म दिलावे यम धामा ।
तुम और न पाप करो, मामा! है दुराचार को भी सीमा ।
ये कर्मधर्म बतलाया है ।।

अंतरा–3

बहु अस्त्र चलाए मामा ने, हरि पर काम न कोई आए ।
ज्यों ही मामा हरि पर लपटा, हरि ने उठाय उसको पटका ।
नभ वाणी सत्य बनाया है ।।

◎ **Kaňsa's end** : ***Sthāyī*** : *Ratnākar composed the melody, Sarasvatī sang it beautifully, while Shrī Nārad muni played the Vīṇā.* ***Antarā*** : ***1.*** *Kaňsa said, O Shrī Krishṇa! they say you are made of steel. Show me your power of milk. I have all the arms and weapons here, I have strength of hundred elephants. My body is indestructible.* ***2.*** *Shrī Krishṇa said, O Uncle! no one kills anyone. One's own karmas decide his death. Please stop your sinful acts and save yourself. Evil behavior also has a*

[131] अयस् = लोहा ।

limit. This is what dharma (righteousness) and karma (duty) is. **3.** *Kaṅsa used many weapons but no harm occurred to Shrī Krishṇa. As soon as Kaṅsa jumped over Shrī Krishṇa, Shrī Krishṇa slammed him on the ground and Kaṅsa died. Shrī Krishṇa made the celestial message come true.* **578/4839**

बालकृष्ण अनुभाग
बाईसवाँ तरंग

48. द्वारकाधीश की कथा :

48. Story of Shrī Krishṇa, the King of Dwārkā (*Krishna's Childhood*)

(द्वारकाधीशकथा)

♫ संगीतश्रीकृष्णरामायण छन्दमाला, मोती 92 of 501

मत्तमयूर छन्द[132]

ऽ ऽ ऽ, ऽ ऽ ।, । ऽ ऽ, । । ऽ, ऽ

(सुदामा)

कैसे जाऊँ मैं मिलने कृष्ण सखा से ।
वो राजा मैं रंक, मिलेगा वह कैसे ।। 1
ऊँची कोठी देख सुदामा चकराया ।
कान्हा ने है पास सखा को बिठलाया ।। 2

◎ **Sudāmā :** *How may I see my old friend Shrī Krishṇa. Now he is a king and I am a pauper. How will he meet me? Looking at Shrī Krishṇa's gold palace, Sudāmā hesitated to enter in. Shrī Krishṇa received him with honour and affection. Shrī Krishṇa sat with him on the throne.* **579/4839**

[132] ♫ **मत्तमयूर छन्द** : इस 13 वर्ण, 22 मात्रा वाले छन्द के चरण में म त य स गण और एक गुरु वर्ण आते हैं । इसका लक्षण सूत्र ऽ ऽ ऽ, ऽ ऽ ।, । ऽ ऽ, । । ऽ, ऽ इस प्रकार होता है ।

▶ लक्षण गीत : **दोहा॰ मत्त बाईस का बना, गुरु कल से हो अंत ।**
म त य स गण जो सजा, "मत्तमयूरा" छंद ।। 338/7068

संगीतश्रीकृष्णरामायण गीतमाला, पुष्प 207 of 763

(द्वारिका नगरी)

स्थायी

हरि चरणन की अमृत गगरी ।
धाम द्वारिका पावन नगरी, मथुरा कांची अवध पुरी ।।
♫ नि़रे गरेनि़रे ग– रे–गमं पपध– ।
नि–ध प–धनि– ध–पमं गमंप–, पपमं– ग–मं– गरेग रेसा– ।।

अंतरा–1

राज महल माधव का सुनहरा, यादव का भगवा ध्वज फहरा ।
सागर तट पर लावण्य खड़ी, स्वागत करती जल की परी ।।
♫ नि़–रे गमंमं ग–रेग रे गरेरेसा–, रे–गमं प– धधनि– धप गमंप– ।
ग–गग रेरे गग मं–ग–रे गमं–, प–मंग मंगरे– गरे ग रेसा– ।।

अंतरा–2

पँच धाम पावन जग जाने, हरि दरशन के जो हैं दीवाने ।
भगत जनन की भीड़ बड़ी, पावन नगरी जादू भरी ।।

अंतरा–3

मथुरा से हरि गोकुल आयो, राधा मिलन वृंदावन लायो ।
मधुबन से द्वारिका नगरी, आयो सुदामा मिलन हरि ।।

◎ **Dwārkā :** ***Sthāyī :*** *Dwārkā is the city sanctified by Hari's feet. It is the holiest among the five great places of pilgrimage, namely Dwārkā, Ayodhyā, Mathurā, Kañchīpuram and Jagannāthpurī.* ***Antarā : 1.*** *At Dwārkā, the palace of Shrī Krishṇa is made of gold. A safron flag of the Yādavas is flying ovet it. The beautiful city is standing at the shore of the ocean. This angel welcomes everyone.* **2.** *Five places of pilgrimage are world known for those who desire to get blessings from Hari. The devotees come to this sacred city. The city is magical.* **3.** *Hari came to Gokul from Mathurā. Then he came to Vrindāvan to meet Rādhā. From Vrindāvan he came to Dwārkā. Sudāmā came to meet him at Dwārkā.* **580/4839**

48. Story of Shrī Kriṣhṇa, the King of Dwārkā (Krishna's Childhood)

(कृष्ण, द्वारकाधीश)

कैद मुक्त नृप उग्रसेन को, पुनः बिठाया राज करन को ।
राम-राज्य का दिन फिर आया, मथुरा में सावन चिर लाया ।। 692/5205

✍दोहा० करके मुक्त माता-पिता, गिरिधर हरि जगदीश ।
आशिष उनके पाइके, बने द्वारिकाधीश ।। 339/7068

कृष्ण द्वारिका हैं चले, राधा चली न साथ ।
चले दार के संग ही, कृष्णरुक्मिणीनाथ ।। 340/7068

"पत्नी हरि की रुक्मिणी, राधा मन की मीत ।
अपना-अपना स्थान है, यथा पद तथा प्रीत" ।। 341/7068

मिलन जुदाई संग है, यही जगत की रीत ।
जुदा हुए भी अजर है, राधावर की प्रीत ।। 342/7068

कृष्ण द्वारिका जब गए, राधा हुई उदास ।
राधा बरसाने गयी, अपनी माँ के पास ।। 343/7068

धन्य-धन्य तू राधिके! तुझे पूज्य है स्थान ।
कृष्ण नाम के सामने, होगा तेरा नाम ।। 344/7068

निर्मल माया कृष्ण की, श्रेष्ठ यही सम्मान ।
जहाँ भजन हो कृष्ण का, तेरा भी हो गान ।। 345/7068

जग में अब दो हो गए, सबसे सुंदर नाम ।
पहिला सीताराम है, दूजा राधेश्याम ।। 346/7068

◎ **Dwārkādhīsh :** *Shrī Kriṣhṇa freed Vasudeva, Devakī and Ugrasen from Kaṅsa's prisons. He made Ugrasen king of Mathurā. Ugrasena established Rāma-Rājya in Mathurā. Mathurā became the ever green city in the world. With mother's blessings, Shrī Kriṣhṇa came to Dwārkā. Here he became the Yādava king of Dwārkā.* **581/4839**

संगीतश्रीकृष्णरामायण गीतमाला, पुष्प 208 of 763

(मथुरा मुक्त भयी)

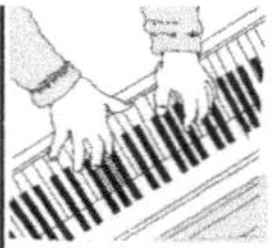

स्थायी

मथुरा, फिर से मुक्त कियो, अब, कंस का त्रास गयो ।

♫ गगम-, पम ग- रे-सा- निसा-, गग, प-म ग- रे-ग रेसा- ।

अंतरा-1

ब्रज जन सारे, डर के मारे, प्राण हथेली पर थे धारे ।
सब मुक्तानंद भयो, अब, कंस का पाश गयो ।।

♫ गरे गम प-प-, धप मग प-ध-, सां-नि धप-ध- मम प- नि-ध- ।
मम प-म-ग-रे गम-, गग, प-म ग रे-ग रेसा- ।।

अंतरा-2

नभ वाणी को सत्य बनायो, सदाचार को नित्य करायो ।
हरि हेतु सफल भयो, जब, कंस का राज गयो ।।

अंतरा-3

इन्द्रपुरी सम राज है फिर से, मथुरा पावन जमुना नीर से ।
कटु कल्मष सकल गयो, सब, कंस का नाश भयो ।।

◎ **Mathurā :** *Mathurā is free again. crued dictatorship of Kaṅsa has ended now.* ***Antarā : 1.*** *People of Vraj Bhūmi were terrorized by this tyrant. Now they are liberated and happy.* ***2.*** *Shrī Kriṣhṇa made the celestial announcement come true and established righteousness in Vraj Bhūmi (village). When Kaṅsa was deposed, Hari's objective became successful.* ***3.*** *Mathurā is again like Lord Indra's kingdom of heaven. It is cleansed with the holy water of Yamunā river. The sins and bitterness are all washed away. Kaṅsa is destroyed.* **582/4839**

(फिर)

✍दोहा० चले जनार्दन द्वारिका, तज कर ब्रज के लोग ।
राधा बोली, श्रीहरि! कैसे सहें वियोग ।। 347/7068

◎ **Janārdan :** *Janārdan (the destroyer of evil people) is leaving the Vraj Bhūmi (village) and going to Dwārkā. Rādhā said, O Hari! we are all unhappy to see you leave us.* **583/4839**

संगीतश्रीकृष्णरामायण गीतमाला, पुष्प 209 of 763

(कान्हा मत जा)

48. Story of Shrī Krishṇa, the King of Dwārkā (Krishna's Childhood)

स्थायी

कान्हा मत जा रे ।

वृंदावन में नंद जसोदा, द्वारावती दूर है, मोहे मत तज रे ।

♫ नि़सानि़धि़ नि़रे रेग सा– ।

रे–रे–रेरे रेसा रेमम पग–रेसा, गपम–गग रेनि़सा रे–, नि़सानि़धि़ नि़रे रेग सा– ।

अंतरा–1

तू मेरी है प्रीत कहाई, साथ मिलन के बनी जुदाई ।

दुनिया की रीत है, रा–धे! जाने दे ।।

♫ रे– ग–म– प– ध–प मगम–, सां–नि धपप म– गम– पम–ग– ।

मगम– ग– रे–ग म–, नि़सानि़धि़! नि़रेरेग सा– ।।

अंतरा–2

दोस पुराना गोप सुदामा, गोप गोपियाँ, साथ सुहाना ।

राधा को छोड़के, श्यामा! मत जा रे ।।

अंतरा–3

कारज के अरु काम पड़े हैं, आगे संकट आन खड़े हैं ।

मेरा कर छोड़ दे, राधे! जाने दे ।।

◎ **Please don't go! : *Sthāyī :*** *Rādhā said, O Kānhā! please don't go to Dwārkā. In Vrindāvan we have Nand Bābā and Yashodā. Dwārkā is far away. Please don't leave me.* ***Antarā : 1.*** *Shrī Krishna said, O Rādhā! you are my love. In life, separation is tied with union. This is the law of nature. Please let me go.* ***2.*** *Rādhā said, O Shrī Krishṇa! Sudāmā is your old friend. Your loving cowherd and cow-maid friends are here. O Shrī Krishṇa! don't forget Rādhā.* ***3.*** *Shrī Krishṇa said, there are many duties to be performed. More difficult situations are coming up ahead. I have to face them and resolve them. O Rādhā! please leave my hand.* **584/4839**

(एक दिन)

बहुत दिनों के बाद पुराना, एक मित्रवर नाम सुदामा ।

आन द्वारिका विप्र गरीब, खड़ा झिझकता महल करीब ।। 693/5205

राज महल वो सुवर्ण सुंदर, डरा सुदामा निहार मंदर ।

देखा जब उसको श्रीधर ने, आए उसका स्वागत करने ।। 694/5205

हरि ने उसको गले लगाया, सिंहासन पर साथ बिठाया ।

स्नेह–भाव में सखा खो गए, नर नारायण एक हो गए ।। 695/5205

◎ **One day :** *After many years, one day Shrī Krishṇa's old friend Sudāmā came to Dwārkā. He stood in front of the gold palace of Shrī Krishṇa. He was hesitating to go in. Shrī Krishṇa saw him and brought his old friend in the palace. Shrī Krishṇa hugged him and sat with him on the throne. Shrī Krishṇa served him warmly and they were lost in the stories about the good old times. Here, Nara (man) and Nārāyaṇa (God) became one.* **585/4839**

संगीतश्रीकृष्णरामायण गीतमाला, पुष्प 210 of 763

भजन : राग आसावरी, कहरवा ताल 8 मात्रा

(नंद बलरामा)

स्थायी

नंद बलरामा संग सुदामा, देवकी नंदन हरि घनश्यामा ।

ग्वालिन राधा मैया यशोदा, गोप गोपिका गोकुल धामा ।।

♫ सारे ममप–प– पमप सांध–प–, म–मम प–पप धध मपग–रेसा ।

सारेम–म प–प– पमप सांध–प–, म–म प–पप– ध–मप ग–रेसा ।।

अंतरा–1

मेरी जीवन सागर नैया, कृष्ण कन्हैया, कहत सुदामा ।

♫ म–प– ध–नीध सां–सांसां रेंनी–सा–, नी–नी नीसां–सां– नीसांरें सांध–प– ।

अंतरा–2

नंद के घर से माखन छुपके, लात दमोदर, खात सुदामा ।

अंतरा–3

मधुबन में हरि धेनु चरावत, संग गवन के जात सुदामा ।

अंतरा–4

जमुना तट पर फोरत मटकी, नंद लला के, साथ सुदामा ।

अंतरा–5

पनघट पर जब बांसुरी बाजे, सुध–बुध खो कर, गात सुदामा ।

अंतरा–6

जल क्रीडा से वस्त्र गोपि के, श्याम चुरावंत, लजत सुदामा ।

अंतरा–7

कंस मिलन जब जात मुकुंदा, राधा यशोदा रोत सुदामा ।

अंतरा–8

द्वारिका नगरी राज महल में, कृष्ण से करता, बात सुदामा ।

◎ **Sudāmā : *Sthāyī*** *: Nand Balrāma and Sudāmā are with Devakī's son, Shrī Krishṇa; Also there is Rādhā with Mother Yashodā, Gops (cowherd boys) and Gopīs (cowmaids), in Gokul.* ***Antarā*** *:* ***1.*** *The boat of my life is Shrī Krishṇa Kanhaiyā, says Sudāmā.* ***2.*** *Dāmodar Shrī Krishṇa brings butter from the house of Nanda Bābā. Sudāmā eats it too.* ***3.*** *Shrī Krishṇa goes to Madhuban. Sudāmā also goes with the cows,* ***4.*** *Shrī Krishṇa breaks Gopī's water pots at the Jamunā river and Sudāmā joins him in the play.* ***5.*** *Shrī Krishṇa plays flute at the bank of river Yamunā. Sudāmā sings with him.* ***6.*** *When the Gopīs are bathing at the pond, Shrī Krishṇa steals their clothes, Sudāmā blushes.* ***7.*** *Shrī Krishṇa is going to meet Kaṅsa. Rādhā, Yashodā and Sudāmā are crying.* ***8.*** *At the palace of Dwārkā, Sudāmā is sitting on Shrī Krishṇa's throne and talking to King Shrī Krishṇa.* **586/4839**

संगीतश्रीकृष्णरामायण गीतमाला, पुष्प 211 of 763

भजन : राग मालकंस, कहरवा ताल 8 मात्रा

(नर–नारायण)

स्थायी

जग अलग–अलग कहता दोनों, जो अलग कहत उसे रहने दो ।

♫ मम– गमग सानि़सा धऩि़सा– म–म–, म– –गमग सानि़सा धऩि़ सा–म– म– ।

अंतरा–1

बचपन के हैं दोनों साथी, भव सागर में, बिछुड़े हैं ।

कृष्ण सुदामा रूप अलग हैं, नर नारायण, एक हि हैं ।।

♫ –गगमम ध– नि– –सां–सां गंनिसां–, –निनि नि–निनि निध, –धनिसांनि ध–म– ।

–धनिसां गंगं–गंसां– सांमंगं सांनिनि सां–, –सांमं मंगंगंसां निध, –धनिसां नि धम ।।

अंतरा–2

आर है गोकुल पार मथुरा, दोनों जमुना तीर पे हैं ।

राधा सखी है सखा सुदामा, सखी सखा सब, एक हि हैं ।।

अंतरा–3

रंक सुदामा राजा हरि हैं, केवल मौखिक, अंतर है ।

अंतर तन का, नहीं है मन का, दो तन दो मन, एक ही हैं ।।

◎ **Sudāmā : *Sthāyī*** *: The world says Shrī Krishṇa and Sudāmā are two different persons. Let them say whatever they want. Leave him alone who thinks them different.* ***Antarā*** *:* ***1.*** *They are childhood friends, got separated in this worldly ocean. Shrī Krishṇa and Sudāmā are two forms, but Nara (man) and Nārāyaṇa (God), both are one.* ***2.*** *On this side is Gokul, on that side is Mathurā. Both are on the banks of the same Jamunā. Rādhā is friend and Sudāmā is friend. Friends all are one.* ***3.*** *Sudāmā is poor, Shrī Krishṇa is a king, the difference is only verbal. The difference is of the bodies only, but not of mind. Two bodies and two minds are one.* **587/4839**

संगीतश्रीकृष्णरामायण गीतमाला, पुष्प 212 of 763

(कृष्ण की द्वारका)

स्थायी

स्वर्गद्वार ये द्वरिका नगरी, पँच धाम में अमृत गगरी ।

♫ नि़–सारे–ग म– प–मग रेरेग–, रे–ग म–ग रे– सा–नि़ध़ नि़नि़सा– ।

अंतरा–1

वृंदावन का कृष्ण कन्हैया, इस नगरी का बना है राजा ।

राज महल जिसका सोने का, हरिहर है सबका हितकारी ।।

♫ नि़सारे–रेरे ग– म–ग रेनि़–सा–, रेरे गमग– रे– सानि़– ध़ नि़–सा– ।

सा–रे रेगग ममप– म–ग– रे–, ग–गग म– रेगरे– गरेनि़–सा– ।।

अंतरा–2

सिंधु तट पर बसी पुरानी, सोमनाथ शिव रची सुहानी ।

विप्र सुदाम की यहाँ कहानी, भगत हरि पर हैं बलिहारी ।।

अंतरा–3

एक दिन आया द्वारिका, गरीब सुदामा सखा हरि का ।

सिंहासन पर साथ बिठाया, प्रेम से उसे बोले बनवारी ।।

48. Story of Shrī Krișhṇa, the King of Dwārkā (Krishna's Childhood)

◎ **Dwārkā : *Sthāyī* :** *The city of Dwārkā is the gateway to heaven. Dwārkā is one of the five most sacred amrit (divine nectar) filled pots in the world.* ***Antarā : 1.*** *Shrī Krișhṇa Kanhaiyā of Vrindāvan is the king of the city of Dwārkā. His palace is made of gold. Hari is benefactor of all.* ***2.*** *Dwārkā is situated on the shore of Sindhu since ancient times, near the Shiva temple of Somnāth. Immortal is the story of the historic visit of Shrī Krișhṇa's old friend Sudāmā at Dwārkā.* ***3.*** *One day Sudāmā came to see his childhood friend Shrī Krișhṇa. Shrī Krișhṇa received him with love. Shrī Krișhṇa gave him honour and gave him a seat on his throne.* **588/4839**

संगीतश्रीकृष्णरामायण गीतमाला, पुष्प 213 of 763

(द्वारकाधीश की कथा)

स्थायी

स्वरदा ने सुंदर गाया है, नारद ने साज बजाया है ।
रतनाकर गीत रचाया है ।।

♫ सानि़सा– गरे सा–नि़नि़ सा–रेम ग–, गममग पम ग–रे सासा–रेम ग– ।
गगरेसासासा रे–ग मगरेसानि़ सा– ।।

अंतरा–1

हरि मातु पिता को मुक्त कियो, नृप उग्रसेन को राज्य दियो ।
बंदी गृह के ताले तोड़े, सब कैदी मोचित कर छोड़े ।
व्रज रामराज बनाया है ।।

♫ पप मरेम मप– पम पनिध पप–, पप मगगसा–ग मप गरेसा नि़सा– ।
सानि़सा– गरे सा– नि़–सा– रेमग–, सानि़ सा–गरे सा–निनि़ सासा रेमग– ।
गग रेसासारे–ग मगरेसानि़ सा– ।।

अंतरा–2

व्रज से मंगल आशिष पा कर, पूज्य द्वारिका नगरी आकर ।
श्रीकृष्ण द्वारिकाधीश भया, हरि योगेश्वर जगदीश भया ।
नगरी को स्वर्ण सजाया है ।।

अंतरा–3

एक दिन मित्र सुदामा आया, लख सुवर्ण नगरी चकराया ।
हरि उसको गले लगाया है, सिंहासन पर बिठलाया है ।
नर नारायण में समाया है ।।

◎ **The Story of Dwārkādhīsh : *Sthāyī* :** *Ratnākar composed the melody, Sarasvatī sang it beautifully, while Shrī Nārad muni played the Vīṇā.* ***Antarā : 1.*** *Shrī Krișhṇa freed his mother and father from Kaṅsa's prison. He unlocked all prisons and liberated the prisoners. He gave Ugrasena his kingship and throne of Mathurā. He made the Vraj Bhūmi (village) a Rāma-Rājya (Rāma's kingdom).* ***2.*** *Receiving the holy blessings from the people, Shrī Krișhṇa came to Dwārkā. He became the king here. He made it a golden city.* ***3.*** *One day Shrī Krișhṇa's childhood friend Sudāmā came to see Shrī Krișhṇa. Seeing the magnificient city, he was surprised. Shrī Krișhṇa brought him in the palace. Washed his feet and hugged him warmly. Shrī Krișhṇa made Sudāmā sit with hi on his throne. Nara (man) merged into Nārāyaṇa (God) here.* **589/4839**

३

गीतोपनिषद् अनुभाग

Gītā Upaniṣhad

अथ अनुष्टुप्–श्लोक–छन्दसि गीतोपनिषद्[133] ।

Sangit-Shri-Krishna-Ramayan

133 **श्रीमद्भगवद्गीता** = श्रीमता भगवता भणिता गीता । **गीतोपनिषद्** = रत्नाकरेण अनुष्टुप्–छन्दसि सविस्तरेण वर्णिता भगवतः सा एव गीता । **गीतापनिषद्** श्रीमद् भगवद्गीता की रत्नाकर रचित केवल अनुष्टुभ् छन्द में सविस्तर संस्कृत आवृत्ति है । **Gitopaniṣhad** is the Ratnakar's composition purely in Sanskrit Anuṣhṭubh Chhanda, explaining Shrīmad Bhadavad Gītā in details.

।। हरि ॐ तत् सत् ।।

शान्ति पाठ

49. शान्ति पाठ :

49. Prayers for Peace

(शान्तिपाठ:)

दोहा॰ सबसे सुंदर शाँति है, शाँति नित्य निष्काम ।
शाँति ओम् शिव ब्रह्म है, शाँति धर्म का काम ।। 348/7068

शाँति में सामर्थ्य है, शाँति में है तेज ।
शाँति देत संतोष है, शाँति सुखों की सेज ।। 349/7068

दया क्षमा उपकार का, शाँति एक आधार ।
सदाचार का मूल है, शाँति स्वर्ग का द्वार ।। 350/7068

शस्त्र-अस्त्र बल विश्व के, ढाल तीर तलवार ।
शाँति-शस्त्र के सामने, सब जाते हैं हार ।। 351/7068

मानवता के धर्म का, अशाँति में अपमान ।
शाँतिपूर्ण प्रस्ताव में, सबको है सम्मान ।। 352/7068

विश्वशाँति अनिवार्य है, सर्व भूत पर प्रेम ।
मूक जीव पर हो दया, योग सभी का क्षेम ।। 353/7068

♫ संगीतश्रीकृष्णरामायण छन्दमाला, मोती 93 of 501

ॐ श्लोकछन्द:

(शान्तिपाठ:)

♪ सा-सा-सासासारे-ग-रे-, ग-गग-म- पम-ग-रे- ।
रे-रे-रे-रे-रेम-ग-रे-, म-मम- ग-रेग- रेसा- ।।

शान्तिर्विधिविधानञ्च वेदवाक्यं सनातनम् ।
यत्साक्षात्काररूपेण सुश्रुतं ब्रह्मणो मुखात् ।। 258/2422

वदन्ति वेदशास्त्राणि गीतोपनिषदस्तथा ।
वदतो रामकृष्णौ च वदन्ति च महर्षय: ।। 259/2422

व्यभिचारञ्च लोलुप्त्वं स्तेयं पापञ्च वर्जयेत् ।
योगं त्यागं परार्थञ्च व्रतं पुण्यं समाचरेत् ।। 260/2422

सर्वविश्वे भवेच्छान्ति: सर्वभूतेषु सर्वदा ।
सर्वत्र प्राणिमात्रेषु पादपेषु च पक्षिषु ।। 261/2422

अहिंसा परमो धर्मो वचसा मनसा तथा ।
कृत्वा कर्माणि शान्त्या हि विश्वं स्वर्ग: सुखं भवेत् ।। 262/2422

दोहा॰ विधान विधि का शाँति है, सबसे पुण्य महान ।
निकला मुख से ब्रह्म के, करने जग कल्याण ।। 354/7068

गीता रामायण कथा, वेद वाक्य पुराण ।
ऋषि-मुनि लाए शाँति का, परम पूज्य पैगाम ।। 355/7068

"अखिल जगत में शाँति हो, सर्वभूत सुखभाग ।
नर पशु पक्षी विश्व में, कोई न हो अभाग ।। 356/7068

"परम अहिंसा धर्म है, तन मन से सब काम ।
सब विध सरबस शाँति से, विश्व होत सुरधाम ।। 3573735

"विश्व शाँति की क्रांति हो, शाँति सत्य सत् नाम ।
सबके तन मन शाँति हो, शाँति से हो काम ।। 358/7068

"वचन कर्म में शाँति हो, शाँति सीता राम ।
हर हिरदय में शाँति हो, शाँति राधे श्याम" ।। 359/7068

◎ **A Prayer for Peace :** *Peace is the commandment of the Lord and the tenet of the Vedic Scriptures. It says, one should abstain from adultery, transgression, greed and* *theft. One should observe yoga, sacrifice, austerity, merit and service for others. May there be peace in the whole world among all beings, plants, animals and birds. Non-violence is the greatest religion. The whole world should be a heaven. May there be peace in the words, action and thoughts of everyone.* **590/4839**

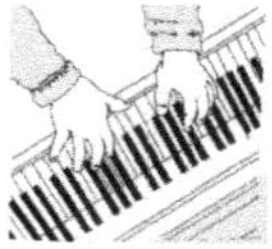

संगीतश्रीकृष्णरामायण गीतमाला, पुष्प 214 of 763

भजन : राग भैरवी

(वसुधैव कुटुम्बकम्)

श्लोकः

सहचलेम सम्मिल्यागच्छत शाँतिप्रेमिणः ।
सहजीवेम सर्वे च वर्धेमहि च वै वयम् ।। 263/2422

♫ मममम–म ग–प–म–प–मग– रे–गम–पम– ।
धधप–म–ग रे–ग म–, ध–प–मग– रे ग– रेसा– ।।

स्थायी

सब लोग जहाँ के भाई हैं, सब एक ही पथ के राही हैं,
"वसुधैव कुटुंब" सचाई है ।
सब एक जगत के वासी हैं, सब की ये वसुधा माई है,
सब एक ही कुल के सगाई हैं ।।

♫ सानि़ सा–ग रेसा– नि़– सा–रेम ग–, गम मगप म गग रेसा सा–रेम ग–,
"गगगरेसासा सारे–ग" मगरेसानि़ सा– ।
सानि़ सा–ग रेसासा नि़सा सा–रेगसारे ग–, गम मग प मग–रेसा सा–रेम ग–,
गग गरेसासा सा सारे ग मगरेसानि़ सा– ।।

अंतरा–1

सब वेदों की ये वाणी है, सब शुभ वचनों की राणी है ।
बस एक हमारी भूमि है, अरु एक हमारा स्वामी है ।
बस एक सभी का साँई है ।।

♫ पप मरेम– प– पम पनिधप प–, पप मग गसासाग म प गरेसानि़ सा– ।
सानि़ सा–ग रेसा–नि़– सा–रेम ग–, गम मगप मग–रेसा सा–रेम ग– ।
गग गरेसासा सारे– गम गरेसानि़ सा– ।।

अंतरा–2

सब जगत का एक ही ज्ञानी है, और एक ही अंतर्यामी है ।
बस एक हमारा दाता है, अरु एक हमारा विधाता है ।
बस एक सभी का सहाई है ।।

अंतरा–3

ऋषिमुनियों की! ये बखानी है, और सबसे परम कहानी है ।
"बस एक हमारा कर्ता है, जिसने जग रीत बनाई है ।
उसने भव प्रीत बसाई है" ।।

◎ **The World is one family : *Shloka* :** *May we all walk together. O Peace lovers! please let us come together. Let us live together and let us grow and prosper together.* ***Sthāyī* :** *People of the world are all brothers. All are traders of One path. "The World is One Family," is the truth. We all are the dwellers of One world. This Earth is the Mother of Everyone. We all are relatives belonging to One World Family.* ***Antarā* : 1.** *This is the utterance of the Scriptures. It is the Queen of all righteous sayings. There is one land and only One common Landlord. There is only One God for all of us.* **2.** *There is only One knower of this Universe. There is only One who pervades everything. There is only One Giver and only One Protector. There is only One Shelter for all of us.* **3.** *This is the proclamation from Saints and Sages. This is the supreme story for the Mankind. There is only One Creator for all, who laid down the path of life and poured love in this world.* **591/4839**

दोहा॰ **अवगत सादर शाँति हो, शाँति में कल्याण ।**
सत्याग्रह की क्रान्ति हो, शाँति करो अभियान ।। 360/7068

श्रद्धा मार्दव शाँति है, शाँति स्वर्ग का यान ।
शाँति वत्सल मातु है, शाँति सरय भगवान ।। 361/7068

शाँति पवित्तर काम है, सबसे ऊँचा ज्ञान ।
आतम जागृति शाँति है, शाँति है वरदान ।। 362/7068

49. Prayers for Peace

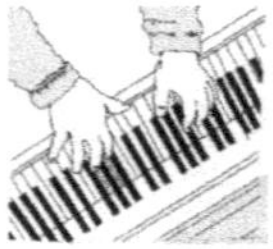

संगीतश्रीकृष्णरामायण गीतमाला, पुष्प 215 of 763

(शान्ति पाठ)

श्लोकः

सर्वत्र सर्वदा शान्तिः स्नेहः सत्त्वं सुखं भवेत् ।
अहिंसा न्यायनीतिश्च सर्वभूतेषु सन्ततम् ।। 264/2422

♫ ग-गग ग-गरे- म-ग-, म-म- प-प- ध-प- मप- ।
गरे-ग- म-मध-प-म-, ग-गग-म-प म-रेग- ।।

स्थायी

सब विश्व में सब विध शाँति हो, सबके मुख में नित शाँति ओम् ।
सब विश्व में सब विध शाँति ओम् ।।

♫ सानि़ सा-ग रे सासा नि़नि़ सा-रेम ग-, गममग पम गग रेसा सा-रेम ग-ग ।
गग गरेसासा सा सारे गम गरेसानि़ सा-सा ।।

अंतरा-1

सबके दिल में सद्भाव बसे, सबके लब पर सत्नाम रहे ।
सबको सब भूत से प्रीति हो, सब जगत में अमन की क्रांति हो ।।

♫ पपमरे मम प- पमपनिध पप-, पपमग गसा साग मपगरेसा नि़सा- ।
गममग पम ग-रे सा सा-रेम ग-, गग गरेसा सा सारेग म गरेसानि़ सा- ।।

अंतरा-2

सब पुत्र सुपुत्र निरोगी हों, सब कन्या सुशीला धन्या हों ।
सबको धन धान्य निवास मिले, सबके मुख पर सुख की काँति हो ।।

अंतरा-3

कहीं ऊँच नीच का नाम न हो, अन्याय अधर्म से काम न हो ।
सब जग में कोई न दुखिया हो, सब त्रिभुवन स्वर्ग की भाँति हो ।।

◎ **A Prayer for Peace : *Shloka* :** *May there be peace, everywhere all the time. May there be non-violence, love, happiness, understanding, ethics and affection in all beings.* ***Sthāyī* :** *May there be peace in the Universe. May there be Shānti-Om in every mouth, day and night.* ***Antarā* : 1.** *May there be virtuous disposition in every heart and holy name on every lip. May all beings be loving beings. May there be a revolution of tranquility in the world.* ***2.*** *May all children be well behaved and healthy. May all people have place to live and ample food to eat. May every face be glowing with happiness.* ***3.*** *May nobody be superior or inferior. May nobody act with adharma (unrighteousness) and injustice. May nobody be distressed. May the three worlds be like heaven.* **592/4839**

संगीतश्रीकृष्णरामायण गीतमाला, पुष्प 216 of 763

(सत्यमेव जयते)

स्थायी

सत्यमेवो हि जयते नानृतं, सत्यं ऋतम् अमृतम् ।
सत्यं शिवं सुंदरम् ।।

♫ सा-रेग-म- प मगरे- ध-पम-, सां-नि- धप- ध-पम- ।
सां-नि- धप- ध-पम- ।।

अंतरा-1

सत्य ब्रह्म है, सत्य आत्म है, सत्य कर्म परम् ।
सत्यं शुभं मंगलम् ।।

♫ सा-सा रे-ग म-, प-म ग-रे सा-, सा-रे म-ग मप- ।
सां-नि- धप- ध-पम- ।।

अंतरा-2

सत्य अर्थ है, सत्य धर्म है, सत्य मोक्ष स्वयम् ।
सत्यं परं भूषणम् ।।

अंतरा-3

सत्य नित्य है, सत्य प्रीत्य है, सत्य कृत्य वरम् ।
सत्यं सदा वन्दितम् ।।

◎ **Satyameva jayate : *Sthāyī* :** *Truth always wins, not the untruth. Truth is beautiful and auspicious.* ***Antarā* : 1.** *Truth is Brahma. Truth is ātmā. Truth is Dharma. Truth is happiness. Truth is sacred.* ***2.*** *Truth is wealth. Truth is passion. Truth is liberation. Truth is holy. Truth is immortality.* ***3.*** *Truth is eternal. Truth is lovable. Truth is duty. Truth is supreme adornment.* **593/4839**

संगीतश्रीकृष्णरामायण गीतमाला, पुष्प 217 of 763

(शाँति पाठ)

स्थायी

स्वरदा ने सुंदर गाया है, नारद ने साज बजाया है ।
रतनाकर गीत रचाया है ।।

सानि़सा– गरे सा–नि़नि़ सा–रेम ग–, गममग पम ग–रे सासा–रेम ग– ।
गगरेसासासा रे–ग मगरेसानि़ सा– ।।

अंतरा–1

हर दिल में शाँतिऽ शाँतिऽ हो, हर मन में शाँतिऽ शाँतिऽ हो ।
हर नर में शाँतिऽ शाँतिऽ हो, सब जग में शाँतिऽ शाँतिऽ हो ।
यह शाँतिऽ का शुभ नारा है ।।

पप मरे म– प–पम पनिधप प–, पप मग गसा सागमप गरेसानि़ सा– ।
सानि़ सासा गरे सा–नि़– सा–रेम ग–, सानि़ सासा गरे सा–नि़– सा–रेम ग– ।
गग रेसासा– रे– गम गरेसानि़ सा– ।।

अंतरा–2

सब मुख में मीठी बानी हो, किसी नैनन में ना पानी हो ।
हर महिला जग में रानी हो, हर नर किरपा का दानी हो ।
यह शाँतिऽ अमृत धारा है ।।

अंतरा–3

सब तनुषा मनसा शाँतिऽ हो, सद् वचसा सहसा शाँतिऽ हो ।
सब जग में सब विधि शाँतिऽ हो, सच बंधु–भाव की क्रांतिऽ हो ।
यह शाँतिऽ दूत पुकारा है ।।

◎ **A Prayer for Peace : *Sthāyī* :** *Ratnākar composed the melody, Sarasvatī sang it beautifully, while Shrī Nārad muni played the Vīṇā.* ***Antarā* : *1.*** *May there be peace in every heart. May there be peace in every mind. May there be peace in every person. May there be peace in the whole world.* ***2.*** *May there be peace in sweet words of every mouth. May there be no tears in any eye. May every woman be a queen. May every person be charitable. Peace is the source of immortality.* ***3.*** *May there be peace in every which way. May there be a revolution of brotherhood in the world. It is the proclamation from an ambassador of peace.* **594/4839**

प्रभु वन्दना

50. सरस्वती वन्दना :

50. Prayers to Goddess Sarasvatī

(सरस्वतीवन्दना)

श्लोक:

(शारदावन्दना)

नाशयति गिराऽज्ञानं सङ्गीतं च ददाति सा ।
वाणीं कलाश्च ज्ञानं च तस्मात्सा ज्ञानदा मता ।। 265/2422

रे–रेरेरे– रेसा–ग–रे–, म–म–म– म– पम–ग रे– ।
प–प– पप–प ध–प– म– ग–म–म– प–मग– रेसा– ।।

दोहा॰ सरस्वती को वन्दना, सकल सफल हों काम ।
लिखूँ गीत मैं शारदे! पाहि! पाहि! तू माम् ।। 363/7068

◎ **A Prayer to Goddess Sarasvatī :** *Sarasvatī removes ignorance. She gives knowledge, music, speech and arts. Therefore, she is called Jñānad, the Giver of knowledge. O Mother Shāradā! I worship you. Please protect me so that I may be able to write this musical poem of Sangīt-Shrī-Krishna-Rāmāyaṇ beautifully and successfully.* **595/4839**

संगीतश्रीकृष्णरामायण छन्दमाला, मोती 94 of 501

हरिणलुप्ता छन्द[134]

[134] **हरिणलुप्ता छन्द** : 12 वर्ण, 16 मात्रा वाले इस विषम छन्द के विषम पद में स स स गण और एक लघु और एक गुरु मात्रा आती है । सम चरण के पद में न भ भ र गण आते हैं । पदान्त विराम आता है । इसका लक्षण सूत्र ।। ऽ, ।। ऽ, ।। ऽ, । ऽ –

50. Prayers to Goddess Sarasvatī

।। ऽ, ।। ऽ, ।। ऽ, । ऽ

।। ।, ऽ।।, ऽ।।, ऽ। ऽ

(शारदा वन्दना)

स्वरदे! वरदे! ऋत ज्ञानदे! ।

शरम आदर का सद् दान दे ।। 1

हमको स्वर का सुर ज्ञान दे ।

परम माँ! किरपा कर शारदे! ।। 2

◎ **A Prayer to Shāradā :** *O Shāradā! O Varadā (Giver of the boons)! O Jñānadā (Giver of knowledge)! please give me true knowledge and give me the real sense of music. Please give me humility and respect. O Mother Shāradā! please give me a supreme boon.* **596/4839**

(कवचम्)

श्लोका:

सुगमं कथनं पुण्यं शुभञ्च सर्वज्ञानदम् ।

स्मर्तुं वाग्देवतायै यत्-सरस्वत्यै कृतं मया ।। 266/2422

♫ रे-रेरे- रेरेसा- ग-रे-, मम-म- म-पम-गरे- ।

प-प- प-प-पध-प- म-, पप-म-ग- मग- रेसा- ।।

भगवतीं महाविद्यां वन्देऽहं परमेश्वरीम् ।

सरस्वतीं गिरादेवीं मातरं भक्तवत्सलाम् ।। 267/2422

ब्राह्मि देवि नमस्तुभ्यं महाप्राज्ञे विशारदे ।

अज्ञं च मन्दबुद्धिं च पाहि मां शरणागतम् ।। 268/2422

◎ **O Sarasvatī! :** *I wrote this sacred poem in simple and easy to understand language. O Goddess Sarasvatī! O Girdevī (Goddess of speech)! O Mahā-prajñā (Goddess of knowledge)! O Vishāradā (O Excellent one)! O Brāhmī Devī (Wife of Brahmā), O Bhaktvasalā (Merciful to the deveotees)! O Mother! I salute you. Please protect this ignorant and slow learning poet who is at your feet.* **597/4839**

।।।, ऽ।।, ऽ।।, ऽ। ऽ इस प्रकार होता है ।

▶ लक्षण गीत : **दोहा॰ विषम पाद में स स स हों, लघु गुरु मात्रा अंत ।**

न भ भ र गण सम में जहाँ, "हरिणलुप्त" है छन्द ।। 364/7068

संगीतश्रीकृष्णरामायण गीतमाला, पुष्प 218 of 763

भजन : राग यमन कल्याण, कहरवा ताल 8 मात्रा

(चाल, तबला ठेका और तान के लिये देखिये हमारी "*नयी संगीत रोशनी*" का गीत 90)

(शारदा वन्दना)

स्थायी

मंगल सुंदर सुमिरण प्यारे, सुखकर वन्दन देवी तुम्हारे ।

अंतरा-1

सुन कर वीणा तार सुखारे, भगतन सारे शरण तुम्हारे ।

अंतरा-2

सरस्वती माता ज्ञान की दाती, शुभ वर दे दे परम पियारे ।

अंतरा-3

हम बालक हैं गोद में तेरी, ममता से तू हमको निहारे ।

◎ **A Prayer to Shāradā Devī :** ***Sthāyī :*** *O Goddess Sarasvatī! your remembrance is pleasing and beautiful and gives us happiness.* ***Antarā : 1.*** *Hearing the soothing strings of your Vīṇā, the devotees are at your feet.* ***2.*** *O Mother Sarasvatī! O Goddess of Learning! please give us auspicious blessings.* ***3.*** *We are your children in your lap, please behold us with kindness.* **598/4839**

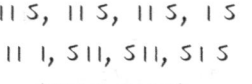

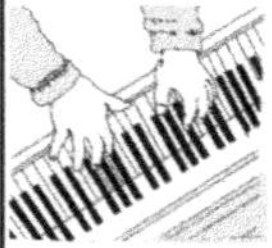

संगीतश्रीकृष्णरामायण गीतमाला, पुष्प 219 of 763

राग : भैरवी, कहरवा ताल 8 मात्रा

(सरस्वती वन्दना)

स्थायी

सरस्वती ने गाया है, नारद साज बजाया है ।

रतनाकर से रचाया है, मंगल गीत सजाया है ।।

♫ साम-ममप मग गमपम प-, प-पध प-म मरे-ग- म- ।

सामम-मप म गगमपम प-, प-पध पमम मरे-ग- म- ।।

अंतरा-1

देवी तू भव माता है, मन तव भजनन गाता है ।

ज्ञानी शरण जो आता है, दान कला का पाया है ।।

♪ सां-सांरें सां- निध ध-निरें सां-, सांसां सांरें सांसांनिध निधनिरें सां- ।

सां-सां- सांरेंसां नि निसांरें- सांरें, ध-म धनि- सां- धपमग म- ।।

अंतरा-2

कर वीणा, गल माला है, नैनन काजल काला है ।

रूप सुमंगल प्यारा है, गान मधुर जग न्यारा है ।।

अंतरा-3

वन्दन तुझको स्वर दाते! जय जय तेरी जय माते! ।

तेरी हम पर छाया है, वत्सल तेरी माया है ।।

◎ **A Prayer to Sarasvatī :** ***Sthāyī :*** *Ratnākar composed the melody, Sarasvatī sang it beautifully, while Shrī Nārad muni played the Vīṇā.* ***Antarā : 1.*** *You are the Mother of the world. My heart is singing your prayer. A wise person who surrenders you, receives the gift of knowledge.* ***2.*** *You have Vīṇā in your hands and you are wearing a garland. This sweet and unique song is for you. Obeisance to you,* ***3.*** *O Giver of music! we have your mercy up on us. Your love is fascinating. Victory to you.* **599/4839**

51. योगेश्वर वन्दना :

Prayers to Yogeshvara Shrī Krishṇa

(योगेश्वरवन्दना)

दोहा॰ योगेश्वर! तुमने दिया, हमें योग का ज्ञान ।
कर्म धर्म जागृत किये, और जगत कल्याण ।। 365/7068

◎ **Yogeshvara :** *O Yogeshvara (Lord of yoga)! you have given us the gift of the knowledge of yoga. You have awakened dharma (righteousness) and karma (duty) in us.* **600/4839**

♪ संगीतश्रीकृष्णरामायण छन्दमाला, मोती 95 of 501

श्लोकाः

(श्रीकृष्णवन्दना)

कृष्णो माता पिता बन्धुर्गुरुर्ज्ञातः सखा तथा ।

कृष्णं योगेश्वरं पुण्यं पूज्यं वन्दे जगद्गुरुम् ।। 1

कृष्णेन ना समो दाता भूतो न च भविष्यति ।

कृष्णाय वासुदेवाय राधावराय वन्दना ।। 2

कृष्णात्-हि जायते सर्वं कृष्णात्सर्वं समाप्यते ।

कृष्णस्य करुणां प्राप्य श्रद्धालुर्न निमज्जति ।। 3

कृष्णे मनश्च चित्तञ्च बुद्धिर्निवेशिता हि स्यात् ।

कृष्ण! कृष्ण! नु कृष्णेति तस्माद्भज मनः सदा ।। 4

◎ **Shrī Krishṇa :** ***Shrī Krishna*** *is father, mother, brother, friend and guru. I bow* ***to Shrī Krishna****, the Yogeshvara (Lord of yoga), the Jagadguru (Teacher of the world), the Auspicious and the Venerable. There is none, was never and will never be a charitable giver* ***like Shrī Krishna****. This prayer is* ***for Shrī Krishna****, the Vāsudeva (Son of Vasudeva), the Rādhāvara (Beloved of Rādhā). Everything arises* ***from Shrī Krishna*** *and attains liberation from Shrī Krishṇa. Having received the grace* ***of Shrī Krishna****, a devotee does not sink in the worldly ocean. May our mind and heart be focused* ***on Shrī Krishna****. O Devotee! always chant* ***O Shrī Krishna!*** *O Shrī Krishṇa!* **601/4839**

♪ संगीतश्रीकृष्णरामायण छन्दमाला, मोती 96 of 501

मन्दाक्रान्ता-छन्दः[135]

ऽ ऽ ऽ, ऽ।।, ।। ।, ऽ ऽ।, ऽ ऽ।, ऽ ऽ

(श्रीकृष्णवन्दनम्)

गोपीनाथं कमलनयनं नन्दनन्दं मुकुन्दम् ।

लक्ष्मीकान्तं परमशरणं माधवं चक्रपाणिम् ।। 1

[135] ♪ मन्दाक्रान्ता छन्द : इस अत्यष्टि छन्द के चरण में 17 वर्ण, 27 मात्रा होती हैं । इसमें म भ न त त गण आते हैं और अन्त में दो गुरु अक्षर । इसका लक्षण सूत्र ऽ ऽ ऽ, ऽ।।, ।।।, ऽ ऽ।, ऽ ऽ।, ऽ ऽ इस प्रकार होता है । इसके 4, 6, 7 वे वर्ण पर यति विकल्प से आता है ।

▶ लक्षण गीत : दोहा॰ जहाँ म भ न त त आदि में, दो गुरु मात्रा अंत ।
सम वार्णिक यह वृत्त है, "मन्दाक्रान्ता" छन्द ।। 366/7068

Prayers to Yogeshvara Shrī Krishṇa

श्रीयोगेशं गरुडवहनं केशवं पद्मनाभम् ।
वन्दे कृष्णं कलुषदहनं विघ्नसंहारकारम् ।। 2

♫ रे-गरेसा-रे- मगरेसारेग-, रे-गम-ग- रेग-रे- ।
ग-ग-ग-ग- ममममम- म-पम- प-मग रे- ।।
सा-सा-सा-सा- रेरेरेरेरे-, म-पम- प-मग-म- ।
गरेसा- रे-ग- मममगरेग-, रे-गम-प-मग-रेसा- ।।

◎ **A Prayer to *Shrī* Krishṇa :** *I salute Shrī Krishṇa, the Gopīnāth (Lord of the cow-maids), Kamala-nayan (whose eyes are like lotus), Nand-nand (Joy of Nanda Bābā), Mukund (Jewel), Lakṣhmīkānt (Husband of Lakṣhmī), Parama-sharaṇa (Supreme shelter), Mādhav (Husband of Lakṣhmī), Chakrapāṇi (who has Sudarshan Chakra in his hand), Shrī Yogesh (Lord of the yogas), Garuḍa-vāhana (whose vehicle is Garuḍa eagle), Keshav (he is a God), Padmanābh (from whose belly button lotus emerged), Kaluṣha-dahana (who burns the sins), Vighna-samhāraka (Destroyer of the obstacles).* **602/4839**

(कृष्ण नाम)

कृष्ण नाम है बहुगुणी ऐसा, चिंतामणि पारसमणि जैसा ।
जपिए कृष्ण! कृष्ण! शत बारी, वन्दन वन्दन जय गिरिधारी! ।। 696/5205

कृष्ण नाम मन सदा बसाओ, सेवा का मन में सुख पाओ ।
श्रद्धा वाला भगत सुजाना, जपता है हरि नाम सुहाना ।। 697/5205

कृष्ण! कृष्ण! अनमोले मोती, कृष्ण भक्ति है अंतर् ज्योति ।
कृष्ण! कृष्ण! जप अमृत वाणी, देती अमल अजर निर्वाणी ।। 698/5205

कुटिल कुकर्मी अधम अनेका, तर गए कृष्ण जाप से एका ।
दुखी आर्त नर पामर दीना, तरता नाम कृष्ण का लीना ।। 699/5205

अमृत वह रसना है जानी, कृष्ण! कृष्ण! जो करे बखानी ।
कृष्ण जाप की परम कमाई, जनम-जनम जीवन सुखदाई ।। 700/5205

(और)

मुख से कृष्ण! कृष्ण! जप गाओ, मन में कृष्ण कृष्ण! नित ध्याओ ।
कृष्ण! कृष्ण! जप शाम सवेरे, देता सुख संपद् के ढेरे ।। 701/5205

कृष्ण नाम घट-घट में बसता, कृष्ण! कृष्ण! नस-नस में बहता ।
कृष्ण जाप से दुख सब घटते, कृष्ण जाप से अघ सब मिटते ।। 702/5205

कृष्ण ईश के नाम जपन में, विमुक्ति मिलती इसी जनम में ।
कृष्ण भक्ति हो जगत-जनन में, कृष्ण! कृष्ण! नित जन के मन में ।। 703/5205

कृष्ण! कृष्ण! जप निर्मल बुद्धि, देती नर को ऋद्धि-सिद्धि ।
कृष्ण! कृष्ण! निश-दिन जापा, जनम-जनम के दहता पापा ।। 704/5205

कृष्ण! कृष्ण! हिरदय में भरिए, हरि जप नौका से भव तरिए ।
कृष्ण नाम जप विपद निबारे, कृष्ण भगत को आन उबारे ।। 705/5205

ॐ **श्लोकः**

जपतात्कृष्ण कृष्णेति वचसा मनसा तथा ।
एकाग्रेण हरिं ध्यात्वा तरसि भवसागरम् ।। 269/2422

✍दोहा॰ **"कृष्ण" नाम लीला भरा, सद्गुण का भँडार ।**
जैसे हो चिंतामणी, सफल मनोरथकार ।। 367/7068

हिरदय में निश-दिन जपो, कृष्ण! कृष्ण! का जाप ।
सुमिरण वन्दन कृष्ण के, सकल मिटावें पाप ।। 368/7068

मन में मूरत कृष्ण की, मुख में माधव नाम ।
कृष्ण नाम से जो किया, पावन है वह काम ।। 369/7068

जिसकी श्रद्धा कृष्ण में, जानो भगत सुजान ।
भव-जल उसका पार है, कहते शास्त्र पुराण ।। 370/7068

कृष्ण! कृष्ण! शुभ नाम के, मोती हैं अनमोल ।
कृष्ण नाम है एक ही, सहस अपर के तोल ।। 371/7068

कृष्ण नाम की है प्रभा, सबसे उज्ज्वल ज्योत ।
जिसके आगे सूर्य भी, लगता है खद्योत ।। 372/7068

कृष्ण नाम का स्रोत है, अमृत-सरित समान ।
जिसका अनहद नाद है, स्वरदा का वरदान ।। 373/7068

जग में सुंदर दो हि हैं, मंगल प्यारे नाम ।
आदिम "सीताराम" है, द्वितीय "राधेश्याम" ।। 374/7068

रट कर हरि के नाम को, होत पाप का अंत ।
अधम लुटेरे चोर भी, बनते संत महंत ।। 375/7068

आर्त दीन पामर दुखी, जप कर हरि के नाम ।
भवसागर से पार हैं, मिट कर दुःख तमाम ।। 376/7068

जमा पुण्य फल होत है, मिट कर सारे पाप ।
जनम-जनम सुख देत है, नित्य कृष्ण का जाप ।। 377/7068

गा कर कीर्तन कृष्ण के, तल्लिन मन सब बेर ।
कृष्ण-कृपा से प्राप्त हैं, सुख संपद् के ढेर ।। 378/7068

लिये कृष्ण का आसरा, मिलती शाँति अपार ।
कृष्ण! कृष्ण! के जाप से, मिले मोक्ष का द्वार ।। 379/7068

◎ **Shrī Kriṣhṇa's chant :** *The name of Shrī Kriṣhṇa is as virtuous as the wish granting Chintāmaṇi or the magical Pārasmaṇi jewel. Chant Shrī Kriṣhṇa! Shrī Kriṣhṇa! hundred times and say victory to Giridhārī (Bearer of mountain). Shrī Kriṣhṇa! Shrī Kriṣhṇa! are priceless pearls. Devotion to Shrī Kriṣhṇa is light within. The words Shrī Kriṣhṇa! Shrī Kriṣhṇa! are sweet like amrit. They give immortality. Many wicked people came on right path chanting Shrī Kriṣhṇa! Shrī Kriṣhṇa! Many distressed people became joyful chanting Shrī Kriṣhṇa! Shrī Kriṣhṇa! The chant Shrī Kriṣhṇa! Shrī Kriṣhṇa! is sweetest of all. The chant Shrī Kriṣhṇa! Shrī Kriṣhṇa! is the greatest wealth. Keep Shrī Kriṣhṇa's name on your lips and in your heart. Shrī Kriṣhṇa's chant day and night gives heaps of wealth. Shrī Kriṣhṇa dwells in every body, in every vein. Shrī Kriṣhṇa's chant removes all pains and troubles. The beautiful Shrī Kriṣhṇa's name liberates you from the cycle of birth and death. In this life, it gives you success and prosperity. It burns sins of all your lives. Fix Shrī Kriṣhṇa's name in the heart and cross over the worldly ocean by the boat of Shrī Kriṣhṇa's name. Shrī Kriṣhṇa removes melancholy of mind. Therefore, chant Shrī Kriṣhṇa! Shrī Kriṣhṇa! with one pointed faith.* **603/4839**

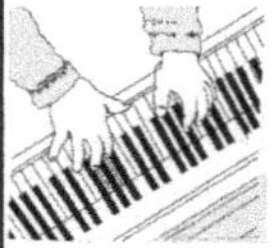

संगीतश्रीकृष्णरामायण गीतमाला, पुष्प 220 of 763

राग यमन, कहरवा ताल

(योगेश्वर वन्दना)

स्थायी

जन गण वन्दन करते हैं तुमको, देवकी नंदन जय जय जय हो ।

♫ निनि पप रे-सासा गगग मं निधप-, गपगप पधमंप निधप प रेरे सा-।

अंतरा-1

नाथ! जगत के तारक तुम हो, विघ्न विनाशक माधव जय हो ।

♫ प-ग गपप निध सां-सांसां निरें सां-, निरेंग रेंसांनिधप, गमंधप रेरे सा- ।

अंतरा-2

भक्ति योग है दीन्हा तुमने, भगत सखा प्रभु मोहन जय हो ।

अंतरा-3

कर्मयोग योगेश्वर तुमसे, पार्थ सारथी, केशव जय हो ।

◎ **A Prayer to Yogeshvara :** ***Sthāyī :*** *O Devakī Nandana (Son of Devakī) Shrī Kriṣhṇa! all people pay homage to you. O Shrī Kriṣhṇa! victory be yours.* ***Antarā : 1.*** *You are the Lord of this world. You are the remover of obstacles.* ***2.*** *You gave the Bhakti-Yoga to the world. O Friend of the Devotees! O Mohana (charmer)! victory to you.* ***3.*** *O Yogeshvara (Lord of the yogas)! the Karma-Yoga (Yoga of duty without desire for its fruit) is from you. O Arjun's charioteer! victory be yours.* **604/4839**

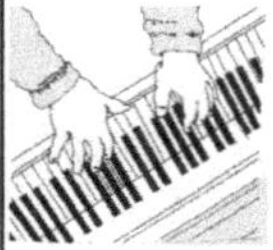

संगीतश्रीकृष्णरामायण गीतमाला, पुष्प 221 of 763

राग : भैरवी, कहरवा ताल 8 मात्रा

(योगेश्वर वन्दना)

स्थायी

सरस्वती ने गाया है, नारद साज बजाया है ।

रत्नाकर से रचाया है, मंगल गीत सजाया है ।।

♫ साम-ममप मग गमपम प-, प-पध पमम मरे-ग- म- ।

सामम-मप म गगमपम प-, प-पध पमम मरे-ग- म- ।।

अंतरा–1

आओ गाएँ कृष्ण के नाम, केशव माधव हरि घनश्याम ।

राधावल्लभ वो सुखधाम, मोऽहेऽ नेह लगाया है ।।

♫ सां–सांरें सां–निध ध–नि रें सां–, सां–सांरें सां–निध निध निरेंसां–।

सां–सांरेंसां–निध ध– निरेंसां–, ध–धम मधनि सांधपमग म– ।।

अंतरा–2

हे जगवन्दन! दे वरदान, देवकी नंदन राधेश्याम! ।

हरि! हरि! जपूँ मैं चारों याम, तू मम मन को भाया है ।।

अंतरा–3

कंसनिकंदन गोपाला, पूजन करते व्रजबाला ।

मुरलीधर मोहन कान्हा, गिरिधर सुख बरसाया है ।

◎ **A Prayer to *Shrī* Krishṇa : *Sthāyī* :** *Ratnākar composed the melody, Sarasvatī sang it beautifully, while Shrī Nārad muni played the Vīṇā.* ***Antarā* : 1.** *Come! let's sing Shrī Krishṇa's names, Keshav (like God), Mādhav (Husband of Lakshmī), Hari, Ghanashyām (Blue coloured). O Rādhā Vallabh (Beloved of Rādhā)! O Sukha-dhām (Abode of happiness)! I am in love with you.* **2.** *O Jag-vandan (worshipped by the whole world)! please give me a boon. O Devakī-nandan (Son of Devakī)! O Rādhe-shyām (Beloved of Rādhā)! O Shrī Krishṇa! I will chant your names all the time.* **3.** *O Kaṅsa-nikandan (Slayer of Kaṅsa)! O Gopāl (Cowherd)! the boys and girls of the Vraj Bhūmi (the village) adore you. Murlīdhar (Bearer of the flute), Mohan (Charmer), Kānhā, Giridhar (who picked up the mountain) showers love on them.* **605/4839**

52. भारत वन्दना :

52. Prayers to Mother India

♫ संगीतश्रीकृष्णरामायण छन्दमाला, मोती 97 of 501

सारस छन्द[136]

12 + 10 + ऽ

(भारत माता)

जै जै भारत माते, स्तुति हम तेरी गाते ।

तेरे सुत जग जाने, संत वीर हैं माने ।। 1

शीश मुकुट तव धौला, हिमाद्रि गिरि उत्तुंगा ।

वेणी सरित त्रिवेणी, सबसे पावन गंगा ।। 2

◎ **A Prayer to Mother India :** *Victory to you, O Mother India! O Bhārat Mātā! we sing songs of your praise. Your children are well known saints and heroes in the world. You are wearing the lofty Himālay mountain as your crown and the holy Ganges, Yamunā and Sarasvatī rivers as your hair locks.* **606/4839**

दोहा॰ रक्षण करना, हे प्रभो! हमरा भारत देश ।
सबको गुण धन धान्य हों, सबको मिले निवेश ।। 381/7068

वीर हमारे पूत हों, कन्या देवी रूप ।
सभी हमारे मीत हों, सबमें प्रीत अनूप ।। 382/7068

जग में उज्ज्वल नाम हों, उत्तम हों सब काम ।
मुख में हमरे नाम हों, जय सीता! जय राम! ।। 383/7068

[136] ♫ **सारस छन्द** : इस 24 मात्रा वाले अवतारी छन्द के चरण के अंत में एक गुरु मात्रा आती है । यति 12–12 का विकल्प से आता है ।

▶ लक्षण गीत : दोहा॰ जिसमें चौबीस मत्त हों, गुरु मात्रा से अंत ।
बारह पर यति हो जहाँ, जाना "सारस" छन्द ।। 380/7068

◎ **A Prayer :** *O Lord! please protect our nation. May everyone here get enough food, shelter, strength, happiness and virtues. May our sons be great heros and daughters be Goddesses. May everyone be our friend. May there be love in everyones heart. May our name be bright in the world. May everyone do good deeds and may everyone sing songs of Sītā-Rāma.* **607/4839**

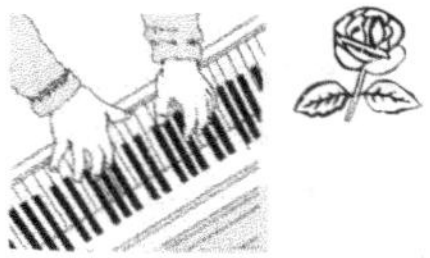

संगीतश्रीकृष्णरामायण गीतमाला, पुष्प 222 of 763

(भारत राष्ट्र गौरव गीत)

स्थायी

कर्मभूमि ये भारत हमारा, सारी दुनिया में हमको है प्यारा ।
इसका इतिहास सुंदर नियारा, दिव्य भारत हमारा जियारा ।।

♫ म–गम–म– म प–म– गम–प–, मप धधधध– नि सां–नि– ध प–म– ।
म–प धधध–ध नि–ध– पम–प–, म–प ध–ध– सांनि–ध– धप–म– ।।

अंतरा–1

इसकी धरती है सोने की माटी, इसके सिर पर हिमालय की चोटी ।
इसकी नदियाँ हैं अमृत की धारा, इसके पग में समुंदर किनारा ।।

♫ सां–सां नि–सां– नि ध–नि– ध प–म–, सां–सां नि– सां– निध–नि– ध प–म–।
म–ग ममम– म ध–प– ग म–प–, ग–म पप प– पध–नि– धप–म–।।

अंतरा–2

इसकी आभा है अंबर की ज्योति, चाँद सूरज हैं कुंडल के मोती ।
रम्य अनुपम है इसका दीदारा, विश्व का है ये उज्ज्वल सितारा ।।

अंतरा–3

इसकी वायु में सौरभ घनेरा, इसका मंगल है साँझ और सवेरा ।
इसमें आनंद है अद्भुत अपारा, ये है कुदरत का मनहर नज़ारा ।।

अंतरा–4

मोर कोयल पपीहे हैं गाते, टेर कुहू हैं मंजुल सुनाते ।
संग सावन का शीतल फुहारा, सारे वतनों में ये है दुलारा ।।

अंतरा–5

पर नारी यहाँ पर है माता, भाईचारे का सबमें है नाता ।
यहाँ इंसानियत का बसेरा, शुभ शाँति अहिंसा का नारा ।।

अंतरा–6

इसकी संतानें हैं वीर ज्ञानी, संत योगी कलाकार दानी ।
स्नेह सेवा शराफत का डेरा, स्वर्ग से प्रिय है देश मेरा ।
स्वर्ग से प्रिय है देश हमारा ।।

(कोरस)

जय हो जय हो, तेरी जय हो जय हो,
जय हो जय हो, तेरी जय हो जय हो ।
जय हो जय हो, तेरी जय हो जय हो,
जय हो जय हो, सदा जय हो जय हो ।।

♫ सां– सां नि– सां–, निध– नि– ध प– ध–,
सां– सां नि– सां–, निध– नि– ध प– म–।
म– ग म– म–, मप– म– ग म– प–,
ध– ध नि– नि–, निसां– नि– ध प– म–।।

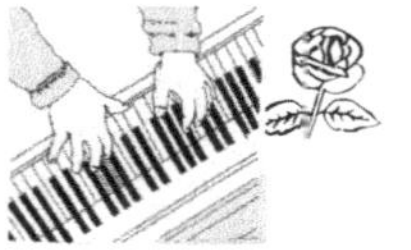

संगीतश्रीकृष्णरामायण गीतमाला, पुष्प 222–A of 763

(भारत–राष्ट्रगौरव–गीतम्)

स्थायी

भारतं कर्मभूमिरस्माकं, भारतं स्वर्गभूमिरस्माकम् ।

♫ म–गम– म–मप–म–गम–प–, म–पध– ध–निसां–नि–धप–म– ।

अंतरा–1

अस्ति राष्ट्रं समृद्धं सुवर्णं, यस्य तुङ्गो हिमाद्रिः किरीटम् ।
पीयूषं हि नदीषु च नीरं, पावनं पादयोः सिन्धुतोयम् ।।

♫ सां–सां नि–सां– नि–ध–नि– धप–म–, सां–सां नि–सां– निध–नि– धप–म–।

52. Prayers to Mother India

म-गम- म पध-प- ग म-प-, ग-मप- प-पध- नि-धप-म-।।

अंतरा-2

रविरश्मिः प्रभा यस्य उक्ता, कुण्डले तारका यस्य मुक्ता ।

दर्शनम् अस्य देशस्य रम्यं, वर्णनं सुन्दरं ज्ञानगम्यम् ।।

अंतरा-3

यत्र सिंहा हरिणा अटन्ति, शुकाः पिका मयूरा रटन्ति ।

सर्वभूतेषु प्रीतिश्च सख्यं, प्रकृतेः रक्षणं कर्म मुख्यम् ।।

अंतरा-4

परनारी मता यत्र माता, परपुमान् तथा स्वस्य भ्राता ।

यत्र शाँतिरहिंसा नरत्वं, अनुकम्पा सदाचारतत्त्वम् ।।

अंतरा-5

यस्य पुत्राश्च कन्याश्च वीराः, ज्ञानक्षेत्रे रणे ये च धीराः ।

वेदवाक्यं मतं यत्र मन्त्रं, वाङ्मये भारतं पञ्चतन्त्रम् ।।

अनुपदम्

नमो नमो नमो जन्मभूमे । नमो नमो नमो मातृभूमे ।

नमो नमो नमो पुण्यभूमे । नमो नमो नमो पूज्यभूमे ।।

◎ **A Prayer to Bhārat :** ***Sthāyī :*** *Bhārat is our realm of duty. It is most dear to us in the whole world. Its history is unique and fascinating. This divine nation is our heart.* ***Antarā : 1.*** *The nation that is oppulant and of which the soil is made of gold, it has the great Himālays as its crown. Its rivers are the streams of amrit nectar. Sea shore is at its feet.* ***2.*** *The splendor of the sky is its aura. The planets are the pearls in its ear-rings. Its charm is lovely and incomparable. It is the shiny jewel of the Universe.* ***3.*** *Lions and deers roam in its forests and peacocks and parrots in its air. Here all beings live in harmony and in unison with the nature.* ***4.*** *Here, the other women are respected as mothers, sisters or daughters. Relationship of brotherhood is in everyone. Humanity and humility dwells here. Everyone practices peace and non-violence.* ***5.*** *Its children are saints, yogīs, artists, scientists and brave people. Bhārat is the abode of love, service and honesty. It is dear to us than the heaven. Victory to our Motherland, victory to our sacred land. May victory be yours always, O Bhārat!* **608/4839**

संगीतश्रीकृष्णरामायण गीतमाला, पुष्प 223 of 763

(वन्दे मातरम्)

श्लोकछन्दः

स्थायी

वामे च दक्षिणे यस्या रत्नाकरः पदे तथा ।

हिमाद्रिर्मुकुटो शुभ्रो वन्दे भारतमातरम् ।। 270/2422

♫ प-प- प- प-मप- ध-प-, प-प-पध- निध- पम- ।

गम-म-ममम- प-म-, ध-प- म-गमग-रेसा- ।।

अंतरा-1

राधा सीता सुकन्यासु कालिन्दी जाह्नवी तथा ।

नर्मदा ब्रह्मपुत्रा च वन्दे भारतमातरम् ।। 271/2422

♫ रे-रे- रे-ग- गग-म-म-, प-प-प- ध-निध- पम- ।

म-गम- प-पप-ध- प-, ध-प- म-गमग-रेसा- ।।

अंतरा-2

रामकृष्णौ सुपुत्रेषु भीमोऽर्जुनश्च मारुतिः ।

वाल्मीकिः पाणिनिर्व्यासो वन्दे भारतमातरम् ।। 272/2422

अंतरा-3

परस्त्री मातृवद्यत्र परकन्या स्वकन्यका ।

स्वसाऽपराऽऽत्मवद्यत्र वन्दे भारतमातरम् ।। 273/2422

अंतरा-4

यस्या हि वाङ्मये वेदा रामायणं च भारतम् ।

पञ्चतन्त्रं निघण्टुश्च वन्दे भारतमातरम् ।। 274/2422

अंतरा-5

भूमिः स्वर्णमयी यत्र जलममृतवत्तथा ।

वायोर्मध्ये च सौजन्यं वन्दे भारतमातरम् ।। 275/2422

अंतरा-6

कर्मभूमिं धर्मभूमिं रणभूमिं तपोधराम् ।

पुण्यभूमिं मातृभूमिं वन्दे भारतमातरम् ।। 276/2422

52. Prayers to Mother India

◎ **A Prayer to Bhārat Mātā : *Sthāyī :*** *I salute to that Bhārat Mātā, on the east, west and south side of whose is an ocean and whose tiara is the Himālay mountain.* ***Antarā :* 1.** *Rādhā, Sītā, Gangā, Yamunā, Narmadā and Brahmaputrā are her daughters. I Salute to that Bhārat Mātā.* ***2.*** *Rāma, Shrī Krishna, Bhīma, Arjun, Hanumān, Vālmīki, Vyāsa, Panini are her sons. I Salute to that Bhārat Mātā.* ***3.*** *Where, other woman is worshipped as one's own mother, sister or a daughter, I salute to that Bhārat Mātā.* ***4.*** *Where Vedas, Rāmāyan, Mahābhārat and Nighantu are the scriptures, I salute to that Bhārat Mātā.* ***5.*** *Where the soil is made of gold and water is sweet as amrit (divine nectar) and courtesy is in the air, salute to that Bhārat Mātā.* ***6.*** *I salute to that motherland which is my realm of Karma (duty), Dharma (righteousness) and austerity. I Salute to that Bhārat Mātā (Mother India).* **609/4839**

संगीतश्रीकृष्णरामायण गीतमाला, पुष्प 224 of 763

(जय जय भारत माता)

स्थायी

बालक हम हैं एक वतन के, परम हमारी गाथा ।
सेवक हम हैं तेरे चमन में, जै जै भारत माता ।।

♫ सा–रेरे गग म– ध–प मगग रे–, रेगम पध–प– ग–म– ।
ध–धध निनि ध– प–म गमम प–, ध– प– म–गग रे–सा– ।।

अंतरा–1

दया क्षमा सत् शाँति धरम है, सदाचार निष्काम करम है ।
हमें सिखाती पावन गीता, जै जै भारत माता ।।

♫ रेसा– रेग– मम प–म गरेग म–, पम–ग–रे सा–रे–ग मगरे सा– ।
सारे– गम–ग– प–मग रे–म–, ध– प– म–गग रे–सा– ।।

अंतरा–2

विंध्य हिमाचल गिरि बतलाते, गंगा जमुना जल सिखलाते ।
वेद पुराण हैं ज्ञान के दाता, जै जै भारत माता ।।

अंतरा–3

ऋषि–मुनि संत गुरु की वाणी, वीर शहीद अमर सेनानी ।
चरित्र जिनका हमको भाता, जै जै भारत माता ।।

◎ **A Prayer to Bhārat Mātā : *Sthāyī :*** *We are the children of one motherland. Supreme is our story. O Bhārat Mātā! we are the gardeners in your sacred garden.* ***Antarā : 1.*** *Mercy, forgiveness, forbearance, truth and peace is our Dharma. Righteousness is our Karma. The Gītā is our tutor. O Bhārat Mātā! victory to you.* ***2.*** *Vindhya and Himālay mountains tell, the waters of Gangā and Yamunā teach us and the Vedas and Purānas give us the valuable lessons. O Bhārat Mātā! victory to you.* ***3.*** *The sayings of the sages, saints and the gurus and the immortal stories of the lives of the warrior heroes give us inspiration. O Bhārat Mātā! victory to you.* **610/4839**

संगीतश्रीकृष्णरामायण गीतमाला, पुष्प 225 of 763

खयाल : राग शंकरा, झपताल 10 मात्रा

(चाल, तबला ठेका और तान के लिये देखिये हमारी "*नयी संगीत रोशनी*" का गीत 49)

(स्वरदा वन्दना)

स्थायी

संगीत दायिनी! भारती! वीणा वादिनी ।
सरस्वती माँ! परम वर दे ।।

अंतरा–1

वागेश्वरी! ज्ञान तरु को अमर कर दे ।
शारदे! तार दे, माँ! झोली भर दे ।।

◎ **A Prayer to Sarasvatī : *Sthāyī :*** *O Goddess of Music, Bhāratī! Vīṇā Vādinī! O Mother Sarasvatī! please give me a supreme boon. Fill me with knowledge, make me successful. I pray you, please give me a boon.* ***Antarā :*** *O Mother! please make the tree of knowledge immortal. O Shāradā! please save us. O Mother! fulfill our desires.* **611/4839**

संगीतश्रीकृष्णरामायण गीतमाला, पुष्प 226 of 763

राग : भैरवी, कहरवा ताल 8 मात्रा

(भारत माता वन्दना)

स्थायी

सरस्वती ने गाया है, नारद साज बजाया है ।
रत्नाकर से रचाया है, मंगल गीत सजाया है ।।

♫ साम-ममप मग गमपम प-, प-पध पमम मरे-ग- म- ।
सामम-मप म गगमपम प-, प-पध पमम मरे-ग- म- ।।

अंतरा-1

भारत माते! हे जननी, वेद वंदिते! वन्दन है ।
तूने सुत ऋषि-मुनि योगी, ज्ञानी वीर जनाया है ।।

♫ सां-सांरें सां-निध! ध- निरेंसां-, सां-रें सां-निध-! निधनिरें सां-।
सां-सां- सांरें सांनि निसां रेंसांरें-, सां-नि- ध-म धपमग- म- ।।

अंतरा-2

गंगा जमुना सम तेरी, अमृत नीर सरिऽता है ।
विंध्य हिमाचल गिरिवर हैं, पद में सिंधु सुहाया है ।।

अंतरा-3

पद्म पुष्प का सौरभ है, सृष्टि में तव गौरव है ।
जग में अमर अजर तेरा, भारत देश कहाया है ।।

◎ **A Prayer to Bhārat Mātā : *Sthāyī* :** *Ratnākar composed the melody, Sarasvatī sang it beautifully, while Shrī Nārad muni played the Vīṇā.* ***Antarā* : 1.** *O Bhārat Mātā! O Ved-vandita (saluted by the Vedas)! salute to you. Your children are riṣhis (saints), munis (sages), yogīs, scholars and warriors.* **2.** *Mountains Vindhya and Himālay are your glory. Rivers like Gangā and Yamunā are your holy daughters and a great ocean is at your feet.* **3.** *In its air there is fragrance of lotus and there is dignity in its fame. In the world, the nation that is immortal is called Bhārat.* **612/4839**

गीतोपनिषद् : पहला तरंग

Gitopaniṣhad[137] : Fascicule 1

आशा है कि भगवान् श्रीकृष्ण, महामुनि व्यास और देवर्षि नारद जी के शुभ आशीष से यह मूल **श्रीमद्भगवद्गीता** की **गीतोपनिषद्** नाम की बुनियादी संस्कृत **अनुष्टुभ् आवृत्ति,** गौरी जी के लिये संगीत के साथ लिखने का मेरा विनय एवं श्रद्धापूर्ण बाल्य प्रयास सफल हो ।

◎ **Ratnākar :** *I hope that my childish effort of composing this "world's first" poem called Gitopaniṣhad, wholly in Sanskrit Anuṣhṭubh-shloka-chhand, a rendering of the original Shrīmad-Bhagavad-Gītā with its vital background and definitions, will be a success with the kind blessings from Shrī Kriṣhṇa, Mahāmuni Vyāsa and Devarṣhi Shrī Nārad muni.* **613/4839**

53. गीता की पार्श्वभूमि की कथा :

53. The Background of the Gītā

(गीतायाः पार्श्वभूमेः कथा)

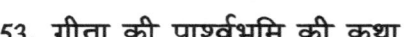

♫ **संगीतश्रीकृष्णरामायण छन्दमाला, मोती 98 of 501**

भुजंगप्रयात छन्द[138]

। ऽ ऽ, । ऽ ऽ, । ऽ ऽ, । ऽ ऽ

♫ सारे- ग- मप- म- गरे- म-ग रे-सा-

(इतिहास)

भली या बुरी बात प्राचीन बीती ।
बनाती वही है सदा कर्म नीतिऽ ।। 1
उसी के सहारे यहाँ जो चलेगा ।

---

[137] **NOTE** : *For a Comprehensive Critical and Scholarly study of the Gītā, please refer to "Gītā As She Is, In Kriṣhṇa's Own Words." written by Ratnakar Narale, ISBN 978-1-897416-56-***3.** *The hard cover edition is colour coaded and illustrated. It is available on the internet under the author's name.*

[138] ♫ **भुजंगप्रयात छन्द** : इस बारह वर्ण, 20 मात्रा वाले छन्द के चरण में चार य गण आते हैं । इसका लक्षण सूत्र । ऽ ऽ, । ऽ ऽ, । ऽ ऽ, । ऽ ऽ इस प्रकार होता है । इसके 5-7 अथवा पदान्त में विराम विकल्प से आता है । प्रस्तुत पद्य सारे- ग- मप- म- गरे- म-ग रेगरेसा इस प्रकार से गाया बजाया जा सकता है ।

▶ लक्षण गीत : ✍ **दोहा॰ चतुर् य गण का छंद जो, पाँच और यति सात ।**
सुंदर, बारह वर्ण का, कहो "भुजंगप्रयात" ।। 384/7068

उसी का सदा पार बेड़ा तरेगा ।। 2

◎ **A History :** *The good or bad experience of the past events must decide our present actions. One who upholds the past experience abreast and walks accordingly, takes his boat across the worldly ocean safely.* **614/4839**

ॐ 1477 श्लोका:

अब यहाँ से पूर्णतया केवल अनुष्टुप् छन्द में रत्नाकर रचित सविस्तर
गीतोपनिषद् का प्रारंभ ।
कुल श्लोक १४७७

◎ **Gītā Upaniṣhad :** *Here begins Ratnākar's Gītā Upaniṣhad, solely composed in Anuṣhṭubh shloka meter with 1477 verses.*

♫ **संगीतश्रीकृष्णरामायण छन्दमाला, मोती 99 of 501**

जग छन्द[139]

10, 8, 2 + ऽ।

(गीताध्यानम्)

धन्यवाद प्रभुजी! आपने दिया है ज्ञान ।
गीता वचनामृत, कियो है जगत कल्याण ।। 1
मिट गया अँधकार, गया मोह का अज्ञान ।
वचन ऋत तिहारे, सह योग ज्ञान-विज्ञान ।। 2

◎ **A Contemplation :** *Thank you, O Lord! for giving us the knowledge of yoga through the nectar, in the form of the divine verses of Shrīmad Bhagavad Gītā. It has benefitted the mankind. The true words of wisdom have removed the darkness of ignorance and delusion from our minds.* **615/4839**

ॐ श्लोका:

(गीताध्यानम्)

धन्यवादा: प्रभो कृष्ण योगं दातुं सनातनम् ।
अज्ञानमोहहन्तारं ज्ञानशान्तिसुखप्रदम् ।। 277/2422

♫ रे-रेरे-रे- रेसा- ग-रे-, म-म- म-म- पम-ग-रे- ।
सा-सा-सारे-गम-ग-रे-, प-मग-रे-मग-रेसा- ।।

कृष्णद्वैपायनं व्यासं पराबुद्धिं महाकविम् ।
कृष्णदामोदरं विष्णुं गीताज्ञानं नमाम्यहम् ।। 278/2422

श्रीकृष्णं द्वारिकानाथं मोहनं नन्दनन्दनम् ।
गोवर्धनं हृषीकेशम्-ईशं[140] **वन्दे जगद्गुरुम् ।। 279**/2422

वासुदेवं च गोविन्दं योगेशं पार्थसारथिम् ।
यशोदादेवकीनन्दं वन्दे राधामनोहरम् ।। 280/2422

हरिर्हरति दु:खानि सदा शान्तिं ददाति च ।
दहति पातकं सर्वं भक्तस्य जन्मजन्मनाम् ।। 281/2422

कृष्णो हि वेत्ति श्रीकृष्णम्-उक्तं कृष्णेन तत्त्वत: ।
कृष्णाय देहि सर्वं तत्-कृष्णात्प्राप्तं हि यत्त्वया ।। 282/2422

कृष्णस्य हि कृतं कृत्स्नं कृष्णे सर्वं विलीयते ।
कृष्ण कृष्णेति कृष्णेति भज कृष्णेति केशवम् ।। 283/2422

◎ **A Contemplation :** *O Lord Shrī Kriṣhṇa! I express my gratitude for your gift of the ancient yoga. I salute Dāmodar Shrī Kriṣhṇa, Lord Viṣhṇu and the Wisdom of the Gītā. I salute Jagadguru (Guru of the world) Shrī Kriṣhṇa, the Dwārkā-nāth (Lord of Dwārkā), Mohan (Mind charmer), Nand-nandan (Son of Nanda Bābā), Govardhan (who picked up Govardhana mountain), Hriṣhīkesh (Lord of the body organs), Pārtha-sarthi (Charioteer of Arjun), Yashodā-Devakī-nand (Son of Yoshosa and Devakī), Rādhā-Manohar (Beloved of Rādhā). Hari removes sorrow and gives peace. He washes*

---

[139] ♫ **जग छन्द :** इस 23 मात्रा वाले रौद्रक छन्द का लक्षण सूत्र 10, 8, 2 + ऽ। इस प्रकार है ।

▶ लक्षण गीत : ✍ **दोहा॰ तेईस मात्रा का बना, गुरु लघु कल से अंत ।**
दस अठरह पर यति जहाँ, कहलाता "जग" छन्द ।। 385/7068

[140] 📢 **याद रहे :** कि इस ग्रंथ के श्लोकों में आठ अक्षरों के बाद यति के स्थान पर, पठन की सुविधा की दृष्टि से छन्द की मर्यादा में ही, जहाँ संधि नहीं की गयी है, उसे कृपया संधिदोष मत समझिये । जैसे कि : **हृषीकेशमीशम् = हृषीकेशम्-ईशम् ।**

away our sins of all the lives. Only ***Shrī Krishna*** *knows Shrī Krishṇa in principle. Everything belongs* ***to Shrī Krishna****, that is given to us* ***by Shrī Krishna****. Everything is* ***for Shrī Krishna*** *that comes* ***from Shrī Krishna****. It is gift* ***of Shrī Krishna****. It dissolves* ***in Shrī Krishna****. Therefore, chant* ***Shrī Krishna!*** *Shrī Krishṇa! Shrī Krishṇa!* **616/4839**

(योग)

योग सनातन, प्रभु ने दीन्हा, बड़ उपकार जगत पर कीन्हा ।

तमस् हटा कर ज्ञान सिखाया, विश्व शाँति का मार्ग दिखाया ।। 706/5205

दोहा॰ **योगेश्वर! तुमरे करूँ, सुमिरण बारंबार ।**

विवस्वान मनु को दिया, योग अमर हितकार ।। 386/7068

योग सनातन वह, प्रभो! करने जग उद्धार ।

आज पुनः तुमने दिया, अर्जुन को इस बार ।। 387/7068

श्लोक:

श्रीकृष्ण कृष्ण कृष्णेति भज नाम मनः शिवम् ।

सहस्रनाम यत्तुल्यं सुन्दरं सुखदायकम् ।। 284/2422

कृष्ण! कृष्ण! तू भज मन प्यारे, नाम कृष्ण का साँझ सकारे ।

सहस्र नाम के तुल्य एक है, लाभ उसी में शुभ अनेक हैं ।। 707/5205

दोहा॰ **"कृष्ण" नाम भज एक तू, सहस्र नाम समान ।**

देता सुख आनंद है, अरु कल्याण महान ।। 388/7068

◎ **Yoga :** *O Lord! you brought to us the ancient yoga and did us a great favor. You had given the yoga to Manu Vivasvān at ancient times. Now you gave the same yoga to Arjun. You have removed the darkness of ignorance and showed us the path of world peace. O Yogeshvara (Lord of the yogas)! many thanks to you for the precious gift. A single chant of Shrī Krishṇa's name is equivalent to the thousand chants of any other name.* **617/4839**

श्लोका:

(गीतायाः पार्श्वभूमिका)

दर्शयतीतिवृत्तं किं, कुत्र, केन, कदा कृतम् ।

नो चेदन्धो विना दण्डं स्खलति निर्बुधो यथा ।। 285/2422

♫ ग-गगग-गरे-म- ग-, म-म म-म- पम- गरे- ।

प- प-प-प- पध- प-म-, गरेम- प-गरे- निसा- ।।

Harmonium Music Notation

◎ **The Background :** *The historical background makes us understand who did what, when and why. Without knowing this, one would walk like a blind person who stumbles at every step.* **618/4839**

(गीता की पार्श्वभूमि:)

पार्श्वभूमि के काम हैं ऐसे, बतलाती कब हुआ था कैसे ।

जिसने पार्श्वभूमि ना जानी, अंधा नर वो जड़ अज्ञानी ।। 708/5205

बिना जान कर गत इतिहासा, जो पढ़ता है थोथी भासा ।

बिना सहारे मारग खो कर, मंदबुद्धि वो खाता ठोकर ।। 709/5205

दोहा॰ **भले बुरे अनुभव हमें, देता है इतिहास ।**

उनसे ही हमको मिलें, सबक, ज्ञान, विश्वास ।। 389/7068

उसी नीति से हम चलें, वही हमें आधार ।

वही करे संसार में, हमरा बेड़ा पार ।। 390/7068

"पार्श्वभूमि कहती हमें, हुआ काहाँ क्या काम ।

किसने कब था क्यों किया, किसका क्या परिणाम" ।। 391/7068

बिना जान इतिहास जो, पढ़ता थोथी भास ।

मूढ़ बुद्धि वो नर करे, अपना स्वयं बिनास ।। 392/7068

इतिवृत्तं च गीताया लिखितमस्ति भारते ।

पात्रपरिचयोऽप्यस्ति व्यासेन तत्र वर्णितः ।। 286/2422

पार्श्वभूमिका श्रीगीता की, व्यास मुनि ने लिखी है नीकी ।

पात्र जीवनी यथोचित सही, भारत में है उन्हों ने कही ।। 710/5205

✍दोहा॰ गीता की इतिभूमिका, बोले हैं मुनि व्यास ।
पात्रों का परिचय तथा, "भारत" में इतिहास ।। 393/7068

ॐ इतिहासः सदाऽस्माकं मार्गदीपो नियन्त्रकः ।
सुकर्मणां स निर्व्याजो दोषाणां च हि दर्शकः ।। 287/2422

ऐतिहासिक सबक हमारे, ज्ञान दीप हैं पथ उजियारे ।
भूल हमारी ध्यान में लाते, भले कर्म की याद दिलाते ।। 711/5205

✍दोहा॰ सबक हमें इतिहास के, उज्ज्वल दीप समान ।
करके रक्षा विघ्न से, देते लाभ महान ।। 394/7068

◎ **The Background of Gītā :** *The background reveals us who did what, when, where and why. Reading the Gītā without understanding its background properly is like the learned blind who stumbles in the pitfalls. Without knowing historical background, he who reads the empty story is the dumb witted person who enjoys living on misunderstanding. The background of the Gītā and the sketches of its characters are amply written by Shrī Vyāsa muni in the Mahābhārat. The lessons we learn from his writings are the guiding light for us to learn what is right and righteous and what is wrong and unrighteous.* **619/4839**

♫ संगीतश्रीकृष्णरामायण छन्दमाला, मोती 100 of 501

हाकलि छन्द[141]

तीन चौकल + ऽ

(पार्श्वभूमिका)

इतिहास का शुभ कार्य है ।
दरसाना क्या अनार्य है ।। 1
क्या आर्य, क्या अनिवार्य है ।
अकार्य क्या, क्या निवार्य है ।। 2

◎ **Historical background :** *It is the duty of the history to remind us what is noble and what is not noble, what is inevitable and what is avoidable.* **620/4839**

ॐ कथा या लिखिता रम्या मठेषु मुनिभिः पुरा ।
पुरुकुले यथा दैवम्–आरब्धा हस्तिनापुरे ।। 288/2422

कथा लिखी जो ऋषि–मुनियों ने, हर गुरुकुल में सद्गुणियों ने ।
घटी वही फिर उस क्रम कल में, हस्तिनपुर के उस 'पुरु' कुल में ।। 712/5205

✍दोहा॰ यथा तथा जो था लिखा, पुरुकुल का इतिहास ।
गुरु–शिष्यों ने सब पढ़ा, और किया अभ्यास ।। 396/7068

हस्तिनपुर में जो घटी, कथा लिखित मुनि व्यास ।
गुरुशिष्यों ने वह पढ़ी, बुझी ज्ञान की प्यास ।। 397/7068

◎ **Puru Dynasty :** *The ancient interesting story was written by the sages in the their hermitages. It occured in the Puru Dynasty of Hastināpur, as it was written.* **621/4839**

53-a. Story of the Pāṇḍava Family *(Background of the Gītā)*

(पाण्डववंशः)

ॐ अस्मिन्पुरुकुले जातो निष्कपटः कुरुर्नृपः ।
प्रपौत्रः शान्तनुस्तस्य पाण्डवानां पितामहः ।। 289/2422

(पांडव वंश की कथा)

हस्तिनपुर के कुल में जन्मा, कुरु नृप था सत्कर्मी धर्मा ।
प्रपौत्र उनका शान्तनु राजा, पांडव कुल का था परआजा ।। 713/5205

✍दोहा॰ इस पुरु कुल में थे हुए, 'कुरु' राजा गुणवान ।
प्रपौत्र उसके 'शान्तनु,' हुए नरेश महान ।। 398/7068

◎ **Kuru Dynasty :** *In this royal Puru dynasty, king Kuru was born. Kuru was a righteous and dharmic king. Shāntanu was his great-grandson. Shāntanu was great-grandfather of the Pāṇḍavas of Hastināpur.* **622/4839**

ॐ शान्तनोर्हि त्रयः पुत्राः प्रसिद्धा भूरिशः खलु ।
नृपो विचित्रवीर्यश्च भीष्मो व्यासो महामुनिः ।। 290/2422

---

[141] ♫ हाकलि छन्द : इस 14 मात्रा वाले मानव छन्द का लक्षण सूत्र तीन चौकल + ऽ इस प्रकार से होता है ।

▶ लक्षण गीत : ✍ दोहा॰ जिसमें चौकल तीन हों, एक मत्त गुरु अंत ।
चौदह मात्रा से बना, कहा "हाकली" छन्द ।। 395/7068

53-a. Story of the Pāṇḍava Family (Background of the Gītā)

नृप शान्तनु के पुत्र तीन थे, सत्य गुणों में सभी लीन थे ।
राजा विचित्रवीर्य गुणी थे; भीष्म पितामह; व्यास मुनि थे ।। 714/5205

✍दोहा॰ **शाँतनु के सुत तीन थे, सभी महा विद्वान ।**
विचित्रवीर्य राजा बने, भीष्म व्यास भगवान ।। 399/7068

◎ **Kuru Dynasty :** *King Shantanu had three virtuous sons namely, Vichitravirya, Bhīṣhma and Lord Vyāsa. All three sons became well known in the history.* **623/4839**

ॐ **विचित्रस्य त्रयः पुत्राः सर्वे भिन्नगुणान्विताः ।**
पाण्डुर्ज्ञानी धृतः कूटो नीतिज्ञो विदुरो महान ।। 291/2422

विचित्र के भी पुत्र तीन थे, तीनों गुण के भिन्न-भिन्न थे ।
पांडु प्रज्ञ; धृतराष्ट्र कुटिल थे; विदुर विवेकी नीति कुशल थे ।। 715/5205

✍दोहा॰ **विविध गुणों के पुत्र थे, विचित्र के भी तीन ।**
पांडु कुशल, धृत कुटिल थे, विदुर नीति में लीन ।। 400/7068

◎ **Pāṇḍu :** *Vichitravirya had three sons : Pāṇḍu, Dhritarāṣhtra and Vidura. These three great men were different in nature from each other. Pāṇḍu was intelligent, Dhrita (Dhritarāṣhtra) was blind from his birth and his mind was as blind as his eyes. Vidura was wise and dhārmic (dutiful), but he was an illegitimate son.* **624/4839**

ॐ **धृतराष्ट्रस्तु जन्मान्धोऽवैधश्च विदुरः सुतः ।**
नृपतिरभवत्पाण्डुः-तस्माद्धि हस्तिनापुरे ।। 292/2422

क्योंकर धृत थे जनम से अंधे, नीति नियम में अस्थिर बंदे ।
विदुर दासी सुत वैध नहीं थे, पांडु नृप बने योग्य वही थे ।। 716/5205

✍दोहा॰ **अंधश्री धृतराष्ट्र थे, सुत थे विदुर अवैध ।**
पांडु बने नृप, नीति से, सिंहासन पर वैध ।। 401/7068

◎ **Dhritarāṣhtra :** *As Dhritarāṣhtra was blind and deceitful and Vidura was a son born of a palace maid, Pāṇḍu became the rightful king of Hastināpur.* **625/4839**

ॐ **मथुरानन्दिनी कुन्ती शूरसेनस्य कन्यका ।**
अग्रजा वसुदेवस्य कुन्तिभोजेन पालिता ।। 293/2422

कुन्ती कन्या शूरसेन की, मथुरा वाली सत्यबैन की ।
वसुदेव की दीदी प्यारी, कुन्तिभोज की राजकुमारी ।। 717/5205

✍दोहा॰ **शूरसेन की अंगजा, कुंती मथुरा नार ।**
दीदी थी वसुदेव की, पांडु भूप की दार ।। 402/7068

◎ **Kuntī :** *Kuntī was the daughter of Mathurā king Shūrsen and elder sister of Vasudeva. She was raised by Kuntibhoja after the death of king Shūrsen. Kuntī was a truth loving, righteous and dhārmic woman.* **626/4839**

ॐ **युधिष्ठिरश्च भीमश्चार्जुनः कुन्त्याः सुतास्त्रयः ।**
नकुलः सहदेवश्च च सुतौ माद्रया हि युग्मजौ ।। 294/2422

पुत्र पाँच थे पांडु जी के, पाँचों सज्जन धार्मिक नीके ।
युधिष्ठिर भीमार्जुन कौन्तेय, नकुल सहदेव युग्म माद्रेय ।। 718/5205

✍दोहा॰ **भार्या दो थीं पांडु की, कुंती माद्री नाम ।**
पाँच पुत्र थे पांडु के, धार्मिक वीर महान ।। 403/7068

कुन्ती के सुत तीन थे, भीमार्जुनकौन्तेय[142] ।
माद्री के दो पुत्र थे, युग्म नकुल-सहदेव ।। 404/7068

◎ **The five Pāṇḍavas :** *Pāṇḍu had five sons, all of them truth loving, righteous and dhārmic (dutiful). Pāṇḍu had two wives, Kuntī and Mādrī. Kuntī had three sons : Yudhiṣhṭhir, Bhīma and Arjun. Mādrī had twin sons : Nakul and Sahadev.* **627/4839**

♪ **संगीतश्रीकृष्णरामायण छन्दमाला, मोती 101 of 501**

सुलक्षण छन्द[143]

11 + ऽ।

(पांडव वंश)

सुत पांडु के पांडव पँच ।

[142] **कौन्तेय** : युधिष्ठिर ।

[143] ♪ **सुलक्षण छन्द** : इस 14 मात्रा वाले मानव छन्द का लक्षण सूत्र 11 + ऽ। इस प्रकार होता है ।

▶ लक्षण गीत : ✍ **दोहा॰ चौदह मात्रा से बना, लघु गुरु मात्रा अंत ।**
मात्रिक मानव वृत्त ये, कहा "सुलक्षण" छन्द ।। 4095/7068

नीतिवीरों का था मंच ।। 1
धर्म, पार्थ, भीम कौन्तेय ।
माद्री के नकुल, सहदेव ।। 2

◎ **The Pāṇḍava family :** *Pāṇḍu's five sons were a team of righteous brave men. Yudhiṣhṭhir, Bhīma and Arjun were Kuntī's sons. Nakul and Sahadev were Mādrī's son.* **628/4839**

अन्धस्य धृतराष्ट्रस्य पुत्रा दुष्टाः खलाः शतम् ।
धार्तराष्ट्राः सुताः सर्वे संज्ञिताः शतकौरवाः ।। 295/2422

अंधे कौरव धृत अड़ियल थे, उनके शत–सुत[144] अति सड़ियल थे ।
सौ में अग्रज मन का छोटा, दुर्योधन था सबसे खोटा ।। 719/5205

दोहा॰ **अंधे नृप धृतराष्ट्र के, पुत्र हुए थे सौ ।**
सभी करम से दुष्ट थे, नाम उन्हें कौरव ।। 406/7068

दुर्योधन सबसे बड़ा, लड़ना उसका काम ।
कन्या धृत की एक थी, दुःशीला था नाम ।। 407/7068

---

[144] **शत–सुत (सौ कौरव) :** 1. दुर्योधन, 2. दुःशासन, 3. दुःसह, 4. दुःशल, 5. जलसंघ, 6. सम, 7. सह, 8. विंद, 9. अनुविंद, 10. दुर्धर्ष, 11. सुबाहु, 12. दुषप्रधर्षण, 13. दुर्मर्षण, 14. दुर्मुख, 15. दुष्कर्ण, 16. विकर्ण, 17. शल, 18. सत्वान, 19. सुलोचन, 20. चित्र, 21. उपचित्र, 22. चित्राक्ष, 23. चारुचित्र, 24. शरासन, 25. दुर्मद, 26. दुर्विगाह, 27. विवित्सु, 28. विकटानन्द, 29. ऊर्णनाभ, 30. सुनाभ, 31. नन्द, 32. उपनन्द, 33. चित्रबाण, 34. चित्रवर्मा, 35. सुवर्मा, 36. दुर्विमोचन, 37. अयोबाहु, 38. महाबाहु, 39. चित्रांग, 40. चित्रकुण्डल, 41. भीमवेग, 42. भीमबल, 43. बालाकि, 44. बलवर्धन, 45. उग्रायुध, 46. सुषेण, 47. कुण्डधर, 48. महोदर, 49. चित्रायुध, 50. निषंगी, 51. पाशी, 52. वृन्दारक, 53. दृढवर्मा, 54. दृढक्षत्र, 55. सोमकीर्ति, 56. अनूदर, 57. दृढसंघ, 58. जरासंध, 59. सत्यसंध, 60. सद्सुवाक, 61. उग्रश्रवा, 62. उग्रसेन, 63. सेनानी, 64. दुष्पराजय, 65. अपराजित, 66. कुण्डशायी, 67. विशालाक्ष, 68. दुराधर, 69. दृढहस्त, 70. सुहस्त, 71. वातवेग, 72. सुवर्च, 73. आदित्यकेतु, 74. बह्वाशी, 75. नागदत्त, 76. उग्रशायी, 77. कवचि, 78. क्रथन, 79. कुण्डी, 80. भीमविक्र, 81. धनुर्धर, 82. वीरबाहु, 83. अलोलुप, 84. अभय, 85. दृढकर्मा, 86. दृढरथाश्रय, 87. अनादृष्य, 88. कुण्डभेदी, 89. विरवि, 90. चित्रकुण्डल, 91. प्रधम, 92. अमाप्रमाथि, 93. दीर्घरोम, 94. सुवीर्यवान, 95. दीर्घबाहु, 96. सुजात, 97. कनकध्वज, 98. कुण्डाशी, 99. वीरज, 100. युयुत्सु.

▶ लक्षण गीत : दोहा॰ **चौदह मात्रा से बना, लघु गुरु मात्रा अंत ।**
मात्रिक मानव वृत्त ये, कहा "सुलक्षण" छन्द ।। 408/7068

◎ **The Kaurava family :** *The blind king Dhrita (Dhritarāṣhṭra) had one hundred wicked sons. They were collectively known as Kaurava.* **629/4839**

आसीत्कर्णः सुतः कुन्त्याः किन्तु कौरवपक्षकः ।
राज्यमङ्गस्य देशस्य तेनतस्मादधिष्ठितम् ।। 296/2422

कर्ण कुन्ती का ही सुत था, मगर कौरवों से वो युत था ।
कारण उसको अंग देश का, राज्य मिला था पद विशेष का ।। 720/5205

दोहा॰ **सुत कुंती का कर्ण था, अंग देश का नाथ ।**
नेता कौरव पक्ष का, दुर्योधन के साथ ।। 409/7068

◎ **Karṇa :** *Karṇa was Kuntī's sixth son. He was born before she got married and, therefore, given up at his birth. Karṇa joined the Kauravas, for he received the kingship of Anga from Kauravas.* **630/4839**

भीष्मद्रोणकृपाचार्याः शिक्षका हस्तिनापुरे ।
कौरवान्पाण्डवाञ्छात्रान्-अपाठयद्गुरुत्रयम् ।। 297/2422

भीष्म द्रोण कृप आचार्यों को, रखा पढ़ाने सब छात्रों को ।
वेद शास्त्र की मार्मिकता को, शस्त्र–अस्त्रकी धार्मिकता को ।। 721/5205

दोहा॰ **भीष्म द्रोण कृप तीन थे, कुरुकुल के आचार्य ।**
कौरव पांडव छात्र थे, ज्ञानार्जन के कार्य ।। 410/7068

◎ **The Gurus :** *Bhīshma, Droṇāchārya and Kripāchārya were the teachers employed to teach the royal princes. They taught them the scriptures and warfare.* **631/4839**

छात्रैर्गुणानुसारेण विद्या सर्वैरुपार्जिता ।
इच्छा यथा यथा यस्य तेन लब्धा कला तथा ।। 298/2422

कौरव पांडव सब कुरु भाई, सीखे गुरुत्रय से सुखदाई ।
उन छात्रों ने विद्या पायी, जैसी जिसके मन को भाई ।। 722/5205

दोहा॰ **कौरव पांडव बंधु थे, मगर भिन्न थी सूझ ।**
जैसी जिसकी सूझ थी, तथा मिली थी बूझ ।। 411/7068

एक पेड़ पर थे उगे, वे काँटे, ये फूल ।
पांडव ज्ञानी बन गए, कौरव पाए भूल ।। 412/7068

53-a. Story of the Pāṇḍava Family (Background of the Gītā)

◎ **The students :** *The Kaurava and Pāṇḍava brothers learnt under the three gurus. Each student learned as his inborn nature was.* **632/4839**

(वर्णाश्रम:)

द्रोणाचार्यो द्विजो जात्या क्षात्रस्तस्य सुतोऽभवत् ।
अश्वत्थामा गुणी पुत्रः क्षात्रधर्ममपालयत् ।। 299/2422

(वर्णाश्रम)

द्रोण ब्राह्म थे वर्ण कर्म से, द्विज ब्राह्मण कुल जाति धर्म से ।
सुत उनका गुणी अश्वत्थामा, क्षात्र-धर्म लाया निज कामा ।। 723/5205

दोहा॰ **द्रोण ब्राह्म थे वर्ण से, ब्राह्मण उनका कर्म ।**
अश्वत्थामा द्रोण-सुत, क्षत्रिय उसका धर्म ।। 413/7068

◎ **Varṇas :** *Droṇāchārya was Brāhmaṇa by birth, but his brave son Ashvatthāmā became a Kṣhatriya following his own inborn nature.* **633/4839**

संगीतश्रीकृष्णरामायण छन्दमाला, मोती 102 of 501

बंदन छन्द[145]

10, 5 + ऽ।

(वर्णाश्रम)

स्वगुण-धर्म का ही, वर्ण है नाम ।
जाति रंग का यह, नहीं है काम ।। 1
प्रकृति निर्मित है, वर्ण पहिचान ।
जाति स्वार्थ से ही, बना अज्ञान ।। 2

◎ **Varnāshrama :** '***Varṇa'*** *is another name for the* ***dharma (duty) according to one's own inborn guna (nature)****. It is therefore, a natural phenomenon, regardless of who the parents are. However, the '****Jāti'*** *(caste) is based on who your parents are. It is a man made selfish creation born out of ignorance.* **634/4839**

ब्राह्मणे स कुले जातः स्वभावेन तु क्षत्रियः ।
क्षत्रियो गुणकर्मभ्यां विप्रो यद्यपि जन्मनः ।। 300/2422

जन्म हुआ यदि ब्राह्मण कुल में, गुण स्वभाव था क्षात्र मूल में ।
भीष्म द्रोण कृप अश्वत्थामा, बने क्षात्र सेनानी नामा ।। 724/5205

दोहा॰ **ब्राह्मण कुल में जन्म था, मगर भिन्न था गात्र ।**
अश्वत्थामा था बना, गुण स्वभाव से क्षात्र ।। 415/7068

◎ **Therefore, :** *Even if Ashvatthāmā was born in a Brāhmaṇa family, he chose to be a Kṣhatriya, following his own inborn guṇa and karma.* **635/4839**

(सुभाषितम्)

गुणेभ्यो जायते वर्णो वर्णे कोऽपि न जायते ।
वर्णो नैसर्गिको ज्ञातः स्वार्थाज्जातिस्तु निर्मिता ।। 301/2422

दोहा॰ **गुण पर निर्भर 'वर्ण' हैं, नहीं जन्म का काम ।**
वर्ण प्रकृति से बने, 'जाति' स्वार्थ का नाम ।। 416/7068

◎ **An aphorism :** *A Varṇa is born out of inborn nature.* ***No one takes birth in a Varṇa****. Varṇa is a natural gift. Jāti is an artificial term coined to serve self interest and exploitation. It depends on one's birth and who your parents are.* **636/4839**

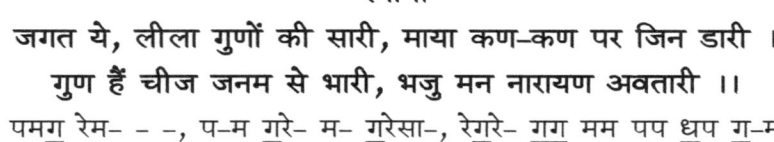

संगीतश्रीकृष्णरामायण गीतमाला, पुष्प 227 of 763

(गुण लीला)

स्थायी

जगत ये, लीला गुणों की सारी, माया कण-कण पर जिन डारी ।
गुण हैं चीज जनम से भारी, भजु मन नारायण अवतारी ।।

पमग रेम- - -, प-म गरे- म- गरेसा-, रेगरे- गग मम पप धप ग-म- ।
गग म- प-प पधध नि- धपम-, रेरे गग प-म-गग पमगरेसा- ।।

अंतरा-1

जन्म स्थान हैं मेघ घनेरे, गर्जन शोर बतेरे ।

---

[145] **बंदन छन्द :** इस 18 मात्रा वाले महासंस्कारी छन्द के अंत में एक गुरु और एक लघु मात्रा होती है । इसका लक्षण सूत्र 10, 5 + ऽ। इस प्रकार होता है ।

▶ लक्षण गीत : दोहा॰ **मत्त अठारह का बना, गुरु लघु मात्रा अंत ।**
दसवीं पर यति हो जहाँ, जानो "बंदन" छन्द ।। 414/7068

53-a. Story of the Pāṇḍava Family (Background of the Gītā)

बादर कारे, घोर अंधेरे, मेचक भय दुस्तारे ।
फिर भी बिजुरी चम चम गोरी, जय जय, माधव कृष्ण मुरारि ।।
♫ सा–रे ग–ग ग– म–ग रेसा–रे–, ग–गग म–ग मप–म– ।
नि–धप म–प–, नि–ध पम–प–, प–मग मम ग–मरे–ग– ।
सासा रे– गगम– पम पम ग–म–, धनि धप, म–गग प–म गरे–सा– ।।

अंतरा–2

गगन मंडल में टिमटिम तारे, लाख हजार बिखेरे ।
दाग लगा है चाँद के मुखड़े, सुंदर शकल बिगाड़े ।
फिर भी प्यारी चाँद चकोरी, जय जय, दामोदर गिरिधारि ।।

अंतरा–3

जन्म गेह है कीचड़ गारा, कर्दम झील किनारा ।
पद्म पुष्प की पंकज क्यारी, दुर्गम दलदल भारी ।
फिर भी शोभा कमल की न्यारी, जय जय, पद्मनाभ मनहारी ।।

अंतरा–4

ग्वाल बाल कान्हा व्रज वासी, नटखट विपिन विहारी ।
रंग साँवला, माखन चोरी, हाथ रंग पिचकारी ।
फिर भी राधा श्याम दीवानी, जय जय, राधेश्याम! तिहारी ।।

◎ **The Guṇas (the three attributes) :** ***Sthāyī :*** *The world is the play of the three guṇas. Their influence is on every particle of the Universe. Guṇas are more influencial than parents. Chant Shrī Krishṇa! Shrī Krishṇa! in your mind.* ***Antarā : 1.*** *The birth place of a thunder is the dark, scary and noisy clouds, but the thunder is brilliant because of its guṇa. Victory to Hari Govind (Protector of the cows) Murāri (Slayer of Demon Mura) who gave it such guṇa.* ***2.*** *There are millions of twinkling stars in the dark sky and the moon has a dark spot on its face. Even then, the moon light is bright and attractive. Victory to Dāmodar Giridhārī (who picked up the mountain) who gave it such guṇa.* ***3.*** *The lotus flower looks beautiful even though its place of birth is the mud in the lake. Victory to Padmanābha (lotus grows from his belly button) Manhārī (Mind charmer) Shrī Krishṇa who gave it such guṇa.* ***4.*** *The naughty cowherd boy Shyāma is dark in complexion, steals butter and sprays colour on Rādhā. Even then Rādhā is crazy after him for his guṇa. Victory to Rādhe-Shyāma.* **637/4839**

ॐ **तेषु छात्रेषु प्रावीण्यं सर्वे हि पाण्डवा गताः ।**
कौरवा ईर्षया पृक्ता रताः सर्वे कुकर्मसु ।। 302/2422

उन छात्रों में पांडव सारे, आगे बढ़ सत्कर्म सिधारे ।
पिछड़ गए कौरव बेचारे, सब जो डाह जलन के मारे ।। 725/5205

✍ **दोहा॰ पांडव सद् गुण धर्म से, पाए उत्तम ज्ञान ।**
कौरव तम गुण में जले, पाए जड़ अज्ञान ।। 417/7068

◎ **Pāṇḍavas :** *Among the one hundred five students of Bhīṣhma, the five Pāṇḍavas progressed with their righteous guṇa. They became great warriors. But, the one hundred Kauravas, with their guṇa lagged behind the Pāṇḍavas.* **638/4839**

ॐ **उद्यताः पाण्डवान्हन्तुं मूढा ज्वलितमानसाः ।**
रचिताः कपटास्तस्माद्–दुर्योधनेन छद्मना ।। 303/2422

दुर्योधन ने जल कर मन में, प्रतिद्वंद्व करने, विभ्रम में ।
दाँव कपट के खूब रचाये, पांडवहत्या–व्यूह सजाये ।। 726/5205

✍ **दोहा॰ दुर्योधन ने द्वेष में, रचे प्रपंच अनेक ।**
पांडवहत्या के लिये, किये यत्न प्रत्येक ।। 418/7068

◎ **The Kauravas :** *Burnt in the fire of anger, the Kauravas made many schemes to kill the Pāṇḍava brothers.* **639/4839**

(दुर्भाग्येन यदा)

ॐ **पीडितो व्याधितो पाण्डुः–राज्याधिकारमत्यजत् ।**
अन्धस्ततः समारोहद्–धृतराष्ट्रो नृपासनम् ।। 304/2422

(दुर्भाग्यवश जब)

पांडु पीड़ित पंडु रोग से, अलग हो गए राज्य भोग से ।
बैठे गद्दी पर फिर अंधे, शुरू हुए फिर नवीन धंधे ।। 727/5205

✍ **दोहा॰ पांडु, पीड़ित रोग से, तजे राज्य अधिकार ।**
अंधे फिर राजा बने, करने अत्याचार ।। 419/7068

◎ **Pāṇḍu :** *Pāṇḍu abdicated the throne, for his acute sickness. He retired to forest giving the kingship to blind Dhritarāṣhtra.* **640/4839**

(अन्धो धृतराष्ट्रः सिंहासनमारूढः)

ॐ **ऐच्छद्दुर्योधनो राज्यं राज्ये च परिवर्तनम् ।**

53-a. Story of the Pāṇḍava Family (Background of the Gītā)

युवराजपदं किन्तु सोऽनुजो नहि प्राप्तवान् ।। 305/2422

(अंधे धृतराष्ट्र सिंहासन पर आए तब)

दुर्योधन का बढ़ा हौसला, राजकुँवर बनने का मसला ।

लेकिन वे थे छोटे भाई, राजकुँवर की पत नहीं पायी ।। 728/5205

✍दोहा॰ **धृत जब राजा बन गए, दुर्योधन को आस ।**
राजकुँवर अब वह बने, पांडव उसके दास ।। 420/7068

◎ **Duryodhan :** *As Dhritarāṣhtra became the king, Duryodhan desired to be the heir apparent prince and a change in the righteous rule of Pāṇḍu. But, as he was unrighteous and a younger prince, he could not become the heir.* **641/4839**

(युधिष्ठिरस्य राज्याभिषेचनम्)

अधिकारः स धर्मस्य सर्वे चेच्छन्ति यं जनाः ।
अग्रजं ते पदं तस्माद्-दत्तवन्तो युधिष्ठिरम् ।। 306/2422

(युधिष्ठिर का राजतिलक)

ज्येष्ठ युधिष्ठिर का वह हक था, अतः तिलक के वह लायक था ।

धर्म-कर्म से उसका नाता, इसी लिये वह सबको भाता ।। 729/5205

✍दोहा॰ **मगर कुँवर वह ना बना, वह था छोटा भ्रात ।**
अग्रज के अधिकार ने, दियी अनुज को मात[146] ।। 421/7068

◎ **Yudhiṣhthir :** *As an eldest prince and as the most popular person in the kingdom, Yudhiṣhthir had the right to be anointed as heir.* **642/4839**

अभिषेचितवन्तस्ते युवराजं युधिष्ठिरम् ।
दुर्योधनः खलो दुष्टो राज्यपदं न प्राप्तवान् ।। 307/2422

हस्तिनपुर के परम ताज का, हक था केवल धर्मराज का ।

कुँवर युधिष्ठिर सबको भाते, सत्यनिष्ठ वे थे कहलाते ।। 730/5205

राजसूयादि राजतिलक भी, धर्मपुत्र को मिल गया सभी ।

दुष्टबुद्धि खल दुर्योधन को, मिली डाह की ज्वाला मन को ।। 731/5205

[146] **मात** = पराजय ।

✍दोहा॰ **ज्येष्ठ युधिष्ठिर भ्रात का, राजकुँवर अधिकार ।**
धर्मराज की नीति से, जनपद जन को प्यार ।। 422/7068

तिलक युधिष्ठिर को लगा; राजसूयादि याग ।
दुर्योधन के हृदय को, लगी द्वेष की आग ।। 423/7068

◎ **Anointment :** *Yudhiṣhthir was anointed as heir prince. Duryodhan did not receive that honour. He became furious.* **643/4839**

संगीतश्रीकृष्णरामायण गीतमाला, पुष्प 228 of 763

(धर्म)

स्थायी

धरम बिन जीवन है बेकाम ।

♫ मगम गरे- ध-पम ग- मगरे-रे ।

अंतरा-1

सदाचार है जीवन जिसका, धर्मपुत्र कहलाता है ।
आदर्श चरित उस धर्मवीर का, इतिहास निरंतर गाता है ।
करम बिन जीवन है नाकाम ।।

♫ सानि़-सा-ग रे- प-मग रेगम-, ध-पम-ग मपमगमग रे- ।
म-प-प पधध निध सां-निध-प ध-, सांसांनि-ध पध-पम पमगम रे- ।
मगम गरे- ध-पम ग- मगरे-रे ।।

अंतरा-2

धर्मक्षेत्र है जीवन जिसका, धर्मराज कहलाता है ।
धर्म दान उस धर्मशील का, याद चिरंतन आता है ।
परम इति जीवन है निष्काम ।।

अंतरा-3

दुराचार है जीवन जिसका, धर्मभ्रष्ट कहलाता है ।
बदनाम नाम उस धर्महीन का, इतिहास हमेशा रोता है ।
शरम बिन जीवन है बदनाम ।।

◎ **Dharma : *Sthāyī :*** *Without Dharma (righteousness), the life is meaningless.* ***Antarā : 1.*** *He whose life is righteous, is called a Dharma-putra. His life is a role model and the history sings his praises. The life is empty without righteous karma.* ***2.*** *He whose life is a Dharma-kṣhetra (domain of righteousness), he is called a Dharma Rāja (king of righteousness). The charitable deeds of that person are remembered by the world for ever. The selfless life of such person is supreme.* ***3.*** *He whose life is unrighteous, he is called Dharma-bhraṣhṭa. History cries over his name and the life of such an evil person without humility is meaningless.* **644/4839**

(पांडव)

जित्वा राज्यानि सर्वत्र पाण्डवा भारते ततः ।
प्राप्तवन्तो धनं मानं बलं कीर्तिं च पुष्कलाम् ।। 308/2422

दोहा॰ पाण्डव दल ने देश को, जीत लिया सब ओर ।
धन-दौलत बल मान भी, प्राप्त किया बिन शोर ।। 424/7068

◎ **Pāṇḍavas :** *Winning the wars in the four corners, the Pāṇḍavas earned immense name, fame and wealth. The Kauravas, however, became jealous and became angry at them.* **645/4839**

संगीतश्रीकृष्णरामायण गीतमाला, पुष्प 229 of 763

(गीता पार्श्वभूमि की कथा)

स्थायी

स्वरदा ने सुंदर गाया है, नारद ने साज बजाया है ।
रतनाकर गीत रचाया है ।।

♫ सानि़सा- गरे सा-नि़नि़ सा-रेम ग-, गममग पम ग-रे सासा-रेम ग- ।
गगरेसासासा रे-ग मगरेसानि़ सा- ।।

अंतरा-1

श्री गीता का इतिवृत्त, सखे! महाभारत में मुनि व्यास लिखे ।
उस कुरु-कुल का सब इतिहासा, परिचय पात्रों का भी खासा ।
संस्कृत की सुंदर भाषा है ।।

♫ प- मरेम- प- पमपनिध, पप-! पपमगगसा साग मप गरेसा नि़सा- ।
सानि़ सासा गरे सा- नि़नि़ सासारेमग-, सानि़सासा गरेसा- नि़- सा- रेमग- ।
ग-रेसा सा- रे-गम गरेसानि़ सा- ।।

अंतरा-2

नृप पांडुऽ के सुत पांडव थे, जिनके सब जग में गौरव थे ।
धृतराष्ट्र के सौ सुत कौरव थे, शठ दुर्योधन के बाँधव थे ।
उनको वह पापी भाया है ।।

अंतरा-3

नृप अंधे ने जब कुँवर चुना, तब धर्मराज युवराज बना ।
उस दुर्योधन को छोड़ा था, क्यों की वह धर्म से छोटा था ।
ईर्ष्या ने उसे जलाया है ।।

◎ **Background of the Gītā : *Sthāyī :*** *Ratnākar composed the melody, Sarasvatī sang it beautifully, while Shrī Nārad muni played the Vīṇā.* ***Antarā : 1.*** *The background of the Gītā is written by Vyāsa muni in Mahābhārat. There he has described the life-sketches of the people in Kuru dynasty. Vyāsa's language is beautiful.* ***2.*** *King Pāṇḍu had five sons who earned good names in the history of the world. Dhritarāṣhṭra had one hundred sons who earned bad names for their unrighteous behavior. Duryodhan was eldest among Kauravas. They adored that wicked person.* ***3.*** *When the blind king Dhritarāṣhṭra became king, he was forced by his subjects to anoint Yudhiṣhṭhir as heir prince. Duryodhan could not become heir, as he was younger and defamed. The jealousy burnt him in the fire of anger.* **646/4839**

गीतोपनिषद् : दूसरा तरंग

Gitopaniṣhad : Fascicule 2

54. वनवास गमन की कथा :

54. Story of the exile to forest *(Background of the Gītā)*

(वनवासगमनकथा)

♫ संगीतश्रीकृष्णरामायण छन्दमाला, मोती 103 of 501

54. Story of the exile to forest (Background of the Gītā)

उपचितरतिका छन्द[147]

ऽ।।, ।। ।, ।ऽ।, ।ऽ।, ऽ

(वनवास)

पांडव छह निकले वनवास को ।
तेरह बरस महा घन त्रास को ।। 1
कौरव छिप कर बांधव मारने ।
यत्न करत दिन-रात, न सामने ।। 2

◎ **Exile :** *When the five Pāṇḍavas and Draupadī began their exile for thirteen years, the Kauravas made every attempt to kill them deceitfully, in the forest.* **647/4839**

(कौरवैर्दुष्टाचार:)

अरचच्छकुनिर्भिन्नान्-कपटाञ्छलनाटकान् ।
षडयन्त्रान्स दिवानक्तं मारयितुं हि पाण्डवान् ।। 309/2422

(कौरवों की ओर से दुष्टाचार)

कौरव दल ने रचे कपट थे, बड़े कुचक्कर घोर विकट थे ।
मगर विफल थे करतब कारे, स्वाँग तमाशे उसके सारे ।। 732/5205

दोहा॰ **दुर्योधन ने छल रचे, कपट कुचक्कर घोर ।**
पांडव भाई मारने, बहुत लगाया जोर ।। 426/7068

◎ **The evil deeds :** *Duryodhan made evil schemes day and night to kill all Pāṇḍavas, but he was not successful in any of his attempts.* **648/4839**

भीमे विषप्रयोगं च नित्यमाक्रममर्जुने ।
ज्वालिता पाण्डवास्तेन, सर्वमसफलं परम् ।। 310/2422

भीम पर किये प्रयोग विष के, अर्जुन पर हमले दिन-निश के ।
लाक्षागृह में बंधु जलाए, मगर उन्हें वे मार न पाए ।। 733/5205

दोहा॰ **प्रयोग विष का भीम पर, अर्जुन पर भी वार ।**
प्रयास कौरव के सभी, गए सदा बेकार ।। 427/7068

◎ **Duryodhan :** *Duryodhan tried to poison Bhīma. He attacked Arjun several times. He tried to burn all Pāṇḍavas in a flammable house. However, all his attempts failed.* **649/4839**

कोऽपि हन्तुं न शक्नोति तं यं रक्षति श्रीहरि: ।
व्यर्थं तत्र सदा सर्वं कुर्यात्कोऽपि यथा मति: ।। 311/2422

कोई उनको कैसे मारे, जिनको कृष्ण कन्हैया तारे ।
चाहे जितनी बाधा डारे, प्रयास निष्फल उसके सारे ।। 734/5205

दोहा॰ **जिसको राखे रामजी, मार सके ना कोय ।**
को मारे उसको कभी, जिसका साई होय ।। 428/7068

◎ **Shrī Krishṇa :** *How can any one kill someone who is protected by the Lord One can try all he wants, but he will only get failure.* **650/4839**

(किन्तु)

द्वारिकां नगरीं दूरे कृष्ण आसीद्गतो यदा ।
अशठन्द्यूतक्रीडायां धर्ममाहूय कौरवा: ।। 312/2422

(परंतु)

यदा द्वारिका कृष्ण गए थे, ठगने अवसर प्राप्त हुए थे ।
द्यूत खेलने इन्हें बुलाया, अँटी मार कर धर्म भुलाया ।। 735/5205

दोहा॰ **कृष्ण गए जब द्वारिका, चली उन्हों ने चाल ।**
लगाय पासे द्यूत के, शकुनि बिछाया जाल ।। 429/7068

◎ **However :** *Once when Shrī Krishṇa went to Dwārkā, the Kauravas availed an opportunity to destroy the Pāṇḍavas. They invited Pāṇḍavas to a deceitfully orchestrated game of dice and cheated Yudhishṭhir.* **651/4839**

भीष्माचार्य: कृपाचार्यो द्रोणाचार्यश्च धार्मिका: ।
न कोऽपि शकुनिं किन्तु प्रत्यकरोद्धि प्रेक्षका: ।। 313/2422

भीष्म द्रोण कृप बीच न बोले, धूत के आगे बन कर भोले ।

---

[147] **उपचितरतिका छन्द** : 13 वर्ण, 17 मात्रा वाले इस छन्द में भ न ज ज गण और एक गुरु वर्ण आता है । इसका लक्षण सूत्र ऽ।।, ।।।, ।ऽ।, ।ऽ।, ऽ इस प्रकार होता है । इसके पदान्त में विराम होता है ।

▶ लक्षण गीत : दोहा॰ **सत्रह मात्रा हों जहाँ, भ न ज ज गुरु कल अंत ।**
तेरह अक्षर से बने, "उपचितरतिका" छन्द ।। 425/7068

किसी ने शकुनी को ना टोका, ना दुर्योधन को भी रोका ।। 736/5205

✍दोहा॰ **गुरु जन सारे देखते, बिना किसी अवरोध ।**
चुप बैठे धृतराष्ट्र भी, द्वेष मस्त दुर्योध ।। 430/7068

◎ **Gurus :** *The gurus Bhīṣhmāchārya, Droṇāchārya and Kripāchārya witnessed the cheating as silent spectators. They did not protest nor stop the misbehavior of Shakunī.* **652/4839**

ॐ **कदा कं किं भवेत्कोऽपि नहि जानाति मानवः ।**
पाण्डवानां तथा जातं ललाटे लिखितं यथा ।। 314/2422

ललाट पर जो था भव लेखा, वही पांडवों ने फिर देखा ।
किस नर को कब क्या है होना, भविष्य को है किसने जाना ।। 737/5205

✍दोहा॰ **किस पर कब क्या आ पड़े, को जाने तकदीर ।**
हुआ पांडवों का वही, यथा ललाट लकीर ।। 431/7068

◎ **Misfortune :** *No one knows what will happen to whom and when. It is the game of luck. Thus, Pāṇḍavas had to face what misfortune was in store for them.* **653/4839**

(यथा)

ॐ **श्वानपुच्छं सदा वक्रम्-ऋजुं कर्तुं न शक्यते ।**
गर्दभो ज्ञानशून्यो हि विद्वान्स न च जायते ।। 315/2422

(जैसे)

दुम कुत्ते की वक्र सदा ही, होती सीधी नहीं कदा भी ।
मगज गधे का सदा ही खाली, उसमें अकल न जावे डाली ।। 738/5205

✍दोहा॰ **कुत्ते की दुम वक्र ही, सीधी कभी न होत ।**
मूढ़-मगज में ज्ञान की, जला सको ना ज्योत ।। 432/7068

◎ **Kauravas :** *As the tail of a dog can not be kept straight, as a donkey can not be taught words of wisdom;* **654/4839**

ॐ **पयः पीत्वाऽपि नागस्य विषमेव हि वर्धते ।**
तथा दुष्टस्य क्रोधोऽपि प्रेम्णा नहि निवर्तते ।। 316/2422

साँप को अगर पयस पिलाओ, शरीर से विष घटा न पाओ ।
समझाने पर कभी पटे ना, क्रोध दुष्ट का कभी घटे ना ।। 739/5205

✍दोहा॰ **पयस पिला कर नाग को, जहर बने वह दूध ।**
जितना सुख दो दुष्ट को, मिलता दुख, सह सूद ।। 433/7068

◎ **And :** *and, as feeding of milk to a cobra, only helps growing its poison. As a word of wisdom given to a wicked person makes him even more angry;* **655/4839**

(अत एव)

ॐ **एवमेव स्थितिस्तेषां कौरवाणां हि सर्वथा ।**
विघ्नं कर्तुं सुखं तेषां भद्रकार्ये व्यथा तथा ।। 317/2422

(इसी लिये)

कुरुपुत्रों की बात वही थी, सत्कर्मों की चाह नहीं थी ।
विघ्न कर्म ही उनका सुख था, भद्र कर्म में उनको दुख था ।। 740/5205

✍दोहा॰ **धृतपुत्रों में था यही, तामस गुण का बोध ।**
पाप कर्म में मोद था, पुण्य कर्म में क्रोध ।। 434/7068

◎ **Similarly :** *So was the case with Kauravas. They could not be taught righteousness. They detested wisdom. They loved mischief.* **656/4839**

ॐ **समे वृक्षे उभौ जातौ भिन्ने तु प्रकृती तयोः ।**
एकं सुगन्धितं पुष्पम्-अन्यं तत्रैव कण्टकम् ।। 318/2422

एक वृक्ष पर दोनों जन्मे, भिन्न-भिन्न गुण उनके तन में ।
एक बन गए पुष्प सुगंधी, दूजे कंटक दुर्मति गंदी ।। 741/5205

✍दोहा॰ **एक डाल पर दो उगे, वे काँटे, ये फूल ।**
पांडव देते सुख सदा, कौरव देते शूल ।। 435/7068

◎ **Kauravas :** *Grown on the same tree, those two had different natures. One grew to be fragrant flowers while the others grew to be prickly thorns.* **657/4839**

(दुष्टाचारः)

ॐ **लुण्ठितं देवनैर्धूर्तैः-तेषां राज्यमशेषतः ।**
धृतराष्ट्रसमक्षं तैः पाण्डवानां नु कौरवैः ।। 319/2422

(दुष्ट आचरण)

अक्ष के पासे लगा लगा कर, जीत लिया सब इन्हें ठगा कर ।

राज्य संपदा स्त्री भी छीनी, कपटों से मनमानी कीन्ही ।। 742/5205

दोहा॰ पासे लगाय अक्ष के, लूटे पांडव भ्रात ।
देख रहे धृतराष्ट्र थे, बोले ना कछु बात ।। 436/7068

◎ **The sin :** *As the king-prince of Hastināpur, the entire kingdom belonged to Yudhiṣhṭhir. By fixing the dice, Kauravas robbed the kingdom from the Pāṇḍavas. They even forced the Pāṇḍavas to wager Draupadī. The Kauravas did not hesitate to try to undress Draupadī in public, while Dhritarāṣhtra kept quiet.* **658/4839**

ॐ भीष्मद्रोणसमक्षं तैः–नग्नीकृता च द्रौपदी ।
सभायां रक्षिता लज्जा तस्याः कृष्णेन दूरतः ।। 320/2422

गुरुजन बैठे आगे तो भी, अवस्त्र करते भाभी को भी ।
कौरव भाई मति के मारे, दुर्योधन दुःशासन सारे ।। 743/5205

दोहा॰ दुःशासन ने जो बुरे, किये सभा में काज ।
गुरु जन देखत मौन थे, सभी छोड़ कर लाज ।। 437/7068

◎ **Shrī Krishṇa :** *In front of Bhīṣhma and Droṇa, Draupadī was being dishonored. But, Shrī Krishṇa saved her honour invisibly.* **659/4839**

♫ **संगीतश्रीकृष्णरामायण छन्दमाला, मोती 104 of 501**

पुरारि छन्द[148]

7, 9 + ऽ

(द्रौपदी)

सुनो मुरारि! क्रंदत है द्रौपदी ।
पट उतारत, सभा में उन्मादी ।। 1
गुरु जन सकल, बैठे मौन सारे ।
आज मोरी, लाज कृष्ण! बचारे ।। 2

[148] ♫ **पुरारि छन्द** : इस 18 मात्रा वाले पौराणिक छन्द का लक्षण सूत्र 7, 9 + ऽ इस प्रकार है ।

▶ लक्षण गीत : **दोहा॰ मत्त अठारह में रचा, गुरु मात्रा से अंत ।**
सप्तम पर हो यति जहाँ, जानो "पुरारि" छन्द ।। 438/7068

◎ **Draupadī :** *Draupadī is crying, O Murāri (Slayer of demon Mura) Shrī Krishṇa! look, the intoxicated Kauravas are undressing her. All the gurus are watching quietly. Draupadī is saying, O Shrī Krishṇa! please protect my honor.* **660/4839**

संगीतश्रीकृष्णरामायण गीतमाला, पुष्प 230 of 763

(द्रौपदी)

स्थायी

हरि! अब, मोरी रखियो लाज ।

♫ पम! गरे–, प–म– गरेम– ग–ग ।

अंतरा–1

दुर्योधन जन भाई सारे, भरी सभा में चीर उतारे ।
अब यहाँ, कौन सँवारे काज, तुम बिन, कौन बचावे आज ।।

♫ सा–नि–रेरे गग प–मग रे–म–, पम– गरे– म– प–म गसा–रे– ।
सासा सारे–, म–ग रेसा–रे– ग–ग, पम– गरे–, प–म गरे–म– ग–ग ।।

अंतरा–2

पिता पुत्र पति से नहीं आशा, देख रहे चुपचाप तमाशा ।
रो–रो, हार गयी मैं आज, प्रभु बिन, कौन सुने आवाज ।।

अंतरा–3

राजा अंधे, मंत्री गंदे, अनैतिऽक सब इनके धंधे ।
कितना, गिरा हुआ है राज, इन पर, कौन करेगा इलाज ।।

अंतरा–4

भागे आओ, कृष्ण कनाई! आन बचाओ लाज, गोसाई! ।
दुर्जन, कैसे आएँ बाज, हरि सिवा, कौन सुधारे समाज ।।

◎ **Draupadī :** ***Sthāyī :*** *Draupadī said, O Hari! O Shrī Krishṇa! please protect my honor now.* ***Antarā :* 1.** *Duryodhan and his brothers are removing my sārī. There is no one to save my honor here. O Lord! without you, who will save me?* **2.** *I have no hope from the elders and the youngers. They are all silently watching the fun. I am helpless today. Without you, who will here my cry.* **3.** *The king is blind, the ministers are dirty minded. The morality has degraded. Without you, who will remedy the situation? O*

Gosāī (Lord)! please rush and save me from this disgrace. Without you, who will improve the morality of the society. **661/4839**

(द्रौपदी)

रो-रो कर द्रौपदी पुकारे, आज कन्हैया! लाज बचा रे ।

दुखिया के हरि काज सवाँरे, दुर्योधन दुःशासन हारे ।। 744/5205

✍दोहा॰ आर्त पुकारे द्रौपदी, "कृष्ण! बचाओ आज" ।
सुन कर रोना भगत का, कृष्ण बचायो लाज ।। 439/7068

◎ **Shrī Krishṇa :** *Hearing the cry of Draupadī, Shrī Krishṇa rushed for help. He invisibly provided her unending cover. Duryodhan and Dushshāsana got tired while attempting to remove Draupadī's Sārī and they gave up.* **662/4839**

(त्रयोदशवर्षीयो वनवास:)

ॐ **दुर्योधनस्ततो घोरं वनवासं च दत्तवान् ।**
तेभ्यो द्वादशवर्षीयम्-एकं चाज्ञातरूपिणम् ।। 321/2422

(निर्णयप्रतिज्ञा)

ॐ **"त्रयोदशानि वर्षाणि यदि जीवन्ति ते वने" ।**
राज्यार्धं पाण्डवानां स पाण्डवेभ्यो ददिष्यते ।। 322/2422

(निर्णय की प्रतिज्ञा)

तेरह वर्ष किये बनबासा, लौट सके यदि सफल निबासा ।

उनका आधा उनका होगा, बिना वाद के, बिना हि सोगा ।। 745/5205

(और फिर पाण्डवों का तेरह वर्षों का बनवास)

पांडव भाई भेजे वन में, लाज न आई किंचित मन में ।

दूर भले ही थे वे घर से, उन्हें मारने कौरव तरसे ।। 746/5205

✍दोहा॰ जीत गए जब द्यूत में, दुर्योधन के भ्रात ।
भेजे पांडव बंधु सब, विपिन द्रौपदी साथ ।। 440/7068

दुर्योधन ने है दिया, बारह-वर्ष वनवास ।
एक वर्ष का भी दिया, अज्ञात का निवास ।। 441/7068

कौरव पांडव पक्ष में, उभय मिला कर हाथ ।
समझौता निश्चित हुआ, अटल शपथ के साथ ।। 442/7068

दुर्योधन ने प्रण किया, धर्मराज के साथ ।
"आधा-आधा राज्य हो, विपिनवास के बाद ।। 443/7068

"आधा कौरव राज्य लें, बिना किसी तकरार ।
आधा पांडव को मिले, प्रण से हुआ करार ।। 444/7068

"कौरव पांडव बाँट लें, राज्यभार अधिकार" ।
साक्षी गुरुजन, धूत तथा, गवाह था दरबार ।। 445/7068

◎ **The Agreement :** *Having lost at the game of dice, the Pāṇḍavas were given twelve years of exile in the forest and one more year of exile incognito. The condition fixed for the exile was that : "The Pāṇḍavas will stay in exile for 13 years and if they could finish the exile and return home alive,* ***the Kauravas will return them half of the kingdom*** *without any trouble."* **663/4839**

(अपितु)

ॐ **तां ते वनेऽप्यचेष्टन्तो हन्तुं पाण्डवबान्धवान् ।**
द्रौपदीमपहर्तुं स चाचेष्टत जयद्रथः ।। 323/2422

(फिर भी)

विष पानी में कभी मिलाया, गफलत में वो उन्हें पिलाया ।

शर पार्थों[149] पर कभी चलाया, कभी आग में उन्हें जलाया ।। 747/5205

✍दोहा॰ "जीवित लौट न आ सकें, पूर्ण किये वनवास" ।
दुर्योधन को था यही, अपने पर विश्वास ।। 446/7068

वन में पांडव जब गए, कौरव चला कुचाल ।
उनको छल से मारने, बन कर उनका काल ।। 447/7068

कभी पिलाया विष उन्हें, कभी तीर तलवार ।
कभी अपहरण के लिये, यत्न सभी बेकार ।। 448/7068

[149] पार्थ = युधिष्ठिर, भीम, अर्जुन ।

◎ **Twelve years :** *During the first twelve years, the Kauravas made many attempts to kill the Pāṇḍavas in the forest. Jayadratha even tried to kidnap Draupadī.* **664/4839**

♫ संगीतश्रीकृष्णरामायण छन्दमाला, मोती 105 of 501

मंजुतिलका छन्द[150]

12, 4 + ।ऽ।

(वनवास)

दुर्योधन अखिल राज्य की करत आस ।
पांडव पाए बारह वर्ष वनवास ।। 1
वर्ष द्वादश जब हुए, बदला लिबास ।
अज्ञात बन कर गए, विराट निवास ।। 2

◎ **Duryodhan :** *Duryodhan believed that, he will never let Pāṇḍavas come alive from the exile and he will keep the whole kingdom for himself. Pāṇḍavas protected themselves for twelve years and went to the kingdom of king Virāṭa for the one year of exile incognito.* **665/4839**

संगीतश्रीकृष्णरामायण गीतमाला, पुष्प 231 of 763

(वनवास गमन की कथा)

स्थायी

स्वरदा ने सुंदर गाया है, नारद ने साज बजाया है ।
रतनाकर गीत रचाया है ।।

♫ सानि़सा– गरे सा–नि़नि़ सा–रेम ग–, गममग पम ग–रे सासा–रेम ग– ।
गगरेसासासा रे–ग मगरेसानि़ सा– ।।

अंतरा–1

छल आडंबर दुर्योधन ने, निज पांडव बंधुऽ पर कीन्हे ।
सब कुछ द्यूत में उनका छीना, पट द्रौपदी का भी हर लीन्हा ।
स्त्री लज्जा कृष्ण बचाया है ।।

♫ पप मरेम–पप पमपनि़धप प–, पप मगगसा सागमप गरे सानि़सा– ।
सानि़ सासा गरेसा सा नि़नि़सा– रेमग–, सानि़ सा–गरे सा– नि़– सासा रेमग– ।
ग– रेसासा– रे–ग मगरेसानि़ सा– ।।

अंतरा–2

जब राज–लछन भूषण भारे, सब झपट लिये उनके सारे ।
बन भेजे पांडव वनवासी, दीन्ही उनके मन दुख रासी ।
श्रीकृष्ण की उन पर छाया है ।।

अंतरा–3

यदि सुदूर थे पांडव घर से, उनको हनने कौरव तरसे ।
लड़ते बचते पांडव सारे, जब बारह बरस गुजारे हैं ।
अऽज्ञातवास अब आया है ।।

◎ **The Story of exile : *Sthāyī* :** *Ratnākar composed the melody, Sarasvatī sang it beautifully, while Shrī Nārad muni played the Vīṇā.* ***Antarā* : *1.*** *Duryodhan planned many intrigues to kill the Pāṇḍavas, but he lost in every attempt. He then rigged the game of dice and won the kingdom from the Pāṇḍavas. Shrī Krishṇa saved the honor of Draupadī.* ***2.*** *Duryodhan robbed the Pāṇḍavas from their kingdom and wealth and sent them to exile. He tried to kill them there also. Shrī Krishṇa was their helper invisible.* ***3.*** *Even if the Pāṇḍavas were far away from home, Kauravas made several attempts to kill them. Pāṇḍavas survived all difficulties for twelve years. Now they have to disappear unidentified for one year of exile incognito.* **666/4839**

55. अज्ञातवास की कथा :

55. Story of the Exile Incognito *(Background of the Gītā)*

(अज्ञातवासकथा)

♫ संगीतश्रीकृष्णरामायण छन्दमाला, मोती 106 of 501

---

[150] ♫ **मंजुतिलका छन्द :** इस 20 मात्रा वाले महादैशिक के अन्त में ज गण आता है । इसका लक्षण सूत्र 12, 4 + ।ऽ। इस प्रकार होता है ।

▶ लक्षण गीत : **दोहा॰ जिसमें कल चौबीस हों, लघु गुरु लघु से अंत ।**
बारहवीं पर यति जहाँ, "मंजुतिलक" वह छन्द ।। 449/7068

वामवदना छन्द[151]

ऽ।।, ।ऽ।, ऽऽ।, ऽऽ।, ऽ

(अज्ञातवास)

पांडव कहाँ हुए थे सभी लापता ।
ढूँढ कर कौरवों को चला ना पता ।। 1
छः विविध भेस लेके तिरोभू रहे ।
"पांडव छुपे कहाँ?" धार्तराष्ट्रः कहे ।। 2

◎ **Incognito :** *Where the Pāṇḍavas have absconded? The Kauravas searched for them for the whole year, but could not find them. The six Pāṇḍavas got vanished without a trace, where are they hiding, said Duryodhan.* **667/4839**

(एकवर्षस्याज्ञातवासः)

एवं द्वादशवर्षाणि भुक्त्वा ते सङ्कटं वने ।
ततश्चाज्ञातवासाय विराटपुरिमागताः ।। 324/2422

(बारह वर्षों के वनवास के बाद, एक वर्ष अज्ञातवास)

बारह बीते इस भाँति से, लड़ते बचते जब अशाँति से ।
तेरहवें में भेस बदल कर, विराट नगरी आए चल कर ।। 748/5205

दोहा॰ **विपिन वास का वर्ष था, तेरहवाँ जब शेष ।**
अज्ञातवास के लिये, चले बदल कर वेश ।। 451/7068

◎ **One year :** *After spending twelve years in struggle, the Pāṇḍavas came secretly in disguises to the kingdom of king Virāṭa.* **668/4839**

(युधिष्ठिरः)

कङ्कः पुरोहिते रूपे युधिष्ठिरोऽभवद्विजः ।
भीमश्च बल्लवो भूत्वा राजप्रासादमागतः ।। 325/2422

युधिष्ठिर बने ब्राह्मण भटजी, भीम वृकोदर बने बवरची ।
विराट नगरी राज महल में, आए दोनों भेस बदल में ।। 749/5205

दोहा॰ **धर्म बने "द्विज कंक" थे, लेकर ब्राह्मण वेश ।**
भीम बवरची रूप में, आया विराट देश ।। 452/7068

विराट नगरी को चले, अलग-अलग सब भ्रात ।
भिन्न-भिन्न उद्यम लिये, चुपके से इक रात ।। 453/7068

◎ **Yudhiṣhṭhir :** *Yudhiṣhṭhir dressed as a Brāhmaṇa priest named Kank. Bhīma became a cook. They took employment at the palace of King Virāṭa.* **669/4839**

(अर्जुनः)

स्त्रीवेषमर्जुनो धृत्वा शालायां नृत्यशिक्षिका ।
वीरः स नर्तकी भूत्वा नृत्यगानानि चाकरोत् ।। 326/2422

अर्जुन आया नर्तकी बनके, बृहन्नड़ा नारी बन-ठन के ।
नृत्य शिक्षिका बना वीर वो, जनानियों के पहन चीर वो ।। 750/5205

दोहा॰ **पार्थ बन गया नर्तकी, "बृहन्नड़ा" के नाम ।**
नृत्य शिक्षिका वह बना, विराट नृप के धाम ।। 454/7068

◎ **Arjun :** *Arjun dressed as a female dance-teacher and took the name Brihannaḍā. She taught dance to the ladies in the palace.* **670/4839**

(नकुलः सहदेवश्च)

नकुलो गजशालायां तुरङ्गगजधावने ।
सहदेवश्च गोपालो रतो धेन्वजपालने ।। 327/2422

(अर्जुन, नकुल और सहदेव)

नकुल लगा राखन गजशाला, हाथी घोड़े धोने वाला ।
सहदेव बन गया था इक ग्वाला, धेनु सँभाली बन गोपाला ।। 751/5205

दोहा॰ **नकुल बना गजपाल था, गजशाला रखवाल ।**
वेश लिया सहदेव ने, विराट का गोपाल ।। 455/7068

◎ **Nakul and Sahadev :** *Nakul took up the job of keeping the horses and elephants. Sahadev became a cowherd to keep cows and goats.* **671/4839**

---

[151] **वामवदना छन्द :** इस 13 वर्ण, 20 मात्रा वाले छन्द में भ ज त त गण और एक गुरु वर्ण आता है । इसका लक्षण सूत्र ऽ।।, ।ऽ।, ऽऽ।, ऽऽ।, ऽ होता है । इसके पदान्त में विराम होता है ।

▶ लक्षण गीत : दोहा॰ **भ ज त त गण हों आदि में, एक दीर्घ कल अंत ।**
नाम "वामवदना" जिसे, तेरह अक्षर छन्द ।। 450/7068

55. Story of the Exile Incognito (Background of the Gītā)

(द्रौपदी)

प्रासादे द्रौपदी चापि दासी भूत्वा समागता ।
राज्ञाः सेवां च स्नेहेन कृत्वा प्रासीदयच्च ताम् ।। 328/2422

(द्रौपदी)

द्रौपदी बनी दासी नीकी, करने सेवा महरानी की ।
गुप्तचरों पर रख निगरानी, विराट नगरी बस में कीन्ही ।। 752/5205

दोहा॰ **दासी बन कर द्रौपदी, आई रानी पास ।**
बन कर उसकी सेविका, कीन्ही सेवा खास ।। 456/7068

◎ **Draupadī :** *Draupadī became the maid servant named Sairandhrī for Queen Sudeshṇā. She kept a close watch on the activities in the palace.* **672/4839**

तथा च सेवकान्सर्वान्-कृतवती स्वपक्षिणः ।
एवं राज्यस्य सर्वं हि प्राविशत्खलु द्रौपदी ।। 329/2422

पांडव सारे इस भाँति से, रहे सुरक्षित सुख-शाँति से ।
पता चला ना कहाँ छुपे थे, कौरव ढूँढत हार चुके थे ।। 753/5205

दोहा॰ **पांडव सब इस भाँति से, कीन्हे नगर प्रवेश ।**
राज महल से द्रौपदी, निरखत सारा देश ।। 457/7068

◎ **Thus :** *In this manner, the Pāṇḍavas lived with peace and quiet for one year in hiding. Kauravas looked for them but could not trace their whereabouts.* **673/4839**

(ततः)

त्रयोदशे व्यतीते ते हस्तिनापुरमागताः ।
तदा दुर्योधनो भीत्या विस्मयेन च व्यावृतः ।। 330/2422

(तेरह वर्षों के बाद)

वर्ष त्रयोदश पूर्ण किये जब, पांडव लौटे हस्तिनपुर तब ।
जब कौरव ने उनको देखा, डर के मारे पड़ गया फीका ।। 754/5205

दोहा॰ **वर्ष त्रयोदश ढूँढते, धृतपुत्र गए हार ।**
मिले नहीं पांडव कहीं, बूझे ना उपचार ।। 458/7068

पूर्ण हुए वनवास के, जब सब तेरह वर्ष ।
हस्तिनपुर में तब भये, धर्मराज के दर्श ।। 459/7068

उनको देखे डर गया, दुर्योधन हैरान ।
पांडव जीवित देख कर, सूखे उसके प्राण ।। 460/7068

◎ **Then :** *After the exile of thirteenth year was over, the Pāṇḍavas came to Hastināpur. That time, seeing them alive, Duryodhan got terrified.* **674/4839**

<u>यथोक्तं वचनं पूर्वं वनवासगमे तदा</u> ।
राज्यमर्धमयाचंस्ते दुर्योधनं हि पाण्डवाः ।। 331/2422

धर्मराज ने अपना दास, भेजा दुर्योधन के पास ।
यथा हुआ था पहले वादा, राज्य इन्हों ने माँगा आधा ।। 755/5205

दोहा॰ **धर्मराज ने दास को, भेजा कौरव पास ।**
यथा पूर्व इकरार था, माँगा आधा राज ।। 461/7068

◎ **Fulfillment of the Agreement :** ***As agreed earlier***, *the Pāṇḍavas demanded their share of half of the kingdom from Duryodhan.* **675/4839**

संगीतश्रीकृष्णरामायण गीतमाला, पुष्प 232 of 763

(अज्ञातवास की कथा)

स्थायी

स्वरदा ने सुंदर गाया है, नारद ने साज बजाया है ।
रतनाकर गीत रचाया है ।।

♫ सानि॒सा- ग॒रे सा-नि॒नि॒ सा-रेम ग॒-, ग॒मम॒ग॒ पम ग॒-रे सासा-रेम ग॒- ।
ग॒ग॒रेसासासा रे-ग॒ मग॒रेसानि॒ सा- ।।

अंतरा-1

पांडव भेस बदल कर सारे, नृप विराट के आए द्वारे ।
द्विज का रूप युधिष्ठिर लीन्हा, परधान बवरची भीम बना ।
बन नर्तकी अर्जुन आया है ।।

♫ प-मरे म-प पपम पनि॒ धपप-, पप मग॒सासा साग॒ मपग॒रे सानि॒सा- ।
सानि॒ सा- ग॒रेसा नि॒सा-सासा रेमग॒-, सानि॒सा-ग॒ रेसासानि॒- सा-रे मग॒- ।

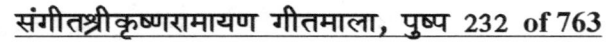

गग रेसासासा रे–गम गरेसानि़ सा– ।।

अंतरा–2

सहदेव बना है गोपाला, नकुल बना गज रखवाला ।
पांचाली राज महल आई, बन कर वह रानी की दाई ।
रानी की प्यारी आया है ।।

अंतरा–3

उनको कौरव ढूँढत धाये, पर एक बरस ढूँढ न पाए ।
जब पांडव घर लौटे आए, तब अर्ध राज्य वापस चाहे ।
अब दुर्योधन मुकराया है ।।

◎ **Story of the Exile Incognito :** ***Sthāyī :*** *Ratnākar composed the melody, Sarasvatī sang it beautifully, while Shrī Nārad muni played the Vīṇā.* ***Antarā : 1.*** *Wearing various costumes, the Pāṇḍavas came to the kingdom of king Virāṭa. Yudhiṣhṭhir became a priest, Bhīma became a cook and Arjun a dancer.* **2.** *Nakul looked after the elephants and Sahadev looked after the cows. Draupadī became maid of the queen.* **3.** *Kauravas searched for Pāṇḍavas for the whole year, but could not find them. When Pāṇḍavas returned to Hastināpur, they demanded half kingdom as per previous agreement. Duryodhan reneged on his promise.* **676/4839**

गीतोपनिषद् : तीसरा तरंग

Gitopanishad : Fascicule 3

56. हठी दुर्योधन की कथा :

56. Story of Stubborn Duryodhana *(Background of the Gītā)*

(हठिनो दुर्योधनस्य कथा)

♫ संगीतश्रीकृष्णरामायण छन्दमाला, मोती 107 of 501

चंद्रलेखा छन्द[152]

ऽ ऽ ऽ, ऽ।।, ।। ।, । ऽ ऽ, । ऽ ऽ, । ऽ ऽ

(दुर्योधन)

बोला दुर्योधन, अब यह है, राज मेरा हि सारा ।
सूई की नोंक चुभत उतना, भी नहीं आज तेरा ।। 1
लेना होगा लड़ कर मुझसे, पांडवों! राज मेरा ।
कौरवों की विजय अटल है, युद्ध में कर्ण द्वारा ।। 2

◎ **Duryodhan :** *Duryodhan said, O Yudhiṣhṭhir! this half of the kingdom is mine and that half is also mine. I shall not give you even the tiny fraction of land that can be pierced by the tip if a fine needle. If you wish to take any part of the kingdom, you will have to fight me and take it. Victory of the Kauravas is sure in the battle, as we have Karṇa on our side.* **677/4839**

(दुर्योधं च धृतं चोपदेशः)

ॐ दुर्योधनं च कर्णं च धृतराष्ट्रं महाजनाः ।
ददध्वं राज्यमर्धं तान्–ऐक्येनैतदुपादिशन् ।। 332/2422

(दुर्योधन व धृतराष्ट्र को शाँति के लिये समझाना)

धृतराष्ट्र करण दुर्योधन को, सब बोले दो आधा उनको ।
आधा रखलो तुम दुर्योधन! उनका उनको लौटा दो धन ।। 756/5205

✍दोहा॰ दुर्योधन, धृत, कर्ण को, बोले सज्जन लोग ।
"दे दो आधा धर्म को, अर्ध करो तुम भोग" ।। 463/7068

◎ **Advice :** *The senior people of the kingdom advised Dhritarāṣhṭra and Duryodhan to return Pāṇḍavas' their half of the kingdom to them and keep your half for yourself.* **678/4839**

(भीष्मो धृतराष्ट्रमुवाच)

---

[152] ♫ **चंद्रलेखा छन्द** : इस 18 वर्ण, 28 मात्रा वाले छन्द में म भ न य य य गण आते हैं । इसका लक्षण सूत्र ऽ ऽ ऽ, ऽ।।, ।।।, । ऽ ऽ, । ऽ ऽ, । ऽ ऽ इस प्रकार है । यति 11–7 पर अथवा चरणान्त होता है ।

▶ लक्षण गीत : ✍ **दोहा॰ वर्ण अठारह से बना, म भ न य य य का वृंद ।
ग्यारह पर यति से सजे, "चंदरलेखा" छन्द** ।। 462/7068

56. Story of Stubborn Duryodhana (Background of the Gītā)

◉ **धृतराष्ट्रं नृपं भीष्म उवाच शृणु मे वचः ।**
दुर्योधनस्य कर्णस्य शकुनेर्मा वचः शृणु ।। 333/2422

(भीष्म जी धृतराष्ट्र को बोले)

भीष्म ने कहा नृप को, प्यारे! वचन कहूँ मैं हित के सारे ।
कर्ण शकुनि या दुर्योधन की, बात न मानो मूरख जन की ।। 757/5205

दोहा॰ कहे भीष्म धृतराष्ट्र से, "सुनो वचन मम, तात! ।
कर्ण, शकुनि, दुर्योध की, मत सुनिये, नृप! बात" ।। 464/7068

◉ **Bhīṣhma :** *Bhīṣhma said, O King! please listen to me. Do not entertain Duryodhan, Karṇa and Shakunī.* **679/4839**

◉ **त्रयस्ते युवका धूर्ता अस्ति वृद्धो नृपो भवान् ।**
नीतिमार्गे स्वयं स्थित्वा दर्शनीयः पथः स तान् ।। 334/2422

तीनों बालक वे दीवाने, बूढ़े राजा आप सियाने ।
नीति पथ पर चले दिखाओ, बात वही फिर उन्हें सिखाओ ।। 758/5205

दोहा॰ "तीनों बालक हैं युवा, तुम हो बूढ़े बाप ।
नीति नियम सबको कहो, चलो नीति पर आप" ।। 465/7068

◉ **And :** *All three of them are young juveniles. O Dhritarāṣhtra! you are a senior father. Think with your own good sense and show everyone the right path.* **680/4839**

◉ **आह दुर्योधनं भीष्मो वैरेण कुरुतादलम् ।**
छलेनानेन कीर्तिस्ते गतास्ति खलु पश्यतात् ।। 335/2422

दुर्योधन से कहा भीष्म ने, और बैर मत करो सामने ।
हुआ है प्यारे! नाम तिहारा, इसी लिये बदनाम बिचारा ।। 759/5205

दोहा॰ दुर्योधन से फिर कहा, "करो नीति से काम ।
बैर कपट छल से हुआ, नाम तेरा बदनाम ।। 466/7068

◉ **Reprimand :** *Bhīṣhma then reprimanded, O Duryodhan! enough with the enmity. Stay on the right course of Dharma and save yourself. The Pāṇḍavas are your brothers. Why are your steps in wrong direction.* **681/4839**

◉ **यत्किमप्यभवत्पूर्वम्–अलं वैरेण तैः सह ।**
तेषां हि भद्रता युष्मान्–अरक्षत्कौरवान्सदा ।। 336/2422

हुआ सो हुआ अब तक तुमसे, और दुश्मनी करो न उनसे ।
उनमें जो सत्धर्म भरा है, रक्षक तुमरा वही खरा है ।। 760/5205

दोहा॰ "बैर छद्म अब बस करो, करलो उनसे मेल ।
उनके ही सत् धर्म से, चलता तुमरा खेल ।। 467/7068

◉ **And :** *Let the bygone be byegone. Stop fighting with them. Remember, it is their goodness that has saved you so far.* **682/4839**

♫ **संगीतश्रीकृष्णरामायण छन्दमाला, मोती 108 of 501**

रूपमाला छन्द[153]

14, 7 + ऽ।

(भीष्म चेतावनी)

भीष्म बोले दुर्योध को, बस करो अब बैर ।
नीति पथ सेती तुम चलो, इसी में है खैर ।। 1
यहाँ सभी बंधु जन सखे! कोई नहीं गैर ।
फिर क्यों रख रहे तुम भला, गलत पथ में पैर ।। 2

◉ **Warning :** *Bhīṣhma warned Duryodhan to stop the enmity. He said, please walk on the righteous path, it will save your life. Here everyone is a well wisher, no one is at odds. Then, O Duryodhan! why are you stepping in a harmful path?* **683/4839**

◉ **यावत्तवास्ति राज्यं भोः–तावद्युधिष्ठिरस्य च ।**
वस्तुतस्त्वां खलं दुष्टं सिंहासनं न शोभते ।। 337/2422

इस सत्ता पर तेरा जितना, अधिकार उन्हें भी है उतना ।
क्षात्र–धर्म से यही सही है, तुझे सर्व अधिकार नहीं है ।। 761/5205

दोहा॰ "समान है इस राज्य पर, दोनों का अधिकार ।
मगर नीति–प्रतिकूल है, तुमरा सब व्यवहार ।। 469/7068

---

[153] ♫ **रूपमाला छन्द :** इस 24 मात्रा वाले अवतारी छन्द के अन्त में गुरु लघु मात्राएँ आती हैं । इसका लक्षण सूत्र 14, 7 + ऽ। इस प्रकार है ।

▶ लक्षण गीत : **दोहा॰ मत्त चौबीस में जहाँ, गुरु लघु कल हो अंत ।**
"रूपमाला" छन्द है, कहते कविवर संत ।। 468/7068

◎ **And :** *This kingdom is only so much yours as much it is theirs. In fact, you are not even qualified to sit on the throne.* **684/4839**

न त्यजसि कुमार्गं चेत्-फलं कटु भविष्यति ।
अधोगतिं च नीत्वा त्वां कुलं कृत्स्नं च धक्ष्यति ।। 338/2422

धर्म से यदि नहीं डरेगा, दुर्योधन! तू स्वयं मरेगा ।
कडुआ तेरे करणी का फल, मरवा देगा कुल तेरा कल ।। 762/5205

दोहा॰ "डरो न तुम यदि धर्म से, दुर्योधन! इस बार ।
स्वयं मरोगे आप तुम, कुल का भी संहार ।। 470/7068

◎ **In addition :** *If you do not leave the wrong path, the fruit will be bitter. O Duryodhan! you will get killed yourself and you will ruin your family.* **685/4839**

तावदेव हि नुः कीर्तिः-यावत्कर्म शुभं भवेत् ।
तस्मादस्त्यशुभं यस्मिन्-कर्म तन्नहि साध्नुयात् ।। 339/2422

नर की कीर्ति होती जब तक, नाम अमर होता है तब तक ।
कीर्ति अपनी जो खोता है, बदनाम अवश वो होता है ।। 763/5205

दोहा॰ "जब तक ऊँचे काम हों, तब तक उज्ज्वल नाम ।
जिसके ओछे काम हों, होता वह बदनाम" ।। 471/7068

◎ **Remember! :** *Man is alive only as long as his name is good. He who has earned a bad name, is as good as dead.* **686/4839**

संगीतश्रीकृष्णरामायण छन्दमाला, मोती 109 of 501

प्लवंगम छन्द[154]

ऽ + 6, 7 + ।ऽ।ऽ

(भीष्म बोले)

दुर्योधन को, पितामह भीष्म ने कहा ।
आधा तेरा, अर्ध राज्य उनका रहा ।। 1
छोड़ेगा ना, अगर तू पाप ये महा ।
भस्म करेंगे, तव कुल केशव पापहा ।। 2

◎ **Bhīṣhma :** *Grand old Bhīṣhma said, O Duryodhan! only half kingdom is yours. The other half is theirs. If you do not turn away from the sin of war, Shrī Krishṇa, the Remover of sins, will burn you with your family.* **687/4839**

(द्रोण उवाच)

द्रोणो भीष्मं च स्वीकृत्योवाच दुर्योधनं ततः ।
अस्माकं परमां नित्यां पालयतां परम्पराम् ।। 340/2422

(द्रोण ने कहा)

द्रोण भीष्म से सहमत हो कर, बोले ऐसी जिद पर मत मर ।
उज्ज्वल अपनी है परंपरा, पालन कर तू धर्म सुनहरा ।। 764/5205

दोहा॰ कहा द्रोण ने भीष्म से, "सही तिहारी बात" ।
दुर्योधन से फिर कहा, "बात सुनो तुम, तात! ।। 473/7068

"कुल अपना अति उच्च है, उज्ज्वल उसका नाम ।
जिससे कुल बदनाम हो, करो न वैसे काम ।। 474/7068

◎ **Droṇa :** *Supporting Bhīṣhma, Droṇāchārya said, O Duryodhan! please follow the tradition of our sacred family and its righteous path.* **688/4839**

राज्यार्धं देहि तेषां त्वं राज्यमर्धं च भुङ्क्ष्व स्वम् ।
सुकृतस्य फलं मिष्टम्-आस्वादस्व च कौरव ।। 341/2422

उनका आधा उनको दे दे, तू भी तेरा आधा ले ले ।
क्षात्र-धर्म से मिलने वाला, फल तू चख ले मधुर निराला ।। 765/5205

दोहा॰ "उनका आधा दे उन्हें, तू ले आधा राज ।
मीठा फल सत् धर्म का, चख लो कौरव! आज" ।। 475/7068

◎ **And :** *O Kaurava! give their half to them and keep your half. It will give you a sweet fruit of the wise action.* **689/4839**

---

[154] **प्लवंगम छन्द :** इस 21 मात्रा वाले महादैशिक छन्द के आदि में गुरु मात्रा और अन्त में लघु और र गण आता है । इसका लक्षण सूत्र ऽ + 6, 7 + ।ऽ।ऽ इस प्रकार है ।

▶ लक्षण गीत : **दोहा॰ मात्रा गुरु हो आदि में, लघु गुरु लघु गुरु अंत ।**
इक्कीस में, यति आठ पर, बने "प्लवंगम" छंद ।। 472/7068

56. Story of Stubborn Duryodhana (Background of the Gītā)

♫ <u>संगीतश्रीकृष्णरामायण छन्दमाला, मोती 110 of 501</u>

पीयूषवर्ष छन्द[155]

10, 6 + । ऽ

(द्रोण बोले)

दुर्योध से कहत, द्रोणाचार्य हैं ।
सुन सबका कहना, जो अनिवार्य है ।। 1
शाँति ही एक है, उपाय सुन मुझे ।
इस विनाश से जो, बचाइबे तुझे ।। 2

◎ **Droṇa :** *Droṇa said, O Duryodhan! please listen, without any hesitation, what everyone is saying. Peace is the only remedy.* **690/4839**

(धृतं कर्ण उवाच)

ततः कर्णोऽब्रवीदन्धं ममैव वचने हितम् ।
एते गुरुजनाः सर्वे पाण्डुपक्षसमर्थकाः ।। 342/2422

(उस पर कर्ण ने धृतराष्ट्र से कहा)

गुरुवर सारे लगते प्यारे, दास हमारे, धन के मारे ।
फिर भी देखो निष्ठा इनकी, पांडु पक्ष में है गुरुजन की ।। 766/5205

दोहा॰ **कर्ण कहत धृतराष्ट्र से, "गुरुजन धन के दास ।**
धन अर्जित हमसे किये, श्रद्धा पांडव पास ।। 477/7068

◎ **Karṇa :** *Karṇa said, O Dhritarāṣhtra! all gurus appear to be dear to us and they profess to be your honest servants, but look! their true faith is with the Pāṇḍavas.* **691/4839**

अभक्ता गुरवः सर्वे शृणुताद्वचनं मम ।
वयं हि भवतो दासा वयमेव सहायकाः ।। 343/2422

निष्ठा इनकी सुनो व्यर्थ है, मेरी बातों में हि अर्थ है ।
दास आपके हम हैं सच्चे, हमीं सहायक तुमरे अच्छे ।। 767/5205

दोहा॰ **"सुनो न इनका, ये सभी, पांडव-पैरोकार ।**
देंगे हित हम ही तुम्हें, तुम्हें हमीं से प्यार" ।। 478/7068

◎ **And :** *Please do not listen to their advices. They are all Pāṇḍava supporters. We are your true helpers. Please listen to what Shakuni and I say.* **692/4839**

(धृतं विदुर उवाच)

विदुर आह राजानं बन्धो शृणु वचो मम ।
कौरवास्ते यथा पुत्राः-तथैव पाण्डवाः सुताः ।। 344/2422

(विदुर जी ने धृतराष्ट्र से कहा)

विदुर ने कहा सुन ले भाई! मेरा कहाना है सुखदाई ।
कौरव सौ सुत हैं जस तेरे, पाँच पूत पांडव तस तेरे ।। 768/5205

दोहा॰ **विदुर कहे धृतराष्ट्र से, "सुन भाई! मम बात ।**
कौरव जस तव पुत्र हैं, पांडव भी हैं, तात! ।। 479/7068

◎ **Vidur :** *Wise Vidur said to Dhritarāṣhtra, O Brother! please listen to my beneficial counsel. Pāṇḍavas are your children as much as the Kauravas are.* **693/4839**

कर्णशकुनिदुर्योधा मूर्खा मूढाश्च दुर्जनाः ।
विपरीता मतिस्तेषां नास्ति सा हितदायिका ।। 345/2422

कर्ण शकुनि दुर्योधन सारे, मूरख कपट कुमति के मारे ।
विपरीत मति है उनकी सारी, उनकी सुनना भूल है भारी ।। 769/5205

दोहा॰ **"दुर्योधन शकुनि सभी, कपट कुमति भँडार ।**
विपरीत उनकी बुद्धि है, सद्गुण के कंगाल" ।। 480/7068

◎ **And :** *Karṇa, Shakuni and Duryodhan are misguided by jealousy, deceit and anger. Listening to them will be your biggest mistake.* **694/4839**

(सञ्जय उवाच)

उवाच सञ्जयः स्वामिन्-कुरु कर्म तदेव त्वम् ।
जनैर्यत्सुकृतं ज्ञातं, कुकर्म परिवर्जयेत् ।। 346/2422

(संजय ने कहा)

---

[155] ♫ **पीयूषवर्ष छन्द :** इस 19 मात्रा वाले पौराणिक छन्द के अन्त में एक लघु और एक मात्रा आती है । इसका लक्षण सूत्र 10, 6 + । ऽ इस प्रकार होता है ।

▶ लक्षण गीत : दोहा॰ **मत्त उन्नीस में जहाँ, लघु गुरु मात्रा अंत ।**
दसवीं पर यति से बने, "पीयूषवर्ष" छंद ।। 476/7068

संजय बोला, स्वामी! सुनिये, काम आप अब एक हि करिए ।
पुण्य कर्म जो कहलाता है, पातक में नहिँ बहलाता है ।। 770/5205

दोहा॰ **धृत को संजय ने कहा, "स्वामी! सुनिये बात ।**
पुण्य कर्म में लाभ है, पाप करेगा घात ।। 481/7068

◎ **Sañjay :** *Sañjay said to Dhritarāṣhtra, O Master! please listen to me. Please stay away from the sin of deceit. It will give you good merit.* **695/4839**

लिखितं येन दुर्भाग्यं स्वललाटे कुकर्मभिः ।
ऋजुमार्गं शुभं त्यक्त्वा वाममार्गं स गच्छति ।। 347/2422

मार्ग सरल जब दिखे सामने, टेढ़ा पथ वह लगे थामने ।
बारी जिसकी आन पड़ी हो, मरने उनकी जान अड़ी हो ।। 771/5205

दोहा॰ **"सीधा पथ जब सामने, क्यों लें उल्टी राह ।**
उल्टा पथ वो ही धरे, जिसे मरण की चाह ।। 482/7068

"शाँति मार्ग जब सामने, लड़ने का क्या काम ।
अशाँति पथ से वो चले, जिसे नरक हो धाम ।। 483/7068

◎ **Misfortune :** *And he said, when a straight path is ahead, only he takes a crooked path who has written misfortune in his luck.* **696/4839**.

लब्ध्वाऽपि कृष्णसङ्गं वै शकुनिं हि वृणोति सः ।
दुर्जना बान्धवास्तस्य यो न वाञ्छति सज्जनान् ।। 348/2422

कृपा कृष्ण की अवगत होकर, संग शकुनि का धरे वही नर ।
दुर्जन से है जिसका नाता, संग सुजन का नहिँ है भाता ।। 772/5205

दोहा॰ **"कृपा कृष्ण की जब हमें, तब क्यों शकुनी-साथ ।**
सुजन संग जब है मिला, क्यों हो दुर्जन नाथ ।। 484/7068

◎ **And :** *When the mercy of Shrī Krishna is available at hand, only he seeks Shakuni's friendship who is related to scoundrels.* **697/4839**

स्वामिन्गदति सद्धर्मः कपटं कर्म वर्जयेत् ।
दुराचारं महापापं सर्वजनविनाशकम् ।। 349/2422

सदाचार का ये है कहना, कपट कर्म को तज कर रहना ।
पापी का जो हाथ धरेगा, सबको लेकर साथ मरेगा ।। 773/5205

संजय बोला, सुनिये स्वामी! कहलाओगे तुम खलकामी ।
बचनन जो हैं कहती नीति, उसका पालन हो हर रीति ।। 774/5205

पाप मार्ग अपनाकर आगे, यश सुख कीर्ति अपरे भागे ।
सदाचार से कारज करिए, वही नीति अब सबको कहिये ।। 775/5205

दोहा॰ **"सदाचार कहता सदा, रहो कपट से दूर ।**
पाप मार्ग अपनाइके, होगे चकनाचूर" ।। 452/7068

◎ **Therefore :** *O King! Dharma (righteousness) says, abandon adharma (unrighteousness), because he who joins hands with sin, he kills himself and takes down others with him.* **698/4839**

♫ **संगीतश्रीकृष्णरामायण छन्दमाला, मोती 111 of 501**

लीला छन्द[156]

7, 7, 6 + ।। ऽ

(संजय बोले)

धृतराष्ट्र से, संजय कहे, सुनिये मम कहना ।
स्वामी! कर्म, छल से परे, हमको है रहना ।। 1
सद्धर्म है, नर के लिये, सर्व श्रेष्ठ गहना ।
सत्पुरुष वो, जिस मनुज ने, शाँति वेश पहना ।। 2

◎ **Sañjay :** *Sañjay said to Dhritarāṣhtra, O Master! we have to stay away from deceits and dishonesty. Dharma (the righteousness) is a great asset for the gentlemen who abide by peace.* **699/4839**

(शकुनिं सनत्सुजात उवाच)

---

[156] ♫ **लीला छन्द** : इस 24 मात्रा वाले अवतारी छन्द के अन्त में स गण आता है । इसका लक्षण सूत्र 7, 7, 6 + ।। ऽ इस प्रकार है ।

▶ लक्षण गीत : दोहा॰ **मत्त चौबीस से बना, लघु लघु गुरु से अंत ।**
सप्तम चौदश मत्त पर, यति का, "लीला" छंद ।। 463/7068

56. Story of Stubborn Duryodhana (Background of the Gītā)

आह सनत्सुजातश्च शकुनिं वचनं शृणु ।
स्वं तु कुलमनश्यस्त्वम्–एतेषां मा विनाशय ।। 350/2422

(सनत् सुजात बोले)

सनत्सुजात फिर बोले, शकुनि! बात मुझे कहने दे अपनी ।
अपना घर तो लुटा चुका है, इनका लूट न, जो हि रुका है ।। 776/5205

दोहा॰ शकुनि को फिर प्रेम से, बोले सनत्सुजात ।
"अपना सब तू खो चुका, इनका मत कर घात ।। 487/7068

◎ **Sanatsujāt**[157] **:** *Sage Sanatsujāt said, O Shakunī! you have destroyed your own family, why don't you save this family from destruction.* **700/4839**

दम्भो दर्पो मदो गर्वः–छद्म द्यूतं छलं बलम् ।
अत्याचारश्च कापट्यं कौरव स्तेयमुच्यते ।। 351/2422

दंभ छद्म खल कपट फरेबी, बात बुरी ये करे खराबी ।
द्यूत खुटाई छल बरजोरी, सज्जन इनको कहते चोरी ।। 777/5205

दोहा॰ "दंभ कपट छल द्यूत हैं, सब चोरी के काम ।
खल बल अत्याचार से, दुर्जन है बदनाम ।। 488/7068

◎ **Because :** *O Dhritarāṣhtra! deceit, hypocrisy, forgery and force are considered as theft.* **701/4839**

(सुभाषिते)

श्वः कार्यं कुरुतादद्य दीर्घसूत्री विनश्यति ।
यस्य नास्ति भयं कालात्–कथं राज्यं करिष्यति ।। 352/2422

काल की चिंता करने वाला, कल करना सो आज सँभाला ।
काल चक्र से नहीं डरेगा, वह कैसे कल राज करेगा ।। 778/5205

दोहा॰ "कल जो करना काम है, करो पूर्ण वो आज ।
कल की चिंता जो करे, वही कर सके राज ।। 489/7068

◎ **Two adages :** *Do it today what you can do tomorrow, the procrastinator ruins himself. He who does not read the need of today, how will he be able to rule tomorrow?* **702/4839**

पयः पीत्वाऽपि मर्त्यः स रक्तं यस्य विषं गतम् ।
लब्ध्वाऽपि स्वर्गराज्यं स मृत्युसंसारमिच्छति ।। 353/2422

तन में जिसके जहर भरा है, अमृत पी कर भी वो मरा है ।
मिला स्वर्ग अधिगम करने को, धरती माँगे वो मरने को ।। 779/5205

दोहा॰ "अमृत पी कर मर्त्य वो, जिसमें विष की दाह ।
स्वर्ग द्वार खुल कर उसे, मृत्युलोक की चाह" ।। 490/7068

◎ **And :** *He who grows poison in his mind, will not survive even after drinking amrit (divine nectar). He can not step into heaven, who walks fearlessly towards hell.* **703/4839**

(दुर्योधं विदुर उवाच)

उवाच विदुरो ज्ञानी दुर्योधन वचः शृणु ।
ईर्ष्यां मा कुरु पार्थाय युधिष्ठिराय त्वं सदा ।। 354/2422

(विदुर चाचा ने दुर्योधन से कहा)

कहा विदुर ने दुर्योधन से, बात मेरी सुन सच्चे मन से ।
सत्य शिरोमणि धर्मराज है, उनसे लड़ना व्यर्थ काज है ।। 780/5205

दोहा॰ दुर्योधन को विदुर जी, बोले सच्ची बात ।
"धर्मराज अविजेय है, उससे मत लड़, तात! ।। 491/7068

◎ **Vidur :** *Uncle Vidur said, O Duryodhan! please listen to me. Yudhiṣhṭhir is an incarnation of Truth and Dharma (righteousness). And, you already know that, truth always wins.* **704/4839**

स्वयं कृष्णः सखा तस्य त्वमरिं मन्यसे हरिम् ।
अस्मिन्स्थितौ कथं पार्थं योत्स्यसे त्वं युधिष्ठिरम् ।। 355/2422

स्वयं कृष्ण का उसे साथ है, तुझको उनका नहीं हाथ है ।
उनसे लड़ना सत्य यही है, तेरे बस की बात नहीं है ।। 781/5205

दोहा॰ "संग धर्म को, कृष्ण का, तुझको उनसे बैर ।

---

[157] **Sanatsujāt :** *Sanatsujāt was one of the four Sanatkumārs, the other three being Sanak, Sanandana and Sanātana. Sanatkumārs are the sons of Brahma, born from his mind.*

उनसे लड़कर, हे सखे! तेरी नहिँ है खैर ।। 492/7068

◎ **And :** *Yudhiṣhṭhir is a friend of Shrī Krișhṇa, but you act like Shrī Krișhṇa's enemy. How anyone can save you from your suicide? In this situation, how can you win?* **705/4839**

शान्तिर्दद्याद्यदा सिद्धिम्–अशान्तिं तु वृणोति सः ।
आत्मघाते रुचिर्यस्य बुद्धिस्तस्य निरर्थका ।। 356/2422

हल हो मसला जब शाँति से, चलता फिर भी वो अशाँति से ।
चाहत जिसको आत्मघात की, बुद्धि जिसकी महा पातकी ।। 782/5205

दोहा॰ "शाँति में जब सफलता, अशाँति की क्यों राह ।
जिसमें पातक हो भरा, आत्मघात की चाह ।। 493/7068

◎ **Thus :** *When peace gives success, only he acts with violence whose good sense does not work and who has liking for suicide.* **706/4839**

सन्ध्या हितं नु ज्ञात्वाऽपि युद्धं कर्तुं स चेष्टते ।
कुलध्वंसस्य बीजं यो नाशस्तस्य सुनिश्चितः ।। 357/2422

संधि से जब सभी भला हो, युद्ध मार्ग पर हठी चला वो ।
कुल विनाश का वही बीज है, विनाश की वो कही चीज है ।। 783/5205

दोहा॰ "संधि में जब है भला, कहे युद्ध की भाष ।
कुल विनाश का बीज वो, निश्चित उसे विनाश ।। 494/7068

◎ **Also :** *Even after knowing that peace gives success, he who wants to make war, he is a seed for the ruin of the family. His own destruction is certain.* **707/4839**

संगीतश्रीकृष्णरामायण गीतमाला, पुष्प 233 of 763

(शाँति)

राग : रत्नाकर, 8 मात्रा

स्थायी

निश-दिन तन में शाँति हो, लड़ने का नहिँ काम ।
जन गण मन में क्रांति हो, शाँति जगत कल्याण ।। 492/7068

♫ सानि़ सासा गरे सानि़ सा–रेम ग–, गममग पम गरे सा–सा ।
सासा रेरे गग म– प–मग रे–, प–म गरेरे गरेसा–सा ।।

अंतरा–1

ऋषि गुरु ज्ञानी लाए हैं, शाँति का पैगाम ।
शाँति ब्रह्म अरु सत्य है, शाँति है भगवान ।। 495/7068

♫ रेरे गग म–प– म–ग म–, प–म– ग– रे–ग–ग ।
प–म गग रेरे ग–रे म–, प–मग रे– गरेसा–सा ।।

अंतरा–2

शाँति प्रेम है प्यार भी, शाँति पुण्य का नाम ।
शाँति स्नेह की सादगी, शाँति है वरदान ।। 496/7068

अंतरा–3

शाँति कला अनिवार्य है, शाँति चैन का धाम ।
शाँति गुणों में श्रेष्ठ है, शाँति आत्म का ज्ञान ।। 497/7068

अंतरा–4

शाँति धर्म का कर्म है, शाँति है सत् नाम ।
शाँति ध्येय का श्रेय है, शाँति है अभियान ।। 498/7068

अंतरा–5

शाँति लाभ का बीज है, शाँति सीताराम ।
शाँति त्राण की चीज है, शाँति राधेश्याम ।। 497/7068

अंतरा–6

शाँति शाँति शाँति हो, शाँति चारों याम ।
शाँति सर्व२ शाँति हो, शाँति स्वर्ग का यान ।। 500/7068

◎ **Peace : Sthāyī :** *May there be peace in your mind day and night. There is no need for war.* **Antarā : 1.** *Sages and gurus and wise people have brought to us the message of peace. Peace is Brahma. Peace is truth. Peace is God.* **2.** *Peace is love and affection. Peace is sacred work. Peace is simplicity of adoration. Peace is a boon.* **3.** *Peace is the art that we must learn. Peace is the abode of happiness. Peace is the king of virtues. Peace is the knowledge of self.* **4.** *Peace is the Karma (deed) of Dharma (righteousness). Peace is the fruit of honest work. Peace is a movement.* **5.** *Peace is a seed of progress. Peace is Sītā-Rāma. Peace is the protector. Peace is Rādhe-Shyām.* **6.**

56. Story of Stubborn Duryodhana (Background of the Gītā)

May there be peace, peace, peace. Peace every second. Peace everywhere. Peace is the vehicle to heaven. **708/4839**

(अपि च)

यस्मिन्मार्गे भवेत्सिद्धिः–मार्गमन्यं स गच्छति ।
अधर्मस्य वशे यस्तु धर्मस्तस्मिन्हि निर्बलः ।। 358/2422

(और)

ध्येय साध्य जब हो सुमार्ग से, चलता फिर भी वो कुमार्ग से ।
जिस पर जादू अधर्म का है, उस पर काबू न धर्म का है ।। 784/5205

दोहा॰ "सिद्धि सुगम जब सुलह से, चले अन्य वो मार्ग ।
जिसे घृणा है धर्म से, अधर्म से है राग ।। 501/7068

And : *When the aim is attainable through a right path, only he follows the wrong path who is taken over by adharma. For him, Dharma (righteousness) is meaningless.* **709/4839**

सर्व ऊचुर्यदा शान्तिं हिंसामेव स वाञ्छति ।
आत्मघाते सुखं यस्य सर्वघाती स उच्यते ।। 359/2422

शाँति करने कहत सभी जब, अशाँति का कर धरे वही तब ।
आत्मघात की जिसे चाह है, कुल विनाश की उसे राह है ।। 785/5205

दोहा॰ "शाँति सभी ने जब कही, चले युद्ध की ओर ।
आत्मघात से ना डरे, वही दुष्ट है घोर ।। 502/7068

And : *When all wise people are suggesting peaceful means, only he follows the path of war who desires self destruction. He is a suicidal person.* **710/4839**

यदा सन्तस्तु शिक्षन्ते कर्णौ सुप्तौ करोति यः ।
शुभशब्दे घृणा तस्य सुखशान्त्योर्भयस्तथा ।। 360/2422

सुजान सज्जन सुना रहे जब, बंद कान को वही धरे तब ।
शुभ वचनों से घिन करता है, सुख–शाँति से वो डरता है ।। 786/5205

दोहा॰ "सुजान सुवचन जब कहे, बंद करे वह कान ।
शुभ शब्दों से चिढ़ जिसे, दुख में उसके प्राण ।। 503/7068

And : *When the saints are teaching beneficial things, only he keeps his ears closed who desires evil. He rejects wisdom.* **711/4839**

सुरसङ्गं च त्यक्त्वा यो सदाऽसुरवदाचरेत् ।
अहङ्कारो महापापो हिंसाचारः स उच्यते ।। 361/2422

जब अधिगत हो साथ सुरों का, संग करे वो नर, असुरों का ।
दुष्ट जनों की जो सुनता है, पथ शाँति का नहीं चुनता है ।। 787/5205

दोहा॰ "संग सुरों का छोड़ कर, असुरों से हो प्रीत ।
दुष्ट जनों की वह सुने, अशाँति का जो मीत ।। 504/7068

And : *When the association of Gods is available, only he keeps company with the demons, who is egoistic, sinful and atrocious.* **712/4839**

(और भी)

क्रोधपृक्तं मनो यस्य सद्वाचायाः पराङ्मुखम् ।
रोचते यं न सत्कर्म मन्त्रणा तं न रोचते ।। 362/2422

जिसके मन में भरा क्रोध है, सद् वचनों से बस विरोध है ।
समझाने पर समझ न पाए, शुभ कर्मों की याद न आए ।। 788/5205

दोहा॰ "जिसके मन में क्रोध है, सत् वचनों से बैर ।
सुरपुर में रहते हुए, रखे नरक में पैर ।। 505/7068

Also : *He whose mind is filled with anger and he who has turned away from reality, he detests aphorisms of true words.* **713/4839**

शिरसि प्रेङ्खते खड्गे दुर्मेधसा स तिष्ठति ।
पापफलैर्हि तृप्तः स पुण्यफलं च नेच्छति ।। 363/2422

कटार लटकी सिर पर हो कर, नींद चैन की भरता सो कर ।
पातक गठरी सिर पर धारे, मार्ग पुण्य का नहीं सिधारे ।। 789/5205

दोहा॰ "सिर पर लटका खड्ग हो, भरे नींद में रैन ।
सिर पर गठरी पाप की, उसे कलुष में चैन ।। 506/7068

And : *When a sword is hanging over the head, only he sleeps unworried who has sins piled up over his head and who does not desire good merits.* **714/4839**

सख्यं शक्त्वाऽपि सम्भाव्यं क्रोधाग्नौ स ज्वलिष्यति ।

यस्य कायस्तमोयुक्तः-विषं पातुं न भेष्यति ।। 364/2422

काम शाँति से जब हो चलता, आग में वही नर है जलता ।

जिसके तन में तमस् भरा है, विष पीने से नहीं डरा है ।। 790/5205

दोहा॰ **"सदाचार जे छोड़ कर, भरे डाह की आग ।**

तन में तामस हो भरा, विष में जिसका राग ।। 507/7068

◎ **And :** *When righteousness does the job, he burns in the fire of hatred who has tamas guṇa (ignorance). He is not afraid of drinking poison.* **715/4839**

प्राप्य गङ्गापयः पातुं विषं पातुं स निर्भयः ।

पुण्यं न लिखितं भाग्ये पापे मृत्युः सुनिश्चितः ।। 365/2422

गंगा जल हो जब जीने को, विष ही चाहे वो पीने को ।

पुण्य नहीं है लिखा भाग में, अवश पाप की मरे आग में ।। 791/5205

दोहा॰ **"पीने गंगा नीर हो, फिर भी विष की प्यास ।**

पुण्य नहीं हो भाग्य में, उसे पाप का पाश ।। 508/7068

◎ **And :** *When the holy water from Ganges is available for drinking, only he likes to die with poison of a gutter who has written misfortune in his luck. He dies helplessly in the fire of sins.* **716/4839**

साधुसङ्गं परित्यज्य तस्मै दुष्टजना वराः ।

विघ्नचिह्नं न यो वेत्ति हितं न प्रतिपद्यते ।। 366/2422

साधु संग को छोड़ कर परे, साथ दुष्ट का वही नर धरे ।

विपत्ति लक्षण नहीं पहिचाने, हित की चिंता जो नहिँ जाने ।। 792/5205

दोहा॰ **"तज कर सज्जन संग को, धरे दुष्ट का हाथ ।**

संकट से जो ना डरे, विनाश उसके साथ ।। 509/7068

◎ **And :** *When the friendship of sages and saints is available, only he makes partnership with evil people who can not see the imminent danger.* **717/4839**

विवृते स्वर्गद्वारेऽपि रसातलं स गच्छति ।

लयकाले वृथा बुद्धिः सुमतेर्मूर्ध्नि तिष्ठति ।। 367/2422

द्वार स्वर्ग का खुला जब मिले, नरक की तरफ वही नर चले ।

विनाश काले विपरीत बुद्धि, जिसे नहीं हो मिली सुबुद्धि ।। 793/5205

दोहा॰ **"दुआर मिल कर स्वर्ग का, जिसे नरक की चाह ।**

विनाश जिसका हो लिखा, चले पतन की राह" ।। 510/7068

◎ **And :** *When the door to heaven is open, only he wants to enter the door to hell who thinks adversely at the crucial time. Right thoughts do not enter his mind.* **718/4839**

संगीतश्रीकृष्णरामायण छन्दमाला, मोती 112 of 501

नाग छन्द[158]

10, 8, 4 + ऽ।

(विदुर बोले)

ज्ञानी विदुर कहे, दुर्योधन को, सुनो हमार ।

सुमिरण में धरियो, नियम नीति के, धार्मिक चार ।। 1

अहिंसा तितीक्षा, दया क्षमा के, ही आधार ।

मिलेगा स्वर्ग का, शाश्वत मंगल, अपिहित द्वार ।। 2

◎ **Vidur :** *The wise old man Vidur said, O Duryodhan! please listen to me and remember the rule of ethics. Non-violence, tolerance, mercy and forgiveness are the four pillars of Dharma (righteousness).* **719/4839**

(श्रीकृष्णसञ्जययोः संवादः)

सञ्जयमाह श्रीकृष्णः शान्तिमार्गं वदामि त्वाम् ।

शान्तिं तामहमिच्छामि सम्मानं या च दास्यति ।। 368/2422

(श्रीकृष्ण संजय संवाद)

कहा कृष्ण ने फिर संजय से, मार्ग शाँति का सही हृदय से ।

साथ शाँति के जब आदर हो, समझौता बस वह सादर हो ।। 794/5205

दोहा॰ **संजय से हरि ने कहा, "सुनो शाँति की रीत ।**

आदर के सह सुलह हो, तभी सुलह में जीत" ।। 512/7068

---

[158] **नाग छन्द** : इस 25 मात्रा वाले महाअवतारी छन्द के अन्त में गुरु लघु मात्रा आती हैं । इसका लक्षण सूत्र 10, 8, 4 + ऽ। इस प्रकार है ।

▶ लक्षण गीत : **दोहा॰ मत्त पच्चीस से बना, गुरु लघु मात्रा अंत ।**

दश अष्टादश यति जहाँ, वही "नाग" है छंद ।। 511/7068

56. Story of Stubborn Duryodhana (Background of the Gītā)

◎ **Shrī Krishṇa :** *Shrī Krishṇa said, O Sañjay! I am telling you the way for peace. In any compromise, peace must come with honour.* **720/4839**

प्रभो वदसि सत्यं त्वम्–उवाच सञ्जयस्ततः ।
अशान्तिदायकं निन्द्यं पुण्ये पापस्य शासनम् ।। 369/2422

संजय बोला, प्रभुजी प्यारे! वचन सही हैं सभी तिहारे ।
होत पुण्य पर राज पाप का, निंद्य पातकी जहर साँप का ।। 795/5205

दोहा॰ **संजय बोला कृष्ण से, "सत्य तिहारे बोल ।**
राज्य पुण्य पर पाप का, होता मिट्टी मोल" ।। 531/7068

◎ **Sañjay :** *Sañjay said, O Lord Shrī Krishṇa! you are right. The rule of vice over virtue is reprehensible like the poison of a snake.* **721/4839**

संगीतश्रीकृष्णरामायण छन्दमाला, मोती 113 of 501

सुमेरु छन्द[159]

। ऽ ऽ + 7, 2 + । ऽ ऽ अथवा । ऽ ऽ + 5, 4 + । ऽ ऽ

(संजय से कृष्ण बोले)

सुनो रे, संजय दूत! कृष्ण बोले ।
बताओ, अंध नृप को, नैन खोले ।। 1
कहो, "ये, कपट का ना, कलुष घोले ।
अहिंसा, सम्मान से, शाँति तौले" ।। 2

बताऊँ, मार्ग अब मैं नीति वाला ।
जिससे, किसी का मुख, हो न काला ।। 3
"हटाओ, अंध कुनीति, अवनिपाला! ।
जगाओ, धर्म–सुनीति, का उजाला" ।। 4

◎ **Shrī Krishṇa :** *Shrī Krishṇa said, O Messenger Sañjay! go and tell the blind king to open his inner eye. Tell him to stop injecting poison of deceit. Ask him to stay on the path of non-violence and honour. I am telling the ethical way of compromise, by which the peace is attained and honour of everyone is maintained. And, say to the king, O Avanipāla! please wake up to moral conduct and see the day-light of dharma.* **722/4839**

संगीतश्रीकृष्णरामायण गीतमाला, पुष्प 234 of 763

(सुनो रे सखे)

स्थायी

सुनो रे सखे, धरम का आर्त विलाप ।
सानि सा गरे–, गगग ग प–म गरे–रे ।

अंतरा–1

फूट–फूट कर रुदन ये इसका, दम घुटने का सुनो रे सिसका ।
पुण्य के सिर पर पाप चढ़ा है, दंभ से, अनीति का है मिलाप ।।
सा–रे ग–ग गग रेगम प मगरे–, सासा रेरेग– म– पम– ग रेरेग– ।
ग–ग ग मम मम ध–प पग– म–, ध–प म–, गग–म प– म गरे–रे ।।

अंतरा–2

अपमानित सम्मान झुका है, सदाचार का काम रुका है ।
अनाचार सब ओर बढ़ा है, जन गण तन–मन में संताप ।।

अंतरा–3

सत् के माथे दाग लगा है, पग–पग पर दिन–रात दगा है ।
प्रश्न गहन अब आन पड़ा है, कैसे नष्ट करें ये पाप ।।

◎ **Dharma :** ***Sthāyī*** *: O Dear! Dharma (righteousness) is crying, please listen to its wail of distress.* ***Antarā* : 1.** *Listen to its sobs of suffocation. Sin is riding on the head of virtue. The deceit and injustice have joined hands.* **2.** *Honour is subjugated by insults, righteousness is suppressed by terror, dishonesty is everywhere, people are stricken with grief.* **3.** *Truth is blemished by false. There is danger at every step. Now there is a crucial question, how to remove this sin.* **723/4839**

(दुर्योधनं शकुनेर्मन्त्री कणिक उवाच)

[159] **सुमेरु छन्द** : इस 19 मात्रा वाले महापौराणिक छन्द के आदि में लघु और अन्त में य गण उत्तम होता है । अन्त में ज, र, त या म गण नहीं हो । इसका लक्षण सूत्र । ऽ ऽ + 7, 2 + । ऽ ऽ अथवा । ऽ ऽ + 5, 4 + । ऽ ऽ इस प्रकार है ।

▶ लक्षण गीत : दोहा॰ **जहाँ मत्त उन्नीस हों, लघु आदि, य गण अंत ।**
अंतिम ज, र, त, म ना कभी, जानो "सुमेरु" छंद ।। 514/7068

कणिकेन स प्रोद्दीप्तो मूढो दुर्योधनस्ततः ।
छलं बलं किमर्थं ते प्रयोगं न करोषि चेत् ।। 370/2422

(शकुनि के मंत्री कणिक ने दुर्योधन को उकसाया)

शकुनि-मंत्री 'कणिक' जब आया, वह दुर्योधन को फुसलाया ।
बोला, छल बल तेरा फुसका,[160] काम अगर ना लेगा उसका ।। 796/5205

दोहा॰ दुर्योधन को कणिक ने, करने को गुमराह ।
बोला, "छल से काम लो, यही है यश की राह ।। 515/7068

◎ **Kanik :** *Shakuni's minister Kanik said, O Duryodhan! how good is your stratagem and brutal power if you do not use it now for your own benefit? Do not relax.* **724/4839**

शल्यं सूक्ष्मं तनोर्ज्ञात्वा नोत्सारणं हि दोषवत् ।
पूतिर्भूत्वा तनुं व्याप्य तद्विषस्य हि कारणम् ।। 371/2422

हठ-शठ तेरा व्यर्थ मरेगा, प्रयोग उनका यदि न करेगा ।
शल्य देह में यद्यपि छोटा, एक दिन बनता विष का काँटा ।। 797/5205

दोहा॰ "बल तेरा किस काम का, किया अगर न प्रयोग ।
तिनका पीड़ाहीन भी, देगा विष का रोग ।। 516/7068

◎ **And :** *Leaving a sliver in the body is a mistake. If left in the body, thinking it is benign, it will develop into a harmful septic.* **725/4839**

अग्नेः सूक्ष्मः कणश्चापि दावाग्नेर्मूलमुच्यते ।
शत्रुपक्षे दया तद्वद्-आत्मघातस्य कारणम् ।। 372/2422

चाहे छोटी हो चिनगारी, दावाग्नि की बीज है भारी ।
शत्रु-पक्ष पर दया दिखाना, स्वयं है अपना अंत लिखाना ।। 798/5205

दोहा॰ "चिनगी[161] छोटी ही सही, वनाग्नि का है बीज ।
बैरी पर करना दया, आत्मघात की चीज ।। 517/7068

◎ **And :** *A tiny spark left alone develops into a conflagration. Showing mercy on an enemy is a suicidal act.* **726/4839**

दर्शयित्वा बलं शत्रुं गूहयित्वा छलं तथा ।
ध्येयसिद्धिं समाधातुं राज्यं सम्पादितं कुरु ।। 373/2422

ध्येय पर हमें, छद्म छिपा कर, चलना है बल को दिखला कर ।
शक्ति लेकर अब बढ़ना है, युक्ति लेकर फिर लड़ना है ।। 799/5205

दोहा॰ "रख कर मतलब ध्यान में, बढ़ो कपट से, तात! ।
शक्ति-युक्ति की चाल से, करदो उनका घात ।। 518/7068

◎ **And :** *Assuming disguise and deceit, we have to fight to achieve our aim.* **727/4839**

बलेन पाण्डवा वध्याः शठेन ह्यथवा सखे ।
नोचेत्स जीवितो भीमो राज्याय योत्स्यते तु श्वः ।। 374/2422

वध करना है उनका छल से, या हमको फिर उनका बल से ।
अथवा बच कर भीम लड़ेगा, हम पर धन के लिये चढ़ेगा ।। 800/5205

दोहा॰ "मारो पांडव छल किये, या फिर बल के साथ ।
भीम करेगा अन्यथा, हमसे दो-दो हाथ ।। 519/7068

◎ **And :** *We have to kill the Pāṇḍavas by trickery or by war, otherwise Bhīma will march on us.* **728/4839**

अर्जुनादपि भीतिर्नो बलं तस्य भयङ्करम् ।
भीमस्तु रक्षकस्तस्य तस्माद्वध्यो वृकोदरः ।। 375/2422

अर्जुन भी है शत्रु हमारा, प्रताप उसका बड़ा अपारा ।
भीम उसीका सखा आर्य है, मृत्यु भीम की अपरिहार्य है ।। 801/5205

दोहा॰ "अर्जुन से भी डर हमें, भीम उसे रखवार ।
पहले वध हो भीम का, फिर अर्जुन पर वार" ।। 520/7068

◎ **And :** *Arjun is also our powerful enemy, but Bhīma is his protector. Therefore, we have to kill Bhīma first.* **729/4839**

(कर्णदुर्योधनयोः संवादः)

कर्णो दुर्योधनं शीघ्रं प्राबोधयच्च दारुणम् ।

[160] **फुसका** : फुसफुसा, कमजोर, थोथा, निकम्मा ।

[161] **चिनगी** : चिनगारी ।

56. Story of Stubborn Duryodhana (Background of the Gītā)

अर्धं चतुर्थराज्यं वा बन्धो जातु न देहि तान् ।। 376/2422

(कर्ण दुर्योधन संवाद)

आधा तो क्या चौथाई तू, धर्मराज को मत दे देना यूँ ।

अधर्म ही सही, भूमि या धन, कभी न देना, तू दुर्योधन! ।। 802/5205

दोहा॰ **दुर्योधन को कर्ण ने, दिया सखत उपदेश ।**

"पांडव को तू भूमि का, मत देना लव लेश" ।। 521/7068

◎ **Karṇa :** *Karṇa said, O Duryodhan! do not give half. Do not given even quarter kingdom to Yudhiṣhṭhir.* **730/4839**

कुकर्म स्यादधर्मो वा दद्या भूं वा धनं न तम् ।

युधिष्ठिरं विनायुद्धं त्वं दुर्योधन भारतम् ।। 377/2422

दुर्योधन ने कहा कर्ण को, "अर्ध राज्य ना मिले धर्म को ।

समझौते का नाम नहीं है, उनसे लड़ना यही सही है" ।। 803/5205

दोहा॰ **दुर्योधन ने कर्ण का, मान लिया आदेश ।**

"बिना लड़ाई धर्म को, नहीं मिलेगा देश ।। 522/7068

"ना आधा ना चौथ भी, मिले धर्म को राज ।

लड़ कर हमरी जीत है, यही सही अंदाज" ।। 523/7068

◎ **And :** *May it be Dharma (righteousness), may it be adharma (unrighteousness), don't give any land to Yudhiṣhṭhir, without war.* **731/4839**

(युधिष्ठिर उवाच)

अर्धराज्याधिकारो नो युद्धं नेच्छामि बान्धवा:! ।

दु:खेन पाण्डवानाह कुन्तीपुत्रो युधिष्ठिर: ।। 378/2422

(युधिष्ठिर बोले)

हक है आधा राज हमारा, दुर्योधन ने लिया है सारा ।

बिना लड़ाई हम जी लेंगे, स्वाभिमान को हम पी लेंगे ।। 804/5205

दोहा॰ **सुन कर दुर्योधन का कहा, धर्मराज को खेद ।**

"पी लें हम अभिमान को, बिना किसी भी स्वेद ।। 524/7068

"अर्ध राज्य अधिकार है, लड़ने का क्या काम ।

हम लाएँगे राज्य में, शाँति का पैगाम" ।। 525/7068

◎ **Yudhiṣhṭhir :** *Yudhiṣhṭhir said, O Brothers! half of the kingdom is our right. We will swallow our pride and live without war.* **732/4839**

अर्धं नेच्छति दातुं चेद्-दद्याद्ग्रामान्स पञ्च न: ।

दुर्योधनो विना युद्धं, युद्धे सर्वं हि नश्यति ।। 379/2422

युधिष्ठिर बड़े दुख से बोले, "समझौते से हम सब जी लें ।

राज्य अर्ध भी अगर ना मिले, पाँच ग्राम ही पांडव ले लें" ।। 805/5205

दोहा॰ **फिर वह बोला रंज से, "हम शाँति के नाम ।**

अर्ध राज्य यदि ना मिला, लेंगे पाँच हि ग्राम" ।। 526/7068

◎ **And :** *With a heavy heart, he then said, let's make a compromise. If they do not want to give us half of the kingdom, let us ask them for at least five villages.* **733/4839**

संगीतश्रीकृष्णरामायण छन्दमाला, मोती 114 of 501

सगुण छन्द[162]

। + 14 + । ऽ ।

(युधिष्ठिर बोले)

युधिष्ठिर ने दुर्योधन को उवाच ।

हमको पाँच ग्राम का दो तुम राज ।। 1

बुझाओ कुल कलह की यह कटु आग ।

मत दो अपनी परंपरा पर दाग ।। 2

◎ **Yudhiṣhṭhir :** *Yudhiṣhṭhir said, O Duryodhan! give us at least five villages and make peace with us. Please extinguish the fire of war that is burning our family. Please do not destroy its good name.* **734/4839**

---

[162] **सगुण छन्द** : इस 19 मात्रा वाले महापौराणिक छन्द के आदि में लघु और अन्त में ज गण आता है । इसका लक्षण सूत्र । + 14 + । ऽ । इस प्रकार है ।

▶ लक्षण गीत : दोहा॰ **मात्रा लघु हो आदि में, लघु गुरु लघु से अंत ।**

मत्त उन्नीस से बना, कहो "सगुण" है छंद ।। 527/7068

संगीतश्रीकृष्णरामायण गीतमाला, पुष्प 235 of 763

(दुर्योधन के हठ की कथा)

स्थायी

स्वरदा ने सुंदर गाया है, नारद ने साज बजाया है ।
रतनाकर गीत रचाया है ।।

♫ सानि़सा– ग़रे सा–नि़नि़ सा–रेम ग़–, ग़ममग़ पम ग़–रे सासा–रेम ग़– ।
ग़ग़रेसासासा रे–ग़ मग़रेसानि़ सा– ।।

अंतरा–1

कौरव को भीष्मादिक बोले, धन संपद् तू आधी लेले ।
कृप द्रोण विदुर संजय बोले, लड़ने का तू विष क्यों घोले ।
समझौते का क्षण आया है ।।

♫ प–मरे म– प–पमपनि़ धपप–, पप मग़ग़सा साग़ मपग़रे सानि़सा– ।
सानि़ सा–ग़ रेसासा सानि़सासा रेमग़–, सानि़सा– ग़रे सा– निनि़ सा– रेमग़– ।
ग़ग़रेसासा– रे– ग़म ग़रेसानि़ सा– ।।

अंतरा–2

जब शाँति का पथ आगे है, तब विपरीत क्यों तू भागे है ।
यह जो तेरी कटु भासा है, सब कुल का उसमें नासा है ।
दुर्योधन बूझ न पाया है ।।

अंतरा–3

दुर्योधन बोला, "नहिँ दूँगा, ये सारी संपद् मैं लूँगा ।
सूचिऽ बींधे भूमिऽ जितनी, नहिँ दूँगा मैं उनको उतनी" ।
लड़ कर उनका हि सफाया है ।।

◎ **Stubborn Duryodhan : *Sthāyī* :** *Ratnākar composed the melody, Sarasvatī sang it beautifully, while Shrī Nārad muni played the Vīṇā.* ***Antarā* : *1.*** *Kripāchārya, Droṇāchārya, Bhīṣhma, Vidur jī and Sañjay said, O Duryodhan! why are you spitting poison of war when it is the time for peace.* ***2.*** *When the path of peace is ahead of us, why are you going opposite way? With your bitter words and actions, the whole family is being destroyed. But, Duryodhan could not hear their call for peace.* ***2.*** *Duryodhan said, I shall not give them half the kingdom. I shall not give them five villages. I shall not give them even as much land that can be pierced by the tip of a fine needle." Everything is mine. I shall fight and kill them all.* **735/4839**

57. दुर्योधन के अज्ञान की कथा :

57. Duryodhana's Ignorance *(Background of the Gītā)*

(अज्ञानिनो दुर्योधनस्य कथा)

♫ **संगीतश्रीकृष्णरामायण छन्दमाला, मोती 115 of 501**

गाथ–अनुष्टुभ्–छन्दः[163]

ऽ।ऽ, ।।ऽ, ऽऽ – ऽऽऽ, ।।ऽ, ।ऽ

(दुर्योधन उवाच)

"नास्ति योग्यविचारी यो, धर्मे नास्ति च भावना ।
रागक्रोधघृणायुक्तो, निर्लज्जो हि सदा सुखी ।। 1

"धर्मकर्मणि यं श्रद्धा, व्यर्थं तस्य हि जीवनम् ।
तस्य नास्ति सुखं सिद्धिः, निर्लज्जो हि सदा सुखी" ।। 2

◎ **Duryodhan's ignorance :** *Duryodhan said, he who is ignorant, he who does not think properly, he who does not understand Dharma (righteousness), he who is full of anger, greed and hatred, that shameless person is always happy. He who acts with righteousness, his life is meaningless. He neither succeeds nor he gets happiness. A shameless person is always happy.* **736/4839**

(दुर्योधन उवाच)

---

[163] ♫ **गाथ अनुष्टुप् छन्द :** इस 16 वर्ण, 26 मात्रा वाले युगल छन्द के विषम पद में र स गण और दो गुरु वर्ण आते हैं और सम पद में म स गण और एक लघु और एक गुरु वर्ण आता है । इसका लक्षण सूत्र ऽ।ऽ, ।।ऽ, ऽऽ – ऽऽऽ, ।।ऽ, ।ऽ इस प्रकार है इसके पदान्त विराम है ।

▶ लक्षण गीत : ✍ **दोहा॰ र स गण, दो गुरु विषम में, म स सम में, ल ग अंत ।**
आठ वर्ण प्रति पाद का, "गाथ" अनुष्टुभ् छंद ।। 528/7068

57. Duryodhana's Ignorance (Background of the Gītā)

श्रुत्वा तु धर्मराजं तम्-आह दुर्योधनस्तदा ।
राज्यं ममास्ति कृत्स्नं भोः पञ्चग्रामान्न प्राप्स्यसे ।। 380/2422

(दुर्योधन ने उत्तर दिया)

सुन कर बचनन धर्मराज के, बोला, ना दूँ ग्राम राज्य के ।
यह भी मेरा वह भी मेरा, ले लूँगा मैं सब कुछ तेरा ।। 806/5205

दोहा॰ सुन कर कहना धर्म का, बोल पड़ा दुर्योध ।
"पाँच ग्राम ना दूँ कभी, तुझको करूँ विरोध ।। 529/7068

"यह भी मेरा राज्य है, वह भी मेरा राज ।
संपद् मेरी है सभी, मैं राजा हूँ आज ।। 530/7068

◎ **Duryodhan's reply :** *Duryodhan then said to Yudhiṣhṭhir, I will not give you five villages. This entire kingdom is mine.* **737/4839**

सूक्ष्माऽणिर्भिद्यते यावत्-सूचेर्भूमिं युधिष्ठिर ।
तावदपि न दास्यामि भूमिकणं कदाऽपि त्वाम् ।। 381/2422

अति सूक्ष्म सा अग्र सुई का, बींधे जितना भाग भुईं का ।
उतना भी मैं वापस तेरी, कभी न दूँगा, अड़ है मेरी ।। 807/5205

दोहा॰ "अणी सूक्ष्म सी सूचि की, करे भूमि में छेद ।
उतनी भी ना दूँ तुम्हें, यही जान लो भेद ।। 531/7068

◎ **Duryodhan's reply :** *O Yudhiṣhṭhir! as much earth the tip of a fine needle pierces, even that much land I shall not give to you without a battle. I will win the war and I will kill all Pāṇḍavas. I will not be defeated.* **738/4839**

♫ **संगीतश्रीकृष्णरामायण छन्दमाला, मोती 116 of 501**

तिलोकी छन्द[164]

8 + 8 + 5

(दुर्योधन बोला)

सूचि का अग्र, बींधती भूमि, यावत् हि ।
तुमको कभी न, दूँ पांडव! मैं, तावत् हि ।। 1
मारूँगा सब, पांडव रण में, अजय मैं ।
हारूँगा ना, पाऊँ उन पर, विजय मैं ।। 2

◎ **Duryodhan :** *The point of a fine needle, as much ground it punctures, even that much earth I will not give you, O Yudhiṣhṭhir! I will kill all Pāṇḍavas on the battlefield. I will be undefeated. I will earn victory over you. I am invincible.* **739/4839**

हनिष्यामो वयं सर्वान्-नाशयिष्यामि पाण्डवान् ।
त्वं वा कोऽपि न शक्नोति रोद्धुमस्मान्युधिष्ठिर ।। 382/2422

तुम सबको मैं सुनवाऊँगा, बात किसी की नहीं सुनूँगा ।
मारूँगा मैं मरवाऊँगा, घोर युद्ध मैं करवाऊँगा ।। 808/5205

दोहा॰ "मरवाँरूगा मैं तुम्हें, मारूँगा मैं आप ।
रोक सकेगा को मुझे, सबको दूँगा ताप ।। 533/7068

◎ **And :** *We Kauravas will destroy all Pāṇḍavas. O Yudhiṣhṭhir! neither you nor anyone else can stop us now.* **740/4839**

योत्स्यसे वा न वा बन्धो मरणं निश्चितं तव ।
सूचनां स्पष्टशब्देभ्यः पूर्वमेव ददामि त्वाम् ।। 383/2422

चाहो या ना चाहो लड़ना, युद्ध तुम्हें करना है पड़ना ।
मुझको तुम फिर कुछ ना कहना, गफलत में तुम फिर ना रहना ।। 809/5205

दोहा॰ "लड़ना चाहो या नहीं, युद्ध तुम्हें अनिवार ।
सुनलो तुम चेतावनी, होजाओ तैयार" ।। 534/7068

◎ **And :** *O Brother! whether you fight or not, your death is certain. Then later on you should not complain that I did not warn you. Therefore, this is a notice to you in clear words.* **741/4839**

(दुर्योधस्य कुमतिः)

अथ दूर्योधनो मूढो धर्मं वचनमब्रवीत् ।

---

[164] ♫ **तिलोकी छन्द** : 21 मात्रा वाला यह महादैशिक तिलोकी छन्द चौपाई में पाँच मात्रा मिलाकर होता है । इसका लक्षण सूत्र 8, 8, + 5 इस प्रकार है ।

▶ लक्षण गीत : **दोहा॰ मत्त इक्कीस से बना, अष्टम् पर विश्राम ।**
सोलह घन कल पाँच का, छंद "तिलोकी" नाम ।। 532/7068

श्रृणु ज्ञानं परं गुह्यं मम मुखाद्युधिष्ठिर ।। 384/2422

(दुर्योधन की कुमति)

दुर्योधन ने कहा बाद में, ज्ञान हमारा रखो याद में ।

थोड़े में ही तृप्ति जिसको, नहीं मिलेगा वैभव उसको ।। 810/5205

दोहा॰ इतना कह कर मूढ़ ने, व्यक्त किया अज्ञान ।

दुर्योधन ने बक दिया, अपना उल्टा ज्ञान ।। 535/7068

◎ **Duryodhan's folly :** *Here is how Duryodhan exhibited his ignorance. He said, O Yudhiṣhṭhir! now hear from my mouth the supreme secret to success :* **742/4839**

"अल्पं प्राप्य च तृप्तो यो न स प्राप्नोति वैभवम् ।

दया चिन्ता क्षमा शान्तिः-दास्यन्ति न यशस्सुखे ।। 385/2422

दया क्षमा डर शाँति जिसमें, गौरव आदर बसे न उसमें ।

परवा से जो कारज करता, अपयश पा कर भूखों मरता ।। 811/5205

दोहा॰ "थोड़े में ही तृप्त जो, नर वह वैभव हीन ।

दया क्षमा डर शाँति से, मिले न यश सुख चैन ।। 536/7068

◎ **Blah blah! :** *"He who is happy with whatever he has, he will never become wealthy. He who has mercy, forgiveness, peace and fear, he can not earn honor. He will be a failure and he will die hungry.* **743/4839**

"मोदे सुखे च मत्तो यः प्रमादे च रतः सदा ।

ईर्ष्या क्रोधस्तमो यस्य, दुःखानि न कदाऽपि तम् ।। 386/2422

मोद सुखों में सदा मत्त जो, छल प्रमाद में सदा मस्त जो ।

डाह क्रोध का जो मालिक है, सुख उसके सब चिरकालिक हैं ।। 812/5205

दोहा॰ "मोद सुखों में मत्त जो, छल प्रमाद में मस्त ।

डाह क्रोध में रत सदा, वही सुखों से ग्रस्त ।। 537/7068

◎ **And :** *"He who is drowned in enjoyment, pleasures, luxury, ego and intoxication, he attains everlasting happiness.* **744/4839**

"धर्मकर्माणि मूर्खाणां सर्वे चैव मनोरथाः ।

हठी दुराग्रही धृष्टः पुरस्सरति सर्वदा ।। 387/2422

धर्म-कर्म सब मूर्ख जनों के, लक्षण हैं सब मूढ़ मनों के ।

दुराग्रही शठ धृष्ट सयाने, आगे बढ़ते दुष्ट दीवाने ।। 813/5205

दोहा॰ "धर्म-कर्म सब व्यर्थ हैं, मूढ़ जनों के काम ।

दुराग्रही शठ दुष्ट जो, जग में उनका नाम ।। 538/7068

◎ **And :** *"Dharma (righteousness) and karma (duty) are all notions devised by fools. Those who are stubborn, daring and zealous, they always progress.* **745/4839**

"ज्ञानमेतन्मया प्रोक्तं स्मरणीयं च प्रेरकम् ।

खेदं भयं च हानिं च शोकं दुःखं च हन्ति तत् ।। 388/2422

ज्ञान ये मेरा हित दायक है, ध्यान में रखने के लायक है ।

शान मान धन मद कारक है, छल बल सुख यश फल दायक है ।। 814/5205

दोहा॰ "ज्ञान यही मम लाभ का, सदा रखो तुम याद ।

शान मान फल संपदा, देता है उन्माद ।। 539/7068

◎ **And :** *"My teachings are inspirational and worthy of keeping in mind. They remove grief, fear, loss, pain and sadness, by giving intoxication.* **746/4839**

"मानं धनं च गर्वं च सुखं यशो हठं मदम् ।

छलं बलं हितं हर्षम्-अहङ्कारं च दास्यति ।। 389/2422

ज्ञान प्रभावी बड़े काम का, नर को करता बड़े नाम का ।

अहंकार हित चैना देता, शोक हानि सब दुख हर लेता ।। 815/5205

दोहा॰ "बड़ा प्रभावी ज्ञान ये, देता है कल्याण ।

अहंकार सुख हित करे, शोक दुखों से त्राण ।। 540/7068

◎ **And :** *"This knowledge is powerful and useful. It gives name and fame. It gives you (empty) self-pride, strength, joy and ego.* **747/4839**

"चिन्ताङ्करोति सर्वेभ्यो दुःखी सदा नरो हि सः ।

निर्दयो निर्भयः स्वार्थी निर्लज्जो हि सदा सुखी" ।। 390/2422

सबके कारण जिसको सोगा, नर वो हरदम दुखिया होगा ।

निर्दय निर्भय निर्लज नर जो, सुख आता है उसके घर को ।। 816/5205

दोहा॰ "पर हित में जो नित मरे, उसे शोक दुख पीर ।

निर्लज नर हरदम सुखी, कलियुग में वह धीर" ।। 541/7068

57. Duryodhana's Ignorance (Background of the Gītā)

◎ **But :** *"But, he who has pity for others, he tortures himself. A cruel, merciless, selfish and shameless person is always happy."* **748/4839**

संगीतश्रीकृष्णरामायण गीतमाला, पुष्प 236 of 763

(अज्ञानी दुर्योधन)

स्थायी

मैं ही एक सयाना, बाकी, दुनिया उल्लू की पट्ठी ।

♫ सा– रे– ग–ग मग–रे–, सा–सा–, रेरेरे– ग–ग– प– म–म– ।

अंतरा–1

मैं बलशाली, सबसे जाली । मैं हूँ ज्ञानी, बड़ा तूफानी ।
दुनिया वालों की सत्ती पर, होगी मेरी अट्ठी ।।

♫ सा– सासारे–रे–, गमग– म–म–। प– ध– नि–ध–, निध– पम–प– ।
मगरे– सा–रे– ग– म–म– म–, रे–ग– म–प– म–म– ।।

अंतरा–2

मुझमें बुद्धि, मुझमें सिद्धि । होगी मेरी, निश–दिन वृद्धि ।
चोर फरेबों की है टोली, करली मैंने कट्ठी ।।

अंतरा–3

मैं हूँ नास्तिक, मन का मालिक । मुझको कुछ भी नहीं अनैतिक ।
कोई मेरा भेद न जाने, बंधी मेरी मुट्ठी ।।

अंतरा–4

दुष्ट बुद्धि ये क्यों हैं आते । भद्र जनों को जो तरसाते ।
या प्रभु! इसको दो सद्बुद्धि, या हो इनकी छुट्टी ।।

◎ **Ignorant Duryodhan : *Sthāyī :*** *I am the only one who is wise, the rest of the world is stupid.* ***Antarā : 1.*** *I am powerful. I am a cheat. I am wise. I am stormy. I will have one better over theirs.* ***2.*** *I am smart. I am successful. I progress day and night. Thieves, bobbers, guileful rogues are in my gang. No one knows my secret.* ***3.*** *I am atheist, stubborn and immoral. No one knows my secret.* ***4.*** *Ratnākar says, O Lord! where these wicked people come from to oppress virtuous people? O Lord! either give them good sense or remove them from the face of the earth.* **749/4839**

(धृतं गान्धार्युवाच)

ॐ दुर्योधनस्य ज्ञानस्य कौरवेषु स्तुतिर्बहुः ।
एकाक्षः पतिरन्धेषु वायसोऽवकरे सदा ।। 391/2422

(गान्धारी ने धृतराष्ट्र से कहा)

दुर्योधन की ज्ञान प्रतिष्ठा, दुष्ट जनों में सदा घनिष्ठा ।
अंधों में था राजा कनवा, कूड़े पर ही स्याना कौवा ।। 817/5205

✍दोहा॰ **कौरव के अज्ञान से, दुष्ट जनों को प्रीत ।**
अंधा काणों में सजे, कौवा गावे गीत ।। 542/7068

गांधारी धृतराष्ट्र से, बोली, "स्वामी! आप ।
सराहते हो पुत्र को, जो करता है पाप ।। 543/7068

◎ **Gāndhārī :** *Gāndhārī, wife of Dhritarāṣhtra, said, O Swamī! Duryodhan is respected highly by wicked people, like a squint eyed person among the blind people. A crow always prefers sitting on the heap of garbage.* **750/4839**

ॐ पुत्रप्रेम्णा महाराज पापं पुत्रस्य शंससि ।
गान्धार्याहास्य पापस्य भवानेव हि कारणम् ।। 392/2422

बोली गांधारी कराहते, पाप पुत्र का क्यों सराहते ।
इस संकट के सच खलकामी, स्वयं आप हैं सुनिये, स्वामी! ।। 818/5205

✍दोहा॰ **"इस संकट के आप ही, स्वामी! सच्चे मूल ।।**
पाप–पुण्य में आप को, नजर न आवे भूल" ।। 544/7068

◎ **And :** *O Mahārāj! why you keep praising evil actions of your son Duryodhan. O Swamī! in fact, you are the root cause of this sin.* **751/4839**

(अतो धृतराष्ट्रो नाटकं करोति)

ॐ नाहं राज्याधिकार्यासं राजपुत्रोऽपि त्वं नहि ।
सत्ता सा पाण्डुपुत्राणां सुत नीत्या च देहि तान् ।। 393/2422

(अतः धृतराष्ट्र ने दिखावे के लिये दुर्योधन से कहा)

न मैं राज्य का था अधिकारी, ना सिंहासन की पत तेरी ।
पांडु सुतों का हक मत छीनो, सदाचार यह धर्म है दीन्हो ।। 819/5205

✍दोहा॰ **सुन गांधारी का कहा, अंधा बोला बोल ।**

नौटंकी की भाष में, विष में अमृत घोल ।। 545/7068

"ना ही नृप मैं वैध हूँ, ना दुर्योधन भूप ।
पांडव जानो सत्य हैं, सदाचार के रूप" ।। 546/7068

◎ **Sham :** *Hearing the scolding from Gāndhārī, Dhritarāṣhṭra ostentatiously said in front of Gāndhārī, "O Duryodhan! neither I had a right to become a king nor you are fit to be a king. Give Pāṇḍavas their half kingdom. This is righteousness.* **752/4839**

कुरुकुलस्य त्रातारो बान्धवाः खलु पाण्डवाः ।
पूर्णं वा राज्यमर्धं वा देहि तांस्त्वं विना युधम् ।। 394/2422

कुरु-कुल के पांडव पालक हैं, उनका हक तुम उनको दे दो ।
पूर्ण नहीं तो उनका आधा, बिना लड़ाई बिना ही बाधा ।। 820/5205

दोहा॰ "कुरु-कुल के रखवाल हैं, सज्जन पांडव आज ।
पूर्ण नहीं तो अर्ध ही, दे दो उनको राज" ।। 547/7068

◎ **And :** *"The Pāṇḍavas are the protectors of Kuru dynasty, give them the whole kingdom or at least half of it, without a war."* **753/4839**

(परन्तु)

द्विधावाची द्विधाजिह्वी मिथ्या पाण्डवरक्षकः ।
मधु वामे च जिह्वाग्रे दक्षिणे तु हलाहलम् ।। 395/2422

(मगर)

दो जिह्वी वह, तक्षक शकली, नृप है पांडव-रक्षक नकली ।
मीठी वाणी वाम जिह्वाग्रे, मगर हलाहल दक्षिण अग्रे ।। 821/5205

दोहा॰ दो जिह्वी वह साँप है, धृत नौटंकीखोर ।
मीठी वाणी वाम पर, विष दक्षिण पर घोर ।। 548/7068

◎ **And :** *The fork-tongued snake Dhritarāṣhṭra was pretending to be Pāṇḍavas' well wisher, but in reality he was their enemy. On one tongue he displays sweet amrit (divine nectar) while on the other tongue he has deadly poison.* **754/4839**

नृपः स नाटकं कुर्वन्-दुःखेषु वत पाण्डवाः ।
यद्यपि स प्रजापालः प्रजायाः खलु घातकः ।। 396/2422

अंधा राजा नाटक खेले, पांडव पाँचों सब दुख झेले ।
प्रजापति का स्वाँग रचावे, उँगली पर वो सबन नचावे ।। 822/5205

दोहा॰ अंधा नाटक खेलता, बन कर जनपद-नाथ ।
पांडव दुख थे झेलते, दुर्योधन के हाथ ।। 549/7068

◎ **And :** *The crooked king was playing sham drama here while the Pāṇḍavas were suffering there. He was supposed to be protector of the subjects, but he was their real destroyer.* **755/4839**

संगीतश्रीकृष्णरामायण गीतमाला, पुष्प 237 of 763

(कहाँ से लोग आते हैं)

स्थायी

कहाँ से लोग आते हैं, जहाँ में दुष्ट ये सारे ।
करें तो क्या करें इनका, यहाँ के लोग बेचारे ।।

♫ मग- रे- म-ग- रे-सारे ग-, पम- ग- प-म ग- रे-सा- ।
रेग- म- नि- धप- ममप-, मग- रे- म-ग रे-गरेसा- ।।

अंतरा-1

सताने साधु जन गण को, सयाने लोग पावन को ।
दीवाने कंस रावण से, असुर ये कुमति के मारे ।
जहाँ में क्यों कर आते हैं, ये पापी हृदय के कारे ।।

♫ सानि़सारे- म-ग रेसा रेग म-, पम-ग- म-ग रे-सासा रे- ।
सारे-ग- म-प ध-निध प-, सांनिध प- निधप म- प-ध- ।
पम- प- म- ग- रे-ग- म-, प म-ग- ममग रे- गरेसा- ।।

अंतरा-2

चुराने अनघ सीता को, भगाने जगत माता को ।
सभा में आर्त द्रौपदी की, लुटाने लाज भाभी की ।
न जाने क्यों ये आते हैं, कलंकी कुल के ये सारे ।।

अंतरा-3

लड़ाने भाई-भाई से, लुटाने घर तबाही से ।
शकुऽनिऽ की फरेबी से, मिटाने कुल खराबी से ।

बचा रे, ओ हरि प्यारे! हमारे नैन के तारे! ।।

◎ **Evil people : *Sthāyī*** *: O Lord! where do these wicked people come from in this world? How poor people should save themselves from this evil?* ***Antarā : 1.*** *Demons like Rāvaṇ and Kaṅsa are born to terrorize righteous people. Why do these stone hearted people come in this world.* ***2.*** *To abduct innocent Sītā and Rumā, and to put to shame Draupadī, why do these block headed people come in the world.* ***3.*** *To make brothers fight with brothers, to destroy the righteous families, people like Shakuni came. O Lord! please save the world.* **756/4839**

संगीतश्रीकृष्णरामायण गीतमाला, पुष्प 238 of 763

(दुर्योधन के अज्ञान की कथा)

स्थायी

स्वरदा ने सुंदर गाया है, नारद ने साज बजाया है ।

रतनाकर गीत रचाया है ।।

♪ सानि़सा- गरे सा-नि़नि़ सा-रेम ग-, गममग पम ग-रे सासा-रेम ग- ।

गगरेसासासा रे-ग मगरेसानि़ सा- ।।

अंतरा-1

"जो लड़ते है वे बढ़ते हैं, जो डरते हैं वे मरते हैं ।

मैं शाँतिऽ पथ क्यों अपनाऊँ, मैं धर्म-कर्म को दफनाऊँ" ।

ये दुर्योधन बतलाया है ।।

♪ प- मरेम- प- पम पनिधप प-, प- मगगसा साग मप गरेसानि़ सा- ।

सानि़ सा-गरे सासा नि़- सासारेमग-, सानि़ सा-ग रे-सा नि़- सासारेमग- ।

ग- रेसासा-रेरे गमगरेसानि़ सा- ।।

अंतरा-2

"जब शाँतिऽ कभी न जीती है, तब लड़ने में क्या भीतिऽ है ।

सब पांडव को मैं मारूँगा, मैं उनसे कभी न हारूँगा ।

ये मैंने भाग्य लिखाया है ।।

अंतरा-3

"सद् धर्म-कर्म सब बातें है, जप-तप नर मूढ़ मनाते हैं ।

मद मान डाह चारों यामा, हठ शठ छल बल आवे कामा ।

ये कलियुग सूत्र कहाया है" ।।

◎ **Duryodhan's ignorance : *Sthāyī*** *: Ratnākar composed the melody, Sarasvatī sang it beautifully, while Shrī Nārad muni played the Vīṇā.* ***Antarā : 1.*** *"Those who fight they win. Those who do not fight and talk peace, they loose. Then why should I accept path of peace? I shall bury Dharma (righteousness) and karma (duty), says Duryodhan.* ***2.*** *If peace never wins, then why be afraid to fight. I will kill all Pāṇḍavas. I shall not be defeated. I have written my own destiny.* ***3.*** *Righteousness and peace are a meaningless chatter for foolish people. Only jealousy, anger, intoxication and power wins. This is the teaching of the Kali yuga, the modern world, Dhritarāshtra."* **757/4839**

गीतोपनिषद् : चौथा तरंग

Gitopanishad : Fascicule 4

58. कौरवों को दिये गए उपदेशों की कथा :

58. The advices given to the Kauravas *(Background of the Gītā)*

(उपादिष्टानां कौरवाणां कथा)

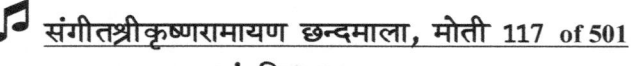

♪ संगीतश्रीकृष्णरामायण छन्दमाला, मोती 117 of 501

वसंततिलका छन्द

ऽ ऽ।, ऽ।।, ।ऽ।, ।ऽ।, ऽ ऽ

♪ सा-नि़- सा रे-रे सारे ग-, मगरे-ग रे-सा- ।

(उपदेश)

आधा हि शासन तुम्हें, अधिकार जानो ।

58. The advices given to the Kauravas (Background of the Gītā)

आधा उन्हें विभव का, अधियार मानो ।। 1

बोले सभी, "सुलह ये, यदि ना करोगे ।

क्या धर्म है समझ लो, वरना मरोगे" ।। 2

◎ **Advice :** *All well wishers said, O Duryodhan! you have right over only half of the kingdom. They said, if you do not make peace with Pāṇḍavas, it will be a suicide for you.* **758/4839**

(सुतं गान्धार्युवाच)

दुर्योधनं च गान्धारी वचनमब्रवीदिदम् ।

सुत शृणूपदेशं मे नूनं हि शकुनेर्वरम् ।। 397/2422

(फिर गांधारी ने दुर्योधन से कहा)

बोली माता दुर्योधन से, सुनो बात तुम सच्चे मन से ।

सुनो पुत्र! तुम वचन हमारे, अगर लगे शकुनि से प्यारे ।। 823/5205

दोहा॰ **दुर्योधन को प्रेम से, माता बोली, तात! ।**

अगर शकुनि से शुभ लगी, सुनलो मेरी बात ।। 550/7068

◎ **Gāndhārī :** *Gāndhārī said, O My son Duryodhan! please listen to me, unless you believe in Shakuni more than you believe in me.* **759/4839**

(सूक्तिः)

अलं स्वप्नेन राज्यस्य राज्यमेवं न लभ्यते ।

युद्धाऽपि च जयं तस्मात्–निश्चितं नास्ति पुत्रक ।। 398/2422

(सुवचन)

स्वप्न मात्र से राज मिलेना, आस मात्र से काज चलेना ।

लड़ कर भी सुत! विजय तिहारी, निश्चित ना है, सुनो हमारी ।। 824/5205

दोहा॰ **"स्वप्न मात्र से ना मिले, राज्य कभी भी, तात! ।**

लड़ कर भी, सुत! जय मिले, निश्चित नहिँ है बात ।। 551/2422

◎ **And :** *You will not earn kingdom just by dreaming about it. Also, O Son! just because you fight for the kingdom, not necessarily you will win the war.* **760/4839**

निश्चयो यदि ते युद्धे युध्यस्व शत्रुनात्मकान् ।

देहे तिष्ठन्ति ते गुप्ता भ्रामयन्ये मतिं तव ।। 399/2422

लड़ने को मन करे यदा ही, उस वैरी से लड़ो सदा ही ।

तन में जो बैठा है चुपके, मन को जो बहकावे छुपके ।। 825/5205

दोहा॰ **"लड़ने का यदि मन करे, लड़लो उनसे, तात! ।**

जो बैरी तन में छुपे, राग–क्रोध दिन रात ।। 552/7068

◎ **But :** *However, if you really want to fight, then please fight the enemies that are hiding in your own body and are deluding you in the form of anger and lust.* **761/4839**

जित्वा क्रोधं मदं कामम्–अहङ्कारं च वासनाम् ।

सुखं राज्यं धनं मानं यशः प्राप्नोषि कौरव ।। 400/2422

दंभ क्रोध मद काम हटाओ, अहंकार वासना घटाओ ।

फिर पाओगे कर्म योग भी, इस दुनिया में राज्य भोग भी ।। 826/5205

दोहा॰ **"दंभ काम मद वासना, अहंकार के रोग ।**

हट जाएँगे जब सभी, करो राज्य का भोग ।। 553/7068

◎ **And :** *Please vanquish your ego, anger, intoxication, passion, deceit and desire, which are hiding in your body and mind. O Kaurava! then you will attain the kingdom, wealth, success and respect.* **762/4839**

इच्छसि यदि राज्यं त्वं भूमौ स्वर्गात्मकं सुत ।

सम्पदं देहि तेभ्यस्तान्–राज्यमर्धं गृहाण त्वम् ।। 401/2422

भोग राज्य का यदि लेना है, उनका धन उनको देना है ।

करलो सुत! तुम उनसे संधि, ले लो संपद् अपनी आधी ।। 827/5205

दोहा॰ **"यदि चाहो सुख राज्य के, स्वर्ग तुल्य सब भोग ।**

दे दो उनकी संपदा, शम का किये प्रयोग ।। 554/7068

◎ **Thus :** *If you desire a heavenly kingdom on this earth, O Son! please give their kingdom to them and enjoy what is yours.* **763/4839**

अतीतं विस्मृतं कृत्वा जनन्या वचनं शृणु ।

सङ्गे हितं हि सर्वेषाम्–असङ्गे क्षीयते कुलम् ।। 402/2422

माँ की सुनलो, भूलो बीती, समझौते से करलो प्रीति ।

असंग में हित नहीं तुम्हारा, नष्ट करोगे कुल तुम सारा ।। 828/5205

58. The advices given to the Kauravas (Background of the Gītā)

दोहा॰ **"बीती को तुम भूल कर, सुनलो माँ की बात ।**
शाँति से ही सुख मिले, अशाँति से है घात" ।। 555/7068

◎ **And :** *Please forget the past and listen to the words of your mother. The benefit is in unity. In disunity you will be ruined along with your family.* **764/4839**

संगीतश्रीकृष्णरामायण छन्दमाला, मोती 118 of 501

विहारी छन्द[165]

14, 4 + ऽ ऽ

(गांधारी बोली)

सुत दुर्योधन से बोली, माँ गांधारी ।
बंद करो तुम करतूतें, सुत! ये कारी ।। 1
लड़ने की यदि है तुझमें, इच्छा भारी ।
मार हटाओ मन से तुम, ईर्ष्या सारी ।। 2

◎ **Gāndhārī :** *Mother Gāndhārī said, O Son Duryodhan! please stop these evil deceits. If you want to fight, please fight out the jealousy from your heart.* **765/4839**

(सुतं कुन्त्युवाच)

कुन्ती युधिष्ठिरं ब्रूते, स्वर्गे गच्छन्ति धार्मिकाः ।
अधर्मचारिणां वासो निश्चितो नरके सदा ।। 403/2422

(कुंती ने युधिष्ठिर से कहा)

कुन्ती बोली वचन धर्म को, सदा करो तुम भद्र कर्म को ।
धार्मिक जन हैं बसे स्वर्ग में, अधर्मचारी गिरें नरक में ।। 829/5205

दोहा॰ **"कुन्ती बोली धर्म को, आर्य करो तुम काम ।**
धार्मिक बसते स्वर्ग में, नरक अधम का धाम" ।। 575/7068

◎ **Kuntī :** *Kuntī said, O Yudhiṣhṭhir! O Dharma! always do your duty. Righteous people attain heaven and the unrighteous go to hell.* **766/4839**

(सूक्तिः)

कालो वा कारणं राजा कलियुगस्य कारकः ।
जानीहि त्वं विना शङ्कां, "नृपः कालस्य कारणम्" ।। 404/2422

(सुवचन)

कुन्ती बोली, शक हि न हो की, कलियुग कर्ता, को है जो की ।
राजा अथवा काल करण[166] है, "कलियुग का राजा कारण है" ।। 830/5205

दोहा॰ **कुन्ती बोली धर्म को, तुम्हें न भ्रम हो, लाल! ।**
"राजा करता काल को, या राजा को काल?" ।। 558/7068

सुनो सुभाषित, पुत्र! तुम, बिना किसी संदेह ।
"राजा कारण काल का, जस राजा तस गेह" ।। 559/7068

◎ **Dictum :** *Those who have a dilemma, "whether king is the reason for the good or bad time," O Son! know it for sure that, "the king is the reason for good and bad times."* **767/4839**

तस्मादस्य नृपान्धस्य कुनीतिः कलिकारिका ।
अन्धनीतिं पदच्युत्य नीतेर्युगं पुनः कुरु ।। 405/2422

अंधे नृप की नीति अंधी, कलिमल की कारण है गंदी ।
अंधनीति का अंत कराओ, सुनीति का युग फिर से लाओ ।। 831/5205

दोहा॰ **"धृत की अंधी नीति ही, इस कलिमल का मूल ।**
अतः पुत्र! सत् युग किये, दूर करो यह शूल ।। 560/7068

◎ **Therefore :** *O Yudhiṣhṭhira! therefore, please put an end to this blindness of the Kauravas and establish the age of peace and righteousness again.* **768/4839**

रणे त्वं कौरवाञ्जित्वा सम्प्रति हस्तिनापुरे ।
सद्भावं रामराज्यं च स्थापिते कुरु पाण्डव ।। 406/2422

कुन्ती बोली, धर्मराज से, करो राज तुम साम दाम से ।

---

[165] **विहारी छन्द :** इस 22 मात्रा वाले महारौद्र छन्द के अन्त में दो गुरु मात्रा (ऽ ऽ) आती हैं । इसका लक्षण सूत्र 14, 4 + ऽ ऽ इस प्रकार है ।

▶ लक्षण गीत : दोहा॰ **मत्त बाईस से बना, दो गुरु कल से अंत ।**
चोदह मात्रा पर यति, वही "विहारी" छंद ।। 556/7068

[166] करण = साधन ।

दंड भेद भी यथा उचित हो, उबार जिससे, सुत! निश्चित हो ।। 832/5205

✍दोहा॰ **"रण पर पाकर जीत तुम, करो राज्य उद्धार ।**
साम दाम या दंड से, यथा उचित व्यवहार" ।। 561/7068

◎ **And :** *Please defeat the Kauravas in the war and rule with incantation, shrewdness, retribution or guile, as necessary to bring peace.* **769/4839**

संगीतश्रीकृष्णरामायण गीतमाला, पुष्प 239 of 763

(राजा, काल का कारण)

स्थायी

जन गण मन को जागृत करना, निश-दिन जग में सुकृत भरना ।
राजा का है काम, काल है, राजा का परिणाम ।।

♫ निनि पप रेरे सा- ग-मंमं निधप-, गप गप धध ध- नि-निनि सांरेंसां- ।
निरेंसां- नि- सांनि ध-ध, गमंध प-, गमंधप मं- गरेसा-सा ।।

अंतरा-1

एक काल में, राम था राजा, काल वो सत् युग सब जग जाना ।
सदाचार आदर्श बना कर, नीति का, राम दियो वरदान ।।

♫ ग-मं प-प प-, मं-ध प मं-ग-, मं-मं मं पप पप धनि सांनि ध-प- ।
गरे-ग-ग मं-प-प मंप- पप, मं-प ध-, नि-नि धप- रेरेसा-सा ।।

अंतरा-2

द्वापर गुजरा, कंस था आया, छल बल दल से प्रजा सताया ।
नीति नियम ने उसे हटाया, जगत का, कृष्ण कियो कल्याण ।।

अंतरा-3

कलियुग कारक, कौरव राजा, अंधनीति से खेल खिलाया ।
अधम करम को नीति बना कर, धरम का, नाम कियो बदनाम ।।

◎ **The king : *Sthāyī* :** *The duty of the king is to awaken the society to peace and to spread virtues in the kingdom. The good or bad time is the result of a good or bad ruler.* ***Antarā* : 1.** *One time Shrī Rāma was a king and that time was called sat-yuga (the age of righteousness). He was the role model for righteousness. He gave us the rule of virtues.* **2.** *Kaṅsa came and the dwapar-yuga ended. He tortured his subjects with the rule of batten. The world was saved by Shrī Krishṇa.* **3.** *The blind king Dhritarāṣhtra brought the Kali-yuga with Duryodhan. He ruled with adharma (unrighteousness) and gave a bad name to Dharma (righteousness).* **770/4839**

(युधिष्ठिरं द्रुपद उवाच)

ॐ **उवाच द्रुपदो धर्मं शान्तिं नेच्छति कौरवः ।**
आकर्णत्युपदेशान्स कर्णस्य शकुनेः सदा ।। 407/2422

(द्रुपद ने कहा)

दुर्योधन ने राह शाँति की, नहिँ अपनायी उचित भाँति की ।
उल्टी बातें शठ शकुनि की, उसके मन को लगती नीकी ।। 833/5205

✍दोहा॰ **द्रुपद राज ने फिर कहा, "दुर्योधन है मूढ़ ।**
कर्ण-शकुनि की बात का, वह ना जाने गूढ़ ।। 562/7068

◎ **Drupad :** *King Drupad said, O Yudhiṣhṭhir! Dhritarāṣhtra has rejected all overtures for peace. He has taken up the path of war.* **771/4839**

ॐ **अन्धस्तिष्ठति मौनेन पुत्रस्य सहते वचः ।**
भीष्मादयोऽर्थदासाश्च करिष्यन्ति यथा धृतः ।। 408/2422

अंधा राजा मौन रहेगा, पुत्र का कहा सदा सहेगा ।
भीष्म द्रोण कृप वही करेंगे, "अर्थ दास हम" यही कहेंगे ।। 834/5205

✍दोहा॰ **"अंधा राजा मौन ही, सहता सुत के पाप ।**
अर्थदास गुरुजन सभी, बैठेंगे चुपचाप" ।। 563/7068

◎ **And :** *The blind king listens to Duryodhan, Shakuni and Karṇa only. Bhīshma, Droṇa and Kripāchārya keep quite in front of him. The gurus will blindly follow Dhritarāṣhtra, saying we are the paid servants of the blind king.* **772/4839**

(धृतं दुर्योधं च सात्यकिरुवाच)

ॐ **अभणद्धृतराष्ट्रं च दुर्योधं सात्यकिस्ततः ।**
अर्धं हि युवयोरस्ति तद्वत्तेषां च कौरवौ! ।। 409/2422

(सात्यकि ने कहा)

उनका आधा उनको देदो, अपना आधा सो तुम लेलो ।
लड़ कर रण में तुम हारोगे, अपने कुल को तुम मारोगे ।। 835/5205

58. The advices given to the Kauravas (Background of the Gītā)

दोहा॰ दुर्योधन को सात्यकी, बोला, सच्ची भाष ।
"लड़ कर तुमरी हार है, कुल का पूर्ण विनाश ।। **564**/7068

◎ **Sātyakī :** *Sātyakī said, O Kauravas! please give Pāṇḍavas their half. With war you will be ruined with your entire family.* **773/4839**

ॐ नोचेद्युद्धा रणे सर्वे यूयं तत्र मरिष्यथ ।
अलं दुराग्रहेणातः सन्धिः श्रेष्ठा मतिर्मम ।। **410**/2422

पिता पुत्र तुम कहना मानो, हठ को छोड़ो अब तुम दोनों ।
भला तुम्हारा समझौते में, दुराग्रहों को सुलझाने में ।। 836/5205

दोहा॰ "तज दो हठ वह युद्ध का, मरण खड़ा है द्वार ।
समझौते में जीत है, दुराग्रहों में हार" ।। **565**/7068

◎ **Otherwise :** *If you go for war, you will be destroyed along with your family. Please keep aside your obstinacy and see where your good is.* **774/4839**

(दुर्योधनम् अर्जुन उवाच)

ॐ पार्थ उवाच दुर्योधं शृणु मे वचनं सखे ।
सदाऽहं चिन्तयामि यत्-करोषि त्वं छलं कथम् ।। **411**/2422

(अर्जुन ने कहा)

अर्जुन बोला, कहता हूँ मैं, सदा सोचता रहता हूँ मैं ।
लोग सभी क्यों कहते पापी, दुर्योधन! तुझको संतापी ।। 837/5205

दोहा॰ दुर्योधन को पार्थ ने, कहा, "सुनो मम, भ्रात! ।
सब क्यों शठ कहते तुझे, सोचूँ मैं दिन-रात ।। **566**/7068

◎ **Arjun :** *Arjun said, O Duryodhan! please listen to what I say. I always think, why do you do deceit all the time.* **775/4839**

ॐ जना वदन्ति त्वां "दुष्टो, दुरात्मा दुर्दमः खलः ।
अधर्मी कुमतिः पापी दुर्बुद्धिर्घातकस्तथा" ।। **412**/2422

बना हुआ है तू अन्यायी, सदा करे तू हाथापायी ।
कहते तुझको छली घातकी, दुष्टबुद्धि खल दुष्ट पातकी ।। 838/5205

दोहा॰ "दुष्ट दुरात्मा घातकी, कहते तुझको लोग ।
कुमति अधर्मी पातकी, क्यों यह तुझको रोग? ।। **567**/7068

◎ **And :** *"People call you a sinner, crazy, unjust, wicked, cruel, immoral, violent, deceitful, destructive, depraved, corrupt and villain."* **776/4839**

♫ संगीतश्रीकृष्णरामायण छन्दमाला, मोती 119 of 501

सुखदा छन्द[167]

12, 8 + ऽ

(अर्जुन बोला)

अर्जुन दुर्योधन से, बोला, सुन भाई! ।
क्यों करना चाहे तू, नित हाथापाई ।। 1
जग सब कहता तुझको, खल शठ सौदाई ।
प्यारे! तज दे मन से, तू व्यर्थ लड़ाई ।। 2

◎ **Arjun :** *Arjun said, O Duryodhan! why do you always fight? The world calls you an evil minded person. Please listen to me and take war out of your head.* **777/4839**

ॐ अहङ्कारं तु स्वं त्यक्त्वा शृणु सत्यं वचः सखे ।
वदन्ति गुरवः सर्वे श्रेष्ठानि वचनानि त्वाम् ।। **413**/2422

दुर्गुण तेरे सता रहे हैं, सद्गुरु ज्ञानी बता रहे हैं ।
उनके बचनन सुन ले, प्यारे! सत्य कथन वे चुन ले सारे ।। 839/5205

दोहा॰ अहंकार तज दो, सखे! सत्य कहूँ मैं, भ्रात! ।
गुरुजन सज्जन संत भी, कहते हैं यह बात ।। **569**/7068

◎ **And :** *O Dear brother Duryodhan! the wise men are telling you to behave, but your vices are coming in the way of peace.* **778/4839**

ॐ श्रुत्वा तानुपदेशांस्त्वं चेच्छान्तिं स्वीकरोषि त्वम् ।

---

[167] ♫ **सुखदा छन्द :** इस 22 मात्रा वाले महारौद्र छन्द के अन्त में गुरु मात्रा आती है । इसका लक्षण सूत्र 12, 8 + ऽ इस प्रकार है ।

▶ लक्षण गीत : दोहा॰ मत्त बाईस हों जहाँ, गुरु मात्रा से अंत ।
बारहवीं पर यति किये, बनता "सुखदा" छंद ।। **568**/7068

मन्यन्ते त्वां नृपं सर्वे बान्धवाः कुरुपाण्डवाः ।। 414/2422

बात अगर उनकी मन आई, नमन करेंगे हम सब भाई ।

तुझे करेंगे नृप हम अपना, होगा वह अति सुंदर सपना ।। 840/5205

✍दोहा॰ **"सुन कर उनके वचन तुम, अगर करो सत्कार्य ।**

कौरव पांडव सब तुम्हें, मानेंगे नृप आर्य" ।। 570/7068

◎ **And :** *Please listen to what they say. If you listen to them and if you accept the path of peace, we will make you king and we will work together with honour.* **779/4839**

(धृतं भीम उवाच)

उवाच धृतराष्ट्रं स भीमसेनो महावपुः ।

कलियुगं त्वयाऽऽनीतं, पुत्रश्च कुलघातकः ।। 415/2422

(भीम ने धृतराष्ट्र से कहा)

कहा भीम ने नृप अँधे से, अधम अधर्मी जड़ बंदे से ।

कलियुग बनकर तुम आए हो, कलिमल सुत को तुम लाए हो ।। 841/5205

✍दोहा॰ **भीमसेन धृतराष्ट्र को, बोला जोड़े-हाथ ।**

"लाया कलियुग आपने, कुपुत्र अपने साथ ।। 571/7068

◎ **Bhīma :** *Bhīma said to Dhritarāṣhṭra, O King! you are born to end the Dwapar-yuga (age of righteousness) and to bring the Kali-yuga (age of ruin). You brought an evil son, the destroyer of the family.* **780/4839**

अष्टादश पुराऽतीताः कुलविनाशका यथा ।

कलियुगे भवानस्ति कुरुकुलस्य नाशकः ।। 416/2422

पुरा काल में बीत गऐ हैं, अष्टादश कुल नाश भये हैं ।

उसी तरह से तुम आए हो, कुल की सूली भी लाए हो ।। 842/5205

✍दोहा॰ **"पूर्व काल में थे हुए, अष्टादश कुलनाश ।**

कलियुग लाया आपने, करने कुल का नाश ।। 572/7068

◎ **And :** *Since the old times, eighteen such evil sons were born. You brought the next one.* **781/4839**

कलियुगं कृतं येन युगकर्ता नृपो भवान् ।

उद्विग्नाश्च जना भ्रान्ता, "राजा किं कलिकारकः" ।। 417/2422

किसने है ये कलियुग लाया, कोई भी यह समझ न पाया ।

कलियुग कर्ता तुम हो राजा, यथा हि राजा तथा है प्रजा ।। 843/5205

✍दोहा॰ **"कलियुग कर्ता आप हैं, पीड़ित जनता मौन ।**

भ्रम पाकर सब पूछते, इसका कारण कौन? ।। 5731/7068

◎ **And :** *People are confused, who brought this Kali-yuga, but it is none other than you.* **782/4839**

(तस्मात्)

माता कुन्ती पुरोवाच, "राजा कालस्य कारणम्" ।

कुलध्वंसस्य मार्गेण मृत्युमिच्छन्ति कौरवाः ।। 418/2422

कुन्ती बोली है, हे राजन्! "राजा खलु कालस्य कारणम्" ।

कुल विनाश के पथ पर कौरव, मरोड़ देंगे कुल का गौरव ।। 844/5205

✍दोहा॰ **कुन्ती माँ ने है कहा, "राजा करता काल ।**

कौरव हैं ध्वंसक सभी, बने वंश के काल" ।। 574/7068

◎ **Therefore :** *Mother Kuntī has told us rightly, king is the cause for the bad time.* **783/4839**

(नकुल उवच)

ततः स नकुलो ब्रूते कृताञ्जलिः स पाण्डवः ।

धृतश्च धार्तराष्ट्रश्च सत्कुर्यातां स्पृहा मम ।। 419/2422

(नकुल सहदेव बोले)

कही नकुल ने मन की दुविधा, दुर्योधन आजावे सीधा ।

भीष्म द्रोण का कहना सुन कर, अंधे राजा आए पथ पर ।। 845/5205

✍दोहा॰ **"धार्तराष्ट्र को प्रेम से, बोला नकुल कुमार ।**

पिता पुत्र तुम सत् करो, मन है यही हमार" ।। 575/7068

◎ **Nakul :** *Nakul said, I hope Dhritarāṣhṭra and Duryodhan will listen to the gurus and the wise people.* **784/4839**

(सहदेव उवाच)

अहो वत महापापं सहदेव उवाच ह ।

दुःशासनेन द्रौपद्या लज्जा भग्ना सभान्तरे ।। 420/2422

पांचाली की दुःशासन ने, छीनी लज्जा सभा जनन में ।
उसके बदले हमरा प्रण है, सबक सिखाना उसको रण में ।। 846/5205

✍दोहा॰ "भरी सभा में द्रौपदी, तूने की निर्वस्त्र ।
दुःशासन! तुझको हने, रण पर मेरा शस्त्र" ।। 576/7068

◎ **Sahadev :** *Sahadev said, Duhshāsan dishonored Draupadī in front of the assembly. I will teach him a lesson if he comes for a war.* **785/4839**

(कृष्णं द्रौपद्युवाच)
(सूक्तिः)

ॐ पापिनः सहनं पापं ज्ञातं शास्त्रेषु पातकम् ।
पापिनः सहते पापं, पापं स कुरुते स्वयम् ।। 421/2422

(द्रौपदी ने कृष्ण से कहा)
(सुवचन)

पापी जन का पाप पचाना, शास्त्रों ने बड़ पाप है जाना ।
पापी का जो पाप पचाता, विनाश अपना आप रचाता ।। 847/5205

✍दोहा॰ "सहता है चुपचाप जो, पापी जन के पाप" ।
बोली हरि को द्रौपदी, "पाप करे वह आप" ।। 575/7068

◎ **Draupadī :** *Draupadī said, O Shrī Krishna! the scriptures say, it is sin to sympathize with a sinner. He who associates with a sinner, is a sinner himself.* **786/4839**

♫ संगीतश्रीकृष्णरामायण छन्दमाला, मोती 120 of 501

चान्द्रायण छन्द[168]

7 + ।ऽ।, 5 + ऽ।ऽ

[168] ♫ **चान्द्रायण छन्द** : इस 21 मात्रा वाले महादैशिक छन्द की पहली ग्यारह मात्रा में अंत में ज गण (।ऽ।) होता है और यहाँ यति होता है । आगे वाली दस मात्रा में अन्त में र गण (ऽ।ऽ) आता है । अतः इसका लक्षण सूत्र 7 + ।ऽ। + 5 + ऽ।ऽ इस प्रकार होता है ।

▶ लक्षण गीत : ✍दोहा॰ मत्त इक्कीस से बना, गुरु लघु गुरु हों अंत ।
ज गण सात कल बाद हो, "चांद्रायण" वह छंद ।। 578/7068

(द्रौपदी)

श्रीकृष्ण को विनम्र, कह रही द्रौपदी ।
बह रही है विशुद्ध, सुवचनन की नदी ।। 1
"अनघ का वध कहा सृतियन में, पाप जो ।
वध्य का वध नहीं किये मिले, आप वो" ।। 2

◎ **Draupadī :** *Draupadī is humbly saying to Shrī Krishna a truism for warriors, "the sin one gets by killing an innocent person, he also gets the same sin by not killing an evil person."* **787/4839**

ॐ हत्वाऽहन्यं हि यत्पापं शास्त्रेषु विदितं हरे ।
हन्यं तदेव चाहत्वा कृष्णमुवाच द्रौपदी ।। 422/2422

शास्त्रों ने जो पातक माना, निरपराध का वध है जाना ।
वही पाप है जाना उसका, वध न करे जो वध्य मनुष का ।। 848/5205

✍दोहा॰ "अवध्य के वध के लिये, शास्त्र कहत जो पाप ।
ना करके वध वध्य का, वही लगत है आप" ।। 579/7068

◎ **And :** *Draupadī said, O Shrī Krishna! the sin that is mentioned in the scriptures for a warrior who kills a righteous person, a warrior gets the same sin by not killing a sinful person.* **788/4839**

(धृतं परशुराम उवाच)

ॐ ततः परशुरामश्च धृतमुवाच शान्तये ।
पार्थकृष्णौ न युद्धार्हौ नरनारायणौ हि तौ ।। 423/2422

(परशुराम जी ने कहा)

धृत से बोला, परशुराम ने, शाँति में जो सदा सामने ।
पार्थ-कृष्ण नर नारायण हैं, उनसे लड़ने क्या कारण है ।। 849/5205

✍दोहा॰ "युद्ध तजो, धृतराष्ट्र जी!" बोले परशूराम ।
"""पार्थ-कृष्ण का, हे प्रभो! नर-नारायण नाम" ।। 580/7068

◎ **Parshurām :** *Parshurām Bhārgava said, O Dhritarāshtra! when there is benefit in peace, when Nārāyaṇa Shrī Krishna is with us, why fight?* **789/4839**

ॐ यथा च सञ्जयेनोक्तं धृतराष्ट्र प्रभो पुरा ।

अजेयौ कृष्णपार्थौ द्वौ युद्धार्हौ तौ न जातु भोः ।। 424/2422

संजय ने भी यही कहा है, उनसे लड़ कर घात महा है ।

कृष्ण-पार्थ की विजय लिखित है, उनसे लड़कर हार विदित है ।। 850/5205

दोहा॰ "संजय ने भी है कही, यही आपको बात ।
अजेय अर्जुन-कृष्ण हैं, मत लड़ उनसे, तात!" ।। 581/7068

◎ **And :** *"Sañjay has already warned you, where Shrī Krishṇa and Pārtha are, victory is there, for sure."* **790/4839**

(दुर्योधनं कण्वमुनिरुवाच)

ॐ कण्वो दुर्योधनं ब्रूते कृतं गर्वेण कौरव ।
पाण्डुपक्षेऽपि भूयिष्ठा वीराः सन्ति महाबलाः ।। 425/2422

(कण्व मुनि बोले)

कहा कण्व ने दुर्योधन से, अहंकार को तज दो मन से ।

पांडुपक्ष में भरे वीर हैं, तुमसे बढ़ कर बड़े धीर हैं ।। 851/5205

दोहा॰ "दुर्योधन को कण्व ने, कहा, "करो मत गर्व ।
पांडु पक्ष में भी बड़े, युद्ध वीर हैं सर्व ।। 582/7068

◎ **Kanva :** *Kaṇva muni said, "O Duryodhan! please drop your ego. There are more powerful warriors with the Pāṇḍavas than you have."* **791/4839**

ॐ अहङ्कारोऽस्ति व्यर्थस्ते दुर्जेयाः खलु पाण्डवाः ।
शान्तिरपरिहार्याऽस्ति शृणु त्वं वचनं मम ।। 426/2422

दंभ गर्व से नहीं चलेगा, उनके आगे कुछ न फलेगा ।

शाँति छोड़ कर मार्ग न कोई, सुनलो कहता हूँ मैं जो ही ।। 852/5205

दोहा॰ "दंभ दर्प से ना चले, उनके आगे काम ।
समझौते में है भला, अभी बचा लो प्राण" ।। 583/7068

◎ **And :** *Your pride and deceit will not bear good fruit against the Pāṇḍavas. You have no better choice than accepting peace with Pāṇḍavas.* **792/4839**

(दुर्योधनं नारद उवाच)

ॐ तत उवाच दुर्योधं नारदः कुरुनन्दन! ।
कुरु शान्तिं हठं त्यक्त्वा युद्धे हानिर्भविष्यति ।। 427/2422

(नारद जी ने कहा)

दुर्योधन से नारद बोले, प्रिय कुरुनंदन! बनो न भोले ।

हठ को छोड़ो, सुनलो प्यारे! तुम रण में जाओगे मारे ।। 853/5205

दोहा॰ नारद मुनिवर ने दिया, दुर्योधन को ज्ञान ।
"हठ छोड़ो रण का, सखे! व्यर्थ न दो तुम प्राण ।। 584/7068

◎ **Nārad muni :** *Nārad muni said, O Duryodhan! please act according to the consensus. O Kaurava! leave your stubbornness aside and listen to me. O Dear! stop your enmity and remove your delusion. Please accept peace.* **793/4839**

ॐ कुरु कर्म सुबुद्ध्या त्वं मनो निग्रहितं कुरु ।
अन्तकाले जडा बुद्धिः पुराणानि वदन्ति च ।। 428/2422

करो कर्म तुम सहित सुबुद्धि, विनाश काले विपरीत बुद्धि ।

यही रीत है सही कर्म की, भूलो मत ये बात धर्म की ।। 854/5205

दोहा॰ "मन को निग्रह में रखो, सुबुद्धि से लो काम ।
कुबुद्धि देत विनाश है, कहते सभी पुराण" ।। 585/7068

◎ **And :** *Please act with wisdom. Get hold of your evil mind. When the end comes near, one gets wrong thinking. Please do not do such thing.* **794/4839**

♫ संगीतश्रीकृष्णरामायण छन्दमाला, मोती 121 of 501

सिंधु छन्द[169]

। + 6 + । + 6 + । + । ऽ । ऽ

(नारदोपदेश)

मुनिवर नारद ने दुर्योधन से कहा ।
करो कर्म तुम कौरव! सम्मति से यहाँ ।। 1

---

[169] ♫ सिंधु छन्द : इस 21 मात्रा वाले त्रैलोक छन्द के आदि में गुरु मात्रा (ऽ) और अन्त में । ऽ । ऽ मात्राएँ आती है । इसकी मात्रा 1, 8, 15 लघु होती हैं । इसका लक्षण सूत्र । + 6 + । + 6 + । + । ऽ । ऽ इस प्रकार होता है ।

▶ लक्षण गीत : दोहा॰ मत्त इक्कीस हों जहाँ, आदि ग, ग ल ग ल अंत ।
एक आठ पन्द्रह ल हों, वही "सिंधु" है छंद ।। 586/7068

58. The advices given to the Kauravas (Background of the Gītā)

हठ को तज कर सुनो मम वचन शाँति से ।
सखे! निर्वैर तुम रहो विमुख भ्रांति से ।। 2

◎ **Nārad muni :** *Nārad muni said, O Kurunandana (Son of Kuru) Duryodhan! please make compromise with the Pāṇḍavas. Please listen to the proposals for peace and stop being stubborn. O Dear! remove your delusion and enmity.* **795/4839**

(दुर्योधनं श्रीकृष्ण उवाच)

कृष्णो दुर्योधनं ब्रूते शृणुतात्कुरुनन्दन ।
शृणोषि चेद्वचस्त्वं मे वन्दिष्यन्ति प्रजाजनाः ।। 429/2422

(श्रीकृष्ण ने दुर्योधन से कहा)

कृष्ण ने कहा, हे दुर्योधन! प्यारे! वचन सुनो कुरुनंदन! ।
मानोगे यदि मेरे बचनन, सभी करेंगे तुमको वन्दन ।। 855/5205

दोहा॰ **दुर्योधन को कृष्ण ने, कही समझ की बात ।**
"मेरी सुन कर, जग तुम्हें, नमन करेंगे, तात! ।। 587/7068

◎ **Shrī Krishna :** *Shrī Krishna said, O Kuruṇāndana (Son of Kuru) Duryodhan! please heed to my advice. If you do listen to me, everyone will salute you.* **796/4839**

(हे नरेश!)

अहो नरेश शीघ्रं त्वं निद्राया जागृतो भव ।
गुरून्बन्धून्सुतान्पौत्रान्-नाशात्संरक्ष कौरव ।। 430/2422

(हे नरेश!)

हरि फिर बोले, अहो नरेश्वर! नींद से जागो अभी समय पर ।
पुत्र बंधु गुरु सुहृद सारे, ना मरवाओ, कौरव प्यारे! ।। 856/5205

दोहा॰ **"जागो निद्रा से, सखे! अभी समय है ठीक ।**
पुत्र बंधु गुरु ना हनो, घड़ी यही है नीक ।। 588/7068

◎ **O Naresh! :** *Then Shrī Krishna said, O Naresh (king)! please wake up from your slumber in time and save your loved ones from annihilation in the war.* **797/4839**

(हे राजन!)

भद्राणामसदिष्ट्वा च नाशः कुलस्य निश्चितः ।
यथा दण्डः कुठारस्य काष्ठः काष्ठस्य घातकः ।। 431/2422

(फिर कहा, हे राजन्!)

सत् पुरुषों का असत् चाह कर, कुलविनाश की गलत राह पर ।
बन के सहयोगी कुठार का, दस्ता घातक यथा झाड़ का ।। 857/5205

दोहा॰ **"भद्र जनों से बैर कर, निश्चित कुल का नाश ।**
दस्ता यथा कुठार का, कुल का करे विनाश ।। 589/7068

◎ **O Rājan! :** *O King! by thinking bad about good people, you will be walking on the path of ruin of your own family. Don't be the handle of an axe that helps destruction of its own race.* **798/4839**

(हे परन्तप!)

मदे मनो न नन्दित्वा गर्वं त्यज परन्तप ।
भूर्मा त्वं कुलघाती वै कुरुवंशः सनातनः ।। 432/2422

तात! परंतप! तजो गर्व को, दिल से तज दो कपट व्यर्थ को ।
कुरु-कुल है अति श्रेष्ठ सनातन, कुल न विनाशो बिना प्रयोजन ।। 858/5205

दोहा॰ **"गर्व दर्प मद को तजो, करो न तुम कुलघात ।**
श्रेष्ठ सनातन वंश ये, सुनो परंतप! बात ।। 590/7068

◎ **O Parantap :** *O Parantap (Scorcher of the bad people)! please do not entertain yourself in intoxication. Leave your empty pride. Please do not become the destroyer of your own family. The Kuru family is ancient.* **799/4839**

(हे प्रजानाथ!)

स्नेहेन हि प्रजानाथ नाम नित्यं करिष्यसि ।
यौवराज्यपदं तुभ्यं दास्यन्ति पाण्डवाः सुखम् ।। 433/2422

(फिर कहा, हे प्रजानाथ!)

प्रजानाथ! तुम सही ध्यान से, काम अगर लो इतमिनान से ।
यौवराज्य पद तुमको देंगे, पांडव तुमको नमन करेंगे ।। 859/5205

दोहा॰ **"दुर्योधन! तुम स्नेह से, अमर करोगे नाम ।**
यौवराज्य पद दें तुम्हें, पांडव सब सुखधाम ।। 591/7068

◎ **O Prajānāth! :** *O Prajānāth! you will then make your name good. Your brothers will give you kingship and they will salute you.* **800/4839**

स्वेच्छया राज्यमर्धं त्वं पाण्डवेभ्यो ददातु भोः ।
धनं मानं च कीर्तिं च भुङ्क्ष्वाल्लक्ष्मीकृपां ततः ।। 434/2422

देदो आधा स्वयं हाथ से, पांडव जन को बिना बात के ।
लक्ष्मी तुमरे घर आई है, ना ठुकराओ फलदाई है ।। 860/5205

दोहा॰ "दे दो आधा तुम उन्हें, अपने कर से राज ।
घर आई जो लक्ष्मी, करो भोग तुम आज ।। 592/7068

And : *Please give their half of the kingdom to them with your own hands and enjoy the other half that is coming to you. Please do not reject this Lakṣhmī's boon that is coming to you.* **801/4839**

(हे भूपते!)

सन्धिं शान्तिं सुखं कर्तुं समयः साम्प्रतं खलु ।
आह्वयति शुभं कर्तुं धर्मपुत्रो युधिष्ठिरः ।। 435/2422

(फिर बोले, हे भूपति!)

अहो भूपते! शाँति फरज है, युद्ध की यहाँ नहीं गरज है ।
धर्मराज का सुनो पुकारा, अधर्म देगा दुःख अपारा ।। 861/5205

दोहा॰ "समझौता करने, सखे! सही समय है आज ।
तुम्हें पुकारत धर्म है, सुनो करुण आवाज ।। 593/7068

O Bhū-pati! : *O Bhūpati! making peace now is your duty. War is not required. Yudhiṣhṭhir is calling you to make peace. War with him will give you infinite pains.* **802/4839**

(हे नरेश्वर!)

विद्वांसो ज्ञानिनः सर्वे सद्वदन्ति नरेश्वर ।
माऽश्रौषीर्विपरीतानि शकुनेर्वचनानि त्वम् ।। 436/2422

(हे नरेश्वर!)

बुला रहे हैं गुरु जन ज्ञानी, भुला रहा है तुमको शकुनि ।
गुरुजन कहते सुनो वही तुम, बात शकुनि की सुनो नहीं तुम ।। 862/5205

दोहा॰ "सद् गुरु ज्ञानी दे रहे, तुम्हें परम उपदेश ।
बात शकुनि की मत सुनो, उसमें हैं छल द्वेष ।। 594/7068

O Nareshwar! : *O Nareshwar (king)! all wise men are calling you to make peace. Shakuni is taking you on the path of war. Please do not listen to him.* **803/4839**

(सुभाषितम्)

अरोचकं नु सद्वाक्यं नाकर्णं खलु पातकम् ।
मधुरमपि वाक्यं च दुर्जनस्य हि घातकम् ।। 437/2422

(सुभाषित)

हितकारक कटु वचन भी सच्चा, स्वीकृत करना सदा है अच्छा ।
वचन मधुर जो असत् आप है, स्वीकृत करके लगे पाप है ।। 863/5205

दोहा॰ "हितकारक कटु वचन भी, सुन कर लाभ अमाप ।
दुर्जन के मधु वचन भी, स्वीकृत करना पाप ।। 595/7068

O Bharat-shreshtha! : *O Bharat-shreshtha (Superior in the Bharat dynasty)! it is better to listen to the bitter words of a wise person. It is dangerous to listen to the sweet words of a dishonest man, which will give you sin.* **804/4839**

संगीतश्रीकृष्णरामायण छन्दमाला, मोती 122 of 501

समान सवैया छन्द[170]

16, 12 + ऽ।।

(श्रीकृष्णोपदेश)

गुरु जन ज्ञानी बता रहे हैं, जिसमें तुमरा हरदम है सुख ।
कर्ण शकुनि जन भुला रहे हैं, उन बचनन में पाओगे दुख ।। 1
नापसंद भी वचन हितैषी, नहीं स्वीकारना है पातक ।
मनपसंद भी वचन दुष्ट के, स्वीकृत कर लेना है घातक ।। 2

---

[170] **समान सवैया छन्द :** इस 32 मात्रा वाले त्रैलोक छन्द के अन्त में एक गुरु और दो लघु मात्राएँ आती है । इसका लक्षण सूत्र 16, 12 + ऽ।। इस प्रकार होता है । इसका अन्य नाम है **सवाई छन्द** ।

▶ लक्षण गीत : **दोहा॰ मत्त बत्तीस का बना, गुरु लघु लघु हों अंत ।**
सोलह पर जब यति रहे, कहो "सवाई" छंद ।। 594/7068

58. The advices given to the Kauravas (Background of the Gītā)

◎ **Shrī Krishṇa :** *Shrī Krishṇa said, O Duryodhan! all gurus and learned men are telling you for your own good. Karṇa and Shakuni are confusing you. They will give you pain. Rejecting the disagreeable but beneficial advice of a wise man is sin. Accepting the pleasant but dangerous advice of an evil person will put you in danger.* **805/4839**

संगीतश्रीकृष्णरामायण गीतमाला, पुष्प 240 of 763

खयाल : राग पूर्वी,[171] तीन ताल 16 मात्रा

(सच्चे वचन)

स्थायी

सुन ले सच्चे बोल, रे बंदे! मत हो डाँवा डोल ।

रे बंदे! सुन ले सच्चे बोल ।।

♫ सानि़ सा रे–ग– म–म, प म–ग–! धप म– गरेसानि़ सा– ।

म गरेसा–! गग रे सा–नि़– सा– ।।

अंतरा–1

बोल हैं सच्चे प्रेम–भाव के, सुन कर अखियाँ खोल ।

रे बंदे! सुन ले सच्चे बोल ।।

♫ ग–ग ग म–म– ध–प म–ग रे–, निनि धप गमप– म– ।

म गरेसा–! गग रे सा–नि़– सा– ।।

अंतरा–2

बचनन मीठे झूठ रसन के, कर दे कौड़ी मोल ।

रे बंदे! सुन ले सच्चे बोल ।।

अंतरा–3

बैरी तेरे राह गलत पर, देंगे तुझको डोल ।

रे बंदे! सुन ले सच्चे बोल ।।

◎ **Honest words :** ***Sthāyī :*** *Please listen to the honest words. Don't delude yourself with the sweet words.* ***Antarā : 1.*** *Pay attention to the truth and open your eyes.* ***2.*** *The sweet words of a dishonest person are not worth a bit.* ***3.*** *The sweet talkers are your enemies, they will put you in danger.* **806/4839**

(अहो भरतश्रेष्ठ!)

मैत्र्यामेव सुखं तुभ्यं यदाऽहमुपदिष्टवान् ।
विषं युद्धस्य व्यर्थं तु राज्ये प्रसारितं त्वया ।। 438/2422

(हे भरत श्रेष्ठ!)

शाँति हो जब हमने बोला, लड़ने का विष तुमने घोला ।
सब जन को सुख देने वाला, समझौता है तुमने टाला ।। 864/5205

दोहा॰ **"मैत्री में ही है भला, हमने कहा उपाय ।**
लड़ने का विष घोल कर, तुमने किया अपाय ।। 597/7068

◎ **And :** *And then Shrī Krishṇa said, when we told you that your good is in friendship only, you unnecessarily spread the poison of war in the kingdom.* **807/4839**

(हे दुर्योधन!)

शान्त्या सर्वं हि प्राप्नोषि युद्धस्य किं प्रयोजनम् ।
शान्तिमार्गं च स्वीकृत्य रणे गन्तुं निरर्थकम् ।। 439/2422

(फिर उसको चेतावनी दी, हे दुर्योधन!)

समझौते में सभी का भला, लड़ने का है काम क्या भला ।
शाँति ही हो एक सहारा, शाँति दूत पर न हो प्रहारा ।। 865/5205

दोहा॰ **"शाँति में ही लाभ है, नहीं युद्ध का काम ।**
शाँति अपनाकर चलो, तभी मिले सम्मान ।। 598/7068

◎ **O Duryodhan! :** *And, O Duryodhan! with peace everything is possible, there is no need to fight. Accept the peace. Going to battlefield is meaningless.* **808/4839**

श्लोकः

(सुभाषितम्)

स्तुतिं कुर्वन्ति ये नित्यं त एव तव वैरिणः ।

---

[171] **राग पूर्वी** : यह पूर्वी ठाठ का राग है । इसका आरोह है : नि़ सा रे ग, मं प, मं ध नि सां । अवरोह है : सां, रें नि ध प, मं प ग म ग, रे सा ।

▶ लक्षण गीत : दोहा॰ **कोमल स्वर दो रे ध हों, ग नि वादी संवाद ।**
पूरण पूरण जाति का, "पूर्वी" रखिये याद ।। 596/7068

दर्शयन्ति तु दोषान्ये त एव हितकारिणः ।। 440/2422

◎ **A maxim :** *Those who always praise your misbehavior, they are your real enemies. Those who show you your faults are your true well wishers.* **809/4839**

(प्रबोधनम्)

नीतिमार्गेण गन्तुं त्वां जनाः सर्वे वदन्ति भोः ।
योत्स्यसे चेदतः पश्चाद्-दोषः सर्वस्तवैव हि ।। 441/2422

(चेतावनी)

शाँति मार्ग में सुख बहुतेरा, सुनो सत्य है कहना मेरा ।
अब आगे यदि युद्ध कहोगे, उत्तरदाई तुम ही होगे ।। 866/5205

दोहा॰ "शाँति करलो, हे सखे! अभी सँभालो होश ।
अब आगे यदि तुम लड़े, तुमरा होगा दोष" ।। 599/7068

◎ **Last warning :** *Finally, Shrī Krishṇa warned, O Duryodhan! there is much to gain with peace. This is my opinion and everybody's suggestion to you. Now, after this, if you choose to go for war, you will be solely responsible for the outcome and the consequence.* **810/4839**

संगीतश्रीकृष्णरामायण गीतमाला, पुष्प 241 of 763

(प्रेम से काम लो)

स्थायी

प्रेम से लोगे काम अगर तुम, नाम अमर जग में होगा ।
छल कपटों से बात चले ना, फल देगा तुमको सोगा ।।

♫ सा-सा सा रे-रे- ग-म गरेसा रे-, ध-प मगग मम प- मगरे- ।
निनि धपम- प- ग-म पम- ग-, धप म-ग- रेगम- गरेसा- ।।

अंतरा-1

ऋषि-मुनि गुरु कह रहे हैं ज्ञानी, सब वेदों की यही है बानी ।
प्रेम से होगे नम्र अगर तुम, स्थान परम जग में होगा ।
नाम अमर जग में होगा ।।

♫ पम गम पप पप धनिसां नि ध-प-, पम गमप- प- धनिसां नि ध-प- ।
सा-सा सा रे-रे- ग-म गरेसा रेरे, ध-प मगग मम प- मगरे- ।
ध-प मगग रेरे म- गरेसा- ।।

अंतरा-2

जो करना है सो भरना है, इस भव सागर से तरना है ।
प्रेम का दोगे दान अगर तुम, साध्य सकल सुख में होगा ।
नाम अमर जग में होगा ।।

अंतरा-3

पाप-पुण्य से धो लो, प्यारे! मधुर वचन को मन में धारे ।
प्रेम से लोगे नाम अगर तुम, काम सकल पल में होगा ।
नाम अमर जग में होगा ।।

◎ **Act peacefully : *Sthāyī :*** *If you act with compassion, your name will be immortal in the world. But, if you act with deceit, the fruit will give you pains.* ***Antarā : 1.*** *The wise people are telling, the gurus are telling and the Vedas are telling the same thing. If you become benevolent with compassion, you will have supreme peace in the world. Your name will be immortal in the world.* **2.** *You have to pay according to your deeds. You have to cross over the worldly ocean. If you do charity with open heart, you will achieve everything with ease. Your name will be immortal in the world.* **3.** *Wash away your sins with virtuous deeds and by keeping honest thoughts in your mind. If you chant Shrī Krishṇa's name with love, you will achieve all in a moment. Your name will be immortal in the world.* **811/4839**

संगीतश्रीकृष्णरामायण गीतमाला, पुष्प 242 of 763

(कौरव को दिये उपदेशों की कथा)

स्थायी

स्वरदा ने सुंदर गाया है, नारद ने साज बजाया है ।
रतनाकर गीत रचाया है ।।

♫ सनि़सा- गरे सा-नि़नि़ सा-रेम ग-, गममग पम ग-रे सासा-रेम ग- ।
गगरेसासासा रे-ग मगरेसानि़ सा- ।।

अंतरा-1

बोले कौरव को गुरुवर भीष्मा, युयुधान द्रुपद परशुऽरामा ।

मुनि नारद अर्जुन गांधारी, बोली जनपद की जनता सारी ।
हित समझौते में समाया है ।।

♪ पप मरेमम प– पमपनि धपप–, पपमगग सासाग मपगरेसानि़सा– ।
सानि़ सा–गरे सा–नि़नि़ सा–रेमग–, सानि़ सासागरे सा– नि़नि़सा– रेमग– ।
गग रेसासा–रे– गमगरेसानि़ सा– ।।

अंतरा–2

फिर कृष्ण कहे दुर्योधन को, उस कौरव शठ अकडू मन को ।
जब समझौता सब जन चाहें, तब कुल्हाड़ी दस्ता यूँ काहे ।
अब शाँतिऽ का पल आया है ।।

अंतरा–3

अहित जनन के मधुर बचन भी, सुन लेना प्यारे! घातक है ।
हितकारक सत् कटु बचनन भी, स्वीऽकाऽर न करना पातक है ।
सुन कौरव! जो समझाया है ।।

◎ **Advice :** ***Sthāyī*** *: Ratnākar composed the melody, Sarasvatī sang it beautifully, while Shrī Nārad muni played the Vīṇā.* ***Antarā : 1.*** *Bhīṣhma, Yuyudhān, Drupad, Parshurām, Nārad muni, Arjun, Gāndhārī and all wise people said;* ***2.*** *Then Shrī Kriṣhṇa also said to that stubborn and deceitful Duryodhan, please compromise with the Pāṇḍavas.* ***3.*** *Not listening to even the bitter but honest words of your well-wishers will be a mistake for you. O Kaurava! please listen to me.* **812/4839**

59. धर्मयुद्ध की कथा :

59. Story of the Righteous War *(Background of the Gītā)*

(धर्मयुद्धकथा)

♫ संगीतश्रीकृष्णरामायण छन्दमाला, मोती 123 of 501

फटका छन्द

8 + 8 + 8 + 6/5

(धर्मयुद्ध)

धर्मयुद्ध ये, नीति–युद्ध है, हार–जीत की, बात नहीं ।
ना ही इसमें, राग–क्रोध है, लाभ–हानि भी, तात! नहीं ।। 1
सूर्योदय से, सूर्य अस्त तक, लड़ने का है, फर्ज रहा ।
अनवधान पर, अशस्त्र नर पर, वार चलाना, वर्ज्य कहा ।। 2

◎ **Righteous war :** *In a righteous war, there is no consideration for victory or defeat, nor for loss or gain, nor for anger. A warrior is allowed to fight only from sun rise to sun set. One may not fight with a soldier who is not ready or who is unarmed.* **813/4839**

(श्रीकृष्णं दुर्योधन उवाच)

ॐ भीष्मो द्रोणः कृपः कर्णो रणे यत्र जनार्दन ।
भेष्यन्ति देवतास्तत्र योस्त्यन्ते पाण्डवाः कथम् ।। 442/2422

(श्रीकृष्ण को दुर्योधन का उत्तर)

भीष्म द्रोण कृप जहाँ कर्ण हों, विजयश्री भी वहाँ पूर्ण हो ।
जिनके आगे सुर भी डरते, पांडव युद्ध वहाँ क्या करते ।। 867/5205

दोहा॰ सुन कर कहना कृष्ण का, दुर्योधन को खेद ।
बोला, "सुनिये श्रीहरि! तुम ना जानो भेद" ।। 600/7068

कौरव बोला कृष्ण से, "शाँति व्यर्थ, यदुनाथ! ।
आओ रण पर तै करें, यश है किसके साथ ।। 601/7068

"भीष्म द्रोण कृप कर्ण हैं, मेरे दल में वीर ।
डरते हैं सुर भी जिन्हें, कौन उठावे तीर?" ।। 602/7068

◎ **Duryodhan :** *In reply to Shrī Kriṣhṇa's advice, Duryodhan said, O Janārdan! I have Bhīṣhma, Droṇa, Kripāchārya and Karṇa on my side. Even the gods are afraid to fight against them, how then the Pāṇḍavas will fight with us.* **814/4839**

ॐ ध्रुवो मे विजयः कृष्ण सन्धिस्तस्मान्निरर्थका ।
युद्धा सर्वं हि प्राप्स्येऽहं शान्तिं कृत्वा कुतो हितम् ।। 443/2422

रण में मेरी विजय सही है, समझौते का काम नहीं है ।
सब मैं पा सकता हूँ लड़ कर, शाँति नहीं है इससे बढ़ कर ।। 868/5205

दोहा॰ "निश्चित मेरी विजय है, मिलाप का क्या काम ।
लड़ कर जब सब प्राप्त हो, शाँति का क्यों नाम" ।। 603/7068

◎ **And** : *In the war my victory is certain, then why should I do any peace or compromise? Let us decide on the battlefield who wins and who looses.* 815/4839

(अत:)

◉ नीतिं त्यक्त्वा नृपान्धेन दत्तहस्तश्च पुत्रक: ।
दुर्योधनश्च कर्णेन शकुनिना पुरस्कृत: ।। 444/2422

दुर्योधन को युद्ध के लिये, प्रोत्साहन है शकुनि ने दिये ।
अंधे ने भी तज कर नीति, लड़ने से जोड़ी है प्रीति ।। 869/5205

✒ दोहा॰ नीति छोड़ धृतराष्ट्र ने, लिया पुत्र का पक्ष ।
कर्ण शकुनि दुर्योध के, एक होगए लक्ष्य ।। 604/7068

◎ **Therefore** : *For this reason, Dhritarāṣṭra supported Duryodhan in his fight against the Pāṇḍavas. Duryodhan had full support from Shakuni and Karṇa in his desire for a war against Pāṇḍavas.* 816/4839

(अपि च)

◉ धार्तराष्ट्रस्य कर्णे च शकुनौ च दृढा मति: ।
अनीतौ धृतराष्ट्रस्य स्नेहभावो विशेषत: ।। 445/2422

(फिर)

दुर्योधन का कर्ण शकुनि पर, पूर्ण भरोसा रहा निरंतर ।
अंधे की भी अंध नीति पर, उसे गर्व था और समादर ।। 870/5205

✒ दोहा॰ दुर्योधन का शकुनि पर, अविचल था विश्वास ।
अनीति में, धृतराष्ट्र की, चाह बनी थी खास ।। 605/7068

◎ **Also** : *Dhritarāṣṭra had full faith in Shakuni and Karṇa. The king had special liking for injustice.* 817/4839

(तस्मात्, श्रीकृष्ण:)

◉ साम दाम यदा तेन कृते व्यर्थं महाजना:! ।
दण्डनीतिमुकुन्देन पाण्डवाननुमोदिता ।। 446/2422

(अत: श्रीकृष्ण ने)

साम दाम के और भेद के, उपाय जब सब हुए खेद के ।
उनको अनुमति दी श्रीधर ने, दंडनीति का प्रयोग करने ।। 871/5205

✒ दोहा॰ साम दाम के मार्ग जब, हुए सभी बेकाम ।
हरि बोले, "अब धर्म! लो, दंड भेद से काम" ।। 606/7068

◎ **Therefore, Shrī Kriṣhṇa** : *When all attempts for a peaceful compromise failed, Shrī Kriṣhṇa gave permission to Yudhiṣhṭhir to accept the war Kauravas wanted.* 818/4839

◉ अपि चाज्ञापयत्सर्वान्-दण्डनीतिमुपासितुम् ।
नीतियुद्धस्य सूत्राणाम्-अनुष्ठानमुपादिशत् ।। 447/2422

दंडनीति से नीतियुद्ध है, सैनिक सारे नियम बद्ध हैं ।
नीतियुद्ध की हर मर्यादा, पाले सैनिक सदा सर्वदा ।। 872/5205

✒ दोहा॰ साम दाम अरु भेद में, विफल हुआ जब धर्म ।
अनुमति दे दी कृष्ण ने, करन दंड से कर्म ।। 607/7068

दंड नीति से अब लड़ो, मगर नीति के साथ ।
धर्म युद्ध के नियम से, बाँधे सबके हाथ ।। 608/7068

◎ **And** : *While allowing them to go for war, Shrī Kriṣhṇa ordered them to strictly observe the rules of a righteous war.* 819/4839

(सामान्य-नीतियुद्धयोर्भेद:)

◉ युद्धे चलति सामान्ये सर्वं न तु पराजय: ।
क्षात्रधर्मस्य रक्षायै क्षात्राय किं जयाजयौ ।। 448/2422

(आम युद्ध और नीतिबद्ध का धर्मयुद्ध अंतर)

आम युद्ध में शत्रु ज्येय है, विजय मिलाना एक ध्येय है ।
नीतियुद्ध में हार-जीत का, नहीं भेद भी शत्रु मीत का ।। 873/5205

✒ दोहा॰ आम युद्ध में विजय ही, चाहे भट प्रत्येक ।
नीति-युद्ध में जानिये, हार-जीत सब एक ।। 609/7068

◎ **The Rules** : *Shrī Kriṣhṇa said, in a regular war everything is acceptable other than defeat. But, in a righteous war neither there is victory nor there is defeat, nor there is enemy, not there is friend. The war is fought strictly as a duty.* 820/4839

◉ नीतिबद्धा वयं सर्वे मर्तुं मारयितुं तथा ।
एषा नीति: सतो धर्म: क्षात्रस्य क्षात्रकर्म च ।। 449/2422

59. Story of the Righteous War (Background of the Gītā)

इसी नीति को धर्म कहा है, क्षात्र के लिये कर्म महा है ।
समबुद्धि से यही युद्ध है, जो जाने सो नर प्रबुद्ध है ।। 874/5205

✍दोहा॰ **इसी नीति के युद्ध को, कहा धर्म का युद्ध ।**
जीना मरना सम जहाँ, समबुद्धि है शुद्ध ।। 610/7068

◎ **And :** *This ethics is called Nīti (morality) or Dharma (righteousness). It is a karma (duty) for an ethical warrior. It is fought with a mind of equanimity. In such war, life and death are equal.* **821/4839**

♫ संगीतश्रीकृष्णरामायण छन्दमाला, मोती 124 of 501

नरहरी छन्द[172]

14 + ।। । ऽ

(धर्मयुद्ध)

आम युद्ध का हेतु एक, विजय है ।
धर्मयुद्ध का समा-बुद्धि, विषय है ।। 1
आम युद्ध में अविजय मरण भय हैं ।
नीति-युद्ध विजय हार से, अभय है ।। 2

◎ **Righteous war :** *In a regular war the only objective is to win. The righteous war is fought with equanimity of mind. In a regular war, defeat and death are the fears. In a righteous war there is no fear of defeat or win, life or death. All are equal.* **822/4839**

(नीतियुद्धस्य नियमा:)

नीतिसूत्राणि श्रीकृष्णः सकलान्स्पष्टमब्रवीत् ।
उवाच नियमानेतान्-पालयन्तु हि सैनिकाः ।। 450/2422

(नीतिबद्ध धर्मयुद्ध के नियम कह दिये)

कहे नियम सब नीति-युद्ध के, कहा इन्हीं से सभी बद्ध हैं ।

---

[172] ♫ **नरहरी छन्द :** इस 19 मात्रा वाले महापौराणिक छन्द के अन्त में तीन लघु और एक गुरु मात्रा आती है । इसका लक्षण सूत्र 14 + ।।। ऽ इस प्रकार है ।

▶ लक्षण गीत : ✍ **दोहा॰ मत्त उन्नीस से बना, लघु लघु लघु गुरु अंत ।**
चौदह कल पर यति जहाँ, वहीं "नरहरी" छंद ।। 611/7068

नीतियुद्ध हो नीति नियम से, आम युद्ध से भिन्न किसम से ।। 875/5205

✍दोहा॰ **नियम नीति के कृष्ण ने, बोले सभी विशाल ।**
और कहा, सब सैनिकों! पालन हो हर काल ।। 612/7068

◎ **Rules of righteous war :** *Shrī Krishṇa said, now listen carefully the detailed rules for a righteous war. Everyone is bound by these rules. These rules are different than a regular war.* **823/4839**

सूर्योदयाच्च सूर्यास्तं युद्धाय वैधिको भवेत् ।
सूर्यास्तादुदयः कालो युद्धाय वर्जितो भवेत् ।। 451/2422

अरुणोदय है रण की सीमा, संध्या में हो युद्ध विरामा ।
दिन प्रकाश में करो लड़ाई, रात्री कोई न हो चढ़ाई ।। 876/5205

✍दोहा॰ **सूर्योदय से शाम तक, समय युद्ध का वैध ।**
सूर्य अस्त से उदय तक, जानो अवधि अवैध ।। 613/7068

◎ **And :** *In a righteous war, a warrior is allowed to fight only from the sun rise to sun set.* **824/4839**

सन्ध्याकाले भवेयुश्च प्रेम्णा कौरवपाण्डवाः ।
बन्धुभावेन सर्वे हि सम्मिलेयुः परस्परम् ।। 452/2422

शाम समय में योग क्षेम से, कौरव पांडव रहें प्रेम से ।
बंधु-भाव से सभी मिलेंगे, हाथ हाथ में धरे चलेंगे ।। 877/5205

✍दोहा॰ **संध्या से भिनसार तक, रहो सभी सह स्नेह ।**
पांडव कौरव बंधु तुम, यथा आतमा देह ।। 614/7068

◎ **And :** *After sun set to the sun rise, the Pāṇḍavas and Kauravas must mix together with brotherly love.* **825/4839**

घोषयित्वाऽऽह्वयेयुर्हि बलमिच्छां च योग्यताम् ।
न च हन्यादसज्जं च क्लान्तं भीतं बहिर्गतम् ।। 453/2422

असन्नद्ध पर, थके-डरे पर, वार नहीं हो किसी मरे पर ।
कहो योग्यता, फिर ललकारा, रण के बाहर न हो पुकारा ।। 878/5205

✍दोहा॰ **ना हो असावधान पर, डरे-थके पर वार ।**

पहले प्रवीणता कहो, फिर लड़ने ललकार ।। 615/7068

◎ **And :** *One may attack only after warning the opponent and telling him your strength and level of skill and then fight with an equal opponent. One may not strike a warrior who is weaker, tired, afraid or one who has left the battlefield.* **826/4839**

आहतं शरणाधीनं न कोऽपि सैनिकस्तुदेत् ।
भग्नं स्यादायुधं यस्य योद्धव्यो न स सैनिक: ।। 454/2422

जखमी नर पर, शरणागत पर, वार न होवे नर आहत पर ।
जिसका आयुध टूट चुका है, या फिर कर से छूट चुका है ।। 879/5205

दोहा॰ **जिसका छूटा अस्त्र हो, या टूटी तलवार ।**
जो आहत या शरण हो, उस पर करो न वार ।। 616/7068

◎ **And :** *One may not strike a soldier who is wounded, who has surrendered or whose weapon is broken or fell from his hand.* **827/4839**

न च पलायिनो हत्या न घातो रणत्यागिन: ।
मृतदेहतिरस्कारो विखण्डनं च पातकम् ।। 455/2422

जो सैनिक दिखलावे पीठ, या जो लगता नहीं है ढीठ ।
उसे मारना निषिद्ध जानो, कहा शास्त्र से विरुद्ध मानो ।। 880/5205

दोहा॰ **जो भागा हो युद्ध से, या नहिं लगता ढीठ ।**
उस भट पर ना वार हो, जो दिखलावे पीठ ।। 617/7068

◎ **And :** *A warrior may not strike one who has turned his back or who is weak. Dismembering or disrespecting a dead body is sin.* **828/4839**

प्रबुद्ध: शब्दयुद्धे य: शब्दयुद्धं स साध्नुयात् ।
रथी रथिभिरश्वोऽश्वै:-गजो गजै: पद: पदै: ।। 456/2422

वाणी पटु जो अभिमानी है, वह ललकारेगा ज्ञानी को ।
अश्व अश्व को रथी रथी को, हाथी ललकारे हाथी को ।। 881/5205

दोहा॰ **वाणी का जो है पटु, ललकारे विद्वान ।**
अश्व अश्वधर से लड़े, गज गज से घमसान ।। 618/7068

रथ वाले रथ से लड़ें, पैदल पैदल साथ ।
जिसकी जैसी योग्यता, उससे दो-दो हाथ ।। 619/7068

◎ **And :** *One who is expert in the war of words may fight war of words with a puṇḍit only. A charioteer may fight with a charioteer, horse rider with a horse rider, elephant rider with an elephant rider, foot soldier with a foot soldier and so on.* **829/4839**

सविषं निभृतं शस्त्रम्-अवैधं नीतिविग्रहे ।
अग्निं क्षिप्त्वा समूहा च हत्या क्षात्रं न शोभते ।। 457/2422

शस्त्र विषैला या हि छुपाया, प्रयोग ना हो करन अपाया ।
समूह हत्या रण विरुद्ध है, आग फेंकना भी निषिद्ध है ।। 882/5205

दोहा॰ **शस्त्र विषैला या छुपा, कभी करो न प्रयोग ।**
समूह हत्या अग्नि से, करे न कोई लोग ।। 620/7068

◎ **And :** *One may not cause a mass murder by firing a Weapon of Mass Destruction or a fire missile.* **830/4839**.

धर्मक्षेत्रे समं सर्वं लाभालाभौ जयाजयौ ।
एवमाज्ञाऽस्ति शास्त्राणां पालयेयुर्दृढं भटा: ।। 458/2422

नीति-युद्ध में सब समान है, न ही मान ना ही अमान है ।
अत: न तोड़ो किसी नियम को, धर्मयुद्ध की नीति भीषम को ।। 883/5205

दोहा॰ **धर्मक्षेत्र पर सम सभी, लाभ-हानि जय हार ।**
आज्ञा है यह शास्त्र की, नीति-युद्ध का सार ।। 621/7068

◎ **And :** *In a righteous war one must fight keeping victory and defeat, loss and gain same in his mind. Everyone must observe these rules. This is an order.* **831/4839**

आज्ञां प्राप्य च युद्धाय दलौ द्वौ रणमागतौ ।
कौरवा वाममार्गेण दक्षिणेन च पाण्डवा: ।। 459/2422

आज्ञा पाकर दो सेनाएँ, पांडव दाएँ, कौरव बाएँ ।
आई जब शुभ कर्म की घड़ी, कुरुक्षेत्र की ओर चल पड़ी ।। 884/5205

दोहा॰ **आज्ञा पाकर कृष्ण से, दोनों दल के क्षात्र ।**
कौरव बायीं ओर से, पांडव दक्षिण, मात्र ।। 622/7068

◎ **Thus :** *Taking orders from Shrī Krishna, both armies entered the battlefield of Kurukṣhetra, Pāṇḍavas from the right side and Kauravas from the left.* **832/4839**

59. Story of the Righteous War (Background of the Gītā)

संगीतश्रीकृष्णरामायण गीतमाला, पुष्प 243 of 763

(नीति-युद्ध)

स्थायी

धरम समर में, परम करम में,
अमर हों प्राण तिहारे, ओऽऽऽ वीर जवान हमारे ।
नहीं भरम हो, कसी कमर हो, लड़ने नीतिनुसारे ।
ओऽऽऽ तीर कमान तुम्हारे ।।

♫ सानि़सा रेगरे सा–, रेगम गरेसा रे–,
पमग रे म–ग रेसा–रे–, निधपम ध–प मग–रे मग–रेसा ।
सारे– गमग रे–, गम– पमग रे–, गमप– नि–धपम–प– ।
निधपम ध–प मग–रे मग–रेसा ।।

अंतरा–1

यहाँ नहीं है जीत की बाजी, न हार में कोई नाराजी ।
लाभ–हानि सब समान माने, बढ़ना आगे प्यारे ।
ओऽऽऽ वीर जवान हमारे ।

♫ सारे– गम– ग– प–म ग म–प–, नि ध–प म– प–ध– निधप–म– ।
सा–रे ग–म गरे गम–प मगरे–, गमप– निधप– मपम– ।
निधपम ध–प मग–रे मग–रेसा ।।

अंतरा–2

यहाँ न शत्रु किसी का कोई, हम आपस में सभी हैं भाई ।
नीति अनीति की है लड़ाई, सुख–दुख दोनों बिसारे ।
ओऽऽऽ वीर जवान हमारे ।।

अंतरा–3

किसी नियम को न कोई तोड़े, अनुशासन को न कोई छोड़े ।
त्याग तुम्हारा पथ दरसावे, जग में नाम उबारे ।
ओऽऽऽ वीर जवान हमारे ।।

अंतरा–4

नये जगत को राह दिखाओ, सदाचार की ज्योति जगाओ ।
भूमि पर आदर्श बसाके, बनो गगन में सितारे ।
ओऽऽ वीर जवान हमारे ।।

◎ **Righteous war : *Sthāyī*** *: O My Brave warrior! with the supreme sacrifice in the righteous war, may your life and name be immortal. May you not be under delusion, may you be all prepared to fight according to the rules of a righteous war.* ***Antarā : 1.*** *There is no competition to win, nor there is disappointment in defeat. March forward, treating loss and gain equal, O My brave warrior!* ***2.*** *Nobody is enemy here. We are all brothers. The war is between right and wrong, not between you and them. Fight, leaving aside joy and sorrow.* ***3.*** *No one may break any rule. No one may ignore his duty. Your sacrifice will show the way to the next generations and will make your name high,* ***4.*** *Please show the path to the new generation. Light the lamp of righteousness. Become a role model in the world. Become the shining star in the sky,* **833/4839**

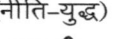

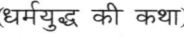

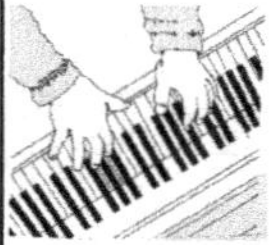

संगीतश्रीकृष्णरामायण गीतमाला, पुष्प 244 of 763

(धर्मयुद्ध की कथा)

स्थायी

स्वरदा ने सुंदर गाया है, नारद ने साज बजाया है ।
रतनाकर गीत रचाया है ।।

♫ सानि़ सा–गरे सा–नि़नि़ सा–रेम ग–, सानि़ सा–गरे सा–नि़नि़ सा–रेम ग– ।
गगरेसासासा रे–ग मगरेसानि़ सा– ।।

अंतरा–1

तब बोला दुर्योधन दंभी, बातें उल्टी चौड़ी लंबी ।
"जय मेरी रण में निश्चित है, ये सेना मेरी अगणित है" ।
वह, युद्ध का ढोल बजाया है ।।

♫ पप मरेम– प–पमपनि धपप–, प–मग गसासाग मपगरे सानि़सा– ।
"सानि़ सा–गरे सासा नि़– सा–रेम ग–, सानि़ सा–गरे सा–नि़– सासारेम ग–" ।
गग, रेसासा सा रे–ग मगरेसानि़ सा– ।।

अंतरा–2

रण नीति नियम हरि ने बोले, दल पांडव का जिनको पाले ।
अब विजय पराजय सम जानो, समबुद्धिऽ को नीतिऽ मानो ।
यह धर्म युद्ध कहलाया है ।।

अंतरा–3

पथ दक्षिण से पांडव आए, वाऽम मार्ग से कौरव धाए ।
उस कुरुक्षेत्र के प्रांगण में, रण धर्म क्षेत्र के पावन में ।
दो सेना शिविर सजाया है ।।

◎ **Righteous war :** ***Sthāyī :*** *Ratnākar composed the melody, Sarasvatī sang it beautifully, while Shrī Nārad muni played the Vīṇā.* ***Antarā : 1.*** *Duryodhan said to Shrī Krishṇa, my victory in the war is certain. My army is infinite. Why should I fight a righteous war. Saying so he declared war on the Pāṇḍavas.* ***2.*** *Shrī Krishṇa then declared the rules for a righteous war and said these rules are mandatory, at least for the Pāṇḍava army. They should treat victory and defeat same and fight with equanimity. It is called Dharma-yuddha (righteous war).* ***3.*** *Pāṇḍavas entered the battlefield of Kurukṣhetra from the right side and Kauravas from the left side. Both armies set up their tents.* **834/4839**

गीतोपनिषद् : पाँचवाँ तरंग

Gitopanishad : Fascicule 5

60. धर्मक्षेत्र की कथा :

60. Story of the Sacred Battlefield *(Background of the Gītā)*

(धर्मक्षेत्रकथा)

♫ संगीतश्रीकृष्णरामायण छन्दमाला, मोती 125 of 501

भुजंगप्रयात छन्द

। ऽ ऽ, । ऽ ऽ, । ऽ ऽ, । ऽ ऽ

♫ सारे-ग-म प- म-ग रे- म-ग रे-सा-

(धर्मक्षेत्र)

कुरुक्षेत्र को धर्म का क्षेत्र जाना ।
सभी क्षेत्र में जो महाभाग माना ।। 1
यहाँ पे हुए हैं महायज्ञ नाना ।
यही कर्मठों का युगों से ठिकाना ।। 2

◎ **Dharma-kṣhetra :** *Kuru-kṣhetra, the land well-known for the greatness of the Kuru kings, the land where ancient sages preformed great yajñas (austerities) under the shelter of the great kings of Kuru dynasty, and where the karma-yogīs attained success and made their supreme abode, that most sacred land is called Dharma-kṣhetra.* **835/4839**

(धर्मक्षेत्रम्)

ॐ सिक्ता पवित्रनीरेण सरस्वत्याः पुरातना ।
यज्ञानां कुरुभूमिर्या धर्मभूमीति विश्रुता ।। 460/2422

(धर्मक्षेत्र)

सरस्वती के पावन जल से, सींची थी युग-युग निर्मल से ।
महायज्ञों की वह कुरुभूमि, धर्मक्षेत्र इति थी जग जानी ।। 885/5205

दोहा॰ सरस्वती के नीर से, सींचित पावन स्थान ।
यज्ञ भूमि कुरुभूमि को, "धर्मक्षेत्र" है नाम ।। 623/7068

◎ **Dharma-kṣhetra :** *The great land that is irrigated with the holy water of the river Sarasvatī and which was renowned in the world because of the great kings of Kuru dynasty, became well known as Dharma-kṣhetra.* **836/4839**

ॐ योद्धारो देशदेशेभ्यः कुरुक्षेत्रे समागताः ।
अश्वारूढा गजारूढाः पत्तयश्च महारथाः ।। 461/2422

कुरुक्षेत्र पर योद्धा छाये, देश-देश से लड़ने आए ।
पैदल, हाथी, अश्वसवारी, महारथी, सैनिक धनुधारी ।। 886/5205

दोहा॰ देश-देश से आगए, कुरुक्षेत्र में वीर ।
पैदल, हाथी, अश्व पर, धनुधर लेकर तीर ।। 624/7068

◎ **There :** *Warriors from various lands are assembled on the battlefield of Kurukṣhetra. They came by horses, elephants, chariots and by foot.* **837/4839**

♫ संगीतश्रीकृष्णरामायण छन्दमाला, मोती 126 of 501

60. Story of the Sacred Battlefield (Background of the Gītā)

महंत छन्द[173]

6, 6, 6, 3 + ऽ।

(धर्मक्षेत्र)

सरस्वती–का–निर्मल–जल सिंचित, जो पवित्र ।
महायज्ञ–का–विश्रुत, धरती पर स्वर्ग चित्र ।। 1
कुरुकुल–की–परंपरा से विश्रुत, कुरुक्षेत्र ।
कर्मभूमि पावन वह, जानी है "धर्मक्षेत्र" ।। 2

◎ **Dharma-kṣhetra :** *The land that is sanctified with the amrit (divine nectar) from the Sarasvatī river, the land famous for great yajñas, the land that was a heaven on the earth, the land where the great kings of the Kuru dynasty were born, flourished and ruled, that sacred land is well known as Dharma-kṣhetra.* **838/4839**

(कौरवा:)

ॐ **आगत्य वाममार्गेण रणभूमौ च कौरवाः ।**
पङ्क्तिष्वरचयंस्तत्र शिबिरं पटवेश्मनाम् ।। 462/2422

(कौरव सेना)

कौरव सेना बड़े शोर से, रण में आई वाम ओर से ।
रची छावनी क्यारी क्यारी, शोर मचाया दिन भर भारी ।। 887/5205

✍दोहा॰ **वाममार्ग से आगए, कुरुक्षेत्र की ओर ।**
ग्यारह सेना में बढ़े, कौरव, लड़ने घोर ।। 626/7068

कौरव की बहुतै बड़ीं, आईं सेना सात ।
रची छावनी व्यूह में, पंक्ति–पंक्ति के साथ ।। 627/7068

◎ **The Kauravas :** *Coming from the left side on the battlefield, the Kauravas occupied the west side of Kuru-kṣhetra. They pitched their tents of canvas, row by row, with ample noise and commotion.* **839/4839**

---

[173] ♫ **महंत छन्द** : इस 24 मात्रा वाले अवतारी छन्द के अन्त में एक गुरु और एक लघु मात्रा आती है । इसका लक्षण सूत्र 6, 6, 6, 3 + ऽ। इस प्रकार है ।

▶ लक्षण गीत : ✍ **दोहा॰ मत्त बत्तीस हों सजी, गुरु लघु कल हों अंत ।**
छः छः छः पर यति जहाँ, "महंत" जाना छंद ।। 625/7068

ॐ **घोरं द्वंद्वं हि कर्तुं ते कौरवा योद्धुमुत्सुकाः ।**
व्यूहांस्तु रचयित्वा च चक्रुः सर्वे महारवम् ।। 463/2422

तंबु सजाये बारी–बारी, व्यूह बना कर लड़ने भारी ।
ढोल बजाये बड़े जोश में, सब दीवाने नहीं होश में ।। 888/5205

✍दोहा॰ **तंबु सजाये शिविर के, करके कर्कश शोर ।**
ढोल बजाये जोश में, करने रण घनघोर ।। 628/7068

◎ **And :** *In order to wage a terrible war, they arranged phalanx and were eager to fight.* **840/4839**

ॐ **एकादशचमूवाहा नियुक्ताः कौरवा भटाः ।**
मुख्यसेनापतिर्भीष्मः सर्वैः परमपूजितः ।। 464/2422

कौरव दल सेना सरदारा, नियुक्त थे सेनापति ग्यारा ।
भीष्म जी बने सरसेनापति, वृद्ध पितामह विज्ञ महामति ।। 889/5205

✍दोहा॰ **विशाल कौरव सैन्य के, ग्यारह बने प्रधान ।**
सरसेनापति भीष्म थे, परम पूज्य अभिधान ।। 629/7068

◎ **Bhīṣhma :** *There were eleven armies with eleven commanders in the Kaurava army, with Bhīṣhma as the commander-in-chief, who was most senior and most respected person.* **841/4839**.

ॐ **द्रोणो जयद्रथः शल्यः शकुनिर्वाह्लिकः कृपः ।**
अश्वत्थामा च कम्बोजः सौमदत्तिः सुदक्षिणः ।। 465/2422

द्रोण जयद्रथ उनके नीचे, शल्य सुदक्षिण कृप के पीछे ।
कंबोज वाह्लिक शकुनि मामा, सौमदत्ति अरु अश्वत्थामा ।। 890/5205

✍दोहा॰ **शल्य, जयद्रथ, वाह्लिकी, अश्वत्थामा, द्रोण ।**
शकुनि, सुदक्षिण, कृपगुरु, भुरीश्रवा, कंबोज ।। 630/7068

◎ **Others :** *Other ten commanders under Bhīṣhma were : Droṇāchārya, Kripāchārya, Ashvatthāmā, Jayadrath, Shalya, Sudakṣhiṇ, Kamboj, Wānhik, Somadatti and Shakunī.* **842/4839**

(पाण्डवचमू)

ॐ **रणे दक्षिणमार्गेण धर्मबद्धाः समागताः ।**

श्रद्धायुक्ता महावीरा नीतियुक्ताश्च पाण्डवाः ।। 466/2422

(पाण्डव सेना)

पाण्डव सैनिक रण में आए, नीति नियम को मन में लाए ।

पांडव सैनिक सभी श्रद्ध थे, नीति नियम से सभी बद्ध थे ।। 891/5205

दोहा॰ आए दाँये मार्ग से, पांडव दल के वीर ।

नीति धर्म निष्ठा लिये, धर्मभूमि पर धीर ।। 631/7068

◎ **The Pāṇḍavas :** *The Pāṇḍavas entered the battlefield from the right side and put their tents up on the East side of Kurukṣhetra. They were bound by the pre-fixed rules and regulations as ordered by Shrī Krishṇa. They came with faith and determination to abide by the rules of a righteous war.* **843/4839**.

तत्सप्ताक्षौहिणं सैन्यं धृष्टद्युम्नेन रक्षितम् ।

पाण्डवानामनीकं च भक्षकं हि कुकर्मिणाम् ।। 467/2422

सेना उनकी सात अक्षणी, कुकर्मियों के गात भक्षिणी ।

पांडवी सेनाओं पर, धृष्टद्युम्न थे सेनापति वर ।। 892/5205

दोहा॰ दक्षिण दिश से आगए, धर्मक्षेत्र में वीर ।

सात दलों में थे सजे, पाण्डव लेकर तीर ।। 632/7068

सात पांडवी सैन्य पर, धृष्टद्युम्न सरदार ।

जिसके आगे थी सदा, कुकर्मियों की हार ।। 633/7068

◎ **And :** *Dhrishṭadyumna was the commander-in-chief of the Pāṇḍava armies. The Pāṇḍava army was the destroyer of evil.* **844/4839**

षट्सेनापतयस्तस्य विराटश्च धनुर्धरः ।

शिखण्डी द्रुपदो भीमः-चेकितानश्च सात्यकिः ।। 468/2422

उनके नीचे छह सेनापति, वीर धनुर्धर सब महारथी ।

द्रुपद सात्यकी भीम शिखंडी, चेकितान अरु विराट चंडी ।। 893/5205

दोहा॰ उसके नीचे छह बने, द्रुपद, शिखंडी, भीम ।

चेकितान, भट सात्यकी, विराट सेवा लीन ।। 634/7068

◎ **And :** *Below him, other six commanders of his six armies were : Drupad, Sātyakī, Bhīma, Shikhaṇḍī, Chekitān and Virāṭ.* **845/4839**

अन्ये च बहवो वीराः पाण्डुपक्षे महाबलाः ।

अवस्थिता रणे धीरा नियुक्ता यत्र यत्र ये ।। 469/2422

और अनेकों रण बलवीरा, पांडु पक्ष में थे रणधीरा ।

शिविर लगाए व्यूह सजाये, जहाँ नियुक्ति स्थान जमाए ।। 894/5205

दोहा॰ और अनेकों वीर थे, भीम पार्थ समान ।

समरांगण पर थे खड़े, जहाँ जिसे सम्मान ।। 635/7068

◎ **And :** *There were Bhīma, Arjun and many other great warriors, all standing steady at their assigned locations.* **846/4839**

(सेनयोरुभयोर्मध्ये)

नीतिज्ञः पाण्डुपक्षस्य सेनानृपो युधिष्ठिरः ।

नृपः कौरवपक्षस्य दुर्योधनो महाखलः ।। 470/2422

(दोनों सेनाओं में)

धर्मराज नृप इस सेना का, दुर्योधन था उस सेना का ।

धर्मराज था अविचल जेता, खल दुर्योधन था दल नेता ।। 895/5205

दोहा॰ धर्मराज नृप योग्य था, इस सेना का नाथ ।

दुर्योधन नृप दुष्ट था, उस सेना के साथ ।। 636/7068

◎ **In both armies :** *The chief of this army was Yudhiṣhṭhir and the chief of that army was Duryodhan. Yudhiṣhṭhir was also known as Dharma-rāja (king of righteousness) or Dharma (the righteousness), for he was most righteous person in the kingdom. Duryodhan had earned bad names for his wicked deeds.* **847/4839**

संगीतश्रीकृष्णरामायण गीतमाला, पुष्प 245 of 763

(अवतार)

स्थायी

अधर्म का संहार करने, प्रभु लेते अवतार हैं ।

♫ निरे-ग प- ध-प-मं गरेग-, पध नि-ध- पमंग-रे सा- ।

अंतरा-1

एक तरफ ये पांडव सेना, हाथ नियम से बंधे हैं ।

60. Story of the Sacred Battlefield (Background of the Gītā)

ओर दूसरी कौरव बंदे, नीति नियम के अंधे हैं ।
सत् असत् के घोर समर में, असत् की निश्चित हार है ।।
♪ सा–नि़ सारेरे रे– ग–रेनि़ सा–रे–, रे–रे रेगमं ग– मंपप– मं– ।
ध–प मं–गरे– ग–मंप मं–ग–, रे–रे रेगमं ग– मं–प– मं– ।
गग गगग रे– ग–मं मंमंमं मं–, धधध नि ध–पमं ग–रे सा– ।।

अंतरा–2

दया क्षमा का कार्य इधर है, साथ किशन भगवान हैं ।
भोग हवस अधिकार उधर है, धरम नाम बदनाम है ।
छल कलि–मल के दोष दंश से, व्याकुल जब संसार है ।।

अंतरा–3

सागर किरपा का इस बाजू, सूरज ज्ञान प्रकाश है ।
मृत्यु भरा सागर उस बाजू, सदाचार का नाश है ।
दुराचार जब छाता जग में, तमस् मय अंधःकार है ।।

◎ **Avatār** : ***Sthāyī*** *: The Lord personifies himself in order to remove adharma (unrighteousness).* ***Antarā : 1.*** *On one side is the army of the Pāṇḍavas, whose hands are bound by the rules of ethics. On the other side is the army of the Kauravas, who are blind to the rules and regulations. This is the battle between right and wrong. Defeat of the wrong side is certain.* ***2.*** *On Pāṇḍavas' side are mercy, forgiveness and duty. With them is Lord Shrī Kriṣhṇa. On Kauravas' side are passion and greed. Dharma has no place there. The world is distressed with their deceits and intrigues.* ***3.*** *On this side is the ocean of mercy and wisdom. On that side are death and destruction. Virtues are oppressed. When adharma gets stronger, there is darkness of ignorance.* **848/4839**

(गुरवः)

यद्यपि गुरवः सर्वे युद्धे कौरवपक्षिणः ।
समीपं पाण्डुपक्षस्य द्रोणाचार्यस्य केणिका ।। 471/2422

(गुरुजन)

गुरु सब कौरव के विश्वासा, कह कर खुद को "धन के दासा" ।
तदपि द्रोण का तंबू स्थित था, पांडव दल के निकट रचित था ।। 896/5205

दोहा॰ तीनों गुरुजन थे बने, कौरव नृप के दास ।
तदपि द्रोण का शिविर था, पांडव दल के पास ।। 637/7068

स्थान बनाया द्रोण ने, पांडव दल के पास ।
निष्ठा कौरव पक्ष में; गुरु जन "धन के दास" ।। 638/7068

◎ **The Gurus :** *Even though the gurus Bhīṣhma, Kripa and Droṇa loved and respected the Pāṇḍavas very much for their righteous nature, they all sided with the Kauravas on the battlefield, as they regarded themselves to be the paid servants of Dhritarāṣhṭra.* ***The gurus considered themselves to be more of paid the servants than the upholders of righteousness.*** **849/4839**

(तदा)

योद्धुं सज्जे दले द्वेऽपि सम्मुखे च परस्परम् ।
सङ्केतस्य प्रतीक्षायां निश्चले च स्थिते रणे ।। 472/2422

(तब)

दोनों सेना सजी बड़ी थी, रण में सम्मुख अडिग खड़ी थीं ।
पूर्ण सिद्धता हो हि चुकी थी, आज्ञा के ही लिये रुकीं थीं ।। 897/5205

दोहा॰ खड़े आमने–सामने, दोनों दल तैयार ।
आज्ञा पाने थे रुके, कर में धर हथियार ।। 639/7068

◎ **That time :** *The preparations were all done. The two opposing armies were standing face to face steady on the battlefield, awaiting for the signal to begin the war.* **850/4839**

सिंहवत्तारशब्देन भीष्मेण गर्जना कृता ।
सङ्केतः स महाघोरो जागृता येन कौरवाः ।। 473/2422

शंख बजाया बड़ी जोर से, सिंह गर्जना करी शोर से ।
लिये इशारा कौरव सारे, हुए सजग आयुध को धारे ।। 898/5205

दोहा॰ सिंह गर्जना भीष्म ने, करी जोर के साथ ।
सजग हुए कौरव सभी, अधीर सबके गात ।। 640/7068

◎ **And :** *In order to inspire Duryodhan, Bhīṣhma roared loudly like a lion. Hearing that roar, Kauravas became ready.* **851/4839**

युद्धारम्भं तदा कर्तुं शङ्खो भीष्मेन ध्मापितः ।
रणे भीष्मो हि सर्वेषु वृद्धतमः पितामहः ।। 474/2422

(सबसे पहिले भीष्म ने लड़ाई की घोषणा की)

धर्म युद्ध श्रीगणेश करने, शंख बजाया प्रथम भीष्म ने ।
भीष्म पितामह वयोवृद्धतम, सभी से बड़े मानमहत्तम ।। 899/5205

दोहा॰ शंख बजाया भीष्म ने, करने रण शुरूआत ।
सजग हुए कौरव सभी, आतुर करके गात ।। 641/7068

देने अनुमति, भीष्म ने, उच्च बजाया शंख ।
सब को देने हौसला, और चढ़ाने रंग ।। 642/7068

◎ **Bhīṣhma :** *In order to give signal to the Kauravas, Bhīṣhma blew his conch shell. Bhīṣhma was the oldest man on the battlefield.* **852/4839**

(ततः)

कृष्णेन ध्मापितः शङ्खः कम्बुस्ततोऽर्जुनेन च ।
पाण्डवास्ते ध्वनी शृत्वा मुदिता मङ्गले शुभे ।। 475/2422

(फिर)

शंख बजाया फिर श्रीधर ने, कृष्ण बाद अर्जुन धनुधर ने ।
नाद शंख के सुनकर दोनों, पांडव पाए प्रसाद जानो ।। 900/5205

दोहा॰ शंख बजाया कृष्ण ने, अर्जुन उनके बाद ।
मुदित हुए पांडव सभी, सुन कर मंगल नाद ।। 643/7068

◎ **Then :** *From Pāṇḍavas' side, Krishṇa blew his conch shell and then Arjun blew his conch shell. Hearing those two divine sounds, the joyful Pāṇḍavas became ready to march.* **853/4839**

समये शस्त्रपाते च पार्थो धृत्वा धनुः करे ।
अपश्यत्सुहृदः सर्वान्-योद्धुं तत्र समागतान् ।। 476/2422

शस्त्रपात जब होने आया, धनुष पार्थ ने हाथ उठाया ।
प्रिय जन देखे जब सब आगे, होश ठिकाने उसके भागे ।। 901/5205

दोहा॰ आज्ञा पाकर कृष्ण से, होता शस्त्राघात ।
मगर बंधु सब देख कर, अर्जुन के मन भ्रांत ।। 644/7068

◎ **Arjun :** *Now, as the clash of weapons was about to happen, Arjun picked up his bow and looked at the people standing in front of him to shoot his first arrow;* **854/4839**

दृष्ट्वा तु बान्धवान्सर्वान्-पार्थः प्रियजनान्खलु ।
कृष्णं ब्रूते "न योत्स्येऽहं मां हनिष्यन्ति यद्यपि" ।। 477/2422

घबड़ाया वो, चकराया वो, बोला हरि से, भरमाया वो ।
"प्रिय जन से नहिं लड़ पाऊँगा, रण पर चाहे मर जाऊँगा" ।। 902/5205

दोहा॰ बंधु जनों को देख कर, अर्जुन खोया ध्यान ।
बोला, "इनसे ना लड़ूँ, चाहे दे दूँ जान" ।। 645/7068

अर्जुन बोला, "श्री हरे! नहीं लड़ूँगा आज ।
मारा भी जाऊँ यहाँ, और मिले ना राज" ।। 646/7068

◎ **At that moment :** *At that moment, looking at the loved ones in front of him, he said, "I shall not fight with them, even if they will kill me on the battlefield."* **855/4839**

निर्बलो धैर्यहीनः स पार्थो विमूढमानसः ।
धनुर्विसृज्य निःशस्त्रः रथमध्य उपाविशत् ।। 478/2422

धीरज खोया रण में रोया, हाथ में नहीं शर धर पाया ।
हुआ निहत्था गुमसुम ऐंठा, रथ के मध्ये चुप जा बैठा ।। 903/5205

दोहा॰ निर्बल होकर पार्थ वो, अपनी आँखें मीच ।
तज कर धनु को हाथ से, बैठा रथ के बीच ।। 647/7068

◎ **And :** *Arjun, being confused, deluded and power shattered, he put his bow down and sat down in the middle part of the chariot.* **856/4839**

खिन्नो विषादयुक्तः स हतबुद्धिः कपिध्वजः ।
व्याकुलो मोहितः पार्थो धर्मकर्म च व्यस्मरत् ।। 479/2422

डूबे दिल से विषाद पाया, ज्ञान मान साहस को खोया ।
धर्म-कर्म को अधर्म जाना, खोकर उसने अपना ध्याना ।। 904/5205

दोहा॰ डूबा पार्थ विषाद में, खिन्न हुआ हतभाग ।
धर्म-कर्म का, भूल में, ज्ञान गया सब भाग ।। 648/7068

◎ **Delusion:** *The nervous and dejected, Arjun forgot his duty as a warrior standing on the battlefield.* **857/4839**

अधर्मं धर्मवन्मत्वा ज्ञात्वा स्वं पण्डितं तथा ।

60. Story of the Sacred Battlefield (Background of the Gītā)

दत्तवानुपदेशान्स केशवाय निरर्थकान् ।। 480/2422

अधर्म को फिर धर्म जान कर, अपने भ्रम को सत्य मान कर ।
मन ही मन उसने की हड़हड़, पंडित जैसी कीन्ही बड़बड़ ।। 905/5205

✍दोहा॰ दुखिया होकर पार्थ ने, खोया अपना ध्यान ।
पंडित जैसा कृष्ण को, लगा बताने ज्ञान ।। 649/7068

◎ **Thus :** *Thus, in delusion, getting mixed up in Dharma (righteousness) and adharma (unrighteousness), he thought himself to be a puṇḍit and began giving meaningless advice to Shrī Krishṇa.* **858/4839**

(ततः)

ॐ दृष्ट्वा तु कातरं पार्थम्–अश्रुपूर्णाकुलेक्षणम् ।
प्रेम्णा च शान्तचित्तेन श्रीभगवानुवाच तम् ।। 481/2422

(फिर)

शाँत चित्त से, प्रेम खास से, हसमुख माधव उस उदास से ।
अचरज पा कर निहार दुख से, फिर भी बोले हँसते मुख से ।। 906/5205

✍दोहा॰ समझा धर्म अधर्म को, खुद को पंडित मान ।
बताने लगा कृष्ण को, पार्थ निरर्थक ज्ञान ।। 650/7068

निहार कातर पार्थ को, रोता हुआ उदास ।
बड़े प्रेम से कृष्ण ने, उसे दिया विश्वास; ।। 651/7068

◎ **Therefore :** *Hearing Arjun's surprising words, Shrī Krishṇa said lovingly with a smiling face to that deluded Arjun;* **859/4839**

(अपि च)

ॐ क्षात्रधर्मस्य बीजञ्च कर्मयोगनिरूपणम् ।
भक्तियोगं च संन्यासं विश्वरूपस्य दर्शनम् ।। 482/2422

(और)

मर्म सिखाया क्षात्र–धर्म का, उसे दिखाया योग कर्म का ।
मार्ग भक्ति का उसे बताया, विश्वरूप का दरस कराया ।। 907/5205

✍दोहा॰ और सिखाया कृष्ण ने, कर्मयोग का ज्ञान ।
भक्तियोग भी पार्थ को, बुद्धियोग विज्ञान ।। 652/7068

◎ **Shrī Krishṇa :** *Shrī Krishṇa said, O Arjun! please remember your duty as a warrior on the battlefield. He explained him the Karma-yoga (action without the desire for its fruit), Jñāna-yoga (knowledge that you are not the doer) and the Buddhi-yoga (yoga of equanimity).* **860/4839**

(तस्मात्)

ॐ श्रुत्वा हि कृष्णवाक्यानि मनसो मूढतागतः ।
धर्मस्य ज्ञानज्योतिश्च तस्य प्रज्वलिता हृदि ।। 483/2422

(फिर)

बात कृष्ण की उसको भाई, शाँति उसके मन में छायी ।
कातरता भी तन से भागी, ज्योति ज्ञान की दिल में जागी ।। 908/5205

✍दोहा॰ सुन कर बचनन कृष्ण के, गयी मूढ़ता भाग ।
ज्ञान ज्योति तब धर्म की, पड़ी हृदय में जाग ।। 653/7068

◎ **Arjun :** *Having heard those words of wisdom, Arjun remembered his duty as a warrior on the battlefield. His delusion disappeared and light of enlightenment lit in his mind.* **861/4839**

ॐ रणयागत्य किं कार्यं ज्ञातं पार्थेन तद्यदा ।
युद्धं स स्व्यकरोत्पार्थः कृत्वा जयाजयौ समौ ।। 484/2422

इस पल रण में स्वधर्म क्या है, अर्जुन जाना अधर्म क्या है ।
जीत–हार को किये समाना, युद्ध के लिये फिर वो माना ।। 909/5205

✍दोहा॰ कब किसको क्या योग्य है, धर्म उसीका नाम ।
वर्ण गुणों से जो मिला, स्वधर्म का वह काम ।। 654/7068

रण में क्या कर्तव्य है, जीत मिले या हार ।
समबुद्धि के भाव से, हुआ पार्थ तैयार ।। 655/7068

◎ **And :** *When he realized what is his duty as a warrior on the battlefield, he became ready to fight a righteous war with equanimity of mind.* **862/4839**

संगीतश्रीकृष्णरामायण गीतमाला, पुष्प 246 of 763

(धर्मक्षेत्र की कथा)

स्थायी

स्वरदा ने सुंदर गाया है, नारद ने साज बजाया है ।
रतनाकर गीत रचाया है ।।

♪ सानि़सा- गरे सा-नि़नि़ सा-रेम ग-, गममग पम ग-रे सासा-रेम ग- ।
गगरेसासासा रे-ग मगरेसानि़ सा- ।।

अंतरा-1

सींचा सरऽस्वतीऽ के जल से, स्थल युग-युग निर्मल मंगल से ।
महा यज्ञों का जग जाना है, धर्मक्षेत्र इति जो माना है ।
श्रीकृष्ण आज उत आया है ।।

♪ प-मरे मम-मपम पनि धप प-, पप मग गसा सागमप गरेसानि़ सा- ।
सानि़ सा-गरे सा- नि़नि़ सा-रेम ग-, सा-नि़सा-ग रेसा सानि़ सा-रेम ग- ।
गरेसा-सा रे-रे गम गरेसानि़ सा- ।।

अंतरा-2

जब अर्जुन का मन चकराया, क्या सत् है समझ नहीं पाया ।
जब धर्म क्षात्र का वह खोया, कातरता से रण में रोया ।
उसे कर्म योग बतलाया है ।।

अंतरा-3

हो कर व्याकुल मन में ऐंठा, रथ के मध्ये जाकर बैठा ।
वह पंडित जैसा बड़बड़ता, निष्फल बातों में गड़बड़ता ।
उसे ज्ञान योग सिखलाया है ।।

◎ **Dharma-kṣhetra : *Sthāyī* :** *Ratnākar composed the melody, Sarasvatī sang it beautifully, while Shrī Nārad muni played the Vīṇā.* **Antarā : 1.** *The land that was sanctified with the amrit (divine nectar) of the Sarasvatī river, the land that was known as Dharma-kshetra (domain of righteousness), today Shrī Krishṇa has come there.* **2.** *When Arjun was confused, he forgot what is right and what is wrong at that time and at that place, he lost courage and cried on the battlefield. Shrī Krishṇa reminded him Karma-yoga (action without the desire of its fruit).* **3.** *Arjun was nervous and he had put his bow down. He sat in the chariot and gave a meaningless talk. To that deluded Arjun, Shrī Krishṇa told the Jñāna-yoga.* **863/4839**

गीतोपनिषद् : छठा तरंग

Gitopanishad : Fascicule 6

61. महायुद्ध की कथा :

61. Story of the Great War of Mahābhārat *(Background of the Gītā)*

(महायुद्धकथा)

♫ संगीतश्रीकृष्णरामायण छन्दमाला, मोती 127 of 501

फटका छन्द

8 + 8 + 8 + 6/5

(महायुद्ध)

महायुद्ध के, दसवे दिन पर, भीष्म पतन की, सुन वार्ता ।
अंधा राजा, बूझ न पाया, हुआ ये कैसे, संभव था ।। 1
संशय पाकर, भरमाया वह, अविश्वास में, घबराया ।
संजय को फिर, पास बुला कर, बोला मुझको, सब बतला ।। 2

61. Story of the Great War of Mahābhārat (Background of the Gītā)

◎ **On the tenth day :** *On the tenth day of the great war, when Dhritarāṣhṭra heard the stunning news of Bhīṣhma's downfall, the surprised blind king could not believe how was it possible. He summoned his personal secretary Sañjay and asked him to give him the detailed account of what took place in the war.* **864/4839**

(महायुद्धस्य प्रथमे दिने)

दृष्ट्वा सैन्यं बृहत्तेषां भीताः किञ्चिन्नु पाण्डवाः ।
कौरवाश्च जयं प्राप्ता युद्धस्य प्रथमे दिने ।। 485/2422

(महायुद्ध का पहला दिन)

महायुद्ध के पहले दिन पर, कौरव सेना जीती इन पर ।
कौरव दल के दुगुने बल से, पांडव दल को डर था कल से ।। 910/5205

दोहा॰ **पहले दिन पर युद्ध के, पांडव पाए हार ।**
निहार सेना कौरवी, जिस पर भूत सवार ।। 656/7068

◎ **On the first day :** *On the first day of the war, the Kauravas won. Pāṇḍava army was awed with the army of the Kauravas that was two times bigger than theirs.* **865/4839**

पाण्डवानां दृढा नीतिः–धर्मराजे तथापि हि ।
गोप्तारौ कृष्णपार्थौ यान्–तेषां हि विजयो ध्रुवः ।। 486/2422

फिर भी दृढ़ थी पांडव नीति, धर्मराज पर दृढ़ थी प्रीति ।
पार्थ कृष्ण जब रक्षक रण में, नैतिक विजय अटल थी मन में ।। 911/5205

दोहा॰ **पहले दिन पर युद्ध के, पाण्डव भये उदास ।**
अर्जुन का श्रीकृष्ण पर, अटल रहा विश्वास ।। 657/7068

◎ **But :** *But, the Pāṇḍava army had unshaken faith on the ethical power of their leader Yudhiṣhṭhir. And, as Shrī Kriṣhṇa and Arjun were on their side, they were sure of their moral victory in the righteous war.* **866/4839**

(द्वितीये दिने)

द्वितीये दिवसे भीष्मो द्रौपदेयं पराजयत् ।
द्रोणस्तु धृष्टद्युम्नेन रुद्धो भीष्मोऽर्जुनेन च ।। 487/2422

(महायुद्ध के दूसरा दिन)

दिवस दूसरे अभिमन्यु से, लड़े भीष्म थे अति मन्यु से ।
अर्जुन ने तब भीष्म को रोका, धृष्टद्युम्न ने द्रोण को टोका ।। 912/5205

दोहा॰ **दिवस दूसरे भीष्म से, अभिमन्यु टकराय ।**
युद्ध भया घनघोर था, अर्जुन उसे बचाय ।। 658/7068

◎ **On the second day :** *On the second day, Abhimanyu fought with Bhīṣhma. Arjun stopped advance of Bhīṣhma. Dhriṣhṭadyumna obstructed Droṇāchārya.* **867/4839**

(तृतीये दिने)

तृतीये दिवसे कृष्णः पाण्डवानादिशत्पुनः ।
यथा चाज्ञापितः पार्थो धार्तराष्ट्रानताडयत् ।। 488/2422

(महायुद्ध के तीसरे दिन)

दिवस तीसरे पांडव दल की, करी कृष्ण ने चिंता हलकी ।
लड़े पार्थ अभिमन्यु नीके, उनके आगे कौरव फीके ।। 913/5205

दोहा॰ **दिवस तीसरे कृष्ण ने, उत्तम कहा उपाय ।**
गुडाकेश के सामने, शत्रु नहीं लड़ पाय ।। 659/7068

◎ **On the third day :** *On the third day, Shrī Kriṣhṇa encouraged Pāṇḍavas. Arjun and Abhimanyu fought fiercely. Kauravas were pale in front of them.* **868/4839**

(चतुर्थे दिने)

चतुर्थे दिवसे भीमो दुर्योधनमताडयत् ।
भूरि कौरवसैन्यं च व्यनशच्च पराजयत् ।। 489/2422

(महायुद्ध का चौथा दिन)

चौथे दिन पर भीम वृकोदर, टूट पड़ा था दुर्योधन पर ।
खूब हरायी कौरव सेना, विनाश उसका भारी कीना ।। 914/5205

दोहा॰ **चौथे दिन पर भीम ने, दुर्योधन को ताड़ ।**
कौरव दल को पीट कर, दीन्ही भारी मार ।। 660/7068

◎ **On the fourth day :** *On the fourth day, Bhīma attacked Droṇa. He destroyed a large part of the Kaurava army.* **869/4839**

दृष्ट्वा कौरवहानिं तां भीष्म उवाच कौरवम् ।
शान्तिरेव पथस्तुभ्यं धर्मराजोऽपराजितः ।। 490/2422

हाल बुरा वो देख कर वहाँ, दुर्योधन से भीष्म ने कहा ।
करलो तुम समझौता उनसे, धर्म पर विजय अशक्य तुमसे ।। 915/5205

✍दोहा॰ दुर्योधन को भीष्म जी, बोले करो विराम ।
उसने उनको डाँट कर, कहा, "करो निज काम" ।। 661/7068

◎ **And :** *Seeing the loss to his army on that day, Bhīṣhma suggested Duryodhan to make peace with Pāṇḍavas. He said, O Kaurava! your victory is not possible. Hearing it, Duryodhan scolded Bhīṣhma in bitter words. He said, "mind your own job."* **870/4839**

अमनुत न भीष्मं स न सोऽजानाद्धितं च स्वम् ।
ब्रूते दुर्योधनो भीष्मं हनिष्यामि हि पाण्डवान् ।। 491/2422

बात गुरु की वो नहीं माना, बातें हित की वो नहीं जाना ।
कहा, "कभी मैं नहिँ हारूँगा, उन सबको अब मैं मारूँगा" ।। 916/5205

✍दोहा॰ भले बुरे का मूढ़ वो, दुर्योधन अविचार ।
बोला, "पांडव दल सभी, डालूँगा मैं मार" ।। 662/7068

◎ **And :** *Not obeying Bhīṣhma and not knowing his own good, he said, I will kill all Pāṇḍavas. My victory is sure.* **871/4839**

(पञ्चमे दिने)

अर्जुनमाक्रमद्-द्रोणो, युद्धस्य पञ्चमे दिने ।
पराजितः स पार्थेन रणादुपरतस्ततः ।। 492/2422

(महायुद्ध का पाँचवाँ दिन)

पंचम दिन पर आक्रमण नया, अर्जुन दल पर द्रोण ने किया ।
मगर पार्थ ने उन्हें हराया, रण से बाहर उन्हें भगाया ।। 917/5205

✍दोहा॰ दिवस पाँचवे पार्थ ने, करी द्रोण की हार ।
फौरन द्रोणाचार्य जी, भागे रण से पार ।। 663/7068

◎ **On the fifth day :** *On the fifth day, Droṇa attacked Arjun, but Arjun defeated Droṇa and drove him out of the battlefield.* **872/4839**

(षष्ठमे दिने)

पार्थः कौरवमक्षेणोद्-युद्धस्य षष्ठमे दिने ।
दुर्योधनेन रुष्टा तु भीष्मोऽवमानितः पुनः ।। 493/2422

(महायुद्ध का छठा दिन)

किया छठे दिन पर अर्जुन ने, घायल दुर्योधन को रण में ।
चिढ़ कर मूरख दुर्योधन ने, डाँटा गुरु को अपशब्दन में ।। 918/5205

✍दोहा॰ दुर्योधन के, पार्थ ने, कीन्हे घायल गात ।
छठे दिवस वह भीष्म को, बोला कड़वी बात ।। 664/7068

◎ **On the sixth day :** *On the sixth day, Arjun beat Duryodhan and wounded him severely. Irritated thus, Duryodhan again scolded Bhīṣhma.* **873/4839**

(सप्तमे दिने)

अभर्त्सयत भीष्मं स युद्धस्य सप्तमे दिने ।
द्रोणश्च कुत्सितस्तेन कृष्णपार्थौ च निन्दितौ ।। 494/2422

(महायुद्ध का सातवाँ दिन)

दिवस सातवे दुर्योधन ने, गुरु अपमानित फिर से कीन्हे ।
कृष्ण पार्थ को उसने दोसा, गाली गलौज दे कर कोसा ।। 919/5205

✍दोहा॰ कौरव दल को पार्थ ने, पीटा बिन अंदाज ।
दुर्योधन फिर क्रुद्ध था, गुरुजन पर नाराज ।। 665/7068

बोला फिर श्रीकृष्ण को, दुर्योधन अपशब्द ।
और दुर्वचन पार्थ को, होकर उसने क्षुब्ध ।। 666/7068

◎ **On the seventh day :** *On the seventh day also Duryodhan rebuked Bhīṣhma and Droṇa in harsh words. He also called bad names to Shrī Kriṣhṇa and Arjun.* **874/4839**

आहतास्ताडिता भूरि पार्थेन कौरवाः पुनः ।
क्रुद्धो दुर्योधनस्तस्माद्-अगर्हत गुरून्पुनः ।। 495/2422

फिर अर्जुन ने कौरव दल को, काटा-पीटा बहुत सकल को ।
दुर्योधन ने खा कर चाँटा, भीष्म द्रोण को फिर से डाँटा ।। 920/5205

✍दोहा॰ सप्तम दिन दी पार्थ ने, दुर्योधन को मार ।
कौरव ने फिर भीष्म को, कोसा बारंबार ।। 667/7068

◎ **And :** *On the seventh day also Arjun beat the Kaurava army and wounded Duryodhan. Duryodhan again scolded the gurus.* **875/4839**

(अष्टमे दिने)

61. Story of the Great War of Mahābhārat (Background of the Gītā)

कौरवास्ताडिता भूयः पार्थेन चाष्टमे दिने ।
दुर्योधनेन दुष्टेन भूरि भीष्मोऽपमानितः ।। 496/2422

(महायुद्ध के आठवे दिन, भीष्म प्रतिज्ञा)

अष्टम दिन था अन्धड़ छूटा, कौरव दल अर्जुन ने कूटा ।
दुखी दुर्बुद्धि हतबल झूठा, दुर्योधन फिर गुरु से रूठा ।। 921/5205

दोहा॰ **अष्टम दिन भी पार्थ ने, किया शत्रु नुकसान ।**
कौरव ने फिर भीष्म का, किया बहुत अपमान ।। 668/7068

◎ **On the eighth day :** *On the eighth day also Arjun hurt Kaurava army badly. Disappointed Duryodhan thus, scolded the Gurus again.* **876/4839**

यथा यस्य भवेत्सङ्गो भाग्यं तस्य तथा हि वै ।
दुर्योधनस्य सङ्गो यं दुर्दैवं तस्य निश्चितम् ।। 497/2422

जैसी जिसकी संगत होवे, वैसी उसकी रंगत होवे ।
साथ जिसे हो दुर्योधन का, होत कचूमर उसके मन का ।। 922/5205

दोहा॰ **जैसा जिस का साथ हो, वैसा उसका भाग ।**
दुर्योधन जिसका सखा, उसके घर में आग ।। 669/7068

स्वामी जिसका दुष्ट हो, उसको मिलते कष्ट ।
संगी जिसका भ्रष्ट हो, नाम उसी का नष्ट" ।। 670/7068

◎ **Bhīṣhma :** *Hearing the constant harsh insults from Duryodhan, Bhīṣhma vowed that tomorrow he will crush Pāṇḍavas.* **877/4839**

श्रुत्वा कटु वचस्तस्य भीष्म उवाच तं शठम् ।
शृणु नृप प्रतिज्ञां मे श्वो हनिष्यामि पाण्डवान् ।। 498/2422

सुन कर उसकी कटु वाणी वो, भीष्म कहे उस अज्ञानी को ।
सुनो प्रतिज्ञा मेरी, "कल मैं, ध्वस्त करूँगा पाँडव दल मैं" ।। 923/5205

दोहा॰ **अष्टम दिन भी पार्थ ने, पीटा कौरव सैन्य ।**
कौरव रूठा भीष्म से, भयी अवस्था दैन्य ।। 671/7068

अष्टम दिन पर भीष्म ने, करी प्रतिज्ञा घोर ।
"कल मैं पांडव पक्ष का, डालूँगा बल तोड़" ।। 672/7068

◎ ***And :*** *As you keep the company so you get the treatment. For keeping the bad company of Duryodhan, Bhīṣhma received humiliating treatment. Bhīṣhma vowed, he will destroy Pāṇḍavas tomorrow.* **878/4839**

(नवमे दिने)

अनशत्पाण्डवान्भीष्मो युद्धस्य नवमे दिने ।
ताडिताः पाण्डवाः सर्वे दूरे तस्मात्पलायिताः ।। 499/2422

(महायुद्ध का नौवाँ दिन)

नौवे दिन फिर भीष्म की सेना, पांडव दल सब हतबल कीना ।
पांडव सारे उनके आगे, हार मान कर पीछे भागे ।। 924/5205

दोहा॰ **नौवें दिन पर भीष्म ने, कीन्हे पांडव नष्ट ।**
रण से भागे हार कर, पांडव पाए कष्ट ।। 673/7068

◎ **On the ninth day :** *On the ninth day, Bhīṣhma beat Pāṇḍava army severely. The Pāṇḍavas got scared and retreated back.* **879/4839**

(तदा)

कृष्ण उवाच स्नेहेन मा बिभिहि युधिष्ठिर ।
शिखण्डी योत्स्यते भीष्मं, भीष्मं स एव जेष्यति ।। 500/2422

(तब)

कृष्ण कहे अब करने का है, काम नहीं कछु डरने का है ।
शिखंडी भीषण लड़ सकता है, भीष्म को घायल कर सकता है ।। 925/5205

दोहा॰ **करी प्रतिज्ञा भीष्म ने, दुर्योधन के पास ।**
"अब मैं पांडव पक्ष का, बहुत करूँगा नास" ।। 674/7068

नौवें दिन फिर भीष्म ने, पीटे पांडव वीर ।
आहत पांडव थे हुए, सबके मन को पीड़ ।। 675/7068

कहा कृष्ण ने मत डरो, होगी हमरी जीत ।
लड़े शिखंडी भीष्म से, संकट जावे बीत ।। 676/7068

◎ **Shrī Kriṣhṇa :** *Shrī Kriṣhṇa then told the Pāṇḍavas not to worry. Shikhaṇḍī will fight with Bhīṣhma tomorrow and win.* **880/4839**

(दशमे दिने)

अयुध्यत शिखण्डी स कृष्णेन ज्ञापितो यथा ।
तं न प्रत्यकरोद्भीष्मो भूत्वाऽपीषुभिराहतः ।। 501/2422

(महायुद्ध का दसवाँ दिन)

आज्ञा पाकर वीर शिखंडी, तीर चलायो ज्यों रण चंडी ।
बिन प्रतिकारा धीर भीष्म ने, झेले सरबस तीर जिस्म पे ।। 926/5205

दोहा॰ वीर शिखंडी आगया, लड़ने लेकर तीर ।
झेल रहे शर भीष्म थे, खड़े समर में धीर ।। 677/7068

◎ **On the tenth day :** *On the tenth day, Shikhaṇḍī showered arrows on Bhīṣhma. Bhīṣhma did not defend himself.* **881/4839**

अपतच्छरशय्यायां श्रीभीष्मो दशमे दिने ।
वीरा विरमिताः सर्वे सेनयोरुभयोरपि ।। 502/2422

शर शैया पर दसवे दिन में, भीष्म गिर पड़े थे उस रण में ।
दोनों दल के योद्धा सारे, खड़े हुए अवकाश पुकारे ।। 927/5205

दोहा॰ दसवे दिन पर भीष्म जी, बिना किये प्रतिकार ।
शर–शैया पर गिर पड़े, निज प्रण के अनुसार ।। 678/7068

◎ **At the end :** *At the end Bhīṣhma fell on the bed of arrows, but he did not break his promise.* **882/4839**

(इदानीम्)

भीष्मपतनवार्तां तां श्रुत्वाऽऽह धृतराष्ट्र उ ।
मन्ये दुर्योधनस्यापि समीपे मरणं खलु ।। 503/2422

(अब)

भीष्म पतन की खबर सनसनी, अंधे नृप ने स्वयं जब सुनी ।
बोला, अब तो दुर्योधन का, आया लगता समय मरण का ।। 928/5205

दोहा॰ सुन कर गिरना भीष्म का, अंधा भया उदास ।
बोला, "लगता पुत्र का, विनाश आया पास" ।। 679/7068

अंधे ने जब सामने, देखी निश्चित हार ।
'हुआ ये कैसे,' क्रोध में, बोला बारंबार ।। 680/7068

◎ **Now :** *Now, hearing the sensational news of Bhīṣhma's fall, Dhritarāṣhṭra got scared. He thought, now Duryodhan's end also looks near.* **883/4839**

आश्चर्यचकितो भूत्वा नृप उवाच सञ्जयम् ।
दशदिनेषु किं वृत्तं ब्रूहि तन्मे सुनिश्चितम् ।। 504/2422

समझ न पाया हुआ ये कैसे, हाल हमारा हुआ ये ऐसे ।
फिर घबड़ा कर शीश हिलाया, संजय को झट पास बुलाया ।। 929/5205

दोहा॰ बोला, संजय से कहो, आए मेरे पास ।
हमको प्रस्तुत युद्ध का, देने वर्णन खास ।। 681/7068

◎ **And :** *Shocked thus, Dhritarāṣhṭra called Sañjay and asked him to tell the complete account of what took place so far, in the last ten days.* **884/4839**

ततः फलतो महायुद्धस्य दशमे दिने यो धृतराष्ट्रसञ्जययोः संवादो जातः स
व्यासशब्दैः श्रीमद्भगवद्गीता नाम्ना प्रसिद्धः ।

फिर फलतः महायुद्ध के दसवे दिन,
जो धृतराष्ट्र का संजय से संवाद हुआ वह व्यासवाणी में
श्रीमद् भगवद् गीता नाम से जाना जाता है ।

दोहा॰ दसवे दिन पर जो हुआ, धृत–संजय संवाद ।
वही व्यास की वाणी में, "गीता" जग में याद ।। 682/7068

61. Story of the Great War of Mahābhārat (Background of the Gītā)

◎ **And :** *The dialogue that took place on the tenth day of the war, between Dhritarāṣhṭra and Sañjay, about the divine dialogue between Shrī Krishṇa and Arjun, written in the poetic words of Vyāsa, is known as Shrīmad-Bhagavad-Gītā.* **885/4839**

संगीतश्रीकृष्णरामायण गीतमाला, पुष्प 247 of 763

(महायुद्ध की कथा)

स्थायी

स्वरदा ने सुंदर गाया है, नारद ने साज बजाया है ।
रतनाकर गीत रचाया है ।।

♫ सानि़सा– गरे सा–नि़नि़ सा–रेम ग–, गममग पम ग–रे सासा–रेम ग– ।
गगरेसासासा रे–ग मगरेसानि़ सा– ।।

अंतरा–1

रण में आई दो सेनाएँ, पांडव दाएँ कौरव बाएँ ।
जब अर्जुन क्षात्र के करतब को, बूझा निष्काम के मतलब को ।
वह धर्म युद्ध कहलाया है ।।

♫ पप मरे म–प– पम पनिधपप–, प–मग गसासाग मपगरे सानि़सा– ।
सानि़ सा–गरे सा–नि़ नि़ सासारेम ग–, सानि़सा– गरेसा–नि़ नि़ सासारेम ग– ।
गग रेसासा रे–रे गमगरेसानि़ सा– ।।

अंतरा–2

जब दसवे दिन गुरु भीष्म गिरे, जब शर शैया पर मरण धिरे ।
जब कौरव दल का नास हुआ, जब अपयश का क्षण पास हुआ ।
तब अंधा नृप घबड़ाया है ।।

अंतरा–3

दुगुनी सेना होकर भारी, कैसे हार की आई बारी ।
कछु समझ न पाया नृप अंधा, कैसे बिगड़ा मेरा फंदा ।
संजय को तुरत बुलाया है ।।

◎ **The Great War : *Sthāyī* :** *Ratnākar composed the melody, Sarasvatī sang it beautifully, while Shrī Nārad muni played the Vīṇā.* ***Antarā* : 1.** *The two armies came on the battlefield. Kauravas stood left and the Pāṇḍavas on the right side.* **2.** *On the tenth day of the war, when Bhīṣhma fell and Kauravas suffered defeat, the blind king knew that the end of his rule and the end of his dear son Duryodhan are near.* **3.** *He could not understand how did it become possible that the army twice as big as Pāṇḍavas got defeated so easily. He called his personal secretary Sañjay immediately to give him the full account.* **886/4839**

गीतोपनिषद् : सातवाँ तरंग

Gitopaniṣhad : Fascicule 7

एषा–अनुष्टुप्–श्लोक–छन्दसि गीतोपनिषद् ।

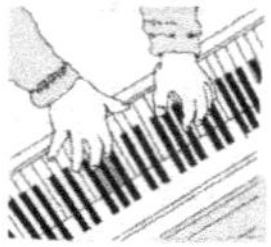

संगीतश्रीकृष्णरामायण गीतमाला, पुष्प 248 of 763

भजन : राग तिलंग,[174] कहरवा ताल 8 मात्रा

(शंभु शिवम्)

स्थायी

मन भजले शंभु शिवम् । मनवा मंगल गान तू गा रे ।
वन्दे शिवं सुंदरम्, सत्यं शिवम् ।।

♫ गम पनिसां–निप निपग मग – – – । गमपनि सांसांसांसां निसांगं सां निसां निप ।
सां–निप निपम मग – – सागमप– ।।

अंतरा–1

गा कर प्यारा नाम शिवा का, करले तरास तू कम ।

---

[174] 𝄞 **राग तिलंग** : यह खमाज ठाठ का एक राग है । इसका आरोह है : सा ग म प नि सां । अवरोह है : सां नि प म ग सा ।

▶ लक्षण गीत : ✍ **दोहा॰ आरोही कोमल नि हो, रे ध स्वरों का त्याग ।**
ग नि वादी संवाद से, "तिलंग" बनता राग ।। 683/7068

साँस-साँस में गौरी-नाथ को, भज ले तू हर दम ।।

♬ म- गम प-नि- सां-सां सांसां-सां-, निनिनि- सांसां-सां नि निप-म-ग- ।

गमप निसांसां सां- निसांगं सांनिसां निप, निनि प- निप गम गग-ग-मपनिमप ।।

अंतरा-2

पा कर न्यारा प्यार शिवा का, हरले दरद सितम ।

बार-बार नित वन्दना करो, भोले नाथ शुभम् ।।

◎ **Shambhu-Shiva : *Sthāyī* :** *O My mind! please worship Shambhu Shiva. O My mind! please sing the auspicious song. Salute the beautiful Shiva.* ***Antarā* : 1.** *Singing of the lovely name of Shiva, removes your pains. In every breath we worship Gaurī-nātha (Shiva, the husband of Gaurī) day and night.* **2.** *Having received the unique love from Shiva, we forget our sorrow and difficulties. Again and again ever and ever we pray Bhole Nāth Shiva.* **887/4839**

श्रीमद्-भगवद्-गीता अध्याय पहला ।

विषाद योग ।

पद ।

सुनना चाहे गौरी रानी, कृष्ण रूप में राम-कहानी ।

रत्नाकर लिखे सहसंगीत, श्रीकृष्णायन का अब यह गीत ।।

◎ **Gaurī :** *Pārvatī wants to hear the story of Shrī Krishṇa, the next avatār after Shrī Rāma. Ratnākar writes the poem of Shrī-Krishṇa-Rāmāyaṇ with music.* **888/4839**

संगीतश्रीकृष्णरामायण गीतमाला, पुष्प 249 of 763

(गिरिधारी)

स्थायी

तुम संकट मोचक गिरिधारी ।

♬ सारे ग-गग म-मम पमरे-ग- ।

अंतरा-1

मन चंचल पर तुम निगरानी, जग सागर तुम पानी ।

घट-घट वासी विश्व विहारी, सुख कारी दुख हारी ।।

♬ सासा रे-गग मम पम गरेग-म-, पप म-गग रेग म-म- ।

निनि धध प-म- रे-ग मप-प-, सासा रे-ग- पम रे-ग- ।।

अंतरा-2

दीनन के रक्षक प्रतिहारी, राधा रमण बनवारी ।

मुरलीधर हरि कुंज बिहारी, लीला गजब तिहारी ।।

अंतरा-3

तुम ही नैया खेवन हारे, तुम हमरे रखवारे ।

गोवर्धन प्रभु कृष्ण मुरारे, हम तुमरे बलिहारी ।।

◎ **Giridhārī : *Sthāyī* :** *O Giridhārī (Bearer of the mountain) Shrī Krishṇa! you are the remover of difficulties.* ***Antarā* : 1.** *O Protector of the distressed people! O Rādhā-Rāman-Banvārī (Rādhā's beloved who roams in the forest)! O Murlīdhar (Bearer of the flute)! O Hari! O Kuñj-Bihārī (who roams in the village)! your magical deeds are wonderful.* **2.** *O Lord! you are the controller of the restless mind. The world is an ocean, you are the water. You dwell in our hearts and watch over us. You are the Giver of happiness and Remover of sorrow.* **3.** *You are our boat and our boatman. You are the savior. O Govardhan (who picked up Govardhan mountain)! O Lord! O Shrī Krishṇa Murāri (slayer of the demon Mura)! we are devoted to you.* **889/4839**

ॐ श्लोक-अनुप्रास:[175]

(भगवद्गीता)

भणिता भगवद्गीता भद्रा भगवता भवे ।

भाविकी भास्वरा भूरि भारती भाग्यदायिनी ।। **505**/2422

भञ्जनाय भ्रमं भक्त भावेन भजनं भज ।

भेदभावो भयं भामो भ्रान्तिर्भूतेषु भिद्यते ।। **506**/2422

♬ गगग- ममम-प-म-, प-प- मगरेग- मप- ।

म-मम- प-पप- ध-प-, म-मम- प-मग-रेग- ।।

रे-रेरे-रे गम- ग-रे-, सा-सा-सा रेगम- गरे- ।

---

[175] **अनुप्रास :** वह शब्दालंकार जिसमें विशेष वर्ण की या वर्ण समूह की पुनरावृत्ति चरणों की जाती है । यह पुनरावृत्ति केवल चरण के अन्त में हो तो उसे यमक कहते हैं ।

सा–सासा–सा– रेग– रे–सा–, रे–ग–म–प–म ग–रेसा– ।।

◎ **Bhagavad-Gītā :** *The divine Bhagavad Gītā is told by Lord Shrī Krishna in this world. The Gītā is Dhārmic (righteous), radiant and the Giver of good luck. Gītā is Giver of knowledge, like Sarasvatī. O Devotee! sing the Bhajan with faith. Its glitter of knowledge removes your delusion, ignorance, fear, discrimination and wrong notions.* **890/4839**

♫ <u>संगीतश्रीकृष्णरामायण छन्दमाला, मोती 128 of 501</u>

फटका छन्द, अनुप्रास

8 + 8 + 8 + 6/5

(भगवद्गीता)

भगवद्गीता भव भूतों के, भले के लिये भेजी है ।
भगवन् ने भी भक्तियोग से, भली भाँति जो भर दी है ।।
भजलो भगतों भरलो भैया, भण्डार भूति का भगति से ।
भद्र-भाव से भरा भजन ये, भ्रम भगाए भीतर से ।।

◎ **Bhagavad-Gītā :** *The Bhagavad Gītā is sent for the benefit of the worldly beings. Lord Shrī Krishna has enriched it with Bhakti yoga (yoga of devotion). O Brothers! read this storehouse of divinity with faith. This poem, filled with righteous thoughts will remove the delusion from your mind.* **891/4839**

62. अर्जुन के विषाद की कथा :

62. Story of Arjun's Despondency *(Gītā Chapter 1)*

(अर्जुनविषादकथा)

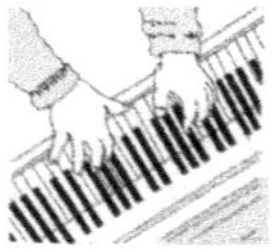

♫ <u>संगीतश्रीकृष्णरामायण छन्दमाला, मोती 129 of 501</u>

वसंततिलका छन्द

ऽ ऽ।, ऽ।।, । ऽ।, । ऽ।, ऽ ऽ

♫ सा–नि़–सा रे– रेसा रेग–, मग रे–ग रे–सा–

(अर्जुन का विषाद)

कौन्तेय ने जब लखे, प्रिय बंधु आगे ।
खोये हवास उसके, अरु होश भागे ।।

बोला, विषाद-युत वो, "शर ना धरूँगा ।
चाहे, जनार्दन! यहाँ, रण में मरूँगा" ।।

◎ **Arjun's melancholy :** *When Arjun saw all brothers and loved ones in front of him, he lost his nerve. With melancholy he said, "I shall not fight, O Janārdan (Remover of the bad people)! even if I get killed here."* **892/4839**

[1.1 = Gītā Chapter 1 : Shloka 1] [Original Shloka of the Gītā]

अथ श्रीमद्भगवद्गीता – <u>प्रथमोऽध्यायः</u> ।

धृतराष्ट्र उवाच ।

।। 1.1 ।। **धर्मक्षेत्रे कुरुक्षेत्रे समवेता युयुत्सवः ।**
मामकाः पाण्डवाश्चैव किमकुर्वत सञ्जय ।।

ॐ **श्लोकाः ।**

अनुष्टुप्-श्लोक-छन्दसि गीतोपनिषद् [Gītā Composed by Ratnākar]

(रत्नाकर उवाच) [Caption]

ॐ **अन्धश्रीर्मन्दबुद्धिश्च मलिनो मनसा तथा ।** [Ratnākar's Sanskrit Shloka]
उवाच कौरवो मूढो दुःखेन सञ्जयं नृपः ।। 507/2422 [Shloka # 501 of total 2421]

♫ ग–ग–ग–ग–गरे–म–ग–, मम–म– मपम– गरे– ।
पप–प प–पध– प–म–, ग–रे–म– प–गरे– नि़सा– ।। [Harmonium Music Notation]

(रत्नाकर)

आँखों अंधा कौरव नंदा, अंदर से जो मन का गंदा । [Hindī Chaupāī]
दिमाग मंदा मूरख बंदा, संजय से कहि, करत अचंभा ।। 930/5205

✍दोहा॰ **अंधा कुंठित बुद्धि का, मैले मन का मूढ़ ।** [Hindī Dohā]
बोला संजय से दुखी, धृत सत्ता आरूढ़ ।। 684/7068

◎ **Ratnākar :** *Ratnākar says, blind at mind and eyes, wicked at heart, the deluded king Dhritarāshtra agonizingly said to Sañjay :* **893/4839** [English Porport and suppliment]

(धृतराष्ट्र उवाच)

ॐ **धर्मभूमिः कुरुक्षेत्रं विश्वे ज्ञातं हि पावनम् ।**
सर्वे समागतास्तत्र युद्धं कर्तुं तु धार्मिकम् ।। 508/2422

(धृतराष्ट्र ने कहा)

धर्मभूमि उस कुरुक्षेत्र में, सकल जगत के अति पवित्र में ।

लेकर सेना वहाँ गए हैं, युद्ध के लिये जमा भये हैं ।। 931/5205

दोहा॰ धर्म भूमि कुरु क्षेत्र की, जो है पवित्र धाम ।
वीर गए हैं सब वहाँ, नीति-युद्ध के नाम ।। 685/7068

◎ **The Battlefield** : *The Dharma Bhūmi (land known for righteous deeds) of Kurukṣhetra, which is a well known sacred land in the world, there warriors are assembled for a righteous war.* **894/4839**

पाण्डवा: पञ्च वीरास्ते सुताश्च शत मामका: ।
तत्राकुर्वत किं किं ते ब्रूहि तन्मे सविस्तरम् ।। 509/2422

पाँच पांडु के, सौ सुत मेरे, वीर धनुर्धर शूर घनेरे ।
अब तक क्या-क्या खबर समर से, बता मुझे संजय विस्तर से ।। 932/5205

दोहा॰ पुत्र हमारे एक सौ, पाँच पांडु के वीर ।
धर्म युद्ध करने गए, लिये शस्त्र धनु तीर ।। 686/7068

किया उन्हों ने क्या वहाँ, मुझे बताओ बात ।
संजय से धृतराष्ट्र ने, कहा रंज के साथ ।। 687/7068

◎ **Dhritarāṣhtra** : *O Sañjay! five Pāṇḍavas and one hundred sons of mine, all brave warriors, what did they do there?* **895/4839**

संगीतश्रीकृष्णरामायण छन्दमाला, मोती 130 of 501

गीता छन्द

14, 9 + ऽ।

(कुरुक्षेत्र)

धर्मभूमि कुरुक्षेत्र में, गए हैं लड़ने वीर ।
सौ सुत मम, पाँच पांडु के, हाथ में लेकर तीर ।। 1
हुआ है अब तक क्या वहाँ, भेद नीर और क्षीर ।
बतला सकल संजय! मुझे, सुनने मैं हूँ अधीर ।।

◎ **Kurukṣhetra** : *O Sañjay! five sons of Pāṇḍu and one hundred sons of mine are assembled on the sacred land of Kurukṣhetra for the purpose of a righteous war. Please tell me in details as it is, what did they do so far.* **896/4839**

सञ्जय उवाच ।

।। 1.2 ।। **दृष्ट्वा तु पाण्डवानीकं व्यूढं दुर्योधनस्तदा ।**
आचार्यमुपसङ्गम्य राजा वचनमब्रवीत् ।।

(सञ्जय उवाच)

(पाण्डवसेना)

पाण्डवानां बलं दृष्ट्वा व्यूहबद्धं परन्तप[176] ।
द्रोणाचार्यमुपागत्य दुर्योधनोऽब्रवीदिति ।। 510/2422

(संजय विवरण करता है)

(पाण्डवों की सेना)

देखी जब वो पांडव सेना, क्षेत्र में खड़ी, व्यूह है बना ।
जाकर द्रोण गुरु के पासा, दुर्योधन बोला यह भासा ।। 933/5205

दोहा॰ निहार सेना पांडवी, खड़ी बना कर व्यूह ।
दुर्योधन बोला, गुरो! देखो सैन्य दुरूह ।। 688/7068

◎ **The Pāṇḍavas** : *O Parantap (Scorcher of the bad people) Dhritarāṣhtra! seeing the army arranged in phalanx, Duryodhan went to guru Droṇāchārya and said :* **897/4839**

।। 1.3 ।। **पश्यैतां पाण्डुपुत्राणामाचार्य महतीं चमूम् ।**
व्यूढां द्रुपदपुत्रेण तव शिष्येण धीमता ।।

चमूमेतां गुरो पश्य व्यूहयुक्तां महत्तमाम् ।
धृष्टद्युम्नोऽकरोद्धीमान्-शिष्यस्ते द्रुपदात्मज: ।। 511/2422

"देखो गुरुवर! पांडव सेना, ध्यान व्यूह पर इनके देना ।
शिष्य तुम्हारे धृष्टद्युम्न ने, रची हुई है बुद्धिमान ने ।। 934/5205

दोहा॰ धृष्टद्युम्न ने है रची, सेना दिव्य महान ।
शिष्य आपका, है बड़ा, द्रुपदात्मज धीमान ।। 689/7068

◎ **The army** : *O Guru! behold this great army of the Pāṇḍavas, commandeered by your intelligent disciple Dhriṣhtadyumna, the son of king Drupad.* **898/4839**

---

[176] **परन्तप** = पर √तप् + खच्, मुम् = परान् शत्रून तापयति य: स: धृतराष्ट्र: (महाभारते अर्जुन: श्रीकृष्णश्च) ।

62. Story of Arjun's Despondency (Gītā Chapter 1)

।। 1.4 ।। **अत्र शूरा महेष्वासा भीमार्जुनसमा युधि ।**
युयुधानो विराटश्च द्रुपदश्च महारथः ।।

सेनामस्यां महावीरौ भीमार्जुनौ रणाङ्गणे ।
विराटसात्यकी शूरौ द्रुपदश्च महारथः ।। 512/2422

वीर यहाँ हैं दल में इनके, भीमार्जुन सह सब चुन चुनके ।
महाधनुर्धर द्रुपद रथी हैं, विराट सात्यकी महारथी हैं ।। 935/5205

दोहा॰ **इस सेना में वीर हैं, भीमार्जुन भट शूर ।**
विराट द्रुपद व सात्यकी, जिनमें बल भरपूर ।। 690/7068

◎ **And :** *In this army there are brave men and powerful archers such as Bhīma, Arjun, king Virāṭa, brave Drupad, Sātyakī;* **899/4839**

।। 1.5 ।। **धृष्टकेतुश्चेकितानः काशिराजश्च वीर्यवान् ।**
पुरुजित्कुन्तिभोजश्च शैब्यश्च नरपुङ्गवः ।।

चेकितानः शिखण्डी च काशिराजो महाबली ।
पुरुजिद्धृष्टकेतुश्च कुन्तिभोजः शिबीनृपः ।। 513/2422

धृष्टकेतु है, चेकितान है, काशी राजा वृषभ समान है ।
रण पर पुरुजित कुन्तिभोज हैं, परम धनुधर काशीराज है ।। 936/5205

दोहा॰ **काशिराज पुरुजित् तथा, शिखंडी चेकितान ।**
शिबी नृप कुन्तिभोज भी, धृष्टकेतु सुजान ।। 691/7068

◎ **And :** *And powerful king of Kāshī, King of Shibī, Shikhaṇḍī, Purujit, Kuntibhoj, Dhriṣhṭaketu, Chekitān;* **900/4839**

।। 1.6 ।। **युधामन्युश्च विक्रान्त उत्तमौजाश्च वीर्यवान् ।**
सौभद्रो द्रौपदेयाश्च सर्व एव महारथाः ।।

युधामन्युर्महेष्वास उत्तमौजाः पराक्रमी ।
सौभद्रेयोऽभिमन्युश्च द्रौपदेयाश्च पञ्च ते ।। 514/2422

युधामन्यु है शूर विक्रमी, उत्तमौजा परम पराक्रमी ।
पुत्र सुभद्रा पाँचाली के, महारथी हैं सब ही नीके ।। 937/5205

दोहा॰ **उत्तमौजा पराक्रमी, युधामन्यु धी साँच ।**
अभिमन्यु-सौभद्र है, द्रौपदेय हैं पाँच ।। 692/7068

◎ **And :** *The great archer Yudhāmanyu, brave Uttamaujā, Subhadrā's son Abhimanyu and five great sons of Draupadī.* **901/4839**

।। 1.7 ।। **अस्माकं तु विशिष्टा ये तान्निबोध द्विजोत्तम ।**
नायका मम सैन्यस्य संज्ञार्थं तान्ब्रवीमि ते ।।

एते पाण्डवनेतारो मयोक्ता भवतः कृते ।
अस्माकमपि नेतृंश्च हे गुरुद्रोण मे शृणु ।। 515/2422

पांडव दल की रचना भारी, कही आपके लिये है सारी ।
अब कहता हूँ अपने दल की, गुरुवर! सुनिये रचना बल की ।। 938/5205

दोहा॰ **पांडव नेता ये सभी, किये आपको ज्ञात ।**
अब सुनिये अपने कहूँ, नेता जो निष्णात ।। 693/7068

◎ **And :** *O Guru Droṇa! I have mentioned the names of these Pāṇḍava leaders for your information. Now hear the names of the leaders of our army too.* **902/4839**

।। 1.8 ।। **भवान्भीष्मश्च कर्णश्च कृपश्च समितिञ्जयः ।**
अश्वत्थामा विकर्णश्च सौमदत्तिस्तथैव च ।।

(कौरवसैन्यम्)

द्रोणाचार्य भवानत्र तत्र भीष्मः कृपस्तथा ।
अश्वत्थामा च कर्णश्च विकर्णः सोमदत्तजः ।। 516/2422

(कौरवों की सेना)

यहाँ आप, वे भीष्म कर्ण हैं, कृपाचार्य विजयी विकर्ण हैं ।
अश्वत्थामा पुत्र आपका, भुरीश्रवा है सोमदत्त का ।। 939/5205

दोहा॰ **यहाँ, द्रोण जी! आप हैं, वहाँ भीष्म कृप कर्ण ।**
अश्वत्थामा और हैं, सोमदत्ती विकर्ण ।। 694/7068

◎ **The Kauravas :** *O Droṇāchārya! you are stationed here, near the Pāṇḍava-army. Bhīshma, Kripāchārya, Ashvatthāmā, Karṇa, Vikarṇa and the son of Somadatta are there, stationed in my army.* **903/4839**

62. Story of Arjun's Despondency (Gītā Chapter 1)

॥ 1.9 ॥ अन्ये च बहवः शूरा मदर्थे त्यक्तजीविताः ।
नानाशस्त्रप्रहरणाः सर्वे युद्धविशारदाः ॥

अन्ये च बहवो वीरा मह्यं प्राणार्पिताः खलु ।
युक्ता विविधशस्त्रैस्ते युद्धे च कुशला हि ये ॥ 517/2422

और कई हैं कमर कसाये, मेरे खातिर प्राण फँसाये ।
आयुध धारी बने हुए हैं, युद्ध कला से सने हुए हैं ॥ 940/5205

दोहा॰ और वीर रणधीर हैं, शस्त्र–अस्त्र से युक्त ।
मेरे कारण हैं सभी, प्राण मान धन त्यक्त ॥ 695/7068

◎ **And :** *And there are many skillful warriors who are equipped with various weapons, ready to fight and lay down their lives for my sake.* **904/4839**

॥ 1.10 ॥ अपर्याप्तं तदस्माकं बलं भीष्माभिरक्षितम् ।
पर्याप्तं त्विदमेतेषां बलं भीमाभिरक्षितम् ॥

(युद्धसज्जता)

सप्तैवाक्षौहिणं सैन्यम्–एतद्भीमेन रक्षितम् ।
एकादशौक्षिणी सेना मे तद्भीष्मेन गोपिता ॥ 518/2422

(युद्ध की तैयारी)

सप्त अक्षणी सेना इनकी, करी भीम ने रक्षा जिसकी ।
ग्यारह अक्षणी दल वो अपना, भीष्म सुरक्षित विशाल दुगुना ॥ 941/5205

दोहा॰ सात चमू हैं पांडवी, रक्षक जिसका भीम ।
हमरे ग्यारह हैं चमू, रक्षक जिसके भीष्म ॥ 696/7068

◎ **Preparation :** *These seven divisions of the army of the Pāṇḍavas are protected by Bhīma. Those eleven divisions of our army are protected by Bhīṣhma.* **905/4839**

॥ 1.11 ॥ अयनेषु च सर्वेषु यथाभागमवस्थिताः ।
भीष्ममेवाभिरक्षन्तु भवन्तः सर्व एव हि ॥

नियुक्तिर्यस्य यत्रास्ति दृढस्तिष्ठेद्धि तत्र सः ।
भीष्मत्राणाय सर्वे हि यतध्वं सर्वथा भटाः ॥ 519/2422

जहाँ मिली है जिसे नियुक्ति, उसी स्थान पर रहो सभक्ति ।
सब विध चिंता करो भिष्म की, घटे न रक्षा किसी किसम की ॥ 942/5205

दोहा॰ नियुक्ति जिसकी है जहाँ, रहो उसी तुम स्थान ।
भीष्म–सुरक्षा ना घटे, रहे हमारा ध्यान ॥ 697/7068

◎ **And :** *May everyone stand firmly where he is appointed. Let us all warriors protect Bhīṣhma.* **906/4839**

स एव रक्षकोऽस्माकम्–अस्माकं स हि तारकः ।
तस्य रक्षां हितं बुद्ध्वा लक्ष्यं तं करवामहै ॥ 520/2422

क्यों कि हमारे वे तारक हैं, वही हमारे हित कारक हैं ।
उनकी रक्षा लक्ष्य बनाओ, उसी लक्ष्य पर ध्यान जमाओ ॥ 943/5205

दोहा॰ रक्षक हमरे हैं वही, वही हमें हितकार ।
उनकी रक्षा लक्ष्य हो, यही ध्येय दरकार ॥ 698/7068

◎ **Because :** *Bhīṣhma is our protector, he is our savior. Let us make his protection our main priority.* **907/4839**

॥ 1.12 ॥ तस्य सञ्जनयन्हर्षं कुरुवृद्धः पितामहः ।
सिंहनादं विनद्योच्चैः शङ्खं दध्मौ प्रतापवान् ॥

दुर्योधं मुदितं कर्तुं भीष्मोऽगर्जच्च सिंहवत् ।
शङ्खं दध्मौ च प्रोच्चैः स जागृयुर्येन कौरवाः ॥ 521/2422

दुर्योधन का हर्ष बढ़ाने, लगे भीष्म जी शंख बजाने ।
सिंह गर्जना करी जोर से, कौरव जागे सभी ओर से ॥ 944/5205

दोहा॰ हर्षाने दुर्योध को, किया भीष्म ने घोष ।
शंख बजाया जोर से, देने सबको जोश ॥ 699/7068

◎ **And then :** *And then, in order to inspire Duryodhan, Bhīṣhma roared loudly like a lion and blew his conch shell so that all Kauravas may get prepared.* **908/4839**

ध्वनिं तां कर्कशां श्रुत्वा शङ्खस्य कर्णभेदिकाम् ।
कौरवाश्चोदिताः सर्वे बभूवुस्तत्परा द्रुतम् ॥ 522/2422

सुन कर कर्कश ध्वनि वो आगे, कौरव सैनिक सारे जागे ।
पुलकित होकर बड़े जोश में, आगे आने बढ़े होश में ॥ 945/5205

62. Story of Arjun's Despondency (Gītā Chapter 1)

दोहा॰ **सुन कर उस आवाज को, कर्कश अतिशय घोर ।**
कौरव चौकन्ने हुए, मचाने लगे शोर ।। 700/7068

◎ **And :** *Hearing those deafening sounds, the Kauravas became ready to fight.* **909/4839**

।। 1.13 ।। **ततः शङ्खाश्च भेर्यश्च पणवानकगोमुखाः ।**
सहसैवाभ्यहन्यन्त स शब्दस्तुमुलोऽभवत् ।।

ॐ **शङ्खाश्च पणवा भेर्यो डिण्डिमा गोमुखास्तथा ।**
प्रदध्मुस्तारशब्देन स रवः सङ्कुलोऽभवत् ।। 523/2422

साज लगे बजने जोरों से, डंके बाजे बड़ शोरों से ।
शंख डिंडिमा गोमुख भेरी, पणव अचानक बेरी बेरी ।। 946/5205

दोहा॰ **शंख पणव रणभेरियाँ, डंके डफ पखवाद ।**
ऊँचे स्वर में बज पड़े, तुमुल हुआ वह नाद ।। 701/7068

◎ **Then :** *Then, all of a sudden, the conch shells, trumpets, kettle drums, war horns and bugles blared forth all together. Their noise become tumultuous.* **910/4839**

।। 1.14 ।। **ततः श्वेतैर्हयैर्युक्ते महति स्यन्दने स्थितौ ।**
माधवः पाण्डवश्चैव दिव्यौ शङ्खौ प्रदध्मतुः ।।

(तत्र)

ॐ **अग्रे पाण्डुदले तत्र नन्दिघोषः कपिध्वजः ।**
अश्वाश्च स्यन्दने श्वेताः सारथिर्यस्य माधवः ।। 524/2422

(इधर की ओर)
पांडु पक्ष में इधर खड़ा था, नंदिघोष रथ बहुत बड़ा था ।
सफेद घोड़े कपिध्वजा का, सारथि जिसका कृष्ण सजा था ।। 947/5205

दोहा॰ **पांडु पक्ष में सामने, नंदीघोष विशाल ।**
अर्जुन का रथ था खड़ा, कृष्ण जिसे रथपाल ।। 702/7068

श्वेत अश्व छह थे लगे, उम्दी जिनकी चाल ।
ऊपर फहरा था रहा, पूज्य कपिध्वज लाल ।। 703/7068

◎ **Arjun :** *And then, at the front of Pāṇḍava army was standing Arjun's Nandighoṣh chariot, equipped with white horses and a standard of Hanumān. Arjun's chariot was driven by Mādhav (Husband of Lakṣhmī) Shrī Kriṣhṇa.* **911/4839**

ॐ **स्थितौ बृहद्रथे तस्मिन्-नरनारायणौ ततः ।**
प्रबुद्धान्पाण्डवान्कर्तुं शङ्खौ दिव्यौ प्रदध्मतुः ।। 525/2422

पार्थ-कृष्ण उस महान रथ पर, नर-नारायण, जग-जगदीश्वर ।
पांडु पक्ष को उद्यत करने, दिव्य शंख दो फूंके अपने ।। 948/5205

दोहा॰ **बैठे उस रथ भव्य में, नर नारायण रूप ।**
शंख बजावत दिव्य दो, पार्थ कृष्ण स्वरूप ।। 704/7068

रण पर पांडव पक्ष के, उद्यत करने वीर ।
नर-नारायण ने किये, शंख नाद गंभीर ।। 705/7068

◎ **Shrī Kriṣhṇa :** *Seated in that grand chariot were Nara-Nārāyaṇa Arjun-Shrī Kriṣhṇa. They blew their celestial conch shells in order to inspire the Pāṇḍavas.* **912/4839**

♫ **संगीतश्रीकृष्णरामायण छन्दमाला, मोती 131 of 501**

छवि छन्द[177]

[177] ♫ **छवि छन्द** : इस 8 मात्रा वाले इस वासव छन्द के अन्त में ज गण (। ऽ।) आता

4 + । ऽ।

(श्री माधव)

माधव मुरारि, श्रीपति रमेश ।

वत्सासुरारि, कृष्ण जगदीश ।। 1

गोविंद चंद्र, मुकुंद व्रजेश ।

तू है नृसिंह, परम परमेश ।। 2

◎ **Mādhav :** *O Mādhav (Husband of Lakṣhmī)! Murāri (Slayer of demon Mura)! Shrīpati (Husband of Shrī-Lakṣhmī)! Ramesh (Husband of Sītā)! Vatsāsurāri (Slayer of Vatsāsur)! Shrī Kriṣhṇa! Vrajesha (Lord of the Vraja village)! you are Narsimha (Viṣhṇu), the Supreme Lord.* **913/4839**

।। 1.15 ।। **पाञ्चजन्यं हृषीकेशो देवदत्तं धनञ्जयः ।**
पौण्ड्रं दध्मौ महाशङ्खं भीमकर्मा वृकोदरः ।।

ॐ **पाञ्चजन्यो मुकुन्देन पार्थेन देवदत्त उ ।**
पौण्ड्रो नाम्नो महाशङ्खः प्रोच्चैर्भीमेन ध्मापितः ।। 526/2422

पाँचजन्य को हृषीकेश ने, देवदत्त को गुडाकेश ने ।
भीमसेन ने पौण्ड्र उठाया, शंख भयानक उच्च बजाया ।। 949/5205

दोहा॰ पाँचजन्य श्रीकृष्ण ने, देवदत्त कौतेय ।
पौण्ड्र बजावत जोर से, भीमसेन यौधेय ।। 707/7068

◎ **Conch shells :** *Mukunda Shrī Kriṣhṇa blew the divine conch shell called Pāñchajanya and Pārth Arjun blew his conch shell called Devadatta. Bhīma blew his giant conch shell called Pauṇḍra.* **914/4839**

।। 1.16 ।। **अनन्तविजयं राजा कुन्तीपुत्रो युधिष्ठिरः ।**
नकुलः सहदेवश्च सुघोषमणिपुष्पकौ ।।

है । इसका लक्षण सूत्र 4 + ऽ।। इस प्रकार होता है । इसका अन्य नाम ♫ **मधुभार छन्द** है ।

▶ लक्षण गीत : **दोहा॰ आठ मत्त जिसमें सजीं, लघु गुरु लघु से अंत ।**
अन्य नाम "मधुभार" का, जाना है "छवि" छंद ।। 706/7068

ॐ **नकुलसहदेवाभ्यां सुघोषमणिपुष्पकौ ।**
अनन्तविजयः शङ्खो युधिष्ठिरेण प्रभृति ।। 527/2422

धर्मराज ने अनंतविजया, सुघोष शंबु नकुल बजाया ।
मणिपुष्पक सहदेव बजाया, भली भाँति से घोष सजाया ।। 950/5205

दोहा॰ शंख बजाया धर्म ने, अनंतविजय सघोष ।
मणिपुष्पक सहदेव ने, फूँका नकुल सुघोष ।। 708/7068

◎ **And :** *Nakul and Sahadeva blew their conch shells called Sughoṣh and Maṇipuṣhpak. Yudhiṣhṭhir blew his conch shell called Anant-vijay.* **915/4839**

ॐ **योधवीरास्ततः सर्वे बभूवुराशु तत्पराः ।**
स्वं स्वं शङ्खं ततो धृत्वा दध्मुस्ते विविधैः स्वरैः ।। 528/2422

सब नेता फिर पदानुसारे, यथा यथा थे नाम पुकारे ।
आगे आए प्रणाम करने, शंख थाम कर अपने अपने ।। 951/5205

दोहा॰ सुन कर ध्वनि उन शंख का, पांडव भये प्रबुद्ध ।
शंख बजाये भट सभी, चालू करने युद्ध ।। 709/7068

◎ **Also :** *Hearing those divine sounds, the Pāṇḍava warriors quickly became ready and they blew their conch shells in various sounds in reply.* **916/4839**

।। 1.17 ।। **काश्यश्च परमेष्वासः शिखण्डी च महारथः ।**
धृष्टद्युम्नो विराटश्च सात्यकिश्चापराजितः ।।

ॐ **काशिराजो धनुर्धारी शिखण्डी च महारथी ।**
धृष्टद्युम्नश्चमूनाथो विराटो नृपकेसरी ।। 529/2422

काशी का नृप बड़ धनुधारी, साथ शिखंडी योद्धा भारी ।
धृष्टद्युम्न सेनापति उत्तम, विराट राजा वीर महत्तम ।। 952/5205

दोहा॰ धनुधर काशी राज है, धृष्टद्युम्न है वीर ।
शिखंडी है महारथी, विराट नृप रणधीर ।। 710/7068

◎ **Warriors :** *The great bowman king of Kāshī, the great charioteer Shikhaṇḍī, the army commander Dhriṣhṭadyumna and King Virāṭa, the lion among men;* **917/4839**

।। 1.18 ।। **द्रुपदो द्रौपदेयाश्च सर्वशः पृथिवीपते ।**

62. Story of Arjun's Despondency (Gītā Chapter 1)

सौभद्रश्च महाबाहुः शङ्खान्दध्मुः पृथक्पृथक् ।।

द्रुपदोऽतिरथी ज्ञातः सात्यकिर्णविक्रमी ।
उत्तमौजा महावीरो युधामन्युश्च नायकः ।। 530/2422

द्रुपद राज को अतिरथी माना, उत्तमौजा महाबल जाना ।
कहा सात्यकी है रण जेता, युधामन्यु बलशाली नेता ।। 953/5205

दोहा॰ द्रुपद महा विख्यात है, सात्यकी समरवीर ।
उत्तमौजा महाबली, युधामन्यु बलबीर ।। 711/7068

◎ **And :** *And the great charioteer King Drupad, war hero Sātyakī, the very brave Uttamaujā, the leader Yudhāmanyu;* **918/4839**

सौभद्रेयोऽभिमन्युश्च द्रौपदेयाश्च सैनिकाः ।
शङ्खान्पृथग्विधान्ध्मात्वा चक्रुः कर्कशगर्जनम् ।। 531/2422

सौभद्रेय अभिमन्यु बीरा, पाँच पुत्र द्रौपदी के धीरा ।
शंख सभी ने विविध बजाये, सबने कर्कश नाद सजाये ।। 954/5205

दोहा॰ पाँचाली सुत पाँच हैं, अभिमन्यु सौभद्र ।
शंख बजाये जोर से, घोष सभी थे भद्र ।। 712/7068

◎ **And :** *And Subhadrā's son Abhimanyu, Draupadī's five brave children and other army leaders blew their conch shells and made a roaring sound.* **919/4839**

।। 1.19 ।। **स घोषो धार्तराष्ट्राणां हृदयानि व्यदारयत् ।**
नभश्च पृथिवीं चैव तुमुलो व्यनुनादयन् ।।

तीव्रेण तेन शब्देन निनादिते धरा नभः ।
तथैव धार्तराष्ट्राणां क्रूराणि हृदयानि च ।। 532/2422

नाद भयानक उन शंखों का, ध्वनिपखेरुओं के पंखों का ।
काँपता गया अंबर धरती, काँपी कुरुपुत्रों की छाती ।। 955/5205

दोहा॰ गूँजा जब उस घोष से, धरती से आकाश ।
काँपे कौरव-हृदय भी, होकर धैर्य विनाश ।। 713/7068

◎ **Thus :** *With that piercing sound everything from the earth to the sky reverberated and it shattered the hearts of the Kauravas.* **920/4839**

।। 1.20 ।। **अथ व्यवस्थितान्दृष्ट्वा धार्तराष्ट्रान्कपिध्वजः ।**
प्रवृत्ते शस्त्रसम्पाते धनुरुद्यम्य पाण्डवः ।।

नभोधरे यदा शान्ते पुनर्भूते शनैः शनैः ।
तदनु कुरुपुत्राणां चित्तं स्थिरं च पूर्ववत् ।। 533/2422

धीरे-धीरे धरती नभ की, शाँत हुई गूँजन जब सबकी ।
कुरुपुत्रों के हृदय की शाँति, सौम्य भयी जब मन की भ्रांति ।। 956/5205

दोहा॰ कँप हुआ जब बंद वो, हृदय हुए जब शाँत ।
कुरुपुत्रों के चित्त की, सौम्य भयी जब भ्रांत ।। 714/7068

◎ **Then :** *When the earth and the sky became quiet slowly and the hearts of the Kauravas calmed down as before;* **921/4839**

(अर्जुनविरतिः)

स्थिरांस्तान्कौरवान्दृष्ट्वा रणे तस्मिन्यदा पुनः ।
उत्थितः सशरः पार्थो युद्धं कर्तुं हि धार्मिकम् ।। 534/2422

(अर्जुन की ओर से रुकावट)

मौन हुआ जब कंबू रव था, स्तब्ध हुआ जब कँपन भव का ।
अर्जुन रथ में खड़ा हो गया, लड़ने उत्सुक बड़ा हो गया ।। 957/5205

दोहा॰ स्तब्ध हुए जब नभ धरा, मौन हुआ जब घोष ।
धनुष बाण कर में लिये, अर्जुन पाया जोश ।। 715/7068

◎ **And :** *When the sounds of the conch shells dissipated and the surrounding ambiance became quiet, Arjun picked his bow and arrow to initiate the righteous war.* **922/4839**

।। 1.21 ।। **हृषीकेशं तदा वाक्यमिदमाह महीपते ।**
सेनयोरुभयोर्मध्ये रथं स्थापय मेऽच्युत ।।

उवाच स हृषीकेशम्-अर्जुनः शृणु केशव ।
सेनयोरुभयोर्मध्ये हरे स्थापय स्यन्दनम् ।। 535/2422

मगर अचानक हृषीकेश से, कहा पार्थ ने बड़े क्लेश से ।
कीजो अपना यान ये बड़ा, सेनाओं के बीच में खड़ा ।। 958/5205

दोहा॰ सेनाएँ स्थिर जब हुई, बोला हरि को पार्थ ।

सेनाओं के बीच में, खड़ा करो रथ, नाथ! ।। 716/7068

◎ **Arjun :** *He said, O Hriṣhīkesh! please place our chariot between the two facing armies.* **923/4839**

♫ संगीतश्रीकृष्णरामायण छन्दमाला, मोती 132 of 501

भानु छन्द[178]

6, 12 + ऽ।

(हृषीकेश)

"हृषीकेश," को कहा इन्द्रियों का ईश ।
काया में, वह एकादश गात्राधीश ।। 1
साँस-साँस, में है बसा भूत का प्राण ।
मुख में हो, सदा श्रीकृष्ण! तेरा नाम ।। 2

◎ **Hriṣhīkesh :** *An organ of the body is called a "hriṣhīk" and the Lord of the organs is Hriṣhīkesh. O Hriṣhīkesh Shrī Kriṣhṇa! you dwell in our every breath and in our life. May we have your name in our mouth all the time.* **924/4839**

अर्जुन उवाच ।

।। 1.22 ।। यावदेतान्निरीक्षेऽहं योद्धुकामानवस्थितान् ।
कैर्मया सह योद्धव्यमस्मिन्रणसमुद्यमे ।।

(अर्जुन उवाच)

ॐ तत्पर्यन्तं निरीक्षेऽहं योद्धव्यं कैर्मया सह ।
योद्धुकामश्च कः कः स मर्तुमस्त्युद्यतो रणे ।। 536/2422

(अर्जुन ने कहा)

तब तक देखूँ किन वीरों से, मुझे उचित लड़ना तीरों से ।
रण में जो हैं खड़े सामने, रण में लड़ कर मरण थामने ।। 959/5205

दोहा॰ "केशव! देखूँ मैं सभी, खड़े यहाँ जो वीर ।
किनसे लड़ना उचित है, किनको मारूँ तीर" ।। 718/7068

◎ **Arjun :** *Arjun said, O Shrī Kriṣhṇa! meanwhile let me observe those, whom I have to fight and those who came to die on this battlefield.* **925/4839**

♫ संगीतश्रीकृष्णरामायण छन्दमाला, मोती 133 of 501

झूलना-1 छन्द[179]

7, 7, 7, 2 + ऽ।

(अर्जुन विनति)

बोला पार्थ श्रीकृष्ण को, कृपा करिए जगदीश! ।
स्यंद अपना स्थित कीजिये, उभय सैन्यों के बीच ।। 1
निहारूँ मैं आए यहाँ, समर में को को वीर ।
उचित किनसे रण है मुझे, गांडीव ले कर तीर ।। 2

◎ **Arjun's request :** *Arjun said to Shrī Kriṣhṇa, O Jagadīsh! please take our chariot at the middle of the battlefield. I want to see which warriors have come to fight with me and whom should I fight.* **926/4839**

।। 1.23 ।। योत्स्यमानानवेक्षेऽहं य एतेऽत्र समागताः ।
धार्तराष्ट्रस्य दुर्बुद्धेर्युद्धे प्रियचिकीर्षवः ।।

ॐ योत्स्यमानाश्च के सन्ति धर्मयुद्धे समागताः ।
दुर्योधनस्य दुष्टस्य दुर्मतेश्च हिताय के ।। 537/2422

कौन-कौन हैं योद्धा आए, युद्ध हेतु को साथ हैं लाए ।
दुर्योधन का हित करने को, कौन आगए हैं मरने को ।। 960/5205

---

[178] ♫ **भानु छन्द** : इस 21 मात्रा वाले त्रैलोक छन्द के अन्त में एक गुरु और एक लघु मात्रा आती है । इसका लक्षण सूत्र 6, 12 + ऽ। इस प्रकार होता है ।

▶ लक्षण गीत : दोहा॰ मत्त इक्कीस का बना, गुरु लघु मात्रा अंत ।
छठी मत्त पर यति जहाँ, वही "भानु" है छंद ।। 717/7068

[179] ♫ **झूलना-1 छन्द** : इस 26 मात्रा वाले महाभागवत छन्द के अन्त में एक गुरु और एक लघु नात्रा आती है । इसका लक्षण सूत्र 7, 7, 7, 2 + ऽ। इस प्रकार है ।

▶ लक्षण गीत : दोहा॰ मत्त छब्बीस का बना, गुरु लघु कल से अंत ।
सात सात पर यति जहाँ, वहाँ "झूलना" छंद ।। 719/7068

62. Story of Arjun's Despondency (Gītā Chapter 1)

✍दोहा॰ "कौन-कौन हैं आगए, देने अपने प्राण ।
दुष्टबुद्धि दुर्योध का, करने जीवन त्राण" ।। 720/7068

◎ **And :** *Which warriors I have to fight in this righteous war. Who have come to help the wicked Duryodhan.* **927/4839**

सञ्जय उवाच ।

॥ 1.24 ॥ एवमुक्तो हृषीकेशो गुडाकेशेन भारत ।
सेनयोरुभयोर्मध्ये स्थापयित्वा रथोत्तमम् ॥

(सञ्जय उवाच)

ॐ पार्थस्य तद्वचः श्रुत्वा माधवेन परन्तप ।
अनीकयोर्द्वयोर्मध्ये स्थापितः स बृहद्रथः ।। 538/2422

(फिर संजय कहता है)

सुन कर वह कहना अर्जुन का, माधव ने रथ विशाल उनका ।
खड़ा किया दो सेना बीच, रण के मध्ये लगाम खींच ।। 961/5205

✍दोहा॰ सुन कर अर्जुन का कहा, हरि ने लगाम खींच ।
खड़ा किया रथ पार्थ का, दो सेना के बीच ।। 721/7068

◎ **Sañjay :** *Sañjay then said to Dhritarāshtra, O King! having heard the words of Arjun, Mādhav (Husband of Lakshmī) drove the chariot and placed it between the two opposing armies on the battlefield.* **928/4839**

॥ 1.25 ॥ भीष्मद्रोणप्रमुखतः सर्वेषां च महीक्षिताम् ।
उवाच पार्थ पश्यैतान्समवेतान्कुरूनिति ॥

ॐ सर्वेषां च समक्षं हि तमुवाच जनार्दनः ।
"पश्य सर्वान्कुरून्पार्थ युद्धं कर्तुं समागतान्" ।। 539/2422

उनके आगे कहा कृष्ण ने, "देखो अर्जुन दल दोनों में" ।
लड़ने को आए जो भारे, कुरु जन रण में खड़े हैं सारे ।। 962/5205

✍दोहा॰ दोनों सेना मध्य में, कहा कृष्ण ने, "पार्थ! ।
देखो लड़ने कौन हैं, आए तुमरे साथ"[180] ।। 722/7068

◎ **Shrī Krishna :** *Having placed the chariot between two opposing armies, in front of the warriors Janārdan (Shrī Krishna, the remover of the evil people) said, O Arjun! behold all the Kauravas and Pāndavas who have assembled here for the war.* **929/4839**

ॐ आज्ञया च तया तेन चम्वोर्मध्ये तयोस्तदा ।
विद्यमानाश्च पार्थेन दृष्टाः सम्बन्धिनो भटाः ।। 540/2422

दोनों सेनाओं में उसने, सगे कुटुंबी देखे अपने ।
भीष्म द्रोण कृप योद्धा सारे, विद्यमान नृप सम्मुख भारे ।। 963/5205

✍दोहा॰ देखे रण पर पार्थ ने, विद्यमान सब लोग ।
दोनों सेना में खड़े, वीर बिना ही सोग ।। 723/7068

◎ **Arjun :** *Hearing the instruction from Shrī Krishna, Arjun saw Bhīshma, Drona, Kripāchārya and his dear ones standing in both the armies.* **930/4839**

॥ 1.26 ॥ तत्रापश्यत्स्थितान्पार्थः पितॄनथ पितामहान् ।
आचार्यान्मातुलान्भ्रातॄन्पुत्रान्पौत्रान्सखींस्तथा ।
श्वशुरान्सुहृदश्चैव सेनयोरुभयोरपि ॥

ॐ उभयसैन्ययोर्मध्ये भीष्मद्रोणादयस्तथा ।
दृष्टाः सम्बन्धिनः स्निग्धाः पुत्राः पौत्राश्च बान्धवाः ।

[180] तुमरे साथ = (i) तुम्हारे साथ लड़ने वाले कौरव पक्ष के लोग और तुम्हारे पाँडव पक्ष के कौन-कौन कुरु वंशीय लोग हैं । कुरु वंशीय = कौरव + पाँडव

आचार्या मातुलाः श्यालाः श्वसुराः पितरस्तथा ।। 541/2422

यथा कृष्ण-आज्ञा उस पल में, पार्थ ने देखे दोनों दल में ।

पुत्र पौत्र गुरु सुहृद भाई, मामु पितामह सखे सहाई ।। 964/5205

✍दोहा॰ **पुत्र, पौत्र, सुहृद, सखा, मित्र, बंधु, गुरु, भ्रात ।**

मातुल, साले, श्वसुर भी, महापिता अरु तात ।। 724/7068

◎ **And :** *And he saw his brothers, children, grandchildren, uncles, in-laws, grandfathers and other relatives in both the armies;* **931/4839**

।। 1.27 ।। **तान्समीक्ष्य स कौन्तेयः सर्वान्बन्धूनवस्थितान् ।**

कृपया परयाविष्टो विषीदन्निदमब्रवीत् ।।

गुरून्बन्धूंश्च सर्वान्स समक्षं समुपस्थितान् ।

कारुण्येनान्वितः क्रन्दन्-उवाच कुरुनन्दनः ।। 542/2422

गुरु बांधव जब देखे आगे, कुरुनंदन के सुध-बुध भागे ।

करुणा से वह व्याकुल होता, बोला रण में अर्जुन रोता ।। 965/5205

✍दोहा॰ **निहार भाई गुरु सभी, खड़े मरण के द्वार ।**

करुणा से अर्जुन घिरा, नैन अश्रु की धार ।। 725/7068

◎ **Then :** *Having seen the gurus and all brothers in front of him, he was overwhelmed with grief. He thus cried on the battlefield and said :* **932/4839**

अर्जुन उवाच ।

।। 1.28 ।। **दृष्ट्वेमं स्वजनं कृष्ण युयुत्सुं समुपस्थितम् ।।**

(अर्जुन उवाच)

धर्मक्षेत्रे स्थितांस्तत्र क्षत्रियान्योद्धुमागतान् ।

दृष्ट्वा वै सुहृदः सर्वान्-दुःखेनोवाच सोऽर्जुनः ।। 543/2422

(अर्जुन का विषाद प्राप्त होना)

देख यहाँ ये बांधव सारे, मैं तो आकुल दुख के मारे ।

सबके आगे विषाद पाया, बोला बोल सिसकते रोया ।। 966/5205

✍दोहा॰ **उसने दोनों पक्ष में, देखे गुरु, सरदार ।**

भाई, बांधव, सुत, पिता, मित्र, पौत्र, परिवार ।। 726/7068

बोला अर्जुन कृष्ण से, बहुत दुःख के साथ ।

"यहाँ खड़े हैं सामने, सुहृद सब, यदुनाथ! ।। 727/7068

◎ **He said :** *Having seen these relatives on the battlefield ready for a war, I am taken over by grief.* **933/4839**

।। 1.29 ।। **सीदन्ति मम गात्राणि मुखं च परिशुष्यति ।**

वेपथुश्च शरीरे मे रोमहर्षश्च जायते ।।

मम गात्राणि सीदन्ति शुष्यति कृष्ण मे मुखम् ।

देहे च रोमहर्षोऽस्ति पीडायुक्तं वपुर्बहु ।। 544/2422

पाँव पड़ गए मेरे लूले, दर्द भरी काया मम झूले ।

रोम-रोम में दर्द भरा है, मुख भी मेरा सूख पड़ा है ।। 967/5205

✍दोहा॰ **"पग मेरे लूले पड़े, मुख में ना है लार ।**

रोम हर्ष हैं गात में, नैन नीर की धार ।। 728/7068

◎ **And :** *My body is trembling. My mouth is parched. I have goose bumps on my skin. My body is aching;* **934/4839**

।। 1.30 ।। **गाण्डीवं स्रंसते हस्तात्त्वक्चैव परिदह्यते ।**

न च शक्नोम्यवस्थातुं भ्रमतीव च मे मनः ।।

शक्तिहीनौ गतौ पादौ त्वग्मे च परिदह्यते ।

हस्तात्स्खलति गाण्डीवं मनश्च मम भ्राम्यति ।। 545/2422

जली जा रही मेरी चमड़ी, चक्कर मेरी खात खोपड़ी ।

अंग-अंग मम टूट रहा है, हाथों से धनु छूट रहा है ।। 968/5205

✍दोहा॰ **"जली जा रही है त्वचा, सिर है चक्कर खात ।**

फिसल रहा गांडीव है, शक्ति हीन हैं हाथ" ।। 729/7068

◎ **And :** *My legs have become weak. My skin is horripilating. My bow is slipping from my hands and my mind is confused.* **935/4839**

तथा स व्याकुलः पार्थः क्षात्रधर्मं हि व्यस्मरत् ।

तस्मात्पण्डितमात्मानं मत्वा चक्रे स वल्गनाम् ।। 546/2422

मन व्याकुल अर्जुन भरमाया, क्षात्र-धर्म को समझ न पाया ।

मन में पंडित-भाव जगाया, ज्ञान कृष्ण को वृथा बखाया ।। 969/5205

दोहा॰ भरमा कर अर्जुन वहाँ, भूल गया सब ज्ञान ।
पंडित जैसा फिर वहाँ, करने लगा बखान ।। 730/7068

◎ **And thus :** *And thus lamenting, Arjun forgot his duty as a warrior on a battlefield in a righteous war. He thought himself to be a pundit and began lecturing Shrī Krishna with a meaningless chatter.* **936/4839**

संगीतश्रीकृष्णरामायण गीतमाला, पुष्प 250 of 763

(अर्जुन के विषाद की कथा)

स्थायी

स्वरदा ने सुंदर गाया है, नारद ने साज बजाया है ।
रतनाकर गीत रचाया है ।।

♫ सानि़सा- गरे सा-नि़नि़ सा-रेम ग-, गममग पम ग-रे सासा-रेम ग- ।
गगरेसासासा रे-ग मगरेसानि़ सा- ।।

अंतरा-1

नृप बोला संजय को अंधा, ओछा कपटी मूरख बंदा ।
मेऽरेऽ पांडू के पुत्रों ने, गुरु बंधुऽ भाई मितरों ने ।
अब तक बतला क्या कीन्हा है ।।

♫ पप मरेम- प-पम पनि धपप-, प-मग गसासाग मपगरे सानि़सा- ।
सानि़सा- गरेसा- नि़- सा-रेम ग-, सानि़ सा-गरे सा-नि़- सासारेम ग- ।
गग रेसा सासारे- गम गरेसानि़ सा- ।।

अंतरा-2

जब खड़ी हुई दो सेनाएँ, कौरव बाएँ पांडव दाएँ ।
अर्जुन बोला, केशव प्यारे! तू रथ को आगे ले जा रे ।
उत खड़ी जहाँ दो सेना हैं ।।

अंतरा-3

लख कर बंधुऽ रण में सारे, गुरवर मातुल मितरा प्यारे ।

दुखी अर्जुन पीड़ा का मारा, घबराया चकराया भारा ।
बोऽलाऽ मुझको नहिँ लड़ना है ।।

◎ **Arjun's Melancholy : *Sthāyī* :** *Ratnākar composed the melody, Sarasvatī sang it beautifully, while Shrī Nārad muni played the Vīṇā.* **Antarā : 1.** *Having heard the news of Bhīṣhma's fall, the foolish blind king Dhritarāṣhtra said, O Sañjay! tell me what did mine and Pāṇdu's sons do on the battlefield.* **2.** *When the two armies stood on the battlefield, Kauravas on the left and Pāṇḍavas on the right, Arjun said, O Shrī Krishna, please place our chariot between the two armies.* **3.** *Arjun saw his loved ones ready to fight, in both the armies.* **937/4839**

गीतोपनिषद् : आठवाँ तरंग

Gitopanishad : Fascicule 8

63. अर्जुन की वल्गनाओं की कथा :

63. Story of Arjun's meaningless chatter *(Gītā Chapter 1)*

(अर्जुनवल्गना:)

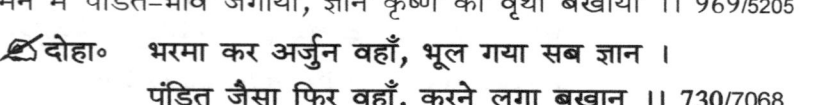

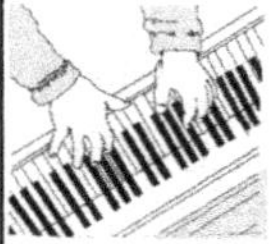

♫ संगीतश्रीकृष्णरामायण छन्दमाला, मोती 134 of 501

वसंततिलका छन्द

ऽ ऽ।, ऽ।।, । ऽ।, । ऽ।, ऽ ऽ

♫ सा-नि़-सा रे-रेसा रेग- मगरे- गरे- सा- ।

(अर्जुन की वल्गना)

श्रीकृष्ण को विनय से, रण पार्थ बोला ।
अज्ञान पंडित बना, जब पार्थ भोला ।। 1
वो क्षात्रधर्म तज के, भटई बना था ।
जो काम क्षात्र भट को, करना मना था ।। 2

◎ **Arjun's chatter :** *Assuming himself to be a pundit, Arjun began making a meaningless speech in front of Shrī Krishna. In stead of being a warrior on the battlefield, he acted like an advisor which was unlike a warrior on the battlefield.* **938/4839**

63. Story of Arjun's meaningless chatter (Gītā Chapter 1)

अर्जुन उवाच ।

| | 1.31 | | निमित्तानि च पश्यामि विपरीतानि केशव ।
न च श्रेयोऽनुपश्यामि हत्वा स्वजनमाहवे ।।

"विपरीतानि चिह्नानि पश्याम्यहं नु माधव ।
अस्मिन्न दृश्यते मह्यं लाभः कोऽपि जनार्दन ।। 547/2422

(अर्जुन ने कहा)

"मुझको लक्षण लगते खोटे, जिनमें दिखते अनेक टोटे ।
स्वजन मारना हमें न सोहे, लड़ना भला न लगता मोहे ।। 970/5205

दोहा॰ "लक्षण लगते हैं मुझे, विपरीत, पद्मनाभ! ।
इसमें नहिं दिखता मुझे, होगा कुछ भी लाभ ।। 731/7068

◎ **And :** *Arjun said, "O Mādhav (Husband of Lakṣhmī)! I see bad omens. O Janārdan (Remover of the evil people)! I do not see any benefit from this righteous war."* **939/4839**

| | 1.32 | | न काङ्क्षे विजयं कृष्ण न च राज्यं सुखानि च ।
किं नो राज्येन गोविन्द किं भोगैर्जीवितेन वा ।।

(पुनः प्रजल्पः)

"नाहं विजयमिच्छामि न च राज्यं न वा सुखम् ।
राज्यभोगे सुखं किं मे जीविते किं प्रयोजनम् ।। 548/2422

(फिर, अर्जुन की बकबक)

"नहीं मुझे है जय की आशा, न ही राज्य की है अभिलाषा ।
राज्य भोग भी क्या है हमको, जीवन भी क्या निराश मन को ।। 971/5205

दोहा॰ "मुझे विजय की आस ना, राज्य सुखों का पाश ।
धन-दौलत का क्या हमें, जीवन हुआ निराश ।। 732/7068

◎ **And :** *And he said, "I do not desire victory, nor the kingdom, nor happiness. What good is the kingship and what good is being alive?* **940/4839**

| | 1.33 | | येषामर्थे काङ्क्षितं नो राज्यं भोगाः सुखानि च ।
त इमेऽवस्थिता युद्धे प्राणांस्त्यक्त्वा धनानि च ।।

"येषां कृते सुखं राज्यम्-इच्छामो मनसा वयम् ।
तयेवात्रोद्यताः सर्वे त्यक्त्वा प्राणान्धनानि च ।। 549/2422

"जिनके खातिर देखे हमने, राज्य भोग के सब सुख-सपने ।
वे ही लड़ने खड़े हैं सारे, तज कर तन मन धन को प्यारे ।। 972/5205

दोहा॰ "चाहे हैं जिनके लिये, हमने सुख के भोग ।
खड़े वही हैं सामने, प्राण तजे सब लोग" ।। 733/7068

◎ **And :** *"Those for whom we dreamed the kingdom, pleasures and comforts of kingship, they all are standing here for the battle, giving up their lives and livelihood.* **941/4839**

| | 1.34 | | आचार्याः पितरः पुत्रास्तथैव च पितामहाः ।
मातुलाः श्वशुराः पौत्राः श्यालाः सम्बन्धिनस्तथा ।।

"विद्यमानाः सुताः पौत्राः पितृबन्धुपितामहाः ।
श्वसुरा मातुलाः श्याला गुरवः सुहृदस्तथा ।। 550/2422

"पुत्र मित्र गुरु विद्यमान हैं, और सामने पितुमहान हैं ।
पोते साले मामु श्वसुर भी, जन संबंधी यहाँ हैं सभी ।। 973/5205

दोहा॰ संबंधी सब देखके, घबड़ाया वह वीर ।
भ्रम को पाकर पार्थ ने, त्याग दिये धनु तीर ।। 734/7068

◎ **And :** *"Standing here are my children, grandchildren, fatherly people, grandfathers, in-laws, uncles, gurus and well wishers in both the armies.* **942/4839**

| | 1.35 | | एतान्न हन्तुमिच्छामि घ्नतोऽपि मधुसूदन ।
अपि त्रैलोक्यराज्यस्य हेतोः किं नु महीकृते ।।

"प्राप्तुं त्रैलोक्यराज्यं च हन्तुं नेच्छामि मामकान् ।
हतोऽहं तर्हि यद्वाऽपि न वा राज्यं मिलेद्यदि ।। 551/2422

"इनकी हत्या ना मैं चाहूँ, चाहे त्रिलोक भी मैं पाऊँ ।
या मैं रण में मारा जाऊँ, राज भूमि का भी ना पाऊँ ।। 974/5205

दोहा॰ "पाने त्रिभुवन राज्य भी, करूँ न जो मैं काज ।
क्यों वह करना, हे प्रभो! पाने धरती आज ।। 735/7068

63. Story of Arjun's meaningless chatter (Gītā Chapter 1)

◎ **And :** *"I shall not desire to kill them even for attainment of the kingdom of the three worlds. Therefore, I would rather be killed without attaining any kingdom.* **943/4839**

"कर्तुं न जातु शक्ष्येऽहं प्राप्तुमपीन्द्रवैभवम् ।
कथं तत्तु करिष्येऽहं भूमिराज्याय केशव ।। 552/2422

"काम करूँ ना किसी चाव का, पद भी पाने इन्द्र देव का ।
कार्य वही करता मैं कैसे, पाने पद भूमि का ऐसे ।। 975/5205

दोहा॰ **"पाने आसन स्वर्ग में, करूँ न जो मैं काज ।**
हरि! वह मैं कैसे करूँ, पाने भू पर राज ।। 736/7068

◎ **And :** *"What I do not want to do even for gaining the kingdom of Lord Indra, O Keshav! how may I do it for this kingdom on the earth?* **944/4839**

।। 1.36 ।। **निहत्य धार्तराष्ट्रान्नः का प्रीतिः स्याज्जनार्दन ।**
पापमेवाश्रयेदस्मान्हत्वैतानाततायिनः ।।

"अतो हत्वा शुभं किं वा कौरवान्मधुसूदन ।
प्राप्स्यामहे वयं पापं हत्वा युद्धेऽपि पापिनः ।। 553/2422

"कहो, मार कर कौरव भाई, यद्यपि सब ये हैं आततायी ।
शुभ क्या होगा, कृष्ण पियारे! पाप लगेगा इनको मारे ।। 976/5205

दोहा॰ **"कौरव सारे मार कर, पाएँगे कटु पाप ।**
यद्यपि पापी हैं सभी, अत्याचारी साँप ।। 737/7068

◎ **Therefore :** *"Thus, O Madhusūdan (slayer of the demon Madhu)! what good is it in killing Kaurava brothers? O Shrī Krishna! we may incur sin by killing these evil people.*
945/4839

संगीतश्रीकृष्णरामायण छन्दमाला, मोती 135 of 501

हंसगति छन्द[181]

11, 7 + ।।
(मधुसूदन)

मुरारे! तू मध्वरि, कृष्ण मधुसूदन ।
मधुनिषूदन तू हरि, निबारा मधुबन ।।

◎ **Madhusūdan :** *O Murāri (Slayer of the demon Mura)! you are Madhvari Madhusūdan (Slayer of the demon Madhu) Shrī Krishna. O Madhu-nishūdan! you protected the Madhuban from the demon Madhu.* **946/4839**

।। 1.37 ।। **तस्मान्नार्हा वयं हन्तुं धार्तराष्ट्रान्स्वबान्धवान् ।**
स्वजनं हि कथं हत्वा सुखिनः स्याम माधव ।।

"एतान्दुष्टान्वयं हत्वा भवेम सुखिनः कथम् ।
तस्मादेषा वृथा हत्या कर्तुमस्मान्न शोभते ।। 554/2422

"इन दुष्टों की हत्या कर के, पाप मिलेगा हमको मर के ।
तो फिर इनको क्यों हम मारें, यद्यपि पापी भाई सारे ।। 977/5205

दोहा॰ **"इन दुष्टों को मार कर, कैसे होगा मोद ।**
इनकी हत्या व्यर्थ में, क्या निकलेगा बोध ।। 739/7068

◎ **And :** *"How can we be happy killing these evil brothers? Therefore, killing these wicked people would not look good upon us.* **947/4839**

।। 1.38 ।। **यद्यप्येते न पश्यन्ति लोभोपहतचेतसः ।**
कुलक्षयकृतं दोषं मित्रद्रोहे च पातकम् ।।

"कुलघाते च को दोषो मित्रघाते च पातकम् ।
एतदेते न पश्यन्ति किङ्कर्तव्यविमूढिनः ।। 555/2422

"अज्ञानी ये अपने वैरी, मित्रघातकी कुलक्षयकारी ।
नहीं जानते, पाप-पुण्य से, मन जिनका है भरा शून्य से ।। 978/5205

"मित्र द्रोह है पातक कितना, कुल का क्षय है घातक कितना ।
मूढ़बुद्धि ये कौरव सारे, नहीं जानते तनिक बिचारे ।। 979/5205

---

[181] **हंसगति छन्द** : इस 20 मात्रा वाले महादैशिक छन्द के अन्त में दो लघु मात्रा आती हैं । इसका लक्षण सूत्र 11, **5** + ऽ।। इस प्रकार होता है ।

▶ लक्षण गीत : दोहा॰ **ग्यारह, नौ कल से बना, दो लघु मात्रा अंत ।**
महादैशिकी वर्ग का, कहा "हंसगति" छंद ।। 738/7068

दोहा॰ "मित्र घात में पाप क्या, कितना खल कुलघात ।
नहीं जानते लोग ये, मूढ़, सरल सी बात ।। 440/7068

◎ **And :** *"Even if these foolish Kauravas do not understand how much sin is there in treachery to their own people and subversion against their own family;* **948/4839**

|| 1.39 || कथं न ज्ञेयमस्माभिः पापादस्मान्निवर्तितुम् ।
कुलक्षयकृतं दोषं प्रपश्यद्भिर्जनार्दन ।।

"विमूढमानसाः सर्व एते च लोभिनस्तथा ।
अधर्माद्भटते पापं नश्यति च कुलं ततः ।। 556/2422

"भ्रम का साया जिन्हें लुभाता, लालच उनका उन्हें डुबाता ।
अधर्म उनके कलुष बढ़ाता, कुल पर उनके पाप चढ़ाता ।। 980/5205

दोहा॰ "कौरव सारे मूढ़ ये, लुब्ध दुष्ट दुर्वृत्त ।
अधर्म करने में लगे, कुलघाती मद मत्त ।। 741/7068

◎ **And :** *"These Kauravas are confused and deluded with greed and unrighteousness. They do not think that adharma (unrighteousness) gives sin and ruins their own family.* **949/4839**

|| 1.40 || कुलक्षये प्रणश्यन्ति कुलधर्माः सनातनाः ।
धर्मे नष्टे कुलं कृत्स्नमधर्मोऽभिभवत्युत ।।

"कुलक्षयाच्च नश्यन्ति कुलधर्माः सनातनाः ।
धर्मनाशात्कुलं कृत्स्नं नश्यत्येव न संशयः ।। 557/2422

"कुलक्षय से जो घिर जाते हैं, धर्म सनातन गिर जाते हैं ।
धर्म विनश कर अधर्म बढ़ता, कुल इनका फिर सभी उजड़ता ।। 981/5205

दोहा॰ "कुल नशता कुलघात से, कुलक्षय से कुलधर्म ।
धर्मनाश से सर्व ही, नश कर बढ़त अधर्म ।। 742/7068

◎ **And :** *"From the ruin of the family, the ancient traditions get ruined and from the ruin of the traditions the whole family gets destroyed, no doubt.* **950/4839**

|| 1.41 || अधर्माभिभवात्कृष्ण प्रदुष्यन्ति कुलस्त्रियः ।
स्त्रीषु दुष्टासु वार्ष्णेय जायते वर्णसङ्करः ।।

"ततः स्त्रियः कुलीनाश्च पतन्ति धर्मनाशनात् ।
पतिताभ्यश्च नारीभ्यो भवति सङ्करः कुले ।। 558/2422

"अधर्म का विष, कुलीन स्त्री को, मलीन करता है तन मन को ।
पतित स्त्रियों से संकर छाता, कुकर्म का फिर पाप लगाता ।। 982/5205

दोहा॰ "धर्मनाश से कुलस्त्रियाँ, होती भ्रष्ट कुलीन ।
पतित स्त्रियों से होत है, कुल में संकर हीन ।। 743/7068

◎ **And :** *"And from that, downfall of the royal ladies occurs and from the corrupted ladies admixture in the family takes place.* **951/4839**

♫ **संगीतश्रीकृष्णरामायण छन्दमाला, मोती 136 of 501**

विश्लोक छन्द[182]

4 + । + 2 + । + 8

(वार्ष्णेय)

वार्ष्णेय कृष्ण वृष्णि कुलज है ।
विष्णु अवतार रूप मनुज है ।। 1
बलराम का हरिहर अनुज है ।
वसुदेव सुत सुर चतुर्भुज है ।। 2

◎ **Vārṣhṇeya :** *Shrī Kriṣhṇa is born in the family of king Vriṣhnī, therefore, he is called Vriṣhni. Shrī Kriṣhṇa is Viṣhṇu's incarnation in human form. Balrāma is Shrī Kriṣhṇa's elder brother. Vasudeva's son Shrī Kriṣhṇa is the Lord who has four hands.* **952/4839**

|| 1.42 || सङ्करो नरकायैव कुलघ्नानां कुलस्य च ।
पतन्ति पितरो ह्येषां लुप्तपिण्डोदकक्रियाः ।।

"नरके सङ्करादस्मात्-कुलघाती कुलं तथा ।

---

[182] ♫ **विश्लोक छन्द** : इस 16 मात्रा वाले संस्कारी छन्द की 5वीं और 8वीं मात्रा लघु होती है । इसका लक्षण सूत्र 4 + । + 2 + । + 8 इस प्रकार होता है ।

▶ लक्षण गीत : दोहा॰ सोलह मात्रा से बना, पंचम अष्टम ह्रस्व ।
छंद "विश्लोक" को मिला, "संस्कारी" वर्चस्व ।। 744/7068

63. Story of Arjun's meaningless chatter (Gītā Chapter 1)

स्खलन्ति पितरस्तेषां लुम्पन्ति श्राद्धभावनाः ।। 559/2422

"संकर खाता कुलघाती को, और निगलता नरक जाति को ।
पितर पतित सब हो जाते हैं, श्राद्ध कर्म भी खो जाते हैं ।। 983/5205

दोहा॰ **"संकर से कुल का तथा, कुलघाती का नाश ।
पितर नरक में पतित हैं, श्राद्ध कर्म का ह्रास ।। 745**/7068

◎ **And :** *"And then the family destroyer and his family both go to hell and thus being deprived of the post-death rituals, their ancestor meet downfall.* **953/4839**

।। 1.43 ।। **दोषैरेतैः कुलघ्नानां वर्णसङ्करकारकैः ।
उत्साद्यन्ते जातिधर्माः कुलधर्माश्च शाश्वताः ।।**

**"कुले च सङ्करो भूत्वा लाञ्छनैः कुलघातिनः ।
पतन्ति कुलधर्माश्च जातिधर्माः पुरातनाः ।। 560**/2422

"लांछन ऐसे कुलघाती के, संकर करते कुलजाति के ।
संकर कुल पर घिर आते हैं, धर्म सनातन गिर जाते हैं ।। 984/5205

दोहा॰ **"कुलघाती के दोष से, कुल में संकर होय ।
भ्रष्ट जाति के धर्म को, बचा सके ना कोय ।। 746**/7068

◎ **And :** *"And by causing admixture in the family, the ladies of the family become corrupt and ancient Jāti (caste based on birth) traditions are corrupted.* **954/4839**

(अर्थात्, अर्जुन ने कहा)

**"दोषेण सङ्करस्यास्य कुलस्य कुलघातिनः ।
नश्यन्ति जातिधर्माश्च तथा धर्माः सनातनाः ।। 561**/2422

"संकरकारी इन भूलों से, खंडित जिनके धर्म कुलों के ।
घृणित हुए हैं करम जिन्हों के, पतित हुए हैं धरम उन्हों के ।। 985/5205

दोहा॰ **"संकर के इस दोष से, कुल कुलघाती भ्रष्ट ।
गिर कर जातिधर्म हैं, धर्म सनातन नष्ट ।। 747**/7068

◎ **In other words, Arjun says :** *"With the fault of causing admixture, the ladies of the family become corrupt and the ancient Jāti (caste) traditions and religion gets destroyed.* **955/4839**

।। 1.44 ।। **उत्सन्नकुलधर्माणां मनुष्याणां जनार्दन ।
नरकेऽनियतं वासो भवतीत्यनुशुश्रुम ।।**

**"धर्मा अधोगता येषां वर्णसङ्करकारणात् ।
निवासो नरके तेषां भवतीत्यनुशुश्रव ।। 562**/2422

"भ्रष्ट हैं उनके धर्म सनातन, नष्ट है उनकी जाति पुरातन ।
वे हैं स्थान नरक में पाए, यही सदा हम सुनते आए ।। 986/5205

दोहा॰ **"धर्म पतित जो हो गए, जात-पात हैं भ्रष्ट ।
मिलता उनको स्थान है, सदा नरक में नष्ट ।। 748**/7068

◎ **And :** *"With the admixture, those people whose traditions are destroyed, they abide in hell for ever, so we have heard.* **956/4839**

।। 1.45 ।। **अहो बत महत्पापं कर्तुं व्यवसिता वयम् ।
यद्राज्यसुखलोभेन हन्तुं स्वजनमुद्यताः ।।**

**"कर्तुमिदं महत्पापं किमर्थमुद्यता वयम् ।
राज्यस्य सुखलोभेन कुलघाते रताः कथम् ।। 563**/2422

"हाय हाय रे! पातक इतना, करन लगे हम घोर ये कितना ।
राज्य सुखों के लोभ के लिये, कुल के क्षय का भोग हैं किये ।। 987/5205

दोहा॰ **"हाय हाय! क्यों हो रहा, पातक इतना हीन ।
राज्य सुखों के लोभ से, हम क्यों इतने दीन" ।। 749**/7068

◎ **And :** *"This being the case, why are we engaged in the destruction of these evil Kauravas for the pleasures of kingship?"* **957/4839**

।। 1.46 ।। **यदि मामप्रतीकारमशस्त्रं शस्त्रपाणयः ।
धार्तराष्ट्रा रणे हन्युस्तन्मे क्षेमतरं भवेत् ।।**

(अज्ञानप्रदर्शनपश्चात्)

**"रणे माम्यदि हन्येयुः कौरवाः शस्त्रधारिणः ।
क्षेमतरमहं मन्ये शस्त्रहीनं कृताञ्जलिम्" ।। 564**/2422

(इतनी सारी बड़बड़ करके)

"अशस्त्र रह कर मैं रणबीरा, मर भी जाऊँ मैं रणधीरा ।

सशस्त्र कौरव काट दें गला, मैं समझूँगा यही है भला" ।। 988/5205

✍दोहा॰ बोला, "अब मैं ना लड़ूँ, चाहे दे दूँ प्राण ।

भले मुझे वे मार दें, इसमें ही कल्याण" ।। 750/7068

◎ **Then :** *Having exhibited the deluded state of his mind, Arjun then said, "it will be better if they kill me while I am unarmed with my hands folded."* **958/4839**

।। 1.47 ।। **एवमुक्त्वार्जुनः सङ्ख्ये रथोपस्थ उपाविशत् ।**

विसृज्य सशरं चापं शोकसंविग्नमानसः ।।

ॐ रणमध्यान्तरे पार्थ एवमुक्त्वा स केशवम् ।।

विमूढमानसः खिन्नः क्रन्दनुपाविशद्रथे" ।। 565/2422

उस पल रण में वह माधव से, इतना कह कर रोते रव से ।

रथ के मध्ये जाकर बैठा, पीड़ित हिरदय का वह ऐंठा ।। 989/5205

✍दोहा॰ इतना कह कर कृष्ण को, अर्जुन खो कर ध्यान ।

बैठा रथ के बीच में, नीचे रख कर बाण ।। 751/7068

◎ **Sañjay :** *O Dhritarāṣhṭra! having said this much to Shrī Kriṣhṇa, the deluded Arjun cried. He put his bow down and sat in the middle part of the chariot.* **959/4839**

संगीतश्रीकृष्णरामायण गीतमाला, पुष्प 251 of 763

(अर्जुन के विषाद की कथा)

स्थायी

स्वरदा ने सुंदर गाया है, नारद ने साज बजाया है ।

रतनाकर गीत रचाया है ।।

♫ सानि़सा– गरे सा–नि़नि़ सा–रेम ग–, गममग पम ग–रे सासा–रेम ग– ।

गगरेसासासा रे–ग मगरेसानि़ सा– ।।

अंतरा–1

मुझको न विजय की आशा है, ना राज्य न सुख अभिलाषा है ।

अब जी कर भी क्या करना है, अरु मरने से क्या डरना है ।

सब विपरीत आगे आया है ।।

♫ पपमरे म मपप पम पनिधप प–, प– मगग सा साग मपगरेसानि़ सा– ।

सानि़ सा– गरे सा– नि़– सासारेम ग–, सानि़ सासागरे सा– नि़– सासारेम ग– ।

गग रेसासासा रे–गम गरेसानि़ सा– ।।

अंतरा–2

जो लोग हमें सब प्यारे हैं, वे लड़ने आए सारे हैं ।

इन पापी अधमों को मारे, हम पाएँगे पातक भारे ।

ये काम न मुझको भाया है ।।

अंतरा–3

सब आए हैं ये शस्त्र लिये, सब प्राण धनों का त्याग किये ।

वे चाहे मुझको हार भी दें, वे रण में मुझको मार भी दें ।

अब हित इसमें हि समाया है ।।

◎ **Arjun's Despondency : *Sthāyī* :** *Ratnākar composed the melody, Sarasvatī sang it beautifully, while Shrī Nārad muni played the Vīṇā.* ***Antarā* : 1.** *Arjun said, I do not desire victory, nor kingdom, nor pleasures. Now what is the point in being alive any more and what is the fear of dying? Everything is adverse ahead of us.* **2.** *These people who are dear to us are standing ahead of us for a war. Killing these sinful wicked people, we will earn great sins. I do not like this duty.* **3.** *These people have come equipped with arms, abandoning their lives and possessions. Even if they kill me here, I would think it better for me.* **960/4839**

श्रीमद्–भगवद्–गीता अध्याय दूसरा ।

सांख्ययोग ।

संगीतश्रीकृष्णरामायण गीतमाला, पुष्प 252 of 763

भजन : राग कल्याण

(मेरी बिनती सुनो)

स्थायी

मेरी बिनती सुनो अंबे मैया, मेरे अवगुन को मन ना धरो माँ ।
मेरी रक्षा करो दुर्गे माता, किसी दुख बात से मैं डरूँ ना ।।

♫ नि़रे ग–ग– गमं– ग–रे ग–मं–, गमं पपप– प निनि ध– पमं– ग– ।
सारे ग–ग– गमं– ग–रे ग–मं–, गमं पप प–प नि– ध– पमं– ग– ।।

अंतरा–1

तेरी माया अपारा बड़ी है, तेरी लीला से दुनिया खड़ी है ।
मन मंदिर में मेरे रहो माँ, कभी नैनों से ना दूर होना ।।

♫ पध नि–नि– निसांनि– धप– ध–, पध नि–नि– नि सांनिध– पम– ग– ।
रेग मं–मंमं मं पध– पध– नि–, गमं प–प– प नि– ध–प मं–ग– ।।

अंतरा–2

मेरी नैया भँवर में अड़ी है, मझधारों में अटकी पड़ी है ।
मेरा बेड़ा किनारे करो माँ, आओ जल्दी कहीं देर हो ना ।।

अंतरा–3

मेरी दृष्टि तुझी पर गड़ी है, तेरी यादों में ही हर घड़ी है ।
बस तेरी ही सेवा करूँ माँ, कभी जीवन में चिंता धरूँ ना ।।

◎ **O Mother Ambā! : *Sthāyī* :** *O Ambā (Mother)! please listen to my request. Please forgive my vices. O Mother Durgā! please protect me. May I not be afraid of any danger.* ***Antarā* : 1.** *O Kripā-kāriṇī (Merciful)! your grace is infinite. The world is running by your exploits. O Dayā-dāyinī (Kind)! please dwell in the temple of my heart.* **2.** *O Kshama-kāriṇī (Forgiver)! my boat is stuck in the midst of the worldly ocean. O Mahā-joginī (Great yogī)! please take my boat over to the other side. O Mother! please come without delay.* **3.** *O Jagat-tāriṇī (Protector of the world)! my eyes are constantly at you. I remember you every moment. O Bhujā-dhāriṇī (Eight armed)! may I serve you without caring for anything else in my life.* **961/4839**

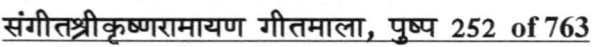

संगीतश्रीकृष्णरामायण गीतमाला, पुष्प 253 of 763

गीत : राग बिलावल, तीन ताल 16 मात्रा

(कृष्ण के नाम)

स्थायी

आज चलो हम सब मिल गाएँ, कृष्ण के सुंदर नाम सुनाएं ।

♫ सां–ध पमग मरे गम पग मरेसा–, सागम रे गपनिनि सां–रें सांनिधप– ।

अंतरा–1

केशव माधव भाते सबको, देवकी नंदन मन भरमाए ।

♫ प–पप ध–निनि सां–सां– रेंरेंसां–, सांगंमंगं रेंसांधप गम पगमरेसा– ।

अंतरा–2

पावन गायन गाते तुमरो, गिरिधर हमको सब मिल जाए ।

◎ **Shrī Krishṇa Bhajan : *Sthāyī* :** *Let us chant Shrī Krishṇa's beautiful names today.* ***Antarā* : 1.** *The names Keshava, Mādhav and Devakī-Nandana (Devakī's son) are pleasing to our mind.* **2.** *O Giridhara (Bearer of the mountain) Shrī Krishṇa! singing the auspicious names of yours, we achieve everything.* **962/4839**

गीतोपनिषद् : नौवाँ तरंग

Gitopanishad : Fascicule 9

64. साङ्ख्य निरूपण की कथा :

64. The Sānkhya Yoga *(Gītā Chapter 2)*

(साङ्ख्यनिरूपणम्)

♫ संगीतश्रीकृष्णरामायण छन्दमाला, मोती 137 of 501

फटका छन्द

8 + 8 + 8 + 6/5

(सांख्य)

न तुम नहीं थे, न मैं नहीं था, न ये न जन थे, पहले भी ।
न तुम न होगे, न मैं न हूँगा, न ये न होंगे, आगे भी ।। 1
हुए तुम भी थे, हुआ मैं भी था, हुए सभी थे, पहले भी ।
तुम भी होंगे, मैं भी हूँगा, होंगे सारे, आगे भी ।। 2

◎ **Sānkhya yoga :** *Neither you were not there, nor I was not there, nor these people were not there in the past. Neither you will not be there, nor I will not be there, nor these people will not be there in the future. In other words, you were there, I was there, these people were there in the past, as well as you will be there, I will be there and these people will always be there in the future.* **963/4839**

श्रीमद्भगवद्गीता द्वितीयोऽध्याय: ।

संजय उवाच ।

।। 2.1 ।। तं तथा कृपयाविष्टमश्रुपूर्णाकुलेक्षणम् ।
विषीदन्तमिदं वाक्यमुवाच मधुसूदन: ।।

ॐ अनुष्टुप्-श्लोक-छन्दसि गीतोपनिषद् ।

(सञ्जय उवाच)

ॐ **एतादृशे क्षणे सूक्ष्मे श्रुत्वा पार्थस्य वल्गनाम् ।**
योगेश्वरो भ्रमं हर्तुं पार्थमुवाच मायया ।। 566/2422

(संजय ने कहा)

सुन कर बकबक उसकी रण में, विषम स्थान में, नाजुक क्षण में ।
योगेश्वर ने स्नेह से महा, भ्रम सुलझाने पार्थ से कहा ।। 990/5205

✍दोहा॰ **सुन कर बड़बड़ता हुआ, विषम स्थान में पार्थ ।**
योगेश्वर ने पार्थ को, दिया ज्ञान धर्मार्थ ।। 752/7068

◎ **Sañjay :** *O Dhritarāṣhtra! hearing Arjun's deluded chatter at that critical juncture, Shrī Krishṇa lovingly said :* **964/4839**

श्रीभगवानुवाच ।

।। 2.2 ।। कुतस्त्वा कश्मलमिदं विषमे समुपस्थितम् ।
अनार्यजुष्टमस्वर्ग्यमकीर्तिकरमर्जुन ।।

ॐ **व्याकुल: कातरो भूत्वा शोकयुक्तो रणे च त्वम् ।**
एवं दीन: कथं पार्थ रोदक: परिदेवक: ।। 567/2422

(अर्जुन की भरमायी बातें सुन कर कृष्ण ने कहा)

व्याकुल होकर ऐसे ऐंठे, कातर होकर रथ में बैठे ।
अर्जुन! इतने दीन बने क्यों, नैनन आँसू, पार्थ! सने क्यों ।। 991/5205

✍दोहा॰ **श्रीधर बोले पार्थ से, जो था पाया शोक ।**
"रण पर आकर क्षात्र तुम, क्यों ऐसे डरपोक ।। 753/7068

◎ **Shrī Krishṇa :** *O Arjun! at such crucial moment, how a warrior like you can get dejected and sit crying overwhelmed with excessive grief on the battlefield?* **965/4839**

।। 2.3 ।। क्लैब्यं मा स्म गम: पार्थ नैतत्त्वय्युपपद्यते ।
क्षुद्रं हृदयदौर्बल्यं त्यक्त्वोत्तिष्ठ परन्तप ।।

ॐ **अनुचिते स्थले काले नीचा बुद्धि: कथं त्वयि ।**
दास्यति न च कीर्तिं सा न या श्रेष्ठं च शोभते ।। 568/2422

अनुचित स्थल में, अयोग्य पल में, नीच अमति क्यों तुमरे दिल में ।
न स्वर्ग देगी, न कीर्ति देती, नहीं सज्जनों को जो भाती ।। 992/5205

✍दोहा॰ **"अनुचित ऐसे स्थान में, करना ऐसी बात ।**
ना कीर्ति ना स्वर्ग दे, क्यों मन आई, तात! ।। 754/7068

◎ **And :** *How this base thinking came to your mind at this wrong time and at this wrong place? It neither gives a good name nor it is heavenly.* **966/4839**

ॐ **नास्त्येतस्यां किमप्यर्थ:-त्यज दुर्बलतां सखे ।**
त्यक्त्वा हृदयदौर्बल्यं सन्नद्धो भव भारत ।। 569/2422

अर्जुन छोड़ो दुर्बलता को, नीच हृदय की निर्बलता को ।
इनमें कुछ भी नहीं अर्थ है, उठो पार्थ! अब रुदन व्यर्थ है ।। 993/5205

✍दोहा॰ **"क्लैब्य तुम्हें जचता नहीं, उठो धैर्य को जोड़ ।**
अर्जुन! हो जाओ खड़े, कायरता को छोड़" ।। 755/7068

64. The Sānkhya Yoga (Gītā Chapter 2)

◎ **And :** *O Arjun! this cowardice does not befit you as a warrior standing on a battlefield. Shake off your timidity and stand up to perform your duty with courage.* **967/4839**

अर्जुन उवाच ।

॥ 2.4 ॥ **कथं भीष्ममहं सङ्ख्ये द्रोणं च मधुसूदन ।**
इषुभिः प्रतियोत्स्यामि पूजार्हावरिसूदन ॥

(अर्जुनस्य पुनः प्रजल्पः)

योगेश्वरस्य तच्छ्रुत्वा कौन्तेयो वचनं ततः ।
पार्थः कृष्णं पुनर्ब्रूते ज्ञात्वाऽऽत्मानं स पण्डितम् ॥ 570/2422

(फिर से अर्जुन की बड़बड़)

सुन कर कहना हृषीकेश का, अर्जुन बोला वचन त्वेष का ।
पंडित जैसा पुनः बड़बड़ा, आकर रण पर जोश में बड़ा ॥ 994/5205

दोहा॰ **सुने बचन सब कृष्ण के, फिर भी खोया ध्यान ।**
पंडित जैसा बड़बड़ा, देने उनको ज्ञान ॥ 756/7068

◎ **Arjun :** *Even after hearing Shrī Krishna's words, Arjun again posed like a pundit and said :* **968/4839**

कथं शरान्सु क्षेप्स्यामि मुरारे भीष्मद्रोणयोः ।
पावनौ तौ गुरू द्वौ हि कथय मां जनार्दन ॥ 571/2422

गुरु पर बाण चलाऊँ कैसे, भीष्म द्रोण पावन हैं ऐसे ।
अहो खरारे! कहो मुरारे! गुरु जन दोनों मुझे पियारे ॥ 995/5205

दोहा॰ **"भीष्म द्रोण गुरु पूज्य हैं, जैसे गंगा नीर ।**
कैसे रण पर मैं, प्रभो! छोड़ूँ उन पर तीर ॥ 757/7068

◎ **He said :** *O Janārdan (Remover of the evil people)! how may I shoot arrows at Bhīshma and Droṇa? O Murāri! they are my holy gurus.* **969/4839**

संगीतश्रीकृष्णरामायण छन्दमाला, मोती 138 of 501

वानवासिका छन्द[183]

8 + । + 2 + । + 4

(अरिसूदन)

विषयरूप शत्रु का विनाशक ।
कहा अरिसूदन गणविनायक ॥ 1
हृषीकेश हैं वही शकटारि ।
अघासुर बकासुर हरि मध्वरि ॥ 2

◎ **Arisūdan :** *The destroyer of the enemy, which exists in the form of passion, is called Arisūdan. The Lord of the people is called Gaṇa-vināyak. He is also called Hriṣhīkesh (Lord of the organs of the body), Shakaṭāri, Aghāsur, Aghāsur, Bakāsur, Hari and Madhvari Bakāsur, Madhu and Shaṭak).* **970/4839**

॥ 2. 5 ॥ **गुरूनहत्वा हि महानुभावाञ्श्रेयो भोक्तुं भैक्ष्यमपीह लोके ।**
हत्वार्थकामांस्तु गुरूनिहैव भुञ्जीय भोगान्रुधिरप्रदिग्धान् ॥

अनुष्टुप्-श्लोक-छन्दसि गीतोपनिषद् ।

(नीतियुद्धस्य भेदं अर्जुनो विस्मृतवान्)

हत्या पूज्यगुरूणां तु भिक्षाया अपि पामरा ।
रक्तसिक्तांस्ततो भोगान्-भोक्ष्यामि खलु केशव ॥ 572/2422

(भ्रम के कारण अर्जुन धर्मयुद्ध को आम युद्ध समझ बैठा)

पवित्र गुरु पर घात यदि करा, भोग मिलेगा रुधिर से भरा ।
उससे, श्रीधर! यह है अच्छा, जीवन जीने माँगूँ भीच्छा ॥ 996/5205

दोहा॰ **हत्या गुरु की, हे प्रभो! भिक्षा से भी तुच्छ ।**
रक्त सिक्त फिर पाप का, मुझे मिलेगा गुच्छ ॥ 759/7068

---

[183] **वानवासिका छन्द :** इस 16 मात्रा वाले संस्कारी छन्द की 9वीं और 12वीं मात्रा लघु होती है । इसका लक्षण सूत्र 8 + । + 2 + । + 4 इस प्रकार होता है ।

▶ लक्षण गीत : दोहा॰ **सोलह मात्रा से बना, लघु नौ बारह मत्त ।**
"वानवासिका" छंद का, "मात्रिक" है सम वृत्त ॥ 758/7068

◎ **And :** *Killing the holy gurus, to attain victory in the war, is inferior than begging alms for living. O Keshava! by killing the gurus, I will earn sin and I will have to live on the food tainted with their blood.* **971/4839**

जयपराजयोर्नास्ति नीतियुद्धे तु चिन्तनम् ।
तथाऽपि भ्रमयुक्तः स क्षात्रधर्मं हि व्यस्मरत् ।। 573/2422

नीति-युद्ध में कहा यही है, हार-जीत का प्रश्न नहीं है ।
फिर भी भ्रम में नीति का कहा, याद पार्थ के नहीं था रहा ।। 997/5205

दोहा॰ **नीति-युद्ध में सम सभी, लाभ-हानि जय हार ।**
फिर भी भूला पार्थ वो, धर्म-ज्ञान का सार ।। 760/7068

◎ **But :** *But Arjun forgot, that in a righteous war there is no question of victory and defeat for a warrior.* **972/4839**

।। 2.6 ।। **न चैतद्विद्मः कतरन्नो गरीयो यद्वा जयेम यदि वा नो जयेयुः ।**
यानेव हत्वा न जिजीविषामस्तेऽवस्थिताः प्रमुखे धार्तराष्ट्राः ।।

(तथैव पार्थ उवाच)

एतदपि न जानीमः किमस्मभ्यं शुभं भवेत् ।
जेष्यन्ति वा जयेयुर्नो जेष्यामो वा जयेम तान् ।। 574/2422

(इस लिये अर्जुन कहता है)

कहिये हम जीतेंगे उनको, या जीतेंगे वे ही हमको ।
क्या अच्छा है, और क्या बुरा, मैं ना जानूँ, कृष्ण! क्या खरा ।। 998/5205

दोहा॰ **कहा पार्थ ने कृष्ण को, "कृपया दीजो ज्ञान ।**
मैं दुविधा में हूँ पड़ा, दूर करो अज्ञान ।। 761/7068

"हमें नहीं है ज्ञात क्या, उचित हमें व्यवहार ।
जीत हमारी आज या, वे दें हमको मार ।। 762/7068

◎ **And :** *And he said, O Shrī Krishṇa! we don't even know what is better for us, if they will win over us or if we will win them.* **973/4839**

नास्ति जेतुं जिगीषा नो हत्वा यान्यदुनन्दन ।
अवस्थिता भटास्ते हि युद्धाय पुरतो रणे ।। 575/2422

जिन्हें मार कर फिर जीने की, अभिलाषा नहिं अघ पीने की ।
वही सामने खड़े लोग हैं, लड़ने का जिन लगा रोग है ।। 999/5205

दोहा॰ **"जिन्हें जीत कर भोग की, हमें नहीं अभिलाष ।**
वही खड़े हैं सामने, लेकर रण की आश ।। 763/7068

◎ **And :** *And, O Yadunandan (Son of Yadu) Shrī Krishṇa! by killing whom we do not even wish to live, those are the warriors standing in front of us for a war.* **974/4839**

(स्वगतम्)

अचेष्टन् ते गृहे तत्र हन्तुमस्मान्वने तथा ।
तत्र नैच्छमहं योद्धुं नेच्छाम्यत्रापि तैः सह ।। 576/2422

(अर्जुन के मन की दुविधा, स्वगत)

रण के बाहर, अंदर वन के, हम पर हमले दुर्योधन के ।
न हम लड़े थे तब भी उनसे, न मैं लड़ूँगा अब भी उससे ।। 1000/5205

दोहा॰ **"जब थे हम घर में सभी, या थे वन में न्यस्त ।**
कौरव थे सब स्थान में, हमें मारने व्यस्त ।। 764/7068

◎ **In his mind :** *Arjun is thinking in his mind, they tried to kill us at home and in the forest for twelve years, even there I did not wish to kill them and now also I do not wish to fight with them on the battlefield.* **975/4839**

तत्रात्र वा वयं स्याम योद्धुमिच्छन्ति ते सदा ।
इतो गच्छेम कुत्रापि प्रत्यागम्यं पुनो मया ।। 577/2422

रण में हम हों या हों बाहर, युद्ध उन्होंने करना आकर ।
चले यहाँ से गए कहीं पर, आना होगा लौट यहीं पर ।। 1001/5205

दोहा॰ **"वहाँ भी नहीं, ना यहाँ, हमें युद्ध की चाह ।**
रण तज कर जाएँ कहाँ? बूझ न पाऊँ राह ।। 765/7068

◎ **And :** *May we be at home or on the battlefield or anywhere else, all they want is to annihilate us. Wherever we may go from here, we will have to come here again for a war, for sure.* **976/4839**

योद्धुमत्रागताः सर्वे गुरवो बान्धवास्तथा ।
शस्त्रयुक्ता रता योद्धुं मर्तुं मारयितुं तथा ।। 578/2422

बांधव भाई गुरु जन प्यारे, मरन–मारने तत्पर सारे ।
शोणित प्यासे, शस्त्र से सने, युद्ध हेतु से अंध हैं बने ।। 1002/5205

दोहा० **"बंधु मित्र गुरु जन सभी, लड़ने को तैयार ।**
शस्त्र–अस्त्र उद्यत सभी, हमें डालने मार ।। 766/7068

◎ **And :** *All gurus and relatives equipped with weapons are assembled here for killing or getting killed in the war.* **977/4839**

त्यक्त्वा धनानि प्राणाँश्च हन्तुमस्मान्यथा तथा ।
येनकेनप्रकारेण जना: सर्वे युयुत्सव: ।। 579/2422

धन–दौलत सब तज के आए, द्वेष जलन से रण में धाए ।
राज्य भोग का लिये बहाना, रुधिर हमारा इन्हें बहाना ।। 1003/5205

दोहा० **"प्राण मान धन त्याग के, द्वेष जलन के साथ ।**
हमें मारने के लिये, उतावले हैं हाथ ।। 767/7068

◎ **And :** *Renouncing their riches and lives they all have come here eager to kill us by any means possible.* **978/4839**

अचेष्टामहि सर्वं च सन्ध्या युद्धं निवर्तितुम् ।
विनश्य सन्धिमार्गान्–ते, योद्धुमेव समागता: ।। 580/2422

सुलह हर तरह हमने चाही, मगर निराशा हमने पायी ।
मार्ग शाँति के कर उजाड़ ये, हमें मारने पर उतार हैं ।। 1004/5205

दोहा० **"हमने मिलाप के लिये, कीन्हे बहुत प्रयास ।**
मगर शाँति को छोड़के, उन्हें युद्ध की प्यास ।। 768/7068

◎ **And :** *We have made every attempt to bring them to peace and avert the war, but rejecting every suggestion of compromise they chose this war.* **979/4839**

हन्तुमस्मान्दृढा: सर्वे योद्धुमिच्छेम वा न वा ।
नाहं युध्येय तर्हि ते समुच्छेत्स्यन्ति पाण्डवान् ।। 581/2422

शाँति का पथ हमें खुला है, दुर्योधन युद्ध पर तुला है ।
कार्य अगर मैं नहीं निभाया, पांडु पक्ष वो करे सफाया ।। 1005/5205

दोहा० **"हमें मारने पर तुले, हैं वे सारे लोग ।**
पांडव सारे मार कर, उन्हें न होगा सोग ।। 769/7068

◎ **And :** *Even if we do not want to fight, they are bent up on fighting and annihilating all Pāṇḍavas.* **980/4839**

मयि सति कथं कृष्णैतज्जातु शक्यते प्रभो ।
वाञ्छामो तु वयं शान्तिं योद्धुमिच्छन्ति कौरवा: ।। 582/2422

मेरे होते, हरि! यह कैसे, होगा घात ये अपना ऐसे ।
शाँति का मैं चाहूँ गौरव, मगर युद्ध पर अड़े हैं कौरव ।। 1006/5205

दोहा० **"वे हैं करना चाहते, हमरा पूर्ण विनाश ।**
मेरे होते ना कभी, होगा हमरा नाश ।। 770/7068

◎ **And :** *When I am present on the battlefield, this will not be possible for them in my presence. We are willing or not, Kauravas want to fight.* **981/4839**

योद्धुं यद्यपि नेच्छाम: कौरवास्तु युयुत्सव: ।
वद गच्छाम्यहं कुत्र नागन्तव्यं यतो रणे ।। 583/2422

शाँति मार्ग से हमें प्यार है, मगर युद्ध पर वे उतार हैं ।
कहाँ मैं जाऊँ, कहो यहाँ से, नहीं लौटना पड़े जहाँ से ।। 1007/5205

दोहा० **"गए यहाँ से हम कहीं, तज कर यह रण क्षेत्र ।**
आना होगा लौट कर, हमें इसी कुरु क्षेत्र ।। 771/7068

◎ **And :** *We do not want to fight, but Kauravas are eager for a battle. In this case, even if we leave the battlefield and go anywhere, we will have to again return back here for a war, for sure.* **982/4839**

अर्जुन उवाच ।

।। 2.7 ।। कार्पण्यदोषोपहतस्वभाव: पृच्छामि त्वां धर्मसम्मूढचेता: ।
यच्छ्रेय: स्यान्निश्चितं ब्रूहि तन्मे शिष्यस्तेऽहं शाधि मां त्वां प्रपन्नम् ।।

(अर्जुन: प्रश्नान् पृच्छति)

अधर्म: कश्च धर्मोऽपि कोऽस्मिन्स्थितौ नु ब्रूहि माम् ।
किं नु पापं च पुण्यं किं करणीयं च कर्म किम् ।। 584/2422

(अर्जुन ने कहा)

इस हालत में स्वधर्म क्या है, और कहो अब अधर्म क्या है ।

पाप–पुण्य सब क्या है कहिये, और कर्म अब क्या हम करिए ।। 1008/5205

✍दोहा॰ "धर्म क्या अब अधर्म क्या, पुण्य और क्या पाप ।
अहो कृष्ण! करणीय क्या, मुझे बताओ आप ।। 772/7068

◎ **Therefore :** *Therefore, O Shrī Krishṇa! please tell me in this situation what is righteous and what is unrighteous? What action will be a sin and what will not be a sin? What we ought to do and what we ought not do?* **983/4839**

♫ संगीतश्रीकृष्णरामायण छन्दमाला, मोती 139 of 501

चौबाला छन्द[184]

8 + 4 + । ऽ

(धर्म अधर्म)

पूछे अर्जुन, अब धर्म क्या ।
कृष्ण! बताओ अपकर्म क्या ।। 1
क्या तजना क्या उचित करना ।
प्रभो! पुण्य में कथं मरना ।। 2

◎ **Dharma and adharma :** *Arjun is asking, O Shrī Krishṇa! what is dharma (righteousness) on the battlefield now and what is adharma (unrighteousness), which one is righteous act and which one is not. What we should do here and what we should refrain from? O Lord! how will I die without committing a sin?* **984/4839**

ॐ **रणयागत्य किं कार्यम्–अकार्यं किं च केशव ।**
लाभालाभौ च कस्मिन्मे कृष्ण ब्रूहि सुनिश्चितम् ।। 585/2422

(फिर अर्जुन श्रीकृष्ण से उपदेश चाहता है)

हमें कार्य क्या ऐसे क्षण में, अरु अकार्य क्या आकर रण में ।
भला बुरा क्या निश्चित कहिये, एक काम क्या अब हम करिए ।। 1009/5205

---

[184] ♫ **चौबाला छन्द** : इस 15 मात्रा वाले तैथिक छन्द के चरण के अंत में एक लघु और एक दीर्घ मात्रा आती है । यति 8–7 मात्रा का विकल्प से आता है ।

▶ लक्षण गीत : ✍ **दोहा॰ पन्द्रह मात्रा से बना, लघु गुरु कल से अंत ।**
आठ मत्त पर यति जहाँ, वह "चौबाला" छंद ।। 771/7068

✍दोहा॰ "रण पर आकर कार्य क्या, क्या है कृष्ण! अकार्य ।
जिसमें सबका लाभ हो, कहो एक जो आर्य ।। 773/7068

◎ **And :** *Now that I am on the battlefield, what I ought to do and what I ought not do? What is right and what is wrong?* **985/4839**

ॐ **अवशं मे मनो जातं भ्रमिता मे मतिस्तथा ।**
शाधि शिष्यं प्रपन्नं मां धर्माधर्मौ च कौ हरे ।। 586/2422

करुणा से मन बेबस हो कर, भूल गया मैं आपा खो कर ।
कहो धर्म क्या और पाप क्या, शरण आपकी, शिष्य आपका ।। 1010/5205

✍दोहा॰ "करुणा से मैं ग्रस्त हूँ, भ्रम से मन है व्यग्र ।
एक कहो तव शिष्य को, सुनूँ प्रभो! एकाग्र ।। 774/7068

◎ **And :** *I am confused about right and wrong. My mind is deluded. I am a disciple at your feet, please show me the right path for certain.* **986/4839**

।। 2.8 ।। न हि प्रपश्यामि ममापनुद्याद्यच्छोकमुच्छोषणमिन्द्रियाणाम् ।
अवाप्य भूमावसपत्नमृद्धं राज्यं सुराणामपि चाधिपत्यम् ।।

ॐ अनुष्टुप्–श्लोक–छन्दसि गीतोपनिषद्

(पुनः प्रजल्पः)

ॐ **असपत्नं च सम्पन्नं राज्यं भूमौ मिलेद्यदि ।**
इन्द्रासनं च प्राप्याहं भवेयं द्युपतिस्तथा ।। 587/2422

(और फिर थोड़ी बड़बड़ करता है)

बिना शत्रु का राज्य पसारा, मिला यदि धरती का सारा ।
बना भूप मैं इन्द्रासन का, हुआ नृपति मैं यदि त्रिभुवन का ।। 1011/5205

✍दोहा॰ "बिन शत्रु का भव्य ये, मिला भूमि का राज ।
इन्द्रासन भी स्वर्ग का, मिला मुझे यदि आज; ।। 775/7068

◎ **More chatter :** *Then Arjun continued with his chatter saying, even if I gain Lord Indra's affluent kingdom and become a king of the heaven;* **987/4839**

ॐ **राज्यं त्रिभुवनस्यापि लब्धं निष्कण्टकं मया ।**
नाहं मन्ये विषादो मे गच्छेद्गात्रस्य शोषकः ।। 588/2422

फिर भी नहिँ है लगता मुझको, कहता हूँ मैं, केशव! तुझको ।
दुःख, इन्द्रियाँ सुखाने वाला, दूर हटेगा दुखाने वाला ।। 1012/5205

दोहा॰ "तीन लोक का भूप भी, यदि मैं बना सुधीर ।
विषाद ये ना जाएगा, जो देता है पीड़" ।। 776/7068

◎ **And :** *Or even if I gain thornless and trouble free kingdom of the three worlds, I don't think this bone-drying pain of mine will ever go away.* **988/4839**

सञ्जय उवाच ।

।। 2.9 ।। **एवमुक्त्वा हृषीकेशं गुडाकेशः परन्तप ।**
न योत्स्य इति गोविन्दमुक्त्वा तूष्णीं बभूव ह ।।

(सञ्जय उवाच)

इदमुक्त्वा हृषीकेशं विषण्णः स तदा रणे ।
भणित्वा च "न योत्स्येऽहं" तूष्णीं बभूव भारतः ।। 589/2422

(संजय ने कहा)

हृषीकेश से अर्जुन धनुधर, "लड़ूँगा नहीं" इतना कह कर ।
रण के मध्ये रूठ गया वो, चुप्पी धर कर बैठ गया वो ।। 1013/5205

दोहा॰ इतना कह कर कृष्ण को, पार्थ होगया खिन्न ।
"लड़ूँगा नहीं" बोल कर, पार्थ होगया मौन ।। 777/7068

◎ **Sañjay :** *Having chattered in front of Shrī Krishna, that dejected Arjun said, "I shall not fight," and he sat down quietly.* **989/4839**

।। 2.10 ।। **तमुवाच हृषीकेशः प्रहसन्निव भारत ।**
सेनयोरुभयोर्मध्ये विषीदन्तमिदं वचः ।।

(तदा)

आकर्ण्य वचनं तत्स विलक्षणं हि माधवः ।
स्नेहेनोवाच पार्थं तं विस्मितः केशवस्ततः ।। 590/2422

(तब)

वचन विलक्षण पार्थ के बड़े, सुन कर विस्मित कृष्ण हँस पड़े ।
बोले अर्जुन को ममता से, शब्द भावना की समता से ।। 1014/5205

दोहा॰ सुन कर बचनन पार्थ के, अद्भुत विषम विचित्र ।
कृष्ण ने कहा स्नेह से, उसे जान कर मित्र ।। 778/7068

◎ **Shrī Krishna :** *Hearing those surprising words of Arjun, Shrī Krishna lovingly and smilingly said to Arjun;* **990/4839**

संगीतश्रीकृष्णरामायण गीतमाला, पुष्प 254 of 763

(आँखे खोल)

स्थायी

बंद आँखे खोल, रे बंदे! मत हो डाँवाडोल ।

♫ नि–ध प–मं– ध–, प मं–ग–! पमं ग मं–ग–रे– सा– ।

अंतरा–1

कार्य कर्म का मेरु खड़ा है, बीच राह में ध्येय अड़ा है ।
कर्दम में मत रोल, रे बंदे! सुनले प्यारे बोल ।।

♫ सा–रे ग–ग ग– मं–प मंग– मं–, नि–ध प–मं प– ध–प मंग– रे– ।
सा–रेरे ग– मंमं प–, ध पमंग–! पमंग रे–ग– सा– ।।

अंतरा–2

पंडित बन कर ज्ञान दे रहा, गलत बात पर ध्यान दे रहा ।
तेरी नाव है डाँवाडोल, रे बंदे! सुनियो न्यारे बोल ।।

अंतरा–3

सूरज नूतन देख चढ़ा है, आतप चारों ओर बढ़ा है ।
ये है घड़ी अनमोल, रे बंदे! सुनियो म्हारे बोल ।।

◎ **Open your eyes :** ***Sthāyī :*** *O Deluded Arjun! please open your eyes and be steady.* ***Antarā : 1.*** *A mountain of duties to be performed is ahead of you. Your aim is awaiting half way away for your action. Don't get off track in the mire of delusion. Listen to my beneficial words.* ***2.*** *You are talking like a pundit and you are worrying about the wrong things. Your boat is shaky. Listen to my beneficial words.* ***3.*** *Behold! new sun of knowledge has arisen. Its enlightenment is all over. This moment is priceless. Listen to my beneficial words.* **991/4839**

श्रीभगवानुवाच ।

॥ 2.11 ॥ अशोच्यानन्वशोचस्त्वं प्रज्ञावादांश्च भाषसे ।
गतासूनगतासूंश्च नानुशोचन्ति पण्डिताः ॥

(श्रीभगवानुवाच)

विषादो नोचितो येषां तेषां शोकं करोषि त्वम् ।
बाह्यतः पण्डितो भूत्वा ज्ञानप्रदर्शनं च माम् ॥ 591/2422

(श्रीभगवान् ने कहा)

दुखड़ा तुम करते हो उनका, उचित नहीं है विषाद जिनका ।
वचन मुझे कहते हो ऐसे, मानो पंडित बने हो जैसे ॥ 1015/5205

दोहा॰ **दुख के लायक जो नहीं, उन पर क्यों दुख, पार्थ! ।**
पंडित जैसे बोल ये, जिनमें नहीं यथार्थ ॥ 779/7068

विषाद तुमने है किया, जिनका शोक न ठीक ।
ऊपर से पंडित बने, मुझे दे रहे सीख ॥ 780/7068

◎ **And :** *And you are grieving for those people, who are not worthy of lamentation. You are acting as if you are a puṇḍit. You are exhibiting your delusion.* **992/4839**

नैतत्स्थानं न कालोऽपि जल्पितुं न च क्रन्दितुम् ।
ज्ञानेनानुपयुक्तेन हितं लेशो न लभ्यते ॥ 592/2422

ना ही स्थान ये, न हि मौका है, बड़बड़ का, ना रोने का है ।
लाभ तुम्हारे व्यर्थ ज्ञान का, यहाँ नहीं है किसी काम का ॥ 1016/5205

दोहा॰ **रण भूमि नहिं स्थान है, बिलखाने के योग्य ।**
व्यर्थ तुम्हारे ज्ञान का, यहाँ नहीं उपयोग ॥ 781/7068

◎ **And :** *Battlefield is neither a place for meaningless chatter nor for crying. There is no benefit in either of them. Do your duty.* **993/4839**

जीविताँश्च मृताँश्चैव नानुशोचन्ति पण्डिताः ।
जीविताजीवितौ देहौ विद्वद्भ्यस्तु समावुभौ ॥ 593/2422

जीवित जन हो या मृत तन हो, ज्ञानी का रोने का ना मन हो ।
शरीर चेतन तथा अचेतन, बिन आतम के जानो दो तन ॥ 1017/5205

दोहा॰ **अनुचित पर तुम रुदन कर, जता रहे अज्ञान ।**
पंडित जन रोते नहीं; जन्म मरण है आम ॥ 782/7068

◎ **And :** *Wise people do not lament so much for those who are departed and those who are not gone. For them, life and death are two normal natural events.* **994/4839**

॥ 2.12 ॥ न त्वेवाहं जातु नासं न त्वं नेमे जनाधिपाः ।
न चैव न भविष्यामः सर्वे वयमतः परम् ॥

(किमुचितम्)

नाहं नासं न त्वं नासीः–न नासनितरे जनाः ।
नच नाहं भविष्यामि न त्वं नैते जनाः पुनः ॥ 594/2422

(क्या उचित है)

न मैं नहीं था न तुम नहीं थे, न लोग सारे हुए नहीं थे ।
न मैं न हूँगा न तुम न होगे, न भविष्य में ये लोग न होंगे ॥ 1018/5205

दोहा॰ **न मैं नहीं था, ना हि तू, ना ये जग के लोग ।**
न मैं न हूँगा, ना हि तू, ना ये जग के भोग ॥ 783/7068

◎ **And :** *Neither you were not there in the past, nor I was not there, nor these people were not ever there in the past. Neither you will not be there in the future, nor I will not be there nor these people and the things will not be there ever in the future.* **995/4839**

(अर्थात्)

अहमासं त्वमासीश्चासनेते सकला जनाः ।
भविष्यसि भविष्यामि भविष्यन्तीतरे सदा ॥ 595/2422

हुआ मैं भी था, तुम भी हुए थे, लोग सारे ये भी हुए थे ।
मैं भी हूँगा, तुम भी होगे, भविष्य में ये जन भी होंगे ॥ 1019/5205

दोहा॰ **हम, तुम, ये सब, होगए, जग के सारे लोग ।**
होंगे हम, तुम, ये सभी, जग के सारे भोग ॥ 784/7068

◎ **In other words :** *In other words, you were always there in the past, I was there and these people were there always in the past. Also, you will always be there in the future, I will be there and these people will also be always there in the future.* **996/4839**

संगीतश्रीकृष्णरामायण गीतमाला, पुष्प 255 of 763

(अस्तित्व)

स्थायी

न तुम नहीं थे, न मैं नहीं था, न ये न जन थे, पहले भी ।
न तुम न होगे, न मैं न हूँगा, न ये न होंगे, आगे भी ।। 1

♫ रे ग– मपम गरे, सा रे– गमग रे–, सा रे– रे गग मप, मगरे सा– ।
रे ग– प म–गरे, सा रे– ग मगरे–, सा रे– रे ग–मप, मगरे सा– ।।

अंतरा–1

हुआ तू भी था, हुआ मैं भी था, ये लोग सारे हो गए ।
होगा तू भी, हूँगा मैं भी, ये सर्व होंगे, आगे भी ।। 2

♫ मप– ध– प म–, गम– प– म ग–, सा रे–रे ग–मप–, मगरे सा– ।
नि–सा रे– रे–, प–म ग–रे–, सा रे–रे ग–मप–, मगरे सा– ।।

।। 2.13 ।। देहिनोऽस्मिन्यथा देहे कौमारं यौवनं जरा ।
तथा देहान्तरप्राप्तिर्धीरस्तत्र न मुह्यति ।।

(अपि च)

प्राप्नुमश्च वयं बाल्यं तारुण्यं च जरां यथा ।
देही भुनक्ति देहे स तत्र धीरो न भ्राम्यति ।। 596/2422

(और)

शरीर पाता चार अवस्था, बचपन यौवन जरा व्यवस्था ।
देही त्यों ही देह बदलता, धीर पुरुष इसमें न मचलता ।। 1020/5205

दोहा॰ **जन्म बाल्य यौवन जरा, स्वरूप पाता देह ।**
देही साक्षी देह में, देह देही का गेह ।। 785/7068

यथा बदलता, देह है, आयु अवस्था चार ।
तथा हि देही देह को, बदले बारंबार ।। 786/7068

◎ **Also :** *And, as we experience the childhood, youth and old age, so does the ātmā witnesses these three states of the body, the wise person does not get deluded with these events.* **997/4839**

।। 2.14 ।। मात्रास्पर्शास्तु कौन्तेय शीतोष्णसुखदुःखदाः ।
आगमापायिनोऽनित्यास्तांस्तितिक्षस्व भारत ।।

ते सुखदुःखदाः स्पर्शाः शैत्योष्ण्ययोश्च दायकाः ।
आगच्छन्ति च गच्छन्ति सहनीया हि पार्थ ते ।। 597/2422

सुख–दुख कारक स्पर्श गात्र के, शीत उष्ण परिणाम–मात्र के ।
अस्थायी ये आते–जाते, सदा सहन करने हैं होते ।। 1021/5205

दोहा॰ **सुख–दुख दायक स्पर्श ये, अस्थायी हैं, पार्थ! ।**
सहन करो इनको सदा, बन कर तुम निःस्वार्थ ।। 787/7068

◎ **And :** *Those pains and pleasures which give external sensations are temporary. They come and go. They need to be endured with indifference, O Arjun!* **998/4839**

सुखदुःखे समे दृष्ट्वा दृढस्तिष्ठति यो नरः ।
यत्किञ्चिदेव लब्ध्वाऽपि पयोवत्[185] तं नरं पयः[186] ।। 598/2422

सुख–दुख गतियाँ समान जानी, जिसने सब सहने की ठानी ।
उस नर को फिर आनी–जानी, क्या अमृत है, क्या है पानी ।। 1022/5205

दोहा॰ **सुख–दुख दोनों सम जिसे, दृढ़ मन पुरुष कहाय ।**
उस अविचल नर के लिये, जल अमृत बन जाय ।। 788/7068

◎ **And :** *He who is not baffled by these sensations, for that person anything that comes to him is like amrit (divine nectar).* **999/4839**

।। 2.15 ।। यं हि न व्यथयन्त्येते पुरुषं पुरुषर्षभ ।
समदुःखसुखं धीरं सोऽमृतत्वाय कल्पते ।।

शीतोष्णेषु च स्पर्शेषु निर्बद्धो यो नरः सदा ।
समः स सुखदुःखेषु धीरोऽमृतादवञ्चितः ।। 599/2422

शीत उष्ण अस्थिर स्पर्शों से, जो अविचल है सब हर्षों से ।
सुख दुःखों में जो समान है, अमृत उसको ही प्रदान है ।। 1023/5205

दोहा॰ **शीत उष्ण इन स्पर्श से, अविचल है जो धीर ।**

---

[185] पयः = दुग्ध अमृत ।

[186] पयः = जल ।

समबुद्धि का क्षात्र वो, अमृत उसको नीर ।। 789/7068

◎ **And :** *He who is not attached to these sensations of pleasure and pain and he who is indifferent to happiness and sorrow, he enjoys amrit (divine nectar) in his life.* **1000/4839**

संगीतश्रीकृष्णरामायण गीतमाला, पुष्प 256 of 763

(गोविंद)

स्थायी

रे दुखी मन, गोविंद गोविंद बोल । अंदर, नाम का अमरित घोल ।।

♫ म गरे गम–, ध–पम ग–मग रे– । ध–पम–, ग–म प ममगरे सा– ।।

अंतरा–1

सुख–दुख जग में आते–जाते, शीत उष्ण संकेत लुभाते ।
लालच, कर दे कौड़ी मोल ।।

♫ मग रेसा रेरे ग– ध–पम ग–म–, सा–रे ग–ग म–ध–प मग–रे– ।
सा–रेग–, धप मग– म–गरे सा– ।।

अंतरा–2

जग माया में क्यों तू डूबा, द्वंद्व–भाव से क्यों नहीं ऊबा ।
आखिर, अब तो आँखे खोल ।।

अंतरा–3

जाको तारे कृष्ण कन्हैया, पार लगे उसकी भव नैया ।
मत कर, बेड़ा डाँवाडोल ।।

◎ **Govind :** ***Sthāyī :*** *O My sad mind! chant Govind! Govind! and pour amrit (divine nectar) in your life.* ***Antarā : 1.*** *Pleasures and pains are enticing sensations. Treat the greed as dirt.* ***2.*** *Why are you lost in the glitter of the world. Why are you not fed up with the opposite attractions. At least now open your eyes.* ***3.*** *He whom Shrī Krishna Kanhaiyā protects, his boat crosses over the worldly ocean. Don't rock your boat.* **1001/4839**

।। 2.16 ।। नासतो विद्यते भावो नाभावो विद्यते सतः ।
उभयोरपि दृष्टोऽन्तस्त्वनयोस्तत्त्वदर्शिभिः ।।

अनस्तित्वं न जात्वासीत्–नास्ति न च भविष्यति ।
नासीन्न जातु चास्तित्वम्–अस्ति नित्यं भविष्यति ।। 600/2422

अनस्तित्व का न अस्तित्व था, न है न होगा, कभी सर्वथा ।
न अस्तित्व का अनस्तित्व था, न है न होगा, कभी अन्यथा ।। 1024/5205

दोहा॰ अनस्तित्व सत्ता नहीं, कहते ज्ञानी लोग ।
"सत्य सदा अस्तित्व है," यही ज्ञान का योग ।। 790/7068

◎ **Existence :** *Non-existence did not ever exist, never exists and will never exist. Existence never not-existed, never not-exists and will never not-exist.* **1002/4839**

तच्च सदसतः सत्यं सद्भिर्ज्ञातमशेषतः ।
अनस्तित्वं न जात्वस्त्यस्तित्वमेवास्ति शाश्वतम् ।। 601/2422

असत् तत्त्व की सत्ता नहीं है, सत् की सत्ता नित्य सही है ।
सत् असत् का तत्त्व है जाना, सत्पुरुषों ने सच पहिचाना ।। 1025/5205

दोहा॰ "असत् तत्त्व सच्चा नहीं, सत् की सत्ता नित्य" ।
जाना दोनों तत्त्व का, सत् पुरुषों ने सत्य ।। 791/7068

◎ **And :** *The reality of the existence and non-existence has been understood by the wise men. They say, non-existence is a myth, because everything always ecists and will exist eternally. Existence is eternal truth.* **1003/4839**

आत्मा सनातनो ज्ञातो ज्ञानिभिरमरस्तथा ।
द्विविधाऽऽत्मानमेवं तं स्पष्टं पश्यति बुद्धिमान् ।। 602/2422

ये आतमा सनातन जाना, ज्ञानियों ने अमर है माना ।
तत्त्व द्विविध ये दूर दृष्टि से, समझ लिया है गूढ़ बुद्धि से ।। 1026/5205

दोहा॰ आत्मा शाश्वत अमर है, कहते ज्ञानी लोग ।
इस विध उसको जानना, कहा ज्ञान का योग ।। 792/7068

◎ **Ātmā :** *Ātmā is eternal and immortal. The wise people know ātmā with these two attributes.* **1004/4839**

।। 2.17 ।। अविनाशि तु तद्विद्धि येन सर्वमिदं ततम् ।
विनाशमव्ययस्यास्य न कश्चित्कर्तुमर्हति ।।

(आत्मनः अमरत्वम्)

64. The Sānkhya Yoga (Gītā Chapter 2)

विद्धि तमक्षरं यस्माद्-इदं कृत्स्नं हि निस्सृतम् ।
विनाशः शाश्वतस्यास्य कर्तुं केनाप्यसम्भवः ।। 603/2422

(आत्मा अमर है)

अविनाशी उसकी माया है, जिससे यह सब कछु आया है ।
न हि शाश्वत को विनशाया है, न मार कोई भी पाया है ।। 1027/5205

दोहा॰ **अविनाशी वो एक है, जो रचता संसार ।**
नाश न उसका हो सके, कोई सके न मार ।। 793/7068

◎ **And :** *Know that ātmā is indestructible. It is Brahma, from which the Universe* ***evolves****. Nobody can cause its destruction.* **1005/4839**

संगीतश्रीकृष्णरामायण छन्दमाला, मोती 140 of 501

चित्रा छन्द[187]

4 + । + 2 + ।। + 7

(अविनाशी)

अजर अमर हरि अज अविनाशी ।
भूत सकल जँह परम निबासी ।। 1
घूम कर योनि लख चौरासी ।
मिले तब पुण्य सुख की रासी ।। 2

◎ **Indestructible :** *Hari is ageless, immortal, birthless and eternal. The beings are perishable. Passing through eighty-four-hundred-thousand births, one gets the human joy.* **1006/4839**

|| 2.18 ||
अन्तवन्त इमे देहा नित्यस्योक्ताः शरीरिणः ।
अनाशिनोऽप्रमेयस्य तस्माद्युद्धयस्व भारत ।।

अस्मादनश्वरात्सृष्टा देहाः सर्वे हि नश्वराः ।
एवं बुद्धा त्वमात्मानं, योधनीयं त्वया सखे ।। 604/2422

इस अक्षर के शरीर सारे, कहलाते नश्वर हैं, प्यारे! ।
इस भाँति से आत्मा जाने, अब लड़ना, अर्जुन! है तूने ।। 1028/5205

दोहा॰ **देही शाश्वत एक है, नश्वर जिसके देह ।**
लिये यही शुभ-भावना, धर्मयुद्ध से नेह ।। 795/7068

◎ **And :** *The bodies borne by this immortal ātmā are perishable. Knowing this truth, you ought to fight the righteous war.* **1007/4839**

|| 2.19 ||
य एनं वेत्ति हन्तारं यश्चैनं मन्यते हतम् ।
उभौ तौ न विजानीतो नायं हन्ति न हन्यते ।।

एनं हतं च हन्तारं मन्यते यो निरापदम् ।
एतत्स न विजानाति नात्मा हन्ति न हन्यते ।। 605/2422

आत्मा मृत है या मारक है, ऐसे मत का जो धारक है ।
दोनों विध वह भूल है करता, ये न मारता, ना ही मरता ।। 1029/5205

दोहा॰ **इस विध जिसका ज्ञान है, ज्ञानी वही सुजान ।**
ना वह मरता आतमा, न ले किसी की जान ।। 796/7068

◎ **And :** *He who thinks this harmless ātmā to be slayer or slain, he does not know that the ātmā neither kills nor dies ever.* **1008/4839**

|| 2.20 ||
जायते म्रियते वा कदाचिन्नायं भूत्वा भविता वा न भूयः ।
अजो नित्यः शाश्वतोऽयं पुराणो न हन्यते हन्यमाने शरीरे ।।

अनुष्टुप्-श्लोक-छन्दसि गीतोपनिषद्

न भविता न भूत्वाऽयं म्रियते न च जायते ।
अमरः शाश्वतो नित्यो देहनाशे न नश्यति ।। 606/2422

न ये जन्मता, न ही मरता, ना ही मर कर, फिर अवतरता ।
शरीर नश्वर के मरने पर, अविनाशी यह रहे निरंतर ।। 1030/5205

दोहा॰ **ना ये मरता आतमा, न ही जन्म की बात ।**
नश्वर है यह देह ही, देही शाश्वत ज्ञात ।। 797/7068

---

[187] **चित्रा-1 छन्द :** इस 16 मात्रा वाले संस्कारी छन्द की 5वीं, 8वीं और 9वीं मात्रा लघु होती है । इसका लक्षण सूत्र 4 + । + 2 + ।। + 7 इस प्रकार होता है ।

▶ लक्षण गीत : दोहा॰ **सोलह मात्रा का बना, जिसे स्रोत स्वच्छंद ।**
पाँच आठ नौ लघु जहाँ, जाना "चित्रा" छंद ।। 794/7068

◎ **And :** *Ātmā neither takes birth nor it dies. This eternal and immortal ātmā does not perish, only the body perishes.* **1009/4839**

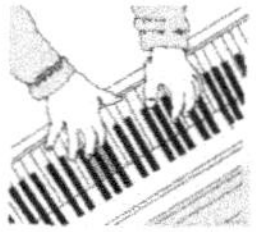

♫ **संगीतश्रीकृष्णरामायण छन्दमाला, मोती 141 of 501**

भुजंगप्रयात छन्द

। ऽ ऽ, । ऽ ऽ, । ऽ ऽ, । ऽ ऽ

♫ सा रे-ग- म प-म-ग रे-म- गरे- सा-

(आत्मा)

न जन्मा, न आरंभ, तेरा कहीं से ।
सदा साथ होते न, जाना किसी ने ।। 1
न आया कहीं से, न जाता कहीं है ।
निराधार आत्मा, जहाँ था वहीं है ।। 2

◎ **Ātmā :** *Ātmā is neither born nor it has a beginning. It is always with us but no one knows it properly. Neither it came from anywhere nor it goes anywhere. This ātmā is always there, where it always was.* **1010/4839**

।। 2.21 ।। **वेदाविनाशिनं नित्यं य एनमजमव्ययम् ।**
कथं स पुरुषः पार्थ कं घातयति हन्ति कम् ।।

ॐ **एवमात्मानमेनं योऽवगच्छत्यविनाशिनम् ।**
आत्मनः कथञ्चिद्वाऽपि न स हन्ता न घातकः ।। 607/2422

इस आत्मा से जो न उलझता, अज अविनाशी नित्य समझता ।
वह कैसे इसका मारक हो, या कैसे इसका घातक हो ।। 1031/5205

✍**दोहा॰ देही को जो जानता, मारक अथवा मर्त्य ।**
ज्ञात नहीं उस मूढ़ को, देही करे न कृत्य ।। 798/7068

◎ **Thus :** *He who knows this eternal ātmā this way without confusion, neither he kills the ātmā nor the ātmā is his killer.* **1011/4839**

।। 2.22 ।। **वासांसि जीर्णानि यथा विहाय नवानि गृह्णाति नरोऽपराणि ।**
तथा शरीराणि विहाय जीर्णान्यन्यानि संयाति नवानि देही ।।

ॐ **त्यक्त्वा त्याज्यं, यथा वस्त्रं धारयति नवं नरः ।**
त्यक्त्वा त्याज्यं, नवं देहं, देही स धरते तथा ।। 608/2422

त्याज्य वस्त्र को तज कर जन ये, यथा पहनता वसन है नये ।
त्याज्य देह तज देही पहने, नूतन देह यथा नव गहने ।। 1032/5205

✍**दोहा॰ त्याज्य वस्त्र को छोड़ कर, नये पहनते लोग ।**
देही देहों का तथा, करता है उपभोग ।। 799/7068

◎ **As :** *As a person discards a discardable cloth and wears another one, so does the ātmā discards the discardable body and bears another body.* **1012/4839**

♫ **संगीतश्रीकृष्णरामायण छन्दमाला, मोती 142 of 501**

इन्द्रवज्रा छन्द[188]

ऽ ऽ।, ऽ ऽ।, । ऽ।, ऽ ऽ

(देही)

(हिन्दी)

ज्यों लोग त्यागे कपड़े पुराने ।
डाले नये जो हि क्षयिष्णु जाने ।। 1
त्यों देह देही तजके घिसे जो ।
"देहांत वाले," पहने नये वो ।। 2

(संस्कृत)

जीर्णानि वस्त्राणि विहाय लोकाः ।
अन्यानि गृह्णन्ति यथा सदा ते ।। 1
तथा हि जीर्णान्स विहाय देही ।
अन्याञ्च गृह्णाति नवाञ्छु गेही ।। 2

---

[188] ♫ **इन्द्रवज्रा छन्द :** इस ग्यारह वर्ण, 18 मात्रा वाले छन्द के चरण में त त ज गण और दो गुरु वर्ण आते हैं । इसका लक्षण सूत्र ऽ ऽ।, ऽ ऽ।, । ऽ।, ऽ ऽ इस प्रकार होता है । इसके पदान्त में विराम होता है ।

▶ लक्षण गीत : ✍**दोहा॰ मत्त अठारह से सजा, ग्यारह अक्षर वृंद ।**
नाम "इंद्रवज्रा" जिसे, वही त त ज ग ग छंद ।। 800/7068

64. The Sānkhya Yoga (Gītā Chapter 2)

◎ **Ātmā :** *As people leave old undesirable clothes and wear new ones which are also perishable, similarly the ātmā also leaves the discardable body and assumes a new perishable body.* **1013/4839**

॥ 2.23 ॥ **नैनं छिन्दन्ति शस्त्राणि नैनं दहति पावकः ।**
न चैनं क्लेदयन्त्यापो न शोषयति मारुतः ॥

छिद्यते नायुधैरात्मा नाग्निना दह्यते कदा ।
न क्लिद्यते जलेनैष न शुष्यति च वायुना ॥ 609/2422

आत्मा को ना आग जलावे, ना ही पानी इसे गलावे ।
आत्मा को ना शस्त्र दुखावे, ना ही इसको वायु सुखावे ॥ 1033/5205

दोहा॰ **ना ये कटता शस्त्र से, न ही जलावे आग ।**
ना ही सूखे वायु से, न ही गलावे आप् ॥ 801/7068

◎ **Ātmā :** *Ātmā can not be cut by any weapon, nor can be burnt by fire, nor can be dried by wind, nor could be soaked by water.* **1014/4839**

♫ **संगीतश्रीकृष्णरामायण छन्दमाला, मोती 143 of 501**

निधि छन्द[189]

5 + ।ऽ।

(अक्षर)

अक्षर परम धाम, केशव सत् नाम ।
निश-दिन जप राम, निश-दिन जप श्याम ॥

◎ **Akṣhar :** *Shrī Kriṣhṇa is the eternal abode, his is the righteous name. Chant Rāma! Rāma! day and night. Chant Shyām! Shyām! day and night.* **1015/4839**

संगीतश्रीकृष्णरामायण गीतमाला, पुष्प 257 of 763

[189] ♫ **निधि छन्द** : इस 9 मात्रा वाले आंक वर्ग के छन्द के अन्त में एक गुरु और एक लघु मात्रा अथवा ज गण (।ऽ।) आता है । इसका सूत्र 5 + ।ऽ। होता है ।

▶ लक्षण गीत : दोहा॰ **नौ मात्रा से जो सजा, लघु गुरु लघु से अंत ।**
आंक वर्ग का पद्य ये, कहलाता "निधि" छंद ॥ 802/7068

(आत्मा)

क आत्मा परमात्मा को जन्म किं मरणं च किम् ।
प्राग्जन्म का गतिः कृष्ण गतिः का मरणोत्तरा ॥ 610/2422

♫ रे- ग-मप धपम-गम- प-, नि-ध प- मगरे- म ग- ।
ग-ग-ग म- पम-, ग-रे-! गग- रे- गमग-रेसा- ॥

आत्मा देहे तथा ज्ञेयो यथा बिम्बं हि दर्पणे ।
चुम्बके चुम्बकत्वं च यन्त्रे विद्युत्प्रवाहवत् ॥ 611/2422

गुरुत्वाकर्षणं भूमौ द्रवत्वं च जले यथा ।
सात्त्विकेषु सदाचार उपाधिर्व्यवसायिनाम् ॥ 612/2422

ब्रह्मैव परमात्मा स ईश्वरः परमेश्वरः ।
ईशः प्रभुर्जगद्धर्ता येन सृष्टमिदं जगत् ॥ 613/2422

देही ब्रह्मैव देहस्थः चिदात्मा पुरुषस्तथा ।
आत्मा स एव क्षेत्रज्ञो जीवः प्राणश्च चेतना ॥ 614/2422

देहेन देहिनो योगो भूतस्य जन्म कथ्यते ।
वियोगो देहिनस्तस्मात्-उच्यते मरणं तथा ॥ 615/2422

मृत्योरेकस्य भूतस्य जायते जन्म नूतनम् ।
देहाद्देहं सदा देही नूनं भ्रम्यति चक्रवत् ॥ 00/2422

मृत्युर्नास्ति विना जन्म विना मृत्युं न जन्म च ।
जन्ममृत्यू पृथक् ना हि द्वंद्वमेकं मतं बुधैः ॥ 616/2422

जन्ममरणयोर्द्वंद्वं पृष्ठद्वयस्य नाणकम् ।
रहस्यमात्मनः स्पष्टं यो जानाति स पण्डितः ॥ 617/2422

◎ **Birth and death :** *Arjun said, O Lord! what is ātmā and what is Paramātmā. What is birth and what is death. What happens before the birth and what happens after the death? Lord Shrī Kriṣhṇa said, Ātmā is like a reflection in the mirror, magnetism in the magnate, electric current in the circuit, gravitation in the earth, liquidity in the water, righteousness in the righteous, designation of a professional or the Sun in the sky*

64. The Sānkhya Yoga (Gītā Chapter 2)

Brahma is the Parmeshvara, Īshvara, Īsha or Prabhu, from whom everything is evolves and dissolves. The ātmā is Brahma associated with body. It is also called Dehī, Chidātmā, Puruṣha, Kṣhetrajña, Jīva, Prāṇa or Chetanā. The union of ātmā with body is called the birth. Its disassociation from the body is called death. Birth and death are only the two relative names for the same event. Because, death of a being takes place only to give birth of another being. Ātmā moves from body only to enter another body. Without birth there is no death and without death there is no birth. Nothing comes out of nothing. Birth and death are not separate two actions but two names given to one and the same duality. He who knows this secret is a wise person. **1016/4839**

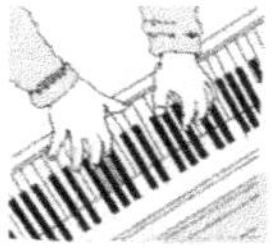

संगीतश्रीकृष्णरामायण गीतमाला, पुष्प 258 of 763

राग : यमन कल्याण, कहरवा ताल 8 मात्रा

(अक्षर आत्मा)

स्थायी

अक्षर ये आतमा है, देही अमर है जाना ।
अक्षय अनादि अजर है, पावन ये आतमा है ।।

♫ ग–रेरे सा– नि़–रेग– ग–, गमंप– पमंमं ग– रे–सा– ।
नि़–रेरे रेग–ग मंधप मं–, प–मंमं ग– प–मंगरे सा– ।।

अंतरा–1

वस्त्रों को त्याज्य नित जैसे, मानव ये त्यागता है ।
देही भी देह नित वैसे, जर्जर को छोड़ता है ।
इसमें भला क्यों रोना, जीवन की भंगिमा है ।।

♫ ग–मं– प– निध– पप मं–प–, ग–मंमं प– ध–पमं– ग– ।
नि़–रे– ग– मं–प धध मं–प–, ध–पप मं– ध–पमं– ग– ।
सासारे– गमं– प– मं–ग–, प–मंमं ग– प–मंगरे सा– ।।

अंतरा–2

शस्त्रों से नहीं ये कटता, अग्नि से नहीं है जलता ।
पानी में नहीं ये गलता, वायु से नहीं है सूखता ।
अविनाशी सही है जाना, जैसा ये आसमाँ है ।।

♫ ग–मं– प– निध– प– मंमंप–, ग–मं– प– पमं– ग– रेरेसा– ।
नि़–रे– ग– मंप– ध– मंमंप–, ध–प– मं– गमं– प– पमंग– ।
सासारे–ग– मंमं– प– मं–ग–, प–मंग रे– प–मंगरे सा– ।।

अंतरा–3

देही सभी में बसता, कण–कण है इसी से बनता ।
जीवन की ये है ज्योति, चेतन हैं इसीसे प्रीति ।
इसको ही ब्रह्म है जाना, ये है परम परमात्मा ।।

◎ **Ātmā : *Sthāyī :*** *The ātmā is eternal, it is immortal. It is immutable. It is sacred.* ***Antarā : 1.*** *As a person renounces the discardable clothes, so does the ātmā leave the body and takes up a new one again and again. What is the point in crying for this fact of life.* ***2.*** *Ātmā can not be cut by any weapon. It does not burn with fire. It does not become wet with water. It does not dry with air. It is indestructible, like the sky.* ***3.*** *It is in all hearts and in every particle of the body. It is the flame of life. It is the life of living being. It is Brahma associated with body. It is Supreme God.* **1017/4839**

।। 2.24 ।। **अच्छेद्योऽयमदाह्योऽयमक्लेद्योऽशोष्य एव च ।**
नित्यः सर्वगतः स्थाणुरचलोऽयं सनातनः ।।

अज्वाल्योऽयमवध्योऽयम्–अक्लेद्योऽशोष्य एव च ।
अनादिः सर्वगामी च स्थिरो नित्यः सनातनः ।। 618/2422

अवध्य जाना अदाह्य आत्मा, नित्य सनातन है परमात्मा ।
अक्लेद्य अनादि ये अशोष्य है, सर्वगामी ये अदृश्य है ।। 1034/5205

दोहा॰ **ना यह कटे, न जल सके, गले न झुरता प्राण ।**
सब देहों में एक है, अमर इसे अभिधान ।। 803/7068

◎ **And :** *This non-flammable, non-cleavable, non-dryable, non-wettable ātmā is beginningless, omnipresent, eternal, stable and ancient.* **1018/4839**

♫ **संगीतश्रीकृष्णरामायण छन्दमाला, मोती 144 of 501**

भुजंगप्रयात छन्द

। ऽ ऽ, । ऽ ऽ, । ऽ ऽ, । ऽ ऽ

♫ सारे– ग–, मप– म–, गरे– म–, गरे– सा–

(गेही)

कटे ना, जले ना, गले ना, झुरे ना ।

वही आतमा है निराकार जाना ।। 1
सभी के दिलों में बसा एक देही ।
अनेकों घटों का कहा एक गेही ।। 2

◎ **Ātmā :** *Neither cleavable, nor flammable, nor wettable, nor dryable, this ātmā is formless. This single ātmā dwells in all hearts and all particles uniformly. It is in all bodies.* **1019/4839**

।। 2.25 ।। अव्यक्तोऽयमचिन्त्योऽयमविकार्योऽयमुच्यते ।
तस्मादेवं विदित्वैनं नानुशोचितुमर्हसि ।।

एवमेनममर्त्यं तम्-अचिन्त्यमविनाशिनम् ।
अव्यक्तमक्षरं ज्ञात्वा दुःखमेवं निरर्थकम् ।। 619/2422

अव्यक्त आत्मा, अक्षय आत्मा, अचिंत्य आत्मा, अक्षर आत्मा ।
इस भाँति ये जान कर सही, शोक प्रदर्शन ठीक है नहीं ।। 1035/5205

दोहा॰ नित्य सनातन अमर है, अक्षर इसका नाम ।
अचिंत्य चिर अव्यक्त पर, रोने का क्या काम ।। 804/7068

◎ **And :** *Knowing the immortal, eternal, unfathomable, indestructible ātmā, crying for it is meaningless.* **1020/4839**

संगीतश्रीकृष्णरामायण गीतमाला, पुष्प 259 of 763

राग : यमन कल्याण
(ब्रह्म आत्मा है)
स्थायी
अरे! ब्रह्म ही अव्ययी आतमा है ।
♫ निरे-! ग-मं ग- प-मंग- मंपमंगरे सा- ।
अंतरा-1
किसी शस्त्र से ना कटे आतमा ये, कभी आयु से ना घटे आतमा ये ।
सनातन अनादि, कहा आतमा ये ।।
♫ निसा- रे-सा रे- ग- रेसा- रे-गरे- ग-, धप- मं-ग मं- प- मंग- रे-गमं- प- ।
सारे-ग- मंप-ध-, पग- मंपमंगरे सा- ।।

अंतरा-2
किसी आग से ना जले आतमा ये, कभी पानी से ना गले आतमा ये ।
अनश्वर अजन्मा, अजर आतमा ये ।।
अंतरा-3
, कभी वायु से ना सूखे आतमा ये ।
करे ना मरे ये, अमर आतमा है ।।
अंतरा-4
किसी से नहीं है जुड़ा आतमा ये, किसी से नहीं है जुदा आतमा ये ।
न तेरा न मेरा, सर्वदम आतमा है ।।

◎ **Brahma and Ātmā :** ***Sthāyī :*** *Brahma is the eternal ātmā.* ***Antarā : 1.*** *It can not be cut with any weapon. With age it does not weather. It is said to have no beginning and no end.* ***2.*** *It does not burn with any fire. It does not become wet with water. Birthless and imperishable ātmā is indestructible.* ***3.*** *It does not get hurt with any pain. It does not become dry with wind. Neither it does anything nor it dies any time.* ***4.*** *The ātmā is neither attached with anything, nor it is detached from anything. It is neither yours nor it is mine. It belongs to every life, every being.* **1021/4839**

भूते च वर्तमाने च नित्य आत्मा भविष्यति ।
अनन्तोऽयमिदं ज्ञात्वा नास्मैशोचितुमर्हसि ।। 6209/2422

शाश्वत आत्मा था है होगा, अक्षर आत्मा चिंतन जोगा ।
जाने इसकी अनंत धारें, शोक है करना अनुचित, प्यारे! ।। 1036/5205

दोहा॰ प्रस्तुत-भूत-भविष्य में, आत्मा अमर अव्यक्त ।
अचिंत्य अक्षर त्तत्व पर, शोक करो मत व्यक्त ।। 805/7068

◎ **And :** *The ātmā is eternal. It was in the past and it will be in the future. Knowing this endless ātmā, you ought not cry.* **1022/4839**

।। 2.26 ।। अथ चैनं नित्यजातं नित्यं वा मन्यसे मृतम् ।
तथापि त्वं महाबाहो नैवं शोचितुमर्हसि ।।

जन्ममृत्युयुतं वाऽपि देहिनं मन्यसे यदि ।
तथाऽपि तु महाबाहो त्वयि शोको न शोभते ।। 621/2422

चाहे जानो इसे जनम का, या ही समझो इसे मरण का ।

फिर भी ऐसा रोना धोना, अर्जुन प्यारे! व्यर्थ है जाना ।। 1037/5205

दोहा॰ चाहे जानो "जन्म का," या इसको तुम "मर्त्य" ।
फिर भी, अर्जुन! क्षात्र को, शोक नहीं है स्तुत्य ।। 806/7068

◎ **And :** *And even if you think ātmā to be born or ātmā has death, O Arjun! still there is no reason to cry for it.* **1023/4839**

।। 2.27 ।। **जातस्य हि ध्रुवो मृत्युर्ध्रुवं जन्म मृतस्य च ।**
तस्मादपरिहार्येऽर्थे न त्वं शोचितुमर्हसि ।।

(जन्ममरणयोः चक्रम्)

निश्चित उदितस्यास्तो म्लानो विकसितस्य च ।
आगताः प्रतिगच्छन्ति प्रत्यागच्छन्ति ये गताः ।। 622/2422

(जीवन मरण चक्र)

जो उगा है सो डूबेगा, फूला है सो मुरझाएगा ।
जो आया है सो जाएगा, गया हुआ फिर से आएगा ।। 1038/5205

दोहा॰ **जो उगता सो डूबता, फूले सो मुरझाय ।**
जो आता सो जायगा, गया हुआ फिर आय ।। 807/7068

◎ **Birth and death :** *The Sun that rises will set for sure and the sun that has set will rise for sure. The rise and setting of the sun are not two separate events, but one and the same. It appears to be rising to one people, while* ***the same sun*** *apperars to be setting to other people. These are not two suns, nor these are two different events. The one who is born will depart and the one who has departed will take birth again for sure.* **1024/4839**

जीवितो म्रियते नूनं मृतश्च जायते ध्रुवम् ।
विवशे विषये तस्माद्-दुःखमेवं निरर्थकम् ।। 623/2422

जीवित का मरना निर्णित है, जन्म मृतक का भी निश्चित है ।
इसी लिये जो अटल है होना, उसमें अनुचित यों है रोना ।। 1039/5205

दोहा॰ **जो आया वो जायगा, गया हुआ फिर आत ।**
रोना प्यारे! क्यों वहाँ, जब है बेबस बात ।। 808/7068

◎ **And :** *The living being dies and it then again takes birth in some form or other. In this matter, which is beyond our control, it is meaningless to cry.* **1025/4839**

।। 2.28 ।। **अव्यक्तादीनि भूतानि व्यक्तमध्यानि भारत ।**
अव्यक्तनिधनान्येव तत्र का परिदेवना ।।

भूतान्यव्यक्तमूलानि व्यक्तमध्यानि ते ततः ।
अव्यक्तानि च भूयस्ते तेषु दुःखमिदं कथम् ।। 624/2422

भूत मूल में सभी अगोचर, मध्य अवस्था में सब गोचर ।
अव्यक्त फिर से अन्त में सारे, उसमें रोना क्यों हो, प्यारे! ।। 1040/5205

दोहा॰ **भूत अलख सब, मूल में, प्रकट-अवस्था बीच ।**
पुनः अलख हैं, अंत में, फिर क्यों रोना, नीच ।। 809/7068

◎ **Beings :** *The beings are un-manifest at first, then (at birth) they become manifest in their intermediate transitional stage, then (at death) they again become un-manifest. Then what is the point in crying in that matter?* **1026/4839**

आदिरगोचरस्तेषां मध्यस्तु गोचरः खलु ।
अन्तोऽप्यगोचरः पार्थ तर्हि दुःखं कथं त्वयि ।। 625/2422

अलख सभी की प्रथम अवस्था, गोचर उनकी मध्यावस्था ।
लख कर उनके आने जाने, पार्थ! व्यर्थ है अश्रु बहाने ।। 1041/5205

दोहा॰ **मूल, अंत भी अलख हैं, मध्य-अवस्था दृष्ट ।**
अंत्य-अवस्था देख कर, रोना है निकृष्ट ।। 810/7068

◎ **And :** *The first state of everyone is un-manifest, the second state (at birth) is manifest and the third state (at death) is un-manifest which is actually the same as the first state. O Arjun! then what for is this lamentation?* **1027/4839**

जन्ममरणयोर्मध्ये मध्यावस्थैव गोचरा ।
मध्या तु क्षणिकाऽवस्था मूलावस्था हि शाश्वता ।। 626/2422

जनम मरण के बीच की स्थिति, मूल समझना भूल है मति ।
मिथ्या सपना मध्य अवस्था, मूल वही जो अन्त्य व्यवस्था ।। 1042/5205

दोहा॰ **जन्म मरण के बीच में, मध्य-अवस्था व्यक्त ।**
व्यक्त अवस्था क्षणिक है, मूल-दशा अव्यक्त ।। 811/7068

जन्म-मृत्यु परिशुद्ध हैं, निष्कलंक दो मूल ।

उनको जात न पात है, मत करना तुम भूल ।। 812/7068

◎ **And :** *The state between the birth and death is the manifest state. This manifest state is impermanent. The un-manifest state is original state and is eternal.* **1028/4839**

♫ संगीतश्रीकृष्णरामायण छन्दमाला, मोती 145 of 501

सरसी छन्द[190]

16, 8 + ऽ।

(सृष्टिचक्र)

जन्म-मृत्यु के बीच बसी है, क्षणिक अवस्था व्यक्त ।
शाश्वत सभी की बुनियाद है, मूल वही अव्यक्त ।। 1
आते-जाते जीव जगत के, जैसे द्रुम के पात ।
सृष्टिचक्र का यही नियम है, सीधी सी है बात ।। 2
चक्र सृष्टि का अनाद्यंत है, शाश्वत नित्य अनंत ।
योनि योनि के चक्र लगावे, भिक्षुक हो या संत ।। 3

◎ **Nature :** *The life and death cycle of life is the normal rule of nature. This cycle has no beginning and no end. It is eternal and endless. Everyone must revolve in this cycle, may he be a beggar or may he be a saint or a king.* **1029/4839**

ॐ गोचरागोचराः सर्वे भूयो भूयो हि प्राणिनः ।
आगच्छन्ति च गच्छन्ति नभसि तारका यथा ।। 627/2422

व्यक्त अगोचर लगातार ये, भूत जगत के बार-बार ये ।
आते-जाते जीव हैं सारे, जैसे वे नभ के हों तारे ।। 1043/5205

✍दोहा॰ दृष्टादृष्ट सभी सदा, प्राणी चक्कर खात ।
आते-जाते गगन में, तारे जस दिन रात ।। 814/7068

---

[190] ♫ **सरसी** : इस 27 मात्रा वाले नाक्षत्रिक छन्द के अन्त में एक गुरु और एक लघु मात्रा आती है । इसका लक्षण सूत्र 16, 8 + ऽ। इस प्रकार है ।

▶ लक्षण गीत : ✍दोहा॰ मात्रा सत्ताईस में, गुरु लघु कल से अंत ।
सोलह कल पर यति जहाँ, वह है "सरसी" छंद ।। 813/7068

◎ **Thus :** *Thus the beings become manifest and unmanifest again and again. They appear as if they come and they go, like the stars in the sky.* **1030/4839**

ॐ अस्तं गतो यथा सूर्योऽदृष्टोऽव्यक्तोऽप्यविकृतः ।
तथा दिवंगतो देही निर्विकारो हि पूर्ववत् ।। 628/2422

संध्या को जब सूरज डूबे, गगन में चाँद सितारे उगे ।
नष्ट न कोई, ना ही जन्मा, सभी पूर्ववत्, तथा आतमा ।। 1044/5205

✍दोहा॰ डूबे तारे गगन के, रिक्त हुआ आकाश ।
इसका मतलब ये नहीं, उनका हुआ विनाश ।। 815/7068

आखों से जो ना दिखा, सुने न जिसको कान ।
नष्ट नहीं वह चीज है, ज्ञानी को है ज्ञान ।। 816/7068

◎ **As :** *As the sun that has set is invisible to us, but is still existing in its original form. So is the departed soul non-personified, but it is still as it was in its original form.* **1031/4839**

ॐ यथा जले तरङ्गोस्त्यलङ्कारेषु च काञ्चनम् ।
तथा देहे स देही च सर्वे ब्रुवन्ति पण्डिताः ।। 629/2422

जैसा जल का तरंग जल ही, जैसी चिनगारी अनल ही ।
वही देह देही का नाता, गेह गेही का कहते ज्ञाता ।। 1045/5205

✍दोहा॰ सागर पर लहरें यथा, अलंकार में स्वर्ण ।
देह व देही भी तथा, यथा वृक्ष के पर्ण ।। 817/7068

◎ **Also :** *Also, as a wave is on the water or the gold in an ornament, so is the ātmā in the body, that is what the wise people say.* **1032/4839**

ॐ सिन्धुर्हिमालयो मेघः-तिस्रोऽवस्था जलस्य हि ।
जन्म मृत्युश्च मध्यं च सर्वमेकं हि चक्रवत् ।। 630/2422

जैसी अप् हिम बाष्प व्यवस्था, जल की ही हैं तीन अवस्था ।
तथा हि आदि मध्य अंत हैं, सृष्टि चक्र ये नित अनंत है ।। 1046/5205

✍दोहा॰ सिंधु हिमाचल मेघ भी, नीर अवस्था तीन ।
जन्म, मध्य अरु अंत हैं, सृष्टि चक्र में लीन ।। 818/7068

◎ **And :** *And, as the water in the ocean, ice on the Himālay or the vapor in the clouds are just three states of the cycle of the same water, so are the personified and non-personified states of the beings.* **1033/4839**.

॥ 2.29 ॥ **आश्चर्यवत्पश्यति कश्चिदेनमाश्चर्यवद्वदति तथैव चान्यः ।**
आश्चर्यवच्चैनमन्यः शृणोति श्रुत्वाप्येनं वेद न चैव कश्चित् ॥

ॐ अनुष्टुप्-श्लोक-छन्दसि गीतोपनिषद्

(आत्मनः विस्मयाकुलता)

ॐ **आत्मानं पश्यति कश्चिद्-विस्मयकारकं यथा ।**
आश्चर्येण तथा कश्चित्-करोति वर्णनं महत् ॥ 631/2422

(आत्मा विस्मयपूर्वक है)

कोई इस आत्मा को ऐसे, देखे यह अचरज हो जैसे ।
कोई इसका वर्णन करता, विस्मयपूर्वक है यह कहता ॥ 1047/5205

दोहा॰ कोई समझे आतमा, अद्‌भुत है आश्चर्य ।
आत्मा का कोई कहे, अचिंत्य है तात्पर्य ॥ 819/7068

◎ **And :** *Someone thinks ātmā is as if a wonderful thing, someone talks about ātmā in greatly flowery words;* **1034/4839**

ॐ **आकर्णयति कश्चिच्च वर्णनं तं रहस्यवत् ।**
श्रुत्वाऽपि महिमानं तु नैनं जानन्ति केचन ॥ 632/2422

इसका वर्णन सुनता ऐसे, विषय अचंभे का हो जैसे ।
सुन कर इसकी सराहना भी, कोई इसको जानत नाही ॥ 1048/5205

दोहा॰ कोई विस्मय से सुने, आत्मा का वृत्तांत ।
सुन कर वर्णन भी, इसे, समझ सके न नितांत ॥ 820/7068

◎ **And :** *Someone hears its description as if it is a secret. Hearing its greatness also, no one knows ātmā properly.* **1035/4839**

॥ 2.30 ॥ **देही नित्यमवध्योऽयं देहे सर्वस्य भारत ।**
तस्मात्सर्वाणि भूतानि न त्वं शोचितुमर्हसि ॥

ॐ **स्थितः सर्वेषु देहेष्ववध्यो देही सनातनः ।**
तस्माद्धि सर्वलोकेभ्यः शोको नास्ति यथोचितः ॥ 633/2422

सबके तन में लग्न सनातन, अवध्य आत्मा अलख चिरंतन ।
इसी लिये इन सबके कारण, शोक पियारे! करो न धारण ॥ 1049/5205

दोहा॰ सब देहों में है बसा, आत्मा परम महान ।
आत्मा को यों जान कर, रोने का क्या काम ॥ 821/7068

◎ **And :** *Dwelling in everyone's body, this ancient ātmā is indestructible. Therefore, there is no reason to cry for it.* **1036/4839**

♫ **संगीतश्रीकृष्णरामायण छन्दमाला, मोती 146 of 501**

चौपई छन्द[191]

12 + ऽ।

(आत्मा क्या है?)

पढ़ सुन कर भी जिसकी कीर्ति ।
कोइ न जाने इसकी मूर्ति ॥
रहस्य मय है उसकी ख्याति ।
पंडित भी हैं पाए भ्रांति ॥

◎ **Ātmā :** *Even having read and heard its greatness, no one knows its real nature. Trying to know its secret, even the learned men are confused.* **1037/4839**

॥ 2.31 ॥ **स्वधर्ममपि चावेक्ष्य न विकम्पितुमर्हसि ।**
धर्म्याद्धि युद्धाच्छ्रेयोऽन्यत्क्षत्रियस्य न विद्यते ॥

ॐ **बुद्ध्वा सम्यक्स्वधर्मं तु चिन्ताया नास्ति कारणम् ।**
श्रेयो हि धर्मयुद्धात्किम्-अन्यत्क्षात्रस्य विद्यते ॥ 634/2422

---

[191] ♫ **चौपई छन्द** : 16 मात्रा वाले संस्कारी **चौपाई छन्द** से भिन्न, इस 15 मात्रा वाले तैथिक छन्द के अंत में एक गुरु और एक लघु मात्रा आती है । इसका लक्षण सूत्र 12 + ऽ। होता है । इसको ♫ **जयकारी छन्द** भी कहा गया है ।

▶ लक्षण गीत : **दोहा॰ पन्द्रह कल से जो बना, लघु गुरु मात्रा अंत ।**
आठ मत्त पर यति जहाँ, कहा "चौपई" छंद ॥ 822/7068

सोच समझलो स्वधर्म सच्चा, शोक तुम्हारा नहीं है अच्छा ।
क्षात्र के लिये कार्य समूचा, धर्मयुद्ध से क्या है ऊँचा ।। 1050/5205

दोहा॰ स्वधर्म सम्यक् जान कर, चिंता अंत तमाम ।
धर्मयुद्ध से क्या बड़ा, क्षात्र के लिये काम ।। 823/7068

◎ **Therefore :** *Having understood what you ought to do on the battlefield, there is no reason to worry. For a warrior what is more righteous than a righteous war?* **1038/4839**

॥ 2.32 ॥ **यदृच्छया चोपपन्नं स्वर्गद्वारमपावृतम् ।**
सुखिनः क्षत्रियाः पार्थ लभन्ते युद्धमीदृशम् ॥

भवेद्भाग्यवशाद्द्वारं स्वर्गस्यापावृतं यदा ।
संयोगं धर्मयुद्धस्य क्षत्रियो लभते तदा ।। 635/2422

दुर्लभ दुआर स्वर्ग का भला, बड़े भाग्य से मिले जब खुला ।
धर्मयुद्ध का योग मिला है, उसी क्षात्र का भाग्य खिला है ।। 1051/5205

दोहा॰ स्वर्ग द्वार मिलता खुला, भाग्य जभी हो प्राप्त ।
धर्मयुद्ध मिलता उसे, जिसे भाग्य हो व्याप्त ।। 824/7068

◎ **And :** *Only when by a lucky chance the door to heaven opens, only then an opportunity for such a righteous war comes to a warrior.* **1039/4839**

॥ 2.33 ॥ **अथ चेत्त्वमिमं धर्म्यं सङ्ग्रामं न करिष्यसि ।**
ततः स्वधर्मं कीर्तिं च हित्वा पापमवाप्स्यसि ॥

परन्तु धर्मयुद्धात्त्वं भवसि चेत्पराङ्मुखः ।
हित्वा कीर्तिं च धर्मं च पार्थ पापमवाप्स्यसि ।। 636/2422

मगर यदि तुम समर शुद्ध से, हट जाओगे धर्मयुद्ध से ।
खोकर कीर्ति और धर्म तुम, पार्थ! करोगे पाप कर्म तुम ।। 1052/5205

दोहा॰ धर्मयुद्ध को मगर तुम, दोगे यदि दुतकार ।
धर्म, कीर्ति, को त्याग कर, तुम्हें पाप का द्वार ।। 825/7068

◎ **Now :** *Now, even after hearing this, if you turn away from your righteous duty, O Arjun! you will incur sin and infamy.* **1040/4839**

॥ 2.34 ॥ **अकीर्तिं चापि भूतानि कथयिष्यन्ति तेऽव्ययाम् ।**
सम्भावितस्य चाकीर्तिर्मरणादतिरिच्यते ॥

अव्ययामपकीर्तिं ते गास्यन्ति तव वैरिणः ।
सज्जनेभ्योऽपकीर्तिस्तु मृत्योरधस्तरा हि सा ।। 637/2422

अव्यय अपकीर्ति को तेरे, दुहराएँगे शत्रु बतेरे ।
भद्र वीर के नाम से चली, बदनामी से मौत है भली ।। 1053/5205

दोहा॰ गाएँगे शत्रु तेरे, अपकीर्ति के गीत ।
उससे बदतर क्या भला, होगा, मेरे मीत! ।। 826/7068

◎ **And then :** *And then, your enemies will sing the songs of your disgrace for ever. For a righteous person, earning a bad name is worse than the death.* **1041/4839**

॥ 2.35 ॥ **भयाद्रणादुपरतं मंस्यन्ते त्वां महारथाः ।**
येषां च त्वं बहुमतो भूत्वा यास्यसि लाघवम् ॥

रणात्पलायितं भीरुं मंस्यन्ते त्वां भटाः सखे ।
तुच्छेषु गणयिष्यन्ते यैर्गौरवान्वितोऽसि त्वम् ।। 638/2422

तुझे कहेंगे, तेरे प्यारे, रण से भागा डर के मारे ।
तुझको वे समझेंगे जाली, और बकेंगे तुझको गाली ।। 1054/5205

दोहा॰ "रण-से-भागा" मान कर, तुझे हँसेंगे सर्व ।
तुझे कहेंगे भीरु वे, जिनको तुझ पर गर्व ।। 827/7068

◎ **And :** *All warriors will say, Arjun ran away from the battlefield out of fear. Those who have a great esteem for you, even they will spit on your face.* **1042/4839**

॥ 2.36 ॥ **अवाच्यवादांश्च बहून्वदिष्यन्ति तवाहिताः ।**
निन्दन्तस्तव सामर्थ्यं ततो दुःखतरं नु किम् ॥

त्वां ते कापुरुषं मत्वा निन्दिष्यन्ति तवारयः ।
महाबाहो समर्थं त्वां ततो गर्ह्यतरं नु किम् ।। 639/2422

शत्रु करेंगे तेरी निंदा, तुझको कह कर कातर बंदा ।
अवाच्य बातों से मनमानी, उससे बदतर क्या है हानि ।। 1055/5205

दोहा॰ कातर तुझको जान कर, शत्रु करें परिहास ।
उससे बढ़ कर क्या बड़ा, होगा फिर उपहास ।। 828/7068

◎ **And :** *Your enemies will think that you are an un-manly person and they will criticize you. Then, O Brave Arjun! what will be more insulting than that.* **1043/4839**

कुत्रापीतोऽगमिष्यस्त्वं योद्धव्या एव तत्र ते ।
तर्हि किमर्थमत्रैव योद्धुं प्रतिकरोषि त्वम् ।। 640/2422

लौट यहाँ से जा तू कहाँ भी, लड़ना होगा तुझे वहाँ भी ।
तो फिर लड़ना आज तू यहीं, अर्जुन! क्योंकर मानता नहीं ।। 1056/5205

दोहा॰ परे यहाँ से जा कहीं, लड़ना होगा तत्र ।
फिर क्यों लड़ना वर्ज्य ये, तुझे आज है अत्र ।। 829/7068

◎ **And :** *And, does not matter where you go from here, you will have to fight them there also, and return back here for a war any way, then why are you refusing to fight right now when there is no escape or alternative?* **1044/4839**

।। 2.37 ।। **हतो वा प्राप्स्यसि स्वर्गं जित्वा वा भोक्ष्यसे महीम् ।**
तस्मादुत्तिष्ठ कौन्तेय युद्धाय कृतनिश्चयः ।।

हतः प्राप्स्यसि स्वर्गं त्वं जित्वा भूमिं च भोक्ष्यसे ।
अनेन हेतुना योद्धुं पूर्णसज्जो भवार्जुन ।। 641/2422

जीत कर मिले राज्य यहाँ का, मर कर पाओ स्वर्ग वहाँ का ।
हेतु युद्ध का ऐसा लेकर, उठो पार्थ! तुम तयार होकर ।। 1057/5205

दोहा॰ जीत कर मिले राज्य ये, मर कर स्वर्ग निवास ।
युद्ध हेतु ऐसा लिये, उठो सहित विश्वास ।। 830/7068

◎ **And :** *O Arjun! being killed in a righteous war, you will attain heaven and being victorious you will attain kingship here. Therefore, for this win-win situation, get ready for a righteous war.* **1045/4839**

♫ <u>संगीतश्रीकृष्णरामायण छन्दमाला, मोती 147 of 501</u>

रूपवती छन्द[192]

ऽ।।, ऽ ऽ ऽ, ।। ऽ, ऽ

(समबुद्धिः)

आप्स्यसि स्वर्गं पार्थ हतस्त्वं ।
वीर! महीं वा प्राप्स्यसि जित्वा ।। 1
त्वं तु समे कृत्वा सुखदुःखे ।
पार्थ! न पापं प्राप्स्यसि युद्धे ।। 2

◎ **Equanimity :** *Treating pleasure and pain equal, you will not incur sin in a righteous war, O Arjun! being slain in the righteous war, you will attain heaven. O Brave man! being victorious, you will be a hero on the earth.* **1046/4839**

।। 2.38 ।। **सुखदुःखे समे कृत्वा लाभालाभौ जयाजयौ ।**
ततो युद्धाय युज्यस्व नैवं पापमवाप्स्यसि ।।

(समबुद्धिः)

लाभं हानिं सुखं दुःखं समौ कृत्वा जयाजयौ ।
यशोऽयशः समे धृत्वा युद्धे पापं न वर्तते ।। 642/2422

(समत्व की बुद्धि)

लाभ-हानि अरु सुख-दुख दोनों, हार-जीत भी समान मानो ।
ऐसी पावन नीति धारे, लड़ना पाप नहीं है, प्यारे! ।। 1058/5205

दोहा॰ मर कर पाओ स्वर्ग को, जी कर भू का भोग ।
उठो पार्थ! प्रण को लिये, यही सांख्य का योग ।। 832/7068

◎ **And :** *Making profit and loss same, joy and sorrow same, victory and defeat same, there is no sin in war. This is Sānkhya yoga of equanimity.* **1047/4839**

---

[192] ♫ **रूपवती छन्द :** दस वर्ण, 16 मात्रा वाले इस छन्द के चरण में भ म स गण और एक गुरु वर्ण आता है । इसका लक्षण सूत्र ऽ।।, ऽ ऽ ऽ, ।। ऽ, ऽ इस प्रकार होता है । इसके पदान्त में विराम होता है ।

▶ लक्षण गीत : दोहा॰ **मात्रा सोलह चरण में, गुरु मात्रा से अंत ।**
सजे म भ स गण आदि में, "रूपवती" वह छंद ।। 831/7068

(अत:)

त्यक्त्वा सुखं च दु:खं च पुरस्ताच्चल पाण्डव ।
नीतिबद्धं च धर्म्यं च युद्धं कर्तव्यमर्जुन ।। 643/2422

सुख-दुख दोनों को ही तज कर, आगे बढ़ना धर्म समझ कर ।
धर्मयुद्ध को करतब जानो, यश अपयश को अभिन्न मानो ।। 1059/5205

दोहा॰ तज कर सुख दुख, पार्थ! तुम, बढ़ो नीति के मार्ग ।
धर्मयुद्ध का प्रण लिये, करतब है सन्मार्ग ।। 833/7068

◎ **And :** *Leaving aside the pain and pleasure, march forward. O Arjun! right now, fighting a righteous war is your duty and only choice.* **1048/4839**

।। 2.39 ।। **एषा तेऽभिहिता साङ्ख्ये बुद्धिर्योगे त्विमां शृणु ।**
बुद्ध्या युक्तो यया पार्थ कर्मबन्धं प्रहास्यसि ।।

साङ्ख्त्वेन यदुक्तं त्वां कर्मयोगेन तच्छ्रुणु ।
कर्मयोगं पथं कृत्वा कर्मबन्धाद्विमोक्ष्यसे ।। 644/2422

ज्ञान ये कहा सांख्य-भाव से, कर्मयोग अब सुनो चाव से ।
इसी योग का लिये सहारा, कर्म पाश से करो किनारा ।। 1060/5205

दोहा॰ अब तक तुझको है कहा, सांख्य तत्त्व का सार ।
वही कर्म के योग से, देगा तुम्हें उबार ।। 834/7068

◎ **And :** *So far whatever you have heard, was by the way of Sānkhya yoga (of equanimity), O Arjun! now listen to it by the way of Karma yoga (duty withour the desire for its fruit), by which you will free yourself form any bondage.* **1049/4839**

संगीतश्रीकृष्णरामायण गीतमाला, पुष्प 260 of 763

(साङ्ख्य निरूपण की कथा)

स्थायी

स्वरदा ने सुंदर गाया है, नारद ने साज बजाया है ।
रतनाकर गीत रचाया है ।।

♫ सानि़सा- गरे सा-नि़नि़ सा-रेम ग-, गममग पम ग-रे सासा-रेम ग- ।
गगरेसासासा रे-ग मगरेसानि़ सा- ।।

अंतरा-1

अविनाशी आत्मा अऽक्षर है, वो अजर अमर अविकारी है ।
ना कटे न वह आग से जले, ना सूख सके, ना जल से गले ।
ये देही नित्य कहाया है ।।

♫ पपमरेम- प-पम पनि़धप प-, प- मगग सासाग मपगरेसानि़ सा- ।
सानि़ साग- रे सासा नि़-सा रे- मग-, सानि़ सा-ग रेसा-, नि़- सासा रे मग- ।
ग- रेसासा- रे-ग मगरेसानि़ सा- ।।

अंतरा-2

नर तज कर वस्त्र पुराने ज्यों, ये आत्मा पहने नूतन त्यों ।
आगत का जाना निश्चित है, आना गत का निर्धारित है ।
फिर रोने की बात हि क्या है ।।

अंतरा-3

तुम लाभ-हानि को सम करके, सुख-दुख दोनों ही सम धरके ।
फिर जीओगे तो राज मिले, या मर कर प्यारा स्वर्ग मिले ।
यह योग सांख्य कहलाया है ।।

◎ **Sānkhya Yoga :** ***Sthāyī** : Ratnākar composed the melody, Sarasvatī sang it beautifully, while Shrī Nārad muni played the Vīṇā.* ***Antarā* : 1.** *Ātmā is immutable and indestructible. It is ageless and imperishable. It can not be cut, can not be burnt, can not be dried and can not be wetted. This ātmā is eternal.* **2.** *As a person discards discardable clothes and takes new ones, so does the ātmā take new bodies. Death is certain for the one who is born and birth is certain for the dead. Then why cry for something that is beyond our control?* **3.** *O Arjun! make loss and gain, happiness and pain equal; and then if you win, you will earn a kingdom on the earth and if you die. you will attain kingdom in the heaven. This is the Sānkhya yoga of equanimity.* **1050/4839**

गीतोपनिषद् : दसवाँ तरंग

Gitopanishad Fascicule 10

65. निष्काम बुद्धि का निरूपण :

65. The Buddhi Yoga *(Gītā Chapter 2)*

(निष्कामबुद्धेर्निरूपणम्)

संगीतश्रीकृष्णरामायण गीतमाला, पुष्प 261 of 763

(निष्काम बुद्धि)

स्थायी

बिन माँगे ही मोती मिलते, माँगे मिले ना भीख रे ।
बिना कामना कर्म करना, अर्जुन प्यारे! सीख रे ।।

♫ गरे सारे– ग– ध–प मगरे–, गम पध– ध– प–म ग– ।
गम– प–पप– ध–प मगम–, सा–सासा रे–ग–! प–म ग– ।।

अंतरा–1

जो करणीयं सो करना है, सुकर्म करते ही मरना है ।
सुख–दुख दोनों एकसे धरे, सब कुछ सहना, ठीक रे ।।

♫ ग– मपध–ध– नि– धपम– प–, धप–म गगमप– धपमग म– ।
रेरे गग म–प– ध–पम– गम–, सासा रेरे गगम–, प–म ग– ।।

अंतरा–2

कर्मभूमि ही धर्मभूमि है, लाभ समान ही हानि है ।
पवित्र ऐसी भावना लिये, हार में भी, जीत रे ।।

अंतरा–3

रण में जब क्षत्रिय खड़ा हो, धर्म युद्ध जब आन पड़ा हो ।
न कोई शत्रु, ना ही मीत है, यही नीति की, रीत रे ।।

◎ **Nishkām :** ***Sthāyī :*** *Without wishing for gain, you may get pearls, but by begging for pearls you may not get alms even.* ***Antarā : 1.*** *A duty must be performed. One should die while performing good deeds. Making happiness and sorrow equal and enduring everything, is wisdom.* ***2.*** *The sphere of duty is the sphere of Dharma-amrit (righteousness). Loss and gain have to be treated equal. Keeping such auspicious thinking, there is victory in the loss also.* ***3.*** *When a warrior stands on a battlefield, where a righteous war comes up on him, no one is his enemy and no one is friend. This is the way of ethical conduct.* **1051/4839**

श्रीभगवानुवाच ।

।। 2.40 ।। **नेहाभिक्रमनाशोऽस्ति प्रत्यवायो न विद्यते ।**
स्वल्पमप्यस्य धर्मस्य त्रायते महतो भयात् ।।

ॐ अनुष्टुप्–श्लोक–छन्दसि गीतोपनिषद्

(श्रीभगवानुवाच)

ॐ **अत्र बाधा न काप्यस्ति क्षयोऽपि न च कर्मणः ।**
अल्पमेवास्य योगस्य दुःखं हरति सर्वथा ।। 645/2422

(श्री भगवान कह रहे हैं)

बाधा कछु ना इस पथ माही, ह्रास कर्म का भी कछु नाही ।
चल कर इस पर अल्प ही सही, नाश दुखों का बने सकल ही ।। 1061/5205

दोहा॰ इस पथ में बाधा नहीं, न ही कर्म का नाश ।
प्रयोग इसका अल्प भी, करता विघ्न विनाश ।। 835/7068

◎ **Shrī Krishna :** *In this discipline, there is no hinderance and there is no loss of effort. Even a little practice of this yoga, avoids great obstacles in life.* **1052/4839**

(पञ्चयोगव्याख्या)

ॐ **साङ्ख्योगो हि संन्यासो, ज्ञानयोगस्तथा च सः ।**
बुद्धियोगः समा–बुद्धिः, कर्मयोगो विनेप्सया ।। 646/2422

(पाँच योग)

सांख्य मार्ग संन्यास कहा है, वही ज्ञान का योग महा है ।
समबुद्धि का बुद्धियोग है, बिना कामना कर्मयोग है ।। 1062/5205

दोहा॰ सांख्ययोग संन्यास है, कहते ज्ञानी लोग ।
समाबुद्धि का बुद्धियोग; निष्काम कर्मयोग ।। 836/7068

◎ **The five yogas :** *Sānkhya yoga is Sanyāsa yoga. It is Buddhi yoga. It is also the Karma yoga without desire for its fruit. Buddhi yoga is the yoga of equanimity of mind and Karma yoga is duty performed without desire for a fruit.* **1053/4839**

(कतिपय व्याख्याः)

ॐ **कृतं किमपि कर्तव्यं तनुषा मनसा तथा ।**
कर्तृभावस्य त्यागो हि साङ्ख्योगः स्मृतो बुधैः ।। 647/2422

65. The Buddhi Yoga (Gītā Chapter 2)

(व्याख्याएँ – सांख्य, संन्यास, ज्ञान, बुद्धि, कर्म – योग)

कार्य जान कर, जब सम मन से, क्रिया करी जाती है तन से ।

कर्तापन 'तजने' के 'ज्ञान' को, 'सांख्य' उपाधि सही जान लो ।। 1063/5205

✍दोहा॰ **तन मन से जो कार्य हो, बिना–वासना भोग ।**

कर्तृभाव के 'त्याग' को, कहा 'संन्यास योग' ।। 837/7068

◎ **Sānkhya :** *When a person performs his duty with body and mind, but does not claim the authorship for his duty, the **sacrifice** of the authorship is called Sānkhya yoga or **Sanyāsa** yoga (yoga of sacrifice) by the wise people.* **1054/4839**

न च कर्मफलस्यापि न त्यागः कर्मणस्तथा ।

कर्तृत्वस्यैव त्यागस्तु संन्यासः परिकीर्तितः ।। **648**/2422

त्याग कर्म का तभी सही है, कर्तापन का भाव जब नहीं ।

ज्ञानयोग का यही न्यास है, ज्ञानी जन कहत 'संन्यास' है ।। 1064/5205

✍दोहा॰ **ज्ञानी को होता नहीं, लाभ–हानि में त्रास ।**

कर्तापन का त्याग ही, कहा गया संन्यास ।। 838/7068

◎ **And :** *Neither the renouncement of the fruit nor the renunciation of the karma (duty), but only the renunciation of the "authorship of the karma" is Sanyāsa or Sānkhya.* **1055/4839**

(मूढ़बुद्धि)

अहंकार में भ्रम को पाना, कर्तापन का ढोल बजाना ।

निज गौरव के गाने गाना, 'मूढ़बुद्धि' का लक्षण माना ।। 1065/5205

✍दोहा॰ **"कर्ता मैं हूँ," यह जिसे, भ्रांति युक्त अभिमान ।**

अभिमानी उस मनुष का, 'मूढ़बुद्धि' है नाम ।। 839/7068

◎ **The Deluded :** *He who is full of ego and who does not understand the Sānkhya yoga, he says that I am the doer of his deeds. Such ignorant person is called a Muḍh-buddhi.* **1056/4839**

(बुद्धियोगः कर्मयोगः समबुद्धिश्च)

निर्वासना क्रिया काऽपि मनसा क्रियते यदा ।

निष्कामना समा–बुद्धिः–निष्कामबुद्धिरुच्यते ।। **649**/2422

(बुद्धि योग एवं निष्काम–कर्म–योग, समबुद्धि)

किया काम जब बिना कामना, 'कर्तब' की हो जभी साधना ।

बिना–वासना समबुद्धि का, 'निष्काम' कहा परम बुद्धि का ।। 1066/5205

✍दोहा॰ **बिना–वासना कर्म जो, होता सह सद्भाव ।**

वही 'निष्कामना,' 'समा,' 'निष्काम' है स्वभाव ।। 840/7068

◎ **Niṣh-Kām :** *When one performs a duty with mind and body, without any desire for its fruit, that selfless act of equanimity is called Niṣhkām-buddhi (niṣh = not) + (kāma = kāmanā = desire for the fruit).* **1057/4839**

बुद्धियोगः समत्वस्य स्वल्पतो योग उच्यते ।

कृतः स वाञ्छया हीनो निष्कामकर्मयोग उत् ।। **650**/2422

समबुद्धि का बुद्धियोग है, अल्प रीति से कहा 'योग' है ।

किया वही जब बिना–वासना, 'निष्कामकर्म' योग है जाना ।। 1067/5205

✍दोहा॰ **बुद्धियोग समत्व का, कहा सांख्य का योग ।**

किया वही बिनु वासना, 'निष्काम कर्मयोग' ।। 841/7068

◎ **Buddhi yoga :** *The Buddhi yoga of equanimity is called yoga in short. The same deed if performed without desire for its fruit, it is called Niṣhkām-karma-yoga or Karma-yoga.* **1058/4839**

(बुद्धियोगः)

बुद्धियोगे स्थिरा बुद्धिः स्मृता सा व्यवसायिका ।

समा निष्कामबुद्धिश्च मता सा निश्चयात्मिका ।। **651**/2422

(बुद्धियोग का निरूपण)

बुद्धियोग में सुबुद्धि स्थिर जो, 'व्यवसायात्मिक' जानी फिर वो ।

उसको 'सम,' 'निष्काम' कहा है, 'निश्चयात्मिका' कहा यहाँ है ।। 1068/5205

✍दोहा॰ **निष्काम समा–बुद्धि को, 'व्यवसायिका' सुनाम ।**

बुद्धियोग में स्थिर वही, निश्चयात्मिका बनाम ।। 842/7068

◎ **Buddhi yoga :** *The thinking that is fixed on Buddhi-yoga, is called Vyavasāyikā Buddhi. It is also called Samā-buddhi, Niṣhkāma-buddhi and Nischyātmikā-buddhi.* **1059/4839**

।। 2.41 ।। **व्यवसायात्मिका बुद्धिरेकेह कुरुनन्दन ।**
बहुशाखा ह्यनन्ताश्च बुद्धयोऽव्यवसायिनाम् ।।

अव्यभिचारिणी बुद्धिः-निष्कामस्य हि योगिनः ।
बहुशाखा मता बुद्धिः सकामस्य नरस्य तु ।। 652/2422

समबुद्धि का योगी न्यारा, एक हि उसकी मति की धारा ।
सकाम नर की बुद्धि चलित सी, अनेक धाराएँ विचलित सी ।। 1069/5205

दोहा॰ बुद्धि, निष्काम कर्म में, एक शिखा एकाग्र ।
सकाम की जड़ बुद्धि को, बहु शाखा बहु अग्र ।। 843/7068

◎ **And :** *The focus of the thinking of the followers of Karma yoga is one pointed, while the thinking of those who work with the desire of fruit of karma (duty), is diverted multifold.* **1060/4839**

।। 2.42 ।। **यामिमां पुष्पितां वाचं प्रवदन्त्यविपश्चितः ।**
वेदवादरताः पार्थ नान्यदस्तीति वादिनः ।।

रतो यो वेदवादेषु भ्रान्तः स कर्मकारणैः ।
वदति मोहकैः शब्दैः-नास्ति किमप्यतः परम् ।। 653/2422

वेदवाद में रत जो रहता, मोहक शब्दों में है कहता ।
"सबसे अच्छा कहा यही है, कुछ भी इससे महा नहीं है" ।। 1070/5205

दोहा॰ वेदवाद में जो लगे, वाद परायण लोग ।
कहते मोहक शब्द में, परमोच्च है प्रयोग ।। 844/7068

◎ **And :** *Those who are engaged in arguing on the words of the Vedas and are deluded with the karma, they declare in flowery words, there is nothing else beyond this.* **1061/4839**

।। 2.43 ।। **कामात्मनः स्वर्गपरा जन्मकर्मफलप्रदाम् ।**
क्रियाविशेषबहुलां भोगैश्वर्यगतिं प्रति ।।

स्वर्गपरायणास्ते च भोगिनश्च विलासिनः ।
कथयन्ति विशेषं ते जन्मदं फलदं विधिम् ।। 654/2422

स्वर्ग परायण लोग सकल वे, जन्म रूप फल जो कल देवे ।
विधि विशेष विध बतलाते हैं, मन विलास में बहलाते हैं ।। 1071/5205

दोहा॰ स्वर्ग परायण लोग वे, चाहत भोग विलास ।
विधि, विशेष वे कर्म की, बतलाते हैं खास ।। 845/7068

◎ **And :** *Those people are full of desires. Attaining heaven is their ultimate goal. They suggest special rites that will result in rebirth.* **1062/4839**

।। 2.44 ।। **भोगैश्वर्यप्रसक्तानां तयाऽपहृतचेतसाम् ।**
व्यवसायात्मिका बुद्धिः समाधौ न विधीयते ।।

एतान्शब्दाननुश्रुत्य जना भोगविलासिनः ।
न शक्नुवन्ति कर्तुं तु स्वमतिं निश्चयात्मिकाम् ।। 655/2422

इन बातों से बने उदासी, लोग लालची भोग विलासी ।
निश्चयात्मिका दृढ़ यशस्विनी, कर नहीं सकते मति को अपनी ।। 1072/5205

दोहा॰ भोग विलासी लालची, सुन कर विधि विशेष ।
विचलित करते बुद्धि को, पाते हैं फिर क्लेश ।। 846/7068

◎ **And :** *Hearing their fascinating words, the people who are attached to pleasure, they can not fix their mind on one aim and they are perplexed.* **1063/4839**

।। 2.45 ।। **त्रैगुण्यविषया वेदा निस्त्रैगुण्यो भवार्जुन ।**
निर्द्वन्द्वो नित्यसत्त्वस्थो निर्योगक्षेम आत्मवान् ।।

विषयस्तस्य वादस्य गुणत्रयसमर्थकः ।
गुणेषु त्वं च द्वन्द्वेषु तटस्थो नु भवार्जुन ।। 656/2422

वेद वाद के विषय तीन हैं, कर्मयोग तो विषय हीन है ।
सदा सत्त्व को रहो तुम धरे, द्वंद्व-भाव से रहो तुम परे ।। 1073/5205

दोहा॰ वेद वाद के विषय हैं, तीन गुणों से बद्ध ।
द्वंद्व-भाव तज, पार्थ! तुम, गुण से रहो अबद्ध ।। 847/7068

◎ **And :** *The object of their discussion is influenced by the three guṇas (the three attributes). O Arjun! you be indifferent to the influence of the guṇas.* **1064/4839**

।। 2.46 ।। **यावानर्थ उदपाने सर्वतः सम्प्लुतोदके ।**
तावान्सर्वेषु वेदेषु ब्राह्मणस्य विजानतः ।।

65. The Buddhi Yoga (Gītā Chapter 2)

(ब्रह्मज्ञान)

ॐ यावज्जलप्लुते काले भवेत्कूपप्रयोजनम् ।
तावदन्येषु ज्ञानेषु भवति ब्रह्मज्ञानिनः ।। **657**/2422

जब जलथल होवे जग सारा, तब दह का जल जेता प्यारा ।
तेता लाभ जगत से पाना, जिस ज्ञानी ने ब्रह्म है जाना ।। 1074/5205

दोहा॰ जलथल जब सब हो धरा, दह का जितना काम ।
उतना ब्रह्म–सुविज्ञ को, अन्य ज्ञान का दाम ।। 848/7068

◎ **Knowledge of Brahma :** *As much importance is there to the pool of water when the earth is flooded, that much is the importance to the argument on the words of the Vedas for a person who has knowledge of Brahma (the Veda, the Supreme).* **1065/4839**

।। 2.47 ।। कर्मण्येवाधिकारस्ते मा फलेषु कदाचन ।
मा कर्मफलहेतुर्भूर्मा ते सङ्गोऽस्त्वकर्मणि ।।

ॐ कार्यमात्राधिकारस्ते न स कर्मफले कदा ।
न कर्मफलहेतुस्त्वं न हि चाकर्मको भव ।। **658**/2422

कार्य मात्र अधिकार हमारा, लालच फल का तज दें सारा ।
कर्म फलों से हेतु भगाना, अकर्म में मन नहीं लगाना ।। 1075/5205

दोहा॰ कार्य करम करते रहो, तज कर फल की आस ।
कर्म–हेतु तुम ना बनो, न ही आस के दास ।। 849/7068

◎ **And :** *Doing your duty is your right, you have no right over its fruit. Do not be motivated by the result of your deed. Do not Shrīnk away from your duty.* **1066/4839**

संगीतश्रीकृष्णरामायण गीतमाला, पुष्प 262 of 763

(कर्मयोग)

स्थायी

तेरा, कार्य मात्र अधिकार, रे ।

♫ साप–, सां–नि ध–नि मगपमगरे, सा– ।

अंतरा–1

फल हेतु को मन से तज के, सुख मय फिर संसार, रे ।

♫ सारे ग–म– म– निध प– मम प–, सांसां निध पप मगपमगरे, सा– ।

अंतरा–2

सुख दुःखन को तन से हटा के, दूर भगा अंधकार, रे ।

अंतरा–3

जीत–हार को समान कर के, हलका कर मन भार, रे ।

अंतरा–4

जनम मरण के भव चक्कर से, कर ले बेड़ा पार, रे ।

◎ **Karma yoga :** ***Sthāyī :*** *Doing your duty is your only right.* ***Antarā : 1.*** *Without expecting a fruit for your action, the world is a happy place.* ***2.*** *Removing the expectation of happiness and removing the thought of unhappiness, dispel the darkness of duality from your mind.* ***3.*** *Making loss and gain equal, take the burden off your chest.* ***4.*** *In the cycle of worldly birth and death, cross your boat over to the other side of the ocean.* **1067/4839**

।। 2.48 ।। योगस्थः कुरु कर्माणि सङ्गं त्यक्त्वा धनञ्जय ।
सिद्ध्यसिद्ध्योः समो भूत्वा समत्वं योग उच्यते ।।

(योगः)

ॐ निर्ममो बुद्धियोगेन कुरु निष्कामकर्म त्वम् ।
सिद्ध्यसिद्धी समे ज्ञात्वा समत्वं योग उच्यते ।। **659**/2422

(योग)

बुद्धियोग से निर्मम होकर, फल आशा को मन से धो कर ।
सिद्धि–असिद्धि समान मानो, 'योग' उसी 'समता' को जानो ।। 1076/5205

दोहा॰ कर्म भोग से कार्य हो, बिना संग का रोग ।
यश अयश में 'समत्व' ही, कहा बुद्धि का योग ।। 850/7068

◎ **And :** *Being unattached to the feeling of possession, be equipped with the Buddhi yoga (yoga of equanimity) and perform your duty with the spirit of Karma yoga (yoga of duty without desire for its fruit). Such equanimity of the selfless mind is called yoga.* **1068/4839**

♫ **संगीतश्रीकृष्णरामायण छन्दमाला, मोती 148 of 501**

भुजंगप्रयात छन्द ।

। ऽ ऽ, । ऽ ऽ, । ऽ ऽ, । ऽ ऽ

♫ सारे– ग–मप– म–, गरे– म–ग रे–सा–

(निष्काम)

बिना–वासना जो, करे काम सारे ।
जिसे मान निंदा, नहीं हैं नियारे ।
उसे ना सतावे, कभी भी जमाना ।
वही कर्म योगी, व निष्काम माना ।।

(संस्कृत)

♫ सारे– ग–मप– म–ग रे–म– ग रे–सा–

बिना–वासनां यस्य सर्वं हि कार्यम् ।
अनिन्दा च निन्दा च सर्वं समं यम् ।
न बध्नाति तं कर्म कृत्वाऽपि सर्वम् ।
स जानाति त्यागं च निष्कामयोगम् ।।

◎ **Nishkām :** *He who dos his duties without the desire for their fruit, for that indifferent person whom the respect and criticism are not differen, nothing in the world ever bothers him. He is called Nishkām (without desire) and he is Nishkām-Karma-yogī or Karma-yogī (he who does duty without expecting a fruit there from).* **1069/4839**

ॐ **मुक्ताफलं विनायाञ्छां, याचित्वा तु न भिक्षणम् ।**
निष्कामकर्म कर्तव्यं त्वया पार्थ सदैव हि ।। 660/2422

बिना हि माँगे हार मोति का, माँगे मिले न टुक रोटी का ।
कर्म करो तुम बिना कामना, कर्म फलों की न हो भावना ।। 1077/5205

✍दोहा॰ **बिनु माँगे मोती मिलें, माँगे मिले न भीख ।**
बिना–वासना कर्म तू, करना अर्जुन! सीख ।। 851/7068

◎ **And :** *Without wishing for a fruit, one may get the wish-granting-jewel. One may not get alms even by begging. O Arjun! you ought to do your duty always without desire for its fruit.* **1070/4839**

(अर्जुनस्य पुन: कतिपय प्रश्ना:)

ॐ **निष्कर्म किञ्च किं कर्म किमकर्म विकर्म किम् ।**
को निष्काम: सकामश्च व्याख्यास्तेषां नु ख्याहि माम् ।। 661/2422

(और कई प्रश्न)

अकर्म क्या, निष्काम कर्म क्या, कृष्ण! कहो निष्कर्म, कर्म क्या ।
सकाम क्या है, अरु विकर्म क्या, तथा कर्म का रहे मर्म क्या ।। 1078/5205

✍दोहा॰ **अकर्म क्या अरु कर्म क्या, सकर्म और विकर्म ।**
निष्काम व निष्कर्म क्या, कहिये इनके मर्म ।। 852/7068

◎ **Arjun's many questions :** *Arjun said, O Shrī Krishna! what is Karma and what is Akarma. What is Nishkarma and what is Vikarma. What is Sakāma and what is Nishkāma?* **1071/4839**

ॐ **धर्माधर्मौ च कौ कृष्ण कौ धर्मौ स्वपरौ तथा ।**
अकार्यं किञ्च कार्यं किं सर्वं मे वदतात्प्रभो ।। 662/2422

अधर्म क्या है, अरु स्वधर्म क्या, परधर्म क्या है, कृष्ण! धर्म क्या ।
अकार्य क्या है, स्वकार्य क्या है, आर्य क्या और अनार्य क्या है ।। 1079/5205

✍दोहा॰ **धर्म क्या अरु अधर्म क्या, स्वधर्म क्या परधर्म ।**
कार्य क्या अरु अकार्य क्या, क्या है कहो कुकर्म ।। 853/7068

◎ **And :** *What is Dharma and what is Adharma. What is Sva-dharma and what is Para-dharma. What is Kārya and what is Akārya?* **1072/4839**

ॐ **योनि: का भवनं किञ्च भोग: किं करणं च किम् ।**
कानि फलानि सर्वेषाम्–एतेषां वदताद्धरे ।। 663/2422

योनी होनी के क्या माने, फल इन सबसे क्या हैं आने ।
करना क्या है, भरना क्या है, भाग्य नहीं तो वरना क्या है ।। 1080/5205

✍दोहा॰ **क्या होनी, क्या योनि है, करण और क्या भोग ।**
करना भरना क्या, प्रभो! कर्म फलों का योग ।। 854/7068

◎ **And :** *What is Yoni and what is Bhāgyam (destiny). O Shrī Krishna! what fruit one gets for his actions (karma)?* **1073/4839**

ॐ **कर्मफलं च किं तस्मात्–कानि के प्राप्नुवन्ति च ।**
फलं प्राप्स्यति क: स्वादु कटूनि च मिलन्ति कम् ।। 664/2422

कर्म फलों का क्या माने है, आज कौनसे कल पाने हैं ।
मीठे किसके मुख में जाने, किसने कडुए फल हैं खाने ।। 1081/5205

दोहा॰ को मीठे फल पात है, को कड़ुए फल खात ।
किसको मिलता कौनसा, किसको है यह ज्ञात । । **855**/7068

And : *What is Karma-fala. Who gets the sweet fruits and who gets the bitter fruits of the karma?* **1074/4839**

को जानाति फलं किं कं मिलतीह परत्र च ।
करोति निर्णयं चास्य कृष्ण कुत्र च कः कदा ।। 665/2422

इस उस जग में फल क्या किसको, कौन निर्णित करत है इसको ।
फल कब किसने कहाँ हैं पाने, प्रभो! कौन है इसको जाने ।। 1082/5205

दोहा॰ मिले कौनसा फल किसे, को जाने यह बात ।
निर्णय इस व्यवहार का, को करता है, तात! ।। **856**/7068

And : *Who knows and who decides as to who gets what fruit in this life or in the next life?* **1075/4839**

संगीतश्रीकृष्णरामायण छन्दमाला, मोती 149 of 501

राधिका छन्द[193]

13, 5 + ऽ ऽ

(कर्मफल)

किसने जाना कौन है, फलों का दाता ।
मधुर कौन और तीते, कौन है पाता ।। 1
निर्णय अपने भाग्य का, को कहाँ कर्ता ।
कहो सृष्टि का, हे प्रभो! कौन है भर्ता? ।।

Questions : *O Lord! please tell me, who knows who is the giver of the fruit of the karmas. Who receives the sweet fruits and who receives the bitter fruits? Who decides our fate and where does he decide it? And, O Lord! who is the guardian of this creation?* **1076/4839**

योगोऽस्ति कश्च योगी को भोगो भोगी च कौ सखे ।
त्यागस्त्यागी च कौ कृष्ण व्याख्याः श्रावय मां गुरो ।। 666/2422

योग क्या और योगी क्या है, भोग बताओ, भोगी क्या है ।
त्याग क्या है तथा त्यागी क्या, व्याख्या इन सब की होती क्या ।। 1083/5205

दोहा॰ क्या योगी, क्या योग है, क्या भोगी, क्या भोग ।
व्याख्या हरि! मुझको कहो, क्या त्यागी, क्या त्याग ।। **858**/7068

And : *And, what is Yoga and what is Bhoga? Who is a Yogī and who is a Bhogī? What is Tyāga and who is a Tyāgī (Ascetic)? O Guru! please give me the definitions.* **1077/4839**

(उत्तराणि – अकर्म कर्म कामश्च)

फलस्य कामना कामो विषयवासना तथा ।
कृतिर्यस्याः फलं शीघ्रं श्वो वा मिलति कर्म तत् ।।[194] **667**/2422

(प्रश्नों के उत्तर – काम, कर्म, अकर्म)

विषय वासना फल की कामना, दोनों को ही 'काम' है जाना ।
कर्म वही, जो देता फल है, आज मिले या मिलता कल है ।। 1084/5205

दोहा॰ फल की कामना "काम" है, विषय वासना "भोग" ।
आज मिले, या कल मिले, ज्यों फल का हो योग ।। **859**/7068

Answers : *The deed of which the doer will get fruit at present time or in the future, is Karma. The desire for the fruit of a karma is Kāma. Desire for passions is also Kāma.* **1078/4839**

किमपि करणं कर्म न करणं च कर्म हि ।
कर्म चाकर्म यं स्पष्टं तथ्यं तमेव दृश्यते ।। 668/2422

कुछ भी "करना" यथा कर्म है, अकर्म "करना" तथा कर्म है ।
अकर्म में जो कर्म देखता, वही कर्म का मर्म सीखता ।। 1085/5205

---

[193] **राधिका :** इस 22 मात्रा वाले महारौद्र छन्द के अन्त में दो गुरु मात्रा आती हैं । इसका लक्षण सूत्र 13, 5 + ऽ ऽ इस प्रकार है ।

▶ लक्षण गीत : दोहा॰ **मत्त बाईस से बना, दो गुरु मात्रा अंत ।**
तेरह कल पर यति जहाँ, वही "राधिका" छंद ।। 857/7068

[194] श्वः = भविष्यति ।

65. The Buddhi Yoga (Gītā Chapter 2)

✍दोहा॰ अकर्म देखे कर्म में, अकर्म में भी कर्म ।
उसको सच्चा ज्ञान है, और योग का मर्म ।। 860/7068

◎ **Karma :** *"**Doing**" any__**thing**__ is Karma, therefore, "**doing**" no__**thing**__ is also a karma. He who sees this clearly, only he knows what karma truly is.* **1079/4839**

ॐ **विना कर्म न जीवन्ति क्षणमेकं नरा इह ।**
शून्यत्वं कर्मणस्तस्मात्–किञ्चिदपि न विद्यते ।। 669/2422

बिना कर्म के जग नहिँ चलता, इक पल भर भी नर नहिँ पलता ।
कर्मन्यूनता नाम नहीं है, बिना कर्म ना बात कहीं है ।। 1086/5205

✍दोहा॰ बिना कर्म कछु ना चले, भवसागर के काम ।
कहीं नहीं संसार में, "कर्मन्यूनता" नाम ।। 861/7068

◎ **And :** *A person does not live for even a moment "without doing" absolutely anything. Without karma nothing exists or sruvives. Therefore, there is no such thing as absence of karma.* **1080/4839**

(कर्म च अकर्म च)

ॐ **कृता कृतिर्मता कर्माकृता कृतिरकर्म च ।**
यत: काऽपि कृति: कर्माकृतिरपि च कर्म हि ।। 670/2422

(कर्म व अकर्म)

कृति को करना कहा कर्म है, कृति नहिँ 'करने' को अकर्म है ।
कुछ भी करना क्योंकि कर्म है, अकर्म करना कहा कर्म है ।। 1087/5205

✍दोहा॰ कुछ भी "करना" कर्म है, ना "करना" भी कर्म ।
ना करने का कर्म ही, जाना गया "अकर्म" ।। 862/7068

◎ **And :** *__Doing__ whatever action is a karma, therefore, action of not __doing__ anything is also a karma. "Doning" is also karma, not "doing" is also a karma.* **1081/4839**

(निष्कामकर्म च सकामकर्म च)

ॐ **फलस्य हेतवे कर्म कृतं सकाम उच्यते ।**
विना फलेच्छया कर्म निष्काम: कथ्यते बुधै: ।। 671/2422

(निष्काम कर्म व सकाम कर्म)

फल की आशा से जो होता, 'सकाम' वो है जाना जाता ।
बिना कामना किया वही तो, कहा कर्म निष्काम सही वो ।। 1088/5205

✍दोहा॰ फल की आशा से किया, उसका नाम "सकाम" ।
फल की आशा बिन किया, कहा वही "निष्काम" ।। 863/7068

◎ **Sakām and Nişhkām :** *Any duty (Karma)performed for the desire of its fruit is called sakām-karma. The same Karma (duty) performed without the desire for its fruit is called Nişhkām-karma.* **1082/4839**

ॐ **विषयवासनां धृत्वा फलेच्छया च यत्कृतम् ।**
निकृष्टं हेतुयुक्तं तत्–सकामं कर्म संज्ञितम् ।। 672/2422

फल की आशा, विषय वासना, लेकर मन में हीन कामना ।
जो भी काम किया है जाता, सकाम कर्म वही कहलाता ।। 1089/5205

✍दोहा॰ विषय वासना को लिये, फल आशा से काम ।
किया स्वार्थ के हेतु से, "सकाम" उसका नाम ।। 864/7068

◎ **And :** *Whatever is done with passion and desire for its fruit in mind, it is regraded as Sakām-karma.* **1083/4839**

♫ __**संगीतश्रीकृष्णरामायण छन्दमाला, मोती 150 of 501**__

अवतार छन्द[195]

13, **5** + ऽ। ऽ

(निष्काम)

फल की वांछा के बिना, कार्य 'निष्काम' है ।
वही किया फल के लिये, जाना 'सकाम' है ।। 1
बिना हेतु के कार्य का, उत्कृष्ट नाम है ।
फल के कारण से किया, निकृष्ट काम है ।। 2

---

[195] ♫ **अवतार** : इस 23 मात्रा वाले रौद्रक छन्द के अन्त में र गण अच्छा होता है । इसका लक्षण सूत्र 13, **5** + ऽ। ऽ इस प्रकार है ।

▶ लक्षण गीत : ✍ **दोहा॰ मत्त तेईस का बना, गुरु लघु गुरु शुभ अंत ।**
तेरह कल पर यति किये, सजत "अवतार" छंद ।। 865/7068

65. The Buddhi Yoga (Gītā Chapter 2)

◎ **Niṣhkām :** *The duty that is performed without a desire for its fruit, is Niṣhkām karma. The same deed performed with the desire of a fruit is Sakām karma. The selfless work is a good work and the one that is done for a fruit is a bad work.* **1084/4839**

(विहितकर्म)

शरीरपोषणायैव यत्कृतं नियतं स्मृतम् ।
तदेव धार्मिकं नित्यं सविधं विहितं मतम् ।। 673/2422

देह गुजारा करने वाले, 'कार्य' कर्म सब 'नियत' हैं बोले ।
नाम उन्हीं के धार्मिक, नित हैं, नियमित, निश्चित, नित्य, विहित हैं ।।
1090/5205

दोहा॰ देह गुजारे के लिये, "अपरिहार्य" जो काम ।
"नियत" "नित" "धार्मिक" उसे, "विहित" "नित्य" हैं नाम ।। 866/7068

◎ **Niyat karma :** *The deed that is done for the maintenance of the body and daily life is Niyat-karma. The same is also called Dhārmic karma, Nitya karma, Savidh karma and Vihit karma.* **1085/4839**

(सुकर्म विकर्म कुकर्म च)

सुकर्म सुकृतं कार्यं, विकर्म विकृता कृतिः ।
कुकर्म दुष्कृतं कृत्यम्–अकर्म चापि कर्म हि ।। 674/2422

सुकृत करना 'सुकर्म' जाना, विकृत करना 'विकर्म' माना ।
दुष्कृत करना ही 'कुकर्म' है, अकर्म को भी कहा कर्म है ।। 1091/5205

दोहा॰ सुकृत कार्य "सुकर्म" है, विकृत कर्म "विकर्म" ।
दुष्कृत कृत्य "कुकर्म" है, अकर्म भी है कर्म ।। 867/7068

◎ **Sukarma :** *A good deed is called Sukarma. A deed done with a negative objective is Vikarma. A deed done with evil objective is Kukarma. Doing something which is a Dvandva (duality) of some other work is akarma of that work. Akarma is also a karma.* **1086/4839**

(कर्मफलम्)

स्यादिष्टं स्यादनिष्टं वा स्याद्गोचरमगोचरम् ।
नास्ति कुत्रापि कर्मैवं यस्य नास्ति फलं खलु ।। 675/2422

अभिष्ट हो या अनिष्ट होगा, गोचर अथवा अदृष्ट होगा ।
ऐसा कोई कर्म ना कहीं, जिससे कोई फल मिले नहीं ।। 1092/5205

दोहा॰ अच्छा होगा या बुरा, अटल कर्म का फल ।
फल गोचर हो या न हो, मिले आज या कल ।। 868/7068

◎ **Fruit :** *The fruit of a karma may be desirable or it may be undesirable. It may be visible or it may be invisible. One may get it presently or in the future. But, there is no deed for which there is no fruit. Fruit is not optional or accidental, it is sure.* **1087/4839**

कृत्वाऽपि कर्मवन्नास्ति तन्निष्कर्म मतं बुधैः ।
कर्मणोऽस्ति फलं यद्वत्–निष्कर्मणोऽपि निष्फलम् ।। 676/2422

करके भी जो कर्म सी नहीं, कृति ऐसी 'निष्कर्म' है कही ।
सब कर्मों का क्यों की फल है, निष्कर्म से मिले 'निष्फल' है ।। 1093/5205

दोहा॰ करके कर्मवत् जो नहीं, उसे कहा "निष्कर्म" ।
"निष्फल" फल "निष्कर्म" है; फल देते सब कर्म ।। 869/7068

◎ **Niṣhkarma :** *Doing a karma that is as good as not doing it, is called Niṣhkarma. As a karma always has a fruit, the fruit of Niṣhkarma is niṣhfala.* **1088/4839**

(धर्मः)

यस्मिन्क्षणे स्थले कार्यं करणीयं च येन यत् ।
तस्मिन्काले च स्थाने च धर्मस्तस्य स एव हि ।। 677/2422

(धर्म)

जिसका जिस दम अरु जिस पल में, कार्य यथोचित हो जिस स्थल में ।
वही 'धर्म' उसका उस स्थल में, उस स्वभाव में अरु उस पल में ।। 10904/5205

दोहा॰ जिसका जो कर्तव्य है, वही उसी का "धर्म" ।
अनुचित स्थल बल काल में, जाना वही "अधर्म" ।। 870/7068

◎ **Dharma :** *The righteous act that ought to be performed by a right person at right time at right place is the Dharma of that person, at that time and at that place. For other person or at wrong time, or at wrong place, the same karma may be an unrighteous act or an Adharma.* **1089/4839**

♪ **संगीतश्रीकृष्णरामायण छन्दमाला, मोती 151 of 501**

उज्ज्वला छन्द[196]

10 + ऽ।ऽ

(धर्म क्या है?)

एक क्षण में कहा धर्म जो ।
किसी दूजे में न धर्म वो ।। 1
जिस पल जिसका जो धर्म हो ।
उस पल उसका वो कर्म हो ।। 2

◎ **Dharma :** *The righteous action that is called Dharma, may be an Adharma for wrong person, at wrong time at wrong place. Therefore, what is Dharma for a person ought to be performed as a duty by that persom.* **1090/4839**

एष[197] न सम्प्रदायोऽस्ति सदाचारस्य वर्त्म हि ।
करणीयश्च कर्तव्यः कार्यः सत्कर्म भद्रता ।। 678/2422

पंथ नहीं है 'पथ' सच्चा है, 'सदाचार' का पद अच्छा है ।
'कर्तव्य' व 'करणीय' 'कार्य' है, 'फर्ज' परम ये धर्म आर्य है ।। 1095/5205

दोहा॰ पंथ नहीं, कर्तव्य है, करणीय सदाचार ।
पथ सच्चा है, कार्य है, धर्म परम सत्कार ।। 872/7068

◎ **And :** *Dharma is not a religion. It is a righteous path. It is duty. It ought to be done. It is a virtue. It is ethics. It is morality.* **1091/4839**

(अधर्मश्च कर्म च कर्मफलं च)

योग्ये स्थाने च काले च कृतं तद्धार्मिकं मतम् ।
अनुचिते स्थले काले तदेवाधार्मिकं भवेत् ।। 679/2422

(अधर्म, कर्म और कर्म फल)

उचित स्थल में योग्य काल में, धर्म जो जाना है जिस बल में ।
वही अघट है अनुचित स्थल में, 'अधर्म' जाना है उस पल में ।। 1096/5205

दोहा॰ उचित स्थान में जो किया, कहा धर्म का काम ।
किया गलत पल में वही, अधर्म उसका नाम ।। 873/7068

◎ **Adharma :** *A deed that is unrighteous, or that is performed by wrong person, at wrong moment, at wrong place or with wrong motive, is adharma.* **1092/4839**

(सूक्तिः)

किं त्वयाऽऽनीतमस्तीह किमितस्त्वञ्च नेष्यसि ।
कर्मफलानि पूर्वाणि भुङ्क्ष्वे च भोक्ष्यसे सदा ।। 680/2422

कोई क्या लेकर आया है, साथ किसी के क्या हि गया है ।
भूत कर्म फल साथ हैं आए, यहाँ किया सो साथ में जाए ।। 1097/5205

दोहा॰ क्या लाया तू साथ है, क्या जावेगा साथ ।
कर्म फलों का संग है, जनम-जनम दिन-रात ।। 874/7068

◎ **A Proverb :** *What have you brought with you and what will you take with you? The fruits of your past deeds came with you and the fruits of your present deeds will go with you.* **1093/4839**

संगीतश्रीकृष्णरामायण छन्दमाला, मोती 152 of 501

शुद्धगीता छन्द[198]

14, 10 + ऽ।

(कर्मफल)

पूर्व जन्म के कर्मों के, फल अब हैं तेरे साथ ।
भले बुरे कर्मफलों का, कृष्ण रखते हैं हिसाब ।। 1

---

[196] **उज्ज्वला छन्द :** इस 15 मात्रा वाले तैथिक छन्द के चरण के अंत में र गण (ऽ।ऽ) आता है । यति 10-5 पर विकल्प से आता है ।

▶ लक्षण गीत : **दोहा॰ मात्रा पन्द्रह से बना, गुरु लघु गुरु से अंत ।**
दसवीं कल पर यति जहाँ, वहाँ "उज्ज्वला" छंद ।। 871/7068

[197] एषः = एष धर्मः ।

[198] **शुद्धगीता :** इस 27 मात्रा वाले नाक्षत्रिक छन्द के अन्त में एक गुरु और एक लघु मात्रा आती है । इसका लक्षण सूत्र 14, 10 + ऽ। इस प्रकार होता है ।

▶ लक्षण गीत : **दोहा॰ मत्त सत्ताईस में, गुरु लघु कल से अंत ।**
चौदहवीं पर यति जहाँ, "शुद्धगीता" छंद ।। 875/7068

कल जो किये थे कर्म तू, फल आगे आए आज ।
विधि ने है सनातन रचा, यही कर्म फल का राज ।। 2

◎ **Fruits :** *The fruits of your previous lives are with you now. Shrī Krishṇa keeps the account of your bad and good deeds. You enjoy or pay for the past actions in this life. This is the rule of karma set by the Prakṛiti (nature).* **1094/4839**

संगीतश्रीकृष्णरामायण गीतमाला, पुष्प 263 of 763

(गीता सार)

स्थायी

क्या लाया तू साथ अपने, क्या ले जाना साथ है ।
नाम हरि का जप ले बंदे, चार दिनों की बात है ।।

♪ सां- धपगरे सारे ग-प गरेसा-, सा- रे- ग-प- ध-सां ध- ।
सां-ध पगरे सा- रेरे ग- प-प-, सां-ध पगप- गरे सा-रे सा- ।।

अंतरा-1

नाम रस का पी ले प्याला, मन को तेरे भाएगा ।
रस में उसके डूब जा फिर, क्या है दिन क्या रात है ।।

♪ सा-सा रेरे ग- प- प ध-नि-, सांसां रें गंगंरें- सां-रेंसां- ।
धध प- गगरे- प-ग रे- सासा, रे- ग पप ग- सा-रे सा- ।।

अंतरा-2

आसमाँ से इस धरा तक, सब हरि का राज है ।
शरण उसकी आ चरण में, वो दयालु मात है ।।

अंतरा-3

त्याग सारा ये झमेला, छोड़ जाना विवश है ।
हाथ उसका थाम ले रे, तू अकेला, तात! है ।।

◎ **A Message of Gītā : *Sthāyī* :** *What have you brought with you, what will you carry with you? Chant Hari's name, you are here only for four days, then you have to depart back to where you came from and then go to somewhere else.* ***Antarā* : 1.** *Drink a glass of the juice of Shrī Rāma's name, you will love it. Get intoxicated with that joy, then there is no day or night.* **2.** *Hari's kingdom is from the sky to the earth, surrender yourself to his wishes, he is merciful like mother.* **3.** *Leave aside the worldly affairs, one day you have to leave helplessly. Hold his hand, or else you are alone in this world.* **1095/4839**

सञ्चितानि त्वया यानि पापपुण्यानि जीवने ।
तेषामेव फलान्यत्र भोक्ष्यसे जन्मजन्मनि ।। 681/2422

पाप-पुण्य जो यहाँ कमाया, वही बही में गया जमाया ।
जमा करेगा सो आएगा, जनम-जनम तू वो खायेगा ।। 1098/5205

दोहा॰ संचित कीन्हे पुण्य जो, खाते में तू, तात! ।
फल उनके मधु साथ हैं, जनम-जनम दिन-रात ।। 876/7068

◎ **Bank balance :** *The merit points you deposited with your good deeds in your account in all your previous lives, you are enjoying their fruits in this life. What you do in this life will last you in your coming lives.* **1096/4839**

सुकृतानि च कर्माणि दास्यन्ते मधुराणि त्वाम् ।
दुकृतानि तु कर्माणि कटूनि च फलानि भोः ।। 682/2422

सुकृत कार्य करम जो करता, फल मीठे वो नर है पाता ।
दुष्कृत करता मगर कारम जो, कटु फल पाता मनुष अधम वो ।। 1099/5205

दोहा॰ काम भला तू जो किये, फल उसका मधु होय ।
फल कड़ुआ नर को मिले, बुरा करे यदि कोय ।। 877/7068

◎ **And :** *Your good deeds give you merit points and your bad deeds give you sin points. The merit points give you sweet fruits and the sin points give you bitter fruits.* **1097/4839**

♪ **संगीतश्रीकृष्णरामायण छन्दमाला, मोती 153 of 501**

फटका छन्द

8 + 8 + 8 + 6/5

(कर्मफल)

करम जो चंगे किए थे उनके ।
फल मीठे तू खाता है ।।
करम जो गंदे किए हैं उनके ।
फल कड़वे तू पाता है ।।

◎ **Fruits :** *You are enjoying the sweet fruits of your past good deeds. You are punished with the bitter fruits for the bad deeds you did.* **1098/4839**

संगीतश्रीकृष्णरामायण गीतमाला, पुष्प 264 of 763

(कर्म फल)

स्थायी

जैसा जो करता है, भरता है ।
कोई हँस के, कोई रोते, रोते मरता है ।।

♬ सां-ध प गरेसारे प-, गरेगप ध- ।
गरे गग प-, धसां धपध-, सां-ध- पधपगरे सा- ।।

अंतरा–1

नौ द्वारों का महल मिला है, बिन भाड़े से काम चला है ।
कोई निंदें भरता है, कोई सेवा करता है ।।

♬ सारे ग-प- प- गपध निधप ध-, सांसां नि-ध- प- ग-प गरे- सा- ।
सारे ग-ग- पपध- सां-, सां-ध- पधप- धपगरे- सा- ।।

अंतरा–2

उच्च योनि में जनम मिला है, पहना नर नारी चोला है ।
कोई तस्करी करता है, कोई पाप से डरता है ।।

अंतरा–3

काम क्रोध मद मत्सर माया, पाप-पुण्य सब देह ने पाया ।
कोई नास्तिक मरता है, कोई नाम सिमरता है ।।

◎ **Fruits : *Sthāyī* :** *You pay for what you do. Someone smiles in his life, while someone cries all his life.* ***Antarā : 1.*** *Everyone has a dwelling of nine gates. You don't pay rent to live in. Someone wastes his time just sleeping, while someone struggles to help other people.* ***2.*** *You got this human high birth and male or female skin to wear. Someone spends his time stealing from other people, while someone is afraid of doing anything bad.* ***3.*** *Passion, intoxication, jealousy, deceit are all around you. Someone enjoys these things and stays atheist all his life, while someone chants Hari's name and refrains from the enticements around him.* **1099/4839**

(धर्म: अधर्म: स्वधर्म: परधर्म: त्याग: त्यागी च)

ॐ **कर्तव्यं करणं धर्मो न करणमधर्म उत् ।**
स्वधर्मः स्वगुणैर्युक्तः परधर्मः परार्थकः ।। 683/2422

(धर्म, अधर्म, स्वधर्म, परधर्म, त्याग त्यागी)

कारज करना कहा धर्म है, कार्य न करना ही 'अधर्म' है ।
स्वगुण से किया सो 'स्वधर्म' है, अपर गुणों से 'परधर्म' है ।। 1100/5205

✍दोहा॰ **करतब करना धर्म है, न करना है अधर्म ।**
स्वगुण समुचित "स्वधर्म" है, पर-गुण से "परधर्म" ।। 878/7068

◎ **Dharma :** *Doing your duty is Dharma. Not doing it is Adharma. Acting according to your inborn nature is Svadharma. Work suitable for other's nature is Paradharma. Paradharma serves other's purpose.* **1100/4839**

ॐ **फलत्यागो न निष्कामः-त्याज्या वाञ्छा फलस्य हि ।**
वैकल्पिका फलापेक्षा फलं तु निश्चितं भवेत् ।। 684/2422

त्याग फलों का, निष्काम नहीं, तजना इच्छा त्याग है सही ।
फल की आस विकल्प कही है, फल का आना निश्चित ही है ।। 1101/5205

✍दोहा॰ **कर्म फलों को त्यागना, त्याग नहीं निष्काम ।**
जो अनिष्ट अप्राप्य हो, "त्याग" न उसका नाम ।। 879/7068

फल की आस विकल्प है, आस-त्याग, "निष्काम" ।
फल का आना नित्य है, फल की आस, सकाम ।। 880/7068

◎ **Renunciation :** *Renunciation of Karma is not a Niṣhkāma. Renunciation of the fruit of karma is not a renunciation. Renunciation of the desire for a fruit of karma is Niṣhkāma. Renunciation of the desire for the fruit is optional, but the fruit itself is not optional. It is mandatory. One must receive the conseuence (fruit) for his actions.* **1101/4839**

(त्यागः)

ॐ **नित्यं कर्म मतं कार्यं तन्नियमितमाचरेत् ।**
फलस्याशाञ्च सङ्गञ्च त्यजनं 'त्याग' उच्यते ।। 685/2422

कार्य जान कर, नियत कर्म का, पालन नियमित हो स्वधर्म का ।
तजना आशा और संग को, कहा 'त्याग' है उस उमंग को ।। 1102/5205

✍दोहा॰ **नित्य कर्म तजना नहीं, जानो इसे स्वधर्म ।**

65. The Buddhi Yoga (Gītā Chapter 2)

<u>आस-संग का त्याग ही</u>, कहा त्याग का मर्म ।। 881/7068

◎ **Renunciation :** *Work required to stay alive and carry on life and daily life is Nitya karma. Nitya karma must be done without renunciation. Renunciation of the desire for the fruit of karma is Tyāga. Renunciation of Nitya karma is not a tyāga.* **1102/4839**

(योगी च भोगी च)

यं सुखेषु न सङ्गोस्ति न क्लेशः क्लिष्टकर्मसु ।
स सङ्गं च फलाशां च त्यक्तस्त्यागी प्रकीर्तितः ।। 686/2422

(योगी और भोगी)

कठिन कर्म में क्लेश न जिसको, सुख संगों का लेश न जिसको ।
जिसको फल से लागी नहीं है, जाना 'त्यागी' सत्य वही है ।। 1103/5205

दोहा॰ **जिसे न सुख की आस है, न क्लिष्ट कर्म में क्लेश ।**
फल की आशा जो तजे, त्यागी वही विशेष ।। 882/7068

◎ **Yogī :** *He who is not attached to happiness and to easy tasks, he who renounces desire and he who does not have attachment to the fruit, is an ascetic.* **1103/4839**

(नियोगी च वियोगी च)

सकामकारको 'भोगी,' 'योगी' निष्कामपालकः ।
निग्रही यो 'नियोगी' स, 'वियोगी' परिव्राजकः ।। 687/2422

(नियोगी और वियोगी)

सकाम कर्ता कहा 'भोगी' है, निष्काम करे सो 'योगी' है ।
संयम कर्ता कहा 'नियोगी,' संन्यासी है कहा 'वियोगी' ।। 1104/5205

दोहा॰ **काम निष्कामना किये, "योगी" का अभिधान ।**
काम कामना से किये, "भोगी" की पहिचान ।। 883/7068

निग्रह तन मन पर सदा, "नियोग" का है काम ।
वियोग जिसको जिगत से, "संन्यासी" है नाम ।। 884/7068

◎ **And :** *He who is attached to sakām-karma is a Bhogī. He who is devoted to Nishkām-karma is a Yogī. He who has self control is a Niyogī. He who has renounced possessions is Viyogī, he is also called a Sanyāsī.* **1104/4839**

(यथा कर्म तथा फलम्)

कश्चित्स्वपिति निश्चिन्तः कश्चिज्जागर्ति वा निशौ ।
कस्यचिदुज्ज्वलं भाग्यं कश्चिद्दुर्भाग्यपीडितः ।। 688/2422

(करोगे वैसा भरोगे)

कोई रात की निंदिया खोता, कोई चैन से रतिया सोता ।
भाग्य किसी का उजला होता, कोई भाग्य पर निशदिन रोता ।। 1105/5205

दोहा॰ **कोई सोता चैन से, कोई जागे रैन ।**
किसी का उज्ज्वल भाग्य है, नीर भरे कछु नैन ।। 885/7068

◎ **And :** *As you sow so you reap. Someone sleeps worry free. Someone is insomniac because of the worries. Someone's fate is bright, someone is riddled with bad luck.* **1105/4839**

कस्यचिज्जीवने सौख्यं कश्चिद्दुःखेन विह्वलः ।
वपते पापबीजं यः पुण्यं तेन न प्राप्यते ।। 689/2422

किसी का जीवन सुखों से भरा, कोई दुख में डूबके मरा ।
बीज पाप के जो बोता है, हाथ पुण्य से वो धोता है ।। 1106/5205

दोहा॰ **किसी का जीवन सुख भरा, किसी को दुख तरसाय ।**
बीज पाप के बोइके, नहीं पुण्यफल पाय ।। 886/7068

क्या तू लाया है यहाँ, क्या ले जावे साथ ।
आया खाली हाथ है, जावे खाली हाथ ।। 887/7068

◎ **And :** *Someone's life is filled with happiness, someone's life is filled with sorrow. He who sows the seeds of sin, does not reap merits.* **1106/4839**

♫ **<u>संगीतश्रीकृष्णरामायण छन्दमाला, मोती 154 of 501</u>**

शुभगीता छन्द[199]

---

[199] ♫ **शुभगीता :** इस 27 मात्रा वाले नाक्षत्रिक छन्द के अन्त में र गण आता है । इसका लक्षण सूत्र 15, 7 + ऽ। ऽ इस प्रकार होता है ।

▶ लक्षण गीत : दोहा॰ **मात्रा सत्ताईस का, गुरु लघु गुरु से अंत ।**
पन्द्रह कल पर यति जहाँ, "शुभगीता" है छंद ।। 888/7068

15, 7 + ऽ। ऽ

(कर्मफल)

जगत किसी का सुख से भरा, जीवन किसी का दुखी ।

पुण्य सत्कर्म से कमाता, जीवन उसी का सुखी ।। 1

सदाचार से नित कर्म की, बुद्धि है जिसने रखी ।

पुण्य उसी खाते में जमा, ऋद्धि है उसकी सखी ।। 2

◎ **Fruit :** *Someone's world is filled with happiness, someone's world with pains. He who earns merits with good deeds, he earns happiness. He who is righteous earns merits, peace and progress.* **1107/4839**

संगीतश्रीकृष्णरामायण गीतमाला, पुष्प 265 of 763

(भव चक्र)

पद

किसी का जीवन सुखों से भरा, किसी को गम तड़पाता है ।

कोई चैन की निंदिया सोता, कोई रात भर रोता है ।।

♫ साप- प पधमप धनि- सां- निध-, पम- ग रेरे गम-ग-रे सा- ।

प-ध निध प- मगरे- ग-म-, ग-म- प-म ममप मगरे सा- ।।

स्थायी

ये भव चक्कर का फेरा है । सब, कर्म फलों ने घेरा है ।।

♫ सानि़ सासा रे-गग म- प-मग रे- । गग, म-म मप- म- पमगरे सा- ।।

अंतरा–1

बीज बबूल के जब हों बोये, उगे न आम न केले ।

सब, तीन गुणों की माया है ।।

♫ सा-रे गमम म- गम प- मगरे-, सारे- ग म-ग रे सा-रे- ।

सासा, रे-ग मप- म- पमगरे सा- ।।

अंतरा–2

नींद चैन की कोई सोता, कहीं चिंता का डेरा ।

सब, तीन गुणों की माया है ।।

अंतरा–3

किसी का जीवन सुखों से भरा, कहीं दुखन का बसेरा ।

सब, तीन गुणों की माया है ।।

अंतरा–4

जो करता है, सो भरता है, ये कर्म फलों का खेला ।

सब, तीन गुणों की माया है ।।

◎ **Worldly cycle :** ***Sthāyī :*** *This is worldly cycle. It is powered by the forces of karma and its fruit.* ***Antarā : 1.*** *He who sows the seeds of thorny bush does not get to reap mangos from his action.* ***2.*** *Someone sleeps a peaceful sleep at night, while someone is worried all night.* ***3.*** *Someone's life is filled with happiness, someone's life is an abode for misery.* ***4.*** *As you do, so is the fruit. It is the rule of karma and its fruit.* **1108/4839**

कृतं सत्कर्मभिः पुण्यं यान्ति सुखानि तं नरम् ।

दुष्कृतैरर्जितं पापं हन्ति दुःखानि तं जडम् ।। 690/2422

सत् कर्मों से पुण्य कमाता, उस पर ही सुख है बरसाता ।

कुकर्म करके पुण्य गमाता, फल अघ का उसको तरसाता ।। 1107/5205

दोहा॰ पुण्य मिले सत्कर्म से, सकृत सुख बरसाय ।

कुकर्म का फल "पाप" है, जिससे दुख तरसाय ।। 889/7068

◎ **And :** *He who earns merits through his righteous deeds, he attains happiness. The fool who earns sin with his evil actions earns pains in his life.* **1109/4839**

मधुरामधुरं वाऽपि साम्प्रतं वा भविष्यति ।

चक्रं कर्मफलस्यैवं जगति शाश्वतं स्मृतम् ।। 691/2422

मीठे कड़ुए मिलते फल हैं, मिलें आज या मिलते कल हैं ।

होनी योनि का है यह अंतर, कर्म फलों का चक्र निरंतर ।। 1108/5205

दोहा॰ फल मीठा या तीत हो, मिलता कल या आज ।

कर्म फलों का चक्र ये, शाश्वत जिसका राज ।। 890/7068

◎ **And :** *The fruit of karma may be sweet or bitter. It may come presently or it may come in the future. This mechanism is eternal in the world.* **1110/4839**

संगीतश्रीकृष्णरामायण गीतमाला, पुष्प 266 of 763

65. The Buddhi Yoga (Gītā Chapter 2)

(हरि नाम)

स्थायी

भज ले नाम हरि का बंदे, खाते में पुण्य जमाता है ।
जनम-जनम के दुख बिसराता, सारे पाप जलाता है ।।

♪ सारे प- म-म पम- ग- म-प-, ग-म- म- प-प मपमगरे सा- ।
सारेग मपप म- गग ममप-प-, ग-म- प-प मपमगरे सा- ।।

अंतरा-1

किसी का जीवन सुखों से भरा, किसी को दुख तड़पाता है ।
जैसी जिसकी करनी होती, वैसा ही फल आता है ।।

♪ साप- प पधमप धनि- सां- निध-, पम- ग रेरे गम-ग-रे सा- ।
प-ध निधप- मगरे- ग-म-, ग-म- प- मम- पमगरे सा- ।।

अंतरा-2

कोई रात की निंदिया खोता, कोई चैन से सोता है ।
बीज पाप के जो बोता है, पुण्य नहीं चख पाता है ।।

अंतरा-3

सत् कर्मों से पुण्य कमाता, सुख उस पर बरसाता है ।
पाप करम से पुण्य जलाता, उसको गम तरसाता है ।।

◎ **Hari : *Sthāyī* :** *Chant Hari's name, it deposits merit in your account. It removes the pains accumulated through previous lives and burns the sins.* ***Antarā* : *1.*** *Someone's life is filled with happiness, while the pains bother other person. As your deeds are, so is their result.* ***2.*** *Someone looses his sleep at night, while someone sleeps without a worry. He who sows seeds of sins does not get to enjoy happiness.* ***3.*** *He who earns merits through righteous deeds, happiness showers on him. He who burns merits through his sins, he is bewildered by the sorrows.* **1111/4839**

श्रीभगवानुवाच ।

।। 2.49 ।। **दूरेण ह्यवरं कर्म बुद्धियोगाद्धनञ्जय ।**
बुद्धौ शरणमन्विच्छ कृपणाः फलहेतवः ।।

(बुद्धियोगाचरणम्)

निष्कामबुद्धियोगः स सकामाद्धि विशिष्यते ।
तस्मात्त्वं कामनां त्यक्त्वा कर्मयोगं समाचर ।। 692/2422

(बुद्धियोग का आचरण)

बिना-वासना बुद्धिमान का, बुद्धियोग है, पार्थ! काम का ।
इसी लिये तुम छोड़ कामना, कर्मयोग की करो साधना ।। 1109/5205

दोहा॰ सकाम से, निष्काम का, बुद्धियोग बड़ भाव ।
अतः तजो तुम कामना, कर्मयोग अपनाव ।। 891/7068

◎ **And :** *Nishkām karma is superior than the sakām karma, therefore, O Arjun! you be a nishkām-karma-yogī.* **1112/4839**

।। 2.50 ।। **बुद्धियुक्तो जहातीह उभे सुकृतदुष्कृते ।**
तस्माद्योगाय युज्यस्व योगः कर्मसु कौशलम् ।।

पापे पुण्ये तटस्थो हि बुद्धियोगाद्धनञ्जय ।
अस्मिन्योगयधिष्ठानं 'कौशल्यं कर्मणः' स्मृतम् ।। 693/2422

पाप-पुण्य में अनासक्त तुम, बुद्धियोग से बनो युक्त तुम ।
इसी योग में आश्रय पाना, यही कर्म कौशल्य है जाना ।। 1110/5205

दोहा॰ पापनदी में बिनु बहे, समबुद्धि में नहाय ।
समत्व का ये योग ही, कर्म-कौशल्य कहाय ।। 892/7068

◎ **And :** *Be indifferent to sin and merits and observe buddhi yoga (yoga of equanimity), staying engaged in this yoga is the skill of doing righteous karma.* **1113/4839**

।। 2.51 ।। **कर्मजं बुद्धियुक्ता हि फलं त्यक्त्वा मनीषिणः ।**
जन्मबन्धविनिर्मुक्ताः पदं गच्छन्त्यनामयम् ।।

(समबुद्धेः योगी)

त्यक्त्वा कर्मफलाशां हि ज्ञानिनः समबुद्धयः ।
जन्मबन्धाद्विनिर्मुक्ता भुञ्जन्तिपदमुत्तमम् ।। 694/2422

(समबुद्धि का योगी)

फल आशा की कर कुर्बानी, समबुद्धि के जन हैं ज्ञानी ।
जन्म बंध से कर छुटकारा, पाते हैं अमृत पद प्यारा ।। 1111/5205

✍दोहा॰ फल की आशा छोड़के, समा-बुद्धि का योग ।
जन्म बंध सब तोड़के, अमृत पद का भोग ।। 893/7068

◎ **And :** *Renouncing the desire for fruit of karma, the yogīs of equanimity attain release from bondage and attain supreme state.* **1114/4839**

॥ 2.52 ॥ यदा ते मोहकलिलं बुद्धिर्व्यतितरिष्यति ।
तदा गन्तासि निर्वेदं श्रोतव्यस्य श्रुतस्य च ॥

ॐ अतीतं सा यदा गच्छेद्-बुद्धिस्ते मोहकर्दमम् ।
विरक्तः श्रुतशब्देभ्यः शान्तिं त्वं किल प्राप्स्यसि ।। 695/2422

बचनन सुन कर भाँति-भाँति से, बुद्धि तुम्हारी मुग्ध भ्राँति से ।
पार करेगी जब वो कर्दम, शाँति तुम्हें तब होगी हरदम ।। 1112/5205

✍दोहा॰ सुन कर चर्चे भाँति के, यदा चित्त में ध्वांत ।
विचलित-बुद्धि भ्राँति से, जब होवेगी शाँत; ।। 894/7068

◎ **And :** *When your thinking goes beyond the mire of delusion, then being detached from what you have heard elsewhere, you will attain peace of mind;* **1115/4839**

॥ 2.53 ॥ श्रुतिविप्रतिपन्ना ते यदा स्थास्यति निश्चला ।
समाधावचला बुद्धिस्तदा योगमवाप्स्यसि ॥

ॐ विविधैः कारणैर्भ्रान्ता बुद्धिर्यदा शमिष्यति ।
सिद्धिञ्च प्राप्य शुद्धिञ्च योगमाप्स्यसि त्वं तदा ।। 696/2422

भटकी तेरी विविध-विध बुद्धि, प्रशान्त होकर चित्त में शुद्धि ।
निस्पृहता की तन में ऋद्धि, तब पाओगे योग की सिद्धि ।। 1113/5205

✍दोहा॰ जब ईश्वर की भक्ति में, बुद्धि रहेगी व्याप्त ।
पार्थ! तुझे तब योग की, सिद्धि रहेगी प्राप्त ।। 895/7068

◎ **And :** *When your mind disturbed by various reasons, attains tranquility this way, then you will attain purity and success in yoga.* **1116/4839**

(अर्जुनः पुनः पृष्टवान्)

ॐ उत्तराणि हरेः श्रुत्वा पार्थः स विस्मयावृतः ।
कुतूहलेन कृष्णञ्च नवान्प्रश्नांश्च पृष्टवान् ।। 697/2422

सुन कर उत्तर हरि के सारे, सूझे प्रश्न पार्थ को न्यारे ।
नये-नये कुतुहल के मारे, कहा जताओ मुझे, मुरारे! ।। 1114/5205

✍दोहा॰ सुन कर उत्तर कृष्ण के, पार्थ ज्ञान में लीन ।
कुतुहल से फिर पार्थ ने, पूछे प्रश्न नवीन ।। 896/7068

◎ **More questions :** *Hearing Shrī Krishṇa's answers to his questions, Arjun became further curious to ask more questions.* **1117/4839**

अर्जुन उवाच ।

॥ 2.54 ॥ स्थितप्रज्ञस्य का भाषा समाधिस्थस्य केशव ।
स्थितधीः किं प्रभाषेत किमासीत व्रजेत किम् ॥

(अर्जुनः पुनः पृच्छति)

ॐ स्थिरमतिः प्रशान्तश्च स्थितप्रज्ञः क उच्यते ।
शीलं च वर्तनं तस्य माधव कीदृशं भवेत् ।। 698/2422

(अर्जुन के पुनः प्रश्न)

अविचल बुद्धि प्रशाँत जिसको, स्थितप्रज्ञ, प्रभु! कहते किसको ।
स्थितधी, प्रभु! वह बरते कैसा, बोले बैठे विचरे कैसा ।। 1115/5205

✍दोहा॰ बोला अर्जुन कृष्ण से, स्थितप्रज्ञ है कौन ।
कैसे वह बोले चले, कैसे बैठे मौन ।। 897/7068

◎ **Question :** *Who is called a Sthitaprajña of tranquil and stable mind? How is his nature and behavior, O Shrī Krishṇa!* **1118/4839**

श्रीभगवानुवाच ।

॥ 2.55 ॥ प्रजहाति यदा कामान्सर्वान्पार्थ मनोगतान् ।
आत्मन्येवात्मना तुष्टः स्थितप्रज्ञस्तदोच्यते ॥

(श्रीभगवानुवाच)

ॐ यो मनोवासनां त्यक्त्वा मनोनिग्रहमाचरेत् ।
आत्मनि पूर्णतृप्तः स स्थितप्रज्ञस्तदोच्यते ।। 699/2422

(श्री भगवान ने कहा)

मनो वासना छोड़ कर परे, आपे में जब आतमा करे ।

आत्मतृप्त वह जाना जाता, 'स्थितप्रज्ञ' नर माना जाता ।। 1116/5205

✍दोहा॰ मनो वासना छोड़ कर, संयम से सब काम ।
ज्ञानी जन देते उसे, "स्थितप्रज्ञ" शुभ नाम ।। 898/7068

◎ **Answer :** *He who has set aside his desires and controlled his mind, that self satisfied person is called Sthitaprajña.* **1119/4839**

॥ 2.56 ॥ **दुःखेष्वनुद्विग्नमनाः सुखेषु विगतस्पृहः ।**
वीतरागभयक्रोधः स्थितधीर्मुनिरुच्यते ।।

(मुनिः कः)

न भेदः सुखदुःखेषु रागक्रोधविवर्जितः ।
शान्तचित्तः स्थितप्रज्ञो योगी स हि मुनिर्मतः ।। 700/2422

(मुनि की व्याख्या)

राग–क्रोध का जो त्यागी है, शाँत चित्त का जो योगी है ।
जिसको सुख–दुख नहिँ बहलावे, स्थितप्रज्ञ वह 'मुनि' कहलावे ।। 1117/5205

✍दोहा॰ राग–क्रोध को त्यागके, चित्तशाँति जब भाय ।
सुख–दुख में जो मौन है, नर वह 'मुनि' कहलाय ।। 899/7068

◎ **Muni :** *He who is indifferent to sorrow and happiness. He who is free from attachment and anger. That yogī of peaceful mind is called a Muni.* **1120/4839**

॥ 2.57 ॥ **यः सर्वत्रानभिस्नेहस्तत्तत्प्राप्य शुभाशुभम् ।**
नाभिनन्दति न द्वेष्टि तस्य प्रज्ञा प्रतिष्ठिता ।।

(स्थिरमतिः)

आकर्षति न स्नेहो यं न लिम्पन्ति सुखानि च ।
शोकहर्षौ गतौ यस्य स्थिरमतिर्विशिष्यते ।। 701/2422

(स्थिरमति)

न स्नेह से हो खिंचाव जिसको, न ही सुखों से लगाव जिसको ।
न शोक दुःख न जिसे हर्ष है, वही "स्थिरमति" मार्गदर्श है ।। 1118/5205

✍दोहा॰ न स्नेह जिसको खींचता, सुख से नहीं लगाव ।
शोक न चाहत है जिसे, "स्थिरमति" वही स्वभाव ।। 900/7068

◎ **And :** *He whom the attachments do not attract. He whom happiness does not bind. He who is indifferent to joy and sadness. That person of steady mind excels.* **1121/4839**

संगीतश्रीकृष्णरामायण गीतमाला, पुष्प 267 of 763

राग भैरवी, कहरवा ताल

(आत्म निग्रह)

स्थायी

रोक ले मन को सदा, सोहि करम निष्काम का ।

♫ प–म प– गम ग– रेसा–, सारे गमप म–गग–रे सा– ।

अंतरा–1

वासना मन से हटा कर, त्याग दे अभिमान को ।
त्याग बुद्धि के बिना, कृष्ण को नहीं भाएगा ।।

♫ सा–रेग– मम ध– पम– मम, प–ध नि– सांनि–ध–प म– ।
म–प ध–नि– ध– पम–, रे–ग म– पम– ग–रेसा– ।।

अंतरा–2

मैल तन मन से सफा कर, सादगी से काम ले ।
मन का दर्पण साफ हो, तो प्रभु दिख जाएगा ।।

अंतरा–3

स्वार्थ को कर के परे, कार्य कर परमार्थ का ।
कर्म यदि निष्काम हो, तो प्रभु मिल पाएगा ।।

◎ **Self control : *Sthāyī :*** *Keep your mind always under control. Then you will achieve the Nishkām-karma (deed without desire for its fruit).* ***Antarā : 1.*** *Remove the desires from mind, give up the ego. With such renunciation you will please the Lord.* ***2.*** *Cleanse your body and assume a simple living. When you clean the mirror of the mind, you will see the Lord.* ***3.*** *Keeping aside your self interest, do selfless service to others. If you do nishkām karma, you will attain the Lord.* **1122/4839**

॥ 2.58 ॥ **यदा संहरते चायं कूर्मोऽङ्गानीव सर्वशः ।**
इन्द्रियाणीन्द्रियार्थेभ्यस्तस्य प्रज्ञा प्रतिष्ठिता ।।

(वासनाऽतीतः)

ॐ सङ्कुच्यति स गात्राणि सर्वशः कच्छपो यथा ।
इन्द्रियाणीन्द्रियार्थेभ्यः स्थितप्रज्ञः प्रकर्षति ।। 702/2422

(वासनातीत)

कुर्म समेटे अपने सारे, हाथ पाँव को समय निहारे ।
स्थितप्रज्ञ त्यों गात्र समेटे, राग संग से अंग लपेटे ।। 1119/5205

दोहा॰ कूर्म समेटे गात को, यथा ओर से चार ।
स्थितप्रज्ञ त्यों चाह को, परे रखे हर बार ।। 901/7068

◎ **Sthitaprajña :** *As the turtle withdraws his limbs from all sides at proper time, so does the Sthitaprajña withdraws his organs into himself, away from the passions.* **1123/4839**

।। 2.59 ।। विषया विनिवर्तन्ते निराहारस्य देहिनः ।
रसवर्जं रसोऽप्यस्य परं दृष्ट्वा निवर्तते ।।

ॐ विषयत्यागमात्रेण सङ्गस्तस्मान्न गच्छति ।
निवर्तते तदा सङ्गो हृदि भक्तिर्यदा भवेत् ।। 703/2422

विषय भोग के त्याग मात्र से, न घटे चाह, न हटे गात्र से ।
भगवत् भक्ति जब हो जागी, तब मन से मिटती है लागी ।। 1120/5205

दोहा॰ मात्र विषय के त्याग से, घटे न उसकी चाह ।
भगवद् भक्ति जब जगे, मिटे विषय की दाह ।। 902/7068

◎ **And :** *Attachment to the passions does not go away merely by staying away from their objects. Even the attachment goes away when one has faith at his heart.* **1124/4839**

।। 2.60 ।। यततो ह्यपि कौन्तेय पुरुषस्य विपश्चितः ।
इन्द्रियाणि प्रमाथीनि हरन्ति प्रसभं मनः ।।

ॐ यतन्तं योगिनं चापि सङ्क्षुभन्तीन्द्रियाणि तम् ।
नियतान्यपि गात्राणि मोहयन्ति मनो बलात् ।। 704/2422

यतन में लगे ज्ञानी की भी, ज्ञान-इन्द्रियाँ सतावे नाभि ।
तन बस में होकर योगी का, भरमाती हैं मन भोगी का ।। 1121/5205

दोहा॰ यत्न में लगा प्रज्ञ भी, चित्त न वश कर पाय ।
करके तन पर दमन भी, मन उसका ललचाय ।। 903/7068

◎ **And :** *The organs of the disciplined yogī also disturb him. The controlled organs delude the yogī forcefully.* **1125/4839**

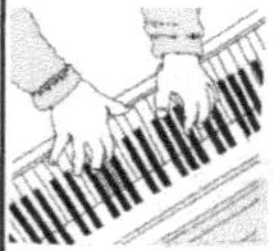

♫ **संगीतश्रीकृष्णरामायण छन्दमाला, मोती 155 of 501**

वसंततिलका छन्द

ऽ ऽ।, ऽ।।, । ऽ।, । ऽ।, ऽ ऽ

♫ सा–नि– सारे– रेसारे ग–, मग रे–ग रे– सा–

(विषय त्याग)

लागी तजे विषय की, तन मात्र से जो ।
यादें करे विषय की, मन गात्र से वो ।। 1
त्यागे विलास मन से, दिनरात्र जो ही ।
प्यारा कहा किशन का, नर पात्र सो ही ।। 2

◎ **Renunciation :** *He who keeps passions away from his organs only, he keeps thinking about them in his mind. He who keeps passions away from organs as well as from his mind, he is dear to Lord Shrī Krishṇa.* **1126/4839**

।। 2.61 ।। तानि सर्वाणि संयम्य युक्त आसीत मत्परः ।
वशे हि यस्येन्द्रियाणि तस्य प्रज्ञा प्रतिष्ठिता ।।

ॐ य इन्द्रियाणि संयम्य मनसा मयि मत्परः ।
इन्द्रियाणां वशी नित्यः स्थिरमतिः स तत्परः ।। 705/2422

निग्रह करके अपने तन को, मत्पर[200] करता नर जो मन को ।
बस में जिसके तन मन सारा, स्थितप्रज्ञ वह मुझको प्यारा ।। 1122/5205

दोहा॰ तन पर निग्रह हो जिसे, मत्पर मन को जीत ।
स्थितप्रज्ञ नर वो मुझे, लगता है प्रिय मीत ।। 904/7068

---

[200] मत्पर = इस ग्रंथ में मत्पर, मत्परायण, परायण, मदर्पण आदि सभी शब्द का माने है मत्परायण (मत्–पर–अयन), "जिसके लिये मेरे सिवाय और कोई अन्य बढ़ कर मार्ग (अयन) नहीं है," वह व्यक्ति ।

65. The Buddhi Yoga (Gītā Chapter 2)

◎ **And :** *Having controlled his organs, he who is devoted to me with his mind, that self controlled person is of stable mind.* **1127/4839**

|| 2.62 || **ध्यायतो विषयान्पुंसः सङ्गस्तेषूपजायते ।**
सङ्गात्सञ्जायते कामः कामात्क्रोधोऽभिजायते ।।

मनसि विषयो यो यः सङ्गस्तस्माद्धि जायते ।
सङ्गाद्धि जायते कामः कामात्क्रोधश्च जायते ।। 706/2422

चिंतन जिन विषयों का मन में, उन विषयों का लगाव तन में ।
लगाव से फिर मनो कामना, काम हवस से क्रोध-भावना ।। 1123/5205

दोहा॰ क्रोध बढ़ाता भ्रांति को, भ्रम से स्मृति का ह्रास ।
विस्मृति नाशत बुद्धि को, भ्रष्ट बुद्धि से नाश ।। 905/7068

◎ **And :** *The object that dwells in mind, attachment develops for that object. With attachment grows passion and when the passion is not satisfied, grows anger.* **1128/4839**

|| 2.63 || **क्रोधाद्भवति सम्मोहः सम्मोहात्स्मृतिविभ्रमः ।**
स्मृतिभ्रंशाद्बुद्धिनाशो बुद्धिनाशात्प्रणश्यति ।।

क्रोधात्तस्मान्मनोभ्रान्तिः-भ्रमात्स्मृतिश्च भ्राम्यति ।
भ्रष्टस्मृत्या जडाबुद्धिः-भ्रष्टबुद्धिर्विनश्यति ।। 707/2422

क्रोध बढ़ावे मन की भ्राँति, भ्रम से स्मृति की विचार क्राँति ।
विभ्रम करता बुद्धि भ्रष्ट है, भ्रष्ट बुद्धि नर सर्वनष्ट है ।। 1124/5205

दोहा॰ क्रोध बढ़ावे भ्रांति को, भ्रम से स्मृति का नाश ।
विस्मृति से जड़ बुद्धि है, जड़-बुद्धि सर्वनाश ।। 906/7068

◎ **And :** *With anger grows delusion and from delusion grows confusion in mind. With confused mind thinking gets distorted and with distorted mind, one becomes destroyed.* **1129/4839**

|| 2.64 || **रागद्वेषवियुक्तैस्तु विषयानिन्द्रियैश्चरन् ।**
आत्मवश्यैर्विधेयात्मा प्रसादमधिगच्छति ।।

(निग्रहः)

रागं द्वेषं च बध्नाति देहे यो निग्रही नरः ।
विषयेऽपि ततः स्थित्वा शान्तचित्तो दृढः सदा ।। 708/2422

(निग्रह)

अपने तन के राग-द्वेष को, निग्रह करता सभी क्लेश को ।
विषयों में वह लग कर चाहे, चित्त शाँत वो नर कर पाए ।। 1125/5205

दोहा॰ राग-द्वेष को वश किये, जिसके वश में गात्र ।
तटस्थ वह धृतिवान है, "स्थिरमति" संज्ञा प्राप्त ।। 907/7068

◎ **Therefore :** *Therefore, he who keeps attachment and anger under his control, he removes his pains. With such peaceful mind the thinking become tranquil.* **1130/4839**

|| 2.65 || **प्रसादे सर्वदुःखानां हानिरस्योपजायते ।**
प्रसन्नचेतसो ह्याशु बुद्धिः पर्यवतिष्ठते ।।

एति शान्तिर्यदा चित्ते दुःखानामन्त उच्यते ।
प्रशान्ते तादृशे चित्ते बुद्धिः सदा हि शाम्यति ।। 709/2422

चित्त शाँत यों होता जिसका, अंत दुखों का होता उसका ।
जहाँ दुखों का हुआ अंत है, बुद्धि होती तब प्रशाँत है ।। 1126/5205

दोहा॰ मन में जिसके शाँति हो, उसे न दुख लवलेश ।
जहाँ दुखों का अंत है, वहाँ अंत है क्लेश ।। 908/7068

◎ **And :** *And when such peace comes to heart, the sorrow comes to an end. With such peaceful heart, thinking is always peaceful.* **1131/4839**

|| 2.66 || **नास्ति बुद्धिरयुक्तस्य न चायुक्तस्य भावना ।**
न चाभावयतः शान्तिरशान्तस्य कुतः सुखम् ।।

मतिर्नास्ति स्थिरा यस्य तस्य नास्ति च भावना ।
न भावनां विना शान्तिः-तस्य नास्ति सुखं ततः ।। 701/2422

जिस मानव की अस्थिर मति है, भक्ति-भाव की उसमें क्षति है ।
बिना-भावना न मन में शाँति, अशाँत मन में न सुख-विश्रांति ।। 1127/5205

दोहा॰ मति जिसकी है स्थिर नहीं, उसे नहीं सद्-भाव ।
बिन-भाव न मन शाँति है, बिन शाँति न सुख छाँव ।। 909/7068

◎ **And :** *He whose mind is not stable, he does not have sound thinking. Without sound thinking, there is no peace of mind. Without peace of mind, there is no happiness.* **1132/4839**

॥ 2.67 ॥ इन्द्रियाणां हि चरतां यन्मनोऽनुविधीयते ।
तदस्य हरति प्रज्ञां वायुर्नावमिवाम्भसि ॥

विषयेषु रता यस्य मतिर्नरस्य सर्वदा ।
मतिर्भ्राम्यति सा तस्य नौर्वायुना यथाऽम्भसि ॥ 711/2422

विषयों में जब मति रत रहती, तब निर्वश वो इत उत बहती ।
नौका जल पर बिन खेवट के, वायु से ज्यों इत उत भटके ॥ 1128/5205

दोहा॰ **विषयों से जो लिप्त है, मति उसकी अस्थिर ।**
भटके नौका पवन से, यथा छोड़ कर तीर ॥ 910/7068

◎ **And :** *He whose mind is always thinking of passions, his thinking is unstable like the boat on the water, that rocks with the wind.* **1133/4839**

॥ 2.68 ॥ तस्माद्यस्य महाबाहो निगृहीतानि सर्वशः ।
इन्द्रियाणीन्द्रियार्थेभ्यस्तस्य प्रज्ञा प्रतिष्ठिता ॥

(स्थितप्रज्ञः)

निरासक्तानि गात्राणि विषयेषु मतिस्तथा ।
संज्ञा तस्य स्थितप्रज्ञ इति वदन्ति पण्डिताः ॥ 712/2422

(स्थितप्रज्ञ)

मन बुद्धि और गात्र मनुष के, परे विषय से, बस में जिसके ।
'स्थितप्रज्ञ' उस नर को प्यारे, संज्ञा देते पंडित सारे ॥ 1129/5205

दोहा॰ **जिसकी बुद्धि इन्द्रियाँ, बस में चारों याम ।**
पंडित जन देते उसे, "स्थितप्रज्ञ" का नाम ॥ 911/7068

◎ **Sthitaprajña :** *He whose organs and mind is not attached to passions, he is called Sthitaprajña by the wise men.* **1134/4839**

॥ 2.69 ॥ या निशा सर्वभूतानां तस्यां जागर्ति संयमी ।
यस्यां जाग्रति भूतानि सा निशा पश्यतो मुनेः ॥

सन्ति सुप्ता जना यस्मिन्-तस्मिञ्जाग्रति योगिनः ।
यस्मिन्संसारिणो लग्ना मौनं तिष्ठन्ति योगिनः ॥ 713/2422

सजग जागता जग है जिसमें, मौन तिष्ठता योगी उसमें ।
जिसमें सुप्त रहें संसारी, योगी जागता रैना सारी ॥ 1130/5205

दोहा॰ **अचेत जिसमें जग सदा, मुनि उसीमें सचेत ।**
लग्न जगत जिसमें सदा, मुनि उसीमें अचेत ॥ 912/7068

◎ **And :** *The state of which people are unaware, the yogī is aware of that state. The things in which people are engaged, the yogī abstains those things.* **1135/4839**

॥ 2.70 ॥ आपूर्यमाणमचलप्रतिष्ठं समुद्रमापः प्रविशन्ति यद्वत् ।
तद्वत्कामा यं प्रविशन्ति सर्वे स शान्तिमाप्नोति न कामकामी ॥

नदीनाञ्च प्रवेशेभ्यः सिन्धुः शान्तो यथा सदा ।
भोगान्भुक्त्वाऽपि गम्भीरः स शान्तिमधिगच्छति ॥ 714/2422

सरिताएँ सब सदा समाती, सागर जल में, सह सुख-शाँति ।
भोगी को भव भोग सताये, योगी हर पल शाँत बिताये ॥ 1131/5205

दोहा॰ **सरिता सारी सिंधु में, मिल कर सागर शाँत ।**
भोगी भ्रष्ट भव भोग से, योगी सतत प्रशाँत ॥ 913/7068

◎ **And :** *As the ocean is undisturbed while the rivers are pouring water into it, so is yogī undisturbed while the worldly affairs are flooding his ambiance.* **1136/4839**

मनुष्यः कामकामी यो विषयवासनायुतः ।
अशान्तं मानसं तस्य सरितासलिलं यथा ॥ 715/2422

समा सकेगी जिसमें शाँति, सागर जैसी चित्त प्रशाँति ।
वो पाता है सदा सुख सही; भोगी के मन कभी सुख नहीं ॥ 1132/5205

दोहा॰ **नर जो वश में विषय के, उसका चित्त अधीर ।**
विचलित उसका मन सदा, जैसे सरिता नीर ॥ 914/7068

◎ **But :** *But, a person who is attached to passions and desires, his mind is as wavering as the rippling water of a river which follows the slope.* **1137/4839**

॥ 2.71 ॥ विहाय कामान्यः सर्वान्पुमांश्चरति निःस्पृहः ।

65. The Buddhi Yoga (Gītā Chapter 2)

निर्ममो निरहङ्कारः स शान्तिमधिगच्छति ।।

विषयवासनां त्यक्त्वा सर्वदा यः सदाचरेत् ।
निर्ममश्चानहङ्कारी शान्तिमाप्नोति नैष्ठिकीम् ।। 716/2422

छोड़ कामना विषय वासना, मन में जिसके तृप्त-भावना ।
तज कर ममता अहंकार को, सुख से पाता संसार को ।। 1133/5205

दोहा॰ **विषय वासना त्यागके, जो नर मन में तृप्त ।**
अहंकार को छोड़के, उसके सब दुख लुप्त ।। 915/7068

◎ **And :** *Free from passions and desires, the yogī who is selfless and without ego, he attains eternal peace. This is the Brāhmī (Supreme) State.* **1138/4839**

।। 2.72 ।। एषा ब्राह्मी स्थितिः पार्थ नैनां प्राप्य विमुह्यति ।
स्थित्वास्यामन्तकालेऽपि ब्रह्मनिर्वाणमृच्छति ।।

एतां ब्राह्मीं गतिं प्राप्य नरः पार्थ न मुह्यति ।
अन्तकालेऽपि तां प्राप्य ब्रह्ममोक्षं स गच्छति ।। 717/2422

बुद्धियोग की ब्राह्मी यह स्थिति, पाकर विनशे मोह की मति ।
अन्त समय भी पाकर प्रतीति, मिले मनुष को मोक्ष की गति ।। 1134/5205

दोहा॰ **"ब्राह्मी स्थिति" यह योग की, करे मोह का नास ।**
अंतकाल में भी लिये, मिले मोक्ष में वास ।। 916/7068

◎ **Brahmi state :** *Attaining this Brāhmī (supreme) state even at last breath, a person does not get deluded and he attains eternal peace and liberation.* **1139/4839**

♫ संगीतश्रीकृष्णरामायण छन्दमाला, मोती 156 of 501

तनुमध्या छन्द[201]

[201] ♫ **तनुमध्या छन्द :** इस 6 वर्ण, 10 मात्रा वाले गायत्री छन्द के चरण में त और य गण आते हैं । इसका लक्षण सूत्र ऽ ऽ ।, । ऽ ऽ इस प्रकार होता है । चरणान्त विराम होता है ।

▶ लक्षण गीत : दोहा॰ **दस मात्रा छः वर्ण ही, बनता त य गण वृंद ।**
गायत्री, पद चार का, "तनुमध्या" है छंद ।। 917/7068

ऽ ऽ ।, । ऽ ऽ
(ब्रह्मनिर्वाण)

निर्वाण कहायी । ब्राह्मी स्थिति ऐसी ।
अंत्यक्षण में भी । कैवल्य विलासी ।।

◎ **Final liberation :** *The Brāhmī (supreme) State is called the state of final liberation. It can be attained even at the last breath.* **1140/4839**

संगीतश्रीकृष्णरामायण गीतमाला, पुष्प 268 of 763

(शाँति शाँति शाँति ओम्)

पद

शाँति सर्वदा, शाँति सर्वथा, शाँति सर्वगा, शाँति ओम् ।
जन गण शाँति, त्रिभुवन शाँति, भूत चराचर, शाँति ओम् ।।

♫ सा-रे ग-रेसा-, रे-ग म-गरे-, ग-म प-मग-, प-म ग- ।
गरे गम प-प-, धपमग म-म-, निध पम-मम, प-म ग- ।।

स्थायी

शाँति शाँति, शाँति ओम् ।
मेरे मन में, तेरे मन में, सबके मन में, शाँति हो ।
जग में शाँति, नभ में शाँति, शाँति शाँति, शाँति ओम् ।।
शाँति शाँति, शाँति ओम् ।।

♫ म-प ध-प-, ध-प-म- ।
सांनि धप ध-, नि-ध पम प-, धधप मग म-, प-म ग- ।
रेरे ग- म-म-, धप म- प-प-, नि-ध प-ध-, प-म ग- ।।
म-प ध-प-, ध-प- म- ।।

अंतरा-1

जो मिला है उसमें तृप्ति, मान लेना कर्म है ।
जिस किसी को ना मिला हो, बाँट लेना धर्म है ।।
जो भी दिन हो वो खुशी से, काट लेना वृत्ति हो ।

तन में शाँति, मन में शाँति, लब पे शाँति, शाँति हो ।।
शाँति शाँति, शाँति ओम् ।।

♫ सा- रेग- म- पमग रे-सा-, सा-रे ग-म- ध-प म- ।
पप पध- नि- सां- निध- प-, नि-ध प-म- ग-रे सा- ।।
सा- रे गग म- प- मग- रे-, ग-म प-म- ध-प म- ।
पप प ध-नि-, सांनि ध- प-ध-, पप म ग-म-, ग-रे सा- ।।
म-प ध-प-, ध-प- म- ।।

अंतरा–2

स्त्री पुरुष या मूक प्राणी, पेड़ पत्ते फूल हों ।
जीव सारे, लिंग सारे, एक सभी का मूल है ।।
भूत सबके पँच ही हैं, गुण सभी के तीन ही ।
एक सबका ईश, चाहे, रूप भाँति-भाँति हों ।।
शाँति शाँति, शाँति ओम् ।।

अंतरा–3

भिन्न भाषा अगर जानी, मधुर मुख में वाणी हो ।
भीन्न चाहे वेश उसका, या अलादा देश हो ।।
एक दाना, एक पानी, एक धरती सबकी है ।
अखिल जग में एकता की, क्रांति क्रांति क्रांति हो ।।
शाँति शाँति शाँति ओम् ।।

◎ **Peace : *Pad :*** *May peace be there always, May peace be there every which way, may peace be there everywhere. May peace be there, Om.* ***Sthāyī : 1.*** *May peace be there. May peace be there. May peace be there. Om. May peace be in my mind, in your mind, in everyone's mind. May peace be there on the earth and in the sky. May peace be there. May peace be there. May peace be there.* ***Antarā : 1.*** *Being satisfied with whatever you get, is righteousness. Sharing it with others is dharma. Spending the day in happiness is right attitude. May peace be there in your body, in your mind and on your lips. May peace be there.* ***2.*** *May there be a man, a woman, an animal, a plant, the root of everything is one. All are made up of five beings and three guṇas (attributes). There is only one God for all, even if one's form, shape and colour may be different.* ***3.*** *You may know a different language, but the words should be sweet. May your dress be different or may your country be different. Your food is same, your water is same. your earth is same. May there be oneness among all. May there be a peace revolution in the world. May peace be there.* **1141/4839**

संगीतश्रीकृष्णरामायण गीतमाला, पुष्प 269 of 763

(निष्काम का निरूपण)

स्थायी

स्वरदा ने सुंदर गाया है, नारद ने साज बजाया है ।
रतनाकर गीत रचाया है ।।

♫ सानि़सा- गरे सा-नि़नि़ सा-रेम ग-, गममग पम ग-रे सासा-रेम ग- ।
गगरेसासासा रे-ग मगरेसानि़ सा- ।।

अंतरा–1

उपनिषदों का ये कहना है, सब फल की आशा तजना है ।
निरपेक्ष करम का परम महा, निष्काम करम का योग कहा ।
वह सुख-शाँतिऽ चिर लाया है ।।

♫ पपमरेम- प- पम पनि़धप प-, पप मग गसा सागमप गरेसानि़ सा- ।
सानि़सा-ग रेसासा नि़- सासारे मग-, सानि़सा-ग रेसासा नि़- सा-रे मग- ।
गग रेसा सा-रे- गम गरेसानि़ सा- ।।

अंतरा–2

जो राग-द्वेष को छोड़ परे, मन बस में कर जो कर्म करे ।
जो काम क्रोध को छोड़ परे, निष्काम-भावना धर्म करे ।
योगी निष्काम कहाया है ।।

अंतरा–3

सब विषय मनोरथ छोड़ परे, नित निर्ममता से जो विचरे ।
नर ब्राह्मी स्थिति को अपनाके, यदि अंत्य काल में भी पाके ।
उसने निर्वाण मिलाया है ।।

◎ **Nishkām : *Sthāyī :*** *Ratnākar composed the melody, Sarasvatī sang it beautifully, while Shrī Nārad muni played the Vīṇā.* ***Antarā : 1.*** *The Upaniṣhads say that one must renounce the desire for the fruit of karma. The yoga of selfless deeds is called Karma yoga. It brings peace and happiness.* ***2.*** *He who has kept aside anger and attachment, he* *who has kept control over his mind, he who does righteous deeds without desire for their fruit, he is called a Nishkām yogī.* **3.** *He who has kept his desires and passions away from his mind, he who has kept away I-ness and my-ness, he attains Brāhmī (supreme) state, he attains liberation.* **1142/4839**

श्रीमद्-भगवद्-गीता अध्याय तीसरा ।
कर्मयोग ।

संगीतश्रीकृष्णरामायण गीतमाला, पुष्प 270 of 763

राग भैरवी, कहरवा ताल, 8 मात्रा

(जै जै अंबे!)

स्थायी

जै जै अंबे कृपा कारिणी, जगदंबे दया दायिनी ।

जै महा जोगिनी, हे स्वधा भोगिनी, दे दे दे दे दुआ नंदिनी ।।

♫ सा सा ध-ध- धप- गमपप - - - -, पपम-ध- पम- पमगग - - - - ।

नि़ निसा- ग-रेसा-, नि़ निसा- ग-रेसा-, सा सा सा- ध- पम- पगमम - - - - ।।

अंतरा-1

भव पीड़ा घनी हारिणी, जग चिंता शनि सारिणी ।

काली कराली माँ, देवी भवानी माँ, महारानी जगत् वंदिनी ।।

जै महा जोगिनी ...

♫ सांसां नि-सां- नि-ध- निधमम - - - -, मध ग-म- धग- मगसासा - - - - ।

गम पसां-नि प-, गम पसां-नि प-, गमप-प- मग- म-गसासा - - - - ।

नि़ निसा- ग-रेसा-

अंतरा-2

शिवकांता उमा पार्वती, जै रमा अंबिका भगवती ।

महामाया सती, गौरी इरावती, महादेवी असुर मर्दिनी ।।

अंतरा-3

शेराँवाली दया दायिनी, जोताँवाली क्षमा कारिणी ।

शुभ हित कारिणी, जग उद्धारिणी, जै शिवानी व्यथा भंजनी ।।

◎ **Jai Ambā! : *Sthāyī* :** *Victory to you, O Ambā (Mother)! O Kripā-kāriṇī (Merciful)! O Jagadambā (Mother of the world)! O Dayā-dāyinī (Merciful)! Victory to you, O Joginī (yogī)! O Svadha-bhoginī (Enjoyer of the offerings)! O Nandinī (Goddess)! please give us blessing.* **Antarā : 1.** *O Remover of the worldly pains! O Remover of the worries and obstacles! O Mother Kālī-karālī (Durgā)! O Goddess Bhavānī! O Mahāranī (Queen)! O Jagat-vandinī (worshipped by the world)! O Mahā-joginī!* **2.** *O Shivakāntā (wife of Shiva)! O Uma! O Pārvatī! Victory to you, O Shrī Ramā! O Ambikā, O Bhagavatī (Goddess)! O Mahāmāyā (Greatly magical)! O Satī! O Gaurī! O Irāvatī! O Mahādevī! O Asur-mardinī (Slayer of the demons)! O Mahā-joginī!* **3.** *O Sherāwālī (Rider of lion)! O Dayā-dāyinī (Kind)! O Jotāwālī (Goddess of the lights)! O Kshamā-kāriṇī (Merciful)! O Shubha-hit-kāriṇī (Giver of good things)! O Jag-uddhāriṇī (Protector of the world)! Victory to you, O Shivānī (Wife of Shiva)! O Vyathā-bhañjinī (Remover of the pains)! O Mahā-joginī!* **1143/4839**

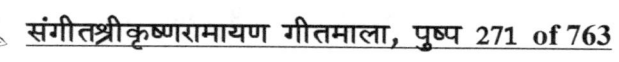

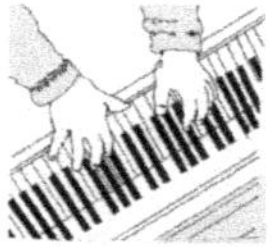

संगीतश्रीकृष्णरामायण गीतमाला, पुष्प 271 of 763

कीर्जन : राग खमाज, कहरवा ताल 8 मात्रा

(भज हरि रामा)

स्थायी

भज हरि रामा, भज हरि कृष्णा, जै जै भाग्य विधाता ।।

♫ सारे सानि़ सा-सा-, सारे सानि़ सासासा-, ग- ग- रे-सा नि़रे-सा- ।।

अंतरा–1

राजा राघव, कान्हा माधव । राजा राघव, कान्हा माधव ।

जै जै जै सुख दाता ।।

♫ प–नि– सां–सांसां, –निपमग म–मम, निपनि– सां–सांसां –सां–सांनि निरेंसांनिधप ।

ग– ग– रे– सानि़ रे–सा– ।।

अंतरा–2

सीता वल्लभ, राधा सौरभ, जै जै जीवन त्राता ।।

अंतरा–3

कौसल नंदन, गोकुल वन्दन, जै जै जै जगनाथा ।।

◎ **Chant Hari :** ***Sthāyī :*** *Chant Hare Rāma. Chant Hare Krishṇa. Victory to you, O Bhagya-vidhātā (Lord of good fortune)!* ***Antarā : 1.*** *King Shrī Rāma is Rāghava. Shrī Krishṇa is Mādhava. Victory to you, O Sukha-dātā (Giver of happiness)!* ***2.*** *Rāma is Sītā's beloved. Shrī Krishṇa is Rādhā's beloved. Victory to you, O Jīvan-trātā (Protector)!* ***3.*** *Rāma is Koshala-nandan (Son of Kausalyā). Shrī Krishṇa is Gokul-nandan (Son from Gokul). Victory to you, O Jaga-nātha (Lord of the world)!* **1144/4839**

गीतोपनिषद् : ग्यारहवाँ तरंग

Gitopanishad : Fascicule 11

66. कर्मयोग का निरूपण :

66. The Karma Yoga *(Gītā Chapter 3)*

(कमयोगनिरूपणम्)

♫ संगीतश्रीकृष्णरामायण छन्दमाला, मोती 157 of 501

वरकृत्तन छन्द[202]

[202] ♫ **वरकृत्तन छन्द :** इस 18 वर्ण और 27 मात्रा वाले छन्द में र स ज य भ र गण आते हैं । इसका लक्षण सूत्र ऽ।ऽ, ।।ऽ, ।ऽ।, ।ऽऽ, ऽ।।, ऽ।ऽ इस प्रकार है । यति 8–10 अथवा 6–5–7 पर विकल्प से आता है ।

ऽ।ऽ, ।।ऽ, ।ऽ।, ।ऽऽ, ऽ।।, ऽ।ऽ

(कर्मयोग)

कार्य को करते रहो, फल की आशा मन में न हो ।

कर्मयोग विधान ये, जग में ऊँचा सबसे कहो ।।

◎ **Karma Yoga :** *Keep doing your duty. Do not keep desire of its fruit. This is the statement of Karma Yoga. It is most supreme saying in the world.* **1145/4839**

श्रीमद्भगवद्गीता तृतीयोऽध्यायः ।

अर्जुन उवाच ।

।। 3.1 ।। ज्यायसी चेत्कर्मणस्ते मता बुद्धिर्जनार्दन ।

तत्किं कर्मणि घोरे मां नियोजयसि केशव ।।

ॐ अनुष्टुप्-श्लोक-छन्दसि गीतोपनिषद्

ॐ कर्मन्यासस्य बुद्धेश्च श्रुत्वा पार्थो वचो हरेः ।

द्विधामतिः सशङ्कश्च पृष्टवान्प्रश्नमच्युतम् ।। 718/2422

(अर्जुन संदेह से श्रीकृष्ण से पूछता है)

कार्य कर्म का वर्णन सुन कर, समा–बुद्धि का कथन श्रवण कर ।

सोच में पड़ा घमंड खो कर, पूछने लगा सशंक हो कर ।। 1135/5205

दोहा॰ "समा–बुद्धि" के योग को, फिर, "कार्य–कर्म" वृत्तांत ।

सुन कर सब श्रीकृष्ण से, अर्जुन के मन भ्रांत ।। 919/7068

◎ **Arjun :** *Hearing Shrī Krishṇa's words on Karma yoga (yoga of righteous action without desire for its fruit) and Buddhi yoga (yoga of equanimity), Arjun became doubtful and confused. Thus he said :* **1146/4839**

ॐ ज्यायसी कर्मणो बुद्धिः–मतं ते यदि केशव ।

नियोजयसि घोरे मां कथं त्वं तर्हि कर्मणि ।। 719/2422

बुद्धि कर्म से श्रेष्ठ अगर है, प्रश्न मेरा ये, कृष्ण! मगर है ।

मुझे कर्म की उसी डोर से, बाँधे क्यों हो, सखे! घोर से ।। 1136/5205

▶ लक्षण गीत : दोहा॰ मात्रा सत्ताईस में, वर्ण अठारह बंध ।

र स ज य भ र गण का बना, "वरकृत्तन" है छंद ।। 918/7068

66. The Karma Yoga (Gītā Chapter 3)

दोहा॰ समा–बुद्धि यदि श्रेष्ठ है, निष्काम से समर्थ ।
क्यों मुझको कटु कर्म में, डाल रहे हो व्यर्थ ।। 920/7068

◎ **Question :** *O Shrī Krishṇa! if you think buddhi yoga (yoga of equanimity) is superior than Karma yoga (duty without desire for fruit), then why are you engaging me in this cruel act of this righteous war?* **1147/4839**

।। 3.2 ।। **व्यामिश्रेणेव वाक्येन बुद्धिं मोहयसीव मे ।**
तदेकं वद निश्चित्य येन श्रेयोऽहमाप्नुयाम् ।।

द्वन्द्वभावमये वाक्ये भ्रामयतो हरे नु माम् ।
निश्चितं तर्हि मामेकं हितदं ब्रूहि माधव ।। 720/2422

वचन आपके उलझन वाले, भ्रम में, प्रभु! हैं मुझको डाले ।
निश्चित कृपया एक ही कहो, हितवाला जो, भ्रम भरा न हो ।। 1137/5205

दोहा॰ वचन, कृष्ण! दो–अर्थ के, सुन कर मुझको भ्रांत ।
एक मुझे निश्चित कहो, जो दे लाभ नितांत ।। 921/7068

◎ **And :** *O Shrī Krishṇa! your conflicting words are confusing me. Therefore, please tell me just one thing that will be good for me.* **1148/4839**

सन्देहं मे बहिष्कर्तुं दूरीकर्तुं च मे भ्रमम् ।
श्रुत्वा पार्थस्य शब्दं तम्–उवाच यदुनन्दनः ।। 721/2422

सुन कर कहना वो अर्जुन का, मोह भाँप कर उसके मन का ।
उलझन उसकी सुलझाने को, कृष्ण ने कहा समझाने को ।। 1138/5205

दोहा॰ सुन कर अर्जुन का कहा, दूर करन संदेह ।
बोले श्रीधर पार्थ को, सुलझाने सस्नेह ।। 922/7068

◎ **And :** *Arjun said, O Shrī Krishṇa! for removing my dilemma and doubt, no one is better than you. Hearing Arjun's words, Shrī Krishṇa said :* **1149/4839**

श्रीभगवानुवाच ।

।। 3.3 ।। **लोकेऽस्मिन्द्विविधा निष्ठा पुरा प्रोक्ता मयानघ ।**
ज्ञानयोगेन साङ्ख्यानां कर्मयोगेन योगिनाम् ।।

(श्रीभगवानुवाच)

(श्रीकृष्णः समाधनं करोति)

मया प्रोक्तौ पुरा पार्थ मार्गौ भिन्नौ समान्तरौ ।
मार्गो ज्ञानस्य साङ्ख्यानां निष्कामकर्म योगिनाम् ।। 722/2422

(श्री भगवान ने कहा)

(उलझे हुए पार्थ को श्रीकृष्ण सुलझाते हैं)

मैंने बोले, पार्थ! श्रेय के, मार्ग भिन्न दो एक ध्येय के ।
सांख्य योग जो ज्ञानवर्त्म है, बिना–वासना योग कर्म है ।। 1139/5205

दोहा॰ अर्जुन! मैंने थे कहे, दो पथ भिन्न अनन्य ।
एक मार्ग है सांख्य का, कर्म योग का अन्य ।। 923/7068

◎ **Shrī Krishṇa :** *Shrī Krishṇa said, O Arjun! I had told Vivasvān two paths of yoga. Both give the same result. The first is the path of Jñāna for the followers of Sānkhya yoga and the second is the path of Nishkām for the followers of Karma yoga.* **1150/4839**

।। 3.4 ।। **न कर्मणामनारम्भान्नैष्कर्म्यं पुरुषोऽश्नुते ।**
न च संन्यसनादेव सिद्धिं समधिगच्छति ।।

(संन्यासमार्गः च योगमार्गः च)

कर्मवर्जो न नैष्कर्म्यं न चैषा सुमतिर्मता ।
न च सिद्धिर्भवेत्त्यागात्–कर्मणो भ्रमकारणात् ।। 723/2422

(संन्यास और योग के दो पथ)

कार्य टालना नैष्कर्म्य नहीं, ना ही इसमें बुद्धि है सही ।
न ही किसी को कर्म त्याग से, मिली सिद्धि है बिना याग के ।। 1140/5205

दोहा॰ अकर्म ना "नैष्कर्म्यू है, ना उसमें मति शुद्ध ।
ना ही मिथ्या–त्याग से, कर्म योग है सिद्ध ।। 924/7068

◎ **Sanyāsa and Yoga :** *Avoiding your duty is not a Nishkām, nor it is a right thinking, nor one achieves success in yoga by renouncing karma.* **1151/4839**

।। 3.5 ।। **न हि कश्चित्क्षणमपि जातु तिष्ठत्यकर्मकृत् ।**
कार्यते ह्यवशः कर्म सर्वः प्रकृतिजैर्गुणैः ।।

(कर्मशून्यता नास्ति)

गुणादेशेन कुर्वन्ति सर्वेऽपि विवशाः सदा ।
विना कर्म न जीवन्ति कदापीह नु प्राणिनः ।। 724/2422

(कर्मन्यूनता का कोई अस्तित्व नहीं है)

कर्म चलत हैं विवश गुणों के, यहाँ सदा ही सकल जनों के ।
बिना कर्म के निमिष एक भी, जी ना कोई सकेगा कभी ।। 1141/5205

दोहा॰ **गुण अनुसारे काम है, गुण हि कर्म की नींव ।**
बिना कर्म जीता नहीं, जग में कोई जीव ।। 925/7068

◎ **Doing "nothing" :** *There is no such thing as doing nothing. No being lives without doing anything. All beings act according to their guṇas (attributes/nature).* **1152/4839**

।। 3.6 ।। **कर्मेन्द्रियाणि संयम्य य आस्ते मनसा स्मरन् ।**
इन्द्रियार्थान्विमूढात्मा मिथ्याचारः स उच्यते ।।

(मिथ्याचरी नरः)

कर्मेन्द्रियाणि संयम्य स्वैरज्ञानेन्द्रियैश्च यः ।
सर्वदा विषये लग्नो मिथ्याचारः स कथ्यते ।। 725/2422

(मिथ्याचारी मनुष्य)

कर्मेंद्रिय पर संयम करके, ज्ञानेन्द्रिय को स्वैर छोड़ के ।
मन विषयों में जो बहलाता, 'मिथ्याचारी' है कहलाता ।। 1142/5205

दोहा॰ **गात दबा कर; विषय में, भटके मन दिन-रात ।**
मिथ्याचारी है वही, मनुष्य "दंभी" ज्ञात ।।[203] **926**/7068

◎ **Mithyachari :** *He whose organs of action are under control, but the sense organs are not under his control, he is called Mithyāchārī (Pretender).* **1153/4839**

।। 3.7 ।। **यस्त्विन्द्रियाणि मनसा नियम्यारभतेऽर्जुन ।**
कर्मेन्द्रियैः कर्मयोगमसक्तः स विशिष्यते ।।

निग्रहे मनसा कृत्वा कर्मेन्द्रियाणि कर्मणि ।
त्यक्त्वा कर्मफलाशाञ्च कर्मयोगो हि प्राप्यते ।। 726/2422

फल की आशा मन से तज कर, गात्र-मात्र से नित्य काज कर ।
मन पर काबू जो रखता है, कर्मयोग को वो चखता है ।। 1143/5205

दोहा॰ **फल की आशा छोड़के, गात्र-मात्र से कार्य ।**
कर्मयोग में यों लगा, योगी जाना आर्य ।। 927/7068

◎ **And :** *Keeping sense organs and the organs of action under control, he who does his duty without desire for its fruit, he attains Karma yoga.* **1154/4839**

।। 3.8 ।। **नियतं कुरु कर्म त्वं कर्म ज्यायो ह्यकर्मणः ।**
शरीरयात्रापि च ते न प्रसिद्ध्येदकर्मणः ।।

नियतं कर्म कर्तव्यं कर्म ह्यकर्मणो वरम् ।
मतं विकर्म चाधर्मो विना कर्म न जीवनम् ।। 727/2422

नियत कार्य तुम नित करो सभी, बिना कर्म के कछु नहीं कभी ।
अकर्म से ही भला कर्म है, अरु विकर्म करना अधर्म है ।। 1144/5205

दोहा॰ **नित्य कर्म करते रहो, करिए नहीं अकर्म ।**
बिना कर्म जीवन नहीं, विकर्म नाम अधर्म ।। 928/7068

◎ **And :** *The duties required for maintenance of life must be performed. Doing your duty is better than not doing it. Not doing the duty is unrighteousness.* **1155/4839**

।। 3.9 ।। **यज्ञार्थात्कर्मणोऽन्यत्र लोकोऽयं कर्मबन्धनः ।**
तदर्थं कर्म कौन्तेय मुक्तसङ्गः समाचर ।।

(यज्ञकर्म)

यज्ञेतराणि कर्माणि बन्धनकारकाणि भोः ।
सङ्गं त्यक्त्वा कृतं कर्म पार्थ बन्धनभञ्जकम् ।। 728/2422

(यज्ञ कर्म)

यज्ञेतर सब फल के धारक, कर्म कहे हैं बंधन कारक ।
कर्म करे जो तज कर लागी, पार्थ! कर्म का वह है त्यागी ।। 1145/5205

दोहा॰ **यागबुद्धि बिन जो किया, बंधन करता कर्म ।**
संग छोड़ कर कार्य से, छुटते बंधन सर्व ।। 929/7068

---

[203] गात दबा कर भी, जिसका मन विषय में दिन-रात भटके । वह दंभी मनुष्य मिथ्याचारी है कहा, इस तरह पढ़िये ।

66. The Karma Yoga (Gītā Chapter 3)

◎ **Yajña** : *Karmas done without the spirit of austerity cause attachment. Doing deeds in the spirit of austerity removes the bondage of attachment to the karma.* **1156/4839**

।। 3.10 ।। सहयज्ञाः प्रजाः सृष्ट्वा पुरोवाच प्रजापतिः ।
अनेन प्रसविष्यध्वमेष वोऽस्त्विष्टकामधुक्

आदियज्ञात्प्रजाः सृष्ट्वा ब्रूते ब्रह्मा प्रजाजनान् ।
कामधेनुः क्रतुर्भूत्वा पूरयेद्वो मनोरथान् ।। 729/2422

आदि यज्ञ को रच कर विधि ने, प्रजा संघ सब निर्मित कीन्हे ।
कामधेनु यह यज्ञ बनेगा, और मनोरथ पूर्ण करेगा ।। 1146/5205

दोहा॰ आदि यज्ञ से जगत को, विधि दीन्हे वरदान ।
"कामधेनु बन यज्ञ यह, करे सकल कल्याण ।। 930/7068

◎ **Brahma** : *Creating the beings from the primordial yajña (austerity), Brahma said to the subjects, may this yajña be your wish granting cow to fulfill your wishes.* **1157/4839**

।। 3.11 ।। देवान्भावयतानेन ते देवा भावयन्तु वः ।
परस्परं भावयन्तः श्रेयः परमवाप्स्यथ ।।

देवा यज्ञेन तुष्येयुः-तुष्टास्तोक्ष्यन्ति ते च वः ।
अन्योन्यं तोषयित्वा नु लाभश्च भवतां भवेत् ।। 730/2422

तृप्त यज्ञ से ईश्वर होंगे, वे भी तुमको तुष्ट करेंगे ।
तोषित होकर दैव भाग्य से, हित आवेगा तुम्हें यज्ञ से ।। 1147/5205

दोहा॰ "देव, तृप्त इस यज्ञ से, देंगे आशीर्वाद ।
तृप्त परस्पर तुम हुए, मिले उभय को ह्लाद ।। 931/7068

◎ **And** : *May the Gods be pleased with your austerities and may they please you. Thus, mutually both be beneficial to each other.* **1158/4839**

।। 3.12 ।। इष्टान्भोगान्हि वो देवा दास्यन्ते यज्ञभाविताः ।
तैर्दत्तानप्रदायैभ्यो यो भुङ्क्ते स्तेन एव सः ।।

यज्ञैश्च मुदिता देवा दास्यन्ति वः प्रसादनम् ।
यो न तत्सहभुञ्जीत नरः स्वार्थी स तस्करः ।। 731/2422

यज्ञ से मुदित होकर ईश्वर, प्रसाद देंगे तुम्हें अनश्वर ।
उस प्रसाद को बाँटता नहीं, तस्कर समझो सत्य है वही ।। 1148/5205

दोहा॰ तृप्त देव उस यज्ञ से, देंगे तुम्हें प्रसाद ।
जो ना बाँटे दान को, रहे चोर वो याद ।। 932/7068

◎ **Gods** : *The Gods, pleased with your austerities, will give you boons. He who does not share his earnings with others is a thief.* **1159/4839**

♪ संगीतश्रीकृष्णरामायण छन्दमाला, मोती 158 of 501

मत्त समक छन्द

8 + । + 7

(प्रसाद)

ईश्वर से जो मिला प्रेम से ।
जो बाँटे ना सदा क्षेम से ।। 1
संचय करता स्वहित नेम से ।
मूरख जाना वही स्तेन है ।। 2

◎ **Gift** : *He who does not share the gift he obtained from the Gods, but hoards for himself, that foolish person is a thief.* **1160/4839**

।। 3.13 ।। यज्ञशिष्टाशिनः सन्तो मुच्यते सर्वकिल्बिषैः ।
भुञ्जते ते त्वघं पापा ये पचन्त्यात्मकारणात् ।।

भुनक्ति यज्ञशेषं यः पापहीनो नरो हि सः ।
ये तु पचन्ति स्वार्थेन पापमश्नन्ति ते ततः ।। 732/2422

शेष, यज्ञ का, जो खाते हैं, अंत पाप का वो पाते हैं ।
स्वार्थ्य हेतु जो मगर पकाते, अनंत पातक उन्हें पचाते ।। 1149/5205

दोहा॰ यज्ञशेष जो भक्षता, उसके मिटता पाप ।
भोज पकाता स्वार्थ में, उसको लगता शाप ।। 933/7068

◎ **And** : *He who partakes the remainder of an austerity is a sinless person. But, he who performs austerity with selfish purpose, he earns sin.* **1161/4839**

|| 3.14 || **अन्नाद्भवन्ति भूतानि पर्जन्यादन्नसम्भवः ।**
यज्ञाद्भवति पर्जन्यो यज्ञः कर्मसमुद्भवः ।।

(सृष्टिचक्रम्)

अन्नाज्जीवन्ति भूतानि पर्जन्यादन्नसम्भवः ।
अग्नेः समुद्भवत्यापो यज्ञाग्निः कर्मकारणात् ।। 733/2422

(सृष्टिचक्र)

अन्नों पर है पलता प्राणी, अन्न को बढ़ाता है पाणी ।
पानी यज्ञाग्नि से पड़ता, यज्ञ कर्म शुभ से है घड़ता ।। 1150/5205

दोहा॰ **प्राणी जीते अन्न पर, अन्न बढ़ावत नीर ।**
नीर यज्ञ की अग्नि से, यज्ञ कर्म तदबीर[204] ।। 934/7068

◎ **Cycle of Nature :** *The beings live on food. The food grows on rains. The rains are caused by the heat of the sun. The fire of austerity is born out of karma.* **1162/4839**

|| 3.15 || **कर्म ब्रह्मोद्भवं विद्धि ब्रह्माक्षरसमुद्भवम् ।**
तस्मात्सर्वगतं ब्रह्म नित्यं यज्ञे प्रतिष्ठितम् ।।

कर्म वेदाक्षराद्विद्धि वेदश्च ब्रह्मणो मुखात् ।
सर्वव्यापी स वेदेशः स्थितो यज्ञे निरन्तरम् ।। 734/2422

कर्म वेद–अक्षर में होता, ब्रह्मा वेद–चतुर् का सोता ।
इसी लिये दिग्व्यापक ब्रह्मा, खड़ा यज्ञ में रहे सब समा ।। 1151/5205

दोहा॰ **वेद कर्म के मूल हैं, ब्रह्म वेद के स्रोत ।**
समग्र व्यापी बह्म वो, सदा यज्ञ में होत ।। 935/7068

◎ **And :** *Karma (righteous deed) comes from the words of the Vedas. Yajñas arise out of the Veda. The Veda is uttered by Brahma. Thus, Brahma, the Lord of Vedas, is always present in the yajña.* **1163/4839**

| 3.16 || **एवं प्रवर्तितं चक्रं नानुवर्तयतीह यः ।**
अघायुरिन्द्रियारामो मोघं पार्थ स जीवति ।।

ईदृशं भवचक्रं यो नानुसरति मानवः ।
अलसः कामुकः पापी व्यर्थं जीवति भूतले ।। 735/2422

चलाए हुए इस भाँति से, चक्र से चले जो न शाँति से ।
पापी कामुक मूरख नर वो, जीता व्यर्थ मनुज होकर वो
पापी कर्मठ मूरख नर वो, जीता व्यर्थ मनुख हो कर वो ।। 1152/5205

दोहा॰ **सृष्टि चक्र इस भाँति के, जो न चले अनुसार ।**
पापी कर्मठ मूढ़ वो, केवल भू पर भार ।। 936/7068

◎ **And :** *He who does not abide by the Cycle of Nature thus I set in motion, that passionate and lazy person lives on earth meaninglessly.* **1164/4839**

|| 3.17 || **यस्त्वात्मरतिरेव स्यादात्मतृप्तश्च मानवः ।**
आत्मन्येव च सन्तुष्टस्तस्य कार्यं न विद्यते ।।

(आत्मतृप्तः)

आत्मतृप्तो भवेत्तुष्ट आत्मा यस्य सदा सुखी ।
आत्मन्येवात्मनो हृष्टः–तस्मै कृत्स्नं कृतं भवेत् ।। 736/2422

(आत्मतृप्त मनुष्य)

आत्मतृप्त है जिसका आपा, आत्म सुप्त है जिसे सियापा ।
आत्मयुक्त वह नर विशेष है, कर्म न कोई उसे शेष है ।। 1153/5205

दोहा॰ **आत्मतृप्त जो आप ही, आत्मा सुखी विशेष ।**
आत्महृष्ट उस युक्त के, कर्म सबी निःशेष ।। 937/7068

◎ **Self-content :** *The self possessed person who is always content within himself by himself, nothing more remains to be accomplished for him.* **1165/4839**

|| 3.18 || **नैव तस्य कृतेनार्थो नाकृतेनेह कश्चन ।**
न चास्य सर्वभूतेषु कश्चिदर्थव्यपाश्रयः ।।

अकृतौ वा कृतौ चापि नास्ति तं काऽपि कामना ।
सर्वभूतेषु तं नास्ति स्वार्थस्य काऽपि वासना ।। 737/2422

कृति–अकृति वा कछु करने की, चाह न उसको उर भरने की ।
किसी से नहीं स्वार्थ है जिसे, सर्वभूत परमार्थ है उसे ।। 1154/5205

---

[204] **तदबीर** = उपाय, युक्ति ।

66. The Karma Yoga (Gītā Chapter 3)

दोहा॰ चाह कर्म की फिर उसे, रहे न कोई, पार्थ! ।
किसी भूत से भी उसे, रहे न कोई स्वार्थ ।। 938/7068

◎ **And :** *He has no desire to earn more, nor he has any selfish motive towards any being.* **1166/4839**

संगीतश्रीकृष्णरामायण छन्दमाला, मोती 159 of 501

सवैया सुंदरी छन्द[205]

12 + ।। ऽ – 12 + ऽ ऽ ऽ

अथवा 12 + ।। ऽ – 13 + । ऽ ऽ

(निरपेक्षता)

पर मानव पर उपकार करे, पर कारण प्रयतन जिसके भारे ।
पर जन गण के दुख दूर करे, पर हित में चिंतन जिसके सारे ।। 1
पर निमित्त क्लेश कठोर सहे, पर कारण नित कष्ट जिसे प्यारे ।
पर काज किये निःश्लाघ रहे, निरपेक्ष गुण सकल उसके न्यारे ।। 2

◎ **Selfless :** *He who is engaged in service to others. He whose efforts are for the benefit of others. He who removes others' miseries. He who struggles for others. He who bares pains for other's sake. Having done good to others, he who does not take credit for the deeds. That unique person is a selfless soul.* **1167/4839**

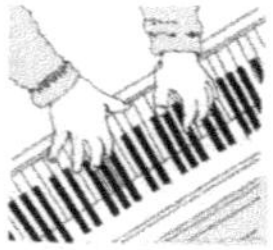

संगीतश्रीकृष्णरामायण गीतमाला, पुष्प 272 of 763

(प्रभु शरण)

स्थायी

जो आवे प्रभु जी! शरण तिहार, आतमा उसका बस में आवे ।
तुम अंतरय्यामी, कृष्ण हरि! ।।

सानि़ सा–गरे सास नि़–! सासारे मग–ग, गममग पमग– रेसा सा– रेमग– ।
मग रे–सासारे–गम, गरेसा नि़सा–! ।।

अंतरा–1

जो पावे प्रभु चरन तिहार, उसको प्यार है प्राप्त तिहार ।
तुम सरबस ज्ञानी, कृष्ण हरि! ।।

गम मगपम गरे सासारे गम–म, गममग पमग रेसा–रे मग– ।
गग रेसासासा रे–गम, गरेसा नि़सा–! ।।

अंतरा–2

जो गावे प्रभु भजन तिहार, आश्रय हर दम उसे तिहार ।
तुम तन के स्वामी, कृष्ण हरि! ।।

◎ **At His feet : *Sthāyī* :** *O Lord! he who comes to your feet, he has control over himself. O Hari! you know our hearts.* ***Antarā* : 1.** *O Lord! he who attains your feet, he receives your love. O Hari! you are Omniscient.* **2.** *He who chants your name, he receives your help at every step. O Lord! you are the Master of our body.* **1168/4839**

|| 3.19 || **तस्मादसक्तः सततं कार्यं कर्म समाचर ।**
असक्तो ह्याचरन्कर्म परमाप्नोति पूरुषः ।।

(करणीयम्)

ॐ **करणीयमतः कार्यं सङ्गं त्यक्त्वा हि सर्वशः ।**
एवं कृत्वा हि कौन्तेय प्राप्स्यसि परमं पदम् ।। 738/2422

(कार्य कर्म का आदर्श)

करो सदा करणीय कार्य जो, संगत्याग भी सदा आर्य जो ।
अगर यही पथ आप धरोगे, पार्थ! परम पद प्राप्त करोगे ।। 1155/5205

दोहा॰ **करना है नित कार्य ही, तज कर राग तमाम ।**
सदा कार्य करते हुए, मिले परम पद धाम ।। 940/7068

◎ **Duty :** *O Arjun! do your duty without desire for its fruit. Doing karma this way, you will attain the supreme state.* **1169/4839**

---

[205] **सवैया सुंदरी छन्द :** यह एक मात्रिक छंद है । इसके विषम चरण 16 मात्रा के होते हैं जिनके अंत में स (।। ऽ) गण होता है और सम चरण 18 मात्रा के होते हैं जिनके अंत में य (। ऽ ऽ) अथवा म (ऽ ऽ ऽ) गण आता है । इसके पदान्त में विराम होता है । इसे **सवैया** छंद भी कहा जाता है ।

▶ लक्षण गीत : दोहा॰ **सोलह कल, पद विषम में, जिन्हें स गण से अंत ।**
सम पद में कल अठारह, कहा "सवैया" छंद ।। 939/7068

|| 3.20 || कर्मणैव हि संसिद्धिमास्थिता जनकादयः ।
लोकसङ्ग्रहमेवापि सम्पश्यन्कर्तुमर्हसि ।।

कर्मैरेतैर्गताः सिद्धिं परमां जनकादयः ।
अनुसृत्य महन्तांस्तान्-कार्यं त्वं कर्तुमर्हसि ।। 739/2422

इस पथ से ही जनकादिक सब, सिद्धि कर्म की पाए हैं तब ।
उन्हें देख कर तुम्हें चाहिये, कार्य सदा ही करते रहिये ।। 1156/5205

दोहा॰ जनकादिक जन श्रेष्ठ भी, भये कर्म से सिद्ध ।
उनका पथ अनुसार कर, बनो कर्म कटिबद्ध ।। 941/7068

◎ **Janak :** *Doing karmas this way, King Janak and others attained success in yoga. Following those great people, you ought to do karma this way.* **1170/4839**

|| 3.21 || यद्यदाचरति श्रेष्ठस्तत्तदेवेतरो जनः ।
स यत्प्रमाणं कुरुते लोकस्तदनुवर्तते ।।

जनाः कुर्वन्ति कर्माणि कुर्वन्त्यार्या यथा यथा ।
यदादर्शं करोत्यार्यः-तत्कुर्वन्तीतरे जनाः ।। 740/2422

श्रेष्ठ जन सदा करता ज्यों ज्यों, जग सब करता नित है त्यों त्यों ।
वह चलता है जिस प्रमाण से, जग चलता है उसी मान से ।। 1157/5205

दोहा॰ ज्यों करते जन श्रेष्ठ हैं, त्यों करते हैं लोग ।
प्रमाण जो भी वे करें, जन गण वही प्रयोग ।। 942/7068

◎ **And :** *As the great people do karmas (righteous deeds), so do the other people. As noble person sets standard, other people abide by that standard.* **1171/4839**

|| 3.22 || न मे पार्थास्ति कर्तव्यं त्रिषु लोकेषु किञ्चन ।
नानवाप्तमवाप्तव्यं वर्त एव च कर्मणि ।।

त्रिलोके नास्ति कुत्रापि यन्न सिद्धीकृतं मया ।
अबद्धस्तर्हि कौन्तेय कार्यं नित्यं करोम्यहम् ।। 741/2422

ऐसा कछु भी नहिं त्रिभुवन में, मैंने न किया है जीवन में ।
करके कार्य भी यदा तदा मैं, अबद्ध उनसे रहूँ सदा मैं ।। 1158/5205

दोहा॰ जग में ऐसा कुछ नहीं, मैंने किया न सिद्ध ।
फिर भी करता कर्म मैं, उनमें हुए अबद्ध ।। 943/7068

◎ **Shrī Krishna :** *There is nothing in the three worlds that I have not accomplished, even then, O Arjun! I keep doing my duty.* **1172/4839**

संगीतश्रीकृष्णरामायण छन्दमाला, मोती 160 of 501

फटका छन्द

8 + 8 + 8 + 6/5
(कार्यपरायण)

जग-तीनों में कहीं कुछ नहीं ।
मुझे सधा या साध्य नहीं ।।
करता हूँ मैं कार्य निरंतर ।
पर वे मुझको बाध्य नहीं ।।

◎ **Devoted to karma :** *There is nothing in the three worlds that is not accomplishable and not accomplished by me. In spite of this, I do karma tirelessly. The karmas (righteous deeds) do not bind me.* **1173/4839**

|| 3.23 || यदि ह्यहं न वर्तेयं जातु कर्मण्यतन्द्रितः ।
मम वर्त्मानुवर्तन्ते मनुष्याः पार्थ सर्वशः ।।

न कुर्यां कर्म पार्थाहं सर्वदा चेदतन्द्रितः ।
जना मामनुवर्तेयुः पथिका मम वर्त्मनि ।। 742/2422

अनुसरते हैं जन जग वाले, मेरी कृति को, भोले भाले ।
करूँ करम ना अगर अथक मैं, भरमाऊँ अनुगामी पथिक मैं ।। 1159/5205

दोहा॰ अगर करूँ ना कर्म मैं, दिन-रात सदाचार ।
मेरी अनुगामी प्रजा, भटकेगी लाचार ।। 944/7068

◎ **And :** *O Arjun! if I do not do karmas (righteous deeds) non-stop tirelessly, my followers will follow me and will become idle.* **1174/4839**.

|| 3.24 || उत्सीदेयुरिमे लोका न कुर्यां कर्म चेदहम् ।
सङ्करस्य च कर्ता स्यामुपहन्यामिमाः प्रजाः ।।

चेन्न कुर्यामहं कर्म लोके जायेत सङ्करः ।

भ्रंसेत च प्रजा तस्माद्-भवेयं हानिकारणम् ।। 743/2422

जग में अगर करूँ मनमानी, प्रजा जनन की होगी हानि ।

करूँ अगर ना सदा कष्ट मैं, संकर से फिर प्रजा नष्ट मैं ।। 1160/5205

दोहा॰ अगर करूँ ना कार्य मैं, और करूँ ना कष्ट ।

संकर होगा विश्व में, प्रजा बनेगी भ्रष्ट ।। 945/7068

◎ **And :** *If I do not do karmas (righteous deeds) thus, there will be chaos. It will be harmful to the subjects.* **1175/4839**

।। 3.25 ।। **सक्ताः कर्मण्यविद्वांसो यथा कुर्वन्ति भारत ।**

कुर्याद्विद्वांस्तथाऽसक्तश्चिकीर्षुर्लोकसङ्ग्रहम् ।।

मूढः करोति कर्माणि मुग्धेन मनसा यथा ।

कुर्याज्ज्ञानी च कर्तव्यम्-असक्तमनसा तथा ।। 744/2422

अज्ञानी ज्यों करते कृति को, धर कर मन में आसक्ति को ।

करे ज्ञानी भी उस भाँति से, मगर सक्ति अरु मन:शाँति से ।। 1161/5205

दोहा॰ अज्ञानी करते यथा, कर्म, भ्राँति के साथ ।

ज्ञानी भी तद्वत् करे, मगर शाँति के साथ ।। 946/7068

◎ **And :** *As an ignorant person is devoted to selfish deeds, so should the wise person be devoted to selfless righteous deeds.* **1176/4839**

।। 3.26 ।। **न बुद्धिभेदं जनयेदज्ञानां कर्मसङ्गिनाम् ।**

जोषयेत्सर्वकर्माणि विद्वान्युक्तः समाचरन् ।।

अज्ञानं नाह्वयेज्ज्ञानी कामुकानां कुबुद्धिनाम् ।

प्रचोदयेत्स तान्मूढान्-योगयुक्तश्च पण्डितः ।। 745/2422

अज्ञानी मति कामुक जिनकी, छेड़ो मत वो कुबुद्धि उनकी ।

ज्ञानी उनको राह दिखावे, भले कर्म की चाह सिखावे ।। 1162/5205

दोहा॰ अज्ञानी जड़ मूढ़ का, छेड़ो मत अज्ञान ।

राह दिखाओ सत् उन्हें, और उन्हें दो ज्ञान ।। 947/7068

◎ **And :** *Wise person should not challenge the ignorance of an ignorant. He should set an example of righteous actions in front of him and encourage him to follow his example.* **1177/4839**

।। 3.27 ।। **प्रकृतेः क्रियमाणानि गुणैः कर्माणि सर्वशः ।**

अहङ्कारविमूढात्मा कर्ताऽहमिति मन्यते ।।

(गुणः कर्तारः)

करोति प्रकृतिः सर्वं सर्वस्य सर्वथा सदा ।

एवं सत्यपि कर्ताऽहं विमूढो मन्यते भ्रमात् ।। 746/2422

(प्रकृति के निर्मित गुण ही कर्ता हैं)

प्रकृति पर सब निर्भर करता, वही है भर्ता, वही है कर्ता ।

फिर भी मूरख नर है कहता, सभी कर्म को "मैं हूँ करता" ।। 1163/5205

दोहा॰ करती सब कुछ प्रकृति, कर्ता और न कोय ।

मूरख नर फिर भी कहे, "करनी मेरी होय" ।। 948/7068

◎ **The doer of karma :** *Prakriti, with its guṇas (the three attributes), is always the doer of everything in every way. In spite of such being the case, the ignorant person falsely claims the authorship of the karma (righteous deed).* **1178/4839**

।। 3.28 ।। **तत्त्ववित्तु महाबाहो गुणकर्मविभागयोः ।**

गुणा गुणेषु वर्तन्त इति मत्वा न सज्जते ।।

यो जानाति यथार्थेन सम्बन्धो गुणकर्मणाम् ।

तेषां च नित्यतां दृष्ट्वा ज्ञानी तेभ्योर्न भ्राम्यति ।। 747/2422

गुण कर्मों की नित्य भिन्नता, आपस में उनका जो नाता ।

नर ज्ञानी जो उन्हें जानता, मोह पाश को वही फानता ।। 1164/5205

दोहा॰ जो जाने गुण कर्म का, नाता बिन संदेह ।

ज्ञाता वह गुणधर्म का, ज्ञानी नि:संदेह ।। 949/7068

◎ **But :** *But, he who properly understands the relationship between the guṇas (the three attributes) and karma (righteous deed), only he knows the truth.* **1179/4839**

गुण–माया का निरूपण

66-a. The Magic of the Guṇas *(Gītā Chapter 3)*

(गुणमायानिरूपणम्)

।। 3.29 ।। **प्रकृतेर्गुणसम्मूढाः सज्जन्ते गुणकर्मसु ।**

तानकृत्स्नविदो मन्दान्कृत्स्नविन्न विचालयेत् ।।

गुणमायां न बुद्धा हि मतिर्यस्य तु कर्मसु ।
न तं विचालयेज्ज्ञानी मूढमज्ञानभोगिनम् ।। 748/2422

गुण का ज्ञान न जिसको खटका, कर्म काण्ड में जो है भटका ।
ज्ञानी ना छेड़े उस जड़ को, नर अज्ञानी उस फूहड़ को ।। 1165/5205

दोहा॰ **जिस नर ने जाना नहीं, गुण माया का गूढ़ ।**
ज्ञानी ना छेड़े उसे, अज्ञानी जो मूढ़ ।। 950/7068

◎ **The magic of the Guṇas :** *Not knowing the functioning of the guṇas (the three attributes), the ignorant person thinks himself to be the doer of the karmas (deeds). A wise person should not try to disturb the thinking of that ignorant person, for he will not understand him.* **1180/4839**

(गुणमाया, उपमा–अलंकार:)

मयूरः काश्यते रङ्गैः सूर्यः काशयते दिनम् ।
कोकिला कूजति कूहुः खादति तुरगस्तृणम् ।। 749/2422

(गुण माया, उपमा अलंकार)

मोर पंख से रंग सजाता, सूर्य रात से दिन है लाता ।
कोयल पंछी कूहू गाता, घोड़ा घास–पात है खाता ।। 1166/5205

दोहा॰ **शेर न खावे घास ना घोड़ा खावे माँस ।**
गुण जिसको जो है मिला, उसका है वह दास ।। 951/7068

◎ **Guṇa-Karma examples :** *The peacock exhibits colours, the sun shines the day. The black bird chirps sweetly, the deer eats grass. Neither the tiger eats grass nor the horse eats meat. Everyone acts according to his guṇas.* **1181/4839**

अम्भसि जायते पद्म नभसि चन्द्रमा यथा ।
जले मीनो वने सिंहो मरावुष्ट्रो नृपस्तथा ।। 750/2422

चाँद गगन में निश में मिलता, फूल कमल का जल में खिलता ।
मछली जल में, ऊँट रेत में, सिंह विपिन में, बैल खेत में ।। 1167/5205

दोहा॰ **चाँद खिले आकाश में, सरोज का जल स्थान ।**
मीन नीर है राजता, क्रमेल[206] रेगिस्तान ।। 952/7068

◎ **And :** *The lotus grows in water, the moon shines in the sky, The fish in the pond, lion in the forest, camel in the desert;* **1182/4839**

(अत:)

यथा यस्य भवेत्तुष्टिः–रूपं तस्य भवेत्तथा ।
एतत्सूत्रं स जानाति यो विज्ञो गुणकर्मणाम् ।। 751/2422

(इस लिये)

जिस–जिस गुण का जो है राजा, वह–वह दर उसको है साजा ।
जिसको जिसका गुण है भाता, उस गुण से उसका है नाता ।। 1168/5205

दोहा॰ **जिसमें जो गुण राजता, वह उसके अनुसार ।**
जो गुण के गुण जानता, जाने वह संसार ।। 953/7068

◎ **Thus :** *Everyone is the king within the domain of his guṇas (the three attributes). He who knows this principle, he is the knower of the guṇa-karma relationship.* **1183/4839**

संगीतश्रीकृष्णरामायण गीतमाला, पुष्प 273 of 763

भजन

(जगत की माया)

स्थायी

जानिये, इस दुनिया की माया ।

♫ सा–रेग–, पम पमग– रे– गरेसा– ।

अंतरा–1

जैसा जिसने दर पाया है, वैसी उसकी काया ।
तीन गुणन का खेल ये सारा, देख के मन भरमाया ।।

♫ सा–रे– गगम– धध प–म– प–, सां–नि– धधप– म–प– ।
सा–रे रेगग म– प–म ग रे–सा–, ध–प म– गग रेरेगरेसा– ।।

---

[206] **क्रमेल** = 1. हिन्दी = ऊँट, क्रमेल; 2. संस्कृत = क्रमेलक, क्रमेल; 3. English = कैमल, कैमेल Camel.

66-a. The Magic of the Guṇas (Gītā Chapter 3)

अंतरा–2

मोर पंख से रंग सजाता, सूरज दिन चमकाता ।
पंछी कोयल कुहू गाता, अश्व घास है खाता ।।

अंतरा–3

फूल कमल का जल में खिलता, चाँद गगन में सुहाता ।
मीन अंभ में, खग अंबर में, बन में शेर है राजा ।।

अंतरा–4

ममता माँ को, राम जुबाँ को, शिशु है गोद सुखाता ।
ऊँट रेत में, शस्य खेत में, बीज विश्व उगाया ।।

◎ **The Mystery :** ***Sthāyī*** *: Understand the mystery of this world. As one's constitution is, so is his habitat. It is all the play of the three guṇas (the three attributes) with which the world is deluded.* ***Antarā : 1.*** *As one attains destiny according to his karmas, so is his character. It is the play of the three attributes, which deludes the mind.* ***2.*** *The peacock exhibits colours with his wings, the sun shines only duting day time. The black Koyal bird sings koohu koohu, and the horse eats grass.* ***3.*** *The lotus flower grows in the lake, the moon shines in the sky, the fish in the water, birds fly in the sky and the lion is king in the forest.* ***4.*** *Love looks good on a mother, Shrī Rāma's name on the lips, a child in the lap, camel in the desert and crops in the field. From a seed the whole universe evolves.* **1184/4839**

।। 3.30 ।। **मयि सर्वाणि कर्माणि संन्यस्याध्यात्मचेतसा ।**
निराशीर्निर्ममो भूत्वा युद्धयस्व विगतज्वरः ।।

(मत्परः नरः)

मयि कर्माणि सर्वाणि मनसा निर्मलेन त्वम् ।
अर्पयित्वा हि युध्यस्व लिप्सां त्यक्त्वा च निर्व्यथः ।। 752/2422

(मत्पर मनुष्य)

लिप्सा तज कर दुख को हर लो, कर्म मुझी में अर्पण कर लो ।
निर्मल मन से बन विशुद्ध तुम, ममता तज कर करो युद्ध तुम ।। 1169/5205

दोहा॰ **निर्मल मन से, पार्थ! तुम, लेकर मेरा नाम ।**
अर्पण मुझमें सब किये, करो समर का काम ।। 954/7068

◎ **My devotee :** *O Devotee Arjun! doing all your deeds in my name with pure heart, fight the righteous war without hesitation.* **1185/4839**

। 3.31 ।। **ये मे मतमिदं नित्यमनुतिष्ठन्ति मानवाः ।**
श्रद्धावन्तोऽनसूयन्तो मुच्यन्ते तेऽपि कर्मभिः ।।

ईर्ष्यां त्यक्त्वा च सश्रद्धः–तत्परो मत्परायणः ।
कौन्तय मामनुसृत्य कर्मबन्धात्प्रमुच्यसे ।। 753/2422

तज कर तन से ईर्ष्या सारी, श्रद्धा भर कर मन में भारी ।
मेरे मत से जो प्रयुक्त हैं, कर्म बंध से वे विमुक्त हैं ।। 1170/5205

दोहा॰ **ईर्ष्या मन से छोड़ कर, होकर श्रद्धा युक्त ।**
होगे मत्पर, पार्थ! तुम, कर्म बंध से मुक्त ।। 955/7068

◎ **Because :** *Because, he who is devoted to me with complete faith and acts as I said, he is freed from the bondage of karma (deeds).* **1186/4839**

।। 3.32 ।। **ये त्वेतदभ्यसूयन्तो नानुतिष्ठन्ति मे मतम् ।**
सर्वज्ञानविमूढांस्तान्विद्धि नष्टानचेतसः ।।

मम मतमिदं स्पष्टं दुष्टो यो नानुतिष्ठति ।
नष्टबुद्धिर्विमूढः स न मां जानाति भारत ।। 754/2422

मत मेरा यह कहा स्पष्ट जो, नहीं मानते अधम दुष्ट जो ।
मत मेरा जो नहीं मानते, मुझे लोग वे नहीं जानते ।। 1171/5205

दोहा॰ **मेरे मत इस स्पष्ट के, जो न चलें अनुकूल ।**
मूढ़बुद्धि वे भूल में, होते नष्ट समूल ।। 956/7068

◎ **And :** *And, he who does not act as I said, that evil person of deluded mind does not know me.* **1187/4839**

♫ **संगीतश्रीकृष्णरामायण छन्दमाला, मोती 161 of 501**

उल्लाला छन्द[207]

[207] ♫ **उल्लाला छन्द** : इस 13 मात्रा वाले भागवत छन्द की 11 वीं मात्रा लघु होती है । यति चरणान्त ।

10 + । + 2

(गुण स्वरूप)

गुण जो हि भाता जिसको ।

दर वो हि मिलता उसको ।। 1

मत मेरा ये जानलो ।

नियम सृष्टि का मानलो ।। 2

◎ **Guṇas :** *You get the habitat according to the guṇa that appeals you. This is my opinion and this is the rule of the Prakriti (nature).* **1188/4839**

।। 3.33 ।। **सदृशं चेष्टते स्वस्याः प्रकृतेर्ज्ञानवानपि ।**
प्रकृतिं यान्ति भूतानि निग्रहः किं करिष्यति ।।

ॐ **यत्र गुणानुसारेण पण्डितोऽप्यनुवर्तते ।**
कथं तत्र करिष्यन्ति निग्रहमितरे जनाः ।। 755/2422

ज्ञानी जन भी जो कुछ करते, अपने ही गुण को अनुसरते ।

गुण पर बस ना किसी का चला, वहाँ अन्य जन करें क्या भला ।। 1172/5205

दोहा॰ गुण अनुसारे ही जहाँ, ज्ञानी के सब भोग ।
निग्रह करते क्या वहाँ, साधारण से लोग ।। 958/7068

◎ **And :** *Where even the wise men act according to their guṇas (the three attributes), how an ordinary man can control himself against the influence of the guṇas.* **1189/4839**

।। 3.34 ।। **इन्द्रियस्येन्द्रियस्यार्थे रागद्वेषौ व्यवस्थितौ ।**
तयोर्न वशमागच्छेत्तौ ह्यस्य परिपन्थिनौ ।।

(रागः द्वेषः च)

ॐ **विषयेच्छाऽनुसारेणेन्द्रियेषु वासनाक्रुधौ ।**
वशे तयोर्न गन्तव्यं घातिन्यौ ते तनावुभे ।। 756/2422

(राग, द्वेष)

दस-इन्द्रिय के विषय पाँच में, राग-द्वेष हैं छुपे आँच में ।

वश में आवे कभी न कोई, पथ के दोनों घाती सो हीं ।। 1173/5205

दोहा॰ विषय वासना को लिये, राग पनपते क्रोध ।
ये दो बैरी वश करो, सच्चा है यह बोध ।। 959/7068

◎ **Attachment :** *As your attachment is for the passions, so are your desires and anger. One should not be victim to the desires and anger, for they are the two enemies that dwell in your body.* **1190/4839**

।। 3.35 ।। **श्रेयान्स्वधर्मो विगुणः परधर्मात्स्वनुष्ठितात् ।**
स्वधर्मे निधनं श्रेयः परधर्मो भयावहः ।।

(स्वधर्मः स्वकर्म च)

ॐ **यद्वा न्यूनो हि नो धर्मः परधर्मान्महत्तरः ।**
स्वधर्मे मरणं श्रेयः परधर्मस्तु घातकः ।। 757/2422

(स्वधर्म, स्वकर्म)

न्यून भले ही धर्म हमारा, पर धर्मों से समझो प्यारा ।

स्वधर्म में तो मौत भी भली, धर्म पराया चढ़ावे बलि ।। 1174/5205

दोहा॰ अपना धर्म, सदोष भी, जानो उसे महान ।
अपर धर्म अनुसार के, अपना है नुकसान ।। 960/7068

स्वधर्म को तजना नहीं, उसमें हो यदि दोष ।
स्वधर्म में मरना भला, सभी हैं धर्म सदोष ।। 961/7068

◎ **Dharma :** *However imperfect your own Dharma (tradition) may be, it is the best for you. Following other's Dharma, thinking it to be perfect, is a mistake. Do not leave your own Dharma (tradition), even if you see faults in it. It is better to die in your own dharma. Because, every Dharma has faults.* **1191/4839**

ॐ **सदोषमपि यत्प्राप्तं तदेव हितकारकम् ।**
जन्मजातं स्वधर्मस्य कर्म सत्यं सहायकम् ।। 758/2422

सदोष चाहे धर्म हमारा, फिर भी हित का वही सहारा ।

जन्मजात जो स्वधर्म पाया, सत्य सहायक वही कहाया ।। 1175/5205

दोहा॰ सदोष ही चाहे मिला, धर्म करे कल्याण ।
जन्मजात जो है मिला, वही है धर्म महान ।। 962/7068

▶ लक्षण गीत : **दोहा॰ तेरह मात्रा से बना, गुरु मात्रा से अंत ।**
ग्यारहवीं कल लघु जहाँ, वह "उल्लाला" छंद ।। 957/7068

66-a. The Magic of the Guṇas (Gītā Chapter 3)

चाहे अपना धर्म हो, लगता तुम्हें सदोष ।
कोई धुला न दूध का, सब धर्मों मे दोष ।। 963/7068

◎ **And :** *Whatever the God has given you is beneficial to you, even if you think it to be imperfect. The gift you received from the God with your birth, is supreme for you.* **1192/4839**

♫ संगीतश्रीकृष्णरामायण छन्दमाला, मोती 162 of 501

फटका छन्द
8 + 8 + 8 + 6/5
(स्वधर्म)

अधूरा सही, जो पाया है,
धर्म हमारा अच्छा है ।
साथ जनम के, जो आया है,
वही सहारा सच्चा है ।।

◎ **Sva-dharma :** *May it be imperfect, your own Dharma is the best for you. What you received from God with your birth is your best for you.* **1193/4839**

🕉 **वदेत्स कोऽपि धर्मस्ते सर्वेभ्यो नास्ति पुङ्गवः ।**
दत्तो भगवता प्रेम्णा सर्वोत्तमः स एव हि ।। 759/2422

कोई कह दे, "धर्म आपका, फलाँ–फलाँ से ना है नीका" ।
भगवन ने जो दिया है प्यारा, असली ऊँचा वो उपहारा ।। 1175/5205

✍दोहा॰ **कोई कह दें आपका, धर्म नहीं है ज्येष्ठ ।**
ईश्वर ने जो प्रेम से, दिया वही है श्रेष्ठ ।। 964/7068

ना ही छोटा ना बड़ा, सबको एक हि स्थान ।
साथ चला जो जनम से, वह ही धर्म महान ।। 965/7068

◎ **And :** *May anyone say your Dharma (tradition) is faulty and it is not the best. Tell him, whatever God has given us from many births with love, is best for us.* **1194/4839**

संगीतश्रीकृष्णरामायण गीतमाला, पुष्प 274 of 763

भजन

(सनातन धर्म)

स्थायी

आदि सनातन, धर्म चिरंतन, सब दुनिया में, सच्चा है ।
परधर्मों में, भरी खामियाँ, एक हमारा, अच्छा है ।।
♫ सां–नि धप–धध, नि–ध पम–पप, मम गरेग– म–, ग–रे– सा– ।
सासारे–ग– म–, धप– म–गरे–, म–ग रेग–म–, ग–रे– सा– ।।

अंतरा–1

अधूरा सही, जो पाया है, वही सहारा, अच्छा है ।
साथ जनम के, जो आया है, वही हमारा, सच्चा है ।।
♫ सारे–ग– रेसा–, नि़– सा–रे– ग–, पम– गरे–सा–, रे–ग– म– ।
नि–ध पमम प–, नि– ध–प– म–, धप– मग–म–, ग–रे– सा– ।।

अंतरा–2

कोई कह दे, धर्म आपका, फलाँ फलाँ से, नीचा है ।
प्रभु ने दिया, जो है प्रेम से, वही तो असली, ऊँचा है ।।

अंतरा–3

चाहे न्यून हो, धर्म हमारा, पर धर्मों से, बढ़िया है ।
स्वधर्म में तो, मौत भी भली, धर्म पराया, नीचा है ।।

◎ **Sanatan Dharma :** ***Sthāyī :*** *Our Sanatan Dharma (ancient tradition) is primordial, eternal and unique in the world. Other Dharmas are full of faults, our's is the oldest and dearest of all.* ***Antarā : 1.*** *May ours be imperfect, whatever God has given is the best. Whatever came with the birth is our best help.* ***2.*** *May anyone say, some other Dharma is better than your's, tell him whatever God has given us is the highest for us.* ***3.*** *May you see faults in your Dharma, still it is better than other's. Death in your own dharma is better than life in other's inferior Dharma.* **1195/4839**

🕉 **पश्येद्धर्मं स्वकार्ये योऽधर्मं च परकर्मणि ।**
नरो ज्ञानी स योगी च स स्वधर्मपरायणः ।। 760/2422

स्वकार्य जिसको स्वधर्म जैसा, अकार्य भी है अधर्म जैसा ।
योगी वह ज्ञानी पहिचाना, उसने धर्म व अधर्म जाना ।। 1177/5205

✍दोहा॰ **जिसे स्वकर्म स्वधर्म है, और अकर्म अधर्म ।**

धर्म जानता है वही, और जानता कर्म ।। 966/7068

◎ **And :** *He who sees Dharma (righteousness) in his own duty and Adharma in other's duty, he is a wise person and he is a yogī. He is devoted to his duty.* **1196/4839**

धर्मो यस्मै न कर्तव्यं स्वकार्यं न च धर्मवत् ।
न स ज्ञानी न योगी च कार्याकार्ये न बोधति ।। 761/2422

स्वकार्य जिसको न धर्म जैसा, अकार्य जिसको नहिं अधर्म सा ।
उसने धर्म न अधर्म जाना, न वह ज्ञानी न योगी माना ।। 1178/5205

दोहा॰ **जिसे स्वकर्म न धर्म है, और धर्म न स्वकर्म ।**
वह ना जाने धर्म को, न ही जानता कर्म ।। 967/7068

◎ **And :** *He who does not think his Dharma (tradition) to be his duty, he is neither wise, nor he is a yogī. Neither he understands what dharma (righteousness) is, nor what yoga is.* **1197/4839**

अर्जुन उवाच ।

।। 3.36 ।। **अथ केन प्रयुक्तोऽयं पापं चरति पूरुषः ।**
अनिच्छन्नपि वार्ष्णेय बलादिव नियोजितः ।।

प्रेरणा कथमायाति तं कर्तुं कर्म पातकम् ।
कारयति विना स्वेच्छां शत्रुवद्यः स कः प्रभो ।। 762/2422

(अर्जुन ने कहा, और श्रीकृष्ण का उत्तर)

पातक करने जहाँ तहाँ से, कहो प्रेरणा मिले कहाँ से ।
कौन शत्रु जो पाप कराता, बिनु इच्छा के आप कराता ।। 1179/5205

दोहा॰ **पार्थ पूछता कृष्ण को, नर करता क्यों पाप ।**
कौन कराता पाप है, बिन इच्छा के आप ।। 968/7068

◎ **Arjun :** *Arjun said, O Lord Shrī Krishṇa! from where does a person get the inspiration to comit sin, as if forcibly, even when he does not desire to do it?* **1198/4839**

श्रीभगवानुवाच

।। 3.37 ।। **काम एष क्रोध एष रजोगुणसमुद्भवः ।**
महाशनो महापाप्मा विद्ध्येनमिह वैरिणम् ।।

(श्रीभगवानुवाच)

स हि कामः स क्रोधश्च जन्म तस्य रजोगुणात् ।
शत्रुः स हि महापापी सर्वथा क्षुधितः सदा ।। 763/2422

(श्री भगवान ने कहा)

काम क्रोध का ये है नाता, रज गुण से वो है बन जाता ।
वह बैरी है महा पातकी, सदा हि भूखा महा घातकी ।। 1180/5205

दोहा॰ **कहा पार्थ से, कृष्ण ने, काम क्रोध दो चोर ।**
पाप कराते हैं सदा, शत्रु रूप में घोर ।। 969/7068

◎ **Shrī Krishṇa :** *O Arjun! that inspiration comes from desire, which transforms into anger, which arises out of rajo-guṇa (ego). Desire is the enemy which is always hungry like a bottomless pit.* **1199/4839**

।। 3.38 ।। **धूमेनाव्रियते वह्निर्यथादर्शो मलेन च ।**
यथोल्बेनावृतो गर्भस्तथा तेनेदमावृतम् ।।

(कामनाम्नः शत्रुः)

धूमेन चावृतो वह्निः-दर्पणो रजसा यथा ।
उल्बेन छादितो गर्भो ज्ञानं कामेन चावृतम् ।। 764/2422

(काम नामक शत्रु)

आग धुँए से ढकती जैसे, धूल मुकुर को ढकती जैसे ।
गर्भ झिल्ली से ढकता जैसे, काम ज्ञान को ढकता वैसे ।। 1181/5205

दोहा॰ **काम ढकत है ज्ञान को, यथा धुएँ से आग ।**
यथा धूल से मुकुर है, उल्ब गर्भ-सर्वांग ।। 970/7068

◎ **Desire :** *As the fire is covered with smoke, as the mirror is covered with dust, as the embryo is covered with placenta, so is Jñāna (wisdom) covered with desires.* **1200/4839**

।। 3.39 ।। **आवृतं ज्ञानमेतेन ज्ञानिनो नित्यवैरिणा ।**
कामरूपेण कौन्तेय दुष्पूरेणानलेन च ।।

अदृष्टः स स्थितो देहे कामरूपी रिपुर्महान् ।
वह्निरिव सदाऽतृप्तो ज्ञानं दुष्यति ज्ञानिनः ।। 765/2422

काम रूप में छुप कर तन में, ज्ञान ज्ञानी का ढकता मन में ।

66-a. The Magic of the Guṇas (Gītā Chapter 3)

शत्रु बना है पावक जैसा, सदा हि भूखा सदा पिपासा ।। 1182/5205

✍दोहा॰ **काम नाम का शत्रु ही, ढ़कत ज्ञानी का ज्ञान ।**
शत्रु रूप तन में छुपा, हरत मनुज का ध्यान ।। 971/7068

◎ **And :** *This invincible enemy in the form of desire, is hiding invisibly in the body. It is insatiable like fire. It burns the wisdom a of wise person.* **1201/4839**

।। 3.40 ।। **इन्द्रियाणि मनो बुद्धिरस्याधिष्ठानमुच्यते ।**
एतैर्विमोहयत्येष ज्ञानमावृत्य देहिनम् ।।

ॐ **इन्द्रियाणि मनो बुद्धिः-अस्य सिंहासनं मतम् ।**
राजयित्वा ततो ज्ञानं नरं दासं करोति सः ।। 766/2422

बुद्धि इन्द्रियाँ मन हैं जाने, इस बैरी के तीन ठिकाने ।
इन में छुप कर आस लगावे, ज्ञानी को भी दास बनावे ।। 1183/5205

✍दोहा॰ **कहे, बुद्धि मन इंद्रियाँ, "काम-क्रोध-अधिष्ठान" ।**
इन में छुप कर शत्रु ये, भरमाता है ज्ञान ।। 972/7068

◎ **And :** *The organs and mind are its seats. The enemy in the form of desire, occupies these seats and rules over the body by making the man its slave.* **1202/4839**

।। 3.41 ।। **तस्मात्त्वमिन्द्रियाण्यादौ नियम्य भरतर्षभ ।**
पाप्मानं प्रजहि ह्येनं ज्ञानविज्ञाननाशनम् ।।

ॐ **एष कामो महावैरी ज्ञानं बुद्धिं च वञ्चति ।**
इन्द्रियाणि वशे कृत्वा कुरु नष्टमिमं रिपुम् ।। 767/2422

ये वैरी है काम नाम का, विनाश करता सदा ज्ञान का ।
बुद्धि इन्द्रियाँ वश में करके, इस वैरी का विनाश कर दे ।। 1184/5205

✍दोहा॰ **काम नाम का शत्रु ये, ढके बुद्धि अरु ज्ञान ।**
वश में इन्द्रिय सब किये, इसका हो अवसान ।। 973/7068

◎ **And :** *This desire is a formidable enemy. It deprives you of wisdom and righteous thinking, by controlling your senses and right thinking, O Arjun! defeat and destroy this enemy by controlling your organs.* **1203/4839**

।। 3.42 ।। **इन्द्रियाणि पराण्याहुरिन्द्रियेभ्यः परं मनः ।**
मनसस्तु परा बुद्धिर्यो बुद्धेः परतस्तु सः ।।

ॐ **इन्द्रियाणि वराण्याहुः-वरं तेभ्यो मतं मनः ।**
मनसश्च परा बुद्धिः स परमतमो मतः ।। 768/2422

श्रेष्ठ इन्द्रियों को है जाना, मन को उनसे बढ़ कर माना ।
बुद्धि कही आगे मन से ही, आत्मा सबसे बढ़ कर सो ही ।। 1185/5205

✍दोहा॰ **महान जानी इन्द्रियाँ, मन उनसे भी ज्येष्ठ ।**
बुद्धि चित्त से है बड़ी, आत्म सबसे श्रेष्ठ ।। 974/7068

◎ **And :** *The mind is superior to other ten organs. The thinking is superior to the mind. The ātmā is most superior.* **1204/4839**

।। 3.43 ।। **एवं बुद्धेः परं बुद्ध्वा संस्तभ्यात्मानमात्मना ।**
जहि शत्रुं महाबाहो कामरूपं दुरासदम् ।।

ॐ **निगृह्य त्वं स्वमात्मानं बुद्धेः परतरश्च यः ।**
कामरूपं महाशत्रुं पार्थ दुरासदं जहि ।। 769/2422

आप जीत कर तू ही अपना, परे बुद्धि से जो है आत्मा ।
काम रूप के शत्रु घोर का, कर विनाश तू महा चोर का ।। 1186/5205

✍दोहा॰ **जीत अपना आतमा तू, अपने को पहचान ।**
काम रूप इस शत्रु का, कर दे काम तमाम ।। 975/7068

◎ **And :** *Having controlled the self, which is superior to thinking, destroy the enemy that is in the form of desire.* **1205/4839**

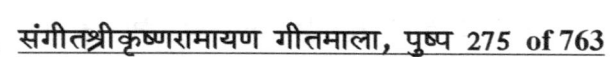

संगीतश्रीकृष्णरामायण गीतमाला, पुष्प 275 of 763

भजन

(आत्म दर्शन)

स्थायी

आतमा छूना सीखो– – –, उसे परमातमा में देखो ।

♪ सा–रेग– म–ग रे–सा– – –, सासा रेरेग–गम– ग रे–सा– ।

अंतरा–1

तन मन से वो परे है, नैनन से पट धरे है ।
प्राणी का प्राण वो है– – –, तुम हिरदय में उसको देखो ।।
♫ सासा रेरे ग म– गरे– सा–, प–मग रे मम गरे– सा– ।
रे–ग– म ध–प म– ग– – –, सासा रेरेग– ग म–ग रे–सा– ।।

अंतरा–2

धूली जो मन चढ़ी है, झटको, घड़ी खड़ी है ।
भीतर स्वयं जली है, तुम ज्योति परम वो देखो ।।

अंतरा–3

ज्ञानी भी थक गए हैं, अनुसंधान अक गए हैं ।
मस्तिष्क रुक गए हैं, तुम उसे आइने में देखो ।।

◎ **Knowledge of self : *Sthāyī :*** *Learn to touch the ātmā. See the ātmā like a God.* ***Antarā : 1.*** *Ātmā is beyond the body and mind. It is invisible to the eyes. It is the life of the living beings. See it in your heart.* ***2.*** *The dirt that is covering your mind, shake it off right now. See the divine flame of knowledge that is lit in your inside.* ***3.*** *The wise people became tired, the researches are defeated, the thinkers have given up, but you can see it in the mirror.* **1206/4839**

संगीतश्रीकृष्णरामायण गीतमाला, पुष्प 276 of 763

(कर्मयोग का निरूपण)

स्थायी

स्वरदा ने सुंदर गाया है, नारद ने साज बजाया है ।
रतनाकर गीत रचाया है ।।
♫ सानि़सा– गरे सा–नि़नि़ सा–रेम ग–, गममग पम ग–रे सासा–रेम ग– ।
गगरेसासासा रे–ग मगरेसानि़ सा– ।।

अंतरा–1

गुण करवाते हैं कर्म सभी, नहिं कर्म बिना है कोई कभी ।
मैं कर्ता हूँ जो कहता है, वो भूल समझ में रहता है ।
सब तीन गुणों की माया है ।।
♫ पप मरेम–प– पम पनि़ध पप–, पप मगग सासाग मप गरेसा नि़सा– ।
सानि़ सा–गरे सा– नि़– सासारेम ग–, सानि़ सा–ग रेसासा नि़– सासारेम ग– ।
गग रेसासा सारे– गम गरेसानि़ सा– ।।

अंतरा–2

मन पर काबू जिस नर का है, तन पर जो करता निग्रह है ।
जो धर्म जानता स्वकर्म को, नर कर्म योग का ज्ञानी वो ।
तब कर्मयोगी कहलाया है ।।

अंतरा–3

सब ईर्ष्या तज कर मत्पर जो, सब बंध मुक्त है तत्पर वो ।
फल आशा तज कर कर्म करे, जो मेरे मत को अनुसारे ।
वह कर्म योग का ज्ञाता है ।।

◎ **Karma Yoga : *Sthāyī :*** *Ratnākar composed the melody, Sarasvatī sang it beautifully, while Shrī Nārad muni played the Vīṇā.* ***Antarā : 1.*** *The guṇas cause you to do the karmas (deeds). There is no other doer than the guṇas. He who thinks that he is the doer (of the deeds), he is deluded. It is the confusion caused by the guṇas.* ***2.*** *He who has control over his mind. He who has control over his body. He who knows his Dharma (righteousness) and his duty. He is wise. He is yogī. He is then called a karma yogī.* ***3.*** *Keeping aside the jealousy, he who is devoted to me. He who is not attached to karma. He who acts without desire for its fruit. He who acts as I said. He is the knower of the Karma yoga.* **1207/4839**

श्रीमद्–भगवद्–गीता अध्याय चौथा ।
ज्ञान–कर्म–संन्यास योग ।

संगीतश्रीकृष्णरामायण गीतमाला, पुष्प 277 of 763

भजन : राग भैरवी, कहरवा ताल 8 मात्रा

(ॐ नमः शिवाय)

स्थायी

जैजै जैजै भक्तों बोलो, ओम् नमः शिवाय ।
ओम् नमः शिवाय, ओम् नमः शिवाय ।

ओम् नमः शिवाय, ओम् नमः शिवाय ।।

♫ सासा रेरे गग पप, प- मग- रेसा-सा-,
ग- गग गग-ग-, रे- रेनि निसा-सा- ।
म- मम मम-म-, ग- गरे निसा-सा- ।।

अंतरा-1

शिव ललाट पे चंदा साजे, जटा काली में गंग विराजे ।
डम डम डम डम डमरू बाजे, गूँजे नारा, नमः शिवाय ।
ओम् नमः शिवाय, ओम् नमः शिवाय, ओम् नमः शिवाय ।।

♫ पसां सांसांरेंसां नि- निसांरेंसां रें-रें-, सांगंरें सां-निध ध- नि-नि रेंसां-सां- ।
पसां सांसां सांरें सांनि निसांरें सां-रें - -, रेंगंरेंसां ध-ध-, धनि- रेंसां-सां- ।
सां- - - निसां- निसां- - - सां- - -, रें- - - सांरें- सांरें- - - रें- - -,
गं- - सांध - - निरें- - - सां- - - ।।

अंतरा-2

नटवर तांडव थैया नाचे, डम डम डम डम डंका बाजे ।
त्रिशूल दाएँ हाथ विराजे, गूँजे नारा, नमः शिवाय ।
ओम् नमः शिवाय, ओम् नमः शिवाय, ओम् नमः शिवाय ।।

◎ **Shiva : *Sthāyī* :** *O Devotees! say Jai Jai Jai Jai, "Om Namah Shivāya! Om Namah Shivāya!"* ***Antarā* : 1.** *The Moon adorns Shiva's forehead. Shiva holds Gangā in his black hair. His Ḍamrū (Shiva's drum) is saying Ḍum Ḍum Ḍum Ḍum. Let's all say Om Namah Shivāya!* **2.** *Shiva is making the Tanḍava dance. The Drum is saying Ḍum Ḍum Ḍum Ḍum. Shiva has Trishul (trident) in his right hand. Let's all say Om Namah Shivāya!* **1208/4839**

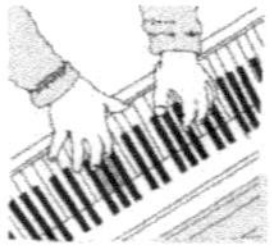

संगीतश्रीकृष्णरामायण गीतमाला, पुष्प 278 of 763

भजन : राग जोगिया, कहरवा ताल 8 मात्रा
(हरि दर्शन)

स्थायी

दरशन दीजो हरि मेरे सपनन में ।
चरणों की दासी मैं उदासी मेरे मन में ।।

♫ पनीधप मध पम गप मगरेरे सा- ।
पनीध प मध प मगप मग रेरे सा- ।।

अंतरा-1

आकर कान्हा बंसी सुनाना, जौनसा सुर कहेगी बाँसुरिया ।
आन पडूँ मैं तुमरी शरणा, तन मन अरपण तुझे साँवरिया ।।

♫ सा-सारे म-म- मपग गमपप-, मधधध- धध पमम धपममग- ।
म-प धसां- सां- निसांनि- धधप-, पनी धप मधपम मप मगरेरेसा ।।

अंतरा-2

ना तुम श्यामा देर लगाना, मैं तुमरे दरस बिन बाँवरिया ।
जाऊँ जब मैं जल को जमुना, आना फोड़न मेरी गगरिया ।।

अंतरा-3

पाकर तेरा नेह ललामा, गोपी करे तेरी चाकरिया ।
गाते सुनते तुमरे भजना, भगतन चाहत तेरी चदरिया ।।

◎ **Hari : *Sthāyī* :** *O Hari! please come to my dreams. I am your servant. I am at your feet.* ***Antarā* : 1.** *O Kānhā! please come and play your flute. Your flute is charming. I will give you my mind and soul. I am at your feet, O Dear!* **2.** *O Shyāmā! please don't be late. I am sad without seeing you. When I go to river Yamunā to fetch water, please come and break my water pot.* **3.** *Receiving your beautiful love, the Gopī is your maid. Singing your Bhajans, the devotees desire your company.* **1209/4839**

गीतोपनिषद् : बारहवाँ तरंग

Gitopanishad : Fascicule 12

67. गुरु-शिष्य परंपरा का निरूपण :

67. Story of the Guru-disciple succession *(Gītā Chapter 4)*

(गुरुशिष्यपरम्परानिरूपणम्)

♫ संगीतश्रीकृष्णरामायण छन्दमाला, मोती 163 of 501

राम छन्द[208]

9 + 3 + । ऽ ऽ

(गुरु शिष्य परंपरा)

एक से दूजा दीप जलाओ ।
परंपरा चली रीत चलाओ ।। 1
मूढ़ता मन से दूर भगाओ ।
अखंड ज्ञान की ज्योति जगाओ ।। 2

◎ **Guru :** *Light a lamp with other lamp and keep the guru-student tradition alive. Remove the delusion from your mind and keep the flame alive for ever.* **1210/4839**

सूर्य वंश की कथा

67-a. Story of the Sun dynasty

(सूर्यवंशकथा)

ॐ अनुष्टुप्-श्लोक-छन्दसि गीतोपनिषद्

(रत्नाकर उवाच)

ॐ **चक्रे स्वगात्रजान्ब्रह्मैकविंशति प्रजापतीन् ।
तेभ्यश्च भूतले सृष्टाः प्रजाः सर्वा यथा गतिः ।। 770**/2422

(प्रजापति और प्रजाएँ)

आदि काल में ब्रह्माजी ने, इक्किस प्रजापति अंगज कीन्हे ।
उनसे भूमंडल की सारी, हुई प्रजाएँ बारी-बारी ।। 1187/5205

दोहा॰ **आदि काल में बह्म ने, किये प्रजापति सृष्ट ।
इक्किस परम प्रजा पिता, यथा अधः निर्दिष्ट ।। 976**/7068

◎ **Prajāpati :** *In ancient time Brahmā created twenty-one Prajāpatis from various parts of his body. From the Prajāpatis, the progenies of the living beings originated one-by-one during the course of time.* **1211/4839**

ॐ **कश्यपः कर्दमोऽत्रिश्च वसिष्ठश्चाङ्गिरा यमः ।
मरीचिर्विकृतो हेतिः स्थाणुर्धर्मो भृगुः क्रतुः ।। 771**/2422

इक्किस प्रजापति थे मैं जानूँ, कश्यप कर्दम अत्रि यम स्थाणु ।
अंगिरस वसिष्ठ मरीचि हेति, प्राचेतस् भृगु पुलह प्रहेति ।। 1188/5205

दोहा॰ **कश्यप, कर्दम, यम, स्थाणु, अत्रि, अंगिरस, हेति ।
वसिष्ठ, मरीचि, प्रचेता, नारद, पुलह, प्रहेति ।। 977**/7068

◎ **And :** *The twenty one Prajāpatis are : Kashyap, Kardam, Yama, Sthāṇu, Angiras, Vasiṣhtha, Marīchi, Hetī, Prāchetas, Bhrigu, Praheti;* **1212/4839**

(मनोः वंशः)

ॐ **प्राचेता संस्त्रयो दक्षः पुलस्तः पुलहस्तथा ।
शेषो नेमी प्रहेतिश्च कुमारौ नारदो मनुः ।। 772**/2422

(मनु विवस्वान और उसका वंश)

शेष दक्ष क्रतु संस्त्रय नेमी, विकृत धर्म पुलह मख प्रेमी ।
ब्रह्मा के अरु पुत्र चार थे, नारद मनु अरु दो कुमार थे ।। 1189/5205

दोहा॰ **भृगु, शेष, संस्त्रय, नेमी, मनु, दो सनत्कुमार ।
दक्ष, क्रतु, विकृत, धर्मा, सृष्ट किये संसार ।। 978**/7068

◎ **And :** *Samsraya, Dakṣha, Pulasta, Pulaha, Sheṣha, Nemī, Prahetī, two Ashvini Kumāras and Nārad muni.* **1213/4839**

ॐ **सुपुत्रा द्वादशादित्या अदितेः कश्यपस्य च ।
तेषु मनुर्विवस्वान्स प्रसिद्धः सूर्यसंज्ञया ।। 773**/2422

प्रजापति कश्यप अरु अदिति के, सुत बारह आदित्य थे नीके ।
विवस्वान् मनु इक था उनमें, 'सूर्य' नाम से जाना गुन में ।। 1190/5205

दोहा॰ **सुपुत्र कश्यप अदिति के, बारह थे आदित्य ।
उनमें मनु विवस्वान था, रूप सूर्य का सत्य ।। 979**/7068

---

[208] ♪ **राम छन्द** : इस 17 मात्रा वाले महासंस्कारी छन्द के अन्त में य गण (। ऽ ऽ) आता है । विराम 9-8 का है ।

▶ लक्षण गीत : दोहा॰ **मात्रा सत्रह से सजा, लघु गुरु गुरु से अंत ।
नौवीं कल पर यति जहाँ, "राम" नाम का छंद ।। 15**/7068

◎ **Manu Vivasvān :** *Kashyap and Aditi's twelve sons were Ādityas (sons of Aditi). Among them Manu Vivasvān was known as Sun. The sun of Knowledge.* **1214/4839**

संस्थापको हि योगस्य यज्ञस्य च प्रवर्तकः ।
वैवस्वतः सुतस्तस्य सूर्यवंशस्य दीपकः ।। 774/2422

यज्ञ प्रवर्तक विवस्वान् था, संचालक भी योग दान का ।
विवस्वान् का सुत वैवस्वत था, सूर्य वंश का सारस्वत था ।। 1191/5205

दोहा॰ **संस्थापक था योग का, यज्ञ प्रवर्तक ज्ञात ।**
वैवस्वत, मनु का लला, सूर्य वंश का तात ।। 980/7068

◎ **And :** *He was the founder of the Sun dynasty of Ayodhyā. He was the foremost teacher of the Yoga. He was the sun of knowledge.* **1215/4839**

मनुर्वैवस्वतो धर्म्यो राजनीतिप्रचालकः ।
सुतस्तस्य स इक्ष्वाकुः-अयोध्याया नृपो महान् ।। 775/2422

वैवस्वत मनु धर्म प्रचालक, राजनीति का था संस्थापक ।
इक्षवाकु सुत वैवस्वत का, अधिप अयोध्या के जनपद का ।। 1192/5205

दोहा॰ **मनु वैवस्वत धर्म्य था, राजनीति विद्वान ।**
इक्षवाकु उसका लला, अवध महीप महान ।। 981/7068

◎ **Ikṣhvaku :** *His son Vaivasvat was a righteous king of Ayodhyā. Vaivasvata's son was Ikṣhavāku. Ikṣhavāku was the greatest king of Ayodhyā.* **1216/4839**

आदि योग की कथा

67-A. Story of the Primordial yoga *(Gītā Chapter 4)*

(आदियोगकथा)

श्रीमद्भगवद्गीता चतुर्थोऽध्यायः ।
श्रीभगवानुवाच ।

।। 4.1 ।। **इमं विवस्वते योगं प्रोक्तवानहमव्ययम् ।**
विवस्वान्मनवे प्राह मनुरिक्ष्वाकवेऽब्रवीत् ।।

(विवस्वतः आदियोगप्राप्तिः)
(श्रीभगवानुवाच)

मया त्रेतायुगात्पूर्वं दत्तो योगो विवस्वते ।
योगं तमपठन्मूलं वैवस्वान्स विवस्वतः ।। 776/2422

(मनु विवस्वान् ने आदियोग प्राप्त किया)
(श्री भगवान ने कहा)

त्रेता युग से पहले मैंने, योगामृत थे मनु को दीन्हे ।
परम योग मनु विवस्वान् से, वैवस्वत ने सुना ध्यान से ।। 1193/5205

दोहा॰ **त्रेता युग के पूर्व मैं, मनु को दीन्हा योग ।**
मनु से वैवस्वान ने, सीखा योग प्रयोग ।। 982/7068

◎ **Yoga :** *I told the yoga to Vivasvān before the commencement of the Tretā yuga. Vivasvān told it to his son Vaivasvān.* **1217/4839**

योगं विवस्वतः प्राप्तम्-अव्ययं तं सनातनम् ।
वैवस्वान्स च पुत्रायेक्ष्वाकवे स्वयमब्रवीत् ।। 777/2422

विवस्वान से मिला पुरातन, अक्षर शाश्वत योग सनातन ।
वैवस्वत ने योग वह महा, इक्षवाकु से स्वयं था कहा ।। 1194/5205

दोहा॰ **वैवस्वत ने योग का, दिया पुत्र को ज्ञान ।**
योग अलौकिक अमर वो, शाश्वत दिव्य पुराण ।। 983/7068

◎ **And :** *Manu Vaisvān told the ancient and eternal yoga to his son Ikṣhavāku.* **1218/4839**

(गरुशिष्यपरम्परा)

इक्ष्वाकुश्चः प्रजायै स मुनिभ्यस्तमपाठयत् ।
गुरवश्च ततो योगं गुरुकुलेष्वपाठयन् ।। 778/2422

(गरु-शिष्य परम्परा)

इक्षवाकु ने मनु से पाया, योग साधकों को सिखलाया ।
समझाया वह फिर गुरुओं ने, वनाश्रमों के सब शिष्यों में ।। 1195/5205

दोहा॰ **इक्षवाकु ने योग वो, बोला ऋषियों पास ।**
ऋषियों ने उसका किया, गुरुकुल में अभ्यास ।। 984/7068

◎ **And :** *Ikṣhavāku taught the yoga to the royal sages, the royal sages taught it to the other sages and saints, The sages taught it to their students in their forest gurukul schools.* **1219/4839**

॥ 4.2 ॥ **एवं परम्पराप्राप्तमिमं राजर्षयो विदुः ।**
स कालेनेह महता योगो नष्टः परन्तप ॥

(आदियोगस्य वृद्धिः)

ततस्ते गुरवो योगं तेषां छात्रानपाठयन् ।
गच्छन्परम्परामेवम्–अवर्धत्स युगे युगे ॥ 779/2422

(आदि योग की वृद्धि)

परम योग वो उन छात्रों ने, ततः सुनाया कुल गोत्रों में ।
परंपरा गत इसी भाँति से, बढ़ा योग वो बड़ नितांति से ॥ 1196/5205

दोहा॰ ऋषियों ने उस योग का, जग में किया प्रचार ।
परंपरा गत फिर हुआ, गुरु–शिष्य क्रम प्रसार ॥ 985/7068

◎ **And :** *The students taught that supreme yoga to their students in succession. It thus grew vigorously from generation to generations.* **1220/4839**

(आदियोगस्य विस्मृतिः)

महता किन्तु कालेन योगः स भवसागरे ।
जननिरवधानेन शाश्वतो विस्मृतं गतः ॥ 780/2422

(आदि योग की विस्मृति)

परंतु फिर वह बढ़ते–रुकते, जगत जनों में विस्मृत होते ।
कलियुग के आते कमा गया, फिर कालचक्र में समा गया ॥ 1197/5205

दोहा॰ युग–युग बढ़ता योग वो, परंपरा के साथ ।
शनैः शनैः विस्मृत हुआ, वह कलियुग के हाथ ॥ 986/7068

◎ **However :** *However, with the passage of long time, the eternal yoga got forgotten by the people because of their negligence.* **1221/4839**

संगीतश्रीकृष्णरामायण छन्दमाला, मोती 164 of 501

संत छन्द[209]

3, 6, 6, 2 + ।। ऽ
(सनातन योग)

योग विवस्वान को बोला श्री हरि ने ।
दिव्य परंपरा से जग में स्तीर्ण भया ॥ 1
मगर महत्काल में विस्मृत योग भया ।
वही अविनाशी आज कहा अर्जुन से ॥ 2

◎ **Ancient yoga :** *The ancient yoga that Shrī Krishṇa told to Manu Vivasvān grew in the world through the teacher to pupil tradition. But, as a result of their carelessness, the people forgot that divine eternal knowledge in the world.* **1222/4839**

संगीतश्रीकृष्णरामायण गीतमाला, पुष्प 279 of 763

भजन : राग खमाज, तीन ताल 16 मात्रा
(एक से दूजा दीप जलाओ)

स्थायी

एक से दूजा दीप जलाओ, परंपरा की रीत चलाओ ।
सांनिसां सां पधमग गमप धसांनिसां–, गंगं–मंगं– निसां पनिसां सांसांनिसांनिध ।

अंतरा–1

मन अंधियारा दूर भगाओ, चाँद जीवन में चार लगाओ ।
मग मधनि–सां– पनिसां रेंनिसांनिध, सां–गं मंगंगं निसां पनिसां सांसांनिसांनिध ।

अंतरा–2

जगमग आभा तन में जगाओ, ज्ञान ज्योति मन से न बुझाओ ।

◎ **Lamp of Knowledge :** ***Sthāyī :*** *Light one lamp with other lamp and continue the tradition of Guru Pupil succession.* ***Antarā : 1.*** *Remove the darkness from your mind. Make the life successful and prosperous.* ***2.*** *Let the bright light shine in your heart. Let not the lamp of knowledge turn off.* **1223/4839**

॥ 4.3 ॥ **स एवायं मया तेऽद्य योगः प्रोक्तः पुरातनः ।**

[209] **संत** : इस 21 मात्रा वाले त्रैलोक छन्द के अन्त में स गण (।। ऽ) आता है । इसका लक्षण सूत्र 3, 6, 6, 2 + ।। ऽ इस प्रकार होता है ।

▶ लक्षण गीत : **दोहा॰ मत्त इक्कीस से बना, लघु लघु गुरु हों अंत ।**
त्रय छः छः पर यति जहाँ, वहाँ छंद है "संत" ॥ 987/7068

भक्तोऽसि मे सखा चेति रहस्यं ह्येतदुत्तमम् ।।

(श्रीभगवानुवाच)

(तमेव योगं पुनः)

पुनर्वदामि योगं त्वाम् शाश्वतं तं सनातनम् ।
यतः सखा तथा स्नेही भक्तोऽसि मे त्वमर्जुन ।। 781/2422

(श्रीभगवान् ने कहा)

(उसी योग का आज पुनः कथन)

आज वही मैं योग सनातन, फिर कहता हूँ तुझे पुरातन ।
क्योंकि, पार्थ! तू प्रिय है मेरा, सखा भक्त अरु मित्र घनेरा ।। 1198/5205

दोहा॰ **फिर कहता हूँ, पार्थ! वो, अमर सनातन योग ।**
बन कर तुम मेरे सखा, करो आज उपयोग ।। 988/7068

◎ **And :** *O Arjun! today I am telling you the same eternal yoga, because you are my friend as well as a dear devotee.* **1224/4839**

योगो विवस्वते दत्तो गुह्यो दिव्यश्चिरन्तनः ।
अद्य ददाम्यहं तुभ्यं विश्वकल्याणकारणात् ।। 782/2422

रहस्य मय वह योग अनश्वर, बोला था मनु को जो अक्षर ।
कथन उसी का विश्व हेतु से, कहा जा रहा आज है तुझे ।। 1199/5205

दोहा॰ **सुनो सनातन आज वो, रहस्य मय तुम योग ।**
विश्व हेतु से है कहा, पाएं हित सब लोग ।। 989/7068

◎ **And :** *The yoga Lord Shrī Krishṇa gave to Manu Vivasvān in the ancient time is being given to Arjun for the benefit of the people in today's world.* **1225/4839**

अर्जुन उवाच ।

|| 4.4 || अपरं भवतो जन्म परं जन्म विवस्वतः ।
कथमेतद्विजानीयां त्वमादौ प्रोक्तवानिति ।।

(अर्जुनस्य पुनः संदेहः)

बुद्ध्वा कालानुसारेण कृष्णवाक्यमसङ्गतम् ।
मूढो मोहं समाहर्तुं पार्थः कृष्णमुवाच सः ।। 783/2422

(अर्जुन को फिर संदेह हुआ)

कृष्ण कथन वह समझ असंगत, क्रम अनुसारे समय असंमत ।
असमंजस में गिर कर भोला, पार्थ कृष्ण से डर कर बोला ।। 1200/5205

दोहा॰ **विषम समझ के कथन वो, कालचक्र प्रतिकूल ।**
बोला अर्जुन कृष्ण से, दूर हटाने भूल ।। 990/7068

◎ **And :** *Thinking Shrī Krishṇa's words to be inconsistent with the time, Arjun said :* **1226/4839**

अद्यतनं हि ते जन्म पुराणं तु विवस्वतः ।
कथं विद्याम्यहं कृष्ण तस्मै त्वमददस्तदा ।। 784/2422

"विवस्वान था पुरा काल में, जन्म आपका हुआ हाल में ।
तो फिर उसको तुमने कैसे, कहा योग यह तब था ऐसे" ।। 1201/5205

दोहा॰ **जन्म तुम्हारा है नया, विवस्वान प्राचीन ।**
फिर तुमने कैसे कहा, योग पुराकालीन ।। 991/7068

◎ **Arjun :** *O Shrī Krishṇa! Vivasvān was born in ancient time and you are born recently, then how may I believe that you told this yoga to Vivasvān then?* **1227/4839**

सांप्रत योग की कथा

67-B. Story of the Contemporary yoga *(Gītā Chapter 4)*

(साम्प्रतयोगकथा)

श्रीभगवानुवाच ।

|| 4.5 || बहूनि मे व्यतीतानि जन्मानि तव चार्जुन ।
तान्यहं वेद सर्वाणि न त्वं वेत्थ परन्तप ।।

(श्रीभगवानुवाच)

(पुनर्जन्म)

सुष्ठु भणसि त्वं मह्यं स्वाभाविकं च भारत ।
अज्ञानकारणात्पार्थ प्रश्न एष त्वया कृतः ।। 785/2422

वचन ठीक ही तूने बोला, क्योंकि मन का तू है भोला ।
मुझे आपसे तूने तोला, मन का पट है तूने खोला ।। 1202/5205

दोहा॰ ठीक कहत है, पार्थ! तू, स्वाभाविक सा प्रश्न ।
क्यों की तू अनजान है, हँस कर बोले कृष्ण ।। 992/7068

◎ **Shrī Krishṇa :** *Shrī Krishṇa said, O Arjun! your doubt is reasonable because you are unaware of the facts.* **1228/4839**

जन्मानि पार्थ सर्वेषां व्यतीतानि पुनः पुनः ।
वेद्मि सर्वाणि सर्वेषां न त्वं वेत्सि तवापि भोः ।। 786/2422

(श्रीकृष्ण संदेह दूर करते हैं...)
(पुनर्जन्म)

जन्म अनेकों लिये हैं मैंने, उतने ही कुल लिये हैं तूने ।
सब वे सबके याद हैं मुझे, अपने भी नहिँ ज्ञात हैं तुझे ।। 1203/5205

दोहा॰ जन्म आज तक हो गए, अपने पार्थ! अनेक ।
सब मैं सबके जानता, तू ना जाने एक ।। 993/7068

◎ **And :** *I have taken many births so have you. I know all the births of everyone, but you don't know even one of yours.* **1229/4839**

।। 4.6 ।। अजोऽपि सन्नव्ययात्मा भूतानामीश्वरोऽपि सन् ।
प्रकृतिं स्वामधिष्ठाय सम्भवाम्यात्ममायया ।।

मायां स्वकामवष्टभ्य भूतले सम्भवामि च ।
परमात्माऽक्षरो भूत्वा भूतानि धारयाम्यहम् ।। 787/2422

माया अपनी वश में करके, आता हूँ नर स्वरूप धरके ।
अक्षर आत्मा उनका बन कर, भूत सभी का धारक ईश्वर ।। 1204/5205

दोहा॰ अपनी माया को लिये, लेता मैं नर रूप ।
धारण करता सृष्टि मैं, परमात्मा सुरभूप ।। 994/7068

◎ **Divinity :** *With my divinity I appear on the earth and as a supreme soul, I bare all the beings of the earth.* **1230/4839**

।। 4.7 ।। यदा यदा हि धर्मस्य ग्लानिर्भवति भारत ।
अभ्युत्थानमधर्मस्य तदात्मानं सृजाम्यहम् ।।

(अवतारस्य उद्देशः)

धर्मं हत्वा दृढोऽधर्मो भवेद्विघ्नो यदा यदा ।
सम्भवामि नरो भूत्वा पार्थ भूमौ तदा तदा ।। 788/2422

(भगवान् के अवतरण का उद्देश्य)

अधर्म बढ़ कर हानि धर्म की, होती जब-जब ग्लानि कर्म की ।
तब लेता मैं नर अवतारा, रक्षित करने सब संसारा ।। 1205/5205

दोहा॰ नश कर धर्म, अधर्म का, होता जब अधिकार ।
रक्षण करने धर्म का, लेता मैं अवतार ।। 995/7068

◎ **The purpose :** *The purpose of my avatār (incarnation) on the earth is to remove adharma (unrighteousness) and re-establish Dharma, the righteous order on the earth.* **1231/4839**

♫ <u>संगीतश्रीकृष्णरामायण छन्दमाला, मोती 165 of 501</u>

फटका छन्द
8 + 8 + 8 + 6/5
(अवतार)

धर्म विनश कर, अधर्म बढ़ कर,
व्याकुल हो जब सब संसार ।
इस धरती पर लेता हूँ मैं,
नर रूप में तब अवतार ।।

◎ **Avatār :** *Whenever Dharma (righteousness) becomes diminished and adharma (unrighteousness) becomes powerful on the earth, I take birth to remove the evil of adharma.* **1232/4839**

।। 4.8 ।। परित्राणाय साधूनां विनाशाय च दुष्कृताम् ।
धर्मसंस्थापनार्थाय सम्भवामि युगे युगे ।।

रक्षणाय च भद्राणां संहाराय दुरात्मनाम् ।
उत्थापनाय धर्मस्य सम्भवामि युगे युगे ।। 789/2422

भद्र मनों का रक्षण करने, दुष्ट जनों का भक्षण करने ।
सत्य धर्म का करने उद्धार, मैं लेता हूँ जगत अवतार ।। 1206/5205

दोहा॰ रक्षण करने भद्र का, असुरों का संहार ।

67-B. Story of the Contemporary yoga (Gītā Chapter 4)

आता समुचित काल में, लेकर मैं अवतार ।। **996**/7068

◎ **And :** *I appear on the earth from time to time in order to protect the righteous people and to eradicate the evil.* **1233/4839**

♫ संगीतश्रीकृष्णरामायण छन्दमाला, मोती 166 of 501

फटका छन्द

8 + 8 + 8 + 6/5

(धर्म उद्धार)

संत जनों का रक्षण करने,
दुष्टों का करके संहार ।
अवतरता हूँ स्वयं मैं युग-युग,
धर्म का करने को उद्धार ।।

◎ **Protection of Dharma :** *In order to protect righteousness and to remove the wicked people, I take birth in human form in each era.* **1234/4839**

संगीतश्रीकृष्णरामायण गीतमाला, पुष्प 280 of 763

भजन

(धर्म रक्षा)

स्थायी

जब-जब ग्लानि भयी धरम की, युग-युग हानि भयी करम की ।
प्रभु जी लेते तब अवतारा, फिर सुख मय करने संसारा ।।

♫ सासा रेरे ग-रे- गप- मगग रे-, गग मम धप- मप- निनिध प- ।
रेरे ग- म-प- मम गगरे-रे-, सासा रेरे गग ममप- मरेगरेसा- ।।

अंतरा-1

अंत दुष्ट जनों का लेते, संत जनों को रक्षण दीन्हा ।
स्थापन कीन्हा सत् आचारा, जब त्राहि! त्राहि! था जग सारा ।।

♫ सांसां सां-सां सांरें- सां- निधप-, नि-नि निनि- सां- नि-धध प-म- ।
रे-रेरे ग-म- पप मगमगरे-, सासा रे-ग- म-ग- प- मग रे-सा- ।।

अंतरा-2

ध्रुव बालक अनुनय कीन्हे, बाल प्रलाद सतायो असुर ने ।
द्रौपदी ने जब हरि पुकारा, दुखी भगत जब हाथ पसारा ।।

अंतरा-3

देव जनों को अमृत दीन्हे, विष हलाहल शिवजी पीने ।
रावण ने कीन्हा अविचारा, संकट से हरि जगत उबारा ।।

◎ **Protection of Dharma :** ***Sthāyī :*** *Whenever righteousness became diminished and unrighteousness became preponderant, Lord takes avatār and made the world a happy place to live in.* ***Antarā : 1.*** *The Lord has removed the wicked people and protected the righteous people. He re-established the right order and protected Dharma.* ***2.*** *When demon Hiraṇyakashap tortured boy Prahlāda and when the boy devotee Dhruva called for protection. When Draupadī was put to shame by the Kauravas, she called you for protection, whenever a person in trouble called you, O Lord! you came running for his protection.* ***3.*** *Lord gave amrit (divine nectar) to the Gods. Shiva drank the Halāhal poison. Shrī Rāma removed Rāvaṇ. Hari protected the world order.* **1235/4839**

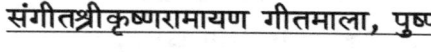

संगीतश्रीकृष्णरामायण गीतमाला, पुष्प 281 of 763

(गुरु शिष्य परंपरा का निरूपण)

स्थायी

स्वरदा ने सुंदर गाया है, नारद ने साज बजाया है ।
रतनाकर गीत रचाया है ।।

♫ सानि़सा- गरे सा-नि़नि़ सा-रेम ग-, गममग पम ग-रे सासा-रेम ग- ।
गगरेसासा सारे-ग मगरेसानि़ सा- ।।

अंतरा-1

युग आदि में योगेश्वर ने, बतलाया योग विवस्वत को ।
मनु ने फिर वो वैवस्वत को, सब ज्ञान सनातन बतलाया ।
वह, इक्ष्वाकु ने पाया है ।।

♫ पप मरेम- प- पमपनिधप प-, पपमगगसा सागम पगरेसानि़ सा- ।
सानि़ सा- गरे सा- नि़-सा-रेम ग-, सानि़ सा-ग रेसा-नि़नि़ सासारेमग- ।
गग, रेसासासा-रे गम गरेसानि़ सा- ।।

अंतरा-2

इऽक्ष्वाकु ने महा ऋषियन को, ऋषियों ने गुरुकुल मुनियन को ।
गुरु छात्रों की परिपटी में, वह योग बढ़ा अति ख्यातिऽ में ।
वह, शाश्वत योग कहाया है ।।

अंतरा–3

फिर योग सनातन शाश्वत वो, गत काल चक्र में विस्मृत वो ।
शुभ योगामृत योगेश्वर ने, प्रिय अर्जुन नरवर को दीन्हे ।
अब, गीता वो कहलाया है ।।

◎ **Teacher-Pupil Tradition :** ***Sthāyī*** *: Ratnākar composed the melody, Sarasvatī sang it beautifully, while Shrī Nārad muni played the Vīṇā.* ***Antarā*** *:* ***1.*** *Lord Shrī Krishṇa told the yoga to Vivasvān in the ancient time. Vivasvān told it to his son and pupil Vaivasvān. Ikshavāku learned it from his father and teacher Vaivasvān.* ***2.*** *From Ikshavāku the sages learned the yoga. The sages taught it to their students in the forest schools. In this manner the yoga grew in the teacher-student tradition in the world. That yoga is known as the eternal yoga.* ***3.*** *In the course of a long time, the people forgot it due to their negligence. The same yoga is being told by Shrī Krishṇa to Arjun. It is now known as the Gītā.* **1236/4839**

गीतोपनिषद् : तेरहवाँ तरंग

Gitopanishad : Fascicule 13

68. ज्ञान योग का निरूपण :

68. The Jñāna Yoga *(Gītā Chapter 4)*

(ज्ञानयोगनिरूपणम्)

♫ संगीतश्रीकृष्णरामायण छन्दमाला, मोती 167 of 501

फटका छन्द

8 + 8 + 8 + 6/5

(ज्ञानयोग)

अकर्म में जो कर्म देखता, और कर्म में अकर्म को ।
ज्ञानी वही है, योगी वही है, अकर्म जाने व कर्म को ।। 1

न कर्म में जो अकर्म देखे, अकर्म में जो न कर्म को ।
न हि वो ज्ञानी न हि योगी वो, अकर्म जाने न कर्म को ।। 2

◎ **Jñāna Yoga :** *He who sees karma (doing something) in akarma (not doing something) and akarma in karma, he is wise and he is yogī. He who does not see karma in akarma and akarma in karma, he is neither wise nor he is yogī.* **1237/4839**

।। 4.9 ।। जन्म कर्म च मे दिव्यमेवं यो वेत्ति तत्त्वतः ।
त्यक्त्वा देहं पुनर्जन्म नैति मामेति सोऽर्जुन ।।

(भगवतः प्राप्तिः)

ॐ यो जानाति रहस्यं मे दिव्यानां जन्मकर्मणाम् ।
गमनागमनं मुक्त्वा पादौ स लभते मम ।। **790**/2422

(भगवान् की प्राप्ति)

दैवी मेरे जनम करम का, जो ज्ञाता है गूढ़ परम का ।
नर वह पग में आकर मेरे, छुटते जनम–जनम के फेरे ।। 1207/5205

दोहा॰ माया मेरी ईश्वरी, जाने जो नर युक्त ।
मुझको पाकर नर वही, भव बंधन से मुक्त ।। **997**/7068

◎ **Bhagavān :** *He who knows the secreat in my divine deeds, he is freed from the cycle of rebirth and comes to my feet.* **1238/4839**

।। 4.10 ।। वीतरागभयक्रोधा मन्मया मामुपाश्रिताः ।
बहवो ज्ञानतपसा पूता मद्भावमागताः ।।

ॐ रागं क्रोधं भयं हित्वा भक्तः स मत्परायणः ।
ज्ञानेन तपसा पूतो मद्भावमधिगच्छति ।। **791**/2422

राग क्रोध भ्रम भवभय जा कर, मेरी अक्षर किरपा पा कर ।
ज्ञान तपों से निर्मल हो कर, भक्ति–भाव है पाता वो नर ।। 1208/5205

दोहा॰ राग क्रोध भय छोड़के, मत्पर जो कृतकाम ।
ज्ञान तपों से पूत वो, पाता मेरा धाम ।। **998**/7068

◎ **And :** *He who is free from attachment and anger and is devoted to me, that austere person understands me.* **1239/4839**

68. The Jñāna Yoga (Gītā Chapter 4)

|| 4.11 || **ये यथा मां प्रपद्यन्ते तांस्तथैव भजाम्यहम् ।**
मम वर्त्मानुवर्तन्ते मनुष्याः पार्थ सर्वशः ।।

यो भजति यथा मां स उपार्जति फलं तथा ।
अनुसरन्ति पन्थानं ममैव सर्वदा जनाः ।। 792/2422

जो भजता है मुझको जैसा, नर वह पाता है फल वैसा ।
सब इस जग में जो आते हैं, मेरा ही पथ अपनाते हैं ।। 1209/5205

दोहा॰ **जिसकी भक्ति है यथा, फल वैसा वह पात ।**
मेरी आज्ञा में चले, इस जग की हर बात ।। 999/7068

◎ **And :** *As one worships me, so he receives the fruit. People follow my path in every way.* **1240/4839**

|| 4.12 || **काङ्क्षन्तः कर्मणां सिद्धिं यजन्त इह देवताः ।**
क्षिप्रं हि मानुषे लोके सिद्धिर्भवति कर्मजा ।।

स्पृहिणो ये च कुर्वन्ति यस्य देवस्य प्रार्थनाम् ।
प्राप्नुवन्ति जना अत्र कर्मणस्तस्य ते फलम् ।। 793/2422

लोलुप जन जो देव हैं वरते, सुमिरण मन में जिसका करते ।
जैसी जिसकी हो आराधना, वैसी मिलती उसे साधना ।। 1210/5205

दोहा॰ **भजता जो जिस देव को, वैसा फल वह पात ।**
जैसी उत्कट साधना, वैसा फल है ज्ञात ।। 1000/7068

◎ **And :** *Whichever God people worship, they receive the fruit accordingly.* **1241/4839**

|| 4.13 || **चातुर्वर्ण्यं मया सृष्टं गुणकर्मविभागशः ।**
तस्य कर्तारमपि मां विद्ध्यकर्तारमव्ययम् ।।

(वर्णाश्रमः)

गुणकर्मानुसारेण चतुर्वर्णा मया कृताः ।
तेषां मां विद्धि कर्तारं त्वमकर्तारमव्ययम्[210] **।। 794**/2422

(चतुर्वर्णाश्रम)

गुण तत्त्वों पर चार कर्म के, आश्रम जग में बने वर्ण के ।
मैं हूँ उनका यदपि अकर्ता, मुझको जानो सबका कर्ता ।। 1211/5205

दोहा॰ **मैंने गुण अनुसार ही, वर्ण किये हैं चार ।**
क्यों की गुण करते सभी, मैं नाही कर्तार ।। 1001/7068

◎ **Varṇa :** *The four* *working classes* *(Varṇas) of people are created by me based on the guṇas (the three attributes) and the duties. O Arjun! even though I am the creator of the varṇa system (the system of four clesses of working people), know me to be akartā (not the doer) because the guṇas are the doers of everything.* **1242/4839**

संगीतश्रीकृष्णरामायण छन्दमाला, मोती 168 of 501

पुनीत छन्द[211]

10 + ऽ ऽ ।

(गुणवर्ण)

बरण गुण का लिये आधार,
रचे मैंने, वर्ण हैं चार ।। 1
मगर, जनम कुल के आधार,
यह जाति स्वार्थ का व्यापार ।। 2

◎ **Varṇa and Jāti :** *O Arjun! I have created four classes of people according to their inborn guṇas (the three attributes) and their duties. The fabrication of the Jāti (caste system based on birth) is man made sefl serving device based on one's birth in a family.* **1243/4839**

[210] तेषां मां विद्धि कर्तारं त्वमकर्तारमव्ययम् = तेषां कर्तारं मां विद्धि त्वं अकर्तारम् अव्ययम्

[211] **पुनीत छन्द :** इस 15 मात्रा वाले तैथिक छन्द के अन्त में त गण (ऽ ऽ ।) आता है । मात्रा 11–15 का अंतिम त गण है । आदि में सम कल (6 मात्रा) के बाद विषम कल (5 मात्रा) आता है । उपरोक्त उदाहरण के पद्य में मात्रा 2–7 का सम कल है और उसके बाद मात्रा 8–12 का विषम कल है । इसका तात्पर्य यह है कि पुनीत छन्द की 15 मात्रा में 11 मात्रा का एक ऐसा समूह होता है जिसकीं छठीं और सातवीं मात्रा मिल कर एक गुरु (ऽ) मात्रा नहीं होनी चाहिये ।

▶ लक्षण गीत : दोहा॰ **मात्रा पन्द्रह हों जहाँ, गुरु गुरु लघु से अंत ।**
पहले सम-कल, विषम फिर, ऐसा "पुनीत" छंद ।। 1002/7068

|| 4.14 ||

न मां कर्माणि लिम्पन्ति न मे कर्मफले स्पृहा ।
इति मां योऽभिजानाति कर्मभिर्न स बध्यते ।।

कर्माणि मां न लिम्पन्ति न मेऽस्ति कर्मणां स्पृहा ।
ज्ञातमेतद्रहस्यं मे तेन मुक्तिरवाप्यते ।। **795**/2422

कर्म नहीं मुझको हैं छूते, मुझको चाहत नहिं है लूटे ।
इस रहस्य का जो ज्ञाता है, राह मुक्ति की वो पाता है ।। 1212/5205

दोहा॰ कर्म मुझे छूते नहीं, ना ही मुझको चाह ।
जो जाने इस गुह्य को, उसे मुक्ति की राह ।। 1003/7068

And : *Neither I have desire nor attachment with the karmas (deeds). He who knows this secret, attains liberation.* **1244/4839**

|| 4.15 ||

एवं ज्ञात्वा कृतं कर्म पूर्वैरपि मुमुक्षुभिः ।
कुरु कर्मैव तस्मात्त्वं पूर्वैः पूर्वतरं कृतम् ।।

एतज्ज्ञात्वा हि कर्माणि कृतानि च मुमुक्षुभिः ।
तथैव कुरु कर्माणि यथा यथा कृतानि तैः ।। **796**/2422

मुमुक्षुओं ने इसी भाँति से, किये कर्म हैं सभी शाँति से ।
करो कर्म तुम सभी तथा ही, किये उन्हों ने सदा यथा ही ।। 1213/5205

दोहा॰ मुमुक्षुओं ने हैं किये, इसी भाँति से कर्म ।
तुम भी वैसे ही करो, उनके यथा सुकर्म ।। 1004/7068

And : *Knowing this secret, the wise men have done the karmas (duties) and attained heaven. O Arjun! do the karmas as they did in the past.* **1245/4839**

|| 4.16 ||

किं कर्म किमकर्मेति कवयोऽप्यत्र मोहिताः ।
तत्ते कर्म प्रवक्ष्यामि यज्ज्ञात्वा मोक्ष्यसेऽशुभात् ।।

ज्ञानिनोऽपि सखे भ्रान्ताः कर्म च किमकर्म किम् ।
धर्मं तं ते प्रवक्ष्यामि यज्ज्ञात्वा त्वं विमोक्ष्यसे ।। **797**/2422

अकर्म क्या है व कर्म क्या है, चक्कर ज्ञानी भी खाया है ।
सुन लो धर्म किसे कहते हैं, जिससे पाप परे रहते हैं ।। 1214/5205

दोहा॰ कर्म क्या अरु अकर्म क्या, ज्ञानी को भी भ्रांत ।
सुनो धर्म मैं वो कहूँ, जो करता अघ शाँत ।। 1005/7068

And : *Even the wise men are confused about what karma (doing something) is and what akarma (not doing that thing) is. I shall explain you that wisdom, knowing which you will be free from ignorance.* **1246/4839**

|| 4.17 ||

कर्मणो ह्यपि बोद्धव्यं बोद्धव्यं च विकर्मणः ।
अकर्मणश्च बोद्धव्यं गहना कर्मणो गतिः ।।

(कर्म विकर्म अकर्म ज्ञानी योगी च)

कर्म विकर्म चाकर्म किं कृत्स्नं ज्ञातुमर्हसि ।
जानीहि त्वं गतिं पार्थ कर्मणो गहना हि या ।। **798**/2422

(कर्म, विकर्म, अकर्म, ज्ञानी और योगी)

ज्ञान कर्म का अरु विकर्म का, जाननीय है गुण अकर्म का ।
जानो इनके यथा अर्थ हैं, गति कर्म की गहन, पार्थ! है ।। 1215/5205

दोहा॰ कर्म विकर्म अकर्म को, जानत लोग सुजान ।
गहरी गति है कर्म की, पार्थ! इन्हें लो जान ।। 1006/7068

Shrī Krishṇa : *You must know what karma, akarma and vikarma is. O Arjun! the scope of karma is vast.* **1247/4839**

|| 4.18 ||

कर्मण्यकर्म यः पश्येदकर्मणि च कर्म यः ।
स बुद्धिमान्मनुष्येषु स युक्तः कृत्स्नकर्मकृत् ।।

यतः सर्वाः क्रियाः पार्थ कर्माणि भणितानि वै ।
अकर्मणः क्रिया चापि कर्मैव गदिता सदा ।। **799**/2422

कुछ भी करना क्योंकि कर्म है, अकर्म 'करना' कहा कर्म है ।
अकर्म को जो कर्म जानता, गति कर्मों की वही फानता ।। 1216/5205

दोहा॰ कुछ भी करना कर्म है, यही कर्म का धर्म ।
ना "करना" भी कर्म है, अकर्म भी है कर्म ।। 1007/7068

Definations : *O Arjun! as every deed is called a karma, the deed of not doing it, is also a karma. Therefore, akarma is also a karma.* **1248/4839**

कर्मण्यकर्म पश्येद्यो तथाऽकर्मणि कर्म यः ।
स हि ज्ञानी, स योगी च कर्माकर्म च वेत्ति सः ।। **800**/2422

अकर्म जिसको कर्म में दिसे, अकर्म भी है कर्म ही जिसे ।
वह योगी है, वह है ज्ञानी, कर्म अकर्म की वहीं निशानी ।। 1217/5205

दोहा॰ अकर्म देखे कर्म में, कर्म अकर्म के साथ ।
योगी ज्ञानी है वही, ज्ञान कर्म का नाथ ।। 1008/7068

◎ **Thus :** *He who sees karma in akarma and akarma in karma, he is a wise person as well as a yogī. He understands what is karma and what akarma is.* **1249/4839**

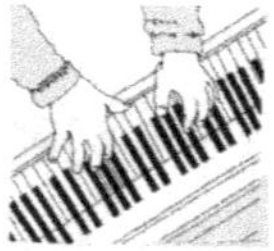

संगीतश्रीकृष्णरामायण गीतमाला, पुष्प 282 of 763

भजन

(योगी)

स्थायी

बं-दा..., योगी वही है जाना... । अरे! ज्ञानी वही है माना... ।।
♫ पमग–, प–म गरे– सा– रे–ग– । सासा! ध–प मप– म– गरेसा– ।।

अंतरा–1

तैल समाना जब संसारी, अलिप्त भव–जल से, मझधारी ।
उसने, भव तर जाना ।।
♫ सां–नि धप–ध– धध प–म–प–, सांसां–नि धध पप नि, धपम–प– ।
सासाध–, पप मम गरेसा– ।।

अंतरा–2

इच्छा फल की जिसने त्यागी, काम वासना मन से भागी ।
उसने, योग है जाना ।।

अंतरा–3

कर्म में जिसने अकर्म देखा, अकर्म से ही कर्म को सीखा ।
उसने, जग पहिचा–ना ... ।।

◎ **Yogī : *Sthāyī* :** *That person is called yogī and that person is called wise.* ***Antarā* : 1.** *When a person is like an oil on the water, he is unattached to the mundane things in the midst of the worldly affairs. He can cross over the ocean.* **2.** *He who is free from the desire for fruit of his duty. He who is free from passions. He knows yoga.* **3.** *He who has seen akarma (not doing something) in karma (doing something) and learned karma (doing something) through akarma (not doing something), he has recognized the working principle of the world.* **1250/4839**

(स्वकार्यम् अकार्यं स्वधर्मः अधर्मः च)

स्वकार्यं वेत्ति धर्मं यो धर्मं कार्यं च मन्यते ।
स हि ज्ञानी च योगी च स्वकर्म धर्मवद्धि तम् ।। 801/2422

(स्वकार्य और अकार्य एवं स्वधर्म और अधर्म)

स्वकार्य को जो धर्म जानता, और धर्म को कार्य मानता ।
योगी वह ज्ञानी पहिचाना, कर्म–धर्म सब उसने जाना ।। 1218/5205

दोहा॰ स्वकार्य जिसको धर्म है, और स्वधर्म स्वकार्य ।
वही जानता धर्म है, वही जानता कर्म ।। 1009/7068

◎ **And :** *He who considers his duty as his Dharma and the Dharma as his duty, he is a wise person and he is a yogī. He knows what duty is and what Dharma is.* **1251/4839**

।। 4.19 ।। **यस्य सर्वे समारम्भाः कामसङ्कल्पवर्जिताः ।**
ज्ञानाग्निदग्धकर्माणं तमाहुः पण्डितं बुधाः ।।

उद्यमा निरपेक्षाश्च यस्य सङ्कल्पवर्जिताः ।
पण्डितमिति तं सर्वे वदन्ति योगिनं बुधाः ।। 802/2422

उद्यम जिसके निर् अपेक्ष हैं, आस–प्यास विगत निःशेष हैं ।
'पंडित' संज्ञा उसे ज्ञान की, सुजान जन सब देत मान की ।। 1219/5205

दोहा॰ बिना–वासना जो करे, उद्यम अरु संकल्प ।
ज्ञानी सब देते उसे, "पंडित" संज्ञा स्वल्प ।। 1010/7068

◎ **And :** *He whose undertakings are without any desire for fruit. He who is without expectations. That person is called Puṇḍit by the knower of yoga.* **1252/4839**

।। 4.20 ।। **त्यक्त्वा कर्मफलासङ्गं नित्यतृप्तो निराश्रयः ।**
कर्मण्यभिप्रवृत्तोऽपि नैव किञ्चित्करोति सः ।।

निःस्पृहो नित्यतृप्तश्च निर्ममश्च निराश्रितः ।

कृत्वाऽपि सर्वकर्माणि सोऽकर्तृवद्धि शोभते ।। 803/2422

जो नि:स्पृह है, नित्य तृप्त है, आशाओं से जो अलिप्त है ।
सब करके निराश्रयी वो, मानो करता कुछ नाही वो ।। 1220/5205

**दोहा॰ जो नि:स्पृह है, तृप्त है, वासना से अलिप्त ।
सब कुछ करके कर्म वो, नाम "अकर्ता" प्राप्त ।। 1011/7068**

◎ **And :** *He who is always non-covetous, contented, selfless and independent, that person appears as if he is not doing anything even when he does everything.* **1253/4839**

।। 4.21 ।। निराशीर्यतचित्तात्मा त्यक्तसर्वपरिग्रहः ।
शारीरं केवलं कर्म कुर्वन्नाप्नोति किल्बिषम् ।।

**ॐ निराशी च निराधारो वाञ्छां त्यक्त्वा करोति यः ।
कृत्वाऽपि देहमात्रेण निष्पापो वर्तते सदा ।। 804**/2422

जो निराश है, निराधार है, भव बंधन से वही पार है ।
देह मात्र सब किये कार्य वो, सदा पाप से परे आर्य वो ।। 1221/5205

**दोहा॰ बिन आशा-आधार जो, बिना किसी भी ताप ।
गात्र-मात्र से सब किये, सदा रहे निष्पाप ।। 1012/7068**

◎ **And :** *He who is indifferent and self-dependent. He who acts without desire for its fruit. He acts only through body. He is sinless.* **1254/4839**

।। 4.22 ।। यदृच्छालाभसन्तुष्टो द्वन्द्वातीतो विमत्सरः ।
समः सिद्धावसिद्धौ च कृत्वापि न निबद्ध्यते ।।

**ॐ विरक्तो द्वन्द्वभावेभ्यो यत्प्राप्तं तत्सुखावहम् ।
लाभालाभौ समौ बुद्ध्वा निरासक्तः स कर्मसु ।। 805**/2422

मिला उसी में जिसे हर्ष है, द्वंद्व-भाव का नहीं लेश है ।
लाभ-हानि से जो अलिप्त है, कर्म बंध से वो विमुक्त है ।। 1222/5205

**दोहा॰ मिला उसी में हृष्ट जो, द्वंद्व प्रभाव विमुक्त ।
लाभ-हानि से जो परे, कर्म बंध से मुक्त ।। 1013/7068**

◎ **And :** *He who is indifferent to the dualities. He who is happy with whatever comes to him. He who treats gain and loss same. He is unattached to the karmas.* **1255/4839**

।। 4.23 ।। गतसङ्गस्य मुक्तस्य ज्ञानावस्थितचेतसः ।
यज्ञायाचरतः कर्म समग्रं प्रविलीयते ।।

(यज्ञविविधता)

**ॐ सर्वस्पर्शेषु निस्सङ्गो ज्ञानयोगे सदा स्थितः ।
कृत्वा यागनिमित्तेन कर्म कृत्स्नं प्रलीयते ।। 806**/2422

(यज्ञों की विविधता)

चित्त में धरे ज्ञान सत्य जो, रहे संग से परे नित्य जो ।
करे कर्म जो याग हेतु से, कर्म बांधते नहीं हैं उसे ।। 1223/5205

**दोहा॰ बाह्य स्पर्श से दूर जो, ज्ञान योग से युक्त ।
यज्ञ हेतु से सब किये, कर्म पाश से मुक्त ।।।। 1014/7068**

◎ **And :** *He who is unaffected by external sensations. He who is engaged in Jñāna yoga (yoga of the knowledge that gunas are the doer, I am not the doer). He who acts in the spirit of austerity. Being a non-doer, his karmas dissolve themselves.* **1256/4839**

संगीतश्रीकृष्णरामायण गीतमाला, पुष्प 283 of 763

(ज्ञान योग का निरूपण)

स्थायी

**स्वरदा ने सुंदर गाया है, नारद ने साज बजाया है ।
रतनाकर गीत रचाया है ।।**

♫ सानि़सा- गरे सा-नि़नि़ सा-रेम ग-, गममग पम ग-रे सासा-रेम ग- ।
गगरेसासासा रे-ग मगरेसानि़ सा- ।।

अंतरा-1

**"गुण को कर्ता है," कहत सही, अपने को कर्ता कहत नहीं ।
निरपेक्षा का जो भोगी है, कर्तापन का जो त्यागी है ।
वह ज्ञान योगी कहलाया है ।।**

♫ "पप मरे ममप- पम," पनि़ध पप-, पपमग गसा सागमप गरेसा नि़सा- ।
सानि़सा-गरे सा- नि़- सा-रेम ग-, सानि़सा-गरे सा- नि़- सा-रेम ग- ।
गग रेसासा रे-रे गमगरेसानि़ सा- ।।

अंतरा–2

भय राग क्रोध मद तजता है, मत्पर मुझको जो भजता है ।
नर ज्ञान योग से पुनीत वो, सब पाप ताप को धो कर वो ।
शरणन में मेरी आया है ।।

अंतरा–3

भजता मुझको जो जैसा है, फल पाता नर वो वैसा है ।
सब स्पर्शों से निःसंगी है, नित ज्ञान योग में रंगी है ।
वह कर्म मुक्त कहलाया है ।।

◎ **Jñāna Yoga : *Sthāyī*** *: Ratnākar composed the melody, Sarasvatī sang it beautifully, while Shrī Nārad muni played the Vīṇā.* ***Antarā : 1.*** *He who says that guṇas are the doers. He who says that I am not the doer. He who has no expectations. He who does not take credit for his deeds. He is yogī.* ***2.*** *He who is free from attachment, anger and intoxication. He who worships me. He who is purified with the practice of yoga, he comes to my feet, washing away all his sins.* ***3.*** *As he worships me, so he gets the fruit. He who is indifferent to external sensations. He who is the follower of Jñāna yoga (knowing that he is not the doer), he is free from his karmas.* **1257/4839**

गीतोपनिषद् : चौदहवाँ तरंग

Gitopanishad : Fascicule 14

69. यज्ञ विविधता का निरूपण :

69. Diversity of the Yajñas *(Gītā Chapter 4)*

(यज्ञविविधतानिरूपणम्)

♫ संगीतश्रीकृष्णरामायण छन्दमाला, मोती 169 of 501

फटका छन्द

8 + 8 + 8 + 6/5

(यज्ञ विविधता)

कहे वेद ने, यज्ञ विविध विध,
सभी कर्म के, कारण हैं ।।
ज्ञान यज्ञ तप, दान कर्म सब,
कहे स्वर्ग के, साधन हैं ।।

◎ **Yajñas :** *Various yajñas are prescribed by the Vedas. They all are reasons for karma. Jñāna, yajña, austerity, charity, karma are all means to achieve heaven.* **1258/4839**

।। 4.24 ।। ब्रह्मार्पणं ब्रह्म हविर्ब्रह्माग्नौ ब्रह्मणा हुतम् ।
ब्रह्मैव तेन गन्तव्यं ब्रह्मकर्मसमाधिना ।।

ॐ अग्निर्ब्रह्म क्रतुर्ब्रह्म चाहुतिर्ब्रह्म ब्रह्मणि ।
ब्रह्मैव यस्य कर्माणि ब्रह्म स ह्यधिगच्छति ।। 807/2422

यज्ञ ब्रह्म है, अग्नि ब्रह्म है, ब्रह्म आहुति, हविष ब्रह्म है ।
सर्व कर्म ही ब्रह्म है जिसको, प्राप्त ब्रह्म है सरबस उसको ।। 1224/5205

दोहा॰ अग्नि देवता ब्रह्म है, यज्ञ आहुति ब्रह्म ।
ब्रह्म उसी को प्राप्त है, ब्रह्म उसी के कर्म ।। 1015/7068

◎ **Brahma :** *The fire of yajña (austerity) is Brahma. The yajña is Brahma. The oblation is Brahma. He for whom the karma is Brahma, he attains Brahma.* **1259/4839**

।। 4.25 ।। दैवमेवापरे यज्ञं योगिनः पर्युपासते ।
ब्रह्माग्नावपरे यज्ञं यज्ञेनैवोपजुह्वति ।।

ॐ केचिद्योगिजना यज्ञं कुर्वन्ति दैवरूपिणम् ।
जुह्वति यज्ञमन्ये च ब्रह्माग्नौ यज्ञपण्डिताः ।। 808/2422

उपासना से कुछ जन अर्चक, यज्ञ दैव का करते सार्थक ।
अन्य योगिजन तज्ञ यज्ञ में, अर्पण करते अन्न यज्ञ में ।। 1225/5205

दोहा॰ कोई करते यज्ञ हैं, दैव रूप सम्पन्न ।
यज्ञ कुंड में अन्य हैं, अर्पण करते अन्न ।। 1016/7068

◎ **Yogī :** *For some yogīs, the divinity is yajña. Some other learned yogīs offer fire of yajña to Brahma.* **1260/4839**

।। 4.26 ।। श्रोत्रादीनीन्द्रियाण्यन्ये संयमाग्निषु जुह्वति ।
शब्दादीन्विषयानन्य इन्द्रियाग्निषु जुह्वति ।।

69. Diversity of the Yajñas (Gītā Chapter 4)

ॐ **संयमाग्नौ च गात्राणि जुह्वति योगिनोऽपरे ।**
विषयानिन्द्रियाग्नेस्ते यज्ञे जुह्वति योगिनः ।। 809/2422

अन्य योगी नियंत्रण करके, गात्र यज्ञ में अर्पण करते ।
शब्द-विषय की हविष रस्म वे, इन्द्रियाग्नि में करत भस्म वे ।। 1226/5205

✍दोहा॰ **संयमाग्नि में अन्य जन, अर्पण करते गात्र ।**
ज्ञानाग्नि में विषय वे, अर्पण करते मात्र ।। 1017/7068

◎ **And :** *Some yogīs offer their organs in the yajña (austerity) of self control. Some other yogīs offer their passions in the Yajña of self control.* **1261/4839**

।। 4.27 ।। **सर्वाणीन्द्रियकर्माणि प्राणकर्माणि चापरे ।**
आत्मसंयमयोगाग्नौ जुह्वति ज्ञानदीपिते ।।

ॐ **नैके योगीजनाः प्राणं यज्ञे तपन्ति कर्मणा ।**
मनः संयमितं कृत्वा ज्ञानज्योतिश्च जाग्रति ।। 810/2422

कोई योगी याग दीप्त से, प्राण अग्नि में किये तप्त हैं ।
मन पर संयम पूर्ण लगाते, ज्ञान ज्योति का याग जगाते ।। 1227/5205

✍दोहा॰ **कोई योगी यज्ञ में, करते अर्पण प्राण ।**
मन अपना संयत किये, जागृत करते ज्ञान ।। 1018/7068

◎ **And :** *Many yogīs offer regulation of their breath in the yajña of self control. Some other yogīs ignite flame of knowledge by controlling their mind.* **1262/4839**

।। 4.28 ।। **द्रव्ययज्ञास्तपोयज्ञा योगयज्ञास्तथापरे ।**
स्वाध्यायज्ञानयज्ञाश्च यतयः संशितव्रताः ।।

ॐ **केचिच्च द्रव्यदानेन यज्ञं कुर्वन्ति दानिनः ।**
स्वाध्यायप्रेमिणो यज्ञं व्रतैः कुर्वन्ति ज्ञानिनः ।। 811/2422

कतिपय योगी करत द्रव्य से, यज्ञ आहुति दान हव्य से ।
यज्ञ व्रतों का किये अन्य हैं, कठोर व्रत से वे भी धन्य हैं ।। 1228/5205

✍दोहा॰ **कोई करते यज्ञ हैं, किये द्रव्य का दान ।**
अनुरागी स्वाध्याय के, व्रत करते आसान ।। 1019/7068

◎ **And :** *Some yogīs offer their possessions in the Yajña (austerity) of self control. Other lovers of the scriptures take severe vows as Yajña (austerity).* **1263/4839**

।। 4.29 ।। **अपाने जुह्वति प्राणं प्राणेऽपानं तथापरे ।**
प्राणापानगती रुद्ध्वा प्राणायामपरायणाः ।।

ॐ **इतरे योगिनः प्राणम्-अपाने नाम जुह्वति ।**
प्राणापानगती रुद्ध्वा प्राणायामे गता रताः ।। 812/2422

अन्य योगी प्राण अपान में, अपान करते हवन प्राण में ।
प्राणायाम की रोक कर गति, यजन भजन की उन्हें है मति ।। 1229/5205

✍दोहा॰ **अन्य योगी जन प्राण में, करते हवन अपान ।**
श्वासों की गति रोक कर, करते प्राणायाम ।। 1020/7068

◎ **And :** *Some other yogīs regulate their in-breath and out-breath as a yoga (austerity).* **1264/4839**

।। 4.30 ।। **अपरे नियताहाराः प्राणान्प्राणेषु जुह्वति ।**
सर्वेऽप्येते यज्ञविदो यज्ञक्षपितकल्मषाः ।।

ॐ **कश्चिद्योगी मिताहारी प्राणं प्राणे युनाति च ।**
अनघो यागज्ञाता स पापं यज्ञे जुहोति च ।। 813/2422

नियताहारी जो योगी जन, प्राण प्राण में करते अर्पण ।
पाप यज्ञ में किये हवन हैं, हुए सभी निष्पाप अमन हैं ।। 1230/5205

✍दोहा॰ **मित आहारी करत हैं, हवन प्राण में प्राण ।**
यज्ञ विज्ञ निष्पाप वे, पाते हैं कल्याण ।। 1021/7068

◎ **And :** *Some moderate eaters unite their breaths. Those pure knower of yajña offer their sins (akarmas) in the fire of yajña (austerity).* **1265/4839**

♫ **संगीतश्रीकृष्णरामायण छन्दमाला, मोती 170 of 501**

(प्रभु तेरी माया)

स्थायी

69. Diversity of the Yajñas (Gītā Chapter 4)

शिखरिणी छन्द[212]

। ऽ ऽ, ऽ ऽ ऽ, ।। ।, ।। ऽ, ऽ।।, । ऽ

♪ सारे–! सानिसा– रेगरे–, रेरेरे गपमग रेग रेगरे सा–

(माया)

प्रभो! तेरी माया, ग्रहण करने में गहन है ।

मगर सच्चे मन से, स्मरण करके वो सुगम है ।।

अंतरा–1

पृथ्वी छन्द + शिखरिणी छन्द

। ऽ।, ।। ऽ, । ऽ।, ।। ऽ, । ऽ ऽ, । ऽ

। ऽ।, ।। ऽ, । ऽ।, ।। ऽ, । ऽ ऽ, । ऽ

। ऽ ऽ, ऽ ऽ ऽ, ।। ।, ।। ऽ, ऽ।।, । ऽ

। ऽ ऽ, ऽ ऽ ऽ, ।। ।, ।। ऽ, ऽ।।, । ऽ

♪ मप– धपम ग–, गम– पमग रे–, सारे– मगरेसा–

कोई नमन से, कोई भजन से, तुझे पूजता ।

कोई धन तथा, कोई सुख सदा, तुझे माँगता ।।

प्रभो! तेरी लीला, कथन करने में कठिन है ।

मगर पक्के मन से, मनन करना ही यजन है ।।

अंतरा–2

सदा चरण में, रहो शरण तो हरि साथ है ।

सभी जगत का, अनाथ जन का, वही नाथ है ।।

हरे! तेरी सेवा, सतत करना ही धरम है ।

सतत सच्चे मन से, करम करना उद्धरण है ।।

◎ **Lord's grace : *Sthāyī* :** *O Lord! your divinity is too deep to fathom. But, with a pure heart, it is easy to contemplate on your image.* ***Antarā : 1.*** *Someone worships you with obeisance, someone with Bhajan, someone with oblation. Someone prays with honour, someone with charity. O Lord! your magic is difficult to be said in words, but meditating up on you with a resolute mind, is the true austerity.* ***2.*** *Hari is with you if you always stay at his feet. He is the Lord of all world and all people. He is the helper of the helpless. O Lord! being at your service is the supreme righteousness. Doing your duty with selfless mind is true uplifting.* **1266/4839**

।। 4.31 ।। **यज्ञशिष्टामृतभुजो यान्ति ब्रह्म सनातनम् ।**
नायं लोकोऽस्त्ययज्ञस्य कुतोऽन्यः कुरुसत्तम ।।

अश्नन्ति यज्ञशेषान्नं ब्रह्म गच्छन्ति ते जनाः ।
अयज्ञा न तरन्तीह तर्हि परत्र ते कथम् ।। 814/2422

यज्ञ शेष जो खाते जन हैं, ब्रह्म मिले उनको पावन है ।
अयज्ञ नर को इह भी ना फले, स्वर्ग भला क्या पड़ेगा गले ।। 1231/5205

दोहा॰ **यज्ञ शेष जो भक्षते, ब्रह्म प्राप्त वे लोग ।**
अयज्ञ को इह ना मिले, न ही स्वर्ग का भोग ।। 1022/7068

◎ **And :** *Those who prtake the left over of a yajña (austerity), they attain Brahma (the Supreme). Those who do not perform yajña or those who are not austere, they do not even fit in this world, then how would they fit in the next one.* **1267/4839**

।। 4.32 ।। **एवं बहुविधा यज्ञा वितता ब्रह्मणो मुखे ।**
कर्मजान्विद्धि तान्सर्वानेवं ज्ञात्वा विमोक्ष्यसे ।।

---

[212] ♪ **शिखरिणी छन्द :** इस छन्द के चरण में 17 वर्ण और 25 मात्राएँ होती हैं । इसमें य म न स भ गण और एक-एक लघु गुरु आते हैं । इसका लक्षण सूत्र । ऽ ऽ, ऽ ऽ ऽ, ।।।, ।। ऽ, ऽ।।, । ऽ इस प्रकार होता है । इसके 6–11 पर यति विकल्प से आता है । प्रस्तुत पद्य साग– नि-सा-रेगरे– सारेग पमगरे ग– रेगरे सा– इस प्रकार से गाया बजाया जा सकता है ।

▶ लक्षण गीत : दोहा॰ **मत्त पच्चीस में सजा, य म न स भ ग का वृंद ।**
छठी मत्त पर यति जहाँ, चारु "शिखरिणी" छंद ।। 1019/7068

छन्द रचना में प्रायः एक ही सूत्र में सभी पंक्तियाँ लिखी जाती हैं इस लिये साधारणतया छंद की रचनाएँ लघु होती हैं । परंतु, दीर्घ रचनाएँ रुचिकर बनाने के लिये स्थायी में एक छन्द व अंतरे के लिये दूसरा छन्द प्रयोग किया गया है ।

याद रहे कि : गाते समय मात्राएँ रागानुसार लघु या दीर्घ करके वह लय में गायी जाती हैं । स्थायी के लिये शिखरिणी छन्द और अंतरे के लिये पृथ्वी छंद, इस प्रकार की काव्य रचना महाराष्ट्र देश में श्री कृष्णशास्त्री चिपळुणकर जी (1850–1882) ने जानी मानी की थी ।

69. Diversity of the Yajñas (Gītā Chapter 4)

एवं ये विविधा यज्ञाः प्रचलिताः श्रुतेर्मुखात् ।
बुद्ध्वा तान्कर्मणां मूलं परन्तप विमोक्ष्यसे ।। 815/2422

विविध भाँति से मख ये सारे, कहे गए वेदों में न्यारे ।
कर्म के यही कारण जानो, स्वर्ग के लिये साधन मानो ।। 1232/5205

दोहा॰ इस भाँति से विविध ये, यज्ञ बताते वेद ।
कहे कर्म के मूल हैं, यही मुक्ति का भेद ।। 1023/7068

◎ **And :** *Various yajñas (austerities) are classified in this manner in the Vedas. Knowing them to be the roots of karmas, O Arjun! you will be liberated.* **1268/4839**

।। 4.33 ।। श्रेयान्द्रव्यमयाद्यज्ञाज्ज्ञानयज्ञः परन्तप ।
सर्वं कर्माखिलं पार्थ ज्ञाने परिसमाप्यते ।।

(ज्ञानर्जनम्)

ज्ञानयज्ञः सदा श्रेयो द्रव्ययज्ञात्परन्तप ।
समग्रं कर्म ज्ञाने हि यथार्थेन समाप्यते ।। 816/2422

(ज्ञानार्जन)

ज्ञानयज्ञ को द्रव्ययज्ञ से, श्रेष्ठ जानते वही तज्ञ हैं ।
सब कर्मों का जो यथार्थ है, ज्ञान वो कहा सही पार्थ! है ।। 1233/5205

दोहा॰ द्रव्य यज्ञ से श्रेष्ठ जो, ज्ञान यज्ञ है, पार्थ! ।
सर्व कर्म ही ज्ञान में, होत समाप्त यथार्थ ।। 1024/7068

◎ **And :** *The charity of Jñāna (wisdom) is always superior to the charity of wealth. Because, all karmas (righteous deeds) in essence culminate into Jñāna.* **1269/4839**

।। 4.34 ।। तद्विद्धि प्रणिपातेन परिप्रश्नेन सेवया ।
उपदेक्ष्यन्ति ते ज्ञानं ज्ञानिनस्तत्त्वदर्शिनः ।।

साष्टाङ्गप्रणिपातेन प्रश्नान्पृष्ट्वा च सेवया ।
उपदेक्ष्यन्ति विद्वांसः-तुभ्यं ज्ञानस्य वार्तिकम् ।। 817/2422

गुरु जनों को अति आदर से, पूछोगे यदि सेवा करके ।
ज्ञानी जन वे विद्या देंगे, ज्ञान काम का दान करेंगे ।। 1234/5205

दोहा॰ पूछोगे यदि तुम, किये, साष्टांग नमस्कार ।
गुरु जन देंगे ज्ञान वो, जिससे भव हो पार ।। 1025/7068

◎ **And :** *Sitting at the feet of the mentor and being at his service, if you ask the right questions, he will give you the proper advice. He will impart the right knowledge (wisdom) to you.* **1270/4839**

।। 4.35 ।। यज्ज्ञात्वा न पुनर्मोहमेवं यास्यसि पाण्डव ।
येन भूतान्यशेषेण द्रक्ष्यस्यात्मन्यथो मयि ।।

(ज्ञानप्रभावः)

न यास्यसि पुनर्मोहम्-एवं ज्ञात्वा त्वमर्जुन ।
विशुद्धेन विवेकेन तटस्थः सर्वप्राणिषु ।। 818/2422

(ज्ञान का प्रभाव)

नहीं पड़ोगे पुनः मोह में, जान कर इसे बिना कोह में ।
सब भूतों में उदास होकर, अबोधता का विनाश होकर ।। 1235/5205

दोहा॰ पाकर तुम उस ज्ञान को, पुनः न होगा मोह ।
उदासीन सब भूत में, राग न होगा कोह ।। 1026/7068

◎ **And :** *Having earned that wisdom, you will not fall in delusion. O Arjun! you will be indifferent to all beings with your pure heart.* **1271/4839**

।। 4.36 ।। अपि चेदसि पापेभ्यः सर्वेभ्यः पापकृत्तमः ।
सर्वं ज्ञानप्लवेनैव वृजिनं सन्तरिष्यसि ।।

असि चेत्त्वं महापापः सर्वपापेषु भारत ।
आदाय ज्ञाननावं त्वं भवसिन्धुं तरिष्यसि ।। 819/2422

चाहे तुम हो महा पातकी, सर्व जगत में महा घातकी ।
फिर भी नौका इसी ज्ञान की, तुझको तारे, बुद्धिमान की ।। 1236/5205

दोहा॰ चाहे तुम हो पातकी, जो करता अपकार ।
नौका तुमको ज्ञान की, ले जावे उस पार ।। 1027/7068

◎ **And :** *O Arjun! even if you think you are the most sinful person, even then, having earned this wisdom, you will cross over the worldly ocean safely.* **1272/4839**

69. Diversity of the Yajñas (Gītā Chapter 4)

संगीतश्रीकृष्णरामायण गीतमाला, पुष्प 284 of 763

खयाल : राग पूरिया,[213] तीन ताल 16 मात्रा

(चाल, तबला ठेका और तान के लिये देखिये हमारी "*नयी संगीत रोशनी*" का गीत 50)

(पार करो मेरी नैया)

स्थायी

पार करो मेरी भव नैया,

तार करो मेरा अंबे मैया ।

अंतरा–1

लुट गयी मेरी प्रेम की नगरी, नाथ न आए दैया दैया! ।

अंतरा–2

लगती सूनी गाँव की डगरी, राह तकूँ मैं आवे सैंया ।

◎ **Worldly ocean : *Sthāyī* :** *O Ambā Mātā (Mother Ambā, Durgā)! please cross me over the worldly ocean. Please protect me.* ***Antarā* : *1.*** *My love has gone sour. My beloved has not returned home.* ***2.*** *The road to my town looks deserted, as I await his arrival.* **1273/4839**

|| 4.37 || **यथैधांसि समिद्धोऽग्निर्भस्मसात्कुरुतेऽर्जुन ।**
ज्ञानाग्निः सर्वकर्माणि भस्मसात्कुरुते तथा ।।

(ज्ञानस्य परमपूज्यता)

यथा हि पावको दीप्तो भस्मसात्कुरुते वनम् ।
अज्ञानं भस्मसात्पार्थ ज्ञानाग्निः कुरुते तथा ।। 820/2422

(ज्ञान परम पूज्य है)

प्रदीप्त पावक यथा हि क्षण में, करे राख तरुअन को वन में ।
तथा ज्ञान की पावन ज्वाला, करे भस्म अज्ञान जो काला ।। 1237/5205

दोहा॰ **दावाग्नि का ज्वल यथा, वन को राख बनाय ।**
प्रदीप्त ज्वाला ज्ञान की, अज्ञान को जलाय ।। **1029**/7068

◎ **Wisdom :** *Just as the blazing fire burns down a forest to ashes, so does the fire of knowledge burns down the jungle of ignorance.* **1274/4839**

|| 4.38 || **न हि ज्ञानेन सदृशं पवित्रमिह विद्यते ।**
तत्स्वयं योगसंसिद्धः कालेनात्मनि विन्दति ।।

साधनं नास्ति कुत्रापि ज्ञानाच्छ्रेष्ठं सहायकम् ।
स्वयं प्राप्नोति तज्ज्ञानं योगी तस्माद्यथा गतिः ।। 821/2422

नहीं जगत में साधन कोई, कहा ज्ञान सा पावन जो ही ।
योगी पाता स्वयं स्थान वो, यथा समय के साथ ज्ञान वो ।। 1238/5205

दोहा॰ **साधन कछु ना अन्य है, पार्थ! ज्ञान से श्रेष्ठ ।**
प्राप्त करोगे ज्ञान वो, जब हो काल यथेष्ट ।। **1030**/7068

◎ **And :** *There is no better helper than the knowledge. The Jñāna-yogī attains this knowledge in due course.* **1275/4839**

|| 4.39 || **श्रद्धावाँल्लभते ज्ञानं तत्परः संयतेन्द्रियः ।**
ज्ञानं लब्ध्वा परां शान्तिमचिरेणाधिगच्छति ।।

(अज्ञानप्रभावः)

ज्ञानं विन्दति भक्तः स यः श्रद्धालुश्च संयतः ।
ज्ञानी ज्ञानमिदं प्राप्य शान्तिमृच्छति नैष्ठिकीम् ।। 822/2422

(अज्ञान का प्रभाव)

योगी पाता वही ज्ञान है, जो श्रद्धान्वित नर महान है ।
पाकर ज्ञानी इसी ज्ञान को, पावे शाश्वत शाँतिधाम को ।। 1239/5205

दोहा॰ **प्राप्त करे इस ज्ञान को, जो है श्रद्धावान ।**
ज्ञानी पाकर ज्ञान को, मिले शाँति का स्थान ।। **1031**/7068

◎ **And :** *This knowledge comes to that sincere devotee who is faithful and self controlled. Having acquired this knowledge, the yogī attains ever lasting peace.* **1276/4839**

---

[213] **राग पूरिया** : यह मारवा ठाठ का राग है । इसका आरोह है : सा, ऩि रे॒ ग, मं ध नि रें॒ सां । अवरोह है : रें॒ नि ध, मं ध ग मं ग, रे॒ सा ।

▶ लक्षण गीत : दोहा॰ **मध्यम स्वर जब तीव्र हो, वर्जित पंचम नाद ।**
रे कोमल से "पूरिया," ग नि वादी संवाद ।। 1028/7068

॥ 4.40 ॥

अज्ञश्चाश्रद्दधानश्च संशयात्मा विनश्यति ।
नायं लोकोऽस्ति न परो न सुखं संशयात्मनः ॥

संशयी नास्तिको मूढो नरो नश्यति निश्चितम् ।
हित्वाऽयं च परं लोकं प्रसादेभ्यश्च वञ्चितः ॥ 823/2422

वहमी मूरख जो नास्तिक है, विनष्ट होता वो निश्चित है ।
यह वह दोनों लोक न पाकर, वंचित होता शक अपनाकर ॥ 1240/5205

दोहा॰ मूरख नास्तिक नर शकी, खोकर प्रभु-विश्वास ।
मिलता दोनों लोक में, उसे अवश्य विनास ॥ 1032/7068

जो है नास्तिक संशयी, निश्चित उसे विनाश ।
खोकर सुर का लोक वह, पाता भव का पाश ॥ 1033/7068

◎ **And :** *A skeptical, atheist and deluded person perishes certainly. He has no place in this world nor in the next world.* **1277/4839**

॥ 4.41 ॥

योगसंन्यस्तकर्माणं ज्ञानसञ्छिन्नसंशयम् ।
आत्मवन्तं न कर्माणि निबध्नन्ति धनञ्जय ॥

योगशक्त्या त्यजेत्कामं तथा ज्ञानेन संशयम् ।
आत्मपरायणो योगी कर्मपाशैर्न बध्यते ॥ 824/2422

योग शक्ति से काम भगा दे, सब संशय को आग लगा दे ।
आत्मपरायण नर नहिँ जकड़े, कर्म बंध उसको नहिँ पकड़े ॥ 1241/5205

दोहा॰ नर जो तज कर वासना, दूर करे संदेह ।
आत्मपरायण भक्त वो, अबद्ध निःसंदेह ॥ 1034/7068

◎ **And :** *He who relinquishes desires with yogic power and removes doubt with wisdom, that self dependent person does not get bound by karma.* **1278/4839**

॥ 4.42 ॥

तस्मादज्ञानसम्भूतं हृत्स्थं ज्ञानासिनात्मनः ।
छित्त्वैनं संशयं योगमातिष्ठोत्तिष्ठ भारत ॥

ज्ञानशस्त्रेण युक्तस्त्वं मनसा गतसंशयः ।
उत्तिष्ठ पार्थ सन्नद्धो भूत्वा योगाश्रयी सखे ॥ 825/2422

ज्ञान शस्त्र को हाथ में धरे, संशय मन से किये सब परे ।
उठो पार्थ! तुन उद्यत हो के, लड़ने योग सहारा ले के ॥ 1242/5205

दोहा॰ ज्ञान-शस्त्र यह तुम लिये, उठो, पार्थ! तैयार ।
नष्ट करो अज्ञान को, अरि की होगी हार ॥ 1035/7068

◎ **And :** *Equipped with the weapon of wisdom, removing the doubt from your mind, O Arjun! get up and be prepared to abide by yoga.* **1279/4839**

संगीतश्रीकृष्णरामायण गीतमाला, पुष्प 285 of 763

भजन

(पर हित)

स्थायी

अगर पथ ये तू अपना ले, तो ऋण अपने चुका देगा ।
अहम अपना रुका दे तो, तू दुनिया को झुका देगा ॥

♫ सासासा रेरे ग- प मगरे- सा-, ध धध पमप- गम- प-ध- ।
सांसांरें सांनिध- निध- पम ग-, सा सासारे- ग- पमग रेगसा- ॥

अंतरा-1

पर हित में हि भलाई है, सेवा धर्म कहाई है ।
करम तेरा अमर होगा, जगत में तू सुहावेगा ॥

♫ मम पप ध- ध सांनिधपध म-, ध-प- म-म मगरे-गरे सा- ।
सासासा रेग- पमग रेगसा-, धधध प- म- पमगरेगसा- ॥

अंतरा-2

जग माया का मेला है, तीन गुणों का खेला है ।
अगर मन को तू रोक सका, तो अघ सारे रुका देगा ॥

अंतरा-3

प्रभु चरणों में सहारा ले, सहज भव का किनारा है ।
अगर दुख तू मिटा देगा, तो सुख सारे लुटावेगा ॥

◎ **Service to others :** ***Sthāyī :*** *If you follow the path of this yoga, you will fulfill your obligations. If you remove your ego, you will conquer the world.* ***Antarā : 1.*** *There is* *goodness in service for others. Service is supreme righteousness. Your deeds will be immortal and you will give happiness to the world.* **2.** *The world is a fair of illusions. It is a play of the three guṇas. If you can control your mind, you will be able to conquer the sins.* **3.** *Come to the feet of the Lord. It is the easiest support. If you become indifferent to the pains, you will be able to enjoy the happiness.* **1280/4839**

संगीतश्रीकृष्णरामायण गीतमाला, पुष्प 286 of 763

(यज्ञ विविधता का निरूपण)

स्थायी

स्वरदा ने सुंदर गाया है, नारद ने साज बजाया है ।

रतनाकर गीत रचाया है ।।

♫ सानि़सा- गरे सा-नि़नि़ सा-रेम ग-, गममग पम ग-रे सासा-रेम ग- ।

गगरेसासासा रे-ग मगरेसानि़ सा- ।।

अंतरा–1

सब अर्पण अऽग्निऽ ब्रह्म में है, सब यज्ञ आहुतिऽ ब्रह्म हि है ।

सब अर्पण जिसका ब्रह्म में है, सब तर्पण जिसका ब्रह्म में है ।

सद् ब्रह्म उसीने पाया है ।।

♫ पप मरेमम प-पम पनिध प प-, पप मगग सागमप- गरेसा नि़ सा- ।

सानि़ सा-गरे सासानि़- सा-रे म ग-, सानि़ सा-गरे सासानि़- सा-रे म ग- ।

गग रेसासा सारे-गम गरेसानि़ सा- ।।

अंतरा–2

है ब्रह्म दैव अरु प्राण जिसे, है ब्रह्म यज्ञ सब ज्ञान भी है ।

है ब्रह्म द्रव्य अरु ध्यान जिसे, है ब्रह्म गतिऽ सत् पुण्य जिसे ।

सद् ब्रह्म उसीने पाया है ।।

अंतरा–3

है ज्ञान द्रव्य से श्रेष्ठ कहा, अरु ज्ञान से जाना कछु न महा ।

है ज्ञान प्राप्त जो भक्त मेरा, है उसको शाँतिऽ ने घेरा ।

सद् ब्रह्म उसीने पाया है ।।

◎ **Yajñas : *Sthāyī :*** *Ratnākar composed the melody, Sarasvatī sang it beautifully, while Shrī Nārad muni played the Vīṇā.* ***Antarā : 1.*** *Offer everything in the austerity of Brahma (the Supreme). The offerings are Brahma. He who surrenders everything to Brahma, whose oblations are Brahma, he attains Brahma.* **2.** *For whom Brahma is destiny. Brahma is life. Brahma is yajña. Brahma is knowledge. Brahma is wealth. Brahma is charity and Brahma is righteousness, he attains Brahma.* **3.** *Wisdom is superior to wealth and there is nothing superior to right knowledge. The devotee who has earned wisdom, he who is endowed with peace. He attains Brahma.* **1281/4839**

श्रीमद्–भगवद्–गीता अध्याय पाँचवाँ ।
कर्म–संन्यास योग ।

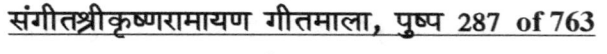

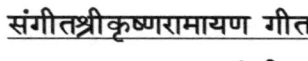

संगीतश्रीकृष्णरामायण गीतमाला, पुष्प 287 of 763

कीर्तन

(जय शिव गौरी–नाथ)

स्थायी

जय शिव गौरी–नाथा जै जै, भोले भंडारी की, जै जै ।

♫ मम मम म-पम ग-ग- रे- सा-, सापप- पमपधम- - रे, म- म- ।

अंतरा–1

भोलेनाथा दिगंबरा, शिव शिव शिव शिव सदाशिवा ओम् ।

शिव शिव शिव शिव सदाशिवा ।।

♫ ध-ध-ध-ध- पसांनिधपम, गग पप धध सांसां पप-मम- म- ।

गग पप धध सांसां पप-मम- - - ।।

अंतरा–2

गौरीनाथा निरंजना, जय जय जय जय जटाधरा ओम् ।

जय जय जय जय जटाधरा ।।

अंतरा–3

शंभूनाथा प्रभंजना, भव भव भव भव जनार्दना ओम् ।

भव भव भव भव जनार्दना ।।

अंतरा–4

चंडीनाथा पुरंदरा, हर हर हर हर त्रिलोचना ओम् ।
हर हर हर हर त्रलोचना ।।

◎ **Shiva Pārvatī : *Sthāyī :*** *Victory to you, O Shiva and Pārvatī! victory to you, O Bhole Bhanḍārī (Shiva).* ***Antarā : 1.*** *Victory to you, O Bhole-nātha (Shiva)! O Digambara (Shiva), O Sadāshiva (Shiva)!* ***2.*** *Victory to you, O Gaurīnātha (Shiva, Husband of Gaurī)! O Jaṭādhara (Shiva)!* ***3.*** *Victory to you, O Shambhūnātha (Shiva)! O Janārdana (Shiva)!* ***4.*** *Victory to you, O Chanḍī-nātha (Shiva, Husband of Chandi)! O Trilochana (Shiva, the Three eyed)!* **1282/4839**

संगीतश्रीकृष्णरामायण गीतमाला, पुष्प 288 of 763

आरती : कहरवा ताल 8 मात्रा

(चाल, तबला ठेका और तान के लिये देखिये हमारी "*नयी संगीत रोशनी*" का गीत 99)

(राम कृष्ण शिव)

निस दिन राम कृष्ण शिव गाओ,
राम कृष्ण शिव राम कृष्ण शिव,
राम कृष्ण शिव गाओ, निस दिन ।

अंतरा–1

रघुपति राघव राजा राम, जानकी जीवन सीता राम राम ।
राम राम हरे राम, हरे कृष्ण हरे राम ।।

अंतरा–2

भजु मन मेरे, राधे श्याम, निश–दिन गा रे, राधे श्याम ।
राधे श्याम राधे श्याम, हरे कृष्ण हरे राम ।।

अंतरा–3

भोले शंकर हरि घनश्याम, शंभु सदाशिव भज सियाराम ।
शिव नाम शिव नाम, हरे कृष्ण हरे राम ।।

◎ **Rāma Krishṇa Shiv : *Sthāyī :*** *Day and night chant Rāma Krishṇa Shiva! Say Rāma, Krishṇa Shiva! Rāma Krishṇa Shiva! day and night.* ***Antarā : 1.*** *Rāghava is the King of Raghu Dynasty; Rāma, is the Husband of Sītā. Rām Rām Hare Rāma! Hare Krishṇa Hare Rāma!* ***2.*** *O My mind! chant Rādhe Shyām! day and ningt. Chant the name, Hare Krishṇa Hare Rāma! Chant Hare Krishṇa Hare Rāma!* ***3.*** *Say Bhole Shankar! O Beautiful Ghanshyām (Shrī Krishṇa)! O Shambhu Shiva! O Siyārāma! Shiva Om Shiva Om! Hare Krishṇa Hare Rāma!* **1283/4839**

गीतोपनिषद् : पन्द्रहवाँ तरंग

Gitopanishad : Fascicule 15

70. कर्तापन के न्यास का निरूपण :

70. Renunciation of Authorship of Karma *(Gītā Chapter 5)*

(कर्तृपदसंन्यासनिरूपणम्)

संगीतश्रीकृष्णरामायण छन्दमाला, मोती 171 of 501

रसाल छन्द[214]

10 + । – 10 + । + 2

(कर्तापन)

ईश का नहीं काम, कर्म फल कर्तापन भी ।। 1
गुण माया के नाम, प्रकृति करती यह सभी ।। 2

◎ **The Doer :** *God is neither the doer of the karma nor the giver of the fruit of karma. It is the work of the prikriti, through the three guṇas (three attributes).* **1284/4839**

श्रीमद्भगवद्गीता पञ्चमोऽध्यायः ।

अर्जुन उवाच ।

।। 5.1 ।। संन्यासं कर्मणां कृष्ण पुनर्योगं च शंससि ।

[214] **रसाल छन्द छन्द** : इस 24 मात्रा वाले अवतारी छन्द के विषम चरण 11 मात्रा के और सम चरण 13 मात्रा के होते हैं और चारों चरणों की 11वीं मात्रा लघु होती है ।

▶ लक्षण गीत : **दोहा॰ ग्यारह कल, पद विषम में, सम तेरह कल अंत ।
ग्यारहवीं कल लघु सदा, जानो "रसाल" छंद ।।** 1036/7068

70. Renunciation of Authorship of Karma (Gītā Chapter 5)

यच्छ्रेय एतयोरेकं तन्मे ब्रूहि सुनिश्चितम् ।।

अनुष्टुप्-श्लोक-छन्दसि गीतोपनिषद्

(अर्जुनस्य पुनस्सन्देहः)

शंससि कर्मन्यासं त्वं कर्मयोगं ततः प्रभो ।
एकमेवैतयोः श्रेयो यत्स्याद्ब्रूहि सुनिश्चितम् ।। 826/2422

(अर्जुन फिर नए संदेह प्रकट करता है)

कर्म न्यास को कहा श्रेष्ठ है, फिर बतलाया योग ज्येष्ठ है ।
कृष्ण! कृपा कर एक ही कहो, इन दोनों में जो सम्यक् हो ।। 1243/5205

दोहा॰ कहा, त्याग ही श्रेष्ठ है, फिर दिया कर्म का ज्ञान ।
कहो एक निश्चित, प्रभो! जिसमें हो कल्याण ।। 1037/7068

◎ **Arjun :** *Arjun said, O Shrī Krishna! you say Karma yoga is superior then you say Jñāna yoga is superior. Could you please tell me just one that is better for me.* **1285/4839**

श्रीभगवानुवाच ।

।। 5.2 ।। संन्यासः कर्मयोगाश्च निःश्रेयसकरावुभौ ।
तयोस्तु कर्मसंन्यासात्कर्मयोगो विशिष्यते ।।

(श्रीभगवानुवाच)

(योगः संन्यासात् श्रेष्ठः)

ज्ञानमार्गो महाबाहो योगश्च हितकारकः ।
उभयोर्हि समौ लाभौ कर्मयोगो वरो मतः ।। 827/2422

(योग संन्यास से श्रेष्ठ है)

मार्ग सांख्य का, कर्मयोग का, दोनों में है भला लोग का ।
दोनों ही सम हितकारी हैं, मगर योग गुण में भारी है ।। 1244/5205

दोहा॰ योग सांख्य अरु कर्म के, दोनों एक समान ।
फिर भी जानो कर्म का, योग अधिक हितवान ।। 1038/7068

◎ **Shrī Krishna :** *Shrī Krishna said, O Arjun! the Jñāna yoga is certainly beneficial, but Karma yoga is better. You get the same result by following either of the two yogas.* **1286/4839**

यद्ध्येयं ज्ञानमार्गस्य बुद्धिमार्गस्य चैव तत् ।
जानाति कर्मयोगं यो चिन्ता विघ्नो न तस्य वै ।। 828/2422

ध्येय ज्ञान का कहा है जो ही, बुद्धियोग का ध्येय है सो ही ।
कर्म योग जिसने अपनाया, उसने जीवन सफल बनाया ।। 1245/5205

दोहा॰ ज्ञान, बुद्धि अरु कर्म के, योग तीन हैं ज्ञात ।
ध्येय एक हैं तीन के, यथा बिल्व के पात ।। 1039/7068

◎ **And :** *The aim of Jñāna yoga, Buddhi yoga and Karma yoga*[215] *are same. But, he who knows Karma yoga, he has no worry nor any obstacle.* **1287/4839**

संगीतश्रीकृष्णरामायण छन्दमाला, मोती 172 of 501

फटका छन्द

8 + 8 + 8 + 6/5
(योग)

ज्ञान मार्ग का मतलब देखा,
बुद्धि योग का सो ही है ।
कर्मयोग है जिसने सीखा,
फिकर न फ़ाक़ा कोई है ।।

◎ **Yoga :** *When you look at the aim of Jñāna yoga (see the footnote), you will see that Buddhi yoga (see the footnote) has the same aim. He who has learned the Karma yoga (see the footnote), he has no worry and no obstruction.* **1288/4839**

संगीत श्रीकृष्णरामायण छन्दमाला, मोती 173 of 501

स्रग्धरा छन्द[216]

---

[215] **The Six Yogas of the Gītā :** *When you perform a duty without expecting its fruit, you are doing* ***Karma yoga****. When you do the same duty without expecting its authorship, you are doing* ***Jñāna yoga****. Knowing that ātmā is immutable and body is mutable is* ***Sankhya yoga****. Performing a duty with equanimity of mind, being indifferent to loss or gain, is* ***Buddhi yoga****. Doing a duty with faith in the name of the Lord is* ***Bhakti yoga****. The one pointed practice of attaining the aim is* ***Abhyāsa yoga****.*

ऽ ऽ ऽ, ऽ। ऽ, ऽ।।, ।। ।, । ऽ ऽ, । ऽ ऽ, । ऽ ऽ

(गीता के छ: योग)

कीन्हा जो कार्य इच्छा तज कर फल की, कर्म का योग जाना ।
कर्ता दूजा नहीं है अतुल गुण सिवा, ज्ञान का योग माना ।। 1
आत्मा का ज्ञान देही अजर अमर का, सांख्य है योग जाना ।
मित्रारी[217] द्वंद्व में जो नित सम मति वो, बुद्धि का योग माना ।। 2
आस्था से कार्य सारा अविचल करना, भक्ति का योग जाना ।
ध्येयोक्ता कार्य माला अविरत करना, योग अभ्यास माना ।। 3

◎ **The Yogas of Gītā :** *When a person performs a duty without expecting its fruit, he is doing* ***Karma yoga****. When he does the same duty without expecting its authorship, he is doing* ***Jñāna yoga****. Knowing that ātmā is immutable and body is mutable is* ***Sāṅkhya yoga****. Performing a duty with equanimity of mind, being indifferent to loss or gain, is* ***Buddhi yoga****. Doing a duty with faith in the name of the Lord is* ***Bhakti yoga****. The one pointed practice of attaining the aim is* ***Abhyāsa yoga****.* **1289/4839**

(ज्ञानबुद्धिकर्मयोगत्रयम्)

एकं हि मूलरूपेण बिल्वपत्रत्रयं यथा ।
एकश्च ध्येयरूपेण तथा योगपथत्रयम् ।। 829/2422

(सांख्ययोग, बुद्धियोग, कर्मयोग)

बिल्व-पत्र सम मारग तीनों, मूल रूप में एक ही जानो ।
फल तीनों से मिले नेक है, ध्येय तीन में कहा एक है ।। 1246/5205

दोहा॰ योग ज्ञान का जो कहा, वही बुद्धि का योग ।
कर्मयोग अपनाइके, मिले तीन का भोग ।। 1041/7068

◎ **And :** *The aim of the Jñāna yoga is same as the Buddhi yoga. Doing the Karma yoga, you earn the benefits of all the three yogas. As the tri-lobed leaf of the Elephant-apple (Bel) tree is actually a single leaf, so the aims of Jñāna yoga, Buddhi yoga and Karma yoga are all one and the same yoga.* **1290/4839**

।। 5.3 ।। **ज्ञेयः स नित्यसंन्यासी यो न द्वेष्टि न काङ्क्षति ।**
निर्द्वन्द्वो हि महाबाहो सुखं बन्धात्प्रमुच्यते ।।

(नित्यसंन्यासी)

ज्ञातः स 'नित्यसंन्यासी' द्वेषो वाञ्छा न वा क्षतिः ।
द्वन्द्वभावादतीतः स कर्मबन्धात्प्रमुच्यते ।। 830/2422

द्वेष न जिसको रही न इच्छा, 'नित' संन्यासी वही है सच्चा ।
द्वंद्व-भाव ना रासे जिसको, कर्म पाश ना फाँसे उसको ।। 1247/5205

दोहा॰ आस द्वेष से जो परे, संन्यासी है नित्य ।
द्वंद्व-भाव से अलग जो, बंध-मुक्त वह सत्य ।। 1042/7068

◎ **Nitya-Sanyāsī :** *He is called a Nitya-Sanyāsī, who is free from jealousy, desires and anger. Being indifferent to the dualities, he is not bound by karma.* **1291/4839**

।। 5.4 ।। **साङ्ख्ययोगौ पृथग्बालाः प्रवदन्ति न पण्डिताः ।**
एकमप्यास्थितः सम्यगुभयोर्विन्दते फलम् ।।

(अपृथक् सांख्ययोगौ)

साङ्ख्ययोगौ पथौ भिन्नौ ब्रूते मूढो न पण्डितः ।
पथमेकतरं गत्वा स प्राप्नोत्युभयोः फलम् ।। 831/2422

(सांख्य - योग दोनों समान मार्ग हैं)

भिन्न सांख्य अरु कर्म योग हैं, कहते वे जो मूढ़ लोग हैं ।
स्याने कहते एक से कोनों, फल मिलता है पथ का दोनों ।। 1248/5205

दोहा॰ सांख्य कर्म से भिन्न है, कहत अनाड़ी लोग ।
किसी एक को पाइके, मिले उभय का भोग ।। 1043/7068

सांख्य, कर्म से भिन्न है, कहते अनपढ़ लोग ।
ज्ञानी कहते एक हैं, ज्ञान कर्म के भोग ।। 1044/7068

---

[216] **स्रग्धरा छन्द** : इस 21 वर्ण, 33 मात्रा वाले छन्द में म र भ न य य य गण आते हैं । इसका लक्षण सूत्र ऽ ऽ ऽ, ऽ। ऽ, ऽ।।, ।।।, । ऽ ऽ, । ऽ ऽ, । ऽ ऽ इस प्रकार है । यति 7-7-7 पर विकल्प से आता है ।

▶ लक्षण गीत : **दोहा॰ म र भ न य य य समूह का, मत्त तैंतीस वृंद ।**
यति, प्रति सप्तम मत्त में सजे "स्रग्धरा" छंद ।। 1040/7068

[217] **मित्रारी** = न॰ मित्र + पु॰ अरि = द्वंद्व समास द्वितीया द्विवचन = मित्रारी ।

70. Renunciation of Authorship of Karma (Gītā Chapter 5)

◎ **Sānkhya and Karma Yoga :** *The ignorant people say Sānkhya yoga and Karma yoga are two different yogas, but not the wise people. Because, the wise people know that following either path, you achieve the fruits of the both yogas.* **1292/4839**

॥ 5.5 ॥ **यत्साङ्ख्यैः प्राप्यते स्थानं तद्योगैरपि गम्यते ।**
एकं साङ्ख्यं च योगं च यः पश्यति स पश्यति ॥

स्थानं प्राप्नोति यज्ज्ञानी योगिना लभ्यते च तत् ।
सांख्ययोगौ समौ यस्मै तथ्यं जानाति सर्वथा ॥ 832/2422

सांख्यज्ञानी को प्राप्त स्थान जो, कर्मयोगी को प्राप्त मान वो ।
सांख्य योग हैं समान जिसको, यथार्थ दोनों का है उसको ॥ 1249/5205

दोहा॰ स्थान प्राप्त जो ज्ञान से, वही कर्म से प्राप्त ।
ज्ञान, कर्म हैं सम जिसे, वही योग से व्याप्त ॥ 1045/7068

◎ **And :** *The place attained by the followers of the Sānkhya (Jñāna) yoga is attained by the followers of Karma yoga also. He who thinks these two yogas are indifferent, he knows the truth.* **1293/4839**

संगीतश्रीकृष्णरामायण गीतमाला, पुष्प 289 of 763

भजन

(बुद्धि योग)

स्थायी

आसमान से पानी बरसे, बहता जावे भिन्न पथों से ।
धार नदी की बन कर, आखिर, सागर में हि समाए ॥
♫ रे–गम–म म– प–म– गगरे–, सासासा– रे–ग– प–म गरे– ग– ।
ध–ध पम– म– गग मम, प–मम, प–मग रे– ग मगरेसा– ॥

अंतरा–1

ज्ञान मार्ग से, कर्म योग से, भक्ति मार्ग से, बुद्धि योग से ।
एक ही श्रेय कमाए, आखिर, एक ही ध्येय सधाए ॥
♫ सा–रे ग–रे ग–, प–म ग–रे ग–, म–प ध–प म–, प–म ग–रे सा– ।
सा–सा सा रे–रे रेग–म–, प–मम, प–म ग म–ग मगरेसा– ॥

अंतरा–2

नाम राम का, जाप श्याम का, जाना सुमिरन परम काम का ।
राह परम मिल जाए, आखिर, हरि चरणन में आए ॥

अंतरा–3

नाम कमाया, मान मिलाया, दान धरम कर पाप घटाया ।
राजा रंक भिकारी, आखिर, गोद भूमि की पाए ॥

◎ **Buddhi yoga : *Sthāyī*** *: The rain falls from the sky. It flows in many directions and joins a river. Eventually it reaches the ocean.* ***Antarā* : *1.*** *Living with the Jñāna yoga, Karma yoga or with Bhakti yoga (liturgy), you get the same result.* ***2.*** *Chanting the name of Rāma or Krishṇa, both names give good result. At the end you are at Hari's feet.* ***3.*** *You earned name, you earned fame, you gave charity and you earn merit. May you be a king or a pauper, either way you end up in the same earth.* **1294/4839**

॥ 5.6 ॥ **संन्यासस्तु महाबाहो दुःखमाप्तुमयोगतः ।**
योगयुक्तो मुनिर्ब्रह्म नचिरेणाधिगच्छति ॥

(योगाचरणम्)

सिद्धिः क्लिष्टा विनायोगं संन्यसनस्य ज्ञानिने ।
अक्लिष्टा ब्रह्मसिद्धिश्च कर्मयोगस्य ध्यानिने ॥ 833/2422

(योग का आचरण)

बिना योग संन्यास न पावे, व्रत बिन सिद्धि कठिन कहलावे ।
सिद्धि ब्रह्म की कर्मयोग से, मिले सहज निष्काम भोग से ॥ 1250/5205

दोहा॰ विना त्याग के योग की, सिद्धि बहुत क्लिष्ट ।
कर्म योग से ब्रह्म की, सिद्धि कही अक्लिष्ट ॥ 1046/7068

◎ **Practice of Yoga :** *Without discipline it is difficult for a yogī to attain success in yoga. It is easier to attain Brahma (the Supreme) for a Karma yogī.* **1295/4839**

॥ 5.7 ॥ **योगयुक्तो विशुद्धात्मा विजितात्मा जितेन्द्रियः ।**
सर्वभूतात्मभूतात्मा कुर्वन्नपि न लिप्यते ॥

योगयुक्तं मनो यस्य विशुद्धा च मतिस्तथा ।
भूतमात्रेषु सम्बद्धः स कर्मसु न बद्धते ॥ 834/2422

राग-क्रोध जब सब निशिद्ध हैं, जिसकी बुद्धि शुभ विशुद्ध है ।
भूत-मात्र से जो निबद्ध है, सब कर्मों से वो अबद्ध है ।। 1251/5205

✍दोहा॰ योग युक्त है मन सदा, मति है जिसे विशुद्ध ।
सर्वभूत-संबद्ध जो, वह कर्म से अबद्ध ।। 1047/7068

◎ **And :** *He whose mind is pure and thinking is cleansed, he who has equanimity for all beings, he is not bound by karma.* **1296/4839**

।। 5.8 ।। नैव किञ्चित्करोमीति युक्तो मन्येत तत्त्ववित् ।
पश्यञ्शृण्वन्स्पृशञ्जिघ्रन्नश्नन्गच्छन्स्वपञ्श्वसन् ।।

(कर्तृपदन्यासः साङ्ख्यः)

ॐ **नहि किञ्चित्करोमीति मया च कर्म कार्यते ।**
पश्यति तत्त्वमेवं यो योगं सम्यक्स बोधति ।। 835/2422

(कर्तापन का न्यास ही सांख्य है)

"मुझसे कर्म नहीं है होता, गुणत्रय कर्मों का है सोता" ।
इस भाँति जो तत्त्व देखता, वही योग का सच है ज्ञाता ।। 1252/5205

✍दोहा॰ मैं कुछ भी करता नहीं, गात्र करत हैं कर्म ।
यही जानना सत्य है, गुण कर्मों का धर्म ।। 1048/7068

◎ **Jñāna yogī :** __*He who thinks that I am not the doer of anything but the things are done by me (by my Gunas), he understands the Jñāna yoga*__ *properly.* **1297/4839**

।। 5.9 ।। प्रलपन्विसृजन्गृह्णन्नुन्मिषन्निमिषन्नपि ।
इन्द्रियाणीन्द्रियार्थेषु वर्तन्त इति धारयन् ।।

ॐ **इत्थं तदनुसारं यः पश्यन्गच्छन्स्वपन्श्वसन् ।**
अश्नन्पिबन्स्पृशञ्जिघ्रन्-सर्वं कुर्वन्स वर्तते ।। 836/2422

उसी भाँति से खाता पीता, आता-जाता लेता देता ।
सोता सुनता चलता कहता, देखता तथा सब कुछ सहता ।। 1253/5205

✍दोहा॰ इसी तत्त्व से विज्ञ वो, करता अपने काम ।
आना-जाना बैठना, सब कुछ प्रभु के नाम ।। 1049/7068

◎ **And :** *While seeing, walking, sleeping, breathing, eating, drinking, touching and smelling, he thinks that these are done by me bodily through my guṇas (three attributes).* **1298/4839**

ॐ **कुर्वन्स सर्वमेवापि तत्त्वविन्मन्यते सदा ।**
करोम्यहं न कर्माणि देहेनैव कृतानि वै ।। 837/2422

सब कुछ वह है यद्यपि करता, तथापि वह है सदा हि कहता ।
"कुछ भी मैंने नहीं किया है, देहगुणों की सभी क्रिया है" ।। 1254/5205

✍दोहा॰ इसी भाँति से सर्व वो, करके भी व्यवहार ।
कहता है, "ये हो रहा, देह मात्र व्यापार" ।। 1050/7068

◎ **And :** *While doing everything the wise person thinks that, "everything is done by my body, not by me."* **1299/4839**

।। 5.10 ।। याधाय कर्माणि सङ्गं त्यक्त्वा करोति यः ।
लिप्यते न स पापेन पद्मपत्रमिवाम्भसा ।।

ॐ **ब्रह्मार्पणं सदा तस्य निष्कामकर्म वर्तते ।**
पापानि तं न लिम्पन्ति नीरजं न जलं यथा ।। 838/2422

कर्म ब्रह्म में तर्पण जिसके, बिना-वासना अर्पण जिसके ।
पाप स्पर्श ना उसको करता, जल है जस नीरज पर तरता ।। 1255/5205

✍दोहा॰ ब्रह्मार्पित जिसका सभी, योगी है वह धीर ।
अलिप्त पापों से यथा, पद्मपत्र से नीर ।। 1051/7068

◎ **And :** *He whose everything is offered to Brahma (the Supreme) and he who does everything selflessly. To him the sins do not touch, as the water does not touch the lotus leaf.* **1300/4839**

।। 5.11 ।। कायेन मनसा बुद्ध्या केवलैरिन्द्रियैरपि ।
योगिनः कर्म कुर्वन्ति सङ्गं त्यक्त्वात्मशुद्धये ।।

(युक्तयोगी च अयुक्तयोगी च)

ॐ **योगी सर्वाणि कर्माणि केवलैरिन्द्रियैः सदा ।**
आत्मनः शुद्धये सर्वं सङ्गं त्यक्त्वा करोति वै ।। 839/2422

(युक्त और अयुक्त योगी)

70. Renunciation of Authorship of Karma (Gītā Chapter 5)

योगी करता कर्म है सारा, संग छोड़ इन्द्रिय के द्वारा ।
सभी कर्म वो, तज कर लागी, आत्मशुद्धि है करता योगी ।। 1256/5205

✍दोहा॰ **गात्र–मात्र से सब किये, तज कर फल–अनुराग ।**
आत्मशुद्धि योगी करे, वही योग का याग ।। 1052/7068

◎ **And :** *The yogī does everything by body, without any attachment to karma. He acts for the purification of himself.* **1301/4839**

।। 5.12 ।। **युक्तः कर्मफलं त्यक्त्वा शान्तिमाप्नोति नैष्ठिकीम् ।**
अयुक्तः कामकारेण फले सक्तो निबद्ध्यते ।।

ॐ **युक्तः स शान्तिमाप्नोति फलाशारहितो यतिः ।**
अयुक्तो बध्यते धृत्वा मनसि फलकामनाम् ।। 840/2422

फल में रख कर सदा विरक्ति, शाँति की वह पाता युक्ति ।
जो नर फल की सदा आस में, अयुक्त है वह बद्ध पाश में ।। 1257/5205

✍दोहा॰ **फल की आशा छोड़ कर, शाँति होत है प्राप्त ।**
फल की आशा जो करे, उसका योग समाप्त ।। 1053/7068

◎ **And :** *The yogī attains peace, by keeping aside desire in the fruit of karma. The person who is not a yogī, he does things for the fruit of his karmas.* **1302/4839**

।। 5.13 ।। **सर्वकर्माणि मनसा संन्यस्यास्ते सुखं वशी ।**
नवद्वारे पुरे देही नैव कुर्वन्न कारयन् ।।

ॐ **जितेन्द्रियस्य साक्षी च देही स देहधारिणः ।**
नवद्वारान्विते देहे निवसति सुखेन हि ।। 841/2422

गात्र जिसे हैं बस में सारे, फल की आशा परे पसारे ।
नौ द्वारों के बने देह में, देही बसता बड़े नेह में ।। 1258/5205

✍दोहा॰ **देही बसता देह में, नौ द्वारों का गेह ।**
साक्षी बन कर देह में, देही बसे स–नेह ।। 1054/7068

◎ **And :** *The ātmā of the self-controlled person is just a witness. The ātmā lives happily in the house called the body which has nine gates.* **1303/4839**

।। 5.14 ।। **न कर्तृत्वं न कर्माणि लोकस्य सृजति प्रभुः ।**
न कर्मफलसंयोगं स्वभावस्तु प्रवर्तते ।।

(गुणाः कर्तारः)

ॐ **न करोतीश्वरः कर्म न कर्तृत्वं न वा फलम् ।**
कर्माण्येतानि सर्वाणि कारयन्ते गुणैः सदा ।। 842/2422

(ईश्वर कर्ता नहीं है, प्रकृति के गुण ही कर्ता हैं)

कर्तापन, फल, कर्म कहे जो, ईश्वर के नहीं काम रहे वो ।
प्रकृति करती और कराती, गुण माया से सब भरमाती ।। 1259/5205

✍दोहा॰ **ईश्वर करता कुछ नहीं, कर्म न फल के काम ।**
करवाती है प्रकृति, गुणमाया के नाम ।। 1055/7068

◎ **Guṇas are the doers :** *God does not do your karmas (deeds), nor the doer-ship nor the fruit thereof. The three guṇas (the three attributes) of the nature make you do all these things.* **1304/4839**

।। 5.15 ।। **नादत्ते कस्यचित्पापं न चैव सुकृतं विभुः ।**
अज्ञानेनावृतं ज्ञानं तेन मुह्यन्ति जन्तवः ।।

(ज्ञानप्रभावः)

ॐ **न जातु कारणं देवः कस्यचित्पापपुण्ययोः ।**
अज्ञानेनावृता बुद्धिः प्राणिनः पापकारणम् ।। 843/2422

(ज्ञान का प्रभाव)

पाप–पुण्य का देव न कारण, न देव उनको करता धारण ।
विभ्रम हमरी मति को मारे, पाप कर्म कराता सारे ।। 1260/5205

✍दोहा॰ **ईश्वर तुमरे पाप का, कारण ना करतार ।**
अज्ञान बुद्धि को ढके, करवाता कुविचार ।। 1056/7068

◎ **Wisdom :** *God is not the reason for sin nor for the merit for anyone. The thinking covered with ignorance causes you to commit the sins.* **1305/4839**

।। 5.16 ।। **ज्ञानेन तु तदज्ञानं येषां नाशितमात्मनः ।**
तेषामादित्यवज्ज्ञानं प्रकाशयति तत्परम् ।।

ॐ **अज्ञानं निर्गतं यस्य ज्ञानेन तमसात्मकम् ।**

प्रदीप्तं तस्य तज्ज्ञानं ददाति तत्त्वदर्शनम् ।। 844/2422

अज्ञान ढहा, भ्रम चूर हुआ, हटा अँधेरा, तम दूर हुआ ।

ज्ञानदीप वह है चमकाता, परम तत्त्व को वह दरसाता ।। 1261/5205

दोहा॰ दूर तमस मन से हुआ, मिटा सभी अज्ञान ।

ज्ञान दीप वो काँति का, दरसाता भगवान ।। 1057/7068

◎ **And :** *He whose darkness of ignorance is removed with the lamp of knowledge, the bright wisdom of that person reveals him the Brahma.* **1306/4839**

संगीतश्रीकृष्णरामायण छन्दमाला, मोती 174 of 501

वंशस्थ छन्द[218]

। ऽ।, ऽ ऽ।, । ऽ।, ऽ। ऽ

(ज्ञानदीप)

भजो महा पावन नाम श्याम का ।

सदा रटो रे! शुभ जाप राम का ।। 1

जभी जले अंदर दीप ज्ञान का ।

तभी खुले फाटक स्वर्ग धाम का ।। 2

◎ **The lamp of wisdom :** *Chant the holy name of Shrī Krishṇa. Chant the holy name of Shrī Rāma. When the lamp of wisdom shines within you, then the gate to heaven opens for you.* **1307/4839**

संगीतश्रीकृष्णरामायण गीतमाला, पुष्प 290 of 763

(कर्तापन के न्यास का निरूपण)

स्थायी

स्वरदा ने सुंदर गाया है, नारद ने साज बजाया है ।

रतनाकर गीत रचाया है ।।

सानि़सा– गरे सा–नि़नि़ सा–रेम ग–, गममग पम ग–रे सासा–रेम ग– ।

गगरेसासासा रे–ग मगरेसानि़ सा– ।।

अंतरा–1

जो ज्ञान योग का मतलब है, अरे! बुद्धि योग का सो ही है ।

यह कर्म योग जिन सीखा है, ना फिकर न कोई फ़ाक़ा है ।

वह कर्म योगी कहलाया है ।।

प– मरेम प–प पम पनि़धप प–, पप! मगग सागम प– गरे सानि़ सा– ।

सानि़ सा–ग रे–सा नि़नि़ सा–रेम ग–, सानि़ सासाग रे सा–नि़– सा–रेम ग– ।

गग रेसासा रे–रे गमगरेसानि़ सा– ।।

अंतरा–2

कर्ताऽपन का जो त्यागी है, वह ज्ञान योग का योगी है ।

जो स्थान ज्ञान से आता है, सो कर्म योग भी देता है ।

सब एक योग की माया है ।।

अंतरा–3

जब ज्ञान ज्योति से तमस् गया, तब भस्मसात अज्ञान भया ।

जो ज्ञान दीप चमकाता है, जो परम तत्त्व दरसाता है ।

वह ज्ञान योग कहलाया है ।।

◎ **Sānkhya yoga :** ***Sthāyī :*** *Ratnākar composed the melody, Sarasvatī sang it beautifully, while Shrī Nārad muni played the Vīṇā.* ***Antarā : 1.*** *Whatever is the meaning of Jñāna yoga (yoga of non-authorship), so is the meaning of Buddhi yoga (yoga of equanimity. He who has learned the Karma yoga (yoga of selfless deeds), he has no worry. He has no obstacles. He is called a Karma yogī.* ***2.*** *He who does not claim authorship for his karma. He is a Jñāna yogī. The place that is attained by Jñāna yoga is attainable by Karma yoga also. Same is the power of both the yogas.* ***3.*** *When the ignorance is removed by the lamp of wisdom, that shining wisdom reveals the Brahma (the Supreme).* **1308/4839**

[218] **वंशस्थ छन्द :** इस छन्द के चरणों में बारह वर्ण की 18 मात्रा होती हैं । इसमें ज त ज र गण आते हैं । इसका लक्षण सूत्र । ऽ।, ऽ ऽ।, । ऽ।, ऽ। ऽ इस प्रकार है । पदान्त में विराम होता है ।

▶ लक्षण गीत : **दोहा॰ मत्त अठारह से सजा, ज त ज र गण का वृंद ।**

वर्ण बारह का बना, कहा "वंशस्थ" छंद ।। 1058/7068

गीतोपनिषद् : सोलहवाँ तरंग

Gitopaniṣhad : Fascicule 16

71. ब्रह्म संपदा का निरूपण :

71. The Divine Wealth *(Gītā Chapter 5)*

(ब्रह्मसम्पन्निरूपणम्)

<u>संगीतश्रीकृष्णरामायण छन्दमाला, मोती 175 of 501</u>

फटका छन्द

8 + 8 + 8 + 6/5

(ब्रह्म संपदा)

नर जो नित है, जन हित रत है, द्वंद्व विरहित है सर्वदा ।
सम मति युत है, अघ पुनीत है, ब्रह्म उसी की है संपदा ।। 1
नर जो नित है, क्रोध रहित है, शाँति सहित है जो सर्वदा ।
मन अर्पित है, चित संयत है, ब्रह्म उसी की है संपदा ।। 2
नर जो नित है, राग रहित है, काम विवर्जित है सर्वदा ।
ज्ञानार्जित है, ध्यानांकित है, ब्रह्म उसी की है संपदा ।। 3

◎ **Brahma : *1.*** *A person who is always disciplined, who is engaged in service for the sake of others, who is indifferent to dualities, who is endowed with equanimity and who has washed away his sins, Brahma (the Supreme) is his wealth.* ***2.*** *He who is always disciplined, who is free from anger, who is endowed with peace, who is devoted and whose mind is under control, Brahma is his wealth.* ***3.*** *He who is always disciplined, who is equipped with right knowledge and who is meditative, Brahma is his wealth.* **1309/4839**

श्रीभगवानुवाच ।

।। 5.17 ।। **तद्बुद्धयस्तदात्मानस्तन्निष्ठास्तत्परायणाः ।**
गच्छन्त्यपुनरावृत्तिं ज्ञाननिर्धूतकल्मषाः ।।

ब्रह्मैव जीवनं यस्य प्रतिभा ब्रह्मरूपिणी ।
ब्रह्मणि यस्य ध्यानञ्च ब्रह्मनिष्ठा च भावना ।। 845/2422

ब्रह्म रूप है प्रतिभा जिसकी, ब्रह्म ज्योति है आभा जिसकी ।
ब्रह्म परम है जिसकी निष्ठा, ब्रह्म उसी की प्राण प्रतिष्ठा ।। 1262/5205

दोहा॰ जीवन जिसका ब्रह्म है, ब्रह्मरूप अभिधान ।
ध्यान निरंतर ब्रह्म में, ब्रह्मनिष्ठ प्रज्ञान ।। 1059/7068

◎ **And :** *He whose life is Brahma. He whose halo is like Brahma. He who meditates on Brahma. He who has faith in Brahma;* **1310/4839**

ब्रह्मज्ञानं स प्राप्नोति ब्रह्मयुक्तेन चेतसा ।
ज्ञानेनैतेन निष्पापो भवबन्धाद्विमुच्यते ।। 846/2422

ब्रह्म युक्त यों चित्त को लिये, इसी ज्ञान से अनघ हो लिये ।
प्राप्त जिन्हें ये परम ज्ञान है, विमुक्त उनके हुए प्राण हैं ।। 1263/5205

दोहा॰ ब्रह्म युक्त मन है जिसे, उसे ब्रह्म का ज्ञान ।
ब्रह्मभूत निष्पाप वो, जाता भव को फान ।। 1060/7068

◎ **And :** *With his mind focused on Brahma (the Supreme), he attains Brahma. Thus cleansed with this knowledge and freed from all sins, he is freed from the worldly bondages.* **1311/4839**

।। 5.18 ।। **विद्याविनयसम्पन्ने ब्राह्मणे गवि हस्तिनि ।**
शुनि चैव श्वपाके च पण्डिताः समदर्शिनः ।।

(बुद्धेः प्रभावः)

विद्याविनयसम्पन्नं द्विजं शूद्रं गजं शुनिम् ।
ज्ञानी समं सदा पश्येत्–नरं नारीं च सर्वथा ।। 847/2422

(समबुद्धि का प्रभाव)

ज्ञानी विनयी बुद्धिमान हो, शूद्र हस्ति द्विज धेनु श्वान हो ।
नर हो या कोई हो नारी, ज्ञानी को सब सम तनधारी ।। 1264/5205

दोहा॰ ब्रह्मभूत उस विज्ञ को, द्विज गुरु गज गौ श्वान ।
नर नारी सब एक हैं, पंडित शूद्र समान ।। 1061/7068

◎ **And :** *He who is equipped with wisdom and humility, he treats Brāhmaṇa, Shūdra, elephant, dog, man and woman with equanimity.* **1312/4839**

|| 5.19 ||

इहैव तैर्जितः सर्गो येषां साम्ये स्थितं मनः ।
निर्दोषं हि समं ब्रह्म तस्माद्ब्रह्मणि ते स्थिताः ।।

विजितं जन्म तेनेह साम्ये स्थिरेण चेतसा ।
अकलुषे समे तस्य स्थानं ब्रह्मणि सर्वदा ।। 848/2422

समता से जो युक्त हुआ है, जनम जगत में जीत लिया है ।
परम ब्रह्म जो उच्च धाम है, सम अकलुष वो उसे स्थान है ।। 1265/5205

दोहा॰ **जीता जिसने जन्म है, लिये ब्रह्म का ज्ञान ।**
अकलुष निर्मल ब्रह्म में, उसे परम है स्थान ।। 1062/7068

◎ **And :** *By keeping equanimity of mind, he has won the purpose of his life in this world. He has earned a place in the pure and spotless Brahma for ever.* **1313/4839**

|| 5.20 ||

न प्रहृष्येत्प्रियं प्राप्य नोद्विजेत्प्राप्य चाप्रियम् ।
स्थिरबुद्धिरसम्मूढो ब्रह्मविद्ब्रह्मणि स्थितः ।।

(स्थिरमतेः सिद्धिप्राप्तिः)

न च हर्षः प्रिये यस्य दुःखं खेदो न चाप्रिये ।
स्थिरबुद्धिर्मतो योगी ब्रह्मज्ञाने रतः सदा ।। 849/2422

(स्थिरबुद्धि वाले मनुष्य को ही सिद्धि प्राप्त है)

प्रिय में जिसको नहीं हर्ष है, अप्रिय में दुख स्पर्श नहीं है ।
ब्रह्म ज्ञान में लगा रहा जो, योगी है 'स्थिरबुद्धि' कहा वो ।। 1266/5205

दोहा॰ **जिसे न प्रिय में हर्ष है, ना ही दुख में क्रोध ।**
उस योगी स्थिरबुद्धि को, ब्रह्म ज्ञान का बोध ।।।। 1063/7068

◎ **Success :** *He who is not excited with something that is pleasant and who is not sad with the things unpleasant. That person of stable mind is always engaged in knowing Brahma (the Supreme).* **1314/4839**

|| 5.21 ||

बाह्यस्पर्शेष्वसक्तात्मा विन्दत्यात्मनि यत्सुखम् ।
स ब्रह्मयोगयुक्तात्मा सुखमक्षयमश्नुते ।।

बाह्यसुखेषु निर्लिप्तः शान्तियुक्तः स चेतसा ।
बह्मयुक्तो महात्मा स परमं सुखमश्नुते ।। 850/2422

बाह्य सुखों से जो विमुक्त है, नर जो ऐसा आत्मयुक्त है ।
शाँति चित्त में जो रखता है, महा सुखों को वो चखता है ।। 1267/5205

दोहा॰ **बाह्य सुखों से विमुख जो, शाँति पूर्ण हैं गात्र ।**
ब्रह्मयुक्त वह आतमा, परम सुखों का पात्र ।। 1064/7068

◎ **And :** *He who is unaffected with the external contacts. He whose mind is peaceful, he who is united with Brahma (the Supreme), he enjoys ever lasting peace.* **1315/4839**

|| 5.22 ||

ये हि संस्पर्शजा भोगा दुःखयोनय एव ते ।
आद्यन्तवन्तः कौन्तेय न तेषु रमते बुधः ।।

भोगा मूलं हि दुःखानां बाह्यस्पर्शैर्भवन्ति ते ।
आगच्छन्ति च गच्छन्ति विद्वान्न जुषते ततः ।। 851/2422

भोग मूल हैं दुख के भारे, बाह्य स्पर्श से आते सारे ।
अस्थायी ये आते-जाते, ज्ञानी जन को नहिं हैं भाते ।। 1268/5205

दोहा॰ **बाह्य स्पर्श के भोग ये, सभी दुखों के मूल ।**
आते-जाते क्षणिक हैं, ज्ञानी करे न भूल ।। 1065/7068

◎ **And :** *The pleasures are the root of sorrow that comes through external contacts. These senses come and they go. The wise person does not get indulged in them.* **1316/4839**

♫ **संगीतश्रीकृष्णरामायण छन्दमाला, मोती 176 of 501**

निधि छन्द

6 + ऽ। अथवा 5 + ।ऽ।

(बाह्य स्पर्श)

बाह्यस्पर्श भोग । सुखदुःखद रोग ।। 1
क्षणभंगुर हीन । न हो तू अधीन ।। 2

◎ **External Contacts :** *The external contacts are the diseases that give you pain and pleasure. They are temporary. Do not let them control you.* **1317/4839**

|| 5.23 ||

शक्नोतीहैव यः सोढुं प्राक्शरीरविमोक्षणात् ।
कामक्रोधोद्भवं वेगं स युक्तः स सुखी नरः ।।

71. The Divine Wealth (Gītā Chapter 5)

कामक्रोधोद्भवं वेगं सोढुं शक्नोति यो नरः ।
युक्तः स एव मन्तव्यो, नरश्चिरसुखे हि सः ।। 852/2422

काम क्रोध की गति जो सहता, जीते जी जो अविचल रहता ।
योगी वही है, युक्त वही है, भव बंधन से मुक्त वही है ।। 1269/5205

दोहा॰ **राग-क्रोध सहिष्णु जो, काम लोभ से मुक्त ।**
जाना योगी युक्त वो, परम सुखों से पृक्त ।। 1064/7068

◎ **And :** *The stable minded person who can endure the emotions of passion and anger, he ought to be called a "Yukta" (equipped with yoga) person. He has everlasting peace.* **1318/4839**

।। 5.24 ।। **योऽन्तःसुखोऽन्तरारामस्तथान्तर्ज्योतिरेव यः ।**
स योगी ब्रह्मनिर्वाणं ब्रह्मभूतोऽधिगच्छति ।।

अन्तर्ज्योतिः स्वधा यस्य योऽन्तस्सुखी च सर्वथा ।
ब्रह्मयुक्तस्तदाकारः प्राप्नोति सद्गतिं ततः ।। 853/2422

जीवात्मा जो अंतःसुखी है, बाह्य दुखों से पराङ्मुखी है ।
ब्रह्मज्योति से सदा व्याप्त वो, सद्गति करता सदा प्राप्त वो ।। 1270/5205

दोहा॰ **अन्तर्ज्योति जिसमें जगी, अन्तःसुखों से व्याप्त ।**
ब्रह्मरूप योगी वही, उसको सद्गति प्राप्त ।। 1067/7068

◎ **And :** *He whose internal flame is steady. He who has internal happiness. He who is in unison with Brahma (the Supreme), he attains supreme state.* **1319/4839**

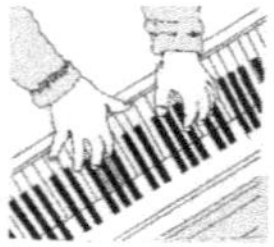

संगीतश्रीकृष्णरामायण गीतमाला, पुष्प 291 of 763

भजन

(ब्रह्म वैभव)

अनघा यं समाबुद्धिः-रतो जनहिते सदा ।
निर्द्वन्द्वो समबुद्धिर्यो ब्रह्म तस्यैव वैभवम् ।।
नर जो नित है, जन हित रत है, द्वंद्व विरहित है सर्वदा ।
सम मति युत है, अघ पुनीत है, ब्रह्म उसी की है संपदा ।
ब्रह्म उसी का वैभव है ।। 1

♫ रेरेरे- ग- मग-रे-ग-, मप- मगरेग- मप- ।
ध-प-म- धपम-ग-म-, रे-ग म-प-म ग-रेसा- ।
रेरे रे- मग रे-, गग गग पम ग-, म-म मममम प म-गरे- ।
मम पप धध प-, मम मप-म ग-, रे-रे रेग- म- प म-गरे- ।
रे-रे रेग- म- पमगरे सा- ।।

संयतः शान्तियुक्तश्च रागक्रोधविवर्जितः ।
मनो मय्यर्पितं यस्य ब्रह्म तस्यैव वैभवम् ।।
नर जो नित है, क्रोध रहित है, शाँति सहित है जो सर्वदा ।
मन अर्पित है, चित संयत है, ब्रह्म उसी की है संपदा ।।
ब्रह्म उसी का वैभव है ।। 2

कामद्वेषौ गतौ यस्य ज्ञानी दानी च यो नरः ।
ज्ञानार्जितश्च यो ध्यानी ब्रह्म तस्यैव वैभवम् ।।
नर जो नित है, राग रहित है, काम विवर्जित है सर्वदा ।
ज्ञानार्जित है, ध्यानांकित है, ब्रह्म उसी की है संपदा ।।
ब्रह्म उसी का वैभव है ।। 3

◎ **Brahma : 1.** *He who is sinless, he who is equanimous and he who is engrossed in others' service, Brahma (the Supreme) is his wealth.* **2.** *He who is self-controlled, he who is peaceful, he who is free from attachment and anger and he who is devoted to me, Brahma is his wealth.* **3.** *He who is free from passions, he who is knowledgeable and who is charitable, Brahma is his wealth.* **1320/4839**

।। 5.25 ।। **लभन्ते ब्रह्मनिर्वाणमृषयः क्षीणकल्मषाः ।**
छिन्नद्वैधा यतात्मानः सर्वभूतहिते रताः ।।

जनहिते रतो नित्यो द्वन्द्वविरहितः सदा ।
अनघः समबुद्धिर्यो ब्रह्म तस्यैव वैभवम् ।। 854/2422

पर हित में जो लगा नित्य है, द्वंद्व मुक्त जो सदा सत्य है ।
समबुद्धि जो सत् सदैव है, ब्रह्म उसी नर का वैभव है ।। 1271/5205

दोहा॰ **सर्वभूत हित में लगा, द्वंद्व-भाव निवृत्त ।**
समबुद्धि निष्पाप जो, ब्रह्म उसी का वित्त ।। 1086/7068

◎ **Divine wealth :** *He who is engaged in service to others. He who is indifferent to dualities. He who has equanimity and purity. Brahma (the Supreme) is his divine wealth.* **1321/4839**

. ॥ 5.26 ॥ **कामक्रोधवियुक्तानां यतीनां यतचेतसाम् ।**
अभितो ब्रह्मनिर्वाणं वर्तते विदितात्मनाम् ॥

(नित्यनरः)

क्रोधविरहितो नित्यो शान्तियुक्तश्च संयतः ।
मय्यर्पितं मनो यस्य ब्रह्म तस्यैव वैभवम् ॥ 855/2422

(नर जो नित है)

सब कामों में जो नियमित है, क्रोध रहित जो शाँति सहित है ।
मुझमें जिसका मन सदैव है, ब्रह्म उसी नर का वैभव है ॥ 1272/5205

दोहा॰ **क्रोध शून्य जो नित्य है, शाँति युक्त है चित्त ।**
मम भक्ति में मत्त जो, ब्रह्म उसी का वित्त ॥ 1069/7068

◎ **And :** *He who is free from anger. He who is disciplined. He who is peaceful. He who is self-controlled. He who has devoted his mind to me. Brahma (the Supreme) is his divine wealth.* **1322/4839**

रागविरहितो नित्यः कामविवर्जितश्च यः ।
ज्ञानार्जितश्च ध्यानी यो ब्रह्म तस्यैव वैभवम् ॥ 856/2422

इच्छाओं से सदा परे जो, राग संग को नहीं धरे जो ।
ज्ञान ध्यान में रत सदैव है, ब्रह्म उसी नर का वैभव है ॥ 1273/5205

दोहा॰ **राग-क्रोध से मुक्त जो, काम वासना मुक्त ।**
ब्रह्म उसी की संपदा, ज्ञान ध्यान से युक्त ॥ 1070/7068

◎ **And :** *He who is free from attachments and passions. He who is wise. He who meditates. Brahma (the Supreme) is his divine wealth.* **1323/4839**

संगीतश्रीकृष्णरामायण छन्दमाला, मोती 177 of 501

हीर छन्द[219]

ऽ + 4, 6, 6 + ऽ । ऽ

(ब्रह्म संपदा)

क्रोध रहित, शाँति युक्त, अनघ नित्य सर्वथा ।
राग रहित, मत्पर नर, ज्ञानार्जित, जो सदा ॥ 1
वो जनहित में रत नर, द्वंद्व हीन सर्वदा ।
ब्रह्म परम, समा-बुद्धि, उस नर की संपदा ॥ 2

◎ **Divine wealth :** *He who is free from anger and attachment. He who is equipped with peace of mind, he who is sinless and wise. He who is devoted to me. He who is engaged in service to others. He who is wise. He who has equanimity of mind, Brahma (the Supreme) is his divine wealth.* **1324/4839**

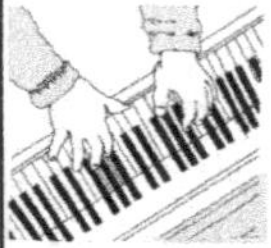

संगीतश्रीकृष्णरामायण गीतमाला, पुष्प 292 of 763

भजन

(असतो मा सद्गमय)

स्थायी

असतो मा सद्गमय, तमसो मा ज्योतिर्गमय ।
यहि हमारी प्रार्थना, प्रभो! हमारी याचना ॥
सासासा- रे- ग-गगग-, रेरेग- म- ध-प-मगरे- ।
धप- मग-रे- ग-रेम-, धप-! मग-रे- ग-रेसा- ॥

अंतरा-1

मन नियमित हो, क्रोध रहित हो, शाँति सहित हो, आतमा - - - ।
अघ विरहित हो, राग विवर्जित, रहे हमारी साधना - - - - ॥
सासा रेरेगग म-, ध-प मगग म-, प-प पधप म-, ग-रेसा- - - ।

---

[219] **हीर :** इस 23 मात्रा वाले रौद्रक छन्द के आदि में गुरु मात्रा और अन्त में र गण आता है । इसका लक्षण सूत्र ऽ + 4, 6, 6 + ऽ । ऽ इस प्रकार होता है ।

▶ लक्षण गीत : दोहा॰ **मत्त तेईस का बना, गुरु आदि, र गण अंत ।**
हर छः कल पर यति जहाँ, वहाँ "हीर" है छंद ॥ 1071/7068

सासा रेरेगम म–, ध–प मग–मम, रेग– मप–म– ग–रेसा– ।।

अंतरा–2

ज्ञानार्जित हो, ध्यानांकित हो, प्रिय परम परमातमा ।
जन हित रत हो, द्वंद्व विवर्जित, रहे हमारी भावना ।।

अंतरा–3

मल निर्गत हो, मन निर्मल हो, सर्व दुखों का खातमा ।
सम मति युत हो, पाप विवर्जित, रहे हमारी कामना ।।

◎ **Righteousness : *Sthāyī*** *: O Lord! please take us from the darkness of ignorance to the light of wisdom. This is our request. This is our prayer.* **Antarā : 1.** *May our mind be disciplined, free from anger and our soul be peaceful. May we be sinless, free from attachments. May this be our accomplishment.* **2.** *O Dear Lord! may we be knowledgeable and meditative. May we be engaged in others benefit, may our thinking be indifferent to dualities.* **3.** *May our impurities be washed away, mind be pure and sorrows be departed. May we be righteous. This is our desire.* **1325/4839**

।। 5.27 ।। **स्पर्शान्कृत्वा बहिर्बाह्यांश्चक्षुश्चैवान्तरे भ्रुवोः ।**
प्राणापानौ समौ कृत्वा नासाभ्यन्तरचारिणौ ।।

(मुक्तेः उपायः)

बाह्यस्पर्शान्बहिष्कृत्वा चक्षुषी च भ्रुवोः स्थिरे ।
प्राणापानौ समौ धृत्वा नासिकयोः समान्तरौ ।। 857/2422

(मुक्ति के लिये युक्ति)

बाह्य विषय को बाहर करके, भृकुटी में स्थिर लोचन धरके ।
साँस–साँस को इक क्रम करके, उभय नासिका में सम धरके ।। 1274/5205

दोहा॰ बाह्य स्पर्श बाहर रखे, धरे भृकुटी में चक्ष ।
नासा में सम श्वास हो, ब्रह्म ध्यान में लक्ष्य ।। 1072/7068

◎ **And :** *Keeping the external contacts away. Keeping the focus between the two eyebrows. Making the in-breath and the out-breath equal in the two nostrils;* **1326/4839**

।। 5.28 ।। **यतेन्द्रियमनोबुद्धिर्मुनिर्मोक्षपरायणः ।**
विगतेच्छाभयक्रोधो यः सदा मुक्त एव सः ।।

इन्द्रियाणि मनो बुद्धिं वशे कृत्वा यतिर्मुनिः ।
वीतरागो भयातीतः सिद्धिं याति परायणः ।। 858/2422

जाकर मत्सर, क्रोध, तमोगुण, मुनि जन जो है मुझे परायण ।
इन्द्रिय तन मन वश में बुद्धि, योगी वह पाता है सिद्धि ।। 1275/5205

दोहा॰ मन बुद्धि अरु गात्र को, वश करके पर्याप्त ।
वीतराग जो अभय हो, उसे सिद्धि है प्राप्त ।। 1073/7068

◎ **And :** *The yogī should keep his ten organs and mind under his control. He should be fearless and self-controlled. Such yogī attains success.* **1327/4839**

।। 5.29 ।। **भोक्तारं यज्ञतपसां सर्वलोकमहेश्वरम् ।**
सुहृदं सर्वभूतानां ज्ञात्वा मां शान्तिमृच्छति ।।

यो मां जानाति युक्तात्मा भोक्तारं तपयज्ञयोः ।
धातारं सर्वभूतानां मुक्तिं गच्छति मत्परः ।। 859/2422

सब भूतों का मैं हूँ धाता, यज्ञ तपों का मैं हूँ भोक्ता ।
जो यह जाने, नर मत्पर वो, पाता मुक्ति है तत्पर वो ।। 1276/5205

दोहा॰ "यज्ञ तपों से तृप्त मैं, सब भूतों का तात ।
मुक्ति उसे ही प्राप्त है, जो जाने यह बात" ।। 1074/7068

◎ **And :** *The equipped person who knows me, the enjoyer of austerities and meditation and bearer of all beings, he attains liberation.* **1328/4839**

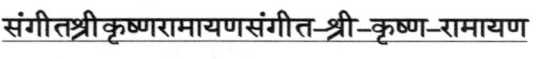

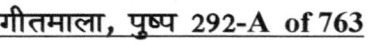

संगीतश्रीकृष्णरामायणसंगीत-श्री-कृष्ण-रामायण

गीतमाला, पुष्प 292-A of 763

भजन

(वन्दे दामोदरम्)

स्थायी

वन्दे दामोदरं मुकुन्दम्, आनन्दकन्दं करुणाकरम् ।
नन्दनन्दनं चित्तरञ्जनं, वन्दे रत्नाकरम् ।।

♪ नि़–सा– रे–सा–नि़सा– रेग–रे–, रे–ग–मप–म– गमग–रेसा– ।
सा–रेग–गग– ध–पम–गरे–, ग–ग– रे–सा–नि़सा– ।।

71. The Divine Wealth (Gītā Chapter 5)

अंतरा–1

सागरतरणं भवभयहरणं, अविरतस्मरणं चिरसुखकरणं ।

सदयं हृदयं सच्चिदानन्दं, वन्दे पद्माकरम् ।।

♫ सा–सासारेरेग– रेरेगगपमग–, धपमगरेगम– पमगरेगरेसा– ।

रेरेरे– गगग– धपम–ग–म–, म–ग– रे–सा–ऩिसा– ।।

अंतरा–2

मंगलवदनं सुन्दरनयनं, मयूरमुकुटं कमलचरणम् ।

अमलं विमलं शशिरविनेत्रं, वन्दे मुरलीधरम् ।।

अंतरा–3

नन्दकिशोरं राधारमणं, श्याममाधवं श्रीधरकृष्णम् ।

परमं पुरुषं विश्वतोमुखं, वन्दे योगेश्वरम् ।।

◎ **Dāmodar :** ***Sthāyī :*** *I pray to Shrī Krishṇa, the Dāmodar, Mukunda (a jewel), Ānandkanda (Joy giver), Karuṇākara (Giver of Mervy), Nand-nandana (Son of Nanda Bābā), Chittarañjana (who pleases the mind), Ratnākar (Ocean of jewels).* ***Antarā : 1.*** *I pray to Sāgara-taraṇa (the Boat), Bhava-bhaya-haraṇa (Remover of the worldly fears), Avirata-smaraṇa (Worth always remembering), Chira-sukha-karaṇa (Giver of the everlasting peace), Sadaya-hridaya (Merciful hearted), Sachchidānanda (Giver of pece and joy to the heart), Padmākara (Bearer of the lotus).* **2.** *I pray to Mangala-vadana (Auspicious face), Sundara-nayana (with beautiful eyes), Mayūra-mukuṭa (wearing peacock crown), Kamala-charaṇa (with feet like lotus), Amala (Pure), Vimala (Spotless), Shashi-ravi-netra (with eyes like sun and moom), Murlīdhara (Bearer of the flute).* **3.** *I pray to Nand-kishora (Nanda Bābā's lad), Rādhā-ramaṇa (Joy of Rādhā), Shyāma (with brown complexion), Mādhav (Husband of Lakshmī), Harihara (Vishṇu), parama-Purusha (Supreme Person), Vishvatomukha (Omniscient), Yogeshvara (Lord of the yoga).* **1329/4839**

संगीतश्रीकृष्णरामायण गीतमाला, पुष्प 293 of 763

(ब्रह्म संपदा का निरूपण)

स्थायी

स्वरदा ने सुंदर गाया है, नारद ने साज बजाया है ।

रतनाकर गीत रचाया है ।।

♫ सानि़सा– गरे सा–नि़नि़ सा–रेम ग–, गममग पम ग–रे सासा–रेम ग– ।

गगरेसासासा रे–ग मगरेसानि़ सा– ।।

अंतरा–1

जिस नर ने द्वंद्व को छोड़ा है, नित सम बुद्धिऽ को जोड़ा है ।

अघ कर्मों से मुख मोड़ा है, जो जन हित का पट ओढ़ा है ।

वह ब्रह्म संपदा पाया है ।।

♫ पप मरे म– प–प म पनिधप प–, पप मग गसासाग मप गरेसानि़ सा– ।

सानि़ सा–गरे सा– नि़नि़ सा–रेम ग–, सानि़ सासा गरे सा– नि़नि़ सा–रेम ग– ।

गग रेसासा रे–गम– गरेसानि़ सा– ।।

अंतरा–2

मद राग क्रोध को छोड़ा है, नित मुझमें मन को जोड़ा है ।

मनमौजी से मुख मोड़ा है, जो संयम का पट ओढ़ा है ।

वह ब्रह्म संपदा पाया है ।।

अंतरा–3

लालच को जिसने छोड़ा है, नित ज्ञान ध्यान को जोड़ा है ।

तम विषयों से मुख मोड़ा है, जो श्रद्धा का पट ओढ़ा है ।

वह ब्रह्म संपदा पाया है ।।

◎ **Divine wealth :** ***Sthāyī :*** *Ratnākar composed the melody, Sarasvatī sang it beautifully, while Shrī Nārad muni played the Vīṇā.* ***Antarā : 1.*** *The person who is indifferent to the dualities. He who has equanimity of mind. He who is away from sinful deeds. He who is engaged in service to all beings. He is endowed with divine wealth.* **2.** *He who is free from intoxication, attachment and anger. He who always thinks of me. He who is away from indulgence. He who is self-controlled. He is endowed with divine wealth.* **3.** *He who is free from greed. He who is equipped with wisdom and contemplation. He who is free from passions. He who is faithful. He is endowed with divine wealth.* **1330/4839**

श्रीमद्-भगवद्-गीता अध्याय छठा ।

आत्म-संयम योग ।

संगीतश्रीकृष्णरामायण गीतमाला, पुष्प 294 of 763

कीर्तन : राग दुर्गा, कहरवा ताश्र 8 मात्रा

(जय अंबे)

स्थायी

काली कराली जै जै माँ, चंडी भवानी जै अंबा ।

♫ सा-सा- रेम-म रे- म- प-, ध-प- मप-प रे- प-म- ।

अंतरा-1

परमेश्वरी तू, भुवनेश्वरी तू, जननी मेरी तू, जगदंबा ।
ज्योतिर्मयी तू, भाग्योदयी तू, सबकी माई तू, जय रंभा ।।

♫ सारेम-मम- म, रेमप-पप- प, मपध- धध- ध, पमरे-प- ।
सां-ध-पप- प, ध-प-मम- म, प-म- रे-रे- रे, सारे प-म- ।।

अंतरा-2

शेराँवाली तू, ज्योताँवाली तू, लाटाँवाली तू, हर गंगा ।
सुर नंदिनी तू, असुर मर्दिनी तू, दुखभंजिनी तू, माँ नंदा ।।

अंतरा-3

शिव शक्ति तू, शिव भक्ति तू, अघ भक्षी तू, शिवगंधा ।
कंकालिनी तू, दाक्षायणी तू, मंदाकिनी तू, चामुंडा ।।

◎ **Ambā** : ***Sthāyī*** *: Victory to you, O Kālī-karālī! O Mother! O Chaṇḍī, O Bhavānī! O Ambā!* ***Antarā*** *:* **1.** *Victory to you, O Rambhā! you are Parmeshvarī, Bhuvaneshvarī (Goddess of the Universe), Jagadambā (Mother of the world), Jyotirmayī (Splendid), Bhagyodāynī (Giver of good fortune), you are everyone's mother.* **2.** *O Mother Ambā! you are Sherāwālī (Rider of the lion), Jyotāvālī, Lāṭāwālī, Gangā, Sur-Nandinī (Joy of the Gods), Asura-mardinī (Destroyer of the demons), Dukh-bhañjanī (Remocer of the pains).* **3.** *O Chāmaṇḍā! you are Shiva-shakti (Power of the Shiva), Shiva-bhakti (Faith of Shiva), Agha-bhakṣhiṇī (Remover of the sins), Shiva-gandhā (Joy of Shiva), Kankālinī (who wears a necklace of the skulls), Dākṣhāyanī (Daughter of Dakṣha muni), Mandākinī (Gangā).* **1331/4839**

गीतोपनिषद् : सतरहवाँ तरंग

Gitopaniṣhad : Fascicule 17

72. आत्मसंयम का निरूपण :

72. Self Restraint *(Gītā Chapter 6)*

(आत्मसंयमनिरूपणम्)

♫ संगीतश्रीकृष्णरामायण छन्दमाला, मोती 178 of 501

फटका छन्द, अनुप्रास

8 + 8 + 8 + 6/5

(आत्मसंयम)

आपा अपने, आपे में हो,
तो आप अपने, आप हो ।
न आप अपने, आपे में हो,
तो आप अप ने, अप-आप हो ।।

◎ **Self-control :** *If you are in control of yourself, then you are within yourself. If you are not in control of yourself, then you are out of control and you are your own enemy.* **1332/4839**

श्रीमद्भगवद्गीता षष्ठमोऽध्यायः ।

श्रीभगवानुवाच ।

|| 6.1 ||
अनाश्रितः कर्मफलं कार्यं कर्म करोति यः ।
स संन्यासी च योगी च न निरग्निर्न चाक्रियः ।।

ॐ अनुष्टुप्-श्लोक-छन्दसि गीतोपनिषद्

(संन्यासयोगयोः साम्यत्वम्)

ॐ आशां फलस्य त्यक्त्वा हि करणं नियतस्य यत् ।

72. Self Restraint (Gītā Chapter 6)

व्याख्या सा कर्मयोगस्य संन्यासस्य च वर्णनम् ।। 860/2422

(संन्यास और योग में साम्य)

कर्म फलों की छोड़ कामना, कार्य धर्म का पालन करना ।

यही संन्यास की परिभाषा, कर्मयोग की भी है भाषा ।। 1277/5205

✍ **दोहा॰ फल की आशा छोड़के, किया कर्म निष्काम ।**

वही सांख्य का योग है, कर्मयोग भी नाम ।। 1075/7068

◎ **Sanyāsa-yoga :** *Doing your prescribed duty without the desire for its fruit or its doership/authorship is Sanyāsa. It is also Karma yoga.* **1333/4839**

ॐ **अक्रियो निष्क्रियश्चैव निर्यज्ञश्च फलेच्छुकः ।**

न स ज्ञानी न योगी च सोऽज्ञानी साङ्ख्ययोगयोः ।। 861/2422

जो निष्क्रिय है, जो अक्रिय है, याग अकर्ता नर अप्रिय है ।

सांख्य, योग की रीत न जानी, ना वह योगी ना ही ज्ञानी ।। 1278/5205

✍ **दोहा॰ अक्रिय निष्क्रिय मूढ़ जो, निर्यज्ञ है सकाम ।**

न ही जानता सांख्य वो, न ही कर्म निष्काम ।। 1076/7068

◎ **And :** *He who does not do his duty, who is inactive, who desires fruit for his action, he is neither a wise person nor a yogī. He neither knows Jñāna yoga, nor Sānkhya yoga, nor Karma yoga.* **1334/4839**

।। 6.2 ।। **यं संन्यासमिति प्राहुर्योगं तं विद्धि पाण्डव ।**

न ह्यसंन्यस्तसङ्कल्पो योगी भवति कश्चन ।।

ॐ **संन्यास इति यो ज्ञातो योगः स एव भारत ।**

विना संन्याससङ्कल्पं कृतो योगो निरर्थकः ।। 862/2422

संन्यास योग है जिसको जाना, कर्मयोग उसको ही माना ।

किया अगर संकल्प न पूरा, कर्म योग वो रहे अधूरा ।। 1279/5205

✍ **दोहा॰ जिसे कहा "संन्यास" है, वही कर्म का योग ।**

संन्यास, बिन-संकल्प के, न दे योग का भोग ।। 1077/7068

◎ **And :** *O Arjun! the yoga that is called Sanyāsa yoga, is Jñāna yoga, it is also Karma yoga. Without the resolve of austerity, the yoga is meaningless.* **1335/4839**

♫ **संगीतश्रीकृष्णरामायण छन्दमाला, मोती 179 of 501**

संपदा छन्द[220]

11, 8 ।ऽ।

(कर्म-संन्यास)

फल की इच्छा छोड़, किया जो कारज काम ।

कर्म योग वो कहा, उसे हि संन्यास नाम ।। 1

वश में मन हो जिसे, "योगी" उसे अभिधान ।

नर ज्ञानी है वही, सांख्य कौशल परिधान ।। 2

◎ **Renunciation :** *Renunciation of the desire for fruit of karma is Karma yoga, it is also a Sanyāsa yoga. He who has self-control, is a yogī, he is Jñānī, he is Sanyāsī.* **1336/4839**

♫ **संगीतश्रीकृष्णरामायण छन्दमाला, मोती 180 of 501**

विलासिता-छन्दः[221]

ऽ ऽ ऽ, ऽ।।, ।। ऽ, ऽ

(संन्यासयोगौ)

यं सन्यासं वदति स ज्ञानी ।

योगः कार्यः स च समबुद्ध्या ।। 1

---

[220] ♫ **संपदा** : इस 23 मात्रा वाले रौद्रक छन्द के अन्त में ज गण आता है । इसका लक्षण सूत्र 11, 8 ।ऽ। इस प्रकार होता है ।

▶ लक्षण गीत : ✍ **दोहा॰ मत्त तेईस का जभी, लघु गुरु लघु से अंत ।**

ग्यारह कल पर यति जहाँ, वहीं "संपदा" छंद ।। 1078/7068

[221] ♫ **विलासिता छन्द** : इस छन्द में 10 वर्ण और 16 मात्रा होती हैं । इस छन्द में म भ स गण और अन्त्य गुरु वर्ण होता है । इसका लक्षण सूत्र ऽ ऽ ऽ, ऽ।।, ।। ऽ, ऽ इस प्रकार होता है । यति 4-6 वर्ण पर विकल्प से आता है ।

▶ लक्षण गीत : ✍ **दोहा॰ सोलह मात्रा में रचा, म भ स गण, ग कल अंत ।**

चौथी कल पर यति जहाँ, "विलासिता" है छंद ।। 1079/7068

72. Self Restraint (Gītā Chapter 6)

कुर्वन्कर्मापि भवति योगः ।
त्यक्त्वा सर्वं न चलति यात्रा ।। 2

◎ **Sanyāsa and Yoga :** *What is called as Sanyāsa by the wise men, must be performed with equanimity of mind. While carrying on your daily life also you can perform yoga. Without doing karma (prescribed duty) the journey of your life will not be successful.* **1337/4839**

♫ संगीतश्रीकृष्णरामायण छन्दमाला, मोती 181 of 501

भुजङ्गप्रयात-छन्दः

। ऽ ऽ, । ऽ ऽ, । ऽ ऽ, । ऽ ऽ

♫ सारे- ग-मप- म-ग रे-म-ग रे-सा-

(कर्मबुद्धियोगौ)

विना कामनां कर्म सर्वञ्च कृत्वा ।
सदा लाभहानी समाने च मत्वा ।। 1
स निष्कामकार्यैर्भवेत्कर्मयोगः ।
स एवास्ति ज्ञातो बुधैर्बुद्धियोगः ।। 2

◎ **Karma and Buddhi Yogas :** *Doing duty without any desire for benefit from it, while being indifferent to loss or gain, is Nishkām Karma yoga (Selfless yoga). Performed with equanimity of mind, it is also called Buddhi yoga (of equanimous thinking) by the wise men.* **1338/4839**

।। 6.3 ।। आरुरुक्षोर्मुनेर्योगं कर्म कारणमुच्यते ।
योगारुढस्य तस्यैव शमः कारणमुच्यते ।।

(श्रीभगवानुवाच)
(योगसाधनाया: साधनं च कारणं च)

उच्यते साधनं कर्म कर्तुं योगस्य साधनाम् ।
योगिनो योगसिद्धस्य चित्तशान्तिश्च कारणम् ।। 863/2422

(योग साधना का साधन एवं कारण)

योग साधना जिसका मन है, कर्म कहा उसका 'साधन' है ।
योग किया जिसने धारण है, मन की शाँति का कारण है ।। 1280/5205

दोहा॰ योग-साधना के लिये, साधन कर्म प्रधान ।
योगसिद्ध के चित्त को, करता शाँति प्रदान ।। 1080/7068

◎ **Shrī Krishna :** *Karma (righteous deed) is the means to accomplish success in yoga. Peace of mind is the reason for the success of the yogī in performing yoga.* **1339/4839**

।। 6.4 ।। यदा हि नेन्द्रियार्थेषु न कर्मस्वनुषज्जते ।
सर्वसङ्कल्पसंन्यासी योगारुढस्तदोच्यते ।।

(योगारूढः योगी)

कर्मसु यो निरासक्तो विषयेभ्यस्तटस्थता ।
सङ्कल्पेभ्यो विमुक्तो यो 'योगारूढः' स उच्यते ।। 864/2422

(योगारूढ़ योगी)

तनिक नहीं जिसको आसक्ति, हुई विषय से जिसे विरक्ति ।
संकल्पों से जो विमुक्त है, 'योगारूढ़' वह कहा युक्त है ।। 1281/5205

दोहा॰ आसक्ति नहीं कर्म में, न ही विषय में राग ।
'योगारूढ' जाना वही, संकल्प से विराग ।। 1081/7068

◎ **Accomplished yogī :** *The yogī who is not attached to his karmas and who is indifferent to passions, he who is freed from vows, is an "accomplished" yogī.* **1340/4839**

।। 6.5 ।। उद्धरेदात्मनात्मानं नात्मानमवसादयेत् ।
आत्मैव ह्यात्मनो बन्धुरात्मैव रिपुरात्मनः ।।

उद्धरेत्स्वयमात्मानं न चात्मानं स्वयं हतात् ।
मनुष्व मित्रमात्मानं नोचेदात्मा भवद्रिपुः ।। 865/2422

उद्धार अपना आप करना, घात कभी ना करना अपना ।
आत्मा अपना मित्र सही है, वरना अपना शत्रु वही है ।। 1282/5205

दोहा॰ उबार अपना कीजिये, करो न अपना घात ।
आत्मा अपना मित्र है, वरना अरि वह ज्ञात ।। 1082/7068

◎ **Self uplift :** *One should uplift himself. One should not obstruct his own progress. Think yourself as your own friend or else you will be your own enemy.* **1341/4839**

।। 6.6 ।। बन्धुरात्मात्मनस्तस्य येनात्मैवात्मना जितः ।

72. Self Restraint (Gītā Chapter 6)

अनात्मनस्तु शत्रुत्वे वर्तेतात्मैव शत्रुवत् ॥

(आत्मोद्धार:)

(अनुप्रास:)

आरक्षेदात्मनाऽऽत्मानमात्मैवात्मानमात्मक: ।
आत्माऽऽत्मनाऽवसन्नोऽप्यपकृतात्माऽरिरात्मन: ॥ 866/2422

(आत्म उद्धार)

आपा अपने आपे में हो, मित्र आतमा तब अपना है ।
न आप अपने आपे में हों, शत्रु आतमा तब अपना है ॥ 1283/5205

दोहा॰ आत्म विनिग्रह है जिसे, वही आतमा मीत ।
वरना आत्मा शत्रु है, यही चलन की रीत ॥ 1083/7068

◎ **And :** *One should protect himself. You alone can do your self-control. One who can not control himself is the enemy of himself.* **1342/4839**

॥ 6.7 ॥ जितात्मन: प्रशान्तस्य परमात्मा समाहित: ।
शीतोष्णसुखदु:खेषु तथा मानापमानयो: ॥

(समबुद्धि:)

सुखे दु:खे तटस्थो य:–तथा मानापमानयो: ।
शान्तचेतो मनोजेता समबुद्धिश्च सर्वथा ॥ 867/2422

सुख या दुख हो, शीत ऊष्ण हो, मान कभी हो या अमान हो ।
मन जीता हो, चित्त शाँत हो, सर्व भूत में जो समान हो ॥ 1284/5205

दोहा॰ सुख–दुखों से विमुख जो, मान अमान समान ।
संयत हो मन, शाँत हो, वह समबुद्धि महान ॥ 1084/7068

◎ **And :** *He who is indifferent to happiness and sorrow as well as praise and criticism. That person of peaceful mind and winner of his own heart, is always equanimous.* **1343/4839**

॥ 6.8 ॥ ज्ञानविज्ञानतृप्तात्मा कूटस्थो विजितेन्द्रिय: ।
युक्त इत्युच्यते योगी समलोष्टाश्मकाञ्चन: ॥

(युक्त:)

शास्त्रयुक्तश्च ज्ञानेन शान्तमनो जितेन्द्रिय: ।
अश्मस्वर्णे समे यस्मै योगी 'युक्त:' स उच्यते ॥ 868/2422

(युक्त)

तन जीता है, निरासक्त है, ज्ञान शास्त्र से जो प्रयुक्त है ।
मिट्टी सोना एक जिसे हैं, 'युक्त' योगी का मान उसे है ॥ 1285/5205

दोहा॰ साधु मित्र गुरु शत्रु में, समान जिसका भाव ।
उसकी सात्विक बुद्धि है, उसका परम स्वभाव ॥ 1053/7068

◎ **United :** *He who is equipped with knowledge of scriptures. He who is peaceful and self-controlled. He who is indifferent to gold and a rock, is of supreme nature.* **1344/4839**

॥ 6.9 ॥ सुहृन्मित्रार्युदासीनमध्यस्थद्वेष्यबन्धुषु ।
साधुष्वपि च पापेषु समबुद्धिर्विशिष्यते ॥

स्नेहिवैरितटस्थेषु पातकिसाधुबन्धुषु ।
सर्वभूतेषु यो योगी समबुद्धिर्विशिष्यते ॥ 869/2422

चाहे कोई तटस्थ साधु, या हो भाई सुहृद बंधु ।
या शत्रु हो जिसे द्वेष है, सब सम देखे सो विशेष है ॥ 1286/5205

दोहा॰ स्नेही, वैरी, पातकी, तापस, बंधु, उदास ।
सर्व भूत हो सम जिसे, वह योगी है खास ॥ 1086/7068

◎ **And :** *He who is indifferent to one who calls him a friend or an enemy, he who is indifferent to sinner, saint, relative and all beings, that person excels.* **1345/4839**

॥ 6.10 ॥ योगी युञ्जीत सततमात्मानं रहसि स्थित: ।
एकाकी यतचित्तात्मा निराशीरपरिग्रह: ॥

(योगोपासना)

सर्वेन्द्रियाणि संयम्य लिप्सानां न वशी भवेत् ।
योगी रहसि मौनेन सुचिन्तयेन्निरन्तरम् ॥ 870/2422

(योग की उपासना)

तन मन अपना वश के अंदर, एक केन्द्र में चित्त निरंतर ।

लिप्साओं में हृदय ना बहे, योगी ऐसा मौन में रहे ।। 1287/5205

दोहा॰ सर्व गात्र संयत किये, वासना से अलिप्त ।
योगी मौन प्रशाँत हो, रहे ध्यान में लिप्त ।। 1087/7068

◎ **And :** *Keeping body and mind under control. Keeping desires away from mind. The yogī should sit quietly alone and focus on a good thought.* **1346/4839**

।। 6.11 ।। शुचौ देशे प्रतिष्ठाप्य स्थिरमासनमात्मनः ।
नात्युच्छ्रितं नातिनीचं चैलाजिनकुशोत्तरम् ।।

अवेक्ष्य च शुचिं स्थानं नातिनीचं न चोच्छ्रितम् ।
कुशदर्भं च विस्तीर्य तत ऊर्ध्वं मृगत्वचाम् ।। 871/2422

स्थान खोज कर साफ समूचा, ना अति नीचा ना अति ऊँचा ।
पसार कर कुश दर्भ गलीचा, उसके ऊपर हिरन की त्वचा ।। 1288/5205

दोहा॰ ना नीचा ना उच्च हो, निर्मल स्थान त्रिकाल ।
कुश की दर्भ बिछाय कर, ऊपर मृग की छाल ।। 1088/7068

◎ **And :** *Choosing a clean place, neither too high nor too low. Spreading Kush grass and deer skin over it;* **1347/4839**

।। 6.12 ।। तत्रैकाग्रं मनः कृत्वा यतचित्तेन्द्रियक्रियः ।
उपविश्यासने युञ्ज्याद्योगमात्मविशुद्धये ।।

शुभ्रं वस्त्रं ततः स्तृत्वा पीठं योगाय स्थापयेत् ।
उपविश्यासने तस्मिन्–ध्यायेत्प्रशान्तचेतसा ।। 872/2422

शुभ्र वस्त्र हो उस पर पसरा, आसन ऐसा शुचि हो सुथरा ।
उस आसन पर स्थान जमावे, शाँत चित्त से ध्यान लगावे ।। 1289/5205

दोहा॰ शुभ्र वस्त्र विस्तार कर, आसन हो तैयार ।
उस आसन पर बैठ कर, चिंतन है हितकार ।। 1089/7068

◎ **And :** *And then covering the deer skin with a clean white cloth, prepare a steady seat. Sitting on that seat, the yogī should meditate with tranquil mind.* **1348/4839**

।। 6.13 ।। समं कायशिरोग्रीवं धारयन्नचलं स्थिरः ।
सम्प्रेक्ष्य नासिकाग्रं स्वं दिशश्चानवलोकयन् ।।

ध्यायन्नेकाग्रचित्तेन योगी मनो वशे नयेत् ।
पूतेन हृदयेनैवं स कुर्यादात्मशोधनम् ।। 873/2422

ध्यान लगावे योगी अविचल, तन मन को वो धर कर निश्चल ।
करे योग की नित उपासना, शुद्ध चित्त से आत्मशोधना ।। 1290/5205

दोहा॰ एक अग्र के चित्त से, वश में अंतर्याम ।
आत्म शोधना में लगा, मन हो चारों याम ।। 1090/7068

◎ **And :** *With one pointed focus, the yogī should concentrate and keep his mind under his control. With pure heart, then he should meditate on himself.* **1349/4839**

।। 6.14 ।। प्रशान्तात्मा विगतभीर्ब्रह्मचारिव्रते स्थितः ।
मनः संयम्य मच्चित्तो युक्त आसीत मत्परः ।।

(युक्तयोगिनः आचरणम्)

ब्रह्मचर्ये मनो नित्यं निर्भयं निर्मलं तथा ।
संयतं सम्मतं मुग्धं मत्परं च युतं मयि ।। 874/2422

(युक्त योगी का आचरण)

निर्भय हो कर, निर्मल हो कर, ब्रह्मचर्य में निश्चल हो कर ।
मन निग्रह कर, सम मति धर कर, योगी ऐसा होवे मत्पर ।। 1291/5205

दोहा॰ ब्रह्मचर्य में मन लगा, निर्मल निर्भय नित्य ।
संयत संमत मुग्ध वो, मुझे परायण सत्य ।। 1091/7068

◎ **And :** *With chastity, fearlessness, purity and self control he should engross himself in me alone.* **1350/4839**

।। 6.15 ।। युञ्जन्नेवं सदात्मानं योगी नियतमानसः ।
शान्तिं निर्वाणपरमां मत्संस्थामधिगच्छति ।।

एवं नियमितं चित्तं योगिनो यस्य सर्वदा ।
योगी प्राप्नोति शान्तिं तां दैवीं चिरां स्थिरां मयि ।। 875/2422

मन नियमित कर, नित संयत धर, योगी ऐसा लगा निरंतर ।
निष्ठा जोड़े जो मुझमें स्थिर, सुकून दैवी पाता है चिर ।। 1292/5205

दोहा॰ योगी जो इस भाँति से, चित्त करे स्वाधीन ।

शाश्वत पाता शाँति है, अक्षय चिंताहीन ।। 1092/7068

◎ **And :** *Always meditating in this manner, the yogī attains supreme peace that is everlasting in me.* **1351/4839**

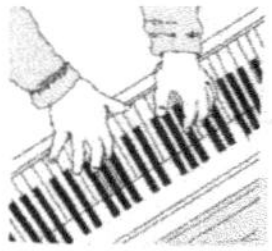

संगीतश्रीकृष्णरामायण गीतमाला, पुष्प 295 of 763

भजन

(योग)

स्थायी

है, नाम इसी का यो...ग, तू, जान इसी को योग ।

♫ सानि़, सा–रे रेग– म– पमगरेसा, रेसा, रे–रे गमग रेसा रे– – – – रे ।

अंतरा–1

तन निर्मल हो, मन निश्चल हो,

दूर हों सुख के भो...ग । है, नाम इसी का योग ।।

♫ सानि़ सा–रेरे ग–, रेग म–गरे सा–,

म–म म पम गरे सा– – सा, रे–, रे–रे गपम गरे सा– ।।

अंतरा–2

नर निर्भय हो, दृढ़ निश्चय हो,

संयम का उपयोग । है, नाम इसी का योग ।।

अंतरा–3

स्थल प्रशाँत हो, चित नितांत हो,

सत् जन का संजोग । है, नाम इसी का योग ।।

अंतरा–4

कोई न अपना, न ही पराया,

सम जाने सब लोग । है, नाम इसी का योग ।।

अंतरा–5

पूर्ण अहिंसा, तन मन वच से,

कोह रहे ना सोग । है, नाम इसी का योग ।।

अंतरा–6

फल की कामना, विषय वासना,

ना हों ये सब रोग । है, नाम इसी का योग ।।

◎ **Yoga :** ***Sthāyī :*** *Know this to be yoga.* ***Antarā : 1.*** *May the body be clean. May the mind be steady. May the pleasures stay away from your mind. Know this to be yoga.* ***2.*** *May you be fearless. May your resolve be firm. May your senses be under control. Know this to be yoga.* ***3.*** *May the place be quiet. May the heart be tranquil. May you be in the company of righteous people. Know this to be yoga.* ***4.*** *May you be indifferent to your own people and the strangers. May you think everyone to be equal. Know this to be yoga.* ***5.*** *May there be non-violence in your actions, speech and thoughts. May there be no anger and no despair. Know this to be yoga.* ***6.*** *May you have no desire for the fruit of karma. May you stay away from passions. May such diseases be away from you. Know this to be yoga.* **1352/4839**

।। 6.16 ।। **नात्यश्नतस्तु योगोऽस्ति न चैकान्तमनश्नतः ।**
न चाति स्वप्नशीलस्य जाग्रतो नैव चार्जुन ।।

(योगी कः)

नरो मतो न योगी यो घस्मरः क्षुधितः सदा ।
पेचक इव जागर्ति निद्रालुः कुम्भकर्णवत् ।। 876/2422

(योगी कौन है और नहीं है)

पेटू नहीं है जाना योगी, ना ही जो है अनशन भोगी ।
कुंभकर्ण सम जो निद्रालु, या जो जागे जैसा उल्लू ।। 1293/5205

दोहा॰ भोगी नर योगी नहीं, न ही बुभुक्षित जीर्ण ।
या उलूक जागे यथा, निद्रालु कुंभकर्ण ।। 1093/7068

नित निद्रा में मस्त जो, या जागे दिन–रात ।
पेटू नर योगी नहीं, ना ही भूक्खड़ गात ।। 1094/7068

◎ **Yogī :** *He is not a yogī who eats too much or who stays hungry, or who sleeps all day like the Kumbhakarṇa or who stays up all night like an owl.* **1353/4839**

।। 6.17 ।। **युक्ताहारविहारस्य युक्तचेष्टस्य कर्मसु ।**
युक्तस्वप्नावबोधस्य योगो भवति दुःखहा ।।

योगी स यो मिताहारी मितनिद्रश्च जागृकः ।

मितो यस्य विहारश्च योगस्तस्य हि दुःखहा ।। 877/2422

जो सम खाता वो है योगी, वो निद्रा का भी सम भोगी ।

जीवन उसका है मझधारी, योग उसी को है दुखहारी ।। 1294/5205

दोहा॰ जो खाता है सम सदा, सम जिसकी है नींद ।

सम आहार विहार है, योग उसे हितमंद ।। 1095/7068

◎ **And :** *He is a yogī who eats moderately, sleeps moderately, moves about moderately.* **1354/4839**

संगीतश्रीकृष्णरामायण छन्दमाला, मोती 182 of 501

गगनांगना छन्द[222]

16, 4 + ऽ।ऽ

(मिताहारी)

सतत मितभोज मितनिद्र सजग, अविचल जो महा ।

मिताहार मितवचन यतचित्त, वह "योगी" कहा ।।

◎ **And :** *He who eats, sleeps and speaks moderately and he who is always alert and steady, he is a yogī* **1355/4839**

।। 6.18 ।। **यदा विनियतं चित्तमात्मन्येवावतिष्ठते ।**
निःस्पृहः सर्वकामेभ्यो युक्त इत्युच्यते तदा ।।

जितेन्द्रियो यतात्मा च वासनाभ्यो विवर्जितः ।

योगी नियतचित्तः स 'युक्त' इत्युच्यते बुधैः ।। 878/2422

आत्मा जिसने संयत कीन्हा, मन पर जिसने लगाम दीन्हा ।

वासनाओं से जो मुक्त है, योगी जाना वही 'युक्त' है ।। 1295/5205

---

[222] **गगनांगना** : इस 25 मात्रा वाले महावतारी छन्द के अन्त में र गण आता है । इसके प्रत्येक चरण में 5 गुरु और 15 लघु मात्राएँ होती है । इसका लक्षण सूत्र 16, 4 + ऽ।ऽ इस प्रकार होता है ।

▶ लक्षण गीत : **दोहा॰ पच्चीस मत्त हों जहाँ, गुरु लघु गुरु से अंत ।**
सोलह कल पर यति रहे, वह "गगनांगन" छंद ।। 1096/7068

दोहा॰ जीते जिसने गात्र हैं, मन पर निग्रह जोड़ ।

योगी जाना "युक्त" वो, मनो वासना छोड़ ।। 1097/7068

◎ **Equipped :** *He whose eleven organs are under control, desires are under control and who is disciplined in yoga, is an "Equipped" person.* **1356/4839**

।। 6.19 ।। **यथा दीपो निवातस्थो नेङ्गते सोपमा स्मृता ।**
योगिनो यतचित्तस्य युञ्जतो योगमात्मनः ।।

(दृष्टान्तः)

निर्वाते नेङ्गते ज्योतिः–यथा दीपस्य निश्चला ।

उपमा शोभते सा च योगिनं शान्तचेतसम् ।। 879/2422

(उदाहरण)

दीपक जलता यथा शाँत है, जहाँ वात स्तंभित नितांत है ।

वही योगी का दृष्टांत है, तन मन जिसका नित प्रशाँत है ।। 1296/5205

दोहा॰ यथा शाँत निवांत में, जलता अविचल दीप ।

योगी की उपमा वही, जिसका चिंतन ठीक ।। 1098/7068

◎ **A simile :** *As the lamp burns calmly where the air is quiet, that simile befits a yogī of tranquil mind.* **1357/4839**

।। 6.20 ।। **यत्रोपरमते चित्तं निरुद्धं योगसेवया ।**
यत्र चैवात्मनात्मानं पश्यन्नात्मनि तुष्यति ।।

(योगस्थितिः)

योगे विलीयते चित्तं विषयाभिमुखं यदा ।

आत्माऽऽत्मनि प्रसन्नः स आत्माऽऽत्मन्येव तिष्ठति ।। 880/2422

(योग की स्थिति)

चित्त योग में जब रमता है, परे विषय के जब थमता है ।

प्रसन्न आत्मा आप हो जभी, स्थिर बसता है देह में तभी ।। 1297/5205

दोहा॰ चित्त योग में जब लगे, विषय वासना छोड़ ।

प्रसन्न आत्मा है वही, आप आप में जोड़ ।। 1099/7068

◎ **Yogī :** *When the mind is engaged in yoga, away from passions, then that happy soul stays steady within himself.* **1358/4839**

|| 6.21 || सुखमात्यन्तिकं यत्तद्बुद्धिग्राह्यमतीन्द्रियम् ।
वेत्ति यत्र न चैवायं स्थितश्चलति तत्त्वतः ।।

आनन्दो बुद्धिगम्यो यो देहातीतश्च यो मतः ।
रममाणश्च तस्मिन्स न पतति पुनस्ततः ।। 881/2422

बुद्धि जन्य जो मोद रम्य है, इंद्रियातीत मनन गम्य है ।
उसमें रत जो बुद्धिमान है, वह नहीं डिगता, सच प्रमाण है ।। 1298/5205

दोहा॰ बुद्धिगम्य आनंद जो, परम इन्द्रियातीत ।
योगी उस आनंद से, होता पतनातीत ।। 1100/7068

◎ **And :** *The joy that is achievable by mind, that is beyond the physical body, being engaged in that, the person does not have downfall.* **1359/4839**

|| 6.22 || यं लब्ध्वा चापरं लाभं मन्यते नाधिकं ततः ।
यस्मिन्स्थितो न दुःखेन गुरुणापि विचाल्यते ।।

यस्मिन्स्थितौ स दुःखानि सहते निर्भयो नरः ।
तां स्थितिं प्राप्य तस्माद्धि श्रेयस्तरं न विद्यते ।। 882/2422

नर जिस स्थिति में दुःख कठिनतर, जब सहता है निर्भय हो कर ।
पाकर वह स्थिति, उसके आगे, लाभ न कोई बढ़कर लागे ।। 1299/5205

दोहा॰ योगी जिस आनंद में, पाता धैर्य यथेष्ट ।
पाकर उस आनंद को, और न कुछ भी श्रेष्ठ ।। 1101/7068

◎ **Yoga :** *The state in which a person faces sorrows with courage, attaining that state there remains no superior state.* **1360/4839**

|| 6.23 || तं विद्याद्दुःखसंयोगवियोगं योगसंज्ञितम् ।
स निश्चयेन योक्तव्यो योगोऽनिर्विण्णचेतसा ।।

स्थैर्येण वर्तनीया सा तटस्थतां ददाति या ।
दुःखहीना च स्वाधीना स्थितिः सा 'योग' उच्यते ।। 883/2422

वर्तनीय स्थिति यही योग की, दुःख विहीन गति संजोग की ।
मन में स्थिरता जो लाती है, 'योग' सदा वो कहलाती है ।। 1300/5205

दोहा॰ वर्तनीय है स्थैर्य से, निर्दुख यह संजोग ।
तटस्थ जो मन को करे, कहलाता है "योग" ।। 1102/7068

◎ **And :** *One must achieve that state with courage. That painless and independent state is called yoga.* **1361/4839**

संगीतश्रीकृष्णरामायण गीतमाला, पुष्प 296 of 763

भजनम्

(अथ योगानुशासनम्)

स्थायी

चित्तवृत्तिनिरोधो हि ज्ञातं योगानुसाधनम् ।
स्वरूपसमवस्थानम् । अथ योगानुशासनम् ।। 884/2422

♫ ग–गग–ग–गरे–म– ग–, म–म– म–म–पम–गरे– ।
मप–पपधप–म–प– । मग रे–सा–रेग–मग– ।।

अंतरा–1

निर्ममता च निष्कामो निग्रहश्च तटस्थता ।
क्लेशो न क्लिष्टकार्येषु न प्रीतिः प्रियकर्मसु ।। 885/2422
इति योगस्य पालनम् । मतं योगानुशासनम् ।।

♫ म–ममम– ग म–प–म–, प–मगम– निधपम– ।
प–म– ग रे–सारे–म–ग–, नि ध–प– मगम–पम– ।।
मग म–प–ध प–मप– । मग– रे–सा–रेग–मग– ।।

अंतरा–2

समं सुखञ्च दुःखञ्च लाभालाभौ जयाजयौ ।
समत्वं शत्रुमित्रेषु तथा मानापमानयोः ।। 886/2422
इति योगस्य लक्षणम् । मतं योगानुशासनम् ।।

अंतरा–3

प्रीतिदयाक्षमायुक्तः क्रोधलोभविवर्जितः ।
यस्मान्नोद्विजते कोऽपि किञ्चिन्नोद्विजते च यम् ।। 887/2422

72. Self Restraint (Gītā Chapter 6)

इति योगस्य धारणम् । मतं योगानुशासनम् ।।

अंतरा–4

निस्स्पृहो निर्ममो युक्तो निर्विषादो निरामयः ।

विहीनः कर्तृभावेन निष्ठो भक्तो विना रजः ।। **888**/2422

इति योगस्य साधनम् । मतं योगानुशासनम् ।।

अंतरा–5

निर्मलो निरहङ्कारः शोकदोषविवर्जितः ।

आत्मयुक्तः घृणामुक्तः स्थिरमतिर्मनोबलः ।। **889**/2422

इति योगस्य चालनम् । मतं योगानुशासनम् ।।

अंतरा–6

अनिकेतो ब्रह्मचारी निरासक्तो निरङ्कुशः ।

संयतात्मा मिताहारी निर्दुःखः शान्तमानसः ।। **890**/2422

इति योगस्य वाहनम् । मतं योगानुशासनम् ।।

◎ **The discipline of yoga :** ***Sthāyī :*** *Keeping control over the inclinations of mind and being one with yourself, is the means of attaining yoga.* ***Antarā : 1.*** *Being free from attachment. Being free from the desire for fruit of karma. Being self-controlled. Being indifferent to likes and dislikes. Not having liking for easy tasks and dislike for hard tasks. This is the practice of yoga.* ***2.*** *Being neutral to pain and pleasures, profit and loss, victory and defeat, friend and foe, praise and criticism. This is the sign of yoga.* ***3.*** *Being equipped with love, forgiveness and mercy. Being free from anger and greed. Being unaffected by anguish. Not being bothersome to others. This is the aptitude for yoga.* ***4.*** *Being free from desires, I-ness and my-ness. Being free from melancholy and weakness. Not having desire to claim authorship of karma. Being faithful. Being devoted. This is the accomplishment of yoga. Being pure. Being free from ego. Being free from anguish and faults. Being self-possessed. Being free from detestation. Keeping mind stable. This is the observance of yoga.* ***6.*** *Being unattached to possessions and property. Being chaste. Being free from bondages. Being free and independent. This is the vehicle of yoga.* **1362/4839**

(रत्नाकर उवाच)

साम्येन वासनात्यागं मनसा देहनिग्रहम् ।

चित्तवृत्तेर्निरोधञ्च ब्रूते योगं पतञ्जलिः ।। 891/2422

साम्य बुद्धि से छोड़ वासना, निग्रह की तन मन में भावना ।

चित्तवृत्ति का रोध जहाँ है, पतंजली ने योग कहा है ।। 1301/5205

दोहा॰ तज कर मन से वासना, सम मति का संजोग ।

चित्त वृत्ति के रोध को, कहे पतंजलि "योग" ।। 1103/7068

◎ **Patañjali :** *Keeping away the desires. Being self-controlled with equanimity of mind and discipline of mental faculties, is called yoga by Patañjali* **1363/4839**

संगीतश्रीकृष्णरामायण गीतमाला, पुष्प 297 of 763

भजनम्

(योगः)

स्थायी

विद्धि त्वं, एतद्धि योगम्... । त्वं, जानीहि योगम् ।।

♫ रे–म ग–, प–म–ग– रे–ग– । म–, प–मग– रे–सा– ।।

अंतरा–1

निर्मलतनुषा, निश्चलमनसा ।

विग्रहनिग्रहणम्... । त्वं, जानीहि योगम्... ।।

♫ रे–सासारेरेग–, प–ममगगरे– ।

सा–रेगम–गरेसा– । म–, प–मग– रे–सा– ।।

अंतरा–2

निर्भयभवनं, निश्चयकरणम् ।

सुखबन्धनत्यजनम् । त्वं, जानीहि योगम्... ।।

अंतरा–3

प्रशान्तस्थानं, नितान्तध्यानम् ।

सज्जनसंयोगम् । त्वं, जानीहि योगम्... ।।

अंतरा–4

परजनभजनं, यद्वत् स्वजनम् ।

जनगणपरिचरणम् । त्वं, जानीहि योगम्... ।।

अंतरा–5

72. Self Restraint (Gītā Chapter 6)

न विषयग्रहणं, धनसंग्रहणम् ।
न क्रोधरागमदम् । त्वं, जानीहि योगम्... ।।

◎ **Yoga : *Sthāyī* :** *Please know this to be yoga.* ***Antarā* : 1.** *With clean body and steady mind, control of your organs is yoga.* **2.** *Being fearless and resolute, breaking the bondages of pleasures is yoga.* **3.** *Being in quiet place, doing undisturbed meditation and being in the company of righteous people is yoga.* **4.** *Serving others like your own people. Know this to be yoga.* **5.** *Being free from passions, possessions, anger, attachment and intoxication is yoga.* **1364/4839**

।। 6.24 ।। सङ्कल्पप्रभवान्कामांस्त्यक्त्वा सर्वानशेषतः ।
मनसैवेन्द्रियग्रामं विनियम्य समन्ततः ।।

(युक्तयोगी)

सङ्कल्पजनितां सर्वां त्यक्त्वा विषयवासनाम् ।
सर्वेन्द्रियाणि संयम्य मनो नियुज्य सर्वथा ।। 892/2422

संकल्पों में उगने वाली, विषय वासना तज कर सारी ।
सभी ओर से मन को जोड़े, गात्र इन्द्रियाँ सब विध मोड़े ।। 1302/5205

दोहा॰ विषय वासना छोड़ कर, लालच रहे न कोय ।
सभी ओर से जोड़ कर, मन का निग्रह होय ।। 1104/7068

◎ **Equipped yogī :** *Keeping aside all desires that arise out of external contacts. Being collected and controlling organs from all sides;* **1365/4839**

।। 6.25 ।। शनैः शनैरुपरमेद्बुद्ध्या धृतिगृहीतया ।
आत्मसंस्थं मनः कृत्वा न किञ्चिदपि चिन्तयेत् ।।

धैर्ययुक्तेन चित्तेन शान्तेन मनसा तथा ।
विषयाभिमुखो भूत्वा योगी सदाऽनुचिन्तयेत् ।। 893/2422

धैर्य जोड़ कर धीरे-धीरे, चित्त शाँत कर संयम धारे ।
विषयों को सब छोड़ कर परे, चिंतन उनका कबहु ना करे ।। 1303/5205

दोहा॰ स्थैर्य जोड़ कर धैर्य से, मन को करके शाँत ।
विषयों को रख कर परे, चिंतन करो नितांत ।। 1105/7068

◎ **And :** *With bold resolve and tranquil mind, being away from passions, the yogī should meditate.* **1366/4839**

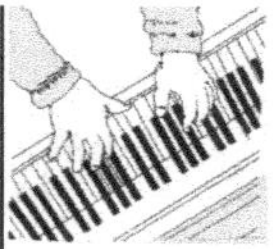

संगीतश्रीकृष्णरामायण गीतमाला, पुष्प 298 of 763

दादरा ताल

(जिंदगी)

स्थायी

तू बखेड़े में ना दिल लगाना, जिंदगी का अकेला सफर है ।
♫ ध़- निसा-रे- सा नि़- ध़- नि़सा-रे-, सा-रेग- म- पम-ग- मगरे सा- ।

अंतरा-1

रात दिन वो तेरा है सहारा, एक वो ही तेरा है किनारा ।
ये जीवन सफर है सुहाना, तू हरि का दीवाना अगर है ।।
♫ सां-नि ध- नि- धप- नि- धप-म-, सां-नि ध- नि- धप- नि- धप-म- ।
रे ग-म- पम- ग- रेग-म-, सा- रेग- म- पम-ग- मगरे सा- ।।

अंतरा-2

नाम, पापों को तेरे जलाता, पुण्य भागों में तेरे लगाता ।
ये तरीका सदियों पुराना, हरि ने बताया अमर है ।।

अंतरा-3

लोग सारे हैं मतलब के भाई, प्रीत में है न कोई सचाई ।
ये जहर से भरा है जमाना, किसी को न कोई कदर है ।।

◎ **Life : *Sthāyī* :** *Please do not indulge your mind in worldly affairs, the journey of life is solitary.* ***Antarā* : 1.** *The Lord is your support day and night. He is your only helper. This life is a beautiful journey, if you are crazy after Hari.* **2.** *Chanting his name will burn your sins. It will give you merits. Hari has told us this age old eternal trick.* **3.** *People are selfish. There is no reality in their love. It is filled with poison. No one cares for other person.* **1367/4839**

।। 6.26 ।। यतो यतो निश्चरति मनश्चञ्चलमस्थिरम् ।
ततस्ततो नियम्यैतदात्मन्येव वशं नयेत् ।।

(मनस्संयमः)

नियन्त्रितं हि योगेन यत्रोपरमते मनः ।

72. Self Restraint (Gītā Chapter 6)

तस्मादात्मनि संरुद्ध्य वशं नयेत्तदात्मनः ।। **894**/2422

(मन का संयम)

मन ये चंचल और मचलता, जहाँ गया है दूर भटकता ।
वहाँ से उसे वश में करके, आपे में लाओ कर धरके ।। 1304/5205

दोहा॰ मन चंचल भटका हुआ, वापस वश में लाय ।
यही आत्म-चिंतन कला, "आत्म शोध" कहलाय ।। 1106/7068

◎ **Self-control :** *Wherever the mind wanders, controlling it from there with the discipline of yoga, one should bring it under control.* **1368/4839**

।। 6.27 ।। **प्रशान्तमनसं ह्येनं योगिनं सुखमुत्तमम् ।**
उपैति शान्तरजसं ब्रह्मभूतमकल्मषम् ।।

अनघं च रजोहीनं शान्तं यस्य मनः सदा ।
ब्रह्मभूतो नरस्तस्मात्-शाश्वतं सुखमश्नुते ।। 895/2422

रजस् रहित जो, अघ विरहित है, सम मति युत है, ब्रह्म भूत है ।
तन मन जिसका हुआ शाँत है, पाता भव सुख वह अनंत है ।। 1305/5205

दोहा॰ रजस रहित निष्पाप जो, मन से पीड़ा हीन ।
ब्रह्मभूत होकर वही, सुख शाश्वत में लीन ।। 1107/7068

◎ **And :** *When the mind is innocent, devoid of rajo-guṇa (ego), peaceful and in unison with Brahma (the Supreme), it enjoys eternal peace.* **1369/4839**

।। 6.28 ।। **युञ्जन्नेवं सदात्मानं योगी विगतकल्मषः ।**
सुखेन ब्रह्मसंस्पर्शमत्यन्तं सुखमश्नुते ।।

ईदृशो धौतपापो यो नरो योगे रतः सदा ।
युक्तः स सर्वथा योगी नन्दति सुखसागरे ।। 896/2422

युक्त योगी जो नित इस भाँति, पाप मिटा कर पाता शाँति ।
मुक्त योगी वो लगा योग में, परम सुखों के सदा भोग में ।। 1306/5205

दोहा॰ धोकर अपने पाप जो, सदा योग तल्लीन ।
योग युक्त वह सर्वथा, सागर सुख में लीन ।। 1108/7068

◎ **And :** *When the yogī is purified from his sins in this manner, that equipped yogī lives happily in the ocean of happiness.* **1370/4839**

।। 6.29 ।। **सर्वभूतस्थमात्मानं सर्वभूतानि चात्मनि ।**
ईक्षते योगयुक्तात्मा सर्वत्र समदर्शनः ।।

एवं यदा मनो युक्तं दृष्टिश्च सर्वदा समा ।
सर्वेषु स्वं च सर्वं तम्-आत्मनि दृश्यते तदा ।। 897/2422

सम दृष्टि से रहे जो सदा, चित्त योग में जोड़ सर्वदा ।
उस नर को सब दिखे आप में, आप सभी में उसी नाप में ।। 1307/5205

दोहा॰ योग युक्त वह नर सदा, समबुद्धि अवधूत[223] ।
देखे सबको आप में, अपने में सब भूत ।। 1109/7068

◎ **And :** *When the mind is equipped thus and the vision is equanimous, then the yogī sees himself in everything and everything in himself.* **1371/4839**

।। 6.30 ।। **यो मां पश्यति सर्वत्र सर्वं च मयि पश्यति ।**
तस्याहं न प्रणश्यामि स च मे न प्रणश्यति ।।

(समदर्शी योगी)

मां यो पश्यति सर्वेषु मयि सर्वं च पश्यति ।

---

[223] **अवधूत** = विरक्त, संन्यासी ।

72. Self Restraint (Gītā Chapter 6)

नाहमगोचरस्तस्य न च सोऽगोचरो मम ।। 898/2422

दिखता जिसको सबमें हूँ मैं, भूत सभी दिखते हैं मुझमें ।

न मैं अगोचर उन नैनन को, ना ही भूलूँ मैं उस जन को ।। 1308/5205

दोहा॰ **सबमें मुझको जो लखे, मुझमें सारे भूत ।**

उसको मैं गोचर सदा, वह न मुझे है दूर ।। 1110/7068

◎ **Equanimity :** *He who sees me in all beings and all beings in me. I am not invisible to that person and he is not away from my sight.* **1372/4839**

।। 6.31 ।। **सर्वभूतस्थितं यो मां भजत्येकत्वमास्थितः ।**

सर्वथा वर्तमानोऽपि स योगी मयि वर्तते ।।

ज्ञात्वैवं विश्वरूपं मां नित्यं भजति यो नरः ।

कुर्वन्नपि स सर्वं हि सर्वथा मयि वर्तते ।। 899/2422

विश्वरूप यों मुझे जान कर, मम चरणों में जो आवे नर ।

करके भी सब काज जगत के, मम शरणन में धाम भगत के ।। 1309/5205

दोहा॰ **मुझे सर्वगत जान कर, जो भजता दिन-रात ।**

सर्व कर्म करके सदा, मेरे चरणन पात ।। 1111/7068

◎ **And :** *Knowing me thus universal, he who worships me, that person dwells in me while carrying on his daily life.* **1373/4839**

।। 6.32 ।। **आत्मौपम्येन सर्वत्र समं पश्यति योऽर्जुन ।**

सुखं वा यदि वा दुःखं स योगी परमो मतः ।।

यथा स्वस्य सुखं दुःखं यस्मै च सर्वप्राणिनाम् ।

सर्वथा समदर्शी स सर्वश्रेष्ठो मतो मया ।। 900/2422

सुख-दुख जैसा अपना जाना, वैसा सबका सुख-दुख माना ।

समदर्शी जो तथा भया है, प्रधान सबमें गिना गया है ।। 1310/5205

दोहा॰ **दुख में जैसा वह दुखी, वैसा सबको जान ।**

समदर्शी नर सर्वथा, रखते सबका ध्यान ।। 1112/7068

◎ **And :** *He, for whom other's pain is same as his own pain, that person of equanimity is most superior in my eyes.* **1374/4839**

(पुनः संदेहः)

ज्ञानं श्रुत्वाऽपि कृष्णात्स पार्थो भ्रान्तो हि पूर्ववत् ।

अपृच्छच्च नवान्प्रश्नान्-ज्ञापितः सोऽप्यनेकधा ।। 901/2422

(अर्जुन पुनः संदेह प्रकट कर रहा है)

ज्ञान कृष्ण से इतना पाया, फिर भी अर्जुन था भरमाया ।

जितना उसको था समझाया, उतना उसमें कुतुहल आया ।। 1311/5205

दोहा॰ **सुन कर सब श्रीकृष्ण से, कर्म धर्म का न्यास ।**

कुतुहल जागृत पार्थ को, नये प्रश्न की प्यास ।। 1113/7068

◎ **Arjun :** *Even after hearing words of wisdom from Shrī Krishna, Arjun had few doubts still remaining. Thus he asked few more questions to Shrī Krishna.* **1375/4839**

अर्जुन उवाच ।

।। 6.33 ।। **योऽयं योगस्त्वया प्रोक्तः साम्येन मधुसूदन ।**

एतस्याहं न पश्यामि चञ्चलत्वात्स्थितिं स्थिराम् ।।

।। 6.34 ।। **चञ्चलं हि मनः कृष्ण प्रमाथि बलवद्दृढम् ।**

तस्याहं निग्रहं मन्ये वायोरिव सुदुष्करम् ।।

बुद्धियोगमहं मन्ये पार्थः कृष्णमुवाच वै ।

अस्थिरो दुष्करोऽस्थायी मनो विचलितं यतः ।। 902/2422

मन के चंचल भाव का महा, योग आपने अभी जो कहा ।

साम्य बुद्धि से जो जगता है, अति अस्थिर मुझको लगता है ।। 1312/5205

दोहा॰ **बुद्धि योग को, कृष्ण! मैं, समझूँ अस्थिर कर्म ।**

मन के चंचल भाव से, क्षणिक उसे गुणधर्म ।। 1114/7068

◎ **And :** *O Shrī Krishna! I think the Buddhi yoga (of equanimity) you just mentioned, is difficult to be achieved because the fickle mind is hard to be controlled, like the wind.* **1376/4839**

श्रीभगवानुवाच ।

।। 6.35 ।। **असंशयं महाबाहो मनो दुर्निग्रहं चलम् ।**

अभ्यासेन तु कौन्तेय वैराग्येण च गृह्यते ।।

72. Self Restraint (Gītā Chapter 6)

(श्रीभगवानुवाच)

उत्तेजकं मनः पार्थ चञ्चलं क्षोभकं हठि ।
असंशयं दृढं स्वैरं वायोरिव निरङ्कुशम् ।। 903/2422

(श्रीकृष्ण उसका संदेह दूर करते हैं)

मन चंचल है, उत्तेजक है, अड़ियल दुर्धर अरु क्षोभक है ।
उसको अपने बस में लाना, भाँति वायु के दुष्कर माना ।। 1313/5205

दोहा॰ **मन चंचल है वायु सा, उचित तुम्हें संदेह ।**
उस अड़ियल का वश कहा, दुष्कर निस्संदेह ।। 1115/7068

◎ **Shrī Krishṇa :** *Shrī Krishṇa said, O Arjun! yes, the mind is unstable like the wind and no doubt it is difficult to be controlled.* **1377/4839**

॥ 6.36 ॥
असंयतात्मना योगो दुष्प्राप इति मे मतिः ।
वश्यात्मना तु यतता शक्योऽवाप्तुमुपायतः ॥

निर्बन्धं च मनो मन्ये निग्रहितुं च दुर्घटम् ।
अभ्यासेन च त्यागेन मनोवशस्तु शक्यते ।। 904/2422

चंचल मन को वश में करना, अर्जुन मैंने दुर्घट माना ।
फिर भी उस पर निग्रह पाना, त्याग सिद्धि से सुघट है जाना ।। 1314/5205

दोहा॰ **मन का वश दुर्घट, सखे! माना मैंने, पार्थ! ।**
मगर त्याग अभ्यास से, वश है शक्य यथार्थ ।। 1164/7068

◎ **And :** *O Arjun! I agree with you. Yes, the uncontrolled mind is difficult to be tamed, but O Arjun! its control is possible with practice (Abhyāsa yoga).* **1378/4839**

अर्जुन उवाच ।

॥ 6.37 ॥
अयतिः श्रद्धयोपेतो योगाच्चलितमानसः ।
अप्राप्य योगसंसिद्धिं कां गतिं कृष्ण गच्छति ॥

अनियतं मनो यस्य योगस्तस्य न सिद्ध्यते ।
नियन्त्रितं मनो यस्य योगो तेनैव साधितः ।। 905/2422

जन जो मन को जीत ना सका, योग आचरण उसे ना सधा ।
मन जीता है जिसने अपना, उसे मिलेगी योग साधना ।। 1315/5205

दोहा॰ **जिस मन पर काबू नहीं, उसको योग असाध्य ।**
मन जिससे जीता गया, योग उसे है साध्य ।। 1117/7068

◎ **And :** *He whose mind is not disciplined, he can not achieve yoga. He who can control his mind, only he can accomplish yoga.* **1379/4839**

संगीतश्रीकृष्णरामायण छन्दमाला, मोती 183 of 501

निश्चल छन्द[224]

16, 6 + ऽ।

(मनोनिग्रह)

मन चंचल है उत्तेजक है, यथा पवन मुक्त ।
निःसंदेह मन निरंकुश है, हठी जबर युक्त ।। 1
मगर संयम के अभ्यास से, मन का वश, पार्थ! ।
सिद्धि योग की धीरे-धीरे, शक्य है यथार्थ ।। 2

◎ **Self-control :** *The mind is as fickle as the moving wind, it is therefore, difficult to be controlled. But, with constant practice it is possible.* **1380/4839**

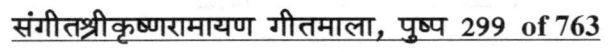

संगीतश्रीकृष्णरामायण गीतमाला, पुष्प 299 of 763

भजन

(चंचल मन)

स्थायी

मन चंचल जस जल की धारा, बही बही जावे जिधर उतारा ।
रेरे ग–मम पप मग रे– ग–म–, पध पध मगरे– ममम गरे–सा– ।

अंतरा–1

पहल करे ना उचित विचारा, फिर पछतावे सतत बिचारा ।

---

[224] **निश्चल** : इस 23 मात्रा वाले रौद्रक छन्द के अन्त में एक गुरु और एक लघु मात्रा है । इसका लक्षण सूत्र 16, 6 + ऽ। ऽ इस प्रकार होता है ।

▶ लक्षण गीत : दोहा॰ **मत्त तेईस से बना, गुरु लघु सेती अंत ।**
कल सोलह पर यति रहे, वह "निश्चल" है छंद ।। 1118/7068

72. Self Restraint (Gītā Chapter 6)

♪ ममप धनि- ध- सांसांनि धप-ध-, पध निधपमप- ममम गरे-सा- ।

अंतरा-2

रोका तिन जितना बहुतेरा, अड़ियल सा उतना हि बतेरा ।

अंतरा-3

पवन समाना अधीर अपारा, भटके यूँ जस मेघ अवारा ।

◎ **Unsteady mind :** ***Sthāyī :*** *The mind is unsteady like the moving water. It keeps flowing as the slope is.* ***Antarā : 1.*** *First it doesn't think properly and then it repents.* ***2.*** *As much you try to control it, so much stubborn it is.* ***3.*** *It is impatient like the wind. It wanders from here to there like a cloud.* **1381/4839**

॥ 6.38 ॥ **कच्चिन्नोभयविभ्रष्टश्छिन्नाभ्रमिव नश्यति ।**
अप्रतिष्ठो महाबाहो विमूढो ब्रह्मणः पथि ॥

(अर्जुनस्य पुनः प्रश्नौ)

यस्य योगो न यत्नोऽपि परं श्रद्धालुरस्ति यः ।
ब्रूहि कृष्ण गतिं कां स सिद्धिं न प्राप्य गच्छति ॥ 906/2422

(अर्जुन फिर प्रश्न करता है)

न साधना ना यत्न घना है, श्रद्धालु जो मगर बना है ।
सिद्धि न पाकर कौन सी गति, कहो कृष्ण! उसको है मिलती ॥ 1316/5205

दोहा॰ जिसको योग न सिद्ध है, न ही यत्न परिधान ।
उसकी गति क्या, कृष्ण! है, जो है श्रद्धावान ॥ 1119/7068

◎ **More questions :** *O Shrī Krișhṇa! he who is faithful but does not put efforts, what fate does he have?* **1382/4839**

पतितो ब्रह्ममार्गात्स निमज्जो भवसागरे ।
भ्रष्टः किं द्विविधः कृष्ण छिन्नाभ्रवत्स नश्यति ॥ 907/2422

ब्रह्ममार्ग से भटका नर वो, छिन्न मेघ सा लटका गर वो ।
दोनों विध से गिर कर फिर वो, लय पाता क्या भरमा कर वो ॥ 1317/5205

दोहा॰ ब्रह्म मार्ग से पतित वो, भव बंधन से ऊब ।
छिन्न मेघ सा टूट कर, जाता है क्या डूब ॥ 1120/7068

◎ **And :** *Distracted from the divine path, does he get drowned in the worldly oecan or does he get destroyed like a broken up cloud?* **1383/4839**

॥ 6.39 ॥ **एतन्मे संशयं कृष्ण छेत्तुमर्हस्यशेषतः ।**
त्वदन्यः संशयस्यास्य छेत्ता न ह्युपपद्यते ॥

एष मम भ्रमो गूढो मन्मनसोऽपसारितुम् ।
छेत्ता तु संशयस्यास्य त्वदन्यो नोपपद्यते ॥ 908/2422

भ्रम यह मेरे मन का पूरा, दूर भगाने करके चूरा ।
इस दुनिया में आप के सिवा, और नहीं है कोई, देवा! ॥ 1318/5205

दोहा॰ भ्रम यह मेरे चित्त का, कृष्ण! भगाने दूर ।
और न दूजा अन्य है, करने विभ्रम चूर ॥ 1121/7068

◎ **And :** *O Shrī Krișhṇa! there is no one better than you to remove these doubts from my mind.* **1384/4839**

श्रीभगवानुवाच ।

॥ 6.40 ॥ **पार्थ नैवेह नामुत्र विनाशस्तस्य विद्यते ।**
न हि कल्याणकृत्कश्चिद्दुर्गतिं तात गच्छति ॥

(श्रीभगवानुवाच)

विनाशः पुण्यकर्तुर्हि नेह नामुत्र विद्यते ।
न पतति सदाचारी न च गच्छति दुर्गतिम् ॥ 909/2422

(श्रीभगवान् उत्तर देते हैं)

वहाँ भी नहीं, यहाँ भी नहीं, विनाश उसका नहीं है कहीं ।
सुकृत कर्ता, सुकर्म कर्ता, कभी नहीं दुर्गति है पाता ॥ 1319/5205

दोहा॰ सुकृत कर्ता का नहीं, होता कभी विनाश ।
ना जग में, ना स्वर्ग में, उसे कहीं है नाश ॥ 1122/7068

◎ **Shrī Krișhṇa :** *O Arjun! there is no downfall for that faithful person, not in this world nor in the next world. Please remember that, a righteous person never gets destroyed.* **1385/4839**

॥ 6.41 ॥ **प्राप्य पुण्यकृतां लोकानुषित्वा शाश्वतीः समाः ।**

72. Self Restraint (Gītā Chapter 6)

शुचीनां श्रीमतां गेहे योगभ्रष्टोऽभिजायते ॥

(योगपतितेभ्यश्च सिद्धिः)

पुण्यलोके पदं योगी पथभ्रष्टोऽपि विन्दति ।
लभते दीर्घकालेन जन्म वेश्मनि धीमताम् ॥ 901/2422

(योग से पतित के लिये भी सिद्धि है)

पतित भी गति पा सकता है, पुण्य लोक में आ सकता है ।
दीर्घ काल से पाता दर है, जन्म मनीषी जन के घर है ॥ 1320/5205

दोहा॰ **दीर्घ काल के योग से, पथभ्रष्ट भी देह ।**
पा सकता पद स्वर्ग में, बुद्धिमान का गेह ॥ 1123/7068

Success : *Even the person who has wandered away from the path of yoga can take birth in the house of a wise person after passing through many lives* **1386/4839**

|| 6.42 ||
अथवा योगिनामेव कुले भवति धीमताम् ।
एतद्धि दुर्लभतरं लोके जन्म यदीदृशम् ॥

अथवा प्राप्यते योगी जन्म स ज्ञानिनः कुले ।
ईदृशं जन्म लोके तु यदि हि, दुर्लभं खलु ॥ 911/2422

कुटुंब पाता वह ज्ञानी का, या गृह योगी जन दानी का ।
जन्म जगत में दुर्धर ऐसा, मिल भी गया अगर घर ऐसा ॥ 1321/5205

दोहा॰ **कुटुंब मिलता है उसे, ज्ञानी जन के गेह ।**
मगर कठिन है जन्म यों, जग में निःसंदेह ॥ 1124/7068

Or : *Or he gets birth in the house of a learned person, but such birth is difficult, if at all possible.* **1387/4839**

|| 6.43 ||
तत्र तं बुद्धिसंयोगं लभते पौर्वदेहिकम् ।
यतते च ततो भूयः संसिद्धौ कुरुनन्दन ॥

पूर्वां सङ्ग्रहितां बुद्धिं गृहीत्वा जन्मजन्मनाम् ।
योगी सिद्धिं ततः प्राप्तुं यतते स पुनः पुनः ॥ 912/2422

संचित सुकृत भँडारों की, पूर्व जन्म के संस्कारों की ।
यतन करे वो लेकर बुद्धि, पाने को फिर योग की सिद्धि ॥ 1322/5205

दोहा॰ **पूर्व संचित बुद्धि से, होकर योगी व्याप्त ।**
करता है फिर यत्न वो, करने सिद्धि प्राप्त ॥ 1125/7068

And : *With the help of accumulated wisdom from many lives, such person may make an effort again and again to achieve success in yoga.* **1388/4839**

|| 6.44 ||
पूर्वाभ्यासेन तेनैव ह्रियते ह्यवशोऽपि सः ।
जिज्ञासुरपि योगस्य शब्दब्रह्मातिवर्तते ॥
प्रयत्नाद्यतमानस्तु योगी संशुद्धकिल्बिषः ।
अनेकजन्मसंसिद्धस्ततो याति परां गतिम् ॥

पापं प्रक्षाल्य योगेन साधनया च जन्मनाम् ।
अतीतं स स्वयं योगी गच्छति शब्दब्रह्मणः ॥ 913/2422

जनम-जनम यों साधना किये, कर्म योग से पाप धो लिये ।
पुण्य कर्म को संग धरे वो, शब्दब्रह्म को पार करे वो ॥ 1323/5205

दोहा॰ **किये साधना योग से, धोकर अपने पाप ।**
शब्द-ब्रह्म के पार है, योगी जाता आप ॥ 1126/7068

And : *Washing away the sins of all lives with the accomplishment of yoga, the yogī goes beyond the study of the Veda.* **1389/4839**

|| 6.46 ||
तपस्विभ्योऽधिको योगी ज्ञानिभ्योऽपि मतोऽधिकः ।
कर्मिभ्यश्चाधिको योगी तस्माद्योगी भवार्जुन ॥

(योगी श्रेष्ठतमः)

भोगिभ्यः कर्मठेभ्यश्च तपस्विभ्यश्च ज्ञानिषु ।
योगी श्रेष्ठतमो ज्ञातो योगी तस्माद्भवार्जुन ॥ 914/2422

(योगी सबसे श्रेष्ठ है)

जो ज्ञानी हैं, जो योगी हैं, या तपस्वी है, या भोगी हैं ।
योगी सबसे श्रेष्ठ जान कर, पार्थ! बनो तुम योगी सत्वर ॥ 1324/5205

दोहा॰ **योगी, भोगी, सिद्ध या, कर्मठ जिनमें स्वार्थ ।**
योगी सबसे श्रेष्ठ है, योगी हो तुम, पार्थ! ॥ 1127/7068

◎ **Superior yogī :** *He who is knowledgable, he who is yogī and he who is auster person, among these three, the yogī is the best. Therefore, O Arjun! please be a karma yogī.* **1390/4839**

॥ 6.47 ॥ **योगिनामपि सर्वेषां मद्गतेनान्तरात्मना ।**
श्रद्धावान्भजते यो मां स मे युक्ततमो मतः ॥

स हि योगिषु सर्वेषु मतः श्रेष्ठतमो मया ।
यः पूजयति मां भक्त्या श्रद्धायुक्तश्च मत्परः ॥ 915/2422

योगियों में सबसे ऊँचा, श्रद्धा मत्पर भक्त समूचा ।
मुझे पूजता जो हि नित्य है, मैंने माना वही सत्य है ॥ 1325/5205

दोहा॰ श्रेष्ठ कहा योगी वही, जो है मेरा भक्त ।
मुझे पूजता सर्वदा, हो कर श्रद्धा युक्त ॥ 1128/7068

◎ **And :** *And, among all the yogīs, I consider him to be most superior, who worships me with full faith.* **1391/4839**

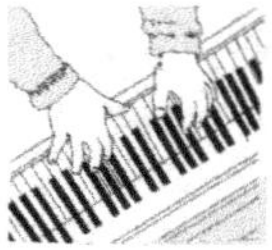

संगीतश्रीकृष्णरामायण गीतमाला, पुष्प 300 of 763

भजन
(हरि प्रेम)
स्थायी

हरि के प्यार में अंधा है, अमर वो मर के बंदा है ।
हरिऽ पर सौंप दें सारा, वो, कच्चे धागे बंधा है ॥

♫ सारे- ग- प-म ग रे-ग- म-, पपध म- पध प म-गरे सा- ।
सारे- गग- प-म ग- म-प-, ध, प-म- प-म ग-रे- सा- ॥

अंतरा–1

प्यार हरि का जो पाता है, आप ही खींचा जाता है ।
हरि नयनन का बन कर तारा, वो, गुलशन में मकरंदा है ॥

♫ सा-रे गरे- म- प- मगरे- म-, ध-प म प-ध- प-म प- ।
पप ममगग म- पप मग रे-म-, रे, पपमम ग ममग-रे- सा- ॥

अंतरा–2

नाम हरि का जो गाता है, भगत हरि को भाता है ।
रस नय उसकी जीवन धारा, वो, अमृत पी कर जिंदा है ॥

अंतरा–3

हरि चरणन में जो आता है, भव तारण का ज्ञाता है ।
सुख मय उसका है जग सारा, वो, हर जन गण का नंदा है ॥

अंतरा–4

साबुन मल मल खूब नहाया, तीरथ चारों फिर कर आया ।
हरि शरणन में जो नहीं आया, वो, गंगा नहाय गंदा है ॥

◎ **Love Hari :** ***Sthāyī :*** *He who is blind in the love for Hari, he is immortal even after his death. He who entrusts his everything to Hari, his obstacles melt away.* ***Antarā : 1.*** *He who earns Hari's favor, he gets attracted to Hari automatically. He is loved by Hari. He is the Rose flower in the garden.* ***2.*** *He who chants Hari's name, he is dear to Hari. His life is full of joy. He is immortal.* ***3.*** *He who surrenders to Hari, he knows how to cross the worldly ocean. His life is full of happiness. He is loved by everyone.* ***4.*** *He who does not come to Hari's feet, he is unclean even after bathing with soap in the Ganges river.* **1392/4839**

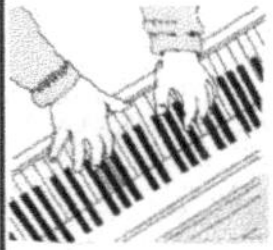

संगीतश्रीकृष्णरामायण गीतमाला, पुष्प 301 of 763

(आत्मसंयम का निरूपण)
स्थायी

स्वरदा ने सुंदर गाया है, नारद ने साज बजाया है ।
रतनाकर गीत रचाया है ॥

♫ सानि़सा- गरे सा-नि़नि़ सा-रेम ग-, गममग पम ग-रे सासा-रेम ग- ।
गगरेसासासा रे-ग मगरेसानि़ सा- ॥

अंतरा–1

जब कर्तापन का त्याग किया, तब नाम उसे संन्यास दिया ।
जो, अति खाता अति सोता है, अति जागे भूखा मरता है ।
उसके बस योग न आया है ॥

♫ पप मरेम-पप पम पनिध पप-, पप मगग सासाग मपगरेसा नि़सा- ।

सानि़, सासा गरेसा– नि़नि़ सा–रेम ग–, सानि़ सा–गरे सा–नि़– सासारेम ग– ।
गगरेसा सासा रे–ग म गरेसानि़ सा– ।।

अंतरा–2

सब गात्रों को संयत करके, सब लिप्सा को बस में धरके ।
जो, सब भूतों का गम जाने, जो शत्रु मित्र को सम माने ।
वह समबुद्धिऽ कहलाया है ।।

अंतरा–3

सुख–दुख में जो नित तटस्थ है, अपमान मान सम समस्त हैं ।
जो, शाँत चित्त मन जीता है, जिन राग–क्रोध सब बीता है ।
वह समबुद्धिऽ बतलाया है ।।

◎ **Self Control : *Sthāyī* :** *Ratnākar composed the melody, Sarasvatī sang it beautifully, while Shrī Nārad muni played the Vīṇā.* ***Antarā : 1.*** *Doing karma renouncing the expectation of its credit, is called Sanyāsa yoga. He who eats too much or eats too little or he who sleeps too much or too little, yoga can not be accomplished by him.* ***2.*** *Controlling all his organs, keeping his desires under his control, he who treats them equal who think him as his friend or his enemy, he is called a Samā-buddhi (equanimous) person.* ***3.*** *He who is indifferent to pain and pleasure, he who is tranquil, he whose anger and attachments have melted away, he is a Samā-buddhi.* **1393/4839**

श्रीमद्–भगवद्–गीता अध्याय सातवाँ ।

ज्ञान–विज्ञान योग ।

♫ संगीतश्रीकृष्णरामायण छन्दमाला, मोती 184 of 501

अपरवक्त्र छन्द[225]

।। ।, ।। ।, ऽ। ऽ, । ऽ
।। ।, । ऽ।, । ऽ।, ऽ। ऽ
(कृष्ण चिंतन)

मनन मगन ध्यान में लगे ।
अविरत चिंतन कृष्ण का करे ।। 1
तन मन हरि में सदा धरे ।
भगत सुधी भव पार वो तरे ।। 2

◎ **And :** *The devotee who meditates upon Shrī Kriṣhṇa with one pointed focus, surrenders his body and mind to Shrī Kriṣhṇa, he crosses over the worldly ocean* **1394/4839**

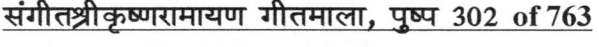

संगीतश्रीकृष्णरामायण गीतमाला, पुष्प 302 of 763

भजन : राग हंसध्वनि, तीन ताल 16 मात्रा

(माता भवानी)

स्थायी

माता भवानी जै जय दुर्गे, काली कराली जय अंबे ।
देवी शारदे शुभ वर दे ।।

♫ –ग–ग परे–सा – – निप रेरे गरेसा–, –पगप पनिसारेसां –पग गप रे–सा ।
–ग–ग परे– सासा निप रेरेगरेसा ।।

अंतरा–1

अखिल जगत की, पावन जननी । भव सागर भय भार हारिणी ।
तेरी कृपा हो जगदंबे ।।

♫ –पगप पसांसां सां– –, नि–निरें निध–प, –पग प–सांसां सांसां नि–नि निरेंनिध–प ।
–ग–ग परे– सा– निपरेरेगरेसा ।।

अंतरा–2

---

[225] ♫ **अपरवक्त्र छन्द :** इस अर्धसम वर्णवृत्त के विषम चरणों में न न र गण व लघु गुरु वर्ण के 11 वर्ण और सम चरणों में न ज ज र गण के 12 वर्ण आते हैं । इसका लक्षण सूत्र (सम) ।।।, ।।।, ऽ। ऽ, । ऽ और (सम) ।।।, । ऽ।, । ऽ।, ऽ। ऽ इस प्रकार होता है । इसके 23 अक्षरोंमे 30 मात्रा होती हैं । पदान्त विराम है ।

▶ लक्षण गीत : **दोहा॰ न न र ल ग विषम में रहे, सम में न ज ज र वृंद ।**
ग्यारह–बारह वर्ण का, "अपरवक्त्र" है छंद ।। 1129/7068

चारों दिशा में तेरी महति । सबके दिल में तू है रहती ।
सद्गुण से मम मन भर दे ।।
अंतरा–3
ज्ञान मान का दान दायिनी । स्वर सुंदर का गान दायिनी ।
सारे जग में सुख भर दे ।।

◎ **Bhavānī : *Sthāyī* :** *O Mother Bhavānī! victory to you. O Durgā! O Kālī-karālī! victory to you. O Goddess Shāradā! please give me an auspicious boon.* ***Antarā* : *1.*** *You are the holy mother of the whole world. You take us across the worldly ocean. May your mercy be upon us.* ***2.*** *Your fame is in all four directions. You dwell in everyone's heart. Please fill my mind with virtues.* ***3.*** *You are the giver of knowledge and honour. You are the giver of beautiful melodies. Please fill the world with happiness.* **1395/4839**

गीतोपनिषद् : अठारहवाँ तरंग

Gitopanishad : Fascicule 18

संगीतश्रीकृष्णरामायण गीतमाला, पुष्प 303 of 763

खयाल : राग बिहाग, तीन ताल 16 मात्रा

(चाल, तबला ठेका और तान के लिये देखिये हमारी "*नयी संगीत रोशनी*" का गीत 30)

(सुमिरन)

स्थायी

नैनन में तुमरी मूरतिया, मन में डोले तव सूरतिया ।
सुमिरन में बीते दिन रतिया ।।
अंतरा–1
कछु न शोरबा ना कदु बतिया, भव सागर हो अमृत पनिया ।
अंतरा–2
स्नेह प्यार में गुजरें सदियाँ, गंगा जल सी बहती नदिया ।

◎ **Chant : *Sthāyī* : *1.*** *O Hari! in my eyes is your image. In my mind is your thought. Thinking of you passes my night.* ***Antarā* :** *May there be no complaint. May there be no bitterness. May the world be filled with nectar.* ***2.*** *May the decades be spent in love. May there be purity like the holy waters of the river Gangā.* **1396/4839**

73. ज्ञान और विज्ञान का निरूपण :

73. Knowledge and Science *(Gītā Chapter 7)*

(ज्ञानविज्ञाननिरूपणम्)

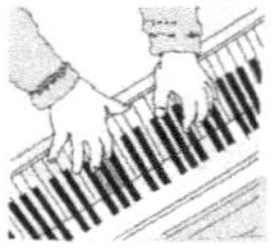

♫ संगीतश्रीकृष्णरामायण छन्दमाला, मोती 185 of 501

भुजंगप्रयात छन्द

। ऽ ऽ, । ऽ ऽ, । ऽ ऽ, । ऽ ऽ

♪ सारे– ग–म प–म– गरे– म–गरे– सा–

(ज्ञान–विज्ञान)

करे यत्न कोई मुझे जानने है ।
भला एक कोई मुझे जानता है ।। 1
मुझे जानना ज्ञान जाना खरा है ।
वही बुद्धि विज्ञान की धारणा है ।। 2

◎ **And :** *Some people make an effort to know me, one of them knows me. Knowing me is the true knowledge. It is the foundation of knowledge and science.* **1397/4839**

श्रीमद्भगवद्गीता सप्तमोऽध्यायः ।
श्रीभगवानुवाच ।

।। 7.1 ।। मय्यासक्तमनाः पार्थ योगं युञ्जन्मदाश्रयः ।
असंशयं समग्रं मां यथा ज्ञास्यसि तच्छृणु ।।

ॐ अनुष्टुप्–श्लोक–छन्दसि गीतोपनिषद्

(श्रीभगवानुवाच)
(भगवत्प्राप्तिः)

ॐ मयि युक्तं मनः कृत्वा लीनो भूत्वा च भारत ।
अवाप्स्यसि कथं मां त्वं शृणु मामेकचेतसा ।। **916**/2422

(श्री भगवान ने कहा)
अपने मन में मुझे जोड़ कर, लीन बनोगे अहम छोड़ कर ।

73. Knowledge and Science (Gītā Chapter 7)

पार्थ! सुनो तुम एक चित्त से, मेरे पग पाओगे कैसे ।। 1326/5205

दोहा॰ भक्ति युक्त मन को किये, मुझमें होकर लीन ।
मुझे प्राप्त कैसे करें, सुनलो शंका हीन ।। 1130/7068

◎ **Attaining God :** *O Arjun! listen carefully how you will attain me by uniting your mind in me and being devoted to me.* **1398/4839**

।। 7.2 ।। ज्ञानं तेऽहं सविज्ञानमिदं वक्ष्याम्यशेषतः ।
यज्ज्ञात्वा नेह भूयोऽन्यज्ज्ञातव्यमवशिष्यते ।।

ज्ञानं शृणु सविज्ञानं वदामि त्वां सविस्तरम् ।
नास्त्यस्मात्परमं ज्ञानम्-अन्यत्कुत्रापि पाण्डव ।। 917/2422

ज्ञान ये तुम्हें स-विज्ञान के, जो कहता हूँ सुनो ध्यान से ।
और नहीं है ज्ञान का सोता, पा लो इसको बन कर श्रोता ।। 1327/5205

दोहा॰ सुनो, पार्थ! विज्ञान से, कहता हूँ सब बात ।
जिसके आगे कुछ नहीं, तीनों जग में, तात! ।। 1131/7068

◎ **And :** *Listen to that knowledge, together with science. There is no superior knowledge anywhere than this knowledge.* **1399/4839**

संगीतश्रीकृष्णरामायण गीतमाला, पुष्प 304 of 763

भजन

(सत् चित आनंद)

स्थायी

प्रभु, श्रद्धा- से- मिल जा-वे- - - ।

♪ सारे-, प-म- ग- रेम गरेसा- - - ।

अंतरा-1

कोना-कोना जब हिरदय का, कण-कण अंकुर बने विनय का ।
सत् चित, आनंद आनंद पावे ।।

♪ सा-रे- ग-म- पप ममगरे म-, निनि धध प-मम गम- पमम ग- ।
सासा रेरे, प-मग रे-मग रे-सा- ।।

अंतरा-2

गंगा धारा निर्मल मन की, स्नेह सरिता शुभ सद् गुन की ।
भव-जल, जब अमृरित बन जावे ।।

अंतरा-3

भक्ति-भावना ज्योति जगा के, एक चित्त मन, कछु न सतावे ।
तन में, मन मंदिर बन जावे ।।

◎ **Internal peace :** ***Sthāyī :*** *God is attained with pure faith.* ***Antarā : 1.*** *When every corner of the heart becomes filled with humility, then you get internal peace.* ***2.*** *The flow of purity of the mind and the river of virtues, then become the flow of amrit (divine nectar).* ***3.*** *Lightening the lamp of pure faith in the heart, when nothing disturbs the peaceful mind, the body becomes a temple.* **1400/4839**

।। 7.3 ।। मनुष्याणां सहस्रेषु कश्चिद्यतति सिद्धये ।
यततामपि सिद्धानां कश्चिन्मां वेत्ति तत्त्वतः ।।

(अपराप्रकृतिः)

शतेषु कश्चिदेको हि ज्ञातुं मां यतते नरः ।
तेष्वपि कश्चिदेकश्च जानाति मां यथार्थतः ।। 918/2422

(भगवान् की आठ गुणों वाली अपरा प्रकृति)

कई हजार जनों में बिरला, मुझे जानने प्रयास करता ।
इक उनमें भी जो यथार्थ से, मुझे जानता सत्य पार्थ! है ।। 1328/5205

दोहा॰ सौ लोगों में एक ही, प्रयत्न करता, पार्थ! ।
उनमें भी बस एक ही, जाने मुझे यथार्थ ।। 1132/7068

◎ **My Divine Nature :** *In hundreds of people only one tries to know me. Among hundreds of them, one may know me in reality.* **1401/4839**

।। 7.4 ।। भूमिरापोऽनलो वायुः खं मनो बुद्धिरेव च ।
अहङ्कार इतीयं मे भिन्ना प्रकृतिरष्टधा ।।

मनो बुद्धिरहंकारो भूर्द्यौर्वायुर्ज्वलो जलम् ।
एवमष्टगुणी पार्थ प्रकृतिर्मम विद्यते ।। 919/2422

आकाश, भूमि जल, वायु, अग्नि, पँच भूत, मन, बुद्धि से बनी ।

भिन्न–भिन्न इन आठ गुणों की, मैं हूँ प्रकृति भूत गणों की ।। 1329/5205

✍दोहा॰ **अहंकार, मन, बुद्धि, द्यू, पवन, भूमि, जल, आग ।**
जानो मेरी प्रकृति, अर्जुन! है अष्टांग ।। 1133/7068

◎ **Components :** *The mind, the thinking, the five beings, the earth, the sky, the air, the fire and the water are the eight components of my nature by which I bare all living and non-living beings.* **1402/4839**

।। 7.5 ।। **अपरेयमितस्त्वन्यां प्रकृतिं विद्धि मे पराम् ।**
जीवभूतां महाबाहो ययेदं धार्यते जगत् ।।

(पराऽपरे प्रकृती)

ॐ **प्रकृतिमपरामन्यां त्वमिदानीं परां शृणु ।**
यस्या गत्या धरा पार्थ चरा सर्वा सचेतना ।। 920/2422

(अपरा एवं परा प्रकृति)

'अपरा' ये है प्रकृति मेरी, 'परा' प्रकृति सुनो दूसरी ।
पा कर, अर्जुन! परा की गति, चेतन है सब विश्व की क्षिति ।। 1330/5205

✍दोहा॰ **दूजी मेरी प्रकृति, "परमा" जिसका नाम ।**
जिसकी माया से सभी, मिले जीव को प्राण ।। 1134/7068

◎ **And :** *Different than this eight-fold nature, I also have another Divine nature, by which I bare all living beings.* **1403/4839**

।। 7.6 ।। **एतद्योनीनि भूतानि सर्वाणीत्युपधारय ।**
अहं कृत्स्नस्य जगतः प्रभवः प्रलयस्तथा ।।

ॐ **एवं पराऽपराभ्यां हि जायन्ते प्राणिनः सदा ।**
प्राणिनां प्राणदाताऽहं प्रलीयन्ते च ते मयि ।। 921/2422

इसी भाँति इन पराऽपरा से, आते–जाते जीव यहाँ से ।
मैं उनका हूँ जीवन दाता, सब कुछ मुझमें आन समाता ।। 1331/5205

✍दोहा॰ **पराऽपरा की गति लिये, आते–जाते जीव ।**
सब भूतों का प्राण मैं, जन्म–मृत्यु की नींव ।। 1135/7068

◎ **And :** *In this manner, with these two natures of nine folds, the beings evolve. Thus I give them life and then they dissolve in me.* **1404/4839**

।। 7.7 ।। **मत्तः परतरं नान्यत्किञ्चिदस्ति धनञ्जय ।**
मयि सर्वमिदं प्रोतं सूत्रे मणिगणा इव ।।

(विभूतिविस्तरः)

ॐ **नास्ति किञ्चिदतीतं मे सर्वं सन्धारयाम्यहम् ।**
मौक्तिका इव प्रोतानि सर्वभूतानि भोः मयि ।। 922/2422

(श्रीभगवान् की विभूतियाँ)

कुछ भी मेरे परे नहीं है, सबको इक आधार यही है ।
प्रोत मुझीमें सारे नग हैं, मोती माला जानो जग है ।। 1332/5205

✍दोहा॰ **न्यारा मुझसे कुछ नहीं, सब मेरा विस्तार ।**
सब कुछ मुझमें प्रोत है, यथा रत्न का हार ।। 1136/7068

◎ **Divinity :** *There is nothing that is not borne by me. They are all strung in me like the pearls in a necklace.* **1405/4839**

♫ **संगीतश्रीकृष्णरामायण छन्दमाला, मोती 186 of 501**

शोभन छन्द[226]

14, 6 + ।ऽ।

(विभूति विस्तार)

मेरे परे कुछ भी नहीं, न चर न अचर भूत ।
मणि बने मुझमें प्रोत हैं, विभूति के स्वरूप ।। 1
पहनूँ ये भुवन भार मैं, गले में मणि हार ।
यही विभूति विस्तार है, जिसे व्याप अपार ।। 2

◎ **Divinity :** *There is nothing beyond me, neither moving nor non-moving. I wear this string of beings, like a pearl necklace. The extent of divinity is infinite.* **1406/4839**

---

[226] ♫ **शोभन छन्द :** इस 24 मात्रा वाले अवतारी छन्द के अन्त में ज गण आता है । इसका लक्षण सूत्र 14, 6 + ।ऽ। है । इसका अन्य नाम ♫ **सिंहिका छन्द** है ।
▶ लक्षण गीत : ✍ **दोहा॰ मत्त चौबीस का रचा, लघु गुरु लघु से अंत ।**
चौदह कल पर यति जहाँ, वह है "शोभन" छंद ।। 1137/7068

73. Knowledge and Science (Gītā Chapter 7)

|| 7.8 || रसोऽहमप्सु कौन्तेय प्रभास्मि शशिसूर्ययोः ।
प्रणवः सर्ववेदेषु शब्दः खे पौरुषं नृषु ।।

अम्भसोऽहं द्रवः पार्थ भाः शशिसूर्ययोरहम् ।
प्रणवोऽहं च वेदानाम्–ओङ्कारोऽहं ध्वनिश्च खे ।। 923/2422

चंदा, सूरज, चमक अग्नि की, विमल तरलता मैं पानी की ।
ओम्कार प्रणव रव वेदों का, पावन स्वर नभ के शब्दों का ।। 1333/5205

दोहा॰ **जल की द्रवता, पार्थ! मैं, प्रदीप्त सूरज सोम ।**
प्रणव शब्द मैं वेद का, अंबर का ध्वनि ओम् ।। 1138/7068

◎ **And :** *I am the liquidity of the water, the light in the sun and moon. I am the Praṇav (Om) of the Vedas and the Om-sound in the sky.* **1407/4839**

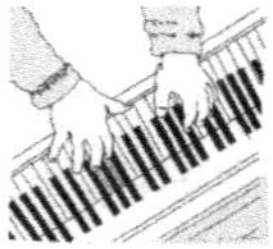

संगीतश्रीकृष्णरामायण गीतमाला, पुष्प 305 of 763

भजन : राग दरबारी कान्हड़ा, कहरवा ताल 8 मात्रा
(चाल, तबला ठेका और तान के लिये देखिये
हमारी "*नयी संगीत रोशनी*" का गीत 57)
(प्रणव)

पद

गुरुदेव! गुरुदेव! गुरुदेव !

♪ सानि़सा–! रेगरे–! गगम–!

स्थायी

मेरे प्रभु श्री प्रणवानंदा, कृपा तेरी शुभ सच्चिदानंदा ।

अंतरा–1

रूप सुमंगल त्रिशूल धारी, छवि निरंजन सुंदर सारी ।
उबारियो, बचाइयो, दुआ दीजो, शिव जगदानंदा ।।

अंतरा–2

अरुण वसन तव शुचि नारंगी, गल माला रुद्राक्ष की लंबी ।
उबारियो, बचाइयो, दुआ दीजो, गुरु परमानंदा ।।

अंतरा–3

मृग छाला पर बैठा जोगी, राह दिखावे जग उपयोगी ।
उबारियो, बचाइयो, दुआ दीजो, प्रभु आनंदकंदा ।।

◎ **Praṇav : *Pad*** *: O Godly Guru! O Godly Guru! O Godly Guru!* ***Sthāyī*** *: O My Guru Shrī Praṇava (O Lord Shiva, the Joy of Om)! O Sachidānandā (O Peace and joy of the heart)! your grace is auspicious.* ***Antarā : 1.*** *O Lord Shiva! your figure with Triṣhul (trident) in your hand is beautiful and spotless pure. O Lord! please protect me, please help me. Please bless me, O Jagadānandā (Joy of the world)!* ***2.*** *O Guru! you are wearing a pure orange robe and a long Rudrakṣh Mālā (rosery) around your neck, O Lord! please protect me, please help me. Please bless me, O Paramānandā (Supreme joy)!* ***3.*** *O Prabhu (Lord)! you are sitting on the seat of deer hide and showing us the right path. O Lord! please protect me, please help me. Please bless me, O Ānandkandā (Bundle of joy)!* **1408/4839**

|| 7.9 || पुण्यो गन्धः पृथिव्यां च तेजश्चास्मि विभावसौ ।
जीवनं सर्वभूतेषु तपश्चास्मि तपस्विषु ।।

विभावसौ च भासोऽहं तपोऽहं च तपस्विषु ।
सुगन्धोऽहं शुभो भूमौ तेजो वैश्वानरस्य च ।। 924/2422

जप–तप मैं हूँ तपस्वियों का, तेज प्रखर मैं तेजस्वी का ।
धरती का हूँ शुभ सुगंध मैं, अग्नि का भी चकाचौंध मैं ।। 1334/5205

दोहा॰ **तपस्वियों का तप तथा, तेजस्वी का तेज ।**
शुभ सुगंध मैं भूमि का, यज्ञ अग्नि की सेज ।। 1139/7068

◎ **And :** *I am the radiance in the fire, austerity in the austere, fragrance in the earth and the brilliance in the fire.* **1409/4839**

♫ **संगीतश्रीकृष्णरामायण छन्दमाला, मोती 187 of 501**

मुक्तामणि छन्द[227]

[227] ♫ **मुक्तामणि छन्द** : इस 25 मात्रा वाले महावतारी छन्द के अन्त में दो दीर्घ मात्रा आती हैं । इसका लक्षण सूत्र 13, 8 + ऽ ऽ इस प्रकार होता है ।

▶ लक्षण गीत : दोहा॰ **मत्त पच्चीस का रचा, गुरु गुरु कल से अंत ।**
तेरह कल पर यति जहाँ, "मुक्तामणि" है छंद ।। 1140/7068

13, 8 + ऽ ऽ

(कृष्ण विभूति–1)

जल की द्रवता कृष्ण है, चंद्र सूर्य की आभा ।

ओंकार ध्वनि अंबर का, प्रणव वेद की शोभा ।। 1

भूमि का शुभ सुगंध है, तेजस् तेजस्वी का ।

कृष्ण जीवन भूतों का, वही तप तपस्वी का ।। 2

◎ **Divinity :** *Shrī Krishna is the fluidity of the water, glow of the moon and the sun, the Om sound in the sky, life of the living and Pranav in the Veda.* **1410/4839**

।। 7.10 ।। **बीजं मां सर्वभूतानां विद्धि पार्थ सनातनम् ।**
बुद्धिर्बुद्धिमतामस्मि तेजस्तेजस्विनामहम् ।।

बीजोऽहं सर्वभूतानां चेतनानां च चेतना ।
बुद्धिश्च ज्ञानिनामस्मि मनुष्यत्वमहं नृषु ।। 925/2422

सब भूतों का, पार्थ! बीज मैं, सब भूतों की प्राण चीज मैं ।

ज्ञान ज्ञानियों का यथार्थ मैं, पुरुषों का पुरुषार्थ, पार्थ! मैं ।। 1335/5205

दोहा॰ सर्व भूत का आदि मैं, पार्थ! सनातन बीज ।
बुद्धिमान की बुद्धि मैं, तेज युक्त मैं चीज ।। 1141/7068

◎ **And :** *Shrī Krishna is the seed of all beings, life of the living being, wisdom of the wise and the manliness of the man.* **1411/4839**

।। 7.11 ।। **बलं बलवतामस्मि कामरागविवर्जितम् ।**
धर्माविरुद्धो भूतेषु कामोऽस्मि भरतर्षभ ।।

बलं च बलिनामस्मि कामरागविवर्जितम् ।
धार्मिको कर्मभावश्च सर्वेषां प्राणिनामहम् ।। 926/2422

कार्य शक्ति मैं हूँ बलशाली, काम प्रमाद विवर्जित वाली ।

धर्म बद्ध जो मनो–भावना, सब भूतन की कर्म साधना ।। 1336/5205

दोहा॰ बलशाली की शक्ति मैं, विना काम अनुराग ।
सब भूतों में जो उठे, धर्म–भावना जाग ।। 1142/7068

◎ **And :** *Shrī Krishna is the strength of the strong without the lust and passion. He is the faith of the faithful.* **1412/4839**

संगीतश्रीकृष्णरामायण छन्दमाला, मोती 188 of 501

सुगीतिका छन्द[228]

। + 14, 7 + ऽ।

(कृष्ण विभूति–2)

सब भूत का कृष्ण बीज है, जीव का है प्राण ।

मनीषा है बुद्धिमान की, मनुष का है त्राण ।। 1

बलशाली की वह शक्ति है, काम प्रमाद छोड़ ।

धरम की धार्मिक बुद्धि कृष्ण, देह देही जोड़ ।। 2

◎ **Divinity :** *Shrī Krishna is the seed of all beings. He is the life of the living. He is wisdom of the wise and power of the powerful with humility. He is righteousness of the righteous and he is the ātmā in the body.* **1413/4839**

।। 7.12 ।। **ये चैव सात्त्विका भावा राजसास्तामसाश्च ये ।**
मत्त एवेति तान्विद्धि न त्वहं तेषु ते मयि ।।

(गुणत्रय:)

त्रिगुणाश्च मया विद्धि सद्रजश्च तमस्तथा ।
नाहं तेषु गुणेष्वस्मि सगुणोऽहं तु ते मयि ।। 927/2422

(प्रकृति के तीन गुण)

प्रकृति के सब रज तम सद् गुण, जानो मेरे ही हैं कारण ।

मैं नहीं उनमें पाया जाता, पर मुझमें जग धारण होता ।। 1337/5205

दोहा॰ सत् रज तम ये गुण सभी, जानो मेरे काम ।
उन तीनों में मैं नहीं, मुझमें उनका नाम ।। 1143/7068

[228] **सुगीतिका छन्द :** इस 25 मात्रा वाले महावतारी छन्द के आदि में एक लघु मात्रा और अन्त में एक दीर्घ और एक लघु मात्रा आती है । इसका लक्षण सूत्र । + 14, 7 + ऽ। इस प्रकार से होता है ।

▶ लक्षण गीत : **दोहा॰ मत्त पच्चीस से बना, गुरु लघु कल से अंत ।**
कल पन्द्रह पर यति जहाँ, "सुगीतिका" वह छंद ।। 1144/7068

73. Knowledge and Science (Gītā Chapter 7)

◎ **Three Guṇas (the three attributes)** *: Know that the three guṇas (the three attributes) of the prakriti (nature) are from me. I am not in them, but they are in me.* **1414/4839**

|| 7.13 || **त्रिभिर्गुणमयैर्भावैरेभिः सर्वमिदं जगत् ।**
मोहितं नाभिजानाति मामेभ्यः परममव्ययम् ।।

त्रिषु गुणेषु सम्मूढं सर्वं विश्वमिदं यतः ।
न वेत्ति त्रिगुणातीतं स्वरूपं मम दैविनम् ।। 928/2422

गुण–तीनों की सब माया है, सकल जगत ये भरमाया है ।
नहीं जानता स्वरूप मेरा, त्रिगुणों ने जो नहीं है घेरा ।। 1338/5205

दोहा॰ मोहित हैं गुण तीन से, सभी जगत के जीव ।
नहीं जानते वे मुझे, त्रिगुण अतीत अतीव ।। 1145/7068

◎ **And :** *The world, deluded by these three guṇas, does not understand me who is beyond everything.* **1415/4839**

|| 7.14 || **दैवी ह्येषा गुणमयी मम माया दुरत्यया ।**
मामेव ये प्रपद्यन्ते मायामेतां तरन्ति ते ।।

दैविनीमपरां मायां मे सगुणामगोचराम् ।
भक्तः स एव जानाति याति यः शरणं मम ।। 929/2422

अपार मेरी दैवी माया, गुणवाली है जो बिन काया ।
शरण मुझे जो नर है आया, माया पार वही कर पाया ।। 1339/5205

दोहा॰ माया मेरी दैविनी, सगुणा अपरंपार ।
उसे भगत जन जानते, आकर मेरे द्वार ।। 1146/7068

◎ **Divinity :** *The devotee who understands my divinity alongwith the guṇas (the three attributes), he surrenders at my feet.* **1416/4839**

संगीतश्रीकृष्णरामायण गीतमाला, पुष्प 306 of 763

भजन

(श्रीधर)

स्थायी

कण–कण में जो भरी है माया, जग जिसमें भरमाया ।
जानो उसको कौन है करता, श्रीधर नाम है उसका ।।

♫ सासा रेरे ग– प– गम– ग रे–सा–, रेरे गमप– मगरे–म– ।
प–सां– निनिध– नि–ध प ममप–, ग–गग म–प म गरेसा– ।।

अंतरा–1

सूरज में जो भरी रोशनी, चाँद में जो चाँदनी ।
ओम् प्रणव का ध्वनि अंबर में, बना तरल है पानी ।
बोलो ये सब काम है किसका, श्रीधर नाम है उसका ।।

♫ प–पप ध– नि– सांनि– ध–पम–, प–प ध– नि– सांनिधप– ।
सां–नि धपप म– पध नि–धप म–, गम– पपप ध– प–म– ।
सा–रे– ग– मम प म ग रेरेम–, ग–गग म–प म गरेसा– ।।

अंतरा–2

जाप ताप से बने तपस्वी, बल वाले बलशाली ।
तेज चमक से जलती अग्नी, बने ज्ञान से ज्ञानी ।
बोलो ये सब काम है किसका, श्रीधर नाम है उसका ।।

अंतरा–3

बने धर्म से नर धर्मात्मा, कर्म योग से योगी ।
सदाचार से बने सयाना, नर जग में उपयोगी ।
बोलो ये सब देन है किसकी, श्रीधर नाम है उसका ।।

◎ **Hari :** ***Sthāyī*** *: The divinity that is embedded in each particle of the Universe and by the magic of which the world is mesmerized, do you know who creates it? His name is Hari.* ***Antarā* : 1.** *The brilliance that is in the sun, the glow that is in the moon, the sound that wanders in the sky, the fluidity that is in the water, do you know whose creation it is? His name is Hari.* **2.** *With austerity becomes a yogī, with strength becomes a strong man, with heat becomes fire, with wisdom becomes wise. Do you know who creates these attributes? His name is Hari.* **3.** *With righteousness man becomes a righteous soul, with selfless karma he becomes a karma-yogī. With wisdom he becomes wise and useful in the world. Do you know whose gift is it? He is none other than Hari Shrī Krishṇa.* **1417/4839**

|| 7.15 || **न मां दुष्कृतिनो मूढाः प्रपद्यन्ते नराधमाः ।**

माययाऽपहृतज्ञाना आसुरं भावमाश्रिताः ।।

(अज्ञानी च ज्ञानी च)

शठा नराधमा दुष्टा ये न पार्थ भजन्ति माम् ।
आसुराः पापिनो मूढाः सद्विवेकं त्यजन्ति ते ।। 930/2422

(अज्ञानी लोग तथा ज्ञानी भक्त)

दुष्टबुद्धि जन मूढ़ आसुरी, पापी पामर भ्रष्ट विचारी ।
सद् विवेक को जो तजते हैं, मुझे नहीं वे जन भजते हैं ।। 1340/5205

दोहा॰ मूढ़ न मुझको पूजते, अधम बुद्धि के लोग ।
पापी चौपट ज्ञान के, जिन्हें आसुरी रोग ।। 1147/7068

असुर नराधम दुष्ट वे, मूढ़ जिन्हें अविचार ।
मुझे नहीं वे पूजते, पापी तज सुविचार ।। 1148/7068

◎ **But :** *The evil people who do not worship me, O Arjun! those demonic people are devoid of righteous thinking.* **1418/4839**

।। 7.16 ।। चतुर्विधा भजन्ते मां जनाः सुकृतिनोऽर्जुन ।
आर्तो जिज्ञासुरर्थार्थी ज्ञानी च भरतर्षभ ।।

(चत्वारः भक्ताः)

भजन्ते ये तु कौन्तेय सुकृतिनश्चतुर्विधाः ।
ज्ञानिनो दुःखिनो लुब्धाः सुखार्थिनश्च मानवाः ।। 931/2422

(चार प्रकार के भक्त)

धन के प्यासे, ज्ञानी पंडित, भोग विलासी, दुख से पीड़ित ।
भजते जन जो मुझे चार हैं, उन भक्तों के ये प्रकार हैं ।। 1341/5205

दोहा॰ मुझको ज्ञानी पूजते, जिनमें है सुविचार ।
दुखी, सुखार्थी, लुब्ध भी, भगतन चार प्रकार ।। 1149/7068

◎ **The Devotee :** *There are four kinds of devotees of mine : the wisdom seekers, the wealth seekers, the pleasure seekers and the happiness seekers.* **1419/4839**

।। 7.17 ।। तेषां ज्ञानी नित्ययुक्त एकभक्तिर्विशिष्यते ।
प्रियो हि ज्ञानिनोऽत्यर्थमहं स च मम प्रियः ।।

तेषां विशिष्यते ज्ञानी युक्तो नित्यपरायणः ।
मन्यते मां प्रियं ज्ञानी स च भक्तः प्रियो मम ।। 932/2422

इन चारों में नित्य परायण, ज्ञानी के हैं विशेष लक्षण ।
प्रिय मैं उसको, वह भी मुझको, भक्त मेरा वो चाहे सबको ।। 1342/5205

दोहा॰ ज्ञानी उनमें श्रेष्ठ है, नित्यपरायण भक्त ।
मुझको प्रिय वह जान कर, याद करे हर वक्त ।। 1150/7068

◎ **And :** *Among them, the wisdom seeker who is devoted to me is the most superior. He is my dear devotee.* **1420/4839**

।। 7.18 ।। उदाराः सर्व एवैते ज्ञानी त्वात्मैव मे मतम् ।
आस्थितः स हि युक्तात्मा मामेवानुत्तमां गतिम् ।।

आत्मैव भासते ज्ञानी भक्ताः सर्वे हि मे यदि ।
स्थितो मयि स मुक्तात्मा तस्याहं परमा गतिः ।। 933/2422

चारों यद्यपि भक्त भले हैं, ज्ञानी मुझको लगत गले है ।
मुझमें उसकी स्थावर स्थिति है, मुझसे उसकी परमा गति है ।। 1343/5205

दोहा॰ आत्मा मुझको वह लगे, ज्ञानी भक्त सुजान ।
उसकी मैं परमा गति, मुझमें उसका धाम ।। 5149/7068

◎ **And :** *Among all four types of my devotees, the wise person is like an ātmā to me. That free soul is seated in me and I am seated in him* **1421/4839**

।। 7.19 ।। बहूनां जन्मनामन्ते ज्ञानवान्मां प्रपद्यते ।
वासुदेवः सर्वमिति स महात्मा सुदुर्लभः ।।

(अनन्या च अन्या च भक्तिः)

जानाति परमं मां यो महात्मा दुर्लभो हि सः ।
भजते वासुदेवं मां ज्ञात्वा जन्मनि जन्मनि ।। 934/2422

(अनन्य भक्ति, अन्य भक्ति)

ऐसा ज्ञानी विरल महात्मा, मुझको भजता वह धर्मात्मा ।
सब कुछ जिसका वासुदेव है, जनम-जनम उसको सुदैव है ।। 1344/5205

दोहा॰ दुर्लभ ऐसा भक्त है, जिसको मेरा ज्ञान ।

जनम-जनम भज कर मुझे, पाता मुझमें स्थान ।। 1120/7068

◎ **Faith :** *Rare is the devotee who knows me in reality, that rare devotee worships me life after life, knowing that I am Vāsudeva.* **1422/4839**

।। 7.20 ।। **कामैस्तैस्तैर्हृतज्ञाना: प्रपद्यन्तेऽन्यदेवता: ।**
तं तं नियममास्थाय प्रकृत्या नियता: स्वया ।।

(अभक्त:)

अन्ये तु ये गुणासक्ता: कामनालोलुपा जना: ।
पार्थ विनष्टज्ञानास्ते भिन्ना भजन्ति देवता: ।। 935/2422

(अभक्त जन)

तरह-तरह आशा जिस मन में, अज्ञानी वो जानो जन में ।
त्रिविध गुणों के वश में आकर, विविध देवता भजता वो नर ।। 1345/5205

दोहा॰ **अज्ञानी जो अन्य हैं, तजते मेरा नाम ।**
भजते नाना देवता, उन्हें न मुझमें धाम ।। 1153/7068

◎ **Not a devotee :** *Those who are deluded by the three guṇas and are overpowered with desires, they worship many other Gods.* **1423/4839**

।। 7.21 ।। **यो यो यां यां तनुं भक्त: श्रद्धयार्चितुमिच्छति ।**
तस्य तस्याचलां श्रद्धां तामेव विदधाम्यहम् ।।

यं यं भजन्ति देवं ते जनाश्च तत्परायणा: ।
श्रद्धां तेषां तथा पार्थ तत्रैव विदधाम्यहम् ।। 936/2422

जिसी देव को जो भजता है, उसे पूज कर वो यजता है ।
उसकी निष्ठा वहीं पार्थ मैं, दृढ़ करता हूँ वह यथार्थ मैं ।। 1346/5205

दोहा॰ **जो भजता जिस देव को, होकर श्रद्धा युक्त ।**
उस श्रद्धा से मैं उसे, करता हूँ संपृक्त ।। 1154/7068

◎ **And :** *Whichever God one worships, I establish his faith in that God.* **1424/4839**

संगीतश्रीकृष्णरामायण छन्दमाला, मोती 189 of 501

मोहन छन्द[229]

5, 6, 6, 6

(श्रद्धा)

जिस देव को भजता जो जो जिस श्रद्धा से ।
पार्थ! मैं यथा कर्म देता फल तथा उसे ।। 1
भक्ति का दैवी यह सद् गुण हो ज्ञात तुझे ।
श्रद्धालु मत्पर वह पाता है, पार्थ! मुझे ।। 2

◎ **Mohan :** *The God, that a devotee worships with his faith, O Arjun! I give him the fruit accordingly. You should know this divine quality of the faith. The faithful person who worships me, attains me.* **1425/4839**

।। 7.22 ।। **स तया श्रद्धया युक्तस्तस्याराधनमीहते ।**
लभते च तत: कामान्मयैव विहितान्हि तान् ।।

(श्रद्धायुक्त:)

श्रद्धायुक्तस्य भक्तस्य मनसि देवता तु या ।
तस्मै ददामि भक्ताय यथाभक्ति: फलं तथा ।। 937/2422

(श्रद्धायुक्त जन)

नाम रटे जो श्रद्धावाला, जपता हर दम जिसकी माला ।
उस पूजक को फल मैं देता, यथा भक्ति वह फल है पाता ।। 1347/5205

दोहा॰ **वही देव फल में मिले, भजलो जिसका नाम ।**
मम पूजक पाता मुझे, त्यों ही फल ज्यों काम ।। 1156/7068

◎ **And :** *God that is in the mind of a person, to that devotee I give result as his faith is.* **1426/4839**

।। 7.23 ।। **अन्तवत्तु फलं तेषां तद्भवत्यल्पमेधसाम् ।**

---

[229] **मोहन छन्द :** इस 23 मात्रा वाले रौद्रक छन्द में 5-6-6-6 पर यति आता है । इसका लक्षण सूत्र 5, 6, 6, 6 है ।

▶ लक्षण गीत : दोहा॰ **मत्त तेईस से बना, देता जो आनंद ।**
पंचम, छ:-छ: यति जहाँ, "मोहन" है वह छंद ।। 1155/7068

देवान्देवयजो यान्ति मद्भक्ता यान्ति मामपि ।।

(अज्ञानी)

सुरार्चकाश्च निर्बुद्धाः प्राप्नुवन्ति फलं लघु ।
सुरभक्ताः सुरान्यान्ति मद्भक्ताः प्राप्नुवन्ति माम् ।। 938/2422

(अज्ञानी लोग)

स्वल्प भक्ति के नर अज्ञानी, जो नित करते हैं मनमानी ।
भक्त सुरों के सुर पाते हैं, मेरे मुझ तक आजाते हैं ।। 1348/5205

दोहा॰ सुर अर्चक निर्बुद्ध वे, फल पाते हैं हीन ।
सुर अर्चक सुर को मिलें, मेरे मुझमें लीन ।। 1157/7068

◎ **And :** *The devotees of other Gods earn short lived result. The devotees who worship me, they attain me and achieve everlasting result.* **1427/4839**

।। 7.24 ।। अव्यक्तं व्यक्तिमापन्नं मन्यन्ते मामबुद्धयः ।
परं भावमजानन्तो ममाव्ययमनुत्तमम् ।।

अव्यक्तमुत्तमं रूपं न जानन्ति जडा मम ।
अक्षयं दैविनं तं ते मन्यन्ते व्यक्तमानुषम् ।। 939/2422

अव्यक्तोत्तम स्वरूप मेरे, नहीं जानते मूढ़ बिचारे ।
रूप अव्ययी मेरा दैवी, वे समझे हैं व्यक्त मानवी ।। 1349/5205

दोहा॰ नर अज्ञानी मूढ़ जो, अन्य देवता भक्त ।
मेरे दैवी रूप को, कहत "मानवी–व्यक्त" ।। 1158/7068

◎ **And :** *The ignorant worshippers of other Gods do not understand my eternal and unpersonified form. They look at my personified figure and they assume that I am a person.* **1428/4839**

।। 7.25 ।। नाहं प्रकाशः सर्वस्य योगमायासमावृतः ।
मूढोऽयं नाभिजानाति लोको मामजमव्ययम् ।।

योगमायाऽऽवृतं रूपं सर्वैर्नेत्रैर्न दृश्यते ।
मामजमव्ययं मूढा नाभिजानन्ति सर्वथा ।। 940/2422

माया से मैं ढका अलख हूँ, अज्ञानी से सदा अलग हूँ ।
मैं अविनाशी और अजन्मा, मूढ़ कहेंगे अभी है जन्मा ।। 1350/5205

दोहा॰ यौगिक माया से ढका, मुझे न पाते जान ।
दैवी अज अव्यक्त को, नर लेते हैं मान ।। 1159/7068

◎ **And :** *My unpersonified form is covered with yoga Māyā (divinity). That divine form is not visible to all eyes. They do not understand that I do not take worldly birth.* **1429/4839**

।। 7.26 ।। वेदाहं समतीतानि वर्तमानानि चार्जुन ।
भविष्याणि च भूतानि मां तु वेद न कश्चन ।।

वर्तमानानि भूतानि भविष्याणि च प्राणिनः ।
सर्वान्सर्वत्र जानामि न ते जानन्ति मां परम् ।। 941/2422

थे हैं होंगे जग में प्राणी, जैसी बूँदें सागर पानी ।
पार्थ! जानता मैं उन सबको, मगर बूझते नहिँ वे मुझको ।। 1351/5205

दोहा॰ थे, हैं, होंगे जो सभी, मुझे ज्ञात सब होय ।
सबका, सब मैं जानता, मुझे न जाने कोय ।। 1160/7068

◎ **And :** *I know everything about all the beings of the present, past and future everywhere, but none of them knows me.* **1430/4839**

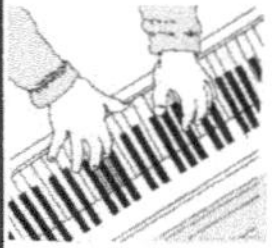

संगीतश्रीकृष्णरामायण गीतमाला, पुष्प 307 of 763

(ज्ञान–विज्ञान का निरूपण)

स्थायी

स्वरदा ने सुंदर गाया है, नारद ने साज बजाया है ।
रतनाकर गीत रचाया है ।।

♪ सानि़सा– गरे सा–नि़नि़ सा–रेम ग–, गममग पम ग–रे सासा–रेम ग– ।
गगरेसासासा रे–ग मगरेसानि़ सा– ।।

अंतरा–1

अब ज्ञान सुनो विज्ञान, सखा! जिसके आगे अरु कछु न रखा ।
जन शत कोटि इसमें उलझे, पर बिरला ही इसमें सुलझे ।
वह ज्ञान यहाँ बतलाया है ।।

♪ पप मरेम मप- पमपनि़ध, पप-! पपमग गसासाग मप गरे सा नि़सा- ।
सानि़ सासा गरेसा- नि़नि़सा- रेमग-, सानि़ सासागरे सा- नि़नि़सा- रेमग- ।
गग रेसासा सारे- गमगरेसानि़ सा- ।।

अंतरा–2

गुण तीन भूत कुल पाँच कहे, भव प्रकृति जिसका नाम रहे ।
मैं अपरा गति हूँ इनसे परे, लय उद्‌गम जिसमें से विचरे ।
वह दैवी मेरी माया है ।।

अंतरा–3

मैं बीज आदि सब भूतों का, मैं मातु पिता सब पूतों का ।
मैं जानूँ सब विध भूत सभी, पर कोई न समझा मुझे कभी ।
यह अगम्य मेरी माया है ।।

◎ **Knowledge and Science : *Sthāyī* :** *Ratnākar composed the melody, Sarasvatī sang it beautifully, while Shrī Nārad muni played the Vīṇā.* ***Antarā* : *1.*** *O Dear Arjun! now listen to the knowledge with science, beyond which there is nothing worth knowing. Millions of people are captivated with it, but hardly anyone understands it. That wisdom is being told here.* ***2.*** *There are five primary elements (Bhūtas) and three attributes (guṇas). All eight together make up the nature (prakriti). I am the Divine state beyond it, from which everything evolves and in which everything dissolves back. This is my divine power.* ***3.*** *I am the primordial seed of every being. I am their mother and father. I know them all, but they do not know me. This is my un-fathomable secret.* **1431/4839**

74. द्वंद्व–भाव का निरूपण :

74. The Duality *(Gītā Chapter 7)*

(द्वंद्वभावनिरूपणम्)

श्रीभगवानुवाच ।

॥ 7.27 ॥ **इच्छाद्वेषसमुत्थेन द्वन्द्वमोहेन भारत ।**
सर्वभूतानि सम्मोहं सर्गे यान्ति परन्तप ॥

(श्रीभगवानुवाच)

ॐ **सर्वस्थो द्वन्द्वभावः स सर्वगो रागद्वेषयोः ।**
विमोहयति भूतानि लोलुप्तानि परन्तप ।। 942/2422

(श्री भगवान ने कहा)

जगत द्वंद्व से बना हुआ है, राग–द्वेष से सना हुआ है ।
द्वंद्व सभी जग पर छाये हैं, भूत जगत के भरमाये हैं ।। 1352/5205

दोहा॰ राग–द्वेष का द्वंद्व है, सकल जगत में छात ।
द्वंद्वों से सब जीव को, पड़े मोह आघात ।। 1161/7068

◎ **Shrī Krishṇa :** *The duality is in everything and everywhere. O Arjun! the duality of attaraction and repulsion deludes the ignorant beings.* **1432/4839**

♪ संगीतश्रीकृष्णरामायण छन्दमाला, मोती 190 of 501

चामर–1 छन्द[230]

ऽ। ऽ, ।ऽ।, ऽ। ऽ, ।ऽ।, ऽ। ऽ

(द्वंद्व–भाव)

राग क्रोध दुःख मोद, लाभ–हानि द्वंद्व हैं ।
श्वेत कृष्ण शीत उष्ण, द्वंद्व राग रम्य है ।। 1
जन्म–मृत्यु पाप पुण्य, शत्रु मित्र अन्य हैं ।
जो न द्वंद्व–भाव मुग्ध, सो महान धन्य है ।। 2

◎ **Duality :** *Attraction and repulsion; pain and pleasure; profit and loss; black and white; hot and cold; birth and death; sin and merit; friend and foe are all dualities. One who is indifferent to them is great.* **1433/4839**

रत्नाकर उवाच

(द्वन्द्वं किम्, कतिपय उदाहरणानि)

ॐ **शीतोष्णे शुक्लकृष्णे च युग्मौ जयाजयौ तथा ।**

---

[230] ♪ **चामर–1 छन्द :** इस छन्द के चरणों में पन्द्रह वर्ण 23 मात्रा होती हैं, विराम 8, 7 पर आता है । इसमें र ज र ज र गण आते हैं, अर्थात् गुरु लघु वर्ण क्रम की पुनरावृत्ति होती है । **चामर–2 छन्द** आगे दिया गया है ।

▶ लक्षण गीत : **दोहा॰ मत्त तेईस से सजा, जहाँ र ज र ज र वृंद ।**
पन्द्रह अक्षर का कहा, "पहला–चामर" छंद ।। 1162/7068

अङ्गे हि द्वे च द्वन्द्वस्य लाभालाभौ गतागतौ ।। **943**/2422

(द्वंद्व क्या है, कुछ दृष्टांत)

✍दोहा॰ शीत उष्ण गुण युग्म हैं, विजय पराजय द्वंद्व ।
गत आगत भी द्वंद्व है, लाभ-हानि मय द्वंद्व ।। **1163**/7068

♫ संगीतश्रीकृष्णरामायण छन्दमाला, मोती 191 of 501

फटका छन्द

8 + 8 + 8 + 6/5

(द्वंद्व-1)

शीत उष्ण है, शुक्ल कृष्ण है, हार-जीत नित संग हैं ।
आनी-जानी है, लाभ-हानि है, एक द्वंद्व दो अंग हैं ।।

◎ **And :** *Hot and cold; black and white; victory and defeat; profit and loss; going and coming are all two sides of one duality.* **1434/4839**

ॐ जन्ममृत्यू जराबाल्ये सुखदुःखे च चक्रवत् ।
सन्ध्या प्रातर्निजापरौ सर्वे द्वन्द्वे समागताः ।। **944**/2422

✍दोहा॰ जन्म-मृत्यु है, जरा यवन है, सुख-दुख जानो द्वंद्व ।
सुबह शाम दो याम हैं, निज पर मानो द्वंद्व ।। **1164**/7068

♫ संगीतश्रीकृष्णरामायण छन्दमाला, मोती 192 of 501

फटका छन्द

8 + 8 + 8 + 6/5

(द्वंद्व-2)

जन्म-मृत्यु है, जरा-यवन है, सुख-दुःखों का फेरा है ।
साँझ-सवेरा, तेरा-मेरा, सब द्वंद्वों ने घेरा है ।।

◎ **And :** *Birth and death; young and old; happiness and sorrow; morning and evening; our and their are all a cycle of duality.* **1435/4839**

ॐ मित्रारी रागद्वेषौ च मोदखेदौ विषामृते ।
हर्षशोकौ दिवा नक्तं द्वन्द्वे सर्वं व्यवस्थितम् ।। **945**/2422

✍दोहा॰ राग द्वेष, अरि मित्र हैं, मोद खेद है द्वंद्व ।
विष अमृत, अघ पुण्य हैं, दिवस रात्र है द्वंद्व ।। **1165**/7068

♫ संगीतश्रीकृष्णरामायण छन्दमाला, मोती 193 of 501

फटका छन्द

8 + 8 + 8 + 6/5

(द्वंद्व-3)

मित्र-शत्रु है, राग-द्वेष है, मोद के परले खेद है ।
स्त्री या मर्द है, खुशी-दर्द है, द्वंद्व को लेकर भेद हैं ।।

◎ **And :** *Friend and enemy; liking and disliking; joy and disgust; man and woman, pleasure and pain are the two aspects of one and the same thing.* **1436/4839**

ॐ सत्यासत्ये स्थिरो लोलः कृत्याकृत्ये शुभाशुभे ।
सिद्ध्यसिद्धी सखा शत्रुः क्रोधाक्रोधौ बुधाबुधौ ।। **946**/2422

✍दोहा॰ सत्य झूठ, दृढ़ लोल हैं, सिद्ध्यसिद्धि भी द्वंद्व ।
कृत्य और अकृत्य भी, सखा शत्रु है द्वंद्व ।। **1166**/7068

क्रोध और अक्रोध भी, ज्ञान तथा अज्ञान ।
शुभ के प्रतिमुख अशुभ है, यही द्वंद्व पहिचान ।। **1167**/7068

♫ संगीतश्रीकृष्णरामायण छन्दमाला, मोती 194 of 501

फटका छन्द

8 + 8 + 8 + 6/5

(द्वंद्व-4)

सत्यासत्य है, नित्यानित्य है, कृत्याकृत्य का मेल है ।
पाप-पुण्य है, पूर्ण-शून्य है, द्वंद्व-भाव का खेल है ।।

◎ **And :** *True and false; steady and unsteady; ought to be and ought not to be; auspicious and unauspicious; success and failure; friend and enemy; anger and calmness; intelligent and unintelligent are all dualities.* **1437/4839**

ॐ धर्माधर्मौ हितं हानिः-भद्राभद्रे कृपाऽकृपे ।
पूर्णशून्ये च द्वन्द्वानि सुकृतदुष्कृते तथा ।। **947**/2422

✍दोहा॰ कृपा अवकृपा द्वंद्व है, लाभ-हानि है द्वंद्व ।

74. The Duality (Gītā Chapter 7)

प्रतिमुख धर्माधर्म हैं, सज्जन दुर्जन द्वंद्व ।। 1168/7068

पूर्ण शून्य भी द्वंद्व है, सुकृत दुष्कृत द्वंद्व ।
बुद्धि कुबुद्धि द्वंद्व है, प्रकृति में सब द्वंद्व ।। 1169/7068

♫ संगीतश्रीकृष्णरामायण छन्दमाला, मोती 195 of 501

फटका छन्द
8 + 8 + 8 + 6/5
(द्वंद्व–5)

क्रोधाक्रोध है, बोधाबोध है, दिन के साथ ही रात है ।
सिद्धि–असिद्धि बुद्धि–कुबुद्धि, द्वंद्वों की ही बात है ।।

◎ **And :** *Moral and immoral; profit and loss; honest and dishonest; mercy and wrath; whole and zero; sin and merit are dualities.* **1438/4839**

संगीतश्रीकृष्णरामायण गीतमाला, पुष्प 308 of 763

भजन
(पूर्णमिदम्)

श्लोकः ।
इदं पूर्णं च तत्पूर्णं पूर्णे पूर्णं विलीयते ।
पूर्णात्पूर्णमृणं कृत्वा शेषं पूर्णैव विद्यते ।। 948/2422

♫ सांनि– धनि– सां नि–ध–प–, ध–प– म–प– गम–पम– ।
रे–ग–म–ग–पम– ग–रे–, ग–म– प–म–ग रे–गसा– ।।

स्थायी

पूर्ण ये भी है, वो भी पूर्ण है, पूर्ण से मिलता सो पूर्ण है ।
पूर्ण से निकला अगरयदि पूर्ण तो, बाकी बचेगा सो पूर्ण है ।।

♫ रे–रे रेग रे सा–, रेग रे गमग रे–, सा–सा सा रेरेग– प म–ग रे– ।
म–म म पपप– धधानि ध–प म–, म–प धप–म– ग रे–ग सा– ।।

अंतरा–1

मूल शून्य ही ब्रह्म खर्व है, शून्य से निकला ये सर्व है ।
शून्य नाम ही व्योम पूर्ण है, शून्य से मिल कर वो शून्य है ।।

♫ सां–नि ध–नि ध– सां–नि ध–प म–, ध–ध ध पपम– ध प–म ग– ।
रे–ग म–म म– प–म ग–रे ग–, रे–रे रे गग मम ग रे–ग सा– ।।

अंतरा–2

भूत पाँच, गुण तीन हैं कहे, अष्ट वर्ग से ये पूर्ण है ।
पूर्ण ऊर्ध्व अरु मध्य पूर्ण है, अंत में जाकर वो शून्य है ।।

अंतरा–3

आत्म पूर्ण है परमात्म वही, पूर्ण से मिल कर ये पूर्ण है ।
ये भी पूर्ण और पूर्ण वही है, शून्य से मिल कर वो शून्य है ।।

अंतरा–4

प्राण प्राणियों में सब जिसने, डाली धड़कन हर दिल में ।
साँस–साँस में पूर्ण रहे वो, बिन जिसके सब अपूर्ण है ।।

अंतरा–5

कण–कण में एक ईश सना है, शून्य से बढ़ कर विश्व बना ।
जड़ चेतन सब भव्य सृष्टि में, अगम्य होकर भी गम्य है ।।

श्लोकः ।
इदं शून्यं च तच्छून्यं शून्याच्छुन्यं हि जायते ।
शून्ये शून्यं समायुज्य पूर्णं शून्यं हि वर्तते ।। 949/2422

♫ रेग– म–म– प म–ग–रे–, प–म–ग–रे– म ग–रेसा– ।
रे–रे– ग–ग– मप–म–ग–, प–म– ग–रे– म रे–गसा– ।।

◎ **The One :** ***Shloka :*** *This (world) is whole, that (Brahma) is whole merges into that whole and becomes whole. This whole (Universe) taken out from that whole (Brahma), what remains is also whole.* ***Sthāyī :*** *This is whole, that is also whole. This whole merges into that whole and becomes whole. This whole coming out of that whole, what remains is also whole.* ***Antarā : 1.*** *The origin Brahma is zero (the digit that is absent does not exist in the Roman script). The evolotion is infinite. From zero evolves everything. What merges into zero is whole. Whole merges into zero and becomes zero.* ***2.*** *The beings are five and attributes are three. With those eight becomes the whole being. The sky is whole. The earth is whole. In between is whole. All three together are zero (Brahma).* ***3.*** *The ātmā is whole. The Parmātmā is whole. Ātmā and Parmātmā* *together are whole (Brahma). This whole merges into zero Brahma and becomes zero.* ***4.*** *He puts life into beings. He puts the beats into hearts. He puts breath into life breath and makes it whole. This whole when merges into that zero, it returns back to zero.* ***5.*** *God dwells in each particle. From these particles becomes the Universe. In this moving and nonmoving world, the unfathomable becomes fathomable.* **1439/4839**

ॐ अन्तर्बाह्ये तलं मूर्धा प्रागूर्ध्वं पूर्वपश्चिमे ।
यदा तदा तथा श्वो ह्यो द्वन्द्वञ्च वामदक्षिणे ।। **950**/2422

✍दोहा॰ अंतर्बाह्य भी द्वंद्व है, नीचे ऊपर द्वंद्व ।
प्राची पश्चिम द्वंद्व है, पाँव सिरा है द्वंद्व ।। **1170**/7068

यदा तदा भी द्वंद्व है, दोनों "कल" हैं द्वंद्व ।
बायाँ दायाँ द्वंद्व है, पाया खोया द्वंद्व ।। **1171**/7068

♫ संगीतश्रीकृष्णरामायण छन्दमाला, मोती 196 of 501

फटका छन्द
8 + 8 + 8 + 6/5
(द्वंद्व–6)

आगे–पीछे, ऊपर–नीचे, दाँया है या बाँया है ।
जो भी पाया या है खोया, सभी द्वंद्व की माया है ।।

◎ **Duality :** *In and out; above and below; up and down; east and west; now and then; today and tomorrow, right and left are all dualities.* **1440/4839**

ॐ शुद्धाशुद्धे गुरुह्रस्वौ क्षुद्राक्षुद्रे दृढादृढे ।
आदिरन्तो लघुर्दीर्घो शीघ्रमन्दौ जडाजडौ ।। **951**/2422

✍दोहा॰ शुद्ध अशुध भी द्वंद्व है, दीर्घ ह्रस्व है द्वंद्व ।
छोटा मोटा द्वंद्व है, दृढ़ अदृढ़ है द्वंद्व ।। **1172**/7068

आदि अंत भी द्वंद्व है, लघु गुरु जानो द्वंद्व ।
शीघ्र मंद भी द्वंद्व है, जड़ अजड़ है द्वंद्व ।। **1173**/7068

♫ संगीतश्रीकृष्णरामायण छन्दमाला, मोती 197 of 501

फटका छन्द
8 + 8 + 8 + 6/5
(द्वंद्व–7)

खुला–बंद है, तेज–मंद है, अभंग के संग भंग है ।
आदि–अंत है, लघु–अनंत है, दोनों द्वंद्व के रंग हैं ।।

◎ **And :** *Pure and impure; short and long; small and big; strong and weak; beginning and end; fast and slow, being and non-being all are dualities.* **1441/4839**

ॐ निद्राऽनिद्रे शिला स्वर्णं हसनं परिदेवनम् ।
आर्द्रशुष्कौ नरो नारी मर्त्यामर्त्ये सुरासुरौ ।। **952**/2422

✍दोहा॰ नींद अनिद्रा द्वंद्व है, शिला स्वर्ण भी द्वंद्व ।
हँसना रोना द्वंद्व है, आर्द्र शुष्क है द्वंद्व ।। **1174**/7068

नर नारी भी द्वंद्व है, मर्त्य अमर है द्वंद्व ।
सुर राक्षस भी द्वंद्व है, मिट्टी सोना द्वंद्व ।। **1175**/7068

♫ संगीतश्रीकृष्णरामायण छन्दमाला, मोती 198 of 501

फटका छन्द
8 + 8 + 8 + 6/5
(द्वंद्व–8)

मिट्टी–सोना, हँसना–रोना, सोना जगना जो काम है ।
शाश्वत–नश्वर, ईश्वर–अनीश्वर, एक द्वंद्व दो नाम हैं ।।

◎ **And :** *Slumber and awakening; rock and gold; cry and laugh; wet and dry; male and female, mortal and immortal, divine and evil all are dualities.* **1442/4839**

ॐ छायाऽऽतपः स्तुतिर्निन्दा क्षयाक्षये क्षराक्षरे ।
इहामुत्र च तत्रात्र शान्त्यशान्ती यदा कदा ।। **953**/2422

✍दोहा॰ छाया आतप द्वंद्व है, स्तुति निंदा भी द्वंद्व ।
क्षय–अक्षय भी द्वंद्व है, क्षर–अक्षर है द्वंद्व ।। **1176**/7068

भूमि स्वर्ग भी द्वंद्व है, यहाँ वहाँ है द्वंद्व ।
शाँति अशाँति द्वंद्व है, जभी तभी है द्वंद्व ।। **1177**/7068

74. The Duality (Gītā Chapter 7)

♫ <u>संगीतश्रीकृष्णरामायण छन्दमाला, मोती 199 of 501</u>

फटका छन्द

8 + 8 + 8 + 6/5
(द्वंद्व–9)

क्षर–अक्षर है, चर–अचर है, कभी छाँव या धूप है ।
शाँति–अशाँति, स्तुति–अस्तुति है, द्वंद्वों के दो रूप हैं ।।

◎ **And :** *Light and shadow; praise and criticism; eternal and perishable; mutable and immutable; earth and heaven; here and there; violence and non-violence, when and when? are dualities.* **1443/4839**

ॐ **घनं द्रवश्च द्वन्द्वो हि नीचतुङ्गे नृतानृते ।**
स्मृतिश्च विस्मृतिर्द्वन्द्वं पुरुषः प्रकृतिस्तथा ।। 954/2422

दोहा॰ **नीचा ऊँचा द्वंद्व है, नृत अनृत भी द्वंद्व ।**
स्मृति विस्मृति भी द्वंद्व है, पुरुष–प्रकृति द्वंद्व ।। 1178/7068

♫ <u>संगीतश्रीकृष्णरामायण छन्दमाला, मोती 200 of 501</u>

फटका छन्द

8 + 8 + 8 + 6/5
(द्वंद्व–10)

ऊँचा–नीचा, झूठा–सच्चा, शुभ–अशुभ जो माना है ।
पुरुष–प्रकृति, स्मृति–विस्मृति है, द्वंद्व इन्हीं को जाना है ।।

◎ **And :** *solid and liquid; tall and dwarf; remembering and forgetting, Purușha and Prakriti are all dualities.* **1444/4839**

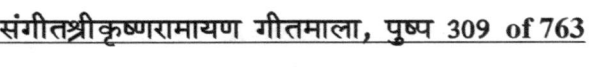

<u>संगीतश्रीकृष्णरामायण गीतमाला, पुष्प 309 of 763</u>

भजन

(निर्गुण ब्रह्म)

स्थायी

रे हरि तेरा निर्गुण ब्रह्म बसेरा ।
♫ सा निसा धनि– रे–सानि सा–ग रेनि–सा– ।

अंतरा–1

तीन रंग के पँच अंग में, चलाचली के द्वंद्व–भाव से ।
भरमाया जग सारा । रे हरि सखे! झेल बखेड़ा मेरा ।।
♫ ध–नि रे–नि सा– ग–रे नि–रे सा–, रे–गपम– ग– प–प म–ग रे– ।
गगम–ग– रेसा नि–रे– । सा निसा धनि! रे–सा निसा–गरे नि–सा– ।।

अंतरा–2

सुख दुःखन के राग–द्वेष में, जरा यवन के नित्य दोष से ।
भगत तेरा नहीं हारा । रे हरि, तूही आज अकेला मेरा ।।

अंतरा–3

पाप–पुण्य के महा युद्ध में, हिरस हवस के घोर भँवर से ।
तूने जगत उबारा । रे हरि, तूही एक सहारा मेरा ।।

◎ **Brahma : *Sthāyī* :** *O Hari! you are the formless and eternal Brahma (The Supreme).* ***Antarā* : *1.*** *I am deluded by this world of five beings (Bhūta) and three attributes (Guṇas), that is covered with the illusion of duality (Dvandva). O Hari! please save me.* ***2.*** *Struggling with the dualities of attachment and sorrow, youth and old age, this devotee is yet not defeated. O Hari! you are my only support.* ***3.*** *In this great war of sin and merits, in the whirlpool of jealousy and passion, you have uplifted us. O Hari! you are my only shelter.* **1445/4839**

श्रीभगवानुवाच ।

।। 7.28 ।। **येषां त्वन्तगतं पापं जनानां पुण्यकर्मणाम् ।**
ते द्वन्द्वमोहनिर्मुक्ता भजन्ते मां दृढव्रताः ।।

(श्रीभगवानुवाच)
(ज्ञानी)

ॐ **एषु द्वन्द्वेषु ये धीराः–तटस्थाश्चानघास्तथा ।**
पुण्यशीला महाभाग्या मद्भक्ता मत्परायणाः ।। 955/2422

(ज्ञानी लोग)
इन द्वंद्वों के जो अतीत हैं, उदासीन जो अघ विरहित हैं ।
पुण्यवान वे सुभक्त मेरे, मुझे परायण हैं मम चेरे ।। 1353/5205

दोहा॰ **इन द्वंद्वों में धीर जो, तटस्थ हैं दिन–रात ।**

पुण्यशील वे भक्त हैं, अर्जुन! मुझको ज्ञात ।। 1179/7068

◎ **Shrī Krishṇa :** *He who is indifferent to these dualities, that meritorious and fortunate soul is my firm devotee.* **1446/4839**

।। 7.29 ।। जरामरणमोक्षाय मामाश्रित्य यतन्ति ये ।
ते ब्रह्म तद्विदुः कृत्स्नमध्यात्मं कर्म चाखिलम् ।।

येन प्राप्तास्ति छाया मे जरामरणवर्जिता ।
स एव ब्रह्मकर्मज्ञः स आत्मज्ञश्च सात्त्विकः ।। 956/2422

जिस नर पर है मेरा साया, जरा मरण से मुक्ति पाया ।
ब्रह्म कर्म का वह योगी है, आत्मज्ञान का वह भोगी है ।। 1354/5205

दोहा॰ जिसको मेरी छाँव है, जरा मरण से मुक्त ।
ब्रह्म-कर्म विद्वान वो, आत्मज्ञान से युक्त ।। 1180/7068

◎ **And :** *The devotee who is beyond the fears of old age and death, he who has taken me for his shelter, he knows Brahma (The Supreme) and karma (duty). He is self realized and righteous.* **1447/4839**

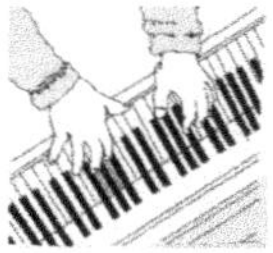

संगीतश्रीकृष्णरामायण गीतमाला, पुष्प 310 of 763

भजन

(हरि नाम जप ले)

स्थायी

जब जावेगा छोड़ बखेड़ा, साथ न होगा हाथी घोड़ा ।
♪ सासा रे–ग–ग– प–म गम–रे–, सा–रे रे ग–ग– प–मग रे–सा– ।

अंतरा–1

चल तू लुटाता प्रेम खजाना, रटता चल तू राघव नामा ।
जग को कहने दे दीवाना, राम नाम तू जप ले थोड़ा ।।
♪ मम म– पप–प– नि–ध पम–प–, सांसांनि– धध प– नि–धप म–प– ।
मप म– पपप– नि– धपम–प–, सा–रे ग–ग ग– पम ग– रे–सा– ।।

अंतरा–2

जन सेवा का उठाय बीड़ा, मिट जावेगी तेरी पीड़ा ।
हरि किरपालु नाथ हमारा, आएगा वो, भागा दौड़ा ।।

अंतरा–3

फेर न ले तू, अपना मुखड़ा, मत कर तू मुख, उखड़ा उखड़ा ।
हरि हर लेंगे तेरा दुखड़ा, मिट जाएगा, सारा झगड़ा ।।

अंतरा–4

भज ले तू श्री राम रमैया, जप ले निश–दिन कृष्ण कन्हैया ।
भव से पार करेंगे नैया, विश्वास रहे, मन में जोड़ा ।।

◎ **Chant Hari's name : *Sthāyī :*** *You have to go alone, without any horse or an elephant, leaving all your attachments and possessions behind.* ***Antarā : 1.*** *Keep giving love to every one, keep chanting Rāma's name. Let the world call you crazy, just chant Hari's name.* ***2.*** *Serve other people happily and you will forget your own pains. Hari is merciful, he is our Master. He will rush to help you.* ***3.*** *Do not turn your face away. Chant Krishṇa's name every day. He will cross your boat of life to the other side of the worldly ocean. Have a faith in him.* **1448/4839**

।। 7.30 ।। साधिभूताधिदैवं मां साधियज्ञं च ये विदुः ।
प्रयाणकालेऽपि च मां ते विदुर्युक्तचेतसः ।।

अधिभूताधियज्ञौ च अधिदैवं च मामकम् ।
रूपं जानाति धीमान्यो मद्भावमधिगच्छति ।। 957/2422

अधियज्ञ को अरु अधिभूत को, जो जाने है मम स्वरूप को ।
अधिभूत का वही है ज्ञाता, भाव मेरा है हरदम ध्याता ।। 1355/5205

दोहा॰ मुझे कहे अधिभूत जो, अधियज्ञ व अधिदैव ।
वही जानता है सही, मेरा भाव सदैव ।। 1181/7068

◎ **And :** *The wise person who knows my forms as the Adhibhūta (Lord of beings), Adhiyajña (Lord of austerities) and the Adhidaiva (Lord of destiny), he attains me.* **1449/4839**

संगीतश्रीकृष्णरामायण गीतमाला, पुष्प 311 of 763

भजन

(एक देह दो नाम)

स्थायी

74. The Duality (Gītā Chapter 7)

राम मनोहर दशरथ नंदन, गोकुल वाला हरि घनश्याम ।
एक देह के दो–दो नाम ।।

♬ सा–सा सारे–रेरे गरेगग म–गरे, ग–गग म–म– गप मगम–म ।
सा–सा रे–रे ग– प– मग रे–रे ।।

अंतरा–1

नर अवतारी देवकी नंदन, साधु रक्षक, दुष्ट निकंदन ।
नर–नारायण वो भगवान, एक रूप में दो–दो काम ।।

♬ सासा रेरेग–ग– म–पध नि–धप, नि–ध– प–पप, संानि धप–मम ।
पप–म–ग–रेरे म– गगरे–रे, सा–सा रे–रे ग– प– मग रे–रे ।।

अंतरा–2

कर्म योग जो कहे जमाना, सांख्य योग उसको ही माना ।
राह वही दो हैं अंजाम, एक योग में दो–दो ज्ञान ।।

अंतरा–3

बेटी किसी की कही है माता, किसी का बेटा किसी का पिता ।
उसी धूप से बनती छाँव, एक द्वंद्व में दो–दो भाव ।।

अंतरा–4

राम रमैया कृष्ण कन्हैया, उभय उबारे भव से नैया ।
श्याम कहो हरि बोलो राम, एक शब्द में दो–दो नाम ।।

◎ **Two names : *Sthāyī :*** *Rāma, is the delightful son of Dashrath. Ghanashyām is the Dweller of Gokul. Both are one, but in two different forms.* ***Antarā :*** *Devakī Nandan (Son of Devakī) Shrī Krishna in human form is the Remover of evil and the Protector of righteousness, the two deeds in one action. In Nara-Nārāyaṇa duality, he is the Nārāyaṇa. (the Lord). The yoga that is called Karma yoga by the world is also known as Sānkhya yoga. The two fold path is same with same result. Same yoga has two fold wisdom.* ***3.*** *The same woman is someone's daughter and someone else's mother. The same man is someone's son and someone else's father. The same sun light that produces shine also produces shadow. Each duality has two aspects.* ***4.*** *Rāma and Krishna both are the saviors of the boat. Say Rāma or say Krishna, it will address both.* **1450/4839**

संगीतश्रीकृष्णरामायण गीतमाला, पुष्प 312 of 763

(द्वंद्व का निरूपण)

स्थायी

स्वरदा ने सुंदर गाया है, नारद ने साज बजाया है ।
रतनाकर गीत रचाया है ।।

♬ सानि़सा– गरे सा–नि़नि़ सा–रेम ग–, गममग पम ग–रे सासा–रेम ग– ।
गगरेसासासा रे–ग मगरेसानि़ सा– ।।

अंतरा–1

भव जिस भ्रम ने भरमाया है, वह द्वंद्वों की सब माया है ।
कहीं धूप कहीं पर छाया है, कहीं राग–द्वेष का साया है ।
कण–कण में द्वंद्व समाया है ।।

♬ पप मरे मम प– पमपनिधप प–, पप मगगसा सागं मप गरेसानि़ सा– ।
सानि़ सा–ग रेसा– नि़नि़ सा–रेम ग–, सानि़ सा–ग रे–सा नि़– सा–रेम ग– ।
गग रेसा सा– रे–ग मगरेसानि़ सा– ।।

अंतरा–2

कहीं शीत उष्ण कहीं सुख–दुख है, कहीं पूर्ण शून्य तुक बेतुक है ।
जो जन्म–मृत्यु का फेरा है, वो पाप–पुण्य ने घेरा है ।
सब भेद ये द्वंद्व कहाया है ।।

अंतरा–3

पुरुष–प्रकृतिऽ क्षर–अक्षर है, अरु जरा यौवन स्थिर अस्थिर है ।
जो सब द्वंद्वों में तटस्थ है, भव उसने जीता समस्त है ।
सब द्वंद्व–भाव कहलाया है ।।

◎ **Duality : *Sthāyī :*** *Ratnākar composed the melody, Sarasvatī sang it beautifully, while Shrī Nārad muni played the Vīṇā.* ***Antarā : 1.*** *The confusion that deludes the world is the magic of duality. Somewhere there is sunshine, somewhere there is shadow, somewhere there is affection, somewhere there is hatred. Everywhere there is duality.* ***2.*** *Somewhere it is cold somewhere it is hot, somewhere happiness, somewhere sadness. The cycle of birth and death.* **1451/4839**

श्रीमद्-भगवद्-गीता अध्याय आठवाँ ।

अक्षर-ब्रह्म योग ।

संगीतश्रीकृष्णरामायण गीतमाला, पुष्प 313 of 763

भजन : राग दुर्गा, कहरवा ताल 8 मात्रा

(दुर्गा माता)

आलाप

जै जै माँ, दुर्गे माँ । जै जै माँ, अंबे माँ ।।

सा सा रे – – – – – –, मरे सा – – – – – – ।

सा रे प – – – – – –, मरे म – – – – – – ।।

स्थायी

मोहे, भव से तारो दुर्गे माँ । मोरे, विघ्न उतारो अंबे माँ ।

तुम बिन कोई राह नहीं है, भवसागर में चाह नहीं ।।

मप, धसां धप म–रेसा रेरेप– प– । मप, धसांध पम–रेसा रे–प– म– ।

मम पध सां–सां– धसांरें सांधप म–, पपप–धम पध पधम रेंसा– ।।

अंतरा–1

माता तुम हो काली कराली, देवी भवानी शेराँवाली ।

लीला तुमरी सब जग जानत, नारद शारद बरनत माँ ।।

म–म– पपध– सां–सां सांरेंधसां–, ध–ध धसां–सां– धसांरेंसां धपम– ।

प–प– धमपध पध मम रे–सासा, सां–सांसां रें–सांसां धधमम प– ।।

अंतरा–2

नाता तुमरा आदि जनम का, जय जगदंबे जोताँवाली ।

दे दो दरशन सपनन आकर, सुंदर मंगल सज धज माँ ।।

अंतरा–3

माया तुमरी न्यारी निराली, जय जगवन्दे लाटाँवाली ।

जै जै करते महिमा गाकर, शंकर–किन्नर भगतन माँ ।।

◎ **Durgā : *Sthāyī*** *: O Mother Durgā! please save me from the worldly affairs, O Mother Ambā! please remove my obstacles. Without you I have no other way. I have no desire in this world.* ***Antarā* : *1.*** *O Mother Kālī! Devī Bhavānī! Sherānwālī (Rider of lion)! world knows your Līlā (magic). Nārad muni and Shāradā sing you prayers. O Goddess! please brighten up my fortune.* ***2.*** *I am your son/daughter from my previous lives. Victory to you, O Jagadambā (Mother of the world)! Jotānwālī (Goddess of light)! please come in my dreams with nice attire and appear before me. Please brighten up my fortune.* ***3.*** *Your grace is unique and different, O Lātānwālī (Durgā)! the world worships you. Shiva, Kinnars (celestial musicians) and devotees sing your greatness and your victory prayers, O Goddess!* **1452/4839**

गीतोपनिषद् : उन्नीसवाँ तरंग

Gitopanishad : Fascicule 19

75. ब्रह्म का निरूपण :

75. The Brahma (Gītā Chapter 8)

(ब्रह्मनिरूपणम्)

संगीतश्रीकृष्णरामायण छन्दमाला, मोती 201 of 501

प्रमाणिका छन्द[231]

। ऽ।, ऽ। ऽ, । ऽ

(स्वर्गप्राप्ति)

भला बुरा समान हो, बुखार द्वंद्व का न हो ।

गुमान को परे रखो, विनम्र–भाव से लखो ।। 1

सदैव शाँति से रहो, सदा हि "ठीक है" कहो ।

[231] **प्रमाणिका छन्द** : इस 8 वर्ण, 12 मात्रा वाले अनुष्टुप् छन्द के चरणों में ज र गण और अन्त में लघु–गुरु वर्ण आते हैं । इसका लक्षण सूत्र । ऽ।, ऽ। ऽ, । ऽ इस प्रकार होता है । यह छन्द स्फूर्ति गीत गाने के लिये बहुत उपयुक्त है ।

▶ लक्षण गीत : **दोहा॰ बारह मात्राएँ सजीं, लघु गुरु कल से अंत ।**
लघु गुरु कल का क्रम जहाँ, "प्रमाणिका" है छंद ।। 1178/7068

यही सुकर्म योग का, उपाय स्वर्ग भोग का ।। 2

◎ **Heaven :** *Be indifferent to good and bad events. Be unaffected by the dualities. Remove your ego. Have humility. Always be peaceful. Always say, "it is alright." This is the righteous path of yoga. This is the way to the heaven.* **1453/4839**

(रत्नाकर उवाच)

श्रुत्वा ज्ञानोपदेशं तं जिज्ञासुः सोऽभवत्तदा ।
ततोऽपृच्छन्नवान्प्रश्नान्–जिज्ञासया पुनः हरिम् ।। 958/2422

(अर्जुन की आँखें खुलीं और फिर प्रश्न)

सुन कर बातें आत्मशोध की, उसमें जागी स्फूर्ति बोध की ।
प्रश्न करन उसकी जिज्ञासा, हुआ ज्ञान का था वह प्यासा ।। 1356/5205

दोहा॰ **सुन कर कहना कृष्ण का, अर्जुन के मन जोश ।**
पूछने लगा प्रश्न वो, पुनः सँभाले होश ।। 1182/7068

◎ **And :** *Hearing the advice of wisdom, Arjun became curious to know more things. And thus, he asked more questions to Shrī Krishna.* **1454/4839**

निर्गतश्च भ्रमस्तस्य तृषितस्य शनैः शनैः ।
आत्मज्ञानस्य दीपश्चाभ्यन्तरे जागृतोऽभवत् ।। 959/2422

भ्रम उसके मन का अब सारा, हुआ दूर जब मिला किनारा ।
आत्मज्ञान का दीपक तन में, डाला घन उजियारा मन में ।। 1357/5205

दोहा॰ **आत्मशोध के बोध से, भ्रम का हुआ विनाश ।**
आत्मज्ञान के दीप से, मन में पड़ा प्रकाश ।। 1183/7068

◎ **And :** *The confusion from his mind disappeared and slowly he became normal. The lamp of self realization became illuminated in his heart.* **1455/4839**

श्रीमद्भगवद्गीता <u>अष्टमोऽध्यायः</u> ।

अर्जुन उवाच ।

॥ 8.1 ॥ **किं तद्ब्रह्म किमध्यात्मं किं कर्म पुरुषोत्तम ।**
अधिभूतं च किं प्रोक्तमधिदैवं किमुच्यते ॥

(अर्जुनप्रश्नाः)

ब्रह्म किमधिभूतं किम्–अध्यात्मं किं च कर्म किम् ।
ब्रूहि मां तत्समासेन श्रोतुमिच्छामि माधव ।। 960/2422

(अर्जुन ज्ञान के कई प्रश्न पूछता है)

ब्रह्म क्या है, अध्यात्म क्या है, अधिभूत क्या है, आत्म क्या है ।
कहिए मुझको सविस्तार से, सुनना चाहूँ, कृष्ण! प्यार से ।। 1358/5205

दोहा॰ **ब्रह्म क्या, अध्यात्म क्या, कर्म क्या, हृषीकेश! ।**
अधिभूत क्या, विस्तृत कहो, मुझको सब निःशेष ।। 1184/7068

◎ **More questions :** *Arjun said, O Mādhav (Husband of Lakṣhmī)! what is Brahma? What is Adhibhūta? What is Adhyātma? Please tell me.* **1456/4839**

॥ 8.2 ॥ **अधियज्ञः कथं कोऽत्र देहेऽस्मिन्मधुसूदन ।**
प्रयाणकाले च कथं ज्ञेयोऽसि नियतात्मभिः ॥

अधिभूतश्च को देहे जानीयां वै कथं च तम् ।
अन्तकाले कथं त्वां च ज्ञास्यामि युक्तचेतसा ।। 961/2422

शरीर में अधियज्ञ कौन है, जानूँ कैसे, क्या प्रमाण है ।
अंतकाल में तुमको कैसे, पहिचानूँ मैं युक्त चित्त से ।। 1359/5205

दोहा॰ **शरीर में अधिभूत को, कैसे जानूँ, तात! ।**
अंतकाल में, कृष्ण! ये, कैसे होगा ज्ञात ।। 1185/7068

◎ **And :** *Who is the Adhibhūta in this body and how may I recognize him in my mind at my last breath.* **1457/4839**

श्रीभगवानुवाच ।

॥ 8.3 ॥ **अक्षरं ब्रह्म परमं स्वभावोऽध्यात्ममुच्यते ।**
भूतभावोद्भवकरो विसर्गः कर्मसंज्ञितः ॥

(श्रीभगवानुवाच)
(व्याख्याः)

अध्यात्ममात्मज्ञानं हि, ब्रह्म परममक्षरम् ।
सृजति भूतभावं यो विसर्गः 'कर्म' संज्ञितः ।। 962/2422

(श्री भगवान ने कहा)

नित्य परम ही ब्रह्म महा है, आत्मज्ञान अध्यात्म कहा है ।

भूत-भाव को सृष्ट जो करे, 'कर्म' वही है, ध्यान में धरें ।। 1360/5205

दोहा॰ आत्मज्ञान अध्यात्म है, परमाक्षर है "ब्रह्म" ।
भूत-भाव विरचित करे, वही कहा है "कर्म" ।। 1186/7068

◎ **Answers :** *Shrī Kriṣhṇa said, Adhyātma is the knowledge of self. Brahma is the supreme principle that is eternal. Karma is the act that causes a being to take rebirth.* **1458/4839**

।। 8.4 ।। **अधिभूतं क्षरो भावः पुरुषश्चाधिदैवतम् ।**
अधियज्ञोऽहमेवात्र देहे देहभृतां वर ।।

अधिभूतं चिरं तत्त्वं, विद्ध्यधिदैवमीश्वरम् ।
अधियज्ञं च देहे मां विद्धि सत्तत्त्वमक्षरम् ।। 963/2422

अधिभूत कहा तत्त्व अजर है, अधिदैव कहा जो ईश्वर है ।
मेरा ही अधियज्ञ रूप है, शरीर में इन्द्रिय-भूप है ।। 1361/5205

दोहा॰ अजर तत्त्व अधिभूत है, ईश्वर है अधिदैव ।
जान मुझे अधियज्ञ तू, तत्त्व कहा जो दैव ।। 1187/7068

◎ **And :** *Adhibhūta is the timeless principle. Adhidaiva is the God. I am Adhiyajña, the immutable ātmā in the body.* **1459/4839**

।। 8.5 ।। **अन्तकाले च मामेव स्मरन्मुक्त्वा कलेवरम् ।**
यः प्रयाति स मद्भावं याति नास्त्यत्र संशयः ।।

(श्रीभगवतः स्मरणप्रभावः)

स्मरन्प्रयाणकाले मां देहं त्यजति यो नरः ।
मामेव याति ध्यायन्स मद्भक्तः पार्थ निश्चितम् ।। 964/2422

(श्रीभगवान् के स्मरण का प्रभाव)

किये स्मरण मम अंत काल में, नर त्यागे तन किसी हाल में ।
मिलता है वह मुझे हि निश्चित, स्मरण में लगा मनुष विपश्चित् ।। 1362/5205

दोहा॰ ओम्! ओम्! कहता हुआ, नम्र हृदय के साथ ।
अंत्य साँस जो नर तजे, वह मुझमें हि समात ।। 1185/7068

संगीतश्रीकृष्णरामायण छन्दमाला, मोती 202 of 501

मनमोहन छन्द[232]

8, 3, ।। ।

(अंतकाल)

ध्यान लगाया, करत नमन,
त्यागे तन जो, सतत स्मरण ।
जब आवेगा अंतिम क्षण,
निश्चित उसको, मम चरणन ।।

◎ **At the end :** *Chanting my name at the last breath, he who departs this world, O Arjun! he attains me, no doubt.* **1460/4839**

।। 8.6 ।। **यं यं वाऽपि स्मरन्भावं त्यजत्यन्ते कलेवरम् ।**
तं तमेवैति कौन्तेय सदा तद्भावभावितः ।।

अन्ते च समये यं हि भावं धृत्वा स गच्छति ।
स तदेवाप्स्यते देहं भावं तं मनसा स्मरन् ।। 965/2422

नर तन त्यागे अंत समय में, ध्यान में लगा जिस प्रमेय में ।
वही धाम वह नर पाता है, मन में जिसको वह ध्याता है ।। 1363/5205

दोहा॰ अंत काल में मन रहे, जिसी देव को ध्यात ।
उसी ध्यान की चाह से, वही देव नर पात ।। 1189/7068

◎ **And :** *With whichever thought in his mind when a person departs this world, he attains the object of his thought.* **1461/4839**

।। 8.7 ।। **तस्मात्सर्वेषु कालेषु मामनुस्मर युध्य च ।**

---

[232] **मनमोहन छन्द** : इस 14 मात्रा वाले छन्द के अन्त में तीन लघु वर्ण आते हैं । इसका लक्षण सूत्र 8, 3, ।।। इस प्रकार होता है । यति आठवे अक्षर पर ।

▶ लक्षण गीत : **दोहा॰ चौदह मात्राएँ सजीं, मत्त तीन लघु अंत ।**
आठ मत्त पर यति जहाँ, "मनमोहन" है छंद ।। 11903735

75. The Brahma (Gītā Chapter 8)

मय्यर्पितमनोबुद्धिर्मामेवैष्यस्यसंशयम् ।।

स्मरन्मां पार्थ तस्माद्धि कर्तव्यं कुरु त्वं रणे ।
एवं परायणो भूत्वा नूनं मामेव यास्यसि ।। 966/2422

(अत:)

अत: निरंतर मुझे सुमर कर, अब रण में तू पार्थ! समर कर ।
दृढ़ प्रण से जब नहीं हिलेगा, हुआ परायण मुझे मिलेगा ।। 1364/5205

दोहा॰ अत:, पार्थ! मत्पर हुए, रखो मुझी पर ध्यान ।
रण पर कर कर्तव्य तुम, मुझे मिलोगे आन ।। 1191/7068

◎ **And :** *Therefore, O Arjun! keeping me in your mind, do your duty on the battlefield and you will attain me.* **1462/4839**

को जानाति कदा कस्य कुत्र मृत्युर्भविष्यति ।
मुक्तिं प्राप्तुमतो नाम निरन्तरं मुखे भवेत् ।। 967/2422

कब किसको है कैसे मरना, जाना इसको किसने वरना ।
अत: नाम हो अखंड मुख में, मोक्ष अगर पाना है सुख में ।। 1365/5205

दोहा॰ को जाने कब कौन रे! प्राण छोड़ के जाय ।
हरि! हरि! हो मुख में सदा, पीछे मत पछताय ।। 1192/7068

◎ **Thus :** *Who knows when and what will happen to anayone. Therefore, to attain liberation, always keep me in your thoughts.* **1463/4839**

♪ संगीतश्रीकृष्णरामायण छन्दमाला, मोती 203 of 501

मदनाग छन्द[233]

12 + ऽ । ऽ, 4 + ।। ऽ

(परायणता)

भावना मन जो अंत काल में, उपस्थित रही ।
मत्पर मानुष को मम पाद में, मिले गति वही ।। 1
किसने जाना कब किसको कहाँ, होगा मरना ।
अत: अर्जुन! जाप मम नाम का, अविरत करना ।। 2

◎ **Devotion :** *The feeling that remains at heart at the time of death, is his destiny. He who remembers me, attains me. Who knows, who will die when and where. Thus, O Arju!, always keep chanting my name, just to be sure that you are thinking of me at your last breath.* **1464/4839**

संगीतश्रीकृष्णरामायण गीतमाला, पुष्प 314 of 763

भजन

(जप ले नाम)

स्थायी

जप ले नाम तू निशदिन बंदे, छोड़ बखेड़ा जाना है ।
अरे, बुलावा कब आजावे, कल को किसने जाना है ।।
♪ सासा रे– ग–म म पमगरे म–म–, रे–ग मप–मग ध–प– म– ।
निध–, पम–ग– मम ग–रे–म–, पप मग रेगम– पमगरे सा– ।।

अंतरा–1

हर दम नाम हो जिसके मुख में, अंत न उसका होगा दुख में ।
जीवन उसका सदा हि सुख में, बंदा वो ही सयाना है ।।
♪ सासा रेरे ग–म ग– ममप– मग रे–, ध–प म गगम– ग–म– पप म– ।
नि–धप ममप– गम– प मग रे–, प–मग रे– म पम–गरे सा– ।।

अंतरा–2

अंतकाल जिसका सुमिरण में, जीता उसने स्वर्ग मरण में ।
हरि चरणों में, वो जीता है, योगी वो ही महाना है ।।

अंतरा–3

काम करे जा राम नाम से, निष्काम कर्म करो तन मन से ।
योग सदीयों पुराना है, राग अमर का तराना है ।।

---

[233] ♪ **मदनाग छन्द :** इस 25 मात्रा वाले महावतारी छन्द के अन्त में एक दीर्घ मात्रा आती है । इसका लक्षण सूत्र 12 + ऽ । ऽ, 4 + ।। ऽ इस प्रकार होता है ।

▶ लक्षण गीत : दोहा॰ मत्त पच्चीस का जहाँ, लघु लघु गुरु से अंत ।
बारह कल पर यति किये, "मदनाग" बने छंद ।। 1193/7068

75. The Brahma (Gītā Chapter 8)

◎ **Chant : *Sthāyī* :** *Chant Hari's name day and night, one day you have to leave this world. You don't know when you will be called back, who knows what happens tomorrow?* ***Antarā* : 1.** *He who chants name every moment, his end will not occur in pains. His life will be filled with happiness. He is a wise person.* **2.** *He who is chanting until his last breath, he wins the heaven at his death. He lives at the feet of Hari. He is a great yogī.* **3.** *He who does his duties in the name of Hari, he who acts without the desire for its fruit, he is practicing the age old yoga. It is the song of immortal melody.* **1465/4839**

।। 8.8 ।। **अभ्यासयोगयुक्तेन चेतसा नान्यगामिना ।**
परमं पुरुषं दिव्यं याति पार्थानुचिन्तयन् ।।

(पुरुषोत्तमप्राप्तिः)

अभ्यासे रतो भूत्वा करोति चित्तसाधनाम् ।
युक्त्वा चिन्तने नित्यं स प्राप्नोति पुरुषोत्तमम् ।। 968/2422

(पुरुषोत्तम की प्राप्ति)

नित्य पठन से योग में लगा, नाम स्मरण से चित्त हो जगा ।
लगा निरंतर हरि कीर्तन में, पुरुषोत्तम मिलता चिंतन में ।। 1366/5205

दोहा॰ योग पठन में जो लगा, हरि चिंतन से व्याप्त ।
किये निरंतर साधना, पुरुषोत्तम है प्राप्त ।। 1194/7068

◎ **Supreme Person :** *Doing the practice of controlling the mind and doing meditation, he attains the Supreme Person.* **1466/4839**

।। 8.9 ।। **कविं पुराणमनुशासितारमणोरणीयांसमनुस्मरेद्यः ।**
सर्वस्य धातारमचिन्त्यरूपमादित्यवर्णं तमसः परस्तात् ।।

ॐ अनुष्टुप्-श्लोक-छन्दसि गीतोपनिषद्

सदा भजति सर्वज्ञम्-ईशं यो विश्वपालकम् ।
कविं सर्वस्य धातारं सूक्ष्मतमं सनातनम् ।। 969/2422

सदा हि जो है मुझको ध्याता, जग-पालक मैं सरबस ज्ञाता ।
सर्व सनातन सबका दाता, सर्व सूक्ष्मतम विश्वविधाता ।। 1367/5205

दोहा॰ सदा भजो परमेश वो, सर्व सनातन ईश ।
सबका ज्ञाता है वही, विश्वपाल जगदीश ।। 1195/7068

◎ **And :** *He who always worships the Protector of the world who is omniscient, invisible and ancient nourisher of the world;* **1467/4839**

।। 8.10 ।। **प्रयाणकाले मनसाऽचलेन भक्त्या युक्तो योगबलेन चैव ।**
भ्रुवोर्मध्ये प्राणमावेश्य सम्यक्स तं परं पुरुषमुपैति दिव्यम् ।।

प्राणं मूर्ध्नि स्थिरं कृत्वा भक्तियुक्तेन चेतसा ।
अन्तकाले रतो योगी लभते पुरुषं परम् ।। 970/2422

चित्त भक्ति से भरा हुआ हो, प्राण भृकुटि में स्तब्ध धरा हो ।
अंत काल तक योग व्याप्त जो, पुरुषोत्तम को करे प्राप्त वो ।। 1368/5205

दोहा॰ प्राण भौंह में स्थिर किये, चित्त भक्ति से युक्त ।
परम पुरुष को प्राप्त वो, अंत समय में मुक्त ।। 1196/7068

◎ **And :** *Holding the breath steady between the two eyebrowss with a faithful heart, at the last breath, the yogī attains the Supreme person.* **1468/4839**

।। 8.11 ।। **यदक्षरं वेदविदो वदन्ति विशन्ति यद्यतयो वीतरागाः ।**
यदिच्छन्तो ब्रह्मचर्यं चरन्ति तत्ते पदं सङ्ग्रहेण प्रवक्ष्ये ।।

(परमधाम)

अक्षरमिति यत्प्राहुः-ज्ञानिनो वेदपण्डिताः ।
यान्ति संन्यासिनो यत्र परमं तत्पदं शृणु ।। 971/2422

(परम धाम)

अक्षर कहते जिसको ज्ञानी, वेद विशारद पंडित ध्यानी ।
सुनो परम पद जिसमें योगी, भागे आते हैं बैरागी ।। 1369/5205

दोहा॰ अक्षर कहते धाम जो, जिन्हें वेद का ज्ञान ।
सुनो परम पद वो जहाँ, संन्यासी को स्थान ।। 1197/7068

◎ **And :** *I shall tell you about the place, that the people learned in the Vedas call eternal abode and the place that the austere people attain after their death.* **1469/4839**

।। 8.12 ।। **सर्वद्वाराणि संयम्य मनो हृदि निरुध्य च ।**
मूर्ध्न्याधायात्मनः प्राणमास्थितो योगधारणाम् ।।

नवद्वाराणि संयम्य मनो पूर्णं वशी कृतम् ।

75. The Brahma (Gītā Chapter 8)

प्राणं च मूर्ध्नि संहृत्य करोति योगधारणाम् ।। 972/2422

नौ द्वारों पर संयम करके, चित्त हृदय के घर में धरके ।

प्राण शीश में संयत करके, योग धारणा संमत करके ।। 1370/5205

दोहा॰ नौ द्वारों के देह के, वश में करके गात्र ।

प्राण शीश में स्थिर जिसे, योग साधना पात्र ।। 1198/7068

◎ **And :** *Having controlled the nine input-output gates of the body and keeping the mind restrained, keeping the breath steady in the forehead, one should sit for yoga.* **1470/4839**

।। 8.13 ।। **ओमित्येकाक्षरं ब्रह्म व्याहरन्मामनुस्मरन् ।**
य: प्रयाति त्यजन्देहं स याति परमां गतिम् ।।

ओमोम्मुखे सदा यस्य मनसि चिन्तनं मम ।

त्यक्त्वा देहं स प्राप्नोति मद्धाम च परां गतिम् ।। 973/2422

जिसके मन में चिंतन मेरा, मुख में निश–दिन ॐ का फेरा ।

देह त्याग कर नर वह आता, परम धाम मम निश्चित पाता ।। 1371/5205

दोहा॰ मन में जो भजता मुझे, लिये ओम् का नाम ।

तन तज कर मिलता उसे, परम शाँति का धाम ।। 1199/7068

◎ **And :** *Uttering Om! Om! by mouth and thinking of me at the last breath, he who leaves the body, he attains supreme state at my abode.* **1471/4839**

।। 8.14 ।। **अनन्यचेताः सततं यो मां स्मरति नित्यशः ।**
तस्याहं सुलभः पार्थ नित्ययुक्तस्य योगिनः ।।

अनन्यमनसा यो मां प्रीत्या भजति सर्वदा ।

प्राप्तो भवामि तेनाहं सुगमः सुलभः सदा ।। 974/2422

जो भजता है निर्मल तन से, मुझे प्रीति से, अनन्य मन से ।

प्राप्त उसे मैं सहज हूँ सदा, सुगम रीति से, सुलभ सर्वदा ।। 1372/5205

दोहा॰ जो भजता है सर्वदा, लेकर मेरा नाम ।

प्राप्त उसे मैं हूँ सदा, उसको मेरा धाम ।। 1200/7068

◎ **And :** *He who worships me with love and one pointed focus, by him I become easy to be attained.* **1472/4839**

♫ **संगीतश्रीकृष्णरामायण छन्दमाला, मोती 204 of 501**

शंकर छन्द[234]

16, 7 + ऽ।

(नाम जप)

जो भजता है भगत सर्वदा, लिये मेरा नाम ।

मिलता है पार्थ! निश्चित उसे, परम मेरा धाम ।। 1

चिंतन मन में ओम्! ओम्! का, करत तजता प्राण ।

तज कर देह नर पाता मुझे, घटत भव कल्याण ।। 2

◎ **Chant :** *He who chants my name all the time, O Arjun! he certainly attains my abode. He who leaves his body chanting my name, he reaches me and he spreads goodness in the world.* **1473/4839**

संगीतश्रीकृष्णरामायण गीतमाला, पुष्प 315 of 763

भजन

(हरि हरि)

स्थायी

मन में मूरत, मुख में ना – – म ।

♫ सासा रे– ग–रेसा, मम गरे सा– – सा ।

अंतरा–1

चंचल मन पे बंधन दीन्हा, तन के अंदर संयम कीन्हा ।

निश–दिन हरि जप चारों या – – म ।

सुंदर सूरत हरि घनश्या – – म ।।

♫ सा–सासा रेरे ग– प–मग रे–म–, मम गरे म–मम प–मग म–प– ।

---

[234] ♫ **शंकर छन्द :** इस 26 मात्रा वाले महाभागवत छन्द के अन्त में एक गुरु और एक लघु मात्रा आती है । इसका लक्षण सूत्र 16, 7 + ऽ। होता है ।

▶ लक्षण गीत : **दोहा॰ मत्त बत्तीस पूज्य का, मात्रा गुरु लघु अंत ।**
सोलहवीं पर यति सजे, पावन "शंकर" छंद ।। 1201/7068

75. The Brahma (Gītā Chapter 8)

धध पप मम गग प–मग रे– – – ।

सा–रेरे ग–रेसा मम गरेसा– – सा ।।

अंतरा–2

संत जनन के संग मुकामा, अंग बिभूति चंदन माला ।

मुख में घड़ी घड़ी हरि गुण गा – – न ।

अंत में मिलता स्वर्ग का धा – – म ।।

अंतरा–3

अंबर से भूमि पर आया, नंद का नंदन मंगल काया ।

वन्दन शिर सष्टांग प्रणा – – म ।

तुझ पर अर्पण हमरे प्रा – – ण ।।

◎ **Hari Hari! : *Sthāyī* :** *Keep Hari's image in the mind and Hari's name in the mouth.* ***Antarā* : 1.** *Having controlled the unstable mind and keeping the organs under control, chant the beautiful names of Hari Shrī Krishna all day.* **2.** *Keep company of righteous people. Wear holy signs on your body. Remember and Chant the Hari's good deeds all the time. At the end you will attain a place in the heaven.* **3.** *He came from the heaven to the earth. He grew at Nanda Bābā's house. Obeisance to him. O Lord! I surrender to you.* **1474/4839**

।। 8.15 ।। मामुपेत्य पुनर्जन्म दुःखालयमशाश्वतम् ।

नाप्नुवन्ति महात्मानः संसिद्धिं परमां गताः ।।

ॐ गच्छति शरणं यो मां सिद्धो महाजनो नरः ।

नश्वरं दुःखदं तस्य पुनर्जन्म न विद्यते ।। 975/2422

जन महान जो सिद्धि पाता, शरण मुझे जो चल कर आता ।

मुझको पाकर, नश्वर दुख मय, भव चक्कर का उसे नहीं भय ।। 1373/5205

दोहा॰ आता जो मम शरण में, भगत भक्ति से युक्त ।

नर वह दुखमय जगत में, पुनर्जन्म से मुक्त ।। 1202/7068

◎ **And :** *The righteous person who surrenders to me, he does not receive the perishable and sorrowful birth on the earth again.* **1475/4839**

।। 8.16 ।। आब्रह्मभुवनाल्लोकाः पुनरावर्तिनोऽर्जुन ।

मामुपेत्य तु कौन्तेय पुनर्जन्म न विद्यते ।।

(पुनर्जन्म)

ॐ यातायातस्य चक्रं यं ब्रह्मलोकं स गच्छति ।

जन्ममृत्योर्विमुक्तः स यो याति शरणं मम ।। 976/2422

(पुनर्जन्म)

ब्रह्मलोक है जिसे ठिकाना, उसे लगा है आना–जाना ।

जो नर मुझ तक है आजाता, पुनर्जन्म वो नहिँ है पाता ।। 1374/5205

दोहा॰ आना–जाना है उसे, जिसे ब्रह्म का धाम ।

मेरे आश्रय में नहीं, पुनर्जन्म का नाम ।। 1203/7068

◎ **Rebirth :** *He who goes to Brahma's realm after his death, he returns back on the earth with a new birth. He who comes to my abode, does not get stuck in the wheel of death and new birth.* **1476/4839**

।। 8.17 ।। सहस्त्रयुगपर्यन्तमहर्यद्ब्रह्मणो विदुः ।

रात्रिं युगसहस्त्रान्तां तेऽहोरात्रविदो जनाः ।।

(अहोरात्रज्ञाता)

ॐ निशा शतयुगा दीर्घा तावद्दिनं च ब्रह्मणः ।

गती ज्ञाते तयोर्येन स जानाति निशां दिनम् ।। 977/2422

(अहोरात्र का ज्ञाता)

निश ब्रह्मा की शत युग जानी, दिन भी उतना माने ज्ञानी ।

दिन–रैना की गति जो जाना, निश–दिन ज्ञाता उसको माना ।। 1375/5205

दोहा॰ शत युग रैना ब्रह्म की, उतना ही दिनमान ।

जानी जिसने यह गति, उसे अहो–निश ज्ञान ।। 1204/7068

◎ **Night and day :** *The night of Brahma is hundred yugas (ages) long and the day is also equally long. He who knows these two states, he knows what the night and day truly are.* **1477/4839**

।। 8.18 ।। अव्यक्ताद्व्यक्तयः सर्वाः प्रभवन्त्यहरागमे ।

रात्र्यागमे प्रलीयन्ते तत्रैवाव्यक्तसंज्ञके ।।

ॐ प्रभाते ब्रह्मणो जीवा व्यक्ता भवन्ति गोचराः ।

सन्ध्यायां च पुनः सर्वे ते पूर्ववदगोचराः ।। 978/2422

75. The Brahma (Gītā Chapter 8)

ब्रह्मा जी का दिन जब निकले, जीव जगत को चेतना मिले ।
दिन ढलने पर फिर रात्री को, सर्व अगोचर भव यात्री वो ।। 1376/5205

✍दोहा॰ **प्रभात होते ब्रह्म की, प्राणी सजीव व्यक्त ।**
ब्रह्माजी की रात्र में, निर्जिव सब अव्यक्त ।। 1205/7068

◎ **And :** *At the dawn of the Brahma's day, the beings take animate births and at the night of Brahma they depart back to their inanimate states.* **1478/4839**

|| 8.19 || **भूतग्रामः स एवायं भूत्वा भूत्वा प्रलीयते ।**
रात्र्यागमेऽवशः पार्थ प्रभवत्यहरागमे ।।

ॐ **गमनागमनं तेषां चक्राकारं निरन्तरम् ।**
आगमनं दिवा तेषां नक्तं च गमनं तथा ।। 979/2422

आते–जाते बार–बार हैं, जीव चक्र में लगातार हैं ।
दिन में आते, निश में जाते, सभी विवश ही चक्र लगाते ।। 1377/5205

✍दोहा॰ **आनी–जानी यों लगी, अथक चक्र की तौर ।**
दिन में आते हैं सभी, जाते निश में और ।। 1206/7068

◎ **And :** *In this fashion, the beings come and go in a cyclic manner for ever, day and night.* **1479/4839**

संगीतश्रीकृष्णरामायण गीतमाला, पुष्प 316 of 763

भजन

(जन्म–मरण चक्र)

स्थायी

ऐसी ये दासताँ है, जो ना कभी रुकी है ।
जानी जहाँ खतम है, होती शुरू वहीं है ।।
♫ म–प– म ग–मप– ध–, प– नि– धप– धप– म– ।
गम– पध– पधध नि–, ध–प– मप– मगरे सा– ।।

अंतरा–1

लंबी सहस्र जुग की, ब्रह्मा की रात जानी ।
उतनी ही दिन की लंबी, यात्रा पुनः कही है ।।
♫ सा–रे– गग–ग मम प–, नि–ध– प ध–प म–प– ।
पपम– ग रेरे ग म–प–, ध–प– मप– मगरे सा– ।।

अंतरा–2

दिन में ये भूत प्यारे, होते हैं व्यक्त सारे ।
अव्यक्त फिर निशा में, जीवन मरण यही है ।।

अंतरा–3

ब्रह्मा है प्राण दाता, वो ही है मुक्ति देता ।
"भगवन्! तू हमको पाहि," ये प्रार्थना सही है ।।

◎ **Cycle of life : *Sthāyī* :** *This life is such a cycle that never stops. It ends where it begins again.* ***Antarā* : 1.** *It's night is as long as Brahma's eight-hundred-thousand-Brahma's years, and then the days is as long as the night. This cycle turns over and over.* **2.** *At Brahma's day, the beings manifest and at night they become unmanifest. It is called the birth and death in the mundane world.* **3.** *Brahma is the life giver, he is the liberator. O Lord! please protect us, is our request to you.* **1480/4839**

|| 8.20 || **परस्तमात्तु भावोऽन्योऽव्यक्तोऽव्यक्तात्सनातनः ।**
यः स सर्वेषु भूतेषु नश्यत्सु न विनश्यति ।।

(परमगतिः)

ॐ **उच्चतमैतयोर्भिन्ना गतिः पार्थ सनातना ।**
न गच्छति न चायाति विनाशे न विनश्यति ।। 980/2422

(परम गति)

इन दो गति से नित्य निराली, गति एक है दैवी वाली ।
सब विनशे पर जो चिर स्थिर है, वही सनातन गति ईश्वर है ।। 1378/5205

✍दोहा॰ **इनसे बढ़ कर तीसरी, गति दैविनी पुराण ।**
नश्वर जग में, शाश्वती, परमा कही महान ।। 1207/7068

◎ **Supreme Person :** *Different than these two Mundane states called life and death, O Arjun! there is third Supreme State which having attained, one does not return back to the cycle of life and death.* **1481/4839**

|| 8.21 || **अव्यक्तोऽक्षर इत्युक्तस्तमाहुः परमां गतिम् ।**

75. The Brahma (Gītā Chapter 8)

यं प्राप्य न निवर्तन्ते तद्धाम परमं मम ।।

(परमगतिप्राप्तिः)

गति सा परमा पार्थ मम धामापि कथ्यते ।
यत्रागत्य न गन्तव्यं परमं धाम तन्मम ।। 981/2422

(परम धाम की प्राप्ति)

परमा गति वह गयी है कही, जिसको पाकर लौटना नहीं ।
अक्षर गति भी जिसे नाम है, अर्जुन! मेरा परम धाम है ।। 1379/5205

दोहा॰ **दैवी यह परमा गति, जानो मेरा धाम ।**
पाकर वह परमा गति, लौटना नहीं नाम ।। 1208/7068

◎ **And :** *O Arjun! that Supreme State is also called "My abode." Having come to my abode, one does not have to go back to the perishable world.* **1482/4839**

संगीतश्रीकृष्णरामायण छन्दमाला, मोती 205 of 501

शिव छन्द[235]

2 + । + 2 + ।ऽ।ऽ
अथवा 2 + । + 2 + ।। ।।ऽ
अथवा 2 + । + 2 + । + 2 + ।। ।

(परमतत्त्व)

उगम पँच भूत का, जगत जहँ हि सृष्ट है ।
परम अचल भक्ति से, परम तत्त्व दृष्ट है ।।

◎ **Supreme principle :** *The Supreme principle from where the five elemental beings (Bhūtas) originate and from them the whole Universe evolves, that principle can be seen by having unshaken faith.* **1483/4839**

---

[235] **शिव छन्द** : इस 11 मात्रा वाले रौद्र छन्द के अन्त में स गण (।।ऽ), अथवा र गण (ऽ।ऽ) अथवा न गण (।।।) आता है । इसकी 3, 6, 9–वीं मात्रा लघु होती है । यति चरणान्त ।

▶ लक्षण गीत : दोहा॰ **ग्यारह मात्रा रौद्र का, स र न गणों से अंत ।**
त्रय छः नौ लघु पर हों जहाँ, मंगल वह "शिव" छंद ।। 1209/7068

।। 8.22 ।। **पुरुषः स परः पार्थ भक्त्या लभ्यस्त्वनन्यया ।**
यस्यान्तःस्थानि भूतानि येन सर्वमिदं ततम् ।।

उद्गमः पञ्चभूतानां सृष्टं यस्मादिदं जगत् ।
सर्वैर्हि प्राप्यते भक्त्या परमात्मा स श्रद्धया ।। 982/2422

पँच भूत का जो है सोता, विश्व सृष्ट है जिससे होता ।
वह परमात्मा ईश्वर जाना, परम भक्ति से उसको पाना ।। 1780/5205

दोहा॰ **पंचभूत का मूल जो, प्रकृति का यजमान ।**
भक्ति से जो प्राप्त है, "परमात्मा" है नाम ।। 1210/7068

◎ **And :** *The Supreme Person from whom the five beings and the whole Universe emerges, can be seen by anyone who has unshaken faith in him.* **1484/4839**

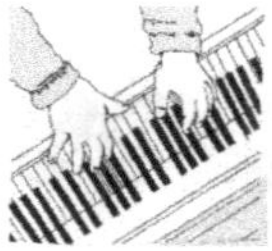

संगीतश्रीकृष्णरामायण गीतमाला, पुष्प 317 of 763

भजन

(मंगल हरि)

स्थायी

मंगल हरि काम तेरा, परम धाम है – – ।
प–मग रे.ग म–ग रे.ग–, पमग रे–ग सा– ।

अंतरा–1

सुंदर शुभ शाँत सुभग छवि, तेरी सुखारी ।
कोटि कोटि संत करें, वन्दना तिहा – – – री ।
गिरिधर गोविंद तेरा, मधुर नाम है – – ।।
म–गरे गग प–म गगग गरे–, प–म गरे–म– ।
नि–ध प–ध नि–ध पम–, प–मग– रे.ग– – म– ।
पपपप प–म–ग रे.ग–, पमग रे–ग सा– – ।।

अंतरा–2

स्वर्ग से बढ़ के पवित्र प्रभु! तेरा ठिकाना ।
भक्ति–भाव से हि मिले, अमर ऐसा मुका – – – मा ।

75. The Brahma (Gītā Chapter 8)

चरणन में आके तेरे–, सब ललाम है – – ।।

अंतरा–3

हिरदय का एक छोटा कोना, तेरा है धामा ।

भगतन के मन में ए–क बसा, तेरा है ना – – – मा ।

लाख लाख कृष्ण तुझे, शत शत प्रणाम हैं – – ।।

◎ **O Hari! : *Sthāyī* :** *O Hari! your deeds and your abode are auspicious.* ***Antarā* : 1.** *Your peaceful and beautiful image is pleasure giving. millions up on millions of your devotee saints are doing obeisance to you. O Shrī Krishna! your names Giridhara (bearer of the mountain) and Govind (Protector of the cows) are sweet.* **2.** *O Lord! your abode is holier and superior than the heaven. One gets entrance in your abode by supreme faith. Having come to your feet, everything is beautiful.* **3.** *A small corner in our hearts is your abode. And, in the minds of your devotees dwells your name. O Shrī Krishna! we salute you hundreds of thousands of times.* **1485/4839**

।। 8.23 ।। **यत्र काले त्वनावृत्तिमावृत्तिं चैव योगिनः ।**
प्रयाता यान्ति तं कालं वक्ष्यामि भरतर्षभ ।।

(कृष्णशुक्लौ पथौ)

शृणु पार्थ क्षणे द्वेऽपि प्रत्यागमोऽस्ति वा न वा ।
एकस्मिन्नास्ति यात्रा त्वन्यस्मिन्प्रत्यागमो भवेत् ।। 983/2422

(शुक्ल पथ और कृष्ण पथ)

अब कहता हूँ समय दो वही, जिनमें है या लौटना नहीं ।
इक में जाकर लौटता नहीं, दूजा वापस भेजता यहीं ।। 1381/5205

दोहा॰ **सुनो, पार्थ! अब समय दो, जो देते दो धाम ।**
एक देत धरती पुनः, अपर स्वर्ग में स्थान ।। 1211/7068

◎ **Two paths :** *O Arjun! now listen to the two separate paths, by one of which, a person comes back to the mundane world and the other takes him to the realm of no return (final liberation).* **1486/4839**

।। 8.24 ।। **अग्निर्ज्योतिरहः शुक्लः षण्मासा उत्तरायणम् ।**
तत्र प्रयाता गच्छन्ति ब्रह्म ब्रह्मविदो जनाः ।।

अग्निज्योतेः क्षणे यद्वा प्रकाशदिवसक्षणे ।
अवधौ शुक्लपक्षस्य षण्मासे उत्तरायणे ।। 984/2422

अग्नि ज्योति की हो यदि बेला, या दिन प्रकाश की हो वेला ।
शुक्ल पक्ष का हो अवकासा, उत्तरायण के छह मासा ।। 1382/5205

दोहा॰ **अग्नि ज्योति का काल हो, या हो दिवस प्रकाश ।**
उत्तरायण रवि की गति, शुक्ल पक्ष अवकाश ।। 1212/7068

◎ **And :** *The knower of Brahma (the Supreme), who departs during the presence of the Sun, brightness of the sky, the day time, the bright lunar fortnight and in the six months of northward travel of the sun, he goes to Brahma.* **1487/4839**

ब्रह्मज्ञानी त्यजेदेहम्–एतेषु समयेषु यः ।
परं ब्रह्मपदं प्राप्य योगी तदात्मको हि सः ।। 985/2422

इन घड़ियों में देह त्यागता, वो योगी है ब्रह्म जानता ।
स्थान चरम वो पाकर ज्ञाता, परम ब्रह्म के करीब आता ।। 1383/5205

दोहा॰ **जो योगी तन त्यागता, इन समयों के बीच ।**
स्थान चरम उसको मिले, ब्रह्म परम में ऊँच ।। 1213/7068

◎ **And :** *That knower of Brahma (the Supreme), having died in these periods, joins Brahma and becomes one with Brahma.* **1488/4839**

।। 8.25 ।। **धूमो रात्रिस्तथा कृष्णः षण्मासा दक्षिणायनम् ।**
तत्र चान्द्रमसं ज्योतिर्योगी प्राप्य निवर्तते ।।

कृष्णपक्षे निशाकाले षण्मासे दक्षिणायने ।
चन्द्रकिरणमारुह्य प्रत्यागच्छति भूतले ।। 986/2422

निशा काल में, धूम्र त्रास में, दक्षिणायन के छह मास में ।
चंद्र ज्योति से भू पर आए, फिर वह भव का तरास पाए ।। 1384/5205

दोहा॰ **दक्षिण पथ में सूर्य हो, कृष्ण पक्ष की रात ।**
आता योगी भूमि पर, चंद्र किरण के साथ ।। 1214/7068

◎ **And :** *A person who departs during a cloudy day, at the night time, in the dark lunar fortnight and during the six months of the southward travel of the sun, he returns back to the earth with the beam of the moon.* **1489/4839**

।। 8.26 ।। **शुक्लकृष्णे गती ह्येते जगतः शाश्वते मते ।**
एकया यात्यनावृत्तिमन्ययावर्तते पुनः ।।

(पथौ ज्ञातव्यौ)

शुक्लकृष्णौ पथौ द्वौ च जगति शाश्वतौ मतौ ।
एको ददाति मुक्तिं तु द्वितीयो भवसागरम् ।। 987/2422

(पथ दोनों जानने चाहिए)

शुक्ल कृष्ण हैं पथ दो जाने, शाश्वत दोनों जग में माने ।
पहले पथ से मुक्ति आवे, दूजे से भवसागर पावे ।। 1385/5205

दोहा॰ शुक्ल कृष्ण दो पक्ष के, पथ शाश्वत हैं ज्ञात ।
मिले एक से मुक्ति है, दूजे से भव प्राप्त ।। 1215/7068

And : *These two eternal paths are known in this world. One gives you final liberation and the other puts you in the worldly cycle of life and death.* **1490/4839**

|| 8.27 || **नैते सृती पार्थ जानन्योगी मुह्यति कश्चन ।**
तस्मात्सर्वेषु कालेषु योगयुक्तो भवार्जुन ।।

यो जानाति पथौ योगी मोहातीतः सदा हि सः ।
तस्मात्त्वं सर्वदा पार्थ ज्ञानयोगं समाचर ।। 988/2422

पथ दोनों को नर जो जाने, मोह पाश वो भव के फाने ।
अतः पार्थ! तुम योग को धरो, और ज्ञान में आसरा करो ।। 1386/5205

दोहा॰ शुक्ल कृष्ण दोनों हुए, पथ जिसको हैं याद ।
वह ज्ञानी निर्मोह है, बनो ज्ञानी तुम, तात! ।। 1216/7068

And : *O Arjun! he who knows these two paths, he is not deluded. Therefore, O Arjun! always be a Jñāna yogī.* **1891/4839**

|| 8.28 || **वेदेषु यज्ञेषु तपःसु चैव दानेषु यत्पुण्यफलं प्रदिष्टम् ।**
अत्येति तत्सर्वमिदं विदित्वा योगी परं स्थानमुपैति चाद्यम् ।।

ॐ अनुष्टुप्-श्लोक-छन्दसि गीतोपनिषद्

यज्ञेन तपसा दानैः श्रुतिर्वदति यत्फलम् ।
तस्मात्पुण्यतरं पार्थ ज्ञानेन प्राप्यते वरम् ।। 989/2422

(योग का ज्ञान)

श्रुति करती है फल प्रदान जो, यज्ञ तपस्या और दान जो ।
उनसे भी यह फल महान है, जो योगी को देत ज्ञान है ।। 1387/5205

दोहा॰ फल जो कहते वेद हैं, किये यज्ञ तप दान ।
उनसे बड़ फल देत है, ज्ञान योग का ज्ञान ।। 1217/7068

And : *O Arjun! the fruits the Vedas prescribe by charity and austerity, one can achieve even better result through the Jñāna yoga.* **1892/4839**

<u>संगीतश्रीकृष्णरामायण गीतमाला, पुष्प 318 of 763</u>

भजन : राग वृंदावनी सारंग, कहरवा ताल 8 मात्रा

(नंद किशोर)

स्थायी

नंद किशोर को याद करले, सुख-दुख चिंता उस पर छोड़ दे ।

♫ सां-नि पमरेनि़ सा रे – – रे मरेनि़सा, नि़नि़ सासा रे-सा- रेरे पम रे-सा सा ।

अंतरा-1

प्रभु बिन अब तेरा, कौन है कौन है ।
जरा दिल की सुन, हरि बिन दुखिया ।।

♫ मम पप निप निनि, सां-सां सां रें-सां सां ।
निसां रेंरें रें- सांसां, निसां रेंसां निसांनिप ।।

अंतरा-2

अरज बिना प्रभु, मौन है मौन है ।
याद करे तो, जीवन उजियारा ।।

अंतरा-3

हरि बिन क्या कुछ, और है और है ।
अरु कछु हो न हो, उस बिन नहीं चारा ।।

Nand-Kishor : ***Sthāyī :*** *Always remember Nand-Kishor (The boy of Nanda Bābā) Shrī Krishna. Leave your worries and sadness to Him.* ***Antarā : 1.*** *Without Hari, now who is yours? Just listen your heart, without Hari it is sad.* ***2.*** *Without prayers, Hari is quiet. If you pray to him, your life will be enlightened.* ***3.*** *Is there anything other than Hari? Anything else may be or may not be, but without him, there is no other way.* **1493/4839**

75. The Brahma (Gītā Chapter 8)

संगीतश्रीकृष्णरामायण गीतमाला, पुष्प 319 of 763

(ब्रह्मज्ञान का निरूपण)

स्थायी

स्वरदा ने सुंदर गाया है, नारद ने साज बजाया है ।
रतनाकर गीत रचाया है ।।

♫ सानि़सा– गरे सा–नि़नि़ सा–रेम ग–, गममग पम ग–रे सासा–रेम ग– ।
गगरेसासासा रे–ग मगरेसानि़ सा– ।।

अंतरा–1

जो ज्ञानी कहते अक्षर है, अविनाशी शाश्वत चिर स्थिर है ।
सब गोचर हैं, जिसके दिन में, अरु निश में अगोचर हैं फिर से ।
वह ब्रह्म सनातन जाना है ।।

♫ प– मरेम– पपपम पनिधप प–, पपमगगसा सागमप गरे सानि़ सा– ।
सानि़ सा–गरे सा–, नि़नि़सा– रेम ग–, सानि़ सासा ग रेसा–नि़नि़ सा– रेम ग– ।
गग रेसासा सारे–गम गरेसानि़ सा– ।।

अंतरा–2

जिस जग में आनी–जानी है, वह ब्रह्म गतिऽ भी मानी है ।
जित जाकर लौटन नाही है, सत् परम धाम मम ताही है ।
मम भगतों ने वो पाया है ।।

अंतरा–3

जो यज्ञ दान तप का फल है, उससे पावन ज्ञान का बल है ।
वह ज्ञानी नर कहलाया है, वह मम शरणन को पाया है ।
जो मम चरणन में आया है ।।

◎ **Brahma : *Sthāyī* :** *Ratnākar composed the melody, Sarasvatī sang it beautifully, while Shrī Nārad muni played the Vīṇā.* ***Antarā : 1.*** *The thing that the wise people call eternal, indestructible, immutable, indivisible and by which the beings are personified in the day of Brahma (the Supreme) and unpersonified during the night, that beginingless and endless supreme principle is ātmā.* ***2.*** *The state by which a being attains birth and death, that supreme state is called Brāhmī-state. But, the state in which there is exit from the cycle of birth and death, that state is my Supreme abode.* ***3.*** *The fruit one gets by austerities and charity, one gets superior result than that through Jñāna yoga. He who comes to my feet attains Jñāna yoga.* **1494/4839**

श्रीमद्–भगवद्–गीता अध्याय नौवाँ ।
राजविद्या–राजगुह्य योग ।

संगीतश्रीकृष्णरामायण गीतमाला, पुष्प 320 of 763

खयाल : राग भैरव,[236] तीन ताल 16 मात्रा

(चाल, तबला ठेका और तान के लिये देखिये हमारी "*नयी संगीत रोशनी*" का गीत 13)

(जै महेश)

जै महेश, निर्गम तेरी माया, लीला से जगत तू भरमाया ।
धूप कहीं पर है कहीं है छाया ।।

अंतरा–1

साँप गले में डाला तूने, गंगा मैया तेरी जटा में ।
आँख तीसरी विनाश लाने, नारी नटेश्वर अनुपम काया ।।

अंतरा–2

छाला हिरन की तेरी कटी पर, चंदा साजे तेरी जटा में ।
पाहि पाहि रे कृपालु प्यारे, दास तुम्हारी शरण में आया ।।

◎ **Mahesh : *Sthāyī* :** *Victory to you, O Mahesha! your grace is formless. With your magic the whole world is confused. Some place there is light and at other place there is darkness.* ***Antarā : 1.*** *You are wearing a snake around your neck. Gangā is flowing from your black hair, You open the third eye to dissolve the world. Half-man half-woman is your unique form.* ***2.*** *Deer-hide is around your waist. The moon is shining on*

---

[236] 𝄞 **राग भैरव :** यह भैरव ठाठ का राग है । यह सबसे पुरातन राग है । इसका आरोह है : सा रे ग म प ध नि सां । अवरोह है : सां नि ध प म ग रे सा ।

▶ लक्षण गीत : ✍ **दोहा॰ कोमल स्वर दो रे ध हैं, ध रे वादि संवाद ।**
गंभीर, प्रात काल का, "भैरव" राग अगाध ।। 1218/7068

your forehead. Please save us! O Merciful dear Lord! this devotee has surrendered at your feet. **1495/4839**

गीतोपनिषद् :बीसवाँ तरंग

Gitopanishad : Fascicule 20

76. गीतारहस्य का निरूपण :

76. The Secrets of the Gītā *(Gītā Chapter 9)*

(गीतारहस्यनिरूपणम्)

संगीतश्रीकृष्णरामायण छन्दमाला, मोती 206 of 501

फटका छन्द

8 + 8 + 8 + 6/5

(गीता रहस्य)

कर्म फलों का, होनी योनि का, नाता जिसको दिखता है ।
नर वह ज्ञानी, अपनी होनी, स्वयं आप ही लिखता है ।। 1
स्वरूप मेरा, न देव जाने, न मानुषों में कोई है ।
रहस्य इसका, जिसने जाना, मुझको पाता सोही है ।। 2

◎ **The secret of the Gītā :** *Lord Shrī Krishṇa said, he who understands the relationship between the deeds, their fruits and the fate, that wise person writes his fate with his own hand. Neither the people nor the Gods know my divinity. But, he who understands this secret, he reaches me.* **1496/4839**

श्रीमद्भगवद्गीता नवमोऽध्यायः ।
श्रीभगवानुवाच ।

।। 9.1 ।। इदं तु ते गुह्यतमं प्रवक्ष्याम्यनसूयवे ।
ज्ञानं विज्ञानसहितं यज्ज्ञात्वा मोक्ष्यसेऽशुभात् ।।

ॐ अनुष्टुप्-श्लोक-छन्दसि गीतोपनिषद्

(श्रीभगवानुवाच)

(राजविद्या च राजगुह्यं च)

ॐ **गुह्यं हितकरं ज्ञानम्-अवदमहमुत्तमम् ।**
पुनः शृणु सविज्ञानं गुडाकेश वदामि त्वाम् ।। 990/2422

(राजविद्या एवं राजगुह्य)

रहस्य मय वह ज्ञान काम का, गोपनीय वह 'योग' नाम का ।
जो बोला है मैंने तुमसे, सुनो दुबारा फिर वह मुझसे ।। 1388/5205

दोहा॰ **रहस्य मय तुझको कहा, हित दायक जो ज्ञान ।**
पुनः सुनो, अर्जुन सखे! वही सहित विज्ञान ।। 1219/7068

◎ **And :** *O Arjun! the secret knowledge which I gave you so far, I shall tell it to you again, with its science.* **1497/4839**

ॐ **सन्तरिष्यसि ज्ञानेन सहजं भवसागरम् ।**
प्राप्स्यसि निश्चितं मुक्तिम्-इदं ज्ञात्वा यथार्थतः ।। 991/2422

इसी ज्ञान से तर जाओगे, बंधन मोचन कर पाओगे ।
भवसागर तब होगा पार, जब जानोगे इसका सार ।। 1389/5205

दोहा॰ **पाकर इस शुभ ज्ञान को, भवसागर है पार ।**
योग जान कर ज्ञान का, मिले स्वर्ग का द्वार ।। 1220/7068

◎ **And :** *With this knowledge you will cross over the worldly ocean and attain liberation.* **1498/4839**

।। 9.2 ।। राजविद्या राजगुह्यं पवित्रमिदमुत्तमम् ।
प्रत्यक्षावगमं धर्म्यं सुसुखं कर्तुमव्ययम् ।।

ॐ **राज्ञी सा सर्वविद्यानां सूर्यवज्ज्ञानदीपिका ।**
अव्ययिनी च विद्या सा गूढा श्रेष्ठा च पावना ।। 992/2422

विद्याओं का है यह राजा, दीप्त ज्ञान सूरज है साजा ।
ज्ञान यही सबसे पावन है, गुढ़ मगर सबसे भावन है ।। 1390/5205

दोहा॰ **राजा है यह ज्ञान का, उज्ज्वल सूर्य समान ।**
पवित्र शाश्वत श्रेष्ठ है, धार्मिक पूज्य महान ।। 1221/7068

◎ **And :** *This knowledge is the king of all learning. It is bright like the sun. It is eternal, holy and most superior.* **1499/4839**

76. The Secrets of the Gītā (Gītā Chapter 9)

॥ 9.3 ॥

अश्रद्दधानाः पुरुषा धर्मस्यास्य परन्तप ।
अप्राप्य मां निवर्तन्ते मृत्युसंसारवर्त्मनि ॥

सद्धर्मे नास्ति विश्वासो यस्य नरस्य पाण्डव ।
पतति स न मां प्राप्य मृत्युसंसारसागरे ॥ 993/2422

श्रद्धा नर की अगर नहीं है, विद्या में जो यहाँ कही है ।
मुझे न पाकर चक्र लगावे, आनी-जानी उसे सतावे ॥ 1391/5205

दोहा॰ श्रद्धा जिस नर की नहीं, पाने में यह ज्ञान ।
मूरख वह खोता मुझे, भव में उसके प्राण ॥ 1222/7068

◎ **And :** *But, O Arjun! he who does not have faith in this knowledge, he falls in the worldly ocean that is filled with death and destruction.* **1500/4839**

॥ 9.4 ॥

मया ततमिदं सर्वं जगदव्यक्तमूर्तिना ।
मत्स्थानि सर्वभूतानि न चाहं तेष्ववस्थितः ॥

(नाहं तेषु)

सर्वगोऽहं निराकारः सर्वभूतेषु भारत ।
मयि तिष्ठन्ति सर्वाणि नाहं तेषु धनञ्जय ॥ 994/2422

(श्रीभगवान् भूतों में स्थित नहीं हैं)

सरबस गामी निराकार मैं, सब भूतों की हूँ मदार मैं ।
भूत बसे हैं मुझमें सारे, मगर मैं नहीं उनमें, प्यारे! ॥ 1392/5205

दोहा॰ निराकार आधार मैं, सब भूतों का, पार्थ! ।
आश्रित वे मुझमें सभी, मुझे न उनमें स्वार्थ ॥ 1223/7068

◎ **Lord's abode :** *I am omnipresent and formless. I am the support of all beings. All beings dwell in me, but I do not dwell in them.* **1501/4839**

॥ 9.5 ॥

न च मत्स्थानि भूतानि पश्य मे योगमैश्वरम्[237] ।
भूतभृन्न च भूतस्थो ममात्मा भूतभावनः ॥

(नाहं तेषु)

न पश्य मयि भूतानि; पश्य मे योगमैश्वरम् ।
अहं तेषां समुद्धर्ता कर्ता धाता च सर्वथा ॥ 995/2422

(श्रीभगवान् भूतों में स्थित नहीं हैं)

भूतों से मैं लगा नहीं हूँ, फिर भी उनका सगा सही हूँ ।
कर्ता धाता सबका मैं, हरि, देखो मेरा योग ईश्वरी ॥ 1393/5205

दोहा॰ अचरज से मत देख तू, मुझमें जो स्थित भूत ।
देखो मेरे योग को, जो है ईश्वर रूप ॥ 1224/7068

◎ **And :** *O Arjun! do not look at the beings dwelling in me. See my divine yoga. I am the seed, support and nourisher of all the beings.* **1502/4839**

॥ 9.6 ॥

यथाकाशस्थितो नित्यं वायुः सर्वत्रगो महान् ।
तथा सर्वाणि भूतानि मत्स्थानीत्युपधारय ॥

(पुनर्जन्म)

आकाशे मुक्तवायुः स विशाले सर्वगो यथा ।
प्राणोऽपि सर्वभूतानां विशति निश्चितं मयि ॥ 996/2422

(पुनर्जन्म)

महा गगन में वायु विचरता, सभी ओर से मुक्त विहरता ।
प्राण भूत के वैसे लसते, आते-जाते मुझमें बसते ॥ 1394/5205

दोहा॰ वायु विचरता गगन में, यथा मुक्त सब ओर ।
आते-जाते भूत हैं; शाश्वत मुझमें ठौर ॥ 1225/7068

◎ **And :** *As the wind is freely moving in the sky, so do the beings freely come in and go out from me.* **1503/4839**

॥ 9.7 ॥

सर्वभूतानि कौन्तेय प्रकृतिं यान्ति मामिकाम् ।
कल्पक्षये पुनस्तानि कल्पादौ विसृजाम्यहम् ॥

यान्ति ब्रह्मणि जीवास्ते कल्पान्ते लयमागताः ।
निवर्तन्ते पुनः सर्वे कल्पादौ गोचरां गतिम् ॥ 997/2422

कल्प के आखिर जीव बिचारे, प्रकृति में लय सारे पाते ।

---

[237] न च मत्स्थानि भूतानि पश्य मे योगमैश्वरम् = **"पश्य मे योगमैश्वरम् न च मत्स्थानि भूतानि"** इति ज्ञातव्यम् ।

नये कल्प में काया धारे, पुनः भूमि पर सारे आते ।। 1395/5205

✍दोहा॰ **भूत कल्प के अंत में, मुझमें पाते ठौर ।**

आते वापस भूमि पर, नये कल्प में और ।। 1226/7068

◎ **And :** *The beings which depart at the end of the Brahma's day, rest in Brahma for the night. And then, as the day breaks, they again personify on the earth.* **1504/4839**

।। 9.8 ।। **प्रकृतिं स्वामवष्टभ्य विसृजामि पुनः पुनः ।**
भूतग्राममिमं कृत्स्नमवशं प्रकृतेर्वशात् ।।

ॐ **प्रकृतेर्विवशाः सर्वे जीवा ममाश्रिताः खलु ।**

मायया मे हि जायन्ते भिन्नाकारा यथा गतिः ।। 998/2422

प्रकृति पर हैं निर्भर सारे, सब विध मेरे ही आधारे ।

मेरी माया के हि सहारे, भिन्न-भिन्न हैं स्वरूप धारे ।। 1396/5205

✍दोहा॰ **मेरे आश्रय में सभी, प्रकृति के अनुसार ।**

माया मम देती उन्हें, भिन्न रूप आकार ।। 1227/7068

◎ **And :** *All beings rest in Brahma, under the control of their Prakriti (nature), they take birth in different forms accoording to the fruit of their karmas.* **1505/4839**

।। 9.9 ।। **न च मां तानि कर्माणि निबध्नन्ति धनञ्जय ।**
उदासीनवदासीनमसक्तं तेषु कर्मसु ।।

ॐ **कृत्वाऽपि सर्वकर्माणि तटस्थोऽहं तु कर्मसु ।**

अनासक्तश्च निर्बद्धः सदा कर्म करोम्यहम् ।। 999/2422

कर्म ये सारे करके, प्यारे! तटस्थ उनमें मैं सविचारे ।

अबद्ध मैं हूँ बिन अनुरागी, करता कारज तज कर लागी ।। 1397/5205

✍दोहा॰ **करके सब ये कर्म भी, मुझे नहीं अनुराग ।**

अनासक्त निर्बद्ध मैं, करूँ कर्म बेदाग ।। 1228/7068

◎ **And :** *Having done all these karmas (deeds) of evolution and dissolution, I am still unattached to them. I keep doing all these deeds for ever, keeping myself unbound and unattached to them.* **1506/4839**

(कर्म-फल-होनी-योनि-सिद्धान्तः)

ॐ **यस्य यस्य यथा कर्म मिलेद्योनिस्तथा तथा ।**

सा पूर्वकर्मणां लीला भाग्यमित्युच्यते जनैः ।। 1000/2422

✍दोहा॰ **जिसका जैसा कर्म हो, योनि तथा सदैव ।**

लीला संचित कर्म की, जग में जानी "दैव" ।। 1229/7068

◎ **The Karma theory :** *As one's deeds are, so are their fruits. Accordingly is his rebirth. In the world, people call it as "destiny."* **1507/4839**

ॐ **दुष्कृतो जायते पापी पुण्यवान्सुकृतस्तु यः ।**

कृतं कर्म यथा येन जन्म तस्य तथैव हि ।। 1001/2422

(कर्म-फल-होनी-योनि का सिद्धांत)

जैसी जिसकी होती करनी, वैसी उसको मिलती योनि ।

कर्म फलों का खेल ये न्यारा, 'होनि' कहता है जग सारा ।। 1398/5205

✍दोहा॰ **पापी बनता पाप से, पुण्य देत स्वर्लोक ।**

कर्म फलों का खेल ये, "होनी" कहते लोग ।। 1230/7068

◎ **And :** *The sinful person takes birth as a sinner. The holy person takes birth as a saint. As he has done the karmas in this life, so is his birth in the next life.* **1508/4839**

संगीतश्रीकृष्णरामायण गीतमाला, पुष्प 321 of 763

भजन

(बोले सत्नाम)

स्थायी

ज्याहि विध होवे काम, ताहि विध धाम ।

♫ पप मम गम प-प, पम गरे सा-सा ।

अंतरा-1

सद्गुण देता मन की शुद्धि, पुण्य करन की सात्विक बुद्धि ।

ऋद्धि सिद्धि दे, बोले सत्नाम ।।

♫ निनिधनि सा-सा- रेरे ग- म-म-, प-म गरेग म- ध-पम ग-म- ।

नि-ध प-ध म-, पम गरेसा-सा ।।

अंतरा–2

गुण राजस में शान सुहानी, अहंकार हठ मान खुमारी ।
दंभ दर्प अरु, आत्मगुमान ।।

अंतरा–3

तामस गुण में भरा अंधेरा, काम क्रोध मद मत्सर माया ।
अज्ञानी को, नरक में स्थान ।।

अंतरा–4

पाप ताप सब भार हराने, भवसागर दुख पार कराने ।
निश–दिन जपियो, हरि! हरि! नाम ।।

◎ **Satnām : *Sthāyī :*** *As is one's karma, so is his dwelling.* ***Antarā : 1.*** *The good virtues give purity of mind and natural inclination of doing good deeds. It also gives prosperity and success, says Satnām (Shrī Krishṇa).* ***2.*** *The rajas-guṇa (ego) gives pomp and show. It gives stubbornness, superiority complex and intoxication. It also gives deceit, pride and arrogance.* ***3.*** *The tamas-guṇa (ignorance) gives darkness of mindlessness, and then passions, anger, intoxication, jealousy and delusion take control of the mind.* ***4.*** *In order to destroy your sins and sickness of mind and to live happily in the world, chant Hari's name.* **1509/4839**

यथा कर्म तथा योनिः धर्मोऽस्ति प्रकृतेर्ध्रुवः ।
धर्मं ज्ञात्वा कृतिर्यस्य भाग्यं तेन स्वयं कृतम् ।। 1002/2422

होनी वैसी यथा कर्म है, प्रकृति का ये कहा धर्म है ।
धर्म जान कर जिसकी करनी, हाथ उसीके उसकी योनि ।। 1399/5205

दोहा॰ **"योनि मिलती है तथा, यथा हि जिसका कर्म" ।**
लिखे स्वयं निज भाग्य वो, जो जाने यह धर्म ।। 1231/7068

◎ **And :** *As are your deeds, so is your next birth. It is the rule of nature. He who acts righteously, he writes his own destiny with his own hands.* **1510/4839**

♫ <u>संगीतश्रीकृष्णरामायण छन्दमाला, मोती 207 of 501</u>

फटका छन्द

8 + 8 + 8 + 6/5

(योनि)

प्रकृति के इस काल चक्र में, होनी सबके साथ है ।
धर्म जान कर कर्म जो करे, योनि उसीके हाथ है ।।

◎ **And :** *In the cycle of life and death, the fate of every person is in his own hands. He who acts wisely with righteousness, he gets a righteous birth and the one who acts evil, gets a demonic birth.* **1511/4839**

<u>संगीतश्रीकृष्णरामायण गीतमाला, पुष्प 322 of 763</u>

भजन : राग रत्नाकर, कहरवा ताल 8 मात्रा

(राम नाम)

स्थायी चौपाई, अंतरा दोहा

स्थायी

जप जप राम नाम शत बारी, पार सरत भव सागर तोय ।

♫ सानि़ सारे ग–रे प–म गरे सा–रे–, प–म गरेरे गम गरेसानि़ सा–सा ।

अंतरा–1

काम विषय मल धोय के, राम राम कहि कोय ।
मन सुमिरन में खोय के, नाम काम का होय ।। 274/7068

♫ सा–रे रेगग मम प–म प–, म–प म–ग रेग म–म ।
पप ममगग रेसा रे–ग रे–, म–ग रे–सा नि़– सा–सा ।।

अंतरा–2

दान दिया दिल खोल के, बिन भीतर से रोय ।
सद् बुद्धि का दान वो, काम ज्ञान का होय ।। 275/7068

अंतरा–3

जपन तपन मन मोड़ के, सर्व दिशा से तोड़ ।
एक चित्त को जोड़ के, जाप ध्यान का होय ।। 276/7068

◎ **Rāma's chant : *Sthāyī :*** *Chanting Shrī Rāma's name a hundred times, you can trade the water of the worldly ocean.* ***Antarā : 1.*** *Washing away desires and passions from the mind, he who chants Rāma! Rāma! keeping his mind in Shrī Rāma's thoughts, his chant of the name becomes fruitful.* ***2.*** *Give charity opening your heart, without any hesitation, that righteous charity is a right thinking.* ***3.*** *Detaching your mind from* *everywhere else, concentrate on meditation and contemplation. With such one focus of mind, yoga of concentration is successful.* **1512/4839**

कर्मफलस्य सम्बन्धः सह दैवेन वेत्ति यः ।
दैवं स्वस्य नरो ज्ञानी लिखति स यथेच्छया ।। 1003/2422

जो जानत है करनी भरनी, वही जानता होनी योनि ।
सुदैव अपना नर वह ज्ञानी, आप ही लिखता ज्यों मनमानी ।। 1400/5205

दोहा॰ नाता होनी योनि का, कर्मफलों के साथ ।
जाना जिस विद्वान ने, योनि उसी के हाथ ।। 1232/7068

◎ **And :** *He who understands such relationship between karma (deed) and its fruit, he is able to write (decide) his own destiny by acting accordingly.* **1513/4839**

सत्कार्ये कर्मयोगेन युञ्जाते यो नरः सदा ।
मुञ्चते योनिचक्रात्स पण्डितो मत्परायणः ।। 1004/2422

करे नित्य जो कृत्य कर्म को, मुझे परायण सत्यधर्म जो ।
कर्मयोग में जो जुटता है, योनि चक्र से वो छुटता है ।। 1401/5205

दोहा॰ कर्म योग से जो सदा, करता नित सत्कार्य ।
योनि-चक्र से मुक्त है, मत्पर नर वह आर्य ।। 1233/7068

◎ **And :** *He who engages himself in righteous deeds by equipping himself in Karma yoga (performing duty without desire for its fruit), that wise person releases himself from the cycle of birth and death, by devoting himself to me.* **1514/4839**

कर्ताऽहं कर्मणां तेषां तेष्वबद्धस्तथाप्यहम् ।
उदासीनो निरासक्तः कर्मस्वहं धनञ्जय ।। 1005/2422

इन कर्मों को मैं करता हूँ, अबद्ध उनमें मैं रहता हूँ ।
निरासक्त मैं उदासीन मैं, सब कर्मों में मोह हीन मैं ।। 1402/5205

दोहा॰ कर्ता मैं उन कर्म का, उनसे सदा अबद्ध ।
निरासक्त निष्पक्ष मैं, करतब में कटिबद्ध ।। 1234/7068

◎ **Me :** *O Arjun! I do all the deeds for all the beings, but being unattached to all of them, I stay indifferent and unattached to everything.* **1515/4839**

।। 9.10 ।। **मयाध्यक्षेण प्रकृतिः सूयते सचराचरम् ।**
हेतुनानेन कौन्तेय जगद्विपरिवर्तते ।।

ममाज्ञया जगत्सर्वं विकसितं चराचरम् ।
तस्मादिदं जगत्कृत्स्नं नित्यशः परिवर्तते ।। 1006/2422

आज्ञा मेरी पाकर सारा, खड़ा हुआ है जगत पसारा ।
इसी लिये यह सब संसारा, फेरे लेता मेरे सहारा ।। 1403/5205

दोहा॰ आज्ञा मेरी पाइके, चले जगत की बात ।
आनी-जानी के उसे, चक्र मिले दिन-रात ।। 1235/7068

◎ **And :** *And, O Arjun! this eternal cycle of evolution and dissolution of the world takes place with my order.* **1516/4839**

।। 9.11 ।। **अवजानन्ति मां मूढा मानुषीं तनुमाश्रितम् ।**
परं भावमजानन्तो मम भूतमहेश्वरम् ।।

(आस्तिकः च दैत्यः च)

ईशोऽहं सर्वभूतानां यो न जानाति तत्त्वतः ।
कृत्वा तेनावमानो मे तेनाहं मानवो मतः ।। 1007/2422

(श्रीभगवान् के पूजक और दैत्य प्रवृत्ति)

सब भूतों का मैं हूँ ईश्वर, नहीं जानता मूरख जो नर ।
मुझको उसने अवहेलित कर, मान लिया है मानव नश्वर ।। 1404/5205

दोहा॰ सब भूतों का ईश मैं, जिन्हें नहीं यह ज्ञान ।
मुझको मानव मान कर, करता मम अपमान ।। 1236/7068

◎ **The unfaithful :** *He who does not know that I am the Lord of all beings, he insults me by thinking that I am a human being.* **1517/4839**

।। 9.12 ।। **मोघाशा मोघकर्माणो मोघज्ञाना विचेतसः ।**
राक्षसीमासुरीं चैव प्रकृतिं मोहिनीं श्रिताः ।।

संयुक्तो दैत्यभावेन बुद्धिहीनो नराधमः ।
वृथेच्छुको वृथाकर्मी मोघज्ञानी कुचिन्तकः ।। 1008/2422

बुद्धिहीन वो नराधमी है, दैत्य-भाव की नहीं कमी है ।
वृथा कामना निरर्थ कर्मी, अज्ञानी वह मोघ अधर्मी ।। 1405/5205

76. The Secrets of the Gītā (Gītā Chapter 9)

दोहा॰ **दैत्य-भाव से युक्त वो, बुद्धि हीन निकृष्ट ।**
निरर्थकर्मी नर वही, "अज्ञानी" है दुष्ट ।। 1237/7068

◎ **And :** *That mindless sinful person of demonic nature is ignorant and foolish with false hopes.* **1518/4839**

।। 9.13 ।। **महात्मानस्तु मां पार्थ दैवीं प्रकृतिमाश्रिताः ।**
भजन्त्यनन्यमनसो ज्ञात्वा भूतादिमव्ययम् ।।

(दैवीप्रकृतिः)

एकभक्तास्तु कौन्तेय दैवीजनाः सुबुद्धयः ।
आदिं मां सर्वभूतानां विदुर्बीजं सनातनम् ।। **1009**/2422

(दैवी प्रवृत्ति)
सुबुद्धि वाले दैवी जन हैं, एकभक्ति में जिनका मन है ।
मुझे सनातन बीज मानते, सब भूतों का आदि जानते ।। 1406/5205

दोहा॰ **मेरी दैवी शक्ति से, बने यहाँ हर चीज ।**
सुबुद्धि वाले जानते, मुझे सनातन बीज ।। 1238/7068

◎ **The faithful :** *But, O Arjun! a faithful person who is righteous, ascetic and focused, he knows that I am the primordial and ancient seed of this evolution.* **1519/4839**

।। 9.14 ।। **सततं कीर्तयन्तो मां यतन्तश्च दृढव्रताः ।**
नमस्यन्तश्च मां भक्त्या नित्ययुक्ता उपासते ।।

जानन्ति महिमानं मे यत्नशीला दृढव्रताः ।
पूजका मम ते दासा मद्भक्ताः शरणागताः ।। **1010**/2422

यत्नशील जो दृढ़ व्रत वाले, मेरी महिमा को पहिचाने ।
नित्ययुक्त जो शरणागत हैं, मेरे पूजक मम आगत हैं ।। 1407/5205

दोहा॰ **मेरी महिमा जान कर, मत्पर मेरे भक्त ।**
यत्नशील वे दृढव्रती, मुझे पूजते फक्त ।। 1239/7068

◎ **And :** *That resolute and righteous person knows my divinity. He comes to my feet.* **1520/4839**

।। 9.15 ।। **ज्ञानयज्ञेन चाप्यन्ये यजन्तो मामुपासते ।**
एकत्वेन पृथक्त्वेन बहुधा विश्वतोमुखम् ।।

(अन्यजनाः)

अपरे पूजका भक्ता विश्वरूपं नमन्ति मे ।
एकाग्रं ज्ञानयज्ञेन पृथक्त्वेन पुनः पुनः ।। **1011**/2422

(अन्य लोग)
अन्य भक्त जन पूजक मेरे, विश्वरूप के बने हैं चेरे ।
एक-भाव से, पृथक्-भाव से, ज्ञान यज्ञ से, सत् स्वभाव से ।। 1408/5205

दोहा॰ **मेरे पूजक दूसरे, देख विश्व का रूप ।**
ज्ञान यज्ञ से पूजते, मेरे अन्य स्वरूप ।। 1240/7068

◎ **And :** *Other devotees of mine worship my Universal form variously with Jñāna-yajña (austerity of knowing my divinity).* **1521/4839**

।। 9.16 ।। **अहं क्रतुरहं यज्ञः स्वधाहमहमौषधम् ।**
मन्त्रोऽहमहमेवाज्यमहमग्निरहं हुतम् ।।

(भगवतः विभूतयः)

यज्ञाहुतिर्घृतं पार्थ स्वधा वनस्पतिस्तथा ।
क्रतुरहं च यज्ञश्च यज्ञमन्त्रश्च पावकः ।। **1012**/2422

(श्रीभगवान् की विभूतियाँ)
यज्ञ साधना पावन मैं हूँ, मंत्र दक्षिणा पावक मैं हूँ ।
घृत स्वधा तथा वनस्पति हूँ, पार्थ! यज्ञ की मैं आहुति हूँ ।। 1409/5205

दोहा॰ **यज्ञ आहुति घृत तथा, वनस्पति मैं, पार्थ! ।**
मंत्र दक्षिणा अग्नि मैं, मैं पावन परमार्थ ।। 1241/7068

◎ **Divinity :** *O Arjun! I am the offerings of the yajña (austerity), I am the chants, I am the fire and I am the yajña (sacrifice).* **1522/4839**

।। 9.17 ।। **पिताहमस्य जगतो माता धाता पितामहः ।**
वेद्यं पवित्रमोङ्कारऋक्साम यजुरेव च ।।

माताऽहं च पिता धाता जगतश्च पितामहः ।
ऋक्सामयजुषां कर्ता पूज्योऽहं प्रणवस्तथा ।। **1013**/2422

मातु पिता मैं जगत्पिता हूँ, पार्थ! जगत का मैं धाता हूँ ।
वेद तीन का मैं ज्ञाता हूँ, पूज्य प्रणव का मैं सोता हूँ ।। 1410/5205

दोहा॰ माता मैं ताता तथा, धाता पितामहान ।
वेत्ता मैं त्रैवेद का, पूज्य प्रणव प्रणिधान ।। 1242/7068

◎ **And :** *I am the mother, I am the father, I am the nourisher, I am the ancestor, I am the creator of the Vedas, I am the auspicious Om of the Vedas.* **1523/4839**

संगीतश्रीकृष्णरामायण गीतमाला, पुष्प 323 of 763

भजन

(बिभूति)

स्थायी

जानता जो चराचर बिभूति मेरी, सच्चिदानंद निष्ठा उसी की खरी ।
सा–ऩिसा– सा– गरे–ग– गरे–ग– मप–, सां–निध–प–म प–ध– पम– ग– रेसा– ।

अंतरा–1

यज्ञ की आहुति मैं स्वधा अर्चना, चार वेदों में गायी प्रणव मंत्रणा ।
योगीभिर्ध्यानगम्या मैं आराधना, चक्रधारी कनाई मुरारी हरि ।।
सा–सा रे– ग–मग– रे– गम– प–मग–, नि–ध प–म– ग म–प– मपम ग–रेसा– ।
सा–रेग–ग–गम–ग– रे ग–म–पम–, सां–निध–प– मप–ध– पम–ग– रेसा– ।।

अंतरा–2

बंधु भाई सखा स्नेही माता–पिता, जन्म–मृत्यु अमरता का मैं देवता ।
चाँद सूरज सितारों में तेजस्विता, चेतना प्रकृति में है मैंने भरी ।।

अंतरा–3

आसमाँ से धरा तक भुवन तीन में, जो भी दैवी है शक्ति मेरी देन है ।
जो भी मेरे धरम का रजामंद है, मेरे बिभूति की परखन उसी ने करी ।।

◎ **Divinity : *Sthāyī* :** *He who knows my animate and inanimate divinities, his faith gives him peace and joy at his heart.* **Antarā : 1.** *I am the oblation of the yajña (austerity), I am the prayer, I am the Om of the four Vedas. I am his contemplation, I am his meditation, I am his Shrī Krishna, the Chakradhārī (bearer of Sudarshan wheel) and Murāri (Slayer of the demon Mura).* **2.** *I am his mother, father, friend, tutor and the well wisher. I am his birth, death and the Goddess of immortality. I am the splendor of the sun and the brightness of the moon and the stars. I am the life of the living beings in the nature.* **3.** *I am the divine power that is spread from the sky to the earth. He who understands and accepts my rules of nature, he understands my divinity.* **1524/4839**

।। 9.18 ।। **गतिर्भर्ता प्रभुः साक्षी निवासः शरणं सुहृत् ।**
प्रभवः प्रलयः स्थानं निधानं बीजमव्ययम् ।।

भर्ता साक्षी गतिः स्नेही निवासोऽहं प्रभुस्तथा ।
सर्वेषां मूलबीजोऽहं प्रलयश्च सनातनः ।। 1014/2422

भर्ता साक्षी स्नेही गति मैं, अंत मध्य अरु उत्पत्ति मैं ।
निवास सच्चिदानंद घन मैं हूँ, बीज सनातन, अर्जुन! मैं हूँ ।। 1411/5205

दोहा॰ भर्ता साक्षी बंधु मैं, सबका शरण निधान ।
जन्म–मृत्यु की मैं गति, मूल बीज, भगवान ।। 1243/7068

◎ **And :** *I am the witness and the protector. I am the fate and the fortune. I am the Lord and the dwelling. I am the evolution and the dissolution of everything.* **1525/4839**

।। 9.19 ।। **तपाम्यहमहं वर्षं निगृह्णाम्युत्सृजामि च ।**
अमृतं चैव मृत्युश्च सदसच्चाहमर्जुन ।।

तेजस्वी दिवि सूर्योऽहं पर्जन्यकारकस्तथा ।
मृत्युदोऽमरतादश्च सदसच्चाहमर्जुन ।। 1015/2422

मृत्यु अमरता का मैं दाता, वर्षा अवर्षा का मैं कर्ता ।
सूर्य रूप में प्रकाश मैं हूँ, सत् असत् का निवेश मैं हूँ ।। 1412/5205

दोहा॰ सूरज बन कर तेज मैं, वर्षा का करतार ।
मृत्यु अमरता सत् असत्, प्रकृति का भरतार ।। 1244/7068

◎ **And :** *I am the sun in the sky. I am the rain. I am the birth and death giver, existence and the non-existence, O Arjun!* **1526/4839**

संगीतश्रीकृष्णरामायण छन्दमाला, मोती 208 of 501

शंकर छन्द

16, 7 + ऽ।

(कृष्ण विभूति–3)

76. The Secrets of the Gītā (Gītā Chapter 9)

भर्ता साक्षी सद्गति स्नेही, कृष्ण परम निवास ।
सब भूतों का बीज कृष्ण है, वही प्रलय विनाश ।। 1
जन्म-मृत्यु सुरपुर का दाता, प्रखर सूर्य प्रकाश ।
सत् असत् पर्जन्य अनावृष्टि, कृष्ण ही आकाश ।। 2

◎ **Divinity :** *Shrī Krishṇa is the seed of all beings. He is the creator, witness, friend and righteousness. He gives birth, death and immortality. He puts light in the sun, moon and stars. He causes rain, existence and non-existence.* **1527/4839**

संगीतश्रीकृष्णरामायण गीतमाला, पुष्प 324 of 763

राग बिलावल : कहरवा ताल

(सूर्य नारायण वन्दना)

स्थायी

नमामि भास्करं चन्द्रं मङ्गलं च बुधं गुरुम् ।
शुक्रं शनिं च राहुं च केतुयुक्तान्नवग्रहान् ।। 1015/2422
♫ साग-ग ग-गरे- म-ग-, रे-गरे- ग- पम- गरे- ।
रे-ग- रेग- म पम- ग-, रे-गरे-ग-मग-रेसा- ।।

अंतरा-1

आदित्यं भास्वरं भानुं रविं सूर्यं प्रभाकरम् ।
अरुणं मिहिरं मित्रं पूर्णभक्त्या नमाम्यहम् ।। 1017/2422
♫ प-प-प- ध-पम- ग-प-, गम- प-म- गरे-गम- ।
सासासा- रेरेरे- ग-म-, ग-मग-रे- मग-रेसा- ।।

अंतरा-2

तमोरिं तारकानाथं पापघ्नं रात्रिभूषणम् ।
इन्दुं चन्द्रं विधुं सोमं दण्डवत्प्रणमाम्यहम् ।। 1018/2422

अंतरा-3

मङ्गलाङ्गं महाकायं ग्रहराजं ग्रहाधिपम् ।
अङ्गारकं महाभागं साष्टाङ्गः प्रणमाम्यहम् ।। 1019/2422

अंतरा-4

बुद्धिमतां बुधं श्रेष्ठं नक्षत्रेशं मनोहरम् ।
बुद्धिदं पुण्डरीकाक्षं कृताञ्जलिर्नमाम्यहम् ।। 1020/2422

अंतरा-5

सौम्यमूर्तिं ग्रहाधीशं पीताम्बरं बृहस्पतिम् ।
तारापतिं सुराचार्यं प्रणिपातो नमाम्यहम् ।। 1021/2422

अंतरा-6

भार्गवं वृष्टिकर्तारं स्वभासाभासिताम्बरम् ।
प्रकाशं शङ्करं शुक्रं सायं प्रातो नमाम्यहम् ।। 1022/2422

अंतरा-7

विघ्नराजं यमं रौद्रं सर्वपापविनाशकम् ।
शनीश्वरं शिवं शुभ्रं शतशः प्रणमाम्यहम् ।। 1023/2422

अंतरा-8

विप्रचित्तिसुतं राहुं रक्ताक्षमर्धविग्रहम् ।।
सिंहिकानन्दनं दैत्यं पुनः पुनो नमाम्यहम् ।। 1024/2422

अंतरा-9

रुद्रप्रियग्रहं कालं धूम्रकेतुं विवर्णकम् ।
लोककेतुं महाकेतुं मुहुर्मुहुर्नमाम्यहम् ।। 1025/2422

◎ **A Prayer of Sun God : *Sthāyī* :** *I pray to the Light giving Sun God along with the other planets of Moon, Mangala (Mars), Budha (Mercury), Guru (Jupiter), Shukra (Venus), Shani (Saturn), Rāhu and Ketu (the two Comets).* ***Antarā :*** *Respectful obeisance to the Āditya (son of Aditi), Bhāsvara (the Brilliant), Bhānu (the Effulgent), Ravi (the one that arises everyday), Sūrya (the Heavenly), Prabhākara (the Light giver), Aruṇa (the Orange coloured), Mihira (The Rain giver), Mitra (the Loving) God.* ***2.*** *I prostrate and pray to the Moon God, the Tamori (the Destroyer of the darkness), Tārakānātha (Master of the stars), Pāpaghna (the Remover of the sins), Rātri-bhūshaṇa (the Ornament of the night), Indu (who moisturizes the dry night with his soft light), Chandra (the Pleasing one), Vidhu (the Remorse causer for your bad deeds), Soma (the Nectar of the delightful rays).* ***3.*** *I pray to the planet Mars, the Mangalāng (the one with auspicious body), Mahākāya (the Great one), Graharāj (the King of the planets), Grahādhip (the Chief of the planets), Angārak (the Sparkling one), Mahābhāg (the Good luck giver).* ***4.*** *With folded hands I pray to the planet Budha (Mercury), the Buddhimān (Intelligence giver), Shreṣhtha (Superior), Nakṣhatreṣtha (Lord of the* *planets), Manohara (the Beautiful), Buddhida (Giver of wisdom), Puṇḍarikākṣha (whose eyes are like lotus).* **5.** *I pray to Brihaspati (Jupiter), the Saumya-mūrti (the Mild one), Grahādhīsha (the Chief of the planets), Pītāmbara (the Yellow coloured), Tārāpati (Master of the stars), Surāchārya (the Teacher of the Gods).* **6.** *I pray at evening and morning to the planet Shukra (Venus), the Bhārgava (Son of Bhrigu), Vriṣhṭi-kartār (the Rain giver), Sva-bhāsa-bhāsita-ambar (who shines the sky with his own light), Prakāsha (the Light),* **7.** *I pray to the planet Shani (Saturn), Vighna-rāj (the Remover of obstacles), Yama (the God of death) Raudra (the Terrible one), Sarva-pāp-vināshak (the Remover of the sins), Shubhra (Bright), Shiva (the auspicious).* **8.** *I pray again and again to the comet Rāhu, the Vipra-chitti-sut (Son of Sarasvatī), Raktākṣha (with red eye), Ardha-vigraha (with half-body), Simhikānand (son of Simhika), Daitya (son of Diti),* **9.** *I pray over and over to the comet Ketu, the Rudra-priya-graha (the planet dear to Shiva), Kāla (the Lord of dissolution), Dhumra (Smoke coloured), Vivarṇaka (the Colourless), Loka-ketu-mahā-ketu (the Great comet).* **1528/4839**

।। 9.20 ।। **त्रैविद्या मां सोमपाः पूतपापा यज्ञैरिष्ट्वा स्वर्गतिं प्रार्थयन्ते ।**
ते पुण्यमासाद्य सुरेन्द्रलोकमश्नन्ति दिव्यान्दिवि देवभोगान् ।।

ॐ अनुष्टुप्-श्लोक-छन्दसि गीतोपनिषद्

(कर्मफलं यत्प्राप्यते श्वः)

ॐ वेदत्रयस्य ज्ञातारः पूतपापाश्च सोमपाः ।
अनघा यागकर्तारः स्मरन्ति मम नाम ये ।। 1026/2422

(कर्म का फल जो कल मिलता है)

तीनों विद्याओं का ज्ञाता, सोमपान जो अमृत पाता ।
निश-दिन मेरा नाम शुभ लिये, पापमुक्त है यज्ञ सिध किये ।। 1413/5205

दोहा॰ ज्ञाता तीनों वेद के, मुझे पूजते लोग ।
पुण्यवान निष्पाप वे, जिन्हें सोम का भोग ।। 1245/7068

◎ **The fruits :** *The knowers of the three Vedas, those who have washed away their sins with the nectar of Vedas, the austere sinless people chant my name.* **1529/4839**

।। 9.21 ।। **भुक्त्वा स्वर्गलोकं विशालं क्षीणे पुण्ये मर्त्यलोकं विशन्ति ।**
एवं त्रयीधर्ममनुप्रपन्नाः गतागतं कामकामा लभन्ते ।।

ॐ सुकर्म सुकृतं कृत्वा स्वर्गलोकं विशन्ति ते ।
स्वर्गभोगांश्च भुञ्जन्ति शक्रलोके ततो दिवि ।। 1027/2422

सुकर्म करके सुकृत पाते, इन्द्र लोक वे जन आजाते ।
स्वर्ग सुखों का इस भाँति से, विलास करते सुख-शाँति से ।। 1414/5205

दोहा॰ करके सुकृत कर्म ही, मिले स्वर्ग का लोक ।
इन्द्र लोक में वे करें, विलास के उपभोग ।। 1246/7068

◎ **The Heaven seekers :** *Those seekers of heaven, having done righteous deeds, enter heaven and enjoy the heavenly pleasures at the abode of Lord Indra.* **1530/4839**

ॐ स्वर्गलोके सुखं भुक्त्वा बहुलं परमात्मकम् ।
क्षीणे पुण्ये निवर्तन्ते भूमौ पुनश्च ते जनाः ।। 1028/2422

लेकिन जन वे स्वर्ग उच्च के, विलास करके भोग शुच्य के ।
फिर वह संचित पुण्य बीतते, धरती पर हैं वापस आते ।। 1415/5205

दोहा॰ समाप्त संचित पुण्य के, फल हों जब निःशेष ।
उन्हें भूमि पर लौटने, मिले पुनः आदेश ।। 1247/7068

◎ **And :** *Having enjoyed the pleasures in the heaven and having used up their merit points, they return back to the earth again.* **1531/4839**

ॐ त्रयीधर्मस्य कौन्तेय लीनाः कर्मफलेषु ये ।
पतन्ति मृत्युचक्रे ते जनाः स्वर्गपरायणाः ।। 1029/2422

बतलाते जो शास्त्र तीन हैं, कर्म फलों पर बने लीन हैं ।
कर्मठ जन वे भव में गिर कर, फेरे पाते जग में नश्वर ।। 1416/5205

दोहा॰ शास्त्रों में जो फल कहे, कर्मकांड के मिष्ट ।
उन्हें परायण लोग जो, आते भव में क्लिष्ट ।। 1248/7068

◎ **And :** *Those seekers of the heaven, devoted to the fruits of the karmas, again fall in the cycle of birth and death.* **1532/4839**

।। 9.22 ।। **अनन्याश्चिन्तयन्तो मां ये जनाः पर्युपासते ।**
तेषां नित्याभियुक्तानां योगक्षेमं वहाम्यहम् ।।

(एकनिष्ठा)

ॐ भक्तिरेकशिखा यस्य पूजनं चिन्तनं तथा ।
नित्ययुक्तस्य तस्याहं योगक्षेमं वहाम्यहम् ।। 1030/2422

76. The Secrets of the Gītā (Gītā Chapter 9)

एकनिष्ठ है जिनका पूजन, अविरत करते मेरा सुमिरन ।
योगक्षेम सब उन भक्तों का, मैं करता हूँ सब वक्तों का ।। 1417/5205

दोहा॰ एक निष्ठ भजते मुझे, जन जो मन के साथ ।
योगक्षेम उनका सदा, मैं करता हूँ पार्थ! ।। 1249/7068

◎ **My devotees :** *Those who are my unshaken devotees, I protect their faith and welfare.* **1533/4839**

|| 9.23 || येऽप्यन्यदेवताभक्ता यजन्ते श्रद्धयान्विताः ।
तेऽपि मामेव कौन्तेय यजन्त्यविधिपूर्वकम् ।।

राध्नोति देवता भिन्नाः पूजको यस्तु श्रद्धया ।
स पूजयति मामेव भ्रमादविधिपूर्वकम् ।। 1031/2422

श्रद्धा लेकर पूजक लोभी, अन्य देवता भजता जोभी ।
एक तरह से अवैध, तो भी, पूजा करता मेरी वो भी ।। 1418/5205

दोहा॰ अन्य देवता भक्त जो, भजते पाने मोक्ष ।
मुझको ही वे पूजते, जाने बिना, परोक्ष ।। 1250/7068

◎ **But :** *Those who worship other Gods, they are also my worshippers, but indirectly.* **1534/4839**

|| 9.24 || अहं हि सर्वयज्ञानां भोक्ता च प्रभुरेव च ।
न तु मामभिजानन्ति तत्त्वेनातश्च्यवन्ति ते ।।

भोक्ताऽहं सर्वयज्ञानां भूतानां प्रभुरेव च ।
यो न जानाति मां सत्यम्-अधोगतिं स गच्छति ।। 1032/2422

याग जप तपों का मैं भोक्ता, जीव जगत के सुख का सोता ।
इन बातों का जो अज्ञाता, वही अधोगति को है जाता ।। 1419/5205

दोहा॰ सब यज्ञों का रसिक मैं, भूतों का हूँ ईश ।
जो ना जाने सत्य ये, पाप चढ़े उस शीश ।। 1251/7068

◎ **And :** *I enjoy all austerities. I am the Lord of all beings. He who does not know this truth, they cause their own downfall.* **1535/4839**

|| 9.25 || यान्ति देवव्रता देवान्पितृन्यान्ति पितृव्रताः ।
भूतानि यान्ति भूतेज्या यान्ति मद्याजिनोऽपि माम् ।।

सुरभक्तः सुरं यात्यसुरभक्तोऽसुरं तथा ।
पितरं पितृनिष्ठश्च मद्भक्तो याति मां सखे ।। 1033/2422

असुर भक्त असुरों को पाते, भक्त सुरों के सुर हैं पाते ।
पितर पूजक पितर हैं पाते, मेरे पूजक मुझ तक आते ।। 1420/5205

दोहा॰ सुर पाते सुर भक्त हैं, असुरन असुरासक्त ।
पितृ भक्त भी पितृ को, मुझको मेरे भक्त ।। 1252/7068

◎ **And :** *The worshippers of other Gods go to other Gods. Worshippers of the other beings go to the other beings. Worshippers of the forefathers go to forefathers. My devotees come to me, O Arjun!* **1536/4839**

|| 9.26 || पत्रं पुष्पं फलं तोयं यो मे भक्त्या प्रयच्छति ।
तदहं भक्त्युपहृतमश्नामि प्रयतात्मनः ।।

सच्चित्तो भक्तिभावेन यत्किमपि प्रयच्छति ।
प्रेम्णा तदहमश्नामि पुष्पं पर्णं फलं जलम् ।। 1034/2422

भक्तिभाव से शुद्ध चित्त नर, अर्पित जो कुछ करता मुझ पर ।
ग्रहण प्रेम से वह मैं करता, जल फल फूल अन्न या पत्ता ।। 1421/5205

दोहा॰ पर्ण फूल फल भक्ति से, अर्पण जो है तोय ।
ग्रहण करूँ मैं स्नेह से, पुण्य कर्म वह होय ।। 1253/7068

◎ **And :** *He who has pure faith in me, whatever food, flower, leaf or water he offers me from his heart, I accept it with love.* **1537/4839**

|| 9.27 || यत्करोषि यदश्नासि यज्जुहोषि ददासि यत् ।
यत्तपस्यसि कौन्तेय तत्कुरुष्व मदर्पणम् ।।

दानकर्म तपो यज्ञं यत्कृतं तर्पणं तथा ।
अशनं ग्रहणं पानं सर्वं मदर्पणं कुरु ।। 1035/2422

यज्ञ तप किया, दान जो दिया, या तर्पण की करी जो क्रिया ।
खाया पीया, दिया या लिया, सब अर्पण हो मुझे प्रक्रिया ।। 1422/5205

दोहा॰ सब कुछ हो अर्पण मुझे, जो भी देना दान ।

यज्ञ जाप तर्पण तथा, खाना हो या पान ।। 1254/7068

◎ **And :** *O Arjun! whatever charity, austerity or righteous deed you do, do it in my name.* **1538/4839**

संगीतश्रीकृष्णरामायण छन्दमाला, मोती 209 of 501

विष्णुपद छन्द[238]

16, 7 + ऽ।

(भक्तिभाव)

शुद्ध चित्त के भक्ति-भाव से, जो हि किया प्रदान ।
पुष्प पर्ण फल नीर प्रेम से, ग्रहण करूँ प्रणाम ।। 1
दान कर्म जो धर्म भी किया, खान हो या पान ।
अर्पण मुझमें सब करो, पार्थ! सभी मेरे नाम ।। 2

◎ **Faith :** *With pure faith at heart, whatever fruit, leaf or water you offer me, O Arjun! I accept it with love. Whatever charity or righteous act you do, do it in my name.* **1539/4839**

।। 9.28 ।। शुभाशुभफलैरेवं मोक्ष्यसे कर्मबन्धनैः ।
संन्यासयोगयुक्तात्मा विमुक्तो मामुपैष्यसि ।।

ॐ मुक्तः शुभाशुभाभ्यां च योऽबद्धः कर्मबन्धनैः ।
युक्तः स ज्ञानयोगेन कौन्तेय मामुपैष्यति ।। 1036/2422

कर्म बंध से हुआ मुक्त जो, ज्ञान योग से भया युक्त जो ।
फल इच्छा से सदा जो परे, मुझको पाता धीर को धरे ।। 1423/5205

दोहा० उदासीन शुभ-अशुभ में, कर्म बंध से मुक्त ।
ज्ञान योग से युक्त वो, मेरा भक्त प्रयुक्त ।। 1256/7068

◎ **Devotee :** *That devotee of mine, being freed from all bondages of karma, having followed Jñāna yoga, attains me.* **1540/4839**

।। 9.29 ।। समोऽहं सर्वभूतेषु न मे द्वेष्योऽस्ति न प्रियः ।
ये भजन्ति तु मां भक्त्या मयि ते तेषु चाप्यहम् ।।

ॐ शत्रुर्मित्रं न मे कोऽप्यहं सर्वैः पूजितः समः ।
अहं स्नेहेन सर्वेषाम्-आश्रिता ये जना मयि ।। 1037/2422

मुझको कोई मित्र न बैरी, सबसे होती पूजा मेरी ।
मैं उनका हूँ बड़े प्रेम से, मुझमें जो नर आन हैं बसे ।। 1424/5205

दोहा० मुझे शत्रु ना मित्र है, मुझको सबसे स्नेह ।
सबसे पूजित मैं सदा, सबको मुझमें गेह ।। 1257/7068

◎ **And :** *I have no enemy or friend. I am worshipped by all equally. Those devotees of mine who seek my shelter, I accept them with love.* **1541/4839**

संगीतश्रीकृष्णरामायण छन्दमाला, मोती 210 of 501

कामरूप छन्द[239]

9, 7, 8 + ऽ

(भक्त)

शत्रु मित्र नहीं पार्थ! मेरा, जग में कोई भी ।
सत् मत्परायण भगत मेरे, प्रिय मुझे हैं सभी । 1
आश्रित हुआ नर मम चरण में, एक मन से जभी ।
पूजित मैं सदा उस भगत से, समबुद्धि से तभी ।। 2

◎ **Devotee :** *O Arjun! no devotee of mine is my enemy or friend. All righteous devotees are dear to me. He who is at my feet, I accept their prayers with equanimity.* **1542/4839**

---

[238] **विष्णुपद छन्द** : इस 26 मात्रा वाले महाभागवत छन्द के अन्त में एक गुरु और लघु मात्रा आती है । इसका लक्षण सूत्र 16, 7 + ऽ। होता है ।

▶ लक्षण गीत : दोहा० मत्त छब्बीस हों जहाँ, गुरु लघु से हो अंत ।
यति कल सोलह पर दिये, पुण्य "विष्णुपद" छंद ।। 1255/7068

[239] **कामरूप छन्द** : इस 26 मात्रा वाले महाभागवत छन्द के अन्त में एक गुरु मात्रा आती है । इसका लक्षण सूत्र 9, 7, + ऽ होता है ।

▶ लक्षण गीत : दोहा० मत्त छब्बीस से बना, गुरु मात्रा से अंत ।
नौ सोलह पर यति जहाँ, "कामरूप" है छंद ।। 1258/7068

76. The Secrets of the Gītā (Gītā Chapter 9)

॥ 9.30 ॥ अपि चेत्सुदुराचारो भजते मामनन्यभाक् ।
साधुरेव स मन्तव्यः सम्यग्व्यवसितो हि सः ॥

य: पूजयति मामेव यदि हि कोऽपि दुर्जनः ।
योग्यवर्त्मनि भक्तः स प्रियो मम धनञ्जय ॥ 1038/2422

दुर्जन जन भी अनन्यता से, पूजे मुझे यदि धन्यता से ।
सही राह पर वो चलता है, भक्त मेरा वह भी सजता है ॥ 1425/5205

दोहा॰ कोई दुर्जन भी अगर, मुझे पूजता नित्य ।
सही मार्ग पर भक्त वो, मैंने माना सत्य ॥ 1259/7068

◎ **And :** *Even if someone was a bad person, but if he worships me with unshaken faith, he is also dear to me, as he is trying to come to the right path.* **1543/4839**

संगीतश्रीकृष्णरामायण गीतमाला, पुष्प 325 of 763

भजन : राग रत्नाकर, कहरवा ताल 8 मात्रा
(रे हरि! पाहि माम्)

स्थायी

रे हरि तुम, सबसे करुण जग माँही ।
♫ सा नि़ध़ नि़सा–, रेरेरे गमग रेसा नि़–सा– ।

अंतरा–1

ना कोई अपना, ना ही पराया, सभी जगत पर तेरा साया ।
साधु संतन, अरु दुखी दीनन, तेरे चरणन माँही ।
रे हरि हम, तेरे भगत, पाहि! पाहि! ॥
♫ रे– सारे गगम–, प– म गरे–म–, पम– गमम पप सां–निध प–ध– ।
सां–नि– ध–पप, मम पप ध–पप, ध–प– ममगग रे–सा– ।
सा नि़ध़ नि़सा–, रे–रे गमग, रेसा! नि़–सा–! ॥

अंतरा–2

नारी नर हम बालक बूढ़े, सामने खड़े हाथ को जोड़े ।
आस लगाए, प्यास बुझाने, तेरा दरशन चाही ।
रे हरि अब, कोई हमें डर नाही ॥

अंतरा–3

नैया भव–जल पार करायो, दासन की तू इक छन माँही ।
लीला तेरी, सबसे न्यारी, तूने जग को दिखायी ।
रे हरि हम, तेरी डगर के राही ॥

◎ **O Hari! : *Sthāyī* :** *O Hari! please protect me. You are most merciful in the world.* ***Antarā* : 1.** *No one is closer or distant to you. You have mercy on all devotees. All saints, helpless souls and righteous people are at your feet.* **2.** *All men, women, young and old are praying to you and hoping for your mercy and would like to see you. O Lord! now we do not have any fear.* **3.** *You have protected your devotees. You run to their help in a split second. Your grace in unique. O Lord! we are on the path to you.* **1544/4839**

॥ 9.31 ॥ क्षिप्रं भवति धर्मात्मा शश्वच्छान्तिं निगच्छति ।
कौन्तेय प्रतिजानीहि न मे भक्तः प्रणश्यति ॥

(शीघ्रमुपैति धर्मात्मा)

शीघ्रमुपैति धर्मात्मा चिरां शान्तिं पदे पदे ।
भक्तो मे न कदापीह विनश्यति परन्तप ॥ 1039/2422

(श्रीभगवान् अपने भक्त को नष्ट नहीं होने देते)

वह धर्मात्मा झट बन जाता, शाश्वत शाँति पग–पग पाता ।
नष्ट नहीं मैं होने देता, मेरे भगतन का मैं त्राता ॥ 1426/5205

दोहा॰ धर्मनिष्ठ वह शीघ्र ही, पाता परम निवास ।
पार्थ! भक्त मेरा कभी, पाता नहीं विनाश ॥ 1260/7068

◎ **And :** *A righteous person receives everlasting peace. O Lord! you do not let your devotees go down for any reason.* **1545/4839**

॥ 9.32 ॥ मां हि पार्थ व्यपाश्रित्य येऽपि स्युः पापयोनयः ।
स्त्रियो वैश्यास्तथा शूद्रास्तेऽपि यान्ति परां गतिम् ॥

वैश्यः शूद्रो नरो नारी साधुः पापी च स्याद्यदि ।
गृह्णाति शरणं यो मे तस्याहं परमा गतिः ॥ 1040/2422

वैश्य शूद्र या नर नारी हो, चाहे पापी तन धारी हो ।

जोभी आता मम शरणन में, परम गति है मम चरणन में ।। 1427/5205

दोहा॰ नर नारी द्विज शूद्र हो, वैश्य साधु या दुष्ट ।
जो आवे मम शरण में, सदा रहेगा तुष्ट; ।। 1261/7068

◎ **And :** *May he be a merchant, worker, man, woman, saint, sinner or whoever seeks my shelter, I become his savior;* **1546/4839**

।। 9.33 ।। **किं पुनर्ब्राह्मणाः पुण्या भक्ता राजर्षयस्तथा ।**
अनित्यमसुखं लोकमिमं प्राप्य भजस्व माम् ।।

तत्र साधुद्विजानां च पावनानां च का कथा ।
दुःखमये भवे तस्मात्-कौन्तेय भज मां सखे ।। 1041/2422

तो फिर द्विज मुनि जन पावन का, क्या कहने है मन भावन का ।
इसी लिये इस दुखी भुवन में, भजलो मुझको निश-दिन मन में ।। 1428/5205

दोहा॰ तो फिर पावन पुरुष का, क्यों ना हो कल्याण ।
दुख मय इस संसार में, ले लो मेरा नाम ।। 1262/7068

◎ **And :** *And then, in that case, what to speak of those who are righteous? No doubt they receive my protection. Therefore, O Arjun! be my devotee.* **1547/4839**

।। 9.34 ।। **मन्मना भव मद्भक्तो मद्याजी मां नमस्कुरु ।**
मामेवैष्यसि युक्त्वैवमात्मानारायणः ।।

पूजनं साधनां भक्तिं युज्यस्व हृदये तव ।
एवं परायणो भूत्वा पार्थ त्वं मामुपैष्यसि ।। 1042/2422

भक्ति भावना भजन यजन को, जोड़ो मुझमें स्मरण नमन को ।
प्रीति परायण ऐसे होकर, मुझे मिलोगे तुम अघ धोकर ।। 1429/5205

दोहा॰ यजन भजन भक्ति मुझे, जोड़ो मुझको हाथ ।
आन मिलोगे तुम सखे! निश्चित प्रण के साथ ।। 1263/7068

◎ **And :** *O Arjun! keep one pointed devotion to me at your heart. Being devoted to me in this manner, you will no doubt attain me.* **1548/4839**

संगीतश्रीकृष्णरामायण गीतमाला, पुष्प 326 of 763

(गीता रहस्य का निरूपण)

स्थायी

स्वरदा ने सुंदर गाया है, नारद ने साज बजाया है ।
रतनाकर गीत रचाया है ।।

♪ सानि़सा- गरे सा-नि़नि़ सा-रेम ग-, गममग पम ग-रे सासा-रेम ग- ।
गगरेसासासा रे-ग मगरेसानि़ सा- ।।

अंतरा-1

प्रभु मातु पिता जग धाता मैं, ऋक् साम यजुस् का ज्ञाता मैं ।
मैं मृत्यु अमरता का दाता, ओंकार प्रणव का मैं सोता ।
त्रिभुवन ये मेरी माया है ।।

♪ पप मरेम मप- पम पनिधप प-, पप मगग सासाग मप गरेसानि़ सा- ।
सानि़ सा-ग रेसासानि़- सा- रेमग-, सानि़सा-ग रेसासा नि़- सा- रेमग- ।
गगरेसा सा- रे-गम गरेसानि़ सा- ।।

अंतरा-2

जप यज्ञ दान तप तर्पण जो, जल पुष्प पर्ण फल अर्पण जो ।
जो खाया पीया लिया दिया, जो भक्ति-भाव से हवन किया ।
वह मैंने प्रेम से पाया है ।।

अंतरा-3

जो नारी नर मुझको ध्याता, वो भगत मेरा मुझको भाता ।
वह धर्मात्मा शाँतिऽ पाता, जो मेरी शरणन में है आता ।
यह रहस्य सबसे सवाया है ।।

◎ **The Secret of the Gītā : *Sthāyī :*** *Ratnākar composed the melody, Sarasvatī sang it beautifully, while Shrī Nārad muni played the Vīṇā.* ***Antarā : 1.*** *I am the Lord, Mother, Father and Nourisher of the world. I am the Knower of the Vedas. I am the Giver of birth, death and immortality. I am the Om. The three worlds are my divine sport.* ***2.*** *Whatever austerity, righteous deed or charity you perform, whatever offering you give to me, whatever you eat, drink, take or give, O Arjun! do it in my name.* ***3.*** *Whoever man or woman worships me with one pointed faith, that devotee of mine receives my shelter. This is the supreme secret.* **1549/4839**

श्रीमद्-भगवद्-गीता अध्याय दसवाँ ।
विभूति योग ।

संगीतश्रीकृष्णरामायण गीतमाला, पुष्प 327 of 763

कीर्तन : कहरवा ताल 8 मात्रा

(पिता महादेवा)

स्थायी

पिता महादेवा, माता पार्वती, पावन पुत्र गणेशा ।

♫ गसा गगम–म–, गसाग गममम–, पसांसांसां निपम गप– – –म– – – ।

अंतरा–1

शंभो शंकर, हे मन भावन, तेरा कीर्तन सब से पावन ।

जय जय जय गण नाथा ।।

♫ निपनि– सां–सांसां, नि– सांगं रें–सांसां, निपनि– सां–सांसां निसां गंरें सां–सांसां ।

पसां सांसां निप मग प– – –म– – – ।।

अंतरा–2

दुर्गे देवी, गौरी भवानी, तेरी माया है जग जानी ।

जय जय जय जग माता ।।

अंतरा–3

बुद्धि दायक, सिद्धि विनायक, तेरी किरपा है सुख दायक ।

जय जय जय गुण दाता ।।

◎ **Shiva, Pārvatī, Gaṇesh : *Sthāyī* :** *Mahādev is father, Pārvatī is Mother and their holy son is Gaṇesh.* ***Antarā* : *1.*** *Victory to you, O Gaṇa Nātha (Lord of the people)! Shambho Shankar (Shiva)!* ***2.*** *Victory to you, O Goddess Durgā! Gaurī Bhavānī! your magic is world known.* ***3.*** *Victory to you, O Knowledge Giver! O Success Giver Lord Gaṇesh!* **1550/4839**

गीतोपनिषद् : इक्कीसवाँ तरंग
Gitopanishad : Fascicule 21

77. दैवी विभूतियों का निरूपण :

77. The Divine Glory *(Gītā Chapter 10)*

(दैवीविभूतिनिरूपणम्)

♫ संगीतश्रीकृष्णरामायण छन्दमाला, मोती 211 of 501

फटका छन्द

8 + 8 + 8 + 6/5

(विभूति–3)

जहाँ कहीं जो, तत्त्व दिव्य है,
विश्व चराचर में अपार ।
अंश एक वो, मेर जानो,
मेरी विभूति का विस्तार ।।

◎ **Divinities :** *Whatever and wherever there is anything that is divine in this vast Universe, O Arjun! it is a tiny fragment of my glory.* **1551/4839**

श्रीमद्भगवद्गीता दशमोऽध्यायः ।

श्रीभगवानुवाच ।

|| 10.1 || भूय एव महाबाहो शृणु मे परमं वचः ।
यत्तेऽहं प्रीयमाणाय वक्ष्यामि हितकाम्यया ।।

ॐ अनुष्टुप्-श्लोक-छन्दसि गीतोपनिषद्

(श्रीभगवानुवाच)

ॐ पुनर्वदामि योगं त्वां वचनं शृणु भारत ।
सखा मे त्वं प्रियः पार्थ तस्माद्वदामि त्वां हितम् ।। 1043/2422

(श्री भगवान ने कहा)

योग पुन: मैं बतलाता हूँ, सुन लो जो मैं दुहराता हूँ ।

मित्र सखा अति प्रिय तुम मेरे, अत: कहूँ जो हित की तेरे ।। 1430/5205

✍दोहा॰ **योग पुनः कहता तुम्हें, सुनो, पार्थ! हित बात ।**
मेरा तू प्रिय है सखा, सुनो वचन मम, तात! ।। 1264/7068

◎ **Again :** *O Arjun! again I shall tell you my Vibhūti yoga. You are my devotee as well as a friend. So, please listen to me for your benefit.* **1552/4839**

।। 10.2 ।। **न मे विदुः सुरगणाः प्रभवं न महर्षयः ।**
अहमादिर्हि देवानां महर्षीणां च सर्वशः ।।

नावगच्छन्ति देवाश्च विभूतिं विस्तरेण मे ।
यद्यप्यहं पिता तेषां कर्ता धाता च सर्वथा ।। 1044/2422

जानते नहीं देव-देवता, मेरी विभूति पूर्ण की कथा ।

यद्यपि मैं हूँ उनका कर्ता, सबका धाता अरु दुखहर्ता ।। 1431/5205

✍दोहा॰ **ऋषि-मुनि देव न जानते, मेरा अमित प्रभाव ।**
महापिता मैं जगत का, मेरा दिव्य स्वभाव ।। 1265/7068

◎ **And :** *Even the Gods do not understand my divinity, as its expanse is immense. Even then, I am their father and protector in every which way.* **1553/4839**

।। 10.3 ।। **यो मामजमनादिं च वेत्ति लोकमहेश्वरम् ।**
असम्मूढः स मर्त्येषु सर्वपापैः प्रमुच्यते ।।

(ज्ञानी)

यो जानाति यथार्थेन मामजं परमेश्वरम् ।
पापात्स मुञ्च्यते ज्ञानी निर्भ्रमो निर्ममो नरः ।। 1045/2422

(ज्ञानवान मनुष्य)

जिसने मुझको जाना ईश्वर, आदि सनातन अज परमेश्वर ।

नर वह ज्ञानी पातक धो कर, अघ से छुटता निर्मल हो कर ।। 1432/5205

✍दोहा॰ **जिसने जाना है मुझे, अनादि अज भगवान ।**
पाता मोचन पाप से, निर्भ्रम श्रद्धावान ।। 1266/7068

◎ **And :** *I am eternal and unborn Lord of all. He who knows me in principle, that undeluded wise person is freed from all his sins.* **1554/4839**

।। 10.4 ।। **बुद्धिर्ज्ञानमसम्मोहः क्षमा सत्यं दमः शमः ।**
सुखं दुःखं भवोऽभावो भयं चाभयमेव च ।।

।। 10.5 ।। **अहिंसा समता तुष्टिस्तपो दानं यशोऽयशः ।**
भवन्ति भावा भूतानां मत्त एव पृथग्विधाः ।।

बुद्धिर्ज्ञानं क्षमा शान्तिः-निर्मोहता सुखं च स्यात् ।
अहिंसा समता सत्यं निर्ममता च साहसम् ।। 1046/2422

बुद्धि ज्ञान सुख क्षमा शाँति हो, दुःख मोह तम मन न भ्रांति हो ।

दम सम धृति का सदा भाव हो, सत्य अहिंसा का प्रभाव हो ।। 1433/5205

✍दोहा॰ **बुद्धि योग का ज्ञान हो, क्षमा, शाँति, निर्मोह ।**
पूर्ण अहिंसा, सत्य हो, मन में ना हो कोह; ।। 1267/7068

निर्ममता का भाव हो, शम, दम, समता, ध्यान ।
सुख-दुख का अहसास हो, साहस, जप, तप, दान ।। 1268/7068

◎ **Righteousness :** *May you have wisdom, knowledge, forgiveness, peace, non-attachment, non-violence, equanimity, truth, courage and happiness at your heart.* **1555/4839**

संगीतश्रीकृष्णरामायण गीतमाला, पुष्प 328 of 763

भजन : राग रत्नाकर, कहरवा ताल 8 मात्रा

(प्रभु! तेरी लीला)

स्थायी

रे प्रभु! तूने, लीला है जग में भरी ।

♫ रे सारे! गरे-, प-म ग रेरे- ग रेसा- ।

अंतरा-1

सत्य अहिंसा मन वाणी में, दया क्षमा शाँति प्राणी में ।

जगत पर, तेरी है किरपा बड़ी ।।

♫ म-ग रेग-म- धप म-ग- म-, सांनि- धप- म-गरे ग-म- म- ।

77. The Divine Glory (Gītā Chapter 10)

ममप मग, प–म ग ममग– रेसा– ।।

अंतरा–2

कीर्ति मेधा ही नारी में, आग चमक चिनगारी में ।

जगत का, कण–कण तू है, हरि! ।।

अंतरा–3

सदाचार का मार्ग दिखायो, निर्ममता निर्मोह सिखायो ।

पग माही, तेरे हि है, मुक्ति खरी ।।

◎ **Grace : *Sthāyī* :** *O Lord! you have filled your grace in this world.* ***Antarā : 1.*** *You gave us truth and non-violence in our action and speech. You put peace, forgiveness and kindness in our hearts. O Lord! it is all your mercy on the world.* ***2.*** *You put intelligence and greatness in the women. You put fire in the sparkle. O Lord! you are each particle of the world.* ***3.*** *You showed us the path of righteousness. You taught us non attachment. O Lord! real freedom is for those who come to your feet.* **1556/4839**

।। 10.6 ।। **महर्षयः सप्त पूर्वे चत्वारो मनवस्तथा ।**
मद्भावा मानसा जाता येषां लोक इमाः प्रजाः ।।

(प्रजानिर्मितिः)

सप्त महर्षयः पूर्वे मनवश्च चतुर्दश ।
द्वौ कुमारौ च, सर्वे हि मनोजास्ते प्रजाकराः ।। 1047/2422

(प्रजाओं का निर्माण)

सप्त महर्षि, कुमार दोनों, मनु चौदह सब सुभक्त मानो ।
ब्रह्मा निर्मित प्रजापति हैं, सनातन पिता यथा गति हैं ।। 1434/5205

दोहा॰ **"सात महर्षि, कुमार दो, चौदह मनु मनजात ।**
प्रजापति मैंने किये," बोले ब्रह्मा तात ।। 1269/7068

◎ **Progenies :** *The ancient seven great saints, the fourteen Manus, the two Ashvins, are all Prajāpatis (progenitors) of this world. O Brahmā! you created the Prajāpatis from your mind.* **1557/4839**

एतां विभूतिं योगं च मम यो वेत्ति तत्त्वतः ।
सोऽविकम्पेन योगेन युज्यते नात्र संशयः ।।

(विभूतिज्ञानम्)

मम योगं विभूतिं च जानाति यो यथार्थतः ।
असंशयं हि ज्ञानी स योगेन युज्यते सदा ।। 1048/2422

(श्रीभगवान् के स्वरूप का ज्ञान)

मेरी विभूति और योग को, जो नर जाने सब प्रयोग को ।
असंदेह है नर वह ज्ञानी, उसने यौगिक माया जानी ।। 1435/5205

दोहा॰ **मेरी विभूति योग को, जाने जो धीमान ।**
निःसंशय वह नर सदा, योग प्रयुक्त सुजान ।। 1270/7068

◎ **Divinities :** *He who understands my divinity properly, that wise person is no doubt equipped with yoga.* **1558/4839**

।। 10.8 ।। **अहं सर्वस्य प्रभवो मत्तः सर्वं प्रवर्तते ।**
इति मत्वा भजन्ते मां बुधा भावसमन्विताः ।।

सर्वेषामुद्गमो मत्तः–तेषामभ्युदयोऽप्यहम् ।
एवं ज्ञात्वा प्रबुद्धास्ते रमन्ते विलसन्ति च ।। 1049/2422

सबका मुझसे ही निकास है, सबका मुझसे ही विकास है ।
जिस जन को मुझमें बिसास है, उस सुजान के मन विलास है ।। 1436/5205

दोहा॰ **मुझसे सबका उदय है, मुझसे उन्हें विकास ।**
जिनको यह विश्वास है, मन में उन्हें विलास ।। 1271/7068

◎ **And :** *Everyone's origin is from me. Their dissolution is also in me. Knowing this, the wise people enjoy the discussions.* **1559/4839**

।। 10.9 ।। **मच्चित्ता मद्गतप्राणा बोधयन्तः परस्परम् ।**
कथयन्तश्च मां नित्यं तुष्यन्ति च रमन्ति च ।।

जना मोदेन ते सर्वे चर्चायां च रता मम ।
ध्यानमग्नास्ततो भूत्वा मयि ते मत्परायणाः ।। 1050/2422

मन में धर कर मेरी अर्चा, वे करते हैं मेरी चर्चा ।
मोद मना कर वे आपस में, ज्ञानी रमते हैं वापस में ।। 1437/5205

दोहा॰ **मेरी चर्चा में लगे, रमते लोग सुजान ।**
मत्पर होकर भक्त वे, मुझमें धरते ध्यान ।। 1272/7068

77. The Divine Glory (Gītā Chapter 10)

◎ **And :** *Those devotees of mine enjoy themselves in the discussions about my divinities.* **1560/4839**

॥ 10.10 ॥ **तेषां सततयुक्तानां भजतां प्रीतिपूर्वकम् ।**
ददामि बुद्धियोगं तं येन मामुपयान्ति ते ॥

ॐ **एवं विधं च ध्यानेन पूजयन्ति प्रणेन ये ।**
ददामि बुद्धियोगं तान्–लीयन्ते येन ते मयि ॥ 1051/2422

इस भाँति जो ध्यान मनन से, मुझे पूजते प्राण मगन से ।
उनको देता बुद्धि योग मैं, ताकि मुझमें बसें लोग वे ॥ 1438/5205

✍**दोहा॰** **मुझे पूजते ध्यान से, तन मन से जो लोग ।**
देता मैं अति प्रेम से, उन्हें बुद्धि का योग ॥ 1273/7068

◎ **And :** *In this manner those who worship me with firm resolve, to them I give Jñāna yoga so that they remain immersed in me.* **1561/4839**

॥ 10.11 ॥ **तेषामेवानुकम्पार्थमहमज्ञानजं तमः ।**
नाशयाम्यात्मभावस्थो ज्ञानदीपेन भास्वता ॥

ॐ **तेषामहं मनो भूत्वा स्नेहेन दयया तथा ।**
प्रज्ज्वालयाम्यहं पार्थ ज्ञानदीपं तमोहरम् ॥ 1052/2422

मैं बसता हूँ उनके तन में, नेहा बन कर उनके मन में ।
ज्ञान दीप की ज्योति जगाता, उनके मन से तमस् भगाता ॥ 1439/5205

✍**दोहा॰** **भगतन के मैं हृदय में, बसता बन कर प्राण ।**
ज्ञान दीप की ज्योति से, करता मैं कल्याण ॥ 1274/7068

◎ **And :** *Becoming their mind, with love and kindness, I enlighten the lamp of knowledge in their heart.* **1562/4839**

अर्जुन उवाच ।

॥ 10.12 ॥ **परं ब्रह्म परं धाम पवित्रं परमं भवान् ।**
पुरुषं शाश्वतं दिव्यमादिदेवमजं विभुम् ॥

(अर्जुन उक्तवान्)

ॐ **पूज्यतमो मनोहारी पुण्यदाता भवान्हरे ।**
सुखकर्ता व्यथाहर्ता पापहन्ता च त्वं प्रभो ॥ 1053/2422

(अर्जुन कथन करता है और फिर प्रश्न पूछता है)

सबसे पावन, मन के भावन, कृष्ण! आप हैं पुण्य लगावन ।
सुख के आवन, दुख के जावन, प्रभो! आप हैं पाप भगावन ॥ 1440/5205

✍**दोहा॰** **परम ब्रह्म, शिव आप हैं, अमर, पवित्तर धाम ।**
पुरुष, शाश्वत, दिव्य हैं, अक्षर, प्रभु! तव नाम ॥ 1275/7068

◎ **Arjun :** *Arjun said, O Hari! you are the Supreme Person. You are the giver of righteousness. You are the joy to the mind. You are the giver of happiness. You are the remover of pains. You are the cleanser of the sins.* **1563/4839**

ॐ **परब्रह्मोत्तमं धाम पूजनीयः सनातनः ।**
सर्वेषां च पिता कृष्ण त्वमजोऽनादिरव्ययः ॥ 1054/2422

पुण्य सनातन आप परम हैं, पूज्य ब्रह्म हैं, धाम चरम हैं ।
बिना जनम के आदि आप हैं, आप सभी के अमर बाप हैं ॥ 1441/5205

✍**दोहा॰** **परम सनातन आप हैं, पूज्य ब्रह्म के धाम ।**
पिता सभी के आप हैं, अज अव्यय सत्नाम ॥ 1276/7068

◎ **And :** *O Shrī Krishṇa! you are superior than the Para Brahma (the Supreme). You are worship worthy. You are ancient. You are the father and the Lord of everyone. You are unborn. You are beginingless.* **1564/4839**

संगीतश्रीकृष्णरामायण गीतमाला, पुष्प 329 of 763

भजन : राग रत्नाकर, कहरवा ताल 8 मात्रा

(प्रभु! तेरे उपकार)

स्थायी

हरि रे तेरे, मंगल हैं उपकार ।

♫ गम प मग–, ध–पम ग– मगरे–रे ।

अंतरा–1

सबसे पावन, मन के भावन, पुण्य लगावन आप हैं ।
सुख के आवन, दुख के जावन । तुम ही हो आधार ॥

77. The Divine Glory (Gītā Chapter 10)

♪ सासासा रे-रेरे-, गग ग- प-मग-, प-प धनि-धप- सां-नि ध- ।
पप प म-गग-, रेरे रे ग-मम- । धप म प- मगरे-रे ।।

अंतरा-2

ब्रह्म परम हैं, धाम चरम हैं, पूज्य सनातन आप हैं ।
निर्मल पायस, प्रेम सुधारस । गंगा की तुम धार ।।

अंतरा-3

नारद शारद, गान स्तुति के, गाते मुनिवर व्यास हैं ।
भजत जनन सब, सिमरत निश-दिन । तेरे ही आभार ।।

◎ **O Lord! : *Sthāyī* :** *O Lord! your mercy is auspicious.* ***Antarā* : 1.** *You are holy, you are lovable, you are the giver of merits. You are the Giver of happiness and the Remover of pains. We have your support.* **2.** *You are the Supreme Brahma. You are the supreme abode. You are ancient and venerable. You are the pure divine nectar. You are the flow of love. You are the holy Ganges.* **3.** *Nārad muni, Vyāsa and Sarasvatī sing your prayers. The devotees sing your songs day and night and thank you for your kindness up on them.* **1565/4839**

।। 10.13 ।। **आहुस्त्वामृषयः सर्वे देवर्षिर्नारदस्तथा ।**
असितो देवलो व्यासः स्वयं चैव ब्रवीषि मे ।।

यत्त्वं भणसि रूपं ते तस्यैव दर्शनाय च ।
देवलश्चासितो व्यासः स्तवीति त्वां च नारदः ।। 1055/2422

मुझे आप जो बोले केवल, वही कहत हैं नारद देवल ।
लेकर तुमरे दरसन आसा, असित तरसते मुनिवर व्यासा ।। 1442/5205

दोहा॰ **केशव! मंगल आपके, रूप दरस की आस ।**
लेकर नारद हैं सदा, देवल आसित व्यास ।। 1277/7068

◎ **And :** *O Lord! your form is as divine as you have said. Nārad muni, Asita, Devala and Vyāsa worship you.* **1566/4839**

।। 10.14 ।। **सर्वमेतदृतं मन्ये यन्मां वदसि केशव ।**
न हि ते भगवन्व्यक्तिं विदुर्देवा न दानवाः ।।

यन्मां त्वमगदः पूर्वं मन्ये सर्वमृतं प्रभो ।
नहि जानन्ति देवाश्च मायां ते दानवास्तथा ।। 1056/2422

कथन आपका मुझे मान्य है, माया तेरी असामान्य है ।
देव दानव नहीं जानते, सुनकर भी वे नहीं मानते ।। 1443/5205

दोहा॰ **जैसा तुमने है कहा, वैसा तुमरा रूप ।**
सोचा ना देखा कभी, विभूति युक्त स्वरूप ।। 1278/7068

◎ **And :** *O Lord! I agree whatever you have said to me. Neither the Gods nor the men know your divinity.* **1567/4839**

।। 10.15 ।। **स्वयमेवात्मनात्मानं वेत्थ त्वं पुरुषोत्तम ।**
भूतभावन भूतेश देवदेव जगत्पते ।।

पुरुषोत्तम देवेश प्राणदस्त्वं प्रभुर्महान् ।
त्वमेव तव ज्ञाताऽसि देवदेव जगत्पिता ।। 1057/2422

हे पुरुषोत्तम! विश्वविधाता! तू है सबका जीवन दाता ।
देवदेव! तू जगत् पिता है, तेरा बस तू ही ज्ञाता है ।। 1444/5205

दोहा॰ **महान-प्रभु तू प्राणदा, पुरुषोत्तम, देवेश ।**
तुम ही दाता हो, प्रभो! जगत्पिता, परमेश ।। 1279/7068

◎ **And :** *O Supreme Person! O Lord of the Lords! you are the life giving Great God. You are the only one worth knowing in the world.* **1568/4839**

।। 10.16 ।। **वक्तुमर्हस्यशेषेण दिव्या ह्यात्मविभूतयः ।**
याभिर्विभूतिभिर्लोकानिमांस्त्वं व्याप्य तिष्ठसि ।।

विभूतेस्तव गोविन्द यया सर्वमिदं ततम् ।
गौरवं श्रोतुमिच्छामि तव मुखाज्जनार्दन ।। 1058/2422

कहिये, केशव! मुख से अपने, जिस गौरव से विश्व आपने ।
सर्व रीति से जस घेरा है, वह सुनने को मन मेरा है ।। 1445/5205

दोहा॰ **तुमरी विभूति ने सभी, जगत किया है व्याप्त ।**
तुमरे मुख से कथन मैं, करना चाहूँ प्राप्त ।। 1280/7068

◎ **And :** *O Lord! the world is filled with your divinity. I would like to hear about it from your mouth.* **1569/4839**

।। 10.17 ।। **कथं विद्यामहं योगिंस्त्वां सदा परिचिन्तयन् ।**

केषु केषु च भावेषु चिन्त्योऽसि भगवन्मया ।।

केषु रूपेषु योगेश ज्ञास्यामि त्वां मनोहर ।
कथं विद्यामहं त्वां नु ध्यानयोगे रतः सदा ।। 1059/2422

तुमको, प्रभु! मैं कैसे जानूँ, किन किन रूपों को पहिचानूँ ।
ज्ञान ज्योति से जगा हुआ मैं, ध्यान योग में लगा हुआ मैं ।। 1446/5205

दोहा॰ किन रूपों में मैं तुम्हें, जान सकूँ, भगवान! ।
कैसे पहिचानूँ मैं तुम्हें, कृष्ण! लगा कर ध्यान ।। 1281/7068

◎ **And :** *O Lord! O Yogesha (Lord of the yoga)! in which forms shall I recognize you, while being engaged in the yoga?* **1570/4839**

|| 10.18 ||

विस्तरेणात्मनो योगं विभूतिं च जनार्दन ।
भूयः कथय तृप्तिर्हि शृण्वतो नास्ति मेऽमृतम् ।।

शृण्वतो नास्ति तृप्तिर्मे त्वत्तस्ते कथनामृतम् ।
विभूतिं ते च योगं च कथय विस्तरेण माम् ।। 1060/2422

सुन कर तोष नहीं मन मेरे, कर्ण श्रवण के प्यासे मेरे ।
वचन ज्ञान के सुन कर तेरे, विभूतियों के सुंदर ब्यौरे ।। 1447/5205

दोहा॰ सुनते तुमरे वचन को, भरे न चित्त हमार ।
कहो मुझे, प्रभु! प्यार से, विभूति का विस्तार ।। 1282/7068

◎ **And :** *Listening your nectar filled words my thirst does not get quenched. Please tell me about your divinities in details.* **1571/4839**

संगीतश्रीकृष्णरामायण गीतमाला, पुष्प 330 of 763

भजन : राग रत्नाकर, कहरवा ताल 8 मात्रा

(प्रभु जी किसमें रहते तुम)

स्थायी

प्रभु जी! किसमें रहते तुम, बताओ श्रवण प्यासे हम ।
प्रभोः भोः! कुत्र तिष्ठसि त्वं, वदतु मां, ज्ञातुमिच्छामि ।।
मगम रे–! धपम गगम प–, सांनिधप– मगरे ग–म– रे– ।
सानिसा रे–! प–म ग–रेग म–, पमग रे–, प–मग–रे– सा– ।।

अंतरा–1

जहाँ पर नाद ब्रह्मा का, जहाँ पर राग सरगम का ।
वहाँ पर स्थान है मेरा, अरे! मैं, "तत्र तिष्ठामि" ।।
धप– मग– रे–ग म–ग– प–, मग– रेरे– ग–म पपमग रे– ।
सानि सासा– म–ग रे– ग–म–, निध–! प–, "ग–ग म–रे–सा–" ।।

अंतरा–2

जहाँ पर है दिलों में गम, जहाँ पर बेदिली है कम ।
वहाँ पर वास है मेरा, सुनो! मैं, "तत्र विष्ठामि" ।।

अंतरा–3

जहाँ पर पाप का नहीं दम, जहाँ पर पुण्य है हरदम ।
वहाँ आधार है मेरा, सखे! मैं, "भद्ररक्षामि" ।।

अंतरा–4

कहीं ना धाम है ऐसा, कोई ना नाम है ऐसा ।
जहाँ ना वास है मेरा, सदा "सर्वत्र गच्छामि" ।।

◎ **O Lord! where is your abode? :** ***Sthāyī :*** *O Lord! where is your abode? Please tell me, I am eager to know.* ***Antarā : 1.*** *Where there is sound of Om, where there is melody of Rāgas, there I dwell.* ***2.*** *Where there is ache in the hearts. Where heartlessness is absent. There I live.* ***3.*** *Where there is no sin. Where righteousness prevails. There I stay.* ***4.*** *There is no place in the Universe, there is nothing in the world, where I do not exist. O Arjun! I am Omnipresent.* **1572/4839**

संगीतश्रीकृष्णरामायण छन्दमाला, मोती 212 of 501

ललितपद छन्द[240]

[240] **ललितपद छन्द** : इस 28 मात्रा वाले यौगिक छन्द के अन्त में दो गुरु, अथवा दो लघु और एक गुरु, अथवा चार लघु मात्रा की चौकल आती हैं । ये तीनों प्रकार ऊपर के पद्य में (1, 2, 3) प्रयुक्त हैं । इसका लक्षण सूत्र 16, 8 + ऽ ऽ, अथवा 16, 8 + ।। ऽ अथवा 16, 8 + ।।।। होता है । इसका अन्य नाम **सार छन्द** है ।

77. The Divine Glory (Gītā Chapter 10)

16, 8 + ऽ ऽ, अथवा 16, 8 + ।। ऽ अथवा 16, 8 + ।। ।।

(सर्वगामी)

प्रभु जी तुम किसमें रहते हो, कहो सुनन मैं चाहूँ ।
जहाँ सरगम नाद ब्रह्मा का, वहीं वास करता हूँ ।। 1
जहाँ पर पुण्य की है प्रभुता, जहाँ सत्य है रहता ।
जहाँ पर पाप की निर्धनता, वहाँ नित्य मैं रहता ।। 2
ना कहीं भी स्थान है ऐसा, ना कोई है वह कण ।
जहाँ ना अस्तित्व है मेरा, ना मेरी है धड़कन ।। 3

◎ **Omnipresent :** *O Lord! where is your dwelling, I would like to know. Where there is melody of the sound of Om. Where righteousness prevails. Where truth rules. Where sins have no place. There I dwell. There is no place or particle in the Universe in which I do not exist.* **1573/4839**

श्रीभगवानुवाच ।

।। 10.19 ।। **हन्त ते कथयिष्यामि दिव्या ह्यात्मविभूतयः ।**
प्राधान्यतः कुरुश्रेष्ठ नास्त्यन्तो विस्तरस्य मे ।।

(श्रीभगवानुवाच)
(विभूतिविस्तरः)

साधु पृष्टं त्वया पार्थ शृणु वदामि त्वां सखे ।
विभूतयस्तु दिव्यैव विस्तृताः प्रसृता यतः ।। 1061/2422

(श्रीभगवान् उत्तर देते हैं, विभूति विस्तार)

लो फिर सुन लो, अर्जुन प्यारे! विभूतियों के दैवी ब्योरे ।
मगर कहूँ जो दिव्य दिव्य हैं, प्रपंच उनका बहुत भव्य है ।। 1448/5205

दोहा॰ सही कहा तूने, सखे! सुनो सर्व सह प्यार ।
कहता हूँ जो दिव्य हैं, अनंत है विस्तार ।। 1284/7068

▶ लक्षण गीत : **दोहा॰ मात्रा अठ्ठाईस का, ग ग, ल ल, ल ल ल ल अंत ।**
सोलह कल पर यति किये, बने "ललितपद" छंद ।। 1283/7068

◎ **Shrī Krishna :** *O Arjun! you have asked me a good question. But, the expanse of my divinity is immense. Therefore, keeping in mind the place and situation we are in right now (on the battle field), I shall give you just a few examples.* **1574/4839**

।। 10.20 ।। **अहमात्मा गुडाकेश सर्वभूताशयस्थितः ।**
अहमादिश्च मध्यं च भूतानामन्त एव च ।।

आत्मा यो हृदि सर्वस्य स्थितो नित्योऽहमर्जुन ।
आदिर्मध्यश्च भूतानाम्-अहमन्तश्च भारत ।। 1062/2422

सब हृदयों में बसने वाला, आत्मा हूँ मैं अमर विशाला ।
मैं भूतों का आदि अंत हूँ, मध्य पार्थ! मैं मूर्तिमंत हूँ ।। 1449/5205

दोहा॰ सब भूतन की आतमा, जन्म तथा मैं प्राण ।
मध्य सभी का पार्थ! मैं, अंत मुझी को जान ।। 1285/7068

◎ **And :** *O Arjun! I am the soul that exists in the hearts of all beings. I am the beginning, middle and the end of everyone.* **1575/4839**

।। 10.21 ।। **आदित्यानामहं विष्णुर्ज्योतिषां रविरंशुमान् ।**
मरीचिर्मरुतामस्मि नक्षत्राणामहं शशी ।।

विद्धयादित्येषु मां विष्णुं मरीचिं मरुतेषु च ।
ज्योतिर्मयेषु सूर्योऽहं नक्षत्रेषु च चन्द्रमा ।। 1063/2422

विष्णु आदित्यों में शुचि मैं, मरुतों में हूँ मरीचि मैं ।
ज्योतिर्मयों में रवि सितारा, चाँद गगन का मैं हूँ प्यारा ।। 1450/5205

दोहा॰ आदित्यों में विष्णु मैं, ज्योतिर्मयी दिनेश ।
नक्षत्रों में चंद्रमा, मरीचि मैं मरुतेश ।। 1286/7068

◎ **And :** *Know me to be Vishnu among the sons of Aditi, Marīchi among the Maruts, the Sun among the stars and Moon among the planets.* **1576/4839**

संगीतश्रीकृष्णरामायण छन्दमाला, मोती 213 of 501

विधाता छन्द[241]

[241] **विधाता छन्द** : इस 28 मात्रा वाले यौगिक छन्द की पहली, आठवीं और पन्द्रहवीं

। + 6 + । + 6, । + 9 + ऽ ऽ
(कृष्ण विभूति–4)

सदा स्थित हृदय में आत्मा, समझ ले पार्थ! मुझको तू ।
सकल भव जीव भूतन का, सद् बीज जान मोहे तू ।। 1
मुझे ही आदि भूतों का, तथा मध्य भी जाने तू ।
मरीचि मरुत गण में पार्थ! मुझे रवि शशी माने तू ।। 2

◎ **Divinity :** *O Arjun! know that I am the ātmā that stays in the heart. I am the life of the living beings. I am the seed of all beings. I am the beginning, middle and end of the beings. I am Marīchi among the Marut deities. I am the moon in the planets.* **1577/4839**

।। 10.22 ।। **वेदानां सामवेदोऽस्मि देवानामस्मि वासवः ।**
इन्द्रियाणां मनश्चास्मि भूतानामस्मि चेतना ।।

सामवेदोस्मि वेदेषु देवेष्विन्द्रोऽहमर्जुन ।
मनोऽहमिन्द्रियाणाञ्च भूतानां चेतना तथा ।। 1064/2422

साम वेद मैं सब वेदों में, सुरेंद्र हूँ में सब देवों में ।
इंद्रियों में मन मैं भावना, सब भूतों की हूँ मैं चेतना ।। 1451/5205

दोहा॰ त्रैवेदों में साम मैं, इन्द्र सुरों का राज ।
सब भूतों की चेतना, मन, इन्द्रियाँ, मिजाज ।। 1288/7068

◎ **And :** *I am the Sāma Veda among the four Vedas. I am Lord Indra among the Gods. I am mind among the eleven body organs. I am life of the beings.* **1578/4839**

।। 10.23 ।। **रुद्राणां शङ्करश्चास्मि वित्तेशो यक्षरक्षसाम् ।**
वसूनां पावकश्चास्मि मेरुः शिखरिणामहम् ।।

रुद्रेषु च महेशोऽहं कुबेरो यक्षरक्षसाम् ।
मेरुरहं गिरीणाञ्च वसूनां पावकस्तथा ।। 1065/2422

मात्रा लघु होती है और अन्त में दो गुरु आती हैं । इसका लक्षण सूत्र । + 6 + । + 6, । + 9 + ऽ ऽ इस प्रकार से होता है ।

▶ लक्षण गीत : **दोहा॰ मात्रा अट्ठाईस हों, दो गुरु कल से अंत ।**
एक आठ पन्द्रह लघु, वही "विधाता" छंद ।। 1287/7068

रुद्रों में मैं शिव शंकर हूँ, यक्षों में मैं धन कुबेर हूँ ।
वसुओं में मैं वैश्वानर हूँ, मेरु पर्वत मैं गिरिवर हूँ ।। 1452/5205

दोहा॰ शिव शंकर हूँ रुद्र मैं, यक्ष गण में कुबेर ।
वसुअन में मैं अग्नि हूँ, पर्वतराज सुमेर ।। 1289/7068

◎ **And :** *I am the Shiva among the Rudras. I am Kuber among the Yakṣha deities. I am Meru among the mountains. I am Pavana among the Vasus.* **1579/4839**

♫ **संगीतश्रीकृष्णरामायण छन्दमाला, मोती 214 of 501**

विद्या छन्द[242]

। + 13, 10 + ऽ ऽ
(कृष्ण विभूति–5)

सुरेंद्र देव-जगत का मैं, मन मैं इन्द्रिय का राजा ।
सकल वेदों में साम मैं, भूत चेतना मैं साजा ।। 1
कुबेर यक्ष गणों में हूँ, महेश मैं रुद्रों में हूँ ।
वसुओं में वैश्वानर मैं, मेरु मैं गिरिवरों में हूँ ।। 2

◎ **Divinity :** *O Arjun! I am Lord Indra among the Gods. I am the mind among the organs of the body. I am Sāma Veda among the Vedas. I am the life of the living beings. I am Kuber among the Yakṣhas. I am Shiva among the twelve Rudras. I am Vaishvānar among the Vasus. I am Meru among the mountains.* **1580/4839**

।। 10.24 ।। **पुरोधसां च मुख्यं मां विद्धि पार्थ बृहस्पतिम् ।**
सेनानीनामहं स्कन्दः सरसामस्मि सागरः ।।

सुरसेनापतिः स्कन्दः सागरः सरसामहम् ।
बृहस्पतिं च मां विद्धि देवानां च पुरोहितम् ।। 1066/2422

कार्तिकेय सुरसेनापति मैं, देव पुरोहित बृहस्पति मैं ।

[242] ♫ **विद्या छन्द :** इस 28 मात्रा वाले यौगिक छन्द की पहली लघु और अन्त में दो गुरु मात्रा आती हैं । इसका लक्षण सूत्र । + 13, 10 + ऽ ऽ होता है ।

▶ लक्षण गीत : **दोहा॰ मात्रा अठ्ठाईस में, आदि ल, दो गुरु अंत ।**
कल चौदह पर यति जहाँ, वह है "विद्या" छंद ।। 1290/7068

77. The Divine Glory (Gītā Chapter 10)

जलाशयों में सागर मैं हूँ, विभूतियों का आगर मैं हूँ ।। 1453/5205

दोहा॰ पुजारियों का मुख्य मैं, बृहस्पति पहिचान ।
सुरसेनापति स्कंद मैं, सागर जलधि महान ।। 1291/7068

◎ **And :** *I am Skanda, the commander-in-chief of the Gods. I am the ocean among the bodies of water. I am Brihaspati among the physicians of the Gods.* **1581/4839**

संगीतश्रीकृष्णरामायण छन्दमाला, मोती 215 of 501

चुलियाला-1 छन्द[243]

13, 11 + ।ऽ।।

(कृष्ण विभूति-6)

सुर सेनापति स्कंद मैं, पुष्करों में मैं पार्थ! सागर ।
बृहस्पति देव-पुरोहित, दैवी गुण का मैं भव आगर ।।

◎ **Divinity :** *I am Skanda, the commander-in-chief of the Gods. I am sea among the bodies of water. I am Brihaspati, the physician of the Gods. I am the storehouse of the divine things.* **1582/4839**

।। 10.25 ।। **महर्षीणां भृगुरहं गिरामस्म्येकमक्षरम् ।**
यज्ञानां जपयज्ञोऽस्मि स्थावराणां हिमालयः ।।

शब्दानामहमोङ्कारो महर्षीणां भृगुस्तथा ।
यज्ञेषु जपयज्ञोऽहं स्थावरेषु हिमालयः ।। 1067/2422

भृगु ऋषि मैं हूँ महर्षियों में, ओम्कार मैं हूँ वचनों में ।
जाप यज्ञ मैं सब यज्ञों में, अचल हिमाचल हूँ शैलों में ।। 1454/5205

दोहा॰ महर्षियों में मैं भृगु, अक्षरों में अकार ।
गिरिवर मैं हिमवान् हूँ, मैं जप यज्ञ प्रकार ।। 1293/7068

◎ **And :** *I am Om among the sounds. I am Bhrigu among the saints. I am Japa (chant) yajña among the austerities. I am Himālay among the stable things.* **1583/4839**

संगीतश्रीकृष्णरामायण गीतमाला, पुष्प 331 of 763

भजन राग बिलावल, कहरवा ताल 8 मात्रा

(विभूति)

स्थायी

भँवर ये, तेरी विभूति ने घेरा, जहाँ भी जो अमर है, वो तेरा ।
गरेग म–, ध–प मग–म ग रेम–, धप– म– ध– पमग म–, ग रेम– ।

अंतरा–1

सब हृदयों में बसा आतमा, आदि अंत और मध्य जीवों का ।
आदित्यों में महाविष्णु तू, चाँद गगन में सूर्य सितारा ।
जगत में, जो भी अजब है, वो तेरा ।।

रेरे गगम– म– धप– म–गरे–, सा–रे ग–ग गग प–म गरे– सा– ।
सा–रे–ग– ग– पम–ग–रे ग–, ध–प मगग म– ग–म गरे–सा– ।
गरेग म–, ध–प मगग म, ग रेम– ।।

अंतरा–2

तू रुद्रों में शिव शंकर है, यक्ष गणों में धन कुबेर है ।
सेनापति तू स्कंद सुरों का, बृहस्पति तू बैद अपारा ।
भुवन में, जो भी अलग है, वो तेरा ।।

अंतरा–3

व्यास मनीषी मुनिजनों में, महर्षियों में भृगु तुझे कहा ।
तपस्वी नारद देवर्षि तू, अर्जुन तू है पांडव प्यारा ।
भगतों में, जो भी परम है, वो तेरा ।।

◎ **Divinity : Sthāyī :** *This Universe is filled with your divinity. Wherever there is anything immortal and divine, it is because of you.* **Antarā : 1.** *You are the ātmā that dwells in the hearts. You are the beginning to the end of the beings. You are Vishṇu, you are the Moon and the Sun. Whatever is unique in the world, it is because of you.* **2.** *You*

---

[243] **चुलियाला-1 छन्द** : इस 29 मात्रा वाले दो पदों के महायौगिक छन्द के अन्त में एक लघु मात्रा और फिर एक भ (ऽ।।) गण आता है । इसका लक्षण सूत्र 13, 11 + । ऽ।। होता है ।

▶ लक्षण गीत : **दोहा॰ बना मत्त उनतीस का, लघु गुरु लघु लघु अंत ।**
तेरह पर हो यति जहाँ, वह "चुलियाला" छंद ।। 1292/7068

are Shiva among the twelve Rudras. You are Kuber among the Yakṣhas. You are Skanda among the commanders. You are Brihaspati among the physicians. Whatever is different in the world, it is because of you. ***3.*** *You are Vyāsa among sages, Bhrigu among the saints. You are Shrī Nārad muni among the Asetics. You are Arjun among the Pāṇḍavas. Whoever is supreme among the devotees, you are him.* **1584/4839**

।। 10.26 ।। अश्वत्थः सर्ववृक्षाणां देवर्षीणां च नारदः ।
गन्धर्वाणां चित्ररथः सिद्धानां कपिलो मुनिः ।।

चित्ररथश्च गन्धर्वः सिद्धानां कपिलो मुनिः ।
वृक्षाणामहमश्वत्थो देवर्षिषु च नारदः ।। **1068**/2422

वृक्ष वर्ग में बरगद तरु मैं, कपिल हूँ सिद्धों में गुरु मैं ।
नारद मुनि मैं देव गणों में, चित्ररथ महा गंधर्व जनों में ।। 1455/5205

दोहा॰ वृक्षों में अश्वत्थ मैं, नारद मैं हि ऋषीश ।
चित्ररथ गंधर्व मुझे, जानो कपिल मुनीश ।। 1294/7068

◎ **And :** *I am the Chitraratha among the heavenly musicians. I am Kapila among the sages. I am the Ficus (Banyan) tree among the trees. I am Nārad muni among the celestial sages.* **1585/4839**

संगीतश्रीकृष्णरामायण छन्दमाला, मोती 216 of 501

चुलियाला-2 छन्द[244]

13, 11 + । ऽ ऽ

(कृष्ण विभूति-7)

शब्दों में ओंकार मैं, ऋषियों में भृगु ऋषिवर मैं हूँ ।
यज्ञों में जपयज्ञ मैं, अचल हिमाचल गिरिवर मैं हूँ ।। 1
वृक्षों में अश्वत्थ मैं, चित्ररथ गंधर्ववर मैं हूँ ।
कपिल सिद्धवर पार्थ! मैं, नारद दैवी मुनिवर मैं हूँ ।। 2

---

[244] **चुलियाला-2 छन्द** : इस 29 मात्रा वाले **चार** पदों के महायौगिक छन्द के अन्त में य गण (। ऽ ऽ) आता है । इसका लक्षण सूत्र 13, 11 + । ऽ ऽ होता है ।

▶ लक्षण गीत : **दोहा॰ बना मत्त उनतीस का, लघु गुरु गुरु हो अंत ।**
तेरह पर है यति जहाँ, "चुलियाला-दो" छंद ।। 1295/7068

◎ **Divinity :** *I am the sound of Om among the sounds. I am the sage Bhrigu among the sages. I am the Jap-yajña among the austerities. I am Himālay among the stable things. I am the Ficus (Bargad) tree among the trees, Chitraratha among the divine musicians, Kapila among the sages and Nārad muni among the heavenly sages.* **1586/4839**

।। 10.27 ।। उच्चैःश्रवसमश्वानां विद्धि माममृतोद्भवम् ।
ऐरावतं गजेन्द्राणां नराणां च नराधिपम् ।।

उच्चैश्रवोऽहमश्वानां गुडाकेशामृतोद्भुतः ।
नृषु नराधिपश्चाहम्-ऐरावतो गजेषु च ।। **1069**/2422

अर्जुन! मैं हूँ उच्चैःश्रवा, अश्व अमृत से निकला हुवा ।
नराधिप नरों का सूरज मैं, गजाधीश ऐरावत गज मैं ।। 1456/5205

दोहा॰ सागर से निकला हुआ, ऐरावत मैं गजेन्द्र ।
अश्वों में उच्चैश्रवा, नर जाति में नरेन्द्र ।। 1296/7068

◎ **And :** *I am the divine Uchchaishravā among the horses and I am the celestial Airāvat among the elephants. I am the king among men.* **1587/4839**

।। 10.28 ।। आयुधानामहं वज्रं धेनूनामस्मि कामधुक् ।
प्रजनश्चास्मि कन्दर्पः सर्पाणामस्मि वासुकिः ।।

कन्दर्पश्च प्रजाकारो महासर्पेषु वासुकिः ।
अस्त्राणां च महावज्रं कामधेनुर्गवामहम् ।। **1070**/2422

मैं ही वासुकि महा सर्प हूँ, प्रजननकारी मैं कन्दर्प हूँ ।
महा वज्र मैं आयुध विद्युत, कामधेनु गौ सागर उद्भुत ।। 1457/5205

दोहा॰ शस्त्रों में मैं वज्र हूँ, कामधेनु गौ आप ।
जननकार कंदर्प मैं, अहीश वासुकि साँप ।। 1297/7068

◎ **And :** *I am Kandarpa among the procreators. I am Vāsuki (the snake that stays on the neck of Shiva) among the snakes. I am Kāmdhenu (the wish granting cow) among the cows.* **1588/4839**

संगीतश्रीकृष्णरामायण छन्दमाला, मोती 217 of 501

77. The Divine Glory (Gītā Chapter 10)

मरहटा छन्द[245]

10, 8, 8 + ऽ।

(कृष्ण विभूति–8)

उच्चैश्रवा अश्व मैं अश्वों में, नरेंद्र मैं नरराज ।
ऐरावत मैं गज चार दंत का, गजेंद्र हूँ गजराज ।। 1
सर्पराज अहि वर मैं वासुकि हूँ, कन्दर्प प्रजाकार ।
शस्त्रास्त्रों में मैं वज्रायुध हूँ, कामधेनु मैं गाय ।। 2

◎ **Divinity :** *I am Uchchaishravā among the horses, I am the king among men. I am the Airāvat (the elephent of four teeth) among the elephants. I am Vāsuki among the divine snakes. I am Kandarpa, the progenitor. I am the thunder bolt among the weapons. I am the wish granting Kāmadhenu cow among the cows.* **1589/4839**

।। 10.29 ।। **अनन्तश्चास्मि नागानां वरुणो यादसामहम् ।**
पितॄणामर्यमा चास्मि यमः संयमतामहम् ।।

सर्पाणां शेषनागोऽहं पितॄणामहमर्यमा ।
यमो नियन्त्रकाणां च वरुणो जलदेवता ।। 1071/2422

शेष नाग हूँ नागराज मैं, वरुण देवता जल विराज मैं ।
पितर गणों में मैं अर्यम हूँ, नियंत्रकों में मैं ही यम हूँ ।। 1458/5205

दोहा॰ वरुण विमल जल–देवता, नागों में मैं शेष ।
पितृ गणों में अर्यमा, यम मैं धर्म विशेष ।। 1299/7068

◎ **And :** *I am Shesha (Vishṇu's snake) among the great snakes, Aryamā among the forefathers, Yama (God of Death) among the regulators, Varuṇa, the deity of waters.* **1590/4839**

।। 10.30 ।। **प्रह्लादश्चास्मि दैत्यानां कालः कलयतामहम् ।**
मृगाणां च मृगेन्द्रोऽहं वैनतेयश्च पक्षिणाम् ।।

दितिसुतेषु प्रह्लादो वैनतेयः खगेषु च ।
सिंहराजो मृगाणां च कालोऽहं गणनाकरः ।। 1072/2422

वैनतेय हूँ पक्षिराज मैं, सिंह मृगाधिप वन विराज मैं ।
पार्थ! प्रह्लाद मैं दिति पुत्रों में, काल–क्रम गणना सूत्रों में ।। 1459/5205

दोहा॰ दैत्यों में प्रह्लाद मैं, काल गणक यमराज ।
मृगेन्द्र वनचर सिंह मैं, वैनतेय खगराज ।। 1300/7068

◎ **And :** *I am the devotee Prahlād among the sons of Diti. I am the kingly Vainateya among the eagles and I am the lion among the beasts.* **1591/4839**

।। 10.31 ।। **पवनः पवतामस्मि रामः शस्त्रभृतामहम् ।**
झषाणां मकरश्चास्मि स्रोतसामस्मि जाह्नवी ।।

पवतामस्मि वायुश्च गङ्गा च स्रोतसामहम् ।
जलचरेषु नक्रोऽहं रामोऽहं शस्त्रधारिणाम् ।। 1073/2422

पावन कर्ता पवन वेग मैं, पवित्र गंगा का जलोघ मैं ।
रामचंद्र मैं शस्त्रधरों में, मगरमच्छ मैं नीरचरों में ।। 1460/5205

दोहा॰ पावन कर्ता पवन मैं, सरिताओं में गंग ।
जलचरों में मगरमच्छ, शस्त्रधर रामचंद्र ।। 1301/7068

◎ **And :** *I am the wind among the fluids, Gangā among the rivers, alligator among the aquatic animals and Shrī Rāma among the warriors.* **1592/4839**

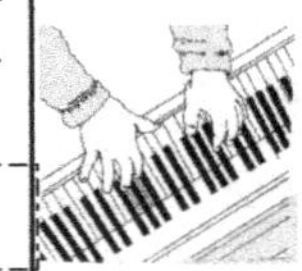

संगीतश्रीकृष्णरामायण गीतमाला, पुष्प 332 of 763

भजन : राग रत्नाकर, कहरवा ताल 8 मात्रा

(हरि नाम)

स्थायी

कहो हरि का नाम, जीवन बीते रे ।

♫ गम– पध– प– म–ग, रे–गम प–मग रे– – – ।

अंतरा–1

[245] ♫ **मरहटा छन्द :** इस 29 मात्रा वाले महायौगिक छन्द के अन्त में एक गुरु और एक लघु मात्रा आती है । इसका लक्षण सूत्र 10, 8, 8 + ऽ। इस प्रकार होता है ।

▶ लक्षण गीत : **दोहा॰ उनतीस मत्त का बना, गुरु लघु कल हों अंत ।**
दस अठरह पर यति जहाँ, वहाँ "मरहटा" छंद ।। 1298/7068

शस्त्रधारी जब राम हरि हैं, वहाँ दुखों का नाम नहीं है ।
छोड़ हरि पर भार, रक्षक हैं तेरे ।।
सा–रेग–ग गग ध–प मग– म–, सांनि– धप– ध– नि–ध पम– प– ।
ग–म पध– पप म–ग, रे–गम प– मगरे– ।।

अंतरा–2

जिस कण में रोशनी भरी है, उस कण की चेतना हरि हैं ।
जोड़ हरि से प्यार, ईश्वर हैं तेरे ।।

अंतरा–3

भव सागर के बीच खड़ा है, घिर घिर संकट आन पड़ा है ।
सौंप हरि को नाव, केवट हैं तेरे ।।

◎ **Chant, Hari! :** ***Sthāyī :*** *Chant Hari! Hari! the life is getting shorter and shorter.* ***Antarā : 1.*** *When Shrī Rāma bears arms, there remains no misery. Leave your affairs to Hari. He is your protector.* **2.** *Any particle of the Universe that is divine, it is because of Hari. Have love for Hari, he is your Lord.* **3.** *You are standing in the midst of the worldly ocean. Difficulties are all around you. Let Hari take care of you. He is the right boatman in the worldly ocean.* **1593/4839**

।। 10.32 ।। सर्गाणामादिरन्तश्च मध्यं चैवाहमर्जुन ।
अध्यात्मविद्या विद्यानां वादः प्रवदतामहम् ।।

आदिमन्तं तथा मध्यं सृष्टेर्मां विद्धि पाण्डव ।
विद्यानां ब्रह्मविद्याऽहं तर्कः प्रवदतामहम् ।। **1074**/2422

सकल सृष्टि का आदि अंत मैं, मध्य सभी का मूर्तिमंत मैं ।
ब्रह्मविद्या शास्त्र बोध मैं, वाद कला में तर्क वाद मैं ।। 1461/5205

दोहा॰ आदि अंत अरु मध्य मैं, सुष्टि का उत्पाद ।
ब्रह्मज्ञान मैं ज्ञान में, तर्कों का मैं वाद ।। **1302**/7068

◎ **And :** *O Arjun! I am the beginning, middle and the end of all beings. I am the originator of the Universe. I am the Brahma-Vidyā (Supreme knowledge) among all knowledges. I am the logic in the debates.* **1594/4839**

संगीतश्रीकृष्णरामायण छन्दमाला, मोती 218 of 501

मरहटा माधवी छन्द[246]

11, 8, 7 + । ऽ

(कृष्ण विभूति–9)

वैनतेय विहग मैं, हवा पवन मैं, मिरग मैं केसरी ।
जलचर नक्र सुविमल, पावन निर्मल, गंगा नीर–झरी ।। 1
काल चक्र गणक मैं, वाद तर्क मैं, ज्ञान सरिता भरी ।
रामचंद्र शस्त्रधर, की भगतन पर, किरपा दृष्टि खरी ।। 2

◎ **Divinity :** *I am Vainateya among the birds, Pavana among the winds, lion among the wild animals, alligator among the aquatic animals. I am Gangā among the rivers, I am Yama, the God of death, logic in the debate. I am Shrī Rāma, the warrior. I am the merciful Shrī Rāma .* **1595/4839**

।। 10.33 ।। अक्षराणामकारोऽस्मि द्वन्द्वः सामासिकस्य च ।
अहमेवाक्षयः कालो धाताहं विश्वतोमुखः ।।

अक्षराणामकारोऽहं द्वंद्वः सामासिकेषु च ।
अक्षयः शाश्वतः कालो ब्रह्मा विष्णुः शिवस्तथा ।। **1075**/2422

वर्णों में अक्षर अकार मैं, समासों का द्वंद्व प्रकार मैं ।
अक्षय शाश्वत नित्य काल मैं, ब्रह्म विष्णु शिव जगत्पाल मैं ।। 1462/5205

दोहा॰ अक्षरों में अकार मैं, अक्षय शाश्वत काल ।
शंकर ब्रह्मा विष्णु मैं, मंगल मैं जगपाल ।। **1304**/7068

◎ **And :** *I am letter-A among the alphabet, I am the eternal time. I am Brahma, Vishṇu and Shiva, the guardians of the mankind.* **1596/4839**

।। 10.34 ।। मृत्युः सर्वहरश्चाहमुद्भवश्च भविष्यताम् ।
कीर्तिः श्रीर्वाक्च नारीणां स्मृतिर्मेधा धृतिः क्षमा ।।

---

[246] **मरहटा माधवी छन्द :** इस 29 मात्रा के महायौगिक छन्द के अन्त में एक लघु और एक गुरु मात्रा आती है । इसका लक्षण सूत्र 11, 8, 7 + । ऽ इस प्रकार होता है ।

▶ लक्षण गीत : **दोहा॰ उनतीस मत्त का बना, लघु गुरु कल से अंत ।
यति ग्यारह उन्नीस पर, वही "माधवी" छंद ।। 1303/7068**

77. The Divine Glory (Gītā Chapter 10)

भविष्यतामहं जन्म मृत्युश्चैवाहमर्जुन ।
अहं कर्ता च हर्ता च धाता त्राता तथा सखा ।। 1076/2422

जन्म जीव जो करता धारण, उद्गम उनका मैं हूँ कारण ।
जानो मुझको उनका कर्ता, धाता त्राता तथा हि हर्ता ।। 1463/5205

दोहा॰ सब भूतों का जन्म मैं, भगत जनन का प्राण ।
जन्म सभी का, मृत्यु मैं, मध्य मुझे ही जान ।। 1305/7068

◎ **And :** *I am the life of the living beings. I am their birth and death. I am the creator, dissolver, nourisher, protector and the friend.* **1597/4839**

वाणी मेधा क्षमा कीर्तिः-लक्ष्मी प्रीतिर्धृतिस्स्मृतिः ।
अष्टैतानि हि नारीणां लक्षणान्यहमर्जुन ।। 1077/2422

वाणी मेधा कीर्ति तितिक्षा, धृति स्मृति श्री प्रीति सुरक्षा ।
नारी के गुण लक्षण सारे, मुझसे ही हैं अर्जुन प्यारे! ।। 1464/5205

दोहा॰ लक्ष्मी वाणी मैं तथा, मेधा स्मृति मैं प्यार ।
क्षमा कीर्ति धृति नारी के, आठ गुणों का सार ।। 1306/7068

◎ **And :** *I am the eight virtues of speech, intelligence, forgiveness, fame, nobility, love, courage and remembrance of the women* **1598/4839**

संगीतश्रीकृष्णरामायण छन्दमाला, मोती 219 of 501

धारा माधवी छन्द[247]

15, 12 + ऽ

(कृष्ण विभूति-10)

मैं हूँ अक्षरों में अकार, समासों में द्वंद्व मैं हूँ ।
मैं हूँ शाश्वत अक्षय काल, ब्रह्मा विष्णु रुद्र मैं हूँ ।। 1
मैं हूँ सब भूतों का जन्म, सब प्राणियों का प्राण हूँ ।
मैं ही सब भूतन का अंत, मध्य भी मैं ही जान हूँ ।। 2

◎ **Divinity :** *I am letter-A among the Alphabet. I am Dual-Samāsa among the words-compounds. I am the eternal indestructible time. I am Brahma, Vishṇu and Shiva. I am the birth and the life of all beings. Know me to be the dissolution and the middle of them too.* **1599/4839**

संगीतश्रीकृष्णरामायण गीतमाला, पुष्प 333 of 763

गीत : राग रत्नाकर, कहरवा ताल 8 मात्रा

(नारी ममता की फुलवारी)

स्थायी

नारी ममता की फुलवारी, हर माँ बेटी प्यारी है ।
रेगम- धधप- म- गगम-प-, मम प- निधप- मगमग रे- ।

अंतरा-1

क्षमा तितिक्षा, अमृत वाणी । मेधा कीर्ति, देवी भवानी ।
हर, माता विश्व दुलारी है ।।
रेग- मम-प-, नि-धप म-प-, सांनिध- प-ध-, नि-ध पम-प- ।
मम, प-प- नि-ध पमगमग रे- ।।

अंतरा-2

तारा द्रौपदी, झाँसी रानी । राधा सीता, मीरा दीवानी ।
हर, कन्या राजकुमारी है ।।

अंतरा-3

गंगा जमुना, पावन पानी । सेवा नेहा, प्रेम कहानी ।
हर, नारी जन हितकारी है ।।

अंतरा-4

भाभी बहिना, बहू दरानी । मौसी दादी, नानी सयानी ।
सुंदर हिरदय, सारी हैं ।।

◎ **Woman : *Sthāyī :*** *The woman is the flower garden of love. Every woman is a daughter, mother or a loving sister.* ***Antarā : 1.*** *Woman is a symbol of forgiveness,*

---

[247] **धारा छन्द :** इस 29 मात्रा वाले महायौगिक छन्द के अन्त में एक गुरु मात्रा आती है । इसका लक्षण सूत्र 15, 12 + ऽ इस प्रकार होता है ।

▶ लक्षण गीत : **दोहा॰ उनतीस मत्त से बना, गुरु मात्रा हो अंत ।**
पन्द्रहवीं पर यति जहाँ, जानो "धारा" छंद ।। 1307/7068

forbearance, sweet words, intelligence, fame and Goodness. Every mother is dear to everyone in the world. **2.** *Tārā, Draupadī, Queen of Jhānsī, Rādhā, Sītā, Meerā, each one is a beautiful princess.* **3.** *Gangā, Yamunā are the love stories of holy waters in the history. Each woman is beneficial to the mankind.* **4.** *Sister-in-law, sister, daughter-in-law, aunty, grandmother, all are wonderful at their harts.* **1600/4839**

।। 10.35 ।। **बृहत्साम तथा साम्नां गायत्री छन्दसामहम् ।**
मासानां मार्गशीर्षोऽहमृतूनां कुसुमाकरः ।।

मार्गशीर्षञ्च मासानाम्-ऋतुराट्कुसुमाकरम् ।
मां बृहत्साम साम्नां च गायत्रीं विद्धि छन्दसाम् ।। 1078/2422

वसंत मैं ऋतुओं का राजा, मार्गशीर्ष मासों में साजा ।
छन्दों में गायत्री मैं हूँ, बृहत् साम मैं वेदों में हूँ ।। 1465/5205

दोहा॰ मार्गशीर्ष हूँ मास मैं, ऋतुराज मैं बसन्त ।
बृहत्साम मैं साम का, गायत्री का छन्द ।। 1308/7068

And : *O Arjun! I am the month of Mārgashīrsh (November-December) among the months, Basant (Spring) among the seasons, Brihat-Sāma in the Sāma-Veda and I am Gāyatrī among the poetic Chhandas.* **1601/4839**

संगीतश्रीकृष्णरामायण छन्दमाला, मोती 220 of 501

ताटंक छन्द[248]

16, 8 + ऽ ऽ ऽ

(कृष्ण विभूति–11)

अष्ट स्त्री गुण प्रीति धृति स्मृति श्री, कीर्ति क्षमा प्रज्ञा वाणी ।
मेरे कारण हैं अर्जुन! सब, जो जाने सो है ज्ञानी ।। 1
मार्गशीर्ष मैं सब मासों में, ऋतु बसंती हरी–धानी ।
बृहत्साम मैं साम वेद का, छंदस् गायत्री रानी ।। 2

[248] **ताटंक छन्द** : इस 29 मात्रा वाले महायौगिक छन्द के अन्त में तीन गुरु मात्रा आती हैं । इसका लक्षण सूत्र 16, 8 + ऽ ऽ ऽ इस प्रकार होता है ।

▶ लक्षण गीत : **दोहा॰ उनतीस मत्त से बना, मत्त तीन गुरु अंत ।**
सोलहवीं पर यति जहाँ, वही "ताटंक" छंद ।। 1309/7068

Divinity : *I am the woman's eight virtues of love, courage, memory, nobility, fame, forbearance, intelligence and sweet speech. O Arjun! he who knows this, is a wise person. I am the Mārgashīrsh (Nov.-Dec.) among the months. I am the green (Dhānī) Basant (Spring) season. I am the great Sāma of the Vedas and the Gāyatrī meter of the poetry.* **1602/4839**

संगीतश्रीकृष्णरामायण गीतमाला, पुष्प 334 of 763

खयाल : राग बहार, एक ताल 12 मात्रा

(इस सुंदर गीत के तबला ठेका, बड़हत, स्थायी और अंतरा तान के लिये देखिये हमारी "*नयी संगीत रोशनी*" का गीत 42)

(ऋतु बसंत)

स्थायी

बिंदु बिंदु अंबु झरत, ऋतु बसंत आई ।
शीतल पवन पुरवाई, मन में उमँग है लाई ।।

अंतरा–1

रंग–रंग मंजरियाँ, फूल फूल चंचरीक ।
पपैया की मधुर तान, मोरे मन भाई ।।

Basant : *Sthāyī* *: The Basant (spring) season has come. Rain is drizzling. The easterly cool breeze has given inspiration to my mind.* ***Antarā*** *: The colourful pinnacles are on the plants, the Bumble bees swarming on the flowers. The sweet chirping of the Koyal (black bird) pleased my mind.* **1603/4839**

।। 10.36 ।। **द्यूतं छलयतामस्मि तेजस्तेजस्विनामहम् ।**
जयोऽस्मि व्यवसायोऽस्मि सत्त्वं सत्त्ववतामहम् ।।

छलं छलयतां विद्धि द्यूतकारस्य कैतवम् ।
व्यवसायं च मां पार्थ दृढानां व्यवसायिनाम् ।। 1079/2422

छल छलियों का हूँ, अर्जुन! मैं, द्युतकार का कैतव गुण मैं ।
प्रभावशाली प्रतिभा जिसकी, वह मेधा मैं व्यवसायी की ।। 1466/5205

दोहा॰ द्यूत खेल मैं भाग्य का, तेजवान का तेज ।
सद्गुणियों का सत्त्व मैं, व्यवसायिन की सेज ।। 1310/7068

77. The Divine Glory (Gītā Chapter 10)

◎ **And :** *I am the deceit of the gamblers. I am the trade of the traders, O Arjun!* **1604/4839**

विजयोऽहं विजेतॄणां निर्धारिणां च निश्चयः ।
सात्त्विका सत्त्वशीलानां सद्बुद्धिश्च धनञ्जय ।। 1080/2422

निश्चय मैं हूँ निर्धारी का, विजय मैं हूँ विजयश्री का ।
सत्त्वशील की सात्त्विक बुद्धि, सत्त्व से भरी मैं हूँ सिद्धि ।। 1467/5205

दोहा॰ विजयश्री का विजय मैं, निश्चय का निर्धार ।
सत्त्वशील का सत्त्व मैं, सद्बुद्धि का सार ।। 1311/7068

◎ **And :** *I am the victory of the victorious, resolve of the resolute and truth of the truthful.* **1605/4839**

।। 10.37 ।। **वृष्णीनां वासुदेवोऽस्मि पाण्डवानां धनञ्जयः ।**
मुनीनामप्यहं व्यासः कवीनामुशना कविः ।।

वृष्णीनां वसुदेवोऽहं पाण्डवेष्वहमर्जुनः ।
कवीनामुशना पार्थ व्यासदेवो मुनीश्वरः ।। 1081/2422

वृष्णि कुलज मैं वासुदेव हूँ, मुनिवर्यों में व्यास देव हूँ ।
कवियों में उशना कवि मैं हूँ, अर्जुन पाण्डव कुलरवि मैं हूँ ।। 1468/5205

दोहा॰ मुनियों में मुनि व्यास मैं, वृष्णि कुलज वसुदेव ।
पांडुकुलज मैं "पार्थ" हूँ, उशना मैं कविदेव ।। 1312/7068

◎ **And :** *I am Vasudeva in the Vriṣhni clan. I am Arjun in the Pāṇḍavas. I am Ushnā in the learned and Vyāsa in the saint poets.* **1606/4839**

<u>संगीतश्रीकृष्णरामायण छन्दमाला, मोती 221 of 501</u>

कुकुभ छन्द[249]

16, 10 + ऽ ऽ
(कृष्ण विभूति–12)

सद्गुणियों का, पार्थ! सत्त्व मैं, रहस्य मैं व्यवसायी का ।
विजयी नर का विजय हर्ष मैं, निग्रह मैं निर्धारी का ।। 1
वृष्णि यदुकुल का वसुदेव मैं, "अर्जुन" पांडव धनुधारी ।
परम मुनीश्वर वेद व्यास मैं, उशना मैं कवि अवतारी ।।

◎ **Divinity :** *O Arjun! I am the righteousness of the righteous. I am the secret of the trade. I am the victory of the victorious and resolution of the resolute. I am Vasudeva of the Vrishni clan, Arjun of the Pāṇḍavas, Vyāsa of the divine sages and Ushanā among the learned.* **1607/4839**

।। 10.38 ।। **दण्डो दमयतामस्मि नीतिरस्मि जिगीषताम् ।**
मौनं चैवास्मि गुह्यानां ज्ञानं ज्ञानवतामहम् ।।

राजनीतिर्नृपाणां च दण्डोऽहं शासनस्य च ।
गोपनीयेषु मौनं च ज्ञानं च ज्ञानिनामहम् ।। 1082/2422

राजाओं की राज नीति मैं, शासनकारी दण्ड भीति मैं ।
गोपनीयों की मौन वृत्ति मैं, ज्ञानी जन की ज्ञान कीर्ति मैं ।। 1469/5205

दोहा॰ शासनकारी दंड मैं, गुह्य मर्म का ध्यान ।
जिगीषुओं की नीति मैं, ज्ञानवान का ज्ञान ।। 1314/7068

◎ **And :** *I am the kingship of the king, the rule of the ruler, secrecy of the secrets and the knowledge of the knowledgeable.* **1608/4839**

।। 10.39 ।। **यच्चापि सर्वभूतानां बीजं तदहमर्जुन ।**
न तदस्ति विना यत्स्यान्मया भूतं चराचरम् ।।

पार्थ गतागतानां च भूतानां विद्धि मां गतिम् ।
अत्र ये येऽपि जायन्ते बीजं तेषां च प्राक्तनम् ।। 1083/2422

चीज यहाँ जो आति जाती, उन सब की मैं चराचर गति ।
जहाँ कहीं जो बनी चीज है, जानो उनका मूल बीज मैं ।। 1470/5205

दोहा॰ अचर तथा चर भूत का, जान मुझे ही बीज ।
त्रिभुवन में मेरे बिना, कोई भी ना चीज ।। 1315/7068

---

[249] **कुकुभ छन्द :** इस 30 मात्रा वाले महायौगिक छन्द के अन्त में दो गुरु मात्रा आती हैं । इसका लक्षण सूत्र 16, 10 + ऽ ऽ इस प्रकार होता है ।
▶ लक्षण गीत : **दोहा॰ तीस मत्त का जो बना, दो गुरु कल से अंत ।**
सोलहवीं पर यति रहे, वही "कुकुभ" है छंद ।। 1313/7068

◎ **And :** *O Arjun! know me to be the destiny of the departed. I am the seed of the beings that take birth in the Universe.* **1609/4839**

संगीतश्रीकृष्णरामायण छन्दमाला, मोती 222 of 501

रुचिरा छन्द[250]

14, 14 + ऽ

(कृष्ण विभूति-13)

शासक की राजनीति मैं, डंडा शासनाधिकारी का ।
गोपनीय का रहस्य मैं, ज्ञान ज्ञानी सदाचारी का ।। 1
पार्थ! आदि मूल बीज मैं, सर्व चराचर तनधारी का ।।
मेरे बिन कुछ नहीं कहीं, तीन लोक में नामवरी का ।। 2

◎ **Divinity :** *I am the polity of the king, rule of the ruler, secrecy of the secret, wisdom of the wise. O Arjun! beyond me there is nothing in the mankind.* **1610/4839**

संगीतश्रीकृष्णरामायण गीतमाला, पुष्प 335 of 763

भजन : राग रत्नाकर, कहरवा ताल 8 मात्रा

(अद्भुत काम)

स्थायी

अद्भुत जितने काम जगत के, मंगल उतने नाम तिहारे ।
ग-रेरे गगम- ध-प मगग म-, नि-धप ममप- ध-प मग-म- ।

अंतरा -1

कोई कहे गोविंद, कंस निकंदन । कोई कहे मोहन, कालियामर्दन ।
दीन दयाला, हे जगपाला! पाहि हमको, हरे मुरारे! ।।
गरे सारे ग-म-म, ध-प मग-मम । निध पम प-धध, सां-निधप-धध ।
प-म गरे-ग-, प- मगरे-ग-! सा-रे- गगम-, ध-प मग-म-! ।।

अंतरा -2

मुकुंद माधव, मुरली मनोहर । कोई कहे यादव, गोवर्धन-धर ।
श्यामल सुंदर, हे योगेश्वर! भगत जन भये शरण तिहारे ।।

अंतरा -3

देवकी नंदन, कृष्ण दमोदर । मीरा के प्रभु, गिरिधर नागर ।
कोई कहे केशव, हे दुख भंजन! निश-दिन करना काज हमारे ।।

◎ **Unique deeds :** ***Sthāyī :*** *O Lord! as many unique things are there in the Universe, so many are your unique deeds and names.* ***Antarā : 1.*** *Someone calls you Kāliyā-mardan (Punisher of Kāliyā snake), Kaṅsa-nikandana (Slayer of Kaṅsa). O Son of Nanda Bābā! O Worshipped by the world! O Murāri (Slayer of the demon Mura)! please protect us.* ***2.*** *O Mukund (Jewel)! O Mādhav (Husband of Lakṣhmī)! O Shrī Krishṇa Dāmodar! O Mohana! O Keshava! O Muralī Manohara (who plays charming flute)! O Govind (Protector of the cows)! O Yādava (Son of Yadu), O Govardhana-dhar (who picked Goverdhan mountain)! the devotees surrender to you.* ***3.*** *O Meerā's Lord Girighar-nāgar! Rādhā Rāmaṇa (Joy of Rādhā)! O Shyāmala Sundara (of beautiful brown complexion)! O Devakī-nandana (Son of Devakī)! O Ocean of mercy! please make our life easy.* **1611/4839**

नान्तोऽस्ति मम दिव्यानां विभूतीनां परन्तप ।
एष तूद्देशत: प्रोक्तो विभूतेर्विस्तरो मया ।।

दैविनां हि विभूतीनां नास्त्यन्तो मे यत: सखे ।
अवदमत्र स्वल्पेन व्याप्तिं तेषां तु भारत ।। 1084/2422

दैवी मेरी विभूतियों का, अंत नहीं है उपाधियों का ।
अत: यहाँ है बिलकुल थोड़ा, अति स्वल्प में कहा है ब्यौरा ।। 1471/5205

दोहा॰ मेरी दिव्य विभूति का, पार्थ! नहीं है अंत ।
स्वल्प रीति से है कहा, विस्तार जो अनंत ।। 1317/7068

◎ **And :** *There is no end to my divinities, therefore, O Dear Arjun! I have given you just a few examples, on this battlefield.* **1612/4839**

।। 10.41 ।। **यद्यद्विभूतिमत्सत्त्वं श्रीमदूर्जितमेव वा ।**
तत्तदेवावगच्छ त्वं मम तेजोंऽशसम्भवम् ।।

---

[250] **रुचिरा छन्द** : इस 30 मात्रा वाले महायौगिक छन्द के अन्त में एक गुरु मात्रा आती है । इसका लक्षण सूत्र 14, 14 + ऽ इस प्रकार होता है ।

▶ लक्षण गीत : **दोहा॰ तीस मत्त का जो हुआ, गुरु मात्रा से अंत ।**
कल चौदह पर यति जहाँ, वह है "रुचिरा" छंद ।। 1316/7068

77. The Divine Glory (Gītā Chapter 10)

श्रीयुक्तं च प्रभावी च यदप्यस्त्यत्र तत्र वा ।
तदस्ति पार्थ जानीहि मम तेजोंऽशसम्भवम् ।। 1085/2422

प्रभावशाली जो भी जहाँ है, और प्रभा से चमक रहा है ।
माया से जो सना हुआ है, मेरे कण से बना हुआ है ।। 1472/5205

दोहा॰ जहाँ कहीं जो दिव्य है, परम चराचर भूत ।
वो है मेरे अंश का, तू जानले सबूत ।। 1318/7068

◎ **And :** *O Arjun! whatever divine and noble is there anywhere in the Universe, know it to be only a minute fraction of my divinity.* **1613/4839**

|| 10.42 || अथवा बहुनैतेन किं ज्ञातेन तवार्जुन ।
विष्टभ्याहमिदं कृत्स्नमेकांशेन स्थितो जगत् ।।

ज्ञात्वा सूक्ष्मेन किं पार्थ जानीहि यावदेव त्वम् ।
ब्रह्माण्डमंशमात्रेण सम्भूतं मम तेजसः ।। 1086/2422

पार्थ! सूक्ष्मता अधिक जान कर, प्रयोजन हि क्या यहाँ समर पर ।
बस इतना तुम जानो मेरे, एक अंश से बनें हैं सारे ।। 1473/5205

दोहा॰ अर्जुन! विस्तर जान कर, रण पर क्या कल्याण ।
"मेरे कण से विश्व है," बस इतना हो ज्ञान ।। 1319/7068

◎ **And :** *But, O Arjun! rather than knowing all about my divinity here on the battlefield, just know this much that this Universe is evolved from a fraction of mine.* **1614/4839**

संगीतश्रीकृष्णरामायण गीतमाला, पुष्प 336 of 763

भजन

(ओ बनवारी)

स्थायी

मोरी बिगड़ी बनादो बनवारी, तोरी किरपा अनूठी, गिरिधारी! ।
♫ सारे- ममम पम-प- सांधपमप-, मप सांधप मप-ध-, धपमगम-! ।

अंतरा–1

दाता तुम हो कृष्ण मुरारी, गोविंद माधव कुंज विहारी ।
लीला तुमरी सब जग जानत, शंकर-किन्नर, गात हरि! ।।
♫ म-प- धध नि- सां-सां सांनि-सां-, नि-निनि सां-सांसां निसांरें सांनिधप- ।
सा-रे- ममम- पप मप सां-धप, म-पप ध-पम, प-म गम-! ।।

अंतरा–2

राधा रमण हरि, बिरज बिहारी, दुष्ट दमन को तू अवतारी ।
तू सुखकारी भद्र जनन का, दीन दयाला राम हरि ।।

◎ **O Banwarī! :** ***Sthāyī :*** *O Banwārī (who wears garland of wild flowers)! please keep my life in order. O Giridhārī (Bearer of the mountain)! please make my life easy. I am your devotee, please have mercy upon me. O Lord! your kindness is unique.* ***Antarā :*** *O Shrī Krishṇa Murāri (Slayer of Mura)! O Govind (Protector of the cows)! O Mādhav (Husband of Lakshmī)! O Vipina-vihārī (who roams in the forest)! the world knows your magic. Shiva and Kinnar are singing your praises.* **2.** *O Joy of Rādhā! O Biraj-Bihārī (Dweller of the Vraj village)! you take personification to remove evil. You are the Giver of happiness, helper of the helpless, O Shrī Rāma!* **1615/4839**

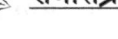

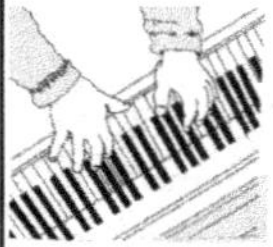

संगीतश्रीकृष्णरामायण गीतमाला, पुष्प 337 of 763

(विभूति विस्तार का संक्षिप्त निरूपण)

स्थायी

स्वरदा ने सुंदर गाया है, नारद ने साज बजाया है ।
रतनाकर गीत रचाया है ।।
♫ सानि़सा- गरे सा-नि़नि़ सा-रेम ग-, गममग पम ग-रे सासा-रेम ग- ।
गगरेसासासा रे-ग मगरेसानि़ सा- ।।

अंतरा–1

सब भव का उद्गम आदिऽ मैं, अरु मध्य अंत मैं अनादिऽ हूँ ।
मैं साम वेद हूँ शास्त्रों में, मैं रामचंद्र हूँ क्षात्रों में ।
मैं सुरपति इंद्र कहाया हूँ ।।
♫ पप मरे म- प-पम पनिधप प-, पप मगग सा-ग म पगरेसानि़ सा- ।
सानि़ सा-ग रे-सा नि़- सा-रेम ग-, सानि़ सा-गरे-सा नि़- सा-रेम ग- ।
ग- रेसासासा रे-ग मगरेसानि़ सा- ।।

अंतरा–2

मैं गिरिवर हिमगिरि शैलों में, मैं भागिरथी सरिताओं में ।
मैं मार्गशीर्ष हूँ मासों में, मैं शेष नाग हूँ साँपों में ।।
सेनापति स्कंद कहाया हूँ ।।

अंतरा–3

मैं देवर्षिऽ मुनि नारद हूँ, मैं व्यास मुनीश विषारद हूँ ।
मैं वाणी मेधा धृति स्मृति हूँ, मैं नारी की शुभ कीर्ति हूँ ।
मैं नभ का चंद्र कहाया हूँ ।।

◎ **Vibhuti : *Sthāyī* :** *Ratnākar composed the melody, Sarasvatī sang it beautifully, while Shrī Nārad muni played the Vīṇā.* ***Antarā* : 1.** *I am the origin, middle and the end of all beings. I am the Sāma Veda of the Vedas. I am Shrī Rāma of the warriors. I am the Lord Indra of the Gods.* **2.** *I am the Himālays among the mountains, Gangā among the rivers, Mārgashīrṣh (Nov. -Dec.) in the months, Shesha (Viṣhṇu's snake) in the snakes and Skanda (Shiva's son) in the Commander-in-chiefs.* **1616/4839**

श्रीमद्–भगवद्–गीता अध्याय ग्यारहवाँ ।
विश्वरूप–दर्शन योग ।

संगीतश्रीकृष्णरामायण गीतमाला, पुष्प 338 of 763

भजन : राग अहीर भैरव,[251] कहरवा ताल 8 मात्रा

(इस सुंदर गीत की चाल और तबला ठेका के लिये देखिये हमारी "*नयी संगीत रोशनी*" का गीत 14)

(उमापति)

[251] **राग अहीर भैरव :** यह भैरव ठाठ का राग है । उपरोक्त भैरव राग में कोमल नि के प्रयोग से अहीर भैरव राग उत्पन्न होता है ।

▶ लक्षण गीत : **दोहा॰ म सा वादि संवाद हों, किसी न स्वर का त्याग ।**
जिसमें कोमल स्वर नि रे, "अहीर भैरव" राग ।। 1320/7068

स्थायी

अर्पण है अहिधारी, उमापति! दर्शन दो त्रिपुरारि ।
नाथ हमारे भोले भाले, हम हैं तेरी बलिहारी ।
हम हैं तेरी बलिहारी ।।

अंतरा–1

आस लगाए साँझ सकारे, दया दिखा दो शेखर प्यारे ।
शिव शंकर जी लीला दिखा दो, भाल चंद्र शशिधारी ।
उमापति! अर्पण है अहिधारी ।।

अंतरा–2

शंभु सदाशिव खेवन हारे, तुम्हें मनाते भगतन सारे ।
भव सागर को पार कराओ, गंगाधर हितकारी ।
उमापति! अर्पण है अहिधारी ।।

◎ **Shiva : *Sthāyī* :** *O Shiva! O Umāpati (Husband of Pārvatī)! I surrender to you. Please appear. O Shiva! we are your devotees.* ***Antarā* : 1.** *Day and night we wait for you. O Dear Shekhara (Shiva)! please have mercy on us. O Shiva Shankar! please show us your charm, O Shashidhārī (Bearer of the Moon on his forehead)!* **2.** *O Shambhu Sadāshiva (Shiva)! O Khevanahāre (Boatman)! all devotees are requesting you to be merciful. Please take us beyond the worldly ocean, O Gangādhara (from whose head Gangā emerges)! O Hitakārī (Benefactor)!* **1617/4839**

गीतोपनिषद् : बाईसवाँ तरंग
Gitopanishad : Fascicule 22

78. विश्वरूप दर्शन की कथा :

78. Display of the Universal Form *(Gītā Chapter 11)*

(विश्वरूपदर्शनकथा)

संगीतश्रीकृष्णरामायण छन्दमाला, मोती 223 of 501

फटका छन्द

8 + 8 + 8 + 6/5

78. Display of the Universal Form (Gītā Chapter 11)

(विश्वरूप)

श्रीभगवन् ने, असीम अपनी, विभूतियों का, केवल एक ।
अंश मात्र ही, उसे कहा था, प्रमाण देने, उसको नेक ।। 1
उसको सुन कर, पार्थ ने जाना, दैवी कैसा, स्वभाव है ।
जहाँ जो कहीं, विश्वरूप है, केशव का ही, प्रभाव है ।। 2

◎ **Universal form :** *Lord Shrī Krishna displayed only a fraction of his infinite divinity, just to give few examples to Arjun. Having heard Shrī Krishna's words, Arjun realized how divine Lord Shrī Krishna is. He understood that wherever there is anything divine, it is a tiny element of Shrī Krishna's aura.* **1618/4839**

ॐ अनुष्टुप्-श्लोक-छन्दसि गीतोपनिषद्

रत्नाकर उवाच

ॐ **दातुमृतं प्रमाणं तं श्रीभगवान्धनञ्जयम् ।**
विभूतिविस्तरस्यैकम्-अंशमात्रमवर्णयत् ।। 1087/2422

उस अर्जुन को वासुदेव ने, विभूतियों का सुझाव देने ।
विस्तर वर्णन बखान कीन्हे, एक अंश से प्रमाण दीन्हे ।। 1474/5205

दोहा॰ प्रमाण देने पार्थ को, विभूति का संक्षिप्त ।
अंश मात्र विस्तार का, कहा कथन पर्याप्त ।। 1321/7068

◎ **Ratnākar :** *For giving an idea of his infinite divinity to Arjun, Shrī Krishna gave him just few examples.* **1619/4839**

ॐ **श्रुत्वा तमर्जुनोऽजानाद्-दैवी भाव: कथं च क: ।**
यद्यद्विभूतिमत्तत्त्वं विश्वे तेजो हरेर्हि तत् ।। 1088/2422

सुन कर वर्णन विभूतियों का, अर्जुन जाना दैवी गुण क्या ।
जहाँ कहीं जो काँतिमान है, केशव से ही वो प्रदान है ।। 1475/5205

दोहा॰ सुन कर वर्णन कृष्ण से, अर्जुन जाना सत्य ।
"जग में जो भी दिव्य है, तेज कृष्ण का स्तुत्य" ।। 1322/7068

◎ **And :** *Having heard Shrī Krishna's words, Arjun knew what and how infinite Shrī Krishna's divinity is. He understood that anything that is divine anywhere in the Universe, it is a fraction of Shrī Krishna's glory.* **1620/4839**

ॐ **गतभ्रमश्च नि:शङ्कोऽचिन्तयत्कुरुनन्दन: ।**
यस्येयत्सुन्दरं चित्रं रूपं स्यात्सुन्दरं कियत् ।। 1089/2422

भ्रम उसका जब गया समूचा, अर्जुन ने तब मन में सोचा ।
वर्णन जिसका सुंदर इतना, दर्शन होगा मंगल कितना ।। 1476/5205

दोहा॰ गौरव विभूति का अगर, इतना है सुखकार ।
उसकी मंगल मूर्ति का, कैसा हो दीदार ।। 1323/7068

◎ **And :** *Arjun became free of doubts and he thought - if the description of Shrī Krishna's divinity is so fascinating, how wonderful will be the actual display of his divine Universal form?* **1621/4839**

ॐ **मङ्गलं मे भवेद्भूरि दर्शनं मां मिलेद्यदि ।**
इति बुद्ध्वा स धैर्येण श्रीभगवन्तमब्रवीत् ।। 1090/2422

कितना मंगल होगा मेरा, मिले अगर वह दरसन प्यारा ।
इसी भाव से अर्जुन भोला, हृषीकेश से डर कर बोला ।। 1477/5205

दोहा॰ "कितना मंगल हो यदि, मिले मुझे दीदार" ।
कहा पार्थ ने कृष्ण को, अपना नम्र विचार ।। 1324/7068

◎ **And :** *It will be so nice if I could get a glimpse at Shrī Krishna's divine Universal form. Thinking thus, without hesitation he asked Shrī Krishna.* **1622/4839**

संगीतश्रीकृष्णरामायण गीतमाला, पुष्प 339 of 763

भजन : राग रत्नाकर, कहरवा ताल 8 मात्रा

(प्रभु दर्शन)

स्थायी

बरनन सुंदर जाको इतनौ, रूप परम होहौ कितनौ ।
♫ रेरेरेरे ग-रेसा रेरे गगम-, ध-प मगग म-प- मगरे- ।

अंतरा -1

किरती जाकी जग तीनि माहीं, प्रीति बिखरी दुखी दीनि माहीं ।
बरतन जाको मंगल इतनौ, दरसन सुभ होहौ कितनौ ।।
♫ ममम- प-प- मग रेग म-म-, प-प- धपम- पध निध प-म- ।

78. Display of the Universal Form (Gītā Chapter 11)

रेरेरेरे गग रेसारेरे गगम–, धधपप मग म–प– मगरे– ।।

अंतरा –2

सुमिरन जाको पुन्य लगावै, सान्ति दैके पाप भगावै ।

सपनन में निर्‌मल इतनौ, अपनन में होहौ कितनौ ।।

अंतरा –3

निराकार निर्‌गुन सुभ काया, कन कन में जाकी है माया ।

रूप अलख न्यारो इतनौ, गोचर प्यारो होहौ कितनौ ।।

◎ **Universal Display : *Sthāyī* :** *If the description of Shrī Krishṇa's divinity is so beautiful, how wonderful its actual display would be?* ***Antarā* : 1.** *How auspicious the display of it would be whose fame is spread in the three worlds, whose love is among the helpless and suffering people and whose description is so fascinating?* **2.** *The thought of whose name alone is so auspicious, which gives peace of mind and removes the sins and who is so holy in the dreams, how he would be in real person?* **3.** *His Māyā (magic) exists in each particle of the world. If the unpersonified form is so interesting, how lovely be his actual personified form?* **1623/4839**

श्रीमद्भगवद्गीता एकादशोऽध्यायः ।

अर्जुन उवाच ।

।। 11.1 ।। **मदनुग्रहाय परमं गुह्यमध्यात्मसंज्ञितम् ।**
यत्त्वयोक्तं वचस्तेन मोहोऽयं विगतो मम ।।

प्रसादो भवता दत्तः कृपया मे प्रभो त्वया ।
मनसश्च गतः शोको ज्वलिताज्ज्ञानदीपकात् ।। 1091/2422

प्रदान प्रभुवर! मुझे जो किया, दयावान प्रभु! दान जो दिया ।
दीपक मन में ज्ञान का जगा, तन से सब अज्ञान है भगा ।। 1478/5205

दोहा॰ सुन कर, प्रभुजी! आपसे, विभूति का विस्तार ।
हटा ज्ञान के दीप से, हिरदय से अँधकार ।। 1325/7068

◎ **Arjun :** *O Lord! the gift of kindness you gave me, has removed my delusion and a lamp of wisdom is enlightened in my heart.* **1624/4839**

।। 11.2 ।। **भवाप्ययौ हि भूतानां श्रुतौ विस्तरशो मया ।**
त्वत्तः कमलपत्राक्ष माहात्म्यमपि चाव्ययम् ।।

श्रुतवान्वर्णनं त्वत्तो भूतप्रलयसर्गयोः ।
अव्ययं महिमन्तं च भवतः शाश्वतं चिरम् ।। 1092/2422

सुनी आप से सत्ता भव की, भूत सर्ग के प्रलय प्रभव की ।
अनन्य महिमा, प्रभो! आपकी, शाश्वत दैवी बृहद् व्याप की ।। 1479/5205

दोहा॰ सुना आपसे सृष्टि का, उद्‌गम लय व्यापार ।
शाश्वत महिमा आपकी, अद्‌भुत जिसका सार ।। 1326/7068

◎ **And :** *From you I heard the description of the begining and end of the beings in the nature as well as I heard the infinite expanse of your eternal divinity.* **1625/4839**

।। 11.3 ।। **एवमेतद्यथात्थ त्वमात्मानं परमेश्वर ।**
द्रष्टुमिच्छामि ते रूपमैश्वरं पुरुषोत्तम ।।

इदानीं वेद्मि रूपं ते त्वया प्रोक्तं तथा हि तत् ।
दर्शय मां वपुर्दिव्यं तव तत्पुरुषोत्तम ।। 1093/2422

अब मैं समझा रूप तिहारा, यथा कहा था तथा पियारा ।
दर्शन दे दे, मेरे ईश्वर! दिव्य रूप का मुझे अनश्वर ।। 1480/5205

दोहा॰ अब मुझको विश्वास है, परम तिहारा रूप ।
जैसा तुमने है कहा, वैसा ही, सुरभूप! ।। 1327/7068

◎ **And :** *And he said, O Lord! now I understand that your form is as divine as you said. O Shrī Krishṇa! please give me a glimpse of that Universal divine form.* **1626/4839**

।। 11.4 ।। **मन्यसे यदि तच्छक्यं मया द्रष्टुमिति प्रभो ।**
योगेश्वर ततो मे त्वं दर्शयात्मानमव्ययम् ।।

मन्यसे यदि मां पात्रं द्रष्टुं रूपं जनार्दन ।
विस्मयकारि रूपं ते मां योगेश्वर दर्शय ।। 1094/2422

दर्शन तेरा पाने जोगा, मुझे अगर तू समझा होगा ।
हे योगेश्वर! मुझे सिखा दे, विस्मय मय वह विभु दिखा दे ।। 1481/5205

दोहा॰ मुझको तुम समझो अगर, दर्शन पात्र तिहार ।
दिखला दो, प्रभु! आपका, विराट रूप निखार ।। 1328/7068

78. Display of the Universal Form (Gītā Chapter 11)

◎ **And :** *If you think me worthy of seeing your Universal display, O Lord! please show it to me.* **1627/4839**

श्रीभगवानुवाच ।

|| 11.5 || **पश्य मे पार्थ रूपाणि शतशोऽथ सहस्रशः ।**
नानाविधानि दिव्यानि नानावर्णाकृतीनि च ॥

(श्रीभगवानुवाच)

दिव्यानि पश्य मे पार्थ रङ्गरूपाणि विस्मितः ।
आकारैश्च प्रकारैश्च सहस्रैर्विविधैस्तथा ॥ 1095/2422

(फिर श्रीकृष्ण कहते हैं)

देखो मेरे रूप दिव्य कों, रंग रूप आकार भव्य कों ।
सौ–सौ मेरे हजार विध वो, विस्मय से तुम रूप विविध वो ॥ 1482/5205

दोहा॰ **तो फिर देखो, पार्थ! तुम, नाना विविध प्रकार ।**
अनंत जिसमें दिव्य हैं, रंग रूप आकार ॥ 1329/7068

◎ **Shrī riṣhna :** *Shrī Kriṣhṇa said, O Arjun! behold my wonderful Universal form in its infinite sizes, shapes and colours.* **1628/4839**

|| 11.6 || **पश्यादित्यान्वसून्रुद्रानश्विनौ मरुतस्तथा ।**
बहून्यदृष्टपूर्वाणि पश्याश्चर्याणि भारत ॥

विस्मयान्पश्य ये दृष्टाः केनापि न कदाऽपि च ।
आदित्यानश्विनौ पश्य रुद्रान्वसून्मरुद्गणान् ॥ 1096/2422

देखो अनुपम रूप वो सभी, देखे नहिं जो किसी ने कभी ।
रुद्र, मरुद्गण, कुमार अश्विनि, अदितिपुत्र, वसु, अगाध अवनि ॥ 1483/5205

दोहा॰ **अपूर्व देखो दृश्य तुम, मन जो करे तुम्हार ।**
रुद्र, मरुद्गण, इन्द्र भी, आदित्य दो–कुमार ॥ 1330/7068

◎ **And :** *See the wonders that no one has witnessed ever before. In it there are Rudras, Maruts, Ashvins and the Vasus.* **1629/4839**

|| 11.7 || **इहैकस्थं जगत्कृत्स्नं पश्याद्य सचराचरम् ।**
मम देहे गुडाकेश यच्चान्यद्द्रष्टुमिच्छसि ॥

पश्य त्वं सकलां सृष्टिम्-अत्राद्यैकत्रितां सखे ।
वा यदिच्छसि द्रष्टुं त्वं मनसि वा यदस्ति ते ॥ 1097/2422

देख आज तू तन में मेरे, जो भी आवे मन में तेरे ।
या जिस पे है तेरी दृष्टि, एक साथ सब देखो सृष्टि ॥ 1484/5205

दोहा॰ **देखो तुम सब सृष्टि को, अद्भुत है अंदाज ।**
या जो चाहो देखना, तुम्हें दिखेगा आज ॥ 1331/7068

◎ **And :** *O Arjun! behold, here the entire evolution of nature, assembled in one place. Here you will see whatever you wish to see or whatever you think in your mind.* **1630/4839**

संगीतश्रीकृष्णरामायण छन्दमाला, मोती 224 of 501

नित छन्द[252]

9 + । ऽ अथवा 9 + ।। ।

(विश्व दर्शन)

देख मुझमें आज तू । सब विश्व का राज तू ॥
जो हि तेरी आस है । देख मेरे पास है ॥

◎ **Universal Display :** *O Arjun! today see in me the secret of the whole Universe. Also see whatever you wish to see, everything is here.* **1631/4839**

|| 11.8 || **न तु मां शक्यसे द्रष्टुमनेनैव स्वचक्षुषा ।**
दिव्यं ददामि ते चक्षुः पश्य मे योगमैश्वरम् ॥

एताभ्यां तव नेत्राभ्यां नृणां द्रष्टुं न शक्ष्यसि ।
दृष्टिं ददामि दैवीं त्वां द्रष्टुं मे योगमैश्वरम् ॥ 1098/2422

नहीं दिखेगा इन नयनन से, दृष्टि मानवी भौतिक मन से ।

---

[252] **नित छन्द** : इस 12 मात्रा वाले आदित्य छन्द के अन्त में एक लघु और एक दीर्घ मात्रा अथवा न गण (।।।) आता है । यति 9–3 पर विकल्प से आता है ।

▶ लक्षण गीत : दोहा॰ **बारह मात्रा का बना, ग ल या तीन ल अंत ।**
नौवीं कल पर यति जहाँ, कहलावे "नित" छंद ॥ 1332/7068

लेलो दृष्टि, पार्थ! दिव्य ये, देखो मम योग दृष्टव्य ये ।। 1485/5205

✍दोहा॰ **नैन मानवी से नहीं, दिखता दैवी रूप ।**
दैवी दृष्टि से लखो, रूप दिव्य अनूप ।। 1333/7068

◎ **And :** *But, O Arjun! you will not be able to see the Universal display with your human vision, therefore, I am giving you a divine vision to see my Supreme yoga.* **1632/4839**

सञ्जय उवाच ।

।। 11.9 ।। **एवमुक्त्वा ततो राजन्महायोगेश्वरो हरिः ।**
दर्शयामास पार्थाय परमं रूपमैश्वरम् ।।

(सञ्जय उवाच)

योगेश्वरस्तदा पार्थम्-एतदुक्त्वा महाजनम् ।
रूपं स्वस्य तदाकारं कान्तियुक्तमदर्शयत् ।। **1099**/2422

(संजय ने कहा)

इतना कह कर इस भाँति से, दैवी अपनी सह काँति से ।
दिखाने लगे योगेश्वर हरि, उस अर्जुन को रूप ईश्वरी ।। 1486/5205

✍दोहा॰ **इतना कह कर कृष्ण ने, दिखलाया वह रूप ।**
काँतियुक्त वैभव भरा, जिसका दिव्य स्वरूप ।। 1334/7068

◎ **Sañjaya :** *Sañjaya said, O Dhritarāṣhṭra! Shrī Krishṇa then showed his splendid Universal form to Arjun.* **1633/4839**

।। 11.10 ।। **अनेकवक्त्रनयनमनेकाद्भुतदर्शनम् ।**
अनेकदिव्याभरणं दिव्यानेकोद्यतायुधम् ।।

स्मयमयानि दिव्यानि करनेत्रमुखाणि च ।
आभरणानि शस्त्राणि हस्तेषु पुष्कलानि च ।। **1100**/2422

दिव्य अनेकों विस्मयकारी, नेत्र दशन मुख अनेक भारी ।
हाथ अनेकों भूषणधारी, शस्त्र-अस्त्र की शोभा सारी ।। 1487/5205

✍दोहा॰ **देखो विराट रूप में, अति विस्मय के साथ ।**
भूषण शस्त्र अनेक हैं, नेत्र दाँत मुख हाथ ।। 1335/7068

◎ **And :** *There Arjun saw the Supreme form of the Lord which had many divine wonders, many hands, eyes, faces and wearing many garments and weapons.* **1634/4839**

।। 11.11 ।। **दिव्यमाल्याम्बरधरं दिव्यगन्धानुलेपनम् ।**
सर्वाश्चर्यमयं देवमनन्तं विश्वतोमुखम् ।।

अनन्तञ्च विराटञ्च रूपं भव्यं तदैश्वरम् ।
सुगन्धितैश्च पुष्पैश्चोत्तमैर्वस्त्रैः सुशोभितम् ।। **1101**/2422

अनंत अद्भुत, विराट वाला, रूप ईश्वरी, सुगंध माला ।
पुष्प सुरंगित, वस्त्र सुमंडित, भव्य मनोहर, दिव्य सुसंचित ।। 1488/5205

✍दोहा॰ **रूप अनंत विराट वो, परम ईश्वरी भव्य ।**
पुण्य सुशोभित कृष्ण का, पुष्प सुगंधित दिव्य ।। 1336/7068

◎ **And :** *The divine form was infinitely large and decorated with many scents, flowers and garments.* **1635/4839**

।। 11.12 ।। **दिवि सूर्यसहस्रस्य भवेद्युगपदुत्थिता ।**
यदि भाः सदृशी सा स्याद्भासस्तस्य महात्मनः ।।

सहस्रा गगने सूर्या एकत्रं काशिता यदि ।
कान्त्युज्ज्वलतरा तेभ्यो दृष्टा पार्थेन तत्र सा ।। **1102**/2422

यदि चमकते भव्य गगन में, सूर्य हजारों एक हि क्षण में ।
आभा उनकी होगी फीकी, प्रभा प्रभु की इतनी नीकी ।। 1489/5205

✍दोहा॰ **सूर्य हजारों गगन में, चमके यदि सब ओर ।**
प्रभा कृष्ण के रूप की, उनसे बढ़ कर घोर ।। 1337/7068

◎ **And :** *The form was so bright that even if a thousand suns arose in the sky at one time, their glitter would not be as much as the glitter of this form.* **1636/4839**

संगीतश्रीकृष्णरामायण गीतमाला, पुष्प 340 of 763

भजन : राग रत्नाकर, कहरवा ताल 8 मात्रा

(आभा)

स्थायी

78. Display of the Universal Form (Gītā Chapter 11)

यदि, चमके गगन में सूर्य हजार, हरि! उज्ज्वल उनसे, रूप तिहार ।

♬ रेसा, गगग ममम प- ध–प मग–, सासा! रे–रेरे गगम–, प–म गरे– ।

अंतरा–1

प्राण प्राण में ज्योत तिहारी, तेज भरी है सृष्टि सारी ।

बचा न कोई जग अंधियार, हरि! अनुपम तेरा रूप निखार ।।

♬ रे–ग म–म म- ध–प मप–ध–, सांनि धप- ध- निधप- मप- ।

साग- ग म–प- धप मगरे–रे, सासा! रेरेरेरे ग–म- प–म गरे- ।।

अंतरा–2

विश्वरूप ये देह तिहारा, अद्भुत दैवी साक्षात्कारा ।

देख के उसका परम दीदार, हरि! चकाचौंध हैं नयन हमार ।।

अंतरा–3

आभा तेरी गजब निराली, शोभा तेरी जग उजियाली ।

चाँद सितारे शरण तिहार, हरि! गदगद दुनिया दृश्य निहार ।।

अंतरा–4

किरपा हो प्रभु, हे बनवारी, राधा रमण हरि, कुंज बिहारी! ।

कृष्ण मुरारि, सुख करतार! हरि! हम तुमरे भगतन बलिहार ।।

◎ **Splendour : *Sthāyī* :** *O Hari! your splendor is brighter than a thousand suns shining in the sky.* ***Antarā* : *1.*** *Your life force is in every being. The entire nature is filled with your glory. There is no dark spot anywhere, O Hari! wonderful is your splendour.* ***2.*** *Your form is Universal. It is a divine exposition. Having seen its supreme display, my eyes are dazzled.* ***3.*** *Your aura is unique. Your radiance is enlightening the world. The sun, moon and stars are pale in front of you. O Hari! having seen this show, we are ecstatic.* ***4.*** *O Lord Banvārī (who wears garland of wild flowers)! O Rādhā-Rāman (Joy of Rādhā)! O Kuñj Bihārī (dweller of the Vraj village)! O Shrī Krishṇa Murāri (Slayer of the Demon Mura)! O Giver of happiness! O Hari! we are devoted to you.* **1637/4839**

।। 11.13 ।। **तत्रैकस्थं जगत्कृत्स्नं प्रविभक्तमनेकधा ।**
अपश्यद्देवदेवस्य शरीरे पाण्डवस्तदा ।।

(दिव्यदृष्टया)

पार्थोऽपश्यत्प्रभौ विश्वं कृत्स्नमेकस्थितं तदा ।

शरीरे तत्र देवस्य नानाविधं समाहितम् ।। 1103/2422

(दिव्य दृष्टि से)

दिखा पार्थ को जगत प्रभु में, देव–देवता दैवी वपु में ।

एक साथ सब समा हुआ था, विश्व विविध विध जमा हुआ था ।। 1490/5205

✍दोहा॰ **विश्वरूप में पार्थ ने, देखा सब संसार ।**

देव–देवता देह में, करत रहे संचार ।। 1338/7068

◎ **With the Divine vision :** *With the divine vision, Arjun saw the verious aspects of the entire Universe assembled in unison.* **1638/4839**

।। 11.14 ।। **ततः स विस्मयाविष्टो हृष्टरोमा धनञ्जयः ।**
प्रणम्य शिरसा देवं कृताञ्जलिरभाषत ।।

ॐ **विस्मयेन समापन्नो रोमाञ्चितो धनञ्जयः ।**

अवदद्भयभीतः स नतशीर्षः कृताञ्जलिः ।। 1104/2422

रोम हर्ष से पुलकित काया, अर्जुन मन में विस्मय पाया ।

हाथ जोड़ कर, शीश झुकाया, बोलने लगा, विस्मय पाया ।। 1491/5205

✍दोहा॰ **स्वरूप अद्भुत देख कर, अर्जुन विस्मय गात ।**

डर कर बोला कृष्ण को, जोड़े दोनों हाथ ।। 1339/7068

◎ **And :** *Awed with the wondrous sight, Arjun was thrilled. Thus, with fear, respect and folded hands he said :* **1639/4839**

अर्जुन उवाच ।

।। 11.15 ।। **पश्यामि देवांस्तव देव देहे सर्वांस्तथा भूतविशेषसङ्घान् ।**
ब्रह्माणमीशं कमलासनस्थमृषींश्च सर्वानुरगांश्च दिव्यान् ।।

ॐ अनुष्टुप्–श्लोक–छन्दसि गीतोपनिषद्

ॐ **हे योगेश्वर पश्यामि शरीरे तव दैविके ।**

विष्णुं शिवञ्च ब्रह्माणं देवांश्च कमलासने ।। 1105/2422

(अर्जुन ने फिर डरते डरते कहा)

देख रहा हूँ, हे परमात्मा! कमलासन पर बैठे ब्रह्मा ।

शिव ऋषि–मुनि अहि सभी नेह में, दिव्य आपके भव्य देह में ।। 1492/5205

✍दोहा॰ देख रहा हूँ, कृष्ण! मैं, ब्रह्म विष्णु शिव ईश ।
शेषासन आरूढ हैं, योगेश्वर! जगदीश! ।। 1340/7068

◎ **Arjun :** *O Yogeshvara (Lord of yoga)! in your divine body I see Vishnu, Shiva, Brahma and other Gods seated on the throne of lotus.* **1640/4839**

।। 11.16 ।। अनेकबाहूदरवक्त्रनेत्रं पश्यामि त्वां सर्वतोऽनन्तरूपम् ।
नान्तं न मध्यं न पुनस्तवादिं पश्यामि विश्वेश्वर विश्वरूप ।।

ॐ अनेकानि च देहे ते नेत्राणि च मुखानि च ।
अनादिर्विश्वरूपस्त्वम्–अनन्त परमेश्वर ।। 1406/2422

हे परमेश्वर! तेरे तन में, कई उदर मुख हाथ नयन हैं ।
मध्य न आदि न अंत वाले, विश्वरूप के दरस निराले ।। 1493/5205

✍दोहा॰ अनेक आँखें वदन हैं, विराट तेरा रूप ।
अनंत तू परमेश है, तेरा दिव्य स्वरूप ।। 1341/7068

◎ **And :** *And, O Lord! in your body there are many eyes and mouths. O Supreme Lord! your form is infinite and Universal.* **1641/4839**

।। 11.17 ।। किरीटिनं गदिनं चक्रिणं च तेजोराशिं सर्वतो दीप्तिमन्तम् ।
पश्यामि त्वां दुर्निरीक्ष्यं समन्ताद्दीप्तानलार्कद्युतिमप्रमेयम् ।।

ॐ किरीटिनं गदायुक्तं पश्यामि त्वाञ्च चक्रिणम् ।
तेजस्विनं प्रदीप्तं च दुर्निरीक्ष्यं च सर्वतः ।। 1107/2422

मुकुट गदा हैं, चक्र धरा है, देह तेज से पूर्ण भरा है ।
दिशाएँ सभी प्रभा से भरी, प्रखर अग्नि से सुलिप्त सारी ।। 1494/5205

✍दोहा॰ गदा चक्र हैं हाथ में, मुकुट शीर्ष पर डाल ।
तेजस्वी तव रूप है, प्रखर आग सम लाल ।। 1342/7068

◎ **And :** *You are wearing a crown, mace and the Sudarshan wheel. Your form is brilliantly blazing and difficult to be seen.* **1642/4839**

♫ संगीतश्रीकृष्णरामायण छन्दमाला, मोती 225 of 501

कर्ण छन्द[253]

13, 13 + ऽ ऽ

(कृष्ण विराट रूप–1)

प्रभो! तिहारे देह में, वदन नैना दिखते हैं नाना ।
अनादि विराट रूप है, परम परमेश्वर मैंने माना ।। 1
चक्र गदा हैं हाथ में, शीश मुकुट है अनूप महाना ।
तेजस्वी तव देह है, काँति युक्त तू अनंत सुहाना ।। 2

◎ **Supreme form :** *O Lord! your body has many eyes and mouths. Your form is supreme. You are holding mace and the Sudarshan wheel. You are wearing a crown. Your form is brilliant and splendorous.* **1643/4839**

।। 11.18 ।। त्वमक्षरं परमं वेदितव्यं त्वमस्य विश्वस्य परं निधानम् ।
त्वमव्ययः शाश्वतधर्मगोप्ता सनातनस्त्वं पुरुषो मतो मे ।।

ॐ निधानं त्वं च विश्वस्य वेद्योऽक्षरः सनातनः ।
अव्ययो धर्मगोप्ताऽसि मन्येऽहं यदुनन्दन ।। 1108/2422

तुम अक्षर हो वेद्य सनातन, विश्व सकल के बीज पुरातन ।
तुम्हीं अव्ययी धर्म सुरक्षक, तुम्हीं जगत के सर्व निरीक्षक ।। 1495/5205

✍दोहा॰ तुम ही विश्व निधान हो, बीज सनातन बाप ।
धर्म सुरक्षक, हे प्रभो! वेद्य सनातन आप ।। 1344/7068

◎ **And :** *You are the supreme abode for the beings of the Universe. You ought to be understood. You are the knower of righteousness, I believe, O Yadu-nandana (Son of Yadu) Shrī Krishna!* **1644/4839**

।। 11.19 ।। अनादिमध्यान्तमनन्तवीर्यमनन्तबाहुं शशिसूर्यनेत्रम् ।
पश्यामि त्वां दीप्तहुताशवक्त्रं स्वतेजसा विश्वमिदं तपन्तम् ।।

---

[253] ♫ **कर्ण छन्द** : इस 30 मात्रा वाले महातैथिक छन्द के अन्त में दो गुरु मात्राएँ आती हैं । इसका लक्षण सूत्र 13, 13 + ऽ ऽ इस प्रकार होता है ।

▶ लक्षण गीत : ✍दोहा॰ तीस मत्त का जो बना, दो गुरु मात्रा अंत ।
तेरहवीं पर यति जहाँ, कहा "कर्ण" है छंद ।। 1343/7068

न चादिर्न च मध्योऽपि नान्तोऽस्ति तव केशव ।
प्रभो सहस्रबाहो त्वं तेजपुञ्जो जनार्दन ।। 1109/2422

न कोई आदि, न मध्य भी है, न अंत तेरा दिखे कहीं है ।
तू ज्वलंत है, दीप्तिमंत है, सहस्रबाहो तू अनंत है ।। 1496/5205

दोहा॰ न ही आदि ना मध्य ना, गोचर तुमरा अंत ।
सहस्रबाहो! कृष्ण! तू, आग समान ज्वलंत ।। 1345/7068

◎ **And :** *I do not see any beginning or any end to your form. O Lord! you have hundreds of arms and your body is blazing.* **1645/4839**

प्रज्वलितानि वक्त्राणि नेत्राणि चन्द्रसूर्यवत् ।
विश्वं सर्वं त्वया तप्तं प्रभो ज्वालामुखीसमम् ।। 1110/2422

प्रभो! आपके दीप्त वक्त्र हैं, सूर्य चंद्र से अमित नेत्र हैं ।
तेज से भरा विश्व तप्त है, ज्वालामुखी सम सब प्रदीप्त है ।। 1497/5205

दोहा॰ चंद्र सूर्य सम दीप्त हैं, वदन तिहारे नेत्र ।
ज्वालाग्नि सम तेज से, तप्त विश्व का क्षेत्र ।। 1346/7068

◎ **And :** *Your mouths are blazing and your eyes are like the moon and sun. You have occupied the whole Universe. You are like a volcano.* **1646/4839**

संगीतश्रीकृष्णरामायण छन्दमाला, मोती 226 of 501

पञ्झटिका छन्द[254]

8 + ऽ + 4 + ऽ

(जनार्दन)

दुष्ट जनों का अर्दन करता ।
भद्र जनन का रक्षण करता ।। 1
कृष्ण जनार्दन है सुर जाना ।
पञ्झटिका ये छन्द सुहाना ।। 2

◎ **Janārdan :** *He who destroys evil people and protects righteous people, that Shrī Krishṇa is called Janārdan. Here, it is said poetically in the Pañjhaṭikā Chhanda (meter).* **1647/4839**

|| 11.20 || द्यावापृथिव्योरिदमन्तरं हि व्याप्तं त्वयैकेन दिशश्च सर्वाः ।
दृष्ट्वाऽद्भुतं रूपमुग्रं तवेदं लोकत्रयं प्रव्यथितं महात्मन् ।।

अन्तरालं नभः पृथ्वी स्वर्गोऽपि पूरितस्त्वया ।
तप्तं विश्वमिदं सर्वं पश्यामि तव तेजसा ।। 1111/2422

अंबर पृथ्वी अंतराल भी, व्याप्त तुम्हीं से स्वर्ग है सभी ।
उग्र तेज से नैन दीप्त हैं, त्रिभुवन वाले सभी त्रस्त हैं ।। 1498/5205

दोहा॰ व्याप्त किये हैं आपने, तीनों लोक समग्र ।
सर्व विश्व यह तप्त है, तेज तिहारा उग्र ।। 1348/7068

◎ **And :** *The earth, sky and heaven are all occupied by you. O Lord! I see the whole world on fire because of you.* **1648/4839**

|| 11.21 || सुरसङ्घा विशन्ति केचिद्भीताः प्राञ्जलयो गृणन्ति ।
स्वस्तीत्युक्त्वा महर्षिसिद्धसङ्घा स्तुवन्ति त्वां स्तुतिभिः पुष्कलाभिः ।।

विशन्ति सुरसङ्घास्ते प्रभो मुखेषु सत्वरम् ।
सिद्धवृन्दश्च देहे ते गायन्स्वस्ति हरे हरे ।। 1112/2422

वृंद सुरों का, ऋषि जन भारे, तेरे मुख में चले हैं सारे ।
हाथ जोड़ कर स्वस्ति गा रहे, शीघ्र गति से सभी जा रहे ।। 1499/5205

दोहा॰ तेरे जलते वदन में, शीघ्र गति के साथ ।
सिद्ध वृंद सुर जा रहे, स्वस्ति! जोड़ कर हाथ ।। 1349/7068

◎ **And :** *The hoards of Gods and sages are entering your mouths. They are singing the prayers for peace and chanting Hari! Hari!* **1649/4839**

|| 11.22 || ये च साध्या विश्वेऽश्विनौ मरुतश्चोष्मपाश्च ।

---

[254] पंझटिका छन्द : इस 16 मात्रा वाले संस्कारी छन्द के किसी भी चौकल में ज गण (। ऽ।) नहीं आता है । इसकी 9–10 और 15–16 मात्रा गुरु होती है । इसका लक्षण सूत्र 8 + ऽ + 4 + ऽ इस प्रकार होता है ।

▶ लक्षण गीत : दोहा॰ सोलह जिसमें कल रहें, गुरु हों नौ अरु अंत ।
ज गण न चौकल में रहे, "पंझटिका" वह छंद ।। 1347/7068

78. Display of the Universal Form (Gītā Chapter 11)

गन्धर्वयक्षासुरसिद्धसङ्घा वीक्षन्ते त्वां विस्मिताश्चैव सर्वे ॥

ॐ **रुद्रा मरुद्गणाः सिद्धा अश्विनौ पितरस्तथा ।**

वसवो विश्वदेवाश्च गन्धर्वा विस्मिताः प्रभो ॥ 1113/2422

रुद्र मरुद्गण अश्विन सुरगण, खड़े-खड़े सब पितर सिद्ध जन ।

विश्वदेव, आदित्य संग हैं, वसवादिक गंधर्व दंग हैं ॥ 1500/5205

दोहा॰ करते जाप, हरे! हरे! विश्वदेव गंधर्व ।

रुद्र मरुद्गण सिद्ध जन, इन्द्र पितरगण सर्व ॥ 1350/7068

◎ **And :** *Seeing it, O Lord! surprised are Rudras, Maruts, Saints, Ashvins, Pitaras (forefathers), Vasus, Vishva-devas (deities of the world) and Gandharvas (celestial musicians).* **1650/4839**

॥ 11.23 ॥ रूपं महत्ते बहुवक्त्रनेत्रं महाबाहो बहुबाहूरुपादम् ।

बहूदरं बहुदंष्ट्राकरालं दृष्ट्वा लोकाः प्रव्यथितास्तथाऽहम् ॥

ॐ **दृष्ट्वा दंष्ट्राकरालानि विशालानि मुखानि च ।**

हस्तपादोरुनेत्राणि भीतोऽहं च त्रिलोकिनः ॥ 1114/2422

देख कर तेरी भयप्रद दाढ़ें, नयन उदर पद मुख ऊरु बाँहें ।

त्रिभुवन भय से भरा हुआ है, मन मेरा भी डरा हुआ है ॥ 1501/5205

दोहा॰ चौभड़ में तेरे, प्रभो! दाँत बहुत विकराल ।

डरे भयानक रूप से, स्वर्ग भुवन पाताल ॥ 1351/7068

◎ **And :** *O Lord! seeing your big jaws, teeth, mouths, arms, stomach, legs and eyes, I am scared and so are the beings of the three worlds.* **1651/4839**

संगीतश्रीकृष्णरामायण गीतमाला, पुष्प 341 of 763

भजन : राग रत्नाकर, कहरवा ताल 8 मात्रा

(विराट रूप)

छन्द दोहा

स्थायी

दिव्य रूप प्रभु! आपका, विस्मय पूर्ण अपार ।

दै के दरसन कीजिये, जीवन सफल हमार ॥ 1352/7068

♫ रे-ग म-म मम प-मप-, नि-धप ध-नि धप-प ।

नि- ध- पपमम प-मग-, रे-रेरे गगम पम-म ॥

अंतरा -1

गल में माला दिव्य हैं, कंचन मोती हार ।

रवि शशि कुंडल कान में, सिर पर मुकुट तिहार ॥ 1353/7068

♫ रेरे ग- म-म- प-म प-, नि-धप ध-निध प-प ।

निनि धध प-मम प-म ग-, रेरे रेरे गगम पम-म ॥

अंतरा -2

नाना कर पद नेत्र हैं, मुख में दाँत विशाल ।

गदा चक्र धनु हाथ में, शंख पद्म तलवार ॥ 1354/7068

अंतरा -3

अंग वस्त्र जरी तार के, जिनमें रंग हजार ।

कटि पीतांबर से सजा, सोहे रूप निखार ॥ 1355/7068

अंतरा -4

प्रभा आपकी की प्रखर है, सूर्य सहस्त्र समान ।

दिव्य देव के देह में, त्रिभुवन का दीदार ॥ 1356/7068

अंतरा -5

न आदि न मध्य न अंत है, अद्भुत सुर करतार ।

हरि को लाख प्रणाम हैं, नत सिर बारंबार ॥ 31357/7068

अंतरा -6

ऋषि-मुनि सुर सब नेह में, विस्मित दृश्य निहार ।

ब्रह्म विष्णु शिव काय में, रूप विराट तिहार ॥ 1358/7068

◎ **The Supreme form :** ***Sthāyī** : O Lord! your Universal form is immense. It is wouderful. Please show it to us and make our life fulfilled.* ***Antarā* : 1.** *You are wearing a divine gold and pearl necklaces on your neck. Sun and the moon are your ear-rings. You have a crown on your head.* **2.** *You have many feet, hands and eyes. The teeth in your mouths are huge. You are holding conch shell, lotus, mace, the Sudarshan wheel and bow in your hands.* **3.** *Your colourful garments have gold threads, you have a*

78. Display of the Universal Form (Gītā Chapter 11)

yellow garment on your waist. Your form looks beautiful. **4.** *Display of the three worlds is in your body. Your brilliance is bright like a thousand suns.* **5.** *There is no beginning and no end to your form. It is unique, O Lord of the Lords! I salute you thousands of times, bowing my head again and again.* **6.** *Brahma, Vishṇu and Shiva are seated in your body. The sages and saints are surprised to see your Universal form.* **1652/4839**

।। 11.24 ।। नभःस्पृशं दीप्तमनेकवर्णं व्यात्ताननं दीप्तविशालनेत्रम् ।
दृष्ट्वा हि त्वां प्रव्यथितान्तरात्मा धृतिं न विन्दामि शमं च विष्णो ।।

(अर्जुनः पुनरुवाच)

अग्नियुक्तं मुखं दीप्तं यस्मिञ्ज्वाला नभस्स्पृशाः ।
रक्त वर्णानि नेत्राणि दीर्घं व्यात्तं मुखञ्च ते ।। **1115**/2422

(अर्जुन फिर आगे कहता है)

जलती डाढ़ें नभ तक ज्वाला, रंग लाल दावानल वाला ।
विशाल मुख हैं दीर्घ नेत्र हैं, आग धधकते सर्व गात्र हैं ।। 1502/5205

दोहा॰ ज्वाला तेरे वदन की, धरती से आकाश ।
विशाल तूने मुख, प्रभो! खोला करन विनाश ।। **1359**/7068

And : *From your blazing mouth, the flames are touching the sky. Your eyes are red and mouths are open.* **1653/4839**

।। 11.25 ।। दंष्ट्राकरालानि च ते मुखानि दृष्ट्वैव कालानलसन्निभानि ।
दिशो न जाने न लभे च शर्म प्रसीद देवेश जगन्निवास ।।

करालानि च घोराणि दंष्ट्राणि भ्राम्ययन्ति माम् ।
भयङ्करं हि रूपं ते यथा वदसि त्वं तथा ।। **1116**/2422

आग विश्व को जला रही हैं, मुझे दिशाएँ भुला रही हैं ।
विभूति तेरी, प्रभु! है वैसी, मुझे कही थी तूने जैसी ।। 1503/5205

दोहा॰ दीर्घ दाँत तेरे, प्रभो! दीन्हे सबको शूल ।
जैसा तुमने है कहा, रूप देत है भूल ।। **1360**/7068

And : *Your teeth are sharp. Jaws are scary. They are puzzling me. O Lord! your form is as you said it is.* **1654/4839**

संगीतश्रीकृष्णरामायण गीतमाला, पुष्प 342 of 763

भजन : राग रत्नाकर, कहरवा ताल 8 मात्रा

(दैवी रूप)

स्थायी

दैया रे दैया! रूप तेरा दैवी, देखो रे भैया! विश्वरूप हरि ।

♫ रे-रे रे ग-म-! प-म गरे- ग-म- - -, धप- म गरे-! ग-मप-म गरे- - - - ।

अंतरा-1

महा काल सा देह धरा है, प्रलय आग सा घोर करा है ।
तेरी, रंग भरी दीप्ति, देखो रे भैया! उग्र भयो है हरि ।।

♫ मग- रे-ग म- ध-प मग- म-, पपप सां-नि ध- सांनि धप- ध- ।
मप-, ध-प मग- रे-ग-, धप- म गरे-! म-ग मप- म गरे- - - ।।

अंतरा-2

संत जनन का त्राण करेगा, दुष्ट जनन के प्राण हरेगा ।
तेरे, अंग परम शक्ति, देखो रे भैया! रुद्र भयो है हरि ।।

अंतरा-3

पाप करम का ध्वांत पड़ा है, विष्णु ने अवतार धरा है ।
तेरी, रण में जै पक्की, बोलो रे भैया! धन्यवाद! हरि ।।

Divine form : ***Sthāyī :*** *My God! your form is divine. Behold! Hari has assumed Universal form.* ***Antarā :*** **1.** *He has taken the body of a Great destroyer. It is like the fire of extinction. Look at this colourful glitter, Hari has assumed a terrible form.* **2.** *He will protect the righteous people and destroy the evil. He has supreme power. Behold! Hari has assumed a terrible form.* **3.** *There is darkness of sins, therefore, Vishṇu has taken an avatār (incarnation). His victory is sure on the battlefield. Behold! Hari has assumed a terrible form.* **1655/4839**

।। 11.26 ।। अमि च त्वां धृतराष्ट्रस्य पुत्राः सर्वे सहैवावनिपालसङ्घैः ।
भीष्मो द्रोणः सूतपुत्रस्तथासौ सहास्मदीयैरपि योधमुख्यैः ।।

भीष्मो द्रोणः कृपः कर्णो नृपा भटा जयद्रथः ।
योद्धारो बहवो वीरा अस्माकं सैनिकास्तथा ।। **1117**/2422

(अर्जुन आगे कहता है)

भीष्म द्रोण कृप गुरु जन सारे, कर्ण जयद्रथ वीर करारे ।

अपने भी सब योद्धा बीरे, आगे बढ़ कर धीरे-धीरे; ।। 1504/5205

✍दोहा॰ **भीष्म, द्रोण, कृप, कर्ण हैं, और जयद्रथ, वीर ।**
गुरुजन, सारे नृप तथा, अपने भी सब धीर; ।। 1361/7068

◎ **And :** *Bhīshma, Droṇa, Kripa, Karṇa, Jayadratha and other warriors from both sides;* **1656/4839**

।। 11.27 ।। **त्राणि ते त्वरमाणा विशन्ति दंष्ट्राकरालानि भयानकानि ।**
केचिद्विलग्ना दशनान्तरेषु सन्दृश्यन्ते चूर्णितैरुत्तमाङ्गैः ।।

ॐ **शीघ्रेण कृष्ण वेगेन विशन्तस्ते मुखे तव ।**
केचन चूर्णिता दन्तैः-बद्धा दन्तान्तरेषु वा ।। 1118/2422

तेरे मुख में घुसे जा रहे, कई दाढ़ों में पिसे जा रहे ।
कई जा रहे मुख में गटके, कुछ दाँतों में फँसे हैं लटके ।। 1505/5205

✍दोहा॰ **मुख में तेरे जा रहे, शीघ्र गति के साथ ।**
कुछ दाढ़ों में हैं फँसे, चबा रहे हैं दाँत ।। 1362/7068

◎ **And :** *They are entering your mouths with fast speed. Some of them are crushed under your teeth, some are stuck between the gaps of the teeth.* **1657/4839**

।। 11.28 ।। **यथा नदीनां बहवोऽम्बुवेगाः समुद्रमेवाभिमुखा द्रवन्ति ।**
तथा तवामी नरलोकवीरा विशन्ति वक्त्राण्यभिविज्वलन्ति ।।

ॐ **प्रविशन्ति यथा सर्वाः सरितः सागरे प्रभो ।**
यथा च शलभा दग्धुं विशन्ति पावके द्रुतम् ।। 1119/2422

प्रवाह जल के जिस भाँति से, मिलते सागर में शाँति से ।
यथा कूदते हैं परवाने, आग में, स्वयं को मरवाने ।। 1506/5205

✍दोहा॰ **सागर में सरिता यथा, करतीं सर्व प्रवेश ।**
यथा पतंगे आग में, जलते हैं निःशेष; ।। 1363/7068

◎ **And :** *As the rivers rush to the ocean or as the moths jump in the fire;* **1658/4839**

।। 11.29 ।। **यथा प्रदीप्तं ज्वलनं पतङ्गा विशन्ति नाशाय समृद्धवेगाः ।**
तथैव नाशाय विशन्ति लोकास्तवापि वक्त्राणि समृद्धवेगाः ।।

ॐ **तथा च सर्वयोद्धारः कूर्दयन्तो मुखे तव ।**
आत्मसमर्पणं कर्तुं ज्वालयितुमघानि च ।। 1120/2422

उसी भाँति से योद्धा सारे, कूद रहे मुख में तेरे ।
आप जलाने आत्मपाप को, झोंक रहे हैं स्वयं आपको ।। 1507/5205

✍दोहा॰ **तथा वीर योद्धा सभी, आत्मसमर्पण काज ।**
मुख में तेरे जा रहे, पाप जलाने आज ।। 1364/7068

◎ **And :** *so are these warriors jumping in your mouths to destroy themselves and to burn their sins.* **1659/4839**

।। 11.30 ।। **लेलिह्यसे ग्रसमानः समन्ताल्लोकान्समग्रान्वदनैर्ज्वलद्भिः ।**
तेजोभिरापूर्य जगत्समग्रं भासस्तवोग्राः प्रतपन्ति विष्णो ।।

ॐ **लेलिह्यसे च जिह्वाभिः-त्वं सर्वान्ग्रससे भटान् ।**
उग्रया प्रभया विश्वं ज्वालयसि परन्तप ।। 1121/2422

(अर्जुन फिर पूछता है)
दातों से तुम काट रहे हो, जिह्वाओं से चाट रहे हो ।
उग्र प्रभा से जला रहे हो, सकल विश्व को गला रहे हो ।। 1508/5205

✍दोहा॰ **आप सभी को खा रहे, तेज दाँत से काट ।**
निगल रहे मुख में उन्हें, जिह्वाओं से चाट ।। 1365/7068

ज्वालाओं की आग से, विश्व हुआ है तप्त ।
उग्र प्रभा से, हे प्रभो! जगत हुआ है लिप्त ।। 1366/7068

◎ **And :** *O Lord! you are licking and swellowing them with your tongues. You are burning the whole evil world with your fire.* **1660/4839**

।। 11.31 ।। **आख्याहि मे को भवानुग्ररूपो नमोऽस्तु ते देववर प्रसीद ।**
विज्ञातुमिच्छामि भवन्तमाद्यं न हि प्रजानामि तव प्रवृत्तिम् ।।

ॐ **उग्ररूपो भवान्कोऽस्ति रहस्यं वदतात्प्रभो ।**
वन्देऽहं शतवारं त्वां प्रसीद करुणाकर ।। 1122/2422

उग्र रूप ये बना ताप है, रहस्य कहिये, कौन आप हैं ।

78. Display of the Universal Form (Gītā Chapter 11)

लाखों तुझको नमन करूँ मैं, प्रसन्न होजा! चरण पड़ूँ मैं ।। 1509/5205

दोहा॰ **उग्र रूप में कौन हो, प्रभो! बताओ बात ।**
रहस्य यह क्या है कहो, वन्दन तुमको, तात! ।। 1367/7068

◎ **And :** *O Lord! please tell me, who are you in this terrible form? O Merciful Lord! please be peaceful and come back to your regular form.* **1661/4839**

♫ **संगीतश्रीकृष्णरामायण छन्दमाला, मोती 227 of 501**

तोटक छन्द[255]

।। ऽ, ।। ऽ, ।। ऽ, ।। ऽ

(विराट रूप-1)

स्थायी

प्रभु! रूप विराट अनंत किया, किस कारण से यह धारण है ।
यह रूप लखे सब विश्व डरा, अति विस्मय का यह दर्शन है ।।

♫ सानि! सा-ग रेसा-नि निसा-रे मग-, गग रेसासासा रे- गम गरेसानि सा- ।
सानि सा-ग रेसा- निनि सा-रे मग-, गग रेसासासा रे- गम गरेसानि सा- ।।

अंतरा-1

तुमने गल में मणि कांचन के, पहने शुभ हार सुगंध भरे ।
तुमने वस्त्र पितांबर पहने, कर चक्र गदा असि शंख धरे ।।

♫ सानिसा- ग-रे सानि-सासा रेमग-, पपमग गसा सागम पगरेसा निसा- ।
सानि सा-ग रेसा-निनि सा-रेम ग-, गग रेसासा सारे- गम गरेसा निसा- ।।

अंतरा-2

तव आग भरा यह देह सखे! जिसमें बहु आनन दंत दिखे ।
कर पाद अनेक विशाल जिसे, हरि! रूप बड़े विकराल दिसे ।।

अंतरा-3

तुमरे मुख में कटते नर हैं, कुछ दंतन में अटके सर हैं ।
सब वीरों को तुम काट रहे, उनका तुम शोणित चाट रहे ।।

अंतरा-4

भगवान! मुझे तव रूप बड़ा, लगता धरती नभ तेज भरा ।
तुमने रतनाकर! आज धरा, महिमा मय विष्वक् रूप खरा ।।

◎ **The Universal form :** ***Sthāyī :*** *O Lord! why have you made your Universal form infinite? Having seen it, the world is scared. It is a wonderful display.* ***Antarā : 1.*** *You are wearing pearl necklaces on your neck. The flower garlands are fragrant. Your yellow garments are beautiful. You are holding conch shell, mace, Sudarshan wheel and sword.* ***2.*** *O Dear! your body is blazing. It has many large teeth, hands and feet. O Hari! your jaws are terrible.* ***3.*** *O Lord! the warriors are getting chewed in your mouths. Some are stuck in the gaps of teeth. You are chopping and eating them and licking their blood.* ***4.*** *O Lord! your divine form looks large from the earth to the sky. O Ratnākar (Ocean of jewels)! you have assumed a true Universal form.* **1662/4839**

संगीतश्रीकृष्णरामायण गीतमाला, पुष्प 343 of 763

भजन

(उग्र रूप)

स्थायी

आज गजब हरि! तूने करा, उग्र रूप ये, क्यों है धरा ।

♫ सा-सा रेगग मम! प-म गरे- - -, ध-प म-ग रे-, म- ग रेसा- ।

अंतरा-1

दुनिया से न्यारा हरि! तेरा ये हिसाब ।
मायावी है काम तेरा, लीला बेहिसाब ।
आज इरादा हरि! क्या है तेरा, विश्व रूप ये, क्यों है धरा ।।

♫ रेरेरे रे गम गरे! पप- म गरे-रे,

---

[255] ♫ **तोटक छन्द :** इस बारह वर्ण, 16 मात्रा वाले छन्द के चरणों में चार स गण आते हैं । अर्थात् दो लघु और एक गुरु वर्ण की पुनरावृत्ति होती है । इसका लक्षण सूत्र ।।ऽ, ।। ऽ, ।। ऽ, ।। ऽ इस प्रकार होता है । इसके पदान्त में विराम होता है । इस छन्द के अन्त में ज गण (लघु-गुरु-लघु) या त गण (गुरु-गुरु-लघु) नहीं आने के कारण यह छन्द चौपाइयाँ सजा कर तीनताल या कहरवा ताल में गाने बजाने के लिये योग्य है ।

▶ लक्षण गीत : दोहा॰ **चार स, सोलह मत्त में, ना हो ज ना त अंत ।**
चौपाई की चाल में, बजता "तोटक" छंद ।। 1368/7068

ममम ग रे-ग मप-, ध-प म-गरे-रे ।

सासा रेगरे गम-! प- म गरे- - -, ध-प म-ग रे-, म- ग रेसा- ।।

अंतरा-2

दैवी ये दीदार प्रभु! तेरा लाजवाब ।

जादू का ये तेरी कोई, नहीं है जवाब ।

आज जगत हरि! तूने भरा, विराट तन ये, क्यों है धरा ।।

अंतरा-3

जो भी तेरा हेतु हरि! तू है कामयाब ।

पापियों का काम तूने, किया है खराब ।

आज कहर हरि! तूने करा, घोर रूप ये, क्यों है धरा ।।

◎ **Terrible form : *Sthāyī* :** *O Hari! you have performed an extreme feat today. Why have you assumed this terrible form?* ***Antarā* : 1.** *O Hari! your display is unique in the world. Your deed is magical and infinite. O Hari! what is your intension today, why have you assumed this Universal form?* **2.** *O Lord! your divine form is incomparable. Your magic is beyond comprehension. You have occupied this world with your fearful form. O Hari! why have you taken such a body?* **3.** *Whatever is your aim, O Hari! it is successful. You have destroyed the evil today. You have taken a wonderous form, but why have you taken such a form?* **1663/4839**

श्रीभगवानुवाच ।

।। 11.32 ।। **कालोऽस्मि लोकक्षयकृत्प्रवृद्धो लोकान्समाहर्तुमिह प्रवृत्तः ।**
ऋतेऽपि त्वां न भविष्यन्ति सर्वे येऽवस्थिताः प्रत्यनीकेषु योधाः ।।

ॐ अनुष्टुप्-श्लोक-छन्दसि गीतोपनिषद्

(श्रीभगवानुवाच)

ॐ **उग्ररूपो महाकालोऽद्याभवमात्ममायया ।**
विनाशोऽपरिहार्योऽस्ति तेषां, त्वं योत्स्यसे न वा ।। 1123/2422

(तब श्रीभगवान् उसको बताते हैं)

महाकाल मैं बना हुआ हूँ, उग्र रूप से सना हुआ हूँ ।

नाश शत्रु का आज करे तू, शस्त्र धरे अथवा न धरे तू ।। 1510/5205

दोहा॰ महाकाल मैं हूँ बना, करने शत्रु-विनाश ।

शस्त्र धरे तू या नहीं, इनका होगा नाश ।। 1369/7068

◎ **Shrī Krishna :** *Shrī Krishna said, O Arjun! I have taken this terrible Universal form because with this form, destruction of the evil people is certain, even if you fight or not.* **1664/4839**

।। 11.33 ।। **तस्मात्त्वमुत्तिष्ठ यशो लभस्व जित्वा शत्रून्भुङ्क्ष्व राज्यं समृद्धम् ।**
मयैवैते निहताः पूर्वमेव निमित्तमात्रं भव सव्यसाचिन् ।।

ॐ **तस्मादुत्तिष्ठ त्वं पार्थ जित्वा राज्यञ्च त्वं कुरु ।**
यशो च वैभवं प्राप्य धर्मं स्थापय त्वं पुनः ।। 1124/2422

अतः पार्थ! तुम अब उठ जाओ, वैभवशाली यश को पाओ ।

शत्रु जीत कर राज करो तुम, यथा धर्म से आज करो तुम ।। 1511/5205

दोहा॰ उठो पार्थ! तैयार हो, करो विजय को प्राप्त ।

पुनः धर्म स्थापित किये, करो अधर्म समाप्त ।। 1370/7068

◎ **And :** *Therefore, O Arjun! please stand up and do your duty. Win and rule the kingdom righteously and re-establish the order of peace.* **1665/4839**

संगीतश्रीकृष्णरामायण गीतमाला, पुष्प 344 of 763

भजन : राग रत्नाकर, कहरवा ताल 8 मात्रा

(महाकाल)

स्थायी

महाकाल की, लगी है आग ।

♫ रेग-प-म ग-, पम- ग रे-रे ।

अंतरा -1

रूप भयानक, धरा हुआ है, उग्र गुणों से, भरा हुआ है ।

विशाल आँखे, लंबे हाथ, असुर न कोई जावे भाग ।।

♫ रे-रे रेग-गग, पध- पम- ग-, म-म मप- प-, निध- पध- म- ।

रेरे-रे ग-म-, ध-पम ग-ग, रेरेरे ग म-ग- प-मग रे-रे ।।

अंतरा -2

महाचंडी का, ये अवतारा, अरियन का, करने संहारा ।

78. Display of the Universal Form (Gītā Chapter 11)

यम का फंदा, यहाँ गिरा है, आज डसें जहरीले नाग ।।

अंतरा –3

रुद्र रूप ये, शिव शंकर का, तांडव नाचे, ध्वनि अंबर का ।

प्रचंड गर्जन, हिरदय भंजक, प्रलय काल का, छिड़ा है राग ।।

◎ **Destruction of the evil : *Sthāyī* :** *There is a fire of destruction.* ***Antarā* : 1.** *O Shrī Krishna! you have assumed a terrible form. It is equipped with fierce attributes. You have big eyes, long hands, mouths are open and the teeth are sharp. Today the evil people will burn in this fire. No demon will be able to escape.* **2.** *This fearful form of Mahāchaṇḍī (Durgā Devī) is for annihilating the enemies of peace. The noose of the Yama (God of death) is hanging, the four directions are filled with Kālakūṭa (poison). Today the poisonous cobras will bite these evil people.* **3.** *This fierce form of Shiva is dancing with the thunder from the sky. The tumultuous noise is renting hearts of the Kauravas. Today there is uproar in a severe tune.* **1666/4839**

।। 11.34 ।। द्रोणं च भीष्मं च जयद्रथं च कर्णं तथाऽन्यानपि योधवीरान् ।
मया हतांस्त्वं जहि मा व्यथिष्ठा युद्ध्यस्व जेतासि रणे सपत्नान् ।।

ॐ पूर्वमेव हताः सन्ति योधवीरास्तवाहिताः ।
भूत्वा निमित्तमात्रं त्वं युद्धायोत्तिष्ठ पाण्डव ।। 1125/2422

शत्रु लोग सब मरे हुए हैं, मेरे हाथों परे हुए हैं ।
उठो पार्थ! अब निमित्त बन कर, नाम के लिये लड़ो, धनुर्धर! ।। 1512/5205

दोहा॰ अधर्मचारी शत्रु के, उठा चुका हूँ प्राण ।
उठो नाम के मात्र ही, करो धर्म का त्राण ।। 1371/7068

◎ **And :** *O Arjun! I have already killed the evil enimy internally, you just have to be an instrument to make it externally (visibly) real. Thus, O Arjun! stand up.* **1667/4839**

ॐ योधवीरा हताः कर्णो भीष्मो द्रोणो जयद्रथः ।
तेषामर्थे व्यथिष्ठा मा युध्यस्व त्वं धनुर्धर ।। 1126/2422

भीष्म द्रोण ये योद्धा भारे, मेरे हाथों मृत हैं सारे ।
बिना व्यथा के धर कर धीर, अर्जुन! छोड़ो तुम अब तीर ।। 1513/5205

दोहा॰ भीष्म द्रोण कृप कर्ण भी, जयद्रथादिक वीर ।
गतप्राण हैं सब हुए, मन को मत दो पीड़ ।। 1372/7068

◎ **And :** *Karṇa, Bhīṣhma, Droṇa, Jayadratha and all other warriors are already slain. O Arjun! don't fear and don't worry. Just stand up and fight.* **1668/4839**

सञ्जय उवाच ।

।। 11.35 ।। एतच्छ्रुत्वा वचनं केशवस्य कृताञ्जलिर्वेपमानः किरीटी ।
नमस्कृत्वा भूय एवाह कृष्णं सगद्गदं भीतभीतः प्रणम्य ।।

(सञ्जय उवाच)

ॐ कृष्णस्य कथनं श्रुत्वा वेपमानः कृताञ्जलिः ।
सगद्गदं नमस्कृत्य कृष्णमाह स्मयावृतः ।। 1127/2422

(संजय ने कहा)

कथन कृष्ण का सुन अर्जुन ने, काँपता हुआ डर कर मन में ।
कृतांजली वह नम्र होगया, किया कृष्ण को प्रश्न फिर नया ।। 1514/5205

दोहा॰ सुन कर बचनन कृष्ण के, पार्थ जोड़ कर हाथ ।
गदगद होकर विनय से, बोला मन की बात ।। 1373/7068

◎ **Sañjay :** *Sañjaya said, O Dhritarāṣhtra! having heard these words of Shrī Krishna, the trembling Arjun sat with his hands folded. Saluting Shrī Krishna, he respectfully said :* **1669/4839**

अर्जुन उवाच ।

।। 11.36 ।। स्थाने हृषीकेश तव प्रकीर्त्या जगत्प्रहृष्यत्यनुरज्यते च ।
रक्षांसि भीतानि दिशो द्रवन्ति सर्वे नमस्यन्ति च सिद्धसङ्घाः ।।

ॐ स्थाने केशव कीर्तिस्ते विश्वं चाह्लादते सदा ।
पलायन्त्यधमा भीता दर्शमिच्छन्ति योगिनः ।। 1128/2422

ठीक है केशव! तव कीर्ति से, अधम भागते हैं भीति से ।
भगत चाहते दर्शन तेरे, जग को है आकर्षण घेरे ।। 1515/5205

दोहा॰ सुन कर कीर्ति आपकी, सुकून पाते लोग ।
डर कर राक्षस भागते, योगी पाते योग ।। 1374/7068

◎ **Arjun :** *Arjun said, alright then, O Shrī Krishna! the world becomes joyful hearing about your righteous deeds and the evil people run away with fear. The saints wish to see your feats.* **1670/4839**

78. Display of the Universal Form (Gītā Chapter 11)

।। 11.37 ।। कस्माच्च ते न नमेरन्महात्मन् गरीयसे ब्रह्मणोऽप्यादिकर्त्रे ।
अनन्त देवेश जगन्निवास त्वमक्षरं सदसत्तत्परं यत् ।।

ॐ सिद्धाः कथं न वन्देरन्–सर्वेषु परमो भवान् ।
आदिकर्ता भवान्ब्रह्मा सदसद्भ्यां परः प्रभो! ।। 1129/2422

क्यों न सिद्ध जन वन्दना करें, आप सत् असत् सभी से परे ।
आदि कर्ता ब्रह्म आप हैं, जगत जनन के आप बाप हैं ।। 1516/5205

दोहा॰ पूजक करते वन्दना, कृष्ण–कृपा करतार! ।
ब्रह्म परम पर आप हैं, सत् असत् से पार ।। 1375/7068

◎ **And :** *O Lord! why would the sages not salute you, who is the Supreme God, above Brahma and beyond the right and wrong.* **1671/4839**

।। 11.38 ।। त्वमादिदेवः पुरुषः पुराणस्त्वमस्य विश्वस्य परं निधानम् ।
वेत्तासि वेद्यं च परं च धाम त्वया ततं विश्वमनन्तरूप ।।

ॐ वेत्ता वेद्यश्च सर्वज्ञो विधाता जगतो हरे ।
भवान्सर्वस्य दाता च परमं धाम शाश्वतम् ।। 1130/2422

सकल जगत के आप विधाता, सरबस ज्ञानी सरबस दाता ।
अनादि शाश्वत परम धाम हैं, सत्य सच्चिदानंद नाम हैं ।। 1517/5205

दोहा॰ विश्व विधाता आप हैं, वेद विदित सत् नाम ।
सब सुख दाता आप हैं, शाश्वत मंगल धाम ।। 1376/7068

◎ **And :** *O Lord! you are Omniscient, the Lord of the world, worth knowing, giver of life to everyone, the supreme and eternal abode for all.* **1672/4839**

♫ संगीतश्रीकृष्णरामायण छन्दमाला, मोती 228 of 501

भुजंगिनी छन्द[256]

8 + 3 + ।ऽ।

(दीन दयाल)

श्रीधर! तू ही, दीन दयाल,
दुखियन भगतन, का किरपाल । 1
तू आरत का, प्रियतम नाथ,
सबकी मदार, प्रभु! तव हाथ ।। 2

◎ **The Merciful Lord :** *O Shrī Krishna! you are merciful to the helpless. You are the joy to the destitute. You are dear Master for the afflicted. O Lord! you are holding the leash of everyone.* **1673/4839**

ॐ भवाननन्तरूपोऽस्ति ज्ञेयो ज्ञाता जगत्प्रियः ।
अहो जगत्पितः स्वामिन्–विश्वं पूर्णं कृतं त्वया ।। 1131/2422

अनंत रूपी तू है भाता, तू हि ज्ञेय है, तू ही ज्ञाता ।
तव किरपा से, परम विधाता! विश्व पूर्णता सच है पाता ।। 1518/5205

दोहा॰ अनंत रूपी आप हैं, प्रभो! ज्ञेय हैं आप ।
जगत्पिता, प्रभु! आप हैं, विश्वदेव हैं आप ।। 1378/7068

◎ **And :** *O Lord! you are infinite. You are the knower of the world. You ought to be known by the world. O Master! you have designed this world.* **1674/4839**

।। 11.39 ।। वायुर्यमोऽग्निर्वरुणः शशाङ्कः प्रजापतिस्त्वं प्रपितामहश्च ।
नमो नमस्तेऽस्तु सहस्रकृत्वः पुनश्च भूयोऽपि नमो नमस्ते ।।

ॐ पवनो वरुणो वह्निः–भवानेव प्रजापतिः ।
भवान्वर्यिमः सोमः कोटि कोटि नमोस्तुते ।। 1132/2422

आप प्रजापति, आप वरुण हैं, आप अनल हैं, आप पवन हैं ।
आप सोम यम पूज्य आप हैं, नमन आपको लाख लाख हैं ।। 1519/5205

दोहा॰ आप प्रजापति, वरुण हैं, अनल, पवन हैं आप ।
आप सोम, यम, पूज्य हैं, वन्दनीय हैं आप ।। 1379/7068

---

[256] ♫ भुजंगिनी छन्द : इस 15 मात्रा वाले तैथिक छन्द के अन्त में ज गण (।ऽ।) आता है । यति 8–7 पर विकल्प से आता है । इसका अन्य नाम ♫ गुपाल छन्द है ।
▶ लक्षण गीत : दोहा॰ मात्रा पन्द्रह की कला, लघु गुरु लघु से अंत ।
मत्त आठ पर यति रहे, "भुजंगिनी" वह छंद ।। 1377/7068

78. Display of the Universal Form (Gītā Chapter 11)

◎ **And :** *You are the rain, fire and the wind. You are the forefather. You are the Sun, Yama (God of death) and the Moon. Thousands up on thousands of salutes to you.* **1675/4839**

॥ 11.40 ॥ **नमः पुरस्तादथ पृष्ठतस्ते नमोऽस्तु ते सर्वत एव सर्व ।**
अनन्तवीर्यामितविक्रमस्त्वं सर्वं समाप्नोषि ततोऽसि सर्वः ॥

अनंतविक्रमी त्वञ्च बलशाली च सर्वगः ।
नमामि शतवारं त्वां पृष्ठतः सम्मुखात्तथा ॥ 1133/2422

तू बलशाली, तू सबज्ञानी, अमित विक्रमी, तू सर्वगामी ।
प्रणाम तुझको, हे योगेश्वर! वन्दन तुझको हाथ जोड़ कर ॥ 1520/5205

दोहा॰ **अमित विक्रमी आप हैं, बलशाली हैं आप ।**
सर्वेश्वर प्रभु! आप हैं, पूजनीय हैं आप ॥ 1380/7068

◎ **And :** *O Lord! you are infinitely powerful. You are omnipresent. I salute you from the front, back and all sides, again and again.* **1676/4839**

॥ 11.41 ॥ **सखेति मत्वा प्रसभं यदुक्तं हे कृष्ण हे यादव हे सखेति ।**
अजानता महिमानं तवेदं मया प्रमादात्प्रणयेन वापि ॥

(अर्जुनः क्षमां याचति)

आहूतवानहं प्रेम्णा प्रमादात्कृष्ण यादव ।
ज्ञात्वा त्वां स्नेहिनं बन्धुं लीलामजानता तव ॥ 1134/2422

(अर्जुन क्षमा याचना करता है)

कहा प्रेम से या प्रमाद से, केशव! यादव! सब प्रमोद से ।
सदा तुझी को स्नेही माना, प्रभाव तेरा नहिँ था जाना ॥ 1521/5205

दोहा॰ **कहा तुम्हें है प्रेम से, मनविनोद के साथ ।**
कृष्ण तुम्हें यादव कहा, मित्र जान कर, नाथ! ॥ 1381/7068

◎ **And :** *O Lord! please forgive me, if I have unknowingly dishonoured you, while eating, talking, walking or sleeping, thinking you as a friend and well wisher.* **1677/4839**

॥ 11.42 ॥ **यच्चावहासार्थमसत्कृतोऽसि विहारशय्यासनभोजनेषु ।**
एकोऽथवाप्यच्युत तत्समक्षं तत्क्षामये त्वामहमप्रमेयम् ॥

मित्रवर्गे विनोदेन स्वपञ्श्वसंश्च क्रीडने ।
असत्कृतोऽसि त्वं यद्वा सर्वमेव क्षमस्व तत् ॥ 1135/2422

मित्र वर्ग में, या विनोद से, भूल हुई जो मन अबोध से ।
खाते सोते खेल खेल में, क्षमा कीजिये स्नेह मेल में ॥ 1522/5205

दोहा॰ **मित्र वर्ग में भूल मैं, कीन्ही, कृपाअगाध! ।**
आते-जाते खेल में, क्षमा करो अपराध ॥ 1382/7068

◎ **And :** *Among the friends, while laughing, joking and playing if I have disrespected you, please forgive me.* **1678/4839**

॥ 11.43 ॥ **पितासि लोकस्य चराचरस्य त्वमस्य पूज्यश्च गुरुर्गरीयान् ।**
न त्वत्समोऽस्त्यभ्यधिकः कुतोऽन्यो लोकत्रयेऽप्यप्रतिमप्रभाव ॥

चराचरस्य सर्वस्य जगतश्च पिता भवान् ।
त्वया समस्त्रिलोकेषु नास्ति कोऽप्यधिकः कथम् ॥ 1136/2422

पिता चराचर जगत का सही, भुवन तीन में आप सा नहीं ।
परम पूज्य तुम जब हो ऐसे, कोई बढ़ कर तब हो कैसे ॥ 1523/5205

दोहा॰ **त्रिलोक के तुम ही पिता, गुरुवर पूज्य महान ।**
तुमसे बढ़ कर कछु नहीं, कोई न ही समान ॥ 1383/7068

◎ **And :** *O Lord! you are the father of the world. There is none equal to you, then how can there be anyone greater than you.* **1679/4839**

॥ 11.44 ॥ **तस्मात्प्रणम्य प्रणिधाय कायं प्रसादये त्वामहमीशमीड्यम् ।**
पितेव पुत्रस्य सखेव सख्युः प्रियः प्रियायार्हसि देव सोढुम् ॥

दासश्चरणयोस्तेऽहं भगवञ्शरणागतः ।
स्वीकुरुतात्प्रभो त्वं मां स्नेहेन शरणागतम् ॥ 1137/2422

शरणागत मैं, भगवन्! तेरा, तव चरणों में तन मन मेरा ।
ग्रहण कीजिये प्रणाम मेरा, शरण लीजिये, दास मैं तेरा ॥ 1524/5205

दोहा॰ **शरण तिहारे चरण मैं, प्रभो! तिहारा दास ।**
वन्दन मेरा लीजिये, मुझे स्नेह की आस ॥ 1384/7068

78. Display of the Universal Form (Gītā Chapter 11)

◎ **And :** *O Lord! I am your disciple at your feet surrendered to you, please accept me lovingly.* **1680/4839**

मित्रं मित्रं पिता पुत्रं सखायं सहते सखा ।
प्रेम्णा तथा च देवेश सख्यायं सोढुमर्हसि ।। 1185/2422

यथा झेलता मित्र मित्र को, पिया प्रिया को, पिता पुत्र को ।
तथा प्रेम से क्षमा कीजिये, शरण में अपनी मुझे लीजिये ।। 1525/5205

दोहा॰ पिता पुत्र की झेलता, मित्र मित्र की भूल ।
तथा प्रेम से तुम सहो, मेरी चूक समूल ।। 1385/7068

◎ **And :** *As a friend forgives a friend, a father to a son and lover forgives to a beloved, please excuse me kindly.* **1681/4839**

।। 11.45 ।। अदृष्टपूर्वं हृषितोऽस्मि दृष्ट्वा भयेन च प्रव्यथितं मनो मे ।
तदेव मे दर्शय देव रूपं प्रसीद देवेश जगन्निवास ।।

(सौम्यरूपमिच्छति)

रूपमुग्रं तु दृष्ट्वा तद्-भीतोऽहं सान्त्वनं कुरु ।
प्रसीद देवदेवेश पूर्वरूपः पुनर्भव ।। 1139/2422

(अर्जुन अब भगवान् का सौम्य रूप देखना चाहता है)

प्रसन्न होजा अब, तू गिरिधर! उग्र रूप से डरा हूँ, ईश्वर! ।
धीरज मुझको, प्रभु! सिखला दो, पूर्वरूप मुझको दिखला दो ।। 1526/5205

दोहा॰ डरा हुआ हूँ मैं प्रभो! लख कर विराट रूप ।
अब दिखला दो तुम मुझे, प्रसन्न सौम्य स्वरूप ।। 1386/7068

◎ **Then :** *Arjun then said, O Lord! I am terrified having seen your Universal form, please be normal as before.* **1682/4839**

।। 11.46 ।। किरीटिनं गदिनं चक्रहस्तमिच्छामि त्वां द्रष्टुमहं तथैव ।
तेनैव रूपेण चतुर्भुजेन सहस्रबाहो भव विश्वमूर्ते ।।

चतुर्भुजो गदायुक्तः-चक्रधारी सुदर्शनः ।
किरीटी विष्णुमूर्तिस्त्वं भूयः सौम्यवपुर्भव ।। 1140/2422

रूप चतुर्भुज मंगलकारी, कर में चक्र सुदर्शन धारी ।
गदा मुकुट सह विश्वमूर्ति का, सौम्य रूप वो अमर कीर्ति का ।। 1527/5205

दोहा॰ चतुर्बाहु शुभ रूप हो, मोर मुकुट हो शीश ।
चक्र गदा हों हाथ में, सौम्य मूर्ति, जगदीश! ।। 1387/7068

◎ **And :** *Please assume Vishṇu's form wearing the crown, with four arms, holding the mace and the Sudarshan wheel.* **1683/4839**

श्रीभगवानुवाच ।

।। 11.47 ।। मया प्रसन्नेन तवार्जुनेदं रूपं परं दर्शितमात्मयोगात् ।
तेजोमयं विश्वमनन्तमाद्यं यन्मे त्वदन्येन न दृष्टपूर्वम् ।।

(श्रीभगवानुवाच)

हृष्ट्वा त्वयि प्रसन्नेन स्नेहभावेन भारत ।
दर्शितमात्मयोगेन विश्वरूपं मया तदा ।। 1141/2422

(यह सुन कर श्रीकृष्ण कहते हैं)

प्रसन्न तुझ पर होकर मैंने, विश्वरूप के दर्शन दीन्हे ।
परम योग के शुभ प्रभाव से, परम स्नेह के मम स्वभाव से ।। 1528/5205

दोहा॰ प्रसन्न होकर प्रेम से, तुझे दिया दीदार ।
आत्मयोग से था किया, विश्वरूप साकार ।। 1388/7068

◎ **Shrī Krishṇa :** *O Arjun! being pleased with you, with utmost love, I exhibited you my Universal form with my yogic power.* **1684/4839**

रूपं तेजोमयं पूर्वं विराटं परमं मम ।
केनापि न त्वदन्येन दृष्टं कदाऽपि पाण्डव ।। 1142/2422

रूप अनादि था वो मेरा, विश्वरूप का विराट फेरा ।
दर्शन उसका सिवाय तेरे, नहीं किसी को मिला है, प्यारे! ।। 1529/5205

दोहा॰ तेज युक्त मम दिव्य वो, विराट रूप अपूर्व ।
और किसी को ना दिखा, कभी आज के पूर्व ।। 1389/7068

◎ **And :** *My splendid Universal form has not been seen by anyone before you, O Arjun!* **1685/4839**

।। 11.48 ।। न वेदयज्ञाध्ययनैर्न दानैर्न च क्रियाभिर्न तपोभिरुग्रैः ।

78. Display of the Universal Form (Gītā Chapter 11)

एवंरूप: शक्य अहं नृलोके द्रष्टुं त्वदन्येन कुरुप्रवीर ।।

न वेदज्ञानमात्रेण न दानेन धनस्य च ।
न यज्ञेन न ध्यानेन घोरेण तपसा तथा ।। 1143/2422

न ही वेद के ज्ञानार्जन से, न यज्ञ के भी ध्यानार्चन से ।
न दान के भी अति अर्पण से, नहिँ प्रखर तप के तर्पण से ।। 1530/5205

दोहा॰ **मात्र वेद के ज्ञान से, ना ही देकर दान ।**
ना ही केवल यज्ञ से, न ही लगाए ध्यान; ।। 1390/7068

◎ **And :** *Neither only by studying Vedas, nor by charities of wealth, nor by austerities, nor by severe meditation;* **1686/4839**

न भवेद्दर्शनं जातु विश्वरूपस्य मे सखे ।
कस्मै तु सम्भवं भूमौ अन्यस्मै श्रद्धया विना ।। 1144/2422

विश्वरूप का दर्शन पाना, इस धरती पर अलभ्य जाना ।
सिवाय तेरे किसी और को, बिन श्रद्धा के किसी तौर को ।। 1531/5205

दोहा॰ **दुर्लभ है इस विश्व में, विश्वरूप दीदार ।**
मिल भी जाए, तो मिले, श्रद्धा के आधार ।। 1391/7068

◎ **And :** *O Dear friend! this Universal form is not attainable by anyone without one pointed faith in me.* **1687/4839**

संगीतश्रीकृष्णरामायण गीतमाला, पुष्प 345 of 763

भजन : राग रत्नाकर, कहरवा ताल 8 मात्रा

(भगत)

स्थायी

तू स्वामी त्रिभुवन का - - - - - ।

♪ ग- म-गरे गगरेसा रे- - गरे- ।

अंतरा-1

मिलेगा न तू वेदार्जन से, दानार्पण से, पूजार्चन से ।
तू प्यासा चिंतन का - - - - ।।

♪ ग-म-ग- रे ग- म-प-मम ग-, रे-ग-मम प-, प-मगमग रे- ।
ग- म-गरे ग-रेसा रे- - गरे- ।।

अंतरा-2

करे पार तू भवसागर से, सब संकट से, हर मुश्किल से ।
अरदासा जीवन का - - - - ।।

अंतरा-3

हमें ध्येय तू तनसा-मनसा, ईश्वर प्यारा मन मंदिर का ।
तू प्यासा सुमिरन का - - - - ।।

◎ **Devotee :** ***Sthāyī :*** *O Lord! you are the Master of the three worlds.* ***Antarā : 1.*** *You are not attainable by the studies of the Vedas, nor by charity, nor by worships. You are admiror of devotion.* ***2.*** *You take us to the other side of the worldly ocean. You remove all our difficulties and obstacles. We request you to make our lives successful.* ***3.*** *With mind and body, you are our aim. You are the idol in the temple of our hearts. You are our life support. You are admiror of meditation.* **1688/4839**

।। 11.49 ।। मा ते व्यथा मा च विमूढभावो दृष्ट्वा रूपं घोरमीदृङ्ममेदम् ।
व्यपेतभी: प्रीतमना: पुनस्त्वं तदेव मे रूपमिदं प्रपश्य ।।

(सौम्यरूपदर्शनम्)

आलोक्य घोररूपं तद्-मा भी: कुरुनन्दन ।
अनुग्रं पश्य मे रूपं विगतभीर्भवार्जुन ।। 1145/2422

(श्रीभगवान् का अर्जुन को सौम्य रूप दर्शन)

घोर रूप से, हो न दीन तुम, मोह छोड़ दो, व्यथा हीन तुम ।
पार्थ! देख लो सौम्य रूप तुम, भय को तज दो, आर्यभूप! तुम ।। 1532/5205

दोहा॰ **विश्वरूप को देख कर, मत पाना तू रोष ।**
सौम्य रूप अब देख तू, मन पावेगा तोष ।। 1392/7068

◎ **Normal appearance :** *Having said so, Shrī Krishṇa said, O Arjun! behold my normal divine appearance again.* **1689/4839**

सञ्जय उवाच ।

।। 11.50 ।। इत्यर्जुनं वासुदेवस्तथोक्त्वा स्वकं रूपं दर्शयामास भूय: ।

आश्वासयामास च भीतमेनं भूत्वा पुनः सौम्यवपुर्महात्मा ।।

(सञ्जय उवाच)

एवमुक्त्वा च पार्थं तं सौम्यं रूपमदर्शयत् ।
धैर्यं दत्त्वा हृषीकेशो गुडाकेशमसान्त्वयत् ।। 1146/2422

(संजय ने कहा)

इतना कह कर उसको प्रभु ने, रूप दिखाये सुंदर अपने ।
पुनः सान्त्वना उसकी करने, उसको धैर्य दिया श्रीधर ने ।। 1533/5205

दोहा॰ **इतना कह कर कृष्ण ने, रूप दिखाया सौम्य ।**
धीरज देने पार्थ को, विष्णुरूप शुभ गम्य ।। 1393/7068

◎ **Sañjay :** *Sañjaya said, O Dhritarāṣhṭra! having said so to Arjun! Shrī Krishṇa showed him his normal divine form and gave him courage.* **1690/4839**

अर्जुन उवाच ।

।। 11.51 ।। दृष्ट्वेदं मानुषं रूपं तव सौम्यं जनार्दन ।
इदानीमस्मि संवृत्तः सचेताः प्रकृतिं गतः ।।

दृष्ट्वा चतुर्भुजं सौम्यं रूपं ते सुखदायकम् ।
प्रशान्तं मे मनो जातं पूर्ववद्धैर्यवानहम् ।। 1147/2422

सौम्य रूप ये, केशब! तेरा, देख शाँत है मन अब मेरा ।
सुखदायक ये मुझको भाया, धीरज मेरे मन को आया ।। 1534/5205

दोहा॰ **विष्णुरूप को देख कर, पार्थ होगया शाँत ।**
सुखदायक उस रूप से, हुई विसर्जित भ्रांत ।। 1394/7068

◎ **Arjun :** *Arjun said, O Lord! your normal divine form is pleasant. I am now in my normal state as before. My fear is gone.* **1691/4839**

श्रीभगवानुवाच ।

।। 11.52 ।। सुदुर्दर्शमिदं रूपं दृष्टवानसि यन्मम ।
देवा अप्यस्य रूपस्य नित्यं दर्शनकाङ्क्षिणः ।।

(श्रीभगवानुवाच)

(भगवद्दर्शनम्)

दुर्लभं विश्वरूपं मे दृष्टं पूर्वं त्वया सखे ।
द्रष्टुं तदेव काङ्क्षन्ति देवदेवास्तथा नराः ।। 1148/2422

(श्रीभगवान् के दर्शन)

विश्वरूप का दुर्लभ दर्शन, तुझी को मिला है वह, अर्जुन! ।
दर्शन तूने किये जो अभी, सदा तरसते देव हैं सभी ।। 1535/5205

दोहा॰ **डरा हुआ था, पार्थ तू, विराट रूप निहार ।**
देव-देवता तरसते, पाने वह दीदार ।। 1395/7068

◎ **Shrī Krishṇa :** *Krishṇa said, O Dear Arjun! the sages and Gods wish to see the Universal form you just witnessed.* **1692/4839**

।। 11.53 ।। नाहं वेदैर्न तपसा न दानेन न चेज्यया ।
शक्य एवंविधो द्रष्टुं दृष्टवानसि मां यथा ।।

न तेऽपि चाधिगच्छन्ति विश्वरूपस्य दर्शनम् ।
न वेदमात्र न यज्ञेन ज्ञानेन न तपस्यया ।। 1149/2422

दर्शन तुझको मिला जो अभी, नहीं किसी को मिला है कभी ।
न ही वेद से, न ही ज्ञान से, न ही यज्ञ से, न ही दान से ।। 1536/5205

दोहा॰ **दर्शन विश्व स्वरूप का, मिले न सबको, पार्थ! ।**
न यज्ञ दान तप ध्यान से, कोई हुआ समर्थ ।। 1396/7068

◎ **And :** *But, even they can not see it only with their studies of the Vedas or the gifts of charity and austerities.* **1693/4839**

♫ संगीतश्रीकृष्णरामायण छन्दमाला, मोती 229 of 501

बीर छन्द[257]

16, 12 + ऽ।

---

[257] ♫ **बीर छन्द** : इस 31 मात्रा वाले अश्वावतारी छन्द के अन्त में एक गुरु और एक लघु मात्रा आती है । इसका लक्षण सूत्र 16, 12 + ऽ। इस प्रकार होता है ।

▶ लक्षण गीत : दोहा॰ **इक्कीस मत्त का खेल ये, गुरु लघु कल से अंत ।**
सोलहवीं पर यति रखो, तभी "बीर" है छंद ।। 1397/7068

78. Display of the Universal Form (Gītā Chapter 11)

(कृष्ण विराट रूप–2)

दुर्लभ तेरा विश्वरूप है, कोई सके न उसे निहार ।
सुर असुर मानव सब चाहते, रूप देखने परम तिहार ।। 1
न वेद के भी ब्रह्म ज्ञान से, ना ही करके दान अपार ।
न कठोर तप न किसी यज्ञ से, बस मिले भक्ति के आधार ।। 2

◎ **Universal form :** *O Lord! your Universal form is rarely to be seen by anyone. Men and Gods wish to see it, but neither with the studies of the scriptures, nor with huge charities, nor with severe austerities they can see you. But only with pure faith in you, they can see you.* **1694/4839**

।। 11.54 ।। **भक्त्या त्वनन्यया शक्य अहमेवंविधोऽर्जुन ।**
ज्ञातुं द्रष्टुं च तत्त्वेन प्रवेष्टुं च परन्तप ।।

ॐ **अनन्ययैव भक्त्या स भक्तो भवति सक्षमः ।**
योक्तुं द्रष्टुं प्रवेष्टुं च यथार्थं कुरुनन्दन ।। 1150/2422

अनन्य मेरी एक भक्ति से, जो भजते हैं यथा शक्ति से ।
ज्ञान योग से, या अर्चन से, वे समर्थ हैं मम दर्शन के ।। 1537/5205

दोहा॰ **भक्त अनन्या भक्ति से, दर्शन पाता, पार्थ! ।**
प्रवेश मुझमें है उसे, मुझको जान यथार्थ ।। 1398/7068

◎ **And :** *And Shrī Krishṇa said, O Arjun! with one pointed and unshaken faith in me, a person is able to see me and be one with me.* **1695/4839**

।। 11.55 ।। **मत्कर्मकृन्मत्परमो मद्भक्तः सङ्गवर्जितः ।**
निर्वैरः सर्वभूतेषु यः स मामेति पाण्डव ।।

ॐ **सत्परो वैरहीनः स नित्यं यो मयि मत्परः ।**
मामेति सत्वरं पार्थ सर्वदा कर्मतत्परः ।। 1151/2422

वैरहीन नर जो सत्पर[258] है, नित्य सदा जो मन मत्पर है ।
पाता मुझको वो सत्वर है, कर्म में सदा जो तत्पर है ।। 1538/5205

दोहा॰ **वैरहीन जो भक्त है, मुझे परायण नित्य ।**
मुझको पाता, पार्थ! है, सत्कर्मी वह सत्य ।। 1399/7068

◎ **And :** *He who is truthful, without any feeling of enmity, ever devoted to me, O Arjun! doing his duty, he attains me.* **1696/4839**

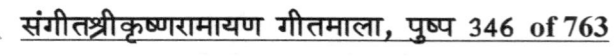

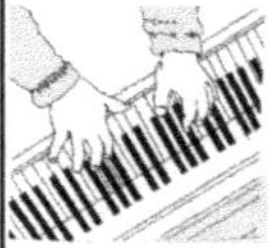

संगीतश्रीकृष्णरामायण गीतमाला, पुष्प 346 of 763

कीर्तन : कहरवा ताल 8 मात्रा

(हरि हरि बोल)

हरि हरि बोल, हरि हरि बोल ।
राधे मुकुंऽद माऽधव हरि हरि बोल ।।

♪ सांसां सांसां सां – – सां, निध निसां सां–।
मग मध–नि सां–निध मध मग म– ।

अंतरा–1

गोऽपाल गोऽपाल हरि हरि बोल । गोऽविंद गोऽविंद हरि हरि बोल ।
आऽनंद आऽनंद जय जय बोल । गोपाल गोविंद आनंद बोल ।
राधे मुकुंऽद माऽधव हरि हरि बोल ।।

♪ ध–धध ध–धध पम पनि ध– । नि–निनि नि–निनि धम धनि नि – – –।
सां–सांसां सां–सांसां निध निसां सां – – – । रें–रें–रें रें–रें–रें सांनिसांरें सां– ।
मग मध–नि सां–निध मध मग म– ।।

अंतरा–2

गिरिधारी गिरिधारी हरि हरि बोल, वनमाली वनमाली हरि हरि बोल ।
बनवारी बनवारी जय जय बोल, गोपाल गोविंद आनंद बोल ।

---

[258] सत्पर = सत् पर = सत् परायण, जिसके लिये सत् (सचाई, सद् गुण) छोड़ कर और बढ़ कर कोई मार्ग नहीं है । याद रहे कि इस ग्रंथ में अन्य मिलते जुलते शब्द हैं : (i) तत्पर = तत् परायण, जिसके लिये तत् (ब्रह्म) सबसे परम है । (ii) सत्वर = शीघ्र, सत् वर, सत्त्वशील (iii) मत्पर = मेरा परायण ।

राधे मुकुंऽद माऽधव हरि हरि बोल ।।

अंतरा–3

कान्हा तेरी अचंभे की लीला हो, कान्हा तेरी अनूठी ही माया, हो ।

सखे! कान्हा की राधे की जय जय बोल, गोपाल गोविंद आनंद बोल ।

राधे मुकुंऽद माऽधव हरि हरि बोल ।।

◎ **Hari : *Sthāyī* :** *Chant, Rādhe Mukunda Mādhava! Hari! Hari!* ***Antarā* : 1.** *Chant, Gopāla Gopāla! Hari Hari! Govind Govind! Hari Hari! victory to Gopāl Govind!* **2.** *Vanamalī! Hari Hari, victory to Gopāl Govind!* **3.** *O Kānhā! your magic is surprising, your māyā is unique. Victory to the Rādhā.* **1697/4839**

संगीतश्रीकृष्णरामायण गीतमाला, पुष्प 347 of 763

(विश्वरूप दर्शन का निरूपण)

स्थायी

स्वरदा ने सुंदर गाया है, नारद ने साज बजाया है ।

रतनाकर गीत रचाया है ।।

♫ सानि़सा– गरे सा–नि़नि़ सा–रेम ग–, गममग पम ग–रे सासा–रेम ग– ।

गगरेसासासा रे–ग मगरेसानि़ सा– ।।

अंतरा–1

प्रभु! विराट वाला रूप तेरा, लख कर हिरदय आनंद भरा ।

तव सूर्य हजारों सम आभा, जिसने ब्रह्मांड ये है घेरा ।

वह त्रिभुवन को चमकाया है ।।

♫ पप! मरे–म प–पम पनिध पप–, पप मग गसासाग मपगरेसा नि़सा– ।

सानि़ सा–ग रेसा–नि़– सासा रेमग–, सानि़सा– गरेसा–नि़ नि़ सा– रेमग– ।

गग रेसासासा रे– गमगरेसानि़ सा– ।।

अंतरा–2

रवि चंदा हैं नैनन जिसके, शत शत हैं वदन दशन उसके ।

तू मुकुट गदा है चक्र धरा, तव देह अग्नि से पूर्ण भरा ।

यह देख जगत चकराया है ।।

अंतरा–3

तू नर वीरों को काट रहा, तू जिह्वाओं से चाट रहा ।

यह उग्र रूप जो धारण है, बतलादे प्रभु! क्या कारण है ।

क्यों विश्वरूप दरसाया है ।।

◎ **Universal Display : *Sthāyī* :** *Ratnākar composed the melody, Sarasvatī sang it beautifully, while Shrī Nārad muni played the Vīṇā.* ***Antarā* : 1.** *O Lord! having seen your Universal form, I am joyful. It is glittering like a thousand suns. The glitter has filled the three worlds.* **2.** *Your eyes are like the Sun and Moon. You have hundreds of mouths and teeth. You are wearing a crown and holding the mace and Sudarshan wheel. Your body is engulfed with terrible fire. Seeing it, the world is deluded.* **3.** *You are chewing, licking and eating the evil warriors. O Lord! please tell me why have you assumed such a fearful form today?* **1698/4839**

श्रीमद्–भगवद्–गीता अध्याय बारहवाँ ।

भक्तियोग ।

संगीतश्रीकृष्णरामायण गीतमाला, पुष्प 348 of 763

खयाल : राग शंकरा, झपताल

(शिव शंभो)

स्थायी

शिव शंभो उमापति, जय भोले भंडारी ।

भव तारी भय हारी, सुख दाई त्रिपुरारि ।।

♫ पनिसां नि–प गपसांनि–, प ग ग–प रेगरेसा–सा ।

साप सा–सा गग प–प, पनिसां नि–प गपरेग–सा ।।[259]

---

[259] **स्थायी तान** : 1. शिव शंभो उमापति सासा गग पप निसां रेंसां । निध पप गप गरे सासा 2. पग पप निसां रेंसां निसां । निध पप गप गरे सासा 3. सासा गग पप निसां गरें । सानिं पध पप गरे सासा । **अंतरा तान :** 1. गौरी–नाथ गंगेश पप गप निसां गरें

अंतरा–1

गौरी–नाथ गंगेश भालचंद्र हित कारी ।

बहुरूपी भैरवी डमरूधर दुख हारी ।।

♫ पगप सां–सां सां–सांनिरेंसां, सांगंग–पं गरें सांरेंसां– ।

निधनिसांरेंनिसां निधनिप–, सांनिपगप रेगरे ग–सा ।।

◎ **O Shiva : *Sthāyī* :** *O Shiva Shambho! O Umāpati (Husband of Pārvatī)! victory to you, O Bhole Bhaṇḍārī! You are our protector and remover of the fears. You are the Giver of happiness, O Tripurāri (Slayer of the Demon Tripura)!* ***Antarā : 1.*** *O Gaurī Nāth (Husband of Pārvatī)! O Bhālachandra (who has the moon on his forehead)! O Benefactor! O Bahurūpī (who has many forms)! Bhairavī (Shiva), Ḍamrūdhara (who holds the Ḍamrū drum), O Remover of the miseries!* **1699/4839**

संगीतश्रीकृष्णरामायण गीतमाला, पुष्प 349 of 763

भजन : राग रत्नाकर, कहरवा ताल 8 मात्रा

(हरि भजन)

श्लोक:

(सूक्तिः)

यस्मात्प्रमोदते लोको लोकात्प्रमोदते च यः ।

प्रीतिशान्तिर्धृतिर्युक्तो स हि हरेः प्रियो नरः ।। 1152/2422

स्थायी

हरि के बिना बिरथा जनम रे, निज बल भव–जल कौन तरे ।

♫ सानि़ सा रेरे– – गगरे– गमग रे– –, मम पप धप मम प–म गरे– – –।

अंतरा–1

काम क्रोध मद काम न आवे, जौबन रौनक साथ न जावे ।

नौका अध बिच टूट पड़े ।।

♫ सा–रे ग–ग गग ध–प म ग–रे–, नि–धप ध–पम प–म ग रे–ग– ।

सांनि । पधप पप गप गरे सासा 2. पधप पप गप निसां रेंसां । निध पधप पप गरे सासा 3. पप गप गरे सारे सासा । निध पधप पप गरे सासा ।

म–म– पप धध प–म गरे– – – ।।

अंतरा–2

राम नाम बिन जीवन सूना, नास्तिक–भाव लगावे चूना ।

भाग करम सब रूठ खड़े ।।

◎ **O Hari! : *Aphorism* :** *From whom the world receives joy and he who receives joy from the world, that peace loving and courageous person is dear to Hari.* ***Sthāyī :*** *Without worshipping Hari, this life is a waste. Who can trade the water of the worldly ocean on his own, without his help?* ***Antarā : 1.*** *Your desires, passions and anger are all useless. Your youth and wealth will not go with you when you die. Your boat will break down half way.* ***2.*** *Without chanting Rāma! Rāma! your life is empty. Your atheistic behavior will take you down. Your karmas and destiny is awaiting you to do righteous deeds.* **1700/4839**

◎ **1701/4839**

गीतोपनिषद् : तेईसवाँ तरंग

Gitopanishad : Fascicule 23

79. भक्तियोग का निरूपण :

79. The Bhakti Yoga *(Gītā Chapter 12)*

(भक्तियोगनिरूपणम्)

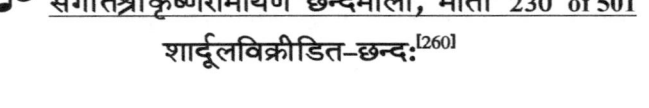

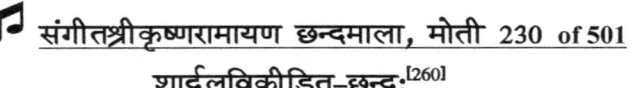

♫ संगीतश्रीकृष्णरामायण छन्दमाला, मोती 230 of 501

शार्दूलविक्रीडित–छन्दः[260]

---

[260] ♫ **शार्दूलविक्रीडित छन्द :** इस छन्द के चरणों में 19 वर्ण, 30 मात्रा होती हैं । इसमें म स ज स त त गण और एक गुरु वर्ण आता है । यति 12–19 वर्ण पर विकल्प से आता है । इसका लक्षण सूत्र ऽ ऽ ऽ, ।। ऽ, । ऽ ।, ।। ऽ, ऽ ऽ ।, ऽ ऽ ।, ऽ इस प्रकार होता है । प्रस्तुत पद्य सा–रे– ग–मगरे– गम– पमगरे– ग–प–म ग–म–गरे– इस प्रकार से गाया बजाया जा सकता है ।

▶ लक्षण गीत : **दोहा॰ म स ज स त त गण से सजा, मुझको जिससे प्रीत ।**

ऽ ऽ ऽ, ।। ऽ, । ऽ ।, ।। ऽ, ऽ ऽ ।, ऽ ऽ ।, ऽ

♪ सा–रे– ग–मगरे– गम– पमगरे– ग–प–मग–म–गरे–

(श्रीकृष्णवन्दना)

वन्दे चक्रधरं हरिं गुरुवरं श्रीकृष्णदामोदरम् ।
योगेशो मम मार्गदर्शकवरो रक्षाकरो ज्ञानदः ।। 1
कृष्णान्नास्ति कृपाकरः प्रियतरः कृष्णैव मे पालकः ।
तस्माद्विघ्नहराय नम्रमनसा कृष्णाय तस्मै नमः ।। 2

◎ **A Prayer to Shrī Krishṇa :** *Obeisance to Hari, the Chakradhara (who holds the Sudarshan wheel), Guruvar (the Supreme teacher), Shrī-Krishṇa-Dāmodar. May the Yogesha (the Lord of Yoga) and Giver of knowledge show me the righteous path and protect me. There is no one as merciful and dear as Shrī Krishṇa. May he protect me. Therefore, for removing the obstacles, I salute Shrī Krishṇa with my humble heart.* **1702/4839**

♪ संगीतश्रीकृष्णरामायण छन्दमाला, मोती 231 of 501

फटका छन्द

8 + 8 + 8 + 6/5

(भगवत् प्राप्ति)

आदि सभी का, तथा मध्य मैं,
अंत सभी का, अनंत मैं ।
सभी दिलों में, बसा अगोचर,
भगत को पाता, तुरंत मैं ।।

◎ **Attaining God :** *I am the beginning of everything. I am the middle. I am also the end. I am infinite. Dwelling in every heart, I am attainable by my devotees.* **1703/4839**

ॐ अनुष्टुप्-श्लोक-छन्दसि गीतोपनिषद्

रत्नाकर उवाच

(निर्गुणब्रह्म च सगुणब्रह्म च)

ॐ **ब्रह्मैव निर्गुणं ज्ञातं जीवात्मा जीवकारणम् ।**
मूलं तद्विश्वबीजं च; सगुणात्मक ईश्वरः ।। 1153/2422

(निर्गुण और सगुण ब्रह्म क्या हैं?)

जीवन कारण ब्रह्म निर्गुण है, हेतु जगत का ब्रह्म सगुण है ।
निर्गुण वो परमेश्वर जाना, तत्त्व सगुण है ईश्वर माना ।। 1539/5205

दोहा॰ निर्गुण केवल ब्रह्म है; आत्मा जानो प्राण ।
मूल बीज वह ब्रह्म है; ईश्वर सगुण प्रमाण ।। 1401/7068

◎ **Ratnākar :** *According to Yogavāsiṣṭha, only Brahma (the Supreme) is without the three attributes, it is also called the Parameshvara (the Supreme). Ātmā is "the life of the living beings." The Īshvara (the God) is with attributes.* **1704/4839**

संगीतश्रीकृष्णरामायण गीतमाला, पुष्प 350 of 763

भजन : राग रत्नाकर, कहरवा ताल 8 मात्रा

(ओ कन्हैया)

स्थायी

मोहे, आवाज देके बूलाना, मेरी नैया कन्हैया चलाना ।

♪ सानि़, सा–सा–सा ग–रे– गम–प–, गम प–प– मध–प– मग–रे– ।

अंतरा–1

रथ अर्जुन का तूने चलाया, पार रेड़ा वो तूने कराया ।
मेरा बेड़ा फँसा है भँवर में, साथ मेरा है तूने निभाना ।।

♪ मप ध–ध– ध नि–सां– निध–प–, प–ध नि–नि– नि सां–नि– धप–ध– ।
रेग म–म– धप– म– गरेरे ग–, रेग म–म– म ध–प– मग–रे– ।।

अंतरा–2

पथ में तूफान आए या आँधी, द्रौपदी शाटिका तूने बाँधी ।
मेरी लोगों में उड़ती हँसी है, लाज मेरी है तूने बचाना ।।

अंतरा–3

काम दीनों के तूने कराये, गर्व हीनों के तूने गिराये ।
साँस मेरी गले में अड़ी है, नाथ! मुझको गले से लगाना ।।

अंतिम गुरु का छंद है, "शार्दूलविक्रीडीत" ।। 1400/7068

79. The Bhakti Yoga (Gītā Chapter 12)

◎ **O Kanhaiyā! : *Sthāyī :*** *O Kanhaiyā (Shrī Krishṇa)! please call me. O Lord! please row the boat of my life.* ***Antarā :*** *You drove the chariot of Arjun. You took it across to the success. The boat of my life is stuck in the midst of the worldly ocean, please give me a hand.* ***2.*** *May there be storms or thunders, you protected your devotees. You have saved Draupadī from shame. People laugh at me, please save me from disgrace.* ***3.*** *You have helped the helpless. You have subdued the ego of the proud people. I am short of breath, O Lord! please save my life.* **1705/4839**

श्रीमद्भगवद्गीता द्वादशोऽध्यायः ।

अर्जुन उवाच ।

।। 12.1 ।। **एवं सततयुक्ता ये भक्तास्त्वां पर्युपासते ।**
ये चाप्यक्षरमव्यक्तं तेषां के योगवित्तमाः ।।

इत्थं भक्ताः सदा युक्ताः सगुणं त्वामुपासते ।
अक्षरं च निराकारं निर्गुणं ये, तु के वराः ।। 1154/2422

(पार्थ बोला)

भजते जो हैं निराकार को, या भजते जो तुझ साकार को ।
जन जो ऐसे नित्य निष्ठ हैं, इनमें केशव! कौन श्रेष्ठ हैं ।। 1540/5205

दोहा॰ **सगुण-आप को पूजते, परम भगत जो मौन ।**
या निर्गुण को पूजते; श्रेष्ठ भक्त हैं कौन ।। 1402/7068

◎ **Arjun :** *Arjun said, O Lord! in this manner, those who are devoted to you and those who worship the formless deity without attributes, O Lord! who are superior devotees in these two?* **1706/4839**

श्रीभगवानुवाच ।

।। 12.2 ।। **मय्यावेश्य मनो ये मां नित्ययुक्ता उपासते ।**
श्रद्धया परयोपेतास्ते मे युक्ततमा मताः ।।

(श्रीभगवानुवाच)

भक्ताञ्श्रेष्ठानहं मन्ये नित्यं ये मत्परा मयि ।
एकचित्ता भजन्ते मां सन्तुष्टा ये सदाऽऽत्मनि ।। 1155/2422

(श्री भगवान ने कहा)

उन भक्तों को श्रेष्ठ मैं कहता, मत्पर मेरा दृढ़ जो रहता ।
मुझको भजता एक चित्त से, तत्पर रहता भक्ति नित्य से ।। 1541/5205

दोहा॰ **भक्त श्रेष्ठ वे, पार्थ! हैं, मत्पर जो हैं निष्ठ ।**
एक चित्त से जो मुझे, भज कर हैं संतुष्ट ।। 1403/7068

◎ **Shrī Krishṇa :** *Shrī Krishṇa said, O Arjun! I consider those devotees to be superior who are devoted to me without any diversion of faith. Those happy devotees with one pointed focus dwell in me.* **1707/4839**

भजन्तः सगुणं रूपं भक्तास्ते खलु मे प्रियाः ।
अभीप्सिता मया ते ये योगिनो मत्परायणाः ।। 1156/2422

सगुण रूप को भजने वाले, नित्यपरायण भोले-भाले ।
भक्त मुझे लगते हैं प्यारे, सजते हैं मम नयनन तारे ।। 1542/5205

दोहा॰ **जो भजते मुझ सगुण को, भक्त परायण नित्य ।**
प्यारे लगते वे मुझे, भक्त नियारे सत्य ।। 1404/7068

◎ **And :** *Those one pointed devotees who worship my form with attributes, they are dear to me.* **1708/4839**

तेषां नयामि नौकां तां तारयित्वाऽपरे तटे ।
कृपाश्रयञ्च भक्तेभ्यो ददे जन्मनिजन्मनि ।। 1157/2422

नैया उनकी लगे किनारे, निश-दिन मुझको लिये सहारे ।
उन पर कृपा निरंतर मेरी, कटती जनम-जनम की फेरी ।। 1543/5205

दोहा॰ **नैया उनकी पार मैं, ले जाता हूँ, पार्थ! ।**
उन पर मेरी है कृपा, जनम-जनम के साथ ।। 1405/7068

◎ **And :** *I carry their boat of life across the worldly ocean and I am merciful to them life after life.* **1709/4839**

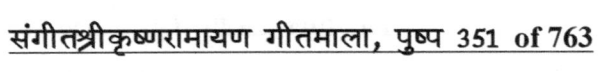

संगीतश्रीकृष्णरामायण गीतमाला, पुष्प 351 of 763

भजन

(हरि सुमिरन)

स्थायी

हरि सुमिरन दे, मन को धीर ।

79. The Bhakti Yoga (Gītā Chapter 12)

♬ सारे सानि़सासा रे–, मम गरे सा–सा ।

अंतरा–1

कार्य भार जब, तन को सतावे, मन उलझन की भीर ।

♬ म–म प–प पप, मप ध पम–ग–, धध पमपप मग रे–रे ।

अंतरा–2

हाथ में बेड़ी, भाग्य रुलावे, पाँव पड़े जंजीर ।

अंतरा–3

कपट जगत का, समझ न आवे, रोये मन का कीर ।

अंतरा–4

राम नाम की, नाव तरावे, भव सागर का तीर ।

◎ **Hari's chant :** ***Sthāyī*** **:** *Hari's chant gives solace to my mind.* ***Antarā*** **:** ***1.*** *When the load of work bothers me and when the mind is bewildered.* ***2.*** *When the hands are tied and fate is unfavourable and the mind cries out.* ***3.*** *The chant of Rāma's name takes my boat of difficulties across to the other side of the worldly ocean.* **1710/4839**

।। 12.3 ।। **ये त्वक्षरमनिर्देश्यमव्यक्तं पर्युपासते ।**
सर्वत्रगमचिन्त्यं च कूटस्थमचलं ध्रुवम् ।।

(परन्तु)

भजन्ति तु निराकारम्–अव्यक्तमचलं ध्रुवम् ।
अचिन्त्यमक्षरं ब्रह्म भक्ता ये सर्वगामिनम् ।। 1158/2422

(मगर)

मगर जो भजे निराकार को, ब्रह्म अगोचर मनन पार को ।
सर्वगामी अव्यक्त अटल को, आदि सनातन अकथ अचल को ।। 1544/5205

दोहा॰ निराकार अरु निर्गुणी, अचिंत्य, ध्रुव अव्यक्त ।
अक्षर, सर्वग, ब्रह्म को, भजते हैं जो भक्त; ।। 1406/7068

◎ **And :** *However, those who worship the formless, attributeless, eternal, uncontemplatable, omnipresent Brahma;* **1711/4839**

।। 12.4 ।। **सन्नियम्येन्द्रियग्रामं सर्वत्र समबुद्धयः ।**
ते प्राप्नुवन्ति मामेव सर्वभूतहिते रताः ।।

(तर्हि)

सर्वेन्द्रियमनोबुद्धीः सन्नियम्य समानतः ।
तयाप्नुवन्ति मां पार्थ भूतहिते रताः सदा ।। 1159/2422

(तो)

सर्व इंद्रियाँ वश में करके, समबुद्धि नित मन में धरके ।
सर्वभूत हित में रत है जो, प्राप्त मुझे नर करता है वो ।। 1545/5205

दोहा॰ मन बुद्धि सब इन्द्रियाँ, वश करके निःस्वार्थ ।
सर्वभूत हित में लगा, पाता मुझको, पार्थ! ।। 1407/7068

◎ **Therefore :** *He who has his organs under control, mind and thinking under control and he who is in service of all beings with equanimity, he attains me.* **1712/4839**

।। 12.5 ।। **क्लेशोऽधिकतरस्तेषामव्यक्तासक्तचेतसाम् ।**
अव्यक्ता हि गतिर्दुःखं देहवद्भिरवाप्यते ।।

(स्मरत)

निर्गुणस्य मता क्लिष्टा निराकारस्य साधना ।
नरः कष्टेन प्राप्नोति गतिं निर्गुणब्रह्मणः ।। 1160/2422

(और याद रहे)

ब्रह्म साधना निराकार की, क्लिष्ट बड़ी है निराधार की ।
गति निर्गुण की कही कष्ट की, अर्जित करने नहीं इष्ट सी ।। 1546/5205

दोहा॰ निराकार की साधना, कही बहुत है क्लिष्ट ।
गति है निर्गुण ब्रह्म की, नहीं वरण को इष्ट ।। 1408/7068

◎ **Remember! :** *Worship of the formless and attribuleless Brahma is not easy.* **1713/4839**

।। 12.6 ।। **ये तु सर्वाणि कर्माणि मयि संन्यस्य मत्पराः ।**
अनन्येनैव योगेन मां ध्यायन्त उपासते ।।

भक्ताः सर्वाणि कर्माणि परित्यज्य तु ये मयि ।
एकचित्तेन मामेव ध्यायन्ति मत्परायणाः ।। 1161/2422

79. The Bhakti Yoga (Gītā Chapter 12)

मुझमें जिसके सभी कर्म हैं, मेरी सेवा जिसे धर्म है ।
एक-भाव से चिंतन मेरे, करे नित्य जो साँझ सवेरे ।। 1547/5205

दोहा॰ **कर्म मुझी में छोड़ कर, मत्पर जो हैं भक्त ।**
एक चित्त के ध्यान से, भजते मुझको फक्त ।। 1409/7068

◎ **However :** *However, the devotees who do their karmas (duties) in my name and worship me with undivided attention;* **1714/4839**

।। 12.7 ।। **तेषामहं समुद्धर्ता मृत्युसंसारसागरात् ।**
भवामि नचिरात्पार्थ मय्यावेशितचेतसाम् ।।

(योगसिद्धेः चत्वारः मार्गाः)

इत्थं निरन्तरं धृत्वा हृदये चिन्तनं मम ।
तरन्ति कृपया मे ते मृत्युसंसारसागरम् ।। 1162/2422

(योग सिद्धि के चार मार्ग)

इस भाँति जो नित्य निरंतर, सुमिरण मेरा करे चिरंतन ।
मेरी किरपा का वो प्रेमी, भवसागर वो तरे सुधर्मी ।। 1548/5205

दोहा॰ **मन जिनका मुझमें सदा, मुख में मेरा नाम ।**
भवसागर को पार कर, पाते मेरा धाम ।। 1410/7068

◎ **And :** *In this manner, holding me in their hearts, the devotees cross over the worldly ocean.* **1715/4839**

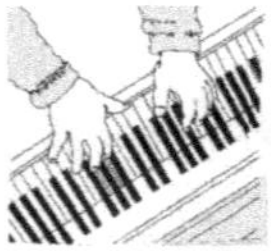

<u>संगीतश्रीकृष्णरामायण गीतमाला, पुष्प 352 of 763</u>

भजन : कहरवा ताल 8 मात्रा

(चाल और तबला ठेका के लिये देखिये हमारी "*नयी संगीत रोशनी*" का गीत 96)

(शिव ओम् हरि ओम्)

स्थायी

शिव ओम् हरि ओम् शिव बोलो सदा, शिव ओम् हरि ओम् गाओ सदा ।

♫ सा<u>ग</u> म- मम म- मम प-<u>ग</u>- मप- -, सांसां <u>नि</u>प <u>नि</u>नि पम <u>ग</u>-म पम- - ।

अंतरा–1

नमो नमो नमो नमो गजानना, जग जन तारो महेश्वरा ।

नमो नमो नमो नमो नारायणा, शिव॰ ।।

♫ मम पसां सांसां सांसां <u>नि</u>सां<u>ग</u>ं<u>नि</u>सां-<u>नि</u>प, मम पसां सांसांसांसां <u>नि</u>सां<u>ग</u>ं<u>नि</u>सां-<u>नि</u>प ।
सांसां <u>नि</u>प <u>नि</u>नि पम <u>ग</u>-मपम-, सा<u>ग</u> ।।

अंतरा–2

शिव शिव शंकर दिगंबरा, हमको वर दो सदाशिवा ।
शिव शिव मंगल निरंजना ।।

अंतरा–3

जय जय जय जय जटाधरा, तुम जग सुंदर सुदर्शना ।
जय जय जय जय जनार्दना ।।

◎ **Shiva Om : *Sthāyī* :** *Always recite Hari Om Hari Om Hari Om! recite Hari Om Hari Om Hari Om Nārāyaṇ!* ***Antarā* : 1.** *Recite Namo Namo Namo Namo Gajānan (Gaṇesha)! recite Namo Namo Namo Namo Nārāyaṇ! Please protect my world, O Maheshvar!* **2.** *Recite Shiva Shiva Shankar Digambar (Shiva)! recite Shiva Shiva Shiva Shiva Nirañjan (Shiva)! Please give me a boon, O Sadāshiva (Shiva)!* **3.** *Recite Jai Jai Jai Jai Jaṭādhar (Shiva)! Recite Jai Jai Jai Jai Janārdan (Remover of the evil people)! You are the most beautiful in the world, O Sudarshan (whose glimpse is auspicious)!* **1716/4839**

।। 12.8 ।। **मय्येव मन आधत्स्व मयि बुद्धिं निवेशय ।**
निवसिष्यसि मय्येव अत ऊर्ध्वं न संशयः ।।

मय्यादाय मनो पार्थ बुद्धिं च मयि त्वं सदा ।
अधिगच्छसि मद्भावं कुरुनन्दन निश्चितम् ।। 1163/2422

मुझको अपने मन में भर ले, बुद्धि को तू मत्पर कर ले ।
आश्रय मेरा एक अगर ले, मुझे मिलेगा ध्यान में धर ले ।। 1549/5205

दोहा॰ **मन में मेरा नाम हो, बुद्धि मुझीमें लीन ।**
प्राप्त करोगे तुम मुझे, अर्जुन! शंका हीन ।। 1411/7068

◎ **And :** *O Arjun! fixing your mind on me and thinking of me all the time, you will attain me, most certainly.* **1717/4839**

<u>संगीतश्रीकृष्णरामायण गीतमाला, पुष्प 353 of 763</u>

भजन : राग रत्नाकर, कहरवा ताल 8 मात्रा

(हरि कृपा)

स्थायी

कृष्ण–कृपा चाही जिसने, जीवन हरि के सहारे है ।
नैया उसकी भवसागर में, लगती पार किनारे है ।।
♫ रे–सा रेरे– ग–रे– गगम–, प–पप धध नि धप–ध– नि– ।
सां–नि– धपध– निनिध–पप म–, गगम– ध–प मग–मग रे– ।।

अंतरा–1

छोड़े जिसने क्रोध खेद सब, सुख–दुख एक बनाये हैं ।
भोग लोभ रज सब कुछ त्यागे, आता हरि के दुआरे है ।।
♫ म–म– पपप– ध–प म–म मम, गग मम प–प सांनिध– प– ।
सां–नि ध–प धध निनि धप ध–म–, ग–म– धध प मग–मग रे– ।।

अंतरा–2

जोड़ ले मन में भाव भक्ति का, हरि नयनन के तारे हैं ।
पाप ताप सब उसके भागे, श्रीधर कष्ट उबारे हैं ।।

अंतरा–3

हाथ हरि के जिसकी डोरी, हरि उसके रखवारे हैं ।
ऋद्धि सिद्धि नित चमर डुलावे, उस पर साँझ सकारे हैं ।।

◎ **Hari's mercy : *Sthāyī* :** *He who desires mercy from Shrī Krishṇa and whose life depends on him, his boat safely touches the shore of the worldly ocean with Shrī Krishṇa's help.* ***Antarā* : 1.** *He who has removed his anger, anguish, passions and greed, he reaches at the door step of Hari.* **2.** *He who has fixed his faith on Hari and Hari is his apple of the eyes, his worries and difficulties melt away. Hari rescues him from his problems.* **3.** *He who has given the leash of his life in the hands of Shrī Krishṇa, Hari is his protector. Success and progress are at his service day and night.* **1718/4839**

79-A. The Abhyāsa Yoga *(Gītā Chapter 12)*

(अभ्यासयोगनिरूपणम्)

।। 12.9 ।। **अथ चित्तं समाधातुं न शक्नोषि मयि स्थिरम् ।**
अभ्यासयोगेन ततो मामिच्छाप्तुं धनञ्जय ।।

एवं चित्तं समाधातुं स्थिरं त्वं चेन्न न शक्ष्यसि ।
योगाभ्यासेन मां प्राप्तुं कुरु यत्नं धनञ्जय ।। 1164/2422

मुझमें यदि तू चित्त शाँति से, धर नहीं सकता इसी भाँति से ।
योग साधना प्रयास करले, मुझको मिलने की आस धरले ।। 1550/5205

दोहा॰ चित्त अगर ना कर सको, मुझमें स्थिर तुम शाँत ।
किये योग अभ्यास का, मिलो मुझे बिन भ्रांत ।। 1412/7068

◎ **And :** *O Arjun! if you are unable to focus your mind this way, then make efforts to attain the Abhyāsa yoga (yoga of practice) to attain me.* **1719/4839**

।। 12.10 ।। **अभ्यासेऽप्यसमर्थोऽसि मत्कर्मपरमो भव ।**
मदर्थमपि कर्माणि कुर्वन्सिद्धिमवाप्स्यसि ।।

अक्षमः साधनायै चेत्–मदर्थं कुरु कर्म त्वम् ।
कार्यं मयि परित्यज्य सिद्धिमापय पाण्डव ।। 1165/2422

अगर साधना में न मन जगे, मेरे कारण कर्म में लगे ।
कार्य मुझी पर अपने छोड़े, मिले सफलता, श्रद्धा जोड़े ।। 1551/5205

दोहा॰ अगर साधना के लिये, अक्षम हो तुम, पार्थ! ।
छोड़ कर्म मुझ पर सभी, करो सफल परमार्थ ।। 1413/7068

◎ **And :** *If you are unable to do such practice also, O Arjun! then do all your karmas (duties) in my name and attain success.* **1720/4839**

♫ **संगीतश्रीकृष्णरामायण छन्दमाला, मोती 232 of 501**

रथोद्धता छन्द[261]

---

[261] ♫ **रथोद्धता छन्द :** इस छन्द के चरणों में ग्यारह वर्ण, 16 मात्रा होती हैं । इसमें र न र गण और अन्त में लघु–गुरु वर्ण आते हैं । इसके पद के अन्त में विराम होता है । इसका लक्षण सूत्र ऽ। ऽ, ।।।, ऽ। ऽ, । ऽ इस प्रकार होता है ।

▶ लक्षण गीत : **दोहा॰ सोलह कल से जो सजा, आदि र न र, ल ग अंत ।**
ग्यारह अक्षर की कला, "रथोद्धता" है छंद ।। 1414/7068

79-A. The Abhyāsa Yoga (Gītā Chapter 12)

ऽ। ऽ, ।। ।, ऽ। ऽ, । ऽ
(कृष्ण के नाम)
लाभ–हानि सब द्वंद्व जानिये ।
मोद दु:ख न चिरायु मानिये ।।
एक काम चिर काल कीजिये ।
नाम कृष्ण हर वक्त लीजिये ।।

◎ **In the name of Shrī Krishṇa :** *Profit and loss is a duality, happiness and sorrow do not last for ever. But, you can do one thing for ever is to chant Shrī Krishṇa's name.* **1710/4839**

।। 12.11 ।। **अथैतदप्यशक्तोऽसि कर्तुं मद्योगमाश्रित: ।**
सर्वकर्मफलत्यागं तत: कुरु यतात्मवान् ।।

(फलेच्छात्याग: सर्वश्रेष्ठ:)

एतदप्यसमर्थोसि मद्योगमाश्रितो भव ।
लिप्सां फलेषु त्यक्त्वा त्वं भुङ्क्ष्वदर्जुन तत्फलम् ।। 1166/2422

(फल की वासना का त्याग सबसे भला)
गर इतना भी न कर सको तुम, मम आश्रय में योग करो तुम ।
तज कर फल की इच्छा मन से, कर्म फलों को भोगो तन से ।। 1552/5205

दोहा॰ अगर न यह तुम कर सको, करो भक्ति का योग ।
फल की आशा छोड़ कर, फल का लो उपभोग ।। 1415/7068

◎ **And :** *O Arjun! if you are unable to do the Abhyāsa yoga (practice), then take me for shelter and do your duties without a desire for their fruit (Karma yoga). Then, if you earn Nishkām success, enjoy that fruit.* **1722/4839**

।। 12.12 ।। **श्रेयो हि ज्ञानमभ्यासाज्ज्ञानाद्ध्यानं विशिष्यते ।**
ध्यानात्कर्मफलत्यागस्त्यागाच्छान्तिरनन्तरम् ।।

अभ्यासाद्धि वरं ज्ञानं ध्यानं ज्ञानाद्वरं सदा ।
ध्यानात्कमफलेच्छाया:–त्यागो दत्ते चिरं सुखम् ।। 1167/2422

अभ्यासों से बड़ा ज्ञान है, ज्ञान सेती परम ध्यान है ।
त्याग फलेच्छा का प्रधान है, शाँति त्याग से चिर प्रदान है ।। 1553/5205

दोहा॰ ज्ञान श्रेष्ठ अभ्यास से, श्रेष्ठ ज्ञान से ध्यान ।
फल–आशा तज कर मिले, शाँति, विना–व्यवधान ।। 1416/7068

◎ **And :** *Knowledge is better than practice, contemplation is better than knowledge. Selfless duty is better than contemplation. The selflessness gives lasting peace.* **1723/4839**

संगीतश्रीकृष्णरामायण गीतमाला, पुष्प 354 of 763

भजन : राग रत्नाकर, कहरवा ताल 8 मात्रा

(निष्कामना)[262]

स्थायी

फल की आशा तज कर करना, कर्म वही निष्काम सही ।
♫ मम म म–म– पप पप पपप–, नि–ध पध– नि–ध–प मग– ।

अंतरा–1

मीन धरन बक ध्यान जतावे, स्वाँग वो जाना योग नहीं ।
♫ ग–ग गगग गग रे–रे रेरे–रे–, ग–ग ग म–म– ध–प मग– ।

अंतरा–2

लहू चूसन धुन गीत सुनावे, मच्छर भिन् भिन् राग नहीं ।

अंतरा–3

प्यास बुझावन आस लगावे, पपीहे का तप त्याग नहीं ।

अंतरा–4

मीत लभन को ज्योत जगावे, जुगनूँ चमक सच आग नहीं ।

अंतरा–5

दूध दुहन को दाना देवे, ग्वाले का वो दान नहीं ।

◎ **Nishkāmanā : *Sthāyī :*** *Doing your duty without desire for its fruit is Nishkāmanā. It is righteousness.* ***Antarā : 1.*** *The stork stands still like a yogī, to catch a fish, such selfish act is not a yoga.* ***2.*** *The mosquito plays a music tune, but only to suck the blood from its victim. Such tune of music is not a Rāga.* ***3.*** *The Papīhā bird sits for days with*

---

[262] शिव प्रसाद जी के एक गीत से संकल्पित ।

his mouth open, but only to catch the rain drops. Such motivated patience is not an austerity. The glow-worm shines his glow, only to attract a female glow-worm, such display of light is not a real fire. The cowherd feeds grains to his cows, only to squeeze more milk. Such self serving offering is not a charity. **1724/4839**

।। 12.13 ।। **अद्वेष्टा सर्वभूतानां मैत्रः करुण एव च ।**
निर्ममो निरहङ्कारः समदुःखसुखः क्षमी ।।

प्रीतिदयाक्षमायुक्तः समो दुःखसुखेषु यः ।
स्नेही च सर्वभूतानां दम्भी मानी न यो नरः ।। 1168/2422

दया क्षमा अरु प्यार से भरा, सुख-दुख दोनों एक है करा ।
सब भूतों का जो स्नेही है, अहंकार का दर्प नहीं है ।। 1554/5205

दोहा॰ तटस्थ सुख-दुख में सदा, दया क्षमा से युक्त ।
सब भूतों से स्नेह हो, अहंकार से मुक्त ।। 1417/7068

◎ **And :** *He who is equipped with love, kindness and forgiveness. He who is indifferent to pleasure and pains. He who is friendly to all beings. He who is not deceitful and proud;* **1725/4839**

।। 12.14 ।। **सन्तुष्टः सततं योगी यतात्मा दृढनिश्चयः ।**
मय्यर्पितमनोबुद्धिर्यो मद्भक्तः स मे प्रियः ।।

(श्रीभगवतः प्रीयः कः)

तटस्थः संयमी तुष्टो निरन्तरदृढव्रती ।
मत्परश्च मनोबुद्ध्या मद्भक्तो यः स मे प्रियः ।। 1169/2422

(श्रीभगवान् का प्रिय कौन है?)

आत्मसंयमी तुष्ट निरंतर, मन बुद्धि से अविरत मत्पर ।
दृढ़ व्रत में जो नर है न्यारा, भक्त मुझे लगता है प्यारा ।। 1555/5205

दोहा॰ आत्म संयमी, तृप्त जो, दृढ़ व्रत का हो धीर ।
मुझे परायण नित्य जो, प्रिय वह मुझको वीर ।। 1418/7068

तटस्थ मन जो भक्त है, जिसको मुझसे प्रीत ।
मन बुद्धि मुझमें सदा, मेरा है वह मीत ।। 1419/7068

◎ **And :** *He who is impartial, self-controlled and unwavering, he who is devoted to me, that devotee is dear to me.* **1726/4839**

।। 12.15 ।। **यस्मान्नोद्विजते लोको लोकान्नोद्विजते च यः ।**
हर्षामर्षभयोद्वेगैर्मुक्तो यः स च मे प्रियः ।।

यस्मान्नोद्विजते कोऽपि किञ्चिन्नोद्विजते च यम् ।
मोदः क्रोधश्च लोभश्च येन त्यक्ताः स मे प्रियः ।। 1170/2422

कोई न जिससे आकुल होता, न जो किसी से व्याकुल होता ।
हर्ष क्रोध भय विषाद हारा, भक्त मुझे लगता है प्यारा ।। 1556/5205

दोहा॰ त्रास न जिसको जगत से, जिससे त्रस्त न कोय ।
दुःख दोष से जो परे, प्रिय वह मेरा होय ।। 1420/7068

◎ **And :** *From whom no one gets agitated and who does not get agitated from others. He who has relinquished anger, passions and greed. He is dear to me.* **1727/4839**

।। 12.16 ।। **अनपेक्षः शुचिर्दक्ष उदासीनो गतव्यथः ।**
सर्वारम्भपरित्यागी यो मद्भक्तः स मे प्रियः ।।

निःस्पृहो निर्ममो युक्तो निर्विषादो निरामयः ।
विहीनः कर्तृभावस्य भक्तः सोऽतीव मे प्रियः ।। 1171/2422

जो निःस्पृह है, मन निर्मल है, उदासीन जो जन निर्बल है ।
कर्तापन का त्यागी न्यारा, भक्त मुझे लगता है प्यारा ।। 1557/5205

दोहा॰ तनिक न जिसको आस है, जो न दुखों में रोय ।
निष्ठ उदासी वो सदा, प्रियतम मेरा होय ।। 1412/7068

◎ **And :** *He who is non covetous, unattached, clean and free from anguish. He who does not take credit for his deeds. That devotee of mine is very dear to me.* **1728/4839**

संगीतश्रीकृष्णरामायण गीतमाला, पुष्प 355 of 763

भजन : राग खमाज, कहरवा ताल 8 मात्रा

(भक्ति-भाव)

स्थायी

भक्ति-भाव की जीवन कुंजी, भगत जन जिन पाई है ।

♫ मपनि सां-सां सां- रें-सांनि ध-प-, गमम पप धसां नि-ध प- ।

अंतरा-1

हरि दरशन की पावन पूँजी, उन भगतन ने कमाई है ।

♫ गम पपपप प- सांनिध प-प-, गग ममपप प पधसांनिध प- - - ।

अंतरा-2

दुख देता वो नहीं किसी को, उद्विग्न किसी से नाही है ।

अंतरा-3

भगत प्रभु का वही है प्यारा, हरि किरपा तिन पाई है ।

◎ **Faith :** ***Sthāyī :*** *He who has acquired the key to faith and devotion in his life.* ***Antarā : 1.*** *That devotee has earned the holy wealth of Hari's grace.* ***2.*** *He who does not hurt others and he who is not turned off from anyone.* ***3.*** *He is dear to Shrī Krishṇa and he has earned mercy of the Lord.* **1729/4839**

79. The Bhakti Yoga continued *(Gītā Chapter 12)*

(भक्तियोगनिरूपणम्)

।। 12.17 ।।

यो न हृष्यति न द्वेष्टि न शोचति न काङ्क्षति ।
शुभाशुभपरित्यागी भक्तिमान्यः स मे प्रियः ।।

निर्मलो निरहङ्कारः शोकदोषविवर्जितः ।
शुभाशुभे समे यस्य भक्तिनिष्ठः स मे प्रियः ।। 1172/2422

न हर्ष जिसमें, न द्वेष जिसमें, न वासना है, न क्लेश जिसमें ।
शुभ-अशुभों में मन है मारा, भक्त मुझे लगता है प्यारा ।। 1558/5205

दोहा॰ सुख पाने न उतावला, दुख में जो ना रोय ।
सुख-दुख में सम भक्त जो, प्रिय वो मेरा होय ।। 1422/7068

◎ **And :** *He who is pure. He who does not have ego. He who is free from anguish and sorrow. He who is indifferent to good and bad. He who is faithful. He is dear to me.* **1730/4839**

संगीतश्रीकृष्णरामायण गीतमाला, पुष्प 356 of 763

भजन : राग रत्नाकर, कहरवा ताल 8 मात्रा

(प्रभु प्रेम)

स्थायी

प्रभु से प्रेम पाने का, तरीका ये सुहाना है ।
हरि से प्रीत का सलीका, विनय से सिर झुकाना है ।।

♫ रेगम रे- गमरे ग-म- प-, धप-म- ग- पमगमग रे- ।
धप- म- सां-नि ध- पपध-, पमम ग- प- मगमग- रे- ।।

अंतरा-1

दुखे ना जिससे नर कोई, सुखी हो जिससे हर कोई ।
सभी को यार करना ही, हरि से प्यार करना है ।।

♫ रेधप म- गगरे गग म-प-, धप- म- गमरे मग प-म- ।
रेगम रे- ग-म रेगम- प-, धप- म- ग-प मगमग रे- ।।

अंतरा-2

अगर चंगा कहे कोई, बहुत निंदा करे कोई ।
सदा उपकार करना ही, हरि से प्यार करना है ।।

अंतरा-3

न जिसमें बैर है कोई, न जिसको गैर है कोई ।
सदा सुविचार करना ही, हरि से प्यार करना है ।।

◎ **Love :** ***Sthāyī :*** *The way to love the Lord is beautiful. To earn Hari's love you have to bow your head with humility.* ***Antarā : 1.*** *From whom no one gets hurt and from whom everyone is happy. Making friendship with everyone is to love Hari.* ***2.*** *If someone calls you good or even if he calls you bad, helping him in his difficulty is like loving Hari.* ***3.*** *He who does not have enmity with anyone and he who has no one stranger. Always thinking righteously is like loving Hari.* **1731/4839**

।। 12.18 ।।

समः शत्रौ च मित्रे च तथा मानापमानयोः ।
शीतोष्णसुखदुःखेषु समः सङ्गविवर्जितः ।।

यस्य शत्रुर्न कोऽप्यस्ति सर्वेऽपि मित्रवज्जनाः ।
जीवनसुखदुःखेषु शीतोष्णेषु न बाधितः ।। 1173/2422

न कोई शत्रु, सब समान हों, भले मान हो या अमान हो ।

शीत उष्ण सुख-दुख सम सारा, भक्त मुझे लगता है प्यारा ।। 1559/5205

✍दोहा॰ कहो मित्र या शत्रु भी, या करलो अपमान ।
रंज जिसे कोई नहीं, सुख-दुख सभी समान ।। 1423/7068

◎ **And :** *He who does not consider anyone his enemy or friend, all are his brothers. He who is indifferent to the ups and downs of the life;* **1732/4839**

ॐ **यस्य नास्ति रिपुः कोऽपि सर्वैः सह च मित्रवत् ।**
नारिं तमपि जानाति यस्तं जानाति शत्रुवत् ।। 1174/2422

जो ना माने शत्रु किसी को, जाने अपने बंधु सभी को ।
जो नर उसको वैरी जाने, उसको भी वो अपना माने ।। 1560/5205

✍दोहा॰ शत्रु किसी का जो नहीं, ना ही बैरी कोय ।
जो उसको बैरी कहे, वो भी उसका होय ।। 1424/7068

जिसे किसी से ना घृणा, सबसे जिसको प्रीत ।
जो उसको शत्रु कहे, उसका भी वह मीत ।। 1425/7068

जिसे न कोई शत्रु है, ना ही कोई मीत ।
सभी भूत सम हैं जिसे, उससे मुझको प्रीत ।। 1426/7068

◎ **And :** *The one who considers him as a friend and the one who thinks him of an enemy, he considers both of them his friends.* **1733/4839**

♫ संगीतश्रीकृष्णरामायण छन्दमाला, मोती 233 of 501

उपेन्द्रवज्रा छन्द[263]

। ऽ।, ऽ ऽ।, । ऽ।, ऽ ऽ

(सर्वभूत समानता)

सगा पराया जिसका न कोई ।
घृणा न ईर्ष्या जिसको किसी से ।। 1
रहे बना जो जग से नियारा ।
लगे सदा वो मुझको पियारा ।। 2

◎ **Infifference :** *He who has no one favoured or strange, he who does not abhore anyone, he who stays indifferent in the world, he is dear to me.* **1734/4839**

ॐ **तत्स करोति सर्वेभ्यो यद्रोचते तमात्मने ।**
एवं शत्रौ च मित्रे यः सद्भक्तः स च मे प्रियः ।। 1175/2422

काम जो उसको लगे दुखारे, जगत जनन में उन्हें ना करे ।
काम जो उसको लगे पियारे, काम करे वो जग में सारे ।। 1561/5205

✍दोहा॰ काम दुखारे जो सभी, रहता उनसे दूर ।
काम पियारे जो सदा, करने को आतूर ।। 1428/7068

◎ **And :** *He who does only that to other people which pleases him when others do it to him. He who has such equanimity, he is dear to me.* **1735/4839**

संगीतश्रीकृष्णरामायण गीतमाला, पुष्प 357 of 763

(भूत दया)

स्थायी

सबसे मेरा रहे प्रेम नाता, दृष्टि, ऐसी मुझे देना दाता ।
♫ सा-रे ग-म- पम- ग-रे ग-म-, धध, प-म- गम- प-म ग-रे- ।

अंतरा-1

चाहे जाने वो हमको पराया, द्वेष उसके हो मन में समाया ।
जानूँ उसको भी मैं बंधु भ्राता, बुद्धि, ऐसी मुझे देना दाता ।।
♫ प-ध नि-नि- नि सां-नि- धप-ध-, प-ध नि-नि- नि सां- नि- धप-ध- ।
रेग- म-म- म प- म-ग रे-ग-, गम, प-म- गम- प-म ग-रे- ।।

अंतरा-2

कोई कमजोर हो दीन दुखिया, जिसकी सुनसान बीरान दुनिया ।

---

[263] ♫ **उपेन्द्रवज्रा छन्द :** इस छन्द के चरणों में ग्यारह वर्ण, 17 मात्रा होती हैं । इसमें ज त ज गण और दो गुरु वर्ण आते हैं । इसका लक्षण सूत्र । ऽ।, ऽ ऽ।, । ऽ।, ऽ ऽ इस प्रकार होता है । **इन्द्रवज्रा** छन्द का पहला वर्ण लघु करके यह छन्द सिद्ध होता है ।

▶ लक्षण गीत : ✍ **दोहा॰ मात्रा सत्रह का बना, आदि ज त ज, ग ग अंत ।**
अक्षर ग्यारह से सजा, "उपेन्द्रवज्रा" छंद ।। 1427/7068

79. The Bhakti Yoga continued (Gītā Chapter 12)

उसके कँधे से कँधा लगाना, शक्ति, इतनी मुझे देना दाता ।।

अंतरा–3

हर प्राणी से हो मेरी माया, हर भाई बने मेरा भाया ।
हर माता लगे मेरी माता, प्रीति, ऐसी मुझे देना दाता ।।

अंतरा–4

तेरी किरपा की हो मुझ पे छाया, तेरी सेवा में हो मेरी काया ।
मैं रहूँ तेरे गुन गुनगुनाता, भक्ति, ऐसी मुझे देना दाता ।।

◎ **Kindness : *Sthāyī*** *: O Lord! please give us such vision that, we may have friendship with everyone.* ***Antarā*** *:* ***1.*** *May he think us to be strangers, may he have hate for us, may we think him to be our friend or brother. O Lord! please give us such thinking.* ***2.*** *May someone be weak, sad or helpless. May someone's world be empty. May we walk with him shoulder to shoulder. O Lord! please give us such strength of mind.* ***3.*** *May I have love for all beings. May all brothers be my brothers. May all mothers be my mothers. O Lord! please give me such loving heart.* ***4.*** *O Lord! may I have your mercy. May my body fall in your service. May I keep chanting your virtues. O Lord! please give me such faith.* **1736/4839**

संगीतश्रीकृष्णरामायण गीतमाला, पुष्प 358 of 763

भजन

(वेद वाणी)

स्थायी

जो काम सबका तुम्हें पियारा, जहाँ को वापस वो प्यार दो ।
♫ रे ध–प ममप– गप– धप–म–, रेग– म प–म– प म–ग रे– ।

अंतरा–1

विचार वाणी में हो अहिंसा, प्रयोग में हो कभी न हिंसा ।
जो दोष उनका तुम्हें चुभाता, वही न तुझमें दीदार हो ।।
♫ रेग–म प–म– प ध– निध–प–, धनि–सां नि– ध– पध– नि ध–प– ।
म प–ध पमग– मप– धपमग–, गम– प मगरे– पम–ग रे– ।।

अंतरा–2

न हो जियारा कभी उदासा, रहो प्रभु के चरण में दासा ।
जो कर्म उनका तुम्हें गिराता, जगत में प्यारे! वो ना करो ।।

अंतरा–3

सदाचार की सदा हो भासा, भगत जनन को तुम्ही से आसा ।
जो बोल उनका तुम्हें दुखारा, किसी को प्यारे! वो ना कहो ।।

अंतरा–4

अधर्म का जो करे विनासा, वो कार्य तेरा बने विलासा ।
जो धर्म शाँति दया सिखाता, वो राह सत् की स्वीकार हो ।।

अंतरा–5

धरती अंबर तेरा निबासा, दिशाएँ चारों तेरा लिबासा ।
जो जाप मुख में तुम्हें सुहाता, वो नाम हरि का सदा जपो ।।

◎ **The Words of Veda : *Sthāyī*** *: The deeds of others that please you, do such deeds in the world in return.* ***Antarā*** *:* ***1.*** *May there be non-violence in your thoughts and words. May you never use violence. The faults of other people that bother you, may those never exist in you.* ***2.*** *May you be never sad. May you always remain at the feet of the Lord. The deeds of the people that let you down, may you never do them yourself.* ***3.*** *May your words always be righteous. May the righteous people have hope in you. The words of other people that hurt you, may you not speak them to anyone ever.* ***4.*** *The deeds that remove unrighteousness, may that be your pastime. The path that shows peace and righteousness, may that right path always be yours.* ***5.*** *May your abode be the sky and earth. May all directions be your garments. May the name of Hari that pleases your heart, be your chant.* **1737/4839**

।। 12.19 ।।

तुल्यनिन्दास्तुतिर्मौनी सन्तुष्टो येन केनचित् ।
अनिकेतः स्थिरमतिर्भक्तिमान्मे प्रियो नरः ।।

ॐ श्रुत्वाऽपि यो स्तुतिं निन्दां समो मानापमानयोः ।
आत्मयुक्तो घृणामुक्तः स्थिरमतिः स मे प्रियः ।। **1176**/2422

निंदा हो या हो सराहना, हरदम जिसमें प्रेम भावना ।
ममत्व छोड़ा, मन को वारा, भक्त मुझे लगता है प्यारा ।। 1562/5205

✍दोहा० निंदा हो अथवा स्तुति, जो संतुष्ट त्रिकाल ।
निराधार उस भक्त का, अर्जुन! मैं किरपाल ।। **1429**/7068

◎ **And :** *Having heard praises or criticism, he who is indifferent to both, that self possessed devotee of stable mind is dear to me.* **1738/4839**

॥ 12.20 ॥ **ये तु धर्म्यामृतमिदं यथोक्तं पर्युपासते ।**
श्रद्दधाना मत्परमा भक्तास्तेऽतीव मे प्रियाः ॥

धर्म्यामृतमिदं पार्थ भक्तो यः पर्युपासते ।
श्रद्धालुर्मत्परो भक्तो निरासक्तः स मे प्रियः ॥ 1177/2422

अमृत वाणी यह सुधर्म की, जिसको लगती है सुकर्म की ।
श्रद्धालु वह मत्पर न्यारा, भक्त मुझे लगता है प्यारा ॥ 1563/5205

दोहा॰ अमृत मय इस धर्म की, जिसके मन में आस ।
श्रद्धा वाला भक्त वो, प्रिय होता मम खास ॥ 1430/7068

◎ **And :** *O Arjun! he who follows these words of righteousness, that faithful and unattached devotee is dear to me.* **1739/4839**

♫ संगीतश्रीकृष्णरामायण छन्दमाला, मोती 234 of 501

छप्पय छन्द[264]

---

[264] ♫ **छप्पय छन्द :** 6 चरणों का छप्पय होता है । इसमे पहले चार चरण रोला (11,13) छन्द के होते हैं (96 मात्रा) और फिर दो चरण उल्लला (10 + । + 2) छन्द के (52 मात्रा) । इसमें कुल मिला कर (13x4 + 26x2) 148 मात्राएँ होती हैं ।

▶ लक्षण गीत : **दोहा॰ चौपद रोला प्रथम हो, दो उल्लाला अंत ।**
रोला उल्लाला मिले, छः पद "छप्पय" छंद ॥ 1431/7068

♫ **रोला छन्द :** रोला 11, 13 मात्रा के चार चरणों का होता है । इसमें 4, 4, 3 अथवा 3, 3, 2, 3 की 11 मात्राएँ और 3, 2, 4, 4 अथवा 3, 2, 3, 3, 2 की 13 मात्राएँ होती हैं ।

▶ लक्षण गीत : **दोहा॰ ग्यारह मात्रा आदि में, तेरह मात्रा अंत ।**
चार चरण जब यों रचे, बनता "रोला" छंद ॥ 1432/7068

♫ **उल्लाला छन्द :** याद रहे, जैसा कि पहले कहा गया है : उल्लाला छन्द की 11वी मात्रा लघु होती है । इसमें 26 (अथवा 28) मात्रा के दो चरण होते हैं ।

♫ रोला + ♫ उल्लाला
(भक्तियोग)

योग कहत श्रीकृष्ण, भक्ति से उबारे भगत ।
इस मारग से सत्य, मोचन प्राप्त करत जगत ॥
प्रभो! इसी से नित्य, विनय से शीश होत नत ।
सकल परम प्रिय भगत, तुमरे चरणन पर प्रणत ॥
अर्पण हो प्रभु को हिया, अटूट आस्था से किया ।
प्रेम, विना-आसक्ति का, कहा है योग भक्ति का ॥

◎ **Yoga of faith :** *Lord Shrī Krishna says, faith uplifts the devotee. With this path of devotion and truth, the world is liberated from downfall. O Lord! with your righteous words, our head bows with humility. O Lord! your dear devotees are at your feet, with their heart, soul and firm belief in you. Such yoga of love, devotion, non-attachment and dedication is Bhakti yoga (yoga of faith).* **1740/4839**

संगीतश्रीकृष्णरामायण गीतमाला, पुष्प 359 of 763

भजन : राग रत्नाकर
(हरि भगत)

स्थायी

हर दम जो नाम जपता, प्यारा वो है हरि का ।
निष्काम काम करता, उसका हरि पियारा, पियारा ॥
♫ सा- रे- ग प-म गगरे-, प-म- ग म- धप- म- ।
नि-ध-प ध-प ममग-, रे-ग- मप- मग-रे, गरे-सा- ॥

अंतरा-1

मन में विरक्ति जागी, सब वासनाएँ त्यागी,
जिसको न दुख है जग से, न किसी को दुख है उससे ।
ऐसा भगत निराला, प्यारा हरि को सबसे,
निश-दिन जो याद रखता, उसका हरि किनारा, किनारा ॥
♫ म- प- धनि-ध प-ध-, मम प-धनि-ध प-ध-,

ग–म– प ध– प मम ग–, रे गम– प धप म गगम– ।
ध–प– ममम गम–प–, ध–प– मग– रे गगम–,
निनि धध प ध–प ममग–, रे–ग– मप– मग–रे, गरे–सा ।।

अंतरा–2

हरि ओम्–ओम् माला, दर्शनकी दिल में ज्वाला,
जिसने वहम भगाया, विश्वास है जगाया ।
ऐसा भला पुजारी, पावन खरा है सबसे,
जिसको भजन सुखाता, उसका हरि जियारा, जियारा ।।

अंतरा–3

सुंदर स्वभाव जिसका, निर्मल हृदय है गहरा,
जिसको न क्रोध कोई, ईर्ष्या है जिसने खोई ।
ऐसा मनुष महाना, मंगल वही है सबसे,
दूसरों का दुख दुखाता, उसका सही विचारा, विचारा ।।

अंतरा–4

तन मन से तम हटाया, दूसरों से गम बँटाया,
सद्भाव है तरीका, आधार है हरि का ।
ऐसा भगत सयाना, न्यारा जगत में सबसे,
दुनिया का जो दुलारा, उसका हरि सहारा, सहारा ।।

◎ **Devotee : *Sthāyī* :** *He who chants Hari's name all the time, he is unique in the world. He who is loved in the world, for him Hari is the helper.* ***Antarā* : 1.** *He who is unattached, he who is not covetous, he who is not perturbed by the world, he who does not agitate anyone, such an uncommon devotee is most dear to Hari. He who remembers Hari day and night, Hari is his help.* ***2.*** *He who chants Hari Om Om! He who is eager to see Hari. He who is not deluded. He who is faithful. Such a good worshipper, is more sacred than anyone else. He who enjoys Hari's Bhajans, Hari is at his heart.* ***3.*** *He who has good nature. He who has pure heart. He who does not have anger and jealousy. Such a great person is auspicious. He whom others' pain hurts. He has right thinking.* ***4.*** *He who has removed delusion from his mind. He who shares other's sorrow. He who is righteous, he has help from Hari. Such a wise devotee is unique in the world. He who is loved by the world, for him Hari is the support.*
1741/4839

संगीतश्रीकृष्णरामायण गीतमाला, पुष्प 360 of 763

भजन

(प्रिय भगत)

✍छन्द दोहा॰

स्थायी

भगत सदा संतुष्ट वो, जिसका निश्चय ढीठ ।
तन मन से मुझमें लगा, वो है मेरा मीत ।। 1433/7068
♫ रेरेरे रेग– म–प–म प–, धधध– प–मग म–म ।
रेरे गग म– पपध– पध–, प– म– प–मग रे–रे ।।

अंतरा–1

किसी को न जिससे व्यथा, न जो किसी से व्यथित ।
हर्ष दुखों से जो परे, उससे मुझको प्रीत ।। 1434/7068
♫ रेरे– ग– ग ममप– मप–, ध ध– पम– ग मग–ग ।
रे–रे गम– प– ध– पध–, पपम– पपमग रे–रे ।।

अंतरा–2

जिसे न धन की चाह है, और स्पृहा न तनिक ।
शुद्ध उदासी भक्त वो, करता मुझसे प्रीत ।। 1435/7068

अंतरा–3

जो न सुखों का लालची, राग–क्रोध अतीत ।
सम सुख–दुख में भक्त जो, उसकी सच्ची प्रीत ।। 1436/7068

अंतरा–4

शत्रु मित्र कोई कहे, अपमान किया अगणीत ।
रंज नहीं कोई जिसे, न्यारी उसकी रीत ।। 1437/7068

अंतरा–5

जो न किसी का शत्रु है, सबको कहता मीत ।
जो उसको बैरी कहे, उससे भी है प्रीत ।। 1438/7068

अंतरा–6

दुख देते जो काम हैं, उनसे रहे अतीत ।
लाभ–हानि सब एक हों, सदा उसी की जीत ।। 1439/7068

अंतरा–7

हर दम जपता नाम जो, गाता मेरे गीत ।
गान भजन मेरे जिसे, कर्ण मधुर संगीत ।। 1440/7068

अंतरा–8

अमृत मय इस धर्म की, जिसके मन में आस ।
श्रद्धा वाला भक्त वो, मेरा है प्रिय खास ।। 1441/7068

◎ **Dear devotee :** ***Sthāyī :*** *Lord Shrī Krishṇa said, he who is always contented, he who is resolute, he who is devoted to me. He is my friend.* ***Antarā : 1.*** *From whom no one has botheration and he who is not bothered by anyone, he who is indifferent to joy and sadness, I have love for him.* ***2.*** *He who is not greedy, he who is not covetous, he who is unattached and indifferent, that pure devotee loves me.* ***3.*** *He who does not wait for happiness, he who is beyond anger and attachment, , he who is indifferent in pain and pleasures, his is true love.* ***4.*** *Weather people call him a friend or a foe or whether they insult him, he who is not perturbed, his way is unique.* ***5.*** *He who is not enemy to anyone, he calls everyone his friend, even if someone calls him a foe, he calls him a friend.* ***6.*** *He who does not do the deeds that hurt people. He who is indifferent to profit or gain, he is always a winner.* ***7.*** *He who chants my name all the time and sings my songs, his speech is a beautiful music to my ears.* ***8.*** *He who follows this path filled with divine nectar, he who has a desire to follow me, that faithful devotee is dear to me.* **1742/4839**

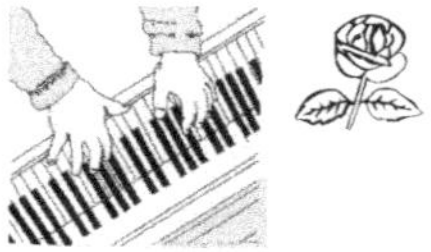

संगीतश्रीकृष्णरामायण गीतमाला, पुष्प 361 of 763

(भक्ति योग का निरूपण)

स्थायी

स्वरदा ने सुंदर गाया है, नारद ने साज बजाया है ।
रतनाकर गीत रचाया है ।।

♫ सानि़सा– गरे सा–नि़नि़ सा–रेम ग–, गममग पम ग–रे सासा–रेम ग– ।
गगरेसासासा रे–ग मगरेसानि़ सा– ।।

अंतरा–1

जो जग को क्लेश न देता है, ना जग से व्याकुल होता है ।
जो राग–क्रोध को छोड़ा है, मन अपना मुझमें जोड़ा है ।
प्रिय भगत मुझे वह भाता है ।।

♫ प– मरे म– प–प म पनिधप प–, प– मग गसा सागमप गरेसानि़ सा– ।
सानि़ सा–ग रे–सा नि़– सा–रेम ग–, सानि़ सासागरे सासानि़– सा–रेम ग– ।
गग रेसासा सारे– गम गरेसानि़ सा– ।।

अंतरा–2

जो निःस्पृह मन से निर्मल है, जो उदासीन नत निर्बल है ।
जो हर्ष द्वेष को छोड़ा है, जो लालच से मुख मोड़ा है ।
प्रिय भगत मुझे वह भाता है ।।

अंतरा–3

जिसका न रहे बैरी कोई, जो नर मिलता, बंधुऽ सोही ।
मत मेरा जिसको भाता है, जो मम चरणन में आता है ।
प्रिय भगत मुझे वह भाता है ।।

◎ **Bhakti yoga :** ***Sthāyī :*** *Ratnākar composed the melody, Sarasvatī sang it beautifully, while Shrī Nārad muni played the Vīṇā.* ***Antarā : 1.*** *He who does not cause troubles in the world, nor gets troubled by the world, he who has relinquished attachment and anger, he who has controlled his mind, he who has fixed his mind in me, that devotee is dear to me.* ***2.*** *He who is not covetous and greedy, he who is pure, indifferent and has humility, he who is equanimous to joy and sadness, that devotee is dear to me.* ***3.*** *He who does not have any enemy and everyone is friend, he who follows my words, he who comes to my feet, that devotee is dear to me.* **1743/4839**

श्रीमद्–भगवद्–गीता अध्याय तेरहवाँ ।

क्षेत्र–क्षेत्रज्ञ–विभाग योग ।

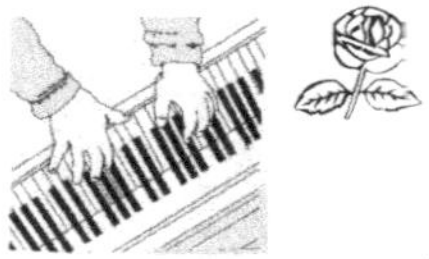

संगीतश्रीकृष्णरामायण गीतमाला, पुष्प 362 of 763

भजन : राग काफी, कहरवा ताल 8 मात्रा
(इस सुंदर भजन की चाल और तबला ठेका के लिये

79. The Bhakti Yoga continued (Gītā Chapter 12)

देखिये हमारी "*नयी संगीत रोशनी*" का गीत 82)
(शिव पार्वती गणेश)

स्थायी

शिव पार्वती गणेश, जय जय, शिव पार्वती गणेश ।
जय जय, शिव पार्वती गणेश ।
ध्याऊँ तुमको पाऊँ तुम को, वन्दन करूँ महेश ।
शिव पार्वती गणेश ।।

अंतरा–1

ज्यों हि तुमरे सुमिरण कीन्हे, सपनन तुमने दर्शन दीन्हे ।
भवसागर से सुखसागर में, दूर–हुए क्लेश ।
शिव पार्वती गणेश ।।

अंतरा–2

जो भी तुमरे दर पर आवे, पल में उसके घर भर जावे ।
दुःख जगत के वो तर जावे, तेरी कृपा उमेश ।
शिव पार्वती गणेश ।।

अंतरा–3

कोई तुमसे अलख नहीं है, सारी तुमसे व्याप्त मही है ।
तेरी कृपा से हसरत मेरी, पूर्ण हुई अशेष ।
शिव पार्वती गणेश ।।

◎ **Shiva, Pārvatī, Gaṇesh : *Sthāyī :*** *O Shiva, Pārvatī, Gaṇesh! victory to you. May I pray to you to come in my dreams.* ***Antarā : 1.*** *As soon as I remembered you, you came in my dreams. From the worldly ocean, I came in the ocean of happiness and all my pains went away.* ***2.*** *One who comes to you, gets all his wishes, his worldly sufferings end. Such is your grace, O Lord!* ***3.*** *No one is hidden from you. The world is pervaded by you. With your grace, my wishes are fulfilled.* **1744/4839**

संगीतश्रीकृष्णरामायण गीतमाला, पुष्प 363 of 763

खयाल : राग तोड़ी, तीन ताल
(जगन्माता)

स्थायी

वर दे माँ, जगत माता, वर दे माँ ।
♬ मंध सां–निधमंग रेसा, रेगरे सा–सा, मंध सां–निधमंग रेसा ।

अंतरा–1

आन भगत तोरा नाचत गावत, मनवा मोरा तड़पे, माँ ।
♬ प–प पमंग मंध सां–सांसां निरेंसांसां, धधधगं रें–सां–धनिसां निधमंग रेसा ।

◎ **Mother Goddess : *Sthāyī :*** *O Mother of the world! please give me an auspicious boon.* ***Antarā : 1.*** *This devotee of your's is at your door, singing and dancing. My mind is restless, O Mother!* **1745/4839**

गीतोपनिषद् : चौबीसवाँ तरंग
Gitopanishad : Fascicule 24

80. क्षेत्र-क्षेत्रज्ञ का निरूपण :

80. The Kṣhetra and Kṣhetrajña *(Gītā Chapter 13)*

(क्षेत्रक्षेत्रज्ञनिरूपणम्)

संगीतश्रीकृष्णरामायण छन्दमाला, मोती 235 of 501

भुजंगप्रयात छन्द

।ऽऽ, ।ऽऽ, ।ऽऽ, ।ऽऽ

सारे-! ग-म प- म-ग, रे- म-ग रे-सा-

(क्षेत्र क्षेत्रज्ञ)

सुनो! "जीव का देह," है क्षेत्र जाना ।
तथा "क्षेत्र का ज्ञातृ," क्षेत्रज्ञ माना ।।
"सभी क्षेत्र का ज्ञान, सारा जिसे है" ।
वही, पार्थ! "क्षेत्रज्ञ," संज्ञा मुझे है ।।

◎ **Kṣhetra and Kṣhetrajña :** *The body of the living being is called Kṣhetra. One who understands the Kṣhetra is called Kṣhetrajña. He who knows all the Kṣhetras (beings), O Arjun! that Kṣhetrajña is me, says Shrī Krishṇa.* **1746/4839**

श्रीमद्भगवद्गीता त्रयोदशोऽध्यायः ।

अर्जुन उवाच ।

।। 13.1 ।। **प्रकृतिं पुरुषं चैव क्षेत्रं क्षेत्रज्ञमेव च ।**
एतद्वेदितुमिच्छामि ज्ञानं ज्ञेयं च केशव ।।

अनुष्टुप्-श्लोक-छन्दसि गीतोपनिषद्

(अर्जुनस्य प्रश्नाः)

क्षेत्रं किं कश्च क्षेत्रज्ञो ज्ञानं ज्ञेयं च किं प्रभो ।
प्रकृतिपुरुषौ कौ च तत्त्वं तेषां च किं हरे ।। 1178/2422

(अर्जुन के प्रश्न)

क्षेत्र, क्षेत्रज्ञ, ज्ञान, ज्ञेय क्या, कहिये उनमें, कृष्ण! ध्येय क्या ।
प्रकृति-पुरुष का क्या नाता है, इनका माने क्या होता है? ।। 1564/5205

दोहा॰ क्षेत्र क्या, क्षेत्रज्ञ क्या, ज्ञान ज्ञेय क्या तत्त्व ।
प्रकृति क्या है, पुरुष क्या, इन सब में क्या सत्त्व ।। 1442/7068

◎ **Arjun's questions :** *Arjun said, O Hari! what is Kṣhetra and what is Kṣhetrajña? What is Jñāna and what is Jñeya? What is Prakriti and what is Puruṣha?* **1747/4839**

लक्षणं किं च क्षेत्रस्य स्वरूपं च गुणास्तथा ।
क्षेत्रं तत्कुत आयाति विकारास्तस्य कृष्ण के ।। 1179/2422

(भक्तियोग जानने के बाद अर्जुन कई प्रश्न करता है)

कृष्ण! क्षेत्र के लक्षण क्या हैं, स्वरूप उसके अरु गुण क्या हैं ।
क्षेत्र कहाँ से आता-जाता, विकार उसमें क्या-क्या होता? ।। 1565/5205

दोहा॰ लक्षण क्या क्षेत्रज्ञ के, क्या उसके गुण रूप ।
आना-जाना क्षेत्र का, विकार किस अनुरूप ।। 1443/7068

◎ **And :** *What are the signs, forms and attributes of Kṣhetra? Where does that Kṣhetra come from and what are its variations* **1748/4839**

श्रीभगवानुवाच ।

।। 13.2 ।। **इदं शरीरं कौन्तेय क्षेत्रमित्यभिधीयते ।**
एतद्यो वेत्ति तं प्राहुः क्षेत्रज्ञ इति तद्विदः ।।

क्षेत्रज्ञं कं जना आहुः प्रभावास्तस्य के तथा ।
शृणु वदामि त्वां पार्थ सर्वं स्वल्पेन साम्प्रतम् ।। 1180/2422

क्षेत्रज्ञ किसे जग कहता है, प्रभाव उसमें क्या रहता है ।
सुनलो सब कुछ बड़े ध्यान से, अब कहता हूँ सविज्ञान से ।। 1566/5205

दोहा॰ कहा क्षेत्रज्ञ है किसे, कैसे उसे प्रभाव ।
सुनलो सब कुछ, पार्थ! तुम, मेरा स्वल्प सुझाव ।। 1444/7068

◎ **And :** *Who is called Kṣhetrajña? What is its influence? O Lord! I wish to hear it in brief from you.* **1749/4839**

80. The Kṣhetra and Kṣhetrajña (Gītā Chapter 13)

(श्रीभगवत उत्तराणि)

शृणु पार्थ समासेन शरीरं क्षेत्रमुच्यते ।
सर्वक्षेत्राणि जानाति क्षेत्रज्ञः स मतो बुधैः ।। 1181/2422

(श्रीकृष्ण विवेचन करते हैं)

इस शरीर को क्षेत्र कहा है, पार्थ! ध्यान ये जिसे रहा है ।
ज्ञात जिसे है यह बिज्ञाना, क्षेत्रज्ञ वही ज्ञानी है माना ।। 1567/5205

दोहा॰ कहा देह को क्षेत्र है, क्षेत्रज्ञ क्षेत्र का ज्ञान ।
क्षेत्र ज्ञात हैं सब जिसे, क्षेत्रज्ञ वह सुजान ।। 1445/7068

◎ **Answers :** *O Arjun! hear it all from me. The body of a being is called a Kṣhetra. He who understands the Kṣhetra is called Kṣhetrajña.* **1750/4839**

।। 13.3 ।। **क्षेत्रज्ञं चापि मां विद्धि सर्वक्षेत्रेषु भारत ।**
क्षेत्रक्षेत्रज्ञयोर्ज्ञानं यत्तज्ज्ञानं मतं मम ।।

(ज्ञानं च अज्ञानं च)

क्षेत्रज्ञं सर्वक्षेत्रेषु मां यो वेत्ति स पण्डितः ।
क्षेत्रक्षेत्रज्ञयोरेनं ज्ञानं ज्ञानं मतं मया ।। 1182/2422

(ज्ञान और अज्ञान)

क्षेत्रज्ञ मुझे जाना जिसने, आत्मज्ञान है पाया उसने ।
ज्ञान क्षेत्र–क्षेत्रज्ञ का यही, जाना अर्जुन! ज्ञान है सही ।। 1567/5205

दोहा॰ जानो सारे क्षेत्र का, मुझको ही क्षेत्रज्ञ ।
ज्ञान क्षेत्र–क्षेत्रज्ञ का, कहत "ज्ञान" हैं तज्ञ ।। 1446/7068

◎ **Wisdom and ignorance :** *He who know that I am the Kṣhetrajña (the knower of all beings) is a wise man. For me, knowing what is Kṣhetra and what is Kṣhetrajña is knowledge.* **1751/4839**

।। 13.4 ।। **तत्क्षेत्रं यच्च यादृक्च यद्विकारि यतश्च यत् ।**
स च यो यत्प्रभावश्च तत्समासेन मे शृणु ।।

(श्रीभगवानुवाच)

किं क्षेत्रं कश्च क्षेत्रज्ञो मत्तस्त्वं शृणु भारत ।
विकाराश्च तयोः के के समासेन वदामि त्वाम् ।। 1183/2422

(श्री भगवान ने कहा)

क्षेत्र क्षेत्रज्ञ के क्या माने, विकार उनके क्या हैं जाने ।
सुनो, पार्थ! सब सविस्तार से, कहता हूँ सो सुनो प्यार से ।। 1569/5205

दोहा॰ क्षेत्र क्या, क्षेत्रज्ञ क्या, क्या हैं उन्हें विकार ।
कहता हूँ सब, पार्थ! मैं, मेरे सुनो विचार ।। 1447/7068

◎ **Shrī Krishṇa :** *O Arjun! now hear from me what are the attributes and variations of Kṣhetra and Kṣhetrajña.* **1529/4839**

।। 13.5 ।। **ऋषिभिर्बहुधा गीतं छन्दोभिर्विविधैः पृथक् ।**
ब्रह्मसूत्रपदैश्चैव हेतुमद्भिर्विनिश्चितैः ।।

ज्ञानं सर्वमिदं पार्थ सानन्दमृषिभिः पुरा ।
गीतं विविधछन्दोभिः–ब्रह्मसूत्रपदेषु तैः ।। 1184/2422

ये सब गाया है छन्दों में, भाँति–भाँति से ऋषिवृंदों ने ।
ब्रह्म सूत्र के पद में गाया, पुरा काल से चलता आया ।। 1570/5205

दोहा॰ ज्ञान क्षेत्र क्षेत्रज्ञ का, गाए ऋषि–मुनि, पार्थ! ।
ब्रह्मसूत्र के साथ ही, विविध छंद से सार्थ ।। 1448/7068

◎ **And :** *This knowledge has been known and sung happily in various Chhandas, along with the Brahma-Sūtras (the Vedant treatise on Brahma, written by Badrāyaṇ), by the sages since ancient times.* **1753/4839**

।। 13.6 ।। **महाभूतान्यहङ्कारो बुद्धिरव्यक्तमेव च ।**
इन्द्रियाणि दशैकं च पञ्च चेन्द्रियगोचराः ।।

(त्रिंशत् क्षेत्रगुणविकाराः)

अहङ्कारो मनो बुद्धिः–आत्मा भूतानि पञ्च च ।
इन्द्रियाणि शरीरस्य विषयाः पञ्च तेषु च ।। 1185/2422

(क्षेत्र के तीस गुण और उनके विकारों का स्वरूप)

क्षेत्र के घट तीस कहे हैं, आतमा, पाँच भूत रहे हैं ।

इंद्रिय दश के विषय पँच हैं, अहं बुद्धि मन तीन संच[265] हैं ।। 1571/5205

✍दोहा॰ **अहंकार मन बुद्धि भी, महाभूत हैं पाँच ।**
शरीर की दस इंद्रियाँ, विषय उन्हीं के पाँच ।। 1449/7068

◎ **The 30 attributes :** *The self, the mind, thinking, five elemental beings, ten organs and their five objects;* **1754/4839**

।। 13.7 ।। **इच्छा द्वेषः सुखं दुःखं सङ्घातश्चेतना धृतिः ।**
एतत्क्षेत्रं समासेन सविकारमुदाहृतम् ।।

ॐ **इच्छा द्वेषः सुखं दुःखं धृतिश्च चेतना तथा ।**
त्रिंशत्सहविकारैर्हि संघशः क्षेत्रमुच्यते ।। 1186/2422

इच्छा समेत द्वेष–भावना, विकार उनके, देह चेतना ।
तीस तत्त्व ये क्षेत्र कहे हैं, ब्रह्मभूत जो याद रहे हैं ।। 1572/5205

✍दोहा॰ **सुख, दुख, इच्छा, द्वेष भी, चेतना, धृति, विकार ।**
तीस घटक ये देह के, कहे क्षेत्र–आधार ।। 1450/7068

◎ **And :** *and, the desire, aversion, happiness, sorrow, courage and consciousness are the thirty attributes collectively called as Kṣhetra.* **1755/4839**

ॐ **शौन्यं सौक्ष्म्यं घनत्वं च द्राव्यं चौष्ण्यं तथाऽपि हि ।।**
पञ्चभूतानि मूलानि प्रकृतेस्त्रिगुणैः सह ।। 1187/2422

अंबर पृथ्वी पावक पानी, पवन भूत हैं कहते ज्ञानी ।
तीन गुण हैं सत् रज तम इति, आठ तत्त्व ये कही 'प्रकृति' ।। 1573/5205

✍दोहा॰ **अंबर, पृथ्वी, वायु, जल, अग्नि, पाँच हैं भूत ।**
सत् रज तम गुण तीन हैं, प्रकृति के सब मूल ।। 1451/7068

◎ **And :** *space (sky), subtlety (air), solidity (earth), fluidity (water) and warmth (fire) are the five basic elements along with the three guṇas of Sat (righteousness), Rajas (ego) and Tamas (ignorance).* **1756/4839**

ॐ **एकादश च गात्राणि विषयाः पञ्च कर्मणाम् ।**
शब्दो रूपं रसो गन्धो स्पर्शो ज्ञानस्य हेतवः ।। 1188/2422

'इंद्रिय' दस हैं जाने तन के, 'विषय' पाँच हैं माने मन के ।
शब्द रूप रस गंध स्पर्श हैं, 'हेतु' ज्ञान के पाँच हैं कहे ।। 1574/5205

✍दोहा॰ **इन्द्रियाँ दश देह की, कर्म विषय हैं पाँच ।**
गंध रूप रस रव स्पर्श, हेतु ज्ञान के साँच ।। 1452/7068

◎ **And :** *The organs (gatra) are eleven. The sense objects (viṣhaya) are five. The five senses are sound, form, taste, smell and touch. The five sense organs are ears, eyes, mouth, nose and skin.* **1757/4839**

♫ **संगीतश्रीकृष्णरामायण छन्दमाला, मोती 236 of 501**

शुद्धध्वनि छन्द[266]

10, 8, 8, 4 + ऽ

(क्षेत्र के गुण–विकार)

भूत पाँच हैं कुल, क्षेत्र के मूल, अहंकार मन, बुद्धि तथा ।
देही इन्द्रिय दश, विषयों के वश, पाँच जो कहे, पाश यथा ।। 1
इच्छा द्वेष दुःख, दुःख द्वंद्व सुख, धैर्य चेतना, प्राण जहाँ ।
शरीर तीस अंग, गुण तीन संग, सविकार संघ, क्षेत्र कहा ।। 2

◎ **Attributes of Kṣhetra :** *The five elemental beings, self, mind, thinking, ātmā, ten organs, five sense objects, desire, aversion, pain, pleasure, courage, consciousness are collectively called Kṣhetra, along with their modifications.* **1758/4839**

।। 13.8 ।। **अमानित्वमदम्भित्वमहिंसा क्षान्तिरार्जवम् ।**
आचार्योपासनं शौचं स्थैर्यमात्मविनिग्रहः ।।

ॐ **अहिंसा परमो धर्मः परमा च सुशीलता ।**

---

[265] **संच** = संचय, संघ ।

[266] ♫ **शुद्धध्वनि छन्द** : इस 32 मात्रा वाले लाक्षणिक छन्द के किसी भी चौकल में ज गण (। ऽ।) आ सकता है । इसके अंत में एक गुरु मात्रा होती है । इसका लक्षण सूत्र 10, 8, 8, 4 + ऽ इस प्रकार होता है ।

▶ लक्षण गीत : ✍ **दोहा॰ मत्त बत्तीस का बना, गुरु मात्रा से अंत ।**
मान्य ज चौकल में जहाँ, वहाँ "शुद्धध्वनि" छंद ।। 1453/7068

80. The Kṣhetra and Kṣhetrajña (Gītā Chapter 13)

गुरुसेवा च पावित्र्यं मनसि यस्य निग्रहः ।। 1189/2422

दोहा॰ अहिंसा परम धर्म है, विनय चरम है कर्म ।
गुरुसेवा पावित्र्य है, संयम है सत्कर्म ।। 1454/7068

संगीतश्रीकृष्णरामायण छन्दमाला, मोती 237 of 501

फटका छन्द
8 + 8 + 8 + 6/5
(मनोनिग्रह–1)

जिसे अहिंसा परम धर्म है,
सुशीलता का लगाव है ।
गुरु सेवक है, पवित्रता है,
तन मन पर भी दबाव है ।।

◎ **Self control :** *He for whom non-violence is the supreme righteousness, he who has liking for servitude and serenity, he who has control over his mind;* **1759/4839**

।। 13.9 ।। इन्द्रियार्थेषु वैराग्यमनहङ्कार एव च ।
जन्ममृत्युजराव्याधिदुःखदोषानुदर्शनम् ।।

निर्वासना च निर्दम्भो योगक्षेमः शमो दमः ।
जन्ममृत्युजरारोगदुःखेषु दोषदर्शनम् ।। 1190/2422

दोहा॰ विषय वासना से परे, दंभ घमंड अभाव ।
जन्म-मृत्यु जर रोग में, दुःख दोष सुझाव ।। 1455/7068

संगीतश्रीकृष्णरामायण छन्दमाला, मोती 238 of 501

फटका छन्द
8 + 8 + 8 + 6/5
(मनोनिग्रह–2)

विषय वासना जिसे परे हैं,
दंभ दर्प का न घाव है ।
जन्म-मृत्यु में, जरा रोग में,
दुःख दोष का सुझाव है ।।

◎ **Self control :** *He who is not covetous and deceitful. He who is dedicated and persistent, he who is peaceful and self controlled, he who has appreciation for the anguish and faults in birth, ageing and death.* **1760/4839**

संगीतश्रीकृष्णरामायण गीतमाला, पुष्प 364 of 763

भजन
(अहिंसा परमो धर्मः)

श्लोकः

अहिंसा परमो धर्मो हिंसा हीना कृतिर्मता ।
अहिंसा कर्म भद्राणां हिंसा कर्म तु पापिनाम् ।। 1191/2422

गम–म– पपप– म–प–, ध–प म–ग– रेग–पम– ।
रेग–म– प–म ग–म–प–, नि–ध– प–प प ध–पम– ।।

स्थायी

अहिंसा, विधि का विधान है ।
साग–रे–, ऩिसा ऩिध़ ऩिसागरे सा– ।

अंतरा–1

दया क्षमा शम, किरपा शान्ति, घन तन मन वाणी में प्रीति ।
श्रद्धा निष्ठा भक्ति नीति, जानो, ये ज्ञान है ।।
ऩिसा– रेसा– ऩिध़, ऩिऩिसा– ग–रे–, गग मम पप ध–प– म– ग–म– ।
गमपम गमगरे गमपम गरेसा–, ऩिसाऩिध़, ऩि सागरे सा– ।।

अंतरा–2

ईर्ष्या हठ शठ, कलि मल भ्राँति, दंभ दर्प मद छल बल भीति ।
जोर जबर अवमान अनीति, हिंसा, अज्ञान है ।।

अंतरा–3

अपना पराया जहाँ न कोई, राम-कृष्ण सबको सुखदाई ।
वसुधा ये एक कुटुंब भाँति, सारे, समान हैं ।।

अंतरा–4

निश-दिन मुख में जप ले हरि हरि! याद प्रभु की आवे घड़ी घड़ी ।
समाधान नित सरबस तृप्ति, सुख का, निधान है ।।

◎ **Non-violence : *Shloka*** : *Non-violence is utmost righteousness. Violence is a wretched act. Non-violence is the work of righteous people, violence is the work of evil people.* ***Sthāyī :*** *Non-violence is the commandment from God.* ***Antarā : 1.*** *Kindness, forgiveness, self-control, mercy and peace, love in words and action, faith, dedication; devotion and ethics are collectively called wisdom.* **2.** *Jealousy, stubbornness, deceit, impurity, delusion, force, disrespect, unethical act and violence are collectively called ignorance.* **3.** *Where no one is favoured or a forgotten, where Rāma and Shrī Krishṇa are the symbols of peace and happiness, there the whole world is regarded as one family.* **4.** *Therefore, chant Hari! Hari! day and night. Remember the Lord all the time. Always be satisfied. This is the vehicle of happiness.* **1761/4839**

।। 13.10 ।। असक्तिरनभिष्वङ्गः पुत्रदारगृहादिषु ।
नित्यं च समचित्तत्वमिष्टानिष्टोपपत्तिषु ।।

ॐ निर्ममश्च निरासक्तः पुत्रदारधनादिषु ।
प्रियाप्रियौ समौ यस्य तटस्थः सर्ववस्तुषु ।। **1192**/2422

दोहा॰ पुत्र दार धन आदि में, जिसे न ममता मोह ।
प्रिय अप्रिय सब सम जिसे, सर्व-भूत निर्मोह ।। **1456**/7068

♫ संगीतश्रीकृष्णरामायण छन्दमाला, मोती 239 of 501

फटका छन्द

8 + 8 + 8 + 6/5

(ज्ञान-1)

पुत्र पत्नी में, धन-दौलत में,
ममत्वता का न भाव है ।
पाया प्रिय हो, या अप्रिय हो,
समत्त्वता का ही ठाँव है ।।

◎ **Wisdom (right knowledge) :** *Not having a feeling of My-ness (possession) for children, wife and wealth. Being indifferent to whatever may come to you, is wisdom;* **1762/4839**

।। 13.11 ।। मयि चानन्ययोगेन भक्तिरव्यभिचारिणी ।
विविक्तदेशसेवित्वमरतिर्जनसंसदि ।।

ॐ गर्वेण न प्रमत्तो यो मयि यो मत्परायणः ।
असक्तो जनसम्मर्दे मौनभावे सदा सुखी ।। **1193**/2422

दोहा॰ निरहंकारी भक्त जो, मुझे परायण नित्य ।
भीड़-भाड़ से दूर जो, सदा सुखी वो सत्य ।। **1457**/7068

♫ संगीतश्रीकृष्णरामायण छन्दमाला, मोती 240 of 501

फटका छन्द

8 + 8 + 8 + 6/5

(ज्ञान-2)

अनम्रता का नशा न जिसमें,
अनन्य मुझमें सुभाव है ।
भीड़-भाड़ में अनासक्ति है,
असंगति में खिंचाव है ।।

◎ **Wisdom :** *He who is not intoxicated with arrogance. He who is devoted to me. He who doese not enjoy crowds. He who likes quietness;* **1763/4839**

।। 13.12 ।। अध्यात्मज्ञाननित्यत्वं तत्त्वज्ञानार्थदर्शनम् ।
एतज्ज्ञानमिति प्रोक्तमज्ञानं यदतोऽन्यथा ।।

ॐ ईक्षणं तत्त्वज्ञानेनात्मज्ञानेन च दर्शनम् ।
प्रोक्तमिति हि यज्ज्ञानं सर्वमज्ञानमन्यथा ।। **1194**/2422

दोहा॰ तत्त्व ज्ञान से देखना, आत्म तत्त्व का ज्ञान ।
यहाँ कहा सो ज्ञान है, अन्य सभी अज्ञान ।। **1558**/7068

♫ संगीतश्रीकृष्णरामायण छन्दमाला, मोती 241 of 501

फटका छन्द

8 + 8 + 8 + 6/5

(अज्ञान)

तत्त्वज्ञान से अर्थ देख कर,

80. The Kṣhetra and Kṣhetrajña (Gītā Chapter 13)

आत्मज्ञान का प्रभाव है ।
ज्ञान यही है, जिसके होते,
अज्ञान का फिर अभाव है ।।

◎ **And :** *He who thinks logically. He who has done self examination. He has wisdom. Without this, it is ignorance.* **1764/4839**

संगीतश्रीकृष्णरामायण गीतमाला, पुष्प 365 of 763

भजन : राग रत्नाकर कहरवा ताल 8 मात्रा

(ब्रह्मज्ञान)

[स्थायी दोहा, अंतरा फटका]

स्थायी

ब्रह्म ज्ञान की है जहाँ, अंतरंग में चाव ।
वही ज्ञान की प्यास है, अज्ञान से बचाव ।। 1459/7068

♫ सां-नि ध-प ध- नि- सांरें-, सां-निध-प ध- नि-नि ।
निध- प-म ग- रे-ग म-, नि-ध-प म- गम-म ।।

अंतरा-1

जिसे अहिंसा परम धर्म है, सुशीलता का लगाव है ।
गुरु सेवा है, पवित्रता है, तन मन पर भी दबाव है ।।

♫ सारे- गम-ग- धपम ग-रे ग-, धप-मग- म- गम-प म- ।
सारे ग-म- प-, धप-मग- रे-, सासा रेरे मग म- पम-ग म- ।।

अंतरा-2

विषय वासना जिसे परे हैं, दंभ दर्प का न घाव है ।
जन्म-मृत्यु में, जरा रोग में, दुःख दोष का सुझाव है ।।

अंतरा-3

पुत्र पत्नी में, धन-दौलत में, ममत्वता का न भाव है ।
पाया प्रिय हो या अप्रिय हो, समत्त्वता का ही ठाँव है ।।

अंतरा-4

अनम्रता का नशा न जिसमें, अनन्य हरि में सुभाव है ।
भीड़ भाड़ में अनासक्ति है, असंगति में खिंचाव है ।।

अंतरा-5

तत्त्वज्ञान से अर्थ देख कर, आत्मज्ञान का प्रभाव है ।
ज्ञान यही है, जिसके होते, अज्ञान का फिर अभाव है ।।

◎ **Knowledge of self :** *Where there is desire in the heart to know Brahma (the Supreme), there is the real thirst of knowledge and that is the safeguard from ignorance.* ***Antarā : 1.*** *He, for whom non-violence is supreme righteousness, he who has liking for good character, service and purity and he who has control over his mind;* ***2.*** *He who is aloof from passions, deceit and pride. He who is aware about the shortcomings in birth, aging, ailments and death;* ***3.*** *He who is not attached with feelings of My-ness for children wife, wealth and possessions. He who is indifferent to loss and gain;* ***4.*** *He who does not have intoxication of arrogance. He who has undivided love for Hari. He who likes solace and dislikes noise;* ***5.*** *He who sees things logically and he who has done self-examination, he has wisdom. Without these things, it is ignorance.* **1765/4839**

|| 13.13 ||

ज्ञेयं यत्तत्प्रवक्ष्यामि यज्ज्ञात्वामृतमश्नुते ।
अनादिमत्परं ब्रह्म न सत्तन्नासदुच्यते ।।

(ज्ञेयस्वरूपम्)

ॐ ज्ञेयं किं त्वां समासेन वदामि शृणु तत्सखे ।
तदेव ब्रह्म सत्यं च तदेव परमव्ययम् ।। 1195/2422

(ज्ञेय का स्वरूप)

अर्थ ज्ञेय का है जो कुछ भी, सुन कहता हूँ तुझे मैं अभी ।
यही ब्रह्म है, यही सत्य भी, अनादि कहते इसे हैं सभी ।। 1575/5205

दोहा॰ सुनो, पार्थ! अब ज्ञेय क्या, वही परम है सत्त्व ।
वही आत्म है, ब्रह्म है, वही अव्ययी तत्त्व ।। 1460/7068

◎ **Jñeya :** *O Arjun! now hear from me what is Jñeya (to be known). The Jñeya is Brahma (the Supreme), that is the truth and that is eternal principle.* **1766/4839**

ॐ न तत्सदुच्यते पार्थ न च तदसदुच्यते ।
तत्त्वं परमिदं ज्ञात्वा मनुष्योऽमृतमश्नुते ।। 1196/2422

न ही तत्त्व यह सत् कहलाता, न ही असत् वह माना जाता ।

तत्त्व परम का जो है ज्ञाता, अमृत पद वह नर है पाता ।। 15769/5205

दोहा॰ **सत् न असत् जो है कहा, जो है नित्य प्रमाण ।**
तत्त्व परम वह पाइके, अमृत होत प्रदान ।। 1461/7068

◎ **And :** *That Jñeya is neither existence nor non-existence. Knowing that supreme principle, man enjoys divine nectar of wisdom.* **1767/4839**

।। 13.14 ।। **सर्वत:पाणिपादं तत्सर्वतोऽक्षिशिरोमुखम् ।**
सर्वत:श्रुतिमल्लोके सर्वमावृत्य तिष्ठति ।।

ॐ **सर्वज्ञं सर्वगं ज्ञेयं सर्वकरं च सर्वदम् ।**
सर्वं ततमनेनेदं सर्वविधं समाहितम् ।। 1197/2422

सब विध सबमें यही भरा है, सभी दिशा में यह बिखरा है ।
सभी ओर हैं नयन कान मुख, सभी दिशा में इसका है रुख ।। 1577/5205

दोहा॰ **जग के कण-कण में भरा, सभी दिशा में एक ।**
सब कुछ जिससे व्याप्त है, प्रकार से प्रत्येक ।। 1462/7068

◎ **And :** *That Jñeya is omniscient and omnipresent. It is everywhere and it gives everything. From that, this everything evolves and into that everything dissolves. It encompasses everything.* **1768/4839**

।। 13.15 ।। **सर्वेन्द्रियगुणाभासं सर्वेन्द्रियविवर्जितम् ।**
असक्तं सर्वभृच्चैव निर्गुणं गुणभोक्तृ च ।।

ॐ **गुणभोक्तृ च मायावि निर्गुणं च निरिन्द्रियम् ।**
ज्ञेयमेतद्गुणाभासं सर्वभूतेषु भारत ।। 1198/2422

देही गुण-आभास युक्त है, मगर देह में अनासक्त है ।
यह निर्गुण है कर्ता धाता, भोक्ता गुण का माना जाता ।। 1578/5205

दोहा॰ **भोक्ता गुण का, देह में, सब गात्रों में श्रेय ।**
यद्यपि गुण की झलक है, निर्गुण जाना ज्ञेय ।। 1463/7068

◎ **And :** *It is relisher of the three guṇas. It is magical. It is without attributes. It is without apandages. It is in all beings. It appears as if with attributes (guṇas).* **1769/4839**

।। 13.16 ।। **बहिरन्तश्च भूतानामचरं चरमेव च ।**
सूक्ष्मत्वात्तदविज्ञेयं दूरस्थं चान्तिके च तत् ।।

ॐ **चराचरेषु भूतेषु बाह्यान्तरेष्ववस्थितम् ।**
सूक्ष्मं शून्यमगम्यं च दूरं च निकटं तथा ।। 1199/2422

यही चराचर भूतमात्र में, छाया भीतर बाह्य गात्र में ।
सूक्ष्म शून्य ये दूर निकट है, माया इसकी नहीं प्रकट है ।। 1579/5205

दोहा॰ **बसा चराचर भूत में, भीतर बाहर ज्ञेय ।**
दूर तथा ही निकट है, शून्य सूक्ष्म परिमेय ।। 1464/7068

◎ **And :** *In all moving and non-moving beings, it is internal as well as external. It is subtle, minute and impersonal. It is closer as well far away.* **1770/4839**

।। 13.17 ।। **अविभक्तं च भूतेषु विभक्तमिव च स्थितम् ।**
भूतभर्तृ च तज्ज्ञेयं ग्रसिष्णु प्रभविष्णु च ।।

ॐ **भूतेषु दृश्यते भिन्नं सर्वेष्वखण्डमेव तु ।**
विद्धीदं सर्वभूतानां कर्तृ भर्तृ च हर्तृ त्वम् ।। 1200/2422

भूत-भूत में बँटा खंड है, मगर सभी में ये अखंड है ।
यही कर्ता है, यही भर्ता है, सबका अंतिम यह हर्ता है ।। 1580/5205

दोहा॰ **भूत-भूत में है बँटा, फिर भी नित्य अखंड ।**
कर्ता भर्ता सर्वथा, हर्ता वही प्रचंड ।। 1465/7068

◎ **And :** *It appears as if it is different in different beings. It appears as if it is divided into beings. But, O Arjun! know that it is one, uniform, undivided, that gives life, sustains it, as well as it takes it away.* **1771/4839**

।। 13.18 ।। **ज्योतिषामपि तज्ज्योतिस्तमस: परमुच्यते ।**
ज्ञानं ज्ञेयं ज्ञानगम्यं हृदि सर्वस्य विष्ठितम् ।।

ॐ **ज्योतिश्च ज्योतिषां पार्थ भासातीतं महाप्रभम् ।**
ज्ञानमिदं च ज्ञेयं च ज्ञानगम्यमिदं तथा ।। 1201/2422

ज्योतिर्मय की यही ज्योति है, तेज से परे यह बाती है ।
यही ज्ञेय है, यही ज्ञान है, ज्ञान गम्य का इसे मान है ।। 1581/5205

दोहा॰ **ज्योतिर्मय की ज्योति है, सब आभा से पार ।**

80. The Kṣhetra and Kṣhetrajña (Gītā Chapter 13)

यही ज्ञान है, ज्ञेय भी, ज्ञानगम्य ओंकार ।। 1466/7068

◎ **And :** *O Arjun! it is the illumination of the illuminated. It is supreme illumination, beyond all illuminations. It is wisdom and it is to be known and knowable.* **1772/4839**

।। 13.19 ।। **इति क्षेत्रं तथा ज्ञानं ज्ञेयं चोक्तं समासतः ।**
मद्भक्त एतद्विज्ञाय मद्भावायोपपद्यते ।।

क्षेत्रं ज्ञानं च ज्ञेयं च संक्षेपेणोक्तवानहम् ।
तत्त्वान्येतानि जानाति यः स मामधिगच्छति ।। 1202/2422

क्षेत्र ज्ञान के सही ध्येय को, अल्प भाँति से कहा ज्ञेय है ।
इन तत्त्वों का जो है ज्ञाता, निश्चित वह मुझको है पाता ।। 1582/5205

दोहा॰ ज्ञान क्षेत्र क्षेत्रज्ञ का, कहा स्वल्प में ज्ञेय ।
जिसने जाना है इसे, परम उसी का ध्येय ।। 1467/7068

◎ **And :** *O Arjun! I have told you what is Kṣhetra, Kṣhetrajña, Jñāna and Jñeya in short. He who understands these clearly, he attains me.* **1773/4839**

।। 13.20 ।। **प्रकृतिं पुरुषं चैव विद्ध्यनादी उभावपि ।**
विकारांश्च गुणांश्चैव विद्धि प्रकृतिसम्भवान् ।।

(प्रकृतिः च पुरुषः च)

माया मे त्रिगुणी पार्थ प्रकृतिरिति बोधिता ।
पुरुषः स हि क्षेत्रज्ञो जीवात्मा च प्रकीर्तितः ।। 1203/2422

(प्रकृति एवं पुरुष विवेचन)

त्रिगुणमयी जो माया मेरी, वही प्रकृति है अविकारी ।
क्षेत्रज्ञ कहो या जीवात्मा, वही 'पुरुष' भी है परमात्मा ।। 1583/5205

दोहा॰ त्रिगुण मयी माया वही, प्रकृति-पुरुष बनाम ।
अनादि जीवात्मा कहा, उस तत्त्व को प्रणाम ।। 1468/7068

◎ **Puruṣha and Prakriti :** *O Arjun! my illusory power of three guṇas (attributes of sat, rajas and tamas) is called the Prakriti (nature).* **1774/4839**

।। 13.21 ।। **कार्यकरणकर्तृत्वे हेतुः प्रकृतिरुच्यते ।**
पुरुषः सुखदुःखानां भोक्तृत्वे हेतुरुच्यते ।।

प्रकृतिपुरुषौ पार्थ जानीहि तौ सनातनौ ।
प्रकृतिजान्गुणान्विद्धि सविकारान्परन्तप ।। 1204/2422

अनादि समझो पुरुष-प्रकृति, जिनमें कोई नहीं विकृति ।
प्रकृति निर्मित गुण प्रकार हैं, जिन तीनों से सब विकार हैं ।। 1584/5205

दोहा॰ जानो प्रकृति-पुरुष को, आदि सनातन मूल ।
समझो त्रिगुण, विकार कों, इनमें ना हो भूल ।। 1469/7068

◎ **And :** *O Arjun! know the Prakriti (nature) and Puruṣha (ātmā, the life of living beings) to be beginningless and endless.* **1775/4839**

संगीतश्रीकृष्णरामायण गीतमाला, पुष्प 366 of 763

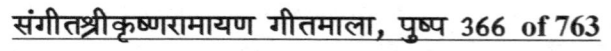

भजन

(तीन गुणों की माया)

स्थायी

तीन गुणों की माया सारी, नाम उसीका प्रकृति है- - - ।
♪ नि-सां निध- प- नि-धप मं-प-, ग-प मंग- रे- सा-रेरे ग- - - ।

अंतरा-1

चाँद सा मुखड़ा, मृग सी आँखें, इन्द्रियाँ दस, सुंदर हैं ।
पाँच भूतों का खेल ये सारा, नाम उसीका विकृति है- - - ।।
♪ नि़-रे ग मंमंप-, मंध पमं प-ग-, रे-गमं- मंमं, ध-पमं ग- ।
नि-सां निध- प- नि-ध प मं-प-, ग-प मं-ग रे- सा-रेरे ग- - - ।।

अंतरा-2

कृष्ण है काला, गोरी राधा, प्रेम की मूर्ति, मंगल है ।
दो द्वंद्वों का मेल है न्यारा, मुरली मनोहर आकृति है ।।

अंतरा-3

आदि ब्रह्म है, मध्य विष्णु है, अंत करैया, शंकर है ।
सृष्टिचक्र का शाश्वत फेरा, ब्रह्म-विष्णु-शिव प्रभृति है ।।

◎ **Three Guṇas :** ***Sthāyī*** *: This is the magical power of the three attributes, which is called Prakriti.* ***Antarā : 1.*** *A face like the moon, eyes like a doe, ten organs are all* *beautiful. It is all a play of the five Bhūtas (elemental beings) and three guṇas (the three attributes), which is called the Vikriti (transformation) of the Prakriti.* **2.** *Shrī Krishṇa has darker complexion, Rādhā is fair, the love between them has a holy image. It is the union of the duality and together they are Murlī-Manohar (the flute player and the one who is charmed with it).* **3.** *Brahma is the beginning, Vishṇu is the middle and Shiva is the end. This wheel of nature is eternal, it is called Brahma-Vishṇu-Shiva trinity.* **1776/4839**

(कार्यं करणं परमपुरुषः च)

भूतानि, विषयाः पञ्च, कार्याणि दश विद्धि तान् ।
अहं बुद्धिर्मनो युक्त्वा करणानि त्रयोदश ।। 1205/2422

(कार्य, करण, परम पुरुष)

भूत पँच अरु विषय पँच को, 'कार्य' कहा है दशक मंच को ।
अहंकार मन मति इंद्रिय दस, 'करण' कहे हैं तेरह ये बस ।। 1585/5205

दोहा॰ भूत विषय भी पाँच जो, "कार्य" कहलाते दस ।
साथ अहं, मन, बुद्धि के, कहे "करण" त्रयोदश ।। 1470/7068

◎ And : *The five elemental beings and the five sense objects are called ten "Kāryas." Consciousness, mind and thinking are called three "Karaṇs."* **1777/4839**

।। 13.22 ।। **पुरुषः प्रकृतिस्थो हि भुङ्क्ते प्रकृतिजान्गुणान् ।**
कारणं गुणसङ्गोऽस्य सदसद्योनिजन्मसु ।।

(पुरुषप्रकृरिसंबंधः)

भुङ्क्ते प्रकृतिजान्भोगान्–पुरुषः प्रकृतिस्थितः ।
ददाति गुणसङ्गस्तु योनियोनिषु जन्म सः ।। 1206/2422

(प्रकृति एवं पुरुष का नाता)

दोहा॰ प्रकृति स्थित गुण तीन का, पुरुष करत है भोग ।
देता है गुण संग ही, जन्म योनि का योग ।। 1471/7068

संगीतश्रीकृष्णरामायण छन्दमाला, मोती 242 of 501

फटका छन्द

8 + 8 + 8 + 6/5

(प्रकृति)

प्रकृति में स्थित पुरुष भोगता,
त्रिगुण निर्मित भोग है ।
संग गुणों का देता उच्च या,
नीच योनि का योग है ।।

◎ Prakriti : *The Purusha (dehī, ātmā), dwelling along with the Prakriti, experiences the influences of the three guṇas (in the deha, body). The preponderance and their influence of the three guṇas (the three attributes) on the nature of a person determines his high or low birth.* **1778/4839**

अन्तस्थः स मतेः स्वामी भर्ता च पुरुषो मतः ।
सुखदुःखादि द्वन्द्वानां भोक्ता देही महेश्वरः ।। 1207/2422

अन्तस्थित है मति का मालिक, भर्ता सबका कहा है पालक ।
सुख दुःखादि द्वंद्व-भाव का, भोक्ता तन में सही चाव का ।। 1586/5205

दोहा॰ मति का मालिक पुरुष है, वही देह का ईश ।
सुख दुःखादि द्वंद्व का, साक्षी वह जगदीश ।। 1472/7068

◎ Purusha : *Dwelling within the deha (body), the Purusha (dehī, ātmā) is the Lord. He witnesses the influences of the three guṇas (the three attributes) and the resulting pain and pleasure in the deha.* **1779/4839**

करणदशकार्याणां माता सा प्रकृतिः परा ।
द्वन्द्वभावस्य भोगाय गुणसङ्गो हि कारणम् ।। 1208/2422

दोहा॰ तीन "करण," दस "कार्य" की, प्रकृति जानी मात ।
द्वंद्व-भाव के भोग का, पुरुष कहा है तात ।। 1473/7068

संगीतश्रीकृष्णरामायण छन्दमाला, मोती 243 of 501

फटका छन्द

8 + 8 + 8 + 6/5

(कार्य करण)

दस कार्यों के साथ करण को ।
प्रकृति करती धारण है ।
द्वंद्व-भाव के भोग के लिये ।

जीव ही स्वयं कारण है ।।

◎ **Kārya and Karaṇ :** *The Prakriti (nature) bares the ten Kāryas (the five elemental beings and the five sense objects) plus the three elements of Karaṇ (consciousness, mind and thinking) in the body. But, only the mind is influenced by the delusion caused by duality. Puruṣha is not influenced. Only the mind is responsible for delusion, not the Puruṣha (ātmā).* **1780/4839**

।। 13.23 ।। उपद्रष्टानुमन्ता च भर्ता भोक्ता महेश्वरः ।
परमात्मेति चाप्युक्तो देहेऽस्मिन्पुरुषः परः ।।

देहे साक्षी च द्रष्टा च भर्ता भोक्ता महेश्वरः ।
धाताऽऽत्मा परमात्मा च परमः पुरुषस्तथा ।। 1209/2422

दोहा॰ देही सक्षी देह में, भर्ता भोक्ता ईश ।
धाता आत्मा है वही, पुरुषोत्तम परमेश ।। 1474/7068

♫ संगीतश्रीकृष्णरामायण छन्दमाला, मोती 244 of 501

फटका छन्द

8 + 8 + 8 + 6/5

(पुरुष)

वह साक्षी है अन्तस्थित है,
भर्ता भोक्ता ईश महा ।
धाता आत्मा परमात्मा या,
परम पुरुष भी इसे कहा ।।

◎ **Puruṣha :** *Puruṣha is only a witness dwelling in the body. He is the Lord and the Observer. Puruṣha is also called as Dhātā (Bearer), Ātmā and Parmātmā.* **1781/4839**

।। 13.24 ।। य एवं वेत्ति पुरुषं प्रकृतिं च गुणैः सह ।
सर्वथा वर्तमानोऽपि न स भूयोऽभिजायते ।।

नरो यो वेत्ति सम्बन्धं प्रकृतेः पुरुषस्य च ।
स कृत्स्नं कर्म कृत्वाऽपि पुनर्जन्म न भोक्ष्यते ।। 1210/2422

दोहा॰ जाने प्रकृति-पुरुष का, नाता गुण के साथ ।
धोता मेरा भक्त वो, पुनर्जन्म से हाथ ।। 1475/7068

♫ संगीतश्रीकृष्णरामायण छन्दमाला, मोती 245 of 501

फटका छन्द

8 + 8 + 8 + 6/5

(पुरुष-प्रकृति)

जिसने जाना प्रकृति-पुरुष का ।
गुण सहित यह नाता है ।। 1
कर्म अपने सब करके भी ।
जन्म फिर नहीं पाता है ।। 2

◎ **Puruṣha and Prakriti :** *He who understands this relationship between Prakriti (nature) and Puruṣha (ātmā) along with the Guṇas (the three attributes), that person does not have cycle of rebirth, after carrying on his present life.* **1782/4839**

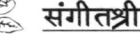

संगीतश्रीकृष्णरामायण गीतमाला, पुष्प 367 of 763

भजन

(प्रकृति-पुरुष)

स्थायी

चला चली का ये जग मेला, पुरुष-प्रकृति का है खेला ।
यथा भाग्य हो झेला ।।

♫ सांध- पग- रे- सा- रेरे ग-म-, सांधप ग-रेसा- ध- प- गरेसा- ।
धप- ग-म ग- रे-सा- ।।

अंतरा-1

नौ द्वारों का देह रचाया, प्रकृति की ये है सब माया ।
चालक उसका भूत चेतना, पुरुष बना है अकेला ।।

♫ ग- रे-ग- प- ध-सां धप-ध-, सां-रेंगं रें- सां- रें- सांसां रें-सां- ।
ध-पप गगम- ध-प ग-मग-, धधध मग- म गरे-सा- ।।

अंतरा-2

पाँच तत्त्व में तीन गुणों से, हाड माँस का खड़ा है पुतला ।

रंग रूप ऊपर से सुंदर, जीवन उसमें डाला ।।

अंतरा–3

चार दिनों का समय जहाँ में, बाद बुलावा मिले वहाँ से ।

पुरुष नगर को छोड़ेगा जब, आए अंतिम बेला ।।

अंतरा–4

क्या तू लाया साथ वहाँ से, जावेगा क्या साथ यहाँ से ।

आया वैसा जावेगा जब, होगा अंत झमेला ।।

◎ **Prakriti and Puruṣha :** ***Sthāyī :*** *The world is a fair of the moving and non-moving beings and the play of Puruṣha (ātmā) and Prakriti (nature).* ***Antarā : 1.*** *The magic of the Prakriti has created this body of nine input/output gates. Its driver is the life (ātmā) alone.* ***2.*** *Prakriti made the statues of the beings out of five elements (Bhūtas) and three attributes (guṇas) to give it a beautiful form and colourful appearance. The ātmā gives it the life to make it living.* ***3.*** *It has the life span of four days, but then the life (ātmā) has to depart when it receives a call back order from Brahma (the Supreme). When this recall order comes, at that last moment, the Puruṣha leaves the town of nine gates.* ***4.*** *What have you brought with you and what will you take back with you? You will depart as you came, with nothing and the game will end.* **1783/4839**

।। 13.25 ।। ध्यानेनात्मनि पश्यन्ति केचिदात्मानमात्मना ।
अन्ये साङ्ख्येन योगेन कर्मयोगेन चापरे ।।

(परमपुरुषप्राप्तिः)

ॐ केचिदात्मनि विन्दन्ति परमात्मानमात्मना ।
ध्यानेन कर्मयोगेन साङ्ख्ज्ञानेन चापरे ।। 1211/2422

(परम पुरुष की प्राप्ति)

दोहा॰ कोई करते पुरुष को, अपने में पर्याप्त ।
कोई करते ध्यान या, कर्म योग से प्राप्त ।। 1476/7068

♫ संगीतश्रीकृष्णरामायण छन्दमाला, मोती 246 of 501

फटका छन्द

8 + 8 + 8 + 6/5

(पुरुष प्राप्ति)

कई आप ही आप में पाते,

परमात्मा को ध्यान से ।

योगी पाते कर्मयोग से,

सांख्यज्ञानी जन ज्ञान से ।।

◎ **Attainment of Puruṣha :** *Some people perceive Puruṣha (ātmā) within themselves by meditation while some people by the Karma yoga and some people with the Jñāna yoga.* **1784/4839**

।। 13.26 ।। अन्ये त्वेवमजानन्तः श्रुत्वान्येभ्य उपासते ।
तेऽपि चातितरन्त्येव मृत्युं श्रुतिपरायणाः ।।

ॐ श्रुत्वैतज्ज्ञानमन्ये च योगिनः पर्युपासते ।
श्रुतिपरायणास्तेऽपि तरन्ति भवसागरात् ।। 12127/2422

दोहा॰ अन्य शास्त्र के भक्त जो, श्रुति परायण लोग ।
पाते वे भी भक्त जन, भव मोचन का भोग ।। 1477/7068

♫ संगीतश्रीकृष्णरामायण छन्दमाला, मोती 247 of 501

फटका छन्द

8 + 8 + 8 + 6/5

(श्रुतिपरायणता)

अन्य अज्ञ जन ज्ञान को सुन कर,

उपासना जो करते हैं ।

श्रुतिपरायण साधक वे भी,

भवसागर को तरते हैं ।।

◎ **Veda knowers :** *Other Veda knowers worship with the knowledge of the Vedas, they also cross over the worldly ocean.* **1785/4839**

।। 13.27 ।। यावत्सञ्जायते किञ्चित्सत्त्वं स्थावरजङ्गमम् ।
क्षेत्रक्षेत्रज्ञसंयोगात्तद्विद्धि भरतर्षभ ।।

(क्षेत्रक्षेत्रज्ञयोः क्षराक्षरयोश्च सम्बन्धः)

ॐ प्राणी चरोऽचरं वस्तु यत्रकुत्रापि जायते ।
क्षेत्रक्षेत्रज्ञयोर्योगो नैसर्गिकः स भारत ।। 1213/2422

(क्षेत्र, क्षेत्रज्ञ और क्षर-अक्षर का संबंध)

दोहा॰ भूत चराचर जन्मते, जहाँ कहीं भी लोग ।
सभी क्षेत्र क्षेत्रज्ञ का, नैसर्गिक है योग ।। 1478/7068

संगीतश्रीकृष्णरामायण छन्दमाला, मोती 248 of 501

फटका छन्द
8 + 8 + 8 + 6/5
(क्षेत्रक्षेत्रज्ञयोग)

प्राणी चल हो, वस्तु अचल हो,
जो भी जहाँ पर खेल है ।
क्षेत्र का ही क्षेत्रज्ञ सेती,
वो इस जगत में मेल है ।।

◎ **Kṣhetra-Kṣhetrajña :** *Wherever a living or non-living being takes birth, it is the natural union between the Kṣhetra (Prakriti) and the Kṣhetrajña (Purusha).* **1786/4839**

|| 13.28 || समं सर्वेषु भूतेषु तिष्ठन्तं परमेश्वरम् ।
विनश्यत्स्वविनश्यन्तं यः पश्यति स पश्यति ।।

ॐ स्थितः क्षरेषु भूतेषु समत्वेन स ईश्वरः ।
क्षेत्रक्षेत्रज्ञसम्बन्धो येन दृष्टः स पश्यति ।। 1214/2422

दोहा॰ सब भूतों में है बसा, समता से वह ईश ।
दिखता ये सच है जिसे, वो जाने जगदीश ।। 1479/7068

संगीतश्रीकृष्णरामायण छन्दमाला, मोती 249 of 501

फटका छन्द
8 + 8 + 8 + 6/5
(समदृष्टि)

क्षर भूतों में अक्षर ईश्वर,
समानता से अवस्थित है ।
इस रचना को जिसने बूझा,
दृष्टि उसकी व्यवस्थित है ।।

◎ **Equanimity :** *The immutable Lord dwells in the mutable beings with equanimity. He who sees this, he understands the truth.* **1787/4839**

|| 13.29 || समं पश्यन्हि सर्वत्र समवस्थितमीश्वरम् ।
न हिनस्त्यात्मनात्मानं ततो याति परां गतिम् ।।

ॐ जानाति समबुद्ध्या यो यस्मात्सर्वमिदं सृतम् ।
स न हि हन्ति कञ्श्चिद्धि स च याति परां गतिम् ।। 1215/2422

दोहा॰ ईश्वर से जग सृष्ट है, जिसको है यह ज्ञात ।
वह न किसी को मारता, ना करता निज घात ।। 1480/7068

संगीतश्रीकृष्णरामायण छन्दमाला, मोती 250 of 501

फटका छन्द
8 + 8 + 8 + 6/5
(समदृष्टि)

समबुद्धि से जो है जानता,
सब ईश्वर में व्याप्त है ।
वह नहीं करता स्वयं घात है,
उसको परम पद प्राप्त है ।।

◎ **And :** *He who knows that the entire Universe is evolved from that Brahma (the Supreme), he does not let himself fall. He attains the supreme state.* **1788/4839**

|| 13.30 || प्रकृत्यैव च कर्माणि क्रियमाणानि सर्वशः ।
यः पश्यति तथात्मानमकर्तारं स पश्यति ।।

ॐ आत्मानं वेत्यकर्तारं कर्त्रीं यः प्रकृतिं तथा ।
ज्ञानी स एव योगी च दिव्यदृष्टिस्तथैव सः ।। 1216/2422

दोहा॰ "मैं करता कुछ भी नहीं, प्रकृति है करतार" ।
सद् विवेक यह है जिसे, उसका है सुविचार ।। 1481/7068

संगीतश्रीकृष्णरामायण छन्दमाला, मोती 251 of 501

80. The Kṣhetra and Kṣhetrajña (Gītā Chapter 13)

फटका छन्द

8 + 8 + 8 + 6/5

(सम्यक् दृष्टि)

आत्मा को जो कहे अकर्ता,
कर्ता है प्रकृति कही ।
ज्ञानी वही है, योगी वही है,
दृष्टि उसी की है सही ।।

◎ **Right vision :** *He who considers ātmā (dehi) to be the non-doer (of karmas) and Prakriti (the three guṇas) to be the doer, he is wise, he is yogī and he has the right vision (understanding).* **1789/4839**

|| 13.31 || यदा भूतपृथग्भावमेकस्थमनुपश्यति ।
तत एव च विस्तारं ब्रह्म सम्पद्यते तदा ।।

एकमूलानि भूतानि किन्तु भिन्नानि बाह्यतः ।
बीजं सर्वस्य ब्रह्मैव यः पश्यति स पश्यति ।। 1215/2422

एक मूल से सब उत्पन्न हैं, बाहर से यदि भूत भिन्न हैं ।
बीज सभी का एक ब्रह्म है, जिसने जाना वही धन्य है ।। 1587/5205

दोहा॰ भिन्न भूत जब एक में, दिखे भिन्न में एक ।
तभी विस्तार ब्रह्म का, नर पाता है देख ।। 1482/7068

◎ **And :** *He who understands that all beings originate from one and the same seed (Brahma, the Supreme) and that they are internally same, even though they may appear different from outside, he understands the reality.* **1790/4839**

|| 13.32 || अनादित्वान्निर्गुणत्वात्परमात्मायमव्ययः ।
शरीरस्थोऽपि कौन्तेय न करोति न लिप्यते ।।

अनादिः स गुणातीतः स चाकर्ता प्रभुस्तथा ।
स नित्यश्च स सत्यश्च स एकश्च विभुस्तथा ।। 1218/2422

वह अनादि है, गुणातीत प्रभु, वही अकर्ता कहा है विभु ।
वही निरंतर, वही नित्य है, वही चिरंतन, वही सत्य है ।। 1588/5205

दोहा॰ गुणातीत वह आदि है, तथा अकर्ता ईश ।
वही नित्य है, सत्य है, वही एक जगदीश ।। 1483/7068

◎ **And :** *The Purusha is beginningless and beyond the guṇas (the three attributes). He is non-doer (of karmas). He is eternal. He is truth. He is the sole Lord.* **1791/4839**

♫ संगीतश्रीकृष्णरामायण छन्दमाला, मोती 252 of 501

पद्मावती छन्द[267]

10, 8, 8, 4 + ऽ अथवा 10, 8, 8, 2 + ऽ ऽ

(भूतभूत एकता)

भिन्न बाह्यतः यदि, नर पशु खगादि, एक ही मूल अनादि है ।
यहाँ की हर चीज, ब्रह्म है बीज, त्रिभुवन का ब्रह्म आदि है ।। 1
अव्यक्त अगम है, ब्रह्म परम है, सत्य है, अचिंत्य नित्य है ।
निर्गुण निराकार, जगत करतार; भवसागर-जीव मर्त्य हैं ।। 2

◎ **Oneness :** *Even if the people, birds, animals and plants look different externally, their root is the same beginningless Brahma (the Supreme). He is the beginning of all beings. He is eternal. He is the truth. He is impersonal. He is beyond contemplation, He is beyond the guṇas (the three attributes). He is formless. He is the cause of evolution. But the worldly beings are mutable.* **1792/4839**

|| 13.33 || यथा सर्वगतं सौक्ष्म्यादाकाशं नोपलिप्यते ।
सर्वत्रावस्थितो देहे तथात्मा नोपलिप्यते ।।

सर्वव्यापि नभः पार्थ सौक्ष्म्यान्न लिप्यते यथा ।
देहे नित्यं स्थितो देही देहे न लिप्यते तथा ।। 1219/2422

दोहा॰ गगन सर्वव्यापी यथा, होता सूक्ष्म अलिप्त ।

---

[267] ♫ **पद्मावती छन्द** : इस 32 मात्रा वाले लाक्षणिक छन्द के अंत में एक गुरु मात्रा (अथवा पार्याच से दो गुरु मात्रा) आती है । इसका लक्षण सूत्र 10, 8, 12 + ऽ अथवा 10, 8, 8, 2 + ऽ ऽ इस प्रकार होता है । इसके किसी चौकल में ज गण (। ऽ।) नहीं आता है । इस का अन्य नाम ♫ **कमलावती छन्द** है ।

▶ लक्षण गीत : दोहा॰ मत्त बत्तीस से बना, गुरु मात्रा से अंत ।
किसी न चौकल में ज हो, "पद्मावती" वह छंद ।। 1484/7068

80. The Kṣhetra and Kṣhetrajña (Gītā Chapter 13)

तन में स्थित देही तथा, नहीं देह से लिप्त ।। 1485/7068

♪ संगीतश्रीकृष्णरामायण छन्दमाला, मोती 253 of 501

फटका छन्द

8 + 8 + 8 + 6/5

(देह देही)

सर्वव्यापी वह गगन जैसा,
सूक्ष्म बन कर अलिप्त है ।
उसी तरह से देही देह में,
स्थित रह कर भी न लिप्त है ।।

◎ **Deha and Dehi :** *As the sky is all encompassing but un attached, so is the dehi (ātmā) all encompassing in the body, but unattached to the deha (body).* **1793/4839**

। 13.34 ।। यथा प्रकाशयत्येकः कृत्स्नं लोकमिमं रविः ।
क्षेत्रं क्षेत्री तथा कृत्स्नं प्रकाशयति भारत ।।

ॐ एकः सूर्यो यथा विश्वं प्रकाशयति तेजसा ।
तथा ज्ञानेन क्षेत्रज्ञो दीप्तं क्षेत्रं करोति सः ।। 1220/2422

दोहा॰ एक अकेला सूर्य ही, करता विश्व प्रदीप्त ।
क्षेत्रज्ञ, क्षेत्र को तथा, करे ज्ञान से दीप्त ।। 1486/7068

♪ संगीतश्रीकृष्णरामायण छन्दमाला, मोती 254 of 501

फटका छन्द

8 + 8 + 8 + 6/5

(क्षेत्रज्ञ क्षेत्र संबंध)

एक अकेला सूरज जैसा,
तेज विश्व में भरता है ।
उसी भाँति से यह क्षेत्रज्ञ भी,
दीप्त क्षेत्र को करता है ।।

◎ **Kṣhetra-Kṣhetrajña :** *As the single Sun enlightens the whole Universe, so does the single ātmā enlightens the beings with the life force.* **1794/4839**

(प्रकृतिपुरुषयोः तुलना)

ॐ एषा हि प्रकृतिर्व्यक्ता क्षणिका नश्वरा तथा ।
एषा विकारयुक्ता च; पुरुषोऽव्यक्त एव सः ।। 1221/2422

(इस प्रकृति और उस पुरुष की तुलना)

दोहा॰ प्रकृति नश्वर व्यक्त है, विकार से भी युक्त ।
पुरुष अव्यक्त चेतना, शाश्वत विकार मुक्त ।। 1487/7068

♪ संगीतश्रीकृष्णरामायण छन्दमाला, मोती 255 of 501

फटका छन्द

8 + 8 + 8 + 6/5

(यह प्रकृति वह पुरुष)

यह नश्वर है, क्षण भंगुर है,
और विकारों से युक्त है ।
वह शाश्वत है, वह चेतन है,
और विकारों से मुक्त है ।।

◎ **Prakriti :** *This is Prakriti (nature). It is mutable and temporary. It is transformable. This is Kṣhetra. That is eternal Puruṣha. That is Kṣhetrajña.* **1795/4839**

ॐ सोऽव्यक्तो निर्विकारश्च स एव भूतचेतना ।
इति यो वेत्ति भेदं स ज्ञाता क्षेत्रज्ञक्षेत्रयोः ।। 1222/2422

दोहा॰ क्षेत्र व्यक्त सविकार है, क्षेत्रज्ञ निर्विकार ।
भेद क्षेत्र-क्षेत्रज्ञ का, ज्ञान कहा सुविचार ।। 1488/7068

♪ संगीतश्रीकृष्णरामायण छन्दमाला, मोती 256 of 501

फटका छन्द

8 + 8 + 8 + 6/5

(पुरुष-प्रकृति भेद)

यह प्रकृति है, वह पुरुष है,
भेद स्पष्ट यह माना है ।
इसी भेद को जिसने जाना,

क्षेत्र क्षेत्रज्ञ जाना है ।।

◎ **Puruṣha :** *That is Puruṣha (ātmā). That is impersonal. That is not transformable. That is the life of the living beings. That is Kṣhetrajña. He who understands this relationship between the Puruṣha and the Prakriti, he knows the relationship between the Kṣhetra and the Kṣhetrajña.* **1796/4839**

।। 13.35 ।। क्षेत्रक्षेत्रज्ञयोरेवमन्तरं ज्ञानचक्षुषा ।
भूतप्रकृतिमोक्षं च ये विदुर्यान्ति ते परम् ।।

क्षेत्रक्षेत्रज्ञयोर्भेदं जानाति यो यथार्थतः ।
मार्गं जानाति मोक्षस्य प्राप्नोति ब्रह्मणो गतिम् ।। 1223/2422

दोहा॰ भेद क्षेत्र–क्षेत्रज्ञ का, जाना जभी यथार्थ ।
तभी मार्ग है मुक्ति का, धाम ब्रह्म का, पार्थ! ।। 1489/7068

संगीतश्रीकृष्णरामायण छन्दमाला, मोती 257 of 501

फटका छन्द

8 + 8 + 8 + 6/5

क्षेत्र क्षेत्रज्ञ भेद

क्षेत्र क्षेत्रज्ञ के इसी भेद को,
यथार्थ से पहिचाना है ।
प्रकृति से भी मार्ग मोक्ष का,
ब्रह्म उसी ने पाना है ।

◎ **And :** *He who knows this secret relationship between the Kṣhetra and the Kṣhetrajña, he knows the path to liberation and attainment of the Brahma (the Supreme).* **1797/4839**

संगीतश्रीकृष्णरामायण गीतमाला, पुष्प 368 of 763

कीर्तन : तीन ताल 16 मात्रा

(राधे मुकुंद)

स्थायी

राऽधे मुकुंद गोविंदा, आनंद कंद अरविंदा ।

सा–रे– सानि़–ध़ नि़–सा–रे–, म–ग–रे ग–म गगरे–सा– ।

अंतरा–1

हे कुंज कुंज आनंद पुंज, हरि इंद्र चंद्र वैकुंठा ।

प– म–म म–म ग–रे–ग म–म, पप म–म म–म ग–रे–सा– ।

अंतरा–2

हे नंद नंद, केशी निकंद, प्रभु पांडुरंग, श्रीरंगा ।

◎ **Rādhe Mukund :** ***Sthāyī*** *: O Rādhe Mukunda (Jewel of Rādhā)! O Govind (Protector of the cows)! Ānand-kand (Bundle of joy), Arvind (Lotus).* ***Antarā*** *:* ***1.*** *O Charming! O Heap of joy! O Hari! O Lord Indra! O Chandra (moon)! O Vaikuṇṭha (the dweller of the Heaven)!* ***2.*** *O Nand-Nand (joy of Nanda Bābā)! Keshi-nikandana (Slayer of the demon Keshī)! O Lord! O Pāṇḍurang (fair)! O Shrī-ranga (Viṣhṇu)!* **1798/4839**

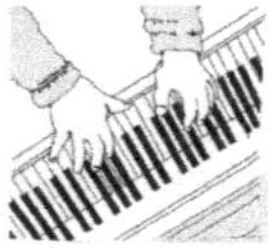

संगीतश्रीकृष्णरामायण गीतमाला, पुष्प 369 of 763

(क्षेत्र क्षेत्रज्ञ का निरूपण)

स्थायी

स्वरदा ने सुंदर गाया है, नारद ने साज बजाया है ।
रतनाकर गीत रचाया है ।।

सानि़ सा–गरे सा–नि़नि़ सा–रेम ग–, सानि़ सा–गरे सा–नि़नि़ सा–रेम ग– ।
गगरेसासासा रे–ग मगरेसानि़ सा– ।।

अंतरा–1

यह देह क्षेत्र कहलाता है, क्षेत्रज्ञ क्षेत्र का ज्ञाता है ।
यह छन्द राग में गाया है, ऋषि यति मुनियों ने ध्याया है ।।
यह आत्मज्ञान कहलाया है ।।

पप मरेम प–प पमपनिधप प–, प–मगग सा–ग मप गरेसानि़ सा– ।
सानि़ सा–ग रे–सा नि़– सा–रेम ग–, सानि़ सासा गरेसा– नि़– सा–रेम ग– ।
गग रेसासारे–रे गमगरेसानि़ सा– ।।

अंतरा–2

बस एक मूल के सारे हैं, सब बाहर से यदि न्यारे हैं ।

एक बीज सभी का ब्रह्म ही है, ऋत ज्ञान सर्व का मर्म भी है ।
यह सत्य ज्ञान कहलाया है ।।
अंतरा–3
यह व्यक्त प्रकृतिऽ नश्वर है, अव्यक्त पुरुष वह ईश्वर है ।
यह देह क्षणिक वह अक्षर है, वह आत्मा देह में चिर स्थिर है ।
यह तत्त्व ज्ञान कहलाया है ।।

◎ **Kṣhetra-Kṣhetrajña :** ***Sthāyī :*** *Ratnākar composed the melody, Sarasvatī sang it beautifully, while Shrī Nārad muni played the Vīṇā.* ***Antarā : 1.*** *This body is Kṣhetra. The knower of the Kṣhetra is Kṣhetrajña. It has been recited by sages in various Chhandas. It is called the knowledge of self.* ***2.*** *All beings have one and the same root inside. May they appear different form outside. The lone seed is Brahma (the Supreme). It is called the true knowledge.* ***3.*** *This Prakriti (nature) is personified and impermanent. That Puruṣha (ātmā) is non-personified and permanent. Thus is the philosophy.* **1799/4839**

श्रीमद्–भगवद्–गीता अध्याय चौदहवाँ ।
गुण–त्रय–विभाग योग ।

संगीतश्रीकृष्णरामायण गीतमाला, पुष्प 370 of 763

(चाल और तबला ठेका के लिये देखिये
हमारी "*नयी संगीत रोशनी*" का गीत 77)

(अंबे माँ)

स्थायी
अंबे माँ वरदान दो मैं, तेरे दुआरे ।
बिंती सुनो मैं आज, ओ मैया तेरे चरन में ।।
अंतरा–1
शंभु नंदिनी सिंह विराजे, शंख दुंदुभी डंका बाजे ।
तेरा हि जय जय कार, ओ मैया! तीनों भुवन में ।।
अंतरा–2
गंध पुष्प फल तुलसी दल से, पूजा तेरी मन निर्मल से ।
माता–पिता का प्यार, ओ मैया! तेरे नयन में ।।
अंतरा–3
हाथ चक्र अरु वज्र विराजे, खड्ग पद्म और त्रिशूल साजे ।
असुरों का संहार, ओ मैया! तेरे वतन में ।।
अंतरा–4
भक्तन के तू काज सँवारे, आर्त जनन के कष्ट उबारे ।
दीनन पर उपकार, ओ मैया! तेरी शरण में ।।

◎ **O Mother Ambā! :** ***Sthāyī :*** *O Mother Ambā! please give me a boon. Listen to my request today. O Mother! I am at your door.* ***Antarā : 1.*** *O Shambhu Nandinī (Joy of Shiva)! you are riding a lion. Devotees are blowing Shankh (conch shell), Dundubhī and Dankā (drums). They are saying, victory to you, O Mother of the three worlds!* ***2.*** *They are worshipping you with Sandlewood paste, flowers and Tulsī (Basil) leaves. They worship you with clean heart. O Mother! in your eyes is the love of mother and father.* ***3.*** *There are Chakra (Sudarshan wheel), Vajra (thunderbolt), Khaḍga (sword), Padma (lotus) and Trishūl (trident) in your hands. O Mother! in your land there is destruction of the asura (demons).* ***4.*** *You assist your devotees in their works. You remove troubles of the people in difficulty. O Mother! you have kindness for people who surrender to you.* **1800/4839**

गीतोपनिषद् : पच्चीसवाँ तरंग
Gitopaniṣhad : Fascicule 25

81. तीन गुणों का निरूपण :

81. The Three Attributes *(Gītā Chapter 14)*
(गुणत्रयनिरूपणम्)

संगीतश्रीकृष्णरामायण छन्दमाला, मोती 258 of 501

फटका छन्द
8 + 8 + 8 + 6/5
(गुणत्रय)

81. The Three Attributes (Gītā Chapter 14)

सत् रज तम गुण, पँच भूत सह,
प्रकृति की ये निर्मिति है ।
जिनके द्वारा, सर्व कराती,
काम जीव से, प्रकृति है ।।

◎ **The three Guṇas :** *Sat, Rajas and Tamas guṇas (the three attributes) and the five elemental beings are born out of the Prakriti (nature). The Prakriti causes the beings to do karmas (deeds) through their own guṇas.* **1801/4839**

ॐ श्लोकौ

सूक्तिः

अग्नेः सूक्ष्मः कणश्चापि वह्नेः सर्वैर्गुणान्विता ।
यतो वह्निः कणेभ्यश्च जायते खलु मूलतः ।। 1224/2422

जलं साक्षादशेषेण जलबिन्दुस्तथैवच ।
यत्पिण्डे तद्धि ब्रह्माण्डे लीला गुणत्रयस्य सा ।। 1225/2422

◎ **Aphorism :** *Even the tiniest spark has all the attributes of a fire, because the fire is basically an aggregation of the individual tiny sparks coming together. Similarly, a fine drop of water has all attributes of a body of water. What exists in an atom exists in the Universe. It is the magic of the three guṇas.* **1802/4839**

श्रीमद्भगवद्गीता चतुर्दशोऽध्यायः ।
श्रीभगवानुवाच ।

|| 14.1 ||
परं भूयः प्रवक्ष्यामि ज्ञानानां ज्ञानमुत्तमम् ।
यज्ज्ञात्वा मुनयः सर्वे परां सिद्धिमितो गताः ।।

ॐ अनुष्टुप्-श्लोक-छन्दसि गीतोपनिषद्

(श्रीभगवानुवाच)

ॐ **पुनर्ब्रवीमि गुह्यं ते सर्वज्ञानेषु सत्तमम् ।**
यज्ज्ञात्वा मुनयो विश्वे संसिद्धिं परमां गताः ।। 1226/2422

(श्री भगवान ने कहा)

पुनः बताऊँ गुह्य ज्ञान जो, सब ज्ञानों में है प्रमाण जो ।
जिसे जान कर मुनि जन जग में, पाए सिद्धि को पग-पग में ।। 1589/5205

✍दोहा॰ **फिर कहता हूँ, पार्थ! मैं, श्रेष्ठ ज्ञान का योग ।**
जिसे जान कर मुक्ति हैं, पाए मुनि जन लोग ।। 1490/7068

◎ **Shrī Krishṇa :** *Lord Shrī Krishṇa said, O Arjun! I shall again tell you the wisdom that is the supreme knowledge. Knowing it, the sages have attained supreme success in the world, at every step.* **1803/4839**

|| 14.2 ||
इदं ज्ञानमुपाश्रित्य मम साधर्म्यमागताः ।
सर्गेऽपि नोपजायन्ते प्रलये न व्यथन्ति च ।।

ॐ **आश्रयं मे च ये लब्ध्वा निवसितश्च ये मयि ।**
अबद्धा मृत्युचक्रे ते निर्व्यथाः प्रलये तथा ।। 1227/2422

(श्रीकृष्ण स्पष्ट कर रहे हैं)

आश्रय करके इसी ज्ञान से, जो मुझमें हैं बसे ध्यान से ।
न ही प्रलय में वे भटके हैं, मृत्यु चक्र में नहिँ अटके हैं ।। 1590/5205

✍दोहा॰ **मेरे आश्रय में बसे, मत्पर जो हैं लोग ।**
मृत्यु चक्र से पार वे, विना प्रलय का सोग ।। 1491/7068

◎ **And :** *Having taken shelter of this knowledge, those who depend on me, they are not bound by the cycle of birth and death. They are painless at their last moment.* **1804/4839**

|| 14.3 ||
मम योनिर्महद्ब्रह्म तस्मिन्गर्भं दधाम्यहम् ।
सम्भवः सर्वभूतानां ततो भवति भारत ।।

|| 14.4 ||
सर्वयोनिषु कौन्तेय मूर्तयः सम्भवन्ति याः ।
तासां ब्रह्म महद्योनिरहं बीजप्रदः पिता ।।

ॐ **परमं ब्रह्म योनिर्मे बीजं तस्यां दधाम्यहम् ।**
विकसति ततः कृत्स्नं पार्थ विश्वं चराचरम् ।। 1228/2422

परम ब्रह्म ही दिव्य योनि है, भूत चराचर की जननी है ।
सकल जगत की प्रकृति माता, बीज प्रदाता पुरुष मैं पिता ।। 1591/5205

✍दोहा॰ **परम ब्रह्म मम योनि है, जिसमें बोता बीज ।**
विकसित उससे विश्व की, होती है हर चीज 1492/7068

81. The Three Attributes (Gītā Chapter 14)

सकल विश्व की कोख में, जो भी जनते भूत ।

ब्रह्म सभी की योनि है, सब मेरे ही पूत ।। 1493/7068

◎ **And :** *The Supreme Brahma is my womb in which I lay the seed, from it the moving and non-moving Universe evolves.* **1805/4839**

।। 14.5 ।। **सत्त्वं रजस्तम इति गुणाः प्रकृतिसम्भवाः ।**
निबध्नन्ति महाबाहो देहे देहिनमव्ययम् ।।

(गुणलक्षणाः)

सद्रजश्च तमः सर्वे प्रकृतिजा मता गुणाः ।
निर्गुणं नित्यमात्मानं देहे बध्नन्ति देहिनम् ।। 1229/2422

(तीनों गुणों का उद्गम, सत् के लक्षण)

सत् रज तम गुण-तीनों सगरे,[268] प्रकृति से होते हैं उभरे ।
देही निर्गुण अरु इकलौता, बद्ध देह में गुण से होता ।। 1592/5205

दोहा॰ सत् रज तम गुण तीन की, प्रकृति ही है मात ।
देही को इस देह में, बद्ध करत दिन-रात ।। 1494/7068

◎ **And :** *Sat, Rajas and Tamas are the three attributes of the Prakriti (nature). They bind the attributeless and eternal Dehī (ātmā) to the body.* **1806/4839**

।। 14.6 ।। **तत्र सत्त्वं निर्मलत्वात्प्रकाशकमनामयम् ।**
सुखसङ्गेन बध्नाति ज्ञानसङ्गेन चानघ ।।

शुद्धः शुभः शुचिः शुभ्रः-त्रिषु गुणेषु सद्गुणः ।
जीवं बध्नाति सौख्येन ज्ञानतत्त्वेन भारत ।। 1230/2422

सद्गुण जाना सदा शुद्ध है, गुण-तीनों में शुचि शुभ्र है ।
सत्त्व ज्ञान का तत्त्व है ओढ़े, आत्मा को ये सुख से जोड़े ।। 1593/5205

दोहा॰ सद्गुण निर्मल शुभ्र है, बिना कलंक निरोग ।
सत्त्व सदा सुख से करे, ज्ञान सहित संजोग ।। 1495/7068

◎ **And :** *The Sat guṇa (attribute) is pure, auspicious, clean, colourless among the three guṇas. It binds the being with happiness, O Arjun!* **18074/4839**

[268] **सगरे :** सारे ।

संगीतश्रीकृष्णरामायण गीतमाला, पुष्प 371 of 763

भजन

(सद्गुण)

स्थायी

सद्गुरु, सद्गुण से मिल जावे ।
♫ सा-नि॒ध॒, रेरेसानि॒ ध॒- नि॒ध॒ नि॒-सा- ।

अंतरा-1

शुद्ध शुभ्र शुचि सुंदर सद्गुण, सुख साधन कहलावे ।
शाश्वत शीतल शाँत शुगुन शुभ, सत्य शिवं दिखलावे ।
अरे सुनो, सद्गुण तन को सुहावे ।।
♫ सा-सा रे-रे गग प-मग रे-सासा, सासा रे-गग पधग-म- ।
ध-पम ग-मम प-म गमम पप, ध-प मग- मगरे-सा- ।
रेसा नि॒ध॒, रे-सानि॒ सासा नि॒ ध॒नि॒-सा- ।।

अंतरा-2

संत समागम स्वर्ग समाना, सावन के सम जाना ।
सदाचार सत्धर्म सनातन, सुंदर सुख सोपाना ।
सद्गुण, सत्त्व शील दरसावे ।।

अंतरा-3

सद्गुण जन गण मन को भावे, भव के पाप छुड़ावे ।
आओ सद्गुणी के गुण गाएँ, सद्गुण के ऋण ध्याएँ ।
सद्गुण, जनम-जनम को सुखावे ।।

अंतरा-4

राम नाम सत्नाम कहावे, नेह लगावे सुभागा ।
राधे के संग श्यामा आवे, सोने में है सुहागा ।
निश-दिन, राम-कृष्ण मन गावे ।।

◎ **Sat Guṇa :** ***Sthāyī :*** *The Lord is attainable by righteousness.* ***Antarā : 1.*** *The pure, fair, beautiful Sat guṇa is the means of achieving happiness. The eternal, peaceful,* *auspicious, truthful Sat guṇa reveals Shiva. The jewel of Sat guṇa looks good on body.* **2.** *Sat guṇa pleases everyone's mind. It is pleasant like the Spring season. It is the path of righteousness. Let us meditate on the virtues of the Sat guṇa.* **3.** *Rāma's name is Sat guṇa. It creates feeling of love. It is like Rādhā with Shrī Krishṇa or the glitter on the gold. Chant Rāma Krishṇa! day and night.* **1808/4839**

।। 14.7 ।। रजो रागात्मकं विद्धि तृष्णासङ्गसमुद्भवम् ।
तन्निबध्नाति कौन्तेय कर्मसङ्गेन देहिनम् ।।

रजो मूलं हि रागस्य तृष्णासङ्गात्समुद्धृतम् ।
कर्मसङ्गेन बध्नाति देहिनं भरतर्षभ ।। 1231/2422

(रज, तम के लक्षण)

रज गुण से है राग उभरता, आसक्ति और संग निखरता ।
कर्म पाश से जीव देह में, करे बद्ध वो बड़े नेह में ।। 1594/5205

दोहा॰ रज लगाव का मूल है, आस बढ़ावे प्यास ।
निबद्ध करता जीव को, कर्म संग का पाश ।। 1496/7068

◎ **And :** *O Arjun! Rajas guṇa is the root of ego. It arises out of desire. It binds the being with attachment to karma.* **1809/4839**

♫ **संगीतश्रीकृष्णरामायण छन्दमाला, मोती 259 of 501**

हरिणी छन्द[269]

।। ।, ।। ऽ, ऽ ऽ ऽ, ऽ। ऽ, ।। ऽ, । ऽ

(त्रिगुण)

सद् गुण सुखों में जोड़े है, रजो गुण कर्म में ।
तमस् गुण निद्रा सुस्ती में, सदा मन जोड़ता ।। 1

त्रयगुणमयी माया काली, ढके मन ज्ञान है ।
अविचलित है माया से जो, उसे वर स्थान है ।। 2

◎ **Three guṇas :** *Sat guṇa unites you with happiness. Rajas guṇa binds with karma. Tamas guṇa with ignorance. The Rajas guṇa binds the mind with slumber and laziness. The dark delusion of the guṇas overpowers the thinking. He who is indifferent to the influence of the guṇas, he has a supreme place.* **1810/4839**

।। 14.8 ।। तमस्त्वज्ञानजं विद्धि मोहनं सर्वदेहिनाम् ।
प्रमादालस्यनिद्राभिस्तन्निबध्नाति भारत ।।

तमो गुणस्तु मायावी मोहकोऽज्ञानजस्तथा ।
निद्राऽऽलस्यप्रमादैः स बध्नाति देहिनं सदा ।। 1232/2422

तम गुण अज्ञानज मोहक है, मायावी वह मन-शासक है ।
प्रमाद निद्रा आलस भरता, बद्ध जीव को तन में करता ।। 1595/5205

दोहा॰ तम जकड़े अज्ञान से, मोहित करके गात्र ।
आलस नींद प्रमाद में, बद्ध करे दिन रात्र ।। 1498/7068

◎ **And :** *The Tamas guṇa causes delusion. It is ignorance. It is hypnotic. It binds the mind with slumber and laziness.* **1811/4839**

।। 14.9 ।। सत्त्वं सुखे सञ्जयति रजः कर्मणि भारत ।
ज्ञानमावृत्य तु तमः प्रमादे सञ्जयत्युत ।।

(गुणानां संबंधः)

सत्त्वं सुखेन बध्नाति रजो युनक्ति कर्मणा ।
तमस्तु ज्ञानमावृत्य निमज्जयति विभ्रमे ।। 1233/2422

(सत्, रज, तम का नाता)

सद् गुण सुख को साथ मिलावे, रजस कर्म की चाह दिलावे ।
तमस ज्ञान ढक कर भरमाए, मोह लगा कर मन तड़पाए ।। 1596/5205

दोहा॰ सत्त्व सुखों से जोड़ता, रज कर्मों के साथ ।
ज्ञान ढके तम दे नशा, ये है त्रिगुणी बात ।। 1499/7068

◎ **And :** *Sat guṇa unites you with happiness, Rajas guṇa with karma and the Tamas guṇa puts you in delusion by overpowering your thinking.* **1812/4839**

---

[269] ♫ **हरिणी छन्द :** इस छन्द के चरणों में सत्रह वर्ण 25 मात्रा होती हैं, विराम 10–7 पर आता है । इसमें न स म र स गण और लघु-गुरु वर्ण आते हैं । इस छंद का लक्षण सूत्र ।।।, ।। ऽ, ऽ ऽ ऽ, ऽ। ऽ, ।। ऽ, । ऽ इस प्रकार होता है ।

▶ लक्षण गीत : **दोहा॰ मत्त पच्चीस से बना, लघु गुरु मात्रा अंत ।**
आदि न स म र स गण रहें, वह "हरिणी" है छंद ।। 1497/7068

81. The Three Attributes (Gītā Chapter 14)

॥ 14.10 ॥ **रजस्तमश्चाभिभूय सत्त्वं भवति भारत ।**
रजः सत्त्वं तमश्चैव तमः सत्त्वं रजस्तथा ॥

रजस्तमो दमित्वा च सत्त्वं मनसि वर्धते ।
सत्त्वं तमो रजश्चैव सत्त्वं रजस्तमस्तथा ॥ 1234/2422

रज–तम पर जब दबाव चढ़ता, सद् गुण का है प्रभाव बढ़ता ।
सत्–तम घट कर रज गुण बढ़ता, सत्–रज नश कर तमस् गुण चढ़ता ।।1597/5205

दोहा॰ रज–तम गुण के ह्रास में, सत् का चढ़त प्रभाव ।
सत्–रज नश कर तमस् है, सत्–तम से रज–भाव ॥ 1500/7068

◎ **And :** *Sat guṇa becomes preponderant in mind by subduing Rajas and Tamas guṇas. Rajas guṇa becomes active by subduing Sat and Tamas guṇas. Tamas guṇa becomes overpowering by subduing Sat and Rajas guṇas.* **1813/4839**

॥ 14.11 ॥ **सर्वद्वारेषु देहेऽस्मिन्प्रकाश उपजायते ।**
ज्ञानं यदा तदा विद्याद्विवृद्धं सत्त्वमित्युत ॥

प्रकाशो देहद्वारेभ्यो ज्ञानस्य जायते यदा ।
ततो मनसि ज्ञातव्यो विवृद्धः सद्गुणः खलु ॥ 1235/2422

द्वार देह के यदा चमकते, ज्ञान ज्योति से यदा दमकते ।
हिरदय भरता सत् प्रकाश से, सद्गुण के निर्मल स्वकाश से ॥ 1598/5205

दोहा॰ नौ द्वारों से देह में, चमके ज्ञान प्रकाश ।
तभी हुआ है जानिये, सद्भाव का विकास ॥ 1501/7068

◎ **And :** *When the light of wisdom shines in the body through the nine gates, then it is the indication of rise in the activity of Sat guṇa in the body.* **1814/4839**

॥ 14.12 ॥ **लोभः प्रवृत्तिरारम्भः कर्मणामशमः स्पृहा ।**
रजस्येतानि जायन्ते विवृद्धे भरतर्षभ ॥

यदा देहे रजो वृद्धं, घटते लोभकामना ।
सकामकर्मणो देहे विवृद्धिर्विद्यते तदा ॥ 1236/2422

(सत्, रज, तम के प्रभाव)
शरीर में जब रज बढ़ता है, लोभ कामना को भरता है ।
सकाम कर्म की चाव उभरती, काम वासना तभी निखरती ॥ 1599/5205

दोहा॰ रज जब बढ़ता देह में, लोभ कामना भाव ।
प्रबल हुआ है जानिये, सकाम–कर्म प्रभाव ॥ 1502/7068

◎ **And :** *When Rajas guṇa becomes active in the body, greed and desire rises in the mind.* **1815/4839**

॥ 14.13 ॥ **अप्रकाशोऽप्रवृत्तिश्च प्रमादो मोह एव च ।**
तमस्येतानि जायन्ते विवृद्धे कुरुनन्दन ॥

यदा प्राप्नोति प्राधान्यं शरीरे तु तमोगुणः ।
प्रमादालस्यनिद्राणां वृद्धिर्भवति भारत ॥ 1237/2422

जब बढ़ता है तम गुण तन में, प्रमाद का दम चढ़ता मन में ।
तन मन में फिर सुस्ती अँधेरा, दिमाग में भ्रम करे बसेरा ॥ 1600/5205

दोहा॰ तम गुण का जब देह में, होता प्रबल प्रभाव ।
आलस निद्रा राग से, होता भ्रमित स्वभाव ॥ 1503/7068

◎ **And :** *When the Tamas guṇa becomes overpowering in the body, slumber, intoxication, delusion and laziness rises in the body.* **1816/4839**

॥ 14.14 ॥ **यदा सत्त्वे प्रवृद्धे तु प्रलयं याति देहभृत् ।**
तदोत्तमविदां लोकानमलान्प्रतिपद्यते ॥

यदा सद्गुणवृद्धौ हि पञ्चत्वं लभते नरः ।
ज्ञानिनां स्वर्गद्वारं स प्राप्नोति सहजं तदा ॥ 1238/2422

सत् का जब हो प्रभाव तन में, मृत्यु अगर आवे उस क्षण में ।
नर वह जाता स्वर्ग द्वार में, ज्ञानी जनन के परिवार में ॥ 1601/5205

दोहा॰ सद्गुण के प्राबल्य में, नर जो त्यागे देह ।
स्वर्ग द्वार उसको मिले, ज्ञानी जन का गेह ॥ 1504/7068

◎ **And :** *When death comes during the rise of Sat guṇa in one's body, that wise person attains the door of heaven.* **1817/4839**

संगीतश्रीकृष्णरामायण गीतमाला, पुष्प 372 of 763

81. The Three Attributes (Gītā Chapter 14)

भजन : राग रत्नाकर. कहरवा ताल 8 मात्रा

(याद करले)

स्थायी

कभी तो याद कर ले तू, अरे शुभ काम कर ले तू ।
मिला है जिससे सब तुझको, प्रभु का नाम लेले तू ।।

♫ सामग रे- ध-प मग रेग म-, पम- गरे प-म गरे ग- म- ।
पमग प- निनिध पप धधनि-, धप- म- प-म गरेग- म- ।।

अंतरा-1

रे बंदे, पाप धो ले तू, ए गंदे साफ हो ले तू ।
कभी तो राम कह ले तू, कभी तो श्याम कह ले तू ।।

♫ रे सानि़सा-, म-ग रे- ग- म-, प मगम- ध-प मग म- प- ।
पमग प- नि-ध पपध- नि-, धपम प- ध-प गरेग- म- ।।

अंतरा-2

कभी तो सिर झुका ले तू, कभी तो ऋण चुका ले तू ।
कभी तो, मन मिला ले तू, प्रभु को धन बना ले तू ।।

अंतरा-3

कभी तो गुनगुना ले तू, प्रभु की धुन बना ले तू ।
कभी तो, दर्द पा ले तू, कभी तो डर भगा ले तू ।।

◎ **Remember him : *Sthāyī* :** *At least sometimes remember the Lord and do this good deed. He who has given you so much, chant his name sometimes.* ***Antarā* : 1.** *Chant Rāma's name sometimes, chant Shrī Krishna's name sometimes. It will cleanse your mind and wash away your sins.* **2.** *Bow your head with humility and pay back your obligations. Unite your mind with him. Make the Lord your wealth.* **3.** *Chant his name. Sing his name. Have feeling in your heart. Remove your fears.* **1818/4839**

।। 14.15 ।। **रजसि प्रलयं गत्वा कर्मसङ्गिषु जायते ।**
तथा प्रलीनस्तमसि मूढयोनिषु जायते ।।

ॐ **यदा च रजसो वृद्धौ प्रयाणं याति देहभृत् ।**
निश्चितं हि स प्राप्नोति भवनं कर्मसङ्गिनाम् ।। 1239/2422

गुण हो रजस प्रबल जब तन में, आवे मृत्यु अगर उस क्षण में ।
नर वह तामस जब मर जाता, कर्मशील का वह घर पाता ।। 1602/5205

✍ **दोहा॰ देह अगर नर त्यागता, जब हो रज का जोर ।**
निश्चित उस नर को मिले, कर्म संग का ठौर ।। 1505/7068

◎ **And :** *If the death occurs during the upsurge of Rajas guṇa (attribute), the person takes birth in the house of egoistic people who are attached to karma.* **1819/4839**

।। 14.16 ।। **कर्मणः सुकृतस्याहुः सात्त्विकं निर्मलं फलम् ।**
रजसस्तु फलं दुःखमज्ञानं तमसः फलम् ।।

ॐ **यदा तु तमसो वृद्धौ मृत्युं गच्छति मानवः ।**
तमसि च प्रलीनः स मूढयोन्यां हि जायते ।। 1240/2422

उभाड़ जब हो तम की तन में, मृत्यु आती अगर उस क्षण में ।
नर वह तामस जब मर जाता, मूढ़ योनि है निश्चित पाता ।। 1603/5205

✍ **दोहा॰ मृत्यु अगर नर को मिले, जब तम गुण बलवान ।**
पाता नर वह योनि को, विमूढ़ नरक समान ।। 1506/7068

◎ **And :** *If the death takes place during the preponderance of Tamas guṇa (attribute), the person takes birth in the hellish house of deluded and ignorant people.* **1820/4839**

।। 14.17 ।। **सत्त्वात्सञ्जायते ज्ञानं रजसो लोभ एव च ।**
प्रमादमोहौ तमसो भवतोऽज्ञानमेव च ।।

ॐ **सत्कर्मणः फलं ज्ञानं पवित्रं निर्मलं शुभम् ।**
रजसश्च फलं तृष्णा चाज्ञानं तमसस्तथा ।। 1241/2422

(सत्, रज, तम के फल)

सत् कर्मों में शुद्ध ज्ञान है, पवित्र सात्त्विक फल प्रदान है ।
कर्म राजसी दुख देता है, अज्ञान तमस का फल होता है ।। 1604/5205

✍ **दोहा॰ सत्कर्मों से ज्ञान का, फल है पूज्य प्रदान ।**
रज गुण का फल दुःख है, तम का है अज्ञान ।। 1507/7068

◎ **And :** *The result of Sat guṇa is taintless and pious wisdom. The result of Rajas guṇa is pain and the result of Tamas guṇa is ignorance and delusion.* **1821/4839**

ॐ **सत्त्वं ददाति ज्ञानं तु रजो लोभं च लालसाम् ।**

तमो ददाति मोहञ्च प्रमादं कुरुनन्दन ।। 1242/2422

सद्‌गुण का फल ज्ञान काम का, रज गुण का फल लोभ नाम का ।
तम गुण से भ्रम प्रमाद फल हैं, और मिले अज्ञान सकल है ।। 1605/5205

दोहा॰ सद्‌गुण देता ज्ञान है, रज से लोभ प्रदान ।
तमस् गुण भ्रम प्रमाद दे, अज्ञान फिर प्रधान ।। 1508/7068

◎ **And :** *O Arjun! Sat guṇa gives wisdom, Rajas guṇa gives greed and the Tamas guṇa gives delusion and intoxication.* **1822/4839**

।। 14.18 ।। **ऊर्ध्वं गच्छन्ति सत्त्वस्था मध्ये तिष्ठन्ति राजसाः ।**
जघन्यगुणवृत्तिस्था अधो गच्छन्ति तामसाः ।।

सात्त्विका ऊर्ध्वगच्छन्ति मध्ये प्रेङ्खन्ति राजसाः ।
जघन्ये नरके हीने चाधःपतन्ति तामसाः ।। 1243/2422

(गुण सर्वगामी सर्वकर्ता हैं)

सद् गुण वाले ऊर्ध्व लोक में, रज वाले जन मर्त्य कोख में ।
तम देता है अधोगति को, नरक सदा उस मूढ़मति को ।। 1606/5205

दोहा॰ सज्जन जाता स्वर्ग में, रज दे भव का लोग ।
तमोगुणी को अधोगति, हीन नरक का भोग ।। 1509/7068

◎ **And :** *The people with Sat guṇa progress upwards. The people with Tamas guṇa regress downwards and the people with Rajas guṇa hang in limbo.* **1823/4839**

।। 14.19 ।। **नान्यं गुणेभ्यः कर्तारं यदा द्रष्टानुपश्यति ।**
गुणेभ्यश्च परं वेत्ति मद्भावं सोऽधिगच्छति ।।

गुणेभ्योऽन्यो न कर्ताऽस्ति कोऽपि कुत्रापि पाण्डव ।
न च कुर्वन्ति भूतानि न पुरुषः करोति सः ।। 1244/2422

सिवाय गुण के कछु भी नहिँ है, कर्ता कोई और नहीं है ।
यही जहाँ की रीत कही है, किसी और का जोर नहीं है ।। 1607/5205

दोहा॰ गुण सिवाय कर्ता कहीं, जग में अन्य न कोय ।
पुरुष, प्रकृति न भूत भी; गुण की माया होय ।। 1510/7068

◎ **And :** *There is no doer of karmas other than the guṇas (three attributes). O Arjun! neither the beings do karmas, nor the Purusha (ātmā) does karmas.* **1824/4839**

।। 14.20 ।। **गुणानेतानतीत्य त्रीन्देही देहसमुद्भवान् ।**
जन्ममृत्युजरादुःखैर्विमुक्तोऽमृतमश्नुते ।।

(गुणातीतः)

यो मां वेत्ति गुणातीतं ब्रह्मवेत्ता स एव हि ।
मुच्यते स नरो ज्ञानी मृत्युसंसारसागरात् ।। 1245/2422

(गुणातीत)

मुझे गुणों से परे जानना, ब्रह्मज्ञान का निचोड़ जाना ।
गुणातीत वह मुझे जान कर, पार करेगा यह भवसागर ।। 1608/5205

दोहा॰ मुझ-निर्गुण का ज्ञान है, ब्रह्मज्ञान का सार ।
ब्रह्मज्ञानी नर मुक्त वो, भवसागर से पार ।। 1511/7068

◎ **Indifference to the Guṇas :** *He who is indifferent to the guṇas (the three attributes), he is the knower of the Brahma (the Supreme). That Brahma-knower is free from the worldly cycle.* **1825/4839**

जन्मजेभ्यो गुणेभ्यो यः-तटस्थो निग्रही नरः ।
जन्ममृत्युजरातीतः सोऽमृतसागरं तरेत् ।। 1246/2422

जन्मजात उन गुण-तीनों में, तटस्थ है जो नित्य गुणों में ।
जरा हीन नर वह जीता है, अमृत सागर जल पीता है ।। 1609/5205

दोहा॰ जन्मजात गुण में सदा, तटस्थ है जो धीर ।
अमृत है उसके लिये, भव सागर का नीर ।। 1512/7068

◎ **And :** *The self controlled person who is indifferent to the inborn guṇas (the three attributes), he is not bound by the worldly cycle of birth and death.* **1826/4839**

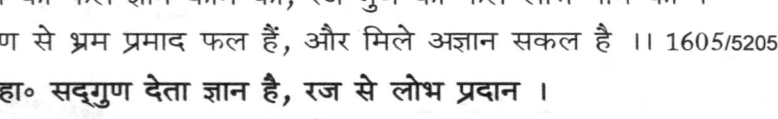

संगीतश्रीकृष्णरामायण गीतमाला, पुष्प 373 of 763

भजन

(हरि)

स्थायी

हरि पुरुष है, हरि प्रकृति, हरि परमेश्वर, हरि की जै – – – ।
हरि ब्रह्म है, हरि आत्म है, धर्म सनातन, हरि ही है – – – ।।
♫ निृध़– निृसासा सा–, गरे– सा–निृसा–, गप मगम–गरे, गम– ग रे– – – ।
गरे– ग–म प–, धप– म–ग म–, प–म गरे–गग, रेसा– निृ सा– – – ।।

अंतरा–1

राम हरि है, धाम परम है, राधे श्यामा, हरि की जै – – – ।
हरि है सावन, हरि मन भावन, कर्म जो पावन, हरि ही है – – – ।।
♫ सा–निृ सारे– रे–, म–ग रेगग म–, ध–प म–म मम, पम– ग प– – – ।
रेरे रे– ग–गग, पम गग म–मम, प–म ग रे–गग, रेसा– निृ सा– – – ।।

अंतरा–2

अमृत धारा, हरि पियारा, हरि जियारा, हरि की जै – – – ।
हरि सहारा, हरि किनारा, स्वर्ग महत्तम, हरि ही है – – – ।।

अंतरा–3

हरि है नैया, हरि खेवैया, हरि कन्हैया, हरि की जै – – – ।
हरि है मैया, हरि रमैया, सत् चित आनंद, हरि ही है – – – ।।

◎ **Hari : *Sthāyī* :** *Hari is Puruṣha. Hari is Prakriti. Hari is Supreme God. Victory to Hari!* ***Antarā* : 1.** *Rāma is Hari. He is the supreme abode. So is Rādhye-Shyāma. Victory to Hari!* **2.** *Hari is the divine nectar. Hari is dear to us. Hari is our heart. Victory to Hari!* **3.** *Hari is the boat. Hari is the boatman. Hari is the mother. He is enjoyment. Hari is peace and joy of heart. Victory to Hari!* **1827/4839**

अर्जुन उवाच ।

।। 14.21 ।। **कैर्लिङ्गैस्त्रीन्गुणानेतानतीतो भवति प्रभो ।**
किमाचारः कथं चैतांस्त्रीन्गुणानतिवर्तते ।।

(अर्जुन उवाच)

यो नरस्त्रिगुणातीतो सामर्थ्यं तस्य किं प्रभो ।
लक्षणं ब्रूहि मां तस्य कथं च तस्य रक्षणम् ।। 1247/2422

(अर्जुन ने कहा)

गुण–तीनों में उदासीन जो, कैसी उसकी रहन सहन हो ।
क्या–क्या उस नर के लक्षण हैं, कैसा उस नर का रक्षण है ।। 1610/5205

दोहा॰ जो त्रिगुणों से पार है, क्या है उसे प्रभाव ।
लक्षण, रक्षण क्या उसे, कैसा उसे स्वभाव ।। 1513/7068

◎ **Arjun's questions :** *Arjun said, O Lord! what are the signs of a person who is indifferent to the three guṇas (the three attributes). How is his behavior, what is his strength and how is his protection?* **1828/4839**

श्रीभगवानुवाच ।

।। 14.22 ।। **प्रकाशं च प्रवृत्तिं च मोहमेव च पाण्डव ।**
न द्वेष्टि सम्प्रवृत्तानि न निवृत्तानि काङ्क्षति ।।

(श्रीभगवानुवाच)

सद्गुणस्य प्रभावेन प्रकाशो जायते हृदि ।
रजसि कर्मणां वृत्तिः–तमसि मोहवासना ।। 1248/2422

(श्री भगवान ने कहा)

सत्त्विक गुण से लिये चेतना, मन में उसके चमक चाँदना ।
रज से कर्म की प्रवृत्ति है, तम से ज्ञान की निवृत्ति है ।। 1611/5205

दोहा॰ सद् गुण जिसमें है बसा, उसमें ज्ञान प्रकाश ।
कर्म वासना रजस से, तमस मोह का पाश ।। 1514/7068

◎ **Answers :** *Lord Shrī Krishṇa said, O Arjun! enlightenment arises in the heart with the preponderance of the Sat guṇa. With the rise of Rajas guṇa rises ego and with the rise of Tamas guṇa rises delusion.* **1829/4839**

सत्प्रकाशस्तमो मोहः प्रवृत्तिर्रजसात्मिका ।
प्रवृत्तिश्च प्रकाशश्च स्पष्टो मोहश्च स्यात्सदा ।। 1249/2422

प्रवृत्ति को निवृत्ति को, तथा मोह की जानो गति को ।
प्रकाश सत् है, रज प्रवृत्ति, तमो गुण कहा मोह की वृत्ति ।। 1612/5205

दोहा॰ सत् प्रकाश, रज मोद है, तमस मोह अँधकार ।
स्पष्ट सदा हों, पार्थ! ये, गुणत्रय के अधिकार ।। 1515/7068

◎ **And :** *Sat guṇa is enlightenment. Rajas guṇa is egoistic behavior and Tamas guṇa is delusion. One must know these powers of the guṇas clearly.* **1830/4839**

81. The Three Attributes (Gītā Chapter 14)

॥ 14.23 ॥ **उदासीनवदासीनो गुणैर्यो न विचाल्यते ।**
गुणा वर्तन्त इत्येव योऽवतिष्ठति नेङ्गते ॥

तटस्थोऽविचलो यो हि त्रिषु गुणेषु सर्वदा ।
गुणा एव हि कर्तारो मत्वैति न विचाल्यते ॥ 1250/2422

जो तटस्थ है, अविचल नर है, गुण-तीनों से अलिप्त स्थिर है ।
गुण ही सब कुछ करे करावे, यही समझ कर धीर धरावे ॥ 1613/5205

दोहा॰ तटस्थ अविचल जो सदा, तीन गुणों में धीर ।
"गुण कर्ता हैं," जान कर, दृढ़ रहता है वीर ॥ 1516/7068

◎ **And :** *He who is indifferent to the powers and the influences of the three guṇas (the three attributes), he knows that it is the guṇas that make you do the karmas. Knowing thus, he is not deluded.* **1831/4839**

यतो वेत्ति स कर्माणि कुर्वन्ति सर्वदा गुणाः ।
उदासीनः स साक्षी च धैर्यशीलो निरापदः ॥ 1251/2422

क्योंकि नर वह सदा जानता, गुण ही है सब कृति के कर्ता ।
साक्षी बन कर उदासीन वो, अविचल रहता व्यथा हीन वो ॥ 1614/5205

दोहा॰ "कर्ता गुण हैं कर्म के, और न कर्ता कोय" ।
उदासीन साक्षी वही, धैर्यशील नर होय ॥ 1517/7068

◎ **And :** *Because he knows that the guṇas are the doers of karma and he is just the instruments by whom the karmas are being done, he is an indifferent witness of the karmas. He is courageous and he is a harmless instrument.* **1832/4839**

॥ 14.24 ॥ **समदुःखसुखः स्वस्थः समलोष्टाश्मकाञ्चनः ।**
तुल्यप्रियाप्रियो धीरस्तुल्यनिन्दात्मसंस्तुतिः ॥

न काङ्क्षति न यो द्वेष्टि समः स सर्ववस्तुषु ।
तुल्या निन्दा स्तुतिस्तस्मै मानामानौ समौ तथा ॥ 1252/2422

न चाह जिसको, न ही द्वेष है, किसी वस्तु में मन न लेश है ॥
निंदा स्तुति हो, या सराहना, शुभ-अशुभ की नहीं भावना ॥ 1615/5205

दोहा॰ निंदा हो या सराहना, मान तथा अपमान ।
जिसे न आस न द्वेष हैं, समता का वरदान ॥ 1518/7068

◎ **And :** *He who does not covet, he who is not jealous, he who is equanimous to all things, he who is indifferent to praise and criticism, respect and disrespect;* **1833/4839**

आत्मतृप्तः सुखे दुःखे प्रियाप्रियेषु यः समः ।
वीतरागः स्थिरो मौनी नरो 'धीरः' स उच्यते ॥ 1253/2422

अचल, अडिग, स्थिर, कृतकृत्य जो, प्रिय अप्रिय में आत्मतृप्त जो ।
मिट्टी सोना, सुख या दुख हो, निंदा स्तुति सम 'धीर' नर कहो ॥ 1616/5205

दोहा॰ दुख में ना अतृप्त है, अप्रिय में ना पीड़ ।
वीतराग, स्थिर, मौन जो, जाना है वह "धीर" ॥ 1519/7068

◎ **And :** *He who is self satisfied. He who is same in pain and pleasure, he who is not attached to physical things and he who is quiet, that person of stable mind is called a "Dhīra (stable person)."* **1834/4839**

॥ 14.25 ॥ **मानापमानयोस्तुल्यस्तुल्यो मित्रारिपक्षयोः ।**
सर्वारम्भपरित्यागी गुणातीतः स उच्यते ॥

(गुणातीतः)

तुल्यनिन्दास्तुती मानोऽवमानश्च समस्तथा ।
कर्तृत्वस्य च त्यागी यो 'गुणातीतः' स उच्यते ॥ 1254/2422

निंदा हो या सराहना हो, आदर या अपमान घना हो ।
कर्तापन का जो त्यागी है, 'गुणातीत' जाना योगी है ॥ 1617/5205

दोहा॰ माटी सम सोना जिसे, सुख-दुख में न अधीर ।
स्तुति समान निंदा जिसे, 'गुणातीत' वह धीर ॥

निंदा स्तुति है सम जिसे, मान तथा अपमान ।
कर्तापन तज कर उसे, "गुणातीत" सम्मान 1520/7068

◎ **And :** *A Dhīra (of stable mind) person, who is indifferent to praise and criticism, respect and disrespect; he who does not claim credit to his dutiful deeds, that stable person is called a Guṇātīt (beyond the guṇas).* **1835/4839**

संगीतश्रीकृष्णरामायण छन्दमाला, मोती 260 of 501

81. The Three Attributes (Gītā Chapter 14)

मत्त सवैया छन्द[270]

पदपादाकुलक x 2

(हरिकृपा)

वाञ्छा द्वेष न अनुराग जिसे, सब भूतन में सम-भाव जिसे ।
निंदा स्तुति सब समतोल जिसे, मिट्टी सोना सब एक जिसे ।
मन निग्रह का न अभाव जिसे, करतापन का न लगाव जिसे ।
सब मान अमान समान जिसे, हरिदास परम का मान उसे ।।

◎ **Hari's Grace :** *He who is not greedy, he who is not attached, he who has equanimity for all beings, he who is indifferent to praise and criticism, gold and rock, he who is self controlled, he who knows that he is not the doer, he who is indifferent to honour and dishonour, he receives Shrī Krishna's grace.* **1836/4839**

।। 14.26 ।। **मां च योऽव्यभिचारेण भक्तियोगेन सेवते ।**
स गुणान्समतीत्यैतान्ब्रह्मभूयाय कल्पते ।।

मत्परो भक्तियोगेन चैकचित्तेन सेवते ।
ईदृशः स गुणातीतो ब्रह्मभूयाय कल्पते ।। 1255/2422

भक्तियोग से मत्पर होकर, जो भजता है तत्पर होकर ।
गुणातीत वह एक-भाव से, ब्रह्म मिलाए बड़ी चाव से ।। 1618/5205

दोहा॰ भक्तियोग से युक्त जो, मुझे परायण गात्र ।
गुणातीत वह भक्त ही, ब्रह्म पात्र है क्षात्र ।। 1522/7068

◎ **And :** *He who is dedicated to me with the yoga of devotion. He who worships me with undivided attention. Such person who is indifferent to the guṇas, he attains the supreme state.* **1837/4839**

।। 14.27 ।। **ब्रह्मणो हि प्रतिष्ठाहममृतस्याव्ययस्य च ।**
शाश्वतस्य च धर्मस्य सुखस्यैकान्तिकस्य च ।।

ब्रह्मणोऽहमधिष्ठानं स्थानं महासुखस्य च ।
शाश्वतस्य च धर्मस्यामृतस्य परमं पदम् ।। 1256/2422

धर्म सनातन, ज्ञान पुरातन, महा सुखों का स्थान महत्तम ।
परम ब्रह्म उस अमृत मय का, अधिष्ठान मैं सुख का मैका ।। 1619/5205

दोहा॰ अधिष्ठान मैं ब्रह्म का, महा सुखों का स्थान ।
शाश्वत अमृत धर्म का, परम शाँति का धाम ।। 1523/7068

◎ **And :** *I am the Supreme abode, I am the Supreme bliss. I am the source of eternal divine nectar.* **1838/4839**

संगीतश्रीकृष्णरामायण गीतमाला, पुष्प 374 of 763

(गुण माया का निरूपण)

स्थायी

स्वरदा ने सुंदर गाया है, नारद ने साज बजाया है ।
रतनाकर गीत रचाया है ।।

♫ सानि़सा- गरे सा-नि़नि़ सा-रेम ग-, गममग पम ग-रे सासा-रेम ग- ।
गगरेसासासा रे-ग मगरेसानि़ सा- ।।

अंतरा-1

सत् रज तम प्रकृति के गुण हैं, देही के तीनों बंधन हैं ।
प्रकृति को सगुणा जाना है, पर आत्मा निर्गुण माना है ।
यह ब्रह्मज्ञान कहलाया है ।।

♫ पप मरे मम प-पम पनि धप प-, पमग गसा सागमप गरेसानि़ सा- ।
सानि़सासा गरे सासानि़- सा-रेम ग-, सानि़ सा-गरे सा-नि़नि़ सा-रेम ग- ।
गग रेसासारे-रे गमगरेसानि़ सा- ।।

अंतरा-2

सद् गुण निर्मल सुख देता है, रज तृष्णा राग लगाता है ।
तम मायावी मोहक गुण है, दुख आलस का ये कारण है ।

[270] ♫ **मत्त सवैया छन्द :** पदपदाकुलक (16 मात्रा) छन्द के दो चरणों का एक चरण (32 मात्रा) मान कर मत्त सवैया छन्द होता है । पदपादाकुलक छन्द उपरोक्त है ।

▶ लक्षण गीत : **दोहा॰ आदि द्विकल पद आठ में, सोलह मात्रा वृंद ।**
आदि त्रिकल ना हो तभी, "मत्त सवैया" छंद ।। 1521/7068

यह गुण वर्णन बतलाया है ।।

अंतरा–3

सत् ज्ञान उदय, रज लोभ करे; तम से नर का अज्ञान बढ़े ।
ना भूत न विभु कुछ करता है, गुण से दूजा नहिं कर्ता है ।
ये तीन गुणों की माया है ।।

◎ **Guṇas : *Sthāyī* :** *Ratnākar composed the melody, Sarasvatī sang it beautifully, while Shrī Nārad muni played the Vīṇā.* ***Antarā* : 1.** *Sat, Rajas and Tamas are the three guṇas (the three attributes). They bind a person to the karmas. Prikriti is with the three guṇas, the Purusha (ātmā) is without the guṇas. This is the knowledge of self.* **2.** *The Sat guṇa is pure, it gives peace. The Rajas guṇa gives you lust. Tamas guṇa deludes you and it is the reason for sorrow and laziness. This is the description of the three guṇas.* **3.** *Sat guṇa gives the light of wisdom. Rajas gives you greed and Tamas gives ignorance. Neither the man nor the God does karmas, but the guṇas make a person do the things. This is the magic power of the three guṇas.* **1839/4839**

श्रीमद्–भगवद्–गीता अध्याय पन्द्रहवाँ ।

पुरुषोत्तम योग ।

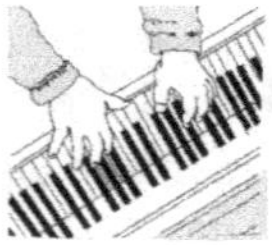

संगीतश्रीकृष्णरामायण गीतमाला, पुष्प 375 of 763

(चाल और तबला ठेका के लिये देखिये
हमारी "*नयी संगीत रोशनी*" का गीत 93)

(गणपति बाप्पा)

स्थायी

गणपति बाप्पा गजानना, सिद्धि विनायक गज वदना ।

अंतरा–1

शंकर सुवना वरानना, गौरी मनोहर प्रभंजना ।
दुख हर ले तू निकंदना ।।

अंतरा–2

शुभ वर दे दे शुभानना, लंबोदर शिव सुनंदना ।
सब कुछ तू ही सनातना ।।

अंतरा–3

कीर्तन तेरा सुहावना, एक दंती श्री निरंजना ।
जन गण करते हैं वन्दना ।।

◎ **Ganpati : *Sthāyī* :** *O Gaṇapati Bāppā! O Gajānana (with elephant head)! O Siddhi Vināyaka (Giver of success)! O Shubhānana (of Auspicious face)!* ***Antarā* : 1.** *O Son of Shiva! O Great Lord! O Son of Gaurī! O Elephant Headed Lord! please remove our pains.* **2.** *O Lord of the Mankind! O Lord of the Yogīs! O Lambodara (of big belly)! O Sunanadana (Good son)! O Sanātana (ancient)! you are all.* **3.** *O One toothed Lord! O Remover of the obstacles! O Elephant Lord! O Joy of Shiva! we bow to you.* **1840/4839**

गीतोपनिषद् : छब्बीसवाँ तरंग

Gitopanishad : Fascicule 26

82. संसारवृक्ष का निरूपण :

82. The Worldly Tree *(Gītā Chapter 15)*

(संसारवृक्षनिरूपणम्)

♫ संगीतश्रीकृष्णरामायण छन्दमाला, मोती 261 of 501

फटका छन्द

8 + 8 + 8 + 6/5

(विश्ववृक्ष)

जड़ ऊपर है डारें नीचे, पत्ते जिसके वेद हैं ।
ऐसे अक्षर विश्ववृक्ष का, ज्ञानी जानत भेद हैं ।। 1
भेद यही है उसका जानो, ज्ञानी जन सब कहते हैं ।
इस बरगद के अंग–अंग में, विषय विविध ही रहते हैं ।। 2
आदि पुरुष वह पुरुषोत्तम है, मूल में जिसके बसा हुआ ।
सांसारिक यह वृक्ष अव्ययी, ब्रह्मरूप है बना हुआ ।। 3

◎ **Universal eternal tree :** *The wise men know the secret of the worldly Banyan tree of which the roots grow from top to down and the branches from down to up, of which the* *leaves are the words of the Vedas. The wise men say, you should know the secret that various objects dwell in different parts of this tree. Ancient Supreme Puruṣha dwells at the root. The worldly tree is eternal form of Brahma (the Supreme).* **1841/4839**

संगीतश्रीकृष्णरामायण गीतमाला, पुष्प 376 of 763

गीत : राग कल्याण, कहरवा ताल 8 मात्रा

(विश्ववृक्ष)

स्थायी

विश्ववृक्ष ये ब्रह्मरूप है, मायावी अवतारी ।
मोह जाल सी जड़ में उसकी, अटके जन संसारी ।।
♫ नि़–रेग–ग ग– मं–धप–मं ग–, रे–ग–मं– गरेग–मं– ।
ध–प मं–प ध– निध प– मंमंप–, धपमं– गग रे–सा–नि़– ।।

अंतरा–1

जड़ ऊपर है, डारें नीचे, पत्ते वेद की वाणी ।
अविनाशी इस विश्वतरु का, भेद जानते ज्ञानी ।।
गुह्य वृक्ष का तुम ये जानो, कहते गहन विचारी ।
इस बरगद के अंग–अंग में, विषय विविध अविकारी ।।
♫ सारे ग–गग ग–, ध–पमं ग–मं–, नि–ध– प–मं प ध–नि– ।
सांनिध–प– मंमं ध–पमंग– मं–, ध–प मं–धप– मं–ग– ।।
नि़–रे ग–ग ग– मंमं ध– पमंग–, रेगमं– गगग रेग–मं– ।
धध पमंपप ध– नि–ध प–मं प–, धपमं धपमं गरेसा–नि़– ।।

अंतरा–2

मूल में इसके आदि पुरुष है, पुरुषोत्तम गिरिधारी ।
शाखाओं के योनि रूप से, जनी है जनता सारी ।।
तीन गुणों के माया जल से, बढ़ती दल फुलवारी ।
सांसारिक ये पेड़ अव्ययी, देता फल भवकारी ।।

अंतरा–3

कर्म के लिये कारण जानो, द्रुम है बिखरा भारी ।
फल मोहक में मन ललचाता, रस मादक भ्रमकारी ।।
"काटो बंधन, मन में लेकर, अनासक्ति की आरी ।
असंग से भव पार करोगे," बोले कृष्ण मुरारी ।।

◎ **The Worldly tree :** ***Sthāyī :*** *This worldly tree is Brahma's illusory personification. In the roots of which men are entangled with delusion.* ***Antarā :*** *1. The roots of this eternal tree grow from top to down and the branches from down to up. The leaves are the words of the Vedas. The wise men know the secret of this tree. The wise men say, different objects dwell in the different parts of this tree.* **2.** *Supreme Puruṣha, the Giridhārī (bearer of the mountain) dwells at the root of this tree. The branches are the wombs in which the beings take birth. The three guṇas (the three attributes) are the water by which this tree grows its leaves and flowers and yields the worldly fruits of the karmas.* **3.** *The intoxicating fruits of this worldly tree delude men by which they form attachment to the karmas. "The attachment with the worldly enticements should be cut with the sharp weapon of sacrifice and self-control," says Shrī Krishṇa Murāri (the slayer of demon Mura).* **1842/4839**

✍दोहा॰ बसा है जिसके मूल में, पुरुष, जगत की नींव ।
शाखा योनि रूप में, जग में जनती जीव ।। 1524/7068

सांसारिक यह वृक्ष है, जीव भूत का धाम ।
ब्रह्मरूप अश्वत्थ का, जग में 'बरगद' नाम ।। 1525/7068

प्रकृति के गुण तीन ही, जल का लेकर रूप ।
दल कोमल पोषण करें, तरु है ब्रह्म स्वरूप ।। 1526/7068

◎ **And :** *At the roots of this worldly tree dwells Puruṣha, who is the foundation of the Universe. The branches are the wombs in which the beings take birth. This tree is the personification of Brahma. In the world it is called a Banyan (Bargad or Vaṭ) tree. The three guṇas are the water that nourishes the leaves and flowers of this tree. This is its secret.* **1843/4839**

श्रीमद्भगवद्गीता पञ्चदशोऽध्यायः ।
श्रीभगवानुवाच ।

।। 15.1 ।।
ऊर्ध्वमूलमधःशाखमश्वत्थं प्राहुरव्ययम् ।
छन्दांसि यस्य पर्णानि यस्तं वेद स वेदवित् ।।

ॐ अनुष्टुप्–श्लोक–छन्दसि गीतोपनिषद्

82. The Worldly Tree (Gītā Chapter 15)

(श्रीभगवानुवाच)

(संसारवृक्ष:)

संसारवृक्षमश्वत्थं वेदपर्णमनश्वरम् ।
ऊर्ध्वमूलमध:शाखं गूढं जानन्ति ज्ञानिन: ।। 1257/2422

(संसार रूप अश्वत्थ का वृक्ष)

मूल ऊर्ध्व हैं शाखा नीचे, वेद ऋचा हैं पात समूचे ।
रहस्य मय यह संसार तरु है, बतलाते सब ज्ञानी गुरु हैं ।। 1620/5205

दोहा॰ विश्ववृक्ष अश्वत्थ के, पर्ण वेद के रूप ।
ऊर्ध्व मूल, अध शाख है, शाश्वत ब्रह्म स्वरूप ।। 1527/7068

◎ **Worldly tree :** *The wise men say, the secret of the worldly tree is that the roots of this tree grow from top to bottom and the branches from down to up. The leaves are the words of the Vedas.* **1844/4839**

संगीतश्रीकृष्णरामायण छन्दमाला, मोती 262 of 501

इन्द्रवंशा छन्द[271]

ऽ ऽ।, ऽ ऽ।, । ऽ।, ऽ। ऽ

(संसारवृक्ष)

शाखा अध: औ तरु ऊर्ध्वमूल के ।
डालीन के पल्लव वेदछन्द हैं ।।
अश्वत्थ ये शाश्वत विश्व वृक्ष जो ।
विद्वान सारे कहते अनादि है ।।

◎ **Worldly tree :** *The roots of the worldly banyan tree grow from top to down and branches from down to up. The leaves are the Vedas. This tree is eternal, say the wise men.* **1845/4839**

---

[271] **इन्द्रवंशा छन्द** : यह वंशस्थ छन्द का दूसरा रूप है । इस बारह वर्ण, 19 मात्रा वाले छन्द के चरण में त त ज र गण आते हैं । इसका लक्षण सूत्र ऽ ऽ।, ऽ ऽ।, । ऽ।, ऽ। ऽ इस प्रकार होता है । इसमें पदान्त विराम होता है ।

▶ लक्षण गीत : **दोहा॰ मत्त उन्नीस का बना, त त ज र गण का वृंद ।**
नाम "इन्द्रवंशा" जिसे, बारह अक्षर छंद ।। 1528/7068

गुह्यमेतस्य ज्ञातव्यं तरोर्वदन्ति पण्डिता: ।
एतस्य विविधाङ्गानां विविधान्विषयांञ्शृणु ।। 1258/2422

रहस्य मय इस विश्व तरु का, अंग-अंग है अजब अनूठा ।
उनमें विषय विविध रहते हैं, गुरु जन ज्ञानी सब कहते हैं ।। 1621/5205

दोहा॰ गुह्य परम इस वृक्ष का, कहते ज्ञानी लोग ।
इसके नाना अंग में, विविध विषय का योग ।। 1529/7068

◎ **And :** *The secret of this worldly tree ought to be known. The wise men say, various things exist in various parts of this tree.* **1846/4839**

।। 15.2 ।। अधश्चोर्ध्वं प्रसृतास्तस्य शाखा गुणप्रवृद्धा विषयप्रवाला: ।
अधश्च मूलान्यनुसन्ततानि कर्मानुबन्धीनि मनुष्यलोके ।।

एतस्य विद्यते मूले पुरुष: पुरुषोत्तम: ।
शाखाश्च योनिरूपिण्यो जनयन्ति सचेतनान् ।। 1259/2422

सांसारिक यह तरु ऐसा है, मूल में आदि पुरुष बसा है ।
शाखा इसकी योनि रूप हैं, जिनमें जनते सकल भूत हैं ।। 1622/5205

दोहा॰ प्रस्तुत इसके मूल में, पुरुषोत्तम हैं तात ।
शाखा योनि रूप हैं, सर्व भूत की मात ।। 1530/7068

◎ **And :** *At the bottom of this tree dwells Supreme Purușha. The branches are the wombs that give birth to the living beings.* **1847/4839**

गुणजलेन वर्धन्ते कोमला: पल्लवा दला: ।
एष सांसारिको वृक्षो ब्रह्मरूप: सनातन: ।। 1260/2422

सत् रज तम ये गुण प्रकृति के, नीर रूप में तीनों नीके ।
पल्लव दल के पोषण करते, विषय गूढ़ बन शोषण करते ।। 1623/5205

दोहा॰ कोमल पल्लव वृक्ष के, खिलते विषय स्वरूप ।
संसारिक यह वृक्ष है, ब्रह्म सनातन रूप ।। 1531/7068

◎ **And :** *The guṇas are the water that nourishes the leaves of this tree. This worldly tree is in the form of eternal ancient Brahma (the Supreme).* **1848/4839**

संगीतश्रीकृष्णरामायण छन्दमाला, मोती 263 of 501

फटका छन्द

8 + 8 + 8 + 6/5

(विश्ववृक्ष चित्रण–1)

शाखाएँ जो योनि रूप हैं,
जीव जगत को जनतीं हैं ।
गुण मय जल से तमस् विषय की,
किसलय कोमल बनतीं हैं ।।

◎ **Worldly Tree-1 :** *Its branches are the womb in which the worldly beings take birth. The Guṇas act as water to nourish the tender leaves on the branches and produce desires in the beings.* **1849/4839**

संगीतश्रीकृष्णरामायण गीतमाला, पुष्प 377 of 763

भजन

(सीता प्रकृति है)

स्थायी

सीता है प्रकृति माँ, ताता है पुरुष रामा ।
दोनों मिलाके, पूर्ण सृष्टि है ।।

नि़–ध़– नि़ सा–सारे– ग–, रे–ग– ग मंधप मं–ग– ।
ग–मं– पध–प, मं–ग रे–सा नि़– ।।

अंतरा–1

पाँचों भूतों की माया, गुण तीन को मिलाया ।
समझे, उसी की, दिव्य दृष्टि है ।।

ग–मं– पध– प मं–ग–, मंप ध–नि सां– निध–प– ।
गगमं– पध– प, मं–ग रे–सा नि़– ।।

अंतरा–2

जाने गुणों को कर्ता, बाकी जो सब अकर्ता ।
जाने उसी पे, पुण्य वृष्टि है ।।

अंतरा–3

ये प्रकृति है काया, देही है पुरुष माया ।
बूझे उसी की, तीक्ष्ण बुद्धि है ।।

◎ **Sītā is Prakriti :** ***Sthāyī :*** *Sītā is the Prakriti (nature) and Shrī Rāma is the Puruṣha (ātmā), together is the whole evolution.* ***Antarā : 1.*** *It is the magic of the five elemental beings with the three guṇas (the three attributes). He who sees it, he has a divine vision.* ***Antarā : 1.*** *Know that the guṇas are the doers of the karma. The rest are non-doers. He who knows this, the divine nectar showers on him.* ***3.*** *The Prakriti (nature, the five beings plus three guṇas) is the body (deha), the Puruṣha (ātmā) is the Dehī (life of the living being). He who understands this, his mind is sharp.* **1850/4839**

।। 15.3 ।। **न रूपमस्येह तथोपलभ्यते नान्तो न चादिर्न च सम्प्रतिष्ठा ।**
अश्वत्थमेनं सुविरूढमूलमसङ्गशस्त्रेण दृढेन छित्त्वा ।।

ऊर्ध्वमधश्च विस्तीर्णाः शाखा भूमण्डले गुणैः ।
मूलं च प्रसृतं भूत्वा जगति कर्मकारणम् ।। 1261/2422

भूमंडल में नीचे ऊपर, त्रिगुण मयी शाखाएँ भू पर ।
मूल जगत में घन बिखरा है, हेतु कर्म के लिये खरा है ।। 1624/5205

दोहा॰ **गुण के जल से हैं खिलीं, शाखाएँ अरु मूल ।**
भूमंडल में फैल कर, देत भूत को भूल ।। 1532/7068

संगीतश्रीकृष्णरामायण छन्दमाला, मोती 264 of 501

फटका छन्द

8 + 8 + 8 + 6/5

(विश्ववृक्ष चित्रण–2)

बढ़ी हैं नीचे अरु ऊपर भी,
त्रिगुणमयी शाखाएँ हैं ।
कर्म के लिये कारण बन कर,
मूल जगत में छाये हैं ।।

◎ **Worldly Tree-2 :** *With the nourishment of the guṇas (the three attributes), the branches of the worldly tree are spread up and down in the Universe. The roots are entangling the beings on the earth and are the cause for attachment to karmas.* **1851/4839**

82. The Worldly Tree (Gītā Chapter 15)

अग्रमगोचरं तस्य मध्यं मूलं तथा यदि ।
छेत्तव्यं बन्धनं तस्मात्-त्यागास्त्रेण दृढेन तत् ।। **1262**/2422

(श्रीकृष्ण आगे कहते हैं)

मूल जगत में अलख सना है, मध्य अग्र भी नलख बना है ।
विषयन के दल बंधन करते, त्याग शस्त्र से जो हैं कटते ।। 1625/5205

दोहा॰ **अग्र अगोचर वृक्ष का, दिखे न मध्य, न मूल ।**
त्याग शस्त्र से काटिये, बंधन सभी समूल ।। 1533/7068

संगीतश्रीकृष्णरामायण छन्दमाला, मोती 265 of 501

फटका छन्द

8 + 8 + 8 + 6/5

(विश्व वृक्ष चित्रण–3)

गोचर इसका मूल नहीं है,
न ही मध्य है न अग्र है ।
शस्त्र त्याग का धारण करके,
कटते बंधन समग्र हैं ।।

◎ **Worldly Tree-3 :** *The roots and stem of the worldly tree are not visible and thus the attachment to the karmas must be cut with the weapon of renunciation and self control.* **1852/4839**

।। 15.4 ।। ततः पदं तत्परिमार्गितव्यं यस्मिन्गता न निवर्तन्ति भूयः ।
तमेव चाद्यं पुरुषं प्रपद्ये यतः प्रवृत्तिः प्रसृता पुराणी ।।

।। 15.5 ।। निर्मानमोहा जितसङ्गदोषा अध्यात्मनित्या विनिवृत्तकामाः ।
द्वन्द्वैर्विमुक्ताः सुखदुःखसंज्ञैर्गच्छन्त्यमूढाः पदमव्ययं तत् ।।

(परमधाम)

मुक्त्वैवं बन्धनाद्याच्यम्-ईशात्तत्पदमव्ययम् ।
निवर्तते न सत्कर्मी यत्र गत्वा नरः पुनः ।। **1263**/2422

काट कर सभी बंधन ऐसे, प्रयास करके जैसे तैसे ।
ईश परम से पद पाना है, लौट जहाँ से नहिं आना है ।। 1626/5205

दोहा॰ **बंधन इसके काट कर, होकर उनसे मुक्त ।**
करें ईश से याचना, पूर्ण भक्ति से युक्त ।। 1534/7068

"हमको दे दो, हे प्रभो! अमित शाँति का धाम ।
लौट जहाँ से फिर नहीं, आने का हो काम" ।। 1535/7068

◎ **Supreme abode :** *Having cut the bondages and being free from attachment to karmas, one should pray the Lord to attain the Supreme state from which there is no return to the cycle of life and death.* **1853/4839**

।। 15.6 ।। न तद्भासयते सूर्यो न शशाङ्को न पावकः ।
यद्गत्वा न निवर्तन्ते तद्धाम परमं मम ।।

दिनमणेः प्रकाशो वा रजनीशस्य सा प्रभा ।
काशयते न स्थानं यत्-न ज्योतिर्ज्योतिषां तथा ।। **1264**/2422

पद ऐसा वो बना निराला, जहाँ न पहुँचे कोई उजाला ।
स्वयं प्रकाशित परम धाम को, शशि रवि आभा न है काम को ।। 1627/5205

दोहा॰ **स्वयं प्रकाशित स्थान वो, परम शाँति का धाम ।**
चंद्र न रवि चमके जहाँ, आभा हैं घनश्याम ।। 1536/7068

◎ **And :** *The place which is not lit by the Sun, Moon or any other flame;* **1854/4839**

यतः प्रत्यागमो नास्ति मृत्युचक्रे हि पार्थिवे ।
स्वयम्प्रकाशितं पार्थ धाम तत्परमं मम ।। **1265**/2422

आकर इस शुभ धाम शुभ्र में, लौटना नहीं मृत्यु चक्र में ।
स्वकाश का वह स्थल मेरा है, प्रत्यागम का नहिं फेरा है ।। 1628/5205

दोहा॰ **पाकर उस शुभ स्थान को, भव बंधन को तोड़ ।**
भव चक्कर से मुक्ति है, हरि–पग माथा जोड़ ।। 1537/7068

◎ **And :** *O Arjun! that self-illuminated place, from where there is no return to the worldly cycle of life and death, is my Supreme abode.* **1855/4839**

।। 15.7 ।। ममैवांशो जीवलोके जीवभूतः सनातनः ।
मनःषष्ठानीन्द्रियाणि प्रकृतिस्थानि कर्षति ।।

(आत्मा च परमात्मा च)

अनादिर्मे कणोऽव्यक्तो देहे भवति चेतना ।
कृषति प्रकृतिस्थानि मनःषष्ठानि पार्थ सः ।। 1266/2422

(आत्मा और परमात्मा)

कण मेरा ही अव्यक्त अनादि, आत्मा बनता तन में बंदी ।
प्रकृति से वह साथ में लाता, पाँच इंद्रियाँ मन से मिलाता ।। 1629/5205

दोहा॰ एक अनादि कण मेरा, भूत-चेतना रूप ।
लिये मनादि इन्द्रियाँ, बनता आत्म स्वरूप ।। 1538/7068

◎ **Ātmā :** *A tiny fraction of my divinity becomes the life of the living beings and it brings with it the six essences of the senses with it, into the body.* **1856/4839**

।। 15.8 ।। **शरीरं यदवाप्नोति यच्चाप्युत्क्रामतीश्वरः ।**
गृहीत्वैतानि संयाति वायुर्गन्धानिवाशयात् ।।

सुमनेभ्यो यथा वायुः–विष्वङ्ङ्वहति सौरभम् ।
देहाद्देहं तथा देही षष्ठानि नयते सदा ।। 1267/2422

सौरभ लेकर पवन सुमन से, बहता है जस चमन चमन से ।
तद्वत देही देह से होकर, देह में जाता छह को लेकर ।। 1630/5205

दोहा॰ लेकर सौरभ सुमन से, बहता यथा समीर ।
आत्मा छह लेकर बसे, भूत शरीर शरीर ।। 1539/7068

◎ **And :** *As the wind carries fragrance of a flower from place to place, so the ātmā takes the six essences (genes) from body to body.* **1857/4839**

।। 15.9 ।। **श्रोत्रं चक्षुः स्पर्शनं च रसनं घ्राणमेव च ।**
अधिष्ठाय मनश्चायं विषयानुपसेवते ।।

रसनं श्रवणं स्पर्शं दृष्टिं च श्वसनं मनः ।
एतान्स इन्द्रियाधारान्–देही देहेषु सेवते ।। 1268/2422

नयन रसन मन श्वसन अजिन का, लिये सहारा भौतिक तन का ।
करे देह में देही सेवन, इंद्रियार्थ की लेवन देवन ।। 1631/5205

दोहा॰ कर्ण, नयन, जिह्वा, त्वचा, श्वसन गात्र उपयोग ।
पाँच इन्द्रियाँ ज्ञान की, करे देहि उपभोग ।। 1540/7068

◎ **Essences :** *Taste, hearing, touch, vision, breathing and thinking are the six essences (genes), the ātmā carries with it, from body to body.* **1858/4839**

।। 15.10 ।। **उत्क्रामन्तं स्थितं वापि भुञ्जानं वा गुणान्वितम् ।**
विमूढा नानुपश्यन्ति पश्यन्ति ज्ञानचक्षुषः ।।

निवासी स च भोगी च भोक्ता गुणत्रयस्य च ।
एनं मूढा न जानन्ति जानन्ति पार्थ पण्डिताः ।। 1269/2422

यह वासी है अंतःकरण का, निर्गुण भोक्ता तीन गुणन का ।
मूढ़ नर नहीं इसको जाने, ज्ञानी जन इसको पहिचाने ।। 1632/5205

दोहा॰ देही वासी देह का, अंतःकरण निधान ।
ज्ञानी इसको जानते, नहीं मूढ़ को ज्ञान ।। 1541/7068

◎ **And :** *The ātmā is a witness and ātmā is the one who experiences the influence of the three guṇas (the three attributes) in the body. Only the wise men understand it, not the deluded people.* **1859/4839**

।। 15.11 ।। **यतन्तो योगिनश्चैनं पश्यन्त्यात्मन्यवस्थितम् ।**
यतन्तोऽप्यकृतात्मानो नैनं पश्यन्त्यचेतसः ।।

आत्मानमात्मनीक्षन्ते पार्थ यत्नेन ज्ञानिनः ।
यत्नेनापि न जानन्ति विमूढा हतबुद्धयः ।। 1270/2422

आप में बसे इस आत्मा को, ज्ञानी बूझते परमात्मा को ।
नहीं जानते करके प्रयतन, अज्ञानी जो विमूढ़ हैं जन ।। 1633/5205

दोहा॰ ज्ञानी देखत आत्म को, अपने में ही आप ।
मूढ़ न इसको देखता, करके यत्न अमाप ।। 1542/7068

◎ **And :** *The ātmā is seen by themselves in themselves by the wise people. The deluded people do not see it even after struggling to see it.* **1860/4839**

संगीतश्रीकृष्णरामायण गीतमाला, पुष्प 378 of 763

भजन : राग रत्नाकर, कहरवा ताल 8 मात्रा

(अहंकार)

स्थायी

82. The Worldly Tree (Gītā Chapter 15)

अहंकार का यह पाप मेरा, मेरी, साँस-साँस से, झरने दे ।
प्रभु! मेरी सभ्यता, खोगयी है, अभिमान को मेरे, गिरने दे ।।
♬ सारे-ग-ग ग- गग ध-प मग-, मप, ध-ध ध-ध ध-, सांनिधप ध- ।
मप! ध-ध ध-धध-, नि-सांरें सां-, रेगम-म म प-म-, गरेनि- सा- ।।

अंतरा-1

भगत प्रलाद ने, तोहे पुकारा, भागा-भागा तू आया ।
दंभ असुर का तूने गिराया, हिरनकशप का घात कराया ।
गुमान मेरा जो है, क्रोध भरा, उसे, अंदर घुटकर, मरने दे ।।
♬ मममम मप-प प-, धनि- धप-म-, पध- प-ध- सां- निध- ।
सांनि धपप म- नि-ध पम-ग-, गगगगगग म- ध-प मग-रे- ।
रेग-ग गग- ग ग-, ध-प मग-, सारे, ग-गग गगमप, गरेनि- सा- ।।

अंतरा-2

पतिव्रता[272] ने, नाम तिहारा, रो-रो कर प्रभु, जभी बुलाया ।
लंकेसर संहार कराया, सीता को बंदी से छुड़ाया ।
नस-नस में भरा ये, गर्व मेरा, हर, स्वेद बिंदु से ढहने दे ।।

अंतरा-3

मथुरा व्रज का, वो हत्यारा, पापी कंस भी, तूने हराया ।
रात आधी में, गोकुल आया, व्रज के जनन को, तूने उबारा ।
हरि! आज मेरा दुख, कहने दे, हर, आँसू आँसू में, बहने दे ।।

◎ **Ego : *Sthāyī* :** *O Lord! please let my sin and ego drain away from my body, through my every breath. O Lord! I have lost my humility, please let my pride tumble down and erode.* ***Antarā : 1.*** *When the devotee Prahlāda called you for help, you came running for his rescue. You destroyed the pride of demon Hiranyakashap. O Lord! let the arrogance and anger of mine suffocate and die inside of me and never let it come out.* **2.** *When Sītā cried and called you for help, you defeated Rāvaṇ and liberated Sītā from his captivity. O Lord! this intoxication of mine which flows through my veins, please let it dissipate out through each drop of my sweat.* **3.** *You came in that dark night and defeated the cruel Kaṅsa of Mathurā. You saved the helpless people of the Vraj village.*

---

[272] **पतिव्रता** : अहल्या, शबरी, द्रौपदी, मीरा ।

O Lord! let this pain of unrighteousness of mine trickle down through my tears. **1861/4839**

।। 15.12 ।। **यदादित्यगतं तेजो जगद्भासयतेऽखिलम् ।**
यच्चन्द्रमसि यच्चाग्नौ तत्तेजो विद्धि मामकम् ।।

(श्रीभगवत: विभूतय:)

अग्नेर्ज्योतिर्विर्भासं रजनीशस्य कौमुदीम् ।
विश्वं भासयते सर्वं तेजस्तद्विद्धि मामकम् ।। 1271/2422

(श्रीभगवान् की विभूतियाँ)

रवि की आभा, शशी की विभा, अर्जुन! मैं हूँ अग्नि की प्रभा ।
विश्व अहर्निश जो उजलाता, अर्जुन! मैं सब तेज का सोता ।। 1634/5205

दोहा॰ काँति, अग्नि रवि चंद्र की, करे विश्व जो दीप्त ।
पार्थ! जान वो तेज है, मुझसे हुआ प्रदीप्त ।। 1543/7068

◎ **Shrī Krishṇa's Divinities :** *O Arjun! the brightness of the Sun, Moon and the fire, that shines this world, know it to be mine* **1862/4839**

।। 15.13 ।। **गामाविश्य च भूतानि धारयाम्यहमोजसा ।**
पुष्णामि चौषधीः सर्वाः सोमो भूत्वा रसात्मकः ।।

अहं भूमौ च भूतानां कौन्तेय चित्तचेतना ।
सोमो भूत्वा च पुष्णामि पादपाञ्च वनस्पतिम् ।। 1272/2422

जीव जगत को दिये चेतना, भू पर मैं हूँ भूत-भावना ।
'सोम' बना पादप का भर्ता, मैं हूँ उनका पोषण कर्ता ।। 1635/5205

दोहा॰ भूत चेतना विश्व में, पार्थ! मुझे ही जान ।
सोम रूप मैं डालता, तरु-बेलों में प्राण ।। 1544/7068

◎ **And :** *I am the life of the living beings on the earth. I nourish the vegetation through the divine nectar of the moon-light.* **1863/4839**

।। 15.14 ।। **अहं वैश्वानरो भूत्वा प्राणिनां देहमाश्रितः ।**
प्राणापानसमायुक्तः पचाम्यन्नं चतुर्विधम् ।।

जठराग्निरहं भूत्वा प्राणापानसमायुतः ।

82. The Worldly Tree (Gītā Chapter 15)

उदरे सर्वभूतानां पचाम्यन्नं चतुर्विधम् ।। 1273/2422

जठराग्नि मैं उदर-समाया, प्राणापान की गति जमाया ।

चार तरह के अन्न चतुर्विध, पाचनकर्ता, मैं हूँ सब विध ।। 1636/5205

दोहा॰ जठराग्नि बन उदर में, करता मैं संचार ।

पानापान निरोध कर, अन्न पचाता चार ।। 1545/7068

◎ **And :** *I become the fire in the intestine and regulate the in breaths and our breaths to digest the four kinds of foods in the stomach of every living being.* **1864/4839**

।। 15.15 ।। **सर्वस्य चाहं हृदि सन्निविष्टो मत्तः स्मृतिर्ज्ञानमपोहनं च ।**
वेदैश्च सर्वैरहमेव वेद्यो वेदान्तकृद्वेदविदेव चाहम् ।।

अहं हृदि समाविष्टो ज्ञानं तर्कः स्मृतिस्तथा ।

वेद्यो वेत्ता विधाता च वेदान्तकृच्च वेदविद् ।। 1274/2422

समाविष्ट मैं रह कर मन में, स्मृति विस्मृति मैं, तर्क ज्ञान मैं ।

वेद्य वेद-विद् वेदांत कर्ता, अर्जुन! मैं ही जगत विधाता ।। 1637/5205

दोहा॰ स्पंदन मैं हूँ हृदय का, स्मरण, तर्क, मैं ज्ञान ।

वेद-विधाता वेद्य मैं, वेदांत का निधान ।। 1546/7068

◎ **And :** *I dwell in the hearts. I am the logic in the debate. I am the remembrance. I am the creator, knower and the Lord of the Vedas.* **1865/4839**

संगीतश्रीकृष्णरामायण गीतमाला, पुष्प 379 of 763

भजन : राग रत्नाकर, कहरवा ताल 8 मात्रा

(देहि मां शरणम्)

स्थायी

केशव माधव देहि शरणं, निरन्तरं मे हृदि तव स्मरणम् ।

♪ म-धप म-गरे गधप- गगम-, निध-पम- प- सांनि धप रेगम- ।

अंतरा-1

अमलं विमलं ते मुखकमलं, याचयामि ते स्पर्ष्टुं चरणम् ।

♪ सासारे- गगम- ध- पमगगम-, सा-रेग-प म- नि-धप रेगम- ।

अंतरा-2

त्वत्तो कोऽपि नह्युपकरणम्, अस्माकं भवसागरतरणम् ।

अंतरा-3

त्वमेव मे खलु भवभयहरणं, प्रभो सुखं मे भवतु मरणम् ।

◎ **O Lord! :** ***Sthāyī :*** *O Lord Keshava! O Mādhava! O Shrī Krishna! please take me in your shelter. Please keep your remembrance in my mind every moment.* ***Antarā : 1.*** *O Pure and auspicious Lord! your face is like a lotus. I beg you to let me touch your feet.* ***2.*** *There is no better means than you for us to cross over the worldly ocean.* ***3.*** *You are indeed the remover of my worldly fears. O Lord! please give me a peaceful death.* **1866/4839**

।। 15.16 ।। **द्वाविमौ पुरुषौ लोके क्षरश्चाक्षर एव च ।**
क्षरः सर्वाणि भूतानि कूटस्थोऽक्षर उच्यते ।।

(क्षरम् अक्षरम् आत्मा च)

लोके स्तो द्विगुणौ पार्थ पुरुषौ द्वौ क्षराक्षरौ ।

भूतं मर्त्यं क्षरं विद्धि चात्मानमक्षरं स्थिरम् ।। 1275/2422

(क्षर, अक्षर एवं आत्मा)

पुरुष जगत में दो हैं जाने, क्षर-अक्षर इति जिनके माने ।

भूत जगत के अस्थिर क्षर हैं, जीवात्मा चिर स्थिर अक्षर है ।। 1638/5205

दोहा॰ जग में जाने पुरुष दो, क्षर-अक्षर गुणवान ।

भूत मर्त्य क्षर देह के, देही अक्षर प्राण ।। 1547/7068

◎ **Four entities :** *In the world there are moving and non-moving beings. Both these entities are mutable. The third entity is ātmā, which is immutable.* **1867/4839**

।। 15.17 ।। **उत्तमः पुरुषस्त्वन्यः परमात्मेत्युदाहृतः ।**
यो लोकत्रयमाविश्य बिभर्त्यव्यय ईश्वरः ।।

(परमेश्वरः)

उत्तम एतयोरन्यः पुरुषः पुरुषोत्तमः ।

त्रिभुवनस्य धाता यः परमात्मा प्रकीर्तितः ।। 1276/2422

(परमेश्वर)

इन दोनों से परे अपर है, परब्रह्म परमात्मा चिर है ।

जग-तीनों में वही अनश्वर, सबका धाता जाना ईश्वर ।। 1639/5205

82. The Worldly Tree (Gītā Chapter 15)

✍दोहा॰ पुरुष कहे दो विश्व में, उनसे उत्तम एक ।
क्षर भूत, अक्षर देही, तृतीय है परमेश ।। 1548/7068

◎ **And :** *The third entity, beyond these two entities, is the Parameshvara (Supreme Lord), through whom the entire Universe evolves.* **1868/4839**

।। 15.18 ।। **यस्मात्क्षरमतीतोऽहमक्षरादपि चोत्तमः ।**
अतोऽस्मि लोके वेदे च प्रथितः पुरुषोत्तमः ।।

अतीतः क्षरभूतेभ्यः परतरोऽहमात्मनः ।
वेदवाक्येषु लोके यः सोऽहमोम्-पुरुषोत्तमः ।। 1277/2422

क्षर भूतों से बढ़ कर अक्षर, मैं ईश्वर आत्मा के ऊपर ।
वेद वाक्य में, जग में जाना, अर्जुन! पुरुषोत्तम हूँ माना ।। 1640/5205

✍दोहा॰ **क्षर-अक्षर से मैं परे, पुरुष परम हो याद ।**
वेद वाक्य में जो कहा, ओम् प्रणव का नाद ।। 1549/7068

◎ **And :** *O Arjun! the Supreme Lord that is beyond the living and non-living beings as well as beyond the ātmā, that third Purușhottama (Supreme Lord) I am.* **1869/4839**

।। 15.19 ।। **यो मामेवमसम्मूढो जानाति पुरुषोत्तमम् ।**
स सर्वविद्भजति मां सर्वभावेन भारत ।।

यो यथार्थेन जानाति मामेवं पुरुषोत्तमम् ।
सर्वशः परमेशं माम्-अहं तस्मै न दुर्लभः ।। 1278/2422

इसी भाँति से पुरुषोत्तम को, जो जानत हैं गुण उत्तम को ।
उनका मैं सब विध परमेश्वर, उन्हें सुलभ मैं, जग में नश्वर ।। 1641/5205

✍दोहा॰ **जिसने पुरुषोत्तम-मुझे, जाना है परमेश ।**
उसको मैं दुर्लभ नहीं, उसका मैं सर्वेश ।। 1550/7068

◎ **And :** *He who knows me, the Purușhottama (Supreme Lord), for him I am attainable.* **1870/4839**

।। 15.20 ।। **इति गुह्यतमं शास्त्रमिदमुक्तं मयानघ ।**
एतद्बुद्ध्वा बुद्धिमान्स्यात्कृतकृत्यश्च भारत ।।

एनं गुह्यमयं शास्त्रं यदहमवदं हि त्वाम् ।
विदुषा येन ज्ञातं तत्-कृतकृत्यः स भारत ।। 1279/2422

रहस्यमय यह गहन शास्त्र है, तुझे कहा, तू इसे पात्र है ।
जो जाने सो कृतकृत्य है, बुद्धिमान नर वही सत्य है ।। 1642/5205

✍दोहा॰ **गुह्य शास्त्र यह जो तुझे, बतलाया है, पार्थ! ।**
ज्ञानी उसको जान कर, करे जन्म का सार्थ ।। 1551/7068

◎ **And :** *This secret which I disclosed to you, O Arjun! knowing it, the person becomes wise and his knowledge becomes fruitful.* **1871/4839**

संगीतश्रीकृष्णरामायण गीतमाला, पुष्प 380 of 763

भजन : राग रत्नाकर, कहरवा ताल 8 मात्रा

(विष्णु)

स्थायी

विष्णु स्वाहा है, विष्णु स्वधा है, वषट् विष्णु ही स्वस्ति है ।
विष्णु यज्ञ है, विष्णु हवि है, विष्णु ब्रह्म की हस्ती है ।।

♫ म-ग रेसा- रे-, म-ग रेसा- रे-, सासासा रे-ग म- ध-प म- ।
सां-नि ध-प ध-, नि-ध पम- प-, म-ग रे-ग म- ग-रे सा- ।।

अंतरा-1

विष्णु होम है, विष्णु सोम है, ॐ ॐ का स्तोम है ।
विष्णु व्योम है, विष्णु भौम है, रोम-रोम का जोम है ।।

♫ सा-नि़ ध़-नि़ सा-, ग-रे सा-नि़ सा-, प-म ग-रे ग- प-ग म- ।
म-ग रे-सा रे-, म-ग रे-सा रे-, म-ग रे-ग म- ग-रे सा- ।।

अंतरा-2

विष्णु फूल हैं, विष्णु फल हैं, विष्णु जल की आहुति है ।
विष्णु मनन है, विष्णु नमन है, विष्णु भजन और आरती है ।।

अंतरा-3

विष्णु गुरु है, विष्णु मनु है, विष्णु पुरुष और प्रकृति है ।
विष्णु जिष्णु है, विष्णु सत्य है, विष्णु कृष्ण शिव प्रभृति है ।।

◎ **Vishṇu : *Sthāyī :*** *Lord Vishṇu is Svahā (a holy utterance during yajña), Vishṇu is Svadhā (a holy offering to the forefathers), Vishṇu is Vashaṭ (a holy utterance while giving oblation during yajña), Vishṇu is Svasti (a holy blessing), Vishṇu is yajña (austerity), Vishṇu is Havi (offering of yajña), Vishṇu is incarnation of the Brahma (the Supreme).* ***Antarā : 1.*** *Vishṇu is Homa (a holy offering of clarified butter during yajña), Vishṇu is Soma (divine nectar), Vishṇu is Stoma (praise) of Om (the holy utterance), Vishṇu is Vyom (the sky), Vishṇu is Bhauma (the earth), Vishṇu is Joma (the energy) in each Roma (muscle).* ***2.*** *Vishṇu is flower, Vishṇu is fruit and Vishṇu is the offering of water during the yajña. Vishṇu is meditation, Vishṇu is obeisance, Vishṇu is the devotional songs and prayers.* ***3.*** *Vishṇu is Guru, Vishṇu is Manu (the first progenitor), Vishṇu is Purusha (ātmā) and Vishṇu is Prakriti (nature). Vishṇu is Jishṇu (the life), Vishṇu is truth, Vishṇu is Shrī Krishṇa, Vishṇu is Shiva and all.* **1872/4839**

संगीतश्रीकृष्णरामायण गीतमाला, पुष्प 381 of 763

(संसार वृक्ष का निरूपण)

स्थायी

स्वरदा ने सुंदर गाया है, नारद ने साज बजाया है ।
रतनाकर गीत रचाया है ।।

♫ सानि़सा– गरे सा–नि़नि़ सा–रेम ग–, गममग पम ग–रे सासा–रेम ग– ।
गगरेसासासा रे–ग मगरेसानि़ सा– ।।

अंतरा–1

पुरुष मूल; प्रकृति डारें है, दल पर्ण वेद वच सारे हैं ।
इसमें परमातमा रहते हैं, सब ज्ञानी जन ये कहते हैं ।
यह ऊर्ध्वमूल कहलाया है ।।

♫ पपम रेमम; प–पम पनिधप प–, पप मगग सा–ग मप गरेसानि़ सा– ।
सानि़सा– गरेसा–नि़नि़ सासारेम ग–, सानि़ सा–गरे सासा नि़– सासारेम ग– ।
गग रेसासारे–रे गमगरेसानि़ सा– ।।

अंतरा–2

गुण जल से दल इसके बढ़ते, जन कर्म बंध में हैं पड़ते ।
ये कर्म बंध रज राशिऽ हैं, तरु रहस्य मय अविनाशी ये ।
संसार वृक्ष कहलाया है ।।

अंतरा–3

गोचर इसका है मूल नहीं, न अग्र न मध्य भी दिखे कहीं ।
भू मंडल में शाखा बिखरीं, जग में माया इसकी है भरी ।
यह वृक्ष सनातन जाना है ।।

◎ **The Worldly Tree : *Sthāyī :*** *Ratnākar composed the melody, Sarasvatī sang it beautifully, while Shrī Nārad muni played the Vīṇā.* ***Antarā : 1.*** *The Purusha (the ātmā) is the root, The Prakriti (nature) is the branches and the leaves are the words of the Vedas. In this worldly tree dwells Parmātmā (the Supreme Lord). The wise men call this worldly tree Urdhvamūla (the tree with roots from top).* ***2.*** *The three guṇas (the three attributes) are the water that nourishes the fruits of the karmas of this tree. The deluded men get attached to the karmas. This mysterious tree is eternal. It is called the tree of worldly illusion.* ***3.*** *Neither the root, not the top, nor the middle of this illusion is visible. The roots and the branches of this tree are spread in the world like a magic. It is called the most ancient tree.* **1873/4839**

श्रीमद्–भगवद्–गीता अध्याय सोलहवाँ ।
दैवासुसंपद्विभाग योग ।

संगीतश्रीकृष्णरामायण गीतमाला, पुष्प 382 of 763

भजन

(जय अंबे!)

स्थायी

जै जै जै माँ, जय अंबे, जय जय जय माँ जगदंबे ।
जै जै जै माँ, जय गंगे, जय जय जय माँ जगवन्दे ।।

♫ सा– सा– सा– रे–, मम रे–सा–, रेरे रेरे रेरे म– पपम–रे– ।
म– म– म– प–, धध प–म–, पप पप मम रे– ममरे–सा– ।।

अंतरा–1

जै जै जै माँ नमोऽस्तु ते, जै जै जै माँ शुभोऽस्तु ते ।
जै जै जै माँ जयोऽस्तु ते ।

कृपाऽस्तु ते, दयाऽस्तु ते, जै जै जै माँ वरोऽस्तु ते ।।

♫ सा- सा- रे- म- पम-रे म-, रे- रे- म- प- धप-म प-,

म- म- प- ध- सांध-प ध- ।

सांध-प ध-, पम-रे म-, रे- रे- रे- म- पम-रे सा- ।।

अंतरा-2

जै जै जै माँ चतुर्भुजा, जै जै जै माँ सुनंदिनी ।

जै जै जै माँ माँ सुहासिनी ।

शुभंकरी, शिवंकरी, जै जै जै माँ महेश्वरी ।।

अंतरा-3

जै जै जै माँ भला करो, जै जै जै माँ क्षमा करो ।

जै जै जै माँ व्यथा हरो ।

उबारियो, बचाइयो, जै जै जै माँ रक्षा करो ।।

◎ **O Ambā! : *Sthāyī :*** *Victory to you, O Mother Ambā! victory to you, O Jagadambā (Mother of the world)! victory to you, O Gangā! victory to you, O Jagvande (worshipped by the world)!* ***Antarā : 1.*** *Obeisance to you! May all good be yours. May victory be yours. May your mercy be up on us. May your kindness be up on us. May your blessings be up on us.* **2.** *O Chaturbhujā (with four arms)! O Sunandinī (Joy giver)! O Bhuvaneshvarī (Goddess of the Universe)! O Shubhankarī (Giver of good tidings)! O Shivankarī (Pārvatī)! O Mother Maheshvarī (Pārvatī)!* **3.** *Please be good to us. Please forgive our faults. O Mother! please remove our troubles. Please save us, please protect us, please guard us.* **1874/4839**

गीतोपनिषद् : सताईसवाँ तरंग

Gitopanishad : Fascicule 27

83. दैवी संपदा का निरूपण :

83. The Divine Wealth *(Gītā Chapter 16)*

(दैवीसम्पन्निरूपणम्)

♫ संगीतश्रीकृष्णरामायण छन्दमाला, मोती 266 of 501

वसंततिलका छन्द, अनुप्रास

ऽ ऽ।, ऽ।।, । ऽ।, । ऽ।, ऽ ऽ

♫ सा-नि़-सा रे-रेसारे ग-, मग रे-ग रे-सा-

83. The Divine Wealth (Gītā Chapter 16)

(दैवी संपदा)

सद्धर्म से सजित जो, शुचि सत्य श्रद्धा ।
सद्भाव सुकृत सही, सहसाधना से ।।
स्वाध्याय के सहित जो, सब सर्वदा ही ।
दैवी कही सकल वो, सत्-संपदा है ।।

◎ **Divine wealth :** *The pure and humble faith of truth and righteousness, the righteous act with righteous motive with dedication and when mind engaged in the righteous thoughts of the scriptures, all collectively are called the divine wealth.* **1875/4839**

श्रीमद्भगवद्गीता षोडशोऽध्यायः ।
श्रीभगवानुवाच ।

।। 16.1 ।। **अभयं सत्त्वसंशुद्धिर्ज्ञानयोगव्यवस्थितिः ।**
दानं दमश्च यज्ञश्च स्वाध्यायस्तप आर्जवम् ।।

अनुष्टुप्-श्लोक-छन्दसि गीतोपनिषद्

(श्रीभगवानुवाच)
(दैविनी संपद्)

निर्भयः शुद्धचित्तश्च ज्ञानयोगे सदा रतः ।
निग्रही दानशीलश्च यज्ञसिद्धश्च सद्गुणी ।। 1280/2422

(दैवी संपदा)

अभाव भय का, शुद्धि चित्त की, ज्ञान योग में स्थिति नित्य की ।
दानशीलता, बुद्धि सत्य की, निग्रह मन का, सिद्धि कृत्य की ।। 1643/5205

दोहा॰ ज्ञान योग में रत सदा, निर्भय निर्मल चित्त ।
दानवीर जो निग्रही, सज्जन सिद्ध उदात्त ।। 1552/7068

◎ **Shrī riṣhna :** *Fearlessness, purity of heart, being equipped with Jñāna yoga, self-control, charity, accomplishment of yajña (austerity) and righteousness;* **1876/4839**

।। 16.2 ।। **अहिंसा सत्यमक्रोधस्त्यागः शान्तिरपैशुनम् ।**
दया भूतेष्वलोलुप्त्वं मार्दवं ह्रीरचापलम् ।।

क्रोधहीनश्च निर्लोभः शान्तिलीनः स्थिरश्च यः ।
भूतदया तथाऽहिंसा मुखे मनसि कर्मणि ।। 1281/2422

क्रोधहीनता, लोभ विहीनता, त्याग क्षमा अरु शाँति लीनता ।
मीठी वाणी, पूर्ण अहिंसा, भूत दया अरु स्थैर्य नम्रता ।। 1644/5205

दोहा॰ क्रोधहीन, निर्लोभ हो, शाँतिलीन, स्थिर गात ।
पूर्ण अहिंसा त्रिविध हो, तन मन वाणी साथ ।। 1553/7068

◎ **And :** *absence of anger and greed, devotion to peace, stable mind, kindness towards all beings, non-violence in action, words and thoughts;* **1877/4839**

।। 16.3 ।। **तेजः क्षमा धृतिः शौचमद्रोहो नातिमानिता ।**
भवन्ति सम्पदं दैवीमभिजातस्य भारत ।।

दिव्यदेही सदा धीरो नम्रस्त्यागी त्रपायुतः ।
सम्माननिरपेक्षश्च सम्पत्तस्यैव दैविकी ।। 1282/2422

अंग दिव्यता, धैर्यशीलता, मान विहीनता, त्रपा युक्तता ।
जिसमें ये गुण स्वाभाविक हैं, दैवी धन का वो मालिक है ।। 1645/5205

दोहा॰ धैर्यशीलता, नम्रता, मान तुल्य अपमान ।
व्रीड़ा, किरपाशीलता, दैवी संपद् नाम ।। 1554/7068

◎ **And :** *and he who has blissful body and forbearance; who is courageous, humble, austere and who is not hungry for respect, he is endowed with divine wealth.* **1878/4839**

संगीतश्रीकृष्णरामायण गीतमाला, पुष्प 383 of 763

भजन

(नामजपः)

स्थायी

नाम जपो भवतु, हृदि च मुखे ।
♫ सां-ध पम- गमरे-, पम ग मरे- ।

अंतरा-1

पदारविन्दं, सच्चिदानन्दं, आनन्दकन्दं, भज गोविन्दम् ।
नाम हरेरवतु, दुःखसुखे ।।

83. The Divine Wealth (Gītā Chapter 16)

♪ सारे-गरे-ग-, रेगम-ग-रे-, गप-धप-ग-, धप मगम-रे- ।
सां-ध पम-गमरे-, पमगमरे- ।।

अंतरा-2

गिरिधरकृष्णं, देवकीनन्दं, राधारमणं, भज हि मुकुन्दम् ।
नाम सदा स्मरणे, भवतु सखे ।।

अंतरा-3

शेषशायिनं, सकलमङ्गलं, असुरमर्दनं, भज हरि कृष्णम् ।
नाथहरिर्हरतु, क्लेशदुःखे ।।

◎ **Chant the name: *Sthāyī* :** *May there be chant of Hari's name in your mouth and heart.* ***Antarā* : 1.** *May you worship the Padāravind (whose feet are like lotus), Sachidānand (Giver of peace and joy to mind), Ānand-kand (Bundle of joy), Govind (Protector of the cows). May the name of Hari be in your mouth at the happy and sad moments.* **2.** *Worship Giridhara (Bearer of mountain), Shrī Krishṇa, Devakī-nanda (Joy of Devakī), Rādhā-ramaṇa (Joy of Rādhā), Mukunda (Jewel). May you remember his name always.* **3.** *May you worship the Shesha-shāyī (whose bed is Shesha snake), Sakala-mangal (all auspicious), Asura-mardan (Slayer of the demons), Hari Krishṇa. May Lord Hari remove your sorrows and difficulties.* **1879/4839**

।। 16.4 ।। **दम्भो दर्पोऽभिमानश्च क्रोधः पारुष्यमेव च ।**
अज्ञानं चाभिजातस्य पार्थ सम्पदमासुरीम् ।।

(आसुरी संपद्)

ॐ अहङ्कारो मदो लोभो वाणी कठोरकर्कशा ।
क्रोधः क्रौर्यमबोधश्च सम्पत्-सा तु मताऽऽसुरी ।। **1283**/2422

(आसुरी संपदा)

अहंकार को, अभिमान को, कठोर वाणी में गुमान को ।
क्रोध क्रूरता दोष मूढ़ता, कही आसुरी गुण की दृढ़ता ।। 1646/5205

✍दोहा॰ **कठोर वाणी, क्रूरता, लोभ, मद, अहंकार ।**
असुर संपदा है कही, नीच अवैधाचार ।। **1555**/7068

◎ **Demonic wealth :** *Ego, intoxication, greed, harsh speech, anger, cruelty and ignorance collectively make up the demonic wealth.* **1880/4839**

।। 16.5 ।। **दैवी सम्पद्विमोक्षाय निबन्धायासुरी मता ।**
मा शुचः सम्पदं दैवीमभिजातोऽसि पाण्डव ।।

ॐ आसुरी बन्धनं दत्ते दैवी मुक्तिं ददाति तु ।
निरर्थं मा शुचः पार्थ दैवीसम्पद्वरो हि त्वम् ।। **1284**/2422

दैवी संपद् मुक्ति देती, आसुरी बाँधे बंधन सेती ।
व्यथा व्यर्थ क्यों करे, पार्थ! तू, दैवी धन का है समर्थ तू ।। 1647/5205

✍दोहा॰ **दैवी संपद मुक्ति दे, असुरी दे अज्ञान ।**
मत हो, पार्थ! निराश तू, दैवी है धनवान ।। **1556**/7068

◎ **So :** *The demonic wealth attaches you with karma and the divine wealth gives you non-attachment. O Arjun! do not lament meaninglessly. Know that you are endowed with divine wealth.* **1881/4839**

ॐ धनिनोऽपि यदिच्छन्ति तत्त्वयाऽधिगतं धनम् ।
दैवीधनस्य स्वामी त्वं छायाऽस्ति पार्थ मे त्वयि ।। **1285**/2422

धन जो पाने धनी तरसते, धन वह तुझ पर सर्व बरसते ।
तूने दैवी धन पाया है, क्योंकि तुझ पर मम छाया है ।। 1648/5205

✍दोहा॰ **जो पाने धनवान भी, ललचाते दिन-रात ।**
दैवी धन का तू धनी, तुम मम प्रिय हो, तात! ।। **1557**/7068

◎ **And :** *You possess the wealth that even the opulent people desire to possess. You are the possessor of the divine wealth, as I am your shelter.* **1882/4839**

।। 16.6 ।। **द्वौ भूतसर्गौ लोकेऽस्मिन्दैव आसुर एव च ।**
दैवो विस्तरशः प्रोक्त आसुरं पार्थ मे शृणु ।।

ॐ लोके पार्थ स्वभावौ द्वौ दैवी तथाऽऽसुरी परः ।
उक्तवान्दैविनं कृत्स्नम्-आसुरीमधुना शृणु ।। **1286**/2422

एक दैवी, दूजा असुरी, स्वभाव दो जाने गुणकारी ।
दैवी बोला विस्तृत मैंने, सुनो आसुरी गुण जो पैने ।। 1649/5205

✍दोहा॰ **जग में, पार्थ! स्वभाव दो, दैवी असुरी-भाव ।**
दैवी विस्तृत है कहा, असुरी सुनो स्वभाव ।। **1558**/7068

83. The Divine Wealth (Gītā Chapter 16)

◎ **And :** *O Arjun! Demonic and Divine are the two types of dispositions in the world. I have told you the divine disposition in details. Now listen from me the demonic disposition.* **1883/4839**

।। 16.7 ।। **प्रवृत्तिं च निवृत्तिं च जना न विदुरासुराः ।**
न शौचं नापि चाचारो न सत्यं तेषु विद्यते ।।

किं कार्यं किमकार्यं च न जानन्त्यसुरा जना ।
किं सत्यं किमसत्यञ्च को धर्मः किमधार्मिकम् ।। 1287/2422

आसुरी जन नहीं जानते, कृत्य कर्म अकृत्य मानते ।
अधर्म को वे धर्म मानते, असत्य को ही सत्य जानते ।। 1650/5205

दोहा॰ असत्य क्या है, सत्य क्या, धर्म्याधर्म्य प्रयोग ।
अकार्य क्या, करणीय क्या, असुर न जाने लोग ।। 1559/7068

◎ **Demonic disposition :** *People with demonic disposition do not know what ought to be done and what ought not to be done. They do not know what is truth and what is false, what is righteous and what is unrighteous.* **1884/4839**

।। 16.8 ।। **असत्यमप्रतिष्ठं ते जगदाहुरनीश्वरम् ।**
अपरस्परसम्भूतं किमन्यत्कामहैतुकम् ।।

वदन्ति ते जगन्मिथ्या विलासस्य हि साधनम् ।
अत्र सर्वं निराधारम्–अकारणं निरीश्वरम् ।। 1288/2422

वे कहते हैं जग है झूठा, साधन है ऐश का अनूठा ।
बिन आधार निरीश्वर जग है, मोद के लिये ये भव-भग[273] है ।। 1651/5205

दोहा॰ वे कहते, जग है बना, करने विलास भोग ।
निराधार चार्वाक है, न स्वर्ग न है यमलोक ।। 1560/7068

◎ **And :** *They think the world is unreal and it is a place for enjoyment. Everything here is baseless, meaningless and Godless.* **1885/4839**

।। 16.9 ।। **एतां दृष्टिमवष्टभ्य नष्टात्मानोऽल्पबुद्धयः ।**
प्रभवन्त्युग्रकर्माणः क्षयाय जगतोऽहिताः ।।

नष्टधर्मा बुद्धिहीनाः क्रूराश्च दुष्टबुद्धयः ।
आसुरा विश्वनाशाय निमित्तास्तेऽपकारिणः ।। 1289/2422

बुद्धिहीन वे नष्ट धर्म के, लोग आसुरी दुष्ट कर्म के ।
अपकारी ये सब कुचित्त हैं, विश्व नाश के बस निमित्त हैं ।। 1652/5205

दोहा॰ नष्ट धर्म के लोग वे, बुद्धिहीन हैं दुष्ट ।
आते हैं इस विश्व में, धर्म कराने नष्ट ।। 1561/7068

◎ **And :** *These demonic, cruel and unrighteous people of distorted mind and evil thinking take birth for the destruction of the right order.* **1886/4839**

।। 16.10 ।। **काममाश्रित्य दुष्पूरं दम्भमानमदान्विताः ।**
मोहाद्गृहीत्वासद्ग्राहान्प्रवर्तन्तेऽशुचिव्रताः ।।

अतृप्या अन्तहीनाश्च कुर्वन्ति कामनाः सदा ।
भ्रष्टा दुष्टाश्च मूढास्ते गर्वं कुर्वन्ति दम्भिनः ।। 1290/2422

भ्रष्ट दुष्ट जन मूरख दंभी, नहीं होते वे तृप्त हैं कभी ।
विविध कामना मन में करते, गर्व से भरा व्रत हैं धरते ।। 1653/5205

दोहा॰ मूरख दंभी लोग ये, कभी न होते तृप्त ।
अमित कामना को लिये, सदा नशे में सुप्त ।। 1562/7068

◎ **And :** *They have insatiable and everlasting desires. These corrupted and deluded fools are full of deceit and pride.* **1887/4839**

।। 16.11 ।। **चिन्तामपरिमेयां च प्रलयान्तामुपाश्रिताः ।**
कामोपभोगपरमा एतावदिति निश्चिताः ।।

आमरणं मदासक्ताः–चिन्ताक्रोधसमायुताः ।
भोगमोदे रुचिस्तेषां विषयेषु रताः सदा ।। 1291/2422

चिंताओं में डूबे रहते, उसी ऊब को जीना कहते ।
सदा क्रोध के प्रबल ओघ में, मरते दम तक विषय भोग में ।। 1654/5205

दोहा॰ मद में डूबे नित्य वे, डाह क्रोध से युक्त ।
मोद भोग के लालसी, विषय वासना पृक्त ।। 1563/7068

---

[273] भग = समृद्धि, संपत्ति ।

83. The Divine Wealth (Gītā Chapter 16)

◎ **And :** *They are intoxicated with worries and anger for ever and always engrossed in enjoyment and passions.* **1888/4839**

॥ 16.12 ॥ **आशापाशशतैर्बद्धाः कामक्रोधपरायणाः ।**
ईहन्ते कामभोगार्थमन्यायेनार्थसञ्चयान् ॥

आशापाशेषु बद्धास्ते कामक्रोधौ त्यजन्ति न ।
अवैधं धनमर्जन्ति विषयभोगहेतवे ॥ **1292**/2422

आशाओं के रट में जकड़े, काम क्रोध को रखते पकड़े ।
विषय भोग को नहीं छोड़ते, धन अवैध को सतत जोड़ते ॥ 1655/5205

दोहा॰ **बंधे आशा पाश से, काम क्रोध को जोड़ ।**
अवैध धन को जोड़ते, विषय भोग तनतोड़ ॥ **1564**/7068

◎ **And :** *Fettered with the chains of desires, they do not depart from passions and anger. They amass illegal wealth for the purpose of enjoyment.* **1889/4839**

॥ 16.13 ॥ **इदमद्य मया लब्धमिमं प्राप्स्ये मनोरथम् ।**
इदमस्तीदमपि मे भविष्यति पुनर्धनम् ॥

(आसुरि मनोरथम्)

इदमद्य मया प्राप्तं प्राप्स्ये तदपि श्वो पदम् ।
सञ्चितं धनमेतावद्-ग्रहिष्याम्यधिकं धनम् ॥ **1293**/2422

(आसुरी जनों के मनोरथ)

मैंने अब यह धन पाया है, कल भी वह मुझको पाना है ।
संचित है धन मेरा इतना, और कमाऊँ चाहे जितना ॥ 1656/5205

दोहा॰ **पाया मैंने आज ये, धन पाऊँगा और ।**
कल आएगी संपदा, सब कुछ मेरी ओर ॥ **1565**/7068

◎ **And :** *They say, I have attained this objective today and I will attain other objective tomorrow. I have earned this much wealth today, I shall earn more tomorrow.* **1890/4839**

॥ 16.14 ॥ **असौ मया हतः शत्रुर्हनिष्ये चापरानपि ।**
ईश्वरोऽहमहं भोगी सिद्धोऽहं बलवान्सुखी ॥

अहमहनमेनं च हनिष्याम्यपरानहम् ।
बली सुखी च सिद्धोऽहं भविष्याम्यहमीश्वरः ॥ **1294**/2422

इस नर को मैंने है मारा, कल जाएगा वह भी मारा ।
सुखी सिद्ध मैं शक्तिमाना, सबका ईश्वर मैं हूँ जाना ॥ 1657/5205

दोहा॰ **मैंने मारा है इसे, उसको भी दूँ मार ।**
सुखी सिद्ध बलवान मैं, ईश्वर का अवतार ॥ **1566**/7068

◎ **And :** *I have killed this person today, I shall kill others tomorrow. I am powerful. I am successful. I will become a God.* **1891/4839**

॥ 16.15 ॥ **आढ्योऽभिजनवानस्मि कोऽन्योऽस्ति सदृशो मया ।**
यक्ष्ये दास्यामि मोदिष्य इत्यज्ञानविमोहिताः ॥

कुलीनोऽहं सुसम्पन्नो नान्योऽस्ति सदृशो मया ।
यज्ञं करोम्यहं दानम्-आहुः प्रदर्शनाय ते ॥ **1295**/2422

सुसंपन्न हूँ, मैं कुलीन हूँ, मैं सुख विलास भोग लीन हूँ ।
यज्ञ दान का स्वाँग करूँगा, शान मान की माँग करूँगा ॥ 1658/5205

दोहा॰ **कुलीन मैं, संपन्न मैं, मेरे कौन समान ।**
यज्ञ करूँगा, दान भी, ग्रहण करूँ सम्मान ॥ **1567**/7068

◎ **And :** *I am noble. I am rich. No one is like me. I shall do austerities and I will do charities for showing off myself.* **1892/4839**

॥ 16.16 ॥ **अनेकचित्तविभ्रान्ता मोहजालसमावृताः ।**
प्रसक्ताः कामभोगेषु पतन्ति नरकेऽशुचौ ॥

बद्धास्ते भोगपाशेषु सदा मोहेन संवृताः ।
पतन्ति नरके मूढाः कामभोगपरायणाः ॥ **1296**/2422

विविध भ्रान्ति से यों भरमाये, मोह जाल में वह उलझाये ।
काम भोग में नित्य परायण, नरक में उन्हें पद है कायम ॥ 1659/5205

दोहा॰ **भोग पाश में बद्ध वे, उन्हें मोह का रोग ।**
गिरते हैं फिर नरक में, भोग परायण लोग ॥ **1568**/7068

◎ **And :** *These evil people, devoted to passions and attached to enjoyments, deluded in their mind, they fall in the hell.* **1893/4839**

॥ 16.17 ॥ **आत्मसम्भाविताः स्तब्धा धनमानमदान्विताः ।**
यजन्ते नामयज्ञैस्ते दम्भेनाविधिपूर्वकम् ॥

यज्ञेन नाममात्रेण गर्वान्विताश्च स्वैरिणः ।
मूढभावेन निन्दन्ति मां सर्वेषां हृदि स्थितम् ॥ 1297/2422

नाम-मात्र का यज्ञ सजा कर, अकड़े रहते नाक बजा कर ।
सबके दिल में बसने वाले, मम निंदा कर हँसने वाले ॥ 1660/5205

दोहा॰ **नाम-मात्र के यज्ञ से, व्यर्थ दिखाते शान ।**
करके निंदा वे मेरी, दिखलाते अज्ञान ॥ 1569/7068

◎ **And :** *These losers, puffed up with spurious austerities, they criticize me who dwells in everyone's heart.* **1894/4839**

॥ 16.18 ॥ **अहङ्कारं बलं दर्पं कामं क्रोधं च संश्रिताः ।**
मामात्मपरदेहेषु प्रद्विषन्तोऽभ्यसूयकाः ॥

कामक्रोधाभिमानांश्च बलं मत्वा च कामुकाः ।
मदान्धा गर्विणो दुष्टा आत्मश्लाघे रताः सदा ॥ 1298/2422

मद मत्सर में, धन गुमान में, आत्मश्लाघ में, छल अमान में ।
काम भोग में, बल घमंड में, गर्व दर्प में, खल अखंड में ॥ 1661/5205

दोहा॰ **काम क्रोध अभिमान को, शक्ति जान कर मस्त ।**
मदांध कामुक दुष्ट ये, आत्मश्लाघ में व्यस्त ॥ 1570/7068

◎ **And :** *These people are taken over by desires. They think passions, anger and pride are their strengths. They stay engrossed in intoxication and vanity.* **1895/4839**

॥ 16.19 ॥ **तानहं द्विषतः क्रूरान्संसारेषु नराधमान् ।**
क्षिपाम्यजस्रमशुभानासुरीष्वेव योनिषु ॥

एतान्नराधमान्पापान्-मूढान्क्रूरानसूयकान् ।
योनिषु चासुरीष्वेव वारंवारं क्षिपाम्यहम् ॥ 1299/2422

इन क्रूरों को असूयकों को, नराधमों को अराजकों को ।
देता हूँ मैं आसुरी योनि, महापातकी जिनकी होनी ॥ 1662/5205

दोहा॰ **क्रूर असूयक दुष्ट ये, मूढ़ नराधम पाप ।**
पाते आसुर योनि हैं, जैसी दूँ मैं आप ॥ 1571/7068

◎ **And :** *To these cruel, evil and sinful people, I throw in hell life after life.* **1896/4839**

॥ 16.20 ॥ **आसुरीं योनिमापन्ना मूढा जन्मनि जन्मनि ।**
मामप्राप्यैव कौन्तेय ततो यान्त्यधमां गतिम् ॥

अधमां प्राप्य ते योनिम्-अतो जन्मनि जन्मनि ।
अधोगतिं च गच्छन्ति न मां प्राप्यासुरा जनाः ॥ 1300/2422

अधम गति को वे जाते हैं, नीच योनि को वे पाते हैं ।
मुझे न पाकर मूढ़ अंत में, अधोगति के दुख अनंत में ॥ 1663/5205

दोहा॰ **अघम योनि को प्राप्त वे, करत पाप के भोग ।**
सदा अधोगति के धनी, नीच आसुरी लोग ॥ 1572/7068

◎ **And :** *These demonic people, not having attained me, get hellish births.* **1897/4839**

॥ 16.21 ॥ **त्रिविधं नरकस्येदं द्वारं नाशनमात्मनः ।**
कामः क्रोधस्तथा लोभस्तस्मादेतत्त्रयं त्यजेत् ॥

(कृत्यं च अकृत्यं च कर्म)

त्रिविधान्यात्मघाताय द्वाराणि नरकस्य वै ।
कामः क्रोधश्च लोभश्च त्यागस्तेषां सदा भवेत् ॥ 1301/2422

(कृत्य और अकृत्य कर्म)

काम क्रोध अरु लोभ त्रिविध हैं, द्वार नरक के बने विविध हैं ।
आत्मघात के नये शोध हैं, इनको तजना योग्य बोध है ॥ 1664/5205

दोहा॰ **काम क्रोध अरु लोभ हैं, द्वार नरक के तीन ।**
आत्मघात के बीज हैं, रहो न इनमें लीन ॥ 1573/7068

◎ **Thus :** *Desire, anger and greed are the three gates to hell and self destruction. One should always stay away from these three vices.* **1898/4839**

॥ 16.22 ॥ **एतैर्विमुक्तः कौन्तेय तमोद्वारैस्त्रिभिर्नरः ।**

आचरत्यात्मनः श्रेयस्ततो याति परां गतिम् ।।

तेभ्यस्त्रिभ्यो हि द्वारेभ्यो मुच्यते मानवो यदा ।
स्वस्य हितञ्च कृत्वा स मोक्षो हि लभते तदा ।। 1302/2422

तीनों हैं ये द्वार नरक के, बुरे अंत के मार्ग फरक के ।
इनसे बचना खरी युक्ति है, जिनसे नर को मिले मुक्ति है ।। 1665/5205

दोहा॰ इन तीनों से दूर जो, रहते ज्ञानी लोग ।
हित अपना करके, उन्हें, मिले मोक्ष का योग ।। 1574/7068

◎ **And :** *He who stays away from these three vices, that wise person attains liberation.* **1899/4839**

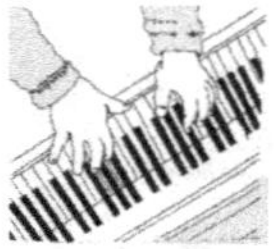

संगीतश्रीकृष्णरामायण गीतमाला, पुष्प 384 of 763

भजन : राग रत्नाकर, कहरवा ताल 8 मात्रा

(भद्रता)

श्लोकः

भद्रं श्रुणोमि कर्णाभ्यां भद्रं वाक्यं मुखेन च ।
भद्रं पश्यामि चक्षुर्भ्यां भद्रेच्छां मनसा सदा ।। 1282/2422

♫ सा-रे- गम-ग रे-सा-रे-, रे-ग- म-प- मग-रे ग- ।
ग-म- प-ध-प म-ग-म-, नि-ध-प- गमग- रेसा- ।।

स्थायी

भद्र सुनूँ मैं, भद्र देखूँ मैं, भद्र गहूँ मैं, भद्र कहूँ ।

♫ नि़-सा रेग- रे-, प-म ग-रे ग-, ध-प मग- रे-, प-म गम- ।

अंतरा-1

संत जनन का, दुखी दीनन का, अकिंचनों का, हाथ धरूँ, मैं ।
धरती माँ का, जन्म दाती का, ज्ञान देवी! आभारी रहूँ ।।

♫ सा-रे गमम म-, रेग म-पप प-, धप-मग- रे-, ध-प मग-, म- ।
गरेसा- रे- ग-, म-ग रे-सा रे-, ग-ग म-प! ध-प-म गम- ।।

अंतरा-2

प्रभु चरणन में, शुभ सुमिरण में, सदा शरण में, दास रहूँ, मैं ।
नित्य करम से, सत्य धरम से, नम्र हृदय से, क्लेश सहूँ ।।

अंतरा-3

तन निर्मल से, मन निर्मम से, धन निर्धन को, दान करूँ, मैं ।
नाम प्रभु के, काम प्रभु के, अर्पण मम मैं, प्राण करूँ ।।

◎ **Virtue : *Shloka*** *: I shall hear good words, I shall speak good words, I shall see good things, I shall always think of good things in my mind.* ***Sthāyī :*** *I Shall hear, see, receive and speak good things.* ***Antarā : 1.*** *I shall keep company with saints, helpless and poor people. I shall be thankful to the mother who gave me birth, knowledge and support.* ***2.*** *I shall stay at the feet of the Lord, chanting his name. I shall always do good and righteous things from my humble heart. I shall bare all pain.* ***3.*** *I shall help the helpless with humble mind. I shall lay down my life in the service and in the name of God.* **1900/4839**

।। 6.23 ।। यः शास्त्रविधिमुत्सृज्य वर्तते कामकारतः ।
न स सिद्धिमवाप्नोति न सुखं न परां गतिम् ।।

(शास्त्रं प्रमाणम्)

त्यक्त्वा विधिविधानं यः स्वैरमाचरते नरः ।
सुखं सिद्धिं च हित्वा हि गच्छति सोऽधमां गतिम् ।। 1303/2422

(शास्त्र ही सदाचार का प्रमाण है)

विधि-विधान तज कर जो करता, समझो अपने हाथों मरता ।
अधम गति को जो है भजता, सुख सिद्धि को वो है तजता ।। 1666/5205

दोहा॰ विधि-विधान को छोड़ कर, जो करते हैं काम ।
वे खोते सुख सिद्धि को, आसुर उनका नाम ।। 1575/7068

◎ **Scriptures :** *He who acts according to his own whim, ignoring the words of the scriptures, he is deprived of good results, success and happiness and he downgrades himself.* **1901/4839**

।। 16.24 ।। तस्माच्छास्त्रं प्रमाणं ते कार्याकार्यव्यवस्थितौ ।
ज्ञात्वा शास्त्रविधानोक्तं कर्म कर्तुमिहार्हसि ।।

किमकृत्यं च किं कृत्यं निर्णयाय यथोचितम् ।
प्रमाणाय विधिं मत्वा शास्त्रविधानमाचरेत् ।। 1304/2422

कृत्य कर्म क्या व अकृत्य क्या, निर्णय इसका सही सत्य क्या ।
विधि-विधान को प्रमाण धर लो, शास्त्र जो कहे वैसा कर लो ।। 1667/5205

✍दोहा० **कर्म करो करणीय तुम, धरके शास्त्र प्रमाण ।**
विधि-विधान को जान कर, करिए उसे प्रणाम ।। 1576/7068

◎ **Therefore :** *Therefore, in order to decide what is right and what is wrong, one must take help of the words of the scriptures.* **1902/4839**

संगीतश्रीकृष्णरामायण गीतमाला, पुष्प 385 of 763

भजन : राग रत्नाकर, कहरवा ताल 8 मात्रा

(सुंदराष्टकम्)

स्थायी

आरती सुंदर, कथा है सुंदर, भजन है सुंदर, पूजन सुंदर ।
प्रसाद सुंदर, स्मरण है सुंदर, लक्ष्मीपति का व्रत है सुंदर ।।
♫ सा-रेग म-मम, पम- ग म-मम, धपम ग रे-रेरे, रे-गप म-मम ।
सारे-ग म-मम, पमग रे ग-गग, सा-रेमप- म- धप मग म-मम ।

अंतरा-1

सूरत सुंदर, मूरत सुंदर, वदन है सुंदर, बदन है सुंदर ।
कान हैं सुंदर, नाक है सुंदर, लक्ष्मीपति का तन मन सुंदर ।।
♫ सां-निध प-धध, नि-धप ध-धध, धपम ग म-मम, पमग रे प-मम ।
सा-रे ग म-मम, रे-ग प म-मम, सा-रेमप- म- धप मग म-मम ।।

अंतरा-2

कुण्डल सुंदर, कुन्तल सुंदर, मुकुट है सुंदर, भृकुटी है सुंदर ।
केश हैं सुंदर, वेश है सुंदर, लक्ष्मीपति का रूप है सुंदर ।।

अंतरा-3

चक्र है सुंदर, गदा है सुंदर, पद्म है सुंदर, शंख है सुंदर ।
वस्त्र हैं सुंदर, शस्त्र हैं सुंदर, लक्ष्मीपति के भूषण सुंदर ।।

अंतरा-4

प्रभाव सुंदर, स्वभाव सुंदर, दर्श है सुंदर, स्पर्श है सुंदर ।
गेह है सुंदर, नेह है सुंदर, लक्ष्मीपति का देह है सुंदर ।।

अंतरा-5

अंबर सुंदर, धरती सुंदर, चन्द्र है सुंदर, सूर्य है सुंदर ।
नदियाँ सुंदर, पर्वत सुंदर, लक्ष्मीपति का जगत है सुंदर ।।

अंतरा-6

नारद सुंदर, किन्नर सुंदर, तुंबर सुंदर, गरुड़ है सुंदर ।
गोप हैं सुंदर, दास हैं सुंदर, लक्ष्मीपति के भगत हैं सुंदर ।।

अंतरा-7

विष्णु है सुंदर, विभु है सुंदर, हरि है सुंदर, प्रभु है सुंदर ।
राम है सुंदर, श्याम है सुंदर, लक्ष्मीपति के नाम हैं सुंदर ।।

◎ **Sundarashtak : *Sthāyī* :** *This song of Lakshmīpati (Husband of Lakshmī) is beautiful, his story is beautiful, his Bhajan is beautiful, his worship is beautiful, his blessing is beautiful, his remembrance is beautiful, Lakshmī-pati's (Vishnu's) austerity is beautiful.* ***Antarā* : 1.** *His face is beautiful, his image is beautiful, his form is beautiful, his body is beautiful, his ears are beautiful, his nose is beautiful, Lakshmī-pati's mind is beautiful.* **2.** *His ear-rings are beautiful, his hair are beautiful, his crown is beautiful, his eye-brows are beautiful, his garments are beautiful, Vishnu's form is beautiful.* **3.** *His Sudarshan wheel is beautiful, his mace is beautiful, his lotus is beautiful, his conch shell is beautiful, his cloths are beautiful, his weapons are beautiful, Vishnu's ornaments are beautiful.* **4.** *His power is beautiful, his nature is beautiful, his image is beautiful, his touch is beautiful, his abode is beautiful, his love is beautiful, Vishnu's body is beautiful.* **5.** *His sky is beautiful, his earth is beautiful, his moon is beautiful, his sun is beautiful, his rivers are beautiful, his mountains are beautiful, Vishnu's world is beautiful.* **6.** *Nārad muni is beautiful, Kinnar is beautiful, Tumbar is beautiful, Garuda is beautiful, Gop (cowherds) are beautiful, his servants are beautiful, Vishnu's devotees are beautiful.* **7.** *Vishnu is beautiful, the Lord is beautiful, Hari is beautiful, the Master is beautiful, Shrī Rāma is beautiful, Shrī Krishna is beautiful, Vishnu's names are beautiful.* **1903/4839**

संगीतश्रीकृष्णरामायण गीतमाला, पुष्प 386 of 763

(दैवी धन का निरूपण)

स्थायी

स्वरदा ने सुंदर गाया है, नारद ने साज बजाया है ।

83. The Divine Wealth (Gītā Chapter 16)

रतनाकर गीत रचाया है ।।

♫ सानि़सा- गरे सा-नि़नि़ सा-रेम ग-, गममग पम ग-रे सासा-रेम ग- ।

गगरेसासासा रे-ग मगरेसानि़ सा- ।।

अंतरा-1

तन निर्भयता चित शुद्धिऽ हो, दिल दानशील सम बुद्धिऽ हो ।

मन संयत हो गुण मुनि मन हो, गत क्रोध लोभ नर स्याना हो ।

यह दैवी गुण कहलाया है ।।

♫ पप मरेममप- पम पनिधप प-, पप मगगसा-गग मप गरेसानि़ सा- ।

सानि़ सा-गरे सा- नि़नि़ सासा रेम ग-, सानि़ सा-ग रे-सा सानि़ सा-रेम ग- ।

गग रेसासा- रेरे गमगरेसानि़ सा- ।।

अंतरा-2

जिस नर को योग की सिद्धिऽ हो, वच मीठे ज्ञान की बुद्धिऽ हो ।

जब दंभ गया अरु नम्र भया, हो पूर्ण अहिंसा भूत दया ।

वह दैवी धन बतलाया है ।।

अंतरा-3

नर दृढ़ हो धीरज वाला हो, गत मान दंभ दिलवाला हो ।।

मन वैर रहित हृद सभ्य सदा, नत शाँत क्षमा का दाता जो ।

दैवी वैभव कहलाया है ।।

◎ **Divine wealth : *Sthāyī* :** *Ratnākar composed the melody, Sarasvatī sang it beautifully, while Shrī Nārad muni played the Vīṇā.* ***Antarā* : 1.** *Fearlessness, purity of mind, charity, equanimity, self-control, quiet personality, peace of mind and wisdom are called divine virtues.* **2.** *Ascetic nature, success in austerity, sweet speech, knowledge, humility, non-violence, is collectively the divine wealth.* **3.** *Courage, stable mind, upright frankness, friendliness and honesty, is collectively called the divine wealth.*
1904/4839

श्रीमद्-भगवद्-गीता अध्याय सत्रहवाँ ।

श्रद्धात्रय-विभाग योग ।

संगीतश्रीकृष्णरामायण गीतमाला, पुष्प 387 of 763

भजन : राग रत्नाकर, कहरवा ताल 8 मात्रा

(बाल गणेश)

स्थायी

बाल गणेशा, पायो गज का शीश,

सखी री मोहे, भायो गजानन ईश ।

♫ ध-प मग-म-, ध-प मग म- प-प ।

धप म गरे-, ध-प मग-रेग म-म ।।

अंतरा-1

नारद शारद गात हैं कीर्ति, प्यारो मेरो जगदीश ।

♫ सा-रेग म-मम प-म ग रे-ग-, ध-प मग- रेगम-म ।

अंतरा-2

आदि देवता भाग्य विधाता, ज्ञान बुद्धि वागीश ।

अंतरा-3

पिता महादेवा माता पार्वती, भगत भजत अहनीश ।

◎ **Gaṇesh : *Sthāyī* :** *Baby Gaṇesh got the head of an elephant. O Dear! I like the Gajānana (God with elephant head).* ***Antarā* : 1.** *Nārad muni and Sarasvatī are singing his praises. My Jagadīsh (Lord of the world) is adorable.* **2.** *He is the foremost God, he is the Giver of good fortune. He is the Lord of knowledge, thinking and speech.* **3.** *His father is Shiva and Mother is Pārvatī. His devotees worship him day and night.*
1905/4839

संगीतश्रीकृष्णरामायण गीतमाला, पुष्प 388 of 763

(चाल और तबला ठेका के लिये देखिये
हमारी *"नयी संगीत रोशनी"* का गीत 105)

कीर्तन : कहरवा ताल 8 मात्रा

(हरि नारायण)

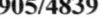

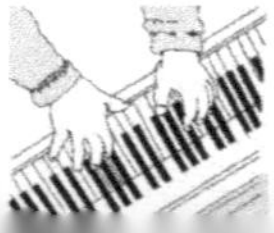

83. The Divine Wealth (Gītā Chapter 16)

स्थायी

हरि नारायण शिव ओम्, शिव नारायण जय ओम् ।

हरि नारायण सत् ओम्, शिव नारायण हरि ओम्, हरि० ।।

अंतरा–1

अंतर्यामी दिगंत स्वामी, रिषीकेश हरि ओम् ।

शेषशायी सत् ओम्, स्वामी नारायण जय ओम् ।

हरि नारायण हरि ओम् ।।

अंतरा–2

दामोदर श्री अनंत साँई, मनोहारी हरि ओम् ।

राधेश्याम सत् ओम्, स्वामी नारायण जय ओम् ।

हरि नारायण हरि ओम् ।।

अंतरा–3

कमल नयन श्री मुकुंद माधो, गदाधारी हरि ओम् ।

राधेकृष्ण सत् ओम्, स्वामी नारायण जय ओम् ।

हरि नारायण हरि ओम् ।।

◎ **Nārāyaṇ** : ***Sthāyī*** : *Victory to Nārāyaṇ! O Nārāyaṇa! Sat Om! Jai Om!* ***Antarā*** : ***1.*** *Victory to Nārāyaṇ (Vishṇu), who Dwells in us and has conquered all directions, to that Sheshashāyī (whose bed is the Shesha snake) Hari Om! Victory to Nārāyaṇ! Hari Om!* ***2.*** *O Dāmodar Shrī Krishṇa! O Manohārī, O Rādhe-Shyām! victory to you, O Lord Nārāyaṇ!* ***3.*** *O Lotus Eyed Shrī Krishṇa! O Mukund (the jewel)! O Mādhav (Husband of Lakshmī)! O Gadādhar (Bearer of the mace)! O Rādhe-Krishṇa! victory to you. .* **1906/4839**

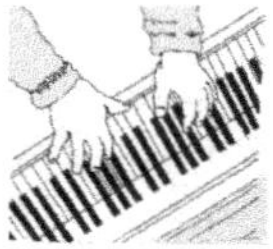

संगीतश्रीकृष्णरामायण गीतमाला, पुष्प 389 of 763

(श्रीकृष्ण स्मरणाष्टकम्)

श्लोकः

पठेद्यः प्रातरुत्थाय स्तोत्रं कृष्णाष्टकं शुभम् ।

धौतः स सर्वपापेभ्यो विष्णुलोको हि धाम तम् ।। 1305/2422

♫ रेग–ग– ग–गमं–प–मं–, ग–मं– प–ध–पमं– गमं– ।

ग–मं– प– मं–गरे–ग–मं–, ग–मंप–मं– ग रे–ऩि सा– ।।

स्तोत्रं–1

प्रभाते चिन्तयेत्कृष्णं मोहनं स्नानमार्जने ।

प्रार्थनायां च गोविन्दं पावनं करुणाकरम् ।। 1306/2422

स्तोत्रं–2

अध्ययने स्मरेन्नित्यं योगेश्वरं जगद्गुरुम् ।

क्रीडने बालगोपालं कार्यकाले जनार्दनम् ।। 1307/2422

स्तोत्रं–3

विश्रामे द्वारिकानाथं चिन्तनं वन्दनं हरिम् ।

शयने श्रीधरं ध्यायेत्–निर्विकारं निरञ्जनम् ।। 1308/2422

स्तोत्रं–4

प्रवासे सर्वज्ञातारं नृसिंहं सर्वव्यापिनम् ।

पार्थसारथिनं युद्धे रक्षकं चतुराननम् ।। 1309/2422

स्तोत्रं–5

उपनयनकाले च पीताम्बरं मनोहरम् ।

विवाहे भाग्यदातारं श्रीपतिं पुरुषोत्तमम् ।। 1310/2422

स्तोत्रं–6

मोदे दामोदरं ध्यायेद्–विष्णुं सकलमङ्गलम् ।

दुःखे च परमानन्दं मुरारिं परमेश्वरम् ।। 1311/2422

स्तोत्रं–7

सङ्कटे च चतुर्बाहुं नारायणं गदाधरम् ।

चक्रपाणिं हृषीकेशं सर्वकाले सुदर्शनम् ।। 1312/2422

स्तोत्रं–8

जन्मदिने स्मरेत्पूज्यं पूजयेद्विश्ववन्दितम् ।

अन्तकाले स्मरेद्देवं देवदेवं सनातनम् ।। 1313/2422

श्लोकः

स्मरणाष्टकमेतद्धि पठेद्रत्नाकरस्य यः ।

सर्वकाले शुभं तस्य भवेत्कृष्णानुकम्पया ।। 1314/2422

◎ **Shrī-Krishṇ-ashṭakam : *Shloka*** *: He who reads this holy hymn of Shrī Krishṇa when he gets up in the morning, he washes away all his sins and goes to the supreme abode of Lord Vishṇu.* ***Stotra : 1.*** *One should chant Shrī Krishṇa's name in the morning and at the time of taking bath. While doing the morning prayers, one must sing merciful Govind Krishṇa's prayers.* ***2.*** *While doing studies, one should remember Shrī Krishṇa, the Yogeshvara (Lord of yogas) and Jagadguru (the Guru of the World). While playing one should remember the Gopāl (cowherd) Shrī Krishṇa and at the time of work one should remember Janārdan (remover of the evil people) Shrī Krishṇa.* ***3.*** *At the time of rest, one should remember Hari. At bed time one should remember Shrīdhar (Husband of Lakshmī), the pure and formless.* ***4.*** *At the time of travel, one should remember the Omniscient, Nrisimha (lion-man), Sarva-vyāpī (Omnipresent) Shrī Krishṇa. At the time of a war, one should remember Pārtha Sārthi (Arjun's charioteer) Shrī Krishṇa, the four headed protector Lord.* ***5.*** *At the time of Sacred thread ceremony, one should remember Pītāmbar (wearing yellow garment) beautiful Shrī Krishṇa. At the time of wedding, one should remember Bhāgya-dātā (giver of good luck), Shrī-pati (Husband of Lakshmī), Purushottama (Supreme among men) Shrī Krishṇa.* ***6.*** *While having a happy time, one should remember Dāmodar (who was tied to with a rope by his mother) Shrī Krishṇa. At sad moment, one should remember Paramānand (Supreme joy), Murāri (slayer of demon Mura), Parameshvara (the Supreme God) Shrī Krishṇa.* ***7.*** *At the difficult moments, one should remember Chaturbāhu (four armed), Gadādhar (Bearer of mace), Nārāyaṇa. At all times, one should remember Chakrapāṇi (bearer of Sudarshan wheel), Hrishīkesh (Lore of the body organs) Shrī Krishṇa.* ***8.*** *At birthdays, one should remember the sacred Vishva-vandita (worshipped by the world) Shrī Krishṇa. At the time of death, one should remember Devadeva (Lord of the Gods) Shrī Krishṇa.* ***Shloka :*** *He who reads this Shrī Krishṇashṭak all the time, he receives Shrī Krishṇa's blessings, good luck and good tidings.* **1907/4839**

गीतोपनिषद् : अट्ठाईसवाँ तरंग

Gitopanishad : Fascicule 28

84. श्रद्धा का निरूपण :

84. The Faith (Gītā Chapter 17)

(श्रद्धानिरूपणम्)

संगीतश्रीकृष्णरामायण छन्दमाला, मोती 267 of 501

फटका छन्द

8 + 8 + 8 + 6/5

(श्रद्धा)

देहधारी में, स्वाभाविक जो, पायी जाती श्रद्धा है ।
सत् रज तम इति, तीन तरह से, गुण मिश्रित जो त्रिविधा है ।। 1
निष्ठा सबकी, स्वाभाविक सी, अंतःकरण के अनुसारे ।
जैसी जिसकी, होती श्रद्धा, रूप वही वो नर धारे ।। 2

◎ **Faith :** *Faith is natural instinct of the living beings. The faith that is commonly found in people is of three types : Sāttvic, Rājasic and Tāmasic, according the to dominant guṇas of that person. As is his faith, so is his nature.* **1908/4839**

श्रीमद्भगवद्गीता सप्तदशोऽध्यायः ।

अर्जुन उवाच ।

।। 17.1 ।।

ये शास्त्रविधिमुत्सृज्य यजन्ते श्रद्धयान्विताः ।
तेषां निष्ठा तु का कृष्ण सत्त्वमाहो रजस्तमः ।।

ॐ अनुष्टुप्-श्लोक-छन्दसि गीतोपनिषद्

ॐ शास्त्रं त्यक्त्वा जना ये त्वां ध्यायन्ति श्रद्धया प्रभो ।
तामसी राजसी श्रद्धा सात्त्विकी किं मुकुन्द सा ।। 1315/2422

(अर्जुन श्रीकेशव से फिर प्रश्न पूछता है)

शास्त्र छोड़ कर तुझे पूजते, जन जो श्रद्धा इसे बूझते ।
उनकी श्रद्धा कही राजसी, सात्त्विक अथवा रही तामसी ।। 1668/5205

दोहा॰ शास्त्र छोड़ कर भक्ति हो, मगर भाव के साथ ।
रज, तम है या सात्त्विकी, श्रद्धा वह, यदुनाथ! ।। 1577/7068

◎ **Arjun's question :** *O Lord! those who act without regard for what the scriptures say, what type of faith do they possess, Sāttvic, Tāmasic or Rājasic?* **1909/4839**

श्रीभगवानुवाच ।

।। 17.2 ।।

त्रिविधा भवति श्रद्धा देहिनां सा स्वभावजा ।
सात्त्विकी राजसी चैव तामसी चेति तां शृणु ।।

(श्रीभगवानुवाच)

(श्रद्धास्वरूपम्)

श्रद्धा स्वाभाविका पार्थ गुणोऽस्ति देहधारिणाम् ।
त्रिविधां सात्त्विकीं चैव राजसीं तामसीं शृणु ।। 1316/2422

(श्रीकृष्ण विश्लेषण करते हैं)
(श्रद्धा का स्वरूप)

स्वाभाविक जो श्रद्धा सबमें, पाता मानव हर मतलब में ।
सुनो पार्थ! वह सत् रज तम इति, तीन भाँति की जो है होती ।। 1669/5205

दोहा॰ श्रद्धा गुण सब जीव का, जाना स्वाभाविक ।
श्रद्धा तीन–विधा सुनो, रज तम अरु सात्त्विक ।। 1578/7068

◎ **Shrī Krishṇa's answer :** *O Arjun! a man is faithful by nature. However, his faith may be Sāttvic (sat guṇa preponderant), Rājasic (dominance of rajas guṇa ruling) or Tāmasic (tamas guṇa dominating).* **1910/4839**

।। 17.3 ।। **सत्त्वानुरूपा सर्वस्य श्रद्धा भवति भारत ।**
श्रद्धामयोऽयं पुरुषो यो यच्छ्रद्धः स एव सः ।।

आत्मचित्तानुसारेण निष्ठा नैसर्गिकी सदा ।
अतो यस्य यथा श्रद्धा स्वरूपं तस्य तादृशम् ।। 1317/2422

जैसा जिसने पाया गुण है, वैसा उसका अन्तर्मन है ।
जैसा भाव बना है जिसका, स्वाभाविक वह स्वभाव उसका ।। 1670/5205

दोहा॰ यद्वत् गुण, श्रद्धा तथा, तद्वत् मन का भाव ।
जैसी श्रद्धा हो जिसे, वैसा उसे स्वभाव ।। 1579/7068

◎ **And :** *A man's faith is according to his guṇas (the three attributes). As are his guṇas, so is his faith.* **1911/4839**

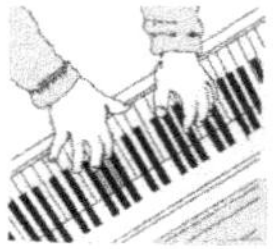

संगीतश्रीकृष्णरामायण गीतमाला, पुष्प 390 of 763

भजन : राग बिलावल, कहरवा ताल 8 मात्रा

(हरि बोल)

स्थायी

सुख–दुख में हरि बोल, रे! तोहे हरि उबारे ।

♫ रेरे रेरे ग– मप म–ग, रे–! रेग– धप मग–रे– ।

अंतरा–1

बीच भँवर में, नैया तोरी, जल कारो है, नदिया गहरी ।
मत कर डाँवाडोल, रे! तोहे हरि सँभारे ।।

♫ ध़–नि़ सारेरे रे–, प–मग रे–ग–, सारे ग–म– म–, धपमग ममम– ।
रेरे रेरे ग–मपम–ग, रे–! रेग– धप मग–रे– ।।

अंतरा–2

चार दिनों की, जीवन फेरी, दिन डरावत, रात अँधेरी ।
निश–दिन हरि हरि बोल, रे! तोहे हरि सहारे ।।

अंतरा–3

चंचल गुण की, काया तेरी, विषय वासना, माया फेरी ।
तन मन से हरि बोल, रे! तोहे हरि उधारे ।।

◎ **Chant Hari! :** ***Sthāyī :*** *In pain and pleasure, chant Hari's name. He will protect you.* ***Antarā : 1.*** *Your boat is in the midst of the worldly ocean. The water is deep and dangerous. Don't rock your boat, Hari will protect you.* ***2.*** *Your stay on this earth is only for four days. The days are scary and the nights are dark. Chant Hari! day and night, he will protect you.* ***3.*** *Your body is made up of the three guṇas which influence your mind. In addition, your passions and possessions delude you. Chant Hari! with mind and body, he will protect you.* **1912/4839**

।। 17.4 ।। **यजन्ते सात्त्विका देवान्यक्षरक्षांसि राजसाः ।**
प्रेतान्भूतगणांश्चान्ये यजन्ते तामसा जनाः ।।

(श्रद्धात्रयम्)

ध्यायति सात्त्विको देवान्–असुरान्राजसस्तथा ।
तामसो भूतप्रेतांश्च, "यथा गुणास्तथा हि ते" ।। 1318/2422

(तीन प्रकार की श्रद्धा, तीन गुणों के अनुसार)

देव पूजते सात्त्विक–गण हैं, असुर गणों को राजस जन हैं ।
भूत प्रेत को तामस भजते, श्रद्धानुरूप सब हैं सजते ।। 1671/5205

दोहा॰ सात्त्विक सुर को पूजते, आसुर राक्षस–भाव ।
भूत प्रेत को तामसी, गुण का सभी प्रभाव ।। 1580/7068

84. The Faith (Gītā Chapter 17)

◎ **Three faiths :** *The Sāttvic person worships Gods. The Rājasic person worships demons and the Tāmasic person worships ghosts. As their worship, so is their nature.* **1913/4839**

।। 17.5 ।। **अशास्त्रविहितं घोरं तप्यन्ते ये तपो जनाः ।**
दम्भाहङ्कारसंयुक्ताः कामरागबलान्विताः ।।

(आसुरः)

मां च देहस्थभूतानि कष्टं ददति ये सदा ।
अज्ञानिनश्च दुष्टा ये विद्धि तानासुराञ्जनान् ।। 1319/2422

(आसुरी श्रद्धा का मनुष्य)

शरीर कारक पँचभूत को, देह में बसे मुझे, छूत को ।
आसुरी जन जो बड़े दुष्ट हैं, देते निश-दिन बहुत कष्ट हैं ।। 1672/5205

दोहा॰ देहभूत अरु जो मुझे, देता है नित कष्ट ।
अज्ञानी उस मूढ़ को, जानो आसुर दुष्ट ।। 1581/7068

◎ **Demonic people :** *Those who show disrespect to me and to the five elements, O Arjun! know those ignorant evil people to be the Asuric people.* **1914/4839**

।। 17.6 ।। **कर्षयन्तः शरीरस्थं भूतग्राममचेतसः ।**
मां चैवान्तःशरीरस्थं तान्विद्ध्यासुरनिश्चयान् ।।

शास्त्रं त्यक्त्वा च कुर्वन्ति दम्भयुक्तं हि ते तपः ।
अहङ्कारेण कुर्वन्ति रागयुक्तं जपं तथा ।। 1320/2422

विधि-विधान को छोड़ कर परे, राग कामना क्रोध को धरे ।
अहंकार में जप जपते हैं, दंभ युक्त तप को तपते हैं ।। 1673/5205

दोहा॰ शास्त्र छोड़ कर तप किया, तन को देकर ताप ।
अहंकार अनुराग से, वे करते हैं पाप ।। 1582/7068

◎ **And :** *Those deceitful people pretend do be doing austerities and chants, without any regard for the scriptures.* **1915/4839**

।। 17.7 ।। **आहारस्त्वपि सर्वस्य त्रिविधो भवति प्रियः ।**
यज्ञस्तपस्तथा दानं तेषां भेदमिमं शृणु ।।

(आहरत्रयः)

प्रियाहारानुसारेण स्वभावास्त्रिविधा मताः ।
त्रयो दानस्य भेदाश्च यज्ञस्य तपसस्तथा ।। 1321/2422

(तीन प्रकार के आहार, यज्ञ, तप और दान)

अपने अपने गुण अनुसार, बँटे हुए हैं प्रिय आहार ।
यज्ञ जप तप दान को निहार, तीन-तीन हैं कहे प्रकार ।। 1674/5205

दोहा॰ स्वाभाविक गुण भेद से, तीन कहे आहार ।
यज्ञ दान तप के तथा, जानो तीन प्रकार ।। 1583/7068

◎ **Diet :** *The diets of the people are of three types, according to their guṇas. Similarly, the charities are also of three types.* **1916/4839**

।। 17.8 ।। **आयुःसत्त्वबलारोग्यसुखप्रीतिविवर्धनाः ।**
रस्याः स्निग्धाः स्थिरा हृद्या आहाराः सात्त्विकप्रियाः ।।

मनोभावानुसारेण खाद्यानि त्रिविधानि च ।
गुणप्रमाणतस्तेषु सद्रजश्च तमस्तथा ।। 1322/2422

जन-स्वभाव का आधार लिये, गुण प्रमाण के अनुसार किये ।
सात्त्विक राजस और तामसी, अन्न कहे हैं तीन मानसी ।। 1675/5205

दोहा॰ मनोभाव अनुसार जो, खाद्य त्रिविध हैं, पार्थ! ।
राजस तामस सात्त्विकी, गुण प्रमाण के साथ ।। 1584/7068

◎ **And :** *According to the temperament of mind, the diets are divided into three types namely, the Sāttvic, Rājasic and Tāmasic.* **1917/4839**

(सात्त्विकानाम् आहारः)

आयुः स्वास्थ्यं सुखं प्रीतिं सत्त्वं बलं ददाति यत् ।
स्वादु च रसयुक्तञ्च स्निग्धं तत्सात्त्विकं प्रियम् ।। 1323/2422

(सात्त्विक जनों का आहार)

आयु स्वास्थ्य सुख बल जो देते, प्रीति सत्त्व शुभ तन में लाते ।
स्निग्ध अन्न जो स्वादु कहाते, सात्त्विक जन के मन को भाते ।। 1676/5205

दोहा॰ आयु स्वास्थ्य सुख शक्ति से, सुख मय करते प्राण ।
स्निग्ध स्वादु जो रस भरे, अन्न सात्त्विकी जान ।। 1585/7068

84. The Faith (Gītā Chapter 17)

◎ **Sāttvic food :** *The foods that augment longevity, health, happiness, righteousness, strength and which are tasty, juicy and affectionate are dear to the Sāttvic people.* **1918/4839**

॥ 17.9 ॥ **कट्वम्ललवणात्युष्णतीक्ष्णरूक्षविदाहिनः ।**
आहारा राजसस्येष्टा दुःखशोकामयप्रदाः ॥

(राजसानाम् आहारः)

कट्वाम्लं लवणं तिक्तं रूक्षं शुष्कं च पारुषम् ।
अत्युष्णं कष्टकारि च शोककारि च दाहकम् ॥ 1324/2422

(राजसी जनों का आहार)

कड़वे खट्टे खारे तीखे, कड़े परुष अरु रूखे सूखे ।
राग शोक ज्वल पीड़ा दायक, अन्न तामसी जन के लायक ॥ 1677/5205

दोहा॰ कडुए खट्टे तिक्त जो, तन को देते रोग ।
रंजनकारी अन्न वे, कहे राजसी भोग ॥ 1586/7068

◎ **Rājasic :** *The foods that are bitter, salty, sharp, juiceless, dry, harsh, hot, intoxicating and hallucinating are dear to the Rājasic people.* **1919/4839**

॥ 17.10 ॥ **यातयामं गतरसं पूति पर्युषितं च यत् ।**
उच्छिष्टमपि चामेध्यं भोजनं तामसप्रियम् ॥

(तामसानाम् आहारः)

रोगदायि व्यथाकारि यन्मनःसक्तिकारकम् ।
स्पर्शसञ्चारिणं तीक्ष्णम्-अन्नं तत्तामसप्रियम् ॥ 1325/2422

(तामसी जनों का आहार)

रोग लगाते हैं जो तन को, व्यथा दिलाते हैं जो मन को ।
केवल देते जो रंजन हैं, राजसी कहे वो व्यंजन हैं ॥ 1678/5205

दोहा॰ व्यथा दिलाते तीक्ष्ण जो, तन को रोग लगाय ।
स्पर्श नशीले अन्न वे, तामस जन को भाय ॥ 1587/7068

◎ **Tāmasic :** *The foods that give disease, pain, addiction, harmful and that are stinging;* **1920/4839**

उच्छिष्टं पूतियुक्तं च दूषितं नीरसं तथा ।
पर्युषितं पुराणं च यदन्नं तामसप्रियम् ॥ 1326/2422

रस विहीन जो अन्न रुक्ष जो, जूठे सूखे जो अभक्ष जो ।
जिस खाने में भरी गंध है, तामस जन के मनपसंद हैं ॥ 1679/5205

दोहा॰ जूठे बासी शुष्क जो, व्यथा देत जो अन्न ।
दूषित मादक खाद्य से, तामस होत प्रसन्न ॥ 1588/7068

◎ **And :** *also the foods which are leftover, smelly, stale, contaminated and fermented are dear to the Tāmasic people.* **1921/4839**

॥ 17.11 ॥ **अफलाकाङ्क्षिभिर्यज्ञो विधिदृष्टो य इज्यते ।**
यष्टव्यमेवेति मनः समाधाय स सात्त्विकः ॥

(यज्ञत्रयम्)
(सात्त्विकयज्ञः)

पूज्यं शास्त्रानुसारेण मनःसन्तोषदायकम् ।
आशां फलस्य त्यक्त्वा स यज्ञं करोति सात्त्विकम् ॥ 1327/2422

(यज्ञ तीन रीति के)
(सात्विक यज्ञ)

विधि-विधान को प्रमाण धरके, तुष्ट सदा जो मन को करते ।
फल की आशा त्याग कर किये, यज्ञ सात्विकी कहे हैं गए ॥ 1680/5205

दोहा॰ शास्त्र नियम से जो किया, देने मन को ज्ञान ।
फल की आशा छोड़के, यज्ञ सात्विकी जान ॥ 1589/7068

◎ **Sāttvic yajña :** *The austerity performed without a desire of its fruit, but because it is sacred, according to the tenets of the scriptures, that gives happiness to the heart, such yajña is called Sāttvic.* **1922/4839**

संगीतश्रीकृष्णरामायण गीतमाला, पुष्प 391 of 763

गीत : राग रत्नाकर, कहरवा ताल 8 मात्रा

(आर्यमति)

स्थायी

जो करना है काम हमें वो, तेरे नाम से करना है ।

84. The Faith (Gītā Chapter 17)

साथ हमारे नाथ सदा हैं, मन में धीरज धरना है ।।
यत् करणीयम् तत् करणीयम्, कार्यपथे जागरणीयम् ।
यत् करणीयम् सत् करणीयम्, इति आर्यमते! आदरणीयम् ।।

♫ सा– निसारे– रे– ग–रे सानि– सा–, रे–ग म–म म– धपमग म– ।
ध–प मग–म– प–म गरे– सा–, सासा रे ग–गग पमगरे सा– ।।
सा– रेगम–म– ध– पमग–म–, नि–धपध– नि–धपम–प– ।
सा– रेगम–म– ध– पमग–म–, गरे सा–सासारे–! म–गगरेनिसा– ।।

अंतरा–1

जब से तेरा नाम साथ है, न सूनी कोई रात है ।
जब से डोरी तेरे हाथ है, न डर की कोई बात है ।।

♫ सासा सा रे–ग– प–म ग–रे ग–, म प–ध प–म– ध–प म– ।
पप प प–प– ध–प म–ग म–, सा रेरे ग प–मग रे–नि सा– ।।

अंतरा–2

आज न कल का भी गम सताये, न कल की चिन्ता कोई है ।
चिंतामणी सब कहते जिसको, प्रभु की माया सो ही है ।।

अंतरा–3

भवसागर के दुख आगर से, हँस मुख हमको तरना है ।
परमादर से नेहा करके, जीवन में सुख भरना है ।।

अंतरा–4

नूतन दम से कदम कदम से, आगे आगे बढ़ना है ।
बिना वहम से धरम करम से, जागे जागे चलना है ।।

अंतरा–5

घर आँगन से हर साजन से, आज हमें ये कहना है ।
सखे! कसम से, प्रेम परम से, कुटुंब वसुधा करना है ।।

◎ **Nobility : *Sthāyī* :** *Whatever we have to do, we have to do it in your name, O Lord! you are always with us, we have to be patient. What ought to be done must be done, O My noble mind! always be vigilant about it. Whatever ought to be done, we have to do it as our duty, O My noble mind! respect this fact.* ***Antarā* : 1.** *O Lord! as your name is in our mind, there is no lonely night. As you hold our strings, we have nothing to worry about.* **2.** *Neither today's nor yesterday's pain bothers us, nor we are worried about the future. The thing that the world calls magic stone, O Lord! that thing is your divine grace.* **3.** *We have to swim across the painful worldly ocean with a smiling face, respect and love. We have to fill our life with joy.* **4.** *With new vigor we have to march forward without any doubt or hesitation.* **5.** *In the house or outside, with our dear ones, today we have to say that, O Dear! struggle to make this world one family.* **1923/4839**

।। 17.12 ।। **अभिसन्धाय तु फलं दम्भार्थमपि चैव यत् ।**
इज्यते भरतश्रेष्ठ तं यज्ञं विद्धि राजसम् ।।

(राजसयज्ञ:)

फलाशां हृदये धृत्वा दम्भयुक्तेन हेतुना ।
प्रदर्शनाय कुर्वन्ति यज्ञः स राजसो मतः ।। 1328/2422

(राजसी यज्ञ)

मन में लेकर फल की आशा, दंभ हेतु की कर अभिलाषा ।
नाटक करने मिथक जो किया, यज्ञ राजसी कहा है गया ।। 1681/5205

दोहा॰ फल की आशा से किया, करने अपना काम ।
हेतु प्रदर्शन का जहाँ, यज्ञ राजसी नाम ।। 1590/7068

◎ **Rājasic yajña :** *Keeping the objective of fruit in mind, the austerity that is ostentatiously performed for a show, is called a Rājasic yajña.* **1924/4839**

।। 17.13 ।। **विधिहीनमसृष्टान्नं मन्त्रहीनमदक्षिणम् ।**
श्रद्धाविरहितं यज्ञं तामसं परिचक्षते ।।

(तामसयज्ञ:)

मन्त्रं शास्त्रविधानं च त्यक्त्वा प्रसाददक्षिणे ।
भक्तिहीनः कृतो व्यर्थो यज्ञः स तामसः स्मृतः ।। 1329/2422

(तामसयज्ञ)

छोड़ कर परे शास्त्र की विधि, अन्न दक्षिणा दान की निधि ।
बिना भक्ति के किया यज्ञ जो, उसे तामसी कहे तज्ञ जो ।। 1682/5205

दोहा॰ शास्त्र विधि को छोड़ कर, अन्न दक्षिणा दान ।
बिना भक्ति के जो किया, यज्ञ तामसी जान ।। 1591/7068

◎ **Tāmasic yajña :** *The austerity that is performed without faith, without following the tenets of the scriptures, without offering a gratuity, propitiation or charity, is called a Tāmasic yajña.* **1925/4839**

।। 17.14 ।। **देवद्विजगुरुप्राज्ञपूजनं शौचमार्जवम् ।**
ब्रह्मचर्यमहिंसा च शारीरं तप उच्यते ।।

(तपस्त्रयम्)

(शारीरिकतपः)

येनार्चितो द्विजो ज्ञानी गुरुर्देवश्च पूजितः ।
मनसा वचसाऽहिंसा ब्रह्मचर्यव्रतं तथा ।। 1330/2422

(शरीर, वाणी व मन के तप)

(शारीरिक तप)

द्विज गुरु ज्ञानी पूजित करके, देव-देवता अर्चित करके ।
पूर्ण अहिंसा मन वाणी से, ब्रह्मचर्य व्रत दृढ़ करनी से ।। 1683/5205

दोहा॰ द्विज, गुरु, ज्ञानी, देवता, पूजित सद्गुरु नाथ ।
पूर्ण अहिंसा त्रिविध हो, ब्रह्मचर्य के साथ ।। 1592/7068

◎ **Penance :** *The penance by which the priest, guru and wise men are worshipped with mind, action and words and the one that is done without any violence, with asceticism and chastity;* **1926/4839**

अन्तर्बाह्यं च पावित्र्यं येन पूर्णं सुरक्षितम् ।
स्वीकृतं नम्रभावेन तपः शारीरमुच्यते ।। 1331/2422

भीतर बाहर पावन मन के, पवित्रता का दामन बन के ।
नम्र भाव से सदा हो किया, शारीरिक तप कहा है गया ।। 1684/5205

दोहा॰ भीतर बाहर स्वच्छता, नम्र-भाव के साथ ।
"तप शारीरिक" है कहा, कहते सद्गुरु नाथ ।। 1593/7068

◎ **Bodily penance :** *and, with external and internal purity of body and mind and with humility, is called bodily penance.* **1927/4839**

।। 17.15 ।। **अनुद्वेगकरं वाक्यं सत्यं प्रियहितं च यत् ।**
स्वाध्यायाभ्यसनं चैव वाङ्मयं तप उच्यते ।।

(वाणीतपः)

नित्यं सत्यं हितं प्रीतं स्वाध्यायवचनं च यत् ।
यस्मान्नोद्विजते कोऽपि वाणीतपस्तदुच्यते ।। 1332/2422

(वाणी का तप)

नित्य सत्य हों, वचन प्रीत्य हों, प्रिय हितकर स्वाध्याय कृत्य हों ।
जो न दुखावे कभी किसी को, तप वाणी का कहा उसी को ।। 1685/5205

दोहा॰ नित्य सत्य अरु प्रित्य जो, बचनन हितकर आम ।
मीठे सुख स्वाध्याय के, "वाणी का तप" नाम ।। 1594/7068

◎ **Penance of speech :** *The speech that is always true, beneficial, loving and within the limits of the scriptures and by which no one gets hurt directly or indirectly, is called the penance of speech.* **1928/4839**

।। 17.16 ।। **मनःप्रसादः सौम्यत्वं मौनमात्मविनिग्रहः ।**
भावसंशुद्धिरित्येतत्तपो मानसमुच्यते ।।

(मनोतपः)

शान्ता धीः सौम्यदृष्टिश्च मौनवृत्तिर्यमस्त्रपा ।
भावशुद्धिर्मनःशक्तिः-उच्यते मानसस्तपः ।। 1333/2422

सौम्य दृष्टि हो, शाँत बुद्धि हो, मौन वृत्ति हो, चित्त शुद्धि हो ।
तन मन संयम यदा जहाँ है, तप यों मानस वही कहा है ।। 1686/5205

दोहा॰ शाँत सौम्य मन मौन से, तन संयम सह ध्यान ।
"तप मानस" का है वही, चित्त शुद्धि का ज्ञान ।। 1595/7068

◎ **Penance of mind :** *The austerity that makes the mind tranquil, controlled, peaceful, courageous and honorable is called penance of mind.* **1929/4839**

।। 17.17 ।। **श्रद्धया परया तप्तं तपस्तत्त्रिविधं नरैः ।**
अफलाकाङ्क्षिभिर्युक्तैः सात्त्विकं परिचक्षते ।।

(सात्त्विकतपः)

वाणीकायमनोयुक्तं त्यक्त्वा वाञ्छां फलस्य यत् ।
तपस्त्रिविधभावस्य तत्सात्त्विकमुदाहृतम् ।। 1334/2422

84. The Faith (Gītā Chapter 17)

(सात्त्विक तप)

तप शारीरिक, तप वाणी का, तप मानस का, त्रिविधा नीका ।

फल की आशा तज कर करना, तप ऐसा सात्त्विक है जाना ।। 1687/5205

दोहा॰ तप देह–मन–वाणी के, तीनों मिल कर एक ।

फल की आशा त्यागके, "तप सात्त्विक" वह नेक ।। 1596/7068

◎ **Sāttvic penance :** *The three penances of body, mind and speech as mentioned above, when they are observed without the desire of fruit, such a triple penance is called a Sāttvic penance.* **1930/4839**

।। 17.18 ।।

सत्कारमानपूजार्थं तपो दम्भेन चैव यत् ।

क्रियते तदिह प्रोक्तं राजसं चलमध्रुवम् ।।

(राजसतपः)

मनसि मानमिष्ट्वा हि लोकेषु प्राप्तुमादरम् ।

अप्रामाणिकमस्थायि तद्राजसं तपो मतम् ।। 1335/2422

(राजसी तप)

चाह मान की लेकर मन में, आदर पाने को जग जन में ।

स्वाँग से किया अस्थावर सा, तप राजस है जानो ऐसा ।। 1688/5205

दोहा॰ आदर पाने के लिये, जन गण में सम्मान ।

स्वाँग हेतु से तप किया, राजस उसका नाम ।। 1597/7068

◎ **Rājasic penance :** *The penance that is undertaken with the objective of earning name and fame and respect from people, such an act of dishonest motive is called a Rājasic penance.* **1931/4839**

।। 17.19 ।।

मूढग्राहेणात्मनो यत्पीडया क्रियते तपः ।

परस्योत्सादनार्थं वा तत्तामसमुदाहृतम् ।।

(तामसतपः)

मनसा मोहयुक्तेन देहेन पीडितेन च ।

कृतं शठेन ध्येयेन तपस्तत्ततामसं मतम् ।। 1336/2422

(तामसी तप)

मन के हठ से विमूढ़ मति से, तन को देकर कष्ट अति से ।

जिसमें हेतु महा दुष्ट है, तप वह तामस कहा स्पष्ट है ।। 1689/5205

दोहा॰ दुष्ट दुराग्रह हेतु से, तन को देकर ताप ।

महा कष्ट से तप किया, तामस है वह पाप ।। 1598/7068

◎ **Tāmasic penance :** *The exhibition of penance that is carried out with deluded mind, torturing one's own body, with deceitful intention is called a Tāmasic penance.* **1932/4839**

।। 17.20 ।।

दातव्यमिति यद्दानं दीयतेऽनुपकारिणे ।

देशे काले च पात्रे च तद्दानं सात्त्विकं स्मृतम् ।।

(दानत्रयम्)

(सात्त्विकदानम्)

यद्दीयते सुपात्राय योग्ये स्थाने क्षणे तथा ।

अनुपकारिणे कार्यं दानं तत्सात्त्विकं स्मृतम् ।। 1337/2422

(दान तीन तरह के)

(सात्त्विक दान)

सही स्थान में, सुयोग्य क्षण में, उचित मनुष को लेकर मन में ।

अनुपकार में, कार्य जान कर, दिया दान सात्त्विक है सादर ।। 1690/5205

दोहा॰ योग्य समय अरु स्थान में, पात्र व्यक्ति के हाथ ।

सात्त्विक जाना दान वो, अनुपकार के साथ ।। 1599/7068

◎ **Sāttvic charity :** *The charity that is given to a deserving person, at right time and right place, without any obligation but as a duty, is called a Sāttvic charity.* **1933/4839**

।। 17.21 ।।

यत्तु प्रत्युपकारार्थं फलमुद्दिश्य वा पुनः ।

दीयते च परिक्लिष्टं तद्दानं राजसं स्मृतम् ।।

(राजसदानम्)

ऋणं निवर्तितुं दत्तं हृद्देशे च फलाशया ।

यत्क्लेशपूर्वकं व्यर्थं दानं राजसमुच्यते ।। 1338/2422

(राजसी दान)

मन में धर कर फल की आशा, कर्ज चुकाने की अभिलाषा ।

क्लेश पूर्वक दिया दान जो, दान राजसी उसे मान लो ।। 1691/5205

दोहा॰ फल पाने के स्वार्थ से, ऋण के बदले काम ।
दिया दान जो क्लेश से, उसका राजस नाम ।। 1600/7068

◎ **Rājasic charity :** *The charity that is given with hesitation, for paying off a debt and with the objective of earning a benefit from it, such meaningless donation is called a Rājasic charity.* **1934/4839**

।। 17.22 ।। अदेशकाले यद्दानमपात्रेभ्यश्च दीयते ।
असत्कृतमवज्ञातं तत्तामसमुदाहृतम् ।।

(तामसदानम्)

स्थलेऽयोग्ये च कालेचापात्राय दीयते तु यत् ।
हेतोर्हृद्यपमानस्य तद्दानं तामसं स्मृतम् ।। 1339/2422

(तामसी दान)

गलत स्थान में, अनुचित क्षण में, अपात्र नर को लेकर मन में ।
करने को अपमान किसी का, दान तामसी नाम उसी का ।। 1692/5205

दोहा॰ गलत स्थान अरु काल में, अपात्र नर के हाथ ।
दान तामसी वो, जिसे, दिया कष्ट के साथ ।। 1601/7068

◎ **Tāmasic charity :** *The charity that is given to an un-deserving person, at wrong time or at wrong place, with an evil objective of insulting or binding a person, is called Tāmasic charity.* **1935/4839**

संगीतश्रीकृष्णरामायण गीतमाला, पुष्प 392 of 763

भजन : राग विलावल, कहरवा ताल 8 मात्रा

(तस्मै नमः)

स्थायी

हर सुख लमहा, हर दुख लमहा, नाम प्रभु का लीजिये ।
तस्मै नमः, तस्मै नमः, गान हरि का गाइये ।।

♫ धध धध पमग–, पप पप मगरे–, सा–सा सारे– ग– प–मग– ।
ध–प– ममग–, प–म– गगरे–, सा–सा सारे– ग– प–मग– ।।

अंतरा–1

निस दिन तनहा, पल–छिन तनहा, ध्यान प्रभु का कीजिये ।
तस्मै नमः, तस्मै नमः, गान हरि का गाइये ।।

♫ सासा सासा रेगम–, पप मम गगरे–, ध–प मप– म– ग–रेसा– ।
ध–प– ममग–, प–म– गगरे–, सा–सा सारे– ग– प–मग– ।।

अंतरा–2

हर पल पनहा, जोड़ के मनवा, याद प्रभु को कीजिये ।
तस्मै नमः, तस्मै नमः, गान हरि का गाइये ।।

अंतरा–3

सुबहो सुबहो, पुनः पुनः, गुण प्रभु के गाइये ।
तस्मै नमः, तस्मै नमः, गान हरि का गाइये ।।

◎ **Obeisance :** ***Sthāyī :*** *At each moment, in happiness and sad time, chant Lord's name. Say, "Obeisance to him!" and sing this song.* ***Antarā : 1.*** *At every quite moment at day time and at night time, meditate up on the Lord. Say, "Obeisance to him!" and sing this song.* ***2.*** *Remember Hari at every delicate moment, with dedicated heart. Say, "Obeisance to him!" and sing this song.* ***3.*** *At early morning over and over, contemplate on Hari's virtues. Say, "Obeisance to him!" and sing this song.* **1936/4839**

।। 17.23 ।। ॐ तत्सदिति निर्देशो ब्रह्मणस्त्रिविधः स्मृतः ।
ब्राह्मणास्तेन वेदाश्च यज्ञाश्च विहिताः पुरा ।।

(ॐ तत् सत् इति)

ओम्तत्सदिति नामानि ब्रह्मणो लक्षणानि हि ।
उद्भूताश्च ततो वेदा यज्ञाश्च ब्राह्मणानि च ।। 1340/2422

ओम् तत् सत् इति त्रिविध पुराने, आदि ब्रह्म के प्रतीक जाने ।
इन तीनों से वेद यज्ञ हैं, करते पंडित वेद तज्ञ हैं ।। 1693/5205

दोहा॰ 'ॐ तत् सत्' इति ब्रह्म का, त्रिविध है निर्देश ।
वेद यज्ञ इन शब्द से, होत हैं श्रीगणेश ।। 1602/7068

◎ **Om tat sat :** *Om, tat and sat are the symbols of Brahma (the Supreme). The Vedas, Brāhmaṇas and other scriptures begin with these signs of Brahma.* **1937/4839**

।। 17.24 ।। तस्मादोमित्युदाहृत्य यज्ञदानतपःक्रियाः ।
प्रवर्तन्ते विधानोक्ताः सततं ब्रह्मवादिनाम् ।।

(ॐ)

84. The Faith (Gītā Chapter 17)

ॐ तस्मादोङ्कारशब्देन यज्ञं दानं जपं तपः ।
यथा शास्त्रविधानं हि कुर्वन्ति ब्रह्मचारिणः ।। 1341/2422

इसी हेतु से यज्ञ दान तप, 'ॐ' शब्द से करते हैं जप ।
ब्रह्मनिष्ठ जन जो सुजान हैं, यथा शास्त्र का विधि–विधान है ।। 1694/5205

दोहा॰ "ओम् ओम्" इति शब्द से, यज्ञ जप तप दान ।
ब्रह्मचारी करते सदा, विधि का यथा विधान ।। 1603/7068

◎ **Om :** *Therefore, as the scriptures say, the austere people begin their austerity, charity, chant or penance with the sacred sound of "Om."* **1938/4839**

।। 17.25 ।।
तदित्यनभिसन्धाय फलं यज्ञतपःक्रियाः ।
दानक्रियाश्च विविधाः क्रियन्ते मोक्षकाङ्क्षिभिः ।।

(तत्)

ॐ फलाशां यत्परित्यज्य, दानं स्तोमं तपः कृतम् ।
ज्ञानिभिर्मोक्षप्राप्तिश्च तदुक्त्वा क्रियते सदा ।। 1342/2422

फल की आशा छोड़ कर परे, यज्ञ जाप तप दान जो करे ।
चाह मोक्ष की लेकर ध्यानी, 'तत्' कह कर करते हैं ज्ञानी ।। 1695/5205

दोहा॰ फल की आशा छोड़ कर, किये होम तप दान ।
मोक्ष प्राप्ति की चाह से, "तत्" कह कर हो काम ।। 1604/7068

◎ **Tat :** *Leaving aside the desire for fruit of karma, the charity, austerity, penance or any other sacred act of attaining liberation is done with utterance of "tat."* **1939/4839**

संगीतश्रीकृष्णरामायण गीतमाला, पुष्प 393 of 763

भजन

(सद्गुण)

स्थायी

काहे रिझावत नाहक तन मन, जहाँ सद् गुण नहीं ।
♫ सानि़ सारे–रेरे ग–रेसा नि़नि़ सासा, गप– मग रेग रेसा– ।

अंतरा–1

काम न आवे दौलत शौकत, रजस् तमस् गुण तोहे सतावत ।
काहे भटकत निश–दिन इत उत, जहाँ सत् जन नहीं ।।
♫ नि़–रे ग म–म– ध–पम ग–मम, रेरेरे गगग मम ध–प मग–रेरे ।
नि़–सा– रेरेरेरे गरे सानि़ सासा रेरे, गप– मग रेग रेसा– ।।

अंतरा–2

तेरा कछु नहीं जो तू समझत, साथ न जावे जो भी कमावत ।
काहे वहाँ पर धन की चाहत, जहाँ सद् धन नहीं ।।

अंतरा–3

नाम प्रभु के कभी न लीन्हे, काम हरि के नाम न कीन्हे ।
काहे जीवन व्यर्थ बितावत, जहाँ सत् चित् नहीं ।।

◎ **Righteousness: *Sthāyī :*** *Why are you unnecessarily tormenting your body, for any purpose, where there is no righteousness.* ***Antarā : 1.*** *Your wealth and pomp are of no use, if the rajas and tamas guṇas (the three attributes) are dominant in you. Why are you wandering in the places where there is no sat guṇa?* ***2.*** *Whatever you think you possess is actually not your. Nothing will come with you when you leave the world. Then, why are you amassing wealth, if righteousness is not your wealth.* ***3.*** *You never chanted the Lord's name. You never did your karmas in the name of Hari. Why are you wasting your life, when you don't have peace at your heart.* **1940/4839**

।। 17.26 ।।
सद्भावे साधुभावे च सदित्येतत्प्रयुज्यते ।
प्रशस्ते कर्मणि तथा सच्छब्दः पार्थ युज्यते ।।

(सत्)

(अनुप्रासः)

ॐ सदाचारे च सद्भावे सत्त्वे साधौ च सज्जने ।
सत्कर्मणि च सद्धर्मे सदा सत्यं समावृतम् ।। 1343/2422

सद्गुण में सत्, सद्भाव में सत्, साधु–भाव में, सज्जन में सत् ।
सदाचार में, सत्कृत में सत्, सकल सेती सम्मिलित है 'सत्' ।। 1696/5205

दोहा॰ साधुभाव में, सत्य में, सदैव सत् सन्नद्ध ।
"सत्" कह कर सन्मार्ग से, सज्जन को सब सिद्ध ।। 1605/7068

◎ **Sat :** *Sat is in righteousness, virtue, truth, sainthood, humility, good deed and duty.* **1941/4839**

संगीतश्रीकृष्णरामायण छन्दमाला, मोती 268 of 501

मत्तगयंद छन्द[274]

11 + ऽ ऽ ।

11 + । ऽ ऽ

(सद्भाव)

सत्य साधु सुधि संत संधान,
सत् सदाचार सद्गुण सेती ।
करो काम का कठिन कर्तव्य,
कमनीय कुशल कार्य किसी का ।।

◎ **Sat :** *Truth, saints, sages, purity, righteousness, virtue all are from Sat guṇa. Always do karmas that help others and that are righteous, as your duty.* **1942/4839**

।। 17.27 ।। **यज्ञे तपसि दाने च स्थितिः सदिति चोच्यते ।**
कर्म चैव तदर्थीयं सदित्येवाभिधीयते ।।

दाने तपसि यज्ञे च वर्तते या दृढा स्थितिः ।
तस्यां स्थित्वा कृतं कर्म सदित्येवोच्यते सदा ।। 1344/2422

दान यज्ञ तप जो सिखलाती, दृढ़ता जो स्थिति है दिखलाती ।
उसके प्रति जो कृति की जाती, सत् हि सदा है वह कहलाती ।। 1697/5205

दोहा॰ यज्ञ दान संकल्प में, दृढ़ करके मन ध्यान ।
किया कार्य करणीय जो, "सत्" कहलाता काम ।। 1606/7068

◎ **Sat :** *The stable state that exists in charity, austerity, penance and righteous deeds is called Sat.* **1943/4839**

---

[274] **मत्तगयंद छन्द :** यह एक अनुप्रास युक्त मात्रिक छंद है । इसके विषम पदों के अंत में त गण (ऽ ऽ ।) और सम पदों के अंत में य (। ऽ ऽ) गण नियोजित किया जाता है । इसके चारों चरण 16 मात्राओं के होते हैं । यति चरणांत ।

▶ लक्षण गीत : **दोहा॰ सोलह कल का छंद जो, त गण विषम पद अंत ।**
सम चरण का य अंत हो, वह है "मत्तगयंद" ।। 15/7068

।। 17.28 ।। **अश्रद्धया हुतं दत्तं तपस्तप्तं कृतं च यत् ।**
असदित्युच्यते पार्थ न च तत्प्रेत्य नो इह ।।

(असत्)

अश्रद्धया कृतो यज्ञः-तपो दानं च यत्कृतम् ।
असदित्युच्यते पार्थ मर्त्यलोके परत्र च ।। 1345/2422

यज्ञ, दान, जप, तप कोई भी, श्रद्धा बिन ना पार्थ! हो कभी ।
इस जग में भी, उस जग में भी, असत् जानते उसे हैं सभी ।। 1698/5205

दोहा॰ बिन श्रद्धा के जो किया, यज्ञ जप तप दान ।
इस जग में, पर लोक में, "असत्" कहा वह काम ।। 1607/7068

◎ **Asat :** *O Arjun! whatever austerity, penance or charity is done without faith, it is called Asat in this world and in the next world.* **1944/4839**

संगीतश्रीकृष्णरामायण गीतमाला, पुष्प 394 of 763

(श्रद्धा का निरूपण)

स्थायी

स्वरदा ने सुंदर गाया है, नारद ने साज बजाया है ।
रतनाकर गीत रचाया है ।।

सानि़सा- गरे सा-नि़नि़ सा-रेम ग-, गममग पम ग-रे सासा-रेम ग- ।
गगरेसासासा रे-ग मगरेसानि़ सा- ।।

अंतरा-1

निष्ठा नैसर्गिक ही गुण है, जिन व्यापा मन का कण-कण है ।
कही तीन गुणों की है श्रद्धा, सात्त्विक राजस तामस विविधा ।
जस श्रद्धा-भाव बताया है ।।

पपमरे म-प-पम पनि धप प-, पप मगगसा सा‌ग मप गरे सानि़ सा- ।
सानि़ सा-ग रेसा- नि़- सा- रेमग-, सानि़सासा गरेसासा नि़-सासा रेमग- ।
गग रेसासा- रे-ग मगरेसानि़ सा- ।।

अंतरा-2

गुण आस्तिक सात्त्विक है श्रद्धा, गुण राजस आसुरी है श्रद्धा ।
गुण तामस नास्तिक है श्रद्धा, सब तीन गुणों की सत्ता है ।
तस श्रद्धा जस गुण पाया है ।।

अंतरा–3

गुण तीन–तीन की प्रऽकृति है, तप यज्ञ दान आहार धृतिऽ।
सुख ज्ञान कर्म मति कर्ता भी, बस तीन गुणों में बँटे सभी ।
यह गुण का धर्म कहाया है ।।

◎ **Faith : *Sthāyī :*** *Ratnākar composed the melody, Sarasvatī sang it beautifully, while Shrī Nārad muni played the Vīṇā.* **Antarā : 1.** *Faith is a natural instinct. It occupies each corner of the mind. The faith is of three types, Sāttvic, Rājasic and Tāmasic. As your guṇas are, so is your faith.* **2.** *The Sat guṇa gives Sāttvic faith, the Rājas guṇa gives Rājasic faith and Tāmas guṇa gives Tāmasic faith. As your nature is, so is your faith.* **3.** *Prakriti is made up of the three guṇas. Similarly, the foods, austerity, charity, penance and courage are of three types.* **1945/4839**

श्रीमद्–भगवद्–गीता अध्याय अठारहवाँ ।
मोक्ष–संन्यास योग ।

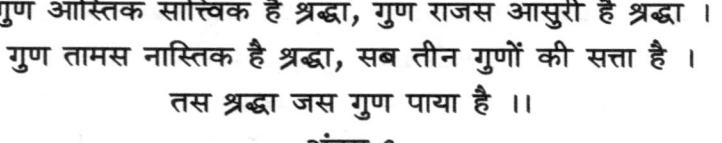

<u>संगीतश्रीकृष्णरामायण गीतमाला, पुष्प 395 of 763</u>

भजन : राग रत्नाकर, कहरवा ताल 8 मात्रा

(गोविंद नारायण वासुदेव)

स्थायी

गोविंद नारायण वासुदेव, श्रीकृष्ण श्रीराम श्रीसत्य साँई ।
किसी को पुकारो सब नाम एक, भजलो या गाओ, ओ मेरे भाई! ।।
♫ सा–सा–सा सा–सा–नि़नि़ रे–सानि़–ध़–, रे–रे–रे ग–म–म ग–प–म ग–रे– ।
सासा– रे– गरे–सा– रेग प–म ग–रे–, ममम– ग रे–ग–, ध– प–म ग–रे! ।।

अंतरा–1

आनंद दाता जग के विधाता, तू भाग्य देता, सुदर्शन कन्हाई ।
किसी को पुकारो सब नाम एक, भजलो या गालो, ओ मेरे भाई! ।।
♫ नि–ध–प ध–नि– धध प– मग–प–, ध– प–म ग–रे, सारे–गग मग–रे– ।
सासा– रे– गरे–सा– रेग प–म ग–रे–, ममम– ग रे–ग–, ध– प–म ग–रे! ।।

अंतरा–2

हे विघ्न हारी, हे चक्रधारी, हे ब्रह्म विष्णु शंकर गोसाई ।
प्रभुऽ रूप दरसाता है अनेक, भजलो या गा लो, ओ मेरे भाई! ।।

अंतरा–3

श्री लक्ष्मी माता सीता राधा, काली भवानी गायत्री माई ।
जपलो या तपलो सब काम नेक, भजलो या गालो, ओ मेरे भाई! ।।

◎ **Govind : *Sthāyī :*** *You may call Govind, Nārāyan, Vasudeva, Shrī-Krishṇa, Shrī-Rāma, Vishṇu or Sāī, they all are one and the same. You may chant or sing those names, it's the same Lord.* **Antarā : 1.** *He is the Giver of Joy, the Lord of the world, Giver of the good fortune, he is Shrī Krishṇa. Call him by any name, he is the only Lord.* **2.** *Call him Remover of obstacles, Bearer of Sudarshan-wheel, Brahma, Vishṇu or Shiva. He shows many forms. Call him by any name, he is the only Lord.* **3.** *You may call Goddess Lakshmī, Sītā, Rādhā, Kālī, Bhavānī, or just Mother. You may chant or you may sing their names. It is all holy work. Call him by any name, he is the only Lord.* **1946/4839**

गीतोपनिषद् : उनतीसवाँ तरंग
Gitopanishad : Fascicule 29

85. मोक्ष का निरूपण :

85. The Final Liberation *(Gītā Chapter 18)*
(मोक्षनिरूपणम्)

♫ <u>संगीतश्रीकृष्णरामायण छन्दमाला, मोती 269 of 501</u>

फटका छन्द

8 + 8 + 8 + 6/5

(मोक्ष)

भक्ति जोड़ कर, मुझे जानता,

और मेरे सब काम को ।
मत्पर नर वो, एकी-भाव से,
पाता परम मम धाम को ।।

◎ **Liberation :** *He who worships me with his full devotion and knows my deeds, he attains my Supreme abode.* **1947/4839**

श्रीमद्भगवद्गीता अष्टादशोऽध्यायः ।
अर्जुन उवाच ।

।। 18.1 ।। संन्यासस्य महाबाहो तत्त्वमिच्छामि वेदितुम् ।
त्यागस्य च हृषीकेश पृथक्केशिनिषूदन ।।

ॐ अनुष्टुप्-श्लोक-छन्दसि गीतोपनिषद्

ॐ **ततः पार्थोऽवदत्कृष्णं तत्त्वं ज्ञानस्य किं प्रभो ।**
वदतान्मां समासेन श्रोतुमिच्छामि केशव ।। **1346**/2422

(अर्जुन पूछता है)
मर्म ज्ञान का मुझे बताओ, तत्त्व त्याग का मुझे जताओ ।
चाहूँ तुमसे सब कुछ सुनना, अलग-अलग मैं चाहूँ चुनना ।। 1699/5205

दोहा॰ **सुन कर बचनन कृष्ण के, बोला पार्थ सुजान ।**
तत्त्व ज्ञान का क्या, प्रभो! मुझको दो प्रज्ञान ।। **1608**/7068

◎ **Sanyāsa :** *Arjun said, O Shrī Krishṇa! I would like to know the principle of knowledge. Please tell it to me in detail.* **1948/4839**

श्रीभगवानुवाच ।

।। 18.2 ।। काम्यानां कर्मणां न्यासं संन्यासं कवयो विदुः ।
सर्वकर्मफलत्यागं प्राहुस्त्यागं विचक्षणाः ।।

(श्रीभगवानुवाच)

ॐ **न्यासं कार्यस्य संन्यासं कश्चिदाहुरयोगिनः ।**
त्यागः कर्मफलेच्छायाः-त्यागं वदन्ति योगिनः ।। **1347**/2422

(ज्ञानियों के मत से संन्यास और त्याग का अंतर)
कर्म त्याग को कुछ जन भोगी, कहते हैं संन्यास अयोगी ।
कर्म फलों की "चाह" त्यागना, योगियों ने "त्याग" है जाना ।। 1700/5205

दोहा॰ **कर्म-त्याग संन्यास है, कहते हैं कुछ लोग ।**
कर्मफलेच्छा-त्याग ही, कहा "कर्म-का-योग" ।। **1609**/7068

◎ **Shrī Krishṇa :** *Some yogīs say abandonment of karma is Sanyāsa or Tyāga (renunciation). While others say, renunciation of the desire for the fruit of karma is Tyāga.* **1949/4839**

।। 18.3 ।। त्याज्यं दोषवदित्येके कर्म प्राहुर्मनीषिणः ।
यज्ञदानतपःकर्म न त्याज्यमिति चापरे ।।

(त्याज्यम् अत्याज्यं च)

ॐ **मत्वा कर्म सदोषं हि त्याज्यमन्ये वदन्ति तत् ।**
कर्म दानं तपोऽत्याज्यम्-आहुः केचन ज्ञानिनः ।। **1348**/2422

(त्याज्य और अत्याज्य क्या है?)
कई भिज्ञ जन कर्म को कहे, दोषयुक्त है और त्याज्य है ।
कर्म दान तप कभी न तजना, यही ज्ञानियों का है कहना ।। 1701/5205

दोहा॰ **सदोष कह कर कर्म को, त्याज्य कहत कुछ तज्ञ ।**
कर्म यज्ञ तप दान को, "तजो न," कहते विज्ञ ।। **1610**/7068

◎ **And :** *Some yogīs say, the karma is imperfect and thus it should be renounced. Others say, the karmas of austerity, charity and penance are the karmas that ought never to be renounced.* **1950/4839**

।। 18.4 ।। निश्चयं शृणु मे तत्र त्यागे भरतसत्तम ।
त्यागो हि पुरुषव्याघ्र त्रिविधः सम्प्रकीर्तितः ।।

(त्यागत्रयम्)

ॐ **सात्त्विका राजसास्त्यागाः-तामसास्त्रिविधा मताः ।।**
गुणभेदविकारैस्तान्-स्पष्टं वदामि त्वां शृणु ।। **1349**/2422

(त्याग तीन तरह से)
सात्त्विक राजस और तामसी, कहे तीन हैं त्याग आपसी ।
गुण भेदों के जो विकार हैं, अब कहता हूँ जो प्रकार हैं ।। 1702/5205

दोहा॰ **त्याग राजसी तामसी, सात्त्विक तीन प्रकार ।**

85. The Final Liberation (Gītā Chapter 18)

सुन कहता हूँ, पार्थ! मैं, उनके भेद विकार ।। 1611/7068

◎ **Renunciation :** *According to the guṇas (the three attributes), renunciation is of three types : Sāttvic, Rājasic and Tāmasic. Please listen to me carefully.* **1951/4839**

।। 18.5 ।। यज्ञदानतपःकर्म न त्याज्यं कार्यमेव तत् ।
यज्ञो दानं तपश्चैव पावनानि मनीषिणाम् ।।

(अत्याज्यकर्माणि)

दानं यज्ञं तपः कर्म करणीयं न वर्जयेत् ।
एतैर्भवन्ति विद्वांसः कृतकृत्याश्च पावनाः ।। 1350/2422

(कौन से कर्म नहीं त्यागने चाहिए?)

कर्म यज्ञ तप धर्म दान का, त्याग काम नहिँ बुद्धिमान का ।
इन कर्मों से होत सत्य हैं, जन सुजान सब कृतकृत्य हैं ।। 1703/5205

दोहा० **यज्ञ दान तप कर्म का, उचित नहीं है त्याग ।**
ज्ञानी जन इनसे बनें, कृतकृत्य सुखभाग ।। 1612/7068

◎ **And :** *Charity, austerity and penance are the karmas to be done as your duty. They should never be abandoned. With these karmas men become wise, successful and holy.* **1952/4839**

।। 18.6 ।। एतान्यपि तु कर्माणि सङ्गं त्यक्त्वा फलानि च ।
कर्तव्यानीति मे पार्थ निश्चितं मतमुत्तमम् ।।

सङ्गं त्यक्त्वा हि कार्याणि कर्माण्येतानि सर्वदा ।
आशां फलस्य त्यक्त्वा च सदाचारः सदा हि सः ।। 1351/2422

सब कर्मों को करो यथोचित, मगर न ममता लगे कदाचित् ।
फल की आशा तज कर करना, आचरण सदा सत् है जाना ।। 1704/5205

दोहा० **कर्म यज्ञ तप दान भी, करो छोड़ कर आस ।**
सदाचार है वह कहा, उज्ज्वल ज्ञान प्रकाश ।। 1613/7068

◎ **But :** *However, these karmas should always be performed while renouncing the desire for their fruits. It is righteousness.* **1953/4839**

।। 18.7 ।। नियतस्य तु संन्यासः कर्मणो नोपपद्यते ।
मोहात्तस्य परित्यागस्तामसः परिकीर्तितः ।।

(राजसत्यागः)

नियतकर्मणस्त्यागो न कर्तव्यः कदाऽपि सः ।
यदि कोऽपि भ्रमात्कुर्यात्–त्यागः स राजसो मतः ।। 1352/2422

(राजसी त्याग)

त्याग गलत है नियत कर्म का, कभी न हो वह है अधर्म का ।
धोखे से यदि हो जाता है, त्याग 'राजसी' कहलाता है ।। 1705/5205

दोहा० **करना कभी न चाहिये, नियत कर्म विराग ।**
किया गया यदि भूल से, "राजस" है वह त्याग ।। 1614/7068

◎ **Rājasic :** *If someone performs karma without renouncing the desire for the fruit, then that renunciation of such karmas, is Rājasic Tyāga.* **1954/4839**

।। 18.8 ।। दुःखमित्येव यत्कर्म कायक्लेशभयात्त्यजेत् ।
स कृत्वा राजसं त्यागं नैव त्यागफलं लभेत् ।।

(तामसत्यागः)

त्यक्तानि क्लिष्टकर्माणि क्लेशस्य भयकारणात् ।
एवं तं निष्फलं त्यागं वदन्ति तामसं बुधाः ।। 1353/2422

(तामसी त्याग)

क्लिष्ट कर्म का त्रास बचाने, किया त्याग जो स्वाँग रचाने ।
ऐसा निष्फल बिरथा पोला, त्याग तामसी है वह बोला ।। 1706/5205

दोहा० **तजना मुश्किल काम को, कर्म जान कर क्लिष्ट ।**
ऐसा निष्फल त्याग वो, तामस कहा अनिष्ट ।। 1615/7068

◎ **Tāmasic :** *If someone renounces karma simply because he does not want to go through the troubles, then such renunciation is Tāmasic Tyāga.* **1955/4839**

।। 18.9 ।। कार्यमित्येव यत्कर्म नियतं क्रियतेऽर्जुन ।
सङ्गं त्यक्त्वा फलं चैव स त्यागः सात्त्विको मतः ।।

(सात्त्विकत्यागः)

नियतं कर्म कर्तव्यं मत्वा कार्यं निरन्तरम् ।

फलेच्छाया हि सङ्गस्य त्यागः स सात्त्विको मतः ।। **1354**/2422

(सात्त्विक त्याग)

नियत कर्म को कार्य जान कर, नियमित पालन करे सदा नर ।

फल की आशा और संग का, त्याग सात्त्विक सत् उमंग का ।। 1707/5205

दोहा॰ कार्य जो करणीय है, फल की आशा छोड़ ।

त्याग वासना का कहा, सात्त्विक, मन को जोड़ ।। 1616/7068

◎ **Sāttvic :** *Prescribed karma should always be performed. It must never be renounced. But desire for the fruit of the karma and its attachment must be renounced. Such renunciation is Sāttvic Tyāga* **1956/4839**

ॐ फलत्यागो न सम्भाव्य आशां फलस्य वर्जयेत् ।

फलमपरिहार्यं हि वाञ्छा वैकल्पिकी ननु ।। 1355/2422

'फल को त्यागो' नहीं कहा है, "आशा त्यागो," यही कहा है ।

फल का झेला नहीं त्याज्य है, फल की आशा सदा वर्ज्य है ।। 1708/5205

दोहा॰ त्याग शक्य फल का नहीं; आशा-तजना, ज्ञान ।

आशा तज कर जो करे, नर वह कहा सुजान ।। 1617/7068

◎ **And :** *Renunciation of the desire for the fruit of the karma is optional, but renunciation of the **fruit** of the karma is not possible. The fruit depends up on the action and one must bare the fruit of his own actions, good as well as bad. It is the law of karma.* **1957/4839**

संगीतश्रीकृष्णरामायण गीतमाला, पुष्प 396 of 763

भजन

(सोऽहं सोऽहम्)

स्थायी

सोऽहं सोऽहं शंभु शिवोऽहम्, सचिदानन्द घन ब्रह्म अहम् ।

♪ सा-सा सा-सा रे-रे रेरे-रे-, गगग-मम धप- प-म गरे- ।

अंतरा-1

एक मुझे बस हरि मिल जाये, तन मन धन कछु, मम न इदम् ।

♪ ग-ग गम- मम धप मग म-प-, गग मम पप मम, गप म गरे- ।

अंतरा-2

प्रकृति-पुरुष हैं जगत पसारा, हरि इक मेरा, मम न इदम् ।

अंतरा-3

पँच भूत अरु तीन गुणों का, खेल है सारा, मम न इदम् ।

अंतरा-4

माता-पिता सुत भाई दारा, छोड़ के जाना, मम न इदम् ।

अंतरा-5

निस दिन भजले "हरि" मन मेरे, "इदं न मम!" भज, मम न इदम् ।

◎ **I am He :** ***Sthāyī :*** *I am He, I am He. I am Shambhu-Shiva. I am the Supreme truth, peace and joy giver Brahma (the Supreme).* ***Antarā : 1.*** *If I attain Hari, then this body, mind and wealth is not mine, only Hari is mine.* ***2.*** *This Puruṣha (ātmā) and the Prakriti (nature) are all just the worldly things. Only Hari is my possession, nothing else is mine.* ***3.*** *The five elemental beings and the three attributes are playing the worldly game. It is not mine.* ***4.*** *I have to go, leaving behind my mother, father, wife, children, friends and my body, only Hari will be with me.* ***5.*** *Chant Hari! Hari! day and night. O My mind! chant "Hari is mine, nothing else is mine."* **1958/4839**

।। 18.10 ।। **न द्वेष्ट्यकुशलं कर्म कुशले नानुषज्जते ।**
त्यागी सत्त्वसमाविष्टो मेधावी छिन्नसंशयः ।।

(त्यागी)

ॐ न क्लिष्टकर्मणः क्लेशो यस्य रागो न निष्कृतौ ।

सत्त्वनिष्ठः स मेधावी नरस्त्यागी मतो बुधैः ।। 1356/2422

क्लेश न जिसको क्लिष्ट कर्म में, सत्त्वनिष्ठ वह कार्य कर्म में ।

सुगम कर्म की जिसे न लागी, मेधावी नर सच है त्यागी ।। 1709/5205

दोहा॰ कठिन काम में दुख नहीं, सुगम में नहीं राग ।

सत्त्वनिष्ठ अति श्रेष्ठ वो, "त्यागी" का है त्याग ।। 1618/7068

◎ **Ascetic :** *He who is not afraid of difficult tasks and he who has no attachment to the easy tasks, he who is dedicated to righteousness, that intelligent person is called an Ascetic (Tyāgī) by the wise men.* **1959/4839**

11 ॥ न हि देहभृता शक्यं त्यक्तुं कर्माण्यशेषतः ।
यस्तु कर्मफलत्यागी स त्यागीत्यभिधीयते ॥

क्त्वा सर्वाणि कर्माणि प्राणयात्रा न सम्भवा ।
यजेत्फलस्य वाञ्छां यः–त्यागी सत्यः स एव हि ॥ 1357/2422

सकल को तज कर जीना, जग में शक्य नहीं है जाना ।
ा की आशा तजे नित्य जो, त्यागी जाना गया सत्य वो ॥ 1710/5205

दोहा॰ सर्व कर्म का त्याग भी, नहीं है शक्य अशेष ।
फल की आशा त्यागना, जाना "त्याग" विशेष ॥ 1919/7068

◎ **And :** *Renouncing all karmas, even the journey of life is not possible, therefore, renunciation of the desire of the fruit of karma makes a person an Ascetic* **1960/4839**

॥ 18.12 ॥ अनिष्टमिष्टं मिश्रं च त्रिविधं कर्मणः फलम् ।
भवत्यत्यागिनां प्रेत्य न तु संन्यासिनां क्वचित् ॥

(फलानि)

सकामाः कामुका भुञ्ज्युः–त्रिविधानि फलानि ते ।
मिश्रमिष्टमनिष्टं च, तानि प्रेत्य न त्यागिनः ॥ 1358/2422

(विविध फल)

सकामियों को मिलते फल हैं, भले बुरे या मिश्र भी कल हैं ।
त्यागी जन को फल त्रिविध ये, मर कर मिलते नहीं विविध ये ॥ 1711/5205

दोहा॰ तीन तरह के फल सदा, देता कर्म सकाम ।
फल ऐसे मिश्रित कभी, नहीं देत निष्काम ॥ 1620/7068

◎ **Fruit :** *Desired, undesired and mixed are the three kinds of results for a person who acts with the desire of fruit for his action, but not for an ascetic person, after his death.* **1961/4839**

॥ 18.13 ॥ पञ्चैतानि महाबाहो कारणानि निबोध मे ।
साङ्ख्ये कृतान्ते प्रोक्तानि सिद्धये सर्वकर्मणाम् ॥

(साङ्ख्योक्तानि पञ्चकारणानि)

सर्वेषां कर्मणां सिद्धौ प्रसिद्धाः पञ्च हेतवः ।
साङ्ख्यशास्त्रे निरुक्ता ये शृणु वदामि सिद्धये ॥ 1359/2422

(सांख्य शास्त्र में कहे हुए पाँच कारण)

दोहा॰ सब कर्मों की पूर्ति के, कारण पाँच प्रसिद्ध ।
सांख्य शास्त्र में हैं कहे, करें कर्म जो सिद्ध ॥ 1621/7068

♫ संगीतश्रीकृष्णरामायण छन्दमाला, मोती 270 of 501

फटका छन्द
8 + 8 + 8 + 6/5
(हेतु)

सब कर्मों की पूर्ति के लिये,
मर्म पाँच ही प्रसिद्ध हैं ।
सांख्य शास्त्र में दिये हुए ये,
कहता हूँ अब जो सिद्ध हैं ॥

◎ **Reason :** *In the Sānkhya yoga system, five kāraṇs (reasons) are for the successes of a karma. I shall explain them to you now.* **1962/4839**

॥ 18.14 ॥ अधिष्ठानं तथा कर्ता करणं च पृथग्विधम् ।
विविधाश्च पृथक्चेष्टा दैवं चैवात्र पञ्चमम् ॥

(चेष्टा च)

अधिष्ठानं च कर्ता च हेतुस्त्रितीयकारणम् ।
भिन्ना भिन्नाश्च चेष्टाश्च दैवं पञ्चमकारणम् ॥ 1360/2422

दोहा॰ अधिष्ठान गुण प्रथम है, कर्ता दूजा नाम ।
चेष्टा, हेतु, दैव भी, "कारण" पाँच प्रमाण ॥ 1622/7068

♫ संगीतश्रीकृष्णरामायण छन्दमाला, मोती 271 of 501

फटका छन्द
8 + 8 + 8 + 6/5
(पाँच कारण)

प्रथम अधिष्ठान, द्वितीय कर्ता,
मर्म तीसरा धारण है ।

चतुर्थ चेष्टा जुदा जुदा जो,
दैव पाँचवाँ कारण है ।।

◎ **Reasons :** *The first reason is the Adhiṣhṭhān (seat, sustenance), the second is kartā (subject, doer), the third is hetu (cause), the fourth is cheṣhṭā (effort) and the fifth is daiva (destiny). These are the five kāraṇs (reasons).* **1963/4839**

।। 18.15 ।। शरीरवाङ्मनोभिर्यत्कर्म प्रारभते नरः ।
न्याय्यं वा विपरीतं वा पञ्चैते तस्य हेतवः ।।

ॐ यस्मिन्हि घटते कर्म तदधिष्ठानमुच्यते ।
इन्द्रियाणि च कर्माणि सङ्घशः करणं स्मृतम् ।। 1361/2422

(कर्म के अधिष्ठान, करण एवं दैव के माने)

दोहा॰ जाना आश्रय कर्म का, बस एक "अधिष्ठान" ।
इन्द्रियाँ और कर्म को, "करण" दिया है नाम ।। 1623/7068

♫ संगीतश्रीकृष्णरामायण छन्दमाला, मोती 272 of 501

फटका छन्द

8 + 8 + 8 + 6/5

(अधिष्ठान)

जिस आश्रय में घटता कर्म है,
"अधिष्ठान" वह जाना है ।
कर्म के साधन और इंद्रियाँ,
"करण" उनको माना है ।।

◎ **Adhiṣhṭhān :** *The sustenance with which karma takes place, is called Adhiṣhṭhān. The agents and organs of the karma are called the karaṇs.* **1964/4839**

(दैवम्)

ॐ सुकृतदुष्कृतानां च फलानि पूर्वकर्मणाम् ।
भोक्तव्यानि सदा यानि जगति दैवमुच्यते ।। 1362/2422

दोहा॰ पूर्व पाप अरु पुण्य के, फल जो मिलते आज ।
जग में जाने "दैव" हैं, प्रचलित यही रिवाज ।। 1624/7068

♫ संगीतश्रीकृष्णरामायण छन्दमाला, मोती 273 of 501

फटका छन्द

8 + 8 + 8 + 6/5

(दैव)

भले या बुरे पूर्व कर्म के,
फल को पाना सदैव है ।
शुभाशुभ उन फल की आय को,
जग कहता बस दैव है ।।

◎ **Destiny :** *The fruit of the previous good and bad deed that is to be borne in this life, is called daiva (destiny).* **1965/4839**

(कर्म कः कारयते)

ॐ क्रियन्ते यैश्च कर्माणि मनसा वचसा तथा ।
यथा नीत्याऽथवाऽनीत्या कारणानि च पञ्च वै ।। 1363/2422

(कर्म कौन कराता है?)

दोहा॰ जो भी होता कर्म है, तन मन वाणी साथ ।
यथा नीति हो, या नहीं, कारण हैं यह पाँच ।। 1625/7068

♫ संगीतश्रीकृष्णरामायण छन्दमाला, मोती 274 of 501

फटका छन्द

8 + 8 + 8 + 6/5

(कर्म प्रेरक)

नर करता जो कृति तन मन से,
या वाणी से धारण है ।
यथा नीति से या अनीति से,
पाँच नित्य ये कारण हैं ।।

◎ **Inspiration :** *Whatever deed, ethical or unethical, a person does with his body, mind or speech, these are the five reasons.* **1966**/*4839*

।। 18.16 ।। तत्रैवं सति कर्तारमात्मानं केवलं तु यः ।

85. The Final Liberation (Gītā Chapter 18)

पश्यत्यकृतबुद्धित्वान्न स पश्यति दुर्मतिः ।।

एवं सति स्थितौ यो हि कर्ताऽहमिति मन्यते ।
मूढमतिर्नरोऽज्ञानी सत्यं द्रष्टुं न स क्षमः ।। 1364/2422

दोहा॰ होकर यह स्थिति कर्म की, गुण पर निर्भर नित्य ।
"मैं कर्ता हूँ," जो कहे, मूढ़ न जाने सत्य ।। 1626/7068

संगीतश्रीकृष्णरामायण छन्दमाला, मोती 275 of 501

फटका छन्द

8 + 8 + 8 + 6/5

(मूढ़)

होकर भी यह कर्म की स्थिति,
कर्ता मैं हूँ कहता इति ।
मूढ़बुद्धि वह नर अज्ञानी,
देख न पाए खरी स्थिति ।।

◎ **Deluded :** *This being the situation, he who thinks he is the doer and the guṇas are not the doers. That ignorant person is deluded. He does not see the reality.* **1967/4839**

।। 18.17 ।। यस्य नाहङ्कृतो भावो बुद्धिर्यस्य न लिप्यते ।
हत्वापि स इमाँल्लोकान्न हन्ति न निबध्यते ।।

(कर्मण: प्रेरक: च धारक: च)

अनृतं कर्तृभावं यो नहि धारयते हृदि ।
नारीन्हन्ति स हत्वाऽपि न पाममधिगच्छति ।। 1365/2422

(कर्म के प्रेरक और धारक)

दोहा॰ "कर्तापन" का ओहदा, जो नहिँ लेता आप ।
ना वह करता घात है, ना ही करता पाप ।। 1627/7068

संगीतश्रीकृष्णरामायण छन्दमाला, मोती 276 of 501

फटका छन्द

8 + 8 + 8 + 6/5

(कर्म धारक)

भाव ये झूठा कर्तापन का,
जिसके मन को नहीं घिरे ।
नर वह इनको मार न मारे,
न ही पाप में कभी गिरे ।।

◎ **And :** *He who does not think himself to be the doer, but only an agent, neither he kills his enemies nor he incurs sin kiling an evil enemy.* **1968/4839**

।। 18.18 ।। ज्ञानं ज्ञेयं परिज्ञाता त्रिविधा कर्मचोदना ।
करणं कर्म कर्तेति त्रिविधः कर्मसङ्ग्रहः ।।

(ज्ञानकर्मकर्तात्रयम्)

ज्ञानं ज्ञेयं च ज्ञाता च कर्मणः प्रेरकत्रयम् ।
करणं कर्म कर्ता च कर्मणो धारकत्रयम् ।। 1366/2422

(ज्ञान, कर्म और कर्ता तीन प्रकार के)

दोहा॰ ज्ञान ज्ञेय ज्ञाता यथा, "कर्म प्रेरणा" तीन ।
करण कर्म कर्ता तथा, "कर्म धारणा" तीन ।। 1628/7068

संगीतश्रीकृष्णरामायण छन्दमाला, मोती 277 of 501

फटका छन्द

8 + 8 + 8 + 6/5

(ज्ञानकर्मकर्तात्रय)

ज्ञान ज्ञेय के समान ज्ञाता,
तीन कर्म के प्रेरक हैं ।
क्रिया करण सह क्रिया का कर्ता,
तीन कर्म के धारक हैं ।।

◎ **Inspirators :** *Knowledge, knowable and knower are the three inspirators of karma. Karaṇ (agent), Karma and Kartā (the doer) are the three bearers of karma.* **1969/4839**

।। 18.19 ।। ज्ञानं कर्म च कर्ता च त्रिधैव गुणभेदतः ।
प्रोच्यते गुणसङ्ख्याने यथावच्छृणु तान्यपि ।।

ॐ भिन्नभूतेष्वभिन्नं यत्-तत्त्वमेकं हि वर्तते ।
साङ्ख्यशास्त्रे समुद्दिष्टं ध्यानेन शृणु पाण्डव ।। **1367**/2422

सांख्य शास्त्र में कहा है जाता, ज्ञान कर्म के साथ है कर्ता ।
गुण भेदों से सब तीन कहे, मैं अब कहता हूँ, ध्यान रहे ।। 1712/5205

दोहा॰ भिन्न भूत मैं एक ही, होता तत्त्व अभिन्न ।
सांख्य शास्त्र में जो कहा, सुनो हुए तल्लीन ।। 1629/7068

◎ **And :** *O Arjun! now listen from me the single and uniform principle that exists in every being, as mentioned in the Sānkhya yoga system.* **1970/4839**

।। 18.20 ।। **सर्वभूतेषु येनैकं भावमव्ययमीक्षते ।**
अविभक्तं विभक्तेषु तज्ज्ञानं विद्धि सात्त्विकम् ।।

(ज्ञानत्रयम्)
(सात्त्विकं ज्ञानम्)

ॐ अभिन्नं भिन्नभूतेषु तत्त्वमेकं हि विद्यते ।
यद्दर्शयति सुस्पष्टं तज्ज्ञानं सात्त्विकं मतम् ।। **1368**/2422

(ज्ञान तीन तरह के)
(सात्त्विक ज्ञान)

भूत-भूत की विभिन्नता में, तत्त्व एक है अभिन्नता से ।
इसी तत्त्व को जो दिखलाता, ज्ञान सात्त्विक है कहलाता ।। 1713/5205

दोहा॰ भूत-भूत सब भिन्न में, अभिन्न गुण है एक ।
दिखलाता जो तत्त्व ये, ज्ञान सात्त्विक नेक ।। 1630/7068

◎ **Sāttvic Knowledge :** *The comprehension that clearly exhibits the fact that a single indifferent principle exists in outwardly different looking beings, that wisdom is Sāttvic knowledge.* **1971/4839**

संगीतश्रीकृष्णरामायण गीतमाला, पुष्प 397 of 763

भजन : राग रत्नाकर, दादरा ताल 6 मात्रा

(वसुधैव कुटुम्बकम्)

स्थायी

इस दुनिया में सारे हैं भाई, वसुधैव कुटुंबऽ की नाई ।
ये वसुधा सभी की है माई, एक कुल के सभी हैं सगाई ।।
♫ रेग मममम– म प–म– ग रे–ग–, सारेग–ग– गप–म– ग रे–सा– ।
ग मप–प– पनि– ध– प म–प–, निध पप प– मग– प– मग–रे– ।।

अंतरा–1

सब वेदों की अमृत की वाणी, शुभ वचनों की जानी है राणी ।
सारी भूमि का है एक स्वामी, सारी दुनिया का है एक साईं।।
♫ रेग म–म– म ध–पप म ग–प–, गम पपप– प ध–प– म ग–रे– ।
सा–रे ग–ग– ग ध– प–म रे–ग–, म–प धधध– नि ध– प–म ग–रे– ।।

अंतरा–2

एक सबका हमारा है दाता, एक सबका हमारा विधाता ।
इस संसार का एक ज्ञाता, एक जानो सभी का सहाई ।।

अंतरा–3

ऋषि–मुनियों की ये है बखानी, सबसे पावन यही है कहानी ।
रीत दुनिया की जिसने बनाई, प्रीत भव में उसी ने बसाई ।।

◎ **The world is one family :** ***Sthāyī :*** *All people in the world are brothers. The world is one family. This earth is everyone's mother, everyone is related to one another.* ***Antarā :*** ***1.*** *This is divine declaration of all the Vedas. This is the queen of all righteous sayings. There is only one Lord of the whole world. There is only one God.* ***2.*** *There is only one Giver for all people. There is only one Master. There is only one Knower of the world, only one Supporter.* ***3.*** *This has been said by the saints and sages. This is the Supreme story. He who understands this fact of the world, he understands the loving way of the world.* **1972/4839**

।। 18.21 ।। **पृथक्त्वेन तु यज्ज्ञानं नानाभावान्पृथग्विधान् ।**
वेत्ति सर्वेषु भूतेषु तज्ज्ञानं विद्धि राजसम् ।।

(राजसं ज्ञानम्)

ॐ सर्वभूतानि भिन्नानि भिन्नतत्त्वानि तेषु च ।
एवं ददाति बोधं यद्-ज्ञानं तद्राजसं स्मृतम् ।। **1369**/2422

85. The Final Liberation (Gītā Chapter 18)

(राजसी ज्ञान)

भूत-भूत में तत्त्व भिन्न हैं, विभिन्नता ये जिसे मान्य है ।
भिन्न भावना जो सिखलाए, ज्ञान राजसी वह कहलाए ।। 1714/5205

✍दोहा॰ **भूत-भूत सब भिन्न हैं, भिन्न हि उनके प्राण ।**
विभिन्नता से यों भरा, कहा राजसी ज्ञान ।। 1631/7068

◎ **Rājasic Knowledge :** *The thinking that believes that a different principle exists in different beings, such un-real understanding is Rājasic knowledge.* **1973/4839**

।। 18.22 ।। **यत्तु कृत्स्नवदेकस्मिन्कार्ये सक्तमहैतुकम् ।**
अतत्त्वार्थवदल्पं च तत्तामसमुदाहृतम् ।।

(तामसं ज्ञानम्)

ॐ **आत्मनो यः पृथग्देहान्-मूढभावेन मन्यते ।**
तत्त्वहीनं तथा मूढं ज्ञानं तत्तामसं मतम् ।। 1370/2422

(तामसी ज्ञान)

देह-देह को आत्मा जाने, पृथक्-पृथक् जो आत्मा माने ।
तत्त्वहीन वह अल्प बुद्धि का, ज्ञान तामसी है कुबुद्धि का ।। 1715/5205

✍दोहा॰ **देह-देह को जो कहे, पृथक् आतमा धाम ।**
तत्त्वहीन इस बोध को, ज्ञान-तामसी, नाम ।। 1632/7068

◎ **Tāmasic Knowledge :** *The delusion that makes you believe that each being is a different soul, that baseless ignorance is Tāmasic knowledge.* **1974/4839**

।। 18.23 ।। **नियतं सङ्गरहितमरागद्वेषतः कृतम् ।**
अफलप्रेप्सुना कर्म यत्तत्सात्त्विकमुच्यते ।।

(कर्मत्रयम्)

(सात्त्विकं कर्म)

ॐ **निःसङ्गं नियतं कार्यं फलेच्छया विना च यत् ।**
निरासक्तं विरक्तञ्च कर्म तत्सात्त्विकं सखे ।। 1371/2422

(कर्म तीन प्रकार के)

(सात्त्विक कर्म)

संग रहित जो कर्म नियत है, फल की नीयत से विरहित है ।
बिन आसक्ति जहाँ विरक्ति, सात्त्विक जानी कार्य की कृति ।। 1716/5205

✍दोहा॰ **बिना-वासना जो किया, विहित कर्म का काम ।**
राग लोभ हठ के बिना, उसको सात्त्विक नाम ।। 1633/7068

◎ **Sāttvic karma :** *The karma that is done without any attachment and desire for its fruit, greed and force, is a Sāttvic karma.* **1975/4839**

।। 18.24 ।। **यत्तु कामेप्सुना कर्म साहङ्कारेण वा पुनः ।**
क्रियते बहुलायासं तद्राजसमुदाहृतम् ।।

(राजसं कर्म)

ॐ **सकामं वासनायुक्तम्-अहम्भावेन यत्कृतम् ।**
कृतं च बहुलायासं कर्म तद्राजसं जडम् ।। 1372/2422

(राजसी कर्म)

अहंभाव से मनो कामना, सकाम कर्मी करे वासना ।
तन को यातना देकर करना, कर्म राजसी है वह जाना ।। 1717/5205

✍दोहा॰ **फल की इच्छा से किया, अहंभाव से काम ।**
तन को दे कर यातना, कर्म राजसी नाम ।। 1634/7068

◎ **Rājasic karma :** *The karma that is done with ego and desire for a fruit and that is done with unnecessary efforts, is a Rājasic karma.* **1976/4839**

।। 18.25 ।। **अनुबन्धं क्षयं हिंसामनवेक्ष्य च पौरुषम् ।**
मोहादारभ्यते कर्म यत्तत्तामसमुच्यते ।।

(तामसं कर्म)

ॐ **अनवेक्ष्य स्वसामर्थ्यं परिणामं क्षतिं गतिम् ।**
क्रियते मूढभावेन कर्म तत्तामसं खलु ।। 1373/2422

(तामसी कर्म)

बिना सोच कर ताकत अपनी, परिणति अपाय अथवा हानि ।
मोह मात्र से किया काम जो, कर्म तामसी उसे नाम हो ।। 1718/5205

✍दोहा॰ **बिना सोच सामर्थ्य के, हानि अरु परिणाम ।**
मोह मात्र से जो किया, कर्म तामसी नाम ।। 1635/7068

85. The Final Liberation (Gītā Chapter 18)

◎ **Tāmasic karma :** *The karma that is done with delusion, without knowing one's own capacity and its harmful effect, is a Tāmasic karma.* **1977/4839**

|| 18.26 || मुक्तसङ्गोऽनहंवादी धृत्युत्साहसमन्वितः ।
सिद्ध्यसिद्ध्योर्निर्विकारः कर्ता सात्त्विक उच्यते ।।

(कर्तात्रयम्)

(सात्त्विककर्ता)

सुधीरो निरहङ्कारो निरासक्तो विचारवान् ।
शुभाशुभौ समौ यस्य कर्ता स सात्त्विको मतः ।। 1374/2422

(कर्ता तीन तरह के)

(सात्त्विक कर्ता)

धीर विवेकी निरहंकारी, अनासक्त उत्साही भारी ।
लाभ–हानि में निर्विकार हो, कर्ता सात्त्विक वही है कहो ।। 1719/5205

दोहा॰ निरासक्त निर्धार का, निरहंकारी धीर ।
लाभ–हानि में अडिग जो, कर्ता सात्त्विक वीर ।। 1636/7068

◎ **Sāttvic Kartā :** *The doer of a karma who is courageous, selfless, unattached, thoughtful and equanimous to loss and gain, he is a Sāttvic Kartā (doer).* **1978/4839**

|| 18.27 || रागी कर्मफलप्रेप्सुर्लुब्धो हिंसात्मकोऽशुचिः ।
हर्षशोकान्वितः कर्ता राजसः परिकीर्तितः ।।

(राजसकर्ता)

आसक्तो हर्षमोदाभ्याम्–अयुक्तो हिंसकस्तथा ।
कर्मफलेषु लोलुप्तः कर्ता स राजसः स्मृतः ।। 1375/2422

(राजसी कर्ता)

कर्म फलों का लोभ, लालची, हर्ष मोद में जिसे है रुचि ।
क्रूर मुग्ध शठ हिंसक है जो, राजसी वही कर्ता समझो ।। 1720/5205

दोहा॰ फल का लोभी लालची, हर्ष मोद अभिमान ।
हिंसक लंपट पातकी, कर्ता राजस नाम ।। 1637/7068

◎ **Rājasic Kartā :** *The doer of karma who is unfit, attached to the fruit, worried about loss and gain and who is greedy, is a Rājasic Kartā.* **1979/4839**

|| 18.28 || अयुक्तः प्राकृतः स्तब्धः शठो नैष्कृतिकोऽलसः ।
विषादी दीर्घसूत्री च कर्ता तामस उच्यते ।।

(तामसकर्ता)

दम्भी दर्पी जडो खिन्नो दुराचारश्च घातकः ।
अयुक्तो दीर्घसूत्री च कर्ता स तामसो मतः ।। 1376/2422

(तामसी कर्ता)

अयुत घातकी, धूर्त घमंडी, दीर्घसूत्री जो खिन्न अनाड़ी ।
दुष्ट विषादी, छली आलसी, कर्ता समझो वही तामसी ।। 1721/5205

दोहा॰ धूर्त घमंडी घातकी, दुष्ट अनाड़ी घाग ।
कर्ता जड़ जो आलसी, उसे तामसी दाग ।। 1638/7068

◎ **Tāmasic Kartā :** *The doer of karma who is full of ego, proud, lazy, dejected, harmful, violent, unfit and procrastinator, is a Tāmasic Kartā.* **1980/4839**

|| 18.29 || बुद्धेर्भेदं धृतेश्चैव गुणतस्त्रिविधं शृणु ।
प्रोच्यमानमशेषेण पृथक्त्वेन धनञ्जय ।।

(बुद्धित्रयं च धृतित्रयम्)

बुद्धीनां च धृतीनां च प्रकारा ये त्रयस्त्रयः ।
गुणस्वभावतो ज्ञाताः पृथक्पृथग्वदामि त्वाम् ।। 1377/2422

(बुद्धि एवं धृति तीन तरह से)

तीन–तीन हैं जाने भाग, बुद्धि धृति के बने विभाग ।
कहता हूँ अब सुनो भाव से, पृथक्–पृथक् सब गुण स्वभाव से ।। 1722/5205

दोहा॰ बुद्धि तीन, धृति तीन ही, जानीं यथा स्वभाव ।
गुण के ही अनुसार सब, पृथक्–पृथक् हैं भाव ।। 1639/7068

◎ **Thinking and Courage :** *Buddhi (thinking) and Dhriti (courage) are of three types according to their guṇas (the three attributes). I shall tell them separately.* **1981/4839**

|| 18.30 || प्रवृत्तिं च निवृत्तिं च कार्याकार्ये भयाभये ।
बन्धं मोक्षं च या वेत्ति बुद्धिः सा पार्थ सात्त्विकी ।।

(सात्त्विकी बुद्धिः)

85. The Final Liberation (Gītā Chapter 18)

योगं च कर्मन्यासं च कार्याकार्ये हिताहिते ।
बन्धं मुक्तिं भयं धैर्यं बुद्धिर्या वेत्ति, सात्त्विकी ।। **1378**/2422

(सात्त्विक बुद्धि)

कर्म न्यास को, कार्य-कर्म को, बंध मुक्ति को, योग क्षेम को ।
पहिचाने जो मनुष आस्तिकी, बुद्धि उसकी कहो सात्त्विकी ।। 1723/5205

दोहा॰ क्या है कार्य, अकार्य क्या, बंध मोक्ष का ज्ञान ।
दरसाये भय अभय जो, बुद्धि सात्त्विकी जान ।। **1640**/7068

◎ **Sāttvic Thinking :** *The thinking that understands what is righteous deed and what is righteous renunciation, what is beneficial and what is harmful, what is attachment and what is freedom, O Arjun! that thinking is Sāttvic buddhi.* **1982/4839**

।। 18.31 ।। **यया धर्ममधर्मं च कार्यं चाकार्यमेव च ।**
अयथावत्प्रजानाति बुद्धिः सा पार्थ राजसी ।।

(राजसी बुद्धिः)

धर्माधर्मौ न जानाति कार्याकार्ये न वेत्ति या ।
मूढा हीना निराधारा बुद्धिः सा राजसी मता ।। **1379**/2422

(राजसी बुद्धि)

अधर्म जाने न ही धर्म को, ना अकार्य ना कार्य कर्म को ।
निराधार वह कुमति ऐसी, कहलाती है बुद्धि राजसी ।। 1724/5205

दोहा॰ धर्माधर्म न जानती, ना ही कार्य अकार्य ।
निराधार वह दुर्मति, राजस बुद्धि अनार्य ।। **1641**/7068

◎ **Rājasic Thinking :** *The thinking that does not understand the difference between right and wrong, righteous and unrighteous, ought to be done and ought not to be done, such baseless thinking is Rājasic buddhi.* **1983/4839**

।। 18.32 ।। **अधर्मं धर्ममिति या मन्यते तमसावृता ।**
सर्वार्थान्विपरीतांश्च बुद्धिः सा पार्थ तामसी ।।

(तामसी बुद्धिः)

अधर्मं मन्यते धर्मम्-अकार्यं वेत्ति कार्यवत् ।
अनर्थं या यथार्थञ्च बुद्धिः सा तामसी स्मृता ।। **1380**/2422

(तामसी बुद्धि)

अधर्म को जो धर्म जानती, अधर्म ही धर्म जो मानती ।
यथार्थ का जो अनर्थ करती, विपरीत बुद्धि कही तामसी ।। 1725/5205

दोहा॰ अधर्म कहती धर्म को, सत्-आचार विहीन ।
अनर्थ करती अर्थ का, बुद्धि तामसी हीन ।। **1642**/7068

◎ **Tāmasic Thinking :** *The deluded thinking that interprets righteous as unrighteous and what ought to be done as what ought not to be done and misunderstands the meaningful words, such thinking is Tāmasic buddhi.* **1984/4839**

।। 18.33 ।। **धृत्या यया धारयते मनःप्राणेन्द्रियक्रियाः ।**
योगेनाव्यभिचारिण्या धृतिः सा पार्थ सात्त्विकी ।।

(सात्त्विका धृतिः)

क्रियाः प्राणेन्द्रियाणां या करोति केन्द्रिताः सदा ।
योगबलं च दत्ते या धृतिः सा सात्त्विकी खलु ।। **1381**/2422

(सात्त्विक धृति)

क्रियाँ इंद्रियों और प्राण कीं, केंद्रित करती बुद्धिमान की ।
मिले योग बल जिसको धारे, धृति जानी वो सात्त्विक, प्यारे! ।। 1726/5205

दोहा॰ प्राण इन्द्रियों की क्रिया, केन्द्र करे जो स्थैर्य ।
योग बल देता सदा, सात्त्विक है वह धैर्य ।। **1643**/7068

◎ **Sāttvic Courage :** *The courage that upholds the functions of living being and life of the living being and that gives yogic power, is a Sāttvic dhriti.* **1985/4839**

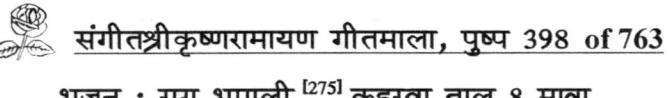

संगीतश्रीकृष्णरामायण गीतमाला, पुष्प 398 of 763

भजन : राग भूपाली,[275] **कहरवा ताल 8 मात्रा**

---

[275] **राग भूपाली** : यह कल्याण ठाठ का राग है । इसको **भूप राग** भी कहते हैं । इसका आरोह है : सा रे ग, प, ध सां । अवरोह है : सां ध प, ग रे सा ।

▶ लक्षण गीत : **दोहा॰ ग ध वादी संवाद हों, स्वर म नि का हो त्याग ।**

85. The Final Liberation (Gītā Chapter 18)

(नाम जप)

स्थायी

नाम जपन करले, तन मन से ।

सुख-दुख घड़ी हरि हरि मन भज ले ।।

♫ सां-ध पगरे सारे प-, गरे गप ध-, गग गरे गप धसां धसां धप गरे सा- ।

अंतरा-1

मन में भर ले पूजन कर ले, अंदर राम का सुमिरन धर ले ।

♫ गग ग- पप ध- सां-सांसां सांरे सां-, ध-धध सां-रें रें सांरेंगरें सांध प- ।

अंतरा-2

जिसके मुखमें राम बसा है, जीवन मानो वही भला है ।

अंतरा-3

जिसने सुखमें नाम लिया है, दीपक जानो वहीं जला है ।

अंतरा-4

दुनिया में हैं लोग लुटेरे, राम तेरा रखवारा ।

◎ **Chant the name : *Sthāyī :*** *Chant the name of Shrī Rāma, with your body, mind and soul. In the good as well as bad moments, keep chanting Hari, Hari.* ***Antarā : 1.*** *Store Hari's name in your heart and worship it. Keep remembering Shrī Rāma in your mind.* ***2.*** *He who has Shrī Rāma's name fixed in his mouth, has fulfilled his life.* ***3.*** *He who remembers Shrī Rāma even in good moments, the lamp of wisdom is lit for him.* ***4.*** *In this poisonous world, where the people are vicious, Shrī Rāma is your only protector.* **1986/4839**

।। 18.34 ।। **यया तु धर्मकामार्थान्धृत्या धारयतेऽर्जुन ।**
प्रसङ्गेन फलाकाङ्क्षी धृतिः सा पार्थ राजसी ।।

(राजसी धृतिः)

अर्थं कामं च धर्मं च निर्वैराग्येण कामुकः ।
यया स धरते पार्थ धृतिः सा राजसी सखे ।। 1382/2422

(राजसी धृति)

धर्म-कर्म को और अर्थ को, आसक्ति से धरे स्वार्थ को ।
जिसके बल से नर कामुक हो, धैर्य राजसी उसी को कहो ।। 1727/5205

दोहा० **अर्थ काम अरु धर्म के, करे स्वार्थ से काम ।**
आसक्ति के धैर्य को, धृति-राजस है नाम ।। 1645/7068

◎ **Rājasic Courage :** *The courage that attaches a covetous person to his possessions and passions, is Rājasic dhriti.* **1987/4839**

।। 18.35 ।। **यया स्वप्नं भयं शोकं विषादं मदमेव च ।**
न विमुञ्चति दुर्मेधा धृतिः सा पार्थ तामसी ।।

(तामसी धृतिः)

दुर्मतिर्मानवो दुःखं निद्रां सङ्गं भयं मदम् ।
यया स धरते चिन्तां धृतिः सा तामसी मता ।। 1383/2422

(तामसी धृति)

दुर्मति मानव जिसके मारे, नहीं छोड़ता दुख मद सारे ।
धारण करता संग भीति को, नाम तामसी जानो धृति को ।। 1728/5205

दोहा० **दुर्मति नर जिस धैर्य से, करता अपने काम ।**
दुख चिंता भय मद भरी, धृति है तामस नाम ।। 1646/7068

◎ **Tāmasic Courage :** *The courage with which a wicked person attaches himself to sorrow, slumber, worry, fear and intoxication, is Tāmasic dhriti.* **1988/4839**

।। 18.36 ।। **सुखं त्विदानीं त्रिविधं शृणु मे भरतर्षभ ।**
अभ्यासाद्रमते यत्र दुःखान्तं च निगच्छति ।।

(सुखत्रयम्)

प्राप्य यस्मान्मनोह्लादं भवेत् दुःखञ्च विस्मृतम् ।
त्रिविधं पार्थ भूतेषु सुखं तच्छृणु प्रस्तुतम् ।। 1384/2422

(सुख तीन तरह के)

पाने जिसको मन भाता है, दुख विस्मृत सब हो जाता है ।
तीन तरह जो पाया जाता, सुख वह सुन लो मैं बतलाता ।। 1729/5205

दोहा० **जिसको पाकर मोद हो, मन का दुख बिसराय ।**

"भूपाली" यह गाइये, साँझ समय का राग ।। 1644/7068

85. The Final Liberation (Gītā Chapter 18)

पार्थ! त्रिविध सुख अब सुनो, गुण–अनुसार सुहाय ।। 1647/7068

◎ **Happiness :** *O Arjun! now listen to the three types of happiness of mind, according to their guṇas (the three attributes), with which the sorrow disappears.* **1989/4839**

।। 18.37 ।। **यत्तदग्रे विषमिव परिणामेऽमृतोपमम् ।**
तत्सुखं सात्त्विकं प्रोक्तमात्मबुद्धिप्रसादजम् ।।

(सात्त्विकं सुखम्)

आरम्भे कालकूटं यत्–परिणामेऽमृतं भवेत् ।
यदात्मज्ञानजं पार्थ सुखं तत्सात्त्विकं मतम् ।। 1385/2422

(सात्त्विक सुख)

समारंभ में लगे जहर सा, परिणाम में अमृत जैसा ।
आत्मज्ञान में जो उगता है, सुख सात्त्विक वह सत् लगता है ।। 1730/5205

दोहा॰ कटु लगता आरंभ में, अमृतसा परिणाम ।
आत्मज्ञान में जन्मता, सुख वह सात्त्विक नाम ।। 1648/7068

◎ **Sāttvic Happiness :** *The feeling that may appearbitter like poison in the beginning but which at the end turns out to be sweet like the divine nectar, the happiness arising out of self awareness is Sāttvic sukha (happiness).* **1990/4839**

।। 18.38 ।। **विषयेन्द्रियसंयोगाद्यत्तदग्रेऽमृतोपमम् ।**
परिणामे विषमिव तत्सुखं राजसं स्मृतम् ।।

(राजसं सुखम्)

अमृतं भोगकाले यत्–निष्कर्षे तु विषं भवेत् ।
विषयेभ्य: समुत्पन्नं सुखं तद्राजसं मतम् ।। 1386/2422

(राजसी सुख)

भोग काल में अमृत जैसा, परिणाम में लगे जहर सा ।
विषय भोग में जो है उगता, वही राजसी सुख है लगता ।। 1731/5205

दोहा॰ अमृत सा आरंभ में, विष वत् हो परिणाम ।
विषय भोग में जन्मता, सुख है राजसी नाम ।। 1649/7068

◎ **Rājasic Happiness :** *The happiness arising from passions, that appears like nectar in the beginning but at the end it turns out to be a poison, is Rājasic sukha.* **1991/4839**

।। 18.39 ।। **यदग्रे चानुबन्धे च सुखं मोहनमात्मन: ।**
निद्रालस्यप्रमादोत्थं तत्तामसमुदाहृतम् ।।

(तामसं सुखम्)

प्रारम्भे परिणामे च मूढां बुद्धिं ददाति यत् ।
निद्राप्रमादजं व्यर्थं सुखं तत्तामसं मतम् ।। 1387/2422

(तामसी सुख)

आदि अंत जिसका ललचाता, सुख जो भ्रम में है बहलाता ।
प्रमाद निद्रा से जो आता, वही तामसी सुख कहलाता ।। 1732/5205

दोहा॰ आदि से जो अंत तक, भ्रम से मन बहलाय ।
प्रमाद निद्रा में जगे, सुख तामस कहलाय ।। 1650/7068

◎ **TāmasicHappiness :** *The happiness arising out of slumber and intoxication and which is like a poison from beginning to the end, is Tāmasic sukha.* **1992/4839**

।। 18.40 ।। **न तदस्ति पृथिव्यां वा दिवि देवेषु वा पुन: ।**
सत्त्वं प्रकृतिजैर्मुक्तं यदेभि: स्यात्त्रिभिर्गुणै: ।।

(गुणा: सर्वत्रगा:)

न भूमौ न च स्वर्गेऽपि न देवेषु च वर्तते ।
प्रकृतिज: पदार्थो यो गुणविरहितो भवेत् ।। 1388/2422

(गुण सर्वव्यापक हैं)

तीन भुवन में, स्वर्ग में कहीं, वस्तु ऐसी कहीं भी नहीं ।
तीन गुणों से जो बनी नहीं, अरु प्रकृति में जो जनी नहीं ।। 1733/5205

दोहा॰ त्रिभुवन में अरु स्वर्ग में, देवों में भी कोय ।
कहीं न ऐसी वस्तु है, जो न त्रिगुण मय होय ।। 1651/7068

◎ **Guṇa :** *The guṇas (the three attributes) are omnipresent. There is not a thing on the earth nor in the heavens nor in the Gods, that is devoid of the three guṇas arising out of nature (Prakriti).* **1993/4839**

♫ **संगीतश्रीकृष्णरामायण छन्दमाला, मोती 278 of 501**

85. The Final Liberation (Gītā Chapter 18)

दंडकला छन्द [276]

10, 8, 10 + || S

(सत् रज तम)

ना भूमि पर कहीं, स्वर्ग पर नहीं, ना देवों में भी कण है ।
ना ही है तन में, ना ही मन में, जो ही बना बिना गुण है ।। 1
यह सभी ब्रह्म है, परब्रह्म है, बीज परम है त्रिभुवन का ।
यह त्रिगुणी प्रकृति, सत् रज तम इति, आधार अखिल जीवन का ।। 2

◉ **Sat, Rajas, Tamas Guṇas**: *Neither anywhere on the earth, nor in the heavens, nor in the Gods, nor in the body, nor in the mind, there is an atom which does not contain the three guṇas. Every atom is Brahma (the Supreme), the Primordial seed. This is the quality of the nature. It is the foundation of life.* **1994/4839**

|| 18.41 || ब्राह्मणक्षत्रियविशां शूद्राणां च परन्तप ।
कर्माणि प्रविभक्तानि स्वभावप्रभवैर्गुणैः ।।

(वर्णरचना)

ॐ ब्रह्मक्षात्रवणिक्शूद्राः-चतुर्वर्णाः कृता मया ।
विभाजितानि कार्याणि गुणकर्मानुसारतः ।। 1389/2422

ब्रह्म क्षात्र विश शूद्र धर्म के, चार वर्ण हैं बँटे कर्म के ।
वर्ण कर्म हैं गुण अनुसारे, प्रकृति पर ही निर्भर सारे ।। 1734/5205

✍ दोहा॰ ब्रह्म, क्षात्र, विश, शूद्र जो, वर्ण कहे हैं चार ।
अनुसार हि गुण कर्म के, प्रकृति के आधार ।। 1653/7068

◉ **Varṇa**: *O Arjun! I have designed the four Varṇas of Brāhmaṇa, Kṣhatriya, Vaishya and Shūdra, according to the natural inborn guṇas (three attributes) and ability to perform the duties.* **1995/4839**

---

[276] ♪ **दंडकला छन्द**: इस 32 मात्रा वाले अश्वावतारी छन्द के अंत में दो लघु और एक गुरु मात्रा आती है । इसका लक्षण सूत्र 10, 8, 10 + || S इस प्रकार होता है । इसके किसी भी चौकल में ज गण (| S |) नहीं आता है ।

▶ लक्षण गीत : ✍ दोहा॰ मत्त बत्तीस का बना, लघु लघु गुरु कल अंत ।
किसी न चौकल में ज हो, "दंडकला" वह छंद ।। 1652/7068

ॐ गुणावलम्बिता मात्रं भूतानां वर्णपद्धतिः ।
जात्याः कुलस्य रङ्गस्य नात्र स्थानं न भावना ।। 1390/2422

केवल गुण पर आधारित हैं, वर्ण चार जो निर्धारित हैं ।
वर्ण भेद में कुल या जाति, रंग आकृति गिनी न जाती ।। 1735/5205

✍ दोहा॰ केवल गुण आधार हैं, किये वर्ण जो चार ।
रंग जाति कुल धर्म का, जिसमें नहीं विचार ।। 1654/7068

गुण-कर्म के आधार ही, वर्ण किये सत्नाम ।
जहर जाति का घोल के, वर्ण भये बदनाम ।। 1655/7068

◉ **And**: *The system of Varṇas depends only on the inborn guṇas and the abilities of the beings to do the duties. In this system, one's birth, family and colour has no consideration and place. They have spoiled the name of Varṇa system by polluting it with the poison of Jāti system.* **1996/4839**

|| 18.42 || शमो दमस्तपः शौचं क्षान्तिरार्जवमेव च ।
ज्ञानं विज्ञानमास्तिक्यं ब्रह्मकर्म स्वभावजम् ।।

(ब्रह्मकर्म)

ॐ तपः शान्तिः कृपा शुद्धिः-आर्जवं च क्षमा दमः ।
श्रद्धाऽस्तिक्यं च सत्यञ्च विप्रधर्मस्य लक्षणाः ।। 1391/2422

क्षमा शांति तप शुद्धि सरलता, देह निग्रह ज्ञान विमलता ।
श्रद्धा सत्य शुचि आस्तिक बुद्धि, ब्रह्म कर्म की देती सिद्धि ।। 1736/5205

✍ दोहा॰ शांति, शुद्धि, दम, सरलता, तप निग्रह का ज्ञान ।
आस्तिक बुद्धि, विमलता, ब्रह्म वर्ण का काम ।। 1656/7068

◉ **Brāhmaṇa**: *Penance, austerity, peace, kindness, purity, simplicity, forgiveness, self-control, faith, ascetic nature and truth are the signs of the Brāhmaṇa Varṇa.* **1997/4839**

ॐ रक्षणायान्यवर्णानां यस्य ज्ञानं रतं सदा ।
द्विजो गुरुर्नरी नारी वर्णभेदेन ब्राह्मणः ।। 1392/2422

पर वर्णों के भले के लिये, ज्ञान अर्जित सदा है किये ।
नारी पुरुष द्विज गुरु ज्ञानी, वर्ण व्यवस्था ब्राह्मण जानी ।। 1737/5205

85. The Final Liberation (Gītā Chapter 18)

दोहा॰ रक्षण करने अन्य का, रत है जिसका ज्ञान ।

नर नारी उस वर्ण के, द्विज ब्राह्मण अभिधान ।। 1657/7068

◎ **And :** *He or she whose mind is working for the protection of the other three Varṇas, is a Brāhmaṇa by Varṇa. 1999/4839*

|| 18.43 || शौर्यं तेजो धृतिर्दाक्ष्यं युद्धे चाप्यपलायनम् ।

दानमीश्वरभावश्च क्षात्रं कर्म स्वभावजम् ।।

(क्षात्रकर्म)

रणे शौर्यं च वीर्यं च चातुर्यमभयं तथा ।

स्वाभाविकं बलं दानं लक्षणं क्षात्रकर्मणः ।। 1393/2422

(क्षात्र-धर्म)

शौर्य चतुरता ढारस भक्ति, रण में निर्भय जिसकी शक्ति ।

तेज दान धृति प्रभाव होना, क्षात्र-धर्म का स्वभाव जाना ।। 1738/5205

दोहा॰ ढारस श्रद्धा चतुरता, रण में निर्भय धीर ।

तेज दान बल शूरता, क्षात्र वर्ण का वीर ।। 1658/7068

◎ **Kṣhatriya :** *Valor on the battlefield, bravery, skill, fearlessness, charity and power, is the natural nature of a Kṣhatriya. 1999/4839*

रक्षणमन्यवर्णानां कृत्वा प्राणसमर्पणम् ।

वर्णभेदानुसारेण क्षात्रधर्मस्य लक्षणम् ।। 1394/2422

प्राण हथेली पर निज धरके, रण में हँस कर अर्पण करके ।

तीन वर्ण का रक्षण करना, क्षात्र-धर्म का सद्गुण जाना ।। 1739/5205

दोहा॰ प्राण हथेली पर धरे, रण में देना जान ।

रक्षा तीनों वर्ण की, क्षात्र वर्ण का मान ।। 1659/7068

◎ **And :** *Laying down his/her life for the protection of other three Varṇas, is the sign of a Kṣhatriya, according to his/her inborn nature and duty. 2000/4839*

|| 18.44 || कृषिगौरक्ष्यवाणिज्यं वैश्यकर्म स्वभावजम् ।

परिचर्यात्मकं कर्म शूद्रस्यापि स्वभावजम् ।।

(वैश्यकर्म च शूद्रकर्म च)

वाणिज्यं च कृषेः कर्म वैश्यधर्मस्य लक्षणम् ।

सेवाभावस्य पावित्र्यं शूद्रधर्मस्य सद्गुणः ।। 1395/2422

(वैश्यकर्म और शूद्रकर्म)

कृषि गौ पालन जिसका धंधा, वैश्य कर्म का है वह बंदा ।

सेवा मंगल भाव सुहाना, शूद्रकर्म का सद्गुण जाना ।। 1740/5205

दोहा॰ गौधन कृषि ब्यौपार हैं, वैश्य वर्ण के काम ।

सेवा-भाव पवित्रता, शूद्र वर्ण का नाम ।। 1660/7068

◎ **Vaishya and Shūdra :** *Skills of trade and farming are the signs of a Vaishya. The purity of service to others is the sign of a Shūdra, by Varṇa system. 2001/4839*

वर्णः कोऽपि न नीचस्थः सर्वेषु च महानराः ।

अविचारोऽनृतो जातेः सर्ववर्णाः सदा समाः ।। 1396/2422

(वर्ण व्यवस्था में कोई ऊँचा नीचा नहीं है)

वर्ण किसी का कहो न नीचा, सबको सब अधिकार समूचा ।

सभी वर्ण में महाभाग हैं, जाति स्वार्थ्य की लगी आग है ।। 1741/5205

दोहा॰ ऊँच नीच कोई नहीं, सब हैं वर्ण समान ।

मन गढंत जाति प्रथा, सब हैं वर्ण महान ।। 1661/7068

महापुरुष सर्वत्र हैं, कोई ना अपवाद ।

चारों वर्ण समान हैं, रहे सदा यह याद ।। 1662/7068

वैश्यों में श्रीकृष्ण हैं, क्षत्रिय थे श्री राम ।

शूद्र पुत्र श्री विदुर जी, ब्राह्मण परशुराम ।। 1663/7068

◎ **And :** *No Varṇa is of higher or lower status. There are great people in all four Varṇas. Shrī Kṛṣhṇa was a Vaishya cowherd, Shrī Rāma was a Kṣhatriya. Shrī Vidura was a son of Shūdra and Shrī Parshurām was a Brāhmaṇa. The system of Jāti is self serving injustice and inequality. All Varṇas are equal. 2002/4839*

85. The Final Liberation (Gītā Chapter 18)

🎵 संगीतश्रीकृष्णरामायण छन्दमाला, मोती 279 of 501

दुर्मिल छन्द [277]

10, 8, 6 + ।। S S S

(वर्णव्यवस्था)

ना नीच न ऊँचे, वर्ण समूचे, चारों ही सम हैं जाने ।
आधार गुणन के, कर्म धर्म के, सब नैसर्गिक हैं माने ।। 1
ईश्वर ने कीन्ही, अमृत भीनी, चतुर्वर्ण रचना चोखी ।
धर्म सनातन में, वर्णाश्रम में, यात्रा जीवन की सोखी ।।

◎ **Varṇa** : *No Varṇa is lower or higher. All four Varṇas are equal. The Varṇas are natural. They are based on inborn qualities and righteous duties. The Lord has designed the divine system of Varṇas. In this ancient system, the journey of life is smooth.* **2003/4839**

सर्वे भवन्तु सम्मान्याः सर्वे सन्तु समानतः ।
अपमानोऽस्ति वैषम्यं वर्णाश्रमे समानता ।। 1397/2422

अपना सबको अभिमान हो, स्थान सभी का इक समान हो ।
विषमता में अपमान भरा है, समता में सम्मान खरा है ।। 1742/5205

दोहा॰ ऊँच नीच कोई नहीं, सब हैं वर्ण समान ।
जाति स्वार्थ का काम है, जिसमें है अपमान ।। 1665/7068

◎ **Jāti** : *May everyone be respected equally. May all have equal status. Inequality of Jāti is insulting. The system of Varṇa is equality.* **2004/4839**

जातिः प्रदूषणं हीनं, धर्मनाशाय कारणम् ।
जातिर्निर्मूलनीयैव जातिर्दुरासदं विषम् ।। 1398/2422

दोहा॰ जाति प्रदूषण विश्व के, घट-घट से घट जाय ।
धर्मविघ्न विष जाति का, दुनिया से हट जाय ।। 1666/7068

◎ **And** : *Jāti is a degrading pollution, a means of destroying righteousness. Jāti must be eradicated. Jāti is a terrible poison.* **2005/4839**

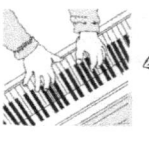 संगीतश्रीकृष्णरामायण गीतमाला, पुष्प 399 of 763

(शारदावन्दना)

स्थायी

शारदा सदा स्मरणीया । स्वरदा वरदा स्तवनीया ।।
🎵 प-सां-निध- निधपधम- - - । सासारे- गगरे- मगरे-सा- ।।

अंतरा-1

अनुकम्पा हृदि धरणीया । सेवा मनसा करणीया ।
भारतजननी नमनीया । संस्कृतवाणी स्तवनीया ।।
🎵 सांनि धपध-नि सांनिधपध- । निनिध- प-म- पमग- म- ।
पमगरेगमम- रेगरेगसा- । सा-रेगरे-रे मगरे-सा- ।।

अंतरा-2

नहि सुखशय्या शयनीया । न नीचचिन्ता चयनीया ।
रजःकामना शमनीया । तमोवासना दमनीया ।।

अंतरा-3

सततसुबुद्धिर्धरणीया । मानसशुद्धिर्वरणीया ।
शुभा सरणिरनुसरणीया । सत्सङ्गतिरभिलषणीया ।।

अंतरा-4

जातिकुप्रथा त्यजनीया । बन्धुभावना भजनीया ।
अखिलसङ्गता करणीया । विश्वे समता भरणीया ।।

अंतरा-5

प्रमत्तकुमतिर्दहनीया । आगतहानिस्सहनीया ।
प्रजाप्रतिष्ठा वहनीया । मया प्रतिज्ञा ग्रहणीया ।।

---

[277] 🎵 **दुर्मिल छन्द** : इस 32 मात्रा वाले लाक्षणिक छन्द के किसी भी चौकल में ज गण (। S ।) नहीं आता है । इसके अंत में दो लघु और तीन गुरु मात्रा होती हैं । इसका लक्षण सूत्र 10, 8, 6 + ।। S S S इस प्रकार होता है ।

▶ लक्षण गीत : दोहा॰ मत्त बत्तीस से बना, दो लघु, त्रय गुरु अंत ।
किसी न चौकल में ज हो, वह "दुर्मिल" है छंद ।। 1664/7068

85. The Final Liberation (Gītā Chapter 18)

◎ **Sarasvatī Prayer : *Sthāyī* :** *O Devotees! we must worship Sarasvatī, the Goddess of learning and music.* ***Antarā* : 1.** *We must have compassion at our heart, we must serve the needy with our warm heart, we must worship our mother land, we must worship our mother Sanskrit language.* **2.** *We must not indulge ourselves in pleasures, we must not keep unrighteous thoughts in our mind, we must remove the Rājasic desires and suppress the Tāmasic ignorance.* **3.** *We must always have righteous thoughts, we should keep our mind and thoughts clean and pure, we must follow the right path and we must keep ourselves in the company of good people.* **4.** *We must abandon the poison of Jāti system and build brotherhood in our nation, we must join hands with each other and spread equanimity of human beings in the world.* **5.** *We must stay away from intoxication, we must be prepared to face the future dangers and we must build respect in the public. This we must vow.* **2006/4839**

ॐ **यथा रथस्य रश्मिश्च हयाश्चक्राणि सारथि: ।**
तथा देहस्य चत्वारि गात्राणि सदृशानि च ।। 1399/2422

जैसे रथ के रश्मि तुरग हैं, चक्र सारथी चार अंग हैं ।
ऊँचा नीचा नहीं है कोई, चार वर्ण हैं समान सो हीं ।। 1743/5205

दोहा॰ अश्व रश्मि रथ के यथा, चक्र सारथी अंग ।
तथा धर्म के चार हैं, चारों वर्ण तुरंग ।। 1667/7068

♫ **संगीतश्रीकृष्णरामायण छन्दमाला, मोती 280 of 501**

फटका छन्द

8 + 8 + 8 + 6/7
(देह रथ)

रथ के रश्मि अश्व सारथी,
चक्र अंग हैं अभिन्न चार ।
एक देह के चार अंग हैं,
ऊँच नीच का नहीं विचार ।।

ॐ **विप्र: शीर्षं करौ क्षात्र: वैश्यो रुण्डं तनोस्तथा ।**
शूद्र: पादौ चतुर्थांशो विनैकं निक्रिया: परा: ।। 1400/2422

विप्र शीर्ष है, क्षात्र कर बना, शूद्र पाद है, वैश्य तना ।
चार अंग से देह है बना, अधूरे सभी एक के बिना ।। 1744/5205

दोहा॰ शीश विप्र, पद शूद्र हैं, वैश्य तना, कर क्षात्र ।
एक देह इनसे बना, चार देह के गात्र ।। 1668/7068

◎ **Four Varṇas : :** *Brāhmaṇa is the head, Kṣhatriya is the hands, Vaishya is the trunk and Shūdra is the legs of the body. Without any one, the other three are functionless.* **2007/4839**

संगीतश्रीकृष्णरामायण गीतमाला, पुष्प 400 of 763

भजन : राग रत्नाकर, कहरवा ताल 8 मात्रा
(वर्ण व्यवस्था)

स्थायी

व्यवस्था गुण पर, की करतार, बिना कछु ऊँच नीच विचार ।
♫ धनिसाध- निनि सासा, रे- सारेगग, धप- मग- ध-प म-ग मरे-रे ।

अंतरा-1

गुण कर्मों से वर्ण चार हैं, हेतु जाति का है बेकार ।
स्वभाव पर ही सब निर्भर है, यहाँ पर कोई नहीं लाचार ।।
♫ निध निसा- सा- म-ग रे-सा रे-, प-म ग-रे ग- म- ध-पप ।
रेरे-रे गग म- धप म-गग म-, निध- पप- निध पम- गमरे-रे ।।

अंतरा-2

रथ के रश्मि अश्व सारथी, चक्र अंग हैं अभिन्न चार ।
एक देह के अंग चार हैं, एक को तीन का आधार ।।

अंतरा-3

जाति पाती में नर भरमाया, वर्ण जनम का फल फरमाया ।
जाति है स्वार्थ्य का आविष्कार, वर्ण पर गुण का हि अधिकार ।।

अंतरा-4

वर्ण चार से जग उजियारा, भूत प्राणी में भाईचारा ।
मिटाय जाति का अंधकार, करिए आपस में अब प्यार ।।

◎ **Varṇa : *Sthāyī* :** *The Lord has designed the Varṇas based only on the natural abilities, without lower or higher status for any one.* ***Antarā* : 1.** *Depending on the* *guṇas (the three attributes), there are four Varṇas. Jāti's aim is destructive. Everything depends on nature, no one is helpless.* **2.** *As the horse, leash, driver and the wheels are four equally important components of a chariot and as the four parts make up one body, so the four Varṇas make up one Varṇa system of the working classes.* **3.** *Man who is deluded with the system of Jāti, he thinks Varṇa is the fruit of Jāti (birth). But, Jāti is the selfish invention. Varṇa depends only on natural guṇas.* **4.** *With four Varṇas, there is enlightenment in the world. It gives brotherhood to the mankind. It removes the darkness of Jāti. Let us love everyone as they are.* **2008/4839**

।। 18.45 ।। **स्वे स्वे कर्मण्यभिरतः संसिद्धिं लभते नरः ।**
स्वकर्मनिरतः सिद्धिं यथा विन्दति तच्छृणु ।।

(स्वकर्माचरणम्)

स्वकर्मणि स्थिरो भूत्वा तत्र सिद्धिः कथं भवेत् ।
वदाम्यहं विधानं तद्-ध्यानेन पार्थ मे शृणु ।। 1401/2422

स्वकर्म में जो जुटे महंती, सिद्धि मिलाता है किस भाँति ।
अब कहता हूँ उस विधान को, सुनो पार्थ! तुम दिये ध्यान को ।। 1737

दोहा॰ स्वकर्म करते किस विधा, मिले सिद्धि वरदान ।
कहता हूँ अब प्रेम से, अर्जुन! सुनो विधान ।। 1669/7068

◎ **Duty :** *O Arjun! now listen to how staying within the limits of one's own duty gives success.* **2009/4839**

।। 18.46 ।। **यतः प्रवृत्तिर्भूतानां येन सर्वमिदं ततम् ।**
स्वकर्मणा तमभ्यर्च्य सिद्धिं विन्दति मानवः ।।

(आत्मा च परमात्मा च)

कर्ता धाता स सर्वेषां भूतानां यश्च पालकः ।
परमाणुषु विश्वस्य पूर्णरूपेण व्यापकः ।। 1402/2422

(आत्मा और परमात्मा)

सब भूतों का कर्ता धाता, सब भूतों का पालक दाता ।
सकल जगत के जो कण-कण में, समाया हुआ जो प्रति क्षण में ।। 1745/5205

दोहा॰ कर्ता धाता भूत का, पालक है घनश्याम ।
कण-कण में जो विश्व के, बसा हुआ हर याम ।। 1670/7068

◎ **Ātmā and Parmātmā :** *The Parmātmā (the Supreme) is the birth giver, nourisher and protector. He exists wholly in every atom of the world.* **2010/4839**

(स्वधर्मः)

आत्मना परमेशस्य तस्य ज्ञेया गतिः परा ।
पूजयित्वा स्वधर्मेण सिद्धिं गच्छति साधकः ।। 1403/2422

जाननीय गति उस आत्मा की, परम गति उस परमात्मा की ।
पूज कर उन्हें स्वधर्म से ही, सिद्धि मिलती स्वकर्म से ही ।। 1746/5205

दोहा॰ जानो गति परमेश की, आत्म मनन के साथ ।
स्वधर्म से पूजा किये, सिद्धि कही परमार्थ ।। 1671/7068

◎ **Duty :** *One should understand the Supreme, by himself, for himself. Worshipping the Lord by performing your own duty, one attains success.* **2011/4839**

।। 18.47 ।। **श्रेयान्स्वधर्मो विगुणः परधर्मात्स्वनुष्ठितात् ।**
स्वभावनियतं कर्म कुर्वन्नाप्नोति किल्बिषम् ।।

धर्मस्तु स्वस्य न्यूनोऽपि सर्वश्रेष्ठो हि वर्तते ।
परधर्मः प्रशस्तोऽपि स्वधर्मादवरः सदा ।। 1404/2422

स्वधर्म अपना भले स्वल्प है, नहीं किसी से तदपि अल्प है ।
भली भाँति भी भला चलाया, धर्म तुच्छ है सदा पराया ।। 1747/5205

दोहा॰ स्वकर्म अपना श्रेष्ठ है, भले हि उसमें दोष ।
सब धर्मों में दोष हैं, कोई ना निर्दोष ।। 1672/7068

संगीतश्रीकृष्णरामायण छन्दमाला, मोती 281 of 501

फटका छन्द

8 + 8 + 8 + 6/5

(स्वधर्म)

चाहे न्यून हो धर्म हमारा,
हमारे लिये मान्य है ।
भली भाँति भी चलाया हुआ,
धर्म पराया त्याज्य है ।।

◎ **And :** *Your own righteous duty may appear to have shortcomings, but is it the best for you. Other's duties may appear to be better, but they also have shortcomings. Our own duty is superior.* **2012/4839**

♫ संगीतश्रीकृष्णरामायण छन्दमाला, मोती 282 of 501

द्रुतविलंबित छन्द[278]

।। ।, ऽ।।, ऽ।।, ऽ। ऽ

(स्वकर्म)

न तजिये निज कर्म सदोष भी ।
न परकर्म विना-कछु-नुक्स है ।।
कलित भी परधर्म न पालिये ।
स्व-करनी करते मरना भला ।।

◎ **Duty :** *Do not leave your own duty and go for someone else's. Other's duty is also not without shortfalls. Do not mimic even a better looking system. Death in your own system is better.* **2013/4839**

।। 18.48 ।। **सहजं कर्म कौन्तेय सदोषमपि न त्यजेत् ।**
सर्वारम्भा हि दोषेण धूमेनाग्निरिवावृताः ।।

(स्वकर्म परकर्म च)

कर्म स्वाभाविकं नो यत्-तस्मिन्किञ्चिन्न पातकम् ।
स्वस्य त्यक्त्वा कृतं यद्वा परकर्म भयावहम् ।। 1405/2422

(स्वकर्म और परकर्म)

स्वाभाविक जो कर्म हमारा, उससे कुछ भी न हो पियारा ।
तज कर अपना, अन्य धराया, घातक होगा धर्म पराया ।। 1748/5205

[278] ♫ **द्रुतविलंबित छन्द :** इस बारह वर्ण, 16 मात्रा वाले छन्द में चरण में न भ भ र गण आते हैं । इसका लक्षण सूत्र ।।।, ऽ।।, ऽ।।, ऽ। ऽ इस प्रकार होता है । इसके पदान्त में विराम होता है ।

▶ लक्षण गीत : **दोहा॰ सोलह मात्रा चरण में, न भ भ र गण का वृंद ।**
नाम "द्रुतविलंबित" जिसे, बारह अक्षर छंद ।। 1673/7068

दोहा॰ स्वाभाविक जो कर्म है, उसमें कछु ना पाप ।
अपना तज कर, अपर का, देता है अनुताप ।। 1674/7068

♫ संगीतश्रीकृष्णरामायण छन्दमाला, मोती 283 of 501

फटका छन्द

8 + 8 + 8 + 6/5

(परधर्म)

स्वाभाविक जो कर्म हमारा,
न कुछ भी उसमें पातक है ।
कर्म अपना छोड़ कर किया,
अपर कर्म तो घातक है ।।

◎ **And :** *Whatever comes to you naturally, is superior. There is no sin in it. Leaving your own, to run after other's, is dangerous.* **2014/4839**

(सुभाषिते)

स्वकर्म दोषयुक्तञ्च न त्यक्तव्यं कदाऽपि तत् ।
विनादोषं न धर्मोऽस्ति विनाधूमं न पावकः ।। 1406/2422

(दो सुभाषित)

सुख, दुःखों के साथ जुड़ा है, साथ भले के जुड़ा बुरा है ।
उजियाले के साथ अँधेरा, धूप को यथा साया घेरा ।। 1749/5205

दोहा॰ सुख-दुख दोनों हैं जुड़े; शुभ-अशुभ के संग ।
दीप अँधेरा साथ हैं, धूप छाँव दो अंग ।। 1675/7068

◎ **Good sayings :** *You should not leave your own duty, even if it appears to be defective. There is nothing without a defect, as there is no fire without smoke;* **2015/4839**

सुखैः सह यथा दुःखं शुभैः सह यथाऽशुभम् ।
दीपैः सह यथा ध्वान्तं तथा छायाऽऽतपेन च ।। 1407/2422

दोष युक्त भी कर्म हमारा, त्यागना नहीं धर्म पियारा ।
सब धर्मों में दोष भरे हैं, धूआँ जैसे आग धरे है ।। 1750/5205

✍दोहा॰ अपना कर्म सदोष भी, मत देना तुम त्याग ।
सब कर्मों में दोष हैं, जस धूँए सँग आग ।। 1676/7068

◎ **And :** *As the sadness accompanies the happiness, bad with good, darkness with light, shadow with sunlight.* **2016/4839**

♫ संगीतश्रीकृष्णरामायण छन्दमाला, मोती 284 of 501

फटका छन्द

8 + 8 + 8 + 6/5

(स्वधर्म पालन)

स्वधर्म चाहे दोष युक्त हो,
अनुचित उसका त्याग है ।
सब धर्मों से दोष जुड़ा है,
धूएँ से जस आग है ।।

◎ **Duty :** *Do not leave your own tradition, even apparently imperfect. All systems are attached with imperfections, as the smoke is attached with the fire. Everything is imperfect, only Brahma is perfect.* **2017/4839**

|| 18.49 || असक्तबुद्धिः सर्वत्र जितात्मा विगतस्पृहः ।
नैष्कर्म्यसिद्धिं परमां संन्यासेनाधिगच्छति ।।

(सिद्धिः)

ॐ वीतरागो निरासक्तो यस्य बुद्धिश्च निःस्पृहा ।
कर्मयोगेन ज्ञानेन सिद्धिं याति कथं, शृणु ।। 1408/2422

(सफलता)

वीत राग है, निरासक्त है, निःस्पृह जिसका मन विरक्त है ।
सुन लो कैसे कर्म योग से, मिलती सिद्धि ज्ञान योग से ।। 1751/5205

✍दोहा॰ अनासक्त मन को किये, विना स्पृहा अनुराग ।
कर्मयोग के ज्ञान से, सुनो सिद्धि का राग ।। 1677/7068

◎ **Success :** *O Arjun! now listen to how the success comes to him who is not attached to possessions and passions and he who is not covetous.* **2018/4839**

|| 18.50 || सिद्धिं प्राप्तो यथा ब्रह्म तथाप्नोति निबोध मे ।
समासेनैव कौन्तेय निष्ठा ज्ञानस्य या परा ।।

(परमसिद्धिः)

ॐ सिद्धिमेवं परां प्राप्य ब्रह्म च प्राप्यते कथम् ।
पार्थ वदामि निष्ठां त्वां शृणु ध्यानेन त्वं सखे ।। 1409/2422

(परम सिद्धि की प्राप्ति)

सिद्धि प्राप्त कर पूर्ण शाँति से, ब्रह्म मिलेगा जिस भाँति से ।
उसी ज्ञान की सुनलो निष्ठा, कहता हूँ वह मान प्रतिष्ठा ।। 1752/5205

✍दोहा॰ सिद्धि योग की प्राप्त कर, मिले ब्रह्म में स्थान ।
निष्ठा कहता हूँ सुनो, अर्जुन! देकर ध्यान ।। 1678/7068

◎ **Also :** *Having attained supreme success in this manner, now listen to the faith by which one attains Brahma (the Supreme).* **2019/4839**

|| 18.51 || बुद्ध्या विशुद्धया युक्तो धृत्यात्मानं नियम्य च ।
शब्दादीन्विषयांस्त्यक्त्वा रागद्वेषौ व्युदस्य च ।।

ॐ मतिं कृत्वा पवित्रां च धैर्यं च हृदये धरेत् ।
शब्दादिविषयांस्त्यक्ता रागद्वेषौ निवारयेत् ।। 1410/2422

मति अपनी को पवित्र करके, और हृदय में धृति को धरके ।
पाँच विषय वे शब्दादि सब, राग-द्वेष भी दूर रहे जब ।। 1753/5205

✍दोहा॰ पवित्र बुद्धि हो सदा, हृदय धैर्य से युक्त ।
छोड़ विषय की वासना, राग-द्वेष से मुक्त ।। 1679/7068

◎ **Brahma :** *Keeping the thoughts pure, keeping courage at the heart, one should leave aside the passions and attachment.* **2020/4839**

|| 18.52 || विविक्तसेवी लघ्वाशी यतवाक्कायमानसः ।
ध्यानयोगपरो नित्यं वैराग्यं समुपाश्रितः ।।

ॐ मिताहारी विरक्तश्च यतवाक्च जितेन्द्रियः ।
ध्यानयोगे स्थिरं चित्तं वैराग्ये यस्य भावना ।। 1411/2422

प्रशाँत वासी, मित आहारी, वश वाणी मन काया सारी ।
ध्यान योग में चित्त लगाया, बैरागी का भाव जगाया ।। 1754/5205

85. The Final Liberation (Gītā Chapter 18)

दोहा॰ **खाना-पीना सम सदा, मन वश में दिन-रात ।**
ध्यान योग में चित्त हो, वीतराग हो गात ।। 1680/7068

◎ **And :** *He who is moderate eater, he who is not attached, he who has controlled his organs, he who is steady in meditation, he whose mind is steady;* **2021/4839**

।। 18.53 ।। **अहङ्कारं बलं दर्पं कामं क्रोधं परिग्रहम् ।**
विमुच्य निर्ममः शान्तो ब्रह्मभूयाय कल्पते ।।

त्यक्त्वा कामं च क्रोधं च मत्सरं च मदं तथा ।
ब्रह्मपात्रः प्रसन्नात्मा शान्तिं प्राप्नोति निर्ममः ।। 1412/2422

छोड़ कर परे अहंकार को, काम क्रोध को, मन विकार को ।
ब्रह्मपात्र वह निर्मम हो कर, शाँति पाता अजर निरंतर ।। 1755/5205

दोहा॰ **काम क्रोध जिसमें नहीं, दंभ दर्प सब छोड़ ।**
ब्रह्मपात्र जाना वही, निर्ममता को जोड़ ।। 1681/7068

◎ **And :** *He who is away from passions, anger, jealousy, possessions and intoxication. He is fit for unison with Brahma (the Supreme).* **2022/4839**

।। 18.54 ।। **ब्रह्मभूतः प्रसन्नात्मा न शोचति न काङ्क्षति ।**
समः सर्वेषु भूतेषु मद्भक्तिं लभते पराम् ।।

समः सर्वेषु भूतेषु निर्विषादो निरामयः ।
ब्रह्मरूपो निराकाङ्क्षी मद्भक्तिं लभते नरः ।। 1413/2422

सब भूतन में बुद्धि साम्य हो, आस निराशा तारतम्य हो ।
निर्विषाद नर जो निरामयी, उस पर मेरी कृपा है भयी ।। 1756/5205

दोहा॰ **समा-बुद्धि सब भूत में, निर्विषाद बिन आस ।**
निरहंकारी भक्त वो, मम किरपा का दास ।। 1682/7068

◎ **And :** *He who is equanimous to all beings, he who is not despondent, he who is pure, he who does not have ego, he is in unison with Brahma (the Supreme), he attains my favor.* **2023/4839**

।। 18.55 ।। **भक्त्या मामभिजानाति यावान्यश्चास्मि तत्त्वतः ।**
ततो मां तत्त्वतो ज्ञात्वा विशते तदनन्तरम् ।।

यो मां जानाति भक्तो मे कर्माणि च यथार्थतः ।
मद्भक्तायैकनिष्ठाय तस्मै मे धाम सर्वदा ।। 1414/2422

भक्त मेरा जो मुझे जानता, कर्म मेरे को पहिचानता ।
मत्पर होकर एकनिष्ठ वो, पाता मेरा धाम इष्ट वो ।। 1757/5205

दोहा॰ **मुझको जो है जानता, मेरा भक्त सुजान ।**
एक निष्ठ वो विज्ञ है, पाता मेरा धाम ।। 1683/7068

◎ **And :** *The devotee who knows me and my deeds in principle, he whose faith is one pointed, he attains my abode.* **2024/4839**

।। 18.56 ।। **सर्वकर्माण्यपि सदा कुर्वाणो मद्व्यपाश्रयः ।**
मत्प्रसादादवाप्नोति शाश्वतं पदमव्ययम् ।।

कुर्वन्नपि स्वकर्माणि कृत्वाऽपि यदि स मत्परायणः ।
मद्भक्तो मत्प्रसादात्स प्राप्नोति परमं पदम् ।। 14151848

करके अपने सर्व कर्म जो, मुझे परायण होता समझो ।
प्रसाद मेरा शुभ वह पाकर, मिलता मुझको निश्चित आकर ।। 1758/5205

दोहा॰ **सब कुछ करके काम भी, मत्पर जिसका ध्यान ।**
मेरे प्रसाद से उसे, मिले परम पद स्थान ।। 1684/7068

◎ **And :** *While doing his all duties, if he is devoted to me, he receives my blessings and he comes to me.* **2025/4839**

।। 18.57 ।। **चेतसा सर्वकर्माणि मयि संन्यस्य मत्परः ।**
बुद्धियोगमुपाश्रित्य मच्चित्तः सततं भव ।।

सर्वमनेन योगेन कृत्वा त्वं पार्थ मत्परः ।
योगे च तत्परो भूत्वा बुद्धिं मयि निवेशय ।। 14161848

भक्तियोग से सब कुछ करके, मन में अपने मुझको धरके ।
बुद्धियोग की सिद्धि पाकर, शाँत चित्त हो मुझमें आकर ।। 1759/5205

दोहा॰ **भक्तियोग में तुम लगे, भजलो मेरा नाम ।**
कर्मयोग तत्पर हुए, करलो तुम सब काम ।। 1685/7068

♫ संगीतश्रीकृष्णरामायण छन्दमाला, मोती 285 of 501

फटका छन्द

8 + 8 + 8 + 6/5

(मत्परता)

इसी योग से सब कुछ करके,
मन को मत्पर कर ले तू ।
योग में तत्पर होकर मुझमें,
बुद्धि निरंतर धर ले तू ।।

◎ **Devotion :** *Doing everything according to this yoga, devote yourself to me. Being equipped with yoga, always think of me.* **2026/4839**

|| 18.58 || मच्चित्तः सर्वदुर्गाणि मत्प्रसादात्तरिष्यसि ।
अथ चेत्त्वमहङ्कारान्न श्रोष्यसि विनङ्क्ष्यसि ।।

ॐ कौन्तेय मत्प्रसादात्त्वं सर्वदुःखं तरिष्यसि ।
अश्रुत्वा मामहङ्कारात्-निश्चितं त्वं विनङ्क्षसि ।। 14171848

प्रसाद मेरा तू पाएगा, दुःख सभी तू तर जाएगा ।
भ्रम से यदि तू नहीं सुनेगा, विनाश को तू स्वयं चुनेगा ।। 1760/5205

दोहा॰ प्रसाद मेरा तुम लिये, दुख सब होंगे दूर ।
अहंकार वश अनसुने, होंगे चकनाचूर ।। 1686/7068

◎ **And :** *O Arjun! with my blessings, your despondency will go away. But if you do not listen to me out of pride, you will for sure go down.* **2027/4839**

|| 18.59 || यदहङ्कारमाश्रित्य न योत्स्य इति मन्यसे ।
मिथ्यैष व्यवसायस्ते प्रकृतिस्त्वां नियोक्ष्यति ।।

(क्षात्रधर्मपालनम्)

ॐ यदि त्वं भ्रममाश्रित्य "न योत्स्ये" वदसीति वै ।
अङ्गजः क्षात्रधर्मस्ते योद्धुं स त्वां नियोक्ष्यति ।। 14181848

(क्षात्रधर्म का पालन)

अभी भी, सखे! भ्रम में आकर, "लड़ूँगा नहीं" कहोगे अगर ।
जन्मजात वह क्षात्रधर्म ही, बाध्य करेगा आर्य कर्म ही ।। 1761/5205

दोहा॰ अभी भी अगर भूल से, तुम्हें समर नाकार ।
क्षात्र-धर्म अंगज, सखे! विवश करे स्वीकार ।। 1687/7068

◎ **And :** *Being deluded, if you decide not fight, your inborn nature will compel you to stand up on the battlefield.* **2028/4839**

|| 18.60 || स्वभावजेन कौन्तेय निबद्धः स्वेन कर्मणा ।
कर्तुं नेच्छसि यन्मोहात्करिष्यस्यवशोऽपि तत् ।।

ॐ योद्धुं नेच्छसि त्वं मोहाद्-अवशस्तत्करिष्यसि ।
नैसर्गिकेण भावेन बद्धोऽसि स्वेन कर्मणा ।। 14191848

दोहा॰ भ्रम को पाकर तुम यदि, नहीं करोगे युद्ध ।
नैसर्गिक गुण क्षात्र का, तुम्हें करे कटिबद्ध ।। 1688/7068

♫ संगीतश्रीकृष्णरामायण छन्दमाला, मोती 286 of 501

फटका छन्द

8 + 8 + 8 + 6/5

(स्वधर्माधीनता)

लड़ना यद्यपि नहीं चाहते,
भ्रम के होकर तुम आधीन ।
स्वभाव वश तुम विवश लड़ोगे,
क्षात्रधर्म के हो स्वाधीन ।।

◎ **And :** *Taken over by confusion, even if you say I shall not fight, your Kṣhatriya nature will make you fight.* **2029/4839**

|| 18.61 || ईश्वरः सर्वभूतानां हृद्देशेऽर्जुन तिष्ठति ।
भ्रामयन्सर्वभूतानि यन्त्रारूढानि मायया ।।

(रहस्यमय उपदेशः)

ॐ ईश्वरो हृदि सर्वस्य नित्यं तिष्ठति भारत ।
भ्रामयन्विश्वभूतानि चक्रारूढानि मायया ।। 14201848

(रहस्यमय उपदेश)

85. The Final Liberation (Gītā Chapter 18)

सब हृदयों में एक अनश्वर, बसा हुआ अर्जुन! वह ईश्वर ।
घुमा रहा है जीव जगत को, माया से सब विश्व महत को ।। 1762/5205

दोहा॰ **ईश्वर सबके हृदय में, बसता जो दिन-रात ।**
चक्र दिलाता जगत को, रहे पार्थ! यह याद ।। 1689/7068

◎ **And :** *O Arjun! the Supreme Lord dwelling in everyone's heart, revolves the beings in the life cycle like a wheel, with his magic.* **2030/4839**

संगीतश्रीकृष्णरामायण गीतमाला, पुष्प 401 of 763

भजन : राग रत्नाकर, कहरवा ताल 8 मात्रा

(हरि हिरदय में)

स्थायी

हरि, जिसमें रहते हैं, वो तेरे दिल का कोना है ।
♫ रेसा, रेरेरे- गरेगप म-, ध पमग- पप म गमगम रे- ।

अंतरा-1

मंदिर मंदिर बसी है मूर्ति, धाम तीरथ की बनी है कीर्ति ।
फिरता क्यों मारा, मारा, दुनिया में ।
हरि, जिसमें मिलते हैं, वो ये, एक ठिकाना है ।।
♫ म-गम प-मग मप- ध प-म-, ध-प मगग म- पध- नि ध-प- ।
पधनि- सां- निधप-, ध-प-, मगमग रे- ।
रेसा, रेरेरे- ग- पमग-, ध- प-, मगप मगमगम रे- ।।

अंतरा-2

वेद पुराण में लिखी है माया, रात दिन पढ़ी कुछ नहीं पाया ।
फिर, भी क्यों भागा, भागा, फिरता दुनिया में ।
अरेऽ समय बिताने का, ये तो, एक बहाना है ।।

अंतरा-3

साधु संतन दिखा गए हैं, मार्ग मुक्ति का सिखा गए हैं ।
तू! अंदर झाँक जरा, बैठा, बैठा चिंतन में ।
जीवन जीने का, ये ही, नेक निशाना है ।।

◎ **Hari's abode : *Sthāyī :*** *Where Hari lives, is a corner of your heart.* ***Antarā : 1.*** *His idol is in every temple. His places for pilgrimage are famous. But, why do you go to those places, when he is dwelling right in your own self. This is where you will find him any time.* ***2.*** *His divinity is written in the Vedas and Purāṇas. People read it day and night, but do not understand him. Then why do you run around listening to the lectures? It is just an excuse to waste your time, just listen to your own heart.* ***3.*** *The sages and saints have shown us the path of liberation. Meditate and look within your self. This is the way to live your life within yourself.* **2031/4839**

।। 18.62 ।। **तमेव शरणं गच्छ सर्वभावेन भारत ।**
तत्प्रसादात्परां शान्तिं स्थानं प्राप्स्यसि शाश्वतम् ।।

ॐ **शरणं यच्छ कौन्तेय तस्मात्त्वमीश्वरात्सखे ।**
शान्तिं परां प्रसादात्त्वं प्राप्स्यसि परमं पदम् ।। 14211848

इसी लिए लो उस ईश्वर की, शरणागति उस भुवनेश्वर की ।
उसी कृपा से तुम पाओगे, पद परम तुम अपनाओगे ।। 1763/5205

दोहा॰ **शरण ईश से माँग लो, पार्थ! भक्ति से व्याप्त ।**
पाकर परम प्रसाद तुम, करो शाँति को प्राप्त ।। 1690/7068

◎ **And :** *O Arjun! surrender yourself to the Lord. Then with his kind blessings you will attain the Supreme state.* **2032/4839**

संगीतश्रीकृष्णरामायण गीतमाला, पुष्प 402 of 763

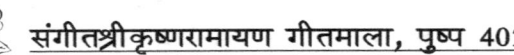

भजन : राग रत्नाकर, कहरवा ताल 8 मात्रा

(प्रभु जी तुम)

स्थायी

प्रभु जी तुम, दीनन पर किरपाल ।
♫ रेग म पम-, ध-पम गप मगरे- ।

अंतरा-1

भवसागर जल गहन घनेरो, बेड़ा पार निकाल ।
♫ सासारे-गप मग निधप धनि-ध-, प-म- ग-म गरे- ।

अंतरा-2

85. The Final Liberation (Gītā Chapter 18)

शबरी द्रुपदी ध्रुव परलादा, अर्जुन जब बेहाल ।

अंतरा–3

जहँ जहँ संकट तहँ अवतारो, हिरदय परम विशाल ।

◎ **O Lord! :** ***Sthāyī :*** *O Lord! you are kind to the helpless people.* ***Antarā : 1.*** *The water of the worldly ocean is deep. O Lord! please help the boat of my life to the other shore.* ***2.*** *When Shabarī, Draupadī, Prahlāda and Arjun were in distress, you helped them.* ***3.*** *Whenever the difficulties come, you appear there. O Lord! your heart is kind.* **2033/4839**

॥ 18.63 ॥ इति ते ज्ञानमाख्यातं गुह्याद्गुह्यतरं मया ।
विमृश्यैतदशेषेण यथेच्छसि तथा कुरु ॥

ॐ परमं सर्वगुह्येषु ज्ञानमुक्तमिदं मया ।
यथेच्छसि तथा पार्थ कुरु योग्यमतः परम् ॥ 14221848

सब गुह्यों में गुह्य परम जो, बतलाया विस्तार चरम जो ।
स्वेच्छा से तुम ध्यान लगाए, करो वही जो मन को भाए ॥ 1764/5205

दोहा॰ सब गुह्यों में परम जो, कहा तुम्हें है, पार्थ! ।
स्वेच्छा से अब तुम करो, जो लगता हो सार्थ ॥ 1691/7068

◎ **And :** *O Arjun! I have told you the supreme secret. Now do as you wish.* **2034/4839**

सर्वगुह्यतमं भूयः शृणु मे परमं वचः ।
इष्टोऽसि मे दृढमिति ततो वक्ष्यामि ते हितम् ॥

ॐ पुनः शृणु सखे पार्थ भूयो वदामि ते हितम् ।
प्रियोऽसि त्वं च मित्रं मे तस्माद्धह्यं वदामि त्वाम् ॥ 14231848

सखे! सुनो तुम बचनन प्यारे, फिर कहता कल्याण तिहारे ।
रहस्य मेरा सब सत्तम[279] है, सो कहता हूँ जो उत्तम हैं ॥ 1765/5205

दोहा॰ फिर से सुन लो, पार्थ! तुम, कहता हूँ हित बात ।
तुम मेरे प्रिय मित्र हो, अतः कहूँ मैं, तात! ॥ 1692/7068

◎ **And :** *Listen to me again, I am telling you for your good. You are my dear friend, therefore, I am telling you this.* **2035/4839**

॥ 18.65 ॥ मन्मना भव मद्भक्तो मद्याजी मां नमस्कुरु ।
मामेवैष्यसि सत्यं ते प्रतिजाने प्रियोऽसि मे ॥

ॐ एकाग्रेण प्रणम्य मां सर्वभावेन त्वं सखे ।
मद्भक्तो मन्मना भूत्वा कौन्तेय मत्परायणः ॥ 14241848

मत्पर होकर, भक्ति जोड़ कर, नमन करो तुम गर्व छोड़ कर ।
आओगे मम, पार्थ! दुआरे, प्रण है मेरा, सुनो पियारे! ॥ 1766/5205

दोहा॰ एक चित्त से मगन तुम, पूर्ण भक्ति के साथ ।
आओ मेरी शरण में, मत्पर होकर, पार्थ! ॥ 1693/7068

◎ **And :** *With one pointed mind, with focused thinking, be devoted to me in every which way.* **2036/4839**

॥ 18.66 ॥ सर्वधर्मान्परित्यज्य मामेकं शरणं व्रज ।
अहं त्वां सर्वपापेभ्यो मोक्षयिष्यामि मा शुचः ॥

ॐ कार्यं मयि परित्यज्य मामेव शरणं व्रज ।
मोचयिष्यामि पापेभ्यो मा शुचः कुरुनन्दन ॥ 14251848

कर्म धर्म वे तज कर सारे, शरणन मेरी आजा, प्यारे! ।
मुक्त करूँगा सब पापों से, चिंता मत कर, सब तापों से ॥ 1767/5205

दोहा॰ धर्म–कर्म मुझमें सभी, अर्पण कर दो स्वार्थ ।
तुझको मैं सब पाप से, मुक्त करूँगा, पार्थ! ॥ 1694/7068

◎ **And :** *Doing your duties in my name, dedicate yourself to me. O Arjun! I will free you from all your sins.* **2037/4839**

॥ 18.67 ॥ इदं ते नातपस्काय नाभक्ताय कदाचन ।
न चाशुश्रूषवे वाच्यं न च मां योऽभ्यसूयति ॥

(भगवतः प्रतिबोधः)

ॐ हृदि नास्ति तपो यस्य नास्ति यस्य मनोबलम् ।
नास्ति मनसि भावश्च नास्ति भक्तिस्तथा मयि ॥ 14261848

---

[279] **सत्तम** : सत् तम, सबसे अधिक सत् । यथा : तत्, सत् तर, सत् तम ।

85. The Final Liberation (Gītā Chapter 18)

(श्रीभगवान् इशारा करते हैं)

नहीं तपस्या जिसके तन में, भाव नहीं है जिसके मन में ।
सुनने की नहीं जिसमें शक्ति, जिसमें नहीं है मेरी भक्ति ।। 1768/5205

दोहा॰ **नहीं तपस्या हृदय में, ना जिसके मन भाव ।**
नहीं मनोबल है जिसे, ना है मेरी चाव ।। 1695/7068

◎ **Warning :** *He who does not have faith in me, he who does not have strength of mind, he who does not have faith and he who does not have trust;* **2038/4839**

मां च निन्दति यो दुष्टः प्रज्वलतीर्षया च यः ।
गुह्यमेतन्न वक्तव्यं प्रमादादपि तं नरम् ।। 14271848

निंदा मेरी जो करता है, जो मानव मुझसे जलता है ।
रहस्य ये उसको ना कहना, गलती से भी यह मत करना ।। 1769/5205

दोहा॰ **निंदा मेरी जो करे, जलता मुझसे व्यर्थ ।**
गुह्य उसे यह मत कहो, गलती से भी, पार्थ! ।। 1696/7068

◎ **And :** *He who is jealous of me, he who criticizes me, he who is wicked, do not tell him this secret knowledge even by mistake.* **2039/4839**

।। 18.68 ।। **य इदं परमं गुह्यं मद्भक्तेष्वभिधास्यति ।**
भक्तिं मयि परां कृत्वा मामेवैष्यत्यसंशयः ।।

मे परमोपदेशं यो भद्रजनेषु वक्ष्यति ।
भक्तिं मे प्राप्य तस्मात्स मामेष्यति न संशयः ।। 14281848

परम गुह्य ये जो बाँचेगा, प्रिय भक्तों में जो नाचेगा ।
पाकर मेरी भक्ति चरम वो, मुझे मिलेगा भक्त परम वो ।। 1770/5205

दोहा॰ **भद्र जनों में जो कहे, गुह्य ज्ञान यह आप ।**
प्रसाद मेरा है उसे, उसके मिटते पाप ।। 1697/7068

◎ **However :** *However, he who listens to my righteous sayings, he who tells it to righteous people, he having earned my favor attains me, no doubt.* **2040/4839**

।। 18.69 ।। **न च तस्मान्मनुष्येषु कश्चिन्मे प्रियकृत्तमः ।**
भविता न च मे तस्मादन्यः प्रियतरः भुवि ।।

विश्वे सुकर्म कर्ता तु नास्ति तस्मादनुत्तमः ।
लब्धपुण्यः सखे पार्थ भक्तः सोऽतीव मे प्रियः ।। 14291848

सुकर्म कर्ता जगत में सत्तम, भक्त न होगा उससे उत्तम ।
बढ़ कर मुझको उससे प्यारा, कोई न होगा उससे न्यारा ।। 1771/5205

दोहा॰ **सुकर्म कर्ता विश्व में, उससे बड़ा न कोय ।**
पुण्य प्राप्त शुभ, पार्थ! वो, भक्त मेरा प्रिय होय ।। 1698/7068

◎ **And :** *There is no righteous person than the person who tells or sings my teachings. He is very dear to me.* **2041/4839**

।। 18.70 ।। **अध्येष्यते च य इमं धर्म्यं संवादमावयोः ।**
ज्ञानयज्ञेन तेनाहमिष्टः स्यामिति मे मतिः ।।

संवादमावयोर्गुह्यं धर्म्यं ध्यानेन यो पठेत् ।
प्राप्य मे परमां भक्तिं मामेवैष्यति निश्चितम् ।। 14301848

चर्चा अपनी धर्मयुक्त ये, जो पढ़ता है कर्म मुक्त वो ।
उस नर से मैं पूजित हो कर, वह तरता है पुनीत होकर ।। 1772/5205

दोहा॰ **संवाद हमारा गुह्य यह, जो पढ़ता सह ध्यान ।**
मेरी भक्ति प्राप्त वो, आता मेरे धाम ।। 1699/7068

◎ **And :** *He who reads and studies this divine dialogue of ours with faith, he certainly attains me.* **2042/4839**

।। 18.71 ।। **श्रद्धावाननसूयश्च शृणुयादपि यो नरः ।**
सोऽपि मुक्तः शुभाँल्लोकान्प्राप्नुयात्पुण्यकर्मणाम् ।।

नास्ति सुकर्म कर्ता तु तस्मात्कुत्रापि चोत्तमः ।
उत्तमः सोऽपि भक्तेषु भक्तः प्रियतमो मम ।। 14311848

जोड़ चित्त को परम भक्ति से, छोड़ असूया परम प्रीति से ।
निचोड़ ये यदि सुने हमारा, उसे स्वर्ग में मिले किनारा ।। 1773/5205

दोहा॰ **सुकर्म कर्ता अरु नहीं, उससे बढ़ कर कोय ।**
सब भक्तों में श्रेष्ठ वो, मुझको प्रियतम होय ।। 1700/7068

◎ **And :** *There is no better work than this work. There is no better devotee than such devotee.* **2043/4839**

।। 18.72 ।। **कच्चिदेतच्छ्रुतं पार्थ त्वयैकाग्रेण चेतसा ।**
कच्चिदज्ञानसम्मोहः प्रणष्टस्ते धनञ्जय ।।

(श्रीभगवान्पृष्टवान्)

श्रुतं ध्यानेन किं पार्थ पूर्णं मे वचनं त्वया ।
अज्ञानजो भ्रमस्तस्मात्-प्रणष्टो वा धनञ्जय ।। 14321848

(श्रीभगवान् अर्जुन से पूछते हैं)

कहना मेरा अनन्य चित से, श्रवण किया-क्या मन निश्चित से ।
अज्ञान भरा वो भ्रम मन का अब, नष्ट हुआ क्या सुन कर ये सब ।। 1774/5205

दोहा॰ **पार्थ! सुना क्या कथन सब, तुमने देकर ध्यान ।**
नष्ट हुआ क्या भ्रम तेरा, मिट कर सब अज्ञान ।। 1701/7068

◎ **And :** *O Arjun! have you heard carefully what I said? Has your delusion that arose out of ignorance, gone away?* **2044/4839**

अर्जुन उवाच ।

।। 18.73 ।। **नष्टो मोहः स्मृतिर्लब्धा त्वत्प्रसादान्मयाच्युत ।**
स्थितोऽस्मि गतसन्देहः करिष्ये वचनं तव ।।

(अर्जुनो वदति)

भ्रमो मे निर्गतः पूर्णो भवतः कृपया प्रभो ।
स्थिरा मम स्थितिर्भूयः, करिष्येऽहं वचस्तव ।। 14331848

(फिर अर्जुन कहता है)

कृपा आप की पाकर, केसब! दूर हुआ भ्रम मेरा ये सब ।
हुई अवस्था स्थिर है मेरी, करूँगा यथा शिक्षा तेरी ।। 1775/5205

दोहा॰ **भ्रम मेरा अब नष्ट है, बिन शंका लवलेश ।**
प्रभो! करूँगा कर्म मैं, ज्यों तेरा उपदेश ।। 1702/7068

◎ **Arjun :** *O Lord! my delusion and confusion have gone away with your kindness. My mind is now steady. I shall do as instructed by you.* **2045/4839**

सञ्जय उवाच ।

।। 18.74 ।। **इत्यहं वासुदेवस्य पार्थस्य च महात्मनः ।**
संवादमिममश्रौषमद्भुतं रोमहर्षणम् ।।

(सञ्जय उवाच)

संवादं गुह्ययुक्तं च रोमहर्षदमित्यहम् ।
केशवस्य च पार्थस्याश्रौषं पूर्णं परन्तप ।। 14341848

(संजय कहता है)

इसी भाँति का रोमांचक ये, रहस्य वाला प्रासंगिक ये ।
वासुदेव श्री और पार्थ का, आलाप सुना मैं पुण्य अर्थ का ।। 1776/5205

दोहा॰ **गुह्य युक्त संवाद यह, सह रोमांचित गात ।**
राजन्! केशव पार्थ का, सुना हर्ष के साथ ।। 1703/7068

◎ **Sañjaya :** *Sañjaya said, O King! I heard this inspiring dialogue between Shrī Krishna and Arjun.* **2046/4839**

।। 18.75 ।। **व्यासप्रसादाच्छ्रुतवानेतद्गुह्यमहं परम् ।**
योगं योगेश्वरात्कृष्णात्साक्षात्कथयतः स्वयम् ।।

योगेश्वरस्य वक्तव्यं ज्ञानयुक्तमलौकिकम् ।
व्यासकृपाप्रसादाच्च श्रीकृष्णकृपया श्रुतम् ।। 14351848

योगेश्वर का पुण्य मय कहा, ज्ञान से भरा गुह्य जो महा ।
व्यास कृपा से, श्री के मुख से, ध्यान से सुना मैंने सुख से ।। 1777/5205

दोहा॰ **योगेश्वर का बचन वो, अद्भुत ज्ञान प्रसाद ।**
मैंने केशव से सुना, व्यास कृपा के साथ ।। 1704/7068

◎ **And :** *O King! I heard Yogeshvara Shrī Krishna's unique teachings with the kind mercy of Vyāsa and kind blessing of Shrī Krishna.* **2047/4839**

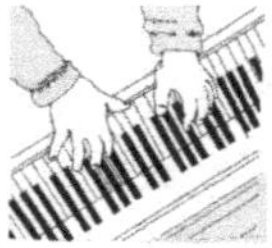

संगीतश्रीकृष्णरामायण गीतमाला, पुष्प 403 of 763

भजन : राग रत्नाकर, कहरवा ताल 8 मात्रा

(चल अकेला)

85. The Final Liberation (Gītā Chapter 18)

स्थायी

दूर डगर, पग चलना है, भव पार करन नहीं बेड़ा रे ।

♫ नि-ध पधध, पम गगम- प-, सारे ग-ग गगग मप मगमग रे- ।

अंतरा-1

आया अकेला, राही अकेला, बाद अकेला जाना है ।

आर अकेला, पार अकेला, चल अकेला फेरा रे ।।

♫ ग-रे सारे-ग-, ध-प मग-म-, नि-ध पध-नि- धपमग म- ।

ग-रे सारे-ग-, ध-प मग- म-, धप मग-प- मगमग रे- ।।

अंतरा-2

पथ में अंधेरा, डर बहुतेरा, मोह माय से घेरा है ।

नश्वर जग में जब डेरा है, हरि सहारा तेरा रे ।।

◎ **Walk alone! : *Sthāyī* :** *The distance is long to walk, there is no vehicle to ride.* ***Antarā* : *1.*** *You came alone, you are a lonely traveler, you have to go alone. On this side you are alone and on that side you are alone. You have to walk alone.* ***2.*** *On the path there is darkness, lots of fears, lots of delusions. In this perishable world, only Hari is your eternal support.* **2048/4839**

।। 18.76 ।। **राजन्संस्मृत्य संस्मृत्य संवादमिममद्भुतम् ।**
केशवार्जुनयोः पुण्यं हृष्यामि च मुहुर्मुहुः ।।

स्मृत्वा पुनः पुनः राजन्-संलापं कृष्णपार्थयोः ।
भूयो भूयश्च हृष्यामि रोमहर्षो मुहुर्मुहुः ।। 14361848

कृष्ण-पार्थ के शब्द अमर वे, बार-बार वे गूढ़ सुमर के ।

हर्षित होता विस्मय पाता, हिरदय मेरा पुलकित होता ।। 1778/5205

दोहा॰ कृष्ण-पार्थ का दिव्य वो, स्मरण किये संवाद ।
पुनः पुनः मैं हृष्ट हूँ, फिर फिर पुलकित गात ।। 1705/7068

◎ **And :** *O King! having remembered the divine dialogue between Shrī Krishṇa and Arjun again and again, I become ecstatic over and over.* **2049/4839**

।। 18.77 ।। **तच्च संस्मृत्य संस्मृत्य रूपमत्यद्भुतं हरेः ।**
विस्मयो मे महान्राजन्हृष्यामि च पुनः पुनः ।।

अद्भुतं पावनं रूपं संस्मृत्य च हरेस्तथा ।
वारं वारं महाहृष्टो भूतोऽहं विस्मयावृतः ।। 14371848

रूप कृष्ण का अद्भुत पावन, सुमिरण कर करके मन भावन ।

हिरदय मेरा अति पुलकित है, बार-बार वो बहु हुलसित है ।। 1779/5205

दोहा॰ सुमिरण पावन रूप का, करके बारंबार ।
पुलकित मेरा गात है, हुलसित है हर बार ।। 1706/7068

◎ **And :** *Also, recollecting Shrī Krishṇa's divine form, I become very joyful and astonished again and again.* **2050/4839**

।। 18.78 ।। **यत्र योगेश्वरः कृष्णो यत्र पार्थो धनुर्धरः ।**
तत्र श्रीर्विजयो भूतिर्ध्रुवा नीतिर्मतिर्मम ।।

कृष्णो योगेश्वरो यत्र धनुर्धरोऽर्जुनस्तथा ।
श्रीर्विभूतिर्जयस्तत्र दृढा नीतिश्च, मे मतिः ।। 14381848

(धृतराष्ट्र को संजय की अंतिम चेतावनी)

जहाँ कृष्ण योगेश्वर हरि हैं, जहाँ धनंजय धनुधारी है ।

वहाँ विजय, श्री, स्थिर नीति है, मेरे मत में चिर कीर्ति है ।। 1780/5205

दोहा॰ जहाँ कृष्ण योगेश हैं, और धनुर्धर पार्थ ।
वहाँ विजय, श्री, नीति हैं, विभूति उनके साथ ।। 1707/7068

◎ **Warning :** *O King! it is my firm conviction that the prosperity, victory and fortune are there where Yogeshvara Shrī Krishṇa and the Great archer Arjun are.* **2051/4839**

ॐ इति अनुष्टुप्-श्लोक-छन्दसि गीतोपनिषद् ।

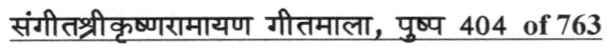

संगीतश्रीकृष्णरामायण गीतमाला, पुष्प 404 of 763

भजन

(हे गिरिधारी)

स्थायी

हे गिरिधारी! कुंज विहारी! हरि बनवारी! तारो हमें ।

♫ नि़- रेगमं-मं-! ध-प मंग-मं-! गग मंमंप-प-! नि-ध पमं- ।

अंतरा–1

कृपा से प्यारे, पाहि मुरारे! शरण तिहारी, लीजो हमें ।

♫ सारे- रे ग-ग-, प-मं गरे-ग-! धधप मंग-मं-, नि-ध पमं- ।

अंतरा–2

नैन के तारे! हिया पुकारे, चरण तिहारे, दीजो हमें ।

अंतरा–3

दरस तुम्हारे परम सुखारे! पार किनारे, कीजो हमें ।

◎ **O Giridharī! : *Sthāyī* :** *O Giridhārī (Bearer of the mountain Govardhan)! O Hari! O Banvārī (who wears garland of wild flowers)! Kuñj Bihārī (who plays in the village)! please protect us.* ***Antarā* : *1.*** *O Murāri (Slayer of the Demon Mura)! we surrender to you. Please take us in your shelter.* ***3.*** *O Apple of our eyes! our heart is calling you. Please let us touch your feet.* **2052/4839**

संगीतश्रीकृष्णरामायण गीतमाला, पुष्प 405 of 763

(मोक्ष का निरूपण)

स्थायी

स्वरदा ने सुंदर गाया है, नारद ने साज बजाया है ।

रतनाकर गीत रचाया है ।।

♫ सानि़सा- गरे सा-नि़नि़ सा-रेम ग-, गममग पम ग-रे सासा-रेम ग- ।

गगरेसासासा रे-ग मगरेसानि़ सा- ।।

अंतरा–1

जो वीतराग सम बुऽद्धिऽ है, जिन कर्मयोग की सिऽद्धिऽ है ।

जो काम क्रोध तज मत्पर है, सब छोड़ा जिसने मत्सर है ।

वह मोक्ष पात्र कहलाया है ।।

♫ प- मरेमप-प पम पनि़धप प-, पप मगगसागग मप गरेसानि़ सा- ।

सानि़ सा-ग रे-सा नि़नि़ सा-रेम ग-, सानि़ सा-गरे सासानि़- सा-रेम ग- ।

गग रेसासा रे-रे गमगरेसानि़ सा- ।।

अंतरा–2

जो निर्मम निरहंऽकारी है, जो मौन मुनि मितभाषी है ।

जो एक निष्ठ है भक्त मेरा, जो निरासक्त है अनघ खरा ।

वह ब्रह्म गात्र कहलाया है ।।

अंतरा–3

जो सर्वभूत का प्रेमी है, जो मेरा मत अनुगामी है ।

जो पूर्ण चित्त से तत्पर है, जो सर्वधर्म तज मत्पर है ।

वह मुक्ति पात्र कहलाया है ।।

◎ **Mokṣha : *Sthāyī* :** *Ratnākar composed the melody, Sarasvatī sang it beautifully, while Shrī Nārad muni played the Vīṇā.* ***Antarā* : 1.** *He who does not have attachment to possessions, he who has equanimity of thinking, he who has attained success in Karma yoga, he who is away from anger and passions, he who is dedicated to me, he is fit for attaining liberation.* ***2.*** *He who has no ego, he who is tranquil and moderate talker, he whose faith is one pointed, he who is dedicated to me, he who is not a sinner, he is in unison with Brahma (the Supreme).* ***3.*** *He who loves all beings, he who follows my teachings, he who is ever ready, he who worships me leaving aside all others, he is fit for liberation.* **2053/4839**

86. हरि के 301 नामों का निरूपण :

86. 301-Names of Shrī Krishṇa

(301–हरिनामनिरूपणम्)

गीता में श्रीकृष्ण के नाम का क्रम

गीता में श्रीकृष्ण का नाम

गीता में इस नाम का सर्वप्रथम निर्देश (अध्याय 1–श्लोक 28)

(1. **कृष्णः** गीता–1.28)

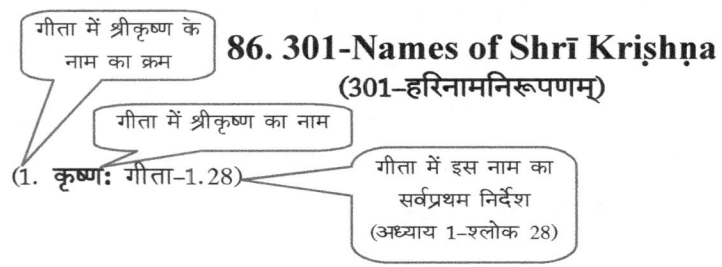

♫ संगीतश्रीकृष्णरामायण छन्दमाला, मोती 287 of 501

पाञ्चालिश्छन्दः[280]

ऽ ऽ।

(कृष्णः)

कृष्णश्च, कृष्णञ्च, कृष्णेन ।
कृष्णाय, कृष्णाच्च, कृष्णस्य ।। 1
कृष्णे च, कृष्णेति, रूपाणि ।
कृष्णस्य, सर्वाणि, जानीहि ।। 2

◎ **Shrī Krishṇa :** *Shrī Krishṇa, to Krishṇa, with Krishṇa, for Krishṇa, from Krishṇa, of Krishṇa, in Krishṇa, O Krishṇa! are all derivatives of Krishṇa's name that you should know.* **2054/4839**

श्लोकौ

कृष्णवर्णः स श्रीकृष्णः कृष्णरात्रावजायत ।
कृष्णसर्पोऽभवच्छत्रं कृष्णाजले स वासुकिः ।। 1439/2422

गायामः कृष्णनामानि सुन्दराणि वयं प्रभोः ।
विकसितानि गीतायां पुष्परूपेण यानि हि ।। 1440/2422

◎ **Two sayings :** *Shrī Krishṇa is of dark complexion. He came in a dark night. The dark snake Vāsuki became an umbrella over him while crossing the Yamunā river.* **2055/4839**

(आओ!)

आज चलो हम सब मिल गाएँ, कृष्ण के मंगल नाम सुनाएँ ।
भगवद् गीता में जो आए, पुष्प तीन–सौ–एक पिरोएँ ।। 1781/5205

---

[280] ♫ **पांचालि छन्द** : इस 3 वर्ण, 5 मात्रा वाले छन्द में चरण में त गण आता है । इसका लक्षण सूत्र ऽ ऽ। इस प्रकार है ।

▶ लक्षण गीत : दोहा॰ पाँच मत्त का जो बना, तीन वर्ण का वृंद ।
जहाँ त गण ही सूत्र है, वह "पांचाली" छंद ।। 708/7068

दोहा॰ कृष्ण–वर्ण श्री कृष्ण है, मथुरा के घनश्याम ।
आकर काली रात में, पहुँचे गोकुल ग्राम ।। 1709/7068

आओ मंगल हम चुनें, हरि को मस्तक टेक ।
सौरभ सुंदर रंग के, पुष्प तीन–सौ–एक ।। 1710/7068

◎ **Come! :** *Let's sing the songs of the beautiful 301 names of Lord Shrī Krishṇa that appear in the Gītā.* **2056/4839**

संगीतश्रीकृष्णरामायण गीतमाला, पुष्प 406 of 763

भजन : राग भैरवी, कहरवा ताल

(कृष्णः)

स्थायी

कमलनयन! सरसिजमुख! त्वम्, रविशशिकुण्डल! परमसुखम् ।
♫ सासासारेगग! रेसारेगरेग! म–, धपमगम–पप! धपमगरे– ।

अंतरा–1

योगेश्वर! त्वं ब्रह्म परं, त्राहि प्रभो! मे विश्वमिदम् ।
♫ सा–रे–गग! म– रे–ग मप–, ध–प मग–! प– ग–मगरे– ।

अंतरा–2

कृताञ्जलिस्त्वां वन्देऽहं, नाशय मे त्वं सर्वदुःखम् ।

अंतरा–3

नाम कृष्ण! ते मनोहरं, विन्दामि हृदि तव स्मरणम् ।

◎ **Shrī Krishṇa : *Sthāyī*** : *O Lotus eyed Shrī Krishṇa! your face is like a lotus flower. The sun and moon are your ear-rings. You are the supreme joy giver.* ***Antarā* : 1.** *O Yogeshvara (the Lord of yoga)! you are the Supreme Lord. O Lord! please protect my world.* **2.** *I pray to you with my folded hands, please remove my pains.* **3.** *I salute you, O Lovely Shrī Krishṇa! please keep your name in my heart.* **2057/4839**

(2. **माधवः** गीता–1.14)

श्लोकः

लक्ष्म्या माया धवो यः स माधव इति कथ्यते ।

लक्ष्मीनारायणौ तस्मात्–माधवः खलु सङ्कशः ।। 1441/2422

जय जय जय जय लक्ष्मी माते! श्री विष्णु तव नाथ सुहाते ।
लक्ष्मीनारायण वरदाते, श्रीधर "माधव" हैं कहलाते ।। 1782/5205

दोहा॰ लक्ष्मी–माता के पति, मंगल मेघश्याम ।
अतः प्रभु को प्राप्त है, सुंदर माधव नाम ।। 1711/7068

◎ **Mādhav :** *He who is husband of Mother Lakṣhmī, is called Mādhava. Therefore, Lakṣhmī-Nārāyaṇa is collectively indeed Mādhav (Mā = Lakṣhmī; Dhava = Husband).* **2058/4839**

(3. **हृषीकेश** गीता–1.15)

श्लोकः

ज्ञानेन्द्रियाणि ज्ञायन्ते हृषीकाणि च विग्रहे ।
हृषीकाणां य ईशः स हृषीकेशो मतो बुधैः ।। 1442/2422

हृषीकेश देहेश कहा है, विग्रह का जगदीश महा है ।
ज्ञान इंद्रियाँ पाँच देह की, रहें सदा ही कृष्ण–नेह की ।। 1783/5205

साँस–साँस में बसे कृष्ण ही, नैनन पुतली बने कृष्ण ही ।
रहे वदन में नाम कृष्ण का, कर्ण सुने रव सदा कृष्ण का ।। 1784/5205

दोहा॰ ज्ञानेन्द्रियाँ शरीर की, जानी गयी हृषीक ।
इंद्रिय का जो ईश वो, "हृषीकेश" है ठीक ।। 1712/7068

योगेश्वर श्रीकृष्ण का, हृषीकेश है नाम ।
हृषीकेश पिंडेश[281] को, लाखों लाख प्रणाम ।। 1713/7068

◎ **Hriṣhīkesh :** *The sense organs in the body are called Hriṣhīk and the Lord (Īsh) of the sense organs is called Hriṣhīkesh, by the wise people.* **2059/4839**

(4. **अच्युतः** गीता–1.21)

[281] **पिंड** = देह ।

♫ **संगीतश्रीकृष्णरामायण छन्दमाला, मोती 288 of 501**

करपल्लवोद्गता–छन्दः[282]

। ऽ ऽ, । ऽ ऽ, ।। ऽ, । ऽ।, ऽ

(अच्युतः)

च्युतो यो न केनापि मतः स ह्यच्युतः ।
स रामश्च कृष्णश्च हरिस्तथा च सः ।। 1
अहन्सोऽच्युतः कंसनृपञ्च रावणम् ।
नमो विष्णुरूपं परमं जनार्दनम् ।। 2

◎ **Achyuta :** *He who can not ("a") be defeated ("chyuta") by anyone is Achyuta (Viṣhṇu). That Achyuta came in Rāma and Kriṣhṇa avatārs. They killed Rāvaṇ and Kaṅsa. Salute to that Janārdan Viṣhṇu Nārāyaṇa.* **2060/4839**

श्लोकः

च्युतो यो नहि केनापि श्रीकृष्णोऽच्युत उच्यते ।
नीतिरीतिमतिभिर्यः, सदा धीरो दृढश्च सः ।। 1443/2422

अच्युत इति वह धीर है जाना, अढल नीति का वीर महाना ।
स्थिर हिमाचल पर्वत जैसा, अडिग सदा वह हरि है ऐसा ।। 1785/5205

दोहा॰ अटल अचल स्थिर धीर जो, जस राघव का तीर ।
अच्युत संज्ञा है उसे, अढल नीति का वीर ।। 1715/7068

◎ **Achyuta :** *Shrī Kriṣhṇa, who can not be defeated by anyone is Achyuta. He is always resolute in his ethics, behavior, thinking and courage.* **2061/4839**

(5. **केशवः** गीता–1.31)

[282] ♫ **करपल्लवोद्गता छन्द** : इस 13 वर्ण, 20 मात्रा वाले छन्द में चरण में य य स ज गण और एक दीर्घ स्वर आता है । इसका लक्षण सूत्र । ऽ ऽ, । ऽ ऽ, ।। ऽ, । ऽ।, ऽ इस प्रकार है । यति चरणान्त ।

▶ लक्षण गीत : **दोहा॰ मत्त बीस का है बना, गुरु मात्रा से अंत ।**
"करपल्लवोद्गता" कहा, य य स ज गण का छंद ।। 1714/7068

86. 301-Names of Shrī Krishṇa

श्लोक:

दृष्ट्वा लीलां जनास्तस्य कृष्णस्य विस्मयाकुला: ।
ब्रुवन्ति "स क ईशो वा," तस्माज्ज्ञात: स केशव: ।। 1444/2422

बाल कृष्ण की देख लीलाएँ, सबको जो आश्चर्य दिलाएँ ।
जन बोले, यह "क्या ईश वा," अत: कृष्ण है कहा केशवा ।। 1786/5205

दोहा॰ लीला उसकी देख के, मन में एक सवाल ।
क्या ये ईश्वर रूप है, वा केशव गोपाल ।। 1716/7068

◎ **Keshava :** *Witnessing the divine deeds of the young Shrī Krishṇa, people wondered who is he, is he a God (kah sa + īsho va) ? Therefore, he is called Keshava.* **2062/4839**

(6. **गोविन्द:** गीता–1.32)

श्लोक:

गा विन्दति स गोविन्द:, केशी गा हर्तुमागत: ।
गावो वेण्वा प्रचोदिता:, केशी गोभिर्हत: खल: ।। 1445/2422

गौ को लाया कृष्ण बचा कर, केशी दल में तुमुल मचा कर ।
हरि की मुरली कीन्ही माया, मुरलीधर "गोविंद" कहाया ।। 1787/5205

दोहा॰ गौ की रक्षा जो कियो, कृष्ण कहा गोविंद ।
मुरली से लीला करी, मुरलीधर ब्रजनंद ।। 1717/7068

◎ **Govind :** *He who protected the cows is called Govind. His magical flute (Murlī) gave joy to the village, so he is called Murlīdhar.* **2063/4839**

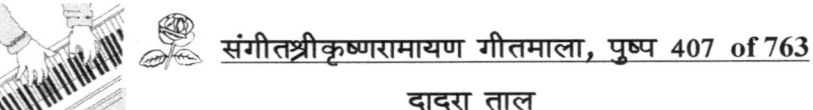

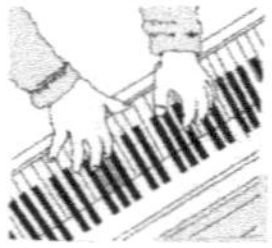

संगीतश्रीकृष्णरामायण गीतमाला, पुष्प 407 of 763

दादरा ताल

(कृष्ण का नाम)

स्थायी

कृष्ण का नाम मन का लुभाना, बड़ा मंगल है सुंदर सुहाना ।
♫ सा–सा रे– रे–रे ग– रे– सारे–ग–, गम ध–पप म ग–पप मग–रे– ।

अंतरा–1

कृष्ण गोविंद गोपाल काला, विष्णु स्वानंद आनंद कान्हा ।
नंद का नंद बाँसुरी वाला, देवकी और यशोदा का लाला ।।
♫ ध–ध प–ध–ध म–प–म ग–रे–, रे–ग म–म–म प–म–ग रे–ग– ।
सा–नि़ सा– रे–रे ग–म–ग रे–ग–, नि–धप– म– गम–प– म ग–रे– ।।

अंतरा–2

श्रीहरि श्याम राधा का प्यारा, बलदाऊ सुदामा दुलारा ।
गोप गोपी के नैनों का तारा, ब्रज वासी जनों का जियारा ।।

अंतरा–3

कंस चाणूर मर्दन मुरारी, कालिया धेनुका पूतनारि ।
दीन बंधु पिता मित्र माता, पार्थ का सारथी योग दाता ।।

◎ **Govind :** *Shrī Krishṇa's name is fascinating. It is beautiful and charming.* **Antarā : 1.** *He is called Gopāl Kālā (the dark cowherd), Vishṇu, Svānand (joy), Ānand (joy), Kānhā, Nand-Nand (Joy of Nanda Bābā), Bansuri-wālā (the flute bearer), Devakī-Yashodā-Nand Lālā (son of Devakī and Yashodā).* **2.** *He is Shrī Hari, Rādhā-pyārā (beloved of Rādhā), Baladāū-Sudāmā-Dulārā (dear to Balrāma and Sudāmā). He is the apple of the eyes of the cow-maids and life of the village dwellers.* **3.** *He is slayer of Kaṅsa, Chāṇūr, Mura, Kāliyā, Dhenuka and Pūtanā. He is the helper of the helpless. He is a brother, mother, father and friend. He is charioteer of Arjun and the Giver of the yogas.* **2064/4839**

(7. **मधुसूदन:** गीता–1.35)

श्लोक:

मधुवने मधुर्नाम्नो भूत एको नु राक्षस: ।
तमहन्बालकृष्ण: स मध्वरिर्मधुसूदन: ।। 1446/2422

एक असुर था अति बलवाना, मधु संज्ञा से वह था जाना ।
उस पापी को हरि ने मारा, "मधुसूदन" ने बिरज उबारा ।। 1788/5205

दोहा॰ राक्षस मधुबन में हुआ, एक बहुत बलवान ।
मारा मुक्के से उसे, मधुसूदन भगवान ।। 1718/7068

◎ **Madhusūdan :** *Shrī Krishṇa, the slayer (sūdana) of the terrible demon called Madhu, is Madhusūdan.* **2065/4839**

(8. **जनार्दनः** गीता–1.36)

श्लोकः

दुष्टानामर्दनो देवः कृष्णो ज्ञातो जनार्दनः ।
रक्षकश्च स भद्राणां लोकनाथः स एव हि ।। 1447/2422

दुष्ट जनों का करता अर्दन, भद्र जनों को देता रक्षण ।
दीनन को जो सुख है लाता, कृष्ण "जनार्दन" है सुख दाता ।। 1789/5205

दोहा॰ अर्दन असुरों का करे, दीन जनों का नाथ ।
भजो जनार्दन कृष्ण को, पूर्ण भक्ति के साथ ।। 1719/7068

◎ **Janārdana :** *Lord Shrī Krishṇa, who destroyes (ardana) the evil people (jana) to protect righteous people, is called Janārdana.* **2066/4839**

संगीतश्रीकृष्णरामायण गीतमाला, पुष्प 408 of 763

राग जंगला : तीन ताल

(जनार्दन चरण में)

स्थायी

बरज किये तू सब विषयन को, बैठ जनार्दन कृष्ण-चरण में ।
♫ सारेग मग- रे- गम पमगग रे-, प-म गम-मम ध-प मगरे सा- ।

अंतरा–1

इधर-उधर ना चित्त लगाना, एक महामन कृष्ण परम है ।
♫ निनिनि सांसांसां सां- नि-ध पम-प-, म-ग रेग-मम ग-ग मगरे सा- ।

अंतरा–2

जनम-जनम के पाप मिटावे, नित्य सनातन सत्य धरम है ।

अंतरा–3

सफल सकल तू खा फल मीठे, आस बिना निष्काम करम है ।

◎ **Janārdan :** ***Sthāyī :*** *Relinquish your passions and sit at the feet of Lord Shrī Krishṇa, the Janārdan.* ***Antarā : 1.*** *Don't let your mind wander here and there, focus on Shrī Krishṇa. He is a great soul.* ***2.*** *He will remove your sins of all past lives. He is ancient Sanatan Dharma.* ***3.*** *Do your duty without desire for the fruit and then enjoy the sweet fruits of it.* **2067/4839**

(9. **वार्ष्णेयः** गीता–1.41)

श्लोकः

कृष्णो वृष्णिकुले जातो वार्ष्णेयः स प्रकीर्तितः ।
वृष्णिर्यदुकुले जातः कार्तवीर्यार्जुनस्य यत् ।। 1448/2422

सोम वंश के वृष्णि नृपति का, वासुदेव था पुत्र सुमति का ।
कृष्ण "वार्ष्णेय" कहलाया है, योग सनातन वह लाया है ।। 1790/5205

दोहा॰ कृष्ण वार्ष्णेय है कहा, वृष्णि वंश का पुत्र ।
विवस्वान् को कृष्ण ने, दिया योग का सूत्र ।। 1720/7068

◎ **Vārshṇeya :** *Shrī Krishṇa, born in the lineage of the Great King Vrishni, is called Vārshṇeya. King Vrishni was born in the Yadu dynasty of Kārta-viryārjuna.* **2068/4839**

(10. **अरिसूदनः** गीता–2.4)

श्लोकः

अरिर्विषयरूपः स गात्रेभ्यो येन सूदितः ।
तेनैव कंसचाणूरौ पूतनाकेशिनौ हताः ।। 1449/2422

विषय रूप में छुपा गात्र में, मुग्ध करे अरि दिवस रात्र में ।
दमन करे सो जितेन्द्रिय है, "अरिसूदन" तिन नामध्येय है ।। 1791/5205

दोहा॰ काम क्रोध सब विषय हैं, गात्रों के अरि कृत्स्न[283] ।
सूदित जिसने हैं किये, अरिसूदन है कृष्ण ।। 1721/7068

◎ **Arisūdana :** *Shrī Krishṇa, the destroyer (sūdana) of the enemies (ari), such as passions, greed, anger, desire, etc. in the body, is called Arisūdana. He is also the destroyer of evil people like Kaṅsa, Chāṇūr, Pūtaṇā and Keshī.* **2469/4839**

---

[283] कृत्स्न = सर्व, सब, पूर्ण ।

(11. **अविनाशि** गीता–2.17)

श्लोक:

विद्धयविनाशिनं कृष्णं येन सर्वमिदं कृतम् ।
सदा सर्वेषु भूतेषु नाना रूपैः स विष्ठितः ।। 1450/2422

ब्रह्म आत्मा देह देही जो, घेरे सब कुछ है गेही जो ।
विनाश जिसका नहीं सत्य है, कृष्ण कहा "अविनाशि" तथ्य है ।। 1992/5205

दोहा॰ राग-क्रोध हैं वश किये, जिसे शीत सम उष्ण ।
परम ब्रह्म परमात्म वो, अविनाशी है कृष्ण ।। 1722/7068

◎ **Avinashi** : *Shrī Krishṇa is called Avināshī, who can not ("a") be destroyed ("vināshī"). He has occupied the whole Universe and he dwells in all beings in various forms.* **2070/4839**

(12. **अक्षर** गीता–3.15)

श्लोक:

यथा आत्मा स देहेषु कृष्णो विश्वे चराचरे ।
अक्षरः शाश्वतो नित्यः सर्वगश्च सनातनः ।। 1451/2422

"अक्षर" चिर शाश्वत है जाना, कृष्ण परम परमात्म महाना ।
सकल सृष्टि जो व्याप्त खड़ा है, आश्रय उसका सुखद बड़ा है ।। 1793/5205

दोहा॰ अक्षर जाना है जिसे, ब्रह्म उसी का नाम ।
कृष्ण बह्म परमात्म है, कृष्ण हि है श्री राम ।। 1723/7068

◎ **Akṣhar** : *Shrī Krishṇa is the immutable (Akṣhar) ātmā that exists in all beings, moving and non-moving. He is Omniscient and Omnipresent.* **2071/4839**

(13. **अजः** गीता–4.6)

श्लोक:

जानीहि ब्रह्म त्वं कृष्णम्-अजमव्ययमक्षरम् ।
भवति प्राणिवद्यन्न जन्म तदजमुच्यते ।। 1452/2422

"अज" ईश्वर है अव्यय आत्मा, ब्रह्म सनातन हरि परमात्मा ।
वश कर प्रकृति को माया से, जग में आता नर काया से ।। 1794/5205

दोहा॰ भौतिक घटे न जन्म जो, प्राणीमात्र समान ।
ब्रह्म सनातन कृष्ण हैं, "अज" अक्षर भगवान ।। 1724/7068

◎ **Aja** : *Know that Shrī Krishṇa is Brahma (the Supreme). He appears on the earth (avatār) not ("a") by normal birth process ("ja") of living beings, but with his divine magic (Māyā). Therefore, he is called Aja (one who appears without a normal human birth).* **2072/4839**

(14. **अव्ययात्मा** गीता–4.6)

श्लोक:

हरिरव्यय आत्माऽस्ति भूतानामीश्वरोऽपि सः ।
आविर्भवति श्रीकृष्णो युगे युगे स्वमायया ।। 1453/2422

अजर "अव्ययी आत्मा" हरि है, राग-क्रोध का श्रीधर अरि है ।
अपार हरि की अगाध माया, पार न कोई करने पाया ।। 1795/5205

दोहा॰ कृष्ण अव्ययात्मा कहा, सब भूतों का ईश ।
माया से अवतार ले, आता है जगदीश ।। 1725/7068

◎ **Avyayātmā** : *Shrī Hari Krishṇa is an immutable soul, therefore, he is an Avyayātmā. He is the Lord of all beings. He appears on the earth from time to time with his own divine power.* **2073/4839**

(15. **ईश्वरः** गीता–4.6)

श्लोक:

ईशः कृष्णो हि देवेश ईश्वरः परमेश्वरः ।
योगेश्वरो हृषीकेशो व्रजेशो जगदीश्वरः ।। 1454/2422

कृष्ण कन्हैया! तू "ईश्वर" है, योगेश्वर! तू जगदीश्वर है ।
देवदेव! तू हृषीकेश है, देवकीनंदन द्वारिकेश है ।। 1796/5205

दोहा॰ सर्व जगत का ईश है, कृष्ण कहा जगदीश ।

तन मन धन से सर्वदा, भजो योग का ईश ।। 1726/7068

◎ **And** : *Shrī Kṛiṣhṇa is the Supreme Lord (Īshvara). Therefore, he is called Īsha, Devesha, Īshvara, Parameshvara, Yogeshvara, Hṛiṣhīkesha, Vrajesha, Jagadīshvara.* **2074/4839**

(16. **ब्रह्मसनातन:** गीता-4.31)

🕉 श्लोक:
अनन्त: स मत: कृष्णो ब्रह्मरूप: सनातन: ।
तर्हि कृष्णं दिवानक्तं भज ब्रह्मसनातनम् ।। 1455/2422

न आदि अंत न मध्य हि जिसको, ज्ञानी कहत सनातन उसको ।
"ब्रह्मसनातन" शाश्वत जाना, कृष्ण अनादि अनंत निधाना ।। 1797/5205

✒ दोहा॰ ब्रह्म अनादि अनंत है, केशव ब्रह्म स्वरूप ।
ब्रह्मसनातन कृष्ण हैं, वन्दनीय सुरभूप ।। 1727/7068

◎ **Brahma-Sanātana** : *Shrī Kṛiṣhṇa is Brahma-Sanātana, thus he is the eternal Supreme Lord. Worship that Shrī Kṛiṣhṇa day and night.* **2075/4839**

(17. **ज्ञेय:** गीता-4.6)

🕉 श्लोक:
ज्ञेय: स कृष्णयोगेश: मोहन: मुरलीधर: ।
सर्वज्ञ: सर्वभूतानां सर्वगो भक्तवत्सल: ।। 1456/2422

"ज्ञेय" कृष्ण के सद्गुण जेते, नभ में चमकत तारे तेते ।
जिसने हरि का भाव लखा है, उसी भगत का कृष्ण सखा है ।। 1798/5205

✒ दोहा॰ रूप कृष्ण का ज्ञेय है, भक्ति-भाव के साथ ।
दीन दुखी जन का सखा, कृष्ण कहा जगनाथ ।। 1728/7068

◎ **Jñeya** : *Shrī Kṛiṣhṇa ought to be known. He is the Lord of Yoga. He knows all beings. He is Mohana (charmer), Murlīdhara (bearer of flute), Sarvajña (Omniscient), Sarvaga (Omnipresent), he is merciful to his devotees.* **2076/4839**

(18. **ब्रह्म** गीता-5.10)

🕉 श्लोक:
पुरुषप्रकृती ब्रह्म जीवश्च पुरुषोत्तम: ।
बीजं स सर्वभूतानां कृष्णो विश्वस्य कारणम् ।। 1457/2422

कृष्ण "ब्रह्म" है, कृष्ण विष्णु है, कृष्ण शिवा है, कृष्ण जिष्णु है ।
कृष्ण पुरुष है, कृष्ण प्रकृति, कृष्ण गजानन, राम प्रभृति ।। 1799/5205

✒ दोहा॰ जीव भूत जिसमें बसे, सगुण ब्रह्म है नाम ।
बीज विश्व का कृष्ण है, कृष्ण विश्व का प्राण ।। 1729/7068

◎ **Brahma** : *Shrī Kṛiṣhṇa is the seed of all beings. He is the cause of evolution of this Universe. He is Brahma, which is Puruṣha and Prakriti together. He is Puruṣhottama, the Supreme Person.* **2077/4839**

(19. **प्रभु:** गीता-5.16)

🕉 श्लोक:
प्रभावो यस्य दैवी स श्रीकृष्ण: प्रभुरुच्यते ।
दाता माता विधाता च धाता भ्राता सखा तथा ।। 1458/2422

कृष्ण प्रभो! सुख का तू दाता, तेरा प्यार हमें है भाता ।
तू ही भ्राता, स्नेहिल माता, तू ही ताता, विश्वविधाता ।। 1800/5205

✒ दोहा॰ विश्व विधाता, तू प्रभो! तेरी जय जय कार ।
तू सोता आनंद का, केशव कृष्ण कुमार! ।। 1730/7068

◎ **Prabhu** : *Shrī Kṛiṣhṇa's Prabhāva (power) is divine and therefore, he is Prabhu (the Lord). He is the Giver, Mother, God, Protector, Brother and Friend of all.* **2078/4839**

(20. **विभु:** गीता-5.15)

🕉 श्लोक:
विभुर्ब्रह्मा विभुर्विष्णु:-विभुरिन्द्रो विभु: शिव: ।
विभुर्रामो विभु: कृष्णो देवाय विभवे नम: ।। 1459/2422

वैभव जिसका स्वर्ग सुहाना, कृष्ण देवता "विभु" है जाना ।
विभु ब्रह्म है, विभु विष्णु है, विभु सदाशिव, प्रभविष्णु है ।। 1801/5205

86. 301-Names of Shrī Krishṇa

दोहा॰ हरि पालक है विश्व का, सुहृद माता भ्रात ।
मित्र बंधु सुहृद सखा, प्रभु त्राता अरु तात ।। 1731/7068

◎ **Vibhu :** *Shrī Krishṇa is Vibhu (the Lord). He is Brahma, Vishṇu, Lord Indra, Shiva, Shrī Rāma. Thus, salute to Lord Shrī Krishṇa.* **2079/4839**

(21. **परः** गीता–5.16)

श्लोकः

कृष्णः परात्परो देवः परमः परमेश्वरः ।
परब्रह्म स कृष्णश्च कृष्णो भक्त्या हि लभ्यते ।। 1460/2422

कृष्ण परम "पर" देव महाना, परम ब्रह्म पर पवित्र धामा ।
श्रद्धा से मन कृष्ण खिलेगा, ज्ञान योग से दरस मिलेगा ।। 1802/5205

दोहा॰ कृष्ण परात्पर देव है, परमेश्वर भगवान ।
कृष्ण परम पर ब्रह्म है, जो सिखलाता ज्ञान ।। 1732/7068

◎ **Para :** *Shrī Krishṇa is Para, the Supreme. He is the Supreme Lord and Supreme beyond Brahma. He can be attained by unshaken faith in Him.* **2080/4839**

(22. **यज्ञतपसां भोक्ता** गीता–5.29)

श्लोकः

स यज्ञतपसां भोक्ता साक्षी कृष्णो महेश्वरः ।
प्राप्यः स ज्ञानयज्ञेन कर्मभक्तिगुणैस्तथा ।। 1461/2422

पाप न पुण्य किसी के लेता, श्रद्धा से हरि दर्शन देता ।
भगतों के वह पातक धोता, यज्ञ तपों का है वह "भोक्ता" ।। 1803/5205

दोहा॰ यज्ञ ध्यान तप जाप का, साक्षी केशव आप ।
न वो किसी के भोगता, कभी पुण्य या पाप ।। 1733/7068

◎ **Yagya-tapasam bhokta :** *Shrī Krishṇa is the witness and enjoyer of austerity and penance. He is the Great Lord (Maheshvara). He can be attained through Jñāna yoga, Karma yoga and Bhakti yoga.* **2081/4839**

(23. **सर्वलोकमहेश्वरः** गीता–5.29)

चित्रकाव्यश्लोकः

श्रीकृष्णः सर्वगः साक्षी सर्वव्यापी सनातनः ।
सर्वबीजः स सर्वेशः सर्वलोकमहेश्वरः ।। 1462/2422

सब सुख दाता, सरबस ज्ञाता, शुभ वर दाता, सबन लुभाता ।
श्रीकृष्ण सभी का ईश्वर है, कृष्ण "सर्वलोक महेश्वर" है ।। 1804/5205

दोहा॰ कृष्ण सभी को जानता, न्यारा रहै न कोय ।
सर्व लोक महेश वो, सबका प्यारा होय ।। 1734/7068

◎ **Sarva-loka-Maheshvara :** *Shrī Krishṇa is the Great Lord of all beings. He is Omnipresent, witness, Omniscient and eternal seed of all beings.* **2082/4839**

(24. **सुहृत्सर्वभूतानाम्** गीता–5.29)

चित्रकाव्यश्लोकः

सुहृत्स सर्वभूतानां समश्च सर्वप्राणिषु ।
विद्यते सर्वहृद्देशे सर्वत्र समवस्थितः ।। 1463/2422

कोई प्राणी जिसे न न्यारा, सब भूतों का जो है प्यारा ।
सब भगतन का है रखवारा, सब सत् जन का कृष्ण जियारा ।। 1805/5205

दोहा॰ सुहृद् जो सब जीव का, कृष्ण कहा सत् नाम ।
समवस्थित सब विश्व में, परम मुक्ति का धाम ।। 1735/7068

◎ **Suhrid-sarva-bhūtanām :** *Shrī Krishṇa is well wisher of all beings. He is equanimous to all beings. He dwells in all hearts and everywhere equally.* **2083/4839**

(25. **महाबाहुः** गीता–6.38)

श्लोकौ

गिरिधरो महाबाहुः कृष्णचन्द्रो धनुर्धरः ।
शङ्खचक्रगदाधारी वेणुधारी सुदर्शनः ।। 1464/2422

मुरारिः पूतनारिश्च कृष्णः केशिनिषूदनः ।
मध्वरिः कालियारिश्च कंसचाणूरमर्दनः ।। 1465/2422

"महाबाहु" गोवर्धनधारी! दुष्ट पूतना तूने मारी ।
तूने आसुर राक्षस भारे, मारे केशी कंस, मुरारे! ।। 1806/5205

दोहा॰ गोवर्धन गिरि के तले, सारे ब्रज जन लोग ।
खड़े सभी आनंद में, बिना किसी भी सोग ।। 1736/7068

बोले हरि को प्रेम से, गदगद होकर कृत्स्न ।
"ऊँगली पर गिरि तू धरा, महाबाहु तू कृष्ण!" ।। 1737/7068

कृष्ण बजावे बाँसुरी, ब्रह्मनाद स्वरूप ।
लीला तेरी गजब है, कहे इन्द्र सुर भूप ।। 1738/7068

◎ **Mahābāhu :** *Shrī Krishṇa is Mahābāhu (all powerful). He picked up the mountain on his little finger and he is playing flute with other hand. He is a great archer. He bears conch shell, Sudarshan wheel, mace, flute and bow.* **2084/4839**

(26. **रसोऽप्सु** गीता–7.8)

श्लोक:

अप्सु रसः स श्रीकृष्णः पावनो निर्मलो द्रवः ।
हरेर्दैवी विभूतिर्या पञ्चभूतेषु सा मता ।। 1466/2422

जल है जीवन जग का जाना, द्रवता जिसकी हरि है माना ।
जल पावन आधार जगत का, हरि चरणन में तार भगत का ।। 1807/5205

दोहा॰ जल की द्रवता कृष्ण है, जल जिससे गतिमान ।
निर्मल पावन पेय है, अमृत नीर समान ।। 1739/7068

जल को जीवन है कहा, जल जीवन आधार ।
दीन लीन हरि चरण में, भव–जल होता पार ।। 1740/7068

◎ **Raso-apsu :** *Shrī Krishṇa is the liquidity of the water. He is sacred and pure fluid water. It is also called life, which is most divine among the five elemental beings.* **2085/4839**

(27. **प्रभा शशिसूर्ययोः** गीता–7.8)

श्लोक:

तेजश्च प्राप्नुतो यस्मात्-सूर्यश्च चन्द्रमा तथा ।
ओजो यदि हि कस्मिंश्चिद्-विद्धि कृष्णाद्धि सर्वशः ।। 1467/2422

नभ में चंदा सूरज कीन्हे, तेज कृष्ण ने उनमें दीन्हे ।
दिन में सूरज जग चमकावे, चंदा निश में गगन सुहावे ।। 1808/5205

दोहा॰ प्रकाश सूरज चंद्र का, धरती जो चमकाय ।
प्रभाव दैवी कृष्ण का, कण–कण को उजलाय ।। 1741/7068

◎ **Prabha :** *Shrī Krishṇa is the source of the light that the Sun and the Moon reflect in the Universe. Know that he is the glitter of anything that shines.* **2086/4839**

(28. **प्रणवः** गीता–7.8)

श्लोक:

ओंङ्कारः प्रणवो ज्ञातो वेदेषु शब्दपावनः ।
प्रणवो हि परब्रह्म श्रीकृष्णः प्रणवस्तथा ।। 1468/2422

सब वेदों में "प्रणव" कहा है, शब्द सनातन पूत महा है ।
प्रणव कृष्ण है, परब्रह्म है, ओंकार वचन पूज्य परम है ।। 1809/5205

दोहा॰ प्रणव शब्द सब वेद में, पावन है ओंकार ।
कृष्ण परम परब्रह्म है, जानत सब संसार ।। 1742/7068

◎ **Praṇava :** *Shrī Krishṇa is the sound of Om. Om is Praṇava, the sacred syllable of the Vedas. He is Para-Brahma (the Supreme Brahma). Shrī Krishṇa is Praṇava* **2087/4839**

(29. **शब्दः खे** गीता–7.8)

श्लोक:

अन्तरिक्षरवः कृष्ण ॐशब्दस्य खमण्डले ।
पवित्रो ब्रह्मनादः स सुश्राव्यश्च सुमङ्गलः ।। 1469/2422

नादब्रह्म नारद की वीणा, अंतरीक्ष में मधु ध्वनि कीन्हा ।
ओम् ओम् अंबर में बहता, रव पावन वो नभ में रहता ।। 1810/5205

दोहा॰ ओम् नाम शुभ कृष्ण का, नादब्रह्म कहलाय ।
द्युमंडल में विचरता, शारद मन बहलाय ।। 1743/7068

◎ **Shabdah-khe :** *Shrī Krishṇa is the sound of Om that wanders in the sky. He is the sacred Brahma-nād (divine vibration), which is auspicious and joy giving.* **2088/4839**

(30. **पौरुषं नृषु** गीता–7.8)

श्लोक:

ज्ञानिन: शूरवीरस्य धीरस्य पौरुषं नृणाम् ।
ऊर्जस्तेजो बलं तेषां कृष्णरूपेण विद्यते ।। 1470/2422

वीर्य वीर का, शौर्य शूर का, क्रौर्य क्रूर का, धैर्य धीर का ।
ज्ञान ध्यान बल नर नारी का, प्रसाद जानो बनवारी का ।। 1811/5205

दोहा॰ ज्ञानी में जो "धी" बसी, तपस्वियों में ध्यान ।
शूर वीर में वीरता, कृष्ण ज्ञान–विज्ञान ।। 1744/7068

◎ **Paurusham :** *Shrī Krishṇa is the manliness (Paurusham) of the men who are wise, brave, courageous and righteous. He is in the form of their power.* **2089/4839**

(31. **पुण्यो गन्धः पृथिव्याम्** गीता–7.9)

श्लोक:

सुगन्धो मृत्तिकायाञ्च पुष्पेषु सौरभो हरेः ।
सुवासश्चन्दने पुण्यः कस्तुरिका मृगेषु च ।। 1471/2422

पुण्य गंध मिट्टी से उगले, मृदुल सुमन से सौरभ निकले ।
सुवास चंदन काष्ठ पसारे, कृष्ण–कृपा से सुगंध सारे ।। 1812/5205

दोहा॰ सुंदर सौरभ भूमि का, परिमल पुष्प सुहाय ।
चंदन के मधु गंध से, तन मन कृष्ण सुखाय ।। 1745/7068

◎ **Punyo-gandha :** *Shrī Krishṇa is the sacred fragrance that sanctifies the soil, flowers, sandalwood, musk and everything else that is fragrent in the nature.* **2090/4839**

(32. **तेजो विभावसौ** गीता–7.9)

श्लोक:

तेजो विभावसौ कृष्णः कृशानुश्शुचिकारकः ।
पवित्रः पावनो वह्निः–आभा कृष्णस्य निर्मला ।। 1472/2422

तेजस्वी का तेज कृष्ण है, जिससे बढ़ कर कछु न उष्ण है ।
जग में जो भी चीज चमकती, कृष्णकृपा को लिये दमकती ।। 1813/5205

दोहा॰ तेज अग्नि का कृष्ण है, पवित्रकारक आग ।
निष्कलंक ज्वाला करे, बिना किसी भी दाग ।। 1746/7068

कृष्ण पुण्य की आग है, जिसमें जलते पाप ।
कलुष कल्मष भगत के, कृष्ण मिटाते आप ।। 1747/7068

◎ **Tejas :** *Shrī Krishṇa is the brilliance in the sun and the fire that is purifier. The sacred fire is the aura of Shrī Krishṇa.* **2010/4839**

(33. **जीवनं सर्वभूतेषु** गीता–7.8)

श्लोक:

कृष्णो मध्यश्च भूतानाम्–आदिरन्तस्तथा हि सः ।
जीवनं सर्वभूतानां त्रिभुवने स प्राणिनाम् ।। 1473/2422

प्राणी जन्म जहाँ भी लेते, निर्भर हरि पर होते तेते ।
"जीवन" सबका कृष्ण कहा है, और न कोई अन्य यहाँ है ।। 1814/5205

दोहा॰ जीवन सरबस भूत का, कृष्ण आदि से अंत ।
सकल चराचर जगत में, कृष्ण प्रभाव अनंत ।। 1748/7068

◎ **Jīvan :** *Shrī Krishṇa is the life of the living beings. He is the beginning, middle and the end of the life of the living beings in the three worlds.* **2092/4839**

संगीतश्रीकृष्णरामायण गीतमाला, पुष्प 409 of 763

राग : बंजारा, तीन ताल

(अर्जुन बोला)

स्थायी

बोला अर्जुन, हे गिरिधारी! नहीं समझे हम बात तिहारी ।

कहे पार्थ को श्री बनवारी, सुनो पार्थ! तुम कही हमारी ।।
♬ सा-रे म-मम, ध- पमप-ध-! सांरें सांधप! धध सांध- पम-प- ।
सारे- म-म म- ध- पमरे-म-, पम- प-प पप मरे- मरे-सा- ।।

अंतरा-1

मनु को कैसे योग कहा था? आदि युग में मनु वहाँ था ।
कथन लगे मुझको अविचारी, नवे नवेले तुम अवतारी ।।
♬ सासा रे- म-म- प-म रेम- प-? प-म- रेरे म- पध- पम- रे- ।
सासासा सारे- ममप- रेमप-ध-, सांनि- पध-म- पप ममरे-सा- ।।

अंतरा-2

जनम बहुत है हुए तिहारे, जनम अनेकों हुए हमारे ।
हम जाने सब कथा तुमारी, तुम ना जानो एक हमारी ।।

अंतरा-3

कैसे गुरु जन पर शर मारूँ, बांधव मरण के घाट उतारूँ ।
लगे न मुझको यह हितकारी, होता है मुझको दुख भारी ।।

अंतरा-4

देह नशे, देही अबिनासी, करता फेरी लख चौरासी ।
नर ज्यों वस्त्र पुराण उतारी, कहे पार्थ को विश्वनिहारी ।।

अंतरा-5

मोती सीप में, नभ में बिजुरी, शीत चाँद में, सूरज में नूरी ।
रंग मोर में, कोयल कारी, कौन करत है, रचना सारी ।।

अंतरा-6

जग ये जो भी है मनहारी, सुंदर चमक लगे सुखकारी ।
कण-कण में है बिभूति मेरी, कहे पार्थ को कृष्ण मुरारी ।।

◎ **Arjun Said :** ***Sthāyī :*** *Arjun said, O Giridhārī Shrī Krishṇa! I did not understand what you said to me. Shrī Krishṇa said, O Arjun! then again listen to what I explain you.* ***Antarā : 1.*** *Arjun said, O Shrī Krishṇa! you said you had told the yoga to Vaivasvat, but Vaivasvat was born long time ago and you are contemporary. Then how may I believe that you told the yoga to him anciently?* ***2.*** *Shrī Krishṇa said, O Arjun! you have taken many births, so did I. I know everything about all your births, but you don't know anything about me.* ***3.*** *Then Arjun said, O Shrī Krishṇa! how may I shoot arrows on the gurus and my relatives to kill them? I do not see any benefit in it. I am perplexed with this thought.* ***4.*** *Shrī Krishṇa said, O Arjun! the body is mutable but the ātmā is immutable, who transmigrates eighty-four-hundred-thousand life cycles over and over. As a person discards discardable clothes, so does the ātmā discards the discardable bodies to take up the new ones.* ***5.*** *Then Arjun said, O Shrī Krishṇa! please tell me who keeps the pearls in the shells, the thunderbolt in the sky, cool light in the moon, brilliance in the sun, colours in the peacock and the sweet voice in the black cuckoo?* ***6.*** *Shrī Krishṇa said, whatever in the nature that looks beautiful and attractive arises from a tiny fraction of my divinity.* **2093/4839**

(34. **तपस्तपस्विषु** गीता-7.9)

ॐ श्लोक:

ज्ञानं स ज्ञानिनः कृष्णः कृष्णो योगश्च योगिनाम् ।
ध्यानञ्च ध्यानिनः कृष्णः कृष्णस्तपस्तपस्विषु ।। 1474/2422

कृष्ण योग है योगी जन का, तापस का तप ध्यान मनन का ।
ज्ञानी जन का कहा ज्ञान है, ध्यानी जन का कृष्ण ध्यान है ।। 1815/5205

✍दोहा॰ हरि योगी का योग है, ज्ञानी का है ज्ञान ।
तप तपवियों का तथा, ध्यानी जन का ध्यान ।। 1749/7068

◎ **Tapas :** *Shrī Krishṇa is the penance of the ascetics, wisdom of the wise, yoga of the yogī and the meditation of the mendicant.* **2094/4839**

(35. **बीजं सर्वभूतानां सनातनम्** गीता-7.10)

ॐ श्लोक:

कृष्णेन मायया व्याप्तं कृत्स्नं विश्वं चराचरम् ।
बीजं स सर्वभूतानां ब्रह्मभूतं सनातनम् ।। 1475/2422

कृष्ण नीर है भवसागर का, परमेश्वर है अति आदर का ।
कर्ता धाता मित्र महामन, कृष्ण विश्व का बीज सनातन ।। 1816/5205

✍दोहा॰ व्याप्त कृष्ण ने है किया, सारा भव संसार ।
बीज सनातन कृष्ण है, लीला करत अपार ।। 1750/7068

86. 301-Names of Shrī Krishṇa

◎ **Bīja** : *Shrī Krishṇa is eternal and ancient seed of all beings. The Universe is pervaded by the divinity of Shrī Krishṇa.* **2095/4839**

(36. **बुद्धिर्बुद्धिमताम्** गीता–7.10)

श्लोकः

बुद्धिर्बुद्धिमतां कृष्णो ज्ञानञ्च ज्ञानिनां तथा ।
सद्विवेकः सदाचारः शुभः स सद्विवेकिनाम् ।। 1476/2422

कृष्ण ज्ञान है ज्ञानी जन का, कृष्ण ध्यान है ध्यानी मन का ।
सदाचार का कृष्ण मूल है, सकल सुगंधित कृष्ण फूल है ।। 1817/5205

दोहा॰ सदाचार गुण कृष्ण है, सद् विवेक का भाव ।
ज्ञानवान का ज्ञान है, बुद्धि रूप है नाव ।। 1751/7068

◎ **Buddhi** : *Shrī Krishṇa is the wisdom of the wise, he is the knowledge of the knowledgeable, he is the righteousness of the righteous and right thinking of the thoughtful.* **2096/4839**

(37. **तेजस्तेजस्विनाम्** गीता–7.10)

श्लोकः

ज्योतिः स ज्योतिषां कृष्णः–तमोऽज्ञानविनाशकः ।
प्रभा प्रभवतां कृष्णः–तेजस्तेजस्विनां तथा ।। 1477/2422

कृष्ण तेज है तेजस्वी का, ओज कृष्ण का सबसे नीका ।
जग में जो भी है उजियाला, सोता उसका मुरली वाला ।। 1818/5205

दोहा॰ चमक चाँद की कृष्ण है, तेजस्वी का तेज ।
पाप ताप जिसके लखे, होते सब निस्तेज ।। 1752/7068

◎ **Brilliance** : *Shrī Krishṇa is the brilliance of the brilliant. He is the destroyer of ignorance in the ignorant. He is also the destroyer of the evil people. He is the protector of the righteousness.* **2097/4839**

(38. **बलं बलवतां कामरागविवर्जितम्** गीता–7.11)

श्लोकः

बलं बलवतां कृष्णः साधूनाञ्च स रक्षणम् ।
सद्धर्मस्य हि रक्षायै कामरागविवर्जितम् ।। 1478/2422

शक्ति कृष्ण है बलशाली की, जस लीला माता काली की ।
असुर जनन का भक्षण करती, संत जनन का रक्षण करती ।। 1819/5205

दोहा॰ कृष्ण शक्ति बलवान की, काम राग को छोड़ ।
कृष्ण सखा सद्भाव का, पूर्ण भक्ति को जोड़ ।। 1753/7068

◎ **Bal** : *Shrī Krishṇa is the selfless strength of the strong. He protects the righteous and the selfless people.* **2098/4839**

(39. **धर्माविरुद्धो भूतेषु कामः** गीता–7.11)

श्लोकः

कृष्णः स धार्मिका बुद्धिः सद्विचारपरायणा ।
अधर्मिणाञ्च हन्ता स कृष्णो हि धर्मरक्षकः ।। 1479/2422

तरना चाहे सागर भव जो, कृष्ण–कृपा से है संभव वो ।
कृष्ण धर्म का संरक्षक है, सदाचार का पथ दर्शक है ।। 1820/5205

दोहा॰ कृष्ण, हृदय–की–भावना, धर्म–कर्म सद्भाव ।
कृष्ण–चरण में वो झुका, जिसे मोक्ष की चाव ।। 1754/7068

◎ **And** : *Shrī Krishṇa is the righteous thinking. He is the protector of the righteous people and the destroyer of the evil.* **2099/4839**

(40. **परमव्ययः** गीता–7.13)

चित्रकाव्यलोकः

अच्युतः श्रीधरः कृष्णः शाश्वतः परमव्ययः ।
जनार्दनः सदानन्दः माधवः केशवः प्रभुः ।। 1480/2422

परम अव्ययी केशव माधव, मोहन अच्युत हरि है यादव ।
श्रीधर विष्णु का अवतारा, अजर अमर प्रभु सिरजनहारा ।। 1821/5205

दोहा॰ अमर अजर श्रीकृष्ण है, विष्णु का अवतार ।
परम अव्ययी जिष्णु है, अच्युत विश्वाधार ।। 1755/7068

◎ **Parama-avyaya :** *Shrī Krishṇa is Supreme and eternal. Therefore, he is called Achyuta (undefeated), Shrīdhara (Husband of Lakṣhmī), Shāshvata (immutable), Janārdan (Destroyer of the evil people), Sadānanda (Supreme joy), Mādhav (Husband of Lakṣhmī), Keshava (God), Prabhu (God).* **2100/4839**

(41. **वासुदेव:** गीता–7.9)

श्लोक:

वसुदेवसुतं देवं वासुदेवं नमाम्यहम् ।
देवकीपरमानन्दं यशोदानन्दनन्दनम् ।। 1481/2422

वासुदेव श्रीकृष्ण विष्णु हैं, राधावल्लभ परम जिष्णु हैं ।
देवकीनंदन हरि घनश्यामा! तू ही शंकर तू ही रामा ।। 1822/5205

दोहा॰ "वासुदेव" श्रीकृष्ण को, वन्दन बारंबार ।
नंद नंद श्रीरंग से, मंगल है संसार ।। 1756/7068

◎ **Vāsudeva :** *Shrī Krishṇa is a son of Vasudeva, therefore, he is called Vāsudeva. I salute Vāsudeva. He is the supreme joy of Devakī, Yashodā and Nanda Bābā.* **2101/4839**

(42. **अव्यक्त:** गीता–7.24)

श्लोकौ

वन्देऽहं मस्तकं नत्वा सुन्दरं तमगोचरम् ।
अव्यक्तञ्च निराकारं श्रीकृष्णं तं महाप्रभुम् ।। 1482/2422

अव्यक्तं कृष्ण ते रूपं नृणां नेत्रैर्न दृश्यते ।
रूपं व्यक्तं मनोहारि मानुषं रोचते वरम् ।। 1483/2422

अगम अगोचर दर्शन तेरे, निर्गुण दुष्कर है बहुतेरे ।
गोचर रूप मनोहर प्यारे, स्मरण करूँ मैं साँझ सकारे ।। 1823/5205

दोहा॰ एक अगोचर कृष्ण को, भजिये सुबहो शाम ।
निराकार अव्यक्त हैं, माधव मेघश्याम ।। 1757/7068

◎ **Avyakta :** *I bow my head and salute the beautiful and unpersonified, impersonal and formless great Lord Shrī Krishṇa. O Shrī Krishṇa! your unpersonified form is not visible to all, but the personified form is lovely and pleasing* **2102/4839**

(43. **अव्यक्तोत्तम:** गीता–7.24)

श्लोक:

निराकारञ्च साकारम्–अगोचरञ्च गोचरम् ।
वन्देऽहं परमानन्दं कृष्णमव्ययमुत्तमम् ।। 1484/2422

कृष्ण अव्ययी उत्तम न्यारा, परम सखा प्रभु सबसे प्यारा ।
भगतन के नैनन का तारा, भगतन का है एक सहारा ।। 1824/5205

दोहा॰ उत्तम तुम हो अव्ययी, भगतन के आधार ।
दर्शन देकर, हे प्रभो! स्वप्न करो साकार ।। 1758/7068

◎ **Avyakta :** *Shrī Krishṇa is the unpersonified Lord who personifies on the earth. I salute that formless as well as personified, invisible as well as visible supreme joy Shrī Krishṇa.* **2103/4839**

(44. **न प्रकाश: सर्वस्य** गीता–7.25)

श्लोक:

न प्रकाश: स सर्वस्य दानेन तपसा तथा ।
लभ्यते किन्तु भक्तेन श्रद्धायुक्तेन चेतसा ।। 1485/2422

प्रखर तपों से, वेद ज्ञान से, विविध जपों से, विपुल दान से ।
नहीं मिले वो बिना ध्यान से, एक चित्त के भक्ति गान से ।। 1825/5205

दोहा॰ ज्ञान दान तप से नहीं, प्रभु दर्शन दिखलाय ।
एक चित्त की भक्ति से, दरस तुझे मिल जाय ।। 1759/7068

◎ **Na-prakasha :** *Shrī Krishṇa is not visible to everyone even by giving charities and doing austerities. He is, however, visible to those devotees who have pure faith at their hearts.* **2104/4839**

(45. **योगमायासमावृत:** गीता–7.25)

श्लोकौ

86. 301-Names of Shrī Krishṇa

लीलाभिर्विस्मितं विश्वम्-अपूर्वाभिस्तु विस्तृतम् ।
अतो मतः स योगेशो योगमायासमावृतः ।। 1486/2422

जनाः कृष्णं न जानन्ति न च देवा न दानवाः ।
दुर्वेद्यो हि मतः कृष्णः सदाचारोपदेशकः ।। 1487/2422

वर्णनातीत है तेरी माया, कथन न करने कोई पाया ।
कोई जान न तुझे सका है, योगमाया लिये ढका है ।। 1826/5205

चक्षु मानवी देख न पाती, फिर भी मूरत तेरी भाती ।
अव्यक्त यदि ना देखा जाता, व्यक्त मानवी बहुत सुहाता ।। 1827/5205

दोहा॰ यौगिक माया से ढका, अकथ अगम अवतार ।
लीलाओं का नाथ है, अखिल जगत करतार ।। 1760/7068

◎ **Yoga-Māyā :** *Shrī Krishṇa is the Lord of yoga. He is surrounded with the yogic divinity. The world is amazed with his divine deeds. Therefore, he is called the Lord of yoga.* **2105/4839**

(46. **अव्ययः** गीता–7.25)

श्लोकः

अव्ययं कृष्ण ते रूपं शाश्वतमजमव्ययम् ।
अक्षरमक्षयं नित्यम्-अविनाशि च दैवि च ।। 1488/2422

अविनाशी तू, कृष्ण पियारे! मंगल दैवी रूप तिहारे ।
निहार सुंदर रूप सुखारे, भगत खड़े हैं आन दुआरे ।। 1828/5205

दोहा॰ रूप तिहारा अव्ययी, अजर अमर यदुनाथ! ।
दैवी मूरत आपकी, चक्र तिहारे हाथ ।। 1761/7068

◎ **Avyaya :** *O Lord Shrī Krishṇa! your unpersonified form is eternal, immutable, birthless, imperishable, indestructible, everlasting and divine.* **2106/4839**

(47. **पुरुषोत्तमः** गीता–8.1)

श्लोकः

दिव्यस्त्वमेव देवेशः पुरुषः पुरुषोत्तमः ।
त्वमेव ब्रह्म ब्रह्माण्डम्-ईश्वरः परमेश्वरः ।। 1489/2422

कृष्ण! देव तू शुभ वर दाता, परम पुरुष तू विश्व विधाता ।
पुरुषोत्तम तू सब जग जाना, रूप सुमंगल तेरे नाना ।। 1829/5205

दोहा॰ आदि अंत ब्रह्मांड का, तेरा ही अधिकार ।
पुरुषोत्तम परमातमा, तेरी जय जयकार ।। 1762/7068

◎ **Purushottama :** *O Lord Shrī Krishṇa! you are divine Lord of the Lords, Purusha, Supreme Purusha, Brahma and the Supreme God.* **21076/4839**

(48. **अक्षरः परमः** गीता–8.3)

श्लोकः

सर्वज्ञः सर्वगः कृष्णः सर्वव्यापी सुलक्षणः ।
अक्षरः परमः कृष्णो ब्रह्मरूपः परात्परः ।। 1490/2422

योग परम तू अक्षर दीन्हा, कृष्ण! कृपा तू जग पर कीन्हा ।
जब तक नभ में चाँद सितारे, तब तक सुमिरण अमिट तिहारे ।। 1830/5205

दोहा॰ सचिदानंद घन कृष्ण! तू, अक्षर तू परमेश ।
शेषशायी भगवान तू, लक्ष्मीनाथ रमेश ।। 1763/7068

◎ **Akshara Parama :** *Shrī Krishṇa is All-knowing, Ever-present and All-encompassing with auspicious omens. He is immutable, Supreme, Brahma and Supreme Brahma.* **2108/4839**

संगीतश्रीकृष्णरामायण गीतमाला, पुष्प 410 of 763

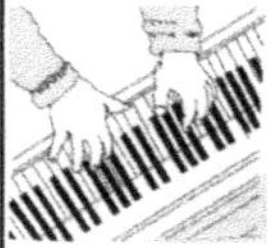

राग : प्रमाती, दादरा ताल

(अविनाशी)

स्थायी

अजर अमर अविनाशी, अक्षर हरि ब्रजवासी ।
♪ ममम गमम पमगमप–, ध–पम गग मगरेगरेसा ।

अंतरा–1

अचरज सेती निहारत, सुंदर जग नर नारी ।
भव भग चक्र चलावत, श्रीधर घट-घट वासी ।।
♫ रेरेरेरे गरेग मपमगरे, ध-पप मम गरे गमप- ।
धध पप मगरे गमधपम, धधपम गग मग रेगरेसा ।।

अंतरा-2

भगतन भीड़ लगावत, दरसन के अभिलासी ।
गिरिधर पावन कीन्हे, गोकुल मथुरा कासी ।।

अंतरा-3

छम् छम् पायल बाजत, ग्वालिन रधिया दासी ।
छर छर मंथन लावत, माखन दधि घट रासी ।।

अंतरा-4

घूम फिर कर जग आए, जनम लाख चौरासी ।
कहीं न ऐसा मीत मिला, भव चक्कर जो नासी ।।

◎ **Indestructible : *Sthāyī :*** *Shrī Krishṇa Hari, the dweller of the Vraj village, is birthless, immortal, indestructible and immutable.* ***Antarā : 1.*** *The men and women of the world behold the beautiful Shrī Krishṇa with surprise. He is dwelling in every body and he is driving the cycle of the Universe,* ***2.*** *The devotees, desirous to see him, are crowding at his door. Giridhar (bearer of mountain) Shrī Krishṇa sanctified the cities of Gokul, Mathurā and Kāshī.* ***3.*** *The ankle bracelets of cow-maid Rādhā are jingling and she is churning curd to take out butter.* ***4.*** *The world revolves eighty-four-hundred-thousand times at his command. There is no better friend anywhere than Shrī Krishṇa.* **2109/4839**

(49. **अधियज्ञः** गीता-8.4)

ॐ **श्लोकः**

योगो जीवनमेतद्धि पुरोहितो जनार्दनः ।
अधियज्ञः स तस्माद्धि कृष्णो देहेषु प्राणिनाम् ।। 1491/2422

यह जीवन है इक यज्ञ महा, यजमान देवता कृष्ण कहा ।
सब भूतन का मन मंदर हैं, अधियज्ञ जनार्दन सुंदर हैं ।। 1831/5205

✍ **दोहा० कृष्ण कहा यजमान है, जीवन जाना यज्ञ ।**
सब भूतन के देह में, केशव है अधियज्ञ ।। 1764/7068

◎ **Adhiyajña :** *This life is an austerity (yajña) of yoga. The host is Janārdan Shrī Krishṇa. Therefore, he is the Adhiyajña in the bodies of the living beings.* **2110/4839**

(50. **कविः** गीता-8.9)

ॐ **श्लोकः**

सर्वज्ञानी कविः कृष्णः सर्वगः सर्वतोमुखः ।
सर्वशास्ता स सर्वेषां सर्वेशः श्यामसुन्दरः ।। 1492/2422

सब भूतों का एक हि ज्ञाता, सबमें सब विध पाया जाता ।
"कवि" कोविद है कृष्ण जगत का, कृष्ण सखा है परम भगत का ।। 1832/5205

✍ **दोहा० ज्ञानी कविवर कृष्ण का, सब पर है अधिकार ।**
कृष्ण सभी का है सखा, सर्वभूत आधार ।। 1765/7068

◎ **Kavi :** *The Omniscient Shrī Krishṇa is Kavi (knowledgeable). He is present everywhere and sees everything. The Shyāma sundara (beautiful) Shrī Krishṇa is the ruler over everyone.* **2111/4839**

(51. **पुराणः** गीता-8.9)

ॐ **श्लोकः**

आदिदेवः पुराणः स देवदेवो महेश्वरः ।
अस्य कृत्स्नस्य विश्वस्य कृष्णो मूलं सनातनम् ।। 1493/2422

सर्व विश्व का आदि देव तू, मूल पुरातन बीज एव तू ।
तुझसे विकसित है संसारा, श्रीधर कृष्ण! चराचर सारा ।। 1833/5205

✍ **दोहा० आदि मूल तू विश्व का, पुण्य पुरातन बीज ।**
तुझसे ही विकसित हुई, सकल यहाँ की चीज ।। 1766/7068

◎ **Parana :** *Shrī Krishṇa is the primordial ancient God. He is Lord of the Lords. He is the Great God. He is the root of this Universe.* **2112/4839**

(52. **अनुशासिता** गीता-8.9)

ॐ **श्लोकः**

अस्य विश्वस्य पूर्णस्य कृष्ण त्वमनुशासिता ।
आज्ञया तव दैविन्या जगद्विपरिवर्तते ।। 1494/2422

स्वामी है तीन जगत का तू, साँई दीन भगत का तू ।
विश्व चलाता आज्ञा तेरी, जिससे विश्व लगाता फेरी ।। 1834/5205

दोहा॰ स्वामी तू जग-तीन का, तेरे हों गुण गान ।
इसी लिये सब विश्व ये, चलता तेरे नाम ।। 1767/7068

◎ **Anushasita :** *O Lord Shrī Krishṇa! you are the ruler of this entire Universe. With your divine order this world cycle goes round and round.* **2113/4839**

(53. **अणोरणीयान्** गीता–8.9)

श्लोक:
हरिरणोरणीयान्स गुरूणां स गुरुस्तथा ।
कृष्णो दीर्घेषु द्राघिष्ठो बहुरूप: स माधव: ।। 1495/2422

कभी सूक्ष्म परमाणु सेती, कभी दीर्घ वो गिरिवर से भी ।
कृष्ण कला दैवी बहुरंगी, हरि के भगत सुमति के संगी ।। 1835/5205

दोहा॰ परमाणु से सूक्ष्म हैं, पर्वत से भी दीर्घ ।
बहुरूपी श्रीकृष्ण हैं, बिजली से भी शीघ्र ।। 1768/7068

◎ **Anu :** *Shrī Krishṇa is finer than the fine atom and he is greater than the greatest mountain. Mādhav (Husband of Lakshmī) assumes many forms.* **2114/4839**

(54. **सर्वस्य धाता** गीता–8.9)

श्लोक:
ब्रह्मा सृजति भूतानि करोति प्रलयं शिव: ।
कृष्णो धाता स सर्वस्य मात्रा समश्च पालक: ।। 1496/2422

ब्रह्मा लाता, शिव ले जाता, कृष्ण जगत का जाना "धाता" ।
माता सम वो पालन करता, कृष्ण कहा है विश्व विधाता ।। 1836/5205

दोहा॰ कृष्ण विधाता विश्व का, त्रिभुवन में कहलाय ।
दीनन पर किरपाल है, सबको सुख वह लाय ।। 1769/7068

◎ **Dhata :** *Brahma evolves the beings and Shiva dissolves them. Shrī Krishṇa is their sustainer with equanimity.* **2115/4839**

(55. **अचिन्त्यरूप:** गीता–8.9)

श्लोक:
अचिन्त्यो वर्णनातीत: कृष्णोऽगम्यो महाप्रभु: ।
सर्वे यद्यपि स्निह्यन्ति वेत्ति कोऽपि न तं परम् ।। 1497/2422

कृष्ण मनोहर मंगल काया, फिर भी उसकी अचिंत्य माया ।
कबि कोबिद यति संतन भारे, कह न सके हैं बरणन सारे ।। 1837/5205

दोहा॰ अचिंत्य कहते, व्यास जी, कबीर मीरा सूर ।
कृष्ण हृदय के पास हैं, बरणन लिखने दूर ।। 1770/7068

◎ **Achintya :** *Shrī Krishṇa is beyond imagination and beyond description. Even though everyone loves him, no one really knows him.* **2116/4839**

(56. **आदित्यवर्ण:** गीता–8.9)

श्लोक:
मयूरमुकुटं माला पीताम्बरञ्च कुण्डले ।
आदित्यवर्णक: कृष्णो मोहन: स मनोहर: ।। 1498/2422

प्रभु! तुम दीनन पर किरपाला, कहत व्यास मुनिवर ब्रज बाला ।
आदित्य वर्ण, गल में बन माला, डाला नैनन काजल काला ।। 1838/5205

दोहा॰ रंग सुनहरे से भरा, पृथ्वी से आकाश ।
आभा चमचम कृष्ण की, निर्मल प्रखर प्रकाश ।। 1771/7068

◎ **Āditya :** *Shrī Krishṇa is glorious like the sun. He is wearing a peacock tiara, yellow garment, ear-rings and garlands. He is charming and pleasing to mind* **2117/4839**

(57. **तमस: पर:** गीता–8.9)

श्लोक:
माया कृष्णस्य लीलाया दैविनी तमस: परा ।

आभा कृष्णस्य वर्णस्य पूर्णे जगति प्रसृता ।। 1499/2422

कृष्ण विश्व पर छत्र धरे हैं, आभा उनकी तमस् परे है ।
सत् चित से आनंद भरी है, सुखदाई सत् नाम हरि है ।। 1839/5205

दोहा० पवित्र आभा कृष्ण की, ओज तमस् से पार ।
विश्व भरा है ओज से, दूर हुआ अँधकार ।। 1772/7068

◎ **Tamasah-para :** *The divinity of Shrī Krishṇa is beyond the darkness of Tamas guṇa. The glory of Shrī Krishṇa's aura has spread all over the world.* **2118/4839**

(58. **परः पुरुषः** गीता–8.10)

श्लोकः

आत्मा च पुरुषो देही श्रीकृष्णः पुरुषः परः ।
प्रकृतेर्गुणभूतानि वशे कृष्णस्य सर्वशः ।। 1500/2422

आत्मा सर्व जीव का जाना, पुरुष उसी को भी है माना ।
परम पुरुष है कृष्ण कहाया, सकल विश्व पर जिसकी माया ।। 1840/5205

दोहा० आत्मा जीवन भूत का, पुरुष उसे है नाम ।
परम पुरुष श्रीकृष्ण है, उसे नाम सत्नाम ।। 1773/7068

◎ **Para-Purusha :** *Shrī Krishṇa is ātmā, Purusha and beyond the Purusha. The Guṇas (three attributes) and the Bhūtas (five elemental beings) are under the control of Shrī Krishṇa.* **2119/4839**

(59. **ओम्** गीता–8.13)

श्लोकौ

ओमेवैकाक्षरं ब्रह्म तदेव कृष्णसंज्ञकम् ।
ॐशब्दः पावनः पूज्यः पवित्रः पुण्यदायकः ।। 1501/2422

भवेदोमिति शब्देन प्रारम्भः शुभकर्मणाम् ।
ओमोमिति हि व्याहृत्य तरसि भवसागरात् ।। 1502/2422

ओम् ब्रह्म है, आत्मज्ञान है, ओम् कृष्ण का परम नाम है ।
ओम् ओम् मुख सदा नाम हो, ओम् नाम से सभी काम हो ।। 1841/5205

दोहा० ओम् शब्द है ब्रह्म का, वही कृष्ण का नाम ।
ओम् परम पावित्र्य है, भजो ओम् से नाम ।। 1774/7068

◎ **Om :** *Om is the sacred syllable. It is Brahma. It is Shrī Krishṇa. It is the holy word of the Vedas.* **2120/4839**

(60. **परमा गतिः** गीता–8.21)

श्लोकः

सर्वेषां भवभूतानां श्रीकृष्णः परमा गतिः ।
जन्मदः पालकः कृष्णो विसर्गश्च स एव हि ।। 1503/2422

कृष्ण ने कहा मार्ग धर्म का, योग परम निष्काम कर्म का ।
योगाचारी जिसे मति है, कृष्ण उसी की परम गति है ।। 1842/5205

दोहा० सदाचार समभाव से, जिसकी सुमति सुजान ।
कृष्ण बने उस भक्त की, गति है परम महान ।। 1775/7068

◎ **Gati :** *Shrī Krishṇa is the Supreme state of all beings. He is the birth giver, protector and the dissolver.* **2121/4839**

(61. **पुरुषः परः** गीता–8.22)

श्लोकः

ईशश्च पुरुषः कृष्ण आत्मा च स बुधैर्मतः ।
परमपुरुषः कृष्ण ईश्वरः परमेश्वरः ।। 1504/2422

कृष्ण है सबसे पावन जाना, "परम पुरुष" है उसको माना ।
जग का ईश्वर परमेश्वर है, कृष्ण कहा श्रीजगदीश्वर है ।। 1843/5205

दोहा० केशव ईश्वर है कहा, कृष्ण सदय भगवान ।
परम पुरुष परब्रह्म का, उसे मिला है मान ।। 1776/7068

◎ **Purusha :** *The wise men say, Shrī Krishṇa is the God, Purusha, ātmā, Supreme Person and the Supreme God.* **2122/4839**

(62. **अव्यक्तमूर्तिः** गीता–9.4)

ॐ श्लोक:

अव्यक्ता मूर्तिरीशस्य व्यक्तरूपेण श्रीहरि: ।
अव्यक्तस्य गतिर्दु:खं कायवद्भिरवाप्यते ।। 1505/2422

अव्यक्त मूर्ति परमेश्वर की, न जाय पूजी जगदीश्वर की ।
व्यक्त रूप में कृष्ण को भजो, अन्यभक्ति के भाव को तजो ।। 1844/5205

दोहा॰ अव्यक्तमूर्ति ईश की, कृष्ण व्यक्त हैं रूप ।
इसी लिये श्रीकृष्ण हैं, कहे गए सुरभूप ।। 1777/7068

◎ **Avyakta :** *Shrī Krishṇa is Brahma in his invisible unpersonified form. In visible and personified form, he is Shrī Krishṇa. Therefore, he is the King of the Gods.* **2123/4839**

(63. **भूतभावन:** गीता–9.5)

ॐ श्लोक:

जन्मदाता स कृष्णश्च स एव भूतभावन: ।
तस्मात्स पूज्यते कृष्णो भक्तिभावेन ज्ञानिभि: ।। 1506/2422

देता ब्रह्मा जन्म जगत को, जीवन देता कृष्ण भगत को ।
भव का जीवन कृष्ण है जाना, शिव शंकर लय कर्ता माना ।। 1845/5205

दोहा॰ ब्रह्मा करता सृजन है, शंकर करता लोप ।
भूत–भावन कृष्ण को, धन्य कहत तिर्‌लोक ।। 1778/7068

◎ **Bhut-bhavan :** *Shrī Krishṇa is the life giver. He is the protector of the beings. Therefore, the wise men worship Shrī Krishṇa with faith.* **2124/4839**

(64. **उदासीनवदासीनोऽसक्त:** गीता–9.9)

ॐ श्लोक:

उदासीनो निरासक्त: कृष्ण: सर्वेषु कर्मसु ।
वीतरागस्तटस्थश्च सम: सर्वेषु प्राणिषु ।। 1507/2422

सब भूतों में सदा समाना, अनासक्त वो तटस्थ माना ।
करके भी सब कर्म निरंतर, अलिप्त उनसे कृष्ण अनंतर ।। 1846/5205

दोहा॰ निरासक्त निष्पक्ष वो, सबमें सदा समान ।
करके कर्म, अलिप्त वो, वीतराग महान ।। 1779/7068

◎ **Asakta :** *Shrī Krishṇa is indifferent and unattached to everyone and every deed. He is equanimous to all.* **2125/4839**

(65. **भूतमहेश्वर:** गीता–9.11)

ॐ श्लोक:

सर्वाधार: प्रभु: कृष्ण: सर्वभूतमहेश्वर: ।
सर्वदेवनमस्कार:–तमेव प्रति गच्छति ।। 1508/2422

कृष्ण सखा, सुख दाता ईश्वर, सब भूतों का एक "महेश्वर" ।
त्रिभुवन में है उसकी माया, सब विध सब पर उसकी छाया ।। 1847/5205

दोहा॰ जिसके चरणन में सदा, सबका है अधिवास ।
महान ईश्वर कृष्ण में, भगतन का विश्वास ।। 1780/7068

◎ **Maheshvara :** *Shrī Krishṇa is the support for all beings. He is their Great Lord. Therefoer, worship Shrī Krishṇa.* **2126/4839**

(66. **भूतादि:** गीता–9.13)

ॐ श्लोक:

आदि: स सर्वभूतानां पिता धाता च रक्षक: ।
सर्वनाथाय कृष्णाय नमस्तस्मै नमो नम: ।। 1509/2422

सब भूतों का एक ही आदि, कृष्ण सनातन बीज अनादि ।
सब सुख दाता, दुखभंजन को, करें वन्दना यदु नंदन को ।। 1848/5205

दोहा॰ उद्गम तीनों लोक का, आदि जगत करतार ।
मातु पिता सब भूत का, परम सखा अवतार ।। 1781/7068

◎ **Bhūtādi :** *Shrī Krishṇa is the beginning of all beings. He is their father, mother, nourisher and protector. Therefore, obeisance to Lord Shrī Krishṇa.* **2127/4839**

(67. **विश्वतोमुख:** गीता–9.15)

ॐ चित्रकाव्यश्लोक:

सर्वं स्मरति सर्वस्य सर्वकालेषु सर्वदा ।
सर्वत्र सर्वव्यापी स श्रीकृष्णः सर्वतोमुखः ।। 1510/2422

सब कुछ सबका सब विध देखे, विधि-विधान हैं जिसके लेखे ।
"विश्वतोमुखी" उस ईश्वर को, शीश झुकाएँ जगदीश्वर को ।। 1849/5205

✍दोहा॰ प्रस्तुत भूत भविष्य का, जिसको सरबस ज्ञान ।
विश्वतोमुख अनादि को, मस्तक टेक प्रणाम ।। 1782/7068

◎ **Vishvatomukha :** *Shrī Krishṇa beholds and knows everything everywhere all the time. He is omniscient and omnipresent. He pervades all.* **2128/4839**

(68. **क्रतुः** गीता-9.16)

ॐ श्लोकः

ज्ञानयज्ञेन बुद्धया च सर्वं समर्पणं भवेत् ।
तपो ध्यानं मतः कृष्णो यतीनां तपसां क्रतुः ।। 1511/2422

ज्ञानी ध्यानी योगी जन का, "क्रतु" कहा है कृष्ण यजन का ।
सर्व समर्पण तन मन क्रतु में, हर पल हर दिन सब छह ऋतु में ।। 1850/5205

✍दोहा॰ क्रतु हैं मानत कृष्ण को, ऋषि-मुनि तापस लोग ।
ज्ञानी ध्यानी सिद्ध का, कृष्ण कर्म का योग ।। 1783/7068

◎ **Kratu :** *Shrī Krishṇa is the yajña. He ought to be known by Jñāna yoga and everything ought to be offered to him by Jñāna-yajña. He is the yoga of the yogīs and austerity of the austere.* **2129/4839**

(69. **यज्ञः** गीता-9.16)

ॐ श्लोकः

ज्ञानं ध्यानं तपो योगः श्रीकृष्णो यज्ञ एव च ।
पूजयन्ति च यं देवाः कृष्णो यज्ञस्य देवता ।। 1512/2422

जगत यज्ञ का कहा कुंड है, कर्म धर्म का जहाँ झुंड है ।
विषय कामना सभी त्याग हों, कृष्ण नाम से सदा याग हो ।। 1851/5205

✍दोहा॰ जीवन जाना यज्ञ है, कर्म बंध का त्याग ।
कर्म-भाव निष्काम का, कृष्ण सिखाया याग ।। 1784/7068

◎ **Yajña :** *Shrī Krishṇa is the knowledge, meditation, penance, austerity and yoga, therefore, all Gods worship him. He is the deity of the yajña.* **2130/4839**

(70. **स्वधा** गीता-9.16)

ॐ श्लोकः

ॐ भूर्भुवः स्वधा कृष्णं यज्ञदेवं जनार्दनम् ।
सर्वदेववरेण्यं तं सर्वकर्म समर्पणम् ।। 1513/2422

कृष्ण यज्ञ का इष्ट देवता, भक्ति-भाव से भगत सेवता ।
कर्म समर्पण करो कृष्ण को, सर्व समर्पण करो कृष्ण को ।। 1852/5205

✍दोहा॰ लिये नाम श्रीकृष्ण का, करो वासना त्याग ।
यही योग "निष्काम" का, सर्व श्रेष्ठ है राग ।। 1785/7068

◎ **Svadha :** *Janārdan Shrī Krishṇa is the one whom the offering of Om and the Gāyatrī mantra are to be given. All karmas are to be done in the name of Shrī Krishṇa, the Lord of the Lords.* **2131/4839**

(71. **औषधम्** गीता-9.16)

ॐ श्लोकः

औषधानां वने वासः कृष्णो ज्ञातो वनस्पतिः ।
तस्मात्पतिं वनानां तं वृणोति वनदेवता ।। 1514/2422

बेली वृक्ष विपिन के जेते, करते वरण किशन को तेते ।
कहा कृष्ण को वनस्पति है, विश्व चलाचल की वह गति है ।। 1853/5205

✍दोहा॰ कृष्ण रसाता औषधि, रस वृक्षन में डाल ।
प्राण अचल में डालके, करता कृष्ण कमाल ।। 1786/7068

◎ **Aushadh :** *The vegetation grows in the forest. Shrī Krishṇa is the Lord of the forests. Therefore, the Goddess of the forest chooses Shrī Krishṇa, the Lord of the forests.* **2132/4839**

(72. **मन्त्रः** गीता-9.16)

86. 301-Names of Shrī Krishṇa

श्लोक:

यज्ञमन्त्रो मतः कृष्णो मन्त्रो मन्त्रयते मखम् ।
भृशं करोति कल्याणं मन्त्रस्य पावना ध्वनिः ।। 1515/2422

यज्ञ "मंत्र" श्रीकृष्ण कहा है, मंत्र नाद कल्याण महा है ।
वेद ऋचाएँ मंगल वाणी, स्तवन करत गायत्री राणी ।। 1854/5205

दोहा॰ कृष्ण यज्ञ का मंत्र है, परम सुमंगल नाद ।
स्तुति गायत्री की करें, साम यजुस् ऋग्वेद ।। 1787/7068

◎ **Mantra :** *Shrī Krishṇa is the chant of the yajñas. The chant makes the yajña sacred. That holy sound of the chant is a purifier.* **2133/4839**

(73. **आज्यम्** गीता–9.16)

श्लोक:

कृष्ण आज्यञ्च यज्ञस्य मङ्गलं पावनं घृतम् ।
सुरभेः शुचिदुग्धञ्च कृष्णस्य दयितं प्रियम् ।। 1516/2422

"आज्य" यज्ञ की आहुति न्यारी, कृष्ण रूप में मंगलकारी ।
सुरभी घृत की निर्मल धारी, यज्ञ देवता को अति प्यारी ।। 1855/5205

दोहा॰ कृष्ण आज्य है याग का, सुरभी घृत अभिराम ।
यज्ञ देवता को मिले, आहुति से सम्मान ।। 1788/7068

◎ **Ajya :** *Shrī Krishṇa is the oblation of the yajña. He is the holy offering of the clarified butter made from the pure milk of the cows. Shrī Krishṇa loves the butter made from cow milk.* **2134/4839**

(74. **अग्निः** गीता–9.16)

श्लोक:

पावनः पावकः कृष्णो यज्ञस्य चाग्निदेवता ।
तस्मादग्निरथी कृष्णो नित्यं यज्ञे प्रतिष्ठितः ।। 1517/2422

कृष्ण यज्ञ का "अग्नि देवता," नित्य प्रतिष्ठित क्रतु में रहता ।
मख में आता अग्नि रथ से, सूर्य किरण के उज्ज्वल पथ से ।। 1856/5205

दोहा॰ कृष्ण यज्ञ की ज्योति है, अग्निदेवता रूप ।
सदा कृष्ण रहता बसा, यज्ञों में सुरभूप ।। 1789/7068

◎ **Agni :** *Shrī Krishṇa is the pure and sacred fire of the yajña. He is the Goddess of the yajña. Therefore, Krishṇa, riding on the chariot of the fire, presides over yajña.* **2135/4839**

(75. **हुतम्** गीता–9.16)

श्लोक:

यद्यदपि हुतं यज्ञे मतं तत्तत्स केशवः ।
स्वाहा च यज्ञसाकल्यं क्षौद्रं समिद्धतमृतम्[284] **।। 1518**/2422

कृष्णरूप है यज्ञ आहुति, स्तोत्र यज्ञ के कृष्ण की स्तुति ।
मख में जो है अर्पण समिधा, ऋचा साम यजु ऋक् की विविधा ।। 1857/5205

दोहा॰ भक्ति–भाव से जो सभी, आहुति पूज्य प्रदान ।
समिधा फल घृत सर्व वो, करो कृष्ण के नाम ।। 1790/7068

◎ **Huta :** *Whatever is offered in the yajña, is regarded as Shrī Krishṇa. The recitation of Svahā, the chant of mantra, the holy water and the sacred firewood that is offered in yajña is Shrī Krishṇa.* **21369/4839**

(76. **पिताऽस्य जगतः** गीता–9.17)

श्लोक:

माया सर्वेषु कृष्णस्य वात्सल्यं पोषणं तथा ।
कृष्णो मतो जगन्माता श्रीकृष्णो हि जगत्पिता ।। 1519/2422

"पिता जगत का" केशव सोहे, जिसके श्लोक लिखूँ मैं दोहे ।
चौपाई पद छन्द तराने, विविध राग में गीत सुहाने ।। 1858/5205

---

[284] **स्वाहा च यज्ञसाकल्यं क्षौद्रं समिद्धतमृतम् =** 1. स्वाहा = यज्ञ मंत्रोच्चार । साकल्य = समूचा, 3. क्षौद्र = पानी, 4. समिध् = ईंधन, 5. घृत = घी, 6. ऋतम् = अर्पित, **साकल्यम् ऋतम्** = समग्र अर्पित सामग्री ।

✍दोहा॰ कृष्ण जगत के हैं पिता, श्रीधर लक्ष्मीनाथ ।
भव भूतों के भाग्य की, डोरी उनके हाथ ।। **1791**/7068

◎ **Father :** *Shrī Krishṇa is regarded as the father of the world. He is their loving mother.* **2137/4839**

(77. **माता** गीता–9.17)

ॐ **श्लोक:**

सुहृन्माता मतः कृष्णो जगतश्चास्य पालकः ।
वन्देऽहं तं प्रियं प्राणं यशोदानन्दनन्दनम् ।। 1520/2422

वृंदावन का कृष्ण कन्हैया, कृष्ण जगत की वत्सल मैया ।
दीन दयाला मुरली वाला, कृष्ण जगत पर जादू डाला ।। 1859/5205

✍दोहा॰ जग की माता कृष्ण है, देवकीनंदन श्याम ।
कोमल ममता की नदी, मोहन हरि घनश्याम ।। **1792**/7068

◎ **Mother :** *Shrī Krishṇa is the mother, well wisher and nourisher of the world. Salute to that dear son of Yashodā and Nanda Bābā.* **2138/4839**

(78. **धाता** गीता–9.17)

ॐ **श्लोक:**

कृष्णो धाता विधाता च विश्वस्य स जनार्दनः ।
पालकश्चालको विष्णुः–विश्वाधारो महामना ।। 1521/2422

धारण जिसने कीन्ही धरती, विश्व प्रार्थना जिसको करती ।
सरस्वती जिसकी स्तुति कहती, उसकी ममता सरिता बहती ।। 1860/5205

✍दोहा॰ जगत विधाता कृष्ण है, विष्णु का अवतार ।
वही सुखद श्री राम है, कहिये जय जयकार ।। **1793**/7068

◎ **Dhata :** *Janārdan Shrī Krishṇa is the nourisher and Lord of the world. As Vishṇu, he is the support of the world.* **2139/4839**

(79. **पितामहः** गीता–9.17)

ॐ **श्लोक:**

अस्य विश्वस्य श्रीकृष्णः पिता वन्द्यः पितामहः ।
जनकः स प्रजानाथः सदानन्दो रमापतिः ।। 1522/2422

कृष्ण पितामह सकल जगत का, ओज तेज बल शाँति महत का ।
कृष्ण प्रजापति का है ताता, मस्तक त्रिभुवन उसे झुकाता ।। 1861/5205

✍दोहा॰ पिता पितामह कृष्ण हैं, सब भव के आधार ।
कृष्ण–कृपा की नाव से, करलो सागर पार ।। **1794**/7068

◎ **Pitāmaha :** *Shrī Krishṇa is the Pitāmaha (Grand-father) and support of all. Let's take the boat of Shrī Krishṇa's name and cross over to the other side of the worldly ocean.* **2140/4839**

(80. **वेद्यः** गीता–9.17)

ॐ **श्लोक:**

वेदनीयः प्रभुः कृष्णो माया तस्य महत्तमा ।
वेत्ति सर्वस्य सर्वं स कोऽपि वेत्ति न तं ननु ।। 1523/2422

रूप कृष्ण का वेदितव्य है, ध्यान गम्य है परम दिव्य है ।
नाम कृष्ण के सुंदर सारे, ध्येय गेय हैं मनहर प्यारे ।। 1862/5205

✍दोहा॰ कृष्ण चरित्तर वेद्य है, लीला मय अद्‌भुत ।
जिसका दर्शन पाइके, विस्मित हैं सब भूत ।। **1795**/7068

कृष्ण–कृपा को जानिये, वन्दनीय प्रभुराज ।
दुर्घट दुर्घर क्यों न हो, सफल करे वह काज ।। **1796**/7068

◎ **Vedya :** *Shrī Krishṇa's divinity is supreme. His real nature ought to be known. He knows everything of everyone, but no one knows him in reality.* **2141/4839**

(81. **पवित्र ओङ्कारः** गीता–9.17)

ॐ **श्लोक:**

कृष्णः पवित्र ओङ्कारः शब्दः खे पावनः खलु ।
मतः स ब्रह्मरूपश्च ब्रह्मनादोऽपि कथ्यते ।। 1524/2422

ओम् ओम् इति पवित्र माला, जपिए निश-दिन, हरि गोपाला! ।
ओम् शब्द में विश्व सकल है, वेद वचन ये शुभ मंगल है ।। 1863/5205

✍दोहा० ओम् शब्द ही कृष्ण है, पवित्र हरि का नाम ।
ओम् नाद ही ब्रह्म है, वेद वाक्य अभिराम ।। 1797/7068

◎ **Om :** *Shrī Krishṇa is the sacred syllable of Om which is the auspicious sound that reverberates in the sky. He is also known as Brahma and the Brahma-nād (the celestial sound).* **2142/4839**

(82. **ऋक्** गीता–9.17)

श्लोक:

ऋग्वेद: कृष्णरूप: स आदिवेदो मतस्त्रिषु ।
सर्वज्ञानामृतं यस्मात्-सृष्ट: स ब्रह्मणो मुखात् ।। 1525/2422

वेद ऋचा हैं सर्वपुरातन, ज्ञान भरा है सर्वसनातन ।
कृष्णरूप हैं मंत्र वेद के, ब्रह्मभूत हैं गूढ भेद के ।। 1864/5205

✍दोहा० ऋचा-समुंदर है बना, कृष्ण रूप ऋग्वेद ।
इसमें रहस्य है भरा, ज्ञानी जानत भेद ।। 1798/7068

◎ **Rik :** *Shrī Krishṇa is in the form of the Rig-Veda, the first among the three Vedas. The Veda has all knowledge and it comes directly from the mouth of Brahma.* **2143/4839**

(83. **साम** गीता–9.17)

श्लोक:

सामवेदस्य सङ्गीतं शिवं कृष्णात्मकं शुभम् ।
तस्मात्सङ्गीतशास्त्रञ्च नाट्यशास्त्रञ्च निर्गतम् ।। 1526/2422

जाना कृष्ण स्वरूप "साम" हैं, तीन ऋचा से बने स्तोम हैं ।
साम ऋचा गायन की माता, संगीतशास्त्र की निर्माता ।। 1865/5205

✍दोहा० ओम् साम का सार है, कहै उपनिषद् छान्दोग्य ।
छन्द राग जिससे बने, गान बजाने योग्य ।। 1799/7068

◎ **Sāma :** *Shrī Krishṇa is also the Sāma-Veda. The sacred music comes out of Sāma-Veda. From Sām-Veda arises the prosody and the art of dance.* **2144/4839**

(84. **यजु:** गीता–9.17)

श्लोक:

यजुर्वेदो मत: कृष्ण: कर्मश्रेणीप्रवर्तक: ।
गद्यपद्यात्मको वेदो मन्त्रनियमसंग्रह: ।। 1527/2422

यजुर्वेद को कृष्ण कहा है, यज्ञ मंत्र के नियम यहाँ हैं ।
कर्मकांड का यजुर्वेद है, शुक्ल कृष्ण दो जिसे भेद हैं ।। 1866/5205

✍दोहा० यजुर्वेद को है कहा, कर्म कांड का वेद ।
गद्यपद्य मय वेद के, शुक्ल कृष्ण हैं भेद ।। 1800/7068

◎ **Yajus :** *Shrī Krishṇa is the Yajurveda. It promotes righteous karma. This prose and poetic Veda is the collection of verses on the rules of life.* **2145/4839**

(85. **गति:** गीता–9.18)

श्लोक:

जन्ममृत्व्योर्गति: कृष्णो भूतानां भवसागरे ।
भज कृष्णं प्रजानाथं सन्तरितुं भवं सुखम् ।। 1528/2422

जन्म मरण की "गति" श्रीधर है, जिस प्रभु पर सब भव निर्भर है ।
चक्कर भव का कृष्ण चलावे, हरि भगतन के पाप गलावे ।। 1867/5205

साँस-साँस है कृष्ण हवाले, किरपा जिसकी जग को पाले ।
हिरदय से छल बल सब तज के, तन मन से ईश्वर को भज के ।। 1868/5205

✍दोहा० कृष्ण विश्व की हैं गति, जीव जगत आधार ।
करलो केवट कृष्ण को, करने को भव पार ।। 1801/7068

◎ **Gati :** *Shrī Krishṇa is the life and death of the beings in the world. Therefore, in order to cross over the worldly ocean happily, worship Shrī Krishṇa.* **2146/4839**

(86. **भर्ता** गीता–9.18)

श्लोक:

86. 301-Names of Shrī Krishna

त्रिभुवनस्य स्वामी स श्रीकृष्णः परमेश्वरः ।
वन्दे तं सर्वभर्तारं लक्ष्मीनारायणप्रभुम् ।। 1529/2422

प्रभु! तू तीन जगत का स्वामी, देही तू है अंतर्यामी ।
कृष्ण! जगत का तू रखवारा, तव माया से जग उजियारा ।। 1869/5205

दोहा॰ त्रिभुवन भर्ता कृष्ण हैं, सर्वभूत के प्राण ।
शेषशायी भगवान् वो, करे सकल कल्याण ।। 1802/7068

◎ **Bharta :** *Shrī Krishna is the Master of the three worlds. He is the Supreme Lord. Obeisance to that Great Lord, Lakshmī-Nārāyaṇa.* **2147/4839**

(87. **साक्षी** गीता–9.18)

श्लोक:

आत्मा स सर्वभूतानां श्रीकृष्णो हृदयस्थितः ।
गुणैस्तु कार्यते कर्म साक्षी स सर्वकर्मणाम् ।। 1530/2422

नर के दिल में आत्मा बन कर, कृष्ण बसा है "साक्षी" ईश्वर ।
करता कछु न कराता कुछ भी, साँस-साँस है किरपा उसकी ।। 1870/5205

दोहा॰ सबके हिरदय में बसा, आत्मा बन कर प्राण ।
नर करता है कर्म जो, साक्षी है भगवान ।। 1803/7068

◎ **Witness :** *Shrī Krishna is the witness in the body of all beings. He is the ātmā residing in the heart. Karmas are done by the guṇas (the three attributes), but Krishna is in the form of ātmā, the observer of all karmas.* **2148/4839**

(88. **निवासः** गीता–9.18)

श्लोक:

अन्तिमं परमं धाम कृष्णो हि देहधारिणाम् ।
गत्वा यतः प्रयाताय निर्गन्तव्यं न वै पुनः ।। 1531/2422

भवभूतों का परम धाम है, कृष्ण-चरण वो एक नाम है ।
जहाँ निबासा सुख-शाँति से, मिले मुक्ति है सब भाँति से ।। 1871/5205

दोहा॰ मर कर प्राणी के लिये, परम कहा जो स्थान ।
भव के फेरे ना जहाँ, पुण्य कृष्ण का धाम ।। 1804/7068

◎ **Abode :** *Shrī Krishna is the final peaceful abode for the body bearers. Having gone to this Supreme abode, one does not return back to the worldly cycle.* **2149/4839**

(89. **शरणम्** गीता–9.18)

श्लोक:

परमं शरणं कृष्णो भक्तानामाश्रयः शुभः ।
नित्यं चरणयोस्तस्य सुस्थो नः संश्रयो भवेत् ।। 1532/2422

कृष्ण-चरण है स्थान भगत का, क्षेम सहारा शरणागत का ।
कृष्ण शरण में है जो आता, शाँति परम है नर वो पाता ।। 1872/5205

दोहा॰ परम सहारा कृष्ण है, क्षेम शरण का स्थान ।
कृष्ण-चरण में भगत को, मिले नित्य कल्याण ।। 1805/7068

◎ **Shelter :** *Shrī Krishna is the Supreme shelter for the devotees. May our shelter be at the feet of Lord Shrī Krishna.* **2150/4839**

(90. **सुहृद्** गीता–9.18)

श्लोक:

श्रीकृष्णः सर्वभूतानां सुहृद्बन्धुः सखा तथा ।
दयालु हृदयं तस्य कृष्णः स भक्तवत्सलः ।। 1533/2422

सदय हृदय है शरणागत का, "सुहृद्" है श्रीकृष्ण भगत का ।
कृष्ण सखा है हृदय विशाला, दिल में बैठा दीन दयाला ।। 1873/5205

दोहा॰ कोमल हिरदय कृष्ण का, सबके लिये उदार ।
सुहृद् सच्चा कृष्ण है, सबसे भली मदार ।। 1806/7068

◎ **Well wisher :** *Shrī Krishna is the well wisher for all beings. He is their friend and brother. He is kind and compassionate. He is merciful to his devotees.* **2151/4839**

संगीतश्रीकृष्णरामायण गीतमाला, पुष्प 411 of 763

राग : बरहंस

(तू ही हमारा)

स्थायी

तू ही हमारा परम सहारा, माता गुरवर तात पियारा ।

♬ रे– ग मग–रे– सासासा रेग–म–, प–म– गगरेरे म–ग रेग–सा– ।

अंतरा–1

एक आतमा कण–कण घेरा, तू ही हमरा कृष्ण! जियारा ।

♬ सा–रे ग–गग– मम पम ग–रे–, प– म गरे–रे– म–ग! रेग–सा– ।

अंतरा–2

पाँच भूत की धरती सारी, तीन गुणन में है नर नारी ।

अंतरा–3

चंद्र सूर्य तारे सब तू ही, तू ही भव–जल तूहि किनारा ।

अंतरा–4

पर्वत सरिता वन तरु तूही, सब विध तेरा तंत्र बिखेरा ।

◎ **You are mine! :** ***Sthāyī :*** *O Shrī Krishṇa! you are our Supreme support. You are our mother, father, dear friend and guru.* ***Antarā : 1.*** *The men and women of the world are made of five elemental beings and the three guṇas.* ***2.*** *His existence is in our every particle. O Shrī Krishṇa! you are our dear soul.* ***3.*** *The Sun and the Moon and everything else is you. You are the worldly ocean, its water and the shore.* ***4.*** *You are the rivers, mountains, forests and the plants. Your magic is everywhere.* **2152/4839**

(91. **प्रभव:** गीता–9.18)

ॐ **श्लोक:**

श्रीकृष्ण: प्रभव: सृष्टे:–बीजं चराचरस्य हि ।
तस्माद्धि जायते सर्वं सर्वाकारं मनोहरम् ।। 1534/2422

आदि सृष्टि का कृष्ण बीज है, बनी उसी से सकल चीज है ।
भूत चराचर भू पर सारे, चलते फिरते कृष्ण सहारे ।। 1874/5205

दोहा॰ प्रभव सृष्टि का कृष्ण है, करे चराचर भूत ।
देवकिनंदन आठवाँ, वसूदेव का पूत ।। 1807/7068

◎ **Origin :** *Shrī Krishṇa is the origin of the Universe. He is the seed of evolution. From him originates everything that pleases our mind.* **2153/4839**

(92. **प्रलय:** गीता–9.18)

ॐ **श्लोक:**

सृष्टे: स प्रलय: कृष्णो जन्मदाता यथा हि स: ।
सृष्टिचक्रं विनाखण्डं कृतं तेन निरन्तरम् ।। 1535/2422

भूत भूमि पर जो भी आता, "प्रलय" सभी का कृष्ण कराता ।
भूत चराचर के आत्मा को, वन्दन उस हरि परमात्मा को ।। 1875/5205

दोहा॰ प्रलय सृष्टि का कृष्ण ही, बन कर शिवजी आप ।
वही जनाता सृष्टि को, ब्रह्मा बन कर बाप ।। 1808/7068

◎ **Dissolution :** *Shrī Krishṇa is the dissolution and the evolution. He made the cycle of nature eternal.* **2154/4839**

(93. **स्थानम्** गीता–9.18)

ॐ **श्लोक:**

निवास: परमं स्थानं कृष्णो विश्वस्य मातृवत् ।
सर्वेषां पितृवत्कृष्ण: सर्वे तस्यैव बालका: ।। 1536/2422

सबका आश्रय स्थान सुखों का, कृष्ण विनाशक सर्व दुखों का ।
समान सबके लिये निबासा, जैसा भी हो भगत लिबासा ।। 1876/5205

दोहा॰ सबका आश्रय कृष्ण है, सुख निवास का स्थान ।
सदय परम प्रिय भक्त को, करता स्वर्ग प्रदान ।। 1809/7068

◎ **Abode :** *Shrī Krishṇa is the Supreme abode for the devotees in the world. He is like a loving father and mother. They are his dear children.* **2155/4839**

(94. **निधानम्** गीता–9.18)

ॐ **श्लोक:**

निधानमन्तिमं कृष्ण: सर्वेषां परमा गति: ।
वन्दे तं सच्चिदानन्दं विश्वाधारं निरञ्जनम् ।। 1537/2422

सबका अंतिम कृष्ण "निधाना," लौट जहाँ से नहीं है आना ।
परम निरंतर सुख-शाँति का, और न कोई इस भाँति का ।। 1877/5205

दोहा॰ अंतिम परम निधान जो, सुख-शाँति का धाम ।
परम भगत प्रिय के लिये, एक नाम घनश्याम ।। 1810/7068

◎ **Treasure :** *Shrī Krishṇa is the final dwelling for all. Salute to that treasure of joy, peace and happiness. He is the kind hearted support of the world.* **2156/4839**

(95. **बीजमव्ययम्** गीता-9.18)

श्लोक:

चराचरस्य विश्वस्य दिव्यञ्च परमात्मकम् ।
कृष्णो हि भवभूतानां सर्वेषां बीजमव्ययम् ।। 1538/2422

सब सृष्टि का "बीज अव्ययी," कृष्ण एक है परम दिव्य ही ।
जिसका विभूति योग सनातन, कीन्हा जग में सत्त्व चिरंतन ।। 1878/5205

दोहा॰ परम अव्ययी बीज है, कृष्ण विश्व का एक ।
जिसके विभूति योग से, निकले भूत अनेक ।। 1811/7068

◎ **Seed :** *Shrī Krishṇa is the eternal divine seed of the moving and non-moving beings of the world.* **2157/4839**

(96. **अमृतम्** गीता-9.19)

श्लोक:

श्रीकृष्ण एव गीताया उपदेशामृतं शुभम् ।
सदाचारस्य रूपेण कृष्णो मार्गोपदेशकः ।। 1539/2422

कृष्ण-कृपा अमृत से प्यारी, नीर मधुर जीवन की धारी ।
मिठास जिसकी सबसे न्यारी, सौरभ सरस कुसुम की क्यारी ।। 1879/5205

दोहा॰ गीतामृत श्रीकृष्ण का, अमृत से भी ज्येष्ठ ।
गीतामृत से विश्व में, कौन भला है श्रेष्ठ ।। 1812/7068

◎ **Nectar :** *Shrī Krishṇa is the divine nectar in the form of the Bhagavad Gītā. He is the guide to righteousness.* **2158/4839**

(97. **मृत्युः** गीता-9.19)

श्लोक:

मृत्युः सर्वहरः कृष्णः पृथिव्यां जीवधारिणाम् ।
यथा कर्माणि भूतानां भवेत्तेषां तथा गतिः ।। 1540/2422

कृष्ण निधन है दया निधाना, यथा विधि का रहे विधाना ।
जैसा जिसने करा करम है, वैसा मिलता, यही धरम है ।। 1880/5205

दोहा॰ मृत्यु सभी का कृष्ण है, जब तन छोड़े प्राण ।
यथा कृष्ण देता तथा, होता अंत्य प्रयाण ।। 1813/7068

◎ **Death :** *Shrī Krishṇa is the death and dissolution of the beings on the earth. As one's karmas are in this life, so he gets the next birth.* **2159/4839**

(98. **सदसत्** गीता-9.19)

श्लोक:

भूमेर्येयेऽपि गच्छन्ति कृष्णो हि सदसद्गती ।
भद्राणां सद्गतिस्तस्माद्-अभद्राणां च दुर्गतिः ।। 1541/2422

श्रीकृष्ण जग का अस्तित्त्व है, तथा कृष्ण ही अनस्तित्त्व है ।
अनस्तित्त्व अस्तित्त्व वही है, नाम कृष्ण का एक सही है ।। 1881/5205

दोहा॰ सदसद् गति भव भूत की, कृष्ण जगत का ईश ।
यथा कर्म तद्वत गति, देता है जगदीश ।। 1814/7068

◎ **Sat-asat :** *Shrī Krishṇa is the existence and non-existence of every being that appears on the earth. He gives good fate to the righteous people and bad fate to the unrighteous.* **2160/4839**

(99. **सर्वयज्ञानां भोक्ता** गीता-9.24)

श्लोक:

कृष्णो हि सर्वयज्ञानां भोक्ता साक्षी तथा प्रभुः ।
आहुतिर्यजमानश्च यज्ञश्च कृष्ण एव हि ।। 1542/2422

"यज्ञभोक्ता" योगेश्वर कहा, जीवन ही इक यज्ञ है महा ।
त्याग किया जब विषय राग का, वही कहा है योग याग का ।। 1882/5205

दोहा॰ प्रतिष्ठित यज्ञ में सदा, कृष्ण करे उपभोग ।
इस जीवन को कृष्ण ने, कहा "यज्ञ-का-योग" ।। 1815/7068

◎ **Bhokta :** *Shrī Krishṇa is the witness, enjoyer and the Lord of all yajñas. He is the offering and oblation of the yajña.* **2161/4839**

(100. **समः सर्वभूतेषु** गीता-9.29)

श्लोकः

समः स सर्वभूतेषु यथा तुला सदा समा ।
न भेदः शत्रुमित्रेषु प्रियाप्रियेषु विद्यते ।। 1543/2422

सर्व भूत में एक समाना, न कोई शत्रु न मित्र माना ।
उदासीन वो सब भूतों में, यथा मातु है सब पूतों में ।। 1883/5205

दोहा॰ शत्रु मित्र कोई नहीं, समान सबके साथ ।
मातृवत् वत्सल सदा, कृष्ण कहा जगनाथ ।। 1816/7068

◎ **Equanimous :** *Shrī Krishṇa is equanimous to all beings like a weighing scale. No one is nearer or farther for him. He does not differentiate his devotees into friends and foes.* **2162/4839**

(101. **अनादिः** गीता-10.3)

श्लोकः

आदिर्न यस्य कोऽप्यस्ति कृष्णोऽनादिः सनातनः ।
अन्तोऽपि यस्य नास्ति स मतोऽनन्तश्च ज्ञानिभिः ।। 1544/2422

श्रीकृष्ण "अनादि," विश्व अनादि, लीला अनादि, माया अनादि ।
कृष्ण कहा है सबका आदि, ब्रह्मरूप है कृष्ण युगादि ।। 1884/5205

दोहा॰ जिसे न कोई आदि है, न अंत का है नाप ।
अनाद्यंत वो कृष्ण है, जिसकी गति अमाप ।। 1817/7068

◎ **Anādi :** *Shrī Krishṇa is eternal and without a beginning and without an end, the wise men know this truth.* **2163/4839**

(102. **सर्वस्य प्रभवः** गीता-10.8)

श्लोकः

सर्वस्य प्रभवः कृष्णो येन सर्वं कृतञ्जगत् ।
मूलं सर्वस्य विश्वस्य प्रभुः कृष्णः सनातनः ।। 1545/2422

"प्रभव" कृष्ण है सकल जगत का, एक निबासा गत आगत का ।
महा प्रभावी कृष्ण प्रभु हैं, सबसे पूजित कृष्ण विभु हैं ।। 1885/5205

दोहा॰ प्रभव सभी का कृष्ण है, मूल भूत भगवान ।
उद्गम जिससे विश्व का, गाओ उसके गान ।। 1818/7068

◎ **Prabhu :** *Shrī Krishṇa is the origin of all beings. He made the existence of this world real. He is the eternal and ancient root of all.* **2164/4839**

(103. **आत्मभावस्थः** गीता-10.11)

श्लोकः

श्रीकृष्ण आत्मभावस्थः सर्वस्य हृदि तिष्ठति ।
अन्तर्ज्ञानी मतो देही देहे सर्वस्य माधवः ।। 1546/2422

सब भूतों के आत्मभाव में, कृष्ण सदा है हृदय ठाँव में ।
देही बन कर सभी देह में, नौ द्वारों के बसा गेह में ।। 1886/5205

दोहा॰ आत्मभाव में जो बसा, हिरदय जिसका धाम ।
अंतर्ज्ञानी देव जो, कृष्ण उसी का नाम ।। 1819/7068

◎ **Ātmabhava-stha :** *Shrī Krishṇa dwells within us all. He dwells in our hearts. Therefore, he knows our thoughts and feelings from within. He is Mādhav (Husband of Lakshmī).* **2165/4839**

(104. **परं ब्रह्म** गीता-10.12)

श्लोकः

ब्रह्म स च परं ब्रह्म तेन सर्वमिदं ततम् ।

तस्माद्धि जायते सर्वं तस्मिन्सर्वं विलीयते ।। 1547/2422

कृष्ण ब्रह्म है, "परम ब्रह्म" है, नादब्रह्म है, शब्दब्रह्म है ।
सकल जगत का है रखवारा, कृष्ण सभी का प्रभु है प्यारा ।। 1887/5205

✍दोहा॰ परम ब्रह्म श्रीकृष्ण है, सकल विश्व आधार ।
कृष्ण, ब्रह्म शिव विष्णु है, माया जिसे अपार ।। 1820/7068

◎ **Parama Brahma :** *Shrī Krishṇa is the Supreme Brahma, from which everything evolves. Everything comes from him and everything dissolves in him.* **2166/4839**

(105. **परं धाम** गीता–10.12)

श्लोक:

कृष्णो गतिर्हि सर्वेषां परं धाम परत्र सः ।
सूर्येण न च चन्द्रेण स्वयं भृशं प्रकाशितम् ।। 1548/2422

कृष्ण मुक्ति का परम धाम है, सुख–शाँति का जहाँ नाम है ।
मिली योग की जिसे मति है, कृष्ण–चरण में उसे गति है ।। 1888/5205

✍दोहा॰ चरण सुमंगल कृष्ण के, पूज्य परम हैं धाम ।
नाम पुण्यमय कृष्ण का, जपिए आठों याम ।। 1821/7068

◎ **Supreme abode :** *Shrī Krishṇa is the Supreme abode beyond this world. That abode is neither enlightened by the Sun nor by the Moon, but it is self-illuminated.* **2167/4839**

(106. **पवित्रः परमः** गीता–10.12)

श्लोक:

पवित्रं परमं नाम स्मरणं पावनं तथा ।
कृष्ण कृष्णेति गोविन्दं केशवं भज माधवम् ।। 1549/2422

नाम कृष्ण के पवित्र जेते, दरस निरंजन ललाम तेते ।
चरण कृष्ण के परम धाम हैं, हरि शरणन में भूतग्राम है ।। 1889/5205

✍दोहा॰ पवित्र पावन धाम है, कृष्ण–चरण में स्थान ।
केशव माधव को भजो, ठीक लगा कर ध्यान ।। 1822/7068

◎ **Sacred :** *Shrī Krishṇa's names are sacred. Therefore, one should chant Shrī Krishṇa! Govind! Keshava! Mādhava! etc.* **2168/4839**

(107. **पुरुषः शाश्वतः** गीता–10.12)

श्लोक:

पुरुषः शाश्वतः कृष्णः प्रकृतेः पूरको मतः ।
कृष्णः स देहिनां देही प्राणः स प्राणिनां तथा ।। 1550/2422

"शाश्वत पुरुष" कृष्ण है जाना, जिसके रूप विविध विध नाना ।
देह अशाश्वत शाश्वत देही, प्रकृति निर्भर शाश्वत के ही ।। 1890/5205

✍दोहा॰ परम पुरुष श्रीकृष्ण है, शाश्वत है परमेश ।
निर्भर जिस पर प्रकृति, लक्ष्मीकांत रमेश ।। 1823/7068

◎ **Purușha :** *Shrī Krishṇa is the Supreme Purușha. He is complimentary to the Prakriti (nature). He is the life of the living beings.* **2192/4839**

(108. **दिव्यः** गीता–10.12)

श्लोक:

कृष्णस्तेजोमयो दिव्यः प्रदीप्तो रविरंशुमान् ।
आभा कृष्णस्य योगस्य तस्मादपि हि भासुरा ।। 1551/2422

कृष्ण सूर्यसम पुरुत्र "दिव्य" है, सकल विश्व की कीर्ति भव्य है ।
प्यारा प्रियतम कृष्ण हमारा, माता सम प्रिय प्रेम की धारा ।। 1891/5205

✍दोहा॰ दिव्य पुरुष परमातमा, कृष्ण सूर्य का तेज ।
नीति परायण भक्त को, सदाचार की सेज ।। 1824/7068

◎ **Divine :** *Shrī Krishṇa is glorious and divine. O Shrī Krishṇa! your brilliance is like the Sun. And, the enlightenment of your yoga is even brighter than that brilliance.* **2170/4839**

(109. **आदिदेवः** गीता–10.12)

श्लोक:

आदिदेवो महादेवो देवदेवः स यादवः ।

86. 301-Names of Shrī Krishṇa

ईश्वरः सर्वदेवानां श्रीकृष्णः परमेश्वरः ।। 1552/2422

"आदि देव" है कृष्ण कन्हाई, जग वंदित है सबका साईं ।
चरित्र जिसका सबसे न्यारा, हृषीकेश है भगत पियारा ।। 1892/5205

दोहा॰ सब देवों का देव जो, आदि देव कहलाय ।
माया मय श्रीकृष्ण वो, सबका मन बहलाय ।। 1825/7068

◎ **Ādi-deva** : *Shrī Krishṇa is the primordial God. He is Mahādeva (Great God), Devadeva (God of the Gods). He is Yādava (of the Yadu dynasty), Īshvara (God) and Parameshvara (Supreme God).* **2171/4839**

(110. **भगवान्** गीता–10.14)

श्लोकः
अनाद्यन्तं दयावन्तं वन्दे नारायणं प्रभुम् ।
भगवन्तं सदाशान्तं लक्ष्मीकान्तं नमाम्यहम् ।। 1553/2422

कृष्ण–कृपा का सिंधु अपारा, क्षमाशील "भगवान्" हमारा ।
ज्ञान नीति का दान है दीन्हा, हमें भला इन्सान है कीन्हा ।। 1893/5205

दोहा॰ महा कृपालु कृष्ण जी! हे मेरे भगवान्! ।
कर्म धर्म की नीति का, दीजो हमको दान ।। 1826/7068

◎ **God** : *Shrī Krishṇa is Lord Nārāyaṇa. Let's worship that merciful Lord, who has no beginning and no end. He is ever peaceful. He is the Husband of Lakshmī.* **2172/4839**

(111. **भूतेशः** गीता–10.15)

श्लोकः
ईशो यः सर्वभूतानां भक्तानाञ्च महेश्वरः ।
समः सर्वेषु भूतेषु भूतेशः समवस्थितः ।। 1554/2422

भूत चराचर जिसकी माया, जीव जगत पर जिसकी छाया ।
हृषीकेश वो ईश महाना, "भूतेश" कृष्ण है जग जाना ।। 1894/5205

दोहा॰ भूत–भूत पर है सदा, जिसका ही अधिकार ।
कृष्ण कहा भूतेश है, अजर अमर अविकार ।। 1827/7068

◎ **Bhutesha** : *Shrī Krishṇa is the Lord of all beings. He is the Supreme Lord of all devotees. He dwells in all devotees with equanimity.* **2173/4839**

(112. **देवदेवः** गीता–10.12)

श्लोकः
देवदेवश्चिरञ्जीवो माधवः करुणार्णवः ।
ईश्वरः सर्वदेवानां श्रीकृष्ण ईश्वरेश्वरः ।। 1555/2422

तीनों जग में जिसका नारा, असुरों में डर जिसका भारा ।
इन्द्र देव भी जिससे हारा, "देवदेव" गोवर्धन प्यारा ।। 1895/5205

दोहा॰ सब देवों के देव हैं, पितु जिसके वसुदेव ।
देवदेव श्रीकृष्ण को, कहा गया अतएव ।। 1828/7068

◎ **Dev-deva** : *Shrī Krishṇa is the God of the Gods. He is eternal. He is Mādhav (Husband of Lakshmī). The Lord of all Lords, he is the Supreme Lord.* **2174/4839**

(113. **जगत्पतिः** गीता–10.15)

श्लोकः
विश्वदेवो जगन्नाथो देवदेवो जगत्पतिः ।
स्वामी स सर्वलोकस्य श्रीकृष्णो गरुडध्वजः ।। 1556/2422

कृष्ण जगत तीनों का स्वामी, और न कोई उसका सानी ।
"जगत्पति" जग का रखवाला, श्रीकृष्ण कहा है जगपाला ।। 1896/5205

दोहा॰ जग का स्वामी कृष्ण है, जगत्पति भगवान ।
और न कोई है बड़ा, भगत–सखा गुणवान ।। 1829/7068

◎ **Jagat-pati** : *Shrī Krishṇa is the Master of this world. He is the Lord of the Universe. Shrī Krishṇa rides on Garuḍa (the eagle).* **2175/4839**

(114. **आत्मा सर्वभूताशयस्थितः** गीता–10.20)

श्लोकः
स प्राणधारिणामात्मा सर्वभूताशयस्थितः ।

अंशः स ब्रह्मणः कृष्णः-तस्मात्प्राणः स प्राणिनाम् ।। **1557**/2422

देही बन कर बसे देह में, रक्त माँस के बने गेह में ।
अंश कृष्ण का एक आतमा, कृष्णभक्त है बने महात्मा ।। 1897/5205

दोहा॰ प्राणी का है प्राण वो, जीवन का आधार ।
देही बन कर आतमा, कृष्ण रूप साकार ।। 1830/7068

◎ **Ātmā :** *Shrī Krishṇa is the ātmā of all beings. He dwells in all beings. He is the Brahma. He is ātmā. Thus, he is the life of the living beings.* **2176/4839**

(115. **योगी** गीता–10.17)

श्लोकः

सान्दीपनिर्गुरुः कृष्णम्–अकरोद्बालयोगिनम् ।
योगेशो दत्तवान्पार्थं पुनर्योगं सनातनम् ।। 1558/2422

"योगी" शाश्वत कृष्ण अनादि, लिया जनम प्रत्येक युगादि ।
योग दिया जो विवस्वान् को, दिया पार्थ को उसी ज्ञान को ।। 1898/5205

दोहा॰ सांदीपनि मुनि ने दिया, वेद योग का ज्ञान ।
बालकृष्ण जिससे बना, योगीराज महान ।। 1831/7068

◎ **Yogī :** *Shrī Krishṇa is the yogī. Sage Sāndīpani muni told the same ancient yoga to young Shrī Krishṇa at his gurukul. Shrī Krishṇa is the Lord of the yoga, thus he is Yogesha. He gave the ancient and eternal yoga to Arjun.* **2177/4839**

(116. **विष्णुः** गीता–10.21)

श्लोकः

जाता यदा यदा हानिः सतो धर्मस्य भूतले ।
तदा रामश्च कृष्णश्च भूत्वा विष्णुरजायत ।। 1559/2422

अवतारोऽष्टमो विष्णोः कृष्णरूपेण माधवः ।
कृपाकारी मनोहारी सदाचारी सुदर्शनः ।। 1560/2422

लक्ष्मीनारायण की माया, सियाराम है रूप धराया ।
राधाकृष्ण सुदर्शनधारी, गोवर्धन गिरिधर मनहारी ।। 1899/5205

दोहा॰ नारायण श्री विष्णु ने, किया असुर संहार ।
राम रूप, फिर कृष्ण का, जाना है अवतार ।। 1832/7068

◎ **Vishṇu :** *Shrī Krishṇa is Vishṇu. Whenever there is unrighteousness on the earth, Vishṇu appears in a human form. Vishṇu is Shrī Rāma and Vishṇu is Shrī Krishṇa.* **2178/4839**

(117. **रविरंशुमान्** गीता–10.20)

श्लोकः

कृष्णेन काशितं विश्वं कृष्णः स रविरंशुमान् ।
रविः कृष्णः शशी कृष्णः कृष्णो ज्योतिश्च ज्योतिषाम् ।। 1561/2422

रवि किरणों सम उज्ज्वल आभा, तेज पुंज श्रीकृष्ण की प्रभा ।
निकले नभ में हजार भानु, काँति कृष्ण की बढ़कर जानूँ ।। 1900/5205

दोहा॰ कृष्ण शशी–रवि–ज्योति है, उज्ज्वल ज्ञान प्रकाश ।
बिखरा जो सब विश्व में, धरती से आकाश ।। 1833/7068

◎ **Sun :** *Shrī Krishṇa has illuminated this world. He is brilliant like the Sun. He is the light of the Sun, Moon and the stars.* **2179/4839**

(118. **मरीचिः** गीता–10.21)

श्लोकः

ज्ञाता दितेर्मरुत्पुत्राः–चत्वारिंशन्नवाधिकाः ।
मरीचिस्तेषु श्रीकृष्णः पावनः पवनः शुभः ।। 1562/2422

मरुत् पुत्र पवन उनचास थे, "मरीची" उनमें हवा साँस है ।
जिसके बिना न जीता प्राणी, कृष्ण मरुत् जीवन का दानी ।। 1901/5205

दोहा॰ मरुत् मारीचि कृष्ण है, पवन हवा की साँस ।
जीव न कोई जी सके, बिना श्वास निश्वास ।। 1834/7068

◎ **Marīchi :** *Shrī Krishṇa is the Marīchi among the forty-nine Marut sons of Diti. He is holy, pure and auspicious like wind.* **2180/4839**

(119. **शशी** गीता–10.21)

श्लोक:

नक्षात्राणां शशी कृष्णः प्रकाशो यस्य शीतलः ।
गगनं शोभितं येन कृष्णरूपः स चन्द्रमा ।। 1563/2422

कृष्ण गगन में चंद्र रूप है, तारों का रजनीश भूप है ।
नभ मंडल में चाँद सुहाना, सुर मंगल में कृष्ण लुभाना ।। 1902/5205

दोहा॰ इंदु गगन का कृष्ण है, नक्षत्रों का भूप ।
तारा नैनन का सजे, मोहक शीतल रूप ।। 1835/7068

◎ **Moon :** *Shrī Krishna is the cool light of the Moon among the planets. With him the sky looks beautiful at night.* **2181/4839**

(120. **वासवः** गीता–10.22)

श्लोक:

देवानामधिपः स्वर्गे कृष्णः सुरेन्द्रवासवः ।
इन्द्रः स इन्द्रियाणाञ्च सर्वभूतेष्ववस्थितः ।। 1564/2422

इंद्र सर्व देवों का राजा, कृष्ण रूप में स्वर्ग बिराजा ।
वसु प्रधान वासव है जाना, अष्ट वसु में कृष्ण महाना ।। 1903/5205

दोहा॰ कृष्ण सुरपति इंद्र है, सुरपुर–लोक अधिप ।
अन्य न पूजित देवता, श्रीकृष्ण से अधिक ।। 1836/7068

◎ **Lord Indra :** *Shrī Krishna is Lord Indra, the king of the Gods. He is mind, the king of the organs in the heaven of the body.* **2182/4839**

(121. **इन्द्रियाणां मनः** गीता–10.22)

श्लोक:

इन्द्रियाणां मनः कृष्णः षष्ठं यदिन्द्रियं मतम् ।
एकादशेन्द्रियग्रामे ज्ञानेन्द्रियमगोचरम् ।। 1565/2422

सब इंद्री का मन है राजा, कृष्ण नाम से हृदय बिराजा ।
निशदिन अविरत एक काम हो, मन में मुख में कृष्ण नाम हो ।। 1904/5205

दोहा॰ मन को इंद्रिय–नृप कहा, कृष्ण उसी का नाम ।
सत् असत् का विवेक है, एक उसी का काम ।। 1837/7068

◎ **Mind :** *Shrī Krishna is the eleventh organ called mind, the king of the organs in the body. He is also called the sixth sense organ.* **2183/4839**

(122. **भूतानां चेतना** गीता–10.22)

श्लोक:

भूतानाञ्चेतना कृष्णः–चेतनानां स देहिनाम् ।
आत्मा प्राणश्च जीवश्च जीवनं स तथा मतः ।। 1566/2422

कृष्ण ही कहा परमातमा, "भूत चेतना" वही आतमा ।
संसृति कहो या प्राण कहो, चैतन्य कहो या जान कहो ।। 1905/5205

दोहा॰ सब भूतों की चेतना, कृष्ण कहा है प्राण ।
कृष्ण–चरण में जो पड़ा, कृष्ण करेगा त्राण ।। 1838/7068

◎ **Life :** *Shrī Krishna is the life of the living beings. He is also called ātmā.* **2184/4839**

(123. **शङ्करः** गीता–10.23)

श्लोक:

कृष्णो ब्रह्मा च विष्णुश्च कृष्णो हि शिवशङ्करः ।
जन्मदाता विधाता च कृष्णो हि लयकारकः ।। 1567/2422

कृष्ण रूप ही हरि–शंकर है, कृष्ण विश्व का हर कंकर है ।
शिव शंकर भी महा योगी है, योगेश्वर हरि परम जोगी है ।। 1906/5205

दोहा॰ ब्रह्म विष्णु श्रीकृष्ण है, मातु प्रेम की छाँव ।
शिव शंकर भी कृष्ण है, अंतिम गति का ठाँव ।। 1839/7068

◎ **Shiva :** *Shrī Krishna is Shiva. He is also Brahma and Vishnu. Thus, he is the life giver, sustainer and the dissolver.* **2185/4839**

(124. **वित्तेशः** गीता–10.23)

श्लोक:

कृष्णो नृप: कुबेरश्च वित्तेशो यक्षरक्षसाम् ।
लक्ष्म्या: पतिश्च वित्तेश: श्रीलक्ष्मीर्वित्तदेवता ।। 1568/2422

वित्त देवता लक्ष्मी माता, लक्ष्मीपति "वित्तेश" कहाता ।
लक्ष्मी नारायण की माया, अवतार हरि का लेकर आया ।। 1907/5205

दोहा॰ लक्ष्मी है धन देवता, लक्ष्मीपति वित्तेश ।
कृष्ण विष्णु के रूप में, रमापति है रमेश ।। 1840/7068

◎ **Kuber :** *Shrī Krishṇa is Kuber, the Lord of wealth. Therefore, he is present at the court of Goddess Lakṣhmī. Lakṣhmī is Vitta. Lakṣhmī's Husband (Īsha), Vishṇu is called Vittesha.* **2186/4839**

(125. **पावक:** गीता–10.23)

श्लोक:

पावक: पावन: कृष्णो दहति पातकानि य: ।
अग्निदेव: स यज्ञानां ज्ञानयज्ञेन शोभते ।। 1569/2422

हरि "पावक" है पावन कर्ता, जठराग्नि बन पाचन करता ।
कृष्ण यज्ञ में नित्य बिराजे, ज्ञान यज्ञ यज्ञों में राजे ।। 1908/5205

दोहा॰ मन पवित्र पावक करे, भस्म किये अज्ञान ।
पावन करने कृष्ण ने, दिया योग का ज्ञान ।। 1841/7068

◎ **Fire :** *Shrī Krishṇa is the purifying fire. He burns all evil things including the sins. As the Lord of fire, Shrī Krishṇa is always present in the yajña.* **2187/4839**

(126. **मेरु:** गीता–10.23)

श्लोक:

विश्वमध्यो मतो मेरु:–गिरीशो पर्वतेश्वर: ।
गिरिधर: स श्रीकृष्णो मेरुरूपो हि कथ्यते ।। 1570/2422

अमृत मंथन जब सुर कीन्हे, मेरु मथानी कारज लीन्हे ।
पवित्र पर्वत मेरु महा है, गिरिधर गिरिवर "मेरु" कहा है ।। 1909/5205

दोहा॰ मेरु विश्व का मध्य है, दुनिया का आधार ।
मेरु कृष्ण का रूप है, गिरिधर विश्वाधार ।। 1842/7068

◎ **Meru :** *Shrī Krishṇa is Meru, the Lord of the mountains. Shrī Krishṇa is also Giridhara, the one who picked up Govardhan mountain on his little finger.* **2188/4839**

(127. **बृहस्पति:** गीता–10.24)

श्लोक:

पुरोधसां मतो मुख्य: श्रीकृष्ण: स बृहस्पति: ।
अधिष्ठाता च देवानां धार्मिकाणां सुकर्मणाम् ।। 1571/2422

कहा, स्तुति बृहस्पति की गाने, "जल जग रक्षक," इति दुर्गा ने ।
गौरी जी को कृष्ण ने कहा, "बृहस्पति मैं पुरोहित महा" ।। 1910/5205

दोहा॰ बृहस्पति श्रीकृष्ण है, पुरोहितों में एक ।
वेद–देवता कहत हैं, वेद सूक्त अनेक ।। 1843/7068

◎ **Brihaspati :** *Shrī Krishṇa is Brihaspati, the physician of the Gods. He presides over the sacred deeds of the Gods.* **2189/4839**

(128. **स्कन्द:** गीता–10.24)

श्लोक:

स्कन्द: सेनानिनां कृष्ण: सुरसेनापतिर्मत: ।
शिवपुत्रो महावीर:–तारकासुरभञ्जक: ।। 1572/2422

सुरसेनानी शूर "स्कन्द" है, कृष्ण रूप वो शिवानंद है ।
स्कन्द षडानन सुब्रमण्य है, बालवीर वो अग्रगण्य है ।। 1911/5205

दोहा॰ स्कन्द षडानन कृष्ण है, युद्ध विजेता धीर ।
सुरसेनापति स्कन्द है, बालकृष्ण सम वीर ।। 1844/7068

◎ **Skanda :** *Shrī Krishṇa is Skanda, the son of Shiva, who is the commander-in-chief of the Gods. Skanda killed the demon Tarkāsur.* **2190/4839**

(129. **सागर:** गीता–10.24)

श्लोकः

रत्नाकरः स श्रीकृष्णो रत्नभाण्डारसागरः ।
यस्माद्रत्नानि प्राप्तानि समुद्रमन्थनात्सुरैः ।। 1573/2422

"सागर" रत्नों का आगर है, कृष्ण रूप में रत्नाकर है ।
कृष्ण है केवट भवसागर का, उद्धारक भूत चराचर का ।। 1912/5205

दोहा॰ पयोधि सागर कृष्ण है, रत्नों का भँडार ।
भवसागर में कृष्ण है, सद्गुण का संभार ।। 1845/7068

◎ **Ocean :** *Shrī Krishṇa, who is the storehouse of the virtues, is an ocean from which the Gods obtained fourteen jewels by churning the ocean. Therefore, Shrī Krishṇa is called Ratnākar.* **2191/4839**

(130. **भृगुः** गीता–10.25)

श्लोकः

सूक्तद्रष्टा भृगुः कृष्णो यज्ञस्य स प्रचारकः ।
अथर्ववेदनिर्माता सोऽग्निपूजाप्रवर्तकः ।। 1574/2422

कृष्ण कहा है "भृगु" ऋषिवर को, यज्ञ प्रवर्तक भृगु मुनिवर को ।
महान ज्ञानी महामति हैं, ब्रह्मा के सुत प्रजापति हैं ।। 1913/5205

दोहा॰ ऋषियों में भृगु कृष्ण है, अथर्व रचनाकार ।
यज्ञ कर्म में अग्नि का, भृगु ने किया प्रचार ।। 1846/7068

◎ **Bhrigu :** *Shrī Krishṇa is the sage Bhrigu who is the promoter of the yajñas and fire worship. He is the compiler of the Atharva Veda.* **2192/4839**

(131. **गिरामेकमक्षरम्** गीता–10.25)

श्लोकः

ओमिति संज्ञितः कृष्ण ओङ्कारामेकमक्षरम् ।
तेन शब्देन दिव्येन दिव्या गीर्वाणभारती ।। 1575/2422

ओम् कृष्ण का पूज्य नाम है, ओम् कृष्ण है, ओम् राम है ।
ओम् दिव्य एकाक्षर अक्षर, ओम् ब्रह्म है, परम अनश्वर ।। 1914/5205

दोहा॰ ओमेकाक्षर कृष्ण है, देवों का अभिधान ।
देवनागरी दिव्य है, ओम् शब्द के नाम ।। 1847/7068

◎ **Om :** *Shrī Krishṇa is the mono syllable of Om. From this syllable, the divine Sanskrit language originated.* **2193/4839**

(132. **यज्ञानां जपयज्ञः** गीता–10.25)

श्लोकः

द्रव्ययज्ञस्तपोयज्ञः–ज्ञानयज्ञादयः श्रुतौ ।
जपयज्ञो मतः कृष्णः सर्वेषु यो विशिष्यते ।। 1576/2422

यजुर्मंत्र को यज्ञ कहा है, द्रव्य ज्ञान जप योग जहाँ है ।
कृष्ण रूप "जपयज्ञ" कहा है, सब यज्ञों में श्रेष्ठ महा है ।। 1915/5205

दोहा॰ सब यज्ञों में एक ही, जपयज्ञ है विशेष ।
कृष्ण रूप जपयज्ञ है, करता दूर कलेष ।। 1848/7068

◎ **Japa-Yajña :** *Shrī Krishṇa is the Japa-yajña among the yajñas. He is superior to the Dravya-yajña, Tapo-yajña and Jñāna-yajña.* **2194/4839**

(133. **स्थावराणां हिमालयः** गीता–10.25)

श्लोकः

गिरिवरेषु मुख्यो यः स्थावरेषु महत्तमः ।
किरीटो हिन्दुमातुः स कृष्णरूपो हिमालयः ।। 1577/2422

विंध्य हिमाचल जमुना गंगा, भारत माता के हैं अंगा ।
कृष्णरूप है अचल "हिमाचल," नेह भरा है जिसका अंचल ।। 1916/5205

दोहा॰ स्थिरतम स्थावर एक है, हिमाद्रि गिरिवर भूप ।
भारत–माँ का मुकुट है, कृष्ण हिमालय रूप ।। 1849/7068

◎ **Himālay :** *Shrī Krishṇa is Himālay, the king of the mountains. He is the crown of the Bharat Mātā (Mother India).* **2195/4839**

(134. **अश्वत्थः सर्ववृक्षाणाम्** गीता–10.26)

श्लोक:

अश्वत्थो विश्ववृक्षः स कृष्णरूपः सनातनः ।
नृपः स सर्ववृक्षाणां शाश्वतः पावनः परः ।। 1578/2422

अधःशाख "अश्वत्थ" वृक्ष है, स्वरूप में कृष्ण सदृक्ष[285] है ।
अंत न उसका मध्य दृश्य है, वृक्ष अगोचर वह न स्पृश्य है ।। 1917/5205

दोहा॰ विश्ववृक्ष अश्वत्थ है, कृष्णरूप वरदान ।
ऊर्ध्वमूल इस वृक्ष की, वेद पर्ण पहिचान ।। 1850/7068

◎ **Ashvattaha :** *Shrī Krishṇa is the Ashvattha (Bargad, Vaṭ), the king of the trees. He is in the form of the eternal worldly tree.* **2196/4839**

(135. **नारदः** गीता–10.26)

श्लोक:

सर्वर्षिणाञ्च देवर्षिः कृष्णरूपः स नारदः ।
मनसोऽतीतगत्या स त्रिषु लोकेषु भ्राम्यति ।। 1579/2422

महर्षि "नारद" ब्रह्म पूत हैं, त्रिभुवनगामी कृष्णरूप हैं ।
जन हित करने विश्व घूमते, दुखी जन उनके चरण चूमते ।। 1918/5205

दोहा॰ नारद मुनिवर कृष्ण हैं, रूप सुदर्शन काय ।
नारायण के गीत की, वीणा मधुर बजाय ।। 1851/7068

◎ **Nārad muni :** *Shrī Krishṇa is the great divine sage Shrī Nārad muni. He moves around the three worlds faster than the speed of mind.* **2151/4839**

(136. **चित्ररथः** गीता–10.26)

श्लोकौ

हाहाहूहूश्च गोमायुः–चित्ररथश्च तुम्बरः ।
नन्दीर्विश्ववसुर्हंसो गन्धर्वा गायका मताः ।। 1580/2422

गन्धर्वः स मतः कृष्णः–चित्ररथः सुदर्शनः ।
सौन्दर्यं यस्य स्वर्गीयं गायनं सुन्दरं तथा ।। 1581/2422

कृष्ण "चित्ररथ" गंधर्व है, स्वर्ग तुल्य सौंदर्य सर्व है ।
इंद्र देव की जब संगत है, गायन वादन की रंगत है ।। 1919/5205

दोहा॰ कृष्ण रूप गंधर्व है, चित्ररथ दीप्तिमान ।
जितना सुंदर रूप है, उतना सुमधुर गान ।। 1852/7068

◎ **Chitraratha :** *Shrī Krishṇa is Chitraratha, the celestial musician of the Gods. He is as charming as his magnetizing music.* **2198/4839**

(137. **कपिलः** गीता–10.26)

श्लोक:

कपिलः सांख्यतत्त्वज्ञः कृष्णरूपो महामुनिः ।
कर्दमस्य सुतो ज्ञानी सर्वसिद्धीः स प्राप्तवान् ।। 1582/2422

कर्दम देवहूती के नंदन, "कपिल" मुनि को करिए वन्दन ।
कृष्ण कपिल थे द्वापर युग में, सांख्य तत्त्व का वेत्ता जग में ।। 1920/5205

दोहा॰ कपिल कृष्ण का रूप था, सांख्य तत्त्व विद्वान ।
कर्दम ऋषि का पुत्र था, प्रकाण्ड सिद्ध महान ।। 1853/7068

◎ **Kapila :** *Shrī Krishṇa is the great sage Kapila, who put forth the doctrine of Sānkhya philosophy. He is the all accomplished son of sage Kardama.* **2199/4839**

(138. **उच्चैःश्रवा** गीता–10.27)

श्लोक:

चतुर्दशेषु रत्नेषु सर्वेषु तुरगेषु च ।
उच्चैःश्रवा हयः कृष्णः शुभ्रमिन्द्रस्य वाहनम् ।। 1583/2422

समुद्र मंथन से निकला जो, चौदह रत्नों में हय था वो ।
कृष्ण रूप वो सप्त मुखी था, उसको पाकर इंद्र सुखी था ।। 1921/5205

दोहा॰ सुर असुरों ने जब किया, समुद्र मंथन यत्न ।

[285] **सदृक्ष** = सदृश, सदृश्, सदृश्य ।

लक्ष्मी कौस्तुभ आदि थे, निकले चौदह रत्न ।। **1854**/7068

वाहन घोड़ा इंद्र का, उच्चैःश्रवा महान ।
कृष्ण रूप में है सजा, जग में अश्व प्रधान ।। 1855/7068

◎ **Uchhaishrava :** *Shrī Krishṇa is the spotless Uchhaishravā, the divine white horse who is one of the fourteen jewels that came out from the churning of the ocean by Gods. He is the vehicle of Lord Indra.* **2200/4839**

(139. **ऐरावतः** गीता–10.27)

श्लोकः

ऐरावतो गजो दिव्यो जातः सागरमन्थनात् ।
कृष्णरूपश्चतुर्दन्तो गजेन्द्र इन्द्रवाहनम् ।। 1584/2422

कृष्णरूप "ऐरावत" गज था, इरावान् का वह वंशज था ।
इंद्र सवारी, शुभ्र वर्ण का, चार दाँत अरु दीर्घ कर्ण का ।। 1922/5205

दोहा॰ ऐरावत है कृष्ण का, हस्ति रूप अवतार ।
इरावान् का पुत्र है, जिसे दाँत हैं चार ।। 1856/7068

◎ **Airāvat :** *Shrī Krishṇa is the divine Airāvat, the elephant with four trunks. He came out from the churning of the ocean by the Gods. He is also a vehicle of India, the king of Gods.* **2201/4839**

(140. **नराधिपः** गीता–10.27)

श्लोकः

कृष्णो नरावतारेण भूमौ नृणां नराधिपः ।
कृष्णो नृपो नरेन्द्राणां देवानामपि देवता ।। 1585/2422

कृष्ण बंधु गुरु सखा है भाई, कृष्ण सभी का अधिप सहाई ।
कृष्णराज में रामराज है, धर्म से सदा सभी काज हैं ।। 1923/5205

दोहा॰ भगतों का वो है सखा, कृपा प्रेम के साथ ।
कृष्ण सभी का देव है, नराधीश गणनाथ ।। 1857/7068

◎ **King :** *Shrī Krishṇa is the king of the human beings. He is also the king of the Gods.* **2202/4839**

(141. **आयुधानां वज्रम्** गीता–10.28)

श्लोकौ

सर्वायुधेषु घोरं यत्–शस्त्रास्त्रेषु भयानकम् ।
वज्रमेवायुधं चण्डं कृष्णरूपं दुरासदम् ।। 1586/2422

इन्द्रवज्रं मतं तीव्रं ब्रह्मास्त्रादपि भीषणम् ।
धृष्टञ्च दुर्जयं तीक्ष्णम्–अदम्यञ्च भयङ्करम् ।। 1587/2422

जग में घोर शस्त्र हैं जेते, इंद्र वज्र से हलके तेते ।
कृष्ण "वज्र" है सब शस्त्रों में, अजेय जाना सब अस्त्रों में ।। 1924/5205

दोहा॰ करता जब आकाश से, कृष्ण वज्र–आघात ।
कोई फिर बच ना सके, निश्चित उसका घात ।। 1858/7068

◎ **Thunderbolt :** *Shrī Krishṇa is the terrible weapon in the form of thunderbolt. If the thunderbolt strikes, nothing survives.* **2203/4839**

(142. **कामधुक्** गीता–10.28)

श्लोकः

समुद्रमन्थनाज्जाता सुरभिः कामधुग्मता ।
ददाति वाञ्छितं सर्वं पूर्यते च मनोरथान् ।। 1588/2422

वसिष्ठ मुनि की गौ "कामधेनु," अति सुंदर सब शृंग नेत्र तनु ।
कृष्ण रूप सुरभी थी गैया, मनवांछित फल देती मैया ।। 1925/5205

दोहा॰ मनोकामना दानदा, कामधेनु कहलाय ।
सुरभी चौदह रत्न में, कृष्ण रूप है गाय ।। 1859/7068

◎ **Kāmdhenu :** *Shrī Krishṇa is the wish granting cow, Kāmdhenu. The divine Kāmdhenu came out of the ocean when the Gods churned the ocean.* **2204/4839**

(143. **कन्दर्पः** गीता–10.28)

श्लोकौ

यो भ्रामयति स्नेहेन क्षिप्त्वा प्रेमशरं हृदि ।

कृष्णरूपः स कन्दर्पः कामदेवो मतः खलु ।। 1589/2422

अनङ्गो मदनः प्रीतिः-मन्मथश्च मनोहरः ।
कामदेवः स प्रद्युम्नः पञ्चबाणो मतस्तथा ।। 1590/2422

अष्टबाहु कहा “कंदर्प” है, जिसमें मद रति प्रीति दर्प है ।
सर्वमनोहर कृष्णरूप वो, कामदेव है यौन भूप वो ।। 1926/5205

✍दोहा॰ कृष्णरूप कंदर्प वो, कामदेव कहलाय ।
प्रेम बाण आघात से, हिरदय को बहलाय ।। 1860/7068

◎ **Cupid :** *Shrī Krishṇa is Kandarpa, the Cupid. He is also called Ananga, Madana, Prīti, Manmatha, Manohara, Kāmadeva, Pradyumna and Pañchabāṇa. He captivates the lovers with his arrows of love.* **2205/4839**

(144. **वासुकिः** गीता–10.28)

ॐ श्लोकौ

कृष्णवर्णो महासर्पः कृष्णरूपः स वासुकिः ।
मित्रं स देवसङ्घस्य शिवभक्तो महामना ।। 1591/2422

वर्षायामभवच्छत्रं वासुदेवस्य वासुकिः ।
समुद्रमन्थने रज्जुः-ग्रीवायाञ्च शिवस्य सः ।। 1592/2422

गोकुल जाने निकले कान्हा, जमुना उनको मार्ग दीन्हा ।
वर्षा ने जब कहर कराया, शीश “वासुकि” छत्र धराया ।। 1927/5205

✍दोहा॰ भक्त शिवा का वासुकी, बना गले का हार ।
कृष्ण वर्ण का सर्प ये, कहा कृष्ण अवतार ।। 1861/7068

◎ **Vāsuki :** *Shrī Krishṇa is the divine snake Vāsuki. Vāsuki is around the neck of Shiva. He became an umbrella when Shrī Krishṇa was travelling from Mathurā to Gokul and crossing the Yamunā river. He became the rope during the churning of the ocean by the Gods.* **2206/4839**

(145. **अनन्तः** गीता–10.29)

ॐ श्लोकौ

नवनागेषु विस्तीर्णः शेषनागः फणीश्वरः ।
सहस्त्रशीर्षवान्सर्पः शिरसि पृथिवीधरः ।। 1593/2422

अनन्तः शेषशय्या स लक्ष्मीनारायणस्य हि ।
कृष्णरूपो महाकायः कृष्णवर्णः सरीसृपः ।। 1594/2422

सहस वदन ने शीश पे धरी, पृथ्वी, कृष्ण विभूति से भरी ।
“अनंत” सब नागों का राजा, किया विष्णुशय्या का काजा ।। 1928/5205

✍दोहा॰ शेष नाग शय्या बना, अनंत कृष्ण स्वरूप ।
लक्ष्मीनारायण कहे, तू नागों का भूप ।। 1862/7068

◎ **Anant :** *Shrī Krishṇa is the divine snake Ananta, the supreme among the great nine snakes. He assumes a thousand heads and bares the load of the Universe. With his coil, he becomes a bed for Vishṇu and Lakshmī.* **2207/4839**

(146. **वरुणः** गीता–10.29)

ॐ श्लोकः

वरुणो मकरारूढो वैदिकी जलदेवता ।
श्रीकृष्णस्य विभूतिः स शङ्खपद्मविभूषितः ।। 1595/2422

जग में प्राणी जलचर जितने, वरुण प्रजा हैं माने उतने ।
रूप कृष्ण का कहा “वरुण” है, जल जीवों पर कहा करुण है ।। 1929/5205

✍दोहा॰ वरुण विभूति कृष्ण की, कहता है ऋग्वेद ।
वरुण वेद में देवता, सजी मित्र के बाद ।। 1863/7068

◎ **Varuṇa :** *Shrī Krishṇa is Varuṇa, the God of waters. His vehicle is an alligator. Chaturbhuja (four armed) Shrī Krishṇa bares conch shell, lotus flower and the Sudarshan wheel in his hands.* **2208/4839**

(147. **पितॄणामर्यमा** गीता–10.29)

ॐ श्लोकः

पितॄणामर्यमा मुख्यः कश्यपस्य मुनेः सुतः ।
श्रीकृष्णः पद्मनाभः स पितॄणामर्यमा मतः ।। 1596/2422

पितृ गणों में कहा ज्येष्ठ है, अर्यमा आदित्य श्रेष्ठ है ।
कृष्ण रूप है उसको जाना, श्राद्ध कर्म का देव महाना ।। 1930/5205

दोहा॰ पितर गणों में अर्यमा, जाना सबसे श्रेष्ठ ।
विभूति है श्रीकृष्ण की, आदित्यों मे ज्येष्ठ ।। 1864/7068

◎ **Aryamā :** *Padmanābha Shrī Krishṇa is Aryamā among the fore-fathers. Aryamā was the son of sage Kashyap.* **2209/4839**

(148. **यमः** गीता–10.29)

श्लोकौ

अहिंसा परमो धर्मः-चास्तेयमपरिग्रहः ।
सत्यञ्च ब्रह्मचर्यञ्च यमश्च संयमा मताः ।। 1597/2422

षडेते[286] संयमा ज्ञाता योग इति विवेकिभिः ।
यमः संयमतां कृष्णो यमो मृत्योश्च देवता ।। 1598/2422

संयम मन का सबसे ऊँचा, आत्म शुद्धि का बल है शूचा ।
"यम" है विभूति योगेश्वर की, क्षमता संयत तापस नर की ।। 1931/5205

दोहा॰ सत्य अहिंसा धर्म हैं, ब्रह्मचर्य अस्तेय ।
अपरिग्रह संयम तथा, अचौर्य "यम" के ध्येय ।। 1865/7068

संयम विभूति कृष्ण की, सात्त्विक तप का योग ।
वीतराग नर के लिये, आत्म शुद्धि का भोग ।। 1866/7068

◎ **Yama :** *Shrī Krishṇa is the Yama. Yama is self control. True speech, non-violence, righteousness, chastity, non-stealing and non-hoarding are the six self-controls. Yama is also the God of death.* **2210/4839**

(149. **प्रह्लादः** गीता–10.30)

श्लोकः

विष्णुभक्तः स प्रह्लादो मतो भक्तशिरोमणिः ।
विभूतिः पद्मनाभस्य सुहृदो वत्सलप्रभोः ।। 1599/2422

कृष्ण रूप था भक्त प्रह्लाद, श्री विष्णु का आशीर्वाद ।
भगत जगत में उसकी कीर्ति, जिसको सारी भूमि सिमरती ।। 1932/5205

दोहा॰ भक्त शिरोमणि एक है, कृष्ण भक्त प्रह्लाद ।
कृष्ण विभूति स्नेह की, जस मुरली का नाद ।। 1867/7068

◎ **Prahlāda :** *Shrī Krishṇa is Prahlāda. Boy Prahlāda was the supreme devotee of Padmanābha Shrī Vishṇu.* **2211/4839**

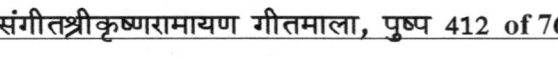

<u>संगीतश्रीकृष्णरामायण गीतमाला, पुष्प 412 of 763</u>

राग : रासडा, कहरवा ताल
(भगत परलाद)

स्थायी

हरि हरि! रटिया भगत परलादा, नरसिंघ बना, जग रखवारा ।
♪ रेग रेग! सारेग– ममम गमप–ध–, निधप–ध पम–, मम गपम–म– ।

अंतरा–1

हिरणकशप ने खंबा रचाया, बाल प्रलाद कु उसमें दबाया ।
बोला, दिखा दे मोहे अब, को है सहारा ।।
♪ मममगमम प– नि–ध पध–नि–, सां–नि धप–ध ध निधप धप–प– ।
सा–रे, गरे– रे– सारे गग, म– ग पम–म– ।।

अंतरा–2

हाथ जोड़ कर खड़ा भगत था, श्रीधर व्यापा तीन जगत था ।
छन मा प्रकट भया सुन कर, आरत पुकारा ।।

अंतरा–3

श्रीहरि केसरी रूप धराया, हिरणकशप कु अंक लिटाया ।
चीरा नख से उदर असुर का, हरि सुर पियारा ।।

[286] **षडेते संयमाः** = गितायाम् आत्मसंयमहेतवे <u>षड्संयामा</u> निरूपिताः सन्ति, पातञ्जलयोगसूत्रे तु समाधये <u>अष्टाङ्गानि</u> वर्णितानि सन्ति ।

◎ **Prahlāda : *Sthāyī* :** *Prahlāda, the devotee of Viṣhṇu, chanted Hari! Hari! Lord Viṣhṇu became Narhimha (Lion-man) and saved him. Viṣhṇu is the protector of the world.* ***Antarā* : 1.** *Demon Hiraṇyakashyap erected a pillar to immure boy Prahlāda in the pillar. The demon said, now show me the power of your devotion. Tell me who can save you now?* **2.** *Prahlāda was standing with he hands folded and chanting Hari! Hari! Hearing the chant of Prahlāda, Viṣhṇu appeared as a Lion-man.* **3.** *Narsimha grabbed Hiraṇyakashyap and put him in his lap. With his sharp claws, the lion tore demon's belly.* **2212/4839**

(150. **कालः कलयताम्** गीता–10.30)

श्लोकौ

कालः कलयतां कृष्णो विभूतिः शाश्वता हि सः ।
सर्वभूतानि नश्यन्ति त्वक्षयः काल एव सः ।। 1600/2422

यमो देवोऽपि कालश्च सर्वे जीवा नमन्ति तम् ।
जायन्ते ते निवर्तन्ते यमस्य नियमो हि सः ।। 1601/2422

आते–जाते जितने भू पर, गिनती उनकी काल के ऊपर ।
काल विभूति अनादि चिरायु, सर्व भूत की सीमित आयु ।। 1933/5205

दोहा॰ आवत है सो जात है, निश्चित केवल काल ।
विभूति भी वह कृष्ण की, उसी माई का लाल ।। 1868/7068

◎ **Time :** *Shrī Kriṣhṇa is the infinite time. He is the beginning of everything. He is eternal. He causes the end of every being. Lord Yama, the God of death, is therefore, called Kāla. Those who take birth must die, is the rule of nature. Everyone worships Kāla.* **2213/4839**

(151. **मृगाणां मृगेन्द्रः** गीता–10.30)

श्लोकः

मृगाणां केसरी कृष्णो मृगाधिपो वनेषु सः ।
सर्वे शंसन्ति तं सिंहं दुर्गादेव्या हि वाहनम् ।। 1602/2422

कृष्ण केसरी वन का राजा, जिसका वन में बजता बाजा ।
दुर्गा जिस पर करे सवारी, हम सारे उस पर बलिहारी ।। 1934/5205

दोहा॰ इंद्र मृगों का केसरी, वन्य कृष्ण का रूप ।
इसी लिये वह है बना, सब वनचर का भूप ।। 1869/7068

◎ **Lion :** *Shrī Kriṣhṇa is the lion among the beasts in the forest. He is the vehicle for Goddess Durgā. Everyone worships them.* **2214/4839**

(152. **वैनतेयः पक्षिणाम्** गीता–10.30)

श्लोकौ

खगेन्द्रः कृष्णरूपः स वैनतेयो हि पक्षिणाम् ।
विनतातनयो धन्यो गरुडो विष्णुवाहनम् ।। 1603/2422

कश्यपस्य सुपुत्राय गरुडाय नमो नमः ।
विष्णुदासं महापक्षं वक्रवक्त्रं नमाम्यहाम् ।। 1604/2422

पक्षी राजा "वैनतेय" है, कृष्ण विभूति खग अजेय है ।
देव–देवता अहि गण सारे, वैनतेय से युध में हारे ।। 1935/5205

वैनतेय से डरे कालिया, असुर अघासुर गरुड़ खा लिया[287] ।
कृष्ण–कृपा का खग आभारी, श्री विष्णु की बना सवारी ।। 1936/5205

दोहा॰ वैनतेय है कृष्ण की, विभूति पक्षी रूप ।
अहि जिससे डरते सभी, गरुड़ विहंगम भूप ।। 1870/7068

◎ **Vainateya :** *Shrī Kriṣhṇa is Vainateya, the celestial eagle. Vainateya is the son of sage Kashyap. Vainateya is the vehicle for Lord Viṣhṇu.* **2215/4839**

(153. **पवनः पवताम्** गीता–10.31)

श्लोकः

पवनः पवतां कृष्णः पुष्पसौरभवाहकः ।
वायुरूपो जगद्धामी सर्वलोकस्य जीवनम् ।। 1605/2422

प्रसून सौरभ "पवन" बहाता, वायु विभूति कृष्ण कहाता ।

---

[287] **अघासुर गरुड़ खा लिया** = देखिये कथा 38 ।

पवन पुत्र है हनुमत बलबीरा, अमित वेग से बहे समीरा ।। 1937/5205

दोहा॰ पवन दूत नभ मेघ हैं, पवन वेग गतिमान ।
पवन रूप श्रीकृष्ण हैं, पवन पुत्र हनुमान ।। 1871/7068

◎ **Wind :** *Shrī Krishṇa is the wind that carries the fragrance of the flowers from place to place. He moves in the three worlds. He is life of the living beings.* **2216/4839**

(154. **रामः** गीता–10.31)

श्लोकः

श्रीकृष्णस्य हि रूपः स मतो रामो धनुर्धरः ।
श्रीविष्णोरवतारौ द्वौ रामकृष्णौ महाबलौ ।। 1606/2422

वीर धनुर्धर राघव जैसा, हुआ न कोई पहले ऐसा ।
कृष्ण चक्रधर रूप "राम" का, करो जप सदा कृष्ण नाम का ।। 1938/5205

दोहा॰ कृष्ण राम का रूप है, शस्त्रधरों में वीर ।
विनाश संकट का करे, एक चला कर तीर ।। 1872/7068

◎ **Shrī Rāma :** *Shrī Krishṇa is Shrī Rāma, the supreme archer. Shrī Rāma and Shrī Krishṇa are Vishṇu's most important incarnations.* **2217/4839**

(155. **झषाणां मकरः** गीता–10.31)

श्लोकः

झषाणां मकरः कृष्णो मुख्यो जलचरेषु यः ।
मीना जलचरा नक्राः कच्छपा दर्दुरा झषाः ।। 1607/2422

जल जीवों में कृष्ण नक्र है, जस देवों में अधिप शक्र है ।
जल जीवों में मीन मकर हैं, कछुए घोंघे झष दर्दुर हैं ।। 1939/5205

दोहा॰ जलचर विभूति कृष्ण की, मगर मच्छ घड़ियाल ।
राजा जल में नक्र है, सुरेंद्र वो गोपाल ।। 1873/7068

◎ **Alligator :** *Shrī Krishṇa is the alligator among the aquatic animals. The other common aquatic animals are fish, turtles and frogs.* **2218/4839**

(156. **जाह्नवी** गीता–10.31)

श्लोकौ

नदीनां जाह्नवी कृष्णः पवित्रा पावना शुभा ।
चरणैर्रामसीतयोः स्पृष्टं तस्या यतो जलम्[288] ।। 1608/2422
देवी भागीरथी गङ्गा मन्दाकिनी त्रिमार्गगा ।
जाह्नव्यलकनन्दा च सुरतरङ्गिणी मता ।। 1609/2422

विभूति केशव की तू, गंगा! सब नदियों में पवित्र अंगा ।
भगिरथ धरती पर है लाया, यमुना को तू गले लगाया ।। 1940/5205

दोहा॰ कृष्णरूप है जाह्नवी, जिसका पावन नीर ।
निकली शिव के शीर्ष से, मिलने जमुना तीर ।। 1874/7068

◎ **Ganga :** *Shrī Krishṇa is the Gangā among the sacred rivers. Its water is divine nectar. It comes on the earth from Shiva's head. She became more holy with the touch of the feet of the Rāma and Sītā. Gangā river is also called Jāhnavī, Bhāgīrathī, Mandākinī, Trimārgagā and Sura-tarangiṇī.* **2219/4839**

(157. **अध्यात्मविद्या विद्यानाम्** गीता–10.32)

श्लोकः

अध्यात्मज्ञानमाहुस्ते ज्ञानानां कृष्णमेव हि ।
अध्यात्मादतिरिक्तं यत्–तदज्ञानं मतं मया[289] ।। 1610/2422

"अध्यात्म" कृष्ण है सब ज्ञानों में, नाम कृष्ण गूँजे कानों में ।
बिना अध्यात्म अन्य जो हि है, अज्ञान सकल कहा सो हि है ।। 1941/5205

दोहा॰ अध्यात्मज्ञान ज्ञान है, वही कृष्ण का नाम ।
अध्यात्म के सिवा सभी, कहा गया अज्ञान ।। 1875/7068

◎ **Knowledge of self :** *Shrī Krishṇa is the knowledge of self. Other than the knowledge of self, everything else is just information.* **2220/4839**

---

[288] **तस्याः स्पृष्टं यतो जलम्** = देखिये कथा 113 ।

[289] **अज्ञानम्** = स्वीकृतानि तत्त्वानि, जानकारी, Information, Data. देखिये गीता 13.12 ।

(158. **वादः प्रवदताम्** गीता–10.32)

श्लोकः

तर्कः प्रवदतां कृष्णो वदन्ति तर्कज्ञानिनः ।
तर्को हि सर्व वादानां मतो मूलञ्च सर्वदा ।। 1611/2422

सब वादों का कृष्ण "तर्क" है, सब विवाद का मूल अर्क है ।
बिना तर्क के व्यर्थ बखानी, यही सर्व कहते हैं ज्ञानी ।। 1942/5205

दोहा॰ सब वादों में तर्क ही, कृष्ण रूप है मूल ।
बिना तर्क के वाद से, वादी करता भूल ।। 1876/7068

◎ **Logic :** *Shrī Krishṇa is logic of the debate, say the logicians. Logic is the root of the debates.* **2221/4839**

(159. **अक्षराणामकारः** गीता–10.33)

श्लोकौ

गिरो मूलमकारोऽस्ति वदति शारदा गिरा ।
अकारः कृष्ण ओङ्कारो यस्माद्वर्णाः समुद्धृताः ।। 1612/2422

अकारः सर्ववर्णानां मूलमित्युच्यते बुधैः ।
यथा कृष्णञ्च देवानां मूलमिति वदन्ति ते ।। 1613/2422

"अकार" आशीर्वाद कहा है, अकार से सब बना यहाँ है ।
अकार जाना कृष्ण रूप है, अकार अक्षर ब्रह्म रूप है ।। 1943/5205

दोहा॰ अकार अक्षर आदि है, जस देवों का कृष्ण ।
अकार में सब विश्व है, स्वर्ग लोक भी कृत्स्न ।। 1877/7068

◎ **Letter-A :** *Shrī Krishṇa is letter-A in the alphabet. Goddess Sarasvatī says, letter-A is the root of the language, as Shrī Krishṇa is the root of all Gods. Letter-A is the syllable of Om.* **2222/4839**

(160. **द्वन्द्वः सामासिकस्य** गीता–10.33)

श्लोकः

सर्वं हि प्रकृतौ द्वन्द्वं सर्वं द्वन्द्वात्मकं खलु ।
कृष्णरूपं हि द्वन्द्वं तत्–किञ्चित् द्वन्द्वं विना नहि ।। 1614/2422

"द्वंद्व" समास कृष्ण को भाया, श्रेष्ठ समासों में कहलाया ।
द्वंद्व समास हि नैसर्गिक है, अन्य सभी वैयाकरणिक हैं ।। 1944/5205

दोहा॰ द्वंद्व युक्त जग में सभी, बिना द्वंद्व नहिं कोय ।
बिना पुरुष के स्त्री नहीं, बिना स्त्री न नर होय ।। 1878/7068

द्वंद्व कृष्ण का रूप है, कोई करे न भूल ।
समास जिससे हैं बने, द्वंद्व समासिक मूल ।। 1879/7068

◎ **Dual :** *Shrī Krishṇa is the Dvandva (Dual) among the compound words. Everything other than Brahma, stands as duality in the nature. There is nothing without duality.* **2223/4839**

(161. **अक्षयः कालः** गीता–10.33)

श्लोकः

कृष्णरूपोऽक्षयः कालः शाश्वतः सततश्चिरः ।
न कालेन समः कश्चिद्–अनाद्यन्तो नु विद्यते ।। 1615/2422

"काल" कृष्ण की गति है जानी, अक्षर अव्यय अविरत मानी ।
न वो किसी के लिये रुका है, उसके आगे न को झुका है ।। 1945/5205

दोहा॰ कृष्ण काल का रूप है, जिसे निरंतर चाल ।
सबने रुकना एक दिन; बिन विराम है काल ।। 1880/7068

◎ **Akshaya :** *Shrī Krishṇa is Akshaya (never ending) time (Kāla). It is eternal, non-stop. There is nothing as ancient and as everlasting as time.* **2224/4839**

(162. **मृत्युः सर्वहरः** गीता–10.34)

श्लोकः

मृत्युः सर्वहरः कृष्णो लयकारी शिवात्मकः ।
ध्रुवं जन्म च मर्त्यस्य मृत्युर्जातस्य वै ध्रुवः ।। 1616/2422

लय विभूति है कृष्ण की कही, शिवजी की भी विभूति वही ।

86. 301-Names of Shrī Krishṇa

"मृत्यु" जन्म का अन्य नाम है, गति परिवर्तन का हि काम है ।। 1946/5205

दोहा॰ मृत्यु सभी का कृष्ण है, जिससे बड़ा न कोय ।
आया है सो जायगा, नियम सृष्टि का होय ।। 1881/7068

◎ **Death :** *Shrī Krishṇa is the death of every being. As Shiva, he causes dissolution of everything in due course of time. As death of the born is certain, so is the birth of the dead.* **2225/4839**

(163. **उद्भवो भविष्यताम्** गीता–10.34)

श्लोक:

सर्वेषामुद्भवः कृष्णो योनिरन्या न काऽपि हि ।
भविष्यतां च भूतानां भविष्यं कृष्ण एव सः ।। 1617/2422

भूत जन्म जो जग में लेते, कृष्ण किये हैं उद्‌गम तेते ।
"उद्‌भव" सबको कृष्ण ने दिया, जगत चराचर कृष्ण ने किया ।। 1947/5205

दोहा॰ उद्भव सबका कृष्ण है, दूजी कोख न कोय ।
भविष्य में जो आयगा, जन्म कृष्ण से होय ।। 1882/7068

◎ **Birth :** *Shrī Krishṇa is the birth of a being. There is no womb other than Shrī Krishṇa. Krishṇa is the future of the beings that will be born.* **2226/4839**

(164. **कीर्तिः** गीता–10.34)

श्लोक:

कीर्तिः स्त्रैणो गुणो नार्याः कृष्णरूपो बहूत्तमः ।
दत्तः कृष्णेन नारिभ्यो विश्वकल्याणकारणात् ।। 1618/2422

कृष्णरूप "कीर्ति" है नारी, कीर्ति गुण अनमोला भारी ।
कीर्ति से नर कृतकृत्य है, कीर्ति अमरता देत सत्य है ।। 1948/5205

दोहा॰ कीर्ति स्त्रीगुण कृष्ण है, स्वर्ग से भी महान ।
अकीर्ति भाग्य मिटाइके, करती नरक प्रदान ।। 1883/7068

◎ **Fame :** *Shrī Krishṇa is the feminine attribute of fame. It is given to the women by Shrī Krishṇa.* **2227/4839**

(165. **श्रीः** गीता–10.34)

श्लोक:

श्रीः स्त्रीगुणो महामूल्यः कृष्णरूपेण वर्तते ।
लक्ष्म्या हि वरदानं स विश्वे गौरवकारकः ।। 1619/2422

"श्री" है स्त्रीगुण कृष्ण विभूति, प्रतिमा जग में कृष्ण प्रभु की ।
संपद् से है घर भर देता, श्रीमत् जन है जग का जेता ।। 1949/5205

दोहा॰ श्री स्त्रीगुण श्रीकृष्ण है, लक्ष्मी का वरदान ।
गौरव नर को विश्व में, करता परम प्रदान ।। 1884/7068

◎ **Shrī :** *Shrī Krishṇa is the Shrī (nobility), the feminine attribute that is bestowed upon the women by Shrī Krishṇa. Shrī is Goddess Lakshmī's boon to the Universe.* **2228/4839**

(166. **वाक्** गीता–10.34)

श्लोक:

स्त्रीगुणः कृष्णरूपो वाग्-यस्मादोजश्च मार्दवम् ।
सरस्वती गिरा वाणी ज्ञानदा शारदा तथा ।। 1620/2422

वाणी स्त्रीगुण वर है नीका, कृष्ण रूप में सरस्वती का ।
वाणी वर से कोविद भारे, पाणिनि पिंगल बने सितारे ।। 1950/5205

दोहा॰ वाणी स्त्रीगुण कृष्ण है, सरस्वती का दान ।
कृष्ण रूप में प्राप्त है, मनुष्य को वरदान ।। 1885/7068

भये व्यास अरु बाल्मीकि, तुलसी मीरा सूर ।
वाणी के वरदान से, अमर परम मशहूर ।। 1886/7068

◎ **Speech :** *Shrī Krishṇa is the delicate feminine attribute of speech, that is sweetly given to the women by Shrī Krishṇa. This virtue is also called Sarasvatī, Girā, Vāṇī, Jñānada and Shāradā.* **2229/4839**

(167. **स्मृतिः** गीता–10.34)

श्लोक:

स्मृतिश्च कृष्णरूपेण गणेशस्य वरो मतः ।

विशालो ज्ञानभाण्डारः सम्पन्नः स्त्रीगुणो मतः ।। 1621/2422

कृष्ण रूप है "स्मृति" गुण न्यारा, गणपति दीन्हा ज्ञान भँडारा ।
उपदेश उपनिषद् का प्यारा, स्मृति स्त्रीगुण है भव्य अपारा ।। 1951/5205

दोहा॰ स्त्री का स्मृति गुण है कहा, गणपति का वरदान ।
कृष्ण रूप में विश्व का, सकल ज्ञान–विज्ञान ।। 1887/7068

◎ **Recollection :** *Shrī Krishṇa is the feminine attribute of recollection. It is the boon given to the women by Lord Gaṇesh. The vast knowledge and memory is the rich attribute of the women.* **2230/4839**

(168. **मेधा** गीता–10.34)

श्लोकः

धीः स्त्रीगुणः सरस्वत्याः कृष्णरूपो वरो वरः ।
मेधा बुद्धिश्च सद्बुद्धिः–धनधान्यं हि धीमताम् ।। 1622/2422

"मेधा" बुद्धि सद्बुद्धि है, करती तन मन की शुद्धि है ।
शारद का वेदान महाना, कृष्णरूप में है जगजाना ।। 1952/5205

दोहा॰ मेधा दीन्ही शारदा, कृष्ण रूप वरदान ।
धीगुण ये सम्मान है, स्त्री को किया प्रदान ।। 1888/7068

◎ **Intelligence :** *Shrī Krishṇa is the feminine attribute of intelligence. It is the boon given to women by Goddess Sarasvatī. It is the righteousness, wisdom and wealth of the wise.* **2231/4839**

(169. **धृतिः** गीता–10.34)

श्लोकः

धृतिर्वीरेषु धीरेषु कृष्णरूपेण स्त्रीगुणः ।
भीमार्जुनाभिमन्युश्च रामसीते धृतिग्रहाः ।। 1623/2422

धीरज स्त्रीगुण क्षात्र–धर्म है, कृष्ण रूप में विहित कर्म है ।
शूर वीर धुरंधर सारे, जग में चमके धीरज धारे ।। 1953/5205

दोहा॰ कृष्ण–कृपा से क्षात्र है, धृति से बनता धीर ।
राघव लक्ष्मण स्कंद हैं, भीमार्जुन रणवीर ।। 1889/7068

◎ **Courage :** *Shrī Krishṇa is the feminine attribute of courage. In men and women it exists in the form of Shrī Krishṇa. Bhīma, Arjun, Abhimanyu, Shrī Rāma and Sītā possessed courage.* **2232/4839**

(170. **क्षमा** गीता–10.34)

श्लोकः

क्षमा च स्त्रीगुणः कृष्णो गौर्या दत्तो वरो मतः ।
यत्र दया क्षमा शान्तिः–तत्र धर्मो दृढः सदा ।। 1624/2422

"क्षमा" कृष्ण की कही विभूति, शीलवान में हरि की मूर्ति ।
स्त्रीगुण ये गौरी ने दीन्हा, मूलाधार शाँति का कीन्हा ।। 1954/5205

दोहा॰ क्षमा कृष्ण का रूप है, गौरी का वरदान ।
क्षमा शाँति का मूल है, क्षमा देत सम्मान ।। 1890/7068

◎ **Forgiveness :** *Shrī Krishṇa is the feminine attribute of forgiveness. It is given by Pārvatī to the women. Where there is forgiveness, kindness and peace, there stays righteousness.* **2233/4839**

(171. **बृहत्साम साम्नाम्** गीता–10.35)

श्लोकः

कृष्णः साम्नां बृहत्साम साममन्त्रो बृहत्तमः ।
तुष्टिमन्त्रः पुष्टिमन्त्रः शान्तिमन्त्रः स उच्यते ।। 1625/2422

"बृहत्साम" को कृष्ण कहा है, साम वेद का मंत्र महा है ।
मंत्र शाँति का, स्तोत्र स्तुति का, बृहत्साम है मंत्र तुष्टि का ।। 1955/5205

दोहा॰ कृष्ण विभूति साम है, बृहत्साम के नाम ।
मनु ने इसको है कहा, साम–दण्ड के नाम ।। 1891/7068

◎ **Brihat-Sāma :** *Shrī Krishṇa is the Brihat-Sāma of the Sāma-Veda. It is the formula for peace, satisfaction and strength.* **2234/4839**

(172. **गायत्री छन्दसाम्** गीता–10.35)

श्लोकः

गायन्तं त्रायते मन्त्रः कृष्णरूपः सनातनः ।
ऋग्वेदे च यजुर्वेदे सर्वपूज्यतमो मतः ।। 1626/2422

पँच वदन "गायत्री" माता, दश भुज देवी संकट त्राता ।
चौबिस अक्षर तीन चरण हैं, कृष्ण रूप ये छन्द परम है ।। 1956/5205

दोहा॰ गायत्री के मंत्र से, रक्षा है दिन-रात ।
चौबिस अक्षर छन्द ये, तीन चरण के साथ ।। 1892/7068

पँच मुखी तू देवता, नीरज नील विराज ।
दश भुज देवी को कहा, मनु ने श्रेष्ठ मिजाज ।। 1893/7068

◎ **Gāyatrī :** *Shrī Krishṇa is the Gāyatrī Mantra. The chant that protects him who sings it, is the Gāyatrī mantra. It comes from Rig Veda and Yajur Veda. It is the holiest among all mantras.* **2235/4839**

(173. **मासानां मार्गशीर्षः** गीता–10.35)

श्लोकौ

मासानां मार्गशीर्षः स कृष्णो गीतोपदेशकः ।
शीतलो मङ्गलो मास एषोऽग्रहायणो मतः ।। 1627/2422

मतः पुण्यतमो मासो मार्गशीर्षो महाजनाः! ।
अस्मिन्मासेऽभवत्पूज्यः संवादः कृष्णपार्थयोः ।। 1628/2422

शीत मास ये "मार्गशीर्ष" है, सब मासों का कहा ईश है ।
एकादश के पवित्र दिन पर, ज्ञान पार्थ को दीन्हे गिरिधिर ।। 1957/5205

दोहा॰ शीतल मंगल रम्य ये, मार्गशीर्ष का मास ।
मास परम इस में हुआ, कृष्णार्जुन संभाष ।। 1894/7068

◎ **Margshīrṣh :** *Shrī Krishṇa is the Mārgashīrṣh (November-December) among the months of the year. Shrī Krishna gave the holy discourse of the Gītā to Arjun in this month. This month is also called Agrahāyaṇa.* **2236/4839**

(174. **ऋतूनां कुसुमाकरः** गीता–10.35)

श्लोकः

सुन्दरश्च मनोहारी मासः स कुसुमाकरः ।
कृष्णरूपः प्रियो मासो वसन्त इति कथ्यते ।। 1629/2422

बसंत को ऋतुराज मान है, "कुसुमाकर" या चैत्र नाम है ।
कृष्ण रूप ये सुखद मास है, कुसुम खिले रंगत सुवास है ।। 1958/5205

दोहा॰ कृष्ण रूप इस मास का, कुसुमाकर अभिधान ।
बसंत ऋतु के चैत्र का, कुसुमाकर है नाम ।। 1895/7068

◎ **Kusumakar :** *Shrī Krishṇa is the season of Kusumākar (Spring) among the seasons of the year. This pleasant month is also called Vasant.* **2237/4839**

(175. **द्यूतं छलयताम्** गीता–10.36)

श्लोकः

द्यूतं छलयतां कृष्णो रहस्यं कैतवस्य च ।
अक्षक्रीडाविलासश्च देवित्रे भाग्यदेवनम्[290] ।। 1630/2422

द्यूतकार का कृष्ण "द्यूत" है, क्रीड़ा जिसकी सभी भूत हैं ।
अक्ष खेल ये मात्र भाग का, रहस्य मय उन्मत्त राग का ।। 1959/5205

दोहा॰ भाग्य देवता कृष्ण है, जुआरियों का द्यूत ।
द्यूत भाग्य का खेल है, अक्ष भाग्य के दूत ।। 1896/7068

◎ **Chance :** *Shrī Krishṇa is the chance of the gamblers. It is the seed of the secrets. For the gamblers, it is the lucky dice.* **2238/4839**

(176. **जयः** गीता–10.36)

श्लोकः

कृष्णो जयो विजेतृणां द्वन्द्वे जयपराजयोः ।
यत्र योगेश्वरः कृष्णः–तत्रैव विजयो ध्रुवः ।। 1631/2422

हार-जीत से जब टकराती, सदा जीत की विजय कराती ।

---

[290] **देवितृ** = द्यूतकार, जुआरी । देवनम् = द्यूत, जुआ ।

कृष्णरूप वह "जय" की माला, हार गले में उसने डाला ।। 1960/5205

दोहा॰ जीत–हार के द्वन्द्व में, कृष्ण रूप है जीत ।
जहाँ कृष्ण का साथ है, वहीं जीत को प्रीत ।। 1897/7068

◎ **Victory :** *In the duality of victory and defeat, Shrī Krishṇa is the victory of the victorious. Where Yogeshvara Shrī Krishṇa is, there the victory is, says Sañjaya.* **2239/4839**

(177. **व्यवसाय:** गीता–10.36)

श्लोक:

व्यवसायो मत: कृष्णो निश्चितो व्यवसायिनाम् ।
निश्चयो नित्यसङ्कल्पो निग्रहो निर्णयस्तथा ।। 1632/2422

कृष्ण निश्चयी का निश्चय है, दृढ़ संकल्पों का आश्रय है ।
निग्रह मन पर जिसने पाया, नित्य कृष्ण की उस पर माया ।। 1961/5205

दोहा॰ प्रण का निर्णय कृष्ण है, दृढ़ मन का निर्धार ।
संकल्पों का कृष्ण ही, खेवट है मझधार ।। 1898/7068

◎ **Industry :** *Shrī Krishṇa is the industry of the industrious. He is the determination of the resolute.* **2240/4839**

(178. **सत्त्वं सत्त्ववताम्** गीता–10.36)

श्लोक:

सत्त्वं सत्त्ववतां कृष्ण: सद्गुणस्य च रक्षक: ।
तस्मात्सर्वेषु कालेषु जयते सत्यमेव हि ।। 1633/2422

सत्त्वशील का कृष्ण "सत्त्व" है, सदाचार का कृष्ण तत्त्व है ।
सत्यधर्म में कृष्ण सत्य है, नित्यकर्म में कृष्ण नित्य है ।। 1962/5205

दोहा॰ सत्त्व सत्य सत् कृष्ण है, सत्यवान् का मीत ।
सत्त्वशील का है सखा, सदा सत्य की जीत ।। 1899/7068

◎ **Truth :** *Shrī Krishṇa is the truth of the truthful. He is the protector of the righteous. Therefore, truth always wins.* **2241/4839**

(179. **धनञ्जय:** गीता–10.37)

श्लोक:

सद्धर्मी धर्मवीराणां योगी निष्कामकर्मणाम् ।
कृष्णो हि पार्थरूपेण पाण्डवानां धनञ्जय: ।। 1634/2422

शत्रु जीत कर धन जो लाया, पार्थ "धनंजय" वो कहलाया[291] ।
वीर धनुर्धर कुरुकुल भूपा, कहा परम श्रीकृष्ण स्वरूपा ।। 1963/5205

दोहा॰ पांडव दल में श्रेष्ठ जो, परम धनुर्धर वीर ।
अर्जुन रूपी कृष्ण ही, अचूक छोड़े तीर ।। 1900/7068

◎ **Dhanannjaya :** *Shrī Krishṇa is the Dhanañjaya (Winner of the wealth, Arjun) among the Pāṇḍavas. He is the symbol of righteousness, selflessness and valor.* **2242/4839**

(180. **व्यास:** गीता–10.37)

श्लोक:

कृष्णद्वैपायनो व्यास: कृष्णरूपो महाकवि: ।
कालीपुत्रो महाज्ञानी वेदव्यासो महामुनि: ।। 1635/2422

सरस्वती की जिस पर माया, श्रीगणेश की जिस पर छाया ।
कृष्णरूप हैं महा कविश्वर, "व्यास" रचित है भारत सुंदर ।। 1964/5205

दोहा॰ विशाल बुद्धि व्यास हैं, कृष्ण रूप भगवान ।
जिसने भारत में भरा, सकल विश्व का ज्ञान ।। 1901/7068

◎ **Vyāsa :** *Shrī Krishṇa is the great poet sage Vyāsa among the sages. He is also called the Son of Kālī, Mahājñānī, Ved-vyasa and Mahā-muni.* **2243/4839**

(181. **कवीनामुशना कवि:** गीता–10.37)

श्लोक:

कवीनामुशना कृष्णो ज्ञानितम: स ज्ञानिषु ।

---

[291] **धनञ्जय** = देखिये कथा 53, सुवचनम् ।

धर्मज्ञः स्मृतिकर्ता च शुक्राचार्यश्च संज्ञितः ।। 1636/2422

राज-पुरोहित कहे वेद हैं, जाना "उशना कवि" कोविद है ।
स्मृति कर्ता है जाना उशना, कवियों में वह जाना किशना ।। 1965/5205

दोहा॰ कवियों में उशना कहा, विवेक का भँडार ।
कृष्णरूप उशना कवि, धर्मशास्त्र करतार ।। 1902/7068

◎ **Ushana :** *Shrī Krishṇa is the Ushana among the knowledgeable poet laureates. He is also called Dharmajña, Smriti-kartā and Shukrāchārya.* **2244/4839**

(182. **दण्डो दमयताम्** गीता-10.38)

श्लोकः

दण्डो दमयतां कृष्णो मनुस्मृतौ निरूपितः ।
यथा दोषस्तथा दण्डो राज्ञे च दोषिणे तथा ।। 1637/2422

कृष्ण "दंड" है अधिकारी का, दम अपराधी अविचारी का ।
मनुस्मृति ने नियम बनाया, यथा दोष हो दंड बताया ।। 1966/5205

दोहा॰ कृष्ण अधिप का दंड है, नीति का आधार ।
यथा दोष ही दंड हो, मनुस्मृति अनुसार ।। 1903/7068

◎ **Rule :** *Shrī Krishṇa is the rule of the ruler, that is mentioned in the Manu-smriti. As the crime is, so should be the punishment, it is the rule of Manu.* **2245/4839**

(183. **नीतिर्जिगीषताम्** गीता-10.38)

श्लोकः

नीतिर्मनुस्मृतेः कृष्णः कृष्णो नीतिर्जिगीषताम् ।
नीतिधर्मः सदाचारः सत्यधर्मस्य साधनम् ।। 1638/2422

जयेच्छुक की कृष्ण "नीति" है, यथा बताई मनुस्मृति है ।
मनु बतायो सदाचार है, धर्म सूत्र के सद् विचार हैं ।। 1967/5205

दोहा॰ सात्त्विक नीति जिगीषु की, समबुद्धि के साथ ।
बुद्धियोग का सूत्र है, कहते हैं यदुनाथ ।। 1904/7068

◎ **Morality :** *Shrī Krishṇa is the morality of the moral. It is the tenet of the Manu-smriti. Morality is judgment, fairness, righteousness and truthfulness.* **2246/4839**

(184. **मौनं गुह्यानाम्** गीता-10.38)

श्लोकौ

मौनं कृष्णः स गुह्यानां संयमिनां च लक्षणम् ।
मौनं मतं मुनेर्भावो रहस्यं मितभाषिणाम् ।। 1639/2422

रसनानिग्रहो मौनं मौनं तटस्थता तथा ।
मौनं व्रतं मतं दुर्गं मौनं हि सात्त्विकं तपः ।। 1640/2422

कृष्ण गुह्य में कहा "मौन" है, उससे बढ़ कर भला कौन है ।
जिह्वा ऊरु मन बस में जिसके, सकल सफल हैं रहस्य उसके ।। 1968/5205

दोहा॰ मुनि बनता है मौन से, कृष्ण रूप सद्भाव ।
रसना का संयम कहा, उत्तम मौन स्वभाव ।। 1905/7068

◎ **Silence :** *Shrī Krishṇa is silence of the secret. It is the sign of self control. It is the nature of the sages. Control over tongue is the quality of the Munis. It is a difficult austerity.* **2247/4839**

(185. **ज्ञानं ज्ञानवताम्** गीता-10.38)

श्लोकः

ज्ञानं ज्ञानवतां कृष्णो विदुषां ज्ञानयोगिनाम् ।
आत्मज्ञानं मतं ज्ञानं शिवञ्च परमात्मकम् ।। 1641/2422

कृष्ण "ज्ञान ज्ञानियों का" बोला, ज्ञानयोग है जिनका चोला ।
आत्मज्ञान ही ज्ञान यहाँ है, शिव सा सुंदर जिसे कहा है ।। 1969/5205

दोहा॰ ज्ञानी भगतन का रहे, सदा कृष्ण में ध्यान ।
आत्मज्ञान ही ज्ञान है, बाकी सब अज्ञान ।। 1964/7068

◎ **Knowledge :** *Shrī Krishṇa is the knowledge of the knowledgeable and the Jñāna-yogīs. Knowledge of self is regarded as true knowledge, the rest is all information, data or non-knowledge. Knowledge is as holy as Shiva.* **2248/4839**

(186. **कमलपत्राक्ष:** गीता–11.2)

श्लोक:

कृष्ण: कमलपत्राक्षो नीलवर्ण: सुदर्शन: ।
कर्माणि तं न लिम्पन्ति पद्मपत्रमिवाम्भसा ।। 1642/2422

"कमलपत्र से जिसके नैना," अंतश्चक्षु है तृतीय पैना ।
सुंदर वदन, मनोहर बैना, दर्शन देता मन को चैना ।। 1970/5205

दोहा॰ कृष्ण कमलपत्राक्ष है, नील पद्म सा रंग ।
शशांक सम आभा जिसे, मृदुल सुमन सा अंग ।। 1907/7068

◎ **Lotus-eyed :** *Shrī Krishṇa is lotus-eyed, blue coloured and auspicious to behold. Karmas do not stick to him as the water to a lotus leaf.* **2249/4839**

(187. **परमेश्वर:** गीता–11.3)

श्लोक:

श्रीविष्णोरवतार: स रामस्य प्रतिरूपक: ।
अस्मान्रक्षति देवेश: श्रीकृष्ण: परमेश्वर: ।। 1643/2422

कृष्ण ईश है, "परमेश्वर" है, जसमति नंदन हरि गिरिधर है ।
नैन मनोहर पद्माकर है, गुणसागर हरि, रत्नाकर है ।। 1971/5205

दोहा॰ कृष्ण रूप है राम का, विष्णु का अवतार ।
नैया भव के नीर से, करे हमारी पार ।। 1908/7068

परमेश्वर श्रीकृष्ण है, करे जगत कल्याण ।
भगत सखा परमातमा, हमें पियारा प्राण ।। 1909/7068

◎ **Supreme God :** *Shrī Krishṇa is the Supreme God. He is also Shrī Rāma, the incarnation of Vishṇu. Lord of the Lords, Shrī Krishṇa protects us all.* **2250/4839**

(188. **योगेश्वर:** गीता–11.4)

श्लोकौ

सांख्ययोगं च ज्ञानं च, बुद्धियोगसमानताम् ।
कर्मयोगस्य निष्कामं, भक्तियोगस्य साधनम् ।। 1644/2422

यज्ञयोगस्य संसिद्धिम्, अभ्यासयोगपद्धतिम् ।
गीताऽमृतस्य रूपेण योगेश्वर: स दत्तवान् ।। 1645/2422

योग जगत को श्रीधर दीन्हा, जगत जनन का उबार कीन्हा ।
कर्म धर्म की रीत बतायो, "योगेश्वर" संसार बचायो ।। 1972/5205

दोहा॰ जग को देकर योग से, कर्म धर्म का ज्ञान ।
योगेश्वर श्रीकृष्ण ने, किया विश्व कल्याण ।। 1910/7068

◎ **Yogeshvara :** *Shrī Krishṇa is Yogeshvara, the Lord of yogas. The ancient Sānkhya-yoga, Jñāna-yoga, Buddhi-yoga and Bhakti-yoga are the means of attaining Shrī Krishṇa. Shrī Krishṇa gave us this divine knowledge in the form of the discourse of the Bhagavad Gītā.* **2251/4839**

(189. **महायोगेश्वर:** गीता–11.9)

श्लोक:

कृष्णो योगी महायोगी राजयोगी स योगद: ।
योगेश्वरश्च योगेश: महायोगेश्वरस्तथा ।। 1646/2422

हरि "योगेश्वर" जस समझायो, पतंजलि है सूत्र रचायो ।
जगद्गुरु से पाकर शिक्षा, मुनिवर उनकी करी समीक्षा ।। 1973/5205

दोहा॰ योग कृष्ण का दान है, योगेश है महान ।
सत् असत् के ज्ञान से, भया जगत कल्याण ।। 1911/7068

◎ **Mahā-yogeshvara :** *Shrī Krishṇa is also called Mahā-yogeshvara, as he is the great Lord of the yoga. He is also called Yogadā, Mahāyogī, Yogī, Rāj-yogī, Yogeshvara and Yogesha.* **2252/4839**

(190. **हरि:** गीता–11.9)

श्लोका:

हरि: कृष्णो हरिर्रामो हरिर्विष्णुर्हरिर्रवि: ।
हरिरिन्द्रो हरिर्ब्रह्म हरिश्चन्द्रो हरिश्शिखी ।। 1647/2422

हरिर्वायुर्हरिः सिंहो हरिरश्वो हरिः कपि ।
हरिर्हंसो हरिस्सर्पो हरिर्यमो हरिश्शुकः ।। 1648/2422

हरिर्हरति पापानि भक्तानां यानि कानि हि ।
हरिभक्तः सदा सुस्थो नमोस्तुते हरे हरे ।। 1649/2422

हरि राम है, श्याम हरि है, गणपति का अवतार हरि है ।
हरि पग आओ, हरि गुण गाओ, ध्यान लगाओ, हरि ऋण ध्याओ ।। 1974/5205

दोहा॰ "हरि" राम है, कृष्ण भी, ब्रह्मा, विष्णु, शुक, इंद्र ।
अप्, पय, कपि, हय, केसरी, हंस, सर्प, रवि, चंद्र ।। 1912/7068

◎ **Hari :** *Shrī Krishṇa is popularly known as Hari. Shrī Rāma is also called Hari. Hari is Vishṇu, Sun, Lord Indra, Brahmā, Moon, Peacock, wind, lion, horse, monkey, swan, snake, Yama and parrot. Hari removes all sins of the devotees. Thus, Hari's devotees are safe. Salute to that Hari.* **2253/4839**

संगीतश्रीकृष्णरामायण गीतमाला, पुष्प 413 of 763

☯गज़ल : ताल कवाली

(काम निष्काम)

स्थायी

करले, काम सखे! निष्काम । बोले, राधावर घनश्याम ।।

♫ निसागरे, म–ग रेसा–! नि–सा–सा । रे–ग–, ध–प–मम गप–म–म ।।

अंतरा–1

दान धरम तू नाना कीन्हे, कीन्हे यज्ञ तमाम ।
आस फलों की तजी न तूने, कारज सकल सकाम ।।

♫ नि–सा रेगग म– पधनिध पधम–, ग–म नि–ध पम–म ।
सा–रे गम– म– धप– म ग–रे–, ध–पप ममग पम–म ।।

अंतरा–2

वस्त्र गेरुए तन पर डारे, मन कोयले समान ।
माथे चंदन, जटा पसारी, मस्तक में अज्ञान ।।

अंतरा–3

कृष्ण बतायो सदाचार का, मार्ग योग महान ।
आस छोड़ कर, रहे सदा तू, परमार्थ सत्यकाम ।।

◎ **Selfless work : *Sthāyī :*** *Please do the work selflessly, says Shrī Krishṇa, the beloved of Rādhā.* ***Antarā : 1.*** *You have done many charities and austerities, but only with the desire of their fruits. That work is not a selfless work. It amounts to a selfish work.* ***2.*** *You wear orange robe on your body, but your mind is black like a charcoal. You smear sandalwood paste on your forehead, but your head is filled with ignorance.* ***3.*** *Shrī Krishṇa has told the path of righteousness. It is the yoga of righteousness. Always follow it.* **2254/4839**

(191. **अनेकवक्त्रनयनः** गीता–11.10)

ॐ श्लोकः

हरेर्विराटरूपं तद्-अद्भुतं विस्मयावहम् ।
यस्मिन्ननेकवक्त्राणि बहूनि नयनानि च ।। 1650/2422

अद्भुत रूप कृष्ण के न्यारे, जिसमें वदन नयन बहुतेरे ।
जिसे देख अर्जुन घबराया, बोला, क्यों ये रूप धराया ।। 1975/5205

दोहा॰ विकट तिहारा रूप है, जिसमें अनेक वक्त्र ।
तेरे अद्भुत रूप में, कृष्ण! बहुत हैं नेत्र ।। 1913/7068

◎ **Many eyes and mouths :** *Shrī Krishṇa's divine Universal form has many eyes and mouths. It is wondrous.* **2255/4839**

(192. **अनेकाद्भुतदर्शनः** गीता–11.10)

ॐ श्लोकः

कृष्ण विराटरूपं ते विस्मयकारकं बहु ।
अद्भुतं दर्शनं तस्य कृष्णं वदति पाण्डवः ।। 1651/2422

अद्भुत रूप देख कर तेरे, व्याकुल प्राण हुए हैं मेरे ।
विराट दर्शन, केशव! तेरा, धरती से है अंबर घेरा ।। 1976/5205

दोहा॰ अर्जुन बोला कृष्ण को, अद्भुत तेरा रूप ।

विराट रूपी है प्रभो! दर्शन बहुत अनूप ।। 1914/7068

◎ **Wonderful display :** *Shrī Krishṇa's Universal form is a wondrous display. It has many surprises, says Arjun.* **2256/4839**

(193. **अनेकदिव्याभरण:** गीता–11.10)

श्लोक:

आभरणानि दिव्यानि भूषयन्ति कलेवरम् ।

सुगन्धितानि पुष्पाणि माला वस्त्राणि ते प्रभो ।। 1652/2422

भूषा सुंदर तन पर तेरे, सुवर्ण मोती मूँगे हीरे ।

माला मुकुट पितांबर धारे, दिव्य सुगंधित मनहर सारे ।। 1977/5205

दोहा॰ तन पर भूषण दिव्य हैं, रंगीन अलंकार ।

माला मुकुट अनन्य हैं, शोभा अपरंपार ।। 1915/7068

◎ **Divine garments :** *Shrī Krishṇa is wearing many divine garments. He is also wearing garlands of fragrant flowers.* **2257/4839**

(194. **दिव्यानेकोद्यतायुध:** गीता–11.10)

श्लोक:

उद्यतानि च दिव्यानि शस्त्रास्त्राणि त्वया सखे ।

गदा चक्रञ्च खड्गश्च प्रहरणानि पाणिषु ।। 1653/2422

अनेक आयुध तेज भरे हैं, तूने कर में विविध धरे हैं ।

तू है चक्र सुदर्शन धारी, खड्ग गदा असि धनुष्य भारी ।। 1978/5205

दोहा॰ आयुध कर में दिव्य हैं, लेने अरि के प्राण ।

कुन्त गदा असि चक्र हैं, शस्त्र–अस्त्र धनु बाण ।। 1916/7068

◎ **Many weapons :** *Shrī Krishṇa is holding many divine weapons in his various hands. They include mace, Sudarshan wheel, conch shell, etc.* **2258/4839**

(195. **दिव्यमाल्याम्बरधर:** गीता–11.11)

श्लोक:

दिव्या माला: शरीरे ते सुन्दरा विविधास्तथा ।

पुष्पसौरभयुक्ताश्च स्वर्णयुक्ताश्चकाशिता: ।। 1654/2422

तन पर तेरे अनेक माला, हार दिव्य है तूने डाला ।

पुष्प सुगंधित रंग–रंग के, हार स्वर्ण के विविध ढंग के ।। 1979/5205

दोहा॰ गल में तेरे, हे प्रभो! सुमन स्वर्ण के हार ।

नाना सुंदर रंग की, मोतीयन की धार ।। 1917/7068

◎ **Many garlands :** *Shrī Krishṇa is wearing many divine garlands of many colours. They are all beautiful and fragrant. They are shining like gold.* **2257/4839**

(196. **दिव्यगन्धानुलेपन:** गीता–11.11)

श्लोक:

सुवासितं शरीरे ते दिव्यगन्धानुलेपनम् ।

स्नेह: सौरभयुक्तश्च परिमलश्च चन्दनम् ।। 1655/2422

"लेप सुगंधित" तन पर तेरे, सौरभ धरती अंबर घेरे ।

चंदन परिमल तैल बतेरे, पुलकित करते हैं मन मेरे ।। 1980/5205

दोहा॰ तीव्र गंध का लेप है, जिसका बहुत सुवास ।

फुलेल चंदन तैल का, बना हुआ जो खास ।। 1918/7068

◎ **Scents :** *Shrī Krishṇa's body is perfumed with scents. It has a smear of sandalwood paste and flower nectars.* **2260/4839**

(197. **सर्वाश्चर्यमय:** गीता–11.11)

श्लोक:

सर्वाश्चर्यमयं कृष्ण रूपं ते सर्वमङ्गलम् ।

अद्भुतं भासुरं दिव्यं प्रदीप्तं परमं प्रभो ।। 1656/2422

आश्चर्य भरा सभी ओर ये, सुना न देखा कभी तौर ये ।

उग्र रूप ये बहुत घोर है, आभा जिसकी सभी ओर है ।। 1981/5205

दोहा॰ अनेक अचरज से भरा, उग्र रूप सब ओर ।

कभी न देखा ना सुना, स्वरूप इतना घोर ।। 1919/7068

86. 301-Names of Shrī Kriṣhṇa

◎ **All wonderful :** *Shrī Kriṣhṇa's Universal form is all wonderful and auspicious. Arjun says, I have never seen such display ever before. It is radiant.* **2261/4839**

(198. **देव:** गीता–11.11)

श्लोक:

सर्वं द्यु व्यावृतं येन सर्वं विश्वं चराचरम् ।
देवो दिव्य: स श्रीकृष्ण: सर्वभूतैश्च वन्दित: ।। 1657/2422

जिसने द्युति से घेरी धरती, तीन विश्व जिन पूजा करती ।
कृष्ण "देव" है विश्व विधाता, जिसकी स्तुति है सब जग गाता ।। 1982/5205

दोहा॰ दिव्य पुरुष वह देव है, कृष्ण विष्णु का रूप ।
विश्व सकल में व्याप्त है, केशव ब्रह्म स्वरूप ।। 1920/7068

◎ **God :** *Shrī Kriṣhṇa is a great God. He is occupying all sky, earth and the whole moving and non-moving Universe. He is worshipped by all beings.* **2262/4839**

(199. **विश्वतोमुख:** गीता–11.11)

श्लोक:

सर्वज्ञं सर्वगं कृष्णं पश्यामि विश्वतोमुखम् ।
उवाच पाण्डवो देवं हृषीकेशं कृताञ्जलि: ।। 1658/2422

सब दिश केशव मुख हैं तेरे, विश्व निहारे बिन मुख फेरे ।
सर्वज्ञानी है, सर्वगामी है, महाप्रभो! अंतर्यामी है ।। 1983/5205

दोहा॰ बोला अर्जुन कृष्ण को, उभय जोड़ कर हाथ ।
विश्वतोमुखी आप हैं, सर्व जगत के नाथ ।। 1921/7068

◎ **Omniscient :** *Arjun is saying with his hands folded, O Hrishīkesha! O God! O Shrī Kriṣhṇa! you are beholding everything everywhere. You are Omniscient.* **2263/4839**

(200. **महात्मा** गीता–11.12)

श्लोक:

आत्मा कृष्णो महात्मा च परमात्मा मतस्तथा ।
धर्मात्मा सर्वभूतात्मा पुण्यात्मा मननात्पर: ।। 1659/2422

कृष्ण "महात्मा," परमात्मा है, योगेश्वर हरि धर्मात्मा है ।
भूत–भूत में कृष्ण समाया, प्राण सभी के, उसकी माया ।। 1984/5205

दोहा॰ कृष्ण महात्मा पूज्य है, परमात्मा भगवान ।
सब भूतन का आतमा, साँस–साँस अरु प्राण ।। 1922/7068

◎ **Great Soul :** *Shrī Kriṣhṇa is a Great soul. He is the Supreme soul. He is a righteous soul. He is a sacred soul. He is the soul of all beings. He is beyond contemplation.* **2264/4839**

(201. **अनेकबाहूदरवक्त्रनेत्र:** गीता–11.16)

श्लोक:

देहे मुखानि नेत्राणि पिचिण्डा बहवो भुजा: ।
विश्वरूपं विराटञ्च कृष्ण तव भयानकम् ।। 1660/2422

तन तेरा मुख अनेक वाला, भुजा अनेकों, गल में माला ।
नेत्र अनेकों विशाल वाले, कृष्ण! रूप तव अजब निराले ।। 1985/5205

दोहा॰ महाकाय तू कृष्ण! है, अद्भुत तेरा ठाट ।
अनेक मुख कर नेत्र हैं, तेरा रूप विराट ।। 1923/7068

◎ **Many appendages :** *Shrī Kriṣhṇa's Universal form has many appendages. He has many hands, mouths, eyes and bellies. It is fearsome.* **2265/4839**

(202. **सर्वतोऽनन्तरूप:** गीता–11.16)

श्लोक:

सर्वतोऽनन्तरूपस्त्वं नादिमध्यं च लभ्यते ।
अपर्याप्तं हि रूपं ते कृष्णमुवाच पाण्डव: ।। 1661/2422

अनंत तेरी विशाल काया, कैसी तेरी है यह माया ।
स्वरूप तेरा अनंत वाला, सबके मन पर जादू डाला ।। 1986/5205

दोहा॰ अथाह तेरा रूप है, तू है कृष्ण! अनंत ।
तेरी स्तुति सब कर रहे, जोगी ऋषि–मुनि संत ।। 1924/7068

◎ **Ananta :** *O Lord Shrī Krishṇa! your form is infinite in every way. It's neither the beginning nor the end is visible, said Arjun.* **2266/4839**

(203. **विश्वेश्वरः** गीता–11.16)

श्लोकः

विश्वेश्वरो मतः कृष्णो विश्वदेवो मतस्तथा ।
विश्वाधारो जगत्पालो विश्वमूर्तिस्तथा च सः ।। 1662/2422

कृष्ण को कहा "विश्वेश्वर" है, जग का ईश्वर जगदीश्वर है ।
जग–तीनों में और नहीं है, विश्व देवता एक यही है ।। 1970/5205

दोहा॰ विश्व देवता कृष्ण है, उससे बड़ा न कोय ।
सर्व विश्व में एक है, विश्वेश्वर जो होय ।। 1925/7068

◎ **Lord of the Universe :** *Shrī Krishṇa is the Lord of the Universe. He is the God of the Universe. He is the support of the Universe. He is the protector of the Universe. He is the image of the Universe.* **2267/4839**

(204. **विश्वरूपः** गीता–11.16)

श्लोकः

सर्वगतो हि श्रीकृष्णो येन व्याप्तमिदं जगत् ।
विराटरूपधारी स विश्वरूपः स एव हि ।। 1663/2422

विश्वरूप है आकृति जिसकी, विराट काया अद्‌भुत उसकी ।
पर्वत जैसा बहुत बड़ा है, विश्व तीन को व्याप्त खड़ा है ।। 1988/5205

दोहा॰ विश्वरूप श्रीकृष्ण है, विश्वरूप भगवान ।
विश्व तीन जिसमें भरे, कृष्ण एक है नाम ।। 1926/7068

◎ **Universal form :** *Shrī Krishṇa is Omnipresent. He has occupied everything. He has assumed an Universal form. He is the image of the Universe.* **2268/4839**

(205. **किरीटी** गीता–11.17)

श्लोकौ

मयूरमुकुटं शीर्षे बालकृष्णस्य शोभते ।
वनमाला च ग्रीवायां कृष्णस्य मुरली करे ।। 1664/2422

किरीटं नृपकृष्णस्य स्वर्णमयञ्च सुन्दरम् ।
रत्नानि बहुरङ्गाणां मयूराकारपङ्क्तिषु ।। 1665/2422

मोर मुकुट सिर सुंदर डाला, कटि पीतांबर बाल गोपाला ।
सोहे हरि के गल बनमाला, बालकृष्ण है मुरली वाला ।। 1989/5205

स्वर्ण मुकुट में हीरे मोती, कर में चक्र गदा असि[292] होती ।
रूप चतुर्भुज हरि के नीके, नृप सब उसके आगे फीके ।। 1990/5205

दोहा॰ बालकृष्ण के शीश पर, मोर मुकुट अभिराम ।
बनमाला कर बाँसुरी, सोहे कृष्ण ललाम ।। 1927/7068

स्वर्ण मुकुट नृप कृष्ण का, सुंदर मयूराकार ।
हीरे मोती रत्न का, सुघटित लच्छेदार ।। 1928/7068

◎ **Crown bearer :** *Shrī Krishṇa is called Kirītī, the crown bearer. As a child, he wears a peacock tiara and a garland of wild flowers. As a king, he wears a beautiful golden crown studded with diamonds and jewels in the shape of a peacock.* **2269/4839**

(206. **गदी** गीता–11.17)

श्लोकः

कृष्णरूपं गदाधारि मोहकं सुन्दरं शुभम् ।
आसीनं कमलारूढं कान्तियुक्तं चतुर्भुजम् ।। 1666/2422

कर में शंख गदा हैं धारे, कमलासन पर कृष्ण पधारे ।
नीलवर्ण हैं नयनन कारे, कटि पीतांबर, हरे मुरारे! ।। 1991/5205

दोहा॰ दिव्य रूप श्रीकृष्ण का, गदा शंख के साथ ।
नील कमल आरूढ हैं, मंगल मुख यदुनाथ ।। 1929/7068

---

[292] **असि** = तलवार ।

◎ **mace bearer :** *Shrī Krishṇa is called Gadī, the mace bearer. He is seated on the throne of lotus flower. He has four arms. His form is glowing, attractive and beautiful.* **2270/4839**

(207. **चक्री** गीता–11.17)

श्लोक:

सर्वमङ्गलमाङ्गल्यं हस्ते चक्रं सुदर्शनम् ।
रूपञ्च मोहनं यस्य चक्रपाणि: स उच्यते ।। 1667/2422

केशव "चक्र सुदर्शन धारी," मुरली मनोहर है मनहारी ।
मंगल मूरत सुंदर सारी, चक्रपाणि हरि कृष्ण मुरारी ।। 1992/5205

दोहा॰ चक्र सुदर्शन हाथ में, परम चतुर्भुज काय ।
गिरिधर हरि श्रीकृष्ण वो, चक्रपाणि कहलाय ।। 1930/7068

◎ **Wheel bearer :** *Shrī Krishṇa is called the Sudarshan wheel bearer. He is all auspicious and pleasing. He is also called Chakra-pāṇi.* **2271/4839**

(208. **तेजोराशि:** गीता–11.17)

श्लोक:

तेजोराशिर्भवान्कृष्ण तेज:पुञ्जश्च काशित: ।
भासते वै जगत्सर्वं श्रीकृष्ण तव तेजसा ।। 1668/2422

तेजोमय है अंग तिहारे, सबको लगते, कृष्ण! पियारे ।
तुझमें ज्योति सूर्य चंद्र की, तुझमें प्रतिमा देव इंद्र की ।। 1993/5205

दोहा॰ काया तेजोराशि है, जिसमें रंग बिरंग ।
स्वयं प्रकाशित अंग में, विविध अनेकों रंग ।। 1931/7068

◎ **Splendid :** *O Shrī Krishṇa! you are a glowing heap of splendor. O Lord! with your aura, the world is enlightened.* **2272/4839**

(209. **दुर्निरीक्ष्य:** गीता–11.17)

श्लोक:

दुर्निरीक्ष्यो महातेजो दीप्तिमांश्च हरे भवान् ।
मूर्तिमांश्च रवि: कृष्ण:–तेजस्वी त्वं रवेरपि ।। 1669/2422

स्वरूप तेरा "दुर्निरीक्ष्य" है, फिर भी तेरी कान्ति प्रेक्ष्य है ।
सूरज से भी दीप्तिमान् है, ब्रह्मा से भी तू महान है ।। 1994/5205

दोहा॰ दुर्निरीक्ष्य तू, है प्रभो! आभा सूर्य समान ।
तेरी आभा से भरा, गगन है दीप्तिमान ।। 1932/7068

◎ **Difficult to be seen :** *Shrī Krishṇa is splendorous like the Sun and thus difficult to be seen with bare human eyes. The sky is illuminated with the glow.* **2273/4839**

(210. **दीप्तानलार्कद्युति:** गीता–11.17)

श्लोक:

कृष्ण तव द्युतिर्दीप्ता रविवच्चाग्निवत्प्रभो ।
औज्ज्वल्यं खलु सर्वत्र समन्तत: प्रविस्तृतम् ।। 1670/2422

आभा तेरी दीप्तिमान है, सूरज से भी भासवान है ।
दिशाएँ भरीं तेज से सभी, भयी न एती जगमगी कभी ।। 1995/5205

दोहा॰ काँति उज्ज्वल कृष्ण की, बिखरी है सब ओर ।
सूर्य अग्नि सम है प्रभा, प्रखर बहुत है घोर ।। 1933/7068

◎ **Glow :** *O Lord Shrī Krishṇa! your glow is bright like the Sun. The brightness has filled the entire Universe.* **2274/4839**

(211. **अप्रमेय:** गीता–11.17)

श्लोक:

असीमश्चाप्रमेयस्त्वम्–अगम्यो मधुसूदन ।
श्रीकृष्ण त्वं गुणातीतो वन्देऽहं करुणाकर ।। 1671/2422

"अप्रमेय" है प्रभु की माया, जग कण–कण में कृष्ण समाया ।
दर्शन में वे यदि अगम्य है, सिमरण में वे सदा गम्य है ।। 1996/5205

दोहा॰ दर्शन में यदि ब्रह्म है, अप्रमेय अपार ।
गोचर केशव रूप को, वन्दन बारंबार ।। 1934/7068

86. 301-Names of Shrī Krishṇa

◎ **Infinite :** *O Madhusūdan Shrī Krishṇa! your are infinite, unfathomable and unimaginable. O Karuṇākara (Merciful)! you are beyond the guṇas (the three attributes). We worship you.* **2275/4839**

(212. **वेदितव्यः** गीता–11.18)

चित्रकाव्यश्लोकः

वार्ष्णेयो वेदितव्यश्च वेदविद्वेददेवता ।
वेद्यश्च वेदस्तुत्यश्च वेदाङ्गो वेदवन्दितः ।। 1672/2422

"वेदितव्य" हरि योगेश्वर हैं, चिंतन जिनका अति सुंदर है ।
जाननीय है योग कर्म का, भक्ति योग भी सत्य धर्म का ।। 1997/5205

दोहा॰ श्रीकृष्ण वेदितव्य है, योगेश्वर सत् नाम ।
कर्मयोग ज्ञातव्य है, ज्ञानयोग का ज्ञान ।। 1935/7068

◎ **Ought to be known :** *Vārshneya Shrī Krishṇa ought to be understood in reality. He is the knower of the Veda. He is praised by the Vedas and the sacred scriptures. He is saluted by the Vedas.* **2276/4839**

(213. **अनन्तवीर्यः** गीता–11.19)

चित्रकाव्यश्लोकः

मुकुन्दोऽनन्तवीर्यच महाबाहुर्महाबलः ।
महावीरो महादेवो महायोगेश्वरस्तथा ।। 1673/2422

भुजबल प्रभु है "अनंत बीरा," अनंत बाँहें असीम धीरा ।
असुर–निकंदन दीन सहारा, जगवन्दन है कृष्ण हमारा ।। 1998/5205

दोहा॰ कृष्ण धनुर्धर वीर है, अनंतवीर्य महान ।
कृष्ण धुरंधर धीर है, भगतन के भगवान ।। 1936/7068

◎ **Brave :** *Mukund Shrī Krishṇa is infinitely brave. He is greatly powerful. He is valorous. He is a Great God and the Great Lord of Yoga.* **2277/4839**

संगीतश्रीकृष्णरामायण गीतमाला, पुष्प 414 of 763

भजन : कहरवा ताल 8 मात्रा

(वीर कन्हैया)

स्थायी

वीर हमारा कृष्ण कन्हैया, बोले नंद यशोदा मैया ।

♫ ध–प मग–रे– प–म गरे–सा–, रे–ग– ध–प मग–प– मगरे– ।

अंतरा–1

तूने वीर तृणाव्रत मारा, तुझसे वीर बकासुर हारा ।
दुष्ट अघासुर तूने फाड़ा, सर्प कालिया तूने ताड़ा ।
तारी तूने बिरज की गैया, केशी से, दैया ओ दैया! ।।

♫ सा–रे– ग–ग मप–मग रे–रे–, गगम– प–ध पम–गग रे–रे– ।
म–म मप–पप ध–पम ग–म–, प–प प–पप– ध–पम ग–म– ।
ध–पम ग–म– पपप म ग–म–, ग–म– ध–, प–म ग– मगरे–! ।।

अंतरा–2

गोवर्धन तू मेरु उठाया, इन्द्र देव का गर्व मिटाया ।
चाणूर मुष्टिक मल्ल हराया, मार कुवलयापीड़ गिराया ।
साथ तेरे बलदाऊ भैया, कंस से मथुरा मुक्त करैया ।।

अंतरा–3

अर्जुन को तू योग सिखाया, कर्म धर्म का मार्ग दिखाया ।
भगत के लिये भागा आता, पाप ताप सब दुःख भगाता ।
तू ही भव का खेल रचैया, तू ही भवसागर की नैया ।।

◎ **Brave Shrī Krishṇa : *Sthāyī :*** *Shrī Krishṇa Kanhaiyā is brave, say Nand Bābā and Mother Yashodā.* ***Antarā : 1.*** *You killed Triṇāvart and you defeated Bakāsur. You ripped apart Aghāsur and you chastised Kāliyā. You saved the cows of the village from Keshī, O my God!* **2.** *You picked up Govardhan mountain on your little finger. You subdued the ego of Lord Indra. You defeated the wrestlers Chāṇūr and Mushṭik. You killed the Kuvalayāpīḍ elephant. Balrāma was with you. You freed Mathurā from the sinful Kaṅsa.* **3.** *You taught yoga to Arjun. You showed him the path of righteousness. You removed his despondency. You have created this worldly game. You are the boat to cross over the worldly ocean.* **2278/4839**

(214. **अनन्तबाहुः** गीता–11.19)

श्लोकः

विष्णुरनन्तबाहुः स विश्वरूपश्च केशवः ।
अमितविक्रमी कृष्णः-तेजस्वी धर्मरक्षकः ।। 1674/2422

"अनंत बाहु" अमित विक्रमी, श्रीकृष्ण जगत का है स्वामी ।
विश्वरूप है, तेजस्वी है, सूर्य किरण से ओजस्वी है ।। 1999/5205

दोहा॰ अनंत बाहु कृष्ण है, रूप विराट महान ।
सर्वगामी श्रीकृष्ण को, सर्व विश्व का ज्ञान ।। 1937/7068

◎ **Many arms :** *Shrī Krishṇa is Vishṇu. He has many arms. He is Keshava. He has assumed an Universal form. Shrī Krishṇa has infinite velour. He is the protector of righteousness.* **2277/4839**

(215. **शशिसूर्यनेत्रः** गीता–11.19)

श्लोकः

श्रीकृष्णस्य विराटस्य नेत्रे शशी रविस्तथा ।
चन्द्रमा शीतलो भावो मार्तण्डो भासुरस्तथा ।। 1675/2422

चंद्र सूर्य दो नैन कृष्ण के, दोनों द्योतक शीत उष्ण के ।
कृष्ण सौम्य है यथा स्नेह में, तथा हि भास्कर उग्र देह में ।। 2000/5205

दोहा॰ विराट रूपी कृष्ण के, शशि रवि दो हैं नेत्र ।
शीत-भाव है चंद्रमा, उष्ण-भाव है मित्र ।। 1938/7068

◎ **Eyes like Sun and Moon :** *In his Universal form, Shrī Krishṇa's eyes are like the Sun and the Moon. The Moon represents his quiet nature and the Sun represents his severe nature.* **2280/4839**

(216. **दीप्तहुताशवक्त्रः** गीता–11.19)

श्लोकः

मुखं विराटकृष्णस्य प्रज्वलितं कृशानुवत् ।
ज्वालामुख्या समा ज्वाला भासयन्ति त्रिलोकिनः ।। 1676/2422

ज्वालामुखी मुख कृष्ण का है, जग में भरी अति उष्णता है ।
हुताश मुख में, प्रभो! तिहारे, जले जा रहे हैं नर सारे ।। 2001/5205

दोहा॰ विराट रूपी कृष्ण के, मुख में ज्वाला आग ।
जला रही है विश्व को, असुर रहे हैं भाग ।। 1939/7068

◎ **Fire :** *In the Universal form, Shrī Krishṇa's mouth is spitting fire. It is burning everything like a volcano. It is heating up the three worlds.* **2281/4839**

(217. **रूपं महत्** गीता–11.23)

श्लोकः

दृष्ट्वा हरेर्महद्रूपं विराटं विघ्नहारकम् ।
भयभीतोऽभवत्पार्थो नतशीर्षः कृताञ्जलिः ।। 1677/2422

रूप महान कृष्ण के देखे, डरा पार्थ धीरज को खो के ।
रूप महत् वह विराट वाला, विशाल आँखें मुख में ज्वाला ।। 2002/5205

दोहा॰ महद्रूप वह कृष्ण का, विराट परम महान ।
निहार कर अर्जुन डरा, भूला अपने ध्यान ।। 1940/7068

◎ **The Great :** *Seeing the fearsome Universal form of Shrī Krishṇa, Arjun is terrified. He has folded his hands and bowed his head.* **2282/4839**

(218. **बहुवक्त्रनेत्रः** गीता–11.23)

श्लोकः

कृष्णस्य विश्वरूपस्य दर्शनं परमद्भुतम् ।
तस्यानेकानि वक्त्राणि बहूनि लोचनानि च ।। 1678/2422

विराट हरि ने रूप धरा है, उसे देख कर पार्थ डरा है ।
वदन अनेकों नयनन वाला, हरि के मुख से निकली ज्वाला ।। 2003/5205

दोहा॰ विश्वरूप में कृष्ण के, अनेक नेत्र विशाल ।
अनेक तुंड प्रचंड हैं, दंत बड़े विकराल ।। 1941/7068

◎ **Many mouths and eyes :** *The display of the Universal form of Shrī Krishṇa is unique and supreme. It has many mouths and eyes.* **2283/4839**

(219. **बहुबाहूरुपादः** गीता–11.23)

श्लोकः

बहुबाहूरुपादस्य कृष्णस्य रूपमद्भुतम् ।
कान्तियुक्तं महाचण्डम्–उग्ररूपं भयानकम् ।। 1679/2422

अनेक बाँहें, अनेक कर हैं, अनेक पग हैं, तथा उदर हैं ।
दीप्त रूप है उज्ज्वल वाला, फिर भी जग कहता है "काला" ।। 2004/5205

✍दोहा॰ विश्वरूप में कृष्ण के, बहुत दिख रहे हाथ ।
उसमें उदर अनेक हैं, पाद हजारों साथ ।। 1942/7068

◎ **Many arms and legs :** *Shrī Krishṇa has many arms and legs. The form is wonderful. It is severe, brilliant, terrible and fearful.* **2284/4839**

(220. **नभःस्पृशः** गीता–11.24)

श्लोकः

विशालकायकृष्णः स मेरुरूपो नभस्स्पृशः ।
विश्वरूपो विराटश्च श्रीकृष्णो विश्ववन्दितः ।। 1680/2422

विश्वरूप है विराट वाला, धरती से अंबर तक ज्वाला ।
रदन[293] वदन में कराल वाले, लाल भये हैं नयनन काले ।। 2005/5205

✍दोहा॰ धरती से अंबर परे, विराट रूप विशाल ।
नैन कृष्ण के लाल हैं, मुख में दंत कराल ।। 1943/7068

◎ **Touching the sky :** *The immense Universal form of Shrī Krishṇa is touching the sky like, a mountain. Shrī Krishṇa is worshipped by the world.* **2285/4839**

(221. **अनेकवर्णः** गीता–11.24)

श्लोकः

ज्वाला विविधरङ्गाणां मुखेभ्यो गगनस्पृशाः ।
कृष्णो विविधवर्णः स विराटरूप ईश्वरः ।। 1681/2422

मुख में विविध वर्ण की ज्वाला, जिन का सब जग में उजियाला ।
लाल हरा औ पीला नीला, सात रंग में हरि की लीला ।। 2006/5205

✍दोहा॰ विविध रंग हैं कृष्ण के, विविध रूप आकार ।
विश्व रूप धारण किये, स्वर्ग कियो साकार ।। 1944/7068

◎ **Many colours :** *Many colourful flames are coming out from the mouths of Shrī Krishṇa. They are touching the sky.* **2286/4839**

(222. **दीप्तविशालनेत्रः** गीता–11.24)

श्लोकः

दीप्तविशालनेत्रः स तेजःपूर्णो भयावहः ।
नेत्राणि रक्तवर्णानि भयानकानि श्रीहरेः ।। 1682/2422

देह कृष्ण का अति विशाल है, मुख अनेक हैं नेत्र लाल हैं ।
विश्वरूप ये आज धरा है, दिव्य रूप ये दीप्त करा है ।। 2007/5205

✍दोहा॰ विश्वरूप श्रीकृष्ण का, नभ तक महा विशाल ।
वदन अनेकों हैं उसे, नयन दीप्त हैं लाल ।। 1945/7068

◎ **Large eyes :** *Shrī Krishṇa has large and fiery red eyes. They are scary. His form is effulgent and fearsome.* **2287/4839**

(223. **देवेशः** गीता–11.25)

श्लोकः

कृष्णो देवो महादेवो देवेशः परमेश्वरः ।
ईशः स ईश्वरः कृष्णः परमेशः परात्परः ।। 1683/2422

कृष्ण देव "देवेश" कहा है, उसका सानी और कहाँ है ।
जगन्नाथ जगदीश महा है, परम दुलारा हमें यहाँ है ।। 2008/5205

✍दोहा॰ कृष्ण देव का देव है, देवदेव देवेश ।
कृष्ण ईश जगदीश है, परमेश्वर परमेश ।। 1946/7068

◎ **God of the Gods :** *Shrī Krishṇa is the God of the Gods. He is the Great God. He is the Supreme God. He is beyond the Supreme.* **2288/4839**

(224. **जगन्निवासः** गीता–11.25)

[293] **रदन** = दाँत, दशन ।

श्लोक:

कृष्णो जगन्निवास: स भूतचराचरस्य हि ।
परमं धाम भूतानां सर्वभूतमहेश्वर: ।। 1684/2422

कृष्ण मोक्ष है अटल, भगत का, परम धाम इस सकल जगत का ।
अविरत शाँति का आगर है, दया क्षमा का वह सागर है ।। 2009/5205

दोहा॰ परम धाम श्रीकृष्ण है, अंतिम जगत निवास ।
जाकर जहाँ, न लौटना, ना ही भव का त्रास ।। 1947/7068

◎ **Abode :** *Shrī Krishṇa is the abode for all moving and non-moving beings of the Universe. He is the Lord of all beings.* **2289/4839**

(225. **उग्ररूप:** गीता–11.31)

श्लोक:

उग्ररूपो महाकायो विश्वरूपो महेश्वर: ।
अर्दनो दुष्टलोकानां श्रीकृष्णो हि जनार्दन: ।। 1685/2422

दुष्ट जनन का भक्षण करता, भक्त जनन का रक्षण करता ।
जब अधर्म का कर धरा अरि ने, उग्र रूप है धरा हरि ने ।। 2010/5205

दोहा॰ उग्ररूप तू कृष्ण है, "रत्नाकर" भगवान ।
विश्वरूप धारण किया, महाकाय बलवान ।। 1948/7068

◎ **Severe form :** *The Universal form of Shrī Krishṇa is severe and huge. He is the Great Lord of the world. He is the slayer of the evil people, therefore, he is called Janārdan.* **2290/4839**

(226. **देववर:** गीता–11.31)

श्लोक:

कृष्णो देववरो ज्ञात: पुरुष: पुरुषोत्तम: ।
ईश्वरश्च स देवेषु नरेषु च नरोत्तम: ।। 1686/2422

तीन जगत में सुर हैं जितने, कहत कृष्ण को सुरवर उतने ।
कृष्ण पुरुष है, पुरुषोत्तम है, नर अवतारी सुर उत्तम है ।। 2011/5205

दोहा॰ कृष्ण देववर देव है, देवों का भी ईश ।
पुरुषोत्तम माधव कहा, इस जग में जगदीश ।। 1949/7068

◎ **Superior God :** *Shrī Krishṇa is a Superior God. He is Purusha. He is Purushottama. He is the God of the Gods. In his human form, he is superior to all men.* **2291/4839**

(227. **आद्य:** गीता–11.31)

श्लोक:

मूलं स जगत: कृष्णो मत: स ब्रह्मण: पर: ।
आद्य आदीश्वर: कृष्ण आदिदेवो मतस्तथा ।। 1687/2422

कृष्ण आदि है सकल सृष्टि का, कृष्ण देव है दिव्य दृष्टि का ।
कृष्ण सनातन ईश अनादि, काल से परे कृष्ण युगादि ।। 2012/5205

दोहा॰ आदि स्वर्ग का है कहा, कृष्ण सुरों का ईश ।
आदि सर्ग का कृष्ण है, कृष्ण कहा जगदीश ।। 1950/7068

◎ **Primordial :** *Shrī Krishṇa is the root of the Universe. He is the Supreme Brahma. He is the Primordial God. He is the origin of the nature. Therefore, he is called Jagadīsh (Lord of the Universe).* **2292/4839**

(228. **कालो लोकक्षयकृत्प्रवृद्ध:** गीता–11.32)

श्लोक:

प्रवृद्ध: सोऽर्दनं कर्तुं कालो भूत्वा जनार्दन: ।
कुरुवीरा हतास्तेन विना युद्धं क्षतिं विना ।। 1688/2422

"काल" रूप में कृष्ण खड़ा है, अरि हनने खोला मुखड़ा है ।
रूप विराट जनार्दन लीन्हो, दुष्ट जनन का अर्दन कीन्हो ।। 2013/5205

दोहा॰ काल बना प्रवृद्ध है, करने अरि का नाश ।
प्राण शत्रु के लेगया, बिना युद्ध, अविनाश ।। 1951/7068

◎ **Kāla :** *Shrī Krishṇa assumed the Universal form to remove evil people. He is Janārdan. He has annihilated the Kauravas without a war or any blood shed.* **2293/4839**

(229. **गरीयान्ब्रह्मणोऽपि** गीता–11.37)

🕉 श्लोक:
ईश्वरश्च सुरेन्द्रश्च गरीयान्ब्रह्मणोऽपि सः ।
देवदेवः स श्रीकृष्णः सर्वदेवा नमन्ति यम् ॥ 1689/2422

सब भूतों का कृष्ण पति है, सब देवों का भी अधिपति है ।
जग–तीनों में श्रेष्ठ खड़ा है, "ब्रह्मा से भी कृष्ण बड़ा" है ॥ 2014/5205

✍ दोहा॰ विश्वरूप लेकर खड़ा, कृष्ण शांति का दूत ।
ब्रह्मा से भी है बड़ा, वसुदेव का पूत ॥ 1952/7068

◎ **Beyond Brahma** : *Shrī Kṛiṣhṇa is God. King of the Gods. Supreme Brahma. Lord of the Gods. All Gods worship him.* **2294/4839**

(230. **आदिकर्ता** गीता–11.37)

🕉 श्लोक:
आदिकर्ता भवान्कृष्ण सृष्टेरादिर्मतो भवान् ।
मूलबीजञ्च सर्गणां ब्रह्मणश्च गतिर्भवान् ॥ 1690/2422

कृष्ण सृष्टि का "आदि कर्ता," फिर भी है भगवान अकर्ता ।
ब्रह्मा का भी कृष्ण है आदि, कृष्ण स्वयं है अजर अनादि ॥ 2015/5205

✍ दोहा॰ आदिकर्ता विश्व का, कृष्ण मूल है बीज ।
आदि ब्रह्म ही कृष्ण है, कृष्ण करे हर चीज ॥ 1953/7068

◎ **Original creator** : *Shrī Kṛiṣhṇa is the original creator of the Universe. He is its root. He is the seed of the creation. He is the personified state of Brahma.* **2295/4839**

(231. **सदसत्परः** गीता–11.37)

🕉 श्लोक:
न कृष्णः सन्न चासच्च श्रीकृष्णः सदसत्परः ।
कृष्ण एव सतो भावो नाभावो विद्यतेऽसतः ॥ 1691/2422

जो कुछ है सो कृष्ण ही करे, कृष्ण ही "सत् असत् के परे" ।
सब की डोरी कृष्ण है धरे, भगतन को भव पार वो करे ॥ 2016/5205

✍ दोहा॰ जो सब है सो कृष्ण है, कृष्ण ब्रह्म का रूप ।
अस्तित्व असत् का नहीं, सब कुछ ब्रह्म स्वरूप ॥ 1954/7068

◎ **Existence** : *Shrī Kṛiṣhṇa is existence and non-existence and beyond existence and non-existence. Other than Shrī Kṛiṣhṇa, non-existence has no existence.* **2296/4839**

(232. **पुरुषः पुराणः** गीता–11.38)

🕉 श्लोक:
अनादिः पुरुषः कृष्णः पुराणो ब्रह्मणोऽपि सः ।
कृष्णाद्धि सर्वमुद्भूतं कृष्णे सर्वं विलीयते ॥ 1692/2422

सबका उद्गम श्रीधर सेती, लक्ष्मीनारायण की खेती ।
चीज यहाँ जो आती जाती, कृष्ण–कृपा की है वह ज्योति ॥ 2017/5205

✍ दोहा॰ पुरुष पुरातन कृष्ण है, ब्रह्माविष्णु अवतार ।
सर्वसनातन कृष्ण है, कृष्ण सकल व्यापार ॥ 1955/7068

◎ **Ancient Puruṣha** : *Shrī Kṛiṣhṇa is the ancient Puruṣha. He has no beginning. He is ancient than Brahma. From Shrī Kṛiṣhṇa evolves everything and everything dissolves in Shrī Kṛiṣhṇa.* **2297/4839**

(233. **अनन्तरूपः** गीता–11.38)

🕉 श्लोक:
श्रीकृष्णोऽनन्तरूपः स विश्ववृक्षः सनातनः ।
न तस्यादिर्न मध्यञ्च दृश्यते सकलैर्जनैः ॥ 1693/2422

रूप अनादि "अनंत" अपारा, उद्गम सबका कृष्ण हमारा ।
कृष्ण ब्रह्म विष्णु शिवा है, अन्य कछु नहीं कृष्ण सिवा है ॥ 2018/5205

✍ दोहा॰ अनंत रूपी कृष्ण की, विभूति का विस्तार ।
आदि न मध्य न अंत है, ना कोई आकार ॥ 1956/7068

◎ **Many forms** : *Shrī Kṛiṣhṇa has many forms. He is the eternal worldly tree. Neither its beginning nor the middle nor the end is visible to all people.* **2298/4839**

(234. **वायुः** गीता–11.39)

श्लोकः

पवनः पवतां कृष्णो गन्धानां वाहकश्च सः ।
पञ्चभूतेषु वायुश्च भूमिरग्निर्जलं नभः ।। 1694/2422

कृष्ण "वायु" का रूप सुहाना, वेग वायु का बहुत महाना ।
पव सौरभ का वाहक माना, वायु पुत्र है श्री हनुमाना ।। 2019/5205

दोहा॰ पँच भूत में एक है, वायु कृष्ण का रूप ।
भूमि अग्नि नभ आप् हैं, भव में कृष्ण स्वरूप ।। 1957/7068

◎ **Wind :** *Shrī Krishṇa is the wind among the things that flow. The wind carries fragrance of the flowers from place to place. Wind, fire, earth, water and sky are the five elemental beings.* **2299/4839**

(235. **शशाङ्कः** गीता–11.39)

श्लोकः

भास्करश्च शशाङ्कश्च मतौ कृष्णस्य चक्षुषी ।
कृष्णः सूर्यः शशाङ्कश्च सर्वञ्च विश्वमण्डलम् ।। 1695/2422

चंद्र चंद्रमा रजनीश हिमांशु, चाँद सोम शशि "शशांक" सुधांशु ।
कृष्ण रूप है निश में चंदा, करता ताप गुलाबी ठंडा ।। 2020/5205

दोहा॰ चंदा खिलता रात में, शीत कृष्ण का रूप ।
सूरज बन दिन में खिले, कृष्ण रूप में धूप ।। 1958/7068

◎ **Moon :** *Shrī Krishṇa is the Moon. He is the Sun. The sky is Shrī Krishṇa. Sun and Moon are like Shrī Krishṇa's eyes.* **2300/4839**

(236. **प्रजापतिः** गीता–11.39)

श्लोकः

कृष्णः प्रजापतिर्ब्रह्मा भूतचराचरस्य हि ।
कृष्णस्तेषां पिता माता जन्मदाता जगत्पतिः ।। 1696/2422

ॐ भूर्भुवः स्वः "प्रजापति," वेदों में जो कही है गति ।
कहे पुराण में इक्कीस हैं; कृष्ण प्र–प्रजापति जगदीस है ।। 2021/5205

दोहा॰ कृष्ण प्रजापति ब्रह्म है, जिसके सुत इक्कीस ।
कृष्ण सभी का है पति, कृष्ण कहा जगदीस ।। 1959/7068

◎ **Progenitor :** *Shrī Krishṇa is the originator Brahma. There are twenty one progenitors of the living beings. Shrī Krishṇa is their mother, father and the Lord. Shrī Krishṇa is the Master of the world.* **2301/4839**

(237. **प्रपितामहः** गीता–11.39)

श्लोकः

श्रीकृष्णो जन्मदाता स माता पिता पितामहः ।
पितॄणां हि पिता कृष्णः–तस्मात्स प्रपितामहः ।। 1697/2422

सब भूतों का कृष्ण पिता है, कृष्ण "सभी का महापिता" है ।
कृष्ण सृष्टि का सब कर्ता है, कृष्ण प्रकृति का भर्ता है ।। 2022/5205

दोहा॰ माता है श्रीकृष्ण ही, कृष्ण सभी का बाप ।
कृष्ण पितर का है पिता, कृष्ण पितामह आप ।। 1960/7068

◎ **Great-grand-father :** *Shrī Krishṇa is the Great grandfather of the world. He is the life giver. He is the father of the forefathers. Therefore, he is the Great-grand-father.* **2302/4839**

(238. **अमितविक्रमः** गीता–11.40)

श्लोकः

विघ्नविनाशकः कृष्णः स चासुरनिकन्दनः ।
अमितविक्रमः कृष्णः कृष्णः सकलशक्तिमान् ।। 1698/2422

कृष्ण सभी के दुःख निबारे, कृष्ण से सभी दुर्जन हारे ।
सब भगतन को कृष्ण निहारे, विक्रम उसके अमित करारे ।। 2023/5205

दोहा॰ अमित विक्रमी कृष्ण है, सबसे है बलवान ।
विघ्नविनाशक कृष्ण है, असुर हनन भगवान ।। 1961/7068

◎ **Valorous :** *Shrī Krishṇa is infinitely valorous. He is the remover of obstacles. He is slayer of the evil. He is all powerful.* **2303/4839**

(239. **सर्वः** गीता–11.40)

श्लोकः

कृष्णः सर्वो हि सर्वस्य सर्वज्ञ्च कृष्ण एव हि ।
सर्वस्मात्सृज्यते सर्वं सर्वं सर्वेषु लीयते ।। 1699/2422

भूत चराचर भव में जेते, उनके करतब जग में जेते ।
सबके भले बुरे फल जेते, सबको सभी कृष्ण हैं देते ।। 2024/5205

दोहा॰ सबका स्वामी कृष्ण है, कृष्ण हि सर्वाधार ।
पोषण कर्ता सृष्टि का, उस पर सब का भार ।। 1962/7068

◎ **All :** *Shrī Krishṇa is everything of everyone. He is all. Everything comes from this all and everything dissolves into this all.* **2304/4839**

(240. **सखा** गीता–11.41)

श्लोकः

सर्वभूतसखा कृष्णः सुखदुःखेषु सर्वदा ।
सुहृच्च सदयः कृष्णः सच्चिदानन्द ईश्वरः ।। 1700/2422

सुहृद् "सखा" सकल सुख दाता, कृष्ण सभी का सब दुख त्राता ।
सचिदानंद कृष्ण है माता, कृष्णचंद्र है सबको भाता ।। 2025/5205

दोहा॰ कृष्ण सभी का है सखा, करे सभी से प्रीत ।
समान सब हैं कृष्ण को, कृष्ण सभी का मीत ।। 1963/7068

◎ **Friend :** *Shrī Krishṇa is a dear friend of all beings in their pains and pleasures. He is the peace and joy at heart. He is the merciful Lord.* **2305/4839**

(241. **यादवः** गीता–11.41)

चित्रकाव्यश्लोकः

यशोदो यदुवीरः स यादवो यदुनन्दनः ।
यदाऽऽहूतस्तदाऽऽयाति स यदुकुलभूषणः ।। 1701/2422

यदुवर "यादव" यदुकुल बीरा, कृष्ण हटावे संकट पीरा ।
कृष्ण! कृष्ण! भजती वह धीरा, बिस का प्याला पी गई मीरा[294] ।। 2026/5205

दोहा॰ यदुकुल भूषण कृष्ण है, यदुवर यादव वीर ।
यदुनंदन वो याद हो, जभी सतावे पीर ।। 1964/7068

◎ **Yādava :** *Shrī Krishṇa is a son of King Yadu. He is son of Yashodā. He is son of Nanda Bābā. He is the glory of Yadu dynasty. He comes whenever you call him.* **2306/4839**

(242. **पिता लोकस्य चराचरस्य** गीता–11.43)

श्लोकः

भूतानां स हि सर्वेषां कृष्णः पिता त्रिलोकिनाम् ।
पिता तथा च माता स परमो वत्सलः प्रभुः ।। 1702/2422

तीन जगत का कृष्ण पिता है, हरि पुरुष, प्रकृति परिणीता है ।
भूत चराचर जग में जितने, कृष्ण पिता के सुत हैं उतने ।। 2027/5205

दोहा॰ पिता विश्व का कृष्ण है, सब हैं उसके पूत ।
परम पियारे कृष्ण के, सभी चराचर भूत ।। 1965/7068

◎ **Father :** *Shrī Krishṇa is the father of the moving and non-moving beings of the three worlds. He is the father, mother, friend as well as supremely kind Lord.* **2307/4839**

(243. **पूज्यः** गीता–11.43)

चित्रकाव्यश्लोकः

पवित्रः पावनः पूज्यः प्रद्युम्नः परमेश्वरः ।
पातु मां सर्वपापेभ्यः पापहा प्रियदर्शनः ।। 1703/2422

कृष्ण "पूज्य" है, परमात्मा है, मानव दानव का आत्मा है ।
पूजित है वह सब देवों से, वंदित है वह सब जीवों से ।। 2028/5205

दोहा॰ कृष्ण सभी हैं पूजते, देव दानव लोग ।
पूर्ण भक्ति से पूजके, मिले पुण्य का भोग ।। 1966/7068

---

[294] **मीरा** = देखिये कथा 230 ।

86. 301-Names of Shrī Krishṇa

◎ **Venerable :** *Pradyumna Shrī Krishṇa is a Venerable Great God. He is the remover of sins. May he protect me from all sins.* **2308/4839**

(244. **गरुर्गरीयान्** गीता–11.43)

श्लोक:

कृष्णो गुरुर्गरीयान्स गुरूणाञ्च गुरुस्तथा ।
पूज्यते गुरुभिः कृष्णः कृष्णस्तस्माज्जगद्गुरुः ।। 1704/2422

जगद्‌गुरु है जिसको माना, कृष्ण एक है देव महाना ।
कृष्ण "गुरुओं का गुरुवर" है, कृष्ण जगद्‌गुरु योगेश्वर है ।। 2029/5205

दोहा॰ कृष्ण देवता श्रेष्ठ है, सब देवों में एक ।
नित्य कृष्ण को पूजते, ऋषि–मुनि देव अनेक ।। 1967/7068

◎ **Guru :** *Shrī Krishṇa is the Guru of the Gurus, he is Jagad-guru (Guru of the World). Shrī Krishṇa is worshipped by all gurus.* **2309/4839**

(245. **अप्रतिमप्रभाव:** गीता–11.43)

श्लोक:

सर्वेशः सर्वदेवश्च देवदेवो महेश्वरः ।
अप्रतिमप्रभावश्च श्रीकृष्णः सर्वशक्तिमान् ।। 1705/2422

वासुदेव की लीला दैवी, अति उत्तम है "अप्रतिम प्रभावी" ।
इन्द्र देव भी उसके आगे, दानव मानव डर कर भागे[295] ।। 2030/5205

दोहा॰ जग में एक असीम है, श्रीकृष्ण का प्रभाव ।
जग में सबसे अलग है, श्रीकृष्ण का स्वभाव ।। 1968/7068

◎ **Infinite power :** *Shrī Krishṇa has infinite power. He is almighty God, God of the Gods, Supreme God of infinite power. He is all-powerful.* **2310/4839**

(246. **ईश इड्य:** गीता–11.44)

श्लोक:

[295] **इन्द्रदेव** = देखिये कथा 42 ।

श्रीकृष्णमीशमीड्यञ्च पूजार्हं तं प्रभुं विभुम् ।
मुरारिं वन्दनीयञ्च गोविन्दं तं नमाम्यहम् ।। 1706/2422

कृष्ण सभी का सब सुख दाता, परम मान्य है पूज्य विधाता ।
मंगल मूरत जो है ध्याता, नर वह ज्ञानी पुण्य कमाता ।। 2031/5205

दोहा॰ पूजनीय श्रीकृष्ण है, वन्दनीय घनश्याम ।
पूजा उसकी हम करें, प्रति दिन सुबहो शाम ।। 1969/7068

◎ **Worship worthy :** *Shrī Krishṇa is the God to be worshipped. I salute Govind Murāri Shrī Krishṇa.* **2311/4839**

(247. **चतुर्भुज:** गीता–11.46)

श्लोक:

सौम्यरूपः स श्रीकृष्णः शान्तमूर्तिश्चतुर्भुजः ।
नीलसरसिजारूढः–चक्रपाणिः सुदर्शनः ।। 1707/2422

मंगल वदन सुमंगल काया, "चार हस्त" माधव की माया ।
बंसीधर प्रभु देवकी नंदन, पद्मनाभ श्रीहरि जग वन्दन ।। 2032/5205

दोहा॰ मंगल मूर्ति कृष्ण की, सौम्य रूप कर–चार[296] ।
पद्मनाभ कमलापति, श्रीधर की जयकार ।। 1970/7068

◎ **Four armed :** *Shrī Krishṇa, in his normal pleasing delightful form, has four arms. He is seated on blue lotus and holds Sudarshan wheel in his hand.* **2312/4839**

(248. **सहस्त्रबाहु:** गीता–11.46)

श्लोक:

कृष्ण सहस्त्रबाहो त्वं विश्वरूपो महाबलः ।
नेत्राणि ते सहस्त्राणि वक्त्राणि चरणास्तथा ।। 1708/2422

"सहस्त्रबाहु" विश्वमूर्ती! जगत जानता तेरी कीर्ति ।

[296] **कर चार** = चार हाथ, चतुर्बाहु ।

हाथ जोड़ कर सारी धरती, नमन वन्दना तुझको करती ।। 2033/5205

दोहा॰ हस्त हजारों नेत्र भी, रूप विराट तिहार ।
परम रूप अपूर्व को, अर्जुन रहा निहार ।। 1971/7068

◎ **Thousand arms :** *In his Universal almighty form, Shrī Krishṇa has a thousand arms, heads, legs and eyes.* **2313/4839**

(249. **विश्वमूर्तिः** गीता–11.46)

श्लोक:

विश्वमूर्तिः स श्रीकृष्णो यस्मिन्विश्वं समाहितम् ।
कृष्णः सर्वस्य विश्वस्य प्रतिमा सुमनोहरा ।। 1709/2422

कृष्ण "विश्व की मूरत" नीकी, प्रेम भरी वत्सल जननी की ।
जिसमें जग की प्रतिमा दीखी, जय जय जय हरि माधव जी की ।। 2034/5205

दोहा॰ विश्वमूर्ति श्रीकृष्ण है, सुंदरतम आकार ।
ब्रह्मा विष्णु महेश का, मन मोहक अवतार ।। 1972/7068

◎ **Universal form :** *Shrī Krishṇa is Universal. In him the Universe is contained. Shrī Krishṇa is the beautiful image of the Universe.* **2314/4839**

(250. **तेजोमयः** गीता–11.47)

श्लोक:

तेजोमयो भवान्कृष्ण दीप्तियुक्तश्च सूर्यवत् ।
तेजसा तव हे कृष्ण विश्वं सर्वं प्रकाशितम् ।। 1710/2422

"तेजोमय" है काया तेरी, चमक रही है धरती सारी ।
सूर्य गगन में जो है नीका, तेरे आगे पड़ता फीका ।। 2035/5205

दोहा॰ केशव! तेरा तेज है, दीप्तिमान् भव पार ।
चमक रहा है विश्व ये, नहीं कहीं अँधकार ।। 1973/7068

◎ **Brilliant :** *Shrī Krishṇa is brilliant like the Sun. With his radiance the world is illuminated.* **2315/4839**

(251. **विश्वम्** गीता–11.47)

श्लोका:

कृष्णो ब्रह्मा च विष्णुश्च शिवो देवाश्च देवताः ।
प्रकृतिः पुरुषः कृष्णः परमात्मा तथा च सः ।। 1711/2422

पृथिव्यां पादपा नद्यो गिरिवराश्च सागराः ।
प्राणिनः पक्षिणः कीटाः कृष्ण त्वं सर्वमानवाः ।। 1712/2422

विश्वमेतद्भवानेव तत्त्वमसि हरे खलु ।
त्वया सर्वमिदं व्याप्तं त्वयि सर्वं समाहितम् ।। 1713/2422

तू ही "विश्व," प्रभो! है सारा, तुझसे भव का है विस्तारा ।
तू है देव विश्व में न्यारा, श्रीधर का अनुपम अवतारा ।। 2036/5205

दोहा॰ "तत् त्वम् असि" का मंत्र हैं, कहते सारे वेद ।
एक कृष्ण अरु ब्रह्म हैं, कोई ना है भेद ।। 1974/7068

◎ **Universe :** *Shrī Krishṇa is Brahmā, Vishṇu and Shiva. He is the Gods and he is the Goddesses. He is the Prakriti (nature) and the Purusha (ātmā). He is the Parmātmā (the Supreme Person). O Shrī Krishṇa! you are the rivers, mountains, oceans, animals, men, birds, plants and the worms on the earth. You are the entire Universe. It is pervaded by you. It is contained in you* (see story 27). **2316/4839**

(252. **अनिर्देश्यः** गीता–12.3)

श्लोक:

कृष्ण त्वं वर्णनातीतो ध्यानगम्यस्तु योगिभिः ।
अनिर्देश्यो गुणातीतः कृपाशीलश्च केशव ।। 1714/2422

"अनिर्देश्य" है हरि अवतारा, कृष्ण चरित है अगम अपारा ।
कवि कोविद लिख रहे निरंतर, नारद शारद गाते शंकर ।। 2037/5205

दोहा॰ अगम वर्णनातीत हैं, नारायण अवतार ।
एक रूप श्री राम है, दूजा कृष्ण कुमार ।। 1975/7068

◎ **Beyond description :** *O Shrī Krishṇa! you are beyond description. You are attainable through meditation by the yogīs. You are beyond the guṇas (the three attributes). O Keshava! you are merciful.* **2317/4839**

(253. **सर्वत्रग:** गीता–12.3)

चित्रकाव्यश्लोक:

श्रीकृष्ण: सर्वगामी स सर्वथा समवस्थित: ।
सर्वस्य सर्वदा साक्षी सद्भाव: सुहृद: सखा ।। 1715/2422

सबमें सब विध कृष्ण समाया, सर्वज्ञान "सर्वग" कहलाया ।
सदाचार के सूत्र बता कर, जग उपकार किया योगेश्वर ।। 2038/5205

दोहा॰ सर्वत्रग श्रीकृष्ण है, जिसको सबका ज्ञान ।
विश्व सकल जिसमें बसा, ईश्वर कृष्ण महान ।। 1976/7068

◎ **Omnipresent :** *Shrī Krishṇa is Omnipresent. He is present everywhere, in every which way he is equanimous. He is witness for all. He is well wisher of the righteous people.* **2318/4839**

(254. **अचिन्त्य:** गीता–12.3)

श्लोकौ

यदि हि वर्णित: सर्वै: सर्वैश्च वन्दितस्तथा ।
श्रीकृष्णो मननातीत: शब्दातीतश्च सर्वथा ।। 1716/2422

मतोऽचिन्त्य: स श्रीकृष्ण: स्वप्नगम्यो हि यद्यपि ।
तथापि चिन्तनं कार्यं कृष्णस्य सर्वदा सदा ।। 1717/2422

रूप कृष्ण का "अचिंत्य" जाना, चरित कथन के पार है माना ।
फिर भी चिंतन हरि का करिए, कृष्ण–कृपा से भव–जल तरिए ।। 2039/5205

दोहा॰ केशव मननातीत है, केशव कथनातीत ।
फिर भी नित चिंतन करो, उसे जान कर मीत ।। 1977/7068

◎ **Difficult to contemplate :** *Shrī Krishṇa is difficult to contemplate on. He is beyond words and thoughts. Even then, we should always meditate on him.* **2319/4839**

(255. **कूटस्थ:** गीता–12.3)

श्लोक:

श्रीकृष्णो ब्रह्मरूपेण कूटस्थ: स्थावरो ध्रुव: ।
अगोचरो निराकारो निर्गुणो दुर्गमस्तथा ।। 1718/2422

ब्रह्मरूप "कूटस्थ" अगोचर, कृष्ण अगम है अक्षर ईश्वर ।
दुर्गम चिंतन निराकार का, सुगम दरस साकार कृष्ण का ।। 2040/5205

दोहा॰ ब्रह्म रूप में कृष्ण है, कूटस्थ निराकार ।
ऐसा चिंतन क्लिष्ट है, सुगम रूप साकार ।। 1978/7068

◎ **Highest :** *When Shrī Krishṇa is seated at the summit in the form of Brahma, he is eternal and immutable. In this form, he is invisible, formless and without attributes. He is then difficult to attain.* **2320/4839**

संगीतश्रीकृष्णरामायण गीतमाला, पुष्प 415 of 763

भजन : राग रत्नाकर, कहरवा ताल 8 मात्रा
(भज गोविन्दम्)

स्थायी

ब्रह्मा त्वमेव, विष्णुस्त्वमेव, शम्भुस्त्वमेव, कृष्ण सखे! ।
सर्गस्त्वमेव, स्वर्गस्त्वमेव, सर्वं त्वमेव, कृष्ण हरे! ।।
♫ रे-रे- रेरे-रे, ग-ग-गग-ग, म-म-मम-म, प-म गरे-!
प-प-पप-प, ध-ध-धध-ध, प-प- पम-म प-म गरे-!

अंतरा–1

ब्रह्मस्वरूपम्, अव्यक्तरूपम्, अचिन्तनीयं, क्लिष्टतरम् ।
कथनातीतं, स्मरणातीतं, सुगमं सुलभं कृष्ण! न ते ।।
♫ नि-धपध-नि-, ध-पमप-ध-, पम-गम-प- म-गरेसा- ।
सासारे-ग-ग, रेरेग-म-म-, पमग- रेगम- प-म! ग रे- ।

अंतरा–2

विष्णुस्वरूपं, मानवरूपं, दृष्टिगोचरं, हर्षकरम् ।

लोचनकमलं, निर्मलविमलं, सर्वसुन्दरं, लक्ष्मीपते ।।

अंतरा–3

देवकीनन्दं, नन्दनन्दनं, राधारमणं, करुणपरम् ।

तिलकचन्दनं, जगद्वन्दनम्, भज गोविन्दं, मूढमते ।।

◎ **Govind : *Sthāyī :*** *O Dear Shrī Krishṇa! you are Brahmā. You are Vishṇu. You are Shiva. You are the evolution. You are the heaven. You are everything in the Universe, O Hari!* ***Antarā : 1.*** *In the form of Brahma, you are impersonal, unfathomable, difficult to be described, difficult to contemplate, difficult to attain.* ***2.*** *In the form of Vishṇu, you are personified, easy to behold, joy giving, beautiful like a lotus flower, pure, all adorable, O Lakshmī-pati (Husband of Lakshmī)!* ***3.*** *O My dumb mind! Chant the name of Shrī Krishṇa! Devakī-nand! Nand-nand! Rādhā-ramaṇa! Karuṇā-kara! Tilak-chandana! Govind!* **2321/4839**

(256. **अचलः** गीता–12.3)

ॐ **श्लोकः**

ब्रह्मरूपोऽचलः कृष्णो यथा गिरिर्हिमाचलः ।
दर्शनं ब्रह्मरूपस्य विनाऽऽयासं न लभ्यते ।। 1719/2422

ब्रह्म रूप है कृष्ण दीदारा, "अचल" किसी ने नहीं निहारा ।
रूप वो ऐसा निराकार है, दरशन करने को अपार है ।। 2041/5205

दोहा॰ ब्रह्म रूप श्रीकृष्ण का, अचल अटल अविकार ।
दर्शन उस अव्यक्त का, कहा गया दुशवार ।। 1979/7068

◎ **Steady :** *In the form of Brahma, Shrī Krishṇa is steady like the Himālay mountain. It can not be seen without efforts.* **2322/4839**

(257. **ध्रुवः** गीता–12.3)

ॐ **श्लोकः**

ब्रह्मरूपो ध्रुवः कृष्णः–चिरः स्थिरश्च शाश्वतः ।
अविनाशी च नित्यश्च दृढोऽमरश्च स्थावरः ।। 1720/2422

अचल अटल है कृष्ण हमारा, जैसा नभ में "ध्रुव" का तारा ।
ध्रुव बालक को कृष्ण उबारा, भगत कृष्ण का बना दुलारा ।। 2042/5205

दोहा॰ स्थावर ध्रुव श्रीकृष्ण है, शिव सत् चित्त स्वभाव ।
भगत जनन की छाँव है, भवसागर की नाव ।। 1980/7068

◎ **Stationary :** *In the form of Brahma, Shrī Krishṇa is stationary, eternal, everlasting, indestructible, immortal and fixed.* **2323/4839**

(258. **समुद्धर्ता मृत्युसंसारसागरात्** गीता–12.7)

ॐ **श्लोकः**

श्रीकृष्णो हि समुद्धर्ता मृत्युसंसारसागरात् ।
नौका भवति भक्ताय श्रीकृष्णो भवसागरे ।। 1721/2422

भक्त के लिये नाव रचाता, भवसागर से कृष्ण बचाता ।
स्वरूप लेकर विराट वाला, बना पार्थ का हरि रखवाला ।। 2043/5205

दोहा॰ कृष्ण उबारे ताप से, और मिटावे पाप ।
सुन कर पुकार भक्त की, भागा आवे आप ।। 1981/7068

◎ **Up lifter :** *Shrī Krishṇa uplifts us from the worldly ocean. He becomes the boat and the boatman to rescue his devotees.* **2324/4839**

(259. **क्षेत्रज्ञ** गीता–13.3)

ॐ **श्लोकः**

कलेवरमिदं क्षेत्रं कीर्तितं ब्रह्मज्ञानिभिः ।
ज्ञाता क्षेत्रस्य क्षेत्रज्ञः श्रीकृष्ण एक एव सः ।। 1722/2422

आत्मज्ञान की परम बखानी, देह क्षेत्र है कहते ज्ञानी ।
"क्षेत्रज्ञ" है क्षेत्र का ज्ञाता, वही कृष्ण है विश्व विधाता ।। 2044/5205

दोहा॰ इस शरीर को क्षेत्र है, कहते ज्ञानी लोग ।
क्षेत्र–विज्ञ क्षेत्रज्ञ है, कृष्ण कहा है योग ।। 1982/7068

◎ **Kshetrajña :** *This body is a Kshetra and the knower of the body is Kshetrajña Shrī Krishṇa.* **2325/4839**

(260. **सर्वतः पाणिपादः** गीता–13.14)

ॐ **श्लोकः**

विराटं परमं रूपं कृष्णः पार्थमदर्शयत् ।
सर्वतः पाणिपादं तद्-विश्वरूपं महाजनाः! ।। 1723/2422

विश्वरूप श्रीकृष्ण दिखाया, मेरु गिरि सम विशाल काया ।
"हाथ पाँव सब ओर" उगे हैं, दीर्घ दंत विकराल लगे हैं ।। 2045/5205

दोहा॰ विश्व रूप श्रीकृष्ण के, हाथ पाँव सब ओर ।
देखे अर्जुन ने वहाँ, मेरु काय अति घोर ।। 1983/7068

◎ **Many hands and legs :** *In the Universal form, Shrī Krishṇa has many hands and legs, says Arjun.* **2326/4839**

(261. **सर्वतोऽक्षिशिरोमुखः** गीता–13.14)

श्लोकः
दिव्यरूपः स श्रीकृष्णः सर्वतोऽक्षिशिरोमुखः ।
सर्वं पश्यति सर्वेषां सर्वं जानाति सर्वदा ।। 1724/2422

सर्वतः मुख शीर्ष जिसे हैं, आँखें चारों ओर उसे हैं ।
देखे सबको कृष्ण सदा वो, जाने सबकी सभी अदा वो ।। 2046/5205

दोहा॰ विराट रूपी कृष्ण की, आँखें मुख सब ओर ।
देखे सबको सर्वदा, पकड़े सबकी डोर ।। 1984/7068

◎ **Many heads and mouths :** *In the Universal form, Shrī Krishṇa has many heads, mouths and eyes. He observes everyone.* **2327/4839**

(262. **सर्वतः श्रुतिमल्लोके** गीता–13.14)

श्लोकः
सर्वतः श्रुतिमल्लोके श्रीकृष्णो जगदीश्वरः ।
मतो विश्वे स लोकेशः शास्त्रेषु परमेश्वरः ।। 1725/2422

शास्त्रों ने है जिसे सराहा, देवों ने है जिसको चाहा ।
कृष्ण एक है नाम सुहाना, योगेश्वर है श्याम लुभाना ।। 2047/5205

दोहा॰ एक कृष्ण का विश्व में, सबने जाना नाम ।
कोई कहता श्याम है, कोई कहता राम ।। 1985/7068

◎ **Well known :** *Shrī Krishṇa is well known in the three worlds. He is the Lord of the Universe. In the world he is called Lokesha. In the scriptures, he is called the Supreme Lord.* **2328/4839**

(263. **सर्वमावृत्य तिष्ठितः** गीता–13.14)

श्लोकः
श्रीकृष्णः सर्वव्यापी स सर्वमावृत्य तिष्ठितः ।
भूतानि तस्य छायायां सकलाश्चाश्रिता जनाः ।। 1726/2422

जग के कण-कण पर है छाया, सब भूतों में कृष्ण समाया ।
सबका आश्रय सबका धाता, पालन कर्ता विश्व विधाता ।। 2048/5205

दोहा॰ सबका आश्रय कृष्ण है, सबको देता प्यार ।
जिसकी जग पर छाँव है, सबकी वही मदार ।। 1986/7068

◎ **Encompassing :** *Shrī Krishṇa is encompassing everything. He is pervading everything. Everything is within him. All beings are under his shelter.* **2329/4839**

(264. **सर्वेन्द्रियगुणाभासः** गीता–13.15)

श्लोकः
सर्वेन्द्रियगुणाभास आत्मा भूत्वा तनौ स्थितः ।
श्रीकृष्णः सर्वगात्रेषु सौक्ष्म्येन हि समावृतः ।। 1727/2422

आभास गुणों का जिसको है, आवास गात्र में उसका है ।
आत्मरूप वह कृष्ण कहा है, प्रकृति का अहसास वहाँ है ।। 2049/5205

दोहा॰ इन्द्रिय गुण आभास के, श्रीहरि आत्मस्वरूप ।
साक्षी बन कर देखते, गुण माया अवधूत ।। 1987/7068

गात्र गुणों का भास है, आत्मा रूप प्रभाव ।
प्रकृति जिसका नाम है, वह कृष्ण का स्वभाव ।। 1988/7068

◎ **Guṇas :** *In the form of Brahma, Shrī Krishṇa is ātmā in the body of the beings in minute form. He appears to be attributed but he is without the guṇas.* **2330/4839**

(265. **सर्वेन्द्रियविवर्जित:** गीता-13.15)

श्लोक:

स्थितो यद्यपि गात्रेषु सर्वेन्द्रियविवर्जित: ।

देहेषु सर्वभूतानां कृष्णश्चरति आत्मवत् ।। 1728/2422

बिना गात्र के बन कर आत्मा, बसता भूतों में परमात्मा ।

बसे हृदय में बने जियारा, सब भूतन में कृष्ण पियारा ।। 2050/5205

दोहा॰ सब भूतन में है बसा, यथा गात में प्राण ।

बिना इंद्रियों के तथा, बसे कृष्ण भगवान ।। 1989/7068

◎ **Without appendages :** *In the form of Brahma, Shrī Krishṇa is dwelling in the body of the beings, but as the ātmā he is without appendages.* **2331/4839**

(266. **असक्त:** गीता-13.15)

श्लोक:

कृत्वाऽपि सर्वकर्माणि तैरलिप्तस्तथाऽपि स: ।

लिप्तो न कर्मभि: कृष्ण: पद्मपत्रमिवाम्भसा ।। 1729/2422

कर्म सृजन के करके सभी, आसक्त न उनमें कृष्ण कभी ।

भूत-भूत में बन कर आत्मा, साक्षी जैसा है परमात्मा ।। 2051/5205

दोहा॰ सृजन कर्म करके सभी, उनमें ना अनुराग ।

सब भूतों में है बसा, पर उनसे बेदाग ।। 1990/7068

◎ **Unattached :** *Shrī Krishṇa dwells in the body and observes the karmas being performed by the guṇas, but he is unattached to all the karmas, as a drop of oil is unattached to the water or the water is unattached to the lotus leaf.* **2332/4839**

(267. **सर्वभृत्** गीता-13.15)

श्लोक:

कर्ता स सर्वभूतानां भर्ता च परमेश्वर: ।

माता पिता च श्रीकृष्ण: सर्वेषां पालकस्तथा ।। 1730/2422

सब भूतन का जीवन दाता, पालन कर्ता सबका त्राता ।

कृष्ण एक है सबकी माता, सखा बंधु गुरु सबका ताता ।। 2052/5205

दोहा॰ कृष्ण सभी का है पिता, भर्ता है भगवान ।

कृष्ण सर्वभृत् है कहा, देव न कृष्ण समान ।। 1991/7068

◎ **Guardian :** *Shrī Krishṇa is the guardian for all beings. He is their Supreme Lord. Shrī Krishṇa is the mother, father and the guardian.* **2333/4839**

(268. **निर्गुण:** गीता-13.15)

श्लोक:

निर्गुणब्रह्मरूप: स श्रीकृष्ण: सगुणो भुवि ।

ब्रह्मैव निर्गुणं तत्त्वं नान्यत्किञ्चिद्विना गुणम् ।। 1731/2422

जग में भूत चराचर जेते, देव स्वर्ग में ईश्वर जेते ।

साकार सुगम सुर हैं तेते, कृष्ण ब्रह्म दो "निर्गुण" एते ।। 2053/5205

दोहा॰ ब्रह्म रूप में कृष्ण है, निर्गुण अलख निधान ।

रूप सगुण साकार में, गोचर कृष्ण ललाम ।। 1992/7068

◎ **Without attributes :** *In the form of Brahma, Shrī Krishṇa is without attributes. On the earth, in his personified form, he is attributed. In the Universe, in the three worlds, only Brahma is without attributes, nothing else is without attributes. Everything else in the three worlds is with the three attributes.* **2334/4839**

संगीतश्रीकृष्णरामायण गीतमाला, पुष्प 416 of 763

राग : धुनी, तीन ताल

(निर्गुण दर्शन)

स्थायी

निर्गुण का दर्शन मुश्किल है, सगुण श्रीकृष्ण को मन से भज ले ।।

♪ म-गरे ग- प-मग रे-निसा- रे-, ममम प-मग म- गग रे- सानि सा- ।।

अंतरा-1

ब्रह्म है निर्गुण निराकार है, अजर अचल है, निर्विकार है ।

कृष्ण सगुण सही साकार है, सदय सुखद सुमन है, समझ ले ।।

♪ नि़-नि़ नि़ सा-सासा रेग-म-ग रे-, ममम गगग म-, प-मग-रे सा- ।
सा-सा नि़सासा रेरे- ग-ग-ग म-, ममम गगग मगरे ग-, रेगरे सा- ।।

अंतरा-2

माधव से तू प्रीत जला ले, मद मत्सर राग तन से भगा ।
ध्यान तू हरि सुमिरन में लगा, काम कोह विषय आस तज दे ।।

◎ **Attributes : *Sthāyī* :** *It is difficult to behold Brahma which is without attributes. Therefore, worship Shrī Krishṇa who is with attributes.* ***Antarā* : *1.*** *Brahma is formless, without attributes, non-moving, immutable. Shrī Krishṇa is attributed, merciful, joy giver, well wisher. Worship him.* ***2.*** *In your mind keep love for Mādhav (Husband of Lakshmī). Remove the intoxication, jealousy, attachment, passion, anger and desires away from your body. Meditate on Hari Shrī Krishṇa.* **2335/4839**

(269. **गुणभोक्ता** गीता–13.15)

श्लोक:

निर्गुणः सगुणे देहे गुणभोक्ता स केशवः ।
साक्षी भूत्वा हि लीलां स पश्यति गुणकर्मणाम् ।। 1732/2422

बसा हृदय में बन कर आत्मा, निर्गुण साक्षी हरि परमात्मा ।
सगुण देह में कृष्ण निहारे, गुण जो कर्म कराते सारे ।। 2054/5205

दोहा॰ आत्मा बन कर देह में, गिरिधर राधेश्याम ।
साक्षी बन कर देखता, तीन गुणों के काम ।। 1993/7068

◎ **Experience :** *Becoming ātmā in the body, Shrī Keshava Krishṇa experiences the influence of the guṇas. He becomes a witness and observes the magic of the guṇas.* **2336/4839**

(270. **अचरश्च चरः** गीता–13.16)

श्लोक:

यद्यद्धि जायते भूमौ सर्वं कृष्णस्य मायया ।
भूत्वा चरोऽचरः कृष्णः प्रादुर्भवति भूतले ।। 1733/2422

विश्व "चराचर" कृष्ण की माया, जग सब जिससे है भरमाया ।
सकल सृष्टि है कृष्ण रचाया, सब भूतों पर उसकी छाया ।। 2055/5205

दोहा॰ सभी चराचर विश्व के, कृष्ण रूप हैं भूत ।
धरती पर जो विचरते, सभी कृष्ण के पूत ।। 1994/7068

◎ **Charachar :** *Shrī Krishṇa is the moving as well as the non-moving beings. Everything takes birth on the earth with the kind grace of Shrī Krishṇa. They are his images.* **2237/4839**

(271. **सूक्ष्मत्वादविज्ञेयः** गीता–13.16)

श्लोक:

अणुरूपमविज्ञेयं सूक्ष्मत्वाद्गगनं यथा ।
तथा ह्यणोरणीयान्स कृष्णः सर्वैर्न ज्ञायते ।। 1734/2422

सूक्ष्म तरल तम यथा गगन है, तथा अगम श्रीकृष्ण पवन हैं ।
तीनों की गति अप्रमेय है, नेत्र के लिये "अविज्ञेय" है ।। 2056/5205

दोहा॰ यथा सूक्ष्म आकाश वो, कोई सके न जान ।
ब्रह्मरूप श्रीकृष्ण की, अविज्ञेय पहिचान ।। 1995/7068

◎ **Minute :** *In the form of Brahma, Shrī Krishṇa is minute. He is difficult to be seen and understood. He is finer than an atom. He is not known by all.* **2338/4839**

(272. **दूरस्थः** गीता–13.16)

श्लोक:

दूरस्थो मननातीतः श्रीकृष्णो दुर्गमस्तथा ।
विना श्रद्धां विना भक्तिं दृश्यते न स लोचनैः ।। 1735/2422

दूर स्वर्ग में कृष्ण बसा है, पवन गगन सम दुर्गमसा है ।
मिलेगा न वो बिन श्रद्धा के, सुगम भगत को बिन बाधा के ।। 2057/5205

दोहा॰ ब्रह्म रूप अति सूक्ष्म वो, कृष्ण मनन से पार ।
बिन भक्ति के ना मिले, इस जग का करतार ।। 1996/7068

◎ **Far :** *In the form of Brahma, Shrī Krishṇa is far away, beyond imagination in the mind. In any form, he is not visible by eyes without having firm faith.* **2339/4839**

(273. **अन्तिकः** गीता–13.16)

ॐ श्लोक:

सर्वगामी स श्रीकृष्णो दूरस्थश्चान्तिकस्तथा ।
अभक्ताय स दूरस्थो भक्ताय त्वन्तिक: सदा ।। 1736/2422

चर अचर जग कृष्ण रचाया, उसके कण-कण बीच समाया ।
दूर विश्व में वह जितना है, पास हृदय के वह उतना है ।। 2058/5205

दोहा॰ कृष्ण समाया विश्व में, दूर तथा नजदीक ।
कण-कण में जो है बसा, ईश कहा वो ठीक ।। 1997/7068

◎ **Close :** *Shrī Krishṇa is far away for those who are not his devotees. He is very close to his devotees.* **2340/4839**

(274. **अविभक्त:** गीता-13.17)

ॐ श्लोक:

अविभक्त: स श्रीकृष्ण: सर्वभूतेषु विष्ठित: ।
एको भिन्नेषु भूतेषु सर्वभूतेषु संतत: ।। 1737/2422

भूत भिन्न हैं जग में जेते, दिखते अलग-अलग हैं तेते ।
रूप कृष्ण के वे अनेक हैं, अखंड उनमें तत्त्व एक है ।। 2059/5205

दोहा॰ सब भूतों में एक ही, बिखरा तत्त्व महान ।
सबके हिरदय कृष्ण ही, बसा हुआ भगवान ।। 1998/7068

◎ **Undivided :** *As ātmā, Shrī Krishṇa is undividedly seated in all bodies. Even if the beings are different, he is situated uniformly.* **2341/4839**

(275. **विभक्त इव** गीता-13.17)

ॐ श्लोक:

विभक्त इव भूतेषु भिन्नेषु भिन्नरूपक: ।
अविभक्त: स श्रीकृष्ण: सर्वभूतेषु संस्थित: ।। 1738/2422

अलग-अलग जग कहता सबको, बाह्य स्वरूप भुलावे जग को ।
सबके अंदर एक तत्त्व है, कृष्ण नाम का एक सत्त्व है ।। 2060/5205

दोहा॰ भिन्न-भिन्न सब भूत में, दिखे विभक्त समान ।
अविभक्त श्रीकृष्ण वो, अखंड विश्व निधान ।। 1999/7068

◎ **As if divided :** *Shrī Krishṇa appears to be dwelling in each being separately. But as ātmā, he is only one, seating in all beings simultaneously undivided.* **2342/4839**

(276. **ग्रसिष्णु:** गीता-13.17)

ॐ श्लोक:

प्रभो विराटरूपस्त्वं ग्रसिष्णुरघनाशक: ।
खादसि योधवीरांस्त्वं श्रीकृष्ण विविधैर्मुखै: ।। 1739/2422

दिव्य रूप ये श्रीधर! तेरा, देखे मन है काँपे मेरा ।
कराल उसमें दाँत हैं तीखे, पिसे जारहे योद्धा दीखे ।। 2061/5205

दोहा॰ विश्वरूप श्रीकृष्ण के, मुख में तीखे दाँत ।
अनेक मुख विकराल से, दुष्ट जनों को खात ।। 2000/7068

◎ **Devouring :** *In his Universal form, Shrī Krishṇa is gulping the evil people with his blazing mouths.* **2343/4839**

(277. **प्रभविष्णु:** गीता-13.17)

ॐ श्लोक:

श्रीकृष्ण प्रभविष्णुस्त्वं सृष्टे: कर्ता पितामह: ।
तेजस्वी च प्रभावी त्वं विष्णुरूपो गणाधिप: ।। 1740/2422

तेजस्वी तू अमित प्रभावी, विष्णुरूप तू सौम्य स्वभावी ।
सब भूतों का उद्गम कर्ता, सुख दायक तू पालक भर्ता ।। 2062/5205

दोहा॰ सकल चराचर विश्व ये, कीन्हा तू निर्माण ।
अमित प्रभावी कृष्ण तू! तुझे विनम्र प्रणाम ।। 2001/7068

◎ **Prabha-Vishṇu :** *O Shrī Krishṇa! you are Prabha-Vishṇu. You are the cause of the nature. You are the Grandfather. You are the Master of the beings. You are glorious.* **2344/4839**

(278. **ज्योतिषामपि ज्योतिस्तमस: पर:** गीता-13.18)

ॐ **श्लोकः**

ज्योतिषामपि ज्योतिस्त्वं श्रीकृष्ण तमसः परः ।
अज्ञानं निर्गतं सर्वं तेजसा तव केशव ।। 1741/2422

"ज्योतिर्मय की तू ज्योति" है, ज्ञानी जन की ज्ञान गति है ।
अंधकार से परे परम तू, सत्य ज्ञान का सही धरम तू ।। 2063/5205

दोहा॰ तेजस्वी का तेज तू, ज्योतिर्मय की ज्योत ।
अँधकार से है परे, परम ज्ञान का स्रोत ।। 2002/7068

◎ **Beyond darkness :** *O Shrī Krishṇa! you are the brightness of the brilliant. You are beyond darkness. O Keshava! with the light of knowledge, our ignorance has gone away.* **2345/4839**

(279. **ज्ञानगम्यः** गीता–13.18)

ॐ **श्लोकः**

अचिन्त्यो वर्णनातीतो गम्यस्त्वं ज्ञानयोगिभिः ।
न तपसा न ध्यानेन न च दानेन कृष्ण त्वम् ।। 1742/2422

"ज्ञानगम्य" है कृष्ण विधाता, ज्ञान मनन से पाया जाता ।
दान तपों से कृष्ण परे है, योग सिद्ध श्रीकृष्ण करे हैं ।। 2064/5205

दोहा॰ श्रीकृष्ण! ज्ञानगम्य तू, तप करके ना दान ।
अचिंत्य कथनातीत तू, सके न कोई जान ।। 2003/7068

◎ **Knowable :** *Shrī Krishṇa is beyond thought and words, but he is knowable by the yogīs by meditation. He can not be attained merely by charities or austerities.* **2346/4839**

(280. **हृदि सर्वस्य विष्ठितः** गीता–13.18)

ॐ **श्लोकः**

श्रीकृष्णः सर्वगामी स हृदि सर्वस्य विष्ठितः ।
सकलभूतभूतात्मा सर्वस्य परमेश्वरः ।। 1743/2422

"हिरदय बैठे" कृष्ण पियारे, सबके जीवन आप उबारे ।
गिरिधर नागर हैं मतवारे, भगतन के हैं हरि रखवारे ।। 2065/5205

दोहा॰ कृष्ण बसा है हृदय में, सदैव सबके पास ।
सब भूतों का आतमा, सब हैं उसके दास ।। 2004/7068

◎ **In the hearts :** *Shrī Krishṇa is seated in the hearts of all beings. He is omnipresent. He is the Lord of all beings.* **2347/4839**

(281. **प्रकृतिः** गीता–13.20)

ॐ **श्लोकः**

प्रकृतिः पुरुषः कृष्णः श्रीकृष्णो विश्वव्यापकः ।
श्रीकृष्णो ब्रह्म ब्रह्माण्डं निर्गुणः सगुणस्तथा ।। 1744/2422

"प्रकृति" में सब गुण हैं जेते, कृष्ण दिया है सारे तेते ।
भूत जगत की प्रकृति माता, कृष्ण पिता है बीज प्रदाता ।। 2066/5205

दोहा॰ पुरुष-प्रकृति, कृष्ण जी! निर्गुण गुणमय आप ।
पँच भूत गुण तीन का, माया मय परताप ।। 2005/7068

◎ **Nature :** *Shrī Krishṇa is the Prakriti (nature) and the Purusha. He occupies the world. Shrī Krishṇa is the attributed Universe and he is the Brahma (the Supreme) without attributes.* **2348/4839**

(282. **उपद्रष्टा** गीता–13.23)

ॐ **श्लोकः**

आत्मा भूत्वा हृषीकेशो भूतदेहे समावृतः ।
उपद्रष्टा हि साक्षी स न करोति न कार्यते ।। 1745/2422

बैठा दिल में बन कर आत्मा, कृष्ण "उपद्रष्टा" परमात्मा ।
ना कछु करता कर्म हमारे, साक्षी बन कर सदा निहारे ।। 2067/5205

दोहा॰ आत्मा बन कर देह में, बैठा मन के साथ ।
उपद्रष्टा वह कृष्ण है, पुरुष नाम जगनाथ ।। 2006/7068

◎ **Observer :** *As ātmā, Shrī Krishṇa is an observer in the body, seated in the heart. He is just a witness, not doing anything nor causing anything to be done.* **2349/4839**

(283. **अनुमन्ता** गीता–13.23)

श्लोक:

हृद्देशे सर्व भूतानां स्थितः कृष्णो जनार्दनः ।
अनुमन्ता च साक्षी स श्रीकृष्णः पुरुषः परः ।। 1746/2422

दिल में बैठा हरि "अनुमंता," शासन करता है भगवंता ।
परम पुरुष है विश्व विधाता, कृष्ण भगत का सब सुख दाता ।। 2068/5205

दोहा॰ आत्मा अरु परमातमा, अनुमंता भगवान ।
कृष्ण हृदय में बैठके, शासन करता प्राण ।। 2007/7068

◎ **Commander :** *Janārdan Shrī Krishṇa, seated in the heart, is the observer in the body. He is observing as a witness. He is ātmā, the Purusha.* **2350/4839**

(284. **महेश्वरः** गीता–13.23)

श्लोक:

ईश्वर ईश्वराणां स कृष्णो मतो महेश्वरः ।
भूतेशः सर्वभूतानां कृष्णो भूतमहेश्वरः ।। 1747/2422

सबसे सुंदर देव नियारा, सब देवों का देव पियारा ।
कृष्ण महेश्वर सब जग कर्ता, सब दुख हर्ता, सबका भर्ता ।। 2069/5205

दोहा॰ भूत महेश्वर कृष्ण है, देवों का भी देव ।
कर्ता भर्ता विश्व का, सब कुछ उसका एव ।। 2008/7068

◎ **Great Lord :** *Lord Shrī Krishṇa is the God and the Great Lord of all beings and all Gods.* **2351/4839**

(285. **परमात्मा पुरुषः परः** गीता–13.18)

श्लोक:

आत्मा च परमात्मा स श्रीकृष्णः पुरुषः परः ।
ईशः स ईश्वरः कृष्णो देवेशः परमेश्वरः ।। 1748/2422

एक पुरुष है जाना आत्मा, कृष्ण परम पर है "परमात्मा" ।
आत्मा वही देह में देही, परब्रह्म है जाना सो ही ।। 2070/5205

दोहा॰ परम पुरुष परमातमा, एक कृष्ण है नाम ।
वही ब्रह्म अरु विष्णु है, वही है राजा राम ।। 2009/7068

◎ **Parmātmā :** *Shrī Krishṇa is the Supreme soul. He is God of the Gods.* **2352/4839**

(286. **समः सर्वेषु भूतेषु** गीता–13.28)

श्लोक:

समः सर्वेषु भूतेषु श्रीकृष्णः सर्वदा हि सः ।
तस्य नारिर्न मित्रञ्च तटस्थः सर्वप्राणिषु ।। 1749/2422

तीन जगत का कृष्ण हि स्वामी, सबका सुहृद सबका प्रेमी ।
त्रिभुवन में "कोई न पराया," सब भूतन पर उसकी माया ।। 2071/5205

दोहा॰ सब भूतों में एक सा, नहीं पराया कोय ।
सब पर प्यारे कृष्ण का, तटस्थ साया होय ।। 2010/7068

◎ **Equanimous :** *Shrī Krishṇa is equanimous to all beings all the time. He is indifferent to all. He has no enemies or friends.* **2353/4839**

(287. **विनश्यत्स्वविनश्यः** गीता–13.28)

श्लोक:

अविनश्यो विनश्यत्सु श्रीकृष्णः शाश्वतश्चिरः ।
सर्वभूतानि नश्यन्ति देही तेषां न नश्यति ।। 1750/2422

"नश्वर तन में शाश्वत" गेही, सब भूतों में कृष्ण हि देही ।
देह जगत में आता–जाता, देही को कछु नहीं नशाता ।। 2072/5205

दोहा॰ शाश्वत नश्वर देह में, साक्षी कृष्ण प्रमाण ।
आते–जाते देह हैं, अमर एक है प्राण ।। 2011/7068

◎ **Indestructible :** *As ātmā in the perishable body, Shrī Krishṇa is non-perishable. The beings are mutable but Shrī Krishṇa is immutable.* **2354/4839**

(288. **समवस्थितः** गीता–13.29)

ॐ श्लोक:

देहिरूपेण श्रीकृष्णो देहेषु समवस्थित: ।
सदा सर्वेषु भूतेषु सम: सङ्गविवर्जित: ।। 1751/2422

"सबमें ही समतोल" जो सदा, भूत-भूत में नहीं अलहदा ।
सभी भूत हैं उसके प्यारे, सब उसके नैनन के तारे ।। 2073/5205

दोहा॰ समरस भूतन में सभी, सब भूतों का प्राण ।
सखा सभी का कृष्ण है, सबसे प्रीत समान ।। 2012/7068

◎ **Equanimous :** *Shrī Krishṇa is equanimous to all beings. As ātmā, he dwells in all beings without attachment.* **2355/4839**

(289. **परमात्मा शरीरस्थ:** गीता-13.32)

ॐ श्लोक:

सर्वभूतशरीरस्थ: श्रीकृष्ण: परमेश्वर: ।
देही भूत्वा स देहेषु तिष्ठति भूतभावन: ।। 1752/2422

सबके तन में एक समाया, आत्मा परमात्मा कहलाया ।
भूत-भूत के शरीर न्यारे, आत्मा एक बसत हिय सारे ।। 2074/5205

दोहा॰ सब भूतों में एक है, अविभाजित परमेश ।
भूत भिन्न हैं बाह्यत:, अंदर से सब एक ।। 2013/7068

◎ **Supreme soul :** *Shrī Krishṇa is soul. He is the Supreme soul. He is the Supreme Lord.* **2356/4839**

(290. **महद्योनि:** गीता-14.4)

ॐ श्लोकौ

श्रीकृष्ण: सर्वभूतानां महद्योनिर्हि प्राणिनाम् ।
बीजदाता पिता कृष्ण:-तथा माता मतश्च स: ।। 1753/2422

महद्योनिर्मत: कृष्णो ब्रह्मयोनिस्तथा च स: ।
यस्मात्सर्वाणि जायन्ते भूतानि भवसागरे ।। 1754/2422

भवसागर में जिसकी कीर्ति, भूत चराचर सबकी धरती ।
कृष्ण सभी का जन्म स्थान है, "ब्रह्मयोनि" भी जिसे नाम है ।। 2075/5205

दोहा॰ महायोनि श्रीकृष्ण है, ब्रह्मयोनि भी नाम ।
सभी चराचर भूत का, एक जन्म का स्थान ।। 2014/7068

◎ **Womb :** *Shrī Krishṇa is the great womb in which everyone takes birth. He is the mother and the father for the worldly beings.* **2357/4839**

(291. **बीजप्रद: पिता** गीता-14.4)

ॐ श्लोक:

बीजं कृष्णो हि सर्वेषां भूतानां जन्मदायकम् ।
बीजप्रदो मत: कृष्णो ब्रह्मयोनिस्तथा च स: ।। 1755/2422

सकल सृष्टि का कृष्ण है पिता, महायोनि में "बीज प्रदाता" ।
एक बीज से सभी बने हैं, एक योनि में सभी जने हैं ।। 2076/5205

दोहा॰ मूल बीज श्रीकृष्ण है, पिता सभी का एक ।
उसी बीज से जन्मते, विविध भूत अनेक ।। 2015/7068

◎ **Father :** *Shrī Krishṇa is the father. He is the seed of all beings. He is the great womb as well.* **2358/4839**

(292. **यत: प्रवृत्ति: प्रसृता पुराणी** गीता-15.4)

ॐ श्लोक:

कृष्ण: पुरातना योनि: सृष्टि: सा प्रसृता यत: ।
प्रवृत्ति: स हि सर्वेषां निवृत्तिश्च गतिस्तथा ।। 1756/2422

जग में भूत जहाँ भी आते, कृपा कृष्ण की सब हैं पाते ।
प्रवृत्ति निवृत्ति वही है, दूजा कोई और नहीं है ।। 2077/5205

दोहा॰ सृजन सृष्टि का कृष्ण है, तथा विसर्जनकार ।
विष्णु शिवा हैं कृष्ण में, रूप उभय साकार ।। 2016/7068

कृष्ण सभी का जन्म है, और मृत्यु का स्थान ।

कृष्ण सभी को पालता, प्रभु है कृष्ण महान ।। 2017/7068

◎ **Origin :** *Shrī Krishṇa is the origin of everything. From him the evolution starts. He is ancient. He is the resting place as well.* **2357/4839**

(293. **आद्यः पुरुषः** गीता–15.4)

श्लोकः

अनादिः पुरुषः कृष्णो बीजमाद्यञ्च निर्मितेः ।
संयोगात्प्रकृतेस्तेन ब्रह्माण्डं सकलं कृतम् ।। 1757/2422

"आद्य पुरुष" श्रीकृष्ण कहाया, जगत चराचर जिसकी माया ।
यहाँ भूत जो आते-जाते, कृष्ण-कृपा का प्रसाद पाते ।। 2078/5205

दोहा॰ आद्य अनादि महान है, कृष्ण पुरुष अभिराम ।
भवभूतों को जो करे, पावन जन्म प्रदान ।। 2018/7068

◎ **Purușha :** *Shrī Krishṇa is the first Purușha. He is the seed of all. With the union of Purușha and Prakriti, the evolution takes place.* **2360/4839**

(294. **पदमव्ययम्** गीता–15.5)

श्लोकः

पावनं मुक्तिस्थानं यत्-सुन्दरं शाँतिदायकम् ।
स्वर्गादपि गरीयान्यत्-कृष्णस्तत्पदमव्ययम् ।। 1758/2422

शाँति अव्ययी मिले जहाँ पे, लौटना नहीं पुनः वहाँ से ।
स्थान मोक्ष का एक परम है, चरण कृष्ण के पूज्य चरम हैं ।। 2079/5205

दोहा॰ सुख-शाँति मय मुक्ति का, एक परम है धाम ।
महान जो है स्वर्ग से, उसे कृष्ण है नाम ।। 2019/7068

◎ **Eternal place :** *Shrī Krishṇa is the eternal Supreme place for the departed beings. For his devotees, he is the peaceful dwelling, superior to the heaven.* **2361/4839**

(295. **वैश्वानरः** गीता–15.14)

श्लोकः

कृष्णो वैश्वानरो भूत्वा देहे सर्वस्य सर्वदा ।
पचत्यन्नानि सर्वाणि चतुर्विधानि देहिनाम् ।। 1759/2422

वैश्वानर जो पाचन शक्ति, कृष्ण रूप है जीर्णन भुक्ति ।
पाचन करती अन्न उदर के, चारों विध जो इधर-उधर के ।। 2080/5205

दोहा॰ जठराग्नि बन कृष्ण ही, पाचन करता अन्न ।
सब भूतों के उदर में, करे प्राण संपन्न ।। 2020/7068

◎ **Vaishvānar :** *Shrī Krishṇa is the Vaishvānar, the fire in the stomach that helps digesting the four kinds of food.* **2362/4839**

(296. **वेदान्तकृत्** गीता–15.15)

श्लोकः

भवानुपनिषत्कर्ता गीतोपनिषतः प्रभो ।
वन्दे वेदान्तकृत्कृष्णं योगदं पार्थसारथिम् ।। 1760/2422

उपनिषदोंका तू कर्ता है, भारत माता का भर्ता है ।
तेरे सुत हैं पंडित ज्ञानी, जग जाने हैं तापस ध्यानी ।। 2081/5205

दोहा॰ ज्ञान परम वेदान्त का, दीन्हा तू योगेश! ।
जगद्गुरो! तूने दिया, गीता का उपदेश ।। 2021/7068

◎ **Upanișhad :** *Shrī Krishṇa is the maker of the Vedas and the Vedānt (Upanișhads). O Lord Shrī Krișhṇa! you are the giver of the Upanișhads of the Gītā.* **2363/4839**

(297. **वेदविद्देवः** गीता–15.15)

श्लोकः

ज्ञातव्यो वेदविद्देवो वेदज्ञाता च त्वं प्रभो ।
वेदेषु स्तवनं येषां सर्वदेवा भवान्हरे ।। 1761/2422

जाना तुझको वेदों से है, जाना तुझको वेदों ने है ।
जाननीय हैं योग तिहारे, योगाचारी तुम्हें निहारे ।। 2082/5205

दोहा॰ वेदों से तू वेद्य है, तूने जाने वेद ।
ज्ञात हमें तुझसे हुआ, सत् असत् का भेद ।। 2022/7068

◎ **Veda :** *Shrī Krishṇa is the God who knows the Veda and who is known by the Veda. O Lord! all Gods praise you.* **2364/4839**

(298. **अक्षर:** गीता–15.16)

श्लोक:

त्वमक्षरो हृषीकेश रत्नाकर: परात्पर: ।
ईश्वरस्त्वं गदाधारी सुन्दर: परमेश्वर: ।। 1762/2422

अजर अमर तू अक्षर आत्मा, परम परात्पर तू परमात्मा ।
कृष्ण केशवा! करुणाकर तू, ज्ञान ज्ञेय है जगदीश्वर तू ।। 2083/5205

दोहा॰ अक्षर अपरंपार तू, कृपावान कमलेश ।
भक्ति–भाव भँडार तू, पावन है परमेश ।। 2023/7068

◎ **Imperishable :** *Shrī Krishṇa is imperishable ātmā in the perishable body. He is the ocean of mercy which never dries. O Lord! your form holding the mace looks beautiful* **2365/4839**

(299. **उत्तम: पुरुष:** गीता–15.17)

श्लोक:

उत्तम: पुरुषाणां त्वं श्रीकृष्ण पुरुषोत्तम: ।
त्वमेव वन्दित: सर्वै: परमानन्दमाधव ।। 1763/2422

परम पुरुष तू पुरुषोत्तम है, सब देवों में तू उत्तम है ।
देव–देवता तुझको ध्याते, वेद शास्त्र तव महिमा गाते ।। 2084/5205

दोहा॰ पुरुषों में उत्तम कहा, तीन लोक का नाथ ।
सुख–दुख के जंजाल में, सदा भगत के साथ ।। 2024/7068

◎ **Purusha :** *Shrī Krishṇa is Purusha. He is Supreme Purusha. He is Purushottama. O Paramānand Mādhava! your are worshipped by all.* **2366/4839**

(300. **क्षरादतीतोऽक्षरादुत्तम:** गीता–15.18)

श्लोक:

भूते द्वे नु मते विश्वे स्वर्गेऽपि च क्षराक्षरे ।
अक्षरादुत्तम: कृष्ण: क्षरादतीत ईश्वर: ।। 1764/2422

क्षर–अक्षर दो भूत भूमि के, तथा स्वर्ग के देव हैं नीके ।
क्षर भूतों से कृष्ण! परे तू, अक्षर से भी उच्च हरे! तू ।। 2085/5205

दोहा॰ क्षर–अक्षर भव भूत हैं, तथा स्वर्ग के देव ।
केशव अक्षर से परे, क्षर से उत्तम एव ।। 2025/7068

◎ **Imperishable :** *Shrī Krishṇa is imperishable. He is superior to the perishable. He is superior to the imperishable. There are two kinds of beings in Universe, the perishable and imperishable. He is superior to both.* **2367/4839**

(301. **केशिनिषूदन:** गीता–18.1)

श्लोक:

मुख्य: कंसस्य मन्त्री स केशी कंसेन प्रेषित: ।
अघ्नन्दुष्टं तु गावस्तं कृष्ण: केशिनिषूदन: ।। 1765/2422

मंत्री दुष्ट कंस का केशी, भेजा कंस कृष्ण का द्वेषी ।
माना नहिं वो किये भी मना, राक्षस केशी कृष्ण ने हना ।। 2086/5205

दोहा॰ केशी भेजा कंस ने, लाने धेनु चुराय ।
केशिनिषूदन कृष्ण ने, छोड़ी उस पर गाय ।। 2026/7068

◎ **Keshinishūdana :** *Shrī Krishṇa is Keshinishūdana, the slayer of the demon Keshī. He slain Keshī, the minister of Kaṅsa and protected the cows.* **2368/4839**

संगीतश्रीकृष्णरामायण गीतमाला, पुष्प 417 of 763

राग : कसूरी, कहरवा ताल

(केशिनिषूदन)

स्थायी

धेनु को बचाओ रे, भैया! आयो, असुर चुराने गैया ।
♫ मपध– ध धध–प म, ग–प–! सारेग–, गगग गम–प– मगरे– ।

अंतरा–1

देखो असुर है गाय चुरावत, सब गौअन पर दंड लगावत ।

केशिनिषूदन धाया ॥

♫ म-म- गगग ग म-म मप-पप, धध प-मम गग प-म गरे-रेरे ।

सा-रे-गम-पप मगरे- ॥

अंतरा-2

हरण करत है धेनु कसैया, बंसी बजावत मधुर कन्हैया ।

मुरली कीन्ही माया ॥

अंतरा-3

केशी को गौअन ने मारा, ब्रज सब बृंदाबन हरसाया ।

हरि "गोविंद" कहाया ॥

◎ **Keshiniṣhūdana : *Sthāyī* :** *O Shrī Kriṣhṇa! save the cows. The demon has come to steal our cows.* ***Antarā* : 1.** *Look! Keshī is abducting the cows by force and hitting them with sticks.* **2.** *He is taking them to Mathurā. Shrī Kriṣhṇa is playing his flute to signal the cows.* **3.** *The cows turned around and killed Keshī. The village is happy. They called Govind, the cow saver, to Shrī Kriṣhṇa.* **2369/4839**

गीतोपनिषद् : तीसवाँ तरंग

Gitopaniṣhad : Fascicule 30

87. श्री राम-कथा सुनने श्रीराधे की अरदास

Rādhā's desire to hear Shrī Rāma's Musical Story

(सङ्गीतमयां श्रीरामकथां श्रोतुं राधाया विनतिः)

♫ संगीतश्रीकृष्णरामायण छन्दमाला, मोती 289 of 501

शिखरिणी छन्द

। ऽ ऽ, ऽ ऽ ऽ, ।। ।, ।। ऽ, ऽ।।, । ऽ

♫ ♫ साग- नि़-सा- रेगरे- सारेगप मगग ग-रेग रेसा-

(राधा नारद संवाद)

कहे राधे रानी, अनुनय सुनो नारद मुने! ।

कहो, छंदों वाला, रघु चरित रत्नाकर बुने ॥ 1

जभी जाओ ताके, सपनन मुने! बात कहना ।

"सखे! रागों वाले, भजन हरि के रम्य करना" ॥ 2

◎ **And :** *Rādhā said, O Shrī Nārad muni! please hear my request. Please ask poet Ratnākar to compose a poem of Shrī Rāma's story in Rāgas and chhandas. When you go to his morning thoughts, please ask him to write Shrī Rāma's devotional songs in that story.* **2370/4839**

(श्री राधे रानी की अरदास)

आओ मुनिवर! "स्वागत भवतः,"[297] हाल सुनाओ क्या है भव का ।

माखन रोटी पायस लीजो, पूजन तुमरे, आशिष दीजो ॥ 2087/5205

राह आपकी देख रही थी, आओगे कब आस यही थी ।

कहनी थी कुछ तुम से बातें, मन की नई पुरानी यादें ॥ 2088/5205

वृंदावन जब कान्हा आया, तुमने मुझसे उसे मिलाया ।

सांदीपनि तिन कला सिखायी, हरिहर ने लीला दिखलायी ॥ 2089/5205

मधुबन में हरि रास रचायो, गोप सुदामा नाच नचायो ।

कंसचरादि लोग हटायो, अर्जुन को हरि योग बतायो ॥ 2090/5205

◎ **And :** *Rādhā said, O Shrī Nārad muni! Welcome! please have this cow milk to drink and please bless me. I was waiting for you to tell you few things and ask you few things. You brought Shrī Kriṣhṇa from Gokul to Vrindāvan and caused our meeting. Shrī Kriṣhṇa then went to Sāndīpani muni and learned yoga. He showed magical deeds to the Vraj village. He arranged dances of cow-maids and cowherd boys of the village. He removed Kaṅsa and his evil associates. He then told yogas to Arjun.* **2371/4839**

(मुनिवर बोले)

ये सब राधे! खबर मुझे है, उचित समय की सबर मुझे है ।

लिखता है विधि होनी ज्यों ही, करवाता हूँ कृति मैं त्यों ही ॥ 2091/5205

रावण का संहार कराने, लक्ष्मी-पति को बोला मैंने ।

---

[297] स्वागत भवतः = आपका स्वागत है ।

Rādhā's desire to hear Shrī Rāma's Musical Story

रामसिया का लेके रूप, जाओ धरती पर, सुरभूप! ।। 2092/5205

नास कंस का फिर करवाने, दुखी जनों की पीर हराने ।

नारायण को मैंने बोला, राधावर का धरिये चोला ।। 2093/5205

◎ **And :** *Nārad muni said, O Rādhā! I know it all. As time comes, the Lord arranges the events and I make them happen accordingly. I had told Lakṣhmī-Nārāyaṇa to remove Rāvaṇ by taking avatārs of Sītā and Shrī Rāma . Then I asked him to remove the wicked Kañsa by taking the forms of Shrī Krishṇa and Rādhā.* **2372/4839**

(याद करो)

रत्नाकर सा चोर लुटेरा, बना राधिके! हरि–का–चेरा ।

"राम राम" का मंतर पढ़ कर, बना 'वाल्मीकि' आगे बढ़ कर ।। 2094/5205

लेकर ब्रह्मा जी की आज्ञा, मैंने बाल्मिक को दी प्रज्ञा ।

"ब्रह्मा जी की है अभिलासा, लिखो रमायण संस्कृत भासा" ।। 2095/5205

छन्द अनुष्टुभ् मुनी बनायो, संस्कृत बाङ्मय नींव रचायो ।

सुन ब्रह्मा ने कहा खुशी में, "रामकथा हो छन्द इसी में" ।। 2096/5205

आदिकवि की अमर कृति को, प्रथम सुनायो शिव, पार्वती को ।

लिखी यथा कविता कवि श्रम से, घटी घटनाएँ तथा हि क्रम से ।। 2097/5205

◎ **Remember :** *And Shrī Nārad muni said, O Rādhā! remember, there was a sinful robber named Ratnākar, whom I made the holy saint Vālmīki. It was the power of the chant of Shrī Rāma's name. And then, with the order from Brahmā, I asked sage Vālmīki to write Shrī Rāma's story in Sanskrit Shlokas. That immortal poem of Rāmāyaṇ, blessed by Shiva and Pārvatī, paved the foundation of the classical literature for the following generations.* **2373/4839**

(और, गौरी ने कहा था)

स्वामी! अवधी राम–कथा को, जन भासा में यथा तथा को ।

बोलो तुलसी को वह लिख दे, राम चरित का मानस रख दे ।। 2098/5205

आज्ञा मैं शिवजी से पा कर, रत्नावली के सपनन जा कर ।

बोला, "कवि को जागृत कर दे, रामचरित का मानस भर दे" ।। 2099/5205

तुलसी की उस पुण्य कथा को, शिव ने गाई यथा तथा को ।

शिजी ने जो कथा सुनाई, सुन कर अंबा जी हरषाई ।। 2100/5205

◎ **And :** *And after that, when Pārvatī jī desired to hear Rāmāyaṇ in Awadhi Hindī, Shiva requested me to ask Tulsīdās to write the immortal story of Shrī Rāma in Avadhī Hindī. Pārvatī loved the Shrī Rāma-Charit-Mānas of Tulsīdās.* **2374/4839**

(फिर साम्प्रत काल में)

एक दिन बोली शिव से अंबा, गुजरा समय बहुत है लंबा ।

कृष्ण कथा अब है जन गण में, हिन्दी भाषा सब मुख मन में ।। 2101/5205

शिव आज्ञा से केशव कविता, लिखावायी है संगीत सरिता ।

रत्नाकर से भजनों वाली, सुन कर मुनि से, राधा बोली, ।। 2102/5205

◎ **Following this :** *One day then, Pārvatī again told Shiva her desire to hear Shrī Krishṇa's colourful story in musical Chhandas and Rāgas. Accordingly, I got it written by a novice poet named Ratnākar. Hearing this from Shrī Nārad muni, Rādhā said:* **2375/4839**

(राधा बोली)

उमा बचन पर भजन भरित ये, राघव प्रभु का "कृष्ण–चरित" ये ।

रत्नाकर से नया रचाया, सुन कर मेरा मन ललचाया ।। 2103/5205

अब जाकर तुम रत्नाकर से, लिखवाओ मुनि! उस कविवर से ।

सुनने को अब मेरा मन है, हरि[298] का हरि[299] अवतार भजन है ।। 2104/5205

◎ **Rādhā said :** *Rādhā said, O Shrī Nārad muni! I enjoyed the Shrī Krishṇa's musical poem wrote for Pārvatī by Ratnākar. Hearing that poem, I am desirous of hearing Rāmāyaṇ in the same musical style. Could you please ask poet Ratnākar to write it for me. Shrī Nārad muni said, sure.* **2376/4839**

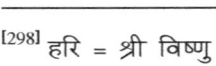

संगीतश्रीकृष्णरामायण गीतमाला, पुष्प 418 of 763

भजन

[298] हरि = श्री विष्णु

[299] हरि = श्री राम

(राम ही श्याम)

स्थायी

प्रभु! राम बनो या श्याम बनो, अवतार तुम्हारा प्यारा है ।
संग सिया हो या राधा हो, हरि! काम तुम्हारा न्यारा है ।।

♫ सानि! सा–रे गम– गरे सा–रे गरे–, गगम–प मग–रेसा सा–रेग रे– ।
म–प मग– रेसा रे– गमगरे सा–, सासा! रे–ग मप–म– गरेसानि सा– ।।

अंतरा–1

भव दुस्तर के हर दुष्कर में, प्रभु! तुमरा एक सहारा है ।
जब नांव भँवर में डगमग हो, हरि! तू ही एक किनारा है ।।

♫ पप म–रेरे म– पप नि–धध प–, गम! पपम– ग–रे सारे–ग– म– ।
सासा रे–ग गमग रे– सासारेरे ग–, सारे! ग– म– प–म गरे–सानि सा– ।।

अंतरा–2

संग किसी का हो या ना हो, प्रभु! तुमरा प्यार अपारा है ।
जिसके मन में शुभ नाम बसा, हरि! तुमने उसे उबारा है ।।

अंतरा–3

किरपा राघव या कृष्ण करे, प्रभु! भाग्य महान हमारा है ।
मुख राम कहे या श्याम कहे, हरि! हर विध नाम तुम्हारा है ।।

◎ **Rāma is Shyāma : *Sthāyī :*** *O Lord! may you be Shrī Rāma or may you be Shyāma, your incarnation is lovely. May Sītā be with you or may Rādhā be with you, O Lord! your divine work is distinct.* ***Antarā : 1.*** *O Lord! you are the only support for us in the difficult times in this world. When our boat is shaky, you are our shore.* ***2.*** *May or may not anyone be with us, O Lord! your kindness is infinite. He who always has your name in his mind, he is saved by you.* ***3.*** *May Shrī Rāma's mercy be up on us and may Shrī Krishna's love be up on us, may we chant Rāma or Shyāma by our mouth, O Lord! in any case it is only your name on our lips.* **2377/4839**

संगीतश्रीकृष्णरामायण गीतमाला, पुष्प 419 of 763

(राधा नारद संवाद की कथा)

स्थायी

इति कृष्ण चरित संगीत भरा, कवि रत्नाकर ने जो है करा,
शिव गौरी जी को भाया है ।।
श्री राधा को मुनि नारद ने, उस वीणा तार विशारद ने ।
मधु धुन के साथ सुनाया है ।।

♫ सानि सा–ग रेसासा नि–सा–रे मग–, गम मगपमगग रेसा सा– रे मग– ।
गग रेसासा– रे– गम गरेसानि सा– ।।
सानि सा–गरे सा– निनि सा–रेम ग–, गम मगपम ग–रे सासा–रेम ग– ।
गग रेसा सा– रे–ग मगरेसानि सा– ।।

अंतरा–1

गौरी विनति पर लिखवाया, तुम रूप हरिऽ का दिखलाया ।
वह सुन मेरा मन ललचाया, रामायण सुनने को आया ।
रतनाकर से लिखवाना है ।।

♫ प–मरे ममप– पम पनिधपप–, पप मगग सासाग मप गरेसानिसा– ।
सानि सासा गरेसा– निनि सासारेमग–, सानिसा–गरे सासानि– सा– रेमग– ।
गग रेसासासा रे– गमगरेसानि सा– ।।

अंतरा–2

जाओ नारद! मुनिवर प्यारे! बोलो उस कविवर को न्यारे ।
लिखने रामायण भजन भरा, हरि चरित सुहाना सुगम खरा ।
जस कृष्णायन लिखवाया है ।।

◎ **Rādhā-Nārad muni dialogue : *Sthāyī :*** *Lord Shiva and Gaurī jī liked the story of Shrī Krishna written by Ratnākar and played by Shrī Nārad muni. Hearing the story, Rādhā said, O Shrī Nārad muni! I liked the musical story of Sangīt-Shrī-Krishnayan.* ***Antarā : 1.*** *Written on the request from Pārvatī Devī by poet Ratnākar, I likes the story of Shrī Krishna avatār. Now I would like to hear the story of Shrī Rāma avatār in the same musical style.* ***2.*** *O Dear Shrī Nārad muni! please go and tell that poet to write Musical Shrī Rāmāyaṇ for me, as he wrote the Shrī Krishnayan.* **2378/4839**

Rādhā's desire to hear Shrī Rāma's Musical Story

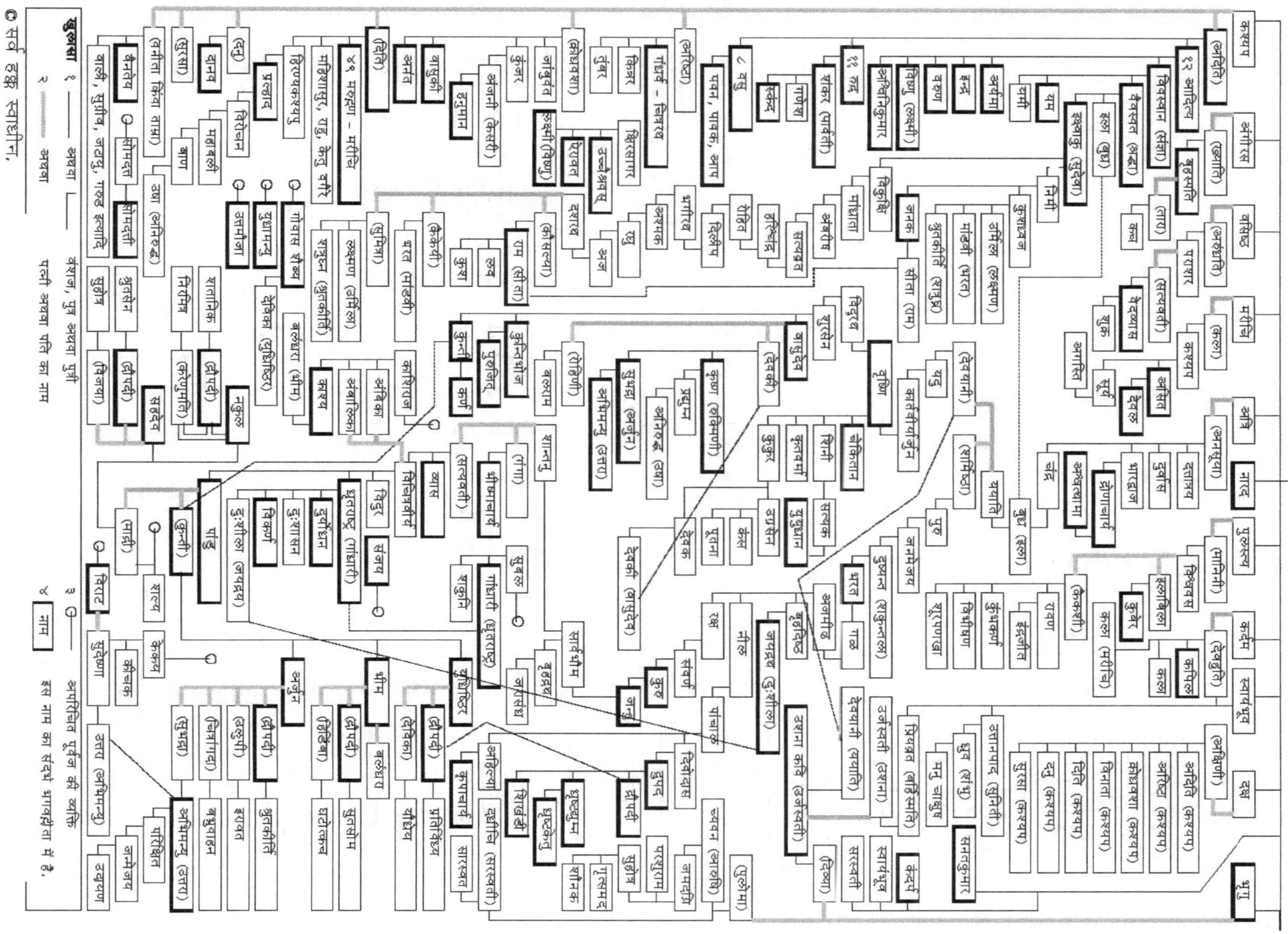
राम-कृष्ण विशाल वंशवृक्ष
ब्रह्मा
खुलासा १ —— अथवा —— वंशज, पुत्र अथवा पुत्री
२ —— अथवा पत्नी अथवा पति का नाम
३ O—— अपरिचित पूर्वज की व्यक्ति
४ नाम इस नाम का संदर्भ भागवद्गीता में है,
© सर्व हक्क स्वाधीन.

THE GREAT RAMA-KRISHNA FAMILY TREE

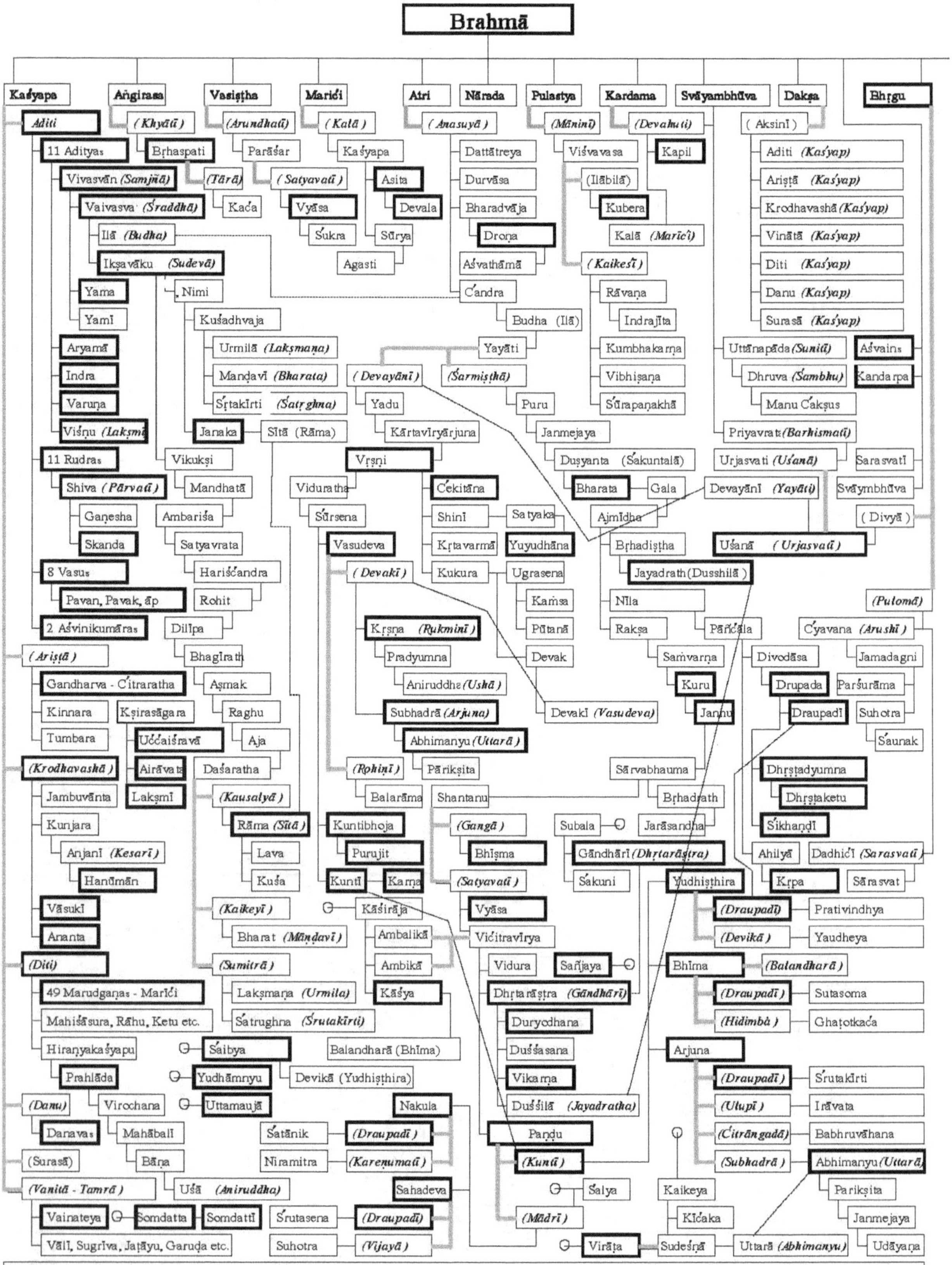

INDEX
1 —— OR └—— Descendant, Son or Daughter
2 —— OR *(Italized Name)* Spouse's Name
3 ⊖—— The ancestors of this person are obscure
4 **Name** (boxed) This Name has a reference in the Gita

छन्द माला अनुक्रम

छन्द अनुक्रम

APPENDIX-1 : Alpha Index of the Chhandas

APPENDIX-1 : Alpha Index of the Chhandas

APPENDIX-1 : Alpha Index of the Chhandas

APPENDIX-1 : Alpha Index of the Chhandas

APPENDIX-1 : Alpha Index of the Chhandas

APPENDIX-1 : Alpha Index of the Chhandas

♪ गीत विषय तालिका

APPENDIX-2, Songs Subject Index

APPENDIX-2, Songs Subject Index

APPENDIX-2, Songs Subject Index

♫ राग माला अनुक्रम

गीत तालिका

APPENDIX-3, Alphabetical list of Songs and Song Titles

APPENDIX-3, Alphabetical list of Songs and Song Titles

APPENDIX-3, Alphabetical list of Songs and Song Titles

APPENDIX-3, Alphabetical list of Songs and Song Titles

APPENDIX-3, Alphabetical list of Songs and Song Titles

APPENDIX-3, Alphabetical list of Songs and Song Titles

APPENDIX-3, Alphabetical list of Songs and Song Titles

APPENDIX-3, Alphabetical list of Songs and Song Titles

APPENDIX-3, Alphabetical list of Songs and Song Titles

APPENDIX-3, Alphabetical list of Songs and Song Titles

REFERENCES
आधारसूचिः ।

Apte, Vaman Shivram; *The Practical Sanskrit English Dictionary*; MLBD Pubulishers. Pvt. Ltd, Dehli, 1998.
Narale, Ratnākar, *Gītā As She Is In Krishṇa's Own Words,* Books-India, Toronto, 2015
Narale, Ratnākar; *Sanskrit Grammar and Reference Book,* Books-India, Toronto, 2013.
Vettam Mani; *Purāṇic Encyclopaedia,* Motilal Banarasidass.
C. Collin Davies; *Historical Atlas of the Indian Peninsula*, Oxford Univ. Press.
Complete History of the World. Times Books, London, 7th ed.
Britannica Atlas. Encyclopaedia Britannica, Inc. Chicago.
Joseph E. Schwartzberg; *Historical Atlas of South Asia*. The Univ. of Chicago Press, Chicago and London, 1978.

श्री सत्यानंद जी महाराज; वाल्मीकीय रामायणसार, **श्री स्वामी सत्यानंद धर्मार्थ ट्रस्ट, नई दिल्ली 110014**
श्री पिङ्गलछन्दःशास्त्रम्, **काव्यमाला 01, पाण्डुरंग जावजी, मुंबई**
श्री भट्टकेदारविरचितम् वृत्तरत्नाकरम, **मोतिलाल बनारसीदास**
श्री ब्रह्मानंद भजनमाला
श्री कृष्णद्वैपायन व्यास, श्रीमद् भागवत पुराण, **हरिवंश.**
भानु, छन्दःप्रभाकर, **साहित्य सम्मेलन प्रयाग**
पं. जगदीश नारायण पाठक; राग दर्पण, **पाठक पब्लिकेशन, इलाहाबाद**
पं. विष्णुशर्मणा रागचंद्रिका, **निर्णयसागर ग्रंथालय, ग्रंथ 23, मुंबई 1911.**
देव बंसराज + रत्नाकर नराले; नई संगीत रोशनी, **पुस्तक भारती, टोरंटो 2013.**
आप्टे, वामन शिवराम; संस्कृत हिन्दी कोश, **मोतीलाल बनारसीदास पब्लिशर्स, दिल्ली, 1997.**
झा, पं. रामचंद्र व्याकरणाचार्य; रूपचन्द्रिका; **हरिदास संस्कृत ग्रंथमाला 156; चौखंबा संस्कृत सीरीज, वाराणसी, सं 2051.**

पाण्डेय, पण्डितरामनरायणदत्त शास्त्री; महाभारत **(संस्कृत-हिन्दी) : गीताप्रेस, गोरखपुर.**
शर्मा, चतुर्वेदी द्वारकाप्रसाद; झा, पण्डित तारिणीश; संस्कृत-शब्दार्थ-कौस्तुभ; **रामनारायणलाल बेनीप्रसाद; इलाहाबाद 1928**
सोमयाजी, पं. धन्वाडगोपलकृष्णाचार्य; तिङन्तार्णवतरणि; **कृष्णदास संस्कृत सी. 31; कृष्णदास अकादमी, वाराणसी, 1980**

NOTES

NOTES

www.ingramcontent.com/pod-product-compliance
Lightning Source LLC
Chambersburg PA
CBHW081102080526
44587CB00021B/3411
* 9 7 8 1 8 9 7 4 1 6 4 3 3 *